Enzyklopädie der Rechts- und Staatswissenschaft

Begründet von

F. von Liszt und W. Kaskel

Herausgegeben von

H. Albach · E. Helmstädter · H. Honsell · P. Lerche · D. Nörr

Abteilung Rechtswissenschaft

Karl Larenz

Methodenlehre der Rechtswissenschaft

Sechste, neu bearbeitete Auflage

Springer-Verlag
Berlin Heidelberg New York
London Paris Tokyo
Hong Kong Barcelona
Budapest

Dr. jur. KARL LARENZ

entpfl. ordentl. Professor der Universität München

Laurentiushaus, W-8037 Olching

Bundesrepublik Deutschland

ISBN 3-540-52872-5 6. Auflage Springer-Verlag Berlin Heidelberg New York

ISBN 3-540-12425-X 5. Auflage Springer-Verlag Berlin Heidelberg New York Tokyo

CIP-Titelaufnahme der Deutschen Bibliothek
Enzyklopädie des Rechts- und Staatswissenschaft/begr. von F. von Liszt u. W. Kaskel. Hrsg. von H. Albach ... -
Berlin; Heidelberg; New York; London; Paris; Tokyo; Hong Kong; Barcelona; Budapest: Springer
Teilw. hrsg. von W. Kunkel ... - Teilw. hrsg. von P. Lerche; D. Nörr. - Teilw. hrsg. von E. Kohlrausch ... hrsg. Bd.
Abteilung Rechtswissenschaft.
NE: Liszt, Franz von [Begr.]; Albach, Horst [Hrsg.]; Lerche, Peter [Hrsg.];
Kunkel, Wolfgang [Hrsg.]; Kohlrausch, Eduard [Hrsg.]
Larenz, Karl: Methodenlehre der Rechtswissenschaft. - 6., neubearb. Aufl. - 1991.
Larenz, Karl: Methodenlehre der Rechtswissenschaft/Karl Larenz. - 6., neubearb. Aufl. -
Berlin; Heidelberg; New York; London; Paris; Tokyo; Hong Kong; Barcelona; Budapest: Springer, 1991
(Enzyklopädie der Rechts- und Staatswissenschaft: Abteilung Rechtswissenschaft
ISBN 3-540-52872-5

Printed in Germany

Satz: Tanomvet Grafik, Beindersheim
64/3130-54321

Meinen langjährigen Gesprächspartnern

Claus-Wilhelm Canaris, Joachim Hruschka,
Detlef Leenen, Jürgen Prölss

Vorwort zur sechsten Auflage

Die in diesem Buch vertretene Grundauffassung ist unverändert geblieben. Die Darstellung wurde an einigen Stellen verdeutlicht oder ergänzt, gelegentlich auch leicht verkürzt. Die seit der letzten Auflage erschienene Literatur habe ich, soweit ich das für erforderlich hielt, eingearbeitet.

Im Anschluß an die Darstellung der „Reinen Rechtslehre“ HANS KELSENS im 3. Kapitel des ersten Teils bin ich kurz auf die neueste Lehre OTA WEINBERGERS eingegangen, die diejenige KELSENS nicht unwesentlich umgestaltet hat.

Olching bei München, im Januar 1991

KARL LARENZ

Aus dem Vorwort zur ersten Auflage

Der Titel dieses Buches muß nach einigen Richtungen hin eingeschränkt werden. Sein Gegenstand ist die „dogmatische" Rechtswissenschaft mit Einschluß der richterlichen Fallbeurteilung; nicht sind es die Methoden der Rechtshistorie, der Rechtssoziologie und der vergleichenden Rechtswissenschaft. Ferner ist mit der „Rechtswissenschaft" ein bestimmter Typus derselben gemeint, der Typus, der sich in der deutschen Rechtswissenschaft unserer Zeit darstellt. Es ist das eine Rechtswissenschaft, die sich vornehmlich am Gesetz oder doch am „Rechtssatz" orientiert, nicht am vorentschiedenen Fall. Daran ändert es auch nichts, daß die richterliche Fallbeurteilung bei uns heute eine andere Stellung als früher einnimmt. Sie erscheint nämlich in der Gegenwart nicht mehr nur als eine einfache „Subsumtion", sondern als ein vielfältiger gedanklicher Prozeß, dessen Ergebnis auch den Inhalt des Rechtssatzes nicht unberührt läßt. Davon wird ausführlich zu sprechen sein. Schließlich ist die Darstellung der Methoden vorwiegend, wenn auch nicht ausschließlich, am Zivilrecht orientiert. Das liegt natürlich an der Fachrichtung des Verfassers. Es ist aber auch nicht ohne sachliche Bedeutung. Irre ich nicht, so ist die methodische Bewegung auf dem Gebiete des Zivilrechts heute am stärksten. Das liegt einmal daran, daß sich hier der „Positivismus" länger als auf anderen Gebieten gehalten hat; ferner an der näheren Berührung mit den Methoden des „Fallrechts" in der Nachkriegszeit. Das Bedürfnis nach methodischer Klärung ist daher im Zivilrecht besonders dringlich.

Die Methodenlehre einer Wissenschaft ist deren Reflexion auf ihr eigenes Tun. Sie will aber die in der Wissenschaft angewandten Methoden nicht nur beschreiben, sondern auch verstehen, d. h. ihre Notwendigkeit, ihre Berechtigung und ihre Grenzen einsehen. Die Notwendigkeit und die Berechtigung einer Methode ergibt sich aus der Bedeutung, der Struktureigentümlichkeit des Gegenstandes, der mit ihrer Hilfe zum Verständnis gebracht werden soll. Man kann daher nicht von der Rechtswissenschaft handeln, ohne gleichzeitig auch vom Recht zu handeln. Jede juristische Methodenlehre gründet sich auf eine Rechtstheorie oder schließt zum mindesten eine solche ein. Sie zeigt notwendig ein doppeltes Gesicht, eines, das der Rechtsdogmatik und der praktischen Anwendung ihrer Methoden zugewandt ist, und eines, das der Rechtstheorie und damit letzten Endes der Rechtsphilosophie zugewandt ist. In dieser doppelten Blickrichtung liegt die Schwierigkeit der Methodenlehre, aber auch ihr besonderer Reiz.

Die gegenwärtige Problemlage der juristischen Methodenlehre kann nur der voll verstehen, der die Entwicklung der Rechtstheorie und Methodenlehre in den letzten 150 Jahren kennt. Ich habe diese Entwicklung deshalb in einem „historisch-kritischen" Teile dargestellt. Manchem wird dieser Teil freilich nicht viel Neues sagen. Ich glaubte dennoch, ihn nicht, was ich wiederholt erwogen habe, in die Anmerkungen oder in einen Anhang verweisen zu sollen. In seiner jetzigen Gestalt erfüllt er einen doppelten Zweck: Er entlastet den systematischen Teil von sonst unvermeidlichen Auseinandersetzungen, und er bietet demjenigen, dem die Problematik noch wenig vertraut ist, vor allem also dem Studenten, einen leichteren Zugang zu ihr. Die Lektüre dieses Buches verlangt die Fähigkeit und die Bereitschaft, nicht immer ganz einfache Gedankengänge selbständig mitzudenken. Besondere Kenntnisse - außer denen, die jeder Rechtsstudent in mittleren Semestern sich erworben hat - verlangt sie aber nicht.

München, im August 1960 Karl Larenz

Inhalt

II. Systematischer Teil

Kapitel 5

Kapitel 6

Verzeichnis der Abkürzungen

a. a. O.	am angeführten Ort
AcP	Archiv für zivilistische Praxis
AG	Aktiengesellschaft
ALR	(preußisches) Allgemeines Landrecht von 1794
Anm.	Anmerkung
ArchöR	Archiv für öffentliches Recht
ARSP	Archiv für Rechts- und Sozialphilosophie
BAG	Bundesarbeitsgericht (auch: Entscheidungen des Bundesarbeitsgerichts)
BFH	Bundesfinanzhof (auch: Entscheidungen des Bundesfinanzhofs)
BGB	Bürgerliches Gesetzbuch
BGH	Bundesgerichtshof
BGHSt	Entscheidungen des Bundesgerichtshofs in Strafsachen
BGHZ	Entscheidungen des Bundesgerichtshofs in Zivilsachen
BSG	Bundessozialgericht (auch: Entscheidungen des Bundessozialgerichts)
BStBl.	Bundessteuerblatt
BVerfG	Bundesverfassungsgericht
BVerfGE	Entscheidungen des Bundesverfassungsgerichts
BVerwG	Bundesverwaltungsgericht
DJZ	Deutsche Juristen-Zeitung
DRiZ	Deutsche Richterzeitung
DVerwBl.	Deutsches Verwaltungsblatt
DRWiss.	Deutsche Rechtswissenschaft
EGBGB	Einführungsgesetz zum Bürgerlichen Gesetzbuch
FamRZ	Ehe und Familie (Zeitschrift für Familienrecht)
G	Gesetz
GG	Grundgesetz für die Bundesrepublik Deutschland
GmbH	Gesellschaft mit beschränkter Haftung
GoltdArch.	Goltdammers Archiv für Strafrecht
GVG	Gerichtsverfassungsgesetz
GWB	Gesetz gegen Wettbewerbsbeschränkungen
HaftpflG	Reichshaftpflichtgesetz vom 7. 6. 1871
HGB	Handelsgesetzbuch
h.L.	herrschende Lehre
JbRSozRTh	Jahrbuch für Rechtssoziologie und Rechtstheorie

JherJb.	Jherings Jahrbücher für die Dogmatik des Bürgerlichen Rechts
JGG	Jugendgerichtsgesetz vom 4. 8. 1953
JuS	Juristische Schulung (Zeitschrift)
JW	Juristische Wochenschrift
JZ	Juristenzeitung
KG	Kommanditgesellschaft
LAG	Gesetz über den Lastenausgleich vom 14. 8. 1952
LeipzZ	Leipziger Zeitschrift für Deutsches Recht
LG	Landgericht
LindMöhr. (LM)	Nachschlagwerk des Bundesgerichtshofs, herausgeg. von Lindenmaier und Möhring
LitUrhG	Gesetz, betr. das Urheberrecht an Werken der Literatur und der Tonkunst vom 19. 6. 1901
MDR	Monatsschrift für Deutsches Recht
NJW	Neue Juristische Wochenschrift
OHG	Offene Handelsgesellschaft
ÖJZ	Österreichische Juristen-Zeitung
OLG	Oberlandesgericht
OVG	Oberverwaltungsgericht
RdA	Recht der Arbeit
Rdz.	Randziffer
RG	Reichsgericht
RGZ	Entscheidungen des Reichsgerichts in Zivilsachen
RTh	Zeitschrift „Rechtstheorie“
SavZKanA	Zeitschrift der Savigny-Stiftung für Rechtsgeschichte, Kanonistische Abteilung
SavZRomA	Zeitschrift der Savigny-Stiftung für Rechtsgeschichte, Romanistische Abteilung
SeuffA	Seufferts Archiv für Entscheidungen
SJZ	Süddeutsche Juristenzeitung
StGB	Strafgesetzbuch vom 15. 5. 1871
StVG	Straßenverkehrsgesetz vom 19. 2. 1952
Ufita	Archiv für Urheber-, Film-, Funk- und Theaterrecht
ZGB	Schweizerisches Zivilgesetzbuch
ZHR	Zeitschrift für das gesamte Handelsrecht
ZPO	Zivilprozeßordnung
ZZP	Zeitschrift für Zivilprozeß

Allgemeine Literaturübersicht[1]

ADOMEIT, KLAUS: Rechtstheorie für Studenten, 1979. – Normlogik – Methodenlehre – Rechtspolitologie, 1986.

ALEXY, ROBERT: Theorie der juristischen Argumentation, 1978.

BADURA, PETER: Grenzen und Möglichkeiten des Richterrechts, 1973.

BARTHOLOMEYCZIK, HORST: Die Kunst der Gesetzesauslegung, 4. Aufl. 1967.

BAUMGARTEN, ARTHUR: Die Wissenschaft vom Recht und ihre Methode, 2 Bde., 1920 u. 22. – Grundzüge der juristischen Methodenlehre, 1939.

BECKER, WALTER: Rechtsvergleichende Notizen zur Auslegung, Festschrift f. H. LEHMANN, 1959, Bd. I.

BETTI, EMILIO: Teoria generale della Interpretazione, 1955 (Deutsche Ausgabe unter dem Titel „Allgemeine Auslegungslehre als Methodik der Geisteswissenschaften", 1967); – Ergänzende Rechtsfortbildung als Aufgabe der richterlichen Gesetzesauslegung, Festschr. f. RAAPE, 1948. – Zur Grundlegung einer allgemeinen Auslegungslehre, Festschr. f. E. RABEL, Bd. 2, 1954.

BIERLING, ERNST RUDOLF: Juristische Prinzipienlehre, Bd. I, 1894; II, 1898; III, 1905; IV, 1911; V, 1917 (Neudruck des gesamten Werkes 1961).

BIHLER, MICHAEL: Rechtsgefühl, System und Wertung, 1979.

BINDER, JULIUS: Philosophie des Rechts, 1925. – Der Methodenstreit in der heutigen Privatrechtswissenschaft, ZHR 100, S. 4.

BOEHMER, GUSTAV: Grundlagen der Bürgerlichen Rechtsordnung, Bd. II, 2. Halbband: Praxis der richterlichen Rechtsschöpfung, 1952.

BRECHER, FRITZ: Scheinbegründungen und Methodenehrlichkeit im Zivilrecht, Festschr. f. A. NIKISCH, 1958.

BRUSIIN, OTTO: Über die Objektivität der Rechtsprechung, 1949. – Über das Juristische Denken, 1951.

BÜLOW, OSKAR: Gesetz und Richteramt, 1885.

BURCKHARDT, WALTER: Die Lücken des Gesetzes und die Gesetzesauslegung, 1925. – Methode und System des Rechts, 1936.

BYDLINSKI, FRANZ: Juristische Methodenlehre und Rechtsbegriff, 1982. – Fundamentale Rechtsgrundsätze, 1988. – Rechtsethik und Rechtspraxis, 1990.

CANARIS, CLAUS-WILHELM: Die Feststellung von Lücken im Gesetz, 2. Aufl 1983. – Systemdenken und Systembegriff in der Jurisprudenz, 2. Aufl. 1983.

CHRISTENSEN, RALPH: Was heißt Gesetzesbindung? 1989.

COING, HELMUT: Grundzüge der Rechtsphilosophie, 4. Aufl. 1986. – Die juristischen Auslegungsmethoden und die Lehren der allgemeinen Hermeneutik, 1959. – Juristische Methodenlehre, 1972.

DE GIORGI, RAFFAELE: Wahrheit und Legitimation im Recht, 1980.

DIEDERICHSEN, UWE: Juristische Methodenlehre und praktische Jurisprudenz, in: Rechtswissenschaft und Rechtsentwicklung, Göttinger Studien 1980.

DREIER, RALF: Recht – Moral – Ideologie, 1981. – Neues Naturrecht oder Rechtspositivismus? RTh 1987, 368.

DREIER, RALF, SCHWEGMANN, FRIEDRICH (Hrsg.): Probleme der Verfassungsinterpretation, 1976.

---

[1] Hier sind Schriften aufgeführt, die für das Methodenproblem von *allgemeiner* oder grundlegender Bedeutung sind. Ihre Aufteilung auf die einzelnen Kapitel des Buches erwies sich wegen der vielfachen Überschneidungen der Problemkreise als nicht durchführbar. Spezialliteratur und Zeitschriftenaufsätze sind jeweils an der betreffenden Stelle angegeben.

ECKHOFF, TORSTEIN, SUNDBY, NILS KRISTIAN; Rechtssysteme, 1988.
EHRLICH, EUGEN: Rechtssoziologie, 1913. – Die juristische Logik, 1918.
EMGE, CARL AUGUST: Philosophie der Rechtswissenschaft, 1961.
ENGISCH, KARL: Die Einheit der Rechtsordnung, 1935. – Logische Studien zur Gesetzesanwendung, 1942, 2. Aufl. 1960. – Der Begriff der Rechtslücke, Festschr. f. W. SAUER, 1949. – Vom Weltbild des Juristen, 1950, 2. Aufl. 1965. – Die Idee der Konkretisierung in Recht und Rechtswissenschaft unserer Zeit, 1953, 2. Aufl. 1968. – Einführung in das juristische Denken, 8. Aufl. 1983. – Auf der Suche nach der Gerechtigkeit, 1971.
ENNECCERUS-NIPPERDEY: Allgemeiner Teil des Bürgerlichen Rechts, 15. Aufl. 1. Halbbd., 1959, §§ 30, 51–60.
ESSER, JOSEF: Wert und Bedeutung der Rechtsfiktionen, 1940. – Einführung in die Grundbegriffe des Rechts und Staates, 1949. – Grundsatz und Norm in der richterlichen Fortbildung des Privatrechts, 1956, 4. Aufl. 1990. – Wertung, Konstruktion und Argument im Zivilurteil, 1965. – Richterrecht, Gerichtsgebrauch und Gewohnheitsrecht, in Festschr. f. FRITZ VON HIPPEL, 1967. – Vorverständnis und Methodenwahl in der Rechtsfindung, 1970, 2. Aufl. 1972.
ESSER-STEIN: Werte und Wertewandel in der Gesetzesanwendung, 1966.
FECHNER, ERICH: Rechtsphilosophie, 1956.
FIKENTSCHER, WOLFGANG: Methoden des Rechts in vergleichender Darstellung, 5 Bände, 1975 –1977.
FORSTHOFF, ERNST: Recht und Sprache, Prolegomena zu einer richterlichen Hermeneutik, 1940. – Zur Problematik der Verfassungsauslegung, 1961.
GADAMER, HANS-GEORG: Wahrheit und Methode, Grundzüge einer philosophischen Hermeneutik, 5. Aufl. 1986.
GENY, FRANCOIS: Méthode d'Interprétation et Sources en Droit Privé Positif, 2 Bde., 2. Aufl. 1919. – Science et Technique en droit privé positif, 4 Bde., 1922–1924.
GERMANN O. A.: Methodische Grundfragen, 1946. – Präjudizien als Rechtsquelle, 1960. – Probleme und Methoden der Rechtsfindung 1965.
GÖLDNER, Verfassungsprinzip und Privatrechtsnorm, 1969.
HASSEMER, WINFRIED: Tatbestand und Typus, 1968.
HAVERKATE, GÖRG: Gewissheitsverluste im juristischen Denken, 1977.
HECK, PHILIPP: Gesetzesauslegung und Interessenjurisprudenz, AcP, Bd. 112. – Das Problem der Rechtsgewinnung, 1912. – Begriffsbildung und Interessenjurisprudenz, 1932.
HENKEL, HEINRICH: Recht und Individualität, 1958. – Einführung in die Rechtsphilosophie 1964, 2. Aufl. 1977. – Ideologie und Recht, 1973. – Das Problem der Rechtsgeltung, in: Dimensionen des Rechts, Gedächtnisschrift für RÉNE MARCIC, 1974.
HEUSINGER, BRUNO: Rechtsfindung und Rechtsfortbildung im Spiegel richterlicher Erfahrung, 1975.
v. HIPPEL, ERNST: Einführung in die Rechtstheorie, 1947, 4. Aufl. 1955. – Mechanisches und moralisches Rechtsdenken, 1959.
v. HIPPEL, FRITZ: Zur Gesetzmäßigkeit juristischer Systembildung, 1936. – Richtlinien und Kasuistik im Aufbau von Rechtsordnungen, 1942. – Rechtstheorie und Rechtsdogmatik, 1964.
HRUSCHKA, JOACHIM: Die Konstitution des Rechtsfalles, 1965. – Das Verstehen von Rechtstexten, 1972.
HUBER, EUGEN: Recht und Rechtsverwirklichung, 1921.
HUBMANN, ERICH: Wertung und Abwägung im Recht, 1977.
HUSSERL, GERHART: Recht und Zeit, 1955. – Recht und Welt, 1964.
ISAY, HERMANN: Rechtsnorm und Entscheidung, 1929.
JELLINEK, WALTER: Gesetz, Gesetzesanwendung und Zweckmäßigkeitserwägung, 1913. – Schöpferische Rechtswissenschaft, 1928.
JERUSALEM, FRANZ: Kritik der Rechtswissenschaft, 1949. – Die Zersetzung im Rechtsdenken, 1968.
JOERGENSEN, STIG: Recht und Gesellschaft, 1970.
KANTOROWICZ, HERMANN („GNAEUS FLAVIUS"): Der Kampf um die Rechtswissenschaft, 1906. – Rechtswissenschaft und Soziologie (Ausgewählte Schriften zur Wissenschaftslehre, herausgeg. von THOMAS WÜRTENBERGER) 1962.

KAUFMANN, ARTHUR: Gesetz und Recht, in: Festschr. für ERIK WOLF, 1962. – Analogie und Natur der Sache, 1965, 2. Aufl. 1982. – Rechtsphilosophie im Wandel (Stationen eines Weges), 2. Aufl. 1984. – Richterpersönlichkeit und richterliche Unabhängigkeit, in: Festschrift für KARL PETERS, 1974. – Beiträge zur juristischen Hermeneutik, 1984. – Rechtsphilosophie in der Nach-Neuzeit, 1990.

KAUFMANN, ARTHUR und HASSEMER, WINFRIED (Hrsg.): Einführung in Rechtsphilosophie und Rechtstheorie der Gegenwart, 5. Aufl. 1989.

KELSEN, HANS: Reine Rechtslehre, 1934, 2. Aufl. 1960. – Was ist die Reine Rechtslehre, in: Festschr. f. GIACOMETTI, 1953.

KLUG, ULRICH: Juristische Logik, 1951, 4. Aufl. 1982.

KOCH, HANS-JOACHIM, RÜSSMANN, HELMUT: Juristische Begründungslehre, 1982.

KRAWIETZ, WERNER: Recht als Regelsystem, 1984.

KRAWIETZ, WERNER u.a. (Hrsg.): Argumentation und Hermeneutik in der Jurisprudenz, RTh Beiheft 1,1979.

KRETSCHMAR, PAUL: Über die Methode der Privatrechtswissenschaft, 1914.

KRIELE, MARTIN: Theorie der Rechtsgewinnung, 1967, 2. Aufl. 1976. – Recht und praktische Vernunft, 1979.

KRONSTEIN, HEINRICH: Rechtsauslegung im wertgebundenen Recht, 1957.

KUYPERS, K.: Human Sciences and the Problem of Values, The Hague 1974.

LARENZ, KARL: Das Problem der Rechtsgeltung, 1929, 2. Aufl. 1967. – Wegweiser zu richterlicher Rechtsschöpfung, Festschr. f. A. NIKISCH, 1958. – Kennzeichen geglückter richterlicher Rechtsfortbildung, 1965. – Über die Unentbehrlichkeit der Jurisprudenz als Wissenschaft, 1966. – Fall, Norm, Typus, in: Rationalität, Phänomenalität, Individualität, Festschr. f. HERMANN und MARIE GLOCKNER, 1966. – Über die Bindungswirkung von Präjudizien, Festschr. f. HANS SCHIMA, 1969. – Die Bindung des Richters an das Gesetz als hermeneutisches Problem, in: Festschr. f. ERNST RUDOLF HUBER, 1973. – Die Sinnfrage in der Rechtswissenschaft, in Festschr. f. FRANZ WIEACKER, 1978. – Richtiges Recht, Grundzüge einer Rechtsethik, 1979.

LEENEN, DETLEF: Typus und Rechtsfindung, 1971.

LESS, GÜNTHER: Vom Wesen und Wert des Richterrechts, 1954.

LIVER, PETER: Der Wille des Gesetzes, 1954. – Der Begriff der Rechtsquelle, (Berner Festgabe für den Schweizerischen Juristenverein) 1955.

MAC CORMICK, DONALD NEILL u. WEINBERGER, OTA: Grundlagen des institutionalistischen Rechts-positivismus, 1985.

MAYER-MALY, THEO: Rechtswissenschaft, 3. Aufl. 1989.

MEIER-HAYOZ, ARTHUR: Der Richter als Gesetzgeber, 1951.

MÜLLER, FRIEDRICH: Normstruktur und Normativität, 1966. – Juristische Methodik, 1971. 3. Aufl. 1989 – Juristische Methodik und politisches System, 1976. – Die Einheit der Verfassung, 1979.

MÜLLER-ERZBACH, RUDOLF: Wohin führt die Interessenjurisprudenz? 1932. – Die Rechtswissenschaft im Umbau, 1950.

NAWIASKY, HANS: Allgemeine Rechtslehre, 2. Aufl. 1948.

OERTMANN, PAUL: Interesse und Begriff in der Rechtswissenschaft, 1931.

OGOREK, REGINA: Richterrecht oder Subsumtionsautomat, 1986.

OTT, WALTER: Der Rechtspositivismus, 1976.

PAWLOWSKI, HANS-MARTIN: Methodenlehre für Juristen. – 1981. Einführung in die Juristische Methodenlehre, 1986.

PEINE, FRANZ-JOSEPH: Das Recht als System, 1983.

PERELMANN, CHAIM: Über die Gerechtigkeit, 1967. – La Justification des Normes, in: K. KUYPERS, Human Sciences and the Problem of Values, The Hague 1974. – Logique Juridique. Nouvelle rhétorique, 1976. – Das Reich der Rhetorik, 1980.

RADBRUCH, GUSTAV: Rechtsphilosophie, 1914, 8. Aufl., herausgeg. von HANS PETER SCHNEIDER und ERIK WOLF, 1973. – Vorschule der Rechtsphilosophie, 1948, 2. Aufl. 1959.

RAISCH, PETER: Vom Nutzen der überkommenen Auslegungskanones für die praktische Rechtsanwendung, 1988.

REICHEL, HANS: Gesetz und Richterspruch, 1915.

REINHARDT-KÖNIG: Richter und Rechtsfindung, 1957.

RITTNER, FRITZ: Verstehen und Auslegen als Probleme der Rechtswissenschaft, in: Verstehen und Auslegen (Freiburger Dies Universitatis Bd. 14),1968.

RÖDIG, JÜRGEN: Die Denkform der Alternative in der Jurisprudenz, 1969.

RÜMELIN, GUSTAV: Werturteile und Willensentscheidungen, 1891.

RYFFEL, HANS: Grundprobleme der Rechts- und Staatsphilosophie, 1969; Rechtssoziologie, 1974.

SAUER, WILHELM: Das juristische Grundgesetz, 1923. – Juristische Methodenlehre, 1940. – Grundlagen der Wissenschaft und der Wissenschaften, 1926, 2. Aufl. 1949.

v. SAVIGNY, FRIEDRICH K.: Juristische Methodenlehre, herausgeg. von G. WESENBERG, 1951. – Vom Beruf unserer Zeit für Gesetzgebung und Rechtswissenschaft, 1814. – System des heutigen Römischen Rechts, Bd. I, 1840.

SCHAPP, JAN: Hauptprobleme der Juristischen Methodenlehre, 1983.

SCHEUERLE, WILHELM: Rechtsanwendung, 1952.

SCHIFFAUER, PETER: Wortbedeutung und Rechtserkenntnis, 1979.

SCHMITT, CARL: Gesetz und Urteil, 1912. – Die Lage der europäischen Rechtswissenschaft, 1950.

SCHÖNFELD, WALTHER: Die logische Struktur der Rechtsordnung, 1927. – Über den Begriff einer dialektischen Jurisprudenz, 1929. – Von der Rechtserkenntnis, 1931. – Grundlegung der Rechtswissenschaft, 1951.

SCHREIER, FRITZ: Die Interpretation der Gesetze und Rechtsgeschäfte, 1927.

SCHREINER, HELMUT: Die Intersubjektivität von Wertungen, 1980.

SCHWINGE, ERICH: Teleologische Begriffsbildung im Strafrecht, 1930. – Der Methodenstreit in der heutigen Rechtswissenschaft, 1930.

SEBALDESCHI, J.: Rechtswissenschaft als Modellwissenschaft, 1979.

SIEBERT, WOLFGANG: Die Methode der Gesetzesauslegung, 1958.

SOMLÓ, FELIX: Juristische Grundlehre, 1917.

STAMMLER, RUDOLF: Theorie der Rechtswissenschaft, 1911, 2. Aufl. 1923. – Die Lehre von dem Richtigen Rechte, 1902, 2. Aufl. 1926. – Lehrbuch der Rechtsphilosophie, 1921, 3. Aufl. 1928.

STOLL, HEINRICH: Begriff und Konstruktion in der Lehre der Interessenjurisprudenz, Festschr. f. HECK, RÜMELIN u. A. B. SCHMIDT, 1931.

TROLLER, ALOIS: Überall gültige Prinzipien der Rechtswissenschaft, 1965.

VIEHWEG, THEODOR: Topik und Jurisprudenz, 1953, 5. Aufl. 1974.

WANK, ROLF: Grenzen richterlicher Rechtsfortbildung, 1978. – Die juristische Begriffsbildung, 1985.

WEINBERGER, OTA: Rechtslogik, 2. Aufl. 1989. – Norm und Institution, 1988. – Recht, Institution und Rechtspolitik 1987. – Logische Analyse in der Jurisprudenz, 1979. – Normentheorie als Grundlage derJurisprudenz und Ethik, 1981.

WELZEL, HANS: Naturalismus und Wertphilosophie im Strafrecht, 1935.

WESTERMANN, HARRY: Wesen und Grenzen der richterlichen Streitentscheidung im Zivilrecht, 1955.

WIEACKER, FRANZ: Privatrechtsgeschichte der Neuzeit, 1952, 2. Aufl. 1967. – Zur rechtstheoretischen Präzisierung des § 242 BGB, 1956. – Gesetz und Richterkunst, 1958. – Über strengere und unstrenge Verfahren der Rechtsfindung, in: Festschr. f. WERNER WEBER, 1974, S. 421.

WILHELM, W.: Zur juristischen Methodenlehre im 19. Jahrhundert, 1958.

WOLF, ERIK: Große Rechtsdenker, 1939, 4. Aufl. 1963 (zu SAVIGNY, JHERING und WINDSCHEID). – Fragwürdigkeit und Notwendigkeit der Rechtswissenschaft, 1953.

ZELLER, ERNST: Auslegung von Gesetz und Vertrag, 1989.

ZIPPELIUS, REINHOLD: Wertungsprobleme im System der Grundrechte, 1962. – Das Wesen des Rechts, 1965, 4. Aufl. 1978. – Juristische Methodenlehre, 1971, 5. Aufl. 1990. – Rechtsphilosophie, 2. Aufl., 1989.

ZITELMANN, ERNST: Lücken im Recht, 1903.

Einleitung

Jede Wissenschaft bedient sich bestimmter Methoden, Arten des Vorgehens, um Antworten auf die von ihr gestellten Fragen zu erlangen. Welcher Methoden bedient sich die Rechtswissenschaft? Unter der „Rechtswissenschaft“ wird in diesem Buche diejenige Wissenschaft verstanden, die sich mit der Lösung von Rechtsfragen im Rahmen und auf der Grundlage einer bestimmten, historisch erwachsenen Rechtsordnung befaßt, also die herkömmlicherweise so genannte Jurisprudenz. Mit dem Recht befassen sich auch andere Wissenschaften, so die Rechtshistorie und die Rechtssoziologie. Es versteht sich, daß sich die Rechtshistorie der Methoden der Geschichtswissenschaft, die Rechtssoziologie soziologischer Methoden bedient. Wie aber steht es mit der Rechtswissenschaft im engeren Sinne, also der Jurisprudenz?

Es hat eine Zeit gegeben, sie liegt schon etwa ein Jahrhundert zurück, da war es den Juristen nicht zweifelhaft, daß sie über Methoden sowohl der Lösung von Rechtsfällen wie der Bearbeitung des geltenden Rechts in seiner Gesamtheit verfügten, die denen anderer Wissenschaften hinsichtlich der an sie zu stellenden Anforderungen nicht nachstünden. Heute ist das anders. Man spricht von „Gewißheitsverlusten im juristischen Denken“[1], hält Methodenwahl für beliebig, will sich, statt mit als zutreffend erkannten, mit nur „vertretbaren“ oder „konsensfähigen“ Lösungen begnügen oder verweist die Juristen gar auf die Sozialwissenschaften als die einzigen, von denen sie für sie relevante Erkenntnisse erwarten dürften. Dahinter steht einmal die Erkenntnis, daß in juristische Beurteilungen – z. B. eines bestimmten Verhaltens als „fahrlässig“ – immer wieder Bewertungen einfließen. Auch wo der Richter einen Analogieschluß vornimmt oder ablehnt, Güter oder Interessen gegeneinander „abwägt“ oder neuen Entwicklungen, einer Änderung der Lebensverhältnisse Rechnung trägt – und das tut er heute weit häufiger als früher – liegen dem Bewertungen zugrunde. Es gilt aber als ausgemacht, daß Werturteile wissenschaftlich nicht überprüfbar sind, da sie nicht, wie Urteile über Tatsachen, auf Wahrnehmungen beruhen, die durch Beobachtung und Experiment erhärtet werden können, und daher nur der persönlichen Überzeugung des Urteilenden Ausdruck zu geben vermöchten. Auch ein logisch korrektes Schlußverfahren garantiert noch keine inhaltlich zutreffenden Ergebnisse, wenn in die Schlußkette Prämissen aufgenommen werden, die auf Bewertung beruhen. Hinzu kommt die Abkehr von der lange vorherrschenden Auffassung, daß das Recht, wenn nicht allein, so doch ganz überwiegend in den Gesetzen zu finden sei. So lange man dieser Auffassung war, konnte sich der Jurist mit Methoden der Gesetzesauslegung, der Anwendung des („zutreffend“ ausgeleg-

[1] So der Titel einer 1977 erschienenen Schrift von G. HAVERKATE.

ten) Gesetzes auf Einzelfälle und schließlich der Bildung und Verwendung von Begriffen aus dem ihm gegebenen Material begnügen. Heute wissen wir, daß die meisten Gesetze ihre letzte Ausprägung und damit ihre Anwendbarkeit auf einzelne Fälle erst durch ihre Konkretisierung in dem andauernden Prozeß der Rechtsprechung erfahren, und daß viele Rechtssätze durch die Rechtsprechung Eingang in das geltende Recht gefunden haben. Rechtsfindung geht jedenfalls nicht in Gesetzesanwendung auf. Diesen Erkenntnissen muß die juristische Methodenlehre Rechnung tragen.

Das heißt aber nicht, daß methodisches Vorgehen für den Juristen entbehrlich wäre, oder auch nur, daß die bisher geübten Methoden sämtlich unbrauchbar wären[2]. Gesetze spielen in unserem Rechtsleben nach wie vor eine große Rolle; die Richter sind gehalten, sie dort, wo sie auf einen Sachverhalt passen, auch auf ihn anzuwenden. Sonst würden Gesetze bald nicht mehr „greifen" und ihre Lenkungsaufgabe innerhalb des Gemeinwesens verfehlen. Sie bedürfen daher weiterhin der Auslegung, und da diese zur Geltung bringen soll, was der Gesetzgeber (vernünftigerweise, unter Berücksichtigung des Regelungszwecks und der geregelten Verhältnisse) hat sagen (anordnen) wollen, so darf der Auslegende hierbei nicht willkürlich oder beliebig vorgehen. Richterliche Entscheidungen, gerade dann, wenn Werturteile in sie einfließen, dürfen nicht unbesehen übernommen werden; sie sind darauf zu überprüfen, ob sie sich mit anderen Entscheidungen und anerkannten Rechtsgrundsätzen vereinbaren lassen, und ob sie „sachgerecht" sind. Ohne die Beachtung bestimmter methodischer Erfordernisse geht das jedoch nicht. Was die Bewertungen, aber auch die Auslegung und die vielfach gebotene Deutung menschlichen Verhaltens (etwa als einer Willenserklärung, einer Zustimmung oder eines Verzichts) betrifft, so könnte ein Wissenschaftsbegriff, der „zutreffende" Aussagen nur auf dem Felde der Logik und Mathematik oder über durch Erfahrung bestätigte Tatsachen zuläßt, angesichts nicht nur der Rechtswissenschaft, sondern auch anderer Geisteswissenschaften, die es ebenfalls mit Interpretationen und Deutungen menschlichen Verhaltens zu tun haben, doch zu eng sein. In diesem Buche soll gezeigt werden, daß die Rechtswissenschaft auch Methoden eines „wertorientierten" Denkens entwickelt hat, die es ermöglichen, vorgegebene Wertungen nachzuvollziehen, sie zu übertragen, und die jeweils neu geforderte Wertung wenigstens innerhalb bestimmter Grenzen an solchen vorgefundenen Bewertungen zu orientieren. Insoweit sind Wertungen überprüfbar und einer rationalen Kritik zugänglich. Man muß sich allerdings von der Vorstellung frei machen, die auf solche Weise gefundenen Ergebnisse könnten denselben Grad von Sicherheit und Genauigkeit erreichen wie ein mathematischer Beweis oder eine exakt ausgeführte Messung. Um Wissenschaft, um eine auf die Gewinnung von Erkenntnissen gerichtete planmäßige Tätigkeit, könnte es sich dennoch handeln. Man sollte, statt einen auf andere Wissenschaften wohl zutreffenden (engen) Wissenschaftsbegriff unbesehen auf die Rechtswissenschaft zu über-

---

[2] Zur Unentbehrlichkeit methodischen Rechtsdenkens und zu seinen Grenzen treffend BYDLINSKI in AcP 1988, S. 447 ff.

tragen und dieser, weil sie ihm nicht genügen kann, die Fähigkeit, Erkenntnisse zu gewinnen, abzusprechen, „die Eigenart der Jurisprudenz von der des Rechts her zu bestimmen suchen“[3].

Die Eigenart der Jurisprudenz, der in ihr angewandten Methoden und Denkweisen, von der Eigenart des Rechts her zu bestimmen, verlangt eine nähere Kenntnis dieses ihres Gegenstandes. In der Tat läßt sich leicht zeigen, daß jede juristische Methodenlehre von dem ihr zugrundeliegenden Rechtsverständnis abhängt. „Recht“ ist ein überaus komplexer Gegenstand; mit ihm befassen sich nicht nur verschiedene Einzelwissenschaften, sondern auch die Philosophie. Juristische Methodenlehre kommt nicht aus ohne Rechtsphilosophie. Sie kommt zum Beispiel nicht um die Frage herum, ob sich der Richter mit einer „korrekten“ (was immer das heißen möge) Anwendung der ihm vorgegebenen Regeln begnügen oder darüber hinaus eine „gerechte“ Streitentscheidung anstreben soll – und woran wir denn zu erkennen vermögen, ob eine Entscheidung „gerecht“ ist. Da es die Jurisprudenz jedenfalls *auch* mit dem Verstehen von Texten – Gesetzen, richterlichen Entscheidungen, auch Verträgen und Willenserklärungen Privater – zu tun hat, ist ferner die Hermeneutik, die Lehre vom Verstehen, auch für das Verständnis dieses Teils der Tätigkeit des Juristen von großer Bedeutung, wenn auch nicht allein ausschlaggebend. Auf der anderen Seite lassen sich Denkweisen, die in juristischen Arbeiten hervortreten, nur erfassen, wenn man ihnen sozusagen dicht auf der Spur bleibt. Erst an den Beispielen, die sie aus der Rechtsprechung und der juristischen Dogmatik aufzeigt, werden die Aussagen einer juristischen Methodenlehre voll verständlich, überprüfbar und für die juristische Praxis verwertbar. Der Autor ist daher genötigt, den Leser in häufigem Wechsel auf verschiedene Felder zu führen, was von diesem einige Geduld verlangt. Vom Leser wird nicht nur passive Aufnahme, sondern Mitdenken erwartet.

Noch einige Worte zu dem historischen Teil. Es wäre denkbar gewesen, die Darstellung erst mit dem 5. Kapitel des I. Teils, dem Überblick über den gegenwärtigen Stand der Lehre, zu beginnen. In der vorgesehenen verkürzten Studienausgabe wird das geschehen. Allein um die Problematik voll zu verstehen, bedarf es des Rückgriffs auf die Wissenschaftsgeschichte der letzten 180 Jahre. Namen wie SAVIGNY, JHERING und HECK, auch OSKAR BÜLOW und EUGEN EHRLICH, KELSEN, STAMMLER, BINDER und RADBRUCH stehen für heute noch verbreitete, oft nur leicht abgewandelte Denkansätze. Bei aller Verschiedenheit dieser Ansätze zieht sich die gleiche Problematik durch sie hindurch. Sie kreist um die Begriffe der Geltung und der Positivität des Rechts, um die Normativität und die Seinsbezogenheit des Rechts, den Anteil von Gesetzgebung, Rechtsprechung und Lehre an der Rechtsbildung, den

---

[3] So – in bezug auf seine Kritik an der Rechtslehre HANS KELSENS – FRIEDRICH MÜLLER, Normstruktur und Normativität, 1966, S. 19. Auch COING, Grundzüge der Rechtsphilosophie, 4. Aufl. S. 103, hält es für „falsch, anzunehmen, daß außerhalb der deduktiven Erkenntnis und des experimentellen Verfahrens keine Erkenntnis möglich sei und jenseits ihrer Grenzen das Feld willkürlich-subjektiver Meinungen begänne“.

Wissenschaftsbegriff. Sicher sind auch neue Probleme hinzugekommen, haben sich die Perspektiven vielfach verschoben. Aber insgesamt ist die, oft unterschwellige, Kontinuität der Problemstellungen erstaunlich groß[4]. Sie ist in der Sache selbst begründet und sollte daher dem Leser nicht verborgen bleiben. Auch daß ich gerade mit SAVIGNY beginne, ist kein Zufall. Nicht daß es nicht schon vor ihm Methoden der Rechtswissenschaft[5] und auch eine wissenschaftliche Beschäftigung mit ihnen[6] gegeben hätte. Kurz vor SAVIGNY hatte sein bekannter Gegner in der Kodifikationsfrage THIBAUT Überlegungen über die juristische Auslegung veröffentlicht.[7] Aber SAVIGNYs Methodenlehre ist die erste nach dem Abschied vom (neuzeitlichen) Naturrecht; er hat sie nicht nur mehrfach dargestellt, sondern auch selbst angewandt; sie hat das gesamte rechtswissenschaftliche Schrifttum des 19. Jahrhunderts nachhaltig beeinflußt, auch wo man sich gegen sie wandte[7].

---

[4] Zu weit geht in der Annahme solcher Kontinuität der nach-naturrechtlichen Rechtstheorie und Methodenlehre m. E. doch wohl RAFFAELE DI GIORGI in seinem Buch „Wahrheit und Legitimation im Recht“, 1980. Er glaubt, sie allein darauf zurückführen zu können, daß alle Autoren von SAVIGNY bis zur *Gegenwart* von der Positivität des Rechts ausgingen.

[5] Über die Methoden der Glossatoren und der frühen Humanisten unterrichtet am besten WIEACKER, Privatrechtsgeschichte der Neuzeit, 2. Aufl., S. 52 ff., 66 f., 88 ff.

[6] So LEIBNIZ in seiner Frühschrift „Nova methodus discendae docendaeque Jurisprudentiae“.

[7] Dazu KITZLER, Die Auslegungslehre des ANTON FRIEDRICH JUSTUS THIBAUT, 1986.

I. Historisch-kritischer Teil

Rechtstheorie und Methodenlehre in Deutschland seit Savigny

KAPITEL 1

Die Methodenlehre Savignys

Wer gewohnt ist, die von SAVIGNY mitbegründete „Historische Rechtsschule" vornehmlich aus ihrem Gegensatz zu den „philosophischen" Schulen des späten Naturrechts zu sehen, wird erstaunt sein, am Beginn der Kollegschrift aus dem Winter 1802 zu lesen[1]: die „Gesetzgebungswissenschaft" – als solche wird hier die Rechtswissenschaft bezeichnet – sei „erstens eine historische und zweitens auch eine philosophische Wissenschaft"; beides sei zu vereinen, die Rechtswissenschaft müsse „vollständig historisch und philosophisch zugleich sein". Handelt es sich hier noch um einen naturrechtlichen „Rückstand" im Denken SAVIGNYs, den er später überwunden hat, oder hat SAVIGNY an dieser Verbindung dauernd festgehalten? Es fällt auf, daß er den Ausdruck „philosophisch" in der Kollegschrift als gleichbedeutend mit „systematisch" gebraucht; das „systematische" Element spielt aber auch in der Methodenlehre des „Systems" eine beträchtliche Rolle. In welchem Sinne SAVIGNY in der Frühschrift die Ausdrücke „systematisch" und „philosophisch" einander gleichsetzt, lassen die Worte erkennen: „Alles System führt auf Philosophie hin. Die Darstellung eines bloß historischen Systems führt auf eine Einheit, ein Ideal, worauf sie sich gründet, hin. Und dies ist Philosophie" (S. 48). Dabei unterscheidet SAVIGNY die philosophische Rechtslehre als solche oder das Naturrecht von dem philosophischen oder systematischen Element der (positiven) Rechtswissenschaft: die letztere kann „ebensogut ohne Naturrecht als mit solchem studiert werden" (S. 50). Philosophie ist dem Juristen „auch bloß als Vorkenntnis durchaus nicht notwendig". Mit

[1] Wir besitzen zwei Darstellungen der juristischen Methodenlehre von SAVIGNY: das von JAKOB GRIMM nachgeschriebene, im Jahre 1951 von WESENBERG herausgegebene Kolleg aus dem Winter 1802/03 – die „Frühschrift" –, und die Ausarbeitung im 1. Bande des „Systems des heutigen Römischen Rechts" vom Jahre 1840. Zwischen diesen beiden, zeitlich weit entfernten Darstellungen liegt die berühmte Programmschrift „Vom Beruf unserer Zeit für Gesetzgebung und Rechtswissenschaft" (1814). Die darin ebenfalls enthaltenen methodischen Ausführungen sind jedoch nicht zu einem geschlossenen Ganzen vereinigt. Sie lassen erkennen, wie weit sich SAVIGNY durch die nun von ihm voll ausgebildete historische und organologische Auffassung von manchen Ausführungen der Frühschrift bereits entfernt hatte, haben aber gegenüber dem späteren „System" keine selbständige Bedeutung und brauchen hier daher auch nicht gesondert dargestellt zu werden. – Die im Text in Klammern angegebenen Seitenzahlen beziehen sich zunächst auf die Ausgabe der Kollegschrift von WESENBERG, hernach auf die Ausgabe des „Systems" vom Jahre 1840. Aus der Literatur zu SAVIGNYs früher Methodenschrift möchte ich hervorheben: SCHULTE, Die juristische Methodenlehre des jungen SAVIGNY, ungedr. Kieler Diss. 1954; KIEFNER, Der junge SAVIGNY, in: Akademische Feier aus Anlaß der 200. Wiederkehr des Geburtstages von F. C. VON SAVIGNY, als Manuskript herausgegeben von LESER (für den Fachbereich Rechtswissenschaft der Universität Marburg), 1979.

dem „philosophischen" Element der Rechtswissenschaft kann also nicht die Übernahme irgendwelcher naturrechtlicher Lehrsätze, sondern nur eine der Rechtswissenschaft selbst eigentümliche Richtung auf eine *von ihr vorausgesetzte immanente* Einheit gemeint sein, eine Richtung, die der Rechtswissenschaft mit der Philosophie nach SAVIGNYS Meinung gemeinsam ist. In diesem Sinne heißt es auch im „System" (S. 46), daß die dem Stoff gegebene wissenschaftliche Form „seine innewohnende Einheit zu enthüllen und zu vollenden" strebe, und in diesem Streben, d. h. insofern sie systematisch verfährt, ist die Rechtswissenschaft der Philosophie verwandt.

Im Gegensatz zu dem später von ihm vertretenen Primat des Gewohnheitsrechts setzt SAVIGNY im Kolleg noch das positive Recht mit dem *Gesetzesrecht* gleich. Die Gesetzgebung aber geschehe in der Zeit, und dies führe „auf den Begriff einer Rechtsgeschichte, die genau mit der Geschichte des Staates und der Völker zusammenhängt; denn die Gesetzgebung ist eine Handlung des Staates" (S. 17). Im weiteren unterscheidet SAVIGNY eine interpretative, eine historische und eine philosophische (systematische) Bearbeitung des Rechts. Als Aufgabe der Interpretation bezeichnet er die „Rekonstruktion des Gedankens, der im Gesetz ausgesprochen wird, insofern er aus dem Gesetz erkennbar ist". Der Interpret müsse sich „auf den Standpunkt des Gesetzgebers setzen und so künstlich dessen Ausspruch entstehen lassen". Zu diesem Zwecke müsse die Interpretation einen dreifachen Bestandteil haben, „einen logischen, grammatischen und historischen" (S. 19). Um „den Gedanken des Gesetzes wissen zu können", müsse man die historischen Umstände seiner Entstehung in Betracht ziehen. Die Interpretation müsse ferner sowohl die Eigentümlichkeit einer einzelnen Textstelle, wie ihre Bedeutung für das Ganze erkennen. Denn „die Gesetzgebung spricht nur ein Ganzes aus" (S. 25). Das „Ganze" des Rechts wird aber nur im System sichtbar. Somit machten sich sowohl das historische wie das systematische Element bereits bei jeder Interpretation eines Gesetzes bemerkbar (vgl. S. 18). Zugleich aber begründe jedes von ihnen eine eigentümliche Bearbeitung der Rechtswissenschaft. Die historische Bearbeitung solle „das System im ganzen nehmen und es sich als fortschreitend denken, d. h. als Geschichte des Systems der Jurisprudenz im ganzen" (S. 32). Die systematische Bearbeitung dagegen habe die Aufgabe, das Mannigfaltige in der ihm zukommenden Verbindung zu sehen. Sie habe es mit der Entwicklung der Begriffe, der Darstellung der Rechtssätze nach ihrem „inneren Zusammenhang" und schließlich auch mit der Ausfüllung von Gesetzeslücken – dieser Ausdruck findet sich bei SAVIGNY freilich noch nicht – durch Analogie zu tun.

Bezeichnend für den „gesetzespositivistischen" Zug[2], der SAVIGNYS Frühschrift eigen ist, ist seine Ablehnung der von ihm so genannten „extensiven" und „restrik-

---

[2] JOACHIM RÜCKERT führt in seiner breit angelegten Monographie „Idealismus, Jurisprudenz und Politik bei F. C. VON SAVIGNY", 1984, den Nachweis, daß SAVIGNY durchweg einem Denkansatz folgt, den man im Sinne der zeitgenössischen Philosophie, aber ohne Anlehnung an ein bestimmtes philosophisches System im weitesten Sinn als „objektiven Idealismus" bezeichnen kann. Dieser Ansatz sei schon in der Frühschrift erkennbar. In diesem Zusammenhang wendet RÜCKERT sich gegen den oben von mir gebrauchten, aber nicht grundlos in

tiven" Interpretation. Er versteht darunter eine den Gesetzeswortlaut erweiternde oder einschränkende Auslegung, und zwar gemäß dem Zweck oder dem Grund des Gesetzes. Dieser sei aber, so führt SAVIGNY aus, in der Regel nicht Inhalt des Gesetzes geworden; er müsse daher von dem Interpreten „auf eine künstliche Art gefunden und hinzugetan werden" (S. 40). Selbst wenn der Gesetzgeber den Grund angegeben habe, habe er ihn nicht „als gemeine Regel aufgestellt", sondern nur, um die aufgestellte Regel aus ihm zu erklären. Er dürfe daher nicht selbst wie eine Regel angewandt werden. SAVIGNY verwirft hier also eine „teleologische" Interpretation; nicht, was der Gesetzgeber bezweckt, nur was er tatsächlich angeordnet hat, genauer: was als Inhalt seiner Anordnung in den Gesetzesworten, ihrem logischen, grammatikalischen und aus dem systematischen Zusammenhang zu erschließenden Sinn, Ausdruck gefunden hat, darf der Richter beachten. Er darf nur nachvollziehen, nicht schöpferisch das Gesetz fortbilden: „eine Vervollkommnung des Gesetzes ist zwar möglich, allein bloß durch den Gesetzgeber, nie durch den Richter darf sie vorgenommen werden" (S. 43). Dennoch will SAVIGNY die Analogie zulassen. Sie beruhe darauf, führt er aus, daß man im Gesetz eine spezielle Regel finde, die einen ähnlichen Fall bestimmt, diese auf eine „höhere Regel" reduziere und alsdann den nicht speziell geregelten Fall nach dieser höheren Regel entscheide. Von dem abgelehnten Verfahren einer einschränkenden oder ausdehnenden Auslegung unterscheide sich dieses Verfahren dadurch, daß hier dem Gesetz nichts hinzugefügt, sondern nur „die Gesetzgebung aus sich selbst ergänzt" werde (S. 42). Das setzt freilich voraus, daß die im Gesetz ausgesprochene, speziellere Regel gleichsam als stellvertretend für eine nicht ausgesprochene, aber sinngemäß im Gesetz enthaltene allgemeinere Regel angesehen werden darf – eine Voraussetzung, die von SAVIGNY nicht näher begründet wird. Dahinter steht jedoch ersichtlich die doch wohl auf das spätere Naturrecht zurückgehende[3] Auffassung, die im Gesetz enthaltenen „speziellen" Regeln seien durchweg als *Folgerungen* aus gewissen allgemeineren und umfassenderen Grundsätzen zu verstehen, auf die sie durch Weglassung des Besonderen ebenso zurückgeführt werden könnten, wie sie durch Hinzufügung des Besonderen im Geiste des Gesetzgebers entstanden seien.

Diese Konzeption mußte in dem Augenblick eine tiefgehende Veränderung erfahren, in dem SAVIGNY – zuerst in der Schrift über den „Beruf unserer Zeit" – nicht mehr das Gesetz, sondern die gemeinsame Rechtsüberzeugung des Volkes, den „Volksgeist", als die ursprüngliche Quelle allen Rechtes ansah. Die Form, in der sich

---

Anführungszeichen gesetzten Ausdruck „gesetzespositivistisch". Er paßt in der Tat nicht wenn man damit die SAVIGNY wohl fernliegende Vorstellung verbindet, der Inhalt des Gesetzes werde vom Gesetzgeber beliebig („willkürlich") festgesetzt. Hier soll er nur die von SAVIGNY angenommene enge Bindung des Interpreten an den Gesetzestext kennzeichnen. Auch R. OGOREK spricht in ihrer Schrift „Richterkönig oder Subsumtionsautomat", 1986, S. 149, von SAVIGNYS „eher positivistisch ausgerichtetem Methodenprogramm früherer Tage."

[3] Zur Fortwirkung des (neuzeitlich-rationalistischen) Naturrechts in der historischen Rechtsschule vgl. BEYERLE DRWiss. IV, S. 15 ff.; KOSCHACKER, Europa und das römische Recht, S. 279; THIEME, Das Naturrecht und die europäische Privatrechtsgeschichte, S. 46; WIEACKER, Privatrechtsgeschichte, S. 372 ff.

eine solche gemeinsame Überzeugung allein bilden kann, ist offenbar nicht die einer logischen Deduktion, sondern die der unmittelbaren Empfindung und Anschauung. Diese aber kann sich ursprünglich nicht auf die – nur als Produkt eines rationalen Denkens verständliche, weil bereits abstrakt-allgemeine – *Norm* oder „*Regel*" beziehen, sondern nur die konkreten und zugleich typischen *Verhaltens-weisen* zum Gegenstand haben, die von den Rechtsgenossen eben im Bewußtsein einer „inneren Notwendigkeit" im allgemeinen beobachtet werden – d. h. die in ihrer rechtlichen Bedeutung erkannten typischen *Lebensverhältnisse* selbst. Diese Lebensverhältnisse, wie z. B. die Ehe, die patria potestas, das Eigentum an einem Grundstück, der Kauf, als eine rechtlich verbindliche Ordnung gedacht und ausgestaltet, sind die „*Rechtsinstitute*", die damit für SAVIGNY zum Ausgangspunkt und zur Grundlage der Rechtsentwicklung werden. Demgemäß geht SAVIGNY auch im „System" vom Begriff des Rechtsinstituts aus. Es zeigt, so führt er aus, eine „organische Natur" (S. 9), sowohl „in dem lebendigen Zusammenhang der Bestandteile als in seiner fortschreitenden Entwicklung" (S. 9). Das Rechtsinstitut ist ein sich in der Zeit wandelndes, sinnvolles Ganzes als typisch verstandener menschlicher Beziehungen, das als solches niemals durch die Summe der einzelnen, darauf bezüglichen Rechtsregeln erschöpfend dargestellt werden kann. Nicht die Rechtsregeln ergeben in ihrer Zusammenfassung die Rechtsinstitute, vielmehr werden die Rechtsregeln, wie SAVIGNY betont, ihrerseits erst durch eine „Abstraktion" (S. 11), durch einen „künstlichen Prozeß", aus der „Totalanschauung" der Rechtsinstitute („in ihrem organischen Zusammenhang") herausgelöst (S. 16). Die Regeln behalten daher, unbeschadet aller begrifflichen Ausformung und Durchbildung, „in der Anschauung des Rechtsinstituts ihre tiefere Grundlage" (S. 9).

Für die Auslegung der im Gesetz enthaltenen Regeln bedeutet diese Auffassung, daß die Regeln – im Gegensatz zu der von SAVIGNY in seiner Frühschrift vertretenen Auffassung – nicht lediglich aus sich selbst heraus verstanden werden können, sondern nur aus der *Anschauung des Rechtsinstituts,* von der sich auch der Gesetzgeber bei der Formulierung der Regel hat leiten lassen. Zwischen dieser Anschauung und der abstrakten Form der einzelnen Regel, die sich immer nur auf eine einzelne, künstlich isolierte Seite des ganzen Verhältnisses beziehen kann, besteht nach SAVIGNY ein „Mißverhältnis", dessen Überwindung der Rechtswissenschaft fortdauernd aufgegeben ist. So wie dem Gesetzgeber „die vollständige Anschauung des organischen Rechtsinstituts vorschweben" und er aus dieser „durch einen künstlichen Prozeß die abstrakte Vorschrift des Gesetzes bilden" muß, soll dieses seinem Zweck entsprechen, so muß andererseits derjenige, der das Gesetz anwenden soll, „durch einen umgekehrten Prozeß den organischen Zusammenhang hinzufügen, aus welchem das Gesetz gleichsam einen einzelnen Durchschnitt darstellt" (S. 44). Das bedeutet, daß das juristische Denken sich nicht lediglich auf *einer* Ebene bewegen darf, sondern zwischen Anschauung und Begriff ständig zu vermitteln hat, wobei die Anschauung das Ganze repräsentiert, während der Begriff und die mittels seiner gebildete Regel jeweils nur einen Teilaspekt zu erfassen vermag und eben darum immer wieder durch die Anschauung ergänzt und berichtigt werden muß. Man darf sagen: hätte SAVIGNY hiermit vollen Ernst gemacht und hätten seine Nachfolger diese

Lehre befolgt, so hätten sie nicht den Weg der „formalen Begriffsjurisprudenz" beschreiten können.

Indessen ist es SAVIGNY nicht gelungen, und darauf beruht, wie wir meinen, die tatsächlich geringe Wirkung seiner Methodenlehre, darzulegen, in welcher Weise der von ihm geforderte Übergang aus der „Anschauung" des Instituts in die „abstrakte Form der Regel" und aus dieser zurück zu der ursprünglichen Anschauung vor sich gehen kann. Lassen sich, so müssen wir fragen, Rechtsinstitute „anschauen", ohne daß das Angeschaute bereits eine kategoriale Formung erfahren hätte, und kann man andererseits zu den einzelnen Regeln, nachdem diese zuvor durch „Abstraktion", d. h. doch wohl: durch die Aufspaltung des Institutes und ein bewußtes Absehen von seiner Ganzheit, gebildet worden sind, den „organischen Zusammenhang" wieder „hinzufügen", wenn dieser nur in der Anschauung gegeben ist und sich damit der begrifflichen Erfassung entzieht? In der Tat: wenn die Einheit eines Rechtsinstituts nur in der Anschauung gegeben ist, dann ist sie wissenschaftlich nicht begreifbar; dann führt aber auch kein Weg zu ihr zurück, sobald die Bildung abstrakter Regeln erfolgt ist und deren wissenschaftliche Bearbeitung eingesetzt hat. Die Wissenschaft vermag dann aus den selbst abstrakten Regeln nur noch solche Begriffe zu abstrahieren, die sich von der „Totalanschauung" des Institutes immer weiter entfernen. Dafür ist bezeichnend, wie SAVIGNY selbst sein System des Privatrechts aufbaut[4]. Er bildet einen abstrakten Begriff des Rechtsverhältnisses als einer „Willensherrschaft" und nimmt darauf eine formal-logische Einteilung der Privatrechtsverhältnisse nach den denkbaren „Hauptgegenständen der Willensherrschaft" (S. 335) vor, die ihn zu der Annahme von „drei Hauptklassen der Rechte" führt (S. 345). Systembildend ist also nicht der „organische" Zusammenhang der Institute, sondern der logische Zusammenhang der (abstrakt-allgemeinen) Begriffe. In diesen läßt sich aber die „Totalanschauung" eines Rechtsinstituts nicht nachträglich einfügen. Anders, wenn man den Sinnzusammenhang eines Rechtsinstituts (und des Rechts überhaupt) als einen konkret-allgemeinen Begriff im Sinne der Hegelschen Philosophie entwickelt; dann erscheint der durch die Regel geforderte abstrakte Begriff als eine notwendige Vereinseitigung, die als solche eingesehen und in den Grenzfällen, in denen sie zu einer Sinnverkehrung führen würde, aus dem Sinnzusammenhang (des konkret-allgemeinen Begriffs) korrigiert werden kann. Gerade dadurch also, daß SAVIGNY, unter richtiger Betonung des primären Charakters der Rechtsinstitute gegenüber den einzelnen Rechtsregeln, die adäquate Erfassung eines Institutes (als eines Sinnganzen) nur in der Anschauung für möglich hielt, das begriffliche Denken aber auf die Erfassung der notwendig abstrakten Rechtsregeln in der Weise der formalen Logik beschränkte, hat er der formalen „Begriffsjurisprudenz" PUCHTAS den Weg bereitet.

---

[4] Mit Recht bemerkt W. WILHELM, Zur juristischen Methodenlehre im 19. Jahrhundert (1958), S. 61, zu SAVIGNYS Theorie der juristischen Systematik: „Die konsequente Abkehr von aller naturrechtlichen Systematik, wie man sie in der Schultheorie verkündet hatte, wurde in der wissenschaftlichen Praxis nicht verwirklicht."

Im einzelnen finden wir in der Auslegungslehre des „Systems" manche Gedanken der Frühschrift wieder. Auch jetzt wird als die Aufgabe der Gesetzesauslegung „die Rekonstruktion des dem Gesetze innewohnenden Gedankens" bezeichnet (S. 213). Zu diesem Zwecke müsse sie „sich in Gedanken auf den Standpunkt des Gesetzgebers versetzen und dessen Tätigkeit in sich künstlich wiederholen, also das Gesetz in ihrem Denken von neuem entstehen lassen". Als die vier „Elemente" der Auslegung werden wieder angegeben: das grammatische, das logische, das historische und das systematische. Es handle sich jedoch nicht um vier Arten der Auslegung, sondern um „verschiedene Tätigkeiten, die vereinigt wirken müssen, wenn die Auslegung gelingen soll" (S. 215). Das systematische Element beziehe sich „auf den inneren Zusammenhang, welcher alle Rechtsinstitute und Rechtsregeln zu einer großen Einheit verknüpft". Der Erfolg der Auslegung hänge davon ab: „erstlich, daß wir uns die geistige Tätigkeit, woraus der vor uns liegende einzelne Ausdruck von Gedanken hervorgegangen ist, lebendig vergegenwärtigen; zweitens, daß wir die Anschauung des historisch-dogmatischen Ganzen, woraus dieses einzelne allein Licht erhalten kann, in hinlänglicher Bereitschaft haben, um die Beziehungen desselben in dem vorliegenden Text sogleich wahrzunehmen" (S. 215). Gegenüber der Frühschrift fällt auf, daß der Akzent hier stärker vom „Ausdruck" auf den „Gedanken" und auf die – letztlich an einer umfassenden „Anschauung" orientierte – „geistige Tätigkeit" verlagert ist, aus der die Rechtsregel hervorgegangen ist[5].

Deutlicher wird diese Verschiebung der Akzente noch, wenn wir die Ausführungen in Betracht ziehen, die SAVIGNY nun über den Zweck oder, wie er sagt, den

---

[5] Ich halte es trotzdem nicht für richtig, SAVIGNY, wie dies meist geschieht, den Vertretern der „subjektiven" Auslegungstheorie zuzurechnen, d. h. einer Auffassung, die die Aufgabe der Auslegung in der Ermittlung des psychologisch verstandenen „Willens" des historischen Gesetzgebers (oder, in der Abart von HECK, derjenigen „kausalen Interessen", die ihn motiviert haben) erblickt. Indem SAVIGNY verlangt, der Ausleger solle die Tätigkeit des Gesetzgebers, in der das Gesetz entstanden, in seinem Geiste wiederholen und das Gesetz so in seinem Denken neu entstehen lassen, verlangt er von dem Auslegenden weit mehr als nur die Feststellung bestimmter Fakten, nämlich eine *eigene geistige Tätigkeit*, die ihn notwendig über das hinausführen muß, was der historische Gesetzgeber sich bei seinen Worten tatsächlich gedacht haben mag. Die in der Auslegung enthaltene „freie Geistestätigkeit", so sagt er (System I, S. 207), lasse sich dahin bestimmen, daß „wir das Gesetz in seiner Wahrheit erkennen". Bei dieser geistigen Tätigkeit soll sich der Ausleger, gleich wie der Gesetzgeber selbst, von der „Anschauung des Rechtsinstituts" leiten lassen, d. h. er soll hinter die Gedanken des Gesetzgebers zurückgehen auf den in dem Rechtsinstitut verwirklichten objektiven Rechtsgedanken. Die später entwickelte, von WINDSCHEID und BIERLING vertretene „subjektive Auslegungstheorie" setzt einen psychologischen Willensbegriff voraus, der SAVIGNY noch ebenso fern lag wie der der „objektiven Auslegungstheorie" BINDINGS, WACHs und KOHLERS zugrundeliegende rationalistische Gesetzesbegriff. Beide Theorien sind, jede in ihrer Einseitigkeit, Ausdruck des positivistischen Zeitalters, dem die von SAVIGNY noch vorausgesetzte innere Einheit von Recht und rechtlich geordnetem Lebensverhältnis (Rechtsinstitut) sowie von sachlicher Vernunft und Willen des Gesetzgebers nicht mehr faßbar war. SAVIGNYs Auffassung mit der einen oder der anderen dieser Theorien, die beide zeitbedingt sind, zu identifizieren, heißt notwendigerweise, sie gerade in dem, was ihre Eigentümlichkeit und ihre Größe ausmacht, mißzuverstehen.

Grund des Gesetzes macht. Zwar betont er auch jetzt, dieser bleibe „vom Inhalt des Gesetzes getrennt“ und dürfe nicht etwa als ein Bestandteil desselben angesehen werden (S. 218). Allein, seine Verwendung zum Behufe der Auslegung des Gesetzes sei, wenn auch „nur mit großer Vorsicht“, zulässig (S. 220). Im Falle der Unbestimmtheit des vom Gesetz verwandten Ausdrucks soll ebensowohl der „innere Zusammenhang der Gesetzgebung“ wie der spezielle Zweck des Gesetzes herangezogen werden, soweit er nachweisbar ist (S. 228). Ist ein spezieller Zweck nicht nachweisbar, so darf auf einen „allgemeineren Grund“ – wir würden heute sagen: einen allgemeinen Rechtsgedanken – zurückgegangen werden (S. 228). Im Gegensatz zur Frühschrift läßt SAVIGNY nun auch sowohl eine ausdehnende wie eine einschränkende Auslegung zu, und zwar zur Berichtigung eines mangelhaften Ausdrucks. In diesem Fall erkennen wir zunächst „auf historischem Wege“ (S. 231), welchen Gedanken der Gesetzgeber mit dem unvollkommenen Ausdruck verbunden hat. Dazu kann wieder, neben dem „inneren Zusammenhang“, der spezielle Grund des Gesetzes dienen. Ist der „wirkliche Gedanke des Gesetzes“ auf solche Art erkannt, so kann der Ausdruck danach berichtigt werden (S. 233). Die Berichtigung soll einmal verhüten, daß die Norm im Widerspruch zu ihrem Zweck angewandt wird, und ferner dazu führen, „die wahre Grenze der Anwendung zu finden“, damit sie nicht „auf eine unvollständige oder überflüssige Weise geschehe“ (S. 234). Dagegen lehnt es SAVIGNY auch jetzt ab, den Ausdruck des Gesetzes lediglich auf Grund eines „generellen Grundes“, also eines „allgemeinen Rechtsgedankens“, zu berichtigen, da dies „schon ganz den Charakter einer von der Auslegung verschiedenen Fortbildung des Rechts an sich tragen“ würde (S. 238).

Eine von der Frühschrift deutlich abweichende Auffassung entwickelt SAVIGNY schließlich auch über das Verfahren der Lückenausfüllung durch Analogie. An die Stelle der Rückführung eines speziellen Rechtssatzes auf die darin unausgesprochen enthaltene „höhere Regel“ tritt nun der Rückgang auf die Gesamtanschauung des betreffenden Rechtsinstitutes. SAVIGNY unterscheidet zwei Fälle. Der erste Fall ist der, daß „ein neues, bisher unbekanntes Rechtsverhältnis erscheint, für welches daher ein Rechtsinstitut, als Urbild, in dem bisher ausgebildeten positiven Recht nicht enthalten ist“. Hier muß „ein solches urbildliches Rechtsinstitut, nach dem Gesetze innerer Verwandtschaft mit schon bekannten, neu gestaltet werden“ (S. 291). Es handelt sich also um eine *Neuschöpfung*, die so gut als möglich an Vorhandenes anzuknüpfen hat. Häufiger aber sei der zweite Fall, daß „in einem schon bekannten Rechtsinstitut eine einzelne Rechtsfrage neu entsteht“. Diese sei dann zu beantworten „nach der inneren Verwandtschaft der diesem Institute angehörenden Rechtssätze“, wobei es besonders auf die richtige Einsicht in die Gründe, also in die speziellen Zwecke der Rechtssätze ankomme. Jede Analogie beruhe „auf der vorausgesetzten inneren Konsequenz des Rechts“; diese aber sei nicht immer nur eine logische, wie „das reine Verhältnis zwischen Grund und Folge“, sondern zugleich eine „organische“, d. h. eine solche, „die aus der Gesamtanschauung der praktischen Natur der Rechtsverhältnisse und ihrer Urbilder hervorgeht“ (S. 292).

Fassen wir zusammen. Von Anfang an ist für SAVIGNY kennzeichnend die Forderung nach einer Verknüpfung von „historischer“ und „systematischer“ Methode.

Jene berücksichtigt die Entstehung jedes Gesetzes gerade in einer bestimmten historischen Situation. Diese zielt darauf, die Gesamtheit der Rechtsnormen und der ihnen zugrundeliegenden Rechtsinstitute als ein zusammenhängendes Ganzes zu verstehen. Während aber die Frühschrift das Rechtssystem ausschließlich als ein System von Rechtsregeln versteht, die untereinander in einer *logischen* Verbindung der Art stehen, daß die speziellen Regeln als aus generellen Regeln hervorgegangen gedacht werden und auf diese zurückgeführt werden können, geht das Alterswerk vielmehr von dem „organischen" Zusammenhang der im allgemeinen Bewußtsein lebendigen „*Rechtsinstitute*" aus. Aus den Instituten werden die einzelnen Rechtsregeln erst nachträglich, so meint SAVIGNY nun, durch eine „Abstraktion" abgeleitet; sie haben dem Auslegenden in der „Anschauung" daher stets gegenwärtig zu sein, will er die einzelne Norm richtig verstehen. Im Alterswerk befreit sich SAVIGNY ferner von der in der Frühschrift von ihm vertretenen engen Bindung an den Gesetzeswortlaut zugunsten einer stärkeren Berücksichtigung des Gesetzeszwecks und des in der Gesamtanschauung des Instituts gegebenen Sinnzusammenhangs. Nicht geklärt wird von ihm jedoch, wie es möglich sein soll, die einzelne durch „Abstraktion" entstandene Rechtsregel wiederum auf die Sinneinheit des Rechtsinstituts zurückzuführen und aus ihr zu bestimmen, wenn diese nur in der Anschauung gegeben, dem begrifflichen Denken aber nicht zugänglich ist. Daß hier eine Unklarheit verblieb, dürfte nicht wenig dazu beigetragen haben,.daß die methodischen Anstrengungen des Spätwerkes nicht die Beachtung gefunden haben, die man bei dem großen Einfluß, den SAVIGNY ausübte, erwarten sollte. Was weiter wirkte, war, neben der historischen Sicht, der Systemgedanke in der Bedeutung des aus den Rechtsbegriffen gebildeten „wissenschaftlichen" Systems – er bildete den Ansatz zur „Begriffsjurisprudenz", der SAVIGNY selbst nicht, oder doch nur mit Vorbehalten, zugerechnet werden darf[6].

---

[6] Zutreffend sagt KRIELE (Theorie der Rechtsgewinnung, 2. Aufl. 1976, S. 71), auch wenn SAVIGNY die „Sterilisierung der Rechtswissenschaft" (durch die „Begriffsjurisprudenz") selbst mit herbeigeführt habe, so sei das eine unbeabsichtigte mittelbare Folge. „Sein Anliegen war die organische Rechtsfortbildung."

KAPITEL 2

Die „Begriffsjurisprudenz" des 19. Jahrhunderts

1. Puchtas „Genealogie der Begriffe"

Der Systemgedanke war in der Rechtswissenschaft ein Erbe der Naturrechtslehre. Er war aber auch tief begründet in der Philosophie des deutschen Idealismus. FICHTE, SCHELLING hatten versucht, die Welt gleichsam aus einem Punkte, einem letzten, „transzendentalen" Grunde zu konstruieren, d. h. nachdenkend zu begreifen. HEGEL hatte es unternommen, das „Wahre" als das „Ganze", d. h. als die in sich kreisende, den Gegensatz ebenso einschließende wie in sich aufhebende Bewegung des „konkreten" Begriffs darzustellen. In der Vorrede zur Rechtsphilosophie steht das Wort von der „Architektonik der Vernünftigkeit" des Staates, als der „reichen Gliederung des Sittlichen in sich". Das „System" bedeutete hier also weit mehr als nur die Übersichtlichkeit und leichtere Beherrschbarkeit des Stoffes; es bedeutete die einzig mögliche Weise, in der sich der erkennende Geist der Wahrheit zu versichern vermag: Kriterium der inneren „Vernünftigkeit", unerläßliche Anforderung echter Wissenschaftlichkeit. Deshalb betonte SAVIGNY, der insoweit von der Philosophie seiner Zeit nicht unberührt war, von Anfang an, neben dem „historischen" Charakter der Rechtswissenschaft und mit gleichem Gewicht, ihren „philosophischen" oder systematischen Charakter. Fast alle bedeutenden deutschen Juristen des 19. Jahrhunderts sind ihm in der hohen Einschätzung des Wertes des wissenschaftlichen Systems gefolgt. Den Stoff entnahmen sie in der Hauptsache den römischen Rechtsquellen; die Systematisierung dieses Stoffes war das wesentliche Anliegen und auch die große Leistung der „Pandektistik" des 19. Jahrhunderts[1].

Der Gedanke des „Systems" bedeutet: Entfaltung einer Einheit in einer Mannigfaltigkeit, die dadurch als ein Sinnzusammenhang erkannt wird. Indessen kann die Einheit, die das System verdeutlichen soll, auf zwei verschiedene Weisen gedacht und demgemäß auf verschiedenen Wegen gewonnen werden[2]. Sie kann einmal, in der Weise der Einheit eines „Organismus", als eine der Mannigfaltigkeit innewohnende, nur an ihr und mit ihr darzustellende Sinnganzheit gedacht werden. Von dieser Art ist die Einheit des „konkreten Begriffs" HEGELS. SCHELLING verwendet in diesem Sinne den Begriff des „Organismus" als eine allgemeine, nicht nur biologisch

---

[1] Zur Entstehung des Pandektensystems vgl. die Abhandlung von SCHWARZ, SavZRomA 42, 578.

[2] Zu diesem Unterschied vgl. auch STAHL, Die Philosophie des Rechts, Bd. II, 2. Abt. (1833), S. 146 ff.

gemeinte Kategorie[3]. Auch der „organische" Charakter der Rechtsinstitute und ihres Zusammenhanges, von dem SAVIGNY im „System" spricht, kann nur so verstanden werden. Der Weg, auf dem solche Einheit gewonnen wird, ist für SCHELLING der einer „inneren", geistigen, „intellektuellen" *Anschauung*, für HEGEL das „spekulative" Denken. Die andere Art, in der die Einheit gedacht werden kann, ist die des „abstrakten", vom Besonderen „abgezogenen", allgemeinen Begriffes. Auf diese Art der Einheit führt die formale Logik. In einem „organischen" System, wie es die idealistischen Philosophen geben wollten, kreisen die einzelnen Systemglieder gleichsam um eine Mitte. Die „Einheit" des Systems liegt in der unaufhebbaren Beziehung aller seiner Glieder auf die eine, in sich selbst ruhende Mitte (und umgekehrt der Mitte auf die je durch ihre Stellung zu ihr bestimmten Glieder) – vergleichbar in etwa dem Kreise. Dagegen gleicht das begriffliche System nach den Regeln der formalen Logik in etwa einer Pyramide[4]. Der „höchste" Begriff, die Spitze der ganzen Pyramide, schwebt hoch über der Basis, ermöglicht aber eben darum – stellen wir uns die Pyramide als durchsichtig vor – den umfassendsten Überblick. Steigt man von der Basis empor, so läßt man mit jedem Schritt eine Querschicht unter sich. Von Schicht zu Schicht verliert die Pyramide an Breite, gewinnt sie an Höhe. Je größer die Breite, d. h. die Fülle des Stoffs, um so geringer die Höhe, d. h. die Möglichkeit der Übersicht – und umgekehrt. Der Breite entspricht der Inhalt, der Höhe der Umfang (der Anwendungsbereich) eines „abstrakten" Begriffs. Das Ideal des logischen Systems ist vollendet, wenn an der Spitze ein allgemeinster Begriff steht, unter den sich alle übrigen Begriffe, als solche von Arten und Unterarten, subsumieren lassen, zu dem man also von jedem Punkte der Basis aus, durch eine Reihe von Mittelgliedern, im Wege jeweils der Weglassung des Besonderen aufsteigen kann.

Es war PUCHTA, der mit eindeutiger Bestimmtheit die Rechtswissenschaft seiner Zeit auf den Weg des logischen Systems im Sinne einer „Begriffspyramide" verwies und damit ihre Entwicklung zur „formalen Begriffsjurisprudenz" entschied[5]. Wohl folgte er SAVIGNY in der Rechtsentstehungslehre und bediente er sich wie dieser einer Sprache, die dem „organologischen" Denken SCHELLINGS und der Romantiker ent-

---

[3] Vgl. *meine* Darstellung der Rechts- und Staatsphilosophie des deutschen Idealismus im Handb. d. Philosophie IV, S. 132.

[4] FRANZ JERUSALEM, Kritik d. Rechtswissenschaft, 1948, S. 133 ff., bezeichnet eine solche „Begriffspyramide" als „unechtes System".

[5] Darin liegt jedenfalls PUCHTAS Bedeutung für die juristische Methodenlehre. Mit Recht bezeichnet ihn WIEACKER (Privatrechtsgeschichte, S. 400) als den Begründer der klassischen Begriffsjurisprudenz des 19. Jahrhunderts. Richtig bemerkt W. WILHELM, a.a.O., S. 86: „SAVIGNY war stets darauf bedacht, das logische und das organische Element des Rechts innerhalb der Systematik selbst im Gleichgewicht zu erhalten, um eine Alleinherrschaft der Logik zu verhindern. Bei ihm fand sich noch die Warnung vor dem täuschenden Schein der logischen Sicherheit. In PUCHTAS Systematik dagegen dominierte die Logik. Das ‚historisch-systematische Ganze' des Rechts wurde nunmehr auf den dogmatischen, d. h. hier den logischen Teil reduziert." Gegen die hier vertretene Auffassung vom Vorrang der Logik in PUCHTAS Lehre R. OGOREK, Richterkönig oder Subsumtionsautomat, 1986, S. 208, Anm. 38.

spricht. Aber in der Sache lehrte er die Methode des formal-begrifflichen Denkens. „Die einzelnen Rechtssätze, die das Recht eines Volkes bilden", so lesen wir in seinem „Cursus der Institutionen" (I, 35), „stehen in einem organischen Zusammenhang untereinander, der sich zuvörderst durch ihr Hervorgehen aus dem Geist des Volkes erklärt, indem die Einheit dieser Quelle sich auf das durch sie Hervorgebrachte erstreckt". Ganz unvermittelt und wie selbstverständlich aber wird dieser „organische" Zusammenhang der Rechtssätze (nicht, wie bei SAVIGNY, der Rechtsinstitute!)[6] in den *logischen* Zusammenhang der *Begriffe* verwandelt, und dieser logische Zusammenhang wird obendrein als Erkenntnisquelle vorher noch nicht bewußter Rechtssätze angesehen. „Es ist nun die Aufgabe der Wissenschaft, die Rechtssätze in ihrem systematischen Zusammenhang, als einander bedingende und voneinander abstammende, zu erkennen, um die Genealogie der einzelnen bis zu ihrem Prinzip hinauf verfolgen und ebenso von den Prinzipien bis zu ihren äußersten Sprossen herabsteigen zu können. Bei diesem Geschäft werden Rechtssätze zum Bewußtsein gebracht und zutage gefördert werden, die in dem Geist des nationellen Rechts verborgen, weder in der unmittelbaren Überzeugung der Volksglieder und ihren Handlungen noch in den Aussprüchen des Gesetzgebers zur Erscheinung gekommen sind, die also erst als Produkt einer wissenschaftlichen Deduktion sichtbar entstehen. So tritt die Wissenschaft als dritte Rechtsquelle zu den ersten beiden; das Recht, welches durch sie entsteht, ist Recht der Wissenschaft, oder, da es durch die Tätigkeit der Juristen ans Licht gebracht wird, Juristenrecht" (S. 36).

Was PUCHTA hier und an anderer Stelle (S. 101) die „Genealogie der Begriffe" nennt, ist nichts anderes als die Begriffspyramide des nach den Regeln der formalen Logik gebildeten Systems. PUCHTA meint, derjenige besitze die von ihm geforderte „systematische Kenntnis", der „die Abstammung eines jeden Begriffs durch alle Mittelglieder, die an seiner Bildung Anteil haben, auf- und abwärts zu verfolgen vermag" (S. 101). Als Beispiel einer solchen „Begriffsleiter" führt er den Begriff einer Wegeservitut an. Sie sei erstens ein subjektives Recht, „also eine Macht über einen Gegenstand"[7]; sodann ein Recht „an einer Sache", wir würden sagen: ein dingliches Recht; ferner „ein Recht an einer fremden Sache, also eine partielle Unterwerfung derselben"; die besondere Art der Unterwerfung der Sache sei die Benutzung, also gehöre die Wegeservitut „zu dem Geschlecht der Rechte an Sachen auf Benutzung", und so fort. Nun ist es gewiß richtig, daß man einen Rechtsbegriff wie etwa den der Servitut in der geschilderten Weise zerlegen und definieren kann. Wieso können auf diese Weise aber Rechtssätze erkannt werden, deren man sich vorher noch nicht bewußt war? PUCHTAS Meinung ist folgende: jeder höhere Begriff läßt bestimmte Aussagen zu (z. B. der Begriff des subjektiven Rechts: daß es „eine Macht über einen

---

[6] Es gebe zwar auch, sagt PUCHTA, ein System der Rechtsverhältnisse, doch seien diese „nur Kombinationen der Rechte, aus deren Begriff das juristische System abzuleiten ist". Wie das geschieht, wird alsbald im Text gezeigt.

[7] PUCHTA definiert (Lehrb. d. Pandekten I, S. 28): „Ein Recht (im subjektiven Sinne) ist vorhanden, wenn ein Gegenstand durch das Recht (im objektiven Sinne) in die Macht einer Person gegeben ist."

Gegenstand" sei); indem nun der niedere Begriff dem höheren subsumiert wird, gelten für ihn „zwangsläufig" alle Aussagen, die von dem höheren Begriff gemacht wurden. (Für die Forderung, als eine Art des subjektiven Rechts, bedeutet dies z. B., daß sie eine „Macht über einen Gegenstand" sein, daher ein Objekt haben muß, das dem Willen des Gläubigers unterworfen ist und das man nun entweder in der Person des Schuldners oder in der von ihm geschuldeten Handlung erblicken kann.) Die „Genealogie der Begriffe" besagt daher, daß der höchste Begriff, von dem alle niedrigeren abgeleitet werden, durch seinen Inhalt alle diese mitbestimmt. Woher aber stammt der Inhalt des höchsten Begriffs? Einen Inhalt muß der Begriff ja haben, sollen aus ihm bestimmte Aussagen gewonnen werden können; und dieser Inhalt darf nicht den aus ihm abgeleiteten Begriffen entstammen, sonst wäre das Ganze ein Zirkelschluß. Er entstammt bei PUCHTA der Rechtsphilosophie; auf diese Weise gewinnt er den festen Ausgangspunkt, von dem aus er das ganze System deduktiv aufzubauen und dabei auch neue Rechtssätze abzuleiten vermag. Das rechtsphilosophische a priori des Puchtaschen Systems ist nun im näheren der Kantische Freiheitsbegriff. Von ihm leitet PUCHTA in den §§ 1 bis 6 seines Cursus der Institutionen den Begriff des Rechtssubjekts als einer Person (im ethischen Sinn) und des subjektiven Rechts als der rechtlichen Macht einer Person über einen Gegenstand ab. Erst nachdem er solchermaßen gleichsam die Spitze der Begriffspyramide an dem Firmament der Ethik aufgehängt hat, steigt PUCHTA von dort in die Niederungen des positiven Rechts und bis zu den letzten juristischen Unterbegriffen herab, wobei sich der ethische Gehalt des Ausgangsbegriffs naturgemäß immer weiter verdünnt und bis zur Unkenntlichkeit verblaßt. Dabei werden, und das ist der entscheidende Fehler der formalen Begriffsjurisprudenz, die einzelnen Rechtssätze, z. B. über die Servitut oder irgendein anderes Rechtsinstitut, nicht nach ihrem besonderen Zweck und nach ihrer Funktion im Sinnzusammenhang des betreffenden Rechtsinstituts oder einer umfassenderen Regelung, sondern allein danach beurteilt, auf welcher Stufe der Begriffspyramide sie einzuordnen sind.

Für das Verständnis PUCHTAS und damit für die geistesgeschichtliche Einordnung der formalen Begriffsjurisprudenz ergibt sich hieraus zweierlei. Zum ersten, der deduktive Aufbau des Systems steht und fällt mit der Voraussetzung eines inhaltlich bestimmten Grundbegriffs, der nicht selbst wieder aus dem positiven Recht abgeleitet, sondern der Wissenschaft des positiven Rechts durch die Rechtsphilosophie vorgegeben ist. Nur was sich diesem Grundbegriff unterordnen läßt, *kann* „Recht" sein. Insofern entbehrt die Begriffsjurisprudenz bei PUCHTA nicht einer überpositiven Grundlage[8]. In der Tat leben die ethischen Grundvorstellungen des deutschen Idealismus, vor allem KANTS, wenn auch in äußerst sublimierter, ver-

---

[8] Es ist also unrichtig, Begriffsjurisprudenz schlechthin mit Positivismus gleichzusetzen, wie dies häufig geschieht. Zutreffend sagt JERUSALEM, Kritik der Rechtswissenschaft, S. 149, über die Begriffsjurisprudenz nach der Art PUCHTAS: „Auch die vom Gesetzgeber selbst aufgestellten Begriffe müssen ihre Legitimation aus Begriffen des Systems herleiten, womit sich also die Begriffsjurisprudenz in scharfen Gegensatz zum Positivismus stellt." Die obersten Begriffe des Systems geben eben denjenigen Mindestinhalt an, der in jedem Rechtsbegriff

dünnter Form, noch in den Begriffssystemen eines WINDSCHEID oder v. TUHR – wie auch in den Grundbegriffen unseres Bürgerlichen Gesetzbuchs – fort, wenn man auch von diesem Zusammenhang am Ende des Jahrhunderts nicht mehr viel weiß und vollends einer rechtsphilosophischen Begründung aus dem Wege geht. Solange beispielsweise im Inhalt solcher Rechtsbegriffe wie Person, Verantwortlichkeit, Zurechnungsfähigkeit etwas von dem ethischen Sinn dieser Begriffe mitgedacht wird oder solange das „Rechtssubjekt" nicht nur, wie in der „Reinen Rechtslehre" KELSENS, als ein formaler Bezugspunkt, also als ein reiner „Relationsbegriff"[9] gedacht wird, sondern ihm inhaltliche Qualitäten zugeschrieben werden, solange ist die Verbindung der Rechtswissenschaft zur Ethik noch nicht völlig gelöst. Zum anderen muß betont werden, daß sich die Beeinflussung PUCHTAS durch die (idealistische) Philosophie eben auf die inhaltliche Bestimmung seiner Grundbegriffe beschränkt. Die Art, wie er die weiteren Begriffe bildet, das logisch-deduktive Verfahren also, entstammt nicht der idealistischen Philosophie, auch nicht derjenigen HEGELS, sondern, wie heute auch allgemein erkannt wird[10], dem Rationalismus des 18. Jahrhunderts, insbesondere der Denkweise CHRISTIAN WOLFFS.

Über die Unvergleichbarkeit der Methode PUCHTAS und der „Begriffsjurisprudenz" mit derjenigen HEGELS darf man sich auch nicht dadurch täuschen lassen, daß es sich beide Male scheinbar um ein „deduktives" Verfahren handelt[11]. Denn der Sinn der „Deduktion" ist ein völlig verschiedener. PUCHTA, auch SAVIGNY, unterteilen den Anwendungsbereich des Oberbegriffs, von dem sie ausgehen, durch Hinzufügung artbildender Merkmale, die nach Möglichkeit einen logischen Gegensatz bilden und daher alle denkbaren Anwendungsfälle erschöpfen (Beispiel: ein subjektives Recht ist entweder ein Recht an einer Sache oder gegen eine Person; eine dritte Möglichkeit gibt es nicht). Jeder „abgeleitete" Begriff enthält die sämtlichen Merkmale seines Oberbegriffs (und mindestens ein weiteres): er kann unter diesen „subsumiert" werden. Der Oberbegriff wird also, mittels der Angabe der ihm allein zukommenden Merkmale, seiner „Definition", stets festgehalten; er wird nicht etwa im Fortgang zu weiteren

---

verwirklicht sein muß, wenn anders ihm noch die Qualität eines „Rechts"begriffs zukommen soll. Darin liegt aber, daß der Gesetzgeber nicht *beliebig* Recht setzen kann – daß er dazu (im Rahmen des faktisch Möglichen) grundsätzlich in der Lage sei, ist die Grundthese des „Positivismus" –, sondern daß er Recht setzen kann nur, soweit er sich im Rahmen der ihm vorgegebenen Grundbegriffe hält. Sinnvoll ist diese Annahme freilich nur so lange, als die obersten Begriffe des Systems nicht selbst wieder – induktiv – aus dem Erfahrungsmaterial des positiven Gesetzesstoffs abgeleitet werden, sondern auf anderem Wege einsichtig und glaubhaft gemacht werden können. In dem Augenblick, in dem – zufolge des positivistischen Wissenschaftsbegriffs, der PUCHTA noch ferne lag – die Induktion (oder „Reduktion") aus einem empiristischen Erfahrungsmaterial als die einzig zulässige Art der Begriffsbildung erschien, mußte daher die Begriffsjurisprudenz zu jener logischen Spiegelfechterei herabsinken, als die sie ihren Gegnern, wie dem späteren JHERING und besonders PH. HECK, nunmehr nicht zu Unrecht erschien.

[9] Hierzu S. MARCK, Substanz- und Funktionsbegriff in der Rechtsphilosophie, 1925, besonders S. 83 ff.

[10] KOSCHAKER, Europa und das römische Recht, S. 278 f.; WIEACKER, Privatrechtsgeschichte der Neuzeit, S. 373 f., 400 f.; vgl. auch FR. JERUSALEM, Kritik der Rechtswissenschaft, S. 146 f.

[11] Über das Verhältnis PUCHTAS zu HEGEL vgl. SCHÖNFELD in Festschr. f. BINDER, 1930, S. 1 ff.

Bestimmungen variiert, sein Inhalt liegt fest. Für HEGEL dagegen bedeutet die „Deduktion“ die Entfaltung eines Begriffs durch die in ihm angelegten Begriffsmomente hindurch[12]. Hierdurch gewinnt der Begriff für das Bewußtsein einen reicheren Inhalt, als er ihn zunächst aufwies, der dann seinerseits zu einem neuen Begriff zusammengezogen wird. Freilich läßt sich ein solcher entfalteter („konkreter“) Begriff nicht durch eine Definition (durch Angabe feststehender Merkmale) festlegen, und es können daher auch keine Artbegriffe oder gar Rechtsregeln unter ihn „subsumiert“ werden. Die Hegelsche Rechtsphilosophie enthält infolgedessen nichts, oder doch fast nichts, von einer Einteilung der Rechtsbegriffe in Gattungen, Arten und Unterarten, sondern sie spricht in der Gestalt des „konkreten Begriffs“ den Sinngehalt des Rechts und der notwendigen rechtlichen Institutionen aus. Um diesen Sinngehalt in Rechtsregeln und Entscheidungen zu verwirklichen, bedarf es nach HEGEL stets noch einer Gestaltung (durch den Gesetzgeber oder durch den Richter), die nicht nur logische Subsumtion, sondern ein sinnbezogenes Handeln ist und als solches in die Zeit und damit unter die Geschichtlichkeit fällt[13]. Die Annahme der Begriffsjurisprudenz, unter feststehende Rechtsbegriffe letzten Endes alle Rechtserscheinungen subsumieren und ihnen damit ihre unverrückbare Stelle, ihren „logischen Ort“ im Fächerwerk der scharf gegeneinander abgezirkelten Begriffe ein für allemal zuweisen zu können, läßt dieses Moment der Gestaltung außer acht.

PUCHTA hat dadurch, daß er die von SAVIGNY betonte Beziehung der „Rechtsregeln“ auf das ihnen zugrunde liegende „Rechtsinstitut“ zugunsten der abstrakten Begriffsbildung aufgab und das logisch-deduktive Verfahren der „Begriffsjurisprudenz“ an die Stelle aller anderen Methoden – also auch einer am Zweck des Gesetzes und am Sinnzusammenhang der Rechtsinstitute orientierten Auslegung und Rechtsfortbildung – setzte, dem für mehr als ein Jahrhundert vorherrschenden juristischen „Formalismus“, gegen den sich eine mit JHERING einsetzende Gegenströmung lange nicht durchzusetzen vermochte, den Boden bereitet. Dieser Formalismus bedeutete, wie WIEACKER[14] betont, „die endgültige Entfremdung der Rechtswissenschaft von der gesellschaftlichen, politischen und moralischen Wirklichkeit des Rechts“. Es ist daher nicht zufällig, daß die Gegenbewegung zunächst nicht vom Boden der Philosophie, sondern von der neu entstehenden empirischen Wissenschaft von der gesellschaftlichen Realität, der Soziologie, ihren Ausgang nahm.

2. Die „naturhistorische Methode“ des frühen Jhering

Für die Entwicklung der juristischen Methodenlehre ist, neben SAVIGNY, kein Rechtsdenker von so großer Bedeutung geworden wie RUDOLF V. JHERING. Den verschiedenen Anregungen offen, hat er die geistige Zerrissenheit des 19. Jahrhunderts wie wenige bewußt durchlebt. Bekanntlich ist das juristische Lebenswerk

---

[12] CHRISTA DULCKEIT-V. ARNIM sagt daher zutreffend (Phil. Jb., Jg. 66, S. 80), HEGELS Methode sei „nicht deduktiv“, die Dialektik leite nicht ab, sondern sei „Intuition, Erfahrung, anpassende Bewegung an die innere Dynamik der Sache selbst“.

[13] Vgl. die §§ 3, 212, 214, 216 der Hegelschen Rechtsphilosophie und GERHARD DULCKEIT, Philosophie der Rechtsgeschichte, S. 26 ff.

[14] Privatrechtsgeschichte, S. 401.

JHERINGS durch eine tiefe Zäsur[15] gekennzeichnet: während er in der ersten Periode seines Schaffens, vor allem im „Geist des römischen Rechts" und im Einleitungsaufsatz von „JHERINGS Jahrbüchern", die formale Begriffs- und Konstruktionsjurisprudenz PUCHTAS nicht nur bejaht, sondern sogar auf die Spitze treibt, hat er sie in der zweiten Periode mit beißendem Spott verfolgt und durch eine andere Blickrichtung zu ersetzen gesucht. An dieser Stelle haben wir es nur erst mit JHERINGS erster Periode, mit seinem Beitrag zur Theorie der formalen Begriffsjuris-prudenz, zu tun. Es muß aber hier schon darauf hingewiesen werden, daß bereits in dieser ersten Periode in JHERINGS Denken einige Züge sichtbar werden, die dann in der zweiten bestimmend werden sollten: die Abkehr von den ethischen Kategorien der idealistischen Philosophie, an denen sowohl SAVIGNY wie PUCHTA festgehalten hatten, und die Orientierung an der Denkweise der zeitgenössischen Naturwissenschaft. Erst dadurch konnte es zu jener Übersteigerung des formal-logischen Denkens kommen, die dann bei JHERING selbst die scharfe Reaktion und die Wendung zu einer pragmatischen Jurisprudenz auf soziologischer Grundlage hervorgerufen hat.

Die ersten einleitenden Bemerkungen zum „Geist des römischen Rechts"[16] lassen hiervon freilich noch kaum etwas erkennen. „Wir gehen" sagt JHERING (I, S. 12), „von der heutzutage herrschenden Auffassung des Rechts als eines objektiven Organismus der menschlichen Freiheit aus." Das klingt nach PUCHTA, vielleicht auch nach STAHL[17]. Stutzig macht aber sofort die Formulierung (I, S. 13), mit der Benutzung des Bildes des Organismus „legen wir dem Recht die Eigenschaften eines Naturproduktes bei". Daß das nicht nur so hingesagt ist, sondern von JHERING wörtlich verstanden sein will, zeigen seine späteren Ausführungen über die von ihm so genannte „naturhistorische" Methode der Rechtswissenschaft. Noch verwunderlicher ist, daß JHERING bald darauf (I, S. 40 u. 41) das Recht zweimal mit einer „Maschine" vergleicht. Für die Denkweise der Romantik, der insoweit auch SAVIGNY zugerechnet werden muß, war der „Organismus", der durch eine ihm innewohnende „bildende Kraft" gestaltet wird, der äußerste Gegensatz zum „Mechanismus", der von fremder Hand gebildet und in Bewegung gehalten wird. Die wahllose Verwendung solcher sich gegenseitig ausschließender Bilder wie „Organismus" und „Maschine" ist bezeichnend für JHERINGS philosophische Bedenkenlosigkeit. Aber noch bleibt er im ganzen bei dem, nun freilich bereits „naturalistisch" verstandenen, Bilde des Organismus stehen – das Bild der Maschine, das der Denkweise seiner zweiten Periode konformer ist, taucht erst am Rande auf.

---

[15] Dem gegenüber betont FIKENTSCHER, Methoden des Rechts, Bd. III, S. 202 f., die durchgehenden Gesichtspunkte in JHERINGS gesamtem Werk. R. OGOREK (oben Anm. 5) S. 221, Anm. 90 und S. 228, weist darauf hin, daß sich JHERING trotz des Wandels seiner Auffassung vom Inhalt des Rechts gleich geblieben sei in der Annahme einer produktiven Kraft der Jurisprudenz in bezug auf die Bildung neuer Rechtssätze. Entscheidend ist aber, worin diese „produktive Kraft" auf JHERINGS jeweiligem Standpunkt besteht.

[16] Wir zitieren nach der 1. Auflage (Teil I, 1852, Teil II, 2,1858).

[17] Nach W. PLEISTER, Persönlichkeit, Wille und Freiheit im Werke JHERINGS, 1982, S. 186, verdankt JHERINGS Konzeption der Persönlichkeit im „Geist" am meisten STAHL.

Die *systematische* Aufgabe der Rechtswissenschaft, der JHERING gegenüber der historischen und der interpretativen einen „höheren Rang“ zuweist, besteht nun nach ihm darin, die einzelnen Rechtsinstitute und die auf sie bezüglichen Rechtssätze in ihre „logischen Elemente“ zu zerlegen, diese rein für sich herauszudestillieren und alsdann aus ihnen durch Kombination sowohl die schon bekannten wie auch neue Rechtssätze herzustellen. Das Resultat dieser logischen Zerspaltung und Wiederzusammensetzung sei, „daß die Wissenschaft statt der endlosen Menge der verschiedenartigsten Rechtssätze eine übersichtliche Zahl einfacher Körper (!) gewinnt, aus denen sie auf Verlangen die einzelnen Rechtssätze wieder zusammensetzen kann“. Der Nutzen beschränke sich aber nicht bloß auf diese Vereinfachung, die gewonnenen Begriffe seien nicht bloße Auflösungen der gegebenen Rechtssätze, aus denen immer nur letztere selbst sich wieder herstellen ließen; sondern ein noch höherer Vorteil liege in der hierdurch ermöglichten Vermehrung des Rechts aus sich selbst, einem Wachstum von innen heraus. „Durch Kombination verschiedener Elemente kann die Wissenschaft neue Begriffe und Rechtssätze bilden: die Begriffe sind produktiv, sie paaren sich und zeugen neue“ (I, S. 29). Lassen wir selbst das letzte Bild, das offensichtlich nicht wörtlich genommen sein will, beiseite, so stellen uns diese Worte doch vor ein Rätsel: zugegeben, daß man durch mehr oder minder beliebige Kombinationen einzelner Rechtsbegriffe, soweit sie logisch einander nicht ausschließen, theoretisch neue Sätze aufstellen kann, die die logische Form von Rechtssätzen haben, aber aus welchem Grunde sollten diese Sätze geltendes Recht darstellen? JHERING unternimmt keinen Versuch, die wirkliche Geltung solcher logisch möglichen Rechtssätze darzutun; er wäre auch nicht in der Lage dazu, weil er, anders als PUCHTA, nicht von einem dem positiven Recht schon vorgegebenen und für dasselbe konstitutiven Grundbegriff ausgeht, sondern sein Verfahren der Begriffsbildung, dem der „exakten“ Naturwissenschaften gleich, ausschließlich induktiv ist. Nur daß noch kein Naturwissenschaftler auf den Gedanken gekommen ist, durch die bloße Kombination einzelner induktiv gewonnener Begriffsmerkmale, wie sie etwa das Pflanzensystem verwendet, neue Pflanzen konstruieren zu können, deren Dasein schon dadurch bewiesen wäre, daß sie denkmöglich sind!

Die Sache wird auch nicht besser durch den von JHERING bevorzugten Vergleich der durch Analyse und Abstraktion gefundenen elementaren Rechtsbegriffe mit den Buchstaben des Alphabets (I, S. 30; II, 2, S. 359 ff.). Hören wir ihn selbst: „Eine der großartigsten, fruchtbarsten und doch zugleich einfachsten Entdeckungen, die der menschliche Geist je gemacht hat, ist das Alphabet ... Das Alphabet enthält für das Gebiet der Sprache die Lösung einer Aufgabe, die wir oben für das Recht als das Hauptproblem der Technik bezeichnet haben: die Erleichterung der Herrschaft über den Stoff durch Vereinfachung desselben, und es liegt daher sehr nahe zu fragen, ob nicht dieselbe Weise der Lösung auch hier anwendbar, die Idee des Alphabets auf das Recht übertragbar sei. Die Idee des Alphabets aber beruht auf Zersetzung, Zurückführung des Zusammengesetzten auf seine Elemente, das Alphabet ist aus der Beobachtung hervorgegangen, daß die Sprache ihren ganzen Reichtum an Worten durch eine verschiedene Kombination gewisser Grundlaute gebildet hat und daß mithin die Entdeckung und Bezeichnung dieser Grundlaute ausreicht, um mit und aus ihnen jedes beliebige Wort zusammenzusetzen ... Was die Worte in der Sprache, das sind die Rechtsverhältnisse im Recht ... Die Aufgabe ist hier wie dort Entdeckung dieser Elemente, Aufstellung eines Alphabets“. JHERING übersieht hier, und darin erweist er sich deutlich als Kind des positivistischen Zeitalters, daß Laute erst zu

Worten durch den Sinn werden, den der menschliche Geist mit ihnen verbindet, daß man daher durch eine Kombination von Buchstaben wohl eine bestimmte Lautverbindung wiederzugeben vermag, damit aber noch nichts über den Sinn derselben ausgesagt hat.

Noch mit einer anderen Wissenschaft vergleicht JHERING die dogmatische Jurisprudenz, nämlich mit der Chemie. Die systematische Rechtswissenschaft sei „die juristische Scheidekunst, welche die einfachen Körper (!) sucht“. Indem sie den „gegebenen Rohstoff“ (das sind die Rechtsregeln) „zu Begriffen verflüchtigt“, vermittle die juristische Konstruktion „den Übergang des Rechts aus dem niederen in den höheren Aggregatzustand“. Die Umwandlung, die hiermit eintrete, bestehe darin, daß „der Stoff die unmittelbar praktische und imperativische Form völlig abstreift“ und „die Gestalt eines juristischen Körpers“ (!) annimmt[18]. Die „juristischen Körper“, als die JHERING die durch logische Analyse und Abstraktion gewonnenen einfachen Grundbegriffe bezeichnet, werden von ihm nun als mit bestimmten Eigenschaften begabt und zu bestimmten Wirkungen befähigt gedacht[19]. Das gedankliche Operieren mit diesen gleichsam chemisch erzeugten „Körpern“ nennt JHERING, seltsam genug, die „naturhistorische Methode“ der Jurisprudenz. Von ihr verspricht er sich, wie schon vermerkt, nicht nur eine Erleichterung der Stoffbeherrschung, sie führt nach ihm auch zu einer Entdeckung vorher nicht bekannter Rechtssätze. Viele von diesen verdankten ihren Ursprung nicht irgendeinem praktischen Bedürfnis, sondern nur „der juristischen Konsequenz oder Not-wendigkeit“; sie „existieren“, weil sie „nicht nichtexistieren können“[20]. Der Trugschluß ist leicht aufzudecken. Durch seine pseudo-naturwissenschaftliche Redeweise von „existierenden Körpern“ wird JHERING gehindert, zu erkennen, daß die vermeintlich „juristische Konsequenz oder Notwendigkeit“ doch nur die *logische Konsequenz* gewisser Aussagen ist, aus der sich keineswegs schon die praktische Gültigkeit oder Verbindlichkeit entsprechender Gebote ergibt. In der Tat „existieren“ die elementaren Rechtsbegriffe nicht so, wie Rechtsnormen „existieren“ (indem sie „gelten“), sondern sie haben, mitsamt allen aus ihnen durch Schlußfolgerungen gewonnenen Sätzen, lediglich einen theoretischen Aussagewert; man mag diesen wie hoch immer einschätzen, für eine Geltung dieser Sätze als Gebotsnormen ergibt sich daraus nichts. Genau dies ist denn auch der Punkt, an dem die spätere Kritik JHERINGS selbst und danach die der Vertreter der Interessenjurisprudenz an der „Begriffsjurisprudenz“ eingesetzt hat[21].

---

[18] So in dem Einleitungsaufsatz in Jher. Jb. Bd. 1, S. 10.

[19] „Die Gesamtmasse des Rechts“, so heißt es in dem Einleitungsaufsatz a.a.O. weiter, erscheine jetzt „nicht mehr als ein *System von Sätzen, Gedanken,* sondern als ein Inbegriff von juristischen *Existenzen,* sozusagen lebenden Wesen, dienenden Geistern“ (!).

[20] Geist. d. röm. Rechts II, 2, S. 392; Jher. Jb. Bd. 1, S. 18.

[21] Zur Kritik JHERINGS „naturhistorischer Methode“ vgl. die Beiträge von EKELÖF (S. 27), HOMMES (S. 101) und LOSANO (S. 142) in: JHERINGS Erbe, herausgeg. von WIEACKER u. WOLLSCHLÄGER, 1970.

3. Der rationalistische Gesetzespositivismus Windscheids

Die pseudo-naturwissenschaftliche Verirrung JHERINGS hat die große Mehrzahl der Juristen des 19. Jahrhunderts zwar nicht mitgemacht, vorbildlich blieb aber weiterhin die formal-begriffliche Denkweise und das Streben nach dem geschlossenen System der Begriffe im Sinne PUCHTAS. In einer Anmerkung in seinem Lehrbuch der Pandekten[22] stimmt BERNHARD WINDSCHEID, der letzte Systematiker des „Gemeinen Rechts“, zwar der Beschreibung der Methode der juristischen Konstruktion durch JHERING im ganzen zu; er meint nur, sie habe nicht die ihr gebührende Anerkennung gefunden. Im Grunde setzt WINDSCHEID jedoch, wenn auch mit einer für ihn und seine Zeit kennzeichnenden Wendung zum „Psychologismus“, die Linie PUCHTAS fort. Er lebte noch, wie ERIK WOLF gesagt hat, „im letzten Abendrot der geistigen Welt KANTS und der Kultur der Goethezeit“[23]. Das will sagen: er wußte noch um den ethischen Sinn des Rechts. Wert und Würde des Rechts sah er darin, daß es „der sittlichen Weltordnung den Boden bereitet, ihre Verwirklichung erst möglich macht“[24]. Zwar sei „der Traum des Naturrechts aus-geträumt“[25], aber das positive Recht sei dennoch „mehr als Spreu, mehr als ein Hauch, den der Wind verweht“. Das Gesetz ist daher für WINDSCHEID nicht einfach der Machtspruch des Gesetzgebers, nicht nur ein „Faktum“, sondern „die Weisheit der Jahrhunderte, die vor uns gewesen sind“; was im Gesetz als Recht ausgesprochen ist, das hat die Rechtsgemeinschaft zuvor „als Recht erkannt“[26]. Als die letzte Quelle allen positiven Rechts – unmittelbar nur des Gewohnheitsrechts, mittelbar aber auch der Gesetzgebung – bezeichnet er daher auch nicht den Willen, sondern „die Vernunft der Völker“ (S. 40)[27]. Das Recht ist ihm, in aller geschichtlichen Bedingtheit, etwas Vernünftiges, und darum einer wissenschaftlichen, nicht nur historischen, sondern auch systematischen Bearbeitung zugänglich.

Hält WINDSCHEID insoweit an der Grundauffassung SAVIGNYS und PUCHTAS fest, als er das Recht als etwas Historisches und zugleich Vernünftiges ansieht, so versteht er doch die Vernunft nicht mehr so sehr objektiv – als immanenten Sinn der Rechtsinstitute, als Inbegriff grundlegender Rechtsprinzipien, die, mögen sie selbst geschichtlich wandelbar sein, doch als die innere Macht des (objektiven) Geistes das Rechtsdenken einer Kulturepoche von vornherein weitgehend bestimmen –, sondern subjektiv, als den „vernünftigen Willen“ des Gesetzgebers. Es ist ein durch den Glauben an die Vernunft des Gesetzgebers gemilderter rationalistischer Gesetzespositivismus, der bei WINDSCHEID und der durch ihn beeinflußten Juristengeneration zu Worte kommt. Das Recht wird im wesentlichen zwar mit dem Gesetz gleich-

---

[22] Wir zitieren die 7. als die letzte von eigener Hand besorgte Auflage. Die erwähnte Anmerkung auf S. 60.

[23] ERIK WOLF, Große Rechtsdenker, S. 591.

[24] Ges. Reden u. Abhandl., S. 6.

[25] Ebenda, S. 9.

[26] Ebenda, S. 105.

[27] Die Seitenzahlen beziehen sich auf das Lehrbuch der Pandekten.

gesetzt, dieses aber als Ausdruck nicht der bloßen Willkür, sondern des von vernünftigen Erwägungen geleiteten, auf vernünftigen Einsichten beruhenden Willens des historischen, aber zugleich auch idealisierten Gesetzgebers verstanden. Kennzeichnend für die eigentümliche Zwischenstellung WINDSCHEIDS ist, daß er einerseits zwar den „Willen" des Gesetzgebers als ein historisch-psychologisches Faktum verstand, anderseits jedoch bestrebt war, dem „vernünftigen" gegenüber dem nur „faktischen" Willen des Gesetzgebers durch eine psychologische Scheinargumentation Raum zu verschaffen und damit für eine Auslegung des Gesetzes gemäß der objektiven Vernünftigkeit oder der „Natur der Sache", die er expressis verbis ablehnte[28], dennoch eine Hintertür zu öffnen. Indem er sich von den Überspitzungen JHERINGS (in dessen erster Periode) frei hielt, handhabte WINDSCHEID im übrigen die Methode der Begriffsanalyse, der Abstraktion, der logischen Systematisierung und der juristischen „Konstruktion" mit souveräner Meisterschaft.

Die Auslegung des Gesetzes soll nach WINDSCHEID denjenigen Sinn feststellen, den „der Gesetzgeber mit den von ihm gebrauchten Worten verbunden hat" (S. 51). Ähnlich wie SAVIGNY fordert auch WINDSCHEID, der Auslegende solle sich in die Lage des Gesetzgebers versetzen und dessen Gedanken nachvollziehen. Er solle dabei den zur Zeit des Erlasses vorhandenen Rechtszustand, der dem Gesetzgeber gegenwärtig gewesen sei, und den von dem Gesetzgeber verfolgten Zweck berücksichtigen. Erscheint die Auslegung danach allein als eine historisch-empirische Willensforschung, so öffnet WINDSCHEID einer Auslegung nach der sachlichen Angemessenheit doch bereits einen kleinen Spalt durch die Bemerkung: „Endlich ist auch auf den Wert des Resultats Rücksicht zu nehmen, insofern nämlich angenommen werden kann, daß der Gesetzgeber eher etwas Bedeutendes, Angemessenes, als etwas Leeres und Unpassendes hat sagen wollen" (S. 52). Aber damit nicht genug, hat die Auslegung auch die Aufgabe, „hinter dem Sinn, welchen der Gesetzgeber hat ausdrücken wollen, dessen eigentlichen Gedanken hervorzuziehen" (S. 54). Sie soll nicht nur den unvollkommenen Ausdruck des Gesetzes entsprechend dem vom Gesetzgeber wirklich gemeinten Sinn berichtigen, sondern auch den vom Gesetzgeber nicht zu Ende gedachten Gedanken „ausdenken", d. h. sie soll nicht bei dem empirischen Willen des Gesetzgebers stehenbleiben, sondern seinen vernünftigen Willen erkennen. Auch das sei noch, so versichert WINDSCHEID gegenüber abweichenden Ansichten, „Auslegung", sofern nur der danach ermittelte „eigentliche" Wille des Gesetzgebers in den Gesetzesworten überhaupt einen Ausdruck gefunden habe. WINDSCHEID bemerkte freilich nicht, daß er damit, ähnlich wie in seiner bekannten Lehre von der „Voraussetzung", aus dem Bereich der empirisch-psychologischen Willenserforschung in den eines objektiven Sinnverstehens hinüberwechselte, den psychologischen durch einen normativen Willensbegriff ersetzte.

Nicht anders verhält es sich mit der von WINDSCHEID angegebenen Methode der Lückenausfüllung. Hier komme es darauf an, „den eigentlichen Gedanken des

---

[28] Vgl. die Anm. auf S. 57: „Was der Natur der Dinge, dem Bedürfnis des Verkehrs entspricht, darüber kann man verschiedener Ansicht sein; es kommt nicht darauf an, was wir darüber denken, sondern was der Gesetzgeber darüber gedacht hat."

Rechtsganzen“ zu erkennen. Lücken seien nicht aus einem vermeintlichen Naturrecht, sondern „aus dem Geiste des Rechtsganzen selbst“ auszufüllen; es müsse diejenige Entscheidung gefunden werden, die im Sinne des „Rechtsganzen“ die richtige ist (S. 58). Hier wird offenbar vorausgesetzt, daß das Recht mehr als eine Summe von Imperativen, daß es auch ein *objektiver Sinneszusammenhang* ist, aus dem das fehlende Zwischenglied durch Schlußfolgerungen – insbesondere durch Analogieschlüsse – abgeleitet werden kann. Auch hier würde WINDSCHEID als den Geltungsgrund der so gewonnenen Rechtssätze vermutlich den „eigentlichen“ Willen des Gesetzgebers angegeben haben, der als vernünftiger Wille auf alles das mit gerichtet sei, was sich bei der Betrachtung der von ihm gegebenen Normen gerade in ihrem Zusammenhang als der Sinn oder „eigentliche Gedanke“ des „Rechtsganzen“ ergibt. In Wahrheit steht dahinter doch der Gedanke der immanenten Vernünftigkeit des Rechts als eines geistigen „Organismus“, eines objektiven *Sinnganzen*, so wenig dieser Gedanke in den vordergründigen Psychologismus und Gesetzespositivismus WINDSCHEIDS hineinpaßt.

Die Unterscheidung des tatsächlichen, bewußten, und des „eigentlichen“, in der vernünftigen Konsequenz seines Gedankens gelegenen Willens des Gesetzgebers schlägt auch die Brücke zwischen der Auslegungslehre WINDSCHEIDS und seinem Systemgedanken. Der „eigentliche“ Gedanke eines Rechtssatzes, so sagt er, stelle sich in den *Rechtsbegriffen* dar, „das heißt in Zusammenfassungen von Denkelementen“ (S. 59). Erst aus der vollen Erfassung der in ihre Denkelemente zerlegten und aus ihnen wieder zusammengesetzten Rechtsbegriffe ergebe sich die innere Zusammengehörigkeit der Rechtssätze, das Rechtssystem (S. 60). Damit bekennt sich WINDSCHEID zum Gedanken des *„logischen“ Systems.* Nicht der Zweck einer Regelung, der ethische oder sozialpolitische Sinn eines Rechtsinstituts oder eines ganzen Rechtsgebietes begründet die „innere Zusammengehörigkeit“ der Rechtssätze, sondern die Gemeinsamkeit der in ihnen wiederkehrenden Begriffselemente. Durch die Auffindung der einfachen Elementarbegriffe und die Rückführung aller zusammengesetzten Begriffe auf diese entsteht der blendende Schein einer überall obwaltenden „logischen Notwendigkeit“, auf Kosten aber einer Erkenntnis der ethisch-teleologischen und soziologischen Sinnbezüge.

An die Spitze der privatrechtlichen Begriffspyramide stellt WINDSCHEID ebenso wie PUCHTA den Begriff des subjektiven Rechts. Aber an Stelle einer ethischen Ableitung dieses Begriffs gibt er nun eine psychologisch gemeinte Definition. Bekanntlich bestimmt er das subjektive Recht als eine der Person von der Rechtsordnung verliehene „Willensmacht“. In der Formulierung weicht er damit von PUCHTA kaum ab. Allein PUCHTA dachte an die Möglichkeit oder Fähigkeit der Person, ihre sittliche Freiheit, d. h. *sich* als Person, in der ihr ausschließlich zukommenden Bestimmung über ein Objekt zu verwirklichen. Auch für WINDSCHEID steht das noch irgendwie im Hintergrund[29]. Da er jedoch den „Willen“ nicht als eine ethische,

---

[29] So sagt er einmal, noch ganz im Sinne der idealistischen Philosophie, das Recht sei in erster Linie nicht Einschränkung, sondern Anerkennung der menschlichen Freiheit (Reden, S. 101).

sondern nur mehr als eine psychologische Kategorie versteht, so plagt ihn die „Schwierigkeit", daß ein subjektives Recht auch bestehen könne „unabhängig von dem realen Wollen des Berechtigten"[30]. Denn auch ein Willensunfähiger könne berechtigt sein, und man könne ein Recht haben, ohne es zu wissen. WINDSCHEID meint nun, der im subjektiven Recht (den anderen, oder, bei einem Forderungsrecht, dem Schuldner) gebietende Wille sei gar nicht der des Berechtigten, sondern der der Rechtsordnung (als ob das ein real-psychologischer Wille sei!); nur die *Durchsetzung* des zugunsten des Berechtigten gegebenen Befehls habe die Rechtsordnung in die Entscheidung des Berechtigten (oder seines Vertreters) gestellt. Damit verlagert sich für ihn der Akzent von der Möglichkeit der Beherrschung eines Objekts, z.B. der individuellen Sachherrschaft des Eigentümers, auf die Möglichkeit, ein Gebot der Rechtsordnung gegen einen anderen gerichtlich durchzusetzen, die er als den „Anspruch" kennzeichnete. Folgerichtig erblickt er im Eigentum nicht so sehr die Befugnis des Eigentümers, über diese Sache nach seinem Willen zu bestimmen (über sie tatsächlich und rechtlich zu verfügen), als nur die Möglichkeit, andere von der Sache fernzuhalten: die Summe der dem Eigentümer gegenüber potentiellen Störern gegebenen Ansprüche[31]. Mit dieser Auffassung geht indessen nicht nur, wie v. TUHR meint[32], die „Anschaulichkeit" des Eigentumsbegriffs verloren – „anschaulich" zu sein, ist nicht die Aufgabe eines Begriffs –, vielmehr zeigt sich darin mit besonderer Deutlichkeit die *Sinnentleerung*, zu der das formal-begriffliche Denken zwangsläufig hinführt. Der ursprüngliche und erste Sinn des Eigentums ist gewiß nicht der, gegen den Störer einen Anspruch durchzusetzen, sondern die Möglichkeit, daß eine Person mit den oder vermöge der ihr zu eigen gegebenen Sachen sich den ihr gemäßen individuellen Daseinsraum schafft und erhält[33] und sich dadurch als Person, d. h. als frei erweist. In diesem Sinne sagt etwa HEGEL[34], daß „vom Standpunkt der Freiheit aus das Eigentum als das erste *Dasein* derselben wesentlicher Zweck für sich ist", d. h. daß der einzelne notwendigerweise Eigentum haben muß, um als eine individuelle Person in der Gemeinschaft mit anderen zu existieren. Von diesem letztlich auf die Person bezogenen, rechtsethischen Sinn des Eigentums ist, im Gegensatz noch zu PUCHTAS Ausführungen, in WINDSCHEIDS Eigentumsdefinition schlechterdings nichts mehr zu spüren. Das aber ist kennzeichnend für abstrakt-begriffliches Denken überhaupt: die abgezogenen Begriffe vermögen nur noch die Oberfläche der Erscheinungen festzuhalten; der Kern, d. h. der Sinngehalt (der Rechtsinstitute, des Rechts überhaupt) ist nahezu vollständig eliminiert. Formallogisch gesehen stimmt das System auf das beste überein; von der Sache her gesehen, fehlt gerade das Wesentliche, die geistige „Substanz". Nur weil diese Substanz von WINDSCHEID

---

[30] Vgl. die Anmerkung auf S. 89 des Pandektenlehrbuchs.

[31] Vgl. Pandekten I, S. 91, Anm. 3; S. 99; S. 491, Anm. 1 a.

[32] Der Allgemeine Teil des deutschen Bürgerlichen Rechts I, S. 93 u. 134.

[33] In diesem Sinne führt NICOLAI HARTMANN (Das Problem des geistigen Seins, S. 121 f.) das Eigentum darauf zurück, daß die Person sich mit ihrem Eigentum einen „Lebenskreis" oder „Bannkreis" schaffe, der ihr, als dieser individuellen Person, zugehörig ist, ihr Gepräge trägt.

[34] Rechtsphilosophie, § 45.

unausgesprochen immer noch weitgehend vorausgesetzt wird, d. h. aber: weil er selbst und der Leser mit seinen Begriffen (wie subjektives Recht und Rechtssubjekt) tatsächlich noch mehr verbinden, als die Definition besagt, fügt sich der Stoff dem System, geht die Rechnung, so scheint es wenigstens, auf.

4. Die „objektive“ Auslegungstheorie

„Historismus“ und „Rationalismus“ sind die vorherrschenden Komponenten im Denken nicht nur WINDSCHEIDS, sondern der Rechtswissenschaft des 19. Jahrhunderts überhaupt. Das bedeutet, daß man alles Recht zwar als das Ergebnis der historischen Entwicklung und daher als „positiv“, das „positive Recht“ selbst aber als eine „vernünftige“ Ordnung betrachtete, die eben darum der begrifflichen Erfassung und Systematisierung zugänglich sei. Die „lex“, vornehmlich das römische Privatrecht, galt weniger als „voluntas“ denn als „ratio scripta“. Der Glaube an die innere Vernünftigkeit oder Rationalität des positiven Rechts unterscheidet diese Auffassung deutlich genug vom pseudo-naturwissenschaftlichen und vom soziologischen Positivismus, für den das einzelne Gesetz lediglich ein empirisches Faktum ist, das als solches aus den gegebenen Bedingungen seiner Entstehungszeit „kausalwissenschaftlich“ erklärt, nicht aber darüber hinaus als Ausdruck einer eigentümlichen Rechtsvernunft „gedeutet“ werden kann. Die Rechtswissenschaft des 19. Jahrhunderts schrieb sich demgegenüber durchweg noch die Aufgabe und die Fähigkeit zu, die im Gesetz mehr oder minder verborgene Vernunft deutlich zu machen, die einzelne Gesetzesnorm aus ihrer empirischen Vereinzelung zu befreien, sie durch Rückführung auf ein höheres Prinzip oder einen allgemeinen Begriff gleichsam zu entstofflichen und das „Positive“ so zu vergeistigen. Diesem Ziele dienten, neben der „logischen“ und der „systematischen“ Auslegung, die Begriffsbildung und die von dem späteren JHERING so geschmähte juristische „Konstruktion“. Mit dieser Auffassung vertrug sich aber die von den meisten bis hin zu WINDSCHEID vertretene Lehre, daß die Auslegung lediglich den *empirischen* Willen des historischen Gesetzgebers zu ermitteln habe, nur schlecht. Denn wenn das Gesetz letzten Endes weniger deshalb gilt, weil es „positiv“, als weil es „vernünftig“ ist, dann muß es nicht so sehr auf den empirischen, als auf den „vernünftigen“ Willen des Gesetzgebers, d. h. auf die im Gesetz enthaltene *Rechtsvernunft*, ankommen. Dieser Forderung und damit einer Denkweise, die weit stärker vom Rationalismus als vom Historismus oder gar Positivismus bestimmt war[35], entsprach die „objektive“ Auslegungstheorie, so wie sie in den Jahren 1885 und 1886 fast gleichzeitig von drei der bedeutendsten Rechtsgelehrten der Zeit, nämlich von BINDING, WACH und KOHLER,

---

[35] Zutreffend bemerkt MANIGK (Handw. d. Rechtsw., S. 433), in der „subjektiven“ und „objektiven“ Auslegungstheorie verkörperte sich der Gegensatz des Positivismus und des Rationalismus.

aufgestellt wurde[36]. Solche Gleichzeitigkeit des Auftretens einer wissenschaftlichen Konzeption bei verschiedenen Gelehrten deutet fast immer darauf hin, daß diese einer vorherrschenden wissenschaftlichen Tendenz der Zeit entspricht[37]. Das war zweifellos auch hier der Fall.

Die „objektive" Auslegungstheorie besagt nicht nur, daß das Gesetz, einmal erlassen, so wie jedes gesprochene oder geschriebene Wort für andere eine Bedeutung annehmen *kann*, an die sein Urheber nicht gedacht hatte – das wäre eine Binsenwahrheit –, sondern sie besagt darüber hinaus, daß nicht die vom Urheber gemeinte, sondern eine unabhängig davon zu ermittelnde „objektive", dem Gesetz immanente Bedeutung die *rechtlich maßgebende* sei. Sie behauptet daher vor allem einen grundsätzlichen Gegensatz der juristischen Auslegung zur philologisch-historischen[38]. Während diese danach strebe, in den Worten *den* Sinn zu erkennen, den der *Urheber* mit ihnen verbunden hatte, sei es das Ziel der juristischen Auslegung, den vernünftigen Sinn des Gesetzes als eines objektiven Sinnganzen – eines „geistigen Organismus", wie KOHLER sagt – klarzustellen. Auf die subjektiven Ansichten und Absichten des Gesetzgebers, der Gesetzesredaktoren oder der an der Gesetzgebung beteiligten Einzelpersonen käme es dabei nicht entscheidend an. Denn das Gesetz sei „vernünftiger" als seine Urheber, und, einmal in Kraft getreten, stehe es gleichsam für sich selbst. Es sei daher auch nur aus sich, aus seinem eigenen Sinnzusammenhang, auszulegen. Alle drei Vertreter der objektiven Auslegungstheorie gehen dabei davon aus, daß das Recht, wenn schon stets „positiv", so doch seinem Wesen nach eine „vernünftige" Ordnung ist. „Nun liegt aber im Begriffe der Ordnung der der Vernünftigkeit", lesen wir bei BINDING (S. 13). Das Gesetz sei seinem Wesen nach der „vernünftige Wille" der Rechtsgemeinschaft und als solcher ein „geistiger Organismus" (KOHLER, S. 2), eine „konstante lebendige Kraft" (WACH, S. 257), eine „objektive Macht" (BINDING, S. 455). Daher, so folgert man, komme es nicht darauf an, „was der Verfasser des Gesetzes will", sondern darauf, was „das Gesetz will" (KOHLER, S. 2); als das Ziel der Auslegung habe man nicht den „Willen der Gesetzgeber", sondern den „Rechtswillen" zu bezeichnen, der „in einem Rechtssatz als einem Gliede des ganzen Rechtssystems seinen Ausdruck gefunden hat" (BINDING, S. 456).

Die „Vernünftigkeit" des Gesetzes verstehen die Genannten – und darin liegt die beginnende Abkehr von der formalen „Begriffsjurisprudenz" – nicht lediglich in einem formalen Sinne, als den logischen Zusammenhang der Begriffe, sondern zugleich in einem materialen Sinne, als die Vernünftigkeit der Zwecke, also als *immanente Teleologie.* Am deutlichsten hat dies KOHLER ausgesprochen. Die innere

---

[36] BINDING, Handbuch des Strafrechts I, S. 450 ff.; WACH, Handbuch des deutschen Zivilprozeßrechts I, S. 254 ff.; KOHLER, Grünhuts Ztschr., Bd. 13, S. 1 ff.

[37] Einen Vorläufer hat die objektive Auslegungstheorie in HEINRICH THÖL, Einleitung in das Deutsche Privatrecht, 1851, S. 144 ff., bes. S. 150. Dagegen betont die in diesem Zusammenhang ebenfalls oft genannte Schrift von SCHAFFRATH, Theorie der Auslegung constitutioneller Gesetze, 1842, lediglich, daß der – ausdrücklich als „empirische Tatsache" bezeichnete – „wirkliche" Wille des Gesetzgebers (S. 33) nur gelte, soweit er auch im Gesetz erklärt sei.

[38] BINDING, S. 451; WACH, S. 257.

Einheit der Rechtsordnung beruht nach ihm auf der Geltung allgemeiner *Rechtsprinzipien,* die er als Ordnungsmaximen, nicht etwa nur als abstrakt-begriffliche Zusammenfassungen versteht. Die Interpretation habe das Gesetz in der Weise „durchzuarbeiten", daß die in ihm enthaltenen Prinzipien zutage träten, so daß sich die einzelne Gesetzesbestimmung als der „Ausläufer eines Prinzips" erweise, „mit derjenigen Qualifikation und Funktionsstellung, welche ihr nach Maßgabe dieses Prinzips zukommt" (S. 7). Nicht immer aber habe das maßgebende Prinzip im Gesetze eine „volle und ungetrübte Darstellung" gefunden. Dann sei es die Aufgabe der Auslegung, nicht, wie WINDSCHEID meinte, gegenüber dem im Gesetz ausgedrückten den „eigentlichen" Willen des Gesetzgebers zur Geltung zu bringen, sondern „aus der gesetzlichen Darstellung die unvermeidliche Trübung zu entfernen" (S. 19), d. h. also, das in sich mangelhafte oder unvollständige Gesetz *seinen Prinzipien gemäß fortzubilden.* Weiter habe sich die Auslegung an dem „Zweckbestreben" des Gesetzes zu orientieren. Um dieses zu erkennen, müsse der Jurist auf der einen Seite „die sozialen Zustände untersuchen", denen das Gesetz abhelfen sollte, auf der anderen Seite müsse er prüfen, „welches nach der Zeitidee das beste und ausreichendste Hilfsmittel ist". Unter mehreren dem Wortlaut nach möglichen Interpretationen habe er die in diesem Sinne „zweckentsprechendste" zu wählen (S. 35). Ausdrücklich bezeichnet KOHLER dieses Verfahren als ein „teleologisches" (S. 37). Auch WACH verlangt (S. 257), das Gesetz „so auszulegen, wie es seinem erkennbaren Zweck und den Forderungen der Gerechtigkeit am meisten entspricht". BINDING endlich nennt als „Mittel der Auslegung" neben dem Wortsinn, dem „Erklärungsmoment", das „Moment des Zusammenhangs mit anderen Rechtssätzen" und das „Zweckmoment" (S. 467). Dieses letzte wieder käme in dreifacher Gestalt in Betracht, nämlich als der Zweck eines einzelnen Rechtssatzes, als der Zweck eines Rechtsinstituts und als der Zweck „einer Anzahl von Rechtssätzen".

Steht der Zweck eines Rechtssatzes fest, so läßt sich die Frage nach seiner tatsächlichen Zweckmäßigkeit doch immer nur unter Berücksichtigung der tatsächlichen Verhältnisse beantworten, unter denen er jeweils wirken soll. Da sich diese mit der Zeit wandeln können, müsse auch die Auslegung des Rechtssatzes sich diesem Wandel anpassen. Sie habe also stets *„gegenwartsbezogen" zu* sein. Vornehmlich diese Konsequenz hat der „objektiven" Theorie viele Anhänger gewonnen[39]. Hinzu

---

[39] Zu ihnen gehören u.a.: BEKKER, Jher. Jb. 34, S. 71 ff., BRÜTT, Die Kunst der Rechtsanwendung, 1907, S. 50 ff.; BURCKHARDT, Die Lücken des Gesetzes, S. 64 ff.; Methode und System des Rechts, S. 278; ESSER, Einführung in die Grundbegriffe, S. 183 f.; KRETSCHMAR, Über die Methode der Privatrechtswissenschaft, S. 38; RADBRUCH, Rechtsphilosophie, 3. Aufl., S. 110 f.; REICHEL, Gesetz und Richterspruch S. 67 ff.; RUMPF, Gesetz und Richter, S. 120 ff; SCHWINGE, Teleologische Begriffsbildung im Strafrecht, S. 57 f. Im gleichen Sinne auch GERMANN, Schweiz. Ztschr. f. Strafrecht, 1941, S. 147 f.; BETTI, Allgemeine Auslegungslehre § 55. *Ablehnend* ENNECCERUS-NIPPERDEY, § 54, II; NAWIASKY, Allgemeine Rechtslehre, S. 128; *vermittelnd* BAUMGARTEN, Grundzüge der jur. Methodenlehre, S. 35; BINDER, Philosophie des Rechts, S. 913 f, 976; SAUER, Jur. Methodenlehre, S. 292 ff.; COING, Grundzüge der Rechtsphilosophie, 4. Aufl. S. 322 ff. (mit einem „gewissen Vorrang" der objektiven Momente, S. 330). Eingehend erörtern das Für und Wider ENGISCH, Einführung, S. 88 ff., u. LIVER, Der Wille des Gesetzes, 1954.

kommt, daß sie in der Beurteilung der Zweckmäßigkeitsfrage und der Frage nach der Reichweite eines „Prinzips“ notwendig *dem Richter* einen weiteren Spielraum gewährt, als die subjektive Theorie[40].

Zwischen der Berücksichtigung der *Zwecke* der Rechtsnorm und den Methoden der „Begriffsjurisprudenz“ sahen die Begründer der „objektiven Auslegungstheorie“, anders als vor allem der spätere JHERING und die Anhänger der „Interessenjurisprudenz“, noch keinen prinzipiellen Gegensatz. KOHLER konnte sogar das Wesen der juristischen Begriffsanalyse durch denselben Vergleich mit einer chemischen Analyse erläutern[41], dessen sich JHERING in seiner Frühzeit bedient hatte. Er bemängelte lediglich, daß man „früher“ eine zu geringe Zahl von Begriffselementen angenommen habe, mit denen man der „Fülle von Verbindungen“, die das heutige Rechtsleben zeige, nicht habe gerecht werden können. Fragt man sich, warum KOHLER oder BINDING im Gegensatz zu den späteren Verfechtern der „Interessenjurisprudenz“ die Methode einer „teleologischen“ Gesetzesauslegung mit der begrifflich-logischen Deduktion für durchaus vereinbar hielten, so wird man eines nicht übersehen dürfen: JHERING und die „Interessenjurisprudenz“ verstanden unter den zu berücksichtigenden Zwecken die empirischen Zwecke des Gesetzgebers oder der hinter ihm stehenden gesellschaftlichen Mächte, also „reale“ Interessen oder „Kausalfaktoren“, BINDING und KOHLER dagegen *objektive Zwecke des Rechts*, d. h. solche Zwecke, die durch die innere Vernünftigkeit des Rechts gefordert sind. Sie setzten voraus, daß die von der Rechtswissenschaft gefundenen *Rechtsbegriffe* diesen *objektiven Zwecken* des Rechts gemäß und daher zu ihrer Erfassung geeignet seien. Folgerungen für die Theorie der Begriffsbildung haben sie allerdings nicht gezogen. Die Frage nach der logischen Eigenart eines „teleologischen“ Denkens wurde nicht gestellt. So blieb die Kritik an der rein formal-logischen Denkweise der sogenannten „Begriffsjurisprudenz“ der neu aufkommenden *„empiristischen“* Richtung vorbehalten, die der spätere JHERING eingeleitet hat. Diese erwuchs auf einem ganz anderen geistigen Boden als die im Gewande des Historismus durchweg *„rationalistische“* Rechtswissenschaft des 19. Jahrhunderts, die uneingestandenermaßen dadurch, daß sie das „positive“ Recht als einen „vernünftigen Organismus“ betrachtete und zu verstehen suchte, doch noch einiges von der „naturrechtlichen“ Denkweise bewahrt hatte. Diese neue Geistesrichtung, die sich bemühte, mit allen naturrechtlichen „Rückständen“ radikal „aufzuräumen“[42], war der Positivismus.

---

[40] Vgl. E. I. BEKKER, Jher. Jb. 34, S. 75 ff.
[41] In seinem Lehrbuch des Bürgerlichen Rechts (1904), Bd. I, S. 24 f.
[42] Ihr Wortführer war insoweit BERGBOHM, Jurisprudenz und Rechtsphilosophie, 1892.

KAPITEL 3

Rechtstheorie und Methodenlehre unter dem Einfluß des positivistischen Wissenschaftsbegriffs

Als eine allgemeine (europäische) Geistesbewegung hat der „Positivismus" im Laufe des zweiten Drittels des 19. Jahrhunderts in Deutschland alle Geisteswissenschaften mehr oder weniger erfaßt[1]. Wieweit dabei im einzelnen unmittelbare Einflüsse der „positivistischen" Sozialphilosophie AUGUSTE COMTES, englischer Philosophen (BENTHAM, J. ST. MILL)[2] oder der Naturwissenschaften, insbesondere die „Entwicklungslehre" DARWINS, mitwirkten, wieweit eine Wiederaufnahme des älteren „Empirismus", der Assoziationspsychologie LOCKES, in der Rechtswissenschaft auch der utilitaristischen Ethik eines THOMASIUS[3] vorgelegen hat, braucht hier nicht untersucht zu werden. Genug, daß die Rechtswissenschaft an der allgemeinen Hinwendung zum Positivismus ihren vollen Anteil genommen hat. Als Gegenbewegung sowohl gegen das rational-deduktive Naturrecht wie gegen die metaphysische Grundeinstellung der idealistischen deutschen Philosophie, aber auch gegen die Romantik und die ältere „Historische Schule" ist der Positivismus in der Rechtswissenschaft[4], wie in seinem Verständnis der Wissenschaft überhaupt, vornehmlich durch das Streben gekennzeichnet, nicht nur alle „Metaphysik", sondern auch die Frage nach dem ethisch Richtigen, nach „Werten" oder „Gültigem" als unbeantwortbar aus der Wissenschaft zu verbannen und diese streng auf die „Tatsachen" und deren empirisch zu beobachtende Gesetzlichkeit zu beschränken[5]. Für die Naturwissenschaften, nicht aber für die Ethik und die Rechtslehre, konnte er sich dafür bis zu einem gewissen Grade auf die Erkenntnistheorie KANTS berufen.

Man hat den juristischen Positivismus, eben weil sein erstes und nachdrücklichstes Anliegen die Ausklammerung der Frage nach einem objektiv gültigen „Sinn" oder „Wert" aus

---

[1] Vgl. etwa ROTHACKER, Einleitung in die Geisteswissenschaften, 2. Aufl. 1930, S. 190 ff.; speziell zum positivistischen Wissenschaftsbegriff: ERNST V. HIPPEL, Mechanisches und moralisches Rechtsdenken, S. 196 ff.

[2] Über den Einfluß BENTHAMS auf den späteren JHERING und auf die Interessenjurisprudenz PH. HECKS vgl. COING in ARSP 1968, S. 69 ff.; PLEISTER, Persönlichkeit, Wille und Freiheit im Werke JHERINGS, 1982, S. 397 ff.

[3] Vgl. zu THOMASIUS *meine* Abhandlung über „Sittlichkeit und Recht" in „Reich und Recht in der deutschen Philosophie", 1943, Bd. I, S. 202 ff.; ERIK WOLF, Das Problem der Naturrechtslehre, 3. Aufl. 1964, S. 137 ff.

[4] Zu den verschiedenen Spielarten des Rechtspositivismus OTT, Der Rechtspositivismus, 1976.

[5] Vgl. die treffende Darstellung dieser Position und ihrer Auswirkungen auf die Rechtslehre bei COING, Grundzüge der Rechtsphilosophie, 4. Aufl. 1985, S. 59 ff.

der Rechtswissenschaft war, geradezu als eine „vorwiegend verneinende" Geistesrichtung, als „Negativismus" gekennzeichnet[6]. Darüber darf freilich nicht das wissenschaftliche Ethos übersehen werden, das häufig die Haltung des Positivisten bestimmt: er hält „ewige Ideen" oder „absolute Werte" für rational nicht erfaßbar und scheut sich daher, „unbewiesene" Aussagen oder Voraussetzungen zu machen. Diese wissenschaftliche Selbstbescheidung des Positivisten schließt es nicht aus, daß er für seine Person bestimmte ethische Werte und Forderungen bejaht. Nur verweist er sie in den Bereich des persönlichen Glaubens und der sittlichen Überzeugung des einzelnen, weil nach seiner Meinung eine wissenschaftliche Aussage darüber nicht möglich ist. Er leugnet z. B. nicht, daß die Forderung der Gerechtigkeit für das sittliche Bewußtsein des einzelnen Geltung hat, er ist aber der Meinung, daß sie wissenschaftlicher Erkenntnis nicht zugänglich und daher auch kein mögliches Prinzip einer positiven Rechtswissenschaft ist. Äußerstenfalls vermag er das „Gerechtigkeitserlebnis" als eine „anthropologische Tatsache" anzuerkennen, die als solche „niemals aus dem juristischen Denken eliminiert werden kann"[7] – dagegen ist ihm die Gerechtigkeitsidee kein in der Erkenntnis objektivierbares, allgemeingültiges Prinzip, das als solches für die Erkenntnis des positiven Rechts von Bedeutung sein könnte[8].

Das, was der wissenschaftlichen Erkenntnis, abgesehen von der Logik und der Mathematik, allein zugänglich ist, sind nach positivistischer Auffassung die wahrnehmbaren „Fakten" mitsamt der an ihnen hervortretenden, im Experiment zu erhärtenden „Gesetzlichkeit". In diesem Denkansatz erweist sich das Vorbild der „exakten" Naturwissenschaften als maßgebend. Insofern ist der Positivismus „Naturalismus"[9]. Die Rechtswissenschaft soll nun dadurch zu einer „wahren Wissenschaft" erhoben werden, daß sie, gleich der Naturwissenschaft, auf unbezweifelbare Fakten gegründet wird. Wo aber finden sich diese „Fakten"? An dieser Frage scheiden sich verschiedene Richtungen. Die Gesamtheit der wahrnehmbaren Tatsachen zerfällt nach der herrschenden Auffassung in zwei große Bereiche: Tatsachen und Vorgänge der uns durch die Sinneswahrnehmung zugänglichen „Außenwelt", die als solche sichtbar, hörbar oder doch irgendwie meßbar sind, und Tatsachen sowie Vorgänge der seelischen „Innenwelt", d.h. psychische Tatsachen. Für beide Bereiche freilich gilt nach positivistischer Anschauung das überall gleiche Kausalgesetz; seelische Vorgänge haben gleich Naturvorgängen ihre „Ursachen", sind durch sie restlos determiniert[10]. Zwischen der kausalen Verknüpfung in der leblosen Natur, organischen Entwicklungsprozessen und der psychischen Determination, der Motivation, besteht nach der Auffassung des Positivismus kein *prinzipieller* Unterschied. Überall gilt der Satz, daß jede in der Zeit wahrgenommene Veränderung ihre zeitlich vorausliegende Ursache haben muß, die ihrerseits die Wirkung nach Natur-

---

[6] WELZEL, Naturalismus und Wertphilosophie im Strafrecht, 1935, S. 2; SCHÖNFELD, Grundlegung, S. 63 u. 524.

[7] So BRUSIIN, Über das juristische Denken, 1951, S. 156 ff.

[8] So eindeutig KELSEN in seiner Schrift „Was ist Gerechtigkeit?", 1953.

[9] WELZEL, Naturalismus und Wertphilosophie im Strafrecht (1935); WIEACKER, Privatrechtsgeschichte der Neuzeit, S. 563, der (in den Anm. 16–18) auch auf den Zusammenhang einer „naturalistischen" Moral- und Rechtstheorie mit NIETZSCHES „Willen zur Macht" hinweist; ERIK WOLF, Große Rechtsdenker, S. 623 ff.

[10] Der Positivismus des 19. Jahrhunderts nahm einen strengen Determinismus im Sinne des kausal-mechanischen Weltbildes an. In der Gegenwart ist dieser vielfach zu einer statistischen Gesetzmäßigkeit abgeschwächt.

gesetzen notwendig zur Folge hat. Eine prinzipiell andere Art der Verknüpfung, nämlich die von zureichendem Grund und denkgesetzlich notwendiger Folgerung, unabhängig vom zeitlichen Geschehensablauf, gilt lediglich für die Logik und für die Mathematik als die einzigen Wissenschaften, die es nicht mit „Fakten" (gleich welcher Art), sondern mit reinen Denkzusammenhängen (oder gedachten räumlichen Verhältnissen) zu tun haben. Das Recht nun kann man, geht man von diesen Voraussetzungen aus, entweder, da es sich nicht in der äußeren Wirklichkeit, sondern im Bewußtsein der Menschen vorfindet, als ein *psychologisches Faktum* ansehen, oder man kann es, da es sich auf das soziale Verhalten der Menschen bezieht, unter die *Tatsachen des sozialen Daseins* einordnen, mit denen sich die nun aufkommende empirische Soziologie beschäftigte. Im ersten Fall gelangt man zu einer *psychologischen* Rechtstheorie, die die wichtigsten rechtlichen Erscheinungen, nämlich: das Gesetz und das Rechtsgeschäft, sowie das subjektive Recht und selbst die Rechtspflicht von einem psychologisch verstandenen Willensbegriff her zu deuten sucht. Im zweiten Fall gelangt man zu einer vorwiegend *soziologischen* Rechtstheorie, die nach den gesellschaftlichen, insbesondere auch den ökonomischen Ursachen und den Wirkungen bestimmter Rechtseinrichtungen, aber auch des Rechtes überhaupt als eines *Mittels im Dienste gesellschaftlicher Zwecke* fragt. Beide Betrachtungsweisen haben, das sei hier sogleich betont, ihre relative Berechtigung; beide verfehlen indessen etwas gerade dem Rechte Eigentümliches und Wesentliches, nämlich den ihm eigenen Geltungsanspruch, das Sollensmoment[11]. Aus diesem Grunde und aus dem Gefühl, daß die Selbständigkeit der Rechtswissenschaft damit zugunsten einer anderen Wissenschaft (nämlich der Psychologie oder der Soziologie) preisgegeben wird, hat endlich KELSEN in seiner „Reinen Rechtslehre" den Versuch unternommen, der Rechtswissenschaft, ähnlich der Logik und der Mathematik, einen *rein ideellen* Gegenstand zu vindizieren und sie auf das zu beschränken, was an ihr denkgesetzlich notwendig ist. „Positivist" blieb er, trotz gewisser Anleihen beim „Neukantianismus", doch insofern, als er jede wertende Betrachtung und damit die Frage nach der jeweils „zutreffenden" Wertung als wissenschaftlich nicht beantwortbar aus der Rechtswissenschaft verwies. Alle drei unter sich sehr verschiedenen positivistischen Rechtstheorien kommen somit darin überein, daß sie das Recht ausschließlich als „positives" Recht verstehen, die Frage nach irgendwelchen „überpositiven" Rechtsgrundsätzen, einem „Naturrecht" oder der Rechtsidee als einem materiellen Sinnapriori allen Rechts dagegen als „unwissenschaftlich" zurückweisen. Im übrigen ergeben sich aber aus den genannten Rechtstheorien sehr unterschiedliche Konsequenzen auch für die juristische Methodenlehre.

---

[11] Vgl. *meine* Schrift über „Das Problem der Rechtsgeltung" (1929, Neudruck mit einem Nachwort, 1967); HENKEL, Einführung in die Rechtsphilosophie, 2. Aufl. S. 543 ff. u. Festschr. f. MARCIC, 1974, S. 63; RYFFEL, Grundprobleme der Rechts- u. Staatsphilosophie S. 371 ff.

1. Die psychologische Rechtstheorie Bierlings

Schon bei WINDSCHEID hatten wir gesehen, daß bei seiner Bestimmung des Begriffs des subjektiven Rechts, ebenso wie in seiner Lehre vom Rechtsgeschäft und von der „Voraussetzung“, psychologische Erwägungen im Vordergrund stehen. Dasselbe gilt von anderen Juristen dieser Zeit, wie ZITELMANN und später z.B. von OERTMANN[12]. Es handelt sich dabei um den vorherrschenden Zug der Zeit. Eine durchgebildete psychologische Rechtstheorie, nebst ihrer Anwendung auf die Methodenlehre, hat ERNST RUDOLF BIERLING vorgelegt[13].

Sein wissenschaftliches Anliegen kennzeichnet BIERLING dahin, „das herauszufinden und im Zusammenhang darzustellen, was an allem positivem Rechte gleichartig ist, oder mit anderen Worten, was der Gattung ‚Recht‘ - im Gegensatz zu allen konkreten Einzelrechten - angehört“ (I, S. 3)[14]. Es geht ihm also um den Rechtsbegriff, wobei dieser von vornherein als ein *Gattungsbegriff*, als ein abstrakt-allgemeiner Begriff im Sinne der formalen Logik (und nicht etwa als konkret-allgemeiner Begriff im Sinne HEGELS oder als ein apriorischer Grundbegriff im Sinne des Neukantianismus) verstanden wird. Das Verfahren, das zur Auffindung dieses Allgemeinbegriffs führt, ist eine vom empirischen Material (d. h. den einzelnen positiven Rechten) ausgehende „Reduktion“ (I, S. 14), durch die das Besondere auf das darin wiederkehrende Allgemeine, eben die „Gattung“, zurückgeführt und alles das ausgeschieden werden soll, was lediglich dem einzelnen positiven Rechte als individuellem angehört. Der auf diese Weise von BIERLING gefundene Rechtsbegriff lautet: „Recht im juristischen Sinne ist alles, was Menschen, die in irgendwelcher Gemeinschaft miteinander leben, als Norm und Regel dieses Zusammenlebens wechselseitig anerkennen“ (I, S. 19). Die wesentlichen Elemente dieses Rechtsbegriffs sind die „Norm“ und die „wechselseitige Anerkennung“. Den Begriff der Norm bestimmt BIERLING näher dahin, sie sei „Ausdruck eines Wollens, das seine Vollziehung von anderen erwartet“ (I, S. 29). Die „Anerkennung“ aber bedeutet ihm „ein dauerndes, habituelles Verhalten“ (Kritik I, S. 82), das „habituelle, dauernde Respektieren gewisser Normen“ (I, S. 43). Dies wird dahin erläutert, die Norm „inhäriere“ gleichsam „unserem Geiste, so daß sie nicht nur auf dessen ausdrücklichen Ruf, sondern auch unwillkürlich, nach den Gesetzen der Ideenassoziation, wieder in unser Bewußtsein treten und ihre treibende Kraft spielen lassen kann, bis sie durch eine widersprechende Norm verdrängt wird oder sonst dem Geist (nicht etwa bloß dem momentanen Bewußtsein) völlig abhanden kommt“. Besonders der Hinweis auf die „Ideenassoziation“ und auf die „treibende Kraft“ der Norm lassen erkennen, daß es BIERLING darauf ankommt, das Recht auf psychische Vorgänge oder Tatsachen zurückzuführen.

---

[12] Seine psychologisch gemeinte Lehre von der Geschäftsgrundlage knüpft nicht zufällig an WINDSCHEIDS „Voraussetzung“ an.

[13] In seinem Hauptwerk „Juristische Prinzipienlehre“, 5 Bände, 1894–1917, und in seiner „Kritik der juristischen Grundbegriffe“, 2 Bände, 1877 u. 1883.

[14] Im folgenden wird die Prinzipienlehre nur mit Band- und Seitenzahl, die Kritik der juristischen Grundbegriffe mit „Kritik“ sowie Band- und Seitenzahl zitiert.

Freilich bleibt BIERLING bei der rein psychologischen Betrachtung nicht stehen, wenn er als Geltungsgrund einer Rechtsnorm auch eine nur „indirekte Anerkennung“ genügen läßt. Unter einer solchen versteht er „die schlechthin notwendige logische Konsequenz einer anderen, natürlich im letzten Grunde notwendig einer direkten Rechtsnormen-Anerkennung“ (I, S. 46). So erschienen alle Normen, die in verfassungsmäßig zustande gekommenen Gesetzen enthalten sind, „darum allein schon als indirekt anerkannte Rechtsnormen, sofern und solange eine wahre Rechtsanerkennung bezüglich der betreffenden Verfassung oder auch nur der auf den Erlaß und die Verbindlichkeit von Gesetzen bezüglichen Bestimmungen besteht.“ BIERLING verkennt zwar nicht, daß es sich hierbei nur um „eine eigentümliche Art idealer Anerkennung“ handle, allein diese ergebe sich doch für jeden „normal denkenden“ Menschen, der die Folgenorm als die „logisch notwendige Folge der direkt anerkannten Norm“ zu begreifen vermöge, „ganz von selbst“. In Wahrheit verläßt BIERLING hier offensichtlich den Boden einer rein psychologischen Rechtstheorie[15], indem er der tatsächlich anerkannten Norm diejenige Norm gleichstellt, die der einzelne als „logisch notwendige Folge“ aus einer von ihm tatsächlich anerkannten Grundnorm anerkennen *soll.* Entgegen dem ersten Anschein kommt damit auch die Theorie BIERLINGs bei der von ihm vorgenommenen „Analyse des Begriffs der rechtlichen Geltung“ (I, S. 47) nicht ohne den Begriff des „Sollens“ aus – nur daß er an Stelle des von ihm eliminierten ethischen Sollens ein logisches Sollen, die Denknotwendigkeit, zur Hilfe nimmt, was im Grunde auch die einzige Möglichkeit für den Positivisten ist, ein von der Naturnotwendigkeit unterschiedenes Sollen anzuerkennen.

Als eine „wechselseitig anerkannte Regel des Zusammenlebens“ begründet jede Rechtsnorm, so führt BIERLING weiter aus, ein Rechtsverhältnis, das sich im näheren als ein subjektives Recht oder Anspruch des einen gegenüber einem bestimmten anderen oder gegenüber allen anderen Rechtsgenossen darstellt. Auch „Rechtsverhältnisse“ bestehen nur, insofern sie von dem oder den Verpflichteten anerkannt werden. So kommt BIERLING zu dem Satz: „Alle Rechtsnormen werden auf der einen Seite als Rechtsansprüche, auf der anderen als Rechtspflichten gewollt oder anerkannt“ (I, S. 145). Gleich WINDSCHEID erblickt BIERLING in jedem subjektiven Recht einen „Anspruch“ (I, S. 160 ff.). „Anspruch“ ist ihm, wiederum psychologisch gedacht, ein „Begehren“, näher dasjenige Begehren, dessen Inhalt von demjenigen, an den es sich richtet, als seine Rechtspflicht anerkannt wird (I, S. 161). Auch die „Rechtspflicht“ wird von ihm psychologisch, nicht etwa ethisch oder, wie später von KELSEN, „normlogisch“ verstanden. „Eine Rechtsnorm erscheint dem Rechtsgenossen“, so sagt er (I, S. 171), „als Inhalt seiner Rechtspflicht, sofern er diese Norm einerseits als von anderen Rechtsgenossen an ihn gerichtete, andererseits als von seinem eigenen Willen anerkannte weiß“. Rechtspflicht, könnte man kürzer sagen, ist der von dem Verpflichteten gewußte und anerkannte Anspruch eines anderen. „In dieser Begriffsbestimmung ist schon mitenthalten, daß die Rechtspflicht das notwendige und vollständige Korrelat des Rechtsanspruchs ist: wie letzterer der Ausdruck des in bestimmter Beziehung für einen anderen normgebenden Willens, so ist die

[15] So auch OTT, a.a.O., S. 59.

Rechtspflicht der Ausdruck des entsprechenden, d.h. in derselben bestimmten Beziehung von dem anderen norm-nehmenden Willens."

Aufschlußreich für die Schwierigkeiten, mit denen eine rein psychologische Rechtstheorie zu kämpfen hat, ist die Antwort, die BIERLING auf den naheliegenden Einwand gibt, daß doch das Bestehen einer Rechtspflicht nicht davon abhängen könne, daß der Verpflichtete im einzelnen Fall darum weiß und seine Verpflichtung auch tatsächlich anerkennt. In vielen Fällen, so räumt er ein, nähmen wir ein Rechtsverhältnis zwischen Subjekten an, die „ihrer ganzen Natur, ja zum Teil sogar schon ihrem Begriffe nach gar nicht einer wahren Rechtsanerkennung, weil überhaupt keines wahren Wollens fähig sind". Hier nun sei das Rechtsverhältnis ein „fiktives, sofern entweder der Rechtsanspruch oder die Rechtspflicht oder selbst beide von demjenigen, dem wir sie zuschreiben, nicht wirklich in der betreffenden Weise gewollt, sondern bloß von dem Gegenteil oder von dritten Personen als in ihnen vorhanden vorausgesetzt bzw. fingiert werden" (I, S. 172). Die Frage, was denn den anderen Teil oder gar dritte Personen zu einer derartigen offenbar unzutreffenden Voraussetzung berechtigt, bleibt unbeantwortet.

Dasselbe wiederholt sich nochmals beim Begriff des Rechtssubjektes. Subjekt eines Rechtsverhältnisses kann, nach BIERLINGs Grundkonzeption, „im wahren und vollen Sinn des Wortes nur sein, wer sich in der Lage befindet, eine Norm als Rechtsnorm, d. h. in der Eigenschaft als Rechtsgenosse gegenüber einem oder mehreren anderen Rechtsgenossen anzuerkennen" (I, S. 201). Allein, hierzu sind sowohl die sog. juristischen Personen wie auch „Kinder und Wahnsinnige" nicht in der Lage. BIERLINGs Auskunft lautet: sie alle werden als Rechtssubjekte fingiert! Der Willensunfähige sei „rechtsfähig" nicht „an sich", d. h. zufolge „des Besitzes der natürlichen Eigenschaften, von denen das Haben von Rechten und Pflichten normaler Weise abhängt", sondern „immer bloß mehr oder weniger (!) fiktiver Weise" (I, S. 216). Hier wird vollends deutlich, wie weit sich BIERLING bereits von der Rechtslehre SAVIGNYs oder PUCHTAs entfernt hat, die den Menschen, auch den Willensunfähigen, deshalb als rechtsfähig ansehen, weil er als Mensch und d. h. als (seiner menschlichen Anlage und Bestimmung nach) ethische Person „Selbstzweck" und darum von allen anderen zu achten ist. Von der fingierten Rechtssubjektivität der „Kinder und Wahnsinnigen" bei BIERLING zu der rein formalen Bestimmung des Begriffs „Rechtssubjekt" als eines gedachten Zurechnungspunktes bei KELSEN ist nur noch ein kleiner Schritt. Auf der anderen Seite wird von hier aus rückblickend noch einmal die Zwischenstellung WINDSCHEIDs deutlich, der durch seine Wendung zum Psychologismus bereits dem Positivismus verhaftet ist, ohne sich doch schon ganz von der ethischen Betrachtungsweise des Naturrechts und der idealistischen Philosophie gelöst zu haben.

Wir kehren jetzt zu BIERLINGs Definition der „Norm" zurück, die dahin lautete, jede Norm sei „Ausdruck eines Wollens, das seine Vollziehung von anderen erwartet". Normen sind „kundgegeben mit der zweifellosen Intention, von denen, an die sie sich richten, gerade so aufgefaßt und beobachtet zu werden, wie sie von den normsetzenden Organen wirklich gedacht und gewollt sind" (IV, S. 256). Rechtsgesetze sind Ausdruck des Willens des Gesetzgebers. Die Aufgabe der Gesetzesauslegung kann daher nach BIERLING nur sein, den wirklichen Willen des Gesetzgebers zu ermitteln, den dieser in den von ihm gebrauchten Worten ausdrücken wollte. Als das hervorragendste Mittel zu diesem Zwecke bezeichnet BIERLING die Kenntnis der Entstehungsgeschichte des Gesetzes (IV, S. 275). Maßgebend sei in erster Linie derjenige Sinn oder Zweck eines Gesetzes, den „die verfassungsmäßig beteiligten Einzelsubjekte und Majoritäten übereinstimmend mit den zum Gesetz erhobenen Worten verbunden haben" (IV, S. 280). Nur soweit sich darüber keine hinreichend gesicherten Feststellungen treffen ließen, sei das Gesetz so auszulegen, „wie Treu und Glauben unter Berücksichtigung der zur Zeit des Gesetzeserlasses bestehenden Rechts- und Lebensanschauungen fordern" (IV, S. 281). Hierbei überrascht lediglich der Hinweis auf „Treu und Glauben", der in die sonst streng „subjektiv" verstandene Auslegungstheorie BIERLINGS, man weiß nicht wie, ein „objektives" Moment hineinbringt. Konsequent ist dagegen die ausdrückliche Ablehnung einer „Auslegung der Gesetze im Geiste oder nach den Bedürfnissen der Gegenwart, d. h. ohne Rücksicht auf den ursprünglich gewollten Gesetzesinhalt" (IV, S. 290). Sie ist in der Tat mit dem Gesetzesbegriff BIERLINGS und seiner psychologisch gemeinten „Willenstheorie" nicht zu vereinigen. Demgemäß zeigt sich BIERLING als ein erbitterter Gegner aller „objektiven" Auslegungslehren (IV, S. 257 ff.). Gerade die Orientierung an dem empirischen „Willen" des Gesetzgebers erlaubt BIERLING anderseits eine stärkere Berücksichtigung des Zweckmoments. Die Erforschung des Willens des Gesetzgebers erstreckt sich nicht nur auf das, was dieser „mit gewissen Worten des Gesetzes gemeint", sondern auch auf das, was er „mit dem Gesetz im ganzen beabsichtigt" hat (IV, S. 275). Zwar ergibt die Kenntnis des Zweckes des Gesetzgebers keine „direkte Erläuterung" des Gesetzeswortlauts, wohl aber erlaubt sie einen Schluß darauf, „welche von mehreren als möglich erkannten Auslegungen als die den Zwecken des Gesetzes entsprechende anzusehen ist und darum den Vorzug vor anderen verdient" (IV, S. 286).

Auch die Gesetzesanalogie beruht nach BIERLING nicht darauf, daß sich die im Gesetz ausgesprochene Regel auf eine logisch-allgemeinere zurückführen läßt, sondern darauf, daß sie auf eine „in ihr selbst nicht zum Ausdruck gelangte umfassendere gesetzgeberische Intention", eine weiterreichende Absicht, einen umfassenderen Zweck des Gesetzgebers schließen läßt (IV, S. 408). An JHERINGS „naturhistorischer Methode" übt BIERLING eine treffende Kritik (V, S. 104). JHERINGS Forderung, die Rechtssätze auf Rechtsbegriffe zurückzuführen, diese in ihre Elemente zu zerlegen und aus diesen dann, durch „Kombination", neue Rechtssätze abzuleiten, gehe „auf ein logisch Unmögliches". Denn auf Begriffe könnten nur Aussagesätze, und zwar nur solche, die ein analytisches Urteil enthielten, zurückgeführt werden. Rechtssätze aber seien nicht Aussagesätze, sondern Imperative, die ein bestimmtes Wollen zum Ausdruck bringen. Das gelte selbst von solchen Rechtssätzen, die eine sog. „Legaldefinition" enthalten; zu Rechtssätzen würden sie nur dadurch, daß sie „außer der Begriffsdefinition als solcher stets noch die autoritative Vorschrift in sich schließen, daß überall, wo das definierte Wort im Gesetz auftritt, es in dem gesetzlich bestimmten Sinne verstanden werden soll". In Wahrheit beruhe die juristische Konstruktion, wie sie die Rechtswissenschaft des 19. Jahrhunderts tatsächlich betrieben habe, gar nicht auf der von JHERING beschriebenen Begriffszergliederung und Kombination der Begriffselemente, sondern darauf, daß man aus spezielleren Rechtsgeboten allgemeinere Rechts*grundsätze* entnehme und diese dann zur Bildung neuer Einzelrechtssätze zu verwerten suche (V, S. 105). Und eine solche Methode zu verwerfen, finde er keinen ausreichenden Anlaß. Denn bei der Auffindung des allgemeineren Rechtsgrundsatzes sei „eine umfassende Rücksichtnahme auf die den Einzelrechtssätzen zugrunde liegenden Interessen" geboten, und die Ableitung neuer Einzelrechtssätze aus dem allgemeinen Grundsatz finde dort ihre Grenze, wo sie mit ausdrücklich vom Gesetz sanktionierten Einzelrechtssätzen oder „anderen, damit sich kreuzenden Rechtsprinzipien“ in Widerspruch treten würde. Es handelt sich bei der richtigen Anwendung der Konstruktionsmethode nach BIERLING also ebenso wie bei der Analogie nicht um eine rein formallogische Operation, sondern um eine Bewertung und Abschätzung der Tragweite der verschiedenen Zweckgesichtspunkte, der „Intentionen“ des Gesetzgebers. Als den „leitenden Gesichtspunkt“ jeder ergänzenden Gesetzesauslegung bezeichnet BIERLING die „möglichste Berücksichtigung aller Interessen unter Abschätzung derselben von den durch das positive Recht selbst gegebenen Richtlinien aus“ (IV, S. 427). Hier zeigt sich bereits deutlich der Einfluß einer inzwischen neu aufgekommenen methodischen Richtung in der Rechtswissenschaft, der sog. „Interessenjurisprudenz“, mit deren Hauptvertreter, HECK, sich BIERLING im Schlußbande seines Werkes (V, S. 95 ff.) teils zustimmend, teils kritisch auseinandersetzt. Bevor wir uns dieser Richtung zuwenden, müssen wir noch einmal zu JHERING zurückkehren, der sie durch seine spätere Wendung zum soziologischen Positivismus vorbereitet und ihr gleichsam die Stichworte geliefert hat.

2. Jherings Wendung zu einer pragmatischen Jurisprudenz

Als im Jahre 1847 der Staatsanwalt v. KIRCHMANN seinen im Grunde ziemlich konfusen Vortrag über die „Wertlosigkeit der Jurisprudenz als Wissenschaft“ hielt, da zeigte der Widerhall, den er erfuhr, daß dieser Protest eines Praktikers gegen eine allzu selbstgefällige Theorie einem verbreiteten Unbehagen Ausdruck gegeben hatte[16]. KIRCHMANN wollte nicht nur darlegen, daß die Jurisprudenz „als Wissenschaft“ wertlos sei, daß sie zur Erweiterung der Erkenntnis nichts Wesentliches beitrage, weil ihr Gegenstand, das positive Recht, „das Zufällige, Mangelhafte“ sei – bekannt wurde sein Ausspruch: „Drei berichtigende Worte des Gesetzgebers und ganze Bibliotheken werden zu Makulatur“ –, sondern auch und vor allem, daß sie für die juristische Praxis unbrauchbar sei. Dies sei sie vor allem deshalb, weil sie, statt sich um die Rechtsfortbildung zu kümmern, allzusehr am Hergebrachten festhalte; sie neige dazu – hier erkennt man als Angriffsobjekt die „Begriffsjurisprudenz“ im Stile PUCHTAS und des jungen JHERING – „die Bildung der Gegenwart in die wohlbekannten Kategorien erstorbener Gestalten zu zwängen“. In der Tat vermochte eine Rechtswissenschaft, die ihr Hauptanliegen in der historisch-getreuen Auffassung der als für die Gegenwart noch als gültig angesehenen römischen Rechtsquellen und in deren Einfügung in ein logisch unanfechtbares Begriffssystem sah, darin auch

---

[16] Der Vortrag erschien zuerst 1848 im Druck. Er ist jetzt zugänglich in einer Ausgabe der Wissenschaftlichen Buchgesellschaft, 1956. Über KIRCHMANN vgl. STINZING-LANDSBERG, Geschichte der deutschen Rechtswissenschaft III, 2, S. 737 ff.; WIEACKER, Privatrechtsgeschichte, S. 415; *meinen* Vortrag „Über die Unentbehrlichkeit der Jurisprudenz als Wissenschaft“, Berlin 1966.

Bedeutendes, schwerlich ganz den Erfordernissen einer Rechtspraxis zu genügen, die sich täglich vor Fragen gestellt sah, auf die jene Quellen keine befriedigende Antwort zu geben vermochten. Nicht nur, daß die Wandlung der wirtschaftlichen und sozialen Verhältnisse in der sich nun entwickelnden industriellen Gesellschaft die Gesetzgebung und die Rechtspraxis in steigendem Maße vor neue Aufgaben stellte, auch die mit der Französischen Revolution zum Durchbruch gelangte politische Gedankenwelt drängte zu rechtlicher Anerkennung und Verfestigung, wenn auch zunächst mehr im öffentlichen Recht und im Strafprozeß als im Zivilrecht. Seit dem Jahre 1848 waren die konservativen Mächte, als deren Wortführer STAHL gegen KIRCHMANN auf den Plan getreten war, auch in Deutschland, im ganzen gesehen, auf dem Rückzug. Verdeckt wurde der Gegensatz lange dadurch, daß das römische Recht als das Recht einer bereits hochentwickelten Verkehrsgesellschaft mit der ihm eigenen Tendenz, dem einzelnen einen Bereich unumschränkter „Willensherrschaft" zu sichern und der „Privatautonomie" möglichst wenige Schranken zu ziehen, der vorherrschenden Zeitströmung, dem Liberalismus, entgegenkam. Erst am Ende des Jahrhunderts wurde die Frage nach der „sozialen Aufgabe des Privatrechts" von der Rechtswissenschaft ausdrücklich gestellt[17]; unter den rechtspolitischen Stellungnahmen zum Entwurf des BGB ragen die Kritik OTTO v. GIERKES[18] und die Untersuchung ANTON MENGERS[19] über den Einfluß des Bürgerlichen Gesetzbuches auf die Lage der „besitzlosen Klassen" hervor. Sie änderten an der endgültigen Fassung nicht sehr viel; erst in der Folgezeit gewannen neue Rechtsgedanken (wie z. B. die Gefährdungshaftung, die Lehre vom Rechtsmißbrauch, von der Geschäftsgrundlage, die Ausbildung „sozialer Schranken" des Eigentums, der Treue- und Fürsorgepflicht im Gesellschafts- und Arbeitsverhältnis, der „Schutzpflichten" im Schuldverhältnis und schon während der Vertragsverhandlungen), zu denen noch das Bürgerliche Gesetzbuch kaum mehr als erste Ansätze enthält, breiteren Raum. Es ist das historische Verdienst JHERINGS, daß er viel früher als die meisten seiner Berufsgenossen das Ungenügende der damaligen Pandektenwissenschaft empfunden und sie auf ihre Gegenwartsaufgabe hingewiesen hat. Seine Schranke war, daß er dabei weitgehend in der Kritik, im Negativen steckenblieb und das neue rechtstheoretische Fundament, das er zu legen versuchte, auf einem nicht tragfähigen Boden, dem eines soziologischen Positivismus, errichtete[20].

Im Jahre 1861 erschien in der „Preußischen Gerichtszeitung" der erste der Briefe „Über die heutige Jurisprudenz" von einem „Unbekannten", deren Verfasser

---

[17] In der so benannten Schrift von O. v. GIERKE im Jahre 1889.

[18] Der Entwurf eines Bürgerlichen Gesetzbuchs und das deutsche Recht, 1889.

[19] A. MENGER, Das Bürgerliche Recht und die besitzlosen Volksklassen, 1890 (Neudruck der Wissenschaftl. Buchgesellschaft, 1968). Dazu WIEACKER, Privatrechtsgeschichte, S. 457.

[20] Vgl. die äußerst kritischen Bemerkungen REICHELS in seinem Geleitwort zu der Schrift von HARRY LANGE, Die Wandlungen JHERINGS, 1927. Zur geistesgeschichtlichen Einordnung JHERINGS vgl. W. PLEISTER, Persönlichkeit, Wille und Freiheit im Werke JHERINGS, 1982, S. 1 ff., 41 ff., 148 ff., 295 ff., 358 ff., 397 ff.

RUDOLF V. JHERING war. Die Briefe sind von ihm später (1884) zusammen mit weiteren Darlegungen, darunter der Satire „Im juristischen Begriffshimmel", unter dem Titel „Scherz und Ernst in der Jurisprudenz" veröffentlicht worden. Sie enthalten eine Verspottung der von JHERING noch wenige Jahre zuvor so hoch gepriesenen juristischen Konstruktion, deren Ergebnisse er an zahlreichen Beispielen nun als für die Praxis unbrauchbar, ja häufig dem gesunden Menschenverstande widersprechend kennzeichnet. Eine wissenschaftliche Neuorientierung bringen diese Briefe noch nicht; mehr als Ausdruck seiner momentanen Verzweiflung, denn als ein wissenschaftliches Glaubensbekenntnis werten wir den von JHERING mit besonderer Betonung ausgesprochenen Satz[21], daß „man erst den Glauben an die Theorie vollständig verloren haben muß, um ohne Gefahr sich ihrer bedienen zu können".

Deutlicher treten JHERINGS neue Gedanken schon in dem 1864 erschienenen 4. Bande des „Geistes des römischen Rechts" hervor. Zunächst denkt JHERING freilich nur die historische Rechtsansicht folgerichtig zu Ende, wenn er betont (S. 305), daß nicht nur die Rechtssätze, sondern auch die aus ihnen durch „Konzentration" gewonnenen Rechtsbegriffe sich mit der Zeit veränderten. „An die Unveränderlichkeit der römischen Rechtsbegriffe zu glauben, ist eine völlig unreife Vorstellung, die von einem gänzlich unkritischen Studium der Geschichte zeugt." Mit dieser Erkenntnis vertrug sich aber nicht mehr der Glaube daran, in den juristischen Grundbegriffen gleichsam letzte Bausteine (chemische Elemente) des Rechts gefunden zu haben, aus denen durch „Kombination" alle Rechtssätze abgeleitet werden könnten. Demzufolge sieht JHERING nun ein, daß logische Konsequenz nicht gleichbedeutend mit praktischer Geltung eines Rechtssatzes ist. Er wendet sich gegen das „Blendwerk der juristischen Dialektik, welche dem Positiven den Nimbus des Logischen zu geben versucht" (S. 308); gegen den „Kultus des Logischen, der die Jurisprudenz zu einer Mathematik des Rechts hinaufzuschrauben gedenkt" (S. 312). Was aber soll an die Stelle dieses „Irrwahns" treten? JHERING meint: „Das Leben ist nicht der Begriffe, sondern die Begriffe sind des Lebens wegen da. Nicht was die Logik, sondern was das Leben, der Verkehr, das Rechtsgefühl postuliert, hat zu geschehen, möge es logisch notwendig oder unmöglich sein." Für den „Schulgebrauch" möge es „ganz bequem" sein, „statt der ausführlichen Darlegung der Verhältnisse oder der praktischen Gründe, denen ein Rechtssatz wirklich seinen Ursprung verdankt, einen Gesichtspunkt auszudenken, dem er sich als logische Konsequenz unterordnet". Nur solle man darin nicht „den wirklichen Grund der Rechtssätze und Begriffe erblicken". In den folgenden Untersuchungen über das römische Recht sei er daher davon ausgegangen, daß „die letzten Quellen der römischen Rechtsbegriffe in psychologischen und praktischen, ethischen und historischen Gründen gesucht werden müssen", daß die „juristische Dialektik" aber selbst dort, „wo sie die Konsequenzen der gegebenen Begriffe und Prinzipien aufzudecken hatte, sich wesentlich durch die praktische Angemessenheit des Resultates hat leiten lassen" (S. 315). Gar manches erscheine „im Gewande einer bloßen Konsequenz, was in Wirklichkeit eine selbständige Lebensberechtigung in sich trug".

---

[21] Scherz und Ernst, 10. Aufl., S. 54 u. 57.

Die angeführten Sätze enthalten den Ansatz eines Programms für eine „pragmatische" Jurisprudenz, der es nicht so sehr um eine tiefere Erkenntnis des Rechts, als um den „Lebenswert" ihrer Bemühungen zu tun ist. Die Frage ist, was diesen „Lebenswert" der Jurisprudenz ausmacht. Ist es die Angemessenheit ihrer Ergebnisse an die Bedürfnisse des Rechtsverkehrs, an den jeweiligen gesellschaftlichen Zustand oder an das „Rechtsgefühl" – und was sollen wir unter alle dem verstehen? JHERING hat deutlich empfunden, daß er auf diese Fragen eine genauere Antwort geben müsse, wenn er mit der von ihm geforderten Neuorientierung der Rechtswissenschaft Ernst machen wollte. Er hat sich die Antwort nicht leicht gemacht. Um sie zu finden, unterbrach er die Arbeit an dem „Geist des römischen Rechts" – er hat sie nie wieder aufgenommen – und wandte sich einem neuen – ebenfalls unvollendet gebliebenen – Werke zu, dessen erster Band im Jahre 1877 unter dem Titel „Der Zweck im Recht" erschien[22].

"Der Grundgedanke des gegenwärtigen Werkes besteht darin, daß der Zweck der Schöpfer des gesamten Rechts ist, daß es keinen Rechtssatz gibt, der nicht einem Zweck, das ist einem praktischen Motiv, seinen Ursprung verdankt" (I, VIII). Wie der Zusatz „das ist einem praktischen Motiv" erkennen läßt, denkt JHERING nicht so sehr an einen dem Recht als einem Sinnganzen eigentümlichen, in ihm selbst gelegenen Zweck, an eine objektive und immanente Teleologie des Rechts, als an die praktischen Zwecke der einzelnen Rechtssätze, um deren willen diese, wie er meint, allein geschaffen, auf die hin sie daher nur zu verstehen sind. Dabei ist doch von vornherein deutlich, daß nicht die Zwecke, gleichsam selbsttätig, der „Schöpfer" des Rechts sein können, sondern nur das Subjekt, das diese Zwecke setzt und sie in der Durchsetzung des Rechts verfolgt. Der Schwerpunkt des Werkes liegt daher in Wahrheit in der Frage nach dem Zwecksubjekt, das hinter den Rechtssätzen steht und sich mittels ihrer zur Geltung bringt.

Die naheliegende Antwort: dies sei der Gesetzgeber, genügt JHERING nunmehr nicht, da er wohl erkennt, daß der Gesetzgeber seinerseits nicht so sehr als individuelle Person, denn als Repräsentant eines den Rechtsgenossen gemeinsamen, sie verbindenden Wollens oder Strebens auftritt. Ein solches aber findet sich, meint JHERING, nur in der Gesellschaft. Denn die Gesellschaft ist, ganz allgemein verstanden, „ein Zusammenwirken für gemeinsame Zwecke, bei dem jeder, indem er für andere, auch für sich, und indem er für sich, auch für andere handelt" (I, S. 87). Gegenseitige Förderung der Zwecke aller ihrer Mitglieder ist das Wesen jeder Art von Gesellschaft, mag es sich um einen privaten Verein, um den Staat oder um die noch umfassendere Tausch- und Verkehrsgesellschaft handeln. Die Gesellschaft nun, im weitesten Sinn, bedarf „zur Sicherung ihrer Lebensbedingungen" einer ständig befolgten Regel für das Verhalten der einzelnen, zu deren Durchsetzung sie sich überdies im Staat eine Zwangsgewalt schafft. Diese Regel – „die Form der durch die Zwangsgewalt des Staates beschafften Sicherung der Lebensbedingungen der Gesellschaft" (I, 443) – ist das Recht. Daraus folgert JHERING, daß „alle Rechtssätze die

[22] Zitiert wird im folgenden Bd. I nach der 3. Aufl., 1893; Bd. II nach der 2. Aufl., 1886.

Sicherung der Lebensbedingungen der Gesellschaft zum Zweck haben", und daß die Gesellschaft das Zwecksubjekt aller Rechtssätze sei (I, 462).

Es würde zu weit führen, hier JHERINGS Rechtstheorie im einzelnen darzulegen und auf die mannigfachen Widersprüche hinzuweisen, die sie enthält[23]. Wesentlich ist für uns Folgendes. Erstens: JHERING hat das Schwergewicht vom Gesetzgeber – als Person – auf die Gesellschaft als die ihn bestimmende Größe, gleichsam als den wahren Akteur, verlegt[24]. Er hat aber den Gesetzesglauben seiner Zeit so wenig überwunden, daß er sich vielmehr dessen Grundthese, nämlich: das Rechtsetzungsmonopol des Staates, ausdrücklich zu eigen machte. „Recht" ist ihm nur die vom Staat aufgestellte Zwangsnorm (I, S. 320)[25]. Zum zweiten: Neben der formalen Qualität, eine vom Staat gesetzte Zwangsnorm zu sein, schreibt JHERING jeder Rechtsnorm eine inhaltliche Beziehung auf einen bestimmten der Gesellschaft förderlichen Zweck zu, um dessentwillen sie besteht. Damit vollzieht er, auf dem Boden des Positivismus, die Abkehr sowohl von der formalen Begriffsjurisprudenz, wie von einer vorwiegend psychologischen Deutung des Rechtsbegriffs. Das Recht ist ihm die staatliche Zwangsnorm im Dienste eines gesellschaftlichen Zwecks. Um

---

[23] Eine sehr harte Kritik übt ERIK WOLF (Große Rechtsdenker, S. 651). Er wirft JHERING einen „ständigen Wechsel der Gesichtspunkte und Darstellungsweisen" vor, mangelnde Begriffsklarheit – bald werde der Zweck als bloße Tatsache, bald als psychische oder sozialpsychische Ursache, bald als innerer Sinn des Rechts aufgefaßt – und ein „selbstherrliches Schalten mit dem Erbgut der Kultur", das „manchmal fast grob wirke" und unwillkürlich an das gleichzeitige Durcheinander im Baustil gemahne. Daran ist sicher zutreffend, daß JHERING ganz und gar ein Kind einer Zeit war, die sich in jähem Ungestüm den neu auf sie zukommenden Fragen – der großen Bedeutung, die die Naturwissenschaft und die Technik jetzt im Leben des Menschen zu spielen begannen, der Klassenbildung im Gefolge der „industriellen Revolution", den dadurch entstehenden sozialen Problemen – zuwandte und noch nicht imstande war, sie geistig zu bewältigen. In dieser Lage nahm man wahllos dasjenige von dem überlieferten Gedankengut auf, was man noch glaubte gebrauchen zu können, und gab ebenso wahllos und voreilig vieles preis, was in Wahrheit nicht zu entbehren ist. Es ist JHERINGS unbezweifelbare Größe, daß er sich diesem Neuen so aufgeschlossen zeigte; seine Grenze lag weniger in ihm selbst, als in der Zeit begründet. Zu einem sehr kritischen Urteil gelangt auch CHRISTIAN HELFER in seinem Beitrag über „JHERINGS Gesellschaftsanalyse im Urteil der heutigen Sozialwissenschaft" in „JHERINGS Erbe", herausgeg. von WIEACKER u. WOLLSCHLÄGER, S. 79 ff. Auch JHERINGS soziologisch ausgerichtete Spätwerke verrieten, so sagt er, „eine Künstlernatur, die zwischen extremen Meinungen schwankte und Gegensätze arglos zu vereinen wußte".

[24] Über die Konsequenzen dieser Verlagerung des Schwerpunkts vom Individuum als „schöpferischer Persönlichkeit" (im „Geist") auf die Gesellschaft, das Kollektiv, vgl. W. PLEISTER, a.a.O., S. 304 ff; über JHERINGS Gesellschaftsbegriff im Vergleich zu dem HEGELS, PLEISTER, S. 316 ff.

[25] In diesen beiden Hinsichten ist ihm die Interessenjurisprudenz gefolgt. Der Verlagerung des Schwergewichts von der Person des Gesetzgebers, seiner freien Entscheidung, auf die Gesellschaft als den wahren Akteur entspricht die Forderung, die für das Gesetz „kausalen" Interessen zu erforschen – die „genetische Interessentheorie" HECKS; dem Festhalten an dem Gesetzesglauben entspricht die Auffassung, der Richter dürfe seine Wertungsmaßstäbe nur dem Gesetz selbst entnehmen, nicht aber auch außergesetzlichen Grundlagen des Rechts, wie der „Natur der Sache", rechtsethischen Prinzipien (soweit diese nicht im Gesetz selbst zum Ausdruck gelangt sind), dem Naturrecht oder der Rechtsidee.

eine Rechtsnorm zu verstehen, bedarf es daher nicht so sehr der logischen oder der psychologischen, als einer soziologischen Analyse. Zum dritten: JHERING kennt keine objektive Rangordnung der gesellschaftlichen Zwecke[26]. Diese ergeben sich nach ihm vielmehr allein aus den unterschiedlichen „Lebensbedürfnissen" der jeweiligen, *historisch gegebenen* Gesellschaften. Was eine *bestimmte* menschliche Gesellschaft als für *ihr Wohlergehen* nützlich und lebenswichtig ansieht, das bestimmt allein ihr eigenes, geschichtlich wechselndes „Glücksverlangen" (II, S. 204 ff.). Damit hat JHERING, wohl als erster der Rechtsdenker der neuesten Zeit, die Maßstäbe des Rechts völlig relativiert. Das gleiche gilt von den sittlichen Maßstäben, denn auch die sittlichen Normen sind nach ihm „gesellschaftliche Imperative", die „das Bestehen und Gedeihen der Gesellschaft zum Zweck haben" (I, S. 331; II, S. 177 ff.). JHERING hat die möglichen Konsequenzen der von ihm vorgenommenen Rückführung sowohl des Rechts wie der Sittlichkeit auf das jeweils gesellschaftlich Nützliche wohl selbst kaum ganz übersehen. In der Tat aber verneint der „gesellschaftliche Utilitarismus", als den JHERING selbst seine Lehre bezeichnet (II, S. 215), mit der kategorialen Selbständigkeit des Sittlichen auch den Eigenwert des Rechts und macht es zum Spielball der jeweils in der Gesellschaft vorherrschenden Interessen[27].

Darüber soll aber die bedeutsame Leistung JHERINGS nicht übersehen werden, die aus der weiteren Entwicklung der Rechtswissenschaft nicht mehr fortzudenken ist. Sie liegt in der Erkenntnis, daß jeder Rechtssatz gerade auch in seiner *sozialen Funktion* gesehen werden muß: er will zu seinem Teile soziales Dasein gestalten, und er ist deshalb seinem Sinn nach bezogen auf einen sozialen Zweck. Daraus ergibt sich die Forderung eines teleologischen Denkens für die Rechtswissenschaft. Eine andere Frage ist, ob nicht die gesellschaftlichen Zwecke selbst wieder einer objektiven *Rang-* und *Wertordnung* unterstehen, die in der Rechtsordnung als einem *Sinnganzen* ihren Ausdruck findet. Diese Frage lag JHERING freilich völlig fern. Er selbst hat im übrigen die Anwendung seiner Lehre auf die Methodik der Rechtswissenschaft, von einzelnen Bemerkungen abgesehen, nicht mehr gemacht. Das geschah erst geraume Zeit später, insbesondere durch PHILIPP HECK.

---

[26] Zum Wertproblem bei JHERING vgl. LANGEMEIJER in WIEACKER-WOLLSCHLÄGER, Das Erbe JHERINGS, S. 127 ff.

[27] Siehe auch SCHÖNFELD, Grundlegung der Rechtswissenschaft, S. 519; WIEACKER, Privatrechtsgeschichte, S. 453. Die Begründung des Rechts auf das zufällige Dasein und die Entwicklung der Macht von „sozialen Organismen", sagt ERIK WOLF (a.a.O., S. 654), „wirkte zwar anregend auf die Rechtskritik und Rechtsneubildung, aber auch destruktiv auf die ethische Substanz der Rechtsordnung und Rechtsgesinnung". JHERING sah nicht voraus, daß am Ende der totalen Entethisierung des Rechts das Gesetz als bloßes Instrument der Machtpolitik und der Jurist als „Techniker der Machtausübung" übrigbleiben würden.

3. Die ältere „Interessenjurisprudenz"

JHERINGS Wendung zu einer pragmatischen Jurisprudenz wurde zum Ausgangspunkt der „Interessenjurisprudenz", als deren Hauptvertreter PHILIPP HECK[28], HEINRICH STOLL[29] und RUDOLF MÜLLER-ERZBACH[30] genannt werden müssen. Wir halten uns im folgenden vornehmlich an PHILIPP HECK, der sie zuerst begründet, gegen ihre Kritiker verteidigt und sie in seinen dogmatischen Arbeiten ständig praktisch angewandt hat[31]. Von ihm stammt auch die Kennzeichnung der methodischen Denkweise PUCHTAS, des frühen JHERING und WINDSCHEIDS als „Begriffsjurisprudenz". HECKS Einfluß auf die Methodenlehre, vor allem im Zivilrecht, kann kaum überschätzt werden.

Der Zusammenhang der Interessenjurisprudenz mit JHERING, auf den HECK selbst wiederholt hingewiesen hat[32], wird sogleich deutlich, wenn wir bei HECK lesen (B 2), der „Kern des Methodenstreits" betreffe „die Einwirkung des Rechts auf das Leben, wie sie durch die richterliche Fallentscheidung vermittelt wird". Während „die ältere Richtung, die Begriffsjurisprudenz", den Richter „auf die logische Subsumtion der Sachlage unter die Rechtsbegriffe beschränkt" und demgemäß die Rechtsordnung als ein geschlossenes System von Rechtsbegriffen aufgefaßt, daher für die rechtswissenschaftliche Arbeit „das Primat der Logik" gefordert habe, erstrebe die Interessenjurisprudenz „ein Primat der Lebensforschung und Lebenswertung". Ausdrücklich betont HECK, daß die Methode der Interessenjurisprudenz von ihm für die „praktische Rechtswissenschaft" vertreten werde, die er mit der „hergebrachterweise" sog. „dogmatischen Rechtswissenschaft" gleichsetzt (B 17). Diese Wissenschaft erforsche „die Wege zu einem einzigen Endziele, zu der Einwirkung auf das Leben"; sie diene darüber hinaus „keinem zweiten, getrennten, etwa rein theoretischen Ziele". Ihre einzige Aufgabe sei es, „dem Richter sein Amt dadurch zu erleichtern, daß sie durch Erforschung des Gesetzes und der Lebensverhältnisse die sachgemäße Entscheidung vorbereitet" (B 4). Das Endziel der Rechtsprechung und der richterlichen Fallentscheidung wiederum sei „die Befriedigung der Lebensbedürfnisse, der in der Rechtsgemeinschaft vorhandenen Begehrungen und Begehrungstendenzen, der materiellen wie der idealen". Diese „Begehrungen und Begehrungstendenzen" bezeichneten wir, erklärt HECK, als Interessen, und die

---

[28] Seine methodologischen Hauptwerke werden wie folgt zitiert: Gesetzesauslegung und Interessenjurisprudenz, AcP 112, S. 1, zit. GA; Das Problem der Rechtsgewinnung, 1912, zit. RG; Begriffsbildung und Interessenjurisprudenz, 1932, zit. B. Vgl. ferner den Anhang über „Begriffsjurisprudenz und Interessenjurisprudenz" in seinem Grundriß des Schuldrechts, 1929, und die Aufsätze in AcP 122,173; 142,129 u. 297.

[29] Vgl. die Abhandlung „Begriff und Konstruktion in der Lehre der Interessenjurisprudenz", in Festschr. f. HECK, RÜMELIN u. A. B. SCHMIDT, 1931, S. 60.

[30] Reichsgericht und Interessenjurisprudenz, RG-Festschr., Bd. I, S. 161; Wohin führt die Interessenjurisprudenz? 1932; Die Hinwendung der Rechtswissenschaft zum Leben, 1939: Die Rechtswissenschaft im Umbau, 1950.

[31] So vor allem in seinen Grundrissen des Schuldrechts und des Sachenrechts.

[32] RG 1; B 31, 51.

Eigenart der Interessenjurisprudenz bestehe darin, daß sie „dieses Endziel auch bei jeder einzelnen Operation, bei jeder Begriffsbildung im Auge zu behalten sucht" (GA 11).

Es ist notwendig, bei diesen Ausführungen einen Augenblick zu verweilen, um deutlich zu machen, wo die Grenzen ihrer Berechtigung liegen. Richtig ist, daß die meisten rechtsdogmatischen Untersuchungen in der Absicht vorgenommen werden, dem Richter brauchbare Lösungen für die Entscheidung zweifelhafter oder, nach der Meinung des Untersuchenden, bisher falsch entschiedener Fälle an die Hand zu geben. Das ist ein sicherlich legitimes Ziel jeder rechtswissenschaftlichen Arbeit. Aber ebenso sicher ist, daß auch viele rechtsdogmatische Untersuchungen in erster Linie zu dem Zwecke angestellt worden sind und auch heute angestellt werden, um zu einem größeren Maß an Klarheit und Einsicht in rechtliche Sinn- und Strukturzusammenhänge zu gelangen, z. B. um sich klar zu werden über den Sinn und die Grenzen der Vertragsfreiheit, des Vertrauensprinzips im Rechtsverkehr, über die Bedeutung der Forderung als eines Vermögensgegenstandes, die Struktur des Schuldverhältnisses, der „Gesamthand", die komplexe rechtliche Bedeutung des „Unternehmens", eines „Sachinbegriffs", eines „Treuhandverhältnisses" – ganz zu schweigen von Untersuchungen über den Sinn der gesetzlichen Fiktionen, das Verhältnis von Tatbestand und Rechtsfolge („Rückwirkung" und „Doppelwirkungen") und ähnlichem mehr. Hier mögen praktisch verwertbare Ergebnisse eine sehr wünschenswerte Beigabe sein – der erste und im Vordergrund stehende Zweck ist oft doch die Bereicherung der Erkenntnis, also ein rein „theoretischer". Sollen derartige Untersuchungen deshalb nicht der „dogmatischen Rechtswissenschaft" zugezählt werden? Dann müßte HECK neben der „praktischen" noch eine zweite, eine „theoretische" Rechtswissenschaft anerkennen, wobei man streiten könnte, welcher von beiden der Name „Rechtsdogmatik" gebühre. Aber HECK erklärt ausdrücklich, sich von der Möglichkeit einer zweiten, nämlich einer theoretischen Rechtswissenschaft nicht überzeugen zu können (B 22). Er erkennt nur *eine* Rechtswissenschaft an, und das sicher mit Recht, wenn anders die „praktische" Rechtswissenschaft überhaupt eine „Wissenschaft" ist, d. h. sich einer wissenschaftlichen Methode bedient. Mag es dem Untersuchenden nun vornehmlich um die Einwirkung auf die richterliche Fallentscheidung (im Sinne der von ihm als „richtig" erkannten Ergebnisse) oder vornehmlich um die Gewinnung theoretischer Einsichten zu tun sein – die sich freilich auch an ihren praktischen Folgerungen bewähren müssen –, immer kommt es für den wissenschaftlichen Charakter einer Untersuchung doch nur darauf an, ob der eingeschlagene Weg der einer wissenschaftlichen Problembehandlung ist.

Die Interessenjurisprudenz betrachtet das Recht, das ist ihre wesentliche rechtstheoretische Aussage, als „Interessenschutz". Das will sagen: die Gesetzesgebote – die auch für HECK im wesentlichen das Recht ausmachen – sind „nicht nur darauf gerichtet, Interessen abzugrenzen, sondern sie sind selbst Interessenprodukte wie alle anderen Aktivgebote" (GA 17). Die Gesetze sind „die Resultanten der in jeder Rechtsgemeinschaft einander gegenübertretenden und um Anerkennung ringenden Interessen materieller, nationaler, religiöser und ethischer Richtung". In dieser Erkenntnis, versichert uns HECK, bestehe „der Kern der Interessenjurisprudenz". Mit ihr begründet er auch seine methodische Grundforderung, die „realen Interessen, welche das Gesetz verursacht haben, historisch richtig zu erkennen und die erkannten Interessen in der Fallentscheidung zu berücksichtigen" (GA 60). Demgemäß tritt für HECK, genau wie bei JHERING, der Gesetzgeber als Person hinter die gesellschaftlichen Kräfte, hier „Interessen" genannt (was bereits eine Form der Sublimierung bedeutet), zurück, die sich mittels seiner im Gesetz zur Geltung gebracht haben. Das Schwergewicht wird von der persönlichen Entscheidung des

Gesetzgebers und von seinem psychologisch verstandenen Willen zunächst auf seine Motive und weiterhin auf die ihn motivierenden „Kausalfaktoren“ verlegt. Die Auslegung, verlangt HECK, solle über die Vorstellungen des Gesetzgebers hinaus „auf die für das Gesetz kausalen Interessen“ zurückgehen. Der Gesetzgeber erscheint so als „Transformator“; er ist für HECK nur mehr „die zusammenfassende Bezeichnung für die kausalen Interessen“ (GA 8, 64) – eine Formulierung, die sich auch STOLL zu eigen gemacht hat[33].

Die Auffassung, daß für die Rechtsnormen jeweils bestimmte Interessen „kausal“ seien, indem sie bei dem Gesetzgeber „Sollvorstellungen“ zur Folge hätten, die sich in Gebote umsetzen, bezeichnet HECK als „genetische Interessentheorie“ (B 73). Diese Bezeichnung erinnert an PUCHTAs „Genealogie der Begriffe“. Während aber PUCHTA dabei an eine Entfaltung des geistigen Gehalts, an einen *logischen* Zusammenhang – und nicht, wie HECK meint, an eine „Kausalität der Rechtsbegriffe“ – gedacht hat, denkt HECK – daran läßt die ständige Verwendung des Wortes „Kausalität“ keinen Zweifel – an einen *tatsächlichen* Zusammenhang[34]. Er betrachtet die für die Rechtsbildung maßgeblichen Interessen, darunter auch solche wie das allgemeine „Friedens- oder Ordnungsinteresse“ der Rechtsgemeinschaft, so, als ob sie nicht selbst schon Abstraktionen, sondern „Tatsachen“ (im Sinne des positivistischen Wissenschaftsbegriffs) und als solche „wirkende Ursachen“ im Geschehensablauf wären. Damit wird deutlich, warum HECK – unter scharfer Ablehnung aller „objektiven“ Auslegungslehren – als Methode der Gesetzesauslegung die „historische Interessenforschung“ (GA 59 ff.; B 107) verlangt. Der positivistische Wissenschaftsbegriff, den HECK, ihm selbst vielleicht unbewußt, zugrunde legt, kennt außer der reinen Logik und Mathematik nur „Kausalwissenschaften“. Ein „Faktum“ ist wissenschaftlich erkannt, wenn es auf seine – physischen, biologischen oder historischen – *Ursachen* zurückgeführt ist. Auch die Gesetzesauslegung ist für HECK vornehmlich „Ursachendeutung“ (GA 50). Sind aber die vom Gesetzgeber verfolgten Interessen, gleich welcher Art, die eigentlichen „Ursachen“ des Gesetzesgebotes, so muß man eben diese Ursachen aufdecken, um die Gebote, als ihre „Wirkungen“, daraus zutreffend zu verstehen.

Hätte sich freilich HECK auf die von ihm als „genetische Interessentheorie“ bezeichnete Auffassung beschränkt, so wäre die „Interessenjurisprudenz“ nichts als eine folgerichtige Übertragung der Grundvoraussetzungen des wissenschaftlichen Positivismus und „Naturalismus“ des 19. Jahrhunderts auf die „dogmatische“ Rechtswissenschaft und als solche heute kaum noch aktuell. An der geistigen Herkunft der Interessenjurisprudenz aus dem Positivismus ändert auch ihre von HECK mit Nachdruck betonte „juristische Selbständigkeit“ (GA 25 ff.), das will sagen: ihre Unabhängigkeit von einem bestimmten philosophischen System oder

---

[33] Festgabe für HECK, RÜMELIN u. A. B. SCHMIDT, S. 72.

[34] Eindeutig auch MÜLLER-ERZBACH, Die Rechtswissenschaft im Umbau, S. 15: „Erst dadurch, daß ein so umfassendes kausales Denken überall festen Boden erreichen kann, befähigt es dazu, objektive Erkenntniswerte zu erlangen und die Rechtswissenschaft zu einer Ursachenforschung zu erheben“. Kritisch dazu HUBMANN, AcP 155, S. 92 f.; ENGISCH, Einführung, S. 187; WIEACKER, Privatrechtsgeschichte, S. 568.

einer „Weltanschauung", nichts[35]. Keine, wie immer geartete Wissenschaftslehre ist unabhängig von einem zum mindesten stillschweigend vorausgesetzten Wissenschaftsbegriff, und wenn HECK der von ihm zugrunde gelegte, nämlich positivistische, Wissenschaftsbegriff überhaupt nicht zum Problem geworden ist, dann beweist das nur, daß er sich selbst insoweit über die besondere geistesgeschichtliche Bedingtheit seiner Theorie keine Rechenschaft abgelegt hat[36]. Diese Bedingtheit zeigt sich deutlich auch in der Wortwahl, die man nicht schlechthin als „zufällig" abtun darf. Mit Recht bemerkt BRUSIIN[37], wenn HECK auch die „ideellen" Interessen ebenso wie die „materiellen" berücksichtigt wissen wolle, so sei doch „der Begriff des Interesses an sich schon ein Ausfluß einer wirtschaftlich denkenden Kulturepoche". Gerade darin, daß die „ideellen" Güter – wie Freiheit, Sicherheit, Gerechtigkeit, Verantwortung – mit den materiellen auf die gleiche Stufe gestellt werden, indem sie wie diese auf „Begehrungstendenzen" zurückgeführt werden, verrät sich der naturalistische Denkansatz HECKS[38].

Indessen findet sich bereits bei HECK, und in verstärktem Maße dann bei STOLL, ein zweiter Gedankengang, der über die „genetische Interessentheorie" hinausführt und heute erst voll wirksam geworden ist. Neben zahlreichen Stellen, in denen das „Interesse" als „Kausalfaktor" erscheint, der die Gebotsvorstellungen des Gesetzgebers und mittels ihrer das Gesetzesgebot selbst „verursacht" habe, finden sich andere, in denen es vielmehr den Gegenstand bedeutet, auf den sich die von dem Gesetzgeber vorgenommene *Wertung* bezieht. Der Gesetzgeber, so sagt uns HECK, wolle „die miteinander ringenden Lebensinteressen gegeneinander abgrenzen" (GA 41). Er fälle daher über sie ein Werturteil, das seinerseits zurückgehe „auf die Vorstellung einer zu erstrebenden Ordnung, also auf ein soziales Ideal". Die getroffene Entscheidung wirke dann ihrerseits auf die beteiligten Interessen ein, sie habe eine „Interessenwirkung" (GA 41). Noch deutlicher heißt es bei STOLL[39], jeder selbständige Rechtssatz enthalte „mittelbar ein Werturteil über die ihm zugrunde liegenden Interessengegensätze". Da aber jede Wertung, recht verstanden, ein Akt freier Stellungnahme des Wertenden ist, der seinerseits wohl an einem *Wertmaßstabe* ausgerichtet ist, nicht aber durch ihn „verursacht" sein kann, so ist mit der Einführung des Wertbegriffs in Wahrheit die nur „kausale" Betrachtung der Rechtsnormen verlassen. Das wird bei HECK und auch bei STOLL freilich leider dadurch verdeckt, daß sie den Begriff des „Interesses" auch für den *Maßstab* der Interessenbewertung verwenden. So meint STOLL[40], die „allgemeinen abstrakten Zweckideen, wie Rechtssicherheit, Billigkeit usw.", seien „selbst nichts anderes als Interessen, nämlich ideelle

---

[35] COING hat jedoch (in ARSP, 1968, S. 69 ff.) nachgewiesen, daß die Grundgedanken und sogar die Terminologie der „Interessenjurisprudenz" bereits bei dem Philosophen EDUARD BENEKE (in seiner 1830 erschienenen Einleitung zu einer Schrift von J. BENTHAM) vorgebildet sind.

[36] Daß HECKS Rechtstheorie ihren immanenten Voraussetzungen nach auf dem philosophischen Positivismus beruht, habe ich 1937 in AcP 143, S. 271 ff. ausgeführt. Vgl. auch WIEACKER, Privatrechtsgeschichte der Neuzeit, S. 575 f. und SCHÖNFELD, Grundlegung der Rechtswissenschaft, S. 516.

[37] O. BRUSIIN, Über das juristische Denken, S. 124, Anm. 54.

[38] Ähnlich urteilen auch WIEACKER, a.a.O., und FECHNER, Rechtsphilosophie, S. 29 und 35, Anm. 41.

[39] Festgabe für HECK, RÜMELIN u. A. B. SCHMIDT, S. 67.

[40] Ebenda, Anm. 1.

Interessen, die der Gesetzgeber bei der Normbildung mitwertet". Und ähnlich versichert uns HECK, auch die Abwägung einander gegenüberstehender Interessen beruhe „ auf dem Eingreifen von Entscheidungsinteressen", nämlich von „tieferliegenden Gemeinschaftsinteressen, die das Werturteil bestimmen", sei also „auch wieder Interessenberücksichtigung"[41]. Das „Interesse" soll also ebenso Bewertungsobjekt, wie Bewertungsmaßstab, wie „Kausalfaktor" sein – eine nicht nur terminologische, sondern im gedanklichen Ansatz der „genetischen Interessentheorie" sachlich begründete Unklarheit, die sich immer wieder in den methodischen Ausführungen störend bemerkbar macht.

Dadurch, daß sie den Richter anwies, die im Gesetz enthaltenen Werturteile im Hinblick auf den zu beurteilenden Fall denkend nachzuvollziehen, hat die Interessenjurisprudenz auf eine im formalen Denken und im strengen Gesetzespositivismus erzogene Juristengeneration – ohne doch die Schranken des Positivismus wirklich zu durchbrechen – befreiend und befruchtend gewirkt[42]. Dies um so mehr, als sie das gleiche Verfahren auch für die Ausfüllung von Gesetzeslücken empfiehlt und damit dem Richter die Möglichkeit eröffnet, das Recht „gesetzestreu" und dennoch den Lebensbedürfnissen gemäß *fortzubilden.* Die Frage nach der Möglichkeit von „Gesetzeslücken" und ihrer Ausfüllung steht für HECK „im Mittelpunkt der juristischen Methodenlehre" (RG 7). Nicht zufällig hat er gerade dieser Frage seine Rektoratsrede im Jahre 1912 gewidmet[43]. Mit Recht lehnt HECK die Auffassung ab, daß das Gesetz für jeden nur denkbaren Fall eine durch Subsumtion unter die gegebenen Normen zu ermittelnde Entscheidung bereithielte, also „lückenlos" sei. Ebenso wendet er sich gegen die von ihm als „Inversionsverfahren" bezeichnete Methode der „Begriffsjurisprudenz", im Wege der logischen Schlußfolgerung aus allgemeinen Rechtsbegriffen neue, im Gesetze nicht ausgesprochene Rechtssätze abzuleiten. Freilich macht er sich die Kritik dadurch leicht, daß er nur solche Rechtsbegriffe in Betracht zieht, die die Rechtswissenschaft erst „aus den einzelnen Gesetzesgeboten abstrahiert" (RG 13; GA 71; B 92, 166). Er übersieht dabei, und darin macht sich wieder seine positivistische Grundeinstellung geltend, daß es viele Rechtsbegriffe gibt, deren Inhalt aus einer anderen Quelle stammt als aus der eines

[41] GA, S. 232, Anm. 357.

[42] Eine ähnliche Wirkung hat in Deutschland kaum weniger als in Frankreich das Werk von FR. GÉNY, Méthode d'Interprétation et Sources en Droit Privé Positif, ausgeübt. Es muß aber betont werden, daß sich GÉNY von der soziologischen Rechtslehre in Deutschland und von der älteren Interessenjurisprudenz dadurch unterscheidet, daß er den Blick des Juristen nicht nur auf die sozialen Tatsachen hinlenkt, sondern zugleich verlangt, diese im Lichte derjenigen Prinzipien zu würdigen, die in der „moralischen Natur" des Menschen gegeben sind (vgl. besonders 2. Aufl., Bd. II, S. 88 ff.). Die Theorie, die das Recht selbst opfere, indem sie es allein den Tatsachen unterwerfe, bezeichnet er als „nihilisme doctrinaire" (S. 98); ihr stellt er die These entgegen, „qu'il y a des principes de justice, supérieurs à la contingence des faits" (S. 101). Die moralischen Prinzipien wiesen der juristischen Interpretation die Richtung; die Betrachtung der Tatsachen und der Natur der Dinge („nature des choses") könne diese Prinzipien allein inhaltlich erfüllen (S. 104). Zu GÉNY vgl. auch FIKENTSCHER, Methoden des Rechts, Bd. III, S. 403 u. 639 f.

[43] Ihr Thema lautet „Das Problem der Rechtsgewinnung."

gegebenen Normenkomplexes. So mag zwar der Begriff der Gesamtschuld im Sinne des BGB nur aus der Gesamtheit der Bestimmungen des BGB über Gesamtschuldverhältnisse abzuleiten sein. Er kann dann nicht mehr aussagen, als sich aus diesen Bestimmungen, faßt man sie nur in ihrem Zusammenhang und daher „verständig" auf, ergibt. Aber keineswegs gilt das auch von solchen Begriffen wie „Person", „Handlung", „Kausalität", „Zurechnung". Daß eine der Bewußtseinskontrolle entzogene Reflexbewegung keine „Handlung" ist, daß eine einmal in Gang gesetzte Kausalreihe bis in die Unendlichkeit fortwirken kann, die Verantwortung für die ferneren Wirkungen einer Handlung daher über die Kausalitätsfeststellung hinaus einer „Zurechnung" bedarf, das sind Einsichten, die sich nicht aus den gesetzlichen Normen allein gewinnen lassen, dennoch aber von großer Bedeutung für die Rechtsanwendung sind. Der Vorwurf des „Inversionsverfahrens" trifft hier deshalb nicht zu, weil die genannten Begriffe in Wahrheit keine durch Abstraktion aus den Normen eines bestimmten positiven Rechts gewonnenen juristischen Gattungsbegriffe, sondern entweder real-ontologische oder ethische Kategorien sind, deren Inhalt wir uns allenfalls an Hand der positiv-rechtlichen Bestimmungen bewußt werden können, ohne daß er jedoch aus diesen Bestimmungen stammt.

Trifft also die Kritik des „Inversionsverfahrens" auch nur die Ableitung neuer Rechtssätze aus solchen Gattungsbegriffen, die erst durch Induktion aus den vorliegenden Normen gebildet wurden, so ist sie insoweit in der Tat berechtigt. Statt einer formal-logischen Ableitung aus einem Oberbegriff verlangt HECK beim Vorliegen einer Gesetzeslücke nun mit Recht, eine *„wertende Gebotsbildung"* (GA 100) vorzunehmen. Zutreffend hebt er hervor, daß schon der Begriff „Lücke" eine „normative, und zwar eine kritische Bedeutung" habe. Er drücke aus, „daß etwas fehlt, dessen Vorhandensein gewünscht oder erwartet wird" (GA 163). Schon die *Feststellung* einer Gesetzeslücke ist also das Ergebnis einer kritischen, einer wertenden Betrachtung. Bei der *Ausfüllung* einer Lücke, verlangt HECK, habe sich der Richter die beteiligten Interessen zu vergegenwärtigen und sie alsdann selbständig, jedoch im Sinne der im Gesetz enthaltenen Bewertungsgrundsätze zu bewerten. Eine Analogie ist berechtigt wegen „der Gleichheit der Interessenlage, welche die gleiche Bewertung durch die Interessen der Rechtsgemeinschaft fordert" (GA 195). Bei Ungleichheit der Interessenlage ist demzufolge eine einschränkende Gesetzesauslegung oder das „argumentum e contrario" am Platze. Entscheidend ist allemal, daß der Richter nicht nur „Tatbestände unter vorhandene Gebotsvorstellungen logisch zu subsumieren", sondern, wo dieser Weg für sich allein nicht zum Ziele führt, die gesetzlichen Gebote „nach Werturteilen zu ergänzen hat" (RG 36). Dabei ist er grundsätzlich „an die erkennbaren Werturteile des Gesetzgebers gebunden" und nur, soweit solche nicht aufzufinden sind, „auch zur Eigenwertung berufen" (GA 160). Daraus folgt aber, daß auch die praktische Rechtswissenschaft, die ja dem Richter vorarbeiten soll, wenn schon nicht selbst zu werten, so doch „die Werturteile des Gesetzgebers zu ermitteln" (B 51) und dem Richter die für seine Wertentscheidung maßgebenden Erwägungen zu „unterbreiten" (RG 36) hat.

Sehen wir davon ab, daß man Urteile, also auch Werturteile, nicht wohl „anwenden", sondern allenfalls wiederholen oder nachvollziehen kann, daß überhaupt die

„Werturteile" ständig mit den Wertinhalten oder den Bewertungsmaßstäben verwechselt werden, so bleibt doch bestehen, daß die Rechtswissenschaft nunmehr als „Wertforschung" gekennzeichnet wird (B 132). Man sollte meinen, daß damit der Ausgangspunkt, nämlich die Auffassung, die Rechtswissenschaft sei eine Tatsachen- oder Kausalwissenschaft, verlassen sei. Trotzdem stellte noch im Jahre 1934 STOLL[44] die These, daß die Rechtssätze „aus Interessenwirkung entstanden sind" – also die „genetische Interessentheorie" – unvermittelt neben die andere, jeder Rechtssatz spreche ein Werturteil über die von ihm erkannten Interessen „nach bestimmten Wertideen" aus – so als ob diese beiden Aussagen inhaltlich dasselbe besagten! Aber freilich ist es nicht zufällig, daß HECK sowohl wie STOLL statt der Ausdrücke „Wert" und „Wertmaßstab", die etwas Objektives besagen, den Ausdruck „Werturteil" bevorzugen, der einen subjektiven Denkakt bezeichnet. Im Anschluß an die Feststellung, jeder Rechtssatz enthalte mittelbar ein Werturteil über die ihm zugrunde liegenden Interessengegensätze, fährt STOLL fort: „Die Begehrungsvorstellungen des Gesetzgebers entscheiden über den Inhalt der Rechtssätze"[45]. Damit werden die „Werturteile" wiederum zu (psychologischen) Fakten gestempelt, und es wird der Unterschied zwischen einer Kausalwissenschaft, die tatsächliche Vorgänge aus ihren Ursachen „erklärt", und einer Wertwissenschaft, die (wie immer gegebene) Werte deutend „versteht", wieder verwischt. Man wird daher feststellen müssen, daß sich weder HECK noch STOLL schon endgültig aus dem Banne des positivistischen Wissenschaftsbegriffs zu lösen vermocht haben, so sehr ihre eigenen Erkenntnisse auch schließlich über ihn hinausdrängen[46].

Auch die Ausführungen HECKs und STOLLs zur Frage der juristischen Begriffs- und Systembildung bleiben auf halbem Wege stehen[47]. Ihr Hauptanliegen besteht darin darzutun, daß das formallogische System der abstrakt-allgemeinen Begriffe – die „Begriffspyramide" PUCHTAs – nicht als Erkenntnisquelle für die Gewinnung neuer Rechtssätze benutzt werden dürfe. Darum schreiben sie *diesem* System, dem

---

[44] In einer Abhandlung über „Juristische Methode" in „Leben in der Justiz", S. 8 u. 11 des Sonderdrucks.

[45] Kennzeichnend sind auch die Ausführungen, mit denen sich HECK dagegen wendet, den Ausdruck „Interessenjurisprudenz" durch den Ausdruck „wertende Jurisprudenz" zu ersetzen (B 50 f.). Einmal ist es ihm darum zu tun, den Zusammenhang mit JHERING zu wahren, „auf dessen Initiative die Reformbewegung wesentlich zurückgeht". JHERING habe das Interesse als Grundbegriff behandelt ,.und nicht von Wertungen geredet". Zum anderen aber habe der Forscher „in der Regel nur die Werturteile des Gesetzgebers zu ermitteln" (was HECK für eine Kausalforschung hält, da ihm ja der Gesetzgeber nur die zusammenfassende Bezeichnung für die „kausalen Interessen" ist!), dagegen „nur in Ausnahmefällen selbst zu werten". Dagegen möchte STOLL der Bezeichnung „Wertungsjurisprudenz" den Vorzug geben (Festgabe, S. 67, Anm. 1; 75, Anm. 5). Er hält dies aber offenbar nur für einen terminologischen, nicht für einen sachlichen Unterschied.

[46] Das unterscheidet ihre Lehre grundlegend von derjenigen GÉNYs (oben S. 53, Anm. 42), die den Positivismus als Wissenschaftsbegriff hinter sich läßt. Besonders deutlich wird dies an der Stelle, an der sich GÉNY *gegen* die positivistische Auffassung wendet, die „absolute Gerechtigkeit" sei nur ein Gegenstand des reinen Glaubens, der absolut ausgeschlossen bleiben müsse „de l'horizon scientifique" (Bd. II, S. 98 f.).

[47] Zur Kritik vgl. vor allem BINDER, ZHR 100, S. 4 ff.

„äußeren System", nur einen Darstellungs-, keinen Erkenntniswert zu. Es solle mitsamt den Elementen, aus denen es gebildet wird, den „Gebots- oder Ordnungsbegriffen", nur „der Formulierung und äußeren Ordnung" des Rechtsstoffes dienen[48]. Die „Ordnungsbegriffe", wie z. B. „subjektives Recht, unerlaubte Handlung", bilde die Rechtswissenschaft auf Grund der vorhandenen positiven Rechtsordnung „durch Absehen von Nebensächlichem und Betonung des Gemeinsamen und Wesentlichen", also im Wege der Induktion und Abstraktion. Dabei leiteten die Wissenschaft „keine sozialen Zweckvorstellungen", vielmehr komme es ihr „nur auf die Beherrschung und Ordnung des Gesetzesstoffes an". Im Gegensatz zu diesen Begriffen stünden die „Interessenbegriffe", die der begrifflichen Erfassung der als maßgebend erkannten Interessen dienten, wie z. B. „Interessenlage, Fortbildungsinteresse, Stabilitätsinteresse". Sie seien aber für die Systembildung „nicht geeignet"[49]. Dagegen seien sie, im Gegensatz zu den Ordnungsbegriffen, von größter Bedeutung für die Interessenforschung und damit für die Gesetzesauslegung und die Rechtsanwendung. Infolgedessen ergeben sich, wie HECK betont[50], zwei verschiedene Begriffsreihen. Dieser Gegensatz ziehe sich durch das ganze Rechtsgebiet hindurch und kehre daher bei allen Einzelbetrachtungen wieder. Der „Ordnungsbegriff" des Forderungsrechts bedeutet nach HECK beispielsweise das subjektive Recht einer Person, des Gläubigers, von einer anderen Person, dem Schuldner, eine Handlung, die Leistung, zu verlangen. Der „Interessenbegriff" der Obligation dagegen ergebe sich daraus, daß sie dem Zwecke der Gläubigerbefriedigung, mittels eines dem Schuldner auferlegten Opfers, diene[51]. Eine Verschmelzung beider Begriffe lehnt HECK ab. Als „Rechtsbegriffe", meint er[52], würden „nach feststehender Terminologie nur die Gebotsbegriffe bezeichnet, nicht auch die Begriffe der Interessenseite, obgleich sie natürlich von jeder Rechtswissenschaft gebildet und verwertet werden".

Der Doppelgleisigkeit der Begriffsbildung entspricht eine doppelte Bedeutung des Systems. „Durch die Zusammenstellung der Ordnungsbegriffe baut sich das wissenschaftliche System im Sinne des äußeren Systems" auf. Für seinen Aufbau sei das Darstellungsinteresse bestimmend, also „das Streben nach Verdeutlichung einerseits, nach Kürzung und Übersicht anderseits", lesen wir bei HECK (B 176). STOLL hat dem „Darstellungsinteresse" einen weiteren Zweck hinzugefügt, um dessentwillen das „äußere System" notwendig sei: es erleichtere dem Richter die logische Subsumtion, die aus Gründen „der Stetigkeit wie der Schnelligkeit der Rechtspflege" unentbehrlich und „in richtigen Grenzen gehalten, auch unbedenklich und zweckmäßig" sei[53]. Das trifft, wie wir noch sehen werden, im wesentlichen zu. Dem

---

[48] STOLL, Festgabe, S. 81; vgl. auch S. 87; ferner HECK, Grundriß des Schuldrechts, Anhang § 1 unter 1 b.
[49] STOLL, Festgabe, S. 80.
[50] Grundriß des Schuldrechts, Anhang § 1 unter 3.
[51] Grundriß des Schuldrechts, S. 1.
[52] Grundriß des Schuldrechts, Anhang § 1 unter 3.
[53] Festgabe, S. 90.

äußeren System stellt HECK das „innere System" gegenüber, das sich aus dem sachlichen Zusammenhang der mittels der Interessenforschung gefundenen Problemlösungen ergebe. Denn die einzelnen Grundelemente, die Konfliktentscheidungen, stünden nicht „gleichsam wie Einzelerscheinungen im luftleeren Raum", sondern bezögen sich auf „Teile des Lebens, die durch die mannigfachsten Zusammenhänge und Übereinstimmungen miteinander verbunden sind" (B 150). Klingt hier der Gedanke an, daß dieses „innere System", unabhängig von der Tätigkeit der Wissenschaft, in den *Lebenszusammenhängen* bereits gegeben sei[54], so daß man, um es zu gewinnen, nur diese abzubilden brauche[55], so lenkt HECK doch sogleich zu dem Gedanken eines Normensystems als eines Systems *genereller Konfliktentscheidungen* zurück, das er wiederum nur in der logischen Gestalt eines Systems klassifikatorischer Begriffe sich vorzustellen vermag. Bei jeder Konfliktentscheidung, sagt er, könne „der gesamte Inhalt der Rechtsordnung eingreifen". Die Probleme „begegnen uns als Problemkomplexe und die Entscheidungen als Entscheidungsgruppen". Würden die gemeinsamen Elemente erkannt „und in der Darstellung zusammengefaßt", so ergäben sich „Gruppenbegriffe von immer wachsender Allgemeinheit". Der Vorgang der Zusammenfassung vollziehe sich durch eine Klassifikation, die das „innere System", also den Zusammenhang der Normen und der in ihnen beschlossenen Konfliktsentscheidungen, sichtbar mache. Es ist hiernach nicht verwunderlich, daß das in abstrakt-allgemeinen, klassifikatorischen Begriffen dargestellte „innere System" für HECK im wesentlichen identisch ist mit „derjenigen Gliederung des Rechts, die schon bisher für Gesetzgebung und Wissenschaft bestimmend war" – also dem „äußeren System". Um so verwunderlicher ist es danach, daß HECK dennoch mit solchem Nachdruck an der Trennung der beiden Systemarten sowie der nur zu Ordnungszwecken gebildeten „Gebotsbegriffe" von den „Interessenbegriffen" festhält.

HECK sieht nicht, daß unter die Gebotsbegriffe einer Norm nur dann richtig subsumiert werden kann, wenn diese Begriffe zuvor „richtig", d. h. aber: im Sinne der ihnen zugrunde liegenden Wertmaßstäbe, aufgefaßt worden sind. Das Ergebnis der Auslegung bestimmt daher den näheren Inhalt des „Gebotsbegriffs". Auch der Gesetzgeber wird, bevor er einen der von der Rechtswissenschaft bereitgestellten, angeblich nur zu „Ordnungszwecken" gebildeten Begriffe aufnimmt und sich seiner, sei es zur Kennzeichnung eines Tatbestandselementes, sei es einer Rechtsfolge,

---

[54] Dagegen sieht SCHREIER (Die Interpretation der Gesetze und Rechtsgeschäfte, S. 25), der ebenfalls einen Dualismus der Begriffe und Systeme vertritt, das „innere System" als ein solches von „Wert- und Willensurteilen", das von HECK so genannte „äußere" System dagegen als ein solches von „kognitiven Urteilen" an.

[55] HECK meint – mit einem Bild, das bezeichnenderweise wieder der Naturwissenschaft entnommen ist –, so wie der Geograph, der ein von ihm zuvor erforschtes Gebirgssystem darstelle (B 151, Anm. 1). Hierzu wäre zu sagen, daß die stets fließenden Lebensverhältnisse sich nicht in einer solchen Ruhelage befinden wie ein Gebirgssystem, und vor allem, daß das „innere System" des Rechts, das der Rechtswissenschaft nicht gegeben, sondern zu entwickeln immer wieder „aufgegeben" ist, eine durchgehende Sinn-Einheit voraussetzt, die nur in der *Rechtsidee* gefunden werden kann.

bedient, prüfen, ob er dazu geeignet ist, die von ihm beabsichtigte Abgrenzung oder Bewertung herbeizuführen. Es geht daher nicht an, diese Begriffe völlig losgelöst von der mittels ihrer angestrebten und vollzogenen Bewertung zu denken[56]. Wenn das Gesetz sagt, daß der Gläubiger „kraft des Schuldverhältnisses" berechtigt sei, von dem Schuldner eine Leistung zu fordern, dann ist dies nicht nur, wie HECK glaubt, eine zu Ordnungszwecken vorgenommene begriffliche Abgrenzung, sondern es liegt dem zugrunde, daß die Rechtsordnung dem Gläubiger das Recht auf die Leistung zuerkennt, daß der Gläubiger daher „im Recht" ist, wenn er sie verlangt, der Schuldner „im Unrecht", wenn er sie nicht erbringt. Zum mindesten scheint dieser „Sinn" des Forderungsrechts durch die abstrakt-begriffliche Formulierung gleichsam hindurch. Es kann daher auch nicht in das Belieben des Anwenders gestellt sein, ob er sich mit der Subsumtion unter den ihm hinreichend deutlich erscheinenden Gebotsbegriff begnügen, oder ob er sich hiervon lösen und „interessegemäß", besser: nach den zugrunde liegenden Bewertungsmaßstäben, urteilen will. Vielmehr soll er sich bemühen, mit Hilfe der „richtig" aufgefaßten Begriffe die im Sinne der Rechtsordnung gelegenen „richtigen" Bewertungen vorzunehmen.

Der Interessenjurisprudenz ist in der deutschen Rechtspraxis ein ungewöhnlicher Erfolg beschieden gewesen[57]. Sie hat mit der Zeit die Rechtsanwendung in der Tat revolutioniert, indem sie mehr und mehr die Methode einer lediglich formallogisch begründeten Subsumtion unter die starren Gesetzesbegriffe durch die der abwägenden Beurteilung eines komplexen Sachverhalts und einer Bewertung der dabei in Betracht kommenden Interessen nach den der Rechtsordnung eigenen Bewertungsmaßstäben ersetzt hat[58]. Damit hat sie den Richtern das gute Gewissen verschafft und häufig Scheinbegründungen überflüssig gemacht. Man braucht nur einmal den Denkstil und die Begründungsweise älterer Reichsgerichtsentscheidungen – etwa bis zum 1. Weltkrieg – mit dem der späteren oder gar der heutigen Entscheidungen oberster Gerichte zu vergleichen, um den Unterschied zu erkennen, der wesentlich dem Wirken von HECK, STOLL, MÜLLER-ERZBACH und vielen anderen, im Strafrecht freilich auch dem der Anhänger des „südwestdeutschen Neukantianismus"[59], zu verdanken ist. Die Rechtsprechung hat sich mehr und mehr den Lebensvorgängen geöffnet, sie ist methodisch bewußter, freier, auch differenzierter geworden. Dasselbe gilt, sogar in erhöhtem Maß, von der Rechtswissenschaft, wenigstens auf dem Gebiet, auf dem wir uns ein Urteil zutrauen dürfen, dem des Zivilrechts. Hier genügt es, die älteren Auflagen des „ENNECCERUS" mit den heutigen Bearbeitungen des bürgerlichen Rechts zu vergleichen. Man kann also heute feststellen, daß die Interessenjurisprudenz, unerachtet der schweren Mängel in ihrem theoretischen Fundament, die praktischen Ziele, um die es ihr ging, weitgehend erreicht hat.

---

56 Das betont richtig OERTMANN, Interesse u. Begriff in der Rechtswissenschaft, S. 42 ff.

57 Auch FIKENTSCHER (Methoden des Rechts, Bd. III, S. 380) hält für das Entscheidende an der Interessenjurisprudenz „nicht ihre theoretische Bedeutung", sondern „ihren Sieg in der Praxis".

58 Nachweise aus der Rechtsprechung bringt HUBMANN, AcP 155, S. 88.

59 Unten Kap 4, 2.

4. Die Wendung zum Voluntarismus in der Freirechtsbewegung

Neben dem Rationalismus, der im 18. Jahrhundert vornehmlich in der Philosophie CHRISTIAN WOLFFS und im Naturrecht seinen Ausdruck gefunden hatte, im 19. die Gestalt des Glaubens an die unverbrüchliche Geltung und Erkennbarkeit der Naturgesetze auch für das menschliche Zusammenleben und damit, im extremen Fall, einer Vorausberechenbarkeit des Geschichtsverlaufs annahm, geht in der europäischen Geistesgeschichte als Unter- und Gegenströmung der „Irrationalismus" vornehmlich in der Form des Voluntarismus einher. Seine vornehmsten Vertreter waren im 19. Jahrhundert SCHOPENHAUER[60], NIETZSCHE und BERGSON. In der Rechtswissenschaft machte sich diese Gegenströmung zu Beginn des 20. Jahrhunderts in der sog. „Freirechtsbewegung" geltend. Als einen Vorläufer derselben kann man die im Jahre 1885 erschienene Schrift von OSKAR BÜLOW über „Gesetz und Richteramt" ansehen.

Der Grundgedanke dieser vielbeachteten Schrift ist der, daß jedes richterliche Urteil nicht nur die Anwendung einer fertigen Norm, sondern eine *rechtsschöpferische* Leistung ist. Das Gesetz vermag nicht unmittelbar Recht zu schaffen; es ist „nur eine Vorbereitung, ein Versuch zur Bewirkung einer rechtlichen Ordnung" (S. 45). Jede Rechtsstreitigkeit „stellt ein eigentümliches Rechtsproblem dar, für welches sich die zutreffende Rechtsbestimmung im Gesetze noch nicht fertig vorrätig findet und ... auch nicht mit der absoluten Sicherheit eines zwingenden logischen Schlusses aus den gesetzlichen Bestimmungen ableiten läßt" (S. 32). Unter der „trügerischen Verhüllung des gleichen Gesetzesworts" liegt eine Vielheit möglicher Deutungen verborgen. Dem Richter ist es überlassen, diejenige Deutung zu wählen, „die ihm als die durchschnittlich richtigste" erscheint (S. 36). BÜLOW sagt nicht, nach welchen Kriterien der Richter diese Auswahl treffen solle; ob nach objektiven, bis zu einem gewissen Grade nachprüfbaren, wie dem Zwecke des Gesetzes, der „Natur der Sache", der Übereinstimmung mit einem Rechtsprinzip, oder nach rein subjektiven, etwa seinem Rechtsgefühl. Seine Ausführungen können daher sowohl im Sinne einer teleologischen Auslegungslehre wie, weitergehend, im Sinne der „Freirechtslehre" gedeutet werden, und sind in dem einen wie in dem anderen Sinne gedeutet worden.

Der Ausdruck „Freirechtslehre" geht zurück auf einen Vortrag von EUGEN EHRLICH aus dem Jahre 1903[61]. Gegenüber einer rein schematischen Anwendung des Gesetzesgebotes auf den Lebenssachverhalt betont EHRLICH hier die Bedeutung einer „freien Rechtsfindung". Darunter versteht er nicht eine Rechtsprechung je nach dem persönlichen Ermessen des zur Entscheidung berufenen Richters, sondern eine Rechtsprechung, die von der juristischen Überlieferung ausgeht und dem „richtigen Recht" im Sinne STAMMLERS zustrebt[62]. Wohl weist er, mit vollem Recht, darauf hin,

[60] Über JHERINGS Verhältnis zu SCHOPENHAUER vgl. PLEISTER, a.a.O., S. 20 ff., 228 f., 245 f., 300 ff.
[61] Freie Rechtsfindung und Freie Rechtswissenschaft, S. 5.
[62] S 28.

daß jede Anwendung einer allgemeinen Regel auf den einzelnen Fall notwendig eine persönliche Leistung sei und daß es daher ein „vergebliches Beginnen" sei, die Individualität des Richters ganz ausschalten zu wollen[63], allein zugleich ist er bemüht, objektive Kriterien außerhalb des Gesetzes aufzuzeigen, an denen sich die Rechtsfindung zu orientieren habe. Im Grunde sagt EHRLICH nicht mehr, als was bereits O. BÜLOW ausgesprochen hatte und heute fast allgemein anerkannt wird: daß jedes richterliche Urteil eine, durch Erkenntnis geleitete, *schöpferische* Leistung ist[64].

Die Wendung zum Subjektivismus, die für die Freirechtslehre im engeren Sinne als kennzeichnend angesehen werden muß[65], brachte erst die 1906 erschienene Kampf- und Programmschrift von GNAEUS FLAVIUS (HERMANN KANTOROWICZ)[66], der eine Reihe von Kampfschriften des temperamentvollen ERNST FUCHS[67] an die Seite trat. Neben dem staatlichen Recht stehe, gleichbedeutend mit ihm, das „freie Recht", das durch das rechtliche Urteil der Rechtsgenossen, durch die Rechtsprechung und durch die Rechtswissenschaft geschaffen werde. Es sei, wie alles Recht, ein Erzeugnis des Willens. „Mit dieser Erkenntnis schließt sich die Rechtswissenschaft dem Zuge der Geisteswissenschaften im 19. Jahrhundert an und tritt in ihre voluntaristische Phase" (S. 20). Der Wille, zu einer vorher getroffenen Entscheidung

---

[63] S. 29.

[64] Das ist auch der Grundgedanke der Schrift von MAX RUMPF, Gesetz und Richter, 1906.

[65] Den Ausdruck als Sammelbezeichnung für alle Gegner der formalen Begriffsjurisprudenz zu gebrauchen, wie dies z. B. in der Dissertation von KANIGS, 25 Jahre Freirechtsbewegung (1932) geschieht, hat wenig Sinn. Die Überzeugung, daß jedes Gesetz „Lücken" habe, ist gewiß nicht auf die Anhänger der „Freirechtsbewegung" beschränkt, wie das STAMPE, Die Freirechtsbewegung (1911), S. 25 anzunehmen scheint. Will man den schillernden Ausdruck zur Kennzeichnung einer bestimmten, wissenschaftlich ernst zu nehmenden Richtung gebrauchen, so paßt er am ehesten auf diejenigen, die gegenüber jeder Art von abgeleiteter, rational vermittelter Fallentscheidung den *Vorrang* des *Willens,* des *Gefühls* oder der *„Intuition"* betonen und deshalb den Richter überall da, wo die Entscheidung dem Gesetz nicht „unmittelbar" zu entnehmen ist, statt auf gedankliche Überlegungen, auf sein eigenes Rechtsempfinden verweisen. Die Schwierigkeit einer Abgrenzung der „Freirechtsbewegung" gegenüber verwandten Strömungen, etwa der Interessenjurisprudenz oder der soziologischen Rechtsfindungsmethode, folgt aus der Unklarheit des Terminus „freies Recht". Die „Freirechtler" haben es im Grunde jedem überlassen, sich darunter vorzustellen, was ihm beliebt. Vgl. zu dieser Schwierigkeit MOENCH, Die methodologischen Bestrebungen der Freirechtsbewegung auf dem Wege zur Methodenlehre der Gegenwart, 1971, S. 14 ff.

[66] Der Kampf um die Rechtswissenschaft. Von demselben Verfasser, doch sehr viel gemäßigter: Aus der Vorgeschichte der Freirechtsbewegung, 1925. Ferner: Zur Lehre vom richtigen Recht, 1909 (Kritik an STAMMLER), Rechtswissenschaft und Soziologie, 1911; The Definition of Law, Cambridge, 1958. Die meisten dieser Schriften sowie einige weitere sind nunmehr auch zugänglich in dem von WÜRTENBERGER, 1962 herausgegebenen Auswahlband „Rechtswissenschaft und Soziologie" (Freiburger Rechts- u. Staatswissenschaftl. Abh., Bd. 19).

[67] Schreibjustiz und Richterkönigtum, 1907; Die Gemeinschädlichkeit der konstruktiven Jurisprudenz, 1909; Juristischer Kulturkampf, 1912; Was will die Freirechtsschule?, 1929. Eine Auswahl aus diesen Schriften erschien 1965 unter dem Titel „Gerechtigkeitswissenschaft" (herausgegeben von FOULKES, eingeleitet von ARTHUR KAUFMANN). Es kann nicht verwundern, daß die schon im Ton oft maßlose Kritik, die FUCHS an der Rechtswissenschaft seiner Zeit übte, eine über das nötige Maß hinausgehende Gegenkritik zur Folge hatte. Den maßvollen Urteilen von ARTHUR KAUFMANN ist zuzustimmen.

zu gelangen, leite die Auswahl der jene Entscheidung begründenden Gesetzesstellen. Was uns in dem einen Fall extensiv oder analog, in dem anderen wörtlich oder gar restriktiv interpretieren heiße, sei „eben nicht das Gesetz und die Logik, sondern das freie Recht und der Wille" (S. 24). In allen Fällen sei „der wahre Akteur eben der Wille"; die logische Deduktion sei „leerer Schein". Sie stehe „im Dienste nicht der Wahrheit, sondern des Interesses" (S. 37). In sublimierter Form kehrt diese Auffassung wieder bei HERMANN ISAY, der die richterliche Entscheidung – im Gegensatz zur allgemeinen Norm – als ein „Wollen" charakterisiert, das „als Streben auf ein Wertfühlen gegründet ist"[68]. Da der Gerechtigkeitswert nach ISAYs Meinung „für den Verstand schlechthin unerfaßlich" ist (S. 59), anderseits die Entscheidung als Rechtsakt auf Gerechtigkeit abzielt, so entsteht sie notwendig „irrational", d. h. sie wird „durch das Rechtsgefühl erzeugt"[69]. Das auf Gerechtigkeit abzielende „Wertfühlen" bestimmt die richterliche Entscheidung, noch bevor der Richter das Gesetz befragt[69a]. Allerdings schränkt ISAY seine Thesen dadurch wieder ein, daß er verlangt, die gefühlsmäßig gefundene Entscheidung müsse noch „der Kontrolle durch die Normen unterzogen und an Hand der Normen gegebenenfalls berichtigt werden"[70]. Soweit ISAY hiernach nichts anderes sagen will, als daß das Rechtsgefühl bei dem tatsächlichen Vorgang der Urteilsfindung in vielen Fällen das Ergebnis vorwegnimmt, das dann aber durch methodisch geleitete Erwägungen bestätigt werden muß, wenn es haltbar sein soll, kann man dem zustimmen[71]. Daraus folgt aber nicht, daß an der Norm orientierte Erwägungen, die im Gegensatz zu ISAYs Meinung sehr wohl auch den Gerechtigkeitswert einbeziehen können, zweitrangig oder im Grunde entbehrlich wären.

BÜLOW, EHRLICH und die Anhänger der Freirechtsbewegung haben darin recht gesehen, daß die Beurteilung eines Rechtsfalles nahezu immer mehr erfordert, als nur eine „logische Deduktion", d. h. einen Subsumtionsschluß. Sowohl die Urteilsfindung im einzelnen Fall wie die Auslegung und die Fortbildung des Gesetzes in der Rechtswissenschaft sind in der Tat schöpferische Leistungen. Aber damit ist nicht gesagt, daß sie keine Erkenntnisvorgänge, sondern Äußerungen des Rechtsgefühls oder Willensvorgänge wären. Diese „kurzschlüssige" Annahme beruht vielmehr allein auf der unberechtigten Gleichsetzung des Erkenntnisprozesses mit dem formal-logischen Schlußverfahren und einer „mechanischen" Subsumtionstechnik, letzten Endes also auf dem positivistischen Wissenschaftsbegriff[72]. Aber es gibt auch schöpferische Erkenntnisleistungen. Sie können sich auf die Einsicht in einen

---

[68] H. ISAY, Rechtsnorm und Entscheidung, 1929, S. 56.

[69] S. 18 u. 25.

[69a] Zur Lehre ISAYs NIERWETBERG in ARSP 1983, S. 529 ff.

[70] S. 94 f. u. 154 ff.

[71] Vgl. dazu die teils zustimmenden, teils kritischen Bemerkungen von FORSTHOFF, Recht und Sprache, S. 27. Als einen „gemäßigten Nachfolger der Freirechtsschule" bezeichnet ISAY deshalb WIEACKER (Privatrechtsgeschichte der Neuzeit, S. 581, Anm. 58).

[72] Zutreffend sagt MOENCH, a.a.O., S. 165: „Für sie war alles das irrational, was sie nicht mit formallogischen Mitteln bewältigen konnten." Vgl. auch die treffende Kritik an der „Freirechtslehre" und ihr verwandten Strömungen im Rechtsdenken der Gegenwart bei RUPP,

Zweckzusammenhang, auf Bewertungsmaßstäbe, die am Beispiel, am vergleichbaren Fall deutlich werden, auf die „Natur der Sache“ und andere einsehbare Zusammenhänge gründen. Das alles wird der Gegenstand der Darlegungen des „systematischen Teils“ sein. Der Anteil des Erkennens an dem Zustandekommen der Auslegung und der Fallbeurteilung geht in der Tat sehr viel weiter als der der Logik. Diese Einsicht, die über den positivistischen Wissenschaftsbegriff hinausführt, hat die Interessenjurisprudenz der „Freirechtslehre“ voraus. Mit Recht haben ihre Vertreter wiederholt und mit Nachdruck betont[73], daß sich ihre Lehre von der der „Freirechtsbewegung“ wesentlich unterscheide. Denn, von wenigen Ausnahmefällen abgesehen, sehen sie die richterliche Rechtsfindung als durch rationale Erwägungen geleitet an. An die Stelle der formal-logischen Deduktion setzt die Interessenjurisprudenz nicht den Willen oder das Gefühl, sondern die Erforschung der Interessen und ihre Beurteilung nach dem dem Gesetz zugrunde liegenden Bewertungsmaßstab. Damit räumt sie dem Richter wohl einen größeren Urteilsspielraum, aber keine Freiheit zu lediglich gefühlsbetonter Entscheidung ein. Die Rechtspraxis ist daher auch ganz überwiegend der Interessenjurisprudenz, nicht aber der Freirechtslehre gefolgt.

Die Anhänger der „Freirechtslehre“ wie überhaupt die Befürworter einer weitgehenden Freiheit des Richters zu einer vom Gesetz unabhängigen Eigenwertung berufen sich gern auf den Art. 1 Abs. 2 des Schweizerischen Zivilgesetzbuchs, der den Richter anweist, bei Lücken des Gesetzes und Fehlen eines Gewohnheitsrechts nach der Regel zu entscheiden, „die er als Gesetzgeber aufstellen würde“. Man versteht das vielfach so, als sei damit dem Richter unter den genannten Voraussetzungen die gleiche Freiheit zur Bildung einer Regel eingeräumt wie dem Gesetzgeber. Maßgebende Vertreter der schweizerischen Rechtswissenschaft sind anderer Auffassung. Wer die Bestimmung so auffasse, sagen sie, mache sich von ihrer Bedeutung „ganz unzutreffende Vorstellungen“[74]. Die richterliche Rechtsfindung habe sich an den der Rechtsordnung zugrunde liegenden Rechtsgrundsätzen zu orientieren; der Richter habe bei der Lückenausfüllung „das ganze bestehende System als verbindlich vorauszusetzen“[75]. Zu einer „rechtspolitischen Willensentscheidung“ sei er nicht berufen. Stellung und Aufgabe, die Art. 1 ZGB dem Richter zuweise, sei „nicht so wesentlich verschieden von derjenigen des Richters in unseren Nachbarstaaten“ (d. h. Frankreich und Deutschland)[76]. So hat sich die „Freirechtslehre“ auch in der Schweiz nicht durchgesetzt, obgleich sie hier scheinbar sogar eine gewisse Anerkennung im Gesetz gefunden hat.

Grundfragen der heutigen Verwaltungsrechtslehre, 1965, S. 190 ff. Eine, trotz aller Kritik, eher positive Gesamtwürdigung bei A. Kaufmann, Freirechtsbewegung – lebendig oder tot? in: Rechtsphilosophie im Wandel, S. 251 ff.

[73] Vgl. Heck, Gesetzesauslegung, S. 230 ff.; Rechtsgewinnung, S. 25 ff.; Begriffsbildung, S. 9 u. 105; Stoll, Festschr. für Heck usw., S. 70 f; Müller-Erzbach, Wohin führt die Interessenjurisprudenz?, S. 5 ff., 125 ff.

[74] So Liver, Der Begriff der Rechtsquelle, S. 44.

[75] Merz, AcP 163, S. 335.

[76] Liver, a.a.O., S. 45.

5. Hinwendung zur Rechtssoziologie

Vom positivistischen Wissenschaftsbegriff aus liegt es nahe, als die eigentliche „Wissenschaft" vom Recht die Rechtssoziologie anzusehen, die die dem Recht zugrunde liegenden gesellschaftlichen Tatsachen erforscht, ohne dabei sogleich eine praktische Anwendung ihrer Ergebnisse durch die Rechtsprechung im Auge zu haben. Die gemeinhin sich als solche bezeichnende Rechtswissenschaft, eben die Rechtsdogmatik, wird demgegenüber nicht als Wissenschaft angesehen, da sie keine echten Erkenntnisse zu liefern vermöge. Diese, auch heute unter Soziologen der empirisch-analytischen Richtung[77] verbreitete Auffassung hat zuerst EUGEN EHRLICH vertreten.

In seiner 1913 erschienenen „Grundlegung der Soziologie des Rechts" führt EHRLICH aus, die „selbständige Wissenschaft vom Rechte, die nicht praktischen Zwecken dienen will, sondern der reinen Erkenntnis, die nicht von Worten handelt, sondern von Tatsachen", sei die Rechtssoziologie (S. 1). Die praktische Jurisprudenz sei demgegenüber nur „die Kunst, das Recht den besonderen Bedürfnissen des Rechtslebens dienstbar zu machen" und daher „etwas ganz anderes als die Wissenschaft vom Recht" (S. 198). Die soziologische Rechtswissenschaft der Zukunft werde der praktischen Jurisprudenz die wissenschaftliche Grundlage liefern (S. 273); diese aber werde „den lächerlichen Mummenschanz der abstrakten Begriffsbildung und Konstruktion für immer ablegen" und sich damit grundlegend wandeln (S. 274). Die Rechtssoziologie sei darum die einzig mögliche *Wissenschaft* vom Recht, weil sie nicht bei den „Worten" stehen bleibe, sondern ihr Augenmerk auf die dem Recht zugrunde liegenden Tatsachen richte, und weil sie, „wie jede echte Wissenschaft", mittels der „induktiven" Methode, d. h. „durch Beobachten von Tatsachen, Sammeln von Erfahrungen unsere Einsicht in das Wesen der Dinge zu vertiefen sucht" (S. 6). Wenn irgendwo, tritt hier der Einfluß des positivistischen Wissenschaftsbegriffs deutlich hervor. EHRLICH sieht die Soziologie ganz unbefangen als eine reine Tatsachenwissenschaft an, ohne das Problem einer „verstehenden Methode" in der Soziologie auch nur aufzuwerfen[78]. Es kann daher nicht verwundern, daß er eine

---

[77] Zu dieser Richtung und zu ihren Grenzen gerade in der Rechtssoziologie RYFFEL, Rechtssoziologie, 1974, S. 183 ff., 211 ff.

[78] Von einer „verstehenden Soziologie" spricht MAX WEBER in einer Abhandlung im „Logos", Bd. 4 (abgedr. in „Gesammelte Aufsätze zur Wissenschaftslehre", 1922, S. 403 ff.). Er versteht darunter eine Soziologie, die menschliches, im weitesten Sinne soziales Verhalten als „sinnhaft" verstehen und dadurch „in seinem Ablauf und seinen Wirkungen ursächlich erklären will" (vgl. die Ausführungen über „Methodische Grundlagen der Soziologie", a.a.O., S. 503). Als „sinnhaft" und daher „verständlich" bezeichnet WEBER ein menschliches Verhalten dann, wenn es entweder zweckgeleitet oder doch rational an bestimmten Erwartungen (etwa eines entsprechenden Handelns anderer) orientiert ist (a.a.O., S. 416). „Sinn" bedeutet hier den vom Handelnden (im Einzelfall *tatsächlich* oder in einer Masse von Fällen *„durchschnittlich und annähernd")* gemeinten „subjektiven" Sinn, im Gegensatz zu irgendeinem „objektiven" Sinn, wie ihn die „dogmatischen Wissenschaften: Jurisprudenz, Logik, Ethik, Ästhetik" erforschen wollen (S. 503; vgl. auch Wirtschaft u. Gesellschaft, 4. Aufl. 1956, erster Halbbd. S. 1, unter § 1, I, 1). Aus diesen Ausführungen geht allerdings hervor, daß auch WEBER die So-

Wissenschaft, die es, wie die Rechtsdogmatik, überhaupt nur mit dem Verstehen der *Bedeutung* (von Rechtsnormen, Rechtsgeschäften, Handlungen) zu tun hat, schlechterdings nicht als eine Wissenschaft gelten lassen will.

Die praktische Jurisprudenz befaßt sich, wenigstens auf dem Kontinent, vornehmlich mit den *Entscheidungsnormen*, die von den Gerichten und von den staatlichen Beamten „angewandt" werden. Sie will, nach EHRLICH, nichts anderes, als diese Normen anwendbar machen[79]. Das Recht als *wirkliche Ordnung* einer Gesellschaft aber besteht, wie EHRLICH ausführt, nicht aus den Entscheidungsnormen, sondern aus den Regeln, nach denen sich die Menschen in ihrem Zusammenleben *tatsächlich* verhalten. Diese „Regeln des Handelns", die „wirklichen Rechtsnormen", ergeben sich, so führt er weiter aus, nicht erst aus den Urteilen der Gerichte und den Gesetzen, sondern aus den „ursprünglichen Tatsachen des Rechts", nämlich aus den Übungen, den Herrschafts- und Besitzverhältnissen und aus den Willenserklärungen in ihren wichtigsten Formen, als Satzung, Vertrag und letztwillige Anordnung (S. 155). Aus ihnen ergeben sich die „Rechtsverhältnisse", die somit nicht erst durch Rechtssätze, sondern unmittelbar durch „die Gesellschaft" geschaffen werden (S. 287). „Familie, Körperschaften, Eigentum, dingliche Rechte, Kauf, Pacht, Miete, Darlehen waren Rechtsverhältnisse, noch bevor die römischen Juristen ihre erste Verallgemeinerung vorgenommen hatten". Auch heutzutage bestehe „das Recht" nicht so sehr aus den Rechtssätzen (den Entscheidungsnormen), als „in den Rechtseinrichtungen"; Aufgabe der Rechtssoziologie sei es, „nach den treibenden

---

ziologie letzten Endes als Wissenschaft ansieht, deren Aufgabe es ist, *Kausalzusammenhänge* zu erforschen. Da aber im Bereich menschlichen Sichverhaltens der vom Handelnden gemeinte Sinn ein „ursächlicher" Faktor ist, hat die Soziologie vornehmlich auch diesen Faktor in ihre Betrachtung einzubeziehen und sich zu diesem Zwecke der *„verstehenden Methode"* zu bedienen. Vgl. hierzu FRITZ LOOS, Zur Wert- und Rechtslehre MAX WEBERS, 1970, S. 17 ff. WEBERS Methodenlehre einer empirischen Sozialwissenschaft, sagt er (S. 25), sei zwar „am Objektivitätsideal eines positivistischen Wissenschaftsbegriffs orientiert", überschreite dieses Ideal aber u. a. „durch die Einbeziehung des stets nur qualitativ erfaßbaren subjektiv gemeinten Sinnes in den Bereich des empirisch zu Erforschenden". Zu WEBERS scharfer Trennung von subjektiv-gemeintem und objektiv-gültigem Sinn und damit von Rechtssoziologie und Rechtsdogmatik ist auf die Kritik hinzuweisen, die A. v. SCHELTING in seinem Buch „Max Webers Wissenschaftslehre" (1934) an WEBERS Kritik an STAMMLER übt (S. 400 f.). SCHELTING bemängelt, m. E. mit Recht, daß WEBER in seinen eigenen methodologischen Arbeiten (nicht in seinen historisch-soziologischen Analysen selbst) und demgemäß auch in seiner Kritik an STAMMLER „dazu neigt, die Bedeutung des immanenten Sinnzusammenhangs der (normativen) Sinngebilde (insbesondere des Rechts) und seiner wissenschaftlichen Erfassung für die empirische Kulturerkenntnis zu leugnen". Denn in der Tat seien „das wirkliche soziale Handeln der Menschen und die Art der realen sozialen Verhältnisse *auch* durch ideelle Momente (normative Vorstellungen) bestimmt und geformt, welche in umfassenderen irrealen Zusammenhängen der reinen Sinngebilde ihren Ursprung haben und nur aus ihnen verstanden werden können". Eine „verstehende Soziologie" – RYFFEL, a.a.O., S. 186 ff., 211 ff., spricht von einer „verstehend-nachkonstruierenden" Richtung der Soziologie – muß diese objektiven Sinngehalte der Rechtsinstitute und rechtlichen Strukturtypen als mitgestaltende Faktoren des gesellschaftlichen Lebens einbeziehen.

[79] Diesem Zweck diente, wie EHRLICH in der Schrift „Die juristische Logik" (1918) S. 66 ff. ausführt, auch die von der gemeinrechtlichen Jurisprudenz überall geübte „Konstruktion".

Kräften der Rechtseinrichtungen zu suchen" (S. 68). Erst nachträglich bilde die Jurisprudenz „den Rechtssatz auf Grund der Wahrnehmung der Tatsachen des Rechtslebens und der Verallgemeinerung der Ergebnisse dieser Wahrnehmung" (S. 289). Ihr Verfahren habe zwar insoweit „eine unverkennbare Ähnlichkeit mit den Methoden der eigentlichen Wissenschaften". Dennoch sei sie keine „eigentliche Wissenschaft", weil die Beobachtung und Verallgemeinerung des Juristen nicht „unbefangen im wissenschaftlichen Geist" vor sich gehe, sondern von vornherein „im Banne der Machtverhältnisse, Zweckmäßigkeitserwägungen und Gerechtigkeitsströmungen" stehe, die „das Normenfinden bestimmen" (S. 290). Die Beobachtung und Verallgemeinerung des Juristen breche „nicht nur überall dort ab, wo das praktisch Wichtige aufhört", sondern gipfle schließlich „in einem durchaus unwissenschaftlichen Verfahren: in der Interessenabwägung als Grundlage der Normenfindung" (S. 292).

Es ist richtig, daß die Rechtsordnung, sieht man sie nicht nur aus dem Blickwinkel des entscheidenden Richters, sondern als eine historisch-soziologische Gegebenheit an, die in einer Rechtsgemeinschaft *faktisch geltende*, d. h. als verbindlich gewußte und ganz überwiegend befolgte „Lebensordnung". Sie ist die freilich vor anderen „Ordnungen" durch den ihr eigentümlichen Sinnbezug auf die *Rechtsidee* ausgezeichnet. Eben diesen Bezug jedoch vermag der soziologische Positivismus EHRLICHS nicht zu würdigen, da ihm, nicht anders als seinem Gegenstück, dem formalen Rechtspositivismus der „Reinen Rechtslehre" KELSENS, der Zugang zu dem Bereich des *geistigen Seins*, der Ideen und ihrer Verwirklichung in den Objektivationen des Geistes, fehlt. Der soziologische Positivismus verkennt zudem den in der Geltung des Rechts mitgedachten Anspruch auf Verbindlichkeit, den *normativen* Sinn allen Rechts. „Recht" ist nicht nur regelmäßig geübtes, sondern im Bewußtsein seiner „Richtigkeit", einer darin liegenden *Anforderung*, geübtes Verhalten[80]. Diese leitet es aber daraus her, daß es im ganzen am Leitbild der Gerechtigkeit ausgerichtet ist. Das Recht als Lebensordnung und als Normordnung schließen sich nicht aus, vielmehr ist „geltendes" Recht stets beides: normative und faktische Geltung sind ihm gleicherweise eigentümlich.

Es mag zutreffen, daß das Recht als die Lebensordnung im ganzen *historisch früher* ist als die aus ihr durch eine Art von Abstraktion erst gewonnene oder bewußt gesetzte einzelne Verhaltens- und Entscheidungsnorm. Auch SAVIGNY war, wie wir gesehen haben, der Auffassung, daß das „Rechtsinstitut" als ein im Rechtsleben verwirklichtes Ordnungsgefüge den darauf bezüglichen Regeln *zugrundeliege*, nicht aus ihnen *abzuleiten* sei. Insoweit halten wir die soziologische Betrachtung für eine berechtigte und sinnvolle Ergänzung der allein an den Regeln orientierten „normativen" Betrachtung, wie sie der dogmatischen Rechtswissenschaft am nächsten liegt. Zutreffend wendet sich EHRLICH auch gegen die Überschätzung der Klagemöglichkeit und des Rechtszwanges (z. B. bei der Bestimmung des „subjektiven Rechts"): „Schon der Augenschein lehrt, daß jeder Mensch in unzähligen Rechtsverhältnissen steht und daß er mit sehr wenigen Ausnahmen freiwillig das tut, was ihm

---

[80] So auch RYFFEL, Rechtssoziologie, 1974, S. 57, 117, 132.

in diesen Verhältnissen obliegt" (S. 15); „Die Ordnung in der menschlichen Gesellschaft beruht darauf, daß Rechtspflichten im allgemeinen erfüllt werden, nicht darauf, daß sie klagbar sind" (S. 17). Zumal die „Interessenjurisprudenz" neigt ja dazu, stets sogleich nur an den Konfliktsfall zu denken, nicht an das weit häufigere friedliche Nebeneinanderleben gemäß der Rechtsordnung[81]. Diese Einstellung erklärt sich gewiß aus der besonderen Situation des Richters, dem Konfliktsfälle zur Entscheidung vorgelegt werden. Aber schon für den Gesetzgeber wäre sie zu eng. Die Wissenschaft vollends sollte sich von solcher Einseitigkeit frei halten. Dazu kann ihr die soziologische Sicht, die in der Norm den Ausdruck der in ihrem immer erneuten Vollzug wirksamen Lebensordnung erblickt, dienlich sein.

Aber so richtig es ist, daß weder die Rechtsphilosophie[82] noch die Rechtsdogmatik der Ergänzung durch eine – allerdings nicht nur kausalwissenschaftlich verfahrende, sondern auch verstehende – Soziologie zu entraten vermögen, das Anliegen der Rechtsdogmatik hat EHRLICH völlig mißverstanden. Das zeigt schon seine Gegenüberstellung von „Worten" und „Tatsachen". Denn selbstverständlich geht es der Rechtswissenschaft nicht nur um die „Worte", sondern um den Sinn, der in ihnen ausgedrückt ist – und dieser Sinn läßt sich auch nicht lediglich aus den Tatsachen entnehmen. Auch wenn man die Vorstellungen, die die Menschen einer bestimmten Zeit und einer Gesellschaftsgruppe von dem hegen, was ihrer Meinung nach im Zusammenleben „richtig" sei, wiederum nur als (sozial-psychische) „Tatsachen" betrachtet, geht es der Rechtswissenschaft doch nicht eigentlich um diese Vorstellungen (als real-psychische Phänomene), sondern um ihren normativen Sinngehalt. Dieser ist aber einer nur kausalwissenschaftlich verfahrenden Soziologie nicht zugänglich. Sie vermag lediglich dem Gesetzgeber diejenigen Tatsachenkenntnisse zu verschaffen, deren er bedarf, um zweckmäßige Regelungen zu treffen. Größer ist der Nutzen, den sich die dogmatische Rechtswissenschaft von einer Rechtssoziologie erwarten kann, die sich mit der Rolle des Rechts in den gesellschaftlichen Prozessen, mit seiner sozialen *Funktion* befaßt. Unsere Ablehnung trifft daher auch nur die Meinung EHRLICHS, eine (kausalwissenschaftlich verfahrende) Soziologie sei die *einzig mögliche*, wahre Wissenschaft vom Recht, nicht die Rechtssoziologie als *eine* unter mehreren Wissenschaften, die sich mit dem Recht befassen.

In seinem einige Jahre später erschienenen Werk über die „Juristische Logik" hat EHRLICH die Meinung der Jurisprudenz des 19. Jahrhunderts, aus feststehenden Rechtssätzen die Entscheidung von Rechtsfällen mittels logischer Ableitung finden zu können, einer eingehenden und auch begründeten Kritik unterzogen[83]. Wenn er indessen fordert, der Richter solle, wo die Entscheidung nicht eindeutig aus dem Gesetz zu entnehmen sei, d. h. im Grunde schon immer dann, wenn das Gesetz der

---

[81] Zutreffend bemerkt ESSER, Einführung in die Grundbegriffe des Rechts und des Staates, S. 117: „Recht ist eben nicht nur Richtmaß im Konfliktsfall, sondern auch – und in erster Linie – Regelung des gesunden Sozialverhältnisses, also Lebensordnung." Vgl. auch EHRLICHS Vortrag über „Freie Rechtsfindung und freie Rechtswissenschaft", S. 9.

[82] Darüber FECHNERS, Rechtsphilosophie, S. 265 ff.

[83] Die juristische Logik, 1918.

Auslegung bedarf, die beteiligten Interessen selbständig werten[84], dann läßt er den Bewertungsmaßstab jedoch im dunkeln. Ausdrücklich lehnt er die Meinung ab, daß der Richter an die Werturteile des Gesetzgebers gebunden sei, denn „bei der Menge von Werturteilen, die die Gesetze eines modernen Staates enthalten, kann für jede Entscheidung irgendeines hervorgeholt werden“[85]. Die soziologische Rechtslehre erschöpft sich damit im wesentlichen in einer zwar berechtigten Kritik der Rechtsanwendungslehre des 19. Jahrhunderts, ohne aber die von EHRLICH verlangten neuen Rechtsfindungsmethoden aufzeigen zu können.

Auch die 1948 erschienene, sehr viel breiter angelegte „Kritik der Rechtswissenschaft“ von FRANZ JERUSALEM, die er in der 1968 erschienenen Schrift „Die Zersetzung im Rechtsdenken“ fortgeführt und auf die Dogmatik der dazwischen liegenden Zeit ausgedehnt hat, geht von einer soziologischen Sicht des Rechts und der Rechtswissenschaft aus. Die eigentliche Rechtswissenschaft ist auch ihm die Rechtssoziologie. Unter der Soziologie versteht er eine Wissenschaft, die unter Verwendung empirischen Materials „Gesetzmäßigkeiten der sozialen Wirklichkeit festzustellen“ sucht, die ihrerseits den sozialen Verhaltensweisen zugrunde liegen, die das Recht – als Sozialfaktor – ausmachen. Die Aufdeckung der Grundformen des sozialen Daseins – der Formen der Herrschaft und des Zusammenwirkens, des Vertrages, des Privateigentums, der Gemeinschaften und Gesellschaften – war auch das Anliegen des neuzeitlichen Naturrechts, etwa PUFENDORFS, und so kann JERUSALEM sagen, die Soziologie sei „das Naturrecht unserer Zeit“[86].

Ist insoweit der Zusammenhang der Sichtweise JERUSALEMS mit derjenigen EHRLICHS unverkennbar, so hat er doch ein sehr viel engeres Verhältnis als dieser zur dogmatischen Rechtswissenschaft. Er sieht sehr wohl, daß es ihr nicht um „Worte“, sondern um den *Sinn* rechtlichen Verhaltens geht[87]; er betrachtet sie zutreffend als eine Geisteswissenschaft. Aber auch er meint, sie sei keine echte Wissenschaft, sondern ihrem Wesen nach nichts anderes als Rechtsprechung; ihre Grundlage sei „das kollektive Wissen der Juristen vom Recht“[88]. Von dieser wissenssoziologischen Grundhaltung aus kritisiert er die moderne Rechtsdogmatik in ihren verschiedenen Erscheinungen. Leitfaden dieser Kritik ist der Gedanke, daß die Rechtsdogmatik ihrer sozialen Funktion untreu geworden sei, indem sie die Rechtssätze und Rechtsbegriffe von der sozialen Wirklichkeit, deren Darstellung sie sind, abgelöst, hypostasiert habe. Statt des Rechts als „äußerer Wirklichkeit“, d. h. als „Gesamtheit rechtlichen Verhaltens“, habe sie „ein geistiges Reich von Begriffen und Vorstellungen“ zu ihrem Gegenstand gemacht, „in denen sich die Rechtswirklichkeit lediglich spiegelt“[89].

---

84 Vgl. dazu S. 312.
85 S. 163 f.
86 Vorwort zur „Kritik der Rechtswissenschaft“.
87 Vgl. die Kritik, S. 7 ff., 71 ff.
88 Kritik, S. 46 ff.
89 Kritik, S. 75.

In seinem zweiten Werk sucht JERUSALEM den von ihm beobachteten Prozeß einer „Zersetzung im Rechtsdenken" im einzelnen aufzudecken. Die „Zersetzung im Rechtsdenken", so sagt er im Vorwort, bestehe darin, „daß nicht mehr im allgemeinen gedacht wird. Das Rechtsdenken hat sich insoweit in Kasuistik aufgelöst, die sich aber im Gegensatz etwa zum englischen Recht nicht mehr auf Überkommenes stützt. Recht ist, was der konkreten Situation und Sachlage gemäß ist. Die überkommene Ordnung ist damit negiert. Jede Sicherheit ist insoweit dahin". Die Auflösung der Begriffe und Werte, so führt er weiter aus, habe mit dem Niedergang der Begriffsjurisprudenz begonnen. „Die überkommenen Begriffe verloren ihre feste Struktur; sie wurden zu äußeren Denkformen, die einen festen Inhalt nicht mehr haben"[90]. Die Aufweichung der Rechtsbegriffe habe dazu geführt, an ihre Stelle Typenbegriffe zu setzen. VIEHWEG habe sodann versucht, „das Prinzip des konkreten Falles, vor dem das Allgemeine des Begriffs zurücktritt, philosophisch zu unterbauen". Der Auflösung der Begriffe des Rechtsdenkens entspreche die Verwandlung der Werte. Rechtsfragen würden unlösbar, weil die Antwort durch gegensätzliche Wertvorstellungen bestimmt wird[91]. Verantwortlich für diese Zersetzung des Rechtsdenkens sei in erster Linie der Rationalismus[92]. In dem utilitaristischen Zweckdenken JHERINGS sei die Auflösung des Rechtsdenkens offensichtlich. Dem Rationalismus sei auch der Neukantianismus verhaftet; hier sei er besonders bei KELSEN wirksam geworden. Nach der sogenannten Interessenjurisprudenz, wie sie von HECK vertreten worden ist, bestehe die Zivilrechtsprechung „in der Feststellung der jeweiligen Interessenlage der Parteien im Verhältnis zueinander". Damit sei der Gedanke verlorengegangen, daß die einzelnen „in Rechtsverhältnissen miteinander verbunden sind, die im Gemeingeist der Rechtsgemeinschaft ihre Einheit haben"[93].

JERUSALEMS Kritik richtet sich letzten Endes dagegen, daß sich die Rechtswissenschaft als Bemühung um eine rationale und produktive Erkenntnis des Rechts versteht. Darin sieht JERUSALEM ein Verkennen ihrer gesellschaftlichen Funktion. Das Recht ist nach ihm weder durch die Autorität des Gesetzgebers noch durch die Vernünftigkeit seines Inhalts, sondern vorwiegend dadurch legitimiert, daß es ein Überkommenes (oder dem Überkommenen im Wege seiner kollektiven Anerkennung Gleichgestelltes) ist. Die Rechtswissenschaft im Sinne der Rechtsdogmatik habe nur die Aufgabe, das überkommene Recht als solches zu ermitteln, es darzustellen und so zu bewahren. Neues sollte sie an das überkommene Recht anpassen[94]:

Daß das Recht jahrhunderte – oder jahrtausendelang seine Kraft vornehmlich daraus gezogen hat, daß es das Überkommene war, das *als solches* für „richtig" gehalten wurde, soll nicht bestritten werden. Aber dieser Glaube an die Richtigkeit des Überkommenen trägt auf dem europäischen Kontinent das Recht schon seit den

---

[90] Zersetzung, S. 78.
[91] Zersetzung, S. 82.
[92] Zersetzung, S. 82 ff.
[93] Zersetzung, S. 90.
[94] Vgl. dazu Zersetzung, S. 184 f.

Tagen des neuzeitlichen Naturrechts und der großen Kodifikationen jedenfalls nicht mehr allein. Der moderne Mensch, der den Schritt hinter den Rationalismus nicht zurücktun kann, begnügt sich in zunehmendem Maße nicht damit, daß eine Rechtsregel oder eine Entscheidung dem Herkommen entspricht, sondern will sie auch als vernünftig, sinnvoll, als in rationaler Weise begründbar einsehen. Eben darum, nicht nur um die Sammlung und Weitergabe eines überlieferten Wissens, geht es in der Rechtswissenschaft.

6. Die „Reine Rechtslehre“ Kelsens

Gegenüber der Auffassung, daß die „eigentliche“ Rechtswissenschaft die Rechtssoziologie sei, während der überkommenen Rechtswissenschaft nur die Rolle einer technischen Kunstlehre oder eines Hilfsmittels der Rechtsprechung zufalle, war eine methodische Selbstbesinnung der Rechtswissenschaft dringend geboten. Es war HANS KELSEN, der sich dieser Aufgabe mit bewundernswürdiger Energie und unerbittlicher Strenge des Gedankens unterzog. Seine „Reine Rechtslehre“ stellt den großartigsten Versuch einer Begründung der Rechtswissenschaft als Wissenschaft – freilich immer noch auf dem Boden und in den Grenzen des positivistischen Wissenschaftsbegriffs – dar, den unser Jahrhundert gesehen hat. Allerdings ist man versucht hinzuzufügen: So wie die Interessenjurisprudenz als Theorie mangelhaft, für die Praxis aber von großem Nutzen gewesen ist, so ist die „Reine Rechtslehre“ als Theorie in hohem Maße bestechend, ihr Ertrag für die Praxis aber gering. Das hat aber zuletzt seinen Grund wiederum in einem Mangel der Theorie.

KELSENS Ausgangspunkt, von dem aus er die methodische Selbständigkeit der Rechtswissenschaft zu begründen unternimmt, ist die Unterscheidung der Seinsurteile von den Sollensurteilen. Es ist, so sagt er, etwas durchaus anderes, ob ich sage: unter den obwaltenden Verhältnissen werden Verträge regelmäßig (d. h. in der Masse der Fälle) gehalten (oder auch nicht gehalten), oder ob ich sage: Verträge *sollen* „von Rechts wegen“ gehalten werden. Der erste Satz enthält eine Aussage über ein beobachtetes tatsächliches Geschehen, ein Tatsachenurteil, der zweite eine Aussage über etwas, das geschehen *soll* (gleich, ob es tatsächlich geschieht oder nicht), ein Urteil über ein Sollen oder Gebotensein. Der erste Satz ist „richtig“, wenn er mit den Tatsachen übereinstimmt, der zweite, wenn das behauptete „Sollen“ aus einem bestehenden, d. h. geltenden Gebot „folgt“. Beide Sätze haben einen durchaus verschiedenen Aussagewert oder Sinn, sie gründen sich auf eine durchaus verschiedene Betrachtungsweise. Es ist unrichtig, so betont KELSEN nachdrücklichst, beide Betrachtungsweisen miteinander zu vermengen, etwa aus dem Gebotensein einer Handlung auf ihre tatsächliche Vornahme zu schließen oder aus den beobachteten Tatsachen das Gebotensein eines entsprechenden Verhaltens abzuleiten. Vielmehr ist jede Betrachtungsweise – die „explikative“, wie KELSEN sie nennt, die die Tatsachen beschreibt und aus ihren Ursachen erklärt, und die „normative“, die aus den ihr gegebenen Normen den Inhalt eines Sollens erkennt – unabhängig von der anderen und folgt einer gerade ihr eigenen Methode.

Die Rechtswissenschaft hat es nun nach KELSEN nicht mit dem tatsächlichen Verhalten der Menschen, sondern allein mit rechtlich Gebotenem zu tun. Sie ist daher *keine Tatsachenwissenschaft,* wie die Soziologie, sondern eine *Normwissenschaft;* ihr Gegenstand ist nicht ein Seiendes oder Geschehendes, sondern ein Komplex von Normen. Ihr wissenschaftlicher Charakter ist nur dann gewahrt, wenn sie sich streng auf ihre Aufgabe beschränkt und ihre Methode „rein" erhält von jeder Beimischung ihr wesensfremder Elemente, d. h. von jeder Anleihe bei einer „Tatsachenwissenschaft" (wie der Soziologie, der Psychologie), aber auch von jeder Beeinflussung durch „Glaubenssätze", seien sie ethischer oder religiöser Natur. Als „reine" Erkenntnis hat sie keine unmittelbar praktischen Zwecke zu verfolgen, vielmehr alles aus ihrer Betrachtung auszuscheiden, was nicht mit der Eigenart ihres Gegenstandes als Normenkomplexes zusammenhängt. Nur so vermag sie dem Vorwurf zu entgehen, im Dienste irgendwelcher politischen, wirtschaftlichen oder weltanschaulichen Interessen, Leidenschaften oder Vorurteile zu stehen, nur so kann sie *Wissenschaft* sein. Die Rechtswissenschaft, die dieser Forderung der „Methodenreinheit" genügt, bezeichnet KELSEN als die „Reine Rechtslehre" [95].

Die „Reine Rechtslehre" versteht KELSEN im näheren als eine „Theorie des positiven Rechts" und in diesem Sinne als eine „allgemeine Rechtslehre" (RR 1; FG 144). Sie „ist nicht Interpretation besonderer nationaler oder internationaler Rechtsnormen", aber sie gibt, eben auf der Grundlage einer allgemeinen Theorie des positiven Rechts, auch eine Theorie der juristischen Interpretation. Damit unterscheidet sich die „Reine Rechtslehre" deutlich von der herkömmlich so genannten dogmatischen Rechtswissenschaft, die ein bestimmtes positives Recht in seinem besonderen Inhalt und seinem systematischen Zusammenhang erkennen und seine Anwendung erleichtern will. Die „Reine Rechtslehre" befaßt sich demgegenüber nicht mit den Inhalten, sondern nur mit der logischen Struktur der Rechtsnormen; sie prüft den Sinn, die Möglichkeit und die Grenzen einer rechtlichen Aussage überhaupt (nicht: einer bestimmten rechtlichen Aussage) und die Art und Weise ihres Zustandekommens. Sie ist insofern eine *Theorie der rechtswissenschaftlichen Er-*

---

[95] Aus der großen Zahl seiner Schriften führe ich an: Hauptprobleme der Staatsrechtslehre, 1911 (zit. H); Über Grenzen zwischen juristischer und soziologischer Methode, 1911; Allgemeine Staatslehre, 1925; Der juristische und der soziologische Staatsbegriff, 2. Aufl. 1928; Reine Rechtslehre, 1934, 2. Aufl. 1960 (zit. RR); Was ist Gerechtigkeit? 1953; Was ist die Reine Rechtslehre? Festschr. f. Z. GIACOMETTI, 1953, S. 143 (zit. FG). Ein chronologisches Verzeichnis der bis 1959 erschienenen Veröffentlichungen KELSENS, das 483 Nummern umfaßt, enthält die 2. Auflage der „Reine Rechtslehre". Zum gegenwärtigen Stand der Reinen Rechtslehre WALTER in RTh, Bd. 1, S. 69. Zur Kritik vgl. ERICH KAUFMANN, Kritik der neukantischen Rechtsphilosophie, 1921; W. JÖCKEL, H. KELSENS rechtstheoretische Methode, 1930; S. MARCK, Substanz- und Funktionsbegriff in der Rechtsphilosophie, 1925; ERNST V. HIPPEL, Mechanisches und moralisches Rechtsdenken, 1959, S. 15 ff., 180 ff.; RUPERT HOFMANN, Logisches und metaphysisches Rechtsverständnis (Zum Rechtsbegriff HANS KELSENS), 1967; KARL LEIMINGER, Die Problematik der Reinen Rechtslehre, 1967; W. SCHILD, Die zwei Systeme der Reinen Rechtslehre, Wiener Jahrb. f. Philosophie, Bd. IV, 1971, S. 150. Eine Brücke zwischen der Reinen Rechtslehre und der (von KELSEN abgelehnten) ontologischen Naturrechtslehre versucht RENÉ MARCIC (Österr. Ztschr. f. Öffentl. R., Bd. 11, S. 395; Bd. 13, S. 69; Verfassungsgerichtsbarkeit und Reine Rechtslehre, 1966) zu schlagen.

kenntnis und als solche, so sollte man meinen, von der Rechtswissenschaft selbst, deren „Möglichkeit“ und Methode sie untersucht, durchaus verschieden. Indessen gibt sie sich selbst als Rechtswissenschaft, und es ist zum mindesten nicht deutlich, wieweit KELSEN daneben noch eine „dogmatische“ Rechtswissenschaft als Wissenschaft anerkennt, die sich nicht mit der Form, sondern mit dem besonderen Inhalt eines bestimmten positiven Rechts befaßt.

Die Grundthese KELSENS ist die Behauptung einer „vollkommenen Disparität von Sein und Sollen“ (H 7). Das „Sollen“ bedeutet ihm ebenso wie das „Sein“ einen „Denkmodus“, eine „letzte, nicht weiter ableitbare Kategorie“ (H 70). Das heißt: das „Sollen“ darf weder auf ein „Wollen“ desjenigen, der die Norm setzt, zurückgeführt werden – denn „Wollen“ ist ein tatsächlicher, psychischer Vorgang, gehört mithin auf die Seite des „Seins“ –, noch auf ein Verhalten desjenigen, der soll. Es ist nichts Realpsychisches, sondern „der Sinn eines Aktes, mit dem ein Verhalten geboten oder erlaubt, insbesondere ermächtigt wird“ (RR 5). Der Unterschied zwischen Sein und Sollen, sagt KELSEN, könne nicht näher erklärt werden; er sei „unserem Bewußtsein unmittelbar gegeben“. Niemand könne leugnen, daß „daraus, daß etwas ist, nicht folgen kann, daß etwas sein soll, wie daraus, daß etwas sein soll, nicht folgen kann, daß etwas ist“ (RR 5). Die Rechtswissenschaft hat es mit Normen, also mit einem Sollen, zu tun, wobei der Ausdruck „Sollen“ auch das „Dürfen“ und „Können“ einschließen soll. Freilich liegen den Normen des positiven Rechts, weil sie „gesetzt“ sind, Akte, d. h. „äußere Vorgänge menschlichen Verhaltens“ zugrunde, die ihren Sinn – als Rechtsakte – nicht in sich tragen, sondern dadurch erhalten, daß eine Norm, als „Deutungsschema“ (RR 3), auf sie angewandt wird. Der Seinsvorgang als solcher, z. B. ein Parlamentsbeschluß, ein Vertrag, hat seine bestimmte Stelle im Raum und in der Zeit; er kann kausalwissenschaftlich erklärt werden. Der Sinn dieses Vorgangs, der allein die Rechtswissenschaft interessiert, ist der, daß eine Norm gesetzt wird. Daß aber der Vorgang diesen Sinn eines normsetzenden Aktes hat, ergibt sich aus einer anderen, logisch vorgeordneten Norm, die ihm diese Bedeutung verleiht. Daß etwa ein bestimmter Briefwechsel einen Vertragsschluß bedeutet, „resultiert ausschließlich und allein daraus, daß dieser Sachverhalt unter gewisse Bestimmungen des Bürgerlichen Gesetzbuchs fällt“ (RR 4). Daß der Parlamentsbeschluß einen Akt der Gesetzgebung darstellt, ergibt sich aus den Normen der Verfassung über die Gesetzgebung. Die „Reine Rechtslehre“ begreift also den rechtlichen Sinngehalt eines Geschehens, das als solches „ein Stück Natur“, daher „kausalgesetzlich bestimmt“ ist, indem sie es einer Rechtsnorm subsumiert, die ihrerseits ihre Geltung daher hat, daß sie gemäß einer anderen, ihr gegenüber höheren Norm „erzeugt“ worden ist. Dagegen überläßt sie die tatsächliche Seite des Geschehens, wie z. B. die Absichten und Motive des Gesetzgebers und die Wirkungen seiner Anordnung, einer anderen Wissenschaft, der Rechtssoziologie als einer „Tatsachenwissenschaft“. Was diese in den Blick bekommt, ist nicht eigentlich das Recht selbst, „es sind gewisse Parallelphänomene in der Natur“ (RR 108). Die Reine Rechtslehre dagegen – als „spezifische Rechtswissenschaft“ – befaßt sich nur mit den Rechtsnormen, nicht als gegebenen Tatsachen, sondern als Sinngehalten. „Ihr Problem ist die spezifische Eigenart einer Sinnsphäre“ (RR 108).

Der „Reinen Rechtslehre" geht es um die logische Eigenart und die methodische Selbständigkeit der Rechtswissenschaft. Sie „will die Rechtswissenschaft von allen ihr fremden Elementen befreien" (RR 1). Daher wendet sie sich auf der einen Seite gegen die Verwechslung der juristischen Betrachtung mit der soziologischen. Zwar dürfe, meint KELSEN in seinem ersten Werk (H 42), derJurist auch psychologische und soziologische Erwägungen anstellen, allein er dürfe niemals „die Resultate seiner explikatorischen Betrachtung in seine normative Begriffskonstruktion aufnehmen". Auf der anderen Seite wendet sich KELSEN mit der gleichen Schärfe gegen die Verknüpfung der Rechtswissenschaft mit der Ethik und gegen jede Rechtsmetaphysik. Die Normen der Moral sind ebenso wie die des Rechts positive Normen, d. h. sie sind „durch Gewohnheit und bewußte Satzung (etwa seitens eines Propheten oder Religionsstifters wie Jesus) erzeugt" (RR 64). Während aber das Recht eine Zwangsordnung, d. h. eine normative Ordnung ist, die „ein bestimmtes menschliches Verhalten dadurch herbeizuführen sucht, daß sie an das gegenteilige Verhalten einen gesellschaftlich organisierten Zwangsakt knüpft", ist die Moral, „eine positive Ordnung ohne Zwangscharakter". Wenn man verlangt, das Recht solle sich an moralischen Normen orientieren, wäre dagegen zu fragen, an den Normen *welcher* Moralordnung. Da „vom Standpunkt einer wissenschaftlichen Erkenntnis die Annahme von absoluten Werten im allgemeinen und eines absoluten Moralwertes im besonderen" abzulehnen sei (RR 65), da es, mit anderen Worten, nicht möglich sei, „zu bestimmen, was unter allen Umständen für gut und böse, gerecht und ungerecht gehalten werden muß" (RR 67), so kann das Recht nicht dadurch von anderen Zwangsordnungen – etwa der internen Ordnung einer Räuberbande – unterschieden werden, daß es eine „gerechte" Ordnung sei (RR 50)[96].

Aus dem gleichen Grunde lehnt KELSEN jedwede Naturrechtslehre ab (RR 402 ff.). Die „Reine Rechtslehre" hat es nur mit dem positiven Recht zu tun. „Sie ist in diesem Sinn eine radikal realistische Rechtstheorie. Sie lehnt es ab, das positive Recht zu bewerten. Sie betrachtet sich als Wissenschaft zu nichts anderem verpflichtet, als das positive Recht seinem Wesen nach zu begreifen und durch eine Analyse seiner Struktur zu verstehen" (RR 112). Sie ist daher Rechtspositivismus, ja sie ist „geradezu die Theorie des Rechtspositivismus" (FG 153). „Indem die Reine Rechtslehre das Recht aus dem metaphysischen Nebel heraushebt, in den die Naturrechtslehre dieses Recht als etwas seinem Ursprung oder seiner Idee nach Heiliges einhüllt, will sie es ganz realistisch als eine spezifische soziale Technik begreifen" (FG 154). Das heißt aber wiederum, daß es ihr nur um die logische Form, um eine spezifische *„Normlogik"* zu tun ist. Der Inhalt der Rechtsnormen ist für sie nicht in irgendeiner Weise durch die Vernunft, das Sittengesetz oder eine immanente Teleologie vorbestimmt,

---

[96] In der Schrift „Was ist Gerechtigkeit?" hat KELSEN dies näher ausgeführt. „Wenn die Geschichte der menschlichen Erkenntnis", das ist das Ergebnis, zu dem er gelangt (S. 40), „uns irgend etwas lehren kann, ist es Vergeblichkeit des Versuches, auf rationalem Wege eine absolut gültige Norm gerechten Verhaltens zu finden, d. h. aber eine solche, die die Möglichkeit ausschließt, auch das gegenteilige Verhalten für gerecht zu halten." Aber vielleicht ist „Gerechtigkeit" keine Norm, sondern eine Kategorie, die den Sinn gewisser Normen konstituiert?

sondern beliebig. Eine Rechtsnorm, so betont KELSEN (RR 200 f.), gilt nicht darum, weil sie einen bestimmten Inhalt hat, sondern weil sie in einer bestimmten, letzthin von einer vorausgesetzten Grundnorm legitimierten Weise erzeugt worden ist. „Daher", so fährt er fort, „kann jeder beliebige Inhalt Recht sein. Es gibt kein menschliches Verhalten, das als solches, kraft seines Gehalts, ausgeschlossen wäre, Inhalt einer Rechtsnorm zu sein." Eindeutiger als in diesen beiden Sätzen kann der juristische Positivismus wohl nicht formuliert werden.

KELSEN hat zutreffend erkannt, daß es die Rechtswissenschaft nicht, oder doch nicht primär, mit dem tatsächlichen Verhalten der Menschen oder mit psychischen Vorgängen als solchen zu tun hat, sondern mit den Rechtsnormen und mit ihrem Sinngehalt. Sie könne daher keine Naturwissenschaft sein, die Tatsachen beschreibt und deren kausale Verknüpfung erforscht. Dann aber könne sie, sofern sie überhaupt Wissenschaft sei, nur eine Lehre von den „reinen Formen" des Rechts sein. In diesem Sinne sagt KELSEN (H 92), die Jurisprudenz habe „nur die Formen einer Erscheinung zu berücksichtigen, mit deren Inhalt sich die Soziologie, die historischen Disziplinen zu befassen haben"; sie könne, mit einem Gleichnis, als „eine Geometrie der totalen Rechtserscheinung bezeichnet werden" (H93). Ihre Begriffe deshalb, weil sie notwendig rein formal sind, für wertlos zu erklären, hieße ebensoviel, wie die Begriffe der Geometrie zu verwerfen, „weil sie lediglich die Formen der Körper erfassen, ohne über deren Inhalt etwas auszusagen". KELSEN wendet sich freilich gegen die Meinung, daß die „Reine Rechtslehre" nur eine Rechtslogik sei. So wie die Definitionen des Kreises oder des Quadrates Funktionen der Geometrie und nicht der Logik seien, so seien die Definitionen der Rechtsbegriffe „Funktionen einer allgemeinen Rechtslehre", und diese sei keine Logik (FG 150). Tatsächlich aber sieht KELSEN in der von ihm zur „Reinen Rechtslehre" erhobenen Rechtswissenschaft nur eine Lehre von den formalen Grundbegriffen des Rechts, deren Inhalt sich allein aus ihrer *logischen Funktion* innerhalb des gleichsam frei schwebenden Systems dieser Rechtslehre ergeben soll. Gewiß ist die „Reine Rechtslehre" nicht nur eine Logik im Sinne einer Denklehre, sie ist eine Wissenschaft von dem, was an aller Rechtswissenschaft – unbeschadet ihrer der „Erfahrung" entstammenden Inhalte – als „denknotwendig" eingesehen werden kann.

Der wichtigste Einwand, den sich die „Reine Rechtslehre" machen lassen muß, ist der, daß KELSEN die „vollkommene Disparität von Sein und Sollen", von der er ausgeht, nicht festzuhalten vermag[97]. Dies wäre freilich kein Einwand, wenn KELSEN im Sinne der Hegelschen Philosophie dialektisch dächte, d. h. wenn die von ihm gemachten Unterscheidungen nur als vorläufige gedacht wären, die sich im Fortgang des Denkens zur „konkreten Einheit" aufheben. Allein, nichts liegt KELSEN ferner als das. Es geht ihm durchaus darum, Trennungslinien zu ziehen, die aufrechterhalten werden sollen und deren Nichtbeachtung bei ihm stets den Vorwurf des

---

[97] Dieser Einwand ist KELSEN oft gemacht und m. E. von ihm nie ausgeräumt worden. Vgl. ERICH KAUFMANN, Kritik der neukantischen Rechtsphilosophie, S. 31; SIEGFRIED MARCK, Substanz- und Funktionsbegriff in der Rechtsphilosophie, S. 28 f., und *meine* Rechts- und Staatsphilosophie der Gegenwart, 2. Aufl., S. 46. Völlig zutreffend bemerkt HANS-LUDWIG SCHREIBER, Der Begriff der Rechtspflicht, 1966, S. 144, die Reine Rechtslehre, die die Unableitbarkeit des Sollens aus einem Sein postuliert hatte, ende in der Faktizität. Kritisch zur Disparität von Sein und Sollen bei KELSEN auch WINKLER in RTh, Beiheft 1, 1979, S. 177 ff., eingehend jetzt in der Schrift Rechtstheorie und Erkenntnislehre, 1990, S. 126 ff., 175 ff.

„Methodensynkretismus“ zur Folge hat. Ein Sollen, so betont er, darf immer wieder nur auf ein anderes Sollen, eine Norm auf eine ranghöhere Norm zurückgeführt werden, aus der sich erst der spezifisch *rechtliche* Sinn eines Vorganges, z. B. eines Vertrages, eines Verwaltungsaktes, einer Verordnung oder eines Gesetzes, ergibt. Die Einheit, d. h. die formale Zusammengehörigkeit aller Normen eines positiven Rechts beruht darauf, daß sie alle auf eine einzige Norm als den letzten Grund ihrer Geltung zurückgeführt werden können (RR 209). Diese höchste Norm, die „als die gemeinsame Quelle die Einheit in der Vielheit aller eine Ordnung bildenden Normen konstituiert“, ist die „*Grundnorm*“ der betreffenden Rechtsordnung. Sie beinhaltet „nichts anderes als die Einsetzung eines normerzeugenden Tatbestandes, die Ermächtigung einer normsetzenden Autorität oder – was dasselbe bedeutet – eine Regel, die bestimmt, wie die generellen und individuellen Normen der auf dieser Grundnorm beruhenden Ordnung erzeugt werden sollen“ (RR 199). Eine solche „Grundnorm“ kann, da sie die *letzte* Grundlage für die objektive Geltung, die Sollensqualität einer positiven Rechtsordnung darstellt, nicht selbst wieder von einer Autorität gesetzt sein, „deren Kompetenz auf einer noch höheren Norm beruhen müßte“ (RR 197). Sie wird nicht *gesetzt,* sondern von der Rechtswissenschaft notwendig *vorausgesetzt,* um das ihr gegebene Normenmaterial als eine Rechtsordnung deuten zu können. In Analogie zu den Begriffen der Erkenntnistheorie KANTs kann sie als „die transzendental-logische Bedingung dieser Deutung“ bezeichnet werden (RR 205). Woher wissen wir denn aber überhaupt, daß gewisse Akte, etwa solche der Gesetzgebung, als normerzeugende Akte gedeutet werden müssen? Darauf antwortet KELSEN: Eine Normordnung muß als „ein System gültiger Rechtsnormen“ gedeutet und eine dem entsprechende Grundnorm angenommen werden, wenn es sich um eine „im großen und ganzen wirksame Zwangsordnung“ handelt (RR 204, 208). Der die Rechtsordnung legitimierende Denkakt (RR 206), die Postulierung der Grundnorm, findet also eine sachliche Rechtfertigung letztlich darin, daß eine bestimmte Zwangsordnung als solche funktioniert – das „Sollen“ ergibt sich damit in der Tat, auf dem Umweg über das erkenntnistheoretische Postulat der „Grundnorm“, aus dem als solchen für KELSEN sinn- und wertfremden Sein, der (bloßen) Faktizität!

Aber nicht nur die von KELSEN behauptete „Disparität“ des Sollens und des Seins, auch sein Begriff des „Sollens“ hält der Kritik nicht stand. KELSEN bestimmt das „Sollen“ als eine formal-logische Kategorie, einen „Denkmodus“. Allein was besagt diese Kategorie? KELSEN spricht zwar anfänglich vom Sollen als einer den Adressaten „bindenden“, ihn „verpflichtenden“ Norm (RR 7, 8). Er bedient sich damit solcher Ausdrücke, deren Sinn nicht anders denn im Sinne einer Ethik oder Pflichtenlehre verstanden werden kann. Indessen läßt er keinen Zweifel daran, daß er das „Sollen“ so nicht verstanden wissen will. Es bedeutet zunächst einmal für ihn keine Anforderung, die – wie eine moralische – um ihres Inhalts willen zu befolgen wäre, weil sie demjenigen, der sie erfährt, als „richtig“, das gegenteilige Verhalten als „unrichtig“ erscheint. Denn auf die „Richtigkeit“ oder „Unrichtigkeit“ des *Inhalts* einer Norm kommt nach KELSEN nichts an; genug, daß sie in einer durch die betreffende Grundnorm legitimierten Weise tatsächlich geboten worden ist. Zum anderen sieht KELSEN in den Rechtsnormen weniger Gebote (oder Verbote), als Ermächtigungen, nämlich Normen, die „ein bestimmtes Individuum ermächtigen, gegen ein anderes Individuum einen Zwangsakt als Sanktion zu richten“ (RR 35). Das ist die Folge davon, daß KELSEN das Recht als eine Zwangsordnung begreift. „Um objektiv als eine Rechtsnorm gedeutet zu werden“, sagt er (RR 51), „muß eine Norm ... einen Zwangsakt statuieren oder mit einer solchen Norm in wesentlicher Verbindung stehen.“ So wie man in KANTs Erkenntnistheorie nach einem bekannten Wort des Philosophen F. H. JACOBI nicht hineingelangen kann, ohne das „Ding an sich“ als ein denkbares „Etwas“ vorauszusetzen, und nicht darin bleiben kann, ohne es preiszugeben, ebenso kann man in KELSENs Gedankengebäude nur hineingelangen, wenn man das „Sollen“ in seinem ursprünglichen ethischen Sinne als Anforderung versteht, und nicht darin bleiben, ohne diesen Sinn zu verleugnen[98]. Um der „Reinheit“ der Rechtswissenschaft und d.h. in diesem Falle: ihrer Unabhängigkeit von jeder Ethik willen unterzieht KELSEN den Begriff des „Sollens“ einer radikalen Umdeutung.

Von dieser Umdeutung bleibt der Begriff der Rechtsnorm nicht unberührt. Ursprünglich sah KELSEN in dem die Norm enthaltenden Rechtssatz eine *Aussage* des Gesetzgebers über das künftige Verhalten der Staatsorgane, eine Aussage des Inhalts, daß, wenn ein Subjekt S ein bestimmtes Verhalten V zeigen werde, ein bestimmtes Staatsorgan eine bestimmte Sanktion gegen S verhängen oder vollziehen werde (H 189 ff.). Später sieht KELSEN nur in den Sätzen der *Rechtswissenschaft,* denen er nun den Ausdruck „Rechtssatz“ vorbehalten will, *Aussagen,* und zwar über den Inhalt eines Sollens. *Rechtsnormen,* die danach keine „Rechtssätze“ sind, enthalten keine Aussagen, sondern „Gebote, Erlaubnisse und Ermächtigungen“ (RR 73). Sie beruhen – ausgenommen die „Grundnorm“ – nicht auf einem Denkakt, sondern auf einem *Willensakt* in Verbindung mit einer höheren Norm, die den normsetzenden Akt als einen solchen legitimiert. Da sie letzten Endes aber immer den Sinn haben, daß gegen ein Subjekt S, wenn es ein bestimmtes Verfahren V zeigt, ein Zwangsakt als Sanktion verhängt werden soll, so tritt für KELSEN das Gebot an den einzelnen, sich in bestimmter Weise zu verhalten, völlig hinter die „Sanktion“ zurück. Das führt KELSEN zu einer Umdeutung wie der herkömmlichen Bedeutung des Rechts so auch des *Unrechts.* Ein Verhalten ist „Unrecht“ nicht deshalb, weil es nach irgendeinem dem positiven Recht „transzendenten“ Maßstab oder auch nach seiner „inneren

[98] OSVI LATHINEN, Zum Aufbau der rechtlichen Grundlagen (Helsinki 1951), hebt (S. 62 f.) kritisch hervor, daß KELSEN das Wort „Sollen“ nicht definiert hat. Er hätte es, meint er, notwendig definieren müssen, da es von der Bedeutung dieses Wortes abhänge, „ob der von KELSEN behauptete Unterschied existiert“. LEIMINGER, a.a.O., S. 63 ff. glaubt, bei KELSEN nicht weniger als 18 verschiedene Bedeutungen des „Sollens“ feststellen zu können. Vgl. dazu ferner HOFMANN, a.a.O., S. 23 ff. DREIER (in: Argumentation und Hermeneutik in der Jurisprudenz, RTh, Beiheft 1, S. 96) weist zutreffend darauf hin, daß, greife man auf KANT zurück, „mit dem Begriff des Sollens, auch und gerade in seiner Anwendung auf das positive Recht, der Begriff der moralischen bzw. vernunftrechtlichen Verbindlichkeit unabtrennbar verbunden ist“. Daher habe KELSEN mit seiner Grundnormtheorie, „entgegen seiner erklärten Absicht eben doch das Problem des moralischen bzw. vernunftrechtlichen Geltungs- und Erkenntnisgrundes des positiven Rechts formuliert“.

Qualität" wertwidrig und daher zu mißbilligen wäre, sondern „ausschließlich und allein", weil es „von der positiven Rechtsordnung zur Bedingung eines Zwangsaktes, d. h. einer Sanktion gemacht ist" (RR 117). Das „Unrecht" ist nicht die Negation des Rechtes und wird darum mit einer Sanktion belegt, weil es mißbilligt wird, sondern es wird – ohne jede Wertung– darum als „Unrecht" bezeichnet, weil es von einer positiven Rechtsordnung mit einem Zwangsakt als einer Folge, die eintreten soll, verknüpft worden ist. Die Norm, die den Zwangsakt statuiert, ist das Primäre, die Kennzeichnung des zur Bedingung der Sanktion gemachten Verhaltens als „Unrecht" sekundär und, so müßte man hinzufügen, sprachlich falsch.

Die gleiche Umdeutung erfährt nunmehr auch der Begriff der *Rechtspflicht.* „Sie ist nichts anderes als die positive Rechtsnorm, die das Verhalten dieses Individuums dadurch gebietet, daß sie an das gegenteilige Verhalten eine Sanktion knüpft" (RR 121). Mit dem Worte „Pflicht" sei zwar, so gibt KELSEN zu, in deutscher Sprache besonders seit KANT die Vorstellung eines „absoluten Moralwertes" verbunden. Der Begriff der Rechtspflicht aber beziehe sich „ausschließlich auf eine positive Rechtsordnung" und habe „keinerlei moralische Implikation" (RR 123). Das *subjektive Recht* erscheint danach entweder als der Reflex einer einem anderen gegenüber bestehenden Rechtspflicht, oder als eine „Rechtsmacht", an der Erzeugung einer individuellen oder generellen Rechtsnorm, sei es direkt, sei es indirekt (z. B. durch die Teilnahme an Wahlen zu gesetzgebenden Körperschaften), mitzuwirken (RR 149). Schließlich wird auch der Begriff der *Person* umgedeutet, formalisiert. Als „reiner Rechtsbegriff" ist sie nichts Seiendes, weder ein physisches noch ein psychisches oder – ein Begriff, den KELSEN nicht kennt – geistiges Wesen, sondern „ein Komplex von Rechtspflichten und subjektiven Rechten, deren Einheit im Begriff der Person figürlich zum Ausdruck kommt" (RR 177). Die „sog. physische Person" ist für die „reine" Rechtswissenschaft nicht „ein Mensch", sondern „die personifizierte Einheit der ein und denselben Menschen verpflichtenden und ermächtigenden Rechtsnormen", nicht „eine natürliche Realität", sondern „eine juristische, von der Rechtswissenschaft geschaffene Konstruktion, ein Hilfsbegriff in der Darstellung rechtlich relevanter Tatbestände" (RR 178). Das gleiche gilt von der „juristischen Person". Sie ist weder eine soziale Realität noch etwa eine „Schöpfung des Rechts", sondern ein Hilfsbegriff, „ein Produkt der das Recht beschreibenden Wissenschaft, nicht des Rechts" (RR 194). In diesem Sinne aber ist auch „die sog. physische Person eine juristische Person" (RR 178), d. h. sie ist nichts anderes als ein Denkbehelf, der dazu bestimmt ist, die Einheit eines „Normenkomplexes" zum Ausdruck zu bringen.

Wesentlich ist, daß die Person hiernach für die Rechtswissenschaft nicht nach ihrer ethischen Bedeutung – als das sein Handeln selbst bestimmende, unter einer Sollensanforderung stehende, daher verantwortliche Wesen, das Anspruch auf „Achtung" hat und anderen „Achtung" schuldet –, sondern allein in einer formallogischen Bedeutung, als ein Bezugspunkt gleichsam in dem Koordinatensystem rechtlicher Beziehungen, verstanden wird. Da aber auch KELSEN nicht umhin kann, von „menschlichem Verhalten" zu reden, und da mit dem Menschen, der sich so oder so verhält, z. B. ein Recht durch Klageerhebung ausübt oder einer Rechtspflicht nachkommt, doch nur der reale Mensch und nicht ein „künstlicher Denkbehelf" gemeint sein kann, so vermögen alle Begriffsumdeutungen, die die „Reine Rechtslehre" vornimmt und vorzunehmen gezwungen ist, um ihre Konzeption durchzuführen, das nicht zu erreichen, was sie bezwecken, nämlich: die rechtswissenschaftliche Begriffsbildung von allen aus der Seinssphäre oder aus dem Bereich der Ethik stammenden Inhalten zu „reinigen". *In Wahrheit vermag die Rechtswissenschaft ohne die Einbeziehung aller dieser Inhalte ihrer Aufgabe,* das Recht als etwas Sinnvolles zu begreifen, *nicht zu genügen*[99].

Wir versagen es uns, auch noch auf die Umdeutung desjenigen Begriffes einzugehen, auf den KELSENs Ausführungen vornehmlich abzielen: des Staatsbegriffs. Es versteht sich nach dem Gesagten nahezu von selbst, daß für die „normlogische" Betrachtung der „Reinen Rechtslehre" auch der Staat nichts anderes sein kann, als ein Normenkomplex; gleichgültig, als was er sich einer kausalwissenschaftlichen, historischen oder soziologischen Betrachtung darstellen mag. Und zwar ist der Staat für KELSEN identisch mit einer Rechtsordnung, die „zur Erzeugung und Anwendung der sie bildenden Normen arbeitsteilig funktionierende Organe einsetzt" (RR 289). Mit der Aussage, „der Staat" erzeuge oder garantiere das Recht, werde „nur in figürlicher Weise die Tatsache beschrieben, daß bestimmte, von der Rechtsordnung bestimmte Menschen in einem von der Rechtsordnung geregelten Verfahren und daher in ihrer von der Rechtsordnung verliehenen Eigenschaft, als Organe der durch die Rechtsordnung konstituierten Gemeinschaft, Rechtsnormen erzeugen, anwenden und mit Zwangsgewalt vollstrecken" (FG 155). Der Staat als „Träger" von Rechten und Pflichten, als „juristische Person" gedacht, gehört hiernach sowenig wie die Einzelperson der Seinswelt an, sondern ist, wie diese, „nur der Einheitsausdruck für einen Normenkomplex", nämlich „die Personifikation der Rechtsordnung" (RR 319, FG 156). Zu beachten ist, daß hierdurch dem Staat wiederum keine innere Beziehung auf irgendwelche Werte, etwa den der Gerechtigkeit, beigelegt wird. Denn: „Vom Standpunkt eines konsequenten Rechtspositivismus kann das Recht, ganz ebenso wie der Staat, als nichts anderes erkannt werden, denn als eine Zwangsordnung menschlichen Verhaltens, über deren Moral- oder Gerechtigkeitswert damit nichts ausgesagt ist" (RR 320).

Dagegen fordert unsere Aufmerksamkeit die von KELSEN entwickelte Theorie der juristischen Interpretation. Sie hängt eng zusammen mit seiner Lehre vom „Stufenbau der Rechtsordnung". Rechtsnormen, so sagt uns KELSEN, entstehen dadurch, daß bestimmte Akte auf Grund einer anderen, ihnen vorangehenden Norm den Sinn von Rechtserzeugungsakten haben. Demgemäß setzt jede Norm niederer Stufe außer dem sie erzeugenden Akt eine Norm höherer Stufe voraus, derzufolge der sie erzeugende Akt als ein Rechtsakt gedeutet werden kann. Die ranghöhere Norm wird dadurch „angewendet", daß ihr gemäß eine rangniedere Norm erzeugt

---

[99] Vgl. hierzu die aufschlußreichen Ausführungen von S. MARCK, Substanz- und Funktionsbegriff in der Rechtsphilosophie, S. 73 ff., über „Jurisprudenz und verstehende Soziologie".

wird. Daher ist „Rechtsanwendung zugleich Rechtserzeugung" (RR 240). Die Erzeugung der Verfassung erfolgt in Anwendung der Grundnorm, die als einzige nicht durch einen Willensakt erzeugt, sondern nur gedanklich vorausgesetzt ist. „In Anwendung der Verfassung erfolgt die Erzeugung der generellen Rechtsnormen durch Gesetzgebung und Gewohnheit; und in Anwendung dieser generellen Normen erfolgt die Erzeugung der individuellen Normen durch richterliche Entscheidungen und Verwaltungsbescheide." Die Stufenfolge endet in der „Vollstreckung des von diesen individuellen Normen statuierten Zwangsaktes".

Die ranghöhere Norm kann nicht nur das Organ, das die rangniedrigere Norm erzeugen soll, und das dabei zu beobachtende Verfahren, sie kann darüber hinaus auch den Inhalt der rangniederen Norm, und zwar in einer mehr oder minder vollständigen Weise, bestimmen. Die generelle Norm muß, um schließlich in einen konkreten Vollstreckungsakt zu münden, in einem Prozeß, „in dem das Recht sich gleichsam selbst immer wieder von neuem erzeugt" (RR 242), individualisiert oder konkretisiert, in eine individuelle Norm überführt werden. Das geschieht durch das richterliche Urteil, das die konkrete Norm erzeugt, die schließlich vollstreckt werden kann. Die Funktion des richterlichen Urteils ist also nicht nur deklaratorisch, sondern konstitutiv. Es ist ein Akt der Rechtserzeugung, nicht anders als das Gesetz, nur auf der Stufe der Individualisierung oder Konkretisierung der generellen Norm. Gleich wie aber das Gesetz durch einen Willensakt und nicht etwa durch einen Erkenntnisakt zustande kommt, so auch das richterliche Urteil. Der Übergang von der höheren Stufe der Rechtserzeugung zur nächstniederen ist immer beides: Anwendung der höheren Norm und Rechtsschöpfung, d. h. „Erzeugung" der niederen Norm. Diese Doppelnatur teilt das richterliche Urteil mit dem Gesetz, der Verordnung, dem Verwaltungsakt und dem Rechtsgeschäft.

Die Norm höherer Stufe kann nun, sagt KELSEN weiter, den Akt, durch den sie vollzogen wird (also die Setzung der niederen Norm), niemals vollständig und nach jeder Richtung hin bestimmen. Es bleibt stets ein *Spielraum freien Ermessens* für das zur Setzung der rangniederen Norm berufene Organ, so daß die höhere Norm „im Verhältnis zu dem sie anwendenden Akt der Normerzeugung oder Vollstreckung immer nur den Charakter eines durch diesen Akt auszufüllenden Rahmens hat" (RR 347). Die Interpretation, sofern man darunter eine erkennende Tätigkeit versteht, kann diesen Rahmen nur aufzeigen, niemals ihn ausfüllen. Ist der sprachliche Sinn der anzuwendenden Norm nicht eindeutig, so steht derjenige, der sie anzuwenden hat, vor mehreren möglichen Bedeutungen. Die Interpretation kann ihm dann nicht sagen, welche die „richtige" ist; jede ist gleich richtig. „Versteht man unter Interpretation die erkenntnismäßige Feststellung des Sinnes des zu interpretierenden Objekts, so kann das Ergebnis einer Rechtsinterpretation nur die Feststellung des Rahmens sein, den das zu interpretierende Recht darstellt, und damit die Erkenntnis mehrerer Möglichkeiten, die innerhalb dieses Rahmens gegeben sind" (RR 349). Es ist Sache des Normanwenders, sich, durch einen Willensakt, für eine dieser Möglichkeiten zu entscheiden, die dann, durch den Akt des rechtsanwendenden Organs, insbesondere des Gerichts, „positives Recht wird". Die von ihm in der vorgesehenen Weise gegebene Entscheidung schafft im übrigen auf jeden Fall Recht, selbst wenn sie „keine der vom Standpunkt der Rechtswissenschaft möglichen Deutungen der anzuwendenden Rechtsnorm darstellt" (FG 151).

An dieser Stelle wendet sich Kelsen noch einmal gegen die „traditionelle Jurisprudenz". Diese nimmt an, daß „das Gesetz, auf den konkreten Fall angewendet, stets nur *eine* richtige Entscheidung liefern könne und daß die positivrechtliche Richtigkeit dieser Entscheidung im Gesetz selbst begründet ist". Sie meint, daß es sich bei der Interpretation nur „um einen intellektuellen Akt des Klärens oder Verstehens handelt", so als ob dadurch „unter den vorhandenen Möglichkeiten eine dem positiven Recht entsprechende, im Sinne des positiven Rechts richtige Auswahl getroffen werden könnte" (RR 349). Allein, dies sei ein Irrtum. Es gebe, von einem auf das positive Recht gerichteten Standpunkt aus, kein Kriterium, auf Grund dessen die eine der im Rahmen der anzuwendenden Norm gelegenen Möglichkeiten den anderen vorgezogen werden könnte. „So wenig wie man aus der Verfassung durch Interpretation die allein richtigen Gesetze, kann man aus dem Gesetz durch Interpretation die allein richtigen Urteile gewinnen" (RR 350). Zwischen der Bindung des Gesetzgebers an die Verfassung und der des Richters an das Gesetz bestehe nur ein quantitativer Unterschied. Er bestehe nur darin, daß der Gesetzgeber bei der Rechtsschöpfung „verhältnismäßig viel freier" sei als der Richter. In der Anwendung des Rechtes durch ein Rechtsorgan verbinde sich stets die erkenntnismäßige Interpretation des anzuwendenden Rechts mit einem *Willensakt,* durch den das anwendende Organ eine Wahl treffe zwischen den durch die Interpretation aufgezeigten Möglichkeiten. Die Interpretation durch das anwendende Organ sei „authentisch" in dem Sinne, daß sie, wenn auch im richterlichen Urteil nur für den konkreten Fall, Recht *schaffe.* Anders die Interpretation des Rechts durch die *Rechtswissenschaft.* Sie sei, im Unterschied von der Interpretation durch Rechtsorgane, keine Rechtserzeugung, sondern „rein erkenntnismäßige Feststellung des Sinnes von Rechtsnormen" (RR 352). Als solche seien ihre Möglichkeiten beschränkt; insbesondere sei sie „unfähig, angebliche Lücken im Recht auszufüllen" (RR 353). Die Rechtswissenschaft könne nur die *möglichen* Bedeutungen einer konkreten Rechtsnorm aufzeigen; sie müsse „die nur durch politische Erwägungen bestimmbare Wahl zwischen den rechtswissenschaftlich gleicherweise möglichen Deutungen der rechtsanwendenden Autorität überlassen" (FG 152). Wenn der interpretierende Jurist, von seinem persönlichen Wertstandpunkt aus, eine der möglichen Deutungen empfehle, so dürfe er dies doch nicht, wie es häufig geschehe, im Namen der Wissenschaft tun. Die nur nach dem Wert der Wahrheit orientierte Rechtswissenschaft sei streng zu trennen von der „auf die Verwirklichung anderer Werte, insbesondere der Gerechtigkeit, gerichteten „Rechtspolitik als der willensmäßigen Gestaltung der gesellschaftlichen Ordnung" (FG 152).

In den letzten Ausführungen wird noch einmal deutlich, worum es Kelsen letztlich geht: die Rechtswissenschaft davor zu bewahren, als Deckmantel rein persönlicher Meinungen oder politischer und ideologischer Bestrebungen mißbraucht zu werden. Dieses Anliegen muß vom wissenschaftlichen Ethos her als berechtigt anerkannt werden. Es ist gewiß richtig, daß die Rechtswissenschaft wie kaum eine andere Wissenschaft in der Gefahr steht, solchem Mißbrauch zu verfallen, und darum immer wieder einer kritischen Selbstbesinnung bedarf, zu der die „Reine Rechtslehre“ in hohem Maße beigetragen hat. Wenn aber KELSEN, um jede Art von Werturteilen von ihr fernzuhalten, die Rechtswissenschaft für unfähig erklärt, durch „Interpretation“ einer Norm „richtige“ Urteile zu gewinnen, dann „schüttet er das Kind mit dem Bade aus“. Richtig ist, daß das richterliche Urteil immer auch ein Willensakt ist, indem es darauf abzielt, eine unter den Parteien nicht mehr angreifbare Rechtslage herbeizuführen. Richtig ist weiter, daß sowohl die Interpretation wie die Anwendung einer Norm auf den konkreten Fall weit mehr erfordern als eine logisch einwandfreie Deduktion und Subsumtion. Sie erfordern vornehmlich Urteilsakte, die sich unter anderem auf soziale Erfahrung, Wertverständnis und richtiges Auffassen von Sinnzusammenhängen gründen. In Grenzfällen kann dabei auch einmal die persönliche Werteinsicht des Urteilenden den Ausschlag geben. Aber in weitem Umfange handelt es sich dabei doch um objektivierbare, für andere nachprüfbare Denkprozesse, nicht um reine „Willensakte“ oder „Setzungen“. KELSEN kennt im Prinzip keinen Unterschied zwischen Gesetzgebung, Rechtsprechung, Verwaltungstätigkeit und Betätigung der „Privatautonomie“. Es handelt sich für ihn allemal um die Setzung einer rangniederen Norm im Rahmen der ranghöheren. Das ist eine zwar durch ihre logische Einfachheit bestechende, den sachlich begründeten Differenzierungen aber in keiner Weise genügende Auffassung. Sie beschränkt die Aufgabe der juristischen Interpretation auf die bloße Wortauslegung, das Aufzeigen der dem Wortsinn nach möglichen Bedeutungen, unter denen der Anwender der Norm dann eine zu wählen hat. Wie er die Wahl trifft, bleibt ihm überlassen. Mit der Funktion der Rechtsprechung im Verfassungsstaat verträgt sich diese Auffassung schlecht. Es fehlt denn auch nicht an kritischen Stimmen[100].

So wenig KELSENs Interpretationslehre den Juristen zu befriedigen vermag, dem neben der Wortauslegung die „historische“, die „systematische“ und die „teleologische“ Auslegung – Methoden, denen allen KELSEN den Erkenntniswert abspricht (vgl. RR 349 f.) – geläufige Denkprozesse sind, so darf doch nicht verkannt werden, daß sie vom positivistischen Wissenschaftsbegriff aus durchaus folgerichtig und daher, teilt man diesen Wissenschaftsbegriff, unangreifbar ist. Denn nach ihm darf ja nur ein solches Denken eine „Wissenschaft“ heißen, das jeden seiner Schritte entweder auf logische (oder mathematische) Evidenz oder auf unbezweifelbare Tatsachen zu gründen vermag. Von dieser Art aber ist die juristische, wie auch jede andere Art der Interpretation nicht. Solange man dabei bleibt, daß Werturteile (wie sie in der Rechtswissenschaft und der Rechtsprechung unvermeidbar gefällt werden müssen) nicht (innerhalb gewisser Grenzen) zureichend durch Erkenntnisakte

---

[100] Vgl. zur Kritik der Interpretationslehre KELSENs: BETTI, Festschrift für RAAPE (1948), S. 383 ff.; Allgemeine Auslegungslehre, S. 629 ff.; NAWIASKY, Allgemeine Rechtslehre, S. 149 f.; RUPP, Grundfragen der heutigen Verwaltungsrechtslehre, 1965, S. 193 (zu Anm. 284); LEIMINGER, a.a.O., S. 82 ff.; KREY, Studien zum Gesetzesvorbehalt im Strafrecht, 1977, S. 121 ff. Ähnlich wie KELSEN dagegen LESS, Vom Wesen und Wert des Richterrechts, 1954, S. 7 ff. Zum Einfluß KELSENs auf den amerikanischen Rechtspositivismus FIKENTSCHER, Methoden des Rechts, Bd. II, S. 334 ff.

vermittelt sein können, also einer rational nachprüfbaren Begründung nicht fähig sind, solange man zwischen der Logik der Tatsachenwissenschaften und der Teleo-Logik der deutenden oder interpretativen Wissenschaften keinen Unterschied kennt, solange kann man auch die Rechtswissenschaft nur entweder als die kausalwissenschaftliche Erforschung der dem Rechtsleben zugrunde liegenden Fakten, also als Rechtssoziologie, oder aber als eine Lehre von den logischen Formen der Rechtsbeziehungen, als „Reine Rechtslehre", gelten lassen. Was der Jurist als seine eigentliche Aufgabe ansieht: die Interpretation von Rechtssätzen und Rechtsinstituten und die „sinngemäße", durch den Sachzusammenhang geforderte Fortbildung des Rechts (mittels der „Analogie" oder der Entfaltung eines Rechtsprinzips), das kann dann allenfalls eine nach gewissen Regeln sich vollziehende Technik oder „Kunst der Rechtsanwendung" sein, aber keinesfalls den Rang einer „Wissenschaft" beanspruchen.

7. Der „Institutionalistische Rechtspositivismus" Ota Weinbergers

KELSENs „Reine Rechtslehre" hat in der ganzen Welt zahlreiche Nachfolger gefunden[101]. In letzter Zeit hat sie eine bemerkenswerte Umgestaltung durch OTA WEINBERGER erfahren[102]. Von KELSEN behält dieser, wenigstens im Prinzip, den Rechtspositivismus und die Lehre vom Stufenbau der Rechtsordnung bei. Diesen versteht er als die Rückführbarkeit jeder Rechtsnorm auf eine ihr vorgeordnete Norm, die den jeweiligen Normgeber zur Setzung einer von ihm geschaffenen Norm innerhalb bestimmter Grenzen ermächtigt. „Der Stufenbau der Rechtsordnung wird durch Ermächtigungen geschaffen und so konzipiert, daß das Recht als funktionale Einheit erfaßt werden kann"[103]. Auch die Rechtsprechung und die Verwaltung sind in diesen Stufenbau eingegliedert. Die einzelne gerichtliche Entscheidung etwa ist eine „aufgrund eines geregelten Verfahrens autoritativ erzeugte individuelle Rechtsnorm"[104]. Auf diese Weise wird, wie bei KELSEN, ein durchgehender Zusammenhang geschaffen von der Verfassung über die einfachen Gesetze und Verordnungen bis hin zu den aufgrund derselben ergangenen Urteilen und Verwaltungsakten. Die Spitze dieser Stufenfolge und damit der letzte Grund der Geltung aller innerhalb desselben Normensystems geltenden Normen und Entscheidungen wäre, so sollte man meinen, die Grundnorm im Sinne KELSENs. Aber diesen letzten Schritt macht WEINBERGER nicht mit. Er bezweifelt, daß „die Objektivität der Rechtsgeltung und

---

[101] O. WEINBERGER, W. KRAWIETZ, Reine Rechtslehre im Spiegel ihrer Fortsetzer und Kritiker, 1988.

[102] DONALD NEIL MAC CORMICK und OTA WEINBERGER, Grundlagen des Institutionalistischen Rechtspositivismus, 1985; OTA WEINBERGER, Recht, Institution und Rechtspolitik, 1987; Norm und Institution, 1988; s. auch MAYER-MALY, WEINBERGER und STRASSER (Herausgeber), Recht als Sinn und Institution, 1984; KRAWIETZ, MAYER-MALY und WEINBERGER (Herausgeber), Objektivierung des Rechtsdenkens, 1984.

[103] Norm und Institution, S. 109.

[104] Norm und Institution, S. 110.

eine objektive Beschreibung der Rechtswirklichkeit durch eine bloße Annahme gegeben werden kann". Vielmehr sei „die Geltung eines Normensystems als Rechtsordnung eine soziologisch-institutionelle Tatsache, die nur durch soziologische Beobachtung erkannt werden kann"[105].

Damit verschiebt sich für WEINBERGER das Problem der Rechtsgeltung von der normativen Ebene, auf der es KELSEN allein sah, auf die soziologische Ebene. Das, was das Recht auf dieser Ebene charakterisiert, ist nach WEINBERGER ein enger Zusammenhang mit sozialen Institutionen, wie dem Staat, aber auch der Familie, dem privaten Eigentum und anderen. Er bezeichnet seine Lehre deshalb als „institutionalistischen Rechtspositivismus". Danach sei „das Dasein des Rechts – auch wenn die Rechtsnormen als Idealentitäten aufgefaßt werden, die nicht der direkten Beobachtung, sondern nur dem Verstehen zugänglich sind – eine institutionelle Tatsache, etwas, was „in der gesellschaftlichen Realität existent ist"[106]. Die Institutionen seien „funktional verbunden mit real daseienden Systemen praktischer Information (insbesondere normativen Regulativen)"; institutionelle Tatsachen und deren beobachtbare Abläufe könnten nur dann verstanden werden, wenn man sie „im Kontext mit normativen Regulativen deutet und das heißt zu guter Letzt, wenn man sie im Handlungskontext auffaßt". Normensystemen komme gerade dann ein reales Dasein zu, wenn sie Bestandteile der Institutionen sind[107]. Das Recht hat nach WEINBERGER „ein Doppelantlitz: es ist eine normative Gedankenentität und eine Tatsache des gesellschaftlichen Lebens"[108].

Es ist ABER WEINBERGER meiner Meinung nach nicht gelungen, deutlich zu machen, wie die soziologisch zu beobachtende tatsächliche Geltung eines positiven Rechts auch seine normative Geltung im Sinne eines Sollens zu begründen vermag. Der Ausdruck „Geltung" kann in einem doppelten Sinne verstanden werden. Es kann unter ihm verstanden werden, daß eine Norm innerhalb einer bestimmten Menschengruppe ganz überwiegend befolgt wird, oder daß sie befolgt werden *soll*, mit dem Anspruch auf Befolgung auftritt. Das erste genügt nicht, um das zweite als gerechtfertigt erscheinen zu lassen. Begründet im zweiten Sinne ist der Geltungsanspruch einer Norm nur, wenn ihm ein ethisches Sollen oder ein Gebot der Vernunft zugrundeliegt. Lehnt man das Naturrecht und ebenso eine dem positiven Recht immanente Rechtsidee ab und verzichtet man auch auf die Grundnorm im Sinne KELSENS, dann fehlt dem normativen Geltungsanspruch des positiven Rechts, den WEINBERGER nicht bestreitet, die Grundlage. Daß eine Rechtsordnung im soziologischen Sinne, also tatsächlich „gilt", ersetzt einen Geltungsgrund im normativen Sinne nicht.

Das Ausweichen in den soziologischen Geltungsbegriff ist indessen nicht WEINBERGERS letztes Wort. „Ein Rechtsleben ohne Diskussion über Fragen der Gerechtigkeit", sagt er[109], sei undenkbar. Zwar könne niemand objektiv und end-

---

[105] Norm und Institution, S. 125.
[106] Grundlagen des institutionalistischen Rechtspositivismus, S. 35.
[107] Recht, Institution und Rechtspolitik, S. 149 f.
[108] Norm und Institution, S. 79.
[109] Norm und Institution, S. 217.

gültig wissen oder beweisen, was gerecht ist. Er ist jedoch davon überzeugt, daß man „über Probleme der Gerechtigkeit rational argumentieren kann“, und es scheint ihm, daß man manchmal nachweisen kann, daß etwas ungerecht ist[110]. Was als gerecht oder ungerecht zu gelten hat, unterliege einer rationalen Analyse. Gerechtigkeitsanalysen seien gesellschaftskritische Untersuchungen; „sie führen oft zur Erkenntnis, was ungerecht ist, können aber allein nicht zur positiven Entscheidung über die richtige Gestaltung zwischenmenschlicher Beziehungen führen“[111]. Weiterhin zeigt WEINBERGER eine gewisse Typologie der Gerechtigkeitsprobleme auf und entwickelt Postulate einer gerechten Rechtsanwendung. Er schließt somit die Diskussion über die Frage der Gerechtigkeit nicht, wie KELSEN, aus der Rechtswissenschaft aus, sondern fordert sie vielmehr ausdrücklich. Nur nimmt er für die Ergebnisse dieser Diskussion einen geringeren Grad von Gewißheit in Anspruch als für streng wissenschaftliche Untersuchungen. Er streitet ihnen aber nicht jeden Erkenntniswert ab. Damit hat er sich vom strengen Positivismus KELSENS doch in nicht unerheblichem Maße entfernt.

Auch in der Frage der Gesetzesauslegung folgt WEINBERGER KELSEN nicht. Hier geht er von den traditionellen Auslegungskriterien aus, warnt allerdings vor ihrer Überschätzung. Sie drückten mögliche Argumentationsfiguren aus, bildeten aber keine Basis für eine methodisch eindeutig bestimmbare Interpretation[112]. Da hier wieder auch Werturteile eine Rolle spielten, sei es erforderlich, daß „die Trennung zwischen kognitiven Elementen und Wertentscheidungen in der hermeneutischen Argumentation durchgeführt wird“[113]. Es gehe vor allem darum, Rechtsnormen in Zweifelsfällen eine solche Deutung zu geben, die „den Leitideen der betreffenden Institution und den gesellschaftlichen Bedürfnissen entspricht“. Was „gesellschaftliche Bedürfnisse“ sind, läßt sich freilich auf sehr verschiedene Weise interpretieren.

Das Werk WEINBERGERS steht dem KELSENS zwar an innerer Geschlossenheit nach, vermeidet aber dessen Einseitigkeit und kommt so dem Bedürfnis der juristischen Praxis in sehr viel höherem Maße entgegen als das KELSENS.

---

[110] Norm und Institution, S. 218.
[111] Norm und Institution, S. 219.
[112] Norm und Institution, S. 186.
[113] Norm und Institution, S. 187.

KAPITEL 4

Die Abwendung vom Positivismus in der Rechtsphilosophie der ersten Hälfte des 20. Jahrhunderts

Die Erneuerung der deutschen Rechtsphilosophie zu Beginn unseres Jahrhunderts ist in erster Linie das Werk RUDOLF STAMMLERS[1]. Durch ihn wurde eine rechtsphilosophische Bewegung eingeleitet, die, so vielfältig und verschlungen ihre Wege im einzelnen auch sind[2], im ganzen durch die *Abkehr vom Positivismus* gekennzeichnet ist. Die Abkehr vom Positivismus verband sie durchweg mit der Bejahung der Geschichtlichkeit des Rechts; so strebte sie einer Synthese der beiden großen Geistesströmungen: des „Naturrechts" und des „Historismus", zu[3]. Etwa zu Beginn der zwanziger Jahre hatte die vom Neukantianismus ausgehende Bewegung – im Anschluß an H. RICKERT, mit BINDERS ersten Werken, mit LASK, RADBRUCH, MAX ERNST MAYER u.a., – ihren Höhepunkt erreicht; sie setzte sich teilweise im „Neuhegelianismus" (BINDER, SCHÖNFELD, DULCKEIT) fort. Ihr zur Seite trat, ebenfalls in den zwanziger Jahren, eine weitere Richtung: die phänomenologische (REINACH, G. HUSSERL, WELZEL). Der Einfluß dieser Richtungen auf die gleichzeitige dogmatische Rechtswissenschaft, die noch lange ganz überwiegend dem Positivismus verhaftet blieb, war zunächst, abgesehen vom Strafrecht, nur gering[4]. Dies

---

[1] Hauptwerke: Wirtschaft und Recht nach der materialistischen Geschichtsauffassung, 1896, 5. Aufl. 1924; Theorie der Rechtswissenschaft, 1911 (2. Aufl. 1923; zit. nach der 1. Aufl.); Die Lehre von dem Richtigen Recht (zit. RR), 3. Aufl. 1926; Lehrbuch der Rechtsphilosophie, 3. Aufl. 1928. Zur Einführung besonders geeignet ist die Abhandlung „Wesen des Rechts und der Rechtswissenschaft" in: Rechtsphilosophische Abhandlungen und Vorträge, Bd. I, 1925, S. 395.

[2] Eine Darstellung dieser Wege habe ich von meinem damaligen „neuhegelischen" Standpunkt aus in meinem Buch „Rechts- und Staatsphilosophie der Gegenwart" (2. Aufl. 1935) gegeben. Aus dem Abstand von mehr als einem Menschenalter und auf Grund der seither gemachten Erfahrungen sehe ich, was wohl kaum betont zu werden braucht, heute vieles sehr anders als damals.

[3] Nicht zufällig ist das erste Werk dieser rechtsphilosophischen Bewegung eine Kritik der materialistischen Geschichtsauffassung (STAMMLER), eines der letzten eine „Philosophie der Rechtsgeschichte" im Geiste HEGELS (DULCKEIT).

[4] Ein Grund dafür dürfte darin gelegen sein, daß die deutsche Zivilrechtswissenschaft mindestens noch bis zum Ende des ersten Weltkrieges ganz unter dem Einfluß der übermächtigen Kodifikation und des dadurch bedingten Glaubens an den Perfektionismus des Gesetzes stand, eines Glaubens, dem sich nur die Rechts*historiker* zu entziehen vermochten. Ein anderer Grund war der Einfluß JHERINGS und der Interessenjurisprudenz, die für die Bedürfnisse der Rechtspraxis vollauf zu genügen schien. Der allmähliche Stilwandel der zivilrechtlichen

erscheint um so verwunderlicher, als infolge ihres Ausgangspunktes, der Erkenntnistheorie KANTS, die neukantische Rechtsphilosophie sich selbst ursprünglich weitgehend als eine Methodologie der Rechtswissenschaft verstand. Dies gilt vor allem auch für STAMMLER selbst. Erst im weiteren Fortgang gelangte man auch zur Rechtsethik und zuletzt zur Rechtsontologie. Heute aber haben viele der Erkenntnisse, die in der rechtsphilosophischen Bewegung der hinter uns liegenden Jahrzehnte gewonnen wurden, Eingang in die juristische Methodenlehre und auch in das dogmatische Schrifttum gefunden. Man ist sich aber ihrer Herkunft aus einem bestimmten rechtsphilosophischen Gedankenzusammenhang und damit der spezifischen Bedeutung mancher Aussagen kaum mehr bewußt. Zum Verständnis der gegenwärtigen Lage der Methodenlehre ist es daher unerläßlich, die rechtsphilosophische Bewegung, soweit sie für die Methodenlehre von Bedeutung ist, wenigstens in ihren Hauptzügen hier darzustellen[5].

1. Stammlers „Theorie der Rechtswissenschaft" und seine Lehre vom „richtigen Recht"

In seiner „Theorie der Rechtswissenschaft" sucht STAMMLER nach seinen eigenen Worten „die Jurisprudenz als Wissenschaft begreiflich zu machen und von ihr den Vorwurf einer wissenschaftlichen Wertlosigkeit überhaupt abzuhalten" (S. 185). Hierzu geeignet seien, meint er, allein die Grundbegriffe des Rechts, und die „Klarlegung dieser Grundbegriffe in einer sicheren und erschöpfenden Weise" sei somit eine „entscheidende Aufgabe für jeden, der um Recht und Rechtswissenschaft sich müht". Wissenschaft, Erkenntnis ist – damit knüpft STAMMLER an KANTS Erkenntniskritik und ihr Verständnis durch den „Neukantianismus" an – die Verbindung einzelner Bewußtseinsinhalte untereinander in einer allgemeingültigen Weise des Denkens. Jede „allgemeine Art und Weise, die Besonderheiten gegebenen

---

Dogmatik nahm seinen Ausgang von der Erschütterung des Sozialgefüges in der Inflation und der zweiten Nachkriegszeit, von den Wandlungen im Wirtschaftsleben und besonders in den Arbeitsverhältnissen, kurz von dem Einbruch der neuen Sozialwelt in das überlieferte Begriffsgefüge. Rechtsphilosophische Erwägungen haben dabei, anders als im Strafrecht und teilweise auch im öffentlichen Recht (ERICH KAUFMANN, RUDOLF SMEND), eine sehr geringe Rolle gespielt. Sie treten erst in der jüngsten Zeit, wie im letzten Kapitel des historischen Teils gezeigt werden wird, und zwar im Zusammenhang mit der Besinnung auf die *Grenzen* der Interessenjurisprudenz, ihrer Umbildung zu einer „Wertungsjurisprudenz", und der stärkeren Betonung rechtsethischer Prinzipien (der „materialen Gerechtigkeit", vgl. WIEACKER, Privatrechtsgeschichte, S. 603 ff.) wieder stärker hervor.

[5] Unsere Darstellung beschränkt sich aber auf diejenigen rechtsphilosophischen Lehren, die unmittelbar einen Bezug auf die juristische Methodenlehre haben. Die allgemein-philosophischen Voraussetzungen dieser Lehren werden nur insoweit erwähnt, als das zum Verständnis der methodologischen Ausführungen unerläßlich ist. Die Beschränkung auf die für die juristische Methodologie bedeutsamen Ausschnitte aus der Rechtsphilosophie unseres Jahrhunderts hat zur Folge, daß eine Anzahl von Rechtsphilosophen, die in der Geschichte der Rechtsphilosophie ihren Platz haben, hier nicht erwähnt wurden. Das bedeutet selbstverständlich kein Werturteil.

Bewußtseinsinhaltes einheitlich zu bestimmen", nennt STAMMLER, „im Anschluß an den Sprachgebrauch der kritischen Philosophie", eine *Form* des denkenden Bewußtseins, die er von dem dadurch geordneten „*Stoff*", als dem aus der „Empfindung" herrührenden Moment des Bewußtseinsinhaltes, unterscheidet (S. 7). Das Verhältnis von Form und Stoff eines Gedankens ist das von logisch Bedingendem und Bedingtem. Wir vermögen keinen Gedanken zu denken, der nicht bereits „geformt", d. h. in der dem Denken eigentümlichen Weise bestimmt, ausgerichtet wäre, wohingegen die Form von allem besonderen Stoff, der mittels ihrer erfaßt wird, unabhängig ist. Somit steckt in aller „Erfahrung" schon ein Element, das dem Denken als solchem angehört. Während der „Stoff" nun für sich allein niemals Inhalt des Bewußtseins werden kann, läßt sich die „Form" von dem durch sie bedingten Stoff in Gedanken loslösen und auch für sich allein betrachten. Weiter unterscheidet STAMMLER „reine" und „bedingte" Formen des Denkens: diesen haftet noch etwas von stofflich bedingtem Inhalt an, jene sind von „unbedingter Allgemeingültigkeit", d. h. im Sinne des Neukantianismus: Prinzipien a priori.

Auch Rechtsgedanken treten im Bewußtsein als immer schon in einer bestimmten Weise geordnete, also geformte, auf. Somit muß es nach STAMMLER „reine Formen" des rechtlichen Denkens geben, die „in ihrer Eigenart schlechterdings nichts mehr von den Besonderheiten eines wechselnden und veränderlichen Stoffes hegen, die nichts als bestimmende Formen des einheitlichen Ordnens sind" (S. 113). Sie sind die letzthin „bedingenden Richtlinien des juristischen Denkens". Die Gesamtheit dieser „reinen Formen", die jede besondere Rechtserkenntnis logisch bedingen, selbst aber durch keinen besonderen Stoff bedingt sind, findet wiederum ihre „bedingende Einheit" in dem Begriffe des Rechts selbst (S. 14). Der Begriff des Rechts ist „eine reine bedingende Art und Weise für das Ordnen des wollenden Bewußtseins, von der alle Möglichkeit, eine besondere Frage als eine rechtliche zu bestimmen, abhängt" (S. 19). Ihn und mit ihm die „reinen Grundbegriffe" des Rechts aufzufinden, ist die erste Aufgabe der „kritischen Rechtsphilosophie".

Bis hierher stellt STAMMLERS Theorie im wesentlichen doch nur eine Übertragung der an der Naturwissenschaft orientierten Erkenntnistheorie KANTS (in der Interpretation des Neukantianismus) auf die Rechtswissenschaft dar. Die entscheidende Wendung, mit der er die methodische Selbständigkeit der Rechtswissenschaft zu sichern glaubt, geschieht durch die Unterscheidung zweier grundsätzlich voneinander unterschiedener Weisen des Denkens, die STAMMLER, freilich mißverständlich genug, als „Wahrnehmen" und als „Wollen" kennzeichnet. Jene Weise ordnet die Erscheinungen nach der Denkform von *Ursache und Wirkung*, diese nach der von *Zweck und Mittel*. Während in der Verknüpfung von Ursache und Wirkung das zeitlich Spätere (die Wirkung) durch das Frühere bedingt erscheint, setzt die Verknüpfung nach Zweck und Mittel „das zeitlich Spätere (als Ziel) bestimmend für das zeitlich Frühere (das Mittel) ein" (S. 49). Beide Verknüpfungsweisen sind nach STAMMLER „gleichwertige Methoden, um besondere Eindrücke einheitlich zu begreifen und einen mannigfaltigen Inhalt unserer Gedanken jeweils in grundlegender Art aneinanderzureihen". Keine kann also auf die andere zurückgeführt werden; es handelt sich jedesmal um eine „letzte formale Richtung in unserem Bewußtseinsinhalte“. Die systematische Ausführung dieser beiden „grundlegend“ voneinander unterschiedenen Methoden ergibt zwei völlig selbständige Wissenschaften: die *Naturwissenschaft* oder Kausalwissenschaft auf der einen Seite, die *Zweckwissenschaft* auf der anderen. Das Recht ist nach STAMMLER eine Art des Wollens, die Rechtswissenschaft daher eine Zweckwissenschaft. Ihre Begriffe bildet sie daher völlig selbständig „unabhängig von Sätzen der naturwissenschaftlichen Erkenntnis“ (S. 291).

Die Bedeutung dieser Ausführungen liegt nicht zum mindesten darin, daß STAMMLER damit der in seiner Zeit vorherrschenden Auffassung entgegentrat, die Rechtswissenschaft müsse, um „Wissenschaft“ zu sein, entweder gleich der Naturwissenschaft Kausalzusammenhänge erforschen und sich dabei der naturwissenschaftlichen Begriffe bedienen, oder aber, gleich der Logik und Mathematik, auf eine Lehre von den Formen beschränkt bleiben. Der Begriff der Wissenschaft ist nach STAMMLER der „des grundlegend einheitlichen Ordnens unserer Gedankenwelt“. Die Naturwissenschaft ordnet alle in Raum und Zeit wahrgenommenen Erscheinungen einheitlich unter der Kategorie der Kausalität. Allein „Wissenschaft von der Natur und Vereinheitlichung unserer Gedankenwelt überhaupt ist nicht ein und dasselbe“ (S. 57). Denn unter den Grundbegriffen, mit deren Hilfe wir die einzelnen Erscheinungen als „Natur“ ordnen, „findet sich der des Setzens von Zwecken und Mitteln nicht vor“. Diese Begriffe „liegen an sich außerhalb der Gedankenreihen, in denen Wahrnehmungen wissenschaftlich erkannt werden können“ (S. 55). Indessen ist die Verknüpfung nach Zwecken und Mitteln dem Menschen, der nicht nur wahrnehmen, sondern auch wollen kann, ebenso notwendig, wie die nach Ursachen und Wirkungen. Daher ist, neben der Naturwissenschaft und unabhängig von ihr, „eine Wissenschaft von den menschlichen Zwecken zu fordern und aufzubauen. Es gilt, die letzteren in ihrem Inhalt nach einem bleibenden und in seiner Eigenart klar eingesehenen Grundrisse durchgängig einheitlich zu erfassen und zu richten“ (S. 60). Neben der allgemeinen Logik und der Logik, die für das naturwissenschaftliche Erkennen gilt, ist „eine Logik der Zweckwissenschaft zu fordern“ (S. 63). Aus ihr ergibt sich die methodische Selbständigkeit der Rechtswissenschaft.

JHERING hatte den Zweck als den „Schöpfer des Rechts“ bezeichnet. Allein, er hatte hierbei nicht an eine besondere methodische Art des Denkens gedacht, sondern vielmehr an die „reale“ Verursachung der Rechtsnormen durch die Gesellschaft als „Zwecksubjekt“. Damit hatte er den Weg eingeschlagen, der über die Lehre der „genetischen Interessenjurisprudenz“ HECKS zur Gleichsetzung der Rechtswissenschaft mit der empirischen Soziologie hinführte. Völlig anders ist STAMMLERS Begriff der „Zweckwissenschaft“ zu verstehen. Es geht ihm nicht darum, die ursächliche Entstehung der Rechtsnormen (aus gesellschaftlichen Zwecken) zu erklären. Das wäre die Betrachtung des Rechts als einer Naturerscheinung. Vielmehr geht es ihm um die *logische Eigenart rechtlicher Erwägungen* als solcher. Diese besteht in einer bestimmt gearteten Verknüpfung von Zwecken und Mitteln. Wo immer nach der *Entstehung* des Rechts oder einzelner Rechtsnormen gefragt wird, da ist der *Begriff* des Rechts als eine bestimmte Weise des Setzens von Zwecken und Mitteln logisch schon vorausgesetzt. Das Recht kann daher nicht selbst wieder kausalwissenschaftlich „erklärt" werden. Der Begriff des Rechts ist der einer bestimmten Art des Setzens von Zwecken. Dabei ist zu beachten, daß STAMMLER unter dem „Wollen" oder dem „Setzen von Zwecken" nicht eine Tätigkeit, sondern eine bestimmte *Denkweise* versteht. Im näheren ist das Recht dadurch gekennzeichnet, daß hier mehrere Zwecke in bestimmter Weise wechselseitig als Mittel füreinander eingesetzt werden. Eine solche Weise des Verbindens von Zwecken nennt STAMMLER „verbindendes Wollen".

Aus dem vielfältig verschlungenen Gewebe der STAMMLERschen Rechtstheorie können wir hier nur einige Fäden aufnehmen. So übergehen wir die weitere Entwicklung des Rechtsbegriffs, der schließlich dahin bestimmt wird, Recht sei das „unverletzbar selbstherrlich verbindende Wollen". Ebenso übergehen wir die Tafel der von STAMMLER aus dem Rechtsbegriff abgeleiteten „reinen" (einfachen und zusammengezogenen) Grundbegriffe des Rechts, die nach ihm überall da, wo wir irgendeinen besonderen Rechtsinhalt denken, schon vorausgesetzt, weil in ihm mitgedacht, sind. Wir wenden uns gleich dem Abschnitt seines Werkes zu, den er als die „Methodik des Rechts" bezeichnet. STAMMLER beschäftigt sich hier mit der juristischen Begriffsbildung. Während die „reinen" Rechtsbegriffe „unwandelbare Ausstrahlungen des unbedingt feststehenden Rechtsbegriffs" sind und als „reine Denkformen" (d. h. Erkenntnisprinzipien a priori) nicht aus den „Besonderheiten eines bedingten rechtlichen Wollens abgeleitet" werden können, werden die „bedingten Rechtsbegriffe" nur durch Abstraktion aus dem begrenzten Inhalte eines geschichtlich gegebenen Rechts gewonnen (S. 276). Sie sind „Zusammenziehungen eines besonderen Willensinhaltes in der Art, wie sie durch die Grundbegriffe des Rechts ermöglicht wird" (S. 269). Die „Zusammenziehung" geschieht durch Heraushebung des mehreren Erscheinungen Gemeinsamen und Absehen von dem Verschiedenen. Indem sie von der gegebenen Fülle eines bestimmten positiven Rechts ausgeht, bildet die Rechtswissenschaft durch immer weitergehende Abstraktionen Reihen von höheren und niederen Rechtsbegriffen (Gattungs- und Artbegriffen), wobei die „rechte Richtung der Abstraktion" (S. 272) durch den Rechtsbegriff und die „reinen Grundbegriffe" des Rechts angegeben wird. Denn um einen „einheitlichen Aufbau der Rechtsbegriffe über- und untereinander" zu erhalten, ist es notwendig, die niederen Begriffe so zu bilden, daß „die höheren Begriffe sich als Bestimmungen erweisen, die selbst wieder unter den Bedingungen der reinen Grundbegriffe des Rechts stehen". Jeder „bedingte Stoff menschlicher Zwecksetzung" ist so zu ordnen, daß er „in sicherem Aufsteigen dem Zentralbegriff des Rechts entgegengeführt wird" (S. 272). Das System der Begriffe, das STAMMLER damit fordert, erinnert an die Begriffspyramide PUCHTAS; er selbst zieht dem Bilde einer Pyramide freilich das einer „Scheibe mit konzentrischen Kreisen" vor, deren fester Mittelpunkt der Rechtsbegriff sei.

Es wäre jedoch unrichtig, in STAMMLERS Theorie der Rechtswissenschaft eine Rückkehr zur Methode der „formalen Begriffsjurisprudenz" zu sehen. Während PUCHTA glaubte, alle „niederen" Begriffe deduktiv aus den höheren ableiten zu können, und überdies nicht zwischen Rechtsbegriffen und Rechtsregeln unterschied, daher auch neue Rechtssätze aus Begriffen meinte ableiten zu können, endet für STAMMLER die Deduktion aus dem Rechtsbegriff notwendig bei den „reinen Grundbegriffen" des Rechts. Alle „bedingten" Begriffe dagegen setzen nach ihm einen bestimmten „Stoff" voraus, der im positiven Recht, also geschichtlich, gegeben sein muß, ehe noch die Rechtswissenschaft daraus im Wege der Abstraktion einen Begriff bilden kann. Die Auswahl der für die Bildung eines Begriffs „wesentlichen" Merkmale erfolgt freilich im steten Hinblick auf den Rechtsbegriff und die aus ihm abgeleiteten Grundbegriffe, denen die bedingten Begriffe zu subsumieren sind. Indessen können die „bedingten Begriffe" im Sinne STAMMLERS niemals mehr an „Stoff" enthalten, als bei ihrer Bildung schon vorausgesetzt war. Daraus ergibt sich aber, daß „die spezifisch juristische Tätigkeit dem Stoffe nach nichts Neues erschafft" (S. 341). Die wissenschaftliche Durchforschung des positiven Rechts leistet nichts anderes als „die Auseinanderlegung des gegebenen Rechtsinhaltes in seine gedanklichen Elemente"; sie vermag „überall nur das Ziel einer getreuen Wiedergabe zu haben". So führt sie inhaltlich nirgends über das positive Recht hinaus; ausdrücklich wendet sich STAMMLER gegen die Meinung, daß die Rechtswissenschaft eine „Rechtsquelle" sei, daß sie Rechtssätze herauszustellen vermöge, die bis dahin gefehlt hätten. Auch die „juristische Konstruktion" bedeutet ihm „nur eine Klarlegung dessen, was in einem bestimmten rechtlichen Willensinhalte enthalten ist" (S. 358). Sie vermag den jeweils gegebenen Bestand an Rechtssätzen in nichts zu vermehren. So bringt die Rechtswissenschaft den ihr im positiven Recht gegebenen Inhalt nur in die ihm gemäße systematische Form, ohne an dem Inhalt selbst etwas zu verändern oder ihm Neues hinzuzufügen. Sie ist ausschließlich reproduktiv (S. 358), nicht aber schöpferisch.

Indessen, nur die systematische, konstruktive Jurisprudenz, deren Aufgabe sich in der Erkenntnis des ihr durch ein positives Recht gegebenen Inhalts gemäß der ihm eigenen gedanklichen Allgemeinheit und Begrifflichkeit erschöpft, ist auf eine im wesentlichen „reproduktive" Tätigkeit beschränkt. Daneben kennt STAMMLER aber eine durch wissenschaftliche Methoden geleitete „Praxis des richtigen Rechts", der ein *schöpferischer* Charakter nicht abgesprochen werden kann. Hier greift eine andere Lehre STAMMLERS ein, die mit seinem Namen in besonderem Maße verbunden bleiben wird: seine Lehre vom „richtigen Recht".

Alles Denken – und auch das Recht ist für STAMMLER, wie zu erinnern, als „verbindendes Wollen" eine Weise des Denkens – steht unter der letzten Anforderung der „Richtigkeit". Niemand, so bemerkt STAMMLER, könne die Unterscheidung „richtigen" und „unrichtigen" Denkens für „unrichtig erklären oder auch nur an ihrer Richtigkeit zweifeln, ohne sie selbst schon vorausgesetzt zu haben" (RR 12). Somit müsse die Frage nach der Richtigkeit auch gegenüber dem Inhalt eines jeden rechtlichen Wollens aufgeworfen werden. Nun besage aber der Gedanke der „Richtigkeit" soviel wie der einer „vollendeten Einheit des Bewußtseins", d. h. einer „vollkommenen Übereinstimmung aller denkbaren Bewußtseinsinhalte". Ein besonderes rechtliches Wollen, also etwa ein bestimmter Rechtssatz, sei daher dann „richtig", wenn er sich widerspruchslos in das Ganze allen überhaupt denkbaren rechtlichen Wollens einfügen lasse. Hieraus ergebe sich der Gedanke des „richtigen Rechts" als des „sozialen Ideals". Er bedeutet, daß „alles denkbare soziale Wollen in einer durchgreifenden Harmonie geordnet wird" (RR 141). Dies darf nicht dahin mißverstanden werden, als gebe es nach STAMMLERS Meinung ein bestimmtes „ideales" Recht, das einzig und allein „richtig" sei. Vielmehr bedarf *jedes* Recht des empirischen Stoffs und ist insoweit notwendig „positiv". Es gibt daher kein „richtiges Recht an sich", sondern nur richtiges oder unrichtiges (teilweise richtiges, teilweise unrichtiges) *positives* Recht. „Richtiges Recht ist ein positives Recht, dessen

Willensinhalt die Eigenschaft der Richtigkeit besitzt" (RR 52). Die Idee des richtigen Rechtes ist somit für STAMMLER nichts anderes als ein *Richtmaß* zur Beurteilung jedes positiven Rechts. Jedes positive Recht strebt gemäß seinem „allgemeinen Sinne" nach Richtigkeit. Es kann zwar im einzelnen als unrichtig erkannt werden, aber im ganzen ist es, eben als Recht, immer „ein Versuch, richtiges Recht zu sein" (RR 57).

Innerhalb des positiven oder „gesetzten" Rechts unterscheidet STAMMLER weiter das geformte und das ungeformte, erst auszuwählende Recht. Unter dem „geformten" Recht versteht er solche Rechtssätze, die die Entscheidung künftiger Fälle schon jetzt, also im voraus, festlegen. Dagegen läßt das „ungeformte" Recht die Entscheidung vorerst noch offen und begnügt sich mit der Anweisung an den Richter, immer dann, wenn ein bestimmter Fall eingetreten ist, „denjenigen Rechtssatz als entscheidend auszuwählen, der unter den verschiedenen, die sich anbieten, in der Richtung der Idee des Rechts gelegen ist" (S. 579). Eine derartige Anweisung liegt nach STAMMLER beispielsweise dann vor, wenn das Gesetz für die Entscheidung des Richters auf „Treu und Glauben", die „guten Sitten", sein „billiges Ermessen" oder einen ähnlichen Leitgedanken verweist. Der Richter findet in diesem Fall die Regel, unter die er den Fall subsumieren könnte, nicht im Gesetze vor, sondern hat die „passende" Regel jeweils gemäß dem Gedanken der „Richtigkeit" eines rechtlichen Wollens „auszuwählen". Vor die gleiche Aufgabe sieht er sich auch dann gestellt, wenn das geformte Recht Lücken aufweist, die nicht im Wege der Klarstellung des gemeinten Gedankens geschlossen werden können. Solche Lücken sind unvermeidlich, weil der Begriff des geformten Rechts „das Merkmal der Begrenztheit notwendig in sich trägt" (S. 641). Denn „es ist unmöglich, mit dem Mittel der technischen Ausarbeitung fester Rechtssätze das All der Möglichkeiten rechtlicher Fragen zu erschöpfen, die sich in einem gegebenen Zeitpunkt einstellen können"; kein Gesetzgeber ist allwissend, und keine noch so große Zahl von Rechtssätzen vermag auf die unendliche Fülle von möglichen Rechtsfragen erschöpfend zu antworten. Daher bildet das „in Rechtssätzen geformte Recht" zu allen Zeiten nur einen mehr oder minder großen Teil des Rechts insgesamt. „Dieser Teil ist notwendig begrenzt und vermag sich niemals zu der Allheit alles denkbaren Rechts zu erweitern" (S. 644). Somit entsteht die Aufgabe, eine Lücke des Rechts „in begründeter Weise auszufüllen". STAMMLER erklärt es für eine „unhaltbare Behauptung", daß *jede* Lücke des geformten Rechts durch einen Analogieschluß ausgefüllt werden könnte. Denn es sei ja die Möglichkeit eines Analogieschlusses für eine bestimmte Frage von der Zufälligkeit abhängig, daß „innerhalb eines geformten Rechts sich bereits eine teilweise Gleichheit mit den jetzt zur Frage gestellten rechtlichen Voraussetzungen finde" (S. 645). Infolgedessen bleibe die Aufgabe, „für die von jenem Recht nicht ergriffenen Fragen auf andere Weise eine Antwort zu suchen" (S. 647). Da aber nun „der Gang des Rechts, sobald es folgerichtig nach seinem Grundgedanken verfährt, es zu dem Erstreben eines grundsätzlichen richtigen Inhalts führt" (S. 649), so müsse auch die Ausfüllung derartiger Lücken in einer Weise erfolgen, die zu der in der gegebenen Lage „richtigen" Entscheidung hinführe. Dies bedeute wiederum, daß der Richter dann unter den mehreren möglichen oder denkbaren Rechtssätzen denjenigen auszuwählen habe, der in dieser Lage „der grundsätzlich richtige ist" (S. 651).

Wenn nun der Richter in einem einzelnen Fall die Entscheidungsnorm selbst erst auszuwählen hat – sei es, daß das positive Recht ihn dazu anweist, sei es, weil das geformte Recht lückenhaft ist und nicht aus sich selbst heraus (im Wege der Analogie) ergänzt werden kann –, dann bedarf er einer Anleitung, wie er diese Wahl im Sinne „grundsätzlicher Richtigkeit“ vorzunehmen hat. Eine solche Anleitung – die „methodischen Richtlinien bei dem Vornehmen einer grundsätzlichen Wahl“ – stellen die von STAMMLER entwickelten *„Grundsätze des richtigen Rechts“* dar (S. 679). Diese Grundsätze, die von STAMMLER in die des „Achtens“ und des „Teilnehmens“ gegliedert werden, sind selbst keine Rechtssätze, unter die einzelne Fälle „subsumiert“ werden könnten, sondern *Richtlinien,* methodische Hilfsmittel, mit deren Hilfe es dem Richter gelingen mag, für eine bestimmte Rechtsfrage, auf die er im „geformten Recht“ keine Antwort findet, den richtigen Rechtssatz aufzufinden. Er hat sich zu diesem Zweck zu vergegenwärtigen, ob der von ihm in Betracht gezogene Rechtssatz mit jenen Grundsätzen zu vereinigen ist. Keineswegs geht STAMMLERS Meinung da-hin, es ließen sich aus diesen Grundsätzen inhaltlich bestimmte Rechtssätze deduktiv ableiten. Denn jeder solche Rechtssatz bedarf eines empirisch bedingten Stoffes. Die Erfahrung, das ist STAMMLERS Meinung, liefert uns „die möglichen Obersätze“, unter die wir einen Rechtsfall subsumieren können. Unter den danach möglichen, der geschichtlichen Erfahrung entsprechenden Rechtssätzen ist einer entweder durch das geformte Recht bestimmt, oder er ist vom Richter „im Sinne grundsätzlicher Richtigkeit“ auszuwählen. Dies aber geschieht dadurch, daß der Richter prüft, „in welchem der möglichen Rechtssätze sich die grundsätzliche Richtung auf die Idee vollendeter rechtlicher Harmonie wiedererkennen läßt“. Der danach ausgewählte positive Rechtssatz gibt dann in dem Urteile, das nach „Treu und Glauben“ oder „anderen entsprechenden Ausdrücken“ gefällt werden soll, den „Obersatz“ des Subsumtionsschlusses ab. „Die Grundsätze eines richtigen Rechts aber sind weiter nichts als gedankliche Hilfsmittel für das Wiedererkennen der Idee, als des formalen Grundgedankens in einem bedingten rechtlichen Wollen“ (RR 153).

Es ist hier nicht der Ort, in eine Kritik der philosophischen, insbesondere der erkenntnistheoretischen Voraussetzungen STAMMLERS und seiner Rechtstheorie einzutreten[6]. Problematisch ist schon der neukantische Grundansatz: die Zerlegung der einheitlichen Erfahrung in die dem Denken entstammende „Form“ und einen durch Sinneswahrnehmung vermittelten „Stoff“, vor allem die Übertragung dieser

---

[6] Dazu kann ich auf meine „Rechts- und Staatsphilosophie der Gegenwart“, 2. Aufl., S. 28, verweisen. Eingehende Auseinandersetzungen finden sich bei BINDER, Rechtsbegriff und Rechtsidee, 1915, und ERICH KAUFMANN, Kritik der neukantischen Rechtsphilosophie 1927. Geistesgeschichtlich am interessantesten ist aber die Kritik, die MAX WEBER in einer unvollendeten Abhandlung (Gesammelte Schriften zur Wissenschaftslehre, 1922, S. 291 ff., 556 ff.) an STAMMLER geübt hat. Sie hat sicher in vielen Einzelheiten recht – so wenn sie STAMMLER „Begriffsvertauschungen“ vorwirft – und ist doch im ganzen ein grandioses Mißverständnis, weil WEBER, selbst noch im positivistischen Wissenschaftsbegriff befangen, STAMMLERS eigentliches Anliegen, eben die Überwindung dieses Wissenschaftsbegriffs, nicht zu würdigen vermag. Vgl. dazu v. SCHELTING, MAX WEBERS Wissenschaftslehre, 1934, S. 400 ff. und oben S. 63 Anm. 78.

Scheidung auf die Rechtswissenschaft. Problematisch ist ferner die Gegenüberstellung des „Wahrnehmens“ und des „Wollens“ als zweier verschiedener „Denkformen“. STAMMLERS Lehre vom Rechtsbegriff und von der juristischen Begriffsbildung reicht deshalb nicht zu, weil STAMMLER nur den abstrakt-allgemeinen Gattungsbegriff kennt, nicht aber den „historischen Individualbegriff“ im Sinne RICKERTS, nicht den konkret-allgemeinen Begriff im Sinne HEGELS, noch den, wie wir ihn nennen werden, funktionsbestimmten Begriff. Aber unabhängig von aller Kritik, die an seinen Lehren geübt werden muß, sind zwei Erkenntnisse STAMMLERS von weittragender Bedeutung für die Methodenlehre geworden und müssen hier festgehalten werden. Die erste ist die der *methodischen Selbständigkeit der Rechtswissenschaft gegenüber der Naturwissenschaft,* die darin begründet liegt, daß die dogmatische Rechtswissenschaft nicht nach den „Ursachen“, sondern nach den „Zwecken“ und dem Sinn eines Rechtssatzes oder einer Einrichtung fragt. Die zweite, noch wichtigere Erkenntnis ist die, daß es im Wesen des Rechtes liegt, die Fülle der in einer gegebenen Lage möglichen, immer begrenzten und häufig sich widerstreitenden Zwecke nach einem *höheren Maße, dem der Idee des Rechts,* zu richten und zu ordnen. Diese Erkenntnis ermöglicht die Überwindung des Positivismus, insbesondere in der Gestalt, die er bei JHERING und bei HECK angenommen hatte, und dadurch erst die Vollendung der teleologischen Methode in der Rechtswissenschaft. STAMMLER war damit der „Interessenjurisprudenz“ um einen entscheidenden Schritt voraus. Weiterhin bedeutsam ist, daß STAMMLER die Grundsätze des „richtigen Rechts“, in denen sich der Inhalt der Rechtsidee entfaltet, nicht wieder als *Normen,* als allgemein gefaßte *Rechtssätze* versteht, unter die sich Rechtsfälle „subsumieren“ ließen, sondern als methodische Anleitungen zum Auffinden richtigen Rechts, als *Leitgedanken* oder „Prinzipien“. Freilich versteht er diese Prinzipien wiederum als formale Denkweisen, und vor allem gestattet es ihm seine scharfe Trennung von „Rechtsbegriff“ und „Rechtsidee“ nicht, sie als im positiven, „geformten“ Recht selbst wirksam anzusehen und daher auch schon bei der Auslegung und wissenschaftlichen Bearbeitung des „geformten“ Rechts zu berücksichtigen. STAMMLER erkennt noch nicht, daß, wie wir im fünften Kapitel des zweiten Teils ausführen werden, zwischen der Auslegung eines Rechtssatzes, der Lückenergänzung aus dem Sinngehalt des Gesetzes selbst (durch „Analogie“) und der Ausrichtung der gesuchten Entscheidung an den Grundsätzen oder Prinzipien des „richtigen Rechts“ nur ein Unterschied dem Grade, nicht der Art nach besteht.

2. „Südwestdeutscher“ Neukantianismus und Werttheorie

Der positivistische Wissenschaftsbegriff läßt, mit Ausnahme der Logik und der Mathematik, nur solche Wissenschaften zu, die sich der Methoden der Naturwissenschaften, d. h. einer auf Beobachtung, Experiment und Sammlung von Tatsachen beruhenden Kausalforschung bedienen. Nicht nur die Rechtswissenschaft, auch die sog. Geisteswissenschaften, wie z. B. die Sprachforschung, die Kunst-, Philosophie- und die Literaturgeschichte, vollends die Philosophie und die Theologie kommen ganz offenbar mit diesen Methoden nicht aus. Sollen alle diese Wissenschaften nicht aus dem Kreise der anerkannten Wissenschaften ausgeschlossen werden, dann bedarf der positivistische Wissenschaftsbegriff selbst einer Kritik. Beschränkt man die Aufgabe der Wissenschaft auf die Erkenntnis der in einer Erfahrung irgendwie gegebenen Wirklichkeit, läßt man also auch die Metaphysik und die Theologie, soweit sie etwas anderes als nur Religions- und Dogmengeschichte ist, beiseite, so ist doch die Frage zu stellen, ob denn mit den Methoden der „exakten" Naturwissenschaft in der Tat *das Ganze der erfahrbaren Wirklichkeit* erfaßt werden kann. Sollte diese Frage zu verneinen sein, so wäre damit die Berechtigung und die Notwendigkeit noch einer anderen Art von Wissenschaften, eben der „Geisteswissenschaften", und somit auch noch anderer Methoden als der Naturwissenschaft nachgewiesen. Diesen Nachweis hat der Philosoph HEINRICH RICKERT in seinem im Jahre 1902 erschienenen Werk über „Die Grenzen der naturwissenschaftlichen Begriffsbildung" geführt[7]. Er hat darin, im Anschluß an Gedanken, die vor ihm schon der Philosoph WILHELM WINDELBAND geäußert hatte[8], die erkenntnistheoretischen und methodolo-gischen Grundlagen zunächst der „historischen Wissenschaften", später allgemeiner der „Kulturwissenschaften", untersucht und diesen Wissenschaften dadurch ihr methodisches Selbstbewußtsein gegenüber der Naturwissenschaft zurückgegeben. Durch diese Untersuchungen wurde er nicht nur zum führenden Theoretiker einer besonderen philosophischen Richtung innerhalb des „Neukantianismus", des sog. „südwestdeutschen" Neukantianismus[9], sondern er hat auch unmittelbar auf das Selbstverständnis der Geisteswissenschaften einen starken Einfluß ausgeübt. Die Entwicklung der Rechtsphilosophie auf der Grundlage des Neukantianismus (und über diesen hinaus) ist ohne ihn nicht zu verstehen; darüber hinaus haben seine Gedanken zeitweilig für die strafrechtliche Methodenlehre eine ähnliche Bedeutung erlangt, wie im Zivilrecht die Interessenjurisprudenz[10].

Das Wesen der *naturwissenschaftlichen* Begriffsbildung, genauer: der „begrifflichen Erkenntnis der Körperwelt", sieht RICKERT in „der Vereinfachung der gegebenen Wirklichkeit" durch die Bildung solcher Allgemeinbegriffe, die eine möglichst große Zahl von Einzelerscheinungen mittels weniger, ihnen allen gemeinsamer „Merkmale" einheitlich erfassen. Sie sind so zu bilden, daß sie es ermöglichen, allgemeingültige Gesetze des Naturzusammenhangs zu erkennen. Je weiter aber die Naturwissenschaft auf diesem Wege fortschreitet, d h. je allgemeiner und umfassender ihre Begriffe werden, um so weiter muß sie sich von dem in der Anschauung gegebenen Besonderen und Individuellen (Einmaligen) entfernen. Da nun aber, so legt RICKERT dar, die anschaulich erfahrene Wirklichkeit immer zugleich die Züge des Einmaligen, des Besonderen und des gleichförmig Wiederkehrenden an sich trägt, so ergibt sich, daß die Naturwissenschaft mit ihrer Methode der „generalisierenden

---

[7] Zitiert nur mit Seitenangabe.

[8] In seiner Rede über „Geschichte und Naturwissenschaft", 1894 (abgedr. in „Präludien", 3. Aufl. 1907, S. 359).

[9] Sogenannt im Gegensatz zum „Marburger Neukantianismus" (Hauptvertreter: HERMANN COHEN). Über diesen vgl. *meine* Rechts- und Staatsphilosophie der Gegenwart, 2. Aufl., S. 35 ff.; ferner LÜBBE in ARSP 1958, S. 333 ff.

[10] Vgl. dazu E. SCHWINGE, Teleologische Begriffsbildung im Strafrecht, S. 8 ff.

Begriffsbildung" immer nur die *eine* Seite der Wirklichkeit zu erfassen vermag: diejenige, nach der sie in der Tat nur die Wiederkehr eines Gleichen ist. Das aber bedeutet, daß die Wirklichkeit „als" Natur, im Sinne der Naturwissenschaft, nicht die „ganze" Wirklichkeit ist, sondern nur „die Wirklichkeit in Rücksicht auf das Allgemeine" (S. 248). Die „Beseitigung des individuellen Charakters der gegebenen Wirklichkeit" (S. 236) ist der Preis, den die Naturwissenschaft (und jede nach der gleichen Methode verfahrende Wissenschaft) zahlen muß, um ihr Ziel zu erreichen. Daraus ergibt sich die „Grenze aller naturwissenschaftlichen Begriffsbildung": es ist „die empirische Wirklichkeit selbst" (S. 239) in der Fülle der individuellen Gestaltungen und Bildungen, die sie in sich schließt.

Dieses Ergebnis, so meint RICKERT, könne nur denjenigen befremden, der meint, die Erkenntnis bestehe darin, die „gegebene" Wirklichkeit möglichst genau abzubilden, so wie sie unabhängig vom Erkenntnisprozeß, „an sich", ist. Es ist nun aber gerade der Grundgedanke des „Neukantianismus", von dem auch RICKERT ausgegangen ist, daß der Gegenstand der Erkenntnis, im Falle der Naturwissenschaft also „die Natur", erst das Ergebnis eines Erkenntnisverfahrens ist, in das die Strukturen unseres Denkens als Voraussetzungen mit eingegangen sind. So kann auch die Naturwissenschaft die Welt nicht abbilden, wie sie „an sich" ist, sondern „immer nur eine Bearbeitung und Umformung der Wirklichkeit vornehmen". Das „Ganze der Welt" läßt sich nicht abbilden (S. 246). Es darf daher nicht als Mangel der Naturwissenschaft angesehen werden, daß sie nicht das Ganze der Wirklichkeit erfaßt. Die Welt „als Natur", d. h. als die gleichförmige Wiederkehr eines Allgemeinen angesehen, ist nur der *eine,* die Welt als Fülle individueller Gestalten und Ereignisse gesehen, der *andere* Aspekt, unter dem wir die Wirklichkeit sehen können und sehen müssen. Jeder dieser „Aspekte" ist gleichermaßen notwendig und berechtigt.

Im Unterschied zu den Naturwissenschaften befassen sich die „historischen" Wissenschaften im weitesten Sinne, wie RICKERT dartut, nicht so sehr mit dem gleichförmig Wiederkehrenden – mit einer Gattung oder mit einem allgemeinen Naturgesetz –, als mit individuellen Personen, Geisteswerken, Taten und Begebenheiten. Die „historische" Persönlichkeit interessiert uns nicht etwa deshalb, weil und soweit sie einem allgemeinen Begriff subsumiert werden kann, sondern als diese einmalige „Gestalt"[11]. Das bedeutet freilich nicht, daß den Historiker an dieser Persönlichkeit alles, auch das „Gleichgültige" oder „Banale", überhaupt oder doch in dem gleichen Maße interessiere. Auch der Historiker trifft also aus der Fülle der feststellbaren Einzelheiten eine *Auswahl*; er betrachtet einiges als „wesentlich" und läßt anderes als „unwesentlich" weg. Aber der Gesichtspunkt, nach dem er die Auswahl trifft, ist ein anderer als der des Naturforschers. Es kommt dem Historiker nicht so sehr auf die Züge an, die seinem Gegenstand – es sei dies nun eine bestimmte Persönlichkeit, ein bestimmtes Geschehnis (z. B. die Französische Revolution oder der Wiener Kongreß) oder ein Geisteswerk (z. B. Goethes „Faust") – mit möglichst

[11] So schon WINDELBAND a.a.O., S. 364: „Die Erfahrungswissenschaften suchten in der Erkenntnis des Wirklichen entweder das Allgemeine in der Form des Naturgesetzes oder das Einzelne in der geschichtlich bestimmten Gestalt."

vielen anderen gleichartigen gemeinsam sind, sondern auf diejenigen, die ihn gerade in seiner *Individualität,* seiner Besonderheit und sogar Einmaligkeit, kenntlich und „bedeutsam“ machen. Gewiß kann der Historiker einen „individuellen Begriff“ seines Gegenstandes auch nur mit Hilfe solcher „Begriffselemente“ bilden, die für sich genommen Allgemeinvorstellungen oder sogar allgemeine Begriffe sind, denn das schlechthin Individuelle läßt sich als solches niemals aussprechen und mitteilen. Allein, müssen auch „die Elemente unseres Denkens für sich genommen allgemein sein“, so kann die Zusammenstellung der Elemente doch so erfolgen, daß „der sich ergebende Komplex von allgemeinen Elementen als Ganzes einen Inhalt hat, der sich nur an einem einmaligen und besonderen Objekt findet und also gerade das darstellt, wodurch dieses Objekt sich von allen anderen Objekten unterscheidet“ (S. 339). Eine „individualisierende“ Begriffsbildung ist also möglich, und sie wird in der Tat überall dort geübt, wo ein bestimmter Ausschnitt aus der Wirklichkeit nicht „naturwissenschaftlich“, sondern „historisch“ erfaßt werden soll.

In einem historischen Individualbegriff (wie z. B. dem Begriff „Renaissance“, „Französische Revolution“, „Genfer Völkerbund“) sind demnach eine Reihe von Vorgängen als zusammengehörig erkannt und in der Weise gekennzeichnet, daß „in ihnen das für die Geschichte Wesentliche aus der Wirklichkeit herausgehoben und zusammengefaßt ist“ (S. 328). Aber welche Vorgänge sind „für die Geschichte wesentlich“? Hierauf einfach zu antworten: alles Individuelle, ginge nicht an, da ja der Historiker, wie schon gesagt, aus der Fülle des Individuellen (und *alles* Wirkliche ist ebenso individuell wie allgemein) eine Auswahl treffen muß. Der leitende Gesichtspunkt dabei ist nun, wie RICKERT bemerkt, die Beziehung eines bestimmten Vorganges oder Gegenstandes auf einen von dem Historiker als bedeutsam erachteten *Wert.* Um *welchen* Wert es sich dabei handelt, ist in methodologischer Hinsicht gleichgültig. Es geht RICKERT nur um die Erkenntnis, daß ohne die Voraussetzung irgendwelcher, als „bedeutsam“ empfundener, uns „angehender“ Werte überhaupt das historische „Interesse“ nicht entstehen könnte und Geschichtswissenschaft unmöglich wäre. RICKERTs Meinung ist auch nicht, daß der Historiker als solcher die Geschehnisse zu „werten“, d. h. positiv oder negativ zu ihnen Stellung zu nehmen habe. Wohl aber habe er sie „auf Werte zu beziehen“, d. h. als etwas zu erkennen, das Gegenstand einer Bewertung sein kann, unter Wertgesichtspunkten Beachtung verdient. Eine solche, auf Werte sich beziehende Begriffsbildung – die also noch keine Bewertung der Vorgänge enthält, wohl aber eine solche vorbereitet und möglich macht – nennt RICKERT eine „teleologische Begriffsbildung“ (S. 371 ff.).

Die Bedeutung dieser Ausführungen liegt vornehmlich darin, daß RICKERT durch sie dem Begriff des „Wertes“ Eingang in die Methodologie der Geisteswissenschaften verschafft hat, und zwar auf die für den „Neukantianismus“ allein zulässige Weise, indem er diesen Begriff als ein erkenntnistheoretisches a priori dieser Wissenschaften aufwies, ohne freilich eine Antwort auf die Frage zu geben, was denn ein „Wert“ sei. Dadurch wurde RICKERT aber sogleich einen Schritt weitergeführt. Wenn der Historiker wirklich geschehene Vorgänge auf Werte „bezieht“, und wenn er für die Darstellung dieser Vorgänge alsdann ein allgemeines Interesse finden soll, dann muß die Bedeutsamkeit der zugrunde gelegten Werte nicht nur für ihn, sondern auch für andere gegeben sein. Es muß sich also um solche Werte handeln, die zum mindesten in *der* Kulturgemeinschaft, der der Historiker angehört, faktisch allgemein anerkannt werden. Dies „ist im Prinzip durch Erfahrung festzustellen" (S. 627), also eine empirische Tatsache. Faktische Anerkennung eines Wertes ist jedoch noch nicht gleichbedeutend mit „normativ allgemeiner Geltung". Ein Wert gilt normativ allgemein, wenn seine Anerkennung jedem zuzumuten, von jedem zu fordern ist. In der Beziehung gerade nur auf solche Werte, die in dieser bestimmten Gemeinschaft faktisch anerkannt sind, liege allerdings ein gewisser „Akt der Willkür" (S. 629). Indessen steckt in der Annahme auch nur „faktisch geltender" Werte die weitere Voraussetzung, daß es sich bei ihnen doch um „Werte" handelt, „und das schließt die überempirische Voraussetzung ein, daß irgendwelche Werte unbedingt gelten, zu denen die menschlichen Werte in einem bestimmten Verhältnis stehen" (S. 640). Im faktisch geltenden Wert, so können wir RICKERT interpretieren, macht sich ein „absoluter" Wert, wenn auch nur annäherungsweise, geltend, weshalb auch der „faktisch" geltende Wert mit einem gewissen Anspruch auf Anerkennung, auf „normative" Geltung also, aufzutreten pflegt. Zugleich ist damit ein weiterer, überaus wichtiger Begriff eingeführt: der der „Kulturgemeinschaft" als einer Gemeinschaft, die durch die faktische Geltung von Werten konstituiert wird.

Der Begriff der „historischen Wissenschaften" wird von RICKERT nunmehr näher als der der „historischen Kulturwissenschaften" bestimmt. In seinen späteren Schriften[12] tritt der Begriff „Kultur" immer mehr in den Vordergrund. „Kultur" im weitesten Sinne ist alles das, was durch seine Beziehung auf Werte für den Menschen, der diese Werte als solche anerkennt, *Sinn und Bedeutung* hat. Zu der logischen Einteilung der Wissenschaften in generalisierende und individualisierende tritt eine sachliche, je nachdem sie ihren Gegenstand als wert- und sinnfrei (Naturwissenschaften) oder als auf Werte bezogen und dadurch sinnhaft betrachten (Kulturwissenschaften). Werte, Sinn und Bedeutung können wir nicht „wahrnehmen", sondern nur, indem wir wahrgenommene Objekte deuten, sie „verstehen". Danach ist Natur „das bedeutungsfreie, nur wahrnehmbare, unverständliche", Kultur dagegen „das bedeutungsvolle, verstehbare Sein" (K. u. N. 20). Da nun aber der Begriff einer „darstellbaren historischen Individualität" als eines „realen Trägers von Sinnge-bilden" erst durch die Beziehung auf die Werte konstituiert wird, die an den Kulturvorgängen „haften", so hat es die historische Betrachtung stets mit Kulturobjekten zu tun und ist jedes Kulturobjekt auch in seiner geschichtlichen Einmaligkeit zu erfassen. Dies schließt allerdings nicht aus, daß sich manche Kulturwissenschaften bis zu einem gewissen Grade auch einer generalisierenden Begriffsbildung bedienen, wie das, nach RICKERTS ausdrücklichem Hinweis (K. u. N. 107), etwa in der Rechtswissenschaft geschieht.

Diese Gedanken hat als erster, schon zu Beginn unseres Jahrhunderts, wenn auch nur erst skizzenhaft, der Philosoph EMIL LASK auf die Methodologie der

[12] Vornehmlich in den späteren Auflagen seiner Schrift „Kulturwissenschaft und Naturwissenschaft". Zitiert wird die 1926 erschienene 6. und 7. Auflage (K. u. N.).

Rechtswissenschaft angewandt[13]. Die Rechtswissenschaft ist nach ihm „ein Zweig der empirischen Kulturwissenschaften"[14]. Sie hat es also mit Vorgängen oder Verhältnissen zu tun, die sich aus der Masse des Geschehenden durch ihre Bedeutsamkeit im Hinblick auf bestimmte Kulturwerte herausheben. Dabei kann aber das Recht entweder als „realer Kulturfaktor" oder als von den Geschehnissen abgelöster „Komplex von Bedeutungen" verstanden werden. Die erste Betrachtung ergibt die „Sozialtheorie des Rechts" – die somit von LASK nicht im Sinne der empirischen Soziologie als eine „Naturwissenschaft"[14], sondern ebenfalls schon als eine „Kulturwissenschaft" (im Sinne RICKERTS) verstanden wird –, die zweite Betrachtung ist die der „dogmatischen Jurisprudenz". Im näheren handelt es sich in der dogmatischen Jurisprudenz darum, „den gedankenmäßigen Inhalt der Normen, die auf Grund sozialtheoretischen Urteils als ‚Recht' erkannt sind, in einen systematischen Zusammenhang zu bringen" (S. 313). Der „gedankenmäßige Inhalt" der Normen ergibt sich aus ihrer Beziehung auf sozial anerkannte Werte und Zwecke. LASK spricht daher von einer „wert- und zweckbeziehenden Methode der Jurisprudenz" (S. 316). Er hebt zutreffend hervor, daß „alles, was in den Bereich des Rechts gerät, seinen naturalistischen, von Wertbeziehungen freien Charakter einbüßt". Dies gilt etwa von der „Sache" im Rechtssinne genauso wie von der Person. Die juristische Begriffsbildung ist stets „teleologisch gefärbt". In dieser Erkenntnis berührt sich LASK ersichtlich mit STAMMLER. Er erkennt aber auch, daß die Rechtswissenschaft ihren Gegenstand, das Ganze des geltenden Rechts, nicht einfach vorfindet und lediglich analysiert, sondern ihn aus dem Gesetz, dem Gewohnheitsrecht und den richterlichen Entscheidungen als ihrem „Material" durch zum Teil schöpferische Arbeit gewinnen muß (S. 326). Sie ist daher nicht, wie STAMMLER meinte, ausschließlich „reproduktiv", sondern auch „produktiv". Leider bricht LASK seine Skizze gerade an diesem Punkte ab, ohne auf die Probleme der Gesetzesauslegung, Lückenergänzung und „freien Rechtsschöpfung" näher einzugehen.

Das von LASK begonnene Werk wurde von GUSTAV RADBRUCH fortgesetzt. Nach seiner eigenen Aussage[15] bilden die philosophischen Lehren WINDELBANDS, RICKERTS und LASKS den Hintergrund seiner Rechtsphilosophie[16]. Freilich ist er über deren Fragestellung weit hinausgegangen. Denn es ging ihm nicht nur um die formale Denkstruktur der „wertbeziehenden" Wissenschaften, sondern auch und vornehmlich um den Inhalt und den sinnhaften Zusammenhang der für das Recht bedeutsamen Werte selbst. Mit der Aufstellung dreier verschiedener, gleichsam idealtypischer Wertsysteme, unter denen zu wählen nach seiner Auffassung freilich jedem einzelnen überlassen bleiben müsse, vollzog RADBRUCH im Grunde schon den Über-

[13] In der 1905 – in der Festschrift für KUNO FISCHER, Bd. 2 – erschienenen „Rechtsphilosophie". Zitiert wird der Abdruck in den Gesammelten Schriften von LASK, Bd. 1.

[14] Mindestens formal verfährt die empirische Richtung der Soziologie in der Weise der Naturwissenschaft, also generalisierend.

[15] Rechtsphilosophie, 3. Aufl., S. 1, Anm. 1.

[16] Wir zitieren die dritte, als letzte von RADBRUCH selbst besorgte Auflage (1932). Eine 8. Auflage, die ERIK WOLF und HANS PETER SCHNEIDER besorgt haben, ist 1973 erschienen.

gang von einer lediglich formalen zu einer „materialen" Wertphilosophie. Dies wird freilich dadurch verdeckt, daß er die drei Wertsysteme mit gleichem inneren Recht nur nebeneinanderstellte. Dadurch verblieb er scheinbar auf dem Boden eines skeptischen Wertrelativismus. Man kann aber RADBRUCH auch so verstehen, daß es sich letztlich um drei verschiedene Aspekte handelt, die sich *wechselseitig fordern und ergänzen,* mögen wir auch nicht imstande sein, sie miteinander jemals zur Deckung zu bringen[17]. Dann aber kann die uns freigelassene Wahl nur darin bestehen, den einen oder den anderen Aspekt in einer bestimmten geschichtlichen Lage mehr oder weniger hervorzuheben, d. h. die Akzente verschieden zu setzen. Versteht man RADBRUCH , und dies dürfte die richtige Deutung sein[18], so, dann ist seine Rechtsphilosophie keineswegs ein Ausdruck des Verzichts auf jede inhaltliche Erkenntnis letztgültiger Werte[19], sondern weit eher der Versuch, eine solche Erkennt-nis zu gewinnen. Zum mindesten schloß der Relativismus im wissenschaftlichen Denken RADBRUCHs die Entschiedenheit seiner persönlichen Stellungnahme in Fragen der ethischen Wertung nicht aus.[19a]

Die methodologischen Ausführungen RADBRUCHs, die seinerzeit von der Strafrechtslehre stark beachtet worden sind[20], verbleiben zwar auf dem Boden des („südwestdeutschen") Neukantianismus. Die Wirklichkeit ist RADBRUCH als solche stets eine sinn- und wertfreie Gegebenheit; als kategorial geordnete ist sie „das Reich der Natur". Erst das wertende Bewußtsein legt den Dingen einen Wert oder Unwert bei. Darüber hinaus gestaltet der Mensch die Wirklichkeit im Hinblick auf die von ihm erstrebten Werte um. So entsteht die Kultur als „die Gegebenheit, die die Bedeutung, den Sinn hat, Werte zu verwirklichen" (S. 4). Einen letzten, nicht weiter ableitbaren Wert nennt RADBRUCH, dem Sprachgebrauch des Neukantianismus folgend, eine „Idee". Das Recht ist ihm als eine „Kulturerscheinung" diejenige „Gegebenheit, die den Sinn hat, die Rechtsidee zu verwirklichen" (S. 4). Die Rechtsidee ist der Zentralwert, auf den alles Recht letzthin sinnhaft bezogen ist. Und da die Idee des Rechts keine andere ist als die der Gerechtigkeit (S. 30), so kann RADBRUCH auch sagen, daß das Recht die Wirklichkeit sei, die den Sinn habe, der Gerechtigkeit zu dienen (S. 32). Das soll nicht heißen, daß alles positive Recht notwendig auch gerechtes Recht sei. Aber als „Recht" steht es seinem Sinne nach unter der Anforderung der Gerechtigkeit, ist es an dieser Idee „ausgerichtet". Das

---

[17] In seiner „Vorschule der Rechtsphilosophie" (2. Aufl., S. 32) sagt RADBRUCH , daß die drei Wertideen einander forderten und zugleich widersprächen. Diese Formulierung legt es nahe, ihr Verhältnis als ein dialektisches zu denken. Indessen hat sich RADBRUCH niemals die dialektische Logik (des „konkreten" Begriffs) zu eigen gemacht.

[18] Dazu FRITZ V. HIPPEL, G. RADBRUCH als rechtsphilosophischer Denker, 1951, S. 16 ff., insbes. S. 20, und ERIK WOLF, ARSP 59, S. 498 f.

[19] In diesem Sinne hatte ich RADBRUCHs „Relativismus" in meiner Rechts- und Staatsphilosophie der Gegenwart (1931, 2. Aufl. 1935) verstanden. Diese Deutung halte ich auf Grund der überzeugenden Ausführungen F. v. HIPPELs nicht aufrecht.

[19a] Dazu ARTHUR KAUFMANN, GUSTAV RADBRUCH, 1987, S. 130.

[20] Kennzeichnend dafür sind ERIK WOLF, Strafrechtliche Schuldlehre, 1928; ERICH SCHWINGE, Teleologische Begriffsbildung im Strafrecht, 1930.

hatte zwar STAMMLER ebenfalls gesagt, allein für ihn war die Rechtsidee doch nur ein Beurteilungsmaßstab, während sie für RADBRUCH zugleich „konstitutives", d. h. sinngebendes Grundprinzip des positiven Rechts ist (vgl. S. 4). Denn da das Recht für RADBRUCH wie für LASK nicht einfach kategorial geformter „Stoff", sondern eine Wirklichkeit ist, die etwas „bedeutet", d. h.: sinnhaft auf Werte bezogen ist, so bedarf es schon zur Erfassung des positiven Rechts – und nicht erst zur Beurteilung seiner „Richtigkeit" – eines letzten, zentralen Bezugspunktes, den eben nur die Rechtsidee abgeben kann. Während daher STAMMLER die Beurteilung nach den Grundsätzen des „richtigen Rechts" erst dort einsetzen ließ, wo aus dem positiven, „geformten" Recht keine Antwort mehr zu entnehmen sei, bestimmt nach RADBRUCH die Rechtsidee auch schon die Auslegung und erst recht die sinnvolle Fortentwicklung des positiven Rechts.

Die dogmatische Rechtswissenschaft definiert RADBRUCH als „die Wissenschaft vom objektiven Sinn positiver Rechtsordnungen" (S. 109). Er erweist sich damit als ein Anhänger der „objektiven" Auslegungstheorie. Die Gedanken, die die Urheber des Gesetzes in das Gesetz hineinlegen wollten, sind nicht Gegenstand der Rechtswissenschaft als einer verstehenden Kulturwissenschaft, sondern, als etwas „Tatsächliches", Gegenstand der „Sozialtheorie des Rechts". Wenn man in der Rechtsdogmatik vom „Willen des Gesetzgebers" spricht, dann kann es sich nach RADBRUCH hierbei nicht um den empirisch-psychologischen Willen bestimmter Personen handeln, vielmehr bedeutet dieser Ausdruck nur „die Personifikation des Gesamtinhalts der Gesetzgebung, den Gesetzesinhalt reflektiert in ein fingiertes Einheitsbewußtsein". Diese Formulierungen erinnern an KELSEN, mit dem RADBRUCH – wie auch BINDER – in der Tat die Ablehnung jedes „Psychologismus" und bis zu einem gewissen Grade die Tendenz zur logischen Verselbständigung der Rechtssätze als Träger eines durch sie dargestellten Bedeutungsgehalts teilt. Die dogmatische Rechtswissenschaft hat also diejenige Bedeutung eines Rechtssatzes zu ermitteln, die ihm im Sinngefüge der Rechtsordnung nach dem ihm innewohnenden Bedeutungsgehalt zukommt. Die juristische Auslegung ist daher, so meint RADBRUCH, nicht Nachdenken eines (durch den Gesetzgeber oder Gesetzesverfasser tatsächlich) Vorgedachten, sondern „Zuendedenken eines Gedachten" (S. 111)[21]. Das heißt, die Auslegung hat den *immanenten Sinngehalt* eines Rechtssatzes oder Rechtsbegriffs zu entfalten und sichtbar zu machen. Allein sie kann ihn – und das unterscheidet die Auffassung RADBRUCHs grundlegend von derjenigen KELSENs – nur dadurch verstehen, daß sie ihn auf den zu Grunde liegenden Zweck und letzten Endes auf die Rechtsidee bezieht und dabei auf die sich wandelnden Rechtsbedürfnisse Rücksicht nimmt. So führt sie „in unmerklichem Übergange von Auslegungen aus dem Geiste des Gesetzgebers zu Regeln, die der Ausleger selbst als Gesetzgeber aufstellen würde". Sie ist daher, „ein unlösbares Gemisch theoretischer und praktischer, erkennender und schöpferischer, reproduktiver und produktiver, wissenschaftlicher und überwissenschaftlicher, objektiver und subjektiver Elemente" (S. 111).

---

[21] Diese Formel hat RADBRUCH in seiner „Einführung in die Rechtswissenschaft" (9. Aufl. 1952, S. 243) und in seiner „Vorschule der Rechtsphilosophie" (2. Aufl. 1959, S. 9) wiederholt.

Um den einzelnen Rechtssatz nicht nur aus sich selbst, sondern auch aus dem Sinnzusammenhang der gesamten Rechtsordnung zu verstehen, bedarf es neben der Interpretation der juristischen Konstruktion. Unter „Konstruktion" versteht RADBRUCH „die Nacherzeugung eines Ganzen aus seinen zuvor künstlich zerlegten Teilen, die dazu bestimmt ist, uns den notwendigen Zusammenhang dieser Teile, ihre gegenseitigen oder gemeinsamen Abhängigkeiten bewußt zu machen"[22]. RADBRUCH wendet sich ausdrücklich gegen die Verwerfung der juristischen Konstruktion durch den späteren JHERING und die Anhänger der Interessenjurisprudenz; er meint, deren Angriffe richteten sich in Wahrheit nicht gegen die Konstruktion als solche, sondern nur gegen eine falsche Konstruktion aus (durch Abstraktion gebildeten formalen) Begriffen. Die wahre Konstruktion sei die „teleologische Konstruktion", die danach strebe, „die Zwecke der einzelnen Rechtsinstitute als Mittel zu höheren und immer höheren Zwecken und letzten Endes zu einem höchsten Zwecke alles Rechts zu begreifen und darzustellen"[23]. Freilich sei dieses Ziel unerreichbar; überdies werde das teleologische System von einem nach formalen Gesichtspunkten gebildeten System durchkreuzt. So seien etwa die Unterscheidungen von öffentlichem und privatem Recht, dinglichen und persönlichen Rechten „nicht aus dem Rechtszweck abgeleitet, sondern aus der Rechtsform". Der Prozeß könne „rechtsteleologisch aus seinen Zweckprinzipien heraus", aber auch „rechtsformal", nämlich „als ein sich in wechselnden Rechtslagen entwickelndes Rechtsverhältnis", konstruiert werden[24]. Hier bleibt freilich die Frage offen, ob nicht die „Form" eines Rechtsinstituts seinem „Zweck" angepaßt sein muß oder, wenn dies nicht möglich ist, wie sich beide Betrachtungsweisen dann zueinander verhalten. RADBRUCH spricht von einer „doppelten Verarbeitung" des Rechtsstoffs durch die Rechtswissenschaft: einer „kategorialen", die „das Recht als Verwirklichung des Rechtsbegriffs und der in ihm enthaltenen Rechtskategorien darstellt", und einer „teleologischen", die „das Recht als versuchte Verwirklichung der Rechtsidee schildert" (S. 117). Da aber RADBRUCH – im Gegensatz zu STAMMLER und in Übereinstimmung mit BINDER – betont (S. 29), der Rechtsbegriff sei an der Rechtsidee ausgerichtet, so erscheint die Annahme einer durchgängigen Geschiedenheit der „kategorialen" (oder „formalen") und der „teleologischen" Systembildung mindestens insoweit nicht als begründet. In Wahrheit geht RADBRUCH über diesen Dualismus hinaus.

Unter den Rechtsphilosophen, die vom Wertbegriff ausgehen, ist weiter WILHELM SAUER zu nennen, der auch der „Juristischen Methodenlehre" ein besonderes Werk gewidmet hat[25]. Der neukantische Dualismus von Wirklichkeit und Wert ist bei ihm abgeschwächt durch die Annahme eines realen „Wertstrebens", das sich in

---

[22] Einführung in die Rechtswissenschaft, 9. Aufl., S. 245.

[23] a.a.O., S. 246.

[24] An der gleichen Stelle.

[25] Juristische Methodenlehre, 1940. – Von den rechtsphilosophischen Schriften SAUERS sind weiter zu nennen: Das juristische Grundgesetz, 1923; Grundlagen der Gesellschaft, 1924; Rechts- und Staatsphilosophie, 1936; Grundlagen der Wissenschaft und der Wissenschaften, 2. Aufl. 1949; Lehrbuch der Rechts- und Sozialphilosophie, 1929; 2. Aufl., unter dem Titel: System der Rechts- und Sozialphilosophie, 1949.

der Kultur und damit auch im Recht dauernd darstellt und *verwirklicht.* Das Recht verwirklicht sich in Urteilen. Urteile (über das, was recht oder gerecht sei) vollzieht sowohl die Rechtswissenschaft, wie der Gesetzgeber, wie vor allem die Rechtsprechung. Daher hat es die juristische Methodenlehre vornehmlich mit der Eigenart des juristischen Urteilens zu tun (S. 8 ff.). Das juristische Urteil ergeht „über eine konkrete, aber typische (rechtserhebliche) Lebenstatsache gemäß generellen (staatlich-sozialen) Normen zur größtmöglichen Verwirklichung des Grundgesetzes des Gemeinwohls in der Richtung auf die Gerechtigkeit“ (S. 31). Es sucht also nicht einen Seinszusammenhang festzustellen, sondern den festgestellten Sachverhalt an gegebenen Normen zu *messen,* um ihn dadurch im Hinblick auf einen letztgültigen Maßstab oder Wert *auszurichten* und ihn so *zu gestalten.* Damit ist es nicht nur ein Erkenntnisakt, sondern ein durch Erkenntnis vermittelter Gestaltungsakt. Es ist „das Gestalten eines Lebenstatbestandes durch begriffliches Denken zwecks wertender Stellungnahme“ (S. 56). Die besondere Art des Erkennens vollzieht sich hierbei in der Weise, daß „wir einen Gegenstand unseres Erlebens durch Urteile auf höhere Gesetze und Werte als ihre Regulative einlenken“ (S. 71). Werte sind „Regulative“, das soll heißen, sie sind „zwar nicht konkrete Zielpunkte des Lebens und Strebens, wohl aber abstrakte Maßstäbe, an denen im Leben alle Erscheinungen innerhalb der zugeordneten Kulturgebiete gemessen und gerichtet werden“ (S. 60). Sie sind einerseits „nur erkennbar zugleich mit einem konkreten Fall, einem Lebenstatbestand, einem einzelnen Wertstreben, das auf seinen wahren Wert beurteilt werden soll“, und müssen andererseits „mit anderen über- und nebengeordneten Regulativen eine geschlossene systematische Einheit bilden“ (S. 62). Jede vollständige rechtliche Würdigung vollzieht sich hiernach in einem „Gesamtakt“, der sich aus vier Stufen zusammensetzt. Diese Stufen sind: 1. die Erfassung eines Lebensausschnitts; 2. die Heraushebung des Rechtserheblichen; 3. die Einordnung unter die konkrete Rechtsnorm und 4. die „Einlenkung“ oder Ausrichtung auf die Rechtsidee als den obersten Rechtswert (S. 225).

Die Auslegung der positiven Rechtsnorm und erst recht die schöpferische Weiterbildung des Rechts durch die Rechtsprechung hat sich nach SAUER demgemäß in letzter Linie an der Rechtsidee als „regulativem Prinzip“ zu orientieren. SAUER erkennt, daß Auslegung und Rechtsfortbildung nur graduell verschieden sind. Die Auslegung ist „die Transformation (Umprägung oder nähere Ausführung) der Norm in eine Gestalt, die ihren wahren Gehalt deutlicher offenbart und ihren Zweck, die Rechtsverwirklichung, sicherer erreicht“ (S. 293). Alle Rechtsnormen, auch die Gesetze, sind nach SAUERS Ansicht „nicht als tatsächliche Willensäußerungen auszulegen“, sondern „in ihrem Sinngehalt zu ergründen“ (S. 294). Dieser ergibt sich einerseits aus ihrem Ursprung, andererseits aus ihrem Ziel und Zweck. Seinen Ursprung hat das Gesetz im Willen des Gesetzgebers. Zunächst ist daher „die Auffassung der gesetzgebenden Organe“ zu ermitteln (S. 297). Doch darf die Auslegung hierbei nicht stehenbleiben. Das Gesetz muß mit dem Wandel der Lebensverhältnisse und der Lebensanschauungen mitgehen, soll es nicht „als erstarrt und leblos gescholten werden“. Daher ist letztlich maßgebend „der Wille, d. h. der objektive Sinn des Gesetzes zur Zeit des Urteils“ – vorausgesetzt allerdings, daß auf diese Weise „mit dem ursprünglichen Geist des Gesetzes nicht voll gebrochen wird". Somit sucht SAUER die subjektive Auslegungstheorie mit der „objektiven" zu vereinigen (S. 298), wobei er der objektiven Theorie jedoch ersichtlich den Vorrang einräumt, wenn er zum Schluß nochmals betont, daß nicht „ein vermeintlicher Wille auszulegen", sondern „der Geist der Rechtsordnung, der sich in den Gesetzen verkörpert, zu erforschen" sei (S. 299). Der Schwerpunkt liege „nicht bei der Auslegung eines mystischen Willens, sondern in der Erforschung der schöpferischen Lebenskräfte, aus denen die Normen und Aufgaben erwachsen" (S. 300). Denn die Gesetze seien „die Gestaltung der Lebenskräfte zu Werten im Hinblick auf die Gerechtigkeit". Da die Gesetze aber dieser Aufgabe nie im vollen Umfange genügen könnten, die Auslegung selbst immer auch schon eine Weiterbildung des Gesetzes sei, so gehe sie in dem umfassenderen Begriff der (richterlichen) Rechtsschöpfung auf.

3. Objektiver Idealismus und Dialektik

Die im Jahre 1921 erschienene „Kritik der neukantischen Rechtsphilosophie" von ERICH KAUFMANN zeigte an, daß der Neukantianismus auch in der Rechtsphilosophie seinen Höhepunkt überschritten hatte, nachdem er in der allgemeinen Philosophie bereits seit geraumer Zeit durch andere Richtungen, wie EDMUND HUSSERLS „Phänomenologie", MAX SCHELERS und NICOLAI HARTMANNS „Materiale Wertlehre" und „Ontologie", abgelöst worden war. Was KAUFMANN dem rechtsphilosophischen Neukantianismus zum Vorwurf machte, war dies, daß er sein Ziel, „ein Reich absoluter Werte über der Wirklichkeit als deren Halt und Maßstab sicherzustellen", verfehlt habe, weil „er in einem erkenntnistheoretisch-formalen Rationalismus steckenblieb", weil er „dem empirischen Positivismus keine positive Metaphysik entgegenzustellen wagte"[26]. Seine Grundhaltung sei „eine Flucht aus der bedrückenden und erdrückenden unendlichen Mannigfaltigkeit der Wirklichkeit, der gegenüber als letzte Zufluchtsstätte bloß noch abstrakte, bloß noch formale und eindimensionale Begriffsbildungen, die alles Stoffliche und Anschauliche ausgeschieden haben, Ruhe gewähren können".

KAUFMANNS Kritik – die auf den „südwestdeutschen Neukantianismus" nur bedingt zutraf – machte einen Mangel deutlich, ohne ihm schon abzuhelfen. Hinter KAUFMANNS Kritik stand aber, als positives Moment, die Wendung zur Philosophie HEGELS. In dem gleichen Jahre wie KAUFMANNS „Kritik der neukantischen Rechtsphilosophie" erschien der erste Band des grundlegenden Werkes des „Neuhegelianismus" der zwanziger Jahre: RICHARD KRONERS „Von Kant bis Hegel"[27]. Ihm folgten in den nächsten Jahren eine Reihe bedeutender Hegeldarstellun-

---

[26] Kritik der neukantischen Rechtsphilosophie, S. 98.

[27] KRONER, Von KANT bis HEGEL, Bd. 1, 1921; Bd. 2, 1924.

gen[28]; man sprach geradezu von einer „Hegelrenaissance". HERMANN GLOCKNER besorgte einen Neudruck der „Sämtlichen Werke Hegels" nach der Originalausgabe; JOHANNES HOFMEISTER bemühte sich im Rahmen der „Philosophischen Bibliothek" um eine neue Ausgabe der Hegelschen Texte nach den Vorlesungsmanuskripten.

Der Wortführer des „Neuhegelianismus" in der Rechtsphilosophie wurde JULIUS BINDER. Er war ausgegangen vom Neukantianismus; in der Auseinandersetzung mit STAMMLER, aber auch mit RICKERT und LASK fand er den Weg zu einer Philosophie sehr eigener Prägung, mit der er jedoch niemals zu dem von ihm erstrebten Abschluß gelangt ist. Was seine Werke so schwer verständlich macht, ist einmal das Übermaß an polemischen Auseinandersetzungen, zum anderen die eigenwillige Terminologie und der häufige Wechsel des eigenen Standpunktes. Zuletzt nahm BINDERS Philosophieren mehr und mehr eine esoterische Form an, die es nur noch dem „Eingeweihten" erlaubte, seinen Gedanken zu folgen. Sein zentrales Anliegen war die Ausrichtung des positiven Rechts und der Rechtswissenschaft an einem ethischen Prinzip, der „Rechtsidee". Er bekämpfte jede instrumentale Auffassung des Rechts, die seinen Eigenwert nicht gelten lassen will, es als Mittel zu beliebigen Zwecken glaubt benutzen zu können, und den blinden Irrationalismus, der sich in dem Satz zu erkennen gibt: „sic volo, sic jubeo; stat pro ratione voluntas". Das wird besonders in dem Vorwort zu seiner „Grundlegung der Rechtsphilosophie" deutlich.

Der Rechtswissenschaft und ihren Methoden hat BINDER in seiner 1925 erschienenen „Philosophie des Rechts" eingehende Ausführungen gewidmet. Dieses Werk gehört der mittleren Periode der Werke BINDERS an: BINDER löst sich hier von den Auffassungen seiner ersten, ganz vom Neukantianismus geprägten Entwicklungsphase[29], hat indessen den von ihm als „absoluten Idealismus" bezeichneten, esoterischen philosophischen Standpunkt seiner letzten Periode noch nicht erreicht[30]. BINDER selbst bezeichnete diesen Standpunkt seiner mittleren Periode als „objektiven Idealismus". Damit ist eine Auffassung gemeint, die die „Idee" – im Sinne eines Letzten, Unbedingten, d.h. in sich Gründenden – nicht nur als ein „transzendentales" Prinzip des Bewußtseins, sondern ebensosehr auch als immanentes Prinzip des Seienden ansieht. Demgemäß ist die Hauptthese BINDERS, mit der er sich vornehmlich gegen STAMMLER wendet, daß die Rechtsidee in dem geschichtlich

---

[28] So die von NICOLAI HARTMANN, 1929, THEODOR HAERING, 1929 und 1938; H. GLOCKNER, 1929 und 1940. In einer gewissen Verbindung mit der „Hegelrenaissance" steht auch die Neubearbeitung des „Wörterbuchs der philosophischen Begriffe" von JOH. HOFMEISTER (2. Aufl. 1955)

[29] Dieser Periode BINDERS gehören folgende Werke an: Rechtsnorm und Rechtspflicht, 1912; Rechtsbegriff und Rechtsidee, 1915; auch noch Prozeß und Recht, 1927.

[30] Kennzeichnend für diese letzte Periode ist die 1935 erschienene „Grundlegung zur Rechtsphilosophie". Dagegen ist die unter dem Titel „System der Rechtsphilosophie" 1937 erschienene, stark gekürzte 2. Auflage der „Philosophie des Rechts" noch der mittleren Periode zuzurechnen. BINDER hat hier gerade die auf die Methode der Rechtswissenschaft bezüglichen Teile ausgeschieden, um sie einer späteren Neubearbeitung zu überlassen, der er den Titel „Wissenschaftslehre" geben wollte. Diese ist von ihm nicht mehr vollendet worden; Auszüge daraus hat 1957 P. FLITSCH in ARSP 43, S. 531 veröffentlicht.

daseienden Recht und seinen Wandlungen in die Erscheinung trete, sich in ihm einen – mehr oder minder adäquaten – Ausdruck und praktische Geltung verschaffe. Das schließt die These ein – die wir auch bei RADBRUCH fanden –, daß das daseiende, geschichtliche Recht in seinem eigentlichen Sinne nur verstanden werden könne vermöge der ihm innewohnenden Beziehung auf die Rechtsidee. Die Rechtswissenschaft verkennt ihren Gegenstand, das ist die nächste Folgerung, wenn sie von diesem sinnhaften Bezug der Rechtssätze und der Rechtsinstitute absieht, nur um sich den „exakten" Naturwissenschaften anzupassen oder die Stringenz der „formalen Logik" zu erreichen, die ihr versagt bleiben muß.

BINDERS Zentralbegriff – in der hier interessierenden Periode seines Schaffens ist also die *„Rechtsidee"*. Er verstand sie einerseits im Kantischen Sinne als ein *ethisches Postulat,* als eine stets neu zu verwirklichende „Aufgabe", anderseits aber als das konstitutive Grundprinzip, nämlich als Sinn-apriori des positiven oder geschichtlichen Rechts. Als solches ist sie nicht nur ein „formales" Denkprinzip, sondern notwendig inhaltserfüllt; in ihren Ausstrahlungen oder Momenten – von BINDER noch im Jahre 1937 in Anlehnung an den neukantischen Sprachgebrauch als „Kategorien" bezeichnet – ist sie die Fülle des im positiven Recht – jeweils mehr oder weniger vollkommen – verwirklichten rechtsethischen und sozialphilosophischen Sinnes. Damit rückt sie in die Nähe des konkret-allgemeinen Begriffs der Hegelschen Philosophie, was BINDER im letzten Stadium seiner Entwicklung dazu veranlaßt hat, den Terminus „Idee" – für die meisten Leser gewiß mißverständlich – durch den Terminus „Begriff" zu ersetzen.

Das Recht besteht als ein geschichtlich Gegebenes, in der Geschichte sich Veränderndes zwar in der Zeit, es ist darum aber weder etwas Physisches noch etwas Psychisches. Vielmehr gehört es, sagt BINDER, einem „dritten Reich des Wirklichen, dem Reich des Geistigen, der Bedeutungen" an (S. 886). Die Rechtswissenschaft ist eine Wissenschaft „vom Sinnerfüllten und Bedeutungsvollen", d.h. eine *interpretative Wissenschaft* (S. 887). Da aber das positive Recht ein jeweils historisch besonderes ist, so rechnet BINDER die Rechtswissenschaft zu den „individualisierenden" Wissenschaften im Sinne RICKERTS. Sie suche nicht im Besonderen nach dem Allgemei-nen, sondern verwende allgemeine Begriffe nur als Hilfsbegriffe, „um sich mit ihrer Hilfe durch Vergleichung und Unterscheidung des Besonderen im geschichtlich Gegebenen bewußt zu werden" (S. 888). So seien die Begriffe des Eigentums, des Nießbrauchs, des Anspruchs usw. jeweils „im Sinne des BGB" nicht Allgemeinbegriffe, sondern Individualbegriffe; als solche seien sie „Rechtsnormeninbegriffe, deren Einheitsmoment zunächst ein Zweckgedanke, darüber hinaus aber in letzter Linie die Rechtsidee ist" (S. 894). Eine „formallogische" Behandlung des Rechts sei deshalb unzureichend; vielmehr müsse die juristische Begriffsbildung „teleologisch" verfahren, d.h. sie müsse den speziellen Zweck eines Rechtssatzes oder Rechtsinstituts und dessen sinnhafte Beziehung auf die Rechtsidee deutlich machen. Zustimmend zitiert BINDER demnach die Worte von RADBRUCH, daß, wie der Begriff des Rechts an der Rechtsidee zu orientieren sei, so auch der Begriff jedes einzelnen Rechtsinstituts aus der Beziehung auf seine „spezifische Idee" gewonnen werden müsse (S. 897).

Freilich bediene sich, meint BINDER, die „technische Jurisprudenz" auch des (abstrakten) Allgemeinbegriffs; so ordne sie die von ihr gebildeten Individualbegriffe (z. B. des Eigentums, des Nießbrauchs im Sinne des BGB) durch Ausscheidung des Besonderen unter „höhere Begriffe" (z. B. den des „dinglichen Rechts") ein. Diese „höheren Begriffe" hätten „zwar als begrifflicher Ausdruck einer bestimmten Rechtsordnung" immer noch eine individuell-historische Bedeutung, im Verhältnis zu jenen Unterbegriffen seien sie aber doch Allgemeinbegriffe (S. 896). Es entgeht BINDER zwar nicht, daß solche Allgemeinbegriffe, eben weil sie von der Sinnfülle des aus seiner Idee verstandenen Rechtsinstituts abstrahieren, nicht auf die Rechtsidee hin-, sondern geradezu von ihr wegführen; das daraus resultierende Problem einer mehrfachen Begriffsbildung wird von ihm jedoch nicht weiterverfolgt. In seiner im Jahre 1934 erschienenen Abhandlung über den Methodenstreit in der Privatrechtswissenschaft[31] behauptet er vielmehr, daß, wenn die Rechtswissenschaft „überhaupt einmal" abstrakt-allgemeine, rein klassifikatorische Begriffe bilde, dieses Verfahren „im ganzen nur eine höchst untergeordnete Rolle" spielen könne – eine Behauptung, deren Richtigkeit im Hinblick auf das damals tatsächlich geübte Verfahren allerdings zweifelhaft ist.

Auch in seiner letzten, streng hegelianischen Phase hat BINDER noch daran festgehalten, die von der Rechtswissenschaft gebildeten Begriffe seien historische oder Individualbegriffe[32]. Dem kann nicht zugestimmt werden. Die Rechtsdogmatik untersucht etwa das Eigentum oder den Vertragsbegriff „im Sinne des BGB" nicht so sehr nach seiner historischen Besonderheit – das ist die Aufgabe der Rechtshistorie, von der freilich die Rechtsdogmatik nie völlig abgelöst werden kann –, denn als ein Ordnungsgefüge, das in mannigfachen Lebensverhältnissen in gleichartiger Weise zu funktionieren bestimmt ist, dem daher einzelne Rechtsverhältnisse ein- oder untergeordnet werden können. Ihr Interesse gilt also gerade nicht dem, was an diesen Instituten geschichtlich einmalig ist, sondern dem, was sie für die Regelung menschlicher Beziehungen „allgemein" bedeuten. Berechtigt ist sicherlich BINDERS Zweifel daran, ob sich die Bedeutung eines solchen Rechtsinstituts durch einen *abstrakten* Begriff, d. h. durch die Angabe einzelner herausgelöster und isolierter „Merkmale" zutreffend wiedergeben läßt. Richtig ist ferner, daß die Bildung immer „höherer", notwendig inhaltsärmerer abstrakter Begriffe zu einem fortschreitenden Verlust des Sinngehalts führt[33]. Sie bedarf daher einer Ergänzung durch die Rückbeziehung auf Rechtsprinzipien und die Verwendung von Typen, die Herausarbeitung typenbildender Merkmale. Dazu ist BINDER aber nicht mehr gelangt.

Wenn BINDER die Rechtswissenschaft wiederholt als eine historisch-interpretative Wissenschaft bezeichnet[34], so will er damit nicht etwa sagen, daß die juristische Interpretation nur nach dem historisch-psychologischen Willen des Gesetzgebers zu forschen habe. Während sich die philologische Auslegung mit der Erschließung des Gedankens begnüge, den der Urheber habe ausdrücken wollen, müsse der Jurist,

[31] In ZHR 100, S. 4 ff. (zum Text vgl. S. 77).

[32] Vgl. seine Ausführungen in ZHR 100, S. 77, und die von P. FLITSCH in ARSP 43, S. 531 ff. mitgeteilten Stellen aus BINDERS nachgelassener Wissenschaftslehre, besonders S. 542.

[33] Daß die Bildung nur abstrakter Begriffe dazu führt, „den geistigen Gehalt aus den juristischen Begriffen zu eliminieren", hat bereits E. KAUFMANN in seiner „Kritik der neukantischen Rechtsphilosophie" (1921, S. 75) ausgesprochen.

[34] Auch in der nachgelassenen Wissenschaftslehre; vgl. a.a.O., S. 542.

meint BINDER, darüber hinausgehen, da er „die Auslegung zum Zwecke der praktischen Anwendung des Gesetzes vornimmt" (S. 914). Diese aber ziele letztlich immer auf die Verwirklichung der Rechtsidee, die damit für BINDER zum Leitprinzip sowohl der Auslegung wie der Rechtsfortbildung durch den Richter wird. BINDER verwirft zwar nicht die Berücksichtigung des empirischen Willens des Gesetzgebers, aber er verlangt, im empirischen den objektiven, den „vernünftigen" Willen zu erkennen[35]. Darin sieht er den „richtigen Kern der sog. objektiven Auslegungstheorie". So wie der Gesetzgeber sich stets von der Rechtsidee leiten lassen müsse, so müsse der Ausleger „die der gesetzlichen Regelung immanente Vernunft zu entwikkeln suchen" (S. 976). Die Auslegung habe also zunächst „die empirischen Zwecke der fraglichen Vorschrift zu erforschen", dann aber „ihre Ergebnisse auf Grund der Idee des Rechts zu überwachen und zu berichtigen". Das bedeutet: „Für die Feststellung des Inhalts und der Tragweite einer Rechtsnorm kommt es nicht ausschließlich auf die Zweckvorstellung an, die der Gesetzgeber zur Zeit des Erlasses seiner Vorschrift gehabt hat, sondern die Aufgabe der Auslegung ist es, die Rechtsnorm im Zusammenhang mit der lebendigen Wirklichkeit, mit den empirischen Verhältnissen und Zweckideen der unmittelbaren Gegenwart zu erfassen. Dann allein bleibt die Rechtsnorm im Einklang mit der Idee des Rechts, erscheint sie als Ausdruck der objektiven Vernunft" (S. 977). Diese Ausführungen sind wieder nur verständlich, wenn man beachtet, daß die „Rechtsidee" für BINDER, im Gegensatz zu STAMMLER, nicht nur einen formalen „Blickpunkt", sondern die Fülle des Sinnes bedeutet, der sich im Recht als einem lebendigen geistigen und geschichtlichen Prozeß immer aufs neue entfaltet und es gestaltet[36]. So gesehen, bedeuten sie die Forderung, die einzelne Rechtsnorm stets so auszulegen, wie dies dem „Geist" der gesamten Rechtsordnung, d. h. den in ihr zutage tretenden, durch sie bestätigten Grundwerten und Grundprinzipien entspricht.

Wenn aber das Recht als Ganzes ein geschichtlicher Prozeß und die Einheit der Rechtsordnung nicht die formal-logische des abstrakt-begrifflichen Systems, sondern die teleologische einer – nicht „gegebenen", sondern „aufgegebenen" – Übereinstimmung der immer neu auftauchenden Zwecke im Hinblick auf die leitenden Werte und Prinzipien ist, dann ergibt sich daraus, daß das positive, „geformte" Recht einer Zeit niemals in sich abgeschlossen und „lückenlos" sein kann, daß es vielmehr notwendig immer wieder ergänzungsbedürftig ist. Der Richter ist daher aus der „Natur der Sache" heraus – mag der Gesetzgeber dies anerkennen oder nicht – nicht nur zur Rechtsanwendung, sondern auch zur Rechtsfortbildung berufen. In diesem Punkte berührt BINDER sich sehr nahe mit der sonst von ihm als „naturalistisch" bekämpften „Interessenjurisprudenz", mit deren „praktischen Konsequenzen" er

---

[35] Dies hatte, wie wir gesehen haben, auch schon WINDSCHEID gefordert. Allein „vernünftig" ist für WINDSCHEID das logisch folgerichtig zu Ende Gedachte (also das nur „Verständige" im Sinne HEGELS und des späten BINDER), für BINDER darüber hinaus das teleologisch Richtige, die Übereinstimmung mit der (im geschichtlichen Rechtsganzen positivierten) Rechtsidee.

[36] Vgl. auch BINDERS Abhandlung „Zur Lehre vom Rechtsbegriff", Logos, Bd. 18 (1929), S. 1 ff., besonders S. 18 f.

sich hier weitgehend einverstanden erklärt[37]. Er erkennt ebenso wie Heck, daß bereits die Frage, ob in einem bestimmten Fall eine „Gesetzeslücke" vorliegt, nur durch ein Werturteil beantwortet werden kann und daher eine teleologische Denkweise voraussetzt. Das Vorliegen einer „Lücke" bedeutet nicht, daß eine Entscheidung nach dem Gesetz (durch formal-logische Subsumtion) nicht möglich ist, sondern daß die auf solche Weise mögliche Entscheidung nicht „sachgemäß", d.h. teleologisch nicht begründbar ist (S. 980). Nur vermöge der „teleologischen Natur des Rechts", sagt BINDER, habe es überhaupt einen Sinn, nach der Vollständigkeit oder Unvollständigkeit einer rechtlichen Regelung zu fragen: „für den Physiker, den Chemiker, den Astronomen gibt es keine Lücken in der Natur" (S. 983). Die Annahme einer Gesetzeslücke bedeute, „daß wir einen Rechtssatz oder eine Rechtseinrichtung vermissen, die durch das Rechtsganze oder durch die wirtschaftlichen oder sittlichen Verhältnisse der Gesellschaft gefordert wird, die also da sein sollte" (S. 983). Wenn aber eine „Lücke" in diesem Sinne festzustellen sei, dann habe sie der Richter auch „aus dem Geiste des Rechts überhaupt und aus der Teleologie des Gesetzes zu ergänzen" (S. 985). Das bedeutet nichts anderes, als daß die Lückenergänzung denselben Prinzipien zu folgen hat wie schon die Auslegung des Gesetzes, daß sie also die Fortsetzung der Auslegung auf einer anderen Stufe ist. „Ergänzt" werden hierbei die einzelnen gesetzlichen Bestimmungen, „ausgelegt" wird auch hier das Gesetz als Ganzes, darüber hinaus das Recht als Inbegriff zur Normbildung geeigneter Prinzipien.

BINDER wendet sich hiernach entschieden gegen die Meinung, daß sich die Tätigkeit des Richters bei der Rechtsanwendung in einer „mechanischen Subsumtion" erschöpfe; eine solche werde „überhaupt nur in den seltensten Fällen möglich sein" (S. 993). In dieser Hinsicht hat BINDER Ergebnisse der heutigen Methodendiskussion schon weitgehend vorweggenommen. Allerdings, so meint er, müsse der Richter *immer* subsumieren; nur handle es sich dabei nicht um eine „formallogische Operation". Wenn man seine Tätigkeit überhaupt als eine solche habe ansehen können, dann nur deshalb, weil „der Gegenwart das Bewußtsein fehlt, daß die formale Logik, deren sich die Mathematik bedient, nicht die einzige Methode ist, durch die Bewußtseinsinhalte verarbeitet werden können, daß es neben der formalen noch eine teleologische Logik geben kann und gibt" (S. 992). Weil davon auch die Freirechtsschule nichts wisse, habe sie die „souveräne Freiheit des Richters" gefordert, um ihn „von einer Fessel zu befreien, in die ihn, wie sie meint, das Gesetz, in Wahrheit aber die Alleinherrschaft der formalen Logik verstrickt". Die wahre Freiheit des Richters könne nur „in der Überwindung seines Subjektivismus", d. h. darin bestehen, daß sich der Richter den „Geist der Rechtsordnung" in seinem Denken zu eigen macht, aus ihm heraus urteilt. Durch diese Erkenntnis, meint BINDER, werde „nicht nur der Gegensatz von Positivismus und Freirechtsschule

---

[37] ZHR 100, S. 58. BINDERS Kritik bezieht sich vornehmlich auf das theoretische Fundament, also auf die „genetische Interessentheorie" HECKS (vgl. ZHR 100, S. 65, Anm. 59), die daraus folgende Verabsolutierung der einzelnen Interessen und das fehlende Verständnis für die Idee und den konkret-allgemeinen Begriff. Diese Kritik ist auch heute noch beachtenswert.

überwunden", sondern auch die Frage bedeutungslos, ob „die Analogie Rechtsanwendung oder Rechtsschöpfung sei". Sie sei „Rechtsanwendung, insofern der Richter an das Gesetz gebunden ist, dieses aber seiner Idee und seinen empirischen Zwecken entsprechend anzuwenden hat"; im Grunde aber sei „alle Rechtsanwendung ihrem Wesen nach schöpferische Tätigkeit", indem sie – dies ist wieder spezifisch neukantisch gedacht – nicht anders denkbar sei denn „als Umgestaltung ihres Materials" (S. 994).

BINDERS Methodenlehre führt damit unmittelbar an die Erkenntnis heran, daß das Verhältnis von Gesetz (oder auch: objektivem Recht) und Gerichtspraxis als ein *dialektisches* zu denken ist. Diese Erkenntnis hat zuerst der Rechtsphilosoph WALTHER SCHÖNFELD ausgesprochen. Am deutlichsten ist dies in seiner Schrift über „Die logische Struktur der Rechtsordnung" und in einer Abhandlung unter dem Titel „Der Traum des positiven Rechts"[38] geschehen.

SCHÖNFELDS Anliegen war, ebenso wie dasjenige BINDERS, die Überwindung der Gedankenwelt des Positivismus sowohl in der Theorie wie in der Rechtspraxis. Auch er knüpfte in den zwanziger Jahren zunächst an HEGEL, später aber an SCHELLING an. Anders als BINDER, ist er zu HEGEL nicht auf dem Wege über den Neukantianismus gelangt; infolgedessen hat er, früher und deutlicher als jener, auch die real-ontologische Seite der Hegelschen Dialektik gesehen. Seine Fragestellung war von vornherein nicht so sehr erkenntnistheoretisch als ethisch-metaphysisch, zum Schluß theologisch. Das macht sich bis in die Terminologie hinein bemerkbar: Haftet dem Ausdruck „Vernunft" bei BINDER noch etwas von der Starrheit der Kantischen „Kategorien" (der „reinen Grundbegriffe" STAMMLERS) an, so ist der „Logos", von dem SCHÖNFELD ausgeht[39], von vornherein sich bewegender, schöpferisch-unberechenbarer „Geist". Er ist ebenso das schlechthin Eine und Allgemeine (im Sinne des „Universalen", nicht des Gleichförmigen!) wie das unableitbar Eigenartige, Individuelle, die Persönlichkeit. Denn als das Lebendige, sich Hervorbringende ist er die „dialektisch-konkrete" Einheit des Gegensätzlichen, das eine *im* anderen und *mit* dem anderen und in diesem Sinne das Ganze[40]. Dies auf den Prozeß der Rechtsanwendung bezogen, bedeutet, daß das Gesetz eben nur dadurch, daß es auf den „Fall" angewandt und dadurch auch „Urteil" wird, erst „wirkliches Recht" ist. Getrennt von seiner Anwendung, als die lediglich allgemeine Regel gedacht, wie das im Grunde auch noch bei BINDER geschieht, ist es nur eine Abstraktion. Erst der Richter, als verantwortlich denkende und entscheidende Persönlichkeit, gibt der Norm in der Anwendung auf den Fall, im Urteil also, ihre Wirklichkeit, so wie er auf der anderen Seite dem einzelnen Fall dadurch „sein *Recht*" gibt, daß er ihn „sachlich" oder „nach dem Recht" richtet. „Das Recht ist nur im Richter, der es denkt, und zwar in seiner Objektivität denkt, objektiv"[41]. „Das Recht in seiner Objektivität, gelöst vom Praktiker und seiner Subjektivität, ist eine tote und hoffnungslose Abstraktion"

[38] In AcP 135 (1932), S. 1 ff.

[39] Logische Struktur, S. 17 ff.

[40] Vgl. dazu SCHÖNFELDS Schrift „Über den Begriff einer dialektischen Jurisprudenz", 1929.

[41] AcP 135, S. 42.

– „nur in der Subjektivität erfüllt sich die Objektivität, und umgekehrt“[42]. Das aber bedeutet: „Nur in der Auslegung oder Interpretation konkretisiert es (das Recht) sich zum Recht in seiner Wirklichkeit[43].

Das, was SCHÖNFELD hier ausspricht, sind Gedanken, die auch in der heutigen Methodendiskussion, gelöst von ihrem philosophischen Hintergrund bei SCHÖNFELD, eine erhebliche Rolle spielen. Nicht zufällig taucht hier auch der Terminus „Konkretisierung“ auf, dessen Bedeutung für die Rechtswissenschaft unserer Zeit KARL ENGISCH im Jahre 1953 eine ebenso eindringende wie umfassende Monographie gewidmet hat[44]. Die heute wohl noch überwiegende Auffassung der deutschen Juristen geht dahin, daß es eine fertig bereitliegende Rechtsordnung gebe, die von dem Richter auf den einzelnen Fall nur „angewandt“ zu werden brauche, um daraus mittels „Subsumtion“ die richtige Entscheidung abzuleiten. Nur da, wo sich das Gesetz selbst sogenannter unbestimmter Begriffe oder konkretisierungsbedürftiger Wertmaßstäbe bediene, sei es anders. In der Wirklichkeit unseres Rechtslebens dringt dagegen das „Richterrecht“ („judge made law“) immer weiter vor. An die Stelle allzu ängstlicher Bindung an das Gesetz oder doch an „überlieferte Lehren“ und begriffliche Festlegungen ist auf manchen Gebieten, etwa dem des Arbeitsrechts, eine fast schrankenlose „Billigkeitsrechtsprechung“ getreten. Daher drängt sich heute manchem umgekehrt die Auffassung auf, daß das, was jeweils Recht ist, allein durch die Gerichte bestimmt werde, daß der Richter, mit anderen Worten, nicht der „Diener“ oder der „sprechende Mund“, sondern der alleinige Schöpfer des Rechts sei. Es genügt, hierfür auf ESSER zu verweisen[45]. Auch in KELSENs Theorie der stufenweisen Rechtserzeugung wird die Aufgabe des Richters ja in der *Normsetzung* (im Rahmen der ranghöheren Norm) gesehen. Ebenso meint LESS[46], in jeder Gesetzesinterpretation stecke „ein Akt der Gesetzgebung“. In Wahrheit sind beide extremen Auffassungen gleich einseitig und gleich falsch. Der Fehler liegt darin, daß man das Verhältnis von „Norm“ und „Entscheidung“ – um die Ausdrücke von H. ISAY aufzunehmen – nur antithetisch, nicht dialektisch sieht. Die Entscheidung ist weder einfache „Anwendung“ der Norm, durch die diese unverändert bliebe, noch ist sie anderseits ein rein „voluntaristischer“ Akt, sondern Bewußtmachung, Verdeutlichung, somit nähere Bestimmung und dadurch mehr oder weniger auch schon eine Fortbildung oder weitere Gestaltung („Konkretisierung“) des der allgemeinen Norm immanenten Sinngehalts. Und da jede Entscheidung den Anspruch darauf erhebt, die Norm „richtig“ aufzufassen, so kann sie ihrerseits für künftige Entscheidungen nach dieser Norm selbst wieder richtunggebend werden. Geschieht das aber, dann gilt die Norm fortan in *der* Bedeutung oder *der* Modifikation, die sie in der Rechtsprechung erfahren hat. Die Norm bedarf also fortgesetzt der Entscheidungen, um als Norm (d. h. Richtmaß, allgemeines Gesetz) in *bestimmter Weise* wirken zu können, die „Entscheidung“ bedarf ihrerseits der Norm oder doch eines Prinzips, an dem sie sich ausrichten kann, weil anders sie nicht als Recht *Geltung* beanspruchen könnte[47]. Der Prozeß der „Normanwendung“ durch richterliche „Entscheidungen“ ist ein Prozeß der ständigen Nach- und auch Neuschöpfung, in dem das „objektive“ Recht vermöge des subjektiven, aber sich selbst wieder an der Norm orientierenden Rechtsbewußtseins des Richters, als der „objektive Geist“ *wirklich* wird. So wird es auch verständlich, daß das Ergebnis einer dauernden Rechtsprechung als normativer Gehalt der Entscheidungen selbst zum objektiven Recht werden kann, obgleich die einzelne Entscheidung, für sich allein genommen, keine allgemein verbindliche Norm „setzt“, sondern nur „ausspricht“, was in diesem Fall „Rechtens“ ist.

---

[42] Ebenda, S. 47.

[43] Ebenda, S. 43.

[44] Die Idee der Konkretisierung in Recht und Rechtswissenschaft unserer Zeit.

[45] Vgl. unten Kap. 5, 3.

[46] LESS, Vom Wesen und Wert des Richterrechts, 1954, S. 9.

[47] Dies deshalb, weil „gerecht“ nur eine Entscheidung sein kann, die für alle rechtlich gleichwertigen Fälle das *gleiche Maß* zugrunde legt. Das betont mit Recht FIKENTSCHER, Methoden des Rechts, Bd. IV, S. 188 ff. („Gleichgerechtigkeit“).

Kehren wir zu SCHÖNFELD zurück. Rechtsfindung durch das Gericht, so lesen wir (Log. Str. 52), ist notwendig ebenso gebunden wie frei, „wobei das Maß der Freiheit verschieden groß sein kann". Es gibt keine schlechthin „freie" Rechtsfindung, weil eine solche Willkür und damit das Gegenteil von Recht wäre, aber auch keine schlechthin gebundene, weil „der Fall, welcher zu richten ist, sich zum Recht, das ihn richtet, niemals wie die Art zur Gattung verhält, also weder ihm zu subsumieren noch aus ihm zu deduzieren ist". Der einzelne Fall verhält sich, so können wir SCHÖNFELD interpretieren, zum „Tatbestand" der Norm nicht wie die Art oder Unterart zur Gattung, weil er in seiner Eigenart und Komplexität durch die in einem Gattungsbegriff zusammengefaßten isolierten Merkmale niemals „adäquat" erfaßt werden kann. Anders ausgedrückt, seine Einmaligkeit und Besonderheit als ein bestimmtes historisches Geschehen widerspricht seiner Behandlung lediglich als einem von anderen gleichartigen Fällen nicht wesentlich unterschiedenen) „Fall" einer abstrakt-allgemeinen Regel. Andererseits, wollte ihn der Richter *nur* in seiner Besonderheit oder gar Einzigkeit sehen, ihn nicht mit anderen seiner Art „vergleichen" und dadurch auf einen allgemeinen Maßstab beziehen, so könnte er ihn auch nicht „richten". Die Spannung zwischen dem Allgemeinen und dem Besonderen und Einmaligen am einzelnen Fall ist also unaufhebbar[48]. Der Richter hat in der Beurteilung des konkreten Falles diesen nicht nur zu „generalisieren", sondern anderseits auch – bis zu einem gewissen Grade- den Maßstab zu „individualisieren", und eben darum erschöpft sich seine Tätigkeit nicht in der „Subsumtion". Je „komplexer" die Eigenart des Falles ist, der zu beurteilen ist, „um so schwieriger und freier wird das Geschäft des Richters, um so mehr entfernt es sich von dem Schein der bloßen Subsumtion"[49]. Grenzfälle sind einerseits der, daß der Fall nur unwesentlich von dem allgemeinen Typus abweicht, so daß das Urteil des Richters „einer einfachen Subsumtion nahezu gleichkommt", und anderseits der, daß er sich der Unterordnung unter eine gesetzliche Norm so weit entzieht, daß wir von einer „Lücke des Gesetzes" sprechen. Diese muß ausgefüllt werden „in dem Sinn und Geist des Gesetzes, in dem sie sich findet", wobei der Richter stellvertretend für den Gesetzgeber handelt. Das aber bedeutet nach SCHÖNFELD, „daß auch die Gerichtspraxis Rechtsquelle ist"[50] – eine Meinung, der von anderen Voraussetzungen herkommend, wie wir noch sehen werden, etwa auch ESSER und KRIELE sind.

---

[48] Daher spricht HENKEL, Recht und Individualität (1957), S. 16 f. von einer „individualisierenden" und einer „generalisierenden" Tendenz der Gerechtigkeit.

[49] Log. Struktur, S. 53.

[50] S. 54.

4. Die phänomenologische Rechtstheorie

Der Neukantianismus betrachtet die „Wirklichkeit" als das Produkt eines Umformungsprozesses, dessen grundlegende Bedingungen *in der Struktur unseres Denkens* gelegen sind. Je nach der zur Anwendung gebrachten kategorialen Form der Synthesis erscheint ihm die gleiche „stoffliche Gegebenheit", von der der Umformungsprozeß seinen Ausgang nimmt, im Ergebnis entweder als „Natur" oder als „Kultur", als kausalgesetzlich bedingter Sozialvorgang oder als rechtlich bedeutsamer Sachverhalt. Vielen Juristen erschien diese Auffassung deshalb als zutreffend, weil der juristisch relevante „Sachverhalt" in der Tat gegenüber dem gesamten Geschehen, aus dem er herausgehoben ist, erst das Ergebnis einer gedanklichen Umformung, nämlich seiner Beurteilung nach Rechtskriterien ist. Allein, ist es wirklich an dem, daß die verschiedenen Weisen, in denen uns etwa die Dinge der leblosen Natur, organisches Leben, seelische Empfindungen und Erlebnisse, Geisteswerke oder sinnhaftes Verhalten eines Menschen entgegentreten, nur auf einer unterschiedlichen Auffassungsweise des Betrachters beruhen und nicht schon in der Seinsart, der „objektiven" Struktur dieser „Gegebenheiten" selbst begründet oder doch vorgebildet sind? Wird ein bestimmtes Geschehen z.B. erst dadurch zu einer menschlichen Handlung, daß wir es auf einen ihm transzendenten Sinn – etwa auf eine Rechtsnorm – „beziehen", oder ist ihm nicht der Sinn als Handlung von vornherein in der Weise immanent, daß es dadurch von einem bloßen Naturgeschehen *in sich* unterschieden ist? Anders ausgedrückt: ist das dem erkennenden Bewußtsein „Gegebene" nur ein gestaltloser, weil undifferenzierter „*Stoff*", oder ist es ein schon in sich differenziertes, gestalthaftes *Sein*? Beantwortet man diese Fragen, wie das in der neueren Philosophie durchweg geschieht, im zweiten Sinne, so muß das gegenüber dem Neukantianismus zu einer radikalen Umkehr der Blickrichtung führen[51]. Kennzeichnend für diese Umkehr der Blickrichtung ist die Kritik, die WELZEL[52] im Jahre 1935 vornehmlich am „südwestdeutschen" Neukantianismus und seinen Anhängern in der Strafrechtsdogmatik übte. Sie gipfelt in dem Satz: „Die wissenschaftlichen Begriffe sind nicht verschiedenartige Umformungen eines identischen wertfreien Materials, sondern Reproduktionen von Teilstücken eines komplexen ontischen Seins, das die gesetzlichen Strukturen und die Wertdifferenzen immanent in sich trägt und nicht erst von der Wissenschaft herangetragen bekommt" (S. 49). Daraus folgt, daß „nicht die Methode den Erkenntnisgegenstand bestimmt, sondern daß sich umgekehrt die Methode wesensnotwendig nach dem Gegenstand als dem ontischen Seinsstück richten muß, das es zu erforschen gilt" (S. 50). Statt das „Apriorische" als „formende Verstandestätigkeit" zu deuten, müsse es vielmehr als „die immanente sachliche Wesensstruktur" des

---

[51] In dieser „Umkehr" ging freilich die erkenntnistheoretische Fragestellung – wie ein dem Bewußtsein „transzendentes" Sein dennoch adäquat gewußt werden kann – verloren. Sie bleibt aber berechtigt, auch wenn man die Antwort des Neukantianismus für unzureichend hält.

[52] Naturalismus und Wertphilosophie im Strafrecht, 1935.

Gegenständlichen selbst verstanden werden (S. 44). Auch der Jurist könne nicht mit seinen Begriffen gleichsam frei schalten, sondern müsse sich bemühen, die ontische Struktur desjenigen Wirklichen zu verstehen, um dessen rechtliche Erfassung es jeweils geht. Bekanntlich hat WELZEL das vornehmlich am Handlungsbegriff näher ausgeführt[53] und damit auf die Strafrechtsdogmatik einen nachhaltigen Einfluß ausgeübt.

WELZELS Kritik der neukantischen Wissenschaftslehre konnte wenigstens im Grundgedanken an die „Phänomenologie“ EDMUND HUSSERLS und besonders an die Ontologie NICOLAI HARTMANNS anknüpfen. Beide haben für die Rechtswissenschaft nur indirekt Bedeutung erlangt. Der erste, der die phänomenologische Methode auf Gegenstände der Rechtswelt angewandt hat, war der Philosoph ADOLF REINACH[54]. Rechtliche Gebilde, wie z.B. Ansprüche, Verbindlichkeiten, Eigentum und andere Rechte mehr, sagt er, haben ein Sein, „so gut wie Zahlen, Bäume oder Häuser“; dieses Sein sei „unabhängig davon, ob es Menschen erfassen oder nicht“, insbesondere unabhängig von allem positiven Recht. Das positive Recht finde die rechtlichen Begriffe, die in es eingehen, vor; „es erzeugt sie mitnichten“ (S. 14). Sie haben eine ihnen eigene Struktur, über die apriorische Aussagen möglich sind. Das positive Recht kann sie „in seine Sphäre übernehmen oder von ihnen abweichen“, vermag aber „ihren Eigenbestand nicht zu berühren” (S. 17). Vielmehr kann „die Struktur des positiven Rechts erst durch die Struktur der außerpositivrechtlichen Sphäre verständlich werden“ (S. 19). Wir treffen in dieser Sphäre Gegenstände eigener Art, Gegenstände, „welche nicht zur Natur im eigentlichen Sinne gehören, die weder physisch noch psychisch sind und die sich zugleich auch von allen ideellen Gegenständen durch ihre Zeitlichkeit unterscheiden“. Denn: „Ansprüche, Verbindlichkeiten entstehen, dauern eine bestimmte Zeit lang und verschwinden dann wieder“ (S. 22).

Die rechtlichen Gebilde, die REINACH im Auge hat, *existieren* zwar im Verhältnis bestimmter Personen, zu einer bestimmten Zeit; ihre *Strukturformen* aber haben nach ihm ein außerzeitliches Sein und sind daher dem positiven Recht als solchem notwendig vorgegeben. Ein anderes etwa ist das Eigentum im Sinne des deutschen bürgerlichen Rechts, und das Eigentum als solches, das REINACH als ein Verhältnis der Person zur Sache, als „Gehörensverhältnis“, charakterisiert. Es ist wohl REINACHS Meinung, daß die „Wesensstruktur“ eines Rechtsgebildes den entsprechenden positiv-rechtlichen Erscheinungen irgendwie zugrunde liegt. Indessen betont er – vielleicht noch unter dem Einfluß des damals herrschenden Positivismus – sehr stark die volle Freiheit des positiven Rechts, von ihr „nach Belieben“ abzuweichen. Selbst für die Ausfüllung der Lücken des positiven Rechts will er die aus den „Wesensgesetz-lichkeiten“ folgenden Sätze nur an letzter Stelle heranziehen. Ihnen sollen auf alle Fälle die „ethischen oder Zweckmäßigkeitsgrundsätze des

---

[53] Naturalismus und Wertphilosophie, S. 77 ff.; Das neue Bild des Strafrechtssystems 3. Aufl. 1957; Das deutsche Strafrecht, 11. Aufl. 1969, S. 30 ff.

[54] Die apriorischen Grundlagen des bürgerlichen Rechts, 1913. Zitiert wird die unter dem Titel „Zur Phänomenologie des Rechts“ im Jahre 1953 erschienene Neuausgabe.

jeweiligen positiven Rechts" vorgehen (S. 174, 218 f.). So gering hiernach auch die unmittelbare Bedeutung der „apriorischen Rechtslehre" für die Erkenntnis eines bestimmten positiven Rechts erscheinen mag, so bedeutsam bleibt doch die Einsicht, daß es „wesensgesetzliche" Zusammenhänge eigentümlicher Art auch in der Rechtssphäre gibt, die zu erforschen eine Aufgabe der Rechtswissenschaft ist.

REINACHs Meinung geht dahin, daß rechtliche Gebilde, wie Ansprüche und Verbindlichkeiten, sowie Änderungen der rechtlichen Gegenstandssphäre, etwa ein Wechsel in der Eigentumszuständigkeit, noch abgesehen von den Bestimmungen eines positiven Rechts dadurch herbeigeführt werden können, daß die beteiligten Personen Handlungen, Akte vornehmen, die – für sie selbst und für denjenigen, der dadurch angesprochen wird – den *Sinn* haben, daß derartige Folgen eintreten. Solche Akte sind etwa das Versprechen, die Übertragung eines Rechts, der Verzicht, die Ermächtigung. Das positive Recht könnte nicht die „Wirksamkeit" derartiger Akte (im Sinne positivrechtlicher Geltung) anordnen, wenn es nicht eine Möglichkeit menschlichen Verhaltens wäre, Akte vorzunehmen, die *ihrem eigenen Sinne* nach darauf gerichtet sind, eine bestimmte Wirkung in der Rechtssphäre hervorzubringen. Neben einer Strukturlehre der rechtlichen Gebilde (Rechtsverhältnisse) finden wir so bei REINACH auch den Ansatz einer Strukturlehre der *Rechtsakte*, die vor allem für das Verständnis der rechtsgeschäftlichen Willenserklärung von grundlegender Bedeutung ist, sowie der *Rechtssätze* (als „Bestimmungssätze") [55].

Die gleiche Überzeugung, daß es „ein materiales Apriori im Recht" gibt, liegt auch den Arbeiten GERHART HUSSERLs zugrunde[56]. Was wir bei REINACH vermissen: die klare Bestimmung des Verhältnisses der apriorischen Wesensgesetze zum „positiven Recht", das gibt HUSSERL mit den Worten, daß die Gebilde des positiven Rechts „Verwirklichungen und Besonderungen apriorisch vorgezeichneter Möglichkeiten" seien (RG, S. IV). Die „idealen Rechtsgegenstände", die von der „Wesens-analyse" aufgezeigt werden, verhalten sich zu dem positiven als dem seienden Recht wie Möglichkeit und Wirklichkeit, oder „Sein-können" und (wirkliches) Sein. Daraus folgt, daß ein positives Recht einen rechtlichen „Wesenssachverhalt" wohl mannigfach „abwandeln", aber sich nicht schlechthin über ihn hinwegsetzen kann, ohne daß seine Anordnungen ihren „spezifischen Rechtssinn" einbüßten[57]. Die völlige Beliebigkeit des Normeninhalts, die Grundthese des Positivismus, wird also von HUSSERL, anders als noch von REINACH, eindeutig verneint.

---

[55] Darüber unten im II. Teil, 2. Kap. 1 b.

[56] In Betracht kommen folgende Arbeiten, die sämtlich in einem inneren Zusammenhang stehen: Rechtskraft und Rechtsgeltung (RKr.), 1925; Rechtssubjekt und Rechtsperson, AcP 127, S. 129; Recht und Welt, Festschr. f. EDMUND HUSSERL, 1929, S. 111; Negatives Sollen, Festschrift für MAX PAPPEMHEIM, 1931, S.87; Der Rechtsgegenstand (RG), 1933; Bemerkungen zur Lehre von den sogenannten Doppelwirkungen im Recht, Archives de Droit Privé (Athen), 1934, S. 690; Recht und Zeit (RZ), 1955; Person, Sache, Verhalten, 1969. Einige der älteren Abhandlungen sind wieder abgedruckt in dem Band Recht und Welt, 1964.

[57] Vgl. auch RZ, S. 14: es handle sich um „die logischen – keineswegs bloß formallogischen – Voraussetzungen, die erfüllt sein müssen, wenn eine soziale Ordnung den Sinn einer *Rechts*ordnung haben soll".

Die *logische* Geltung der „apriorischen Sätze über Wesenszusammenhänge" muß von der *normativen* Geltung der Rechtssätze streng unterschieden werden. Die Rechtsnorm „gilt nicht als Erkenntnissatz, sondern als Willenssatz" (RKr., S. 8). Dagegen handelt es sich bei „Grundstrukturen jedes möglichen Rechts", die sich in einer gedanklichen Zurückführung der in der Wirklichkeit begegnenden Rechtsgebilde auf ihren zeitlosen „Sinneskern" enthüllen, nicht um „Verhaltensnormen höherer Stufe", sondern um „Rechtswahrheiten, die als solche keine normative Kraft besitzen" (RZ, S. 14). Damit ist klargestellt, daß die phänomenologische Analyse nicht zur Entdeckung irgendwelcher „naturrechtlicher" Normen, wohl aber zur Aufdeckung eines „überpositiven" Sinneskerns im positiven Recht führen kann. Das Bild vom Sinnes„kern" besagt, wenn wir es recht verstehen, daß ein letzthin identischer Sinn (z. B. des Zu-eigen-Seins oder der Verbindlichkeit) in den verschiedenen positiven Rechtsordnungen zwar mannigfach abgewandelt, mit anderen Sinnbeziehungen verflochten, auch mehr oder minder verdeckt sein kann, den Gebilden des positiven Rechts aber, eben weil sie Sinngebilde sind, die einen spezifischen *Rechts*sinn haben, als Bedingung ihrer Möglichkeit zugrunde liegt. Daraus folgt, daß das Verhältnis dieses „Sinneskerns" zu den Sinngebilden des positiven Rechts, in denen er sich „konkretisiert", nicht das des Gattungs-Allgemeinen zu den verschiedenen Arten und Unterarten, noch das von Form und Materie (im neukantischen Sinne) sein kann. Denn der „Sinneskern" ist jedenfalls nicht inhaltsleer, sondern inhaltlich erfüllt[58], und er stellt sich nicht, wie der Gattungsbegriff, als eine Zusammenfassung einzelner isolierter Merkmale, sondern – darin dem „Typus" ähnlich – als ein sinnvoller Zusammenhang dar, der auf mannigfache Weise „variiert" werden kann. Schließlich muß hervorgehoben werden, daß, während es sich bei diesen „Sinneskernen" um einen Bereich „idealer" Gegenstände handelt, den Normen des positiven Rechts nach HUSSERLs Auffassung durchaus Realität, nämlich die spezifische Seinsweise des geltenden Rechts zukommt.

Die Seinsweise des (positiven) Rechts ist seine Geltung. Rechtsgeltung ist „ein Sein eigener Art" (RKr., S. 8). Sie ist „raumzeitlich gebunden", das „Erzeugnis historisch-einmaliger Willensvorgänge" und „bleibt in die Zeitwirklichkeit, der sie entstammt, verwurzelt". Kraft seiner „Geltung" bindet das Recht diejenigen, die seinem historischen Geltungskreise angehören. Daß ein Recht „gilt", bedeutet einmal, daß es die maßgebende Richtschnur darstellt für das willentliche Verhalten der normbetroffenen Rechtssubjekte. Es bedeutet weiter, daß es die Kraft hat, „sich gegenüber willentlichen Auflehnungen in seinem Bestande zu behaupten" (RKr., S. 13). Das Recht ist, sofern es nur gilt, „innerhalb seines Geltungskreises ein Stück

---

[58] Vgl. RG, S. IV: „Die verbreitete Lehre, daß alle Grundstrukturen des Rechts, denen überzeitliche Allgemeingültigkeit zukomme, den Charakter von inhaltlosen Leerformen haben müßten, deren inhaltliche Erfüllung Sache der positiven Rechtssetzung sei, beruht auf einem durch nichts begründeten Vorurteil". Ebenda spricht HUSSERL von den „nach ihrem Zeitgesetz abwandelbaren Wesenssachverhalten des Rechts", die es gelte, „aus den zeitbedingten rechtsjenseitigen Verstrickungen der jeweils vorgegebenen Rechtswirklichkeit in Reinheit herauszuheben".

objektiver, d.h. dem Individualwillen als Norm widerstehender Sozialwirklichkeit. Diese ist nicht weniger (nur anders) wirklich als ein Naturding" (RKr., S. 11). Es handelt sich weder um reine „Faktizität" (im Sinne einer positivistischen Soziologie), noch um ein psychisches Sein, noch um eine Welt irrealer bloßer Bedeutungen. Vielmehr bezeichnet die „Geltung" des Rechts das eigentümliche Bestehen von etwas, das den Sinn hat, innerhalb seines „Geltungskreises" maßgebende Norm zu sein.

Der weiteren Erhellung der Daseinsweise des (positiven) Rechts gelten HUSSERLS Untersuchungen über die Zeitstruktur des Rechts[59]. Sie führen unmittelbar zu für die Interpretation bedeutsamen Folgerungen und sind daher hier als ein Beitrag zur Methodologie zu würdigen. Die Welt des Menschen ist eine „geschichtliche Welt". Sein Standort in dieser Welt ist bedingt durch die geschichtliche Zeit, in der er lebt. Die Dinge, die ihm in seiner Umwelt begegnen, werden „in den geschichtlichen Lebensrhythmus des Menschen einbezogen". Es gibt vom Menschen geschaffene Dinge (Kulturwerke), die zwar von ihrem Ursprung her „die Züge der Geschichts-periode, in der sie geschaffen wurden", aufweisen, die aber, einmal entstanden, „für immer" bleiben, was sie sind. Sie zeigen „eine eigentümliche Festigkeit gegenüber dem Ablauf der geschichtlichen Zeit". Es gibt aber auch „von Menschen erzeugte Dinge" – und zu ihnen gehört die Rechtsordnung -, denen „eine solche Festigkeit gegenüber dem Ablauf der geschichtlichen Zeit mangelt". Einmal erzeugt, sind sie nicht nur „in der Geschichte", sie sind „*selbst* Geschichte; sie haben die Zeitstruktur der Geschichtlichkeit" (RZ, S. 21 f).

Daß das Recht „die Zeitstruktur der Geschichtlichkeit hat", bedeutet, daß es nicht nur in der (geschichtlichen) Zeit „entsteht" und „vergeht", sondern daß es auch teilhat an dem Fluß der Geschichte – daß es sich mit der geschichtlichen Situation und mit den Menschen, für die es „gilt", auch ändern kann. Das wäre nicht zu verstehen, wenn die Rechtsordnung nichts anderes wäre als „ein System verbal formulierter Rechtssätze". Denn als „Satz" ist die Rechtsnorm „ein für allemal" so formuliert, daher dem Zeitfluß entrückt. (HUSSERL sprach deshalb in seinen früheren Schriften von einer „Entzeitung" des Rechts.) Aber ein „Rechtssatz entfaltet die ihm innewohnende normative Kraft (nur), indem er zu konkreter Anwendung gelangt". Hier stoßen wir auf die gleiche Einsicht, die wir schon bei SCHÖNFELD ausgesprochen fanden: daß nämlich die „Anwendung" der Norm durch die Rechtsprechung (oder auch durch das übereinstimmende Verhalten der Rechtsgenossen) sie nicht unberührt läßt, sondern ihre konkrete Bedeutung, den Norminhalt also, fortdauernd weiter bestimmt. HUSSERL drückt diesen Gedanken so aus, daß er sagt: „Ungleich anderen menschlichen Erzeugnissen, etwa einem physikalischen Gebrauchsgegenstand, ist die Rechtsnorm (nachdem sie einmal *da* ist) von dem Verhalten der Menschen, die sie angeht, keineswegs unabhängig". Vielmehr tritt „die Rechtsnorm ein in die geschichtliche Zeit. Die Zeit steht nicht still, und die Rechtsnorm geht sozusagen mit" (RZ, S. 23).

---

[59] Recht und Zeit, S. 10 ff.

Für die juristische Interpretation ergibt sich daraus folgendes: Die Rechtsnorm wird zunächst einmal in einer bestimmten geschichtlichen Zeit, aus der Perspektive eines bestimmten Gesetzgebers, geschaffen. „Seine Problemsicht und die daran geknüpfte Stellungnahme sind die konstitutiven Elemente dessen, was wir den ‚Willen des Gesetzgebers' nennen". Dieser Wille, der, wie HUSSERL betont, nicht gleichzusetzen ist mit „den psychischen Akten des Wollens, die von den an der Gesetzgebung beteiligten Personen vollzogen wurden", findet in dem Gesetzeswerk seinen „mehr oder minder deutlichen und abschließenden Ausdruck". Daher wird er „bei der Sinndeutung von Rechtsnormen, die Akten der Gesetzgebung ihren Ursprung verdanken, immer eine, wenn auch beschränkte Rolle spielen müssen". Allein, „das letzte Wort in Fragen der Auslegung eines Gesetzes kann der Wille des Gesetzgebers nicht haben". Denn „worauf es letztlich bei der Sinndeutung eines Rechtssatzes ankommt, ist, was er für uns *‚Heutige'*, die wir unter dieser Rechtsordnung leben, bedeutet". Die Auslegung eines Gesetzes wird also zunächst „auf den historischen Zusammenhang, in den es durch den Schöpfungsakt gestellt wurde, zurückgreifen müssen. Das ist aber nur der Ausgangspunkt für den Prozeß der Auslegung. Die weitere Aufgabe wird darin bestehen müssen, daß „das Gesetz aus seinem Bezug auf die Zeit seiner Entstehung sozusagen herausgehoben und zur Gegenwart hin gedanklich weitergeführt wird" (RZ, S. 26).

Wir brechen die Wiedergabe hier ab. Das (relative) Recht sowohl wie das Unrecht einer nur historisch (am „Willen" des Gesetzgebers) wie einer nur am Gegenwartssinn ausgerichteten Auslegung werden von HUSSERL zutreffend gekennzeichnet. Der Gesetzgeber ist auf der einen Seite der Schöpfer des Gesetzes (nicht nur eine „abkürzende Bezeichnung" für die „kausalen Interessen" oder eine bloße „Personifikation"), wobei er selbst wieder sowohl an vorgegebene Sinnzusammenhänge wie an seine konkrete geschichtliche Situation gebunden ist. Aber als Teil der Rechtsordnung nimmt das Gesetz an deren Gesamtsinn und seiner Fortentwicklung in der Geschichte teil; seine Bedeutung wird überdies durch das Verständnis derjenigen bestimmt, denen seine „Anwendung" anvertraut ist. Die *Auslegung* des Gesetzes durch die Gerichte, aber auch durch die Wissenschaft, ist ein ständiger Prozeß, in dem der im Gesetz ausgedrückte Gedanke weitergedacht und fortgeführt wird[60]. Dieser Prozeß hat einen festen Ausgangspunkt: das Gesetz, aber kein Ende, solange dieses Gesetz gilt. Das jeweilige Resultat dieses Prozesses ist das „jetzt geltende" Recht. Es ist so das gemeinsame Produkt des Gesetzgebers, der Rechtsprechung und der „still wirkenden" Kräfte des Rechtsverkehrs, der in ihm sich bildenden Rechtsgewohnheiten und gemeinsamen Überzeugungen, des „common sense". Auch die Rechtswissenschaft nimmt ihren Anteil an diesem Prozeß, an der gedanklichen Fortführung der Rechtsordnung und der Vermittlung des Gesetzes mit dem Gegenwartsbewußtsein.

Blicken wir auf die Entwicklung der Rechtsphilosophie seit STAMMLER zurück, so hat der damals so wichtig genommene Gegensatz zwischen den verschiedenen

---

[60] Vgl. auch RZ, S. 58 u. 60.

Schulrichtungen heute viel von seiner Bedeutung verloren. Neukantianer, Neuhegelianer und Phänomenologen gingen gewiß von ganz verschiedenen erkenntnistheoretischen Voraussetzungen aus, betrachteten das Recht und die Rechtswissenschaft jeweils unter einem verschiedenen Aspekt und bedienten sich einer verschiedenen, manchmal geradezu entgegengesetzten Terminologie. Sie stimmten aber darin überein, im Recht einen *eigentümlichen* Gegenstand der Erkenntnis zu sehen, der weder als „Natur" noch als „psychisches Sein" verstanden werden kann. „Naturalismus" und „Psychologismus" wurden von ihnen übereinstimmend als Fehldeutungen der rechtlichen Phänomene erkannt.

Für die juristische Methodenlehre hat die dargestellte rechtsphilosophische Bewegung, unerachtet aller Gegensätze der Schulrichtung, doch einen bedeutenden Ertrag erbracht[61]. Zunächst hat sie zu der Einsicht geführt, daß der positivistische *Wissenschaftsbegriff,* dessen Einfluß auf das Selbstverständnis der Rechtswissenschaft zeitweilig so bedeutsam war und auch heute noch ist, zum mindesten für eine ganze Gruppe von Wissenschaften, für die historischen Wissenschaften und die Geisteswissenschaften, nicht ausreicht. Der tiefere Grund dafür, der dem Neukantianismus noch verborgen blieb, ist darin zu sehen, daß auch der positivistische *Wirklichkeits-begriff* zu eng ist. Objektiver Idealismus und phänomenologische Rechtstheorie stimmen trotz der Verschiedenheit der Ausgangspositionen darin überein, daß auch *geistige Gebilde,* unter ihnen eine geltende Rechtsordnung, den Charakter des „Wirklichen" haben. Ein „positives Recht" *ist,* wenn nicht im Raum, so doch in der Zeit, und zwar in der geschichtlichen Zeit. Es hat die Seinsweise des Geltens[62]. Es läßt sich darum weder auf materielle noch auf psychische Vorgänge reduzieren. In diesem Zusammenhang ist vornehmlich auf NICOLAI HARTMANNS „Schichtenlehre" hinzu-weisen[63]. Es gehört zur Eigenart des geistigen Seins, daß wir es als „sinnvoll" verstehen, daß es die Struktur eines

---

[61] Das gilt kaum auch für die sog. Existenzphilosophie. Über sie und die in ihr gelegenen Möglichkeiten einer rechtsphilosophischen Auswertung vgl. das ungemein aufschlußreiche Kapitel über „Die rechtsphilosophische Grundfrage und die Existenzphilosophie" bei ERICH FECHNER, Rechtsphilosophie (S. 223 ff.) sowie ZIPPELIUS, Das Wesen des Rechts, S. 104 ff. Völlig ablehnend KELSEN, ARSP, Bd. 43, S. 161 ff. (zu dem Buch von GEORG COHN, Existentialismus und Rechtswissenschaft, 1955). Auch TH. WÜRTENBERGER (Die geistige Situation der deutschen Strafrechtswissenschaft, S. 21 f.) hält die Frage, wohl mit Recht, für ungelöst, „ob von dieser Schau aus überhaupt ein Zugang zur Welt des Rechts offensteht". Die Existenzphilosophie befaßt sich vorwiegend mit „Grenzsituationen". Im Recht, jedenfalls im Zivilrecht, geht es indessen weit weniger um Grenzsituationen als um Typisches und Normales. Hierfür bedarf es eines Gleichmaßes der Entscheidungen. Dazu treffend ARTHUR KAUFMANN in: Existenz und Ordnung, Festschr. für ERIK WOLF, 1962, S. 372 ff. Das Buch von MAIHOFER, Recht und Sein (1954), ist, weil es auf *typische* Lebenssituationen und Existenzweisen abstellt, m.E. mehr der „Ontologie" als der Existenzphilosophie zuzurechnen.

[62] Der Begriff der Rechtsgeltung ist komplex. Er enthält ein normatives Element – die Sollensanforderung – und ein faktisches, die tatsächliche Maßgeblichkeit dieser Anforderung innerhalb des Geltungsgebietes dieser Rechtsordnung. Hierzu HENKEL, Einführung in die Rechtsphilosophie, 2. Aufl. S. 543 ff. und das dort angegebene Schrifttum.

[63] Vgl. seine Werke „Zur Grundlegung der Ontologie", „Der Aufbau der realen Welt" und „Das Problem des geistigen Seins".

Sinngebildes hat. Blieb dem Neukantianismus auch die eigentümliche Realitätsweise dieser Sinngebilde verborgen, da er sie lediglich als Produkte des – „ordnenden" oder „wertbeziehenden" – wissenschaftlichen Nachdenkens ansah, so hat doch STAMMLER schon erkannt, daß dem Recht seinem Sinne nach der Anspruch auf „Richtigkeit", das will sagen auf „Gerechtigkeit", innewohnt, daß es sich daran messen lassen muß, wie weit es diesen Anspruch erfüllt. In alledem liegen wichtige Elemente eines Rechtsverständnisses, das den Rechtspositivismus in seinen verschiedensten Ausprägungen hinter sich läßt. Nur vor dem Hintergrund eines solchen Rechtsverständnisses ist auch die heutige Methodendiskussion, der wir uns jetzt zuwenden, zu verstehen.

KAPITEL 5

Die Methodendiskussion in der Gegenwart

1. Von der „Interessenjurisprudenz" zur „Wertungsjurisprudenz"

Zu Beginn dieses Jahrhunderts war, wie wir gesehen haben, der „Interessenjurisprudenz" PHILIPP HECKS wenigstens im Privatrecht ein ungewöhnlicher Erfolg beschieden. Sie litt jedoch unter der unklaren Verwendung des Ausdrucks „Interesse": dieses wurde einmal als den Gesetzgeber motivierender „Kausalfaktor", zum anderen als Gegenstand der von ihm vorgenommenen Bewertung und gelegentlich sogar als Bewertungsmaßstab verstanden. Diesen Mangel haben auch die Anhänger der Interessenjurisprudenz inzwischen erkannt. So betont einer von ihnen, HARRY WESTERMANN, es sei notwendig, den Begriff Interesse „auf die Begehrungsvorstellungen zu beschränken, die die an einem Rechtsstreit Beteiligten haben oder haben müssen, wenn sie die ihnen günstige Rechtsfolge anstreben", und den Interessenbegriff in diesem Sinne scharf zu unterscheiden von den gesetzlichen Bewertungsmaßstäben[1]. Diese seien selbst nicht wieder Interessen, sondern letzten Endes vom Gesetzgeber gezogene „Folgerungen aus der Gerechtigkeitsidee". Die Rechtsprechung sei „dem Wesen nach Anwendung der gesetzlichen Wertungen, im Gegensatz zur selbständigen Bewertung" (des Richters)[2]. Die Gesetze sind nach dieser Auffassung, wenigstens auf dem Gebiete des Privatrechts, dazu da, mögliche und typische Interessenkonflikte zwischen einzelnen oder gesellschaftlichen Gruppen in der Weise zu regeln, daß das eine Interesse hinter das andere, meist nur bis zu einem gewissen Punkte, zurückzutreten hat, das andere also vorgezogen wird. Ein solches „Vorziehen" stellt eine Bewertung dar, für die der Gesetzgeber die verschiedensten Motive haben mag. Außer den von ihm bewerteten Einzel- oder Gruppeninteressen berücksichtigt er dabei zweifellos auch allgemeine Ordnungsgesichtspunkte – so etwa bei Formvorschriften und bei der Festsetzung von Fristen –, Erfordernisse des Verkehrs, das Bedürfnis nach Rechtssicherheit. Wie er diese verschiedenen Interessen und Bedürfnisse in dem jeweiligen Regelungszusammenhange bewertet, welchen er den Vorzug gibt, das schlägt sich in der von ihm getroffenen Regelung nieder und ist aus ihr sowie aus den Äußerungen der Beteilig-

---

1 H. WESTERMANN, Wesen und Grenzen der richterlichen Streitentscheidung im Zivilrecht, 1955, S. 14 ff.

2 WESTERMANN, a.a.O., S. 21. Grundsätzlich ebenso GERMANN, Probleme und Methoden der Rechtsfindung, 1965; REINHARDT/KÖNIG, Richter und Rechtsfindung, 1957, S. 17 ff.; KRONSTEIN, Rechtsauslegung im wertgebundenen Recht, 1957.

ten im Gesetzgebungsverfahren zu erkennen. Die so erkannten Wertungen des Gesetzgebers lassen dann Folgerungen zu sowohl für die Auslegung des Gesetzes wie unter Umständen für die Entscheidung in ihm nicht unmittelbar geregelter, aber wertungsmäßig gleich zu erachtender Fälle.

Die dargelegte Auffassung ist die einer „Wertungsjurisprudenz“[3], die insoweit heute nahezu unbestritten und besonders in der Rechtsprechung anerkannt ist. Sie wirft aber verschiedene Probleme auf. Es ist ersichtlich, daß der Richter die Entscheidung in vielen Fällen nicht allein dem Gesetz, auch nicht den aus ihm zu erkennenden Wertungen des Gesetzgebers, zu entnehmen vermag. Das ist einmal der Fall, wo das Gesetz sogenannte unbestimmte Begriffe oder Generalklauseln verwendet. Hier gibt es lediglich einen sehr allgemeinen Rahmen an, den der Richter im Einzelfall durch eine zusätzliche Wertung auszufüllen hat. Ähnlich ist es, wenn neue Fragen auftauchen, zu denen der Gesetzgeber noch nicht Stellung genommen hat, oder wenn die Voraussetzungen, von denen der Gesetzgeber bei seiner Wertung ausgegangen ist, fortgefallen sind, oder wenn Normen oder Regelungen miteinander kollidieren, ohne daß zu erkennen ist, welcher der Gesetzgeber in einem Fall wie dem vom Richter zu beurteilenden den Vorrang gibt. Ist der Richter hier auf sein persönliches Wertempfinden, sein in der richterlichen Erfahrung erworbenes Urteilsvermögen (sein „Judiz“), sein „Dafürhalten“ angewiesen, oder gibt es außer- oder übergesetzliche Werte und Wertungsmaßstäbe, an denen er sich dann orientieren kann und soll? Das Problem verschärft sich, wenn man erkennt, daß in vielen Fällen, in denen man früher glaubte, mit einer einfachen Subsumtion des festgestellten Sachverhalts unter den Tatbestand der, notfalls zuvor ausgelegten, Gesetzesnorm auszukommen, in Wahrheit eine wertende Zuordnung stattfindet oder ein Werturteil erforderlich ist, um den Sachverhalt als einen solchen zu qualifizieren, wie ihn der Tatbestand des Gesetzes meint. Nach wie vor überwiegt in der Wissenschaft die Meinung, daß „Werten“ ein Akt persönlicher Stellungnahme sei, der einer rationalen Begründung nicht zugänglich ist. Folgt man dem, dann ist die Konsequenz unausweichlich, daß in sehr vielen Fällen – und nicht nur in einigen „Grenzfällen“ – an die Stelle der Wertung des Gesetzgebers diejenige des Richters tritt, die sich der Nachprüfung an einem objektiven Maßstab entzieht. Für die Rechtswissenschaft würde dies bedeuten, daß ihr eine Nachprüfung sehr vieler Entscheidungen mit „wissenschaftlichen“ Methoden nur begrenzt möglich wäre und daß sie dem Richter bei der Bildung der von ihm geforderten Werturteile in weitem Maße keine Hilfe zu leisten vermöchte.

Hinzu kommt ein weiteres. Die Subsumtion erfordert, wie schon bemerkt, in vielen, wenn nicht den meisten Fällen, daß die Norm, unter die ein Sachverhalt subsumiert werden soll, zuvor ausgelegt, d. h. daß ihr hier maßgeblicher genauer Sinn festgestellt wird. Auch die Auslegung der Gesetze, wie alles Verstehen frem-

---

[3] Man kann insoweit – mit PAWLOWSKI, Methodenlehre, Rdz. 120 ff. – von einer „formalen Wertungsjurisprudenz“ sprechen, die noch nichts darüber besagt, ob den Gesetzen bestimmte („objektive“) Rechtswerte zugrundeliegen, ob die Verfassung eine Wertordnung enthält und wie Werte (oder „Werthaftes“) zu erkennen sind – Fragen, die sich einer „Wertungsjurisprudenz“ freilich sogleich aufdrängen.

der Äußerungen, geschieht in einem Verfahren, das den strengen Anforderungen des positivistischen Wissenschaftsbegriffs nicht genügen kann. Sie erfordert zwar auch Tatsachenfeststellungen; so die Feststellung des Textes und aller derjenigen Umstände, die für die Auslegung von Bedeutung sein können. Sie erfordert ferner die Beachtung der Logik. Eine Auslegung, die mit den Regeln der Logik nicht vereinbar ist, wäre schon deshalb falsch. Aber das Spezifische an ihr, eben das Erfassen des Sinnes oder der Bedeutung eines Wortes oder eines Satzes innerhalb eines Regelungszusammenhanges, geht darüber hinaus. Gefordert sind auch hier verständige Überlegungen; empirische Bestätigungen oder Widerlegungen sind aber nicht oder doch nur in ganz geringem Ausmaß möglich. Insoweit sind hier „subjektive“ Komponenten nie ganz auszuschließen. Da es sich jedoch immerhin um gedanklich nachvollziehbare und insoweit auch überprüfbare Erwägungen handelt, ist das Bemühen um eine (größtmögliche) „Objektivierung“ des Auslegungsvorgangs nicht von vornherein aussichtslos und daher von dem Juristen, der nach dem („richtig verstandenen“) Gesetz entscheiden soll, stets zu fordern. Einige Autoren sind jedoch der Meinung, da die juristische Methodenlehre mehrere Auslegungskriterien kennt, ohne doch ein festes Rangverhältnis unter ihnen angeben zu können, sei jede Auslegung mehr oder weniger „beliebig“ und damit „willkürlich“. Schließt man sich dem an und ist man überdies der Meinung, daß Werturteile sich einer rationalen Begründung entziehen, so steht man hinsichtlich der Möglichkeit der Rechtswissenschaft, zu „richtigen“ Entscheidungen hinzuleiten, vor einem Scherbenhaufen. Man muß dann zu dem Ergebnis kommen, den Inhalt des Gesetzes bestimme der Richter von Fall zu Fall, die in unserer Rechtstradition begründete und in der Verfassung verankerte Bindung des Richters an das Gesetz lasse sich gar nicht realisieren, die vermeintliche Herrschaft des Gesetzes sei eine Illusion[4]. Die methodologische Diskussion erhält damit verfassungsrechtliche Brisanz. Ist es schließlich so, daß dem Richter eine Entscheidung „streng nach dem Gesetz“ in den meisten Fällen gar nicht möglich ist, sei es, weil dieses auslegungsbedürftig, Auslegung aber mehr oder minder beliebig ist oder weil von ihm ein Werturteil verlangt wird, Werturteile aber nicht objektiv zu begründen sind, dann bleibt nur noch zu fragen, was ihn denn nun bei seiner Entscheidung wirklich motiviert. An die Stelle der normativen Rechtswissenschaft, die prüft, wie er entscheiden *soll*, tritt dann eine Tatsachenwissenschaft, treten Richterpsychologie und Richtersoziologie.

Zu diesem Ergebnis führt indessen die Wendung zu einer „Wertungsjurisprudenz“ nur dann, wenn man uneingeschränkt der Meinung ist, daß Wertungen rational nicht begründbar und damit auch nicht wenigstens bis zu einem gewissen Grade überprüfbar sind. Die meisten Anhänger der „Wertungsjurisprudenz“ sind indessen nicht dieser Meinung. Sie halten begründbare Aussagen über (im Sinne dieser Rechtsordnung) zutreffende Wertungen für möglich, auch wenn die Gründe nicht immer logisch zwingend sind. Der Rechtsphilosoph HANS RYFFEL bemerkt zutreffend, in der Auffassung MAX WEBERS, über die Richtigkeit von Werturteilen könne die Wissenschaft keine Aussagen machen, zeichne sich bereits ein Gegensatz

[4] So D. SIMON, Die Unabhängigkeit des Richters, 1975, S. 88.

zur Rechtswissenschaft ab. „Denn diese steht und fällt (richtigerweise) in ihrem überlieferten Selbstverständnis mit der Möglichkeit einer ausweisbaren Erörterung von Richtigkeitsfragen, wiewohl anhand der geltenden Rechtsordnung“ [5]. Die Rechtswissenschaft arbeitet – das wird in diesem Buch ausführlich dargelegt – mit Denkweisen wie Analogie, Fallvergleichung, Typenbildung und „Konkretisierung“ von „offenen“ Wertungsmaßstäben, die eine solche Erörterung ermöglichen. Der Übergang zu einer „Wertungsjurisprudenz“ verlangt, daß die Methodologie die Eigenart dieser Denkweisen und ihr Verhältnis zu den überkommenen Denkmitteln (Begriffsbildung, juristische Konstruktion, Subsumtion) deutlich macht.

Die Wendung zur „Wertungsjurisprudenz“ gewinnt ihre volle Bedeutung jedoch erst dadurch, daß sie bei den meisten Autoren mit der Anerkennung „übergesetzlicher“ oder „vorpositiver“ Werte oder Wertungsmaßstäbe verbunden ist, die den gesetzlichen Regeln zugrundeliegen und zu ihrer Auslegung und Ergänzung wenigstens unter bestimmten Bedingungen mit herangezogen werden müssen. Man kann sich hierfür auf die in den Grundrechten, insbesondere in den Art. 1 bis 3 GG positivierten Werte, auf eine lange rechtsphilosophische Tradition, auf sprachliche Argumente oder auf das Selbstverständnis der meisten Richter berufen, daß es ihres Amtes sei, „gerechte“ Entscheidungen zu finden. Fast alle an der neueren Methodendiskussion beteiligten Autoren sind der Auffassung, daß „Recht“ etwas mit „Gerechtigkeit“, mit sozial-ethisch richtigem Verhalten zu tun habe[6]. Auffallend dabei ist allerdings, daß sie hierbei allein oder doch in erster Linie an die gerechte Entscheidung von Rechtsstreitigkeiten, schärfer gesagt, an die Einzelfallgerechtigkeit denken. So lesen wir beispielsweise bei PAWLOWSKI[7], Ziel seiner Ausführungen (zur Methodenlehre) könne nur sein, „durch eine Analyse heute allgemein anerkannter juristischer Arbeitsmittel und Arbeitsweisen herauszuarbeiten, in welchem Sinne diese geeignet erscheinen, die (Er-)Kenntnis der ‚richtigen‘ (gerechten) Entscheidung zu fördern“. Die Kritik am Modell der durch eine logische Subsumtion gefundenen Entscheidung zielt auch auf ein größeres Maß an Fallgerechtigkeit. FIKENTSCHER, der die Subsumtion für unverzichtbar hält, schiebt deshalb zwischen die generelle Gesetzesnorm und die Entscheidung des Einzelfalls die – soweit nicht in einem Präjudiz vorgegebene – erst vom Richter zu bildende „Fallnorm“, unter die dieser den Fall dann erst subsumieren könne. In der fast ausschließlichen Blickrichtung auf die (richterliche) Entscheidung von Einzelfällen mag eine Nachwirkung der In-teressenjurisprudenz liegen.

Einige Autoren, die, wie ESSER und KRIELE, meinen, die Wahl des jeweils maßgebenden Auslegungskriteriums sei beliebig und stehe daher ganz zur Disposition des Richters, gehen noch einen Schritt weiter. Sie halten es für ein zulässiges Verfahren, daß sich der Richter dann, wenn die in Betracht kommende Gesetzesregel

---

[5] H. RYFFEL, Rechtssoziologie, 1974, S. 66.

[6] So COING, Grundzüge der Rechtsphilosophie, 4. Aufl., S. 150; FIKENTSCHER, Methoden des Rechts, Bd. III, S. 426 f., 650 f., Bd. IV, S. 6,188 ff.; KRIELE, Recht und praktische Vernunft, durchgehend; MAYER-MALY, Rechtswissenschaft, S. 97 ff.; PAWLOWSKI, Methodenlehre für Juristen, Rdz. 4; ZIPPELIUS, Das Wesen des Rechts, S. 67, 72 ff.

[7] a.a.O., Rdz. 5.

auslegungsbedürftig ist, zunächst auf einem anderen Wege als dem der „schulgerechten" Anwendung des Gesetzes eine Überzeugung davon bildet, welche Entscheidung hier „gerecht" sei, um erst danach, zum Zwecke der Kontrolle, zu versuchen, das schon gefundene Ergebnis aus dem Gesetz zu begründen. Hierbei bestimme das vorweg gefundene Ergebnis die Methodenwahl und die geforderten Einzelwertungen. Wie aber erkennt der Richter, unabhängig vom Gesetz, was hier „gerecht" ist?

Als eine mögliche Erkenntnisquelle dafür, ob eine bestimmte Entscheidung „gerecht" ist oder nicht, bietet sich zunächst das Rechtsgefühl an. Schon die Frage, was der Inhalt dieses Gefühls ist, was denn eigentlich „gefühlt" wird, ist jedoch umstritten[8]. Darauf kann hier nicht weiter eingegangen werden[9]. Als „Gefühl" ist es jedenfalls ein psychischer Vorgang, der eine Stellungnahme oder Wertung in sich schließt, die sich sodann als Billigung oder Mißbilligung (der vorgeschlagenen oder ergangenen) Entscheidung äußert. Eine solche Äußerung kann nur die Mitteilung eines innerpsychischen Vorgangs sein. Meist erhebt aber derjenige, der sich so äußert, zugleich den Anspruch, damit eine zutreffende Aussage über den von ihm beurteilten Sachverhalt (die Entscheidung) zu machen. Er behauptet, diese „sei" gerecht (oder ungerecht), d. h. ihr komme das Prädikat „gerecht" (oder „ungerecht") zu. Wer so etwas behauptet, muß seine Behauptung, wenn andere ihre Richtigkeit anzweifeln, begründen[10]; hierfür aber reicht die Berufung auf sein Rechtsgefühl keineswegs aus. Denn dieses Gefühl ist eben nur das seinige, andere mögen ebenso fühlen oder nicht; keiner kann von sich behaupten, *sein* Gefühl sei untrüglicher als das anderer. Nur für ihn ist das allein auf sein Rechtsgefühl gegründete Urteil evident; für alle anderen, falls sie nicht ebenso fühlen, ist es das nicht. Das Rechtsgefühl ist daher keine Rechtserkenntnisquelle; es ist allenfalls ein Faktor, der einen Erkenntnisprozeß in Gang setzt[11], indem es den Anlaß dazu bietet, nach Gründen zu fragen, die das zunächst nur „gefühlsmäßig" gefundene Ergebnis als „richtig" erscheinen lassen. Der Richter darf sich – ganz abgesehen von dem rechtstechnischen Begründungszwang – dieser Frage und ihrer Beantwortung nicht entziehen, will er sich nicht dem Vorwurf der Voreingenommenheit oder des „willkürlichen" Judizes aussetzen.

---

[8] Dazu HENKEL, Einführung in die Rechtsphilosophie, 2. Aufl. 1977, S. 533 ff.; BIHLER, Rechtsgefühl, System und Wertung, 1979, S. 1 ff.

[9] BIHLER, Rechtsgefühl, System und Wertung, 1979, S. 35 ff. ist – entgegen der wohl herrschenden Ansicht – der Meinung, daß das Rechtsgefühl als solches noch nichts mit der Gerechtigkeit zu tun habe – der Bezug auf diese werde erst durch die Aussage, dies sei gerecht, hergestellt –, sondern die „spontane Stellungnahme" eines Dritten in einem juristischen Konflikt zugunsten eines der Beteiligten sei, die aufgrund einer „partiellen Identifikation" des Dritten mit dem Beteiligten zustandekomme. (Vgl. seine Definition auf S. 59). Die „partielle Identifikation" könne auf dem persönlichen Eindruck, der Interessenlage und anderen Fakten beruhen (S. 39). Meines Erachtens kann das Rechtsgefühl auch sprechen, ohne daß zwischen dem „Fühlenden" und demjenigen, zu dessen Gunsten es sich auswirkt, irgendeine Beziehung vorliegt; auch die Beschränkung auf die Stellungnahme eines unbeteiligten Dritten in einem Konfliktfall halte ich für zu eng.

[10] Insoweit stimme ich BIHLER (a.a.O., S. 54 ff.) zu.

[11] Darüber hinaus kann es dem einzelnen einen Zugang zum Bereich des Rechts eröffnen.

Mit der Frage, wie es sich denn begründen lasse, daß gerade *diese* Entscheidung in diesem Falle die „gerechte“ sei, steht man erneut vor der Frage, ob Werte und Werthaftes überhaupt im rationalen Sinne erkennbar sind. Auch wenn man der Auffassung ist, daß man über das, was „Gerechtigkeit“ besagt, einige begründete Aussagen machen kann, so ist es doch sicher, daß von ihnen kein direkter Weg zur Erkenntnis dessen führt, was in diesem bestimmten Fall die Gerechtigkeit verlangt, ein „gerechtes“ Urteil ist. Hier bietet sich nach der Meinung einiger die durch VIEHWEG für die Jurisprudenz in Anspruch genommene „Topik“ oder, allgemeiner, das Verfahren eines fallbezogenen Diskurses, einer Rundumerörterung der am Fall auftretenden Probleme mit dem Ziel eines Konsenses der am Gespräch Beteiligten oder, abstrakter gedacht, der „Konsensfähigkeit“ der letztlich vorgeschlagenen Lösung an. In einem solchen Diskurs werden die verschiedensten Gesichtspunkte („Topoi“) geltend gemacht, die als Argumente für oder gegen die erwogene Lösung zu dienen geeignet sind. Unter ihnen spielt das Folgenargument („was würde eintreten, wenn diese oder jene Lösung gewählt würde“) eine besondere Rolle. Ob aber diese oder jene (möglichen oder wahrscheinlichen) Folgen vorzuziehen seien, bedarf selbst wieder der Erörterung. Grundsätzlich ist eine auf solche Weise geführte Erörterung endlos, weil man nie wissen kann, ob nicht weitere Gesichtspunkte („Topoi“) in Betracht gezogen werden müssen, die man bisher nicht beachtet hat. Das spricht zwar nicht gegen den *wissenschaftlichen* Diskurs, denn die Wissenschaft ist ihrem Wesen nach nie „am Ende“. Der Richter aber muß zu einer Entscheidung gelangen. Es stellt sich somit für ihn die Frage, wann er den Dialog (notfalls mit sich selbst) abbrechen darf oder muß.

Erfolgt die Lösung von Rechtsfragen vornehmlich im Wege eines „argumentativen“ Verfahrens – das nicht unbedingt das der „Topik“ sein muß –, so fragt es sich weiter, welche Argumente in einer juristischen Diskussion überhaupt zulässig sind, welches unterschiedliche Gewicht ihnen zukommt, welchen „Stellenwert“ das eine und das andere beanspruchen kann. Derartige Fragen sucht eine juristische Argumentationstheorie zu beantworten. Hält sie sich an die in Rechtsgesprächen tatsächlich vorgebrachten Argumente, so tauchen Fragen wie die nach der Auslegung eines Gesetzes, außergesetzlichen Wertungsmaßstäben, der Bedeutung von Präjudizien oder des „Folgenarguments“, also die meisten Fragen der „klassischen“ Methodenlehre, im Rahmen einer solchen Theorie abermals auf[12]. Man kann ihnen nicht ausweichen.

Die Wendung zur Wertungsjurisprudenz, die Kritik am Subsumtionsmodell und schließlich auch die Bevorzugung der Einzelfallgerechtigkeit, sowie des „argumentativen“ Verfahrens haben auch zu einer erneuten Diskussion der Möglichkeit und des Nutzens der Systembildung in der Rechtswissenschaft geführt. Schon HECK hatte ein „äußeres“ und ein „inneres“ System unterschieden. Es geht einmal um die Ordnung des Rechtsstoffs in einem klassifikatorischen System der Begriffe, zum anderen um die Aufdeckung allgemeiner Rechtsgedanken, die Vermeidung von

[12] Beispielhaft hierfür ist die „Theorie der juristischen Argumentation“ von ALEXY.

Wertungswidersprüchen, die Konkretisierung der Rechtsprinzipien in den Regelungsinhalten und in der Rechtsprechung. Vertreter des topischen Denkens lehnen die Relevanz des Systems für die Entscheidung des Einzelfalls ab; Richter, denen es um die Einzelfallgerechtigkeit, allenfalls um die Konkordanz ihrer Entscheidungen geht, mögen sie gering einschätzen. Tatsächlich verfährt die Rechtswissenschaft auch heute, selbst da, wo sie streckenweise „topisch" argumentiert, durchweg systematisch. Das hat sachliche Gründe: Rechtsregeln stehen in einem bestimmten Regelungszusammenhange; Regelungen müssen in sich folgerichtig und aufeinander so weit abgestimmt sein, daß einander widersprechende Entscheidungen vermieden werden. Eine Rechtswissenschaft, die mehr will, als Regeln und Einzelentscheidungen zu registrieren und zu kommentieren, muß darauf ihr Augenmerk richten und das heißt, auch systematisch verfahren[13].

Im folgenden sollen die Standpunkte einiger in der Methodendiskussion führender Autoren zu den angedeuteten Problemen kurz dargelegt werden. Zum Abschluß werfen wir einen Blick auf die gleichzeitige Diskussion unter Rechtsphilosophen über den Begriff der Gerechtigkeit, die sich mit der Methodendiskussion in der zentralen Frage berührt, ob über Werte (oder ethische Grundsätze) rational einsichtige und begründbare Aussagen gemacht werden können, ob es sich bei ihnen also um mehr als bloße „Leerwörter" handelt. Darüber hinaus ist die eine Diskussion nicht ohne Einfluß auf die andere geblieben, zumal es sich dabei teilweise um dieselben Autoren handelt.

2. Die Frage nach übergesetzlichen Wertungsmaßstäben

Erfordert die Streitentscheidung in vielen Fällen eine wertende Beurteilung, z. B. dieses Verhalten als „grob fahrlässig" oder eine „Abwägung" verschiedener Interessen oder „Güter", so fragt es sich, ob es Maßstäbe gibt, an denen der Richter sein Urteil ausrichten kann, oder ob er dabei auf sein unvermeidlich „subjektives" Empfinden oder „Dafürhalten" angewiesen ist. Dieser Frage, und zwar mit Blick auf die Grundrechte, die ja weithin in der Weise „ausfüllungsbedürftiger" Begriffe formuliert sind, deren Anwendung ein Werturteil erfordert, hat schon frühzeitig ZIPPELIUS eine Untersuchung gewidmet[14]. Er stellt die Frage, „wonach sich die Wertentscheidung zu richten habe, ob und wieweit man sich an einer, wenn auch vielleicht übergesetzlichen, objektiven Normenordnung orientieren kann und muß und inwieweit ein Entscheidungsspielraum bleibt, innerhalb dessen man nur aus seiner persönlichen Wertanschauung heraus entscheiden kann oder sogar von dieser ratlos gelassen wird"[15]. Vornehmlich in seinen späteren Schriften[16] betont er, daß jedermann „Werterfahrungen" macht, die als Bewußtseinsinhalte wiederholbar,

---

[13] Zur Funktion der Systembildung MAYER-MALY, a.a.O., S. 67 ff.

[14] ZIPPELIUS, Wertungsprobleme im System der Grundrechte, 1962.

[15] a.a.O., S. 11.

[16] Das Wesen des Rechts, 4. Aufl. 1978, S. 114 ff.; Juristische Methodenlehre, 4. Aufl. 1985, S. 12 ff.; Rechtsphilosophie, 2. Aufl. 1989, S. 129 ff.

auch mitteilbar sind und von verschiedenen Menschen als übereinstimmend (oder nicht übereinstimmend) erfaßt werden können. Freilich stimmen die Werterfahrungen der Menschen häufig nicht überein. „Die Schwierigkeit ist nicht, übereinstimmende Werterfahrungen als Fundament einer Gerechtigkeitserkenntnis anzuerkennen, sondern eine breite Basis übereinstimmender Werterfahrungen tatsächlich zu gewinnen"[17].

Als das Richtmaß für die Wertungen des Richters (oder des Verwaltungsbeamten) sieht ZIPPELIUS das „in der Gemeinschaft herrschende Rechtsethos", die „herrschenden Gerechtigkeitsvorstellungen" an[18]. Das „herrschende Rechtsethos" ist nicht eine Summe von Bewußtseinsvorgängen, sondern Inhalt des Bewußtseins vieler Menschen, es ist „objektiver Geist" im Sinne der Schichtentheorie NICOLAI HARTMANNS[19]. Erkenntnisquellen dieses „herrschenden Rechtsethos" sind vor allem die lebendig gewachsenen Grundrechtsartikel der Verfassung, andere Rechtsnormen, ferner „Rechtsgrundsätze der Rechtsprechung und der Verwaltung, die Verkehrssitte und die Institutionen des sozialen Lebens"; eine „hergebrachte Gepflogenheit" aber nur dann, „wenn sie Ausdruck der herrschenden Wertauffassung ist"[20]. Die Maßgeblichkeit des herrschenden Rechtsethos begründet ZIPPELIUS damit, daß es, weil es der Überzeugung der meisten entspricht, einen „breitestmöglichen Konsens" gewährleiste[21]. Dieses Argument unterliegt allerdings dem Einwand von PAWLOWSKI, daß die Zustimmung der Mehrheit zu einer bestimmten Handlung diese Bewertung noch nicht für die Minderheit verbindlich werden ließe[22]. Zwar ist das Mehrheitsprinzip als solches kein Kriterium der Richtigkeit, indessen meint ZIPPELIUS mit dem „Rechtsethos" nur solche Anschauungen, die sich als Konkretisierung des *Rechtsgedankens*, der tragenden Grundsätze einer Ethik des sozialen Lebens verstehen lassen und nicht zuletzt deshalb auf Anerkennung rechnen können. Da der Richter Recht im Namen dieser Rechtsgemeinschaft spricht, kann er sich auch nur an die in ihr geltende, in ihren Gliedern (mehr oder weniger) lebendige, d. h. ihr Verhalten und ihr Urteil prägende Ethik halten. Insoweit geben wir ZIPPELIUS recht. Der Begriff „Rechtsethos" enthält ein empirisches *und* ein normatives Element, meint nicht nur die Ergebnisse von Meinungsumfragen.

ZIPPELIUS sieht aber auch die Schranken, die solchem Vorgehen des Richters gesetzt sind. Die Wertungen, die in den Rechtssätzen, auch im Grundgesetz, zum Ausdruck kommen, „schließen sich nicht zu einer lückenlosen Wertordnung zusammen"[23]. Die herrschenden Wertvorstellungen unterliegen einem ständigen Wandel; sie seien auch manipulierbar[24]. In Zeiten eines starken Auffassungswandels könne es

---

17 Das Wesen des Rechts, S. 116.

18 Wertungsprobleme, S. 131 ff.; Wesen des Rechts, S. 123 ff.; Juristische Methodenlehre, S. 12 f., 21.

19 Wertungsprobleme, S. 135 ff.

20 Wesen des Rechts, S. 128 f.; Wertungsprobleme, S. 155; Rechtsphilosophie, S. 149 ff.

21 Wesen des Rechts, S. 119 f.; Juristische Methodenlehre, S. 21.

22 PAWLOWSKI, Methodenlehre für Juristen, Rdz. 152 ff.

23 Wertungsprobleme, S. 157.

24 Wesen des Rechts, S. 133.

fraglich sein, „ob eine Meinung schon oder ob sie noch herrscht“[25]. Auf viele Fragen gibt das herrschende Ethos keine eindeutigen Antworten. Dann bleibe dem Richter nichts anderes übrig, als nach „seiner persönlichen Gerechtigkeitsvorstellung“, wenn auch diese versagt, nach „Zweckmäßigkeitserwägungen“ zu entscheiden[26]. Dieses Ergebnis wird mancher vielleicht als enttäuschend empfinden. Es gilt nach ZIPPELIUS aber erst dann, wenn der Richter alle Möglichkeiten, zu einem begründeten Urteil zu gelangen, ausgeschöpft hat. Wichtig und festzuhalten ist die Erkenntnis, daß „Werte“ als Bewußtseinsinhalte nicht identisch mit den Akten sind, in denen sie erfahren werden, „Wertungen“ daher mitteilbar, gedanklich nachvollziehbar und, so setzen wir hinzu, im Wege einer Analogie auf vergleichbare Handlungen oder andere Sachverhalte übertragbar sind. Auch hierbei geht es nicht um die Wertungsakte, die als solche einmalig, nicht wiederholbar und daher auch nicht übertragbar sind, sondern um die Inhalte, die *Bewertungen.*

In mehreren Aufsätzen, die er unter dem Titel „Wertung und Abwägung im Recht“ zusammengefaßt hat, will HEINRICH HUBMANN[27] zeigen, daß Werte nicht nur im Gefühl gegeben sind, sondern daß „auch die Vernunft einen Zugang zu ihnen hat“. Werte seien „objektiv“ (im Sinne von allgemeingültig), „wenn sie nicht nur für einzelne wertvoll erscheinen, sondern wenn sie allen, also dem Menschen seinem Wesen nach, Befriedigung und Erfüllung bringen können“[28]. Daher ließen sich „durch Erforschung und Erkenntnis der Natur des Menschen“ Rückschlüsse auf Werte ziehen. Soweit nun solche Werte für das menschliche Zusammenleben relevant sind, ergeben sich aus ihnen sittliche Normen, die dem Recht vorgegeben sind und an denen es sich ausrichten muß[29]. Sie konstituieren nach HUBMANN ein Naturrecht, im wörtlichen Sinne als ein der menschlichen Natur entsprechendes Recht. Allerdings sieht HUBMANN in ihm noch kein in sich geschlossenes System unmittelbar anwendbarer Regeln. Werte haben nicht nur eine verschiedene „Ranghöhe“, ihre Vorzugswürdigkeit im Einzelfall richtet sich ganz nach den jeweiligen Umständen. So kann ein „ranghöherer“ Wert zurücktreten müssen hinter einen „rangniederen“, wenn dieser ein elementares Lebensbedürfnis betrifft und dieses sonst unbefriedigt bleiben würde[30]. Hieraus, wie auch aus der Verschiedenheit des individuellen Wert- und Rechtsgefühls und aus einigen weiteren Gründen ergebe sich die Unmöglichkeit einer „vollen Naturrechtserkenntnis“. „Naturrechtliche Teilwahrheiten“ könnten wir aber erkennen, und wir hätten solche auch erkannt[31]. Auf solche bereits erkannten Teilwahrheiten, das ist offenbar HUBMANNS Meinung, könne und solle der Richter da zurückgreifen, wo er den Maßstab für die von ihm geforderte Wertung weder den Gesetzen, noch der herrschenden Rechtsmoral, noch

---

[25] Wertungsprobleme, S. 195.
[26] Wertungsprobleme, S. 196; Juristische Methodenlehre, S. 76; Rechtsphilosophie S. 156.
[27] HUBMANN, Wertung und Abwägung im Recht, 1977.
[28] a.a.O., S. 8, 14.
[29] a.a.O., S. 112 f.
[30] S. 20 f., 118 ff.
[31] S. 140 ff.

den Werterfahrungen, für die „die Gerichtsurteile eine empirische Fundgrube darstellen“[32], zu entnehmen vermag. Darüber hinaus gibt HUBMANN einige Regeln für die Ableitung von Werten aus anderen Werten und „Präferenzregeln“ an.

Von „überzeitlichen Wertinhalten“, die sich „in Rechtsgrundsätzen manifestieren“, und demgemäß von einem Naturrecht als einer „Summe von Sätzen der Gerechtigkeit“ spricht HELMUT COING in seiner Rechtsphilosophie[33]. Wie er zu ihnen kommt und was er im näheren unter ihnen versteht, soll erst im Zusammenhang der rechtsphilosophischen Diskussion über die Gerechtigkeit (unten unter 8) dargelegt werden. In dem der juristischen Methodenlehre gewidmeten 6. Kapitel seines Buches tauchen diese Grundsätze eher wie beiläufig auf. In dem Abschnitt über die Rechtsfortbildung durch den Richter erörtert er zunächst das Lückenproblem. Zum Verfahren der Lückenschließung heißt es, daß zunächst die im Spiel befindlichen Interessen zu entwickeln seien. Sodann seien „die möglichen Regelungsgesichtspunkte aufzufinden, zu vergleichen und gegeneinander abzuwägen“. Hierbei könne die Rechtsvergleichung eine entscheidende Hilfe leisten. Ebenso werde zu prüfen sein, „ob das eigene Gesetz an irgendeiner Stelle Gesichtspunkte enthält, die sich für die sachgemäße Lösung des Problems verwenden lassen“. Und endlich seien „die bekannten Aspekte der Gerechtigkeit, die Grundsätze der Gerechtigkeit heranzuziehen“[34]. Indessen seien diese auch für die einfache Gesetzesanwendung bedeutsam. Denn diese habe die Aufgabe, „die Gerechtigkeits- und Zweckgedanken, die im Gesetz niedergelegt sind, in der Lösung des konkreten Falles zur Geltung zu bringen und ihn nach ihnen zu entscheiden“[35]. Hierfür reiche das Subsumtionsverfahren nicht aus. Es reiche schon deshalb nicht aus, weil ja der gesetzliche Tatbestand selbst unter Wertungsgesichtspunkten gebildet sei. Deshalb verlange die Gesetzesanwendung, daß der Richter im Blick auf den konkreten Sachverhalt die Wertung des Gesetzes wiederhole und danach seine Entscheidung treffe. Es bedürfe der rationalen Herausarbeitung der dem Gesetz zugrundeliegenden Werte, damit der Richter bei seiner Bewertung des Sachverhalts sich selbst zu kontrollieren vermöge[36]. COING lehnt die Auffassung, daß eine Wertung stets ein „irrationaler“ Vorgang sei, ausdrücklich ab[37]. Er zweifelt nicht daran, daß Werte als solche inhaltlich erkannt, erkannte Bewertungen nachvollzogen werden können, und daß der Richter die von ihm erkannten Wertungen des Gesetzes zur Richtschnur der von ihm vorzunehmenden Bewertung der Elemente des vorliegenden Sachverhalts zu nehmen hat. Damit ist COING ein typischer Vertreter einer Wertungsjurisprudenz, die sich von der Interessenjurisprudenz gelöst hat.

„Woher die Bewertungsmaßstäbe kommen, die man zur Geltung bringt, wenn solche Maßstäbe dem gesetzten Recht nicht mit hinreichender Deutlichkeit zu entnehmen sind“, ist für BYDLINSKI nicht nur eine, sondern *die* Grundfrage der Wer-

---

32 a.a.O., S. 13.
33 H. COING, Grundzüge der Rechtsphilosophie, 4. Aufl. 1985, S. 214.
34 a.a.O., S. 346 f.
35 a.a.O., S. 337.
36 a.a.O., S. 338.
37 a.a.O., S. 112 ff., 336.

tungsjurisprudenz[38]. Ihm genügt nicht der Hinweis auf die in einer bestimmten Rechtsgemeinschaft allgemein anerkannten oder doch überwiegenden Wertvorstellungen. Vielmehr bedürften diese einer „Selektionierung mit Hilfe rechtlicher Kategorien“. Als solche Kriterien sieht er die auch in diesem Buche als richtungweisend angesehenen Rechtsprinzipien an, die zwischen der Rechtsidee (oder den obersten Rechtswerten) und den Regelungen eines positiven Rechts vermitteln. Die notwendige Selektionierung allgemein oder vorherrschend anerkannter gesellschaftlicher Wertungen auf ihre „rechtliche Relevanz“ hin ergebe sich „durch die Prüfung ‚nach oben‘, ob sie sich inhaltlich als Konkretisierung der Rechtsidee für die historisch gegebene Gesellschaft darstellen lassen, und ‚nach unten‘, ob sie als Leitgedanken positiver rechtlicher Regelungen erkennbar sind“[39]. Von diesem Ansatz aus sucht BYDLINSKI die „Wertungsjurisprudenz“ mit dem Ziel weiter zu entwickeln, rationale Methoden der Werterkenntnis und der Übertragung von Wertungen (auf gleich zu bewertende Sachverhalte) aufzuzeigen, um den danach noch verbleibenden Restbereich, in dem der Richter nur noch „dezisionär“ entscheiden kann, so klein wie möglich zu halten. Er legt dabei entscheidenden Wert auf die Vielfalt juristischer Denkweisen und Methoden, von der streng logisch verfahrenden Subsumtionstechnik über die verschiedenen Stufen oder Schritte der Gesetzesauslegung und Ergänzung bis hin zu der Aufsuchung und Konkretisierung der Rechtsprinzipien, einem „beweglichen System“ im Sinne WILBURGS[39a] und zum Typenvergleich. Immer wieder wendet er sich dagegen, *eine* dieser Denkweisen zu der alleinigen juristischen Methode zu erklären. Unter diesen Umständen gewinnt für ihn die Frage nach dem Rangverhältnis dieser Denkweisen eine zentrale Bedeutung. BYDLINSKI hält daran fest, daß der Richter die Lösung einer ihm aufgegebenen Rechtsfrage primär auf dem Wege über das Gesetz, seine Auslegung und sinngemäße Fortbildung, zu suchen hat. Er übt eine herbe Kritik an allen denjenigen, die dem Richter ein anderes Vorgehen empfehlen, darunter auch an einigen der im folgenden vorgestellten Autoren. Jedoch verlangt er, neben dem primär am Gesetz ausgerichteten Vorgehen, vom Richter eine „Begleitkontrolle nach den Kriterien der Rechtsidee“. Führen ihn schon die ersten methodischen Schritte – etwa die Gesetzesauslegung nach dem Wortsinn und dem systematischen Zusammenhang – zu einem eindeutigen Ergebnis, das auch der „Begleitkontrolle“ standhält, so darf der Richter nach BYDLINSKI seine Bemühung hier abbrechen und auf weitere, meist schwierigere Untersuchungen verzichten. Ist dem nicht so, hat er historische und, geben diese nichts her, objektiv-teleologische Erwägungen anzustellen, gegebenenfalls das lückenhafte Gesetz im Wege der Analogie oder teleologischen Reduktion oder mit Hilfe allgemeiner Rechtsgrundsätze zu ergänzen. BYDLINSKI spricht von einem „stufenweisen, subsidiären Einsatz der Methoden je nach Bedürfnis“. Er meint, das dem

---

[38] BYDLINSKI, Juristische Methodenlehre und Rechtsbegriff, 1982, S. 128. Dazu ergänzend RTh 1985, S. 1.

[39] a.a.O., S. 133.

[39a] Vgl. das letzte Kapitel unter 2d und 3a.

Richter von dem zu entscheidenden Rechtsfall gestellte Rechtsproblem sei dann voll gelöst, „wenn gezeigt werden kann, daß eine bestimmte Entscheidung des gestellten Fallproblems dem positiven Recht entspricht *und* mit der Rechtsidee im Einklang steht“[40]. Bis er eine solche Lösung gefunden hat, habe er sein Bemühen fortzusetzen; dagegen sei es ihm nicht gestattet, von Fällen krassen gesetzlichen Unrechts abgesehen, das positive Recht im Hinblick auf die Rechtsidee zu korrigieren. Jedoch könne ein „Funktionswandel“ der Rechtsnorm im Hinblick auf die veränderten Verhältnisse im Normbereich eine Abkehr von der bisher gebotenen Auslegung rechtfertigen.

Bydlinski unternimmt den Versuch, aus den von ihm dargestellten Methoden der Wertungsjurisprudenz auf den dieser zugrundeliegenden, „wertbezogenen“ Rechtsbegriff zurückzuschließen. Statt, wie die meisten, aus einem wie immer gewonnenen Rechtsverständnis methodische Postulate abzuleiten, geht er von den tatsächlich angewandten juristischen Methoden aus und sucht von ihnen aus den Rechtsbegriff neu zu bestimmen. Das ist ein legitimer Weg, der freilich denjenigen nicht überzeugen wird, der von diesen Methoden, von der Jurisprudenz überhaupt, „nichts hält“. Auch kommt er auf seinem Wege nicht darum herum, zu Fragen, wie der nach dem Verhältnis von Sollen und Sein, zur Zwangstheorie des Rechts und zur Imperativentheorie, zu Fragen also Stellung zu nehmen, die zu den Grundfragen der Rechtsphilosophie gehören. Damit bestätigt sich nur einmal mehr der unlösliche Zusammenhang aller dieser Fragen. Das Buch von Bydlinski macht diesen Zusammenhang in besonderem Maße deutlich.

In einer weiteren Schrift[40a] geht es Bydlinski um den Aufweis einer „inhaltlich grundlegenden Schicht leitender rechtsethischer Prinzipien als Bestandteil des Rechts und damit als legitimer Gegenstand der Rechtswissenschaft“[40b]. Diese Prinzipien werden nicht vom Gesetzgeber in Geltung gesetzt, sondern sind dort immer schon vorausgesetzt, wo es um Recht geht. Vom Naturrecht im überkommenen Sinn unterscheiden sie sich dadurch, daß sie nicht unveränderlich sind. Unabhängig vom Willen eines Gesetzgebers entstehen sie in der Sozietät selbst und entwickeln sich „in einem bestimmten Sinn spontan“[40c]. Im Falle eines Widerspruchs unter ihnen geht das ranghöhere vor; gleichrangige müssen, soweit als nötig, jedes hinter dem anderen zurücktreten. Zwar sind die Prinzipien desto allgemeiner und daher vager, je fundamentaler sie sind, doch schließt das nicht aus, daß sie einen gewissen Aussageinhalt aufweisen und daher bei der Gesetzgebung und Rechtsanwendung determinierend wirken können. Auch wenn sie noch mehrere Möglichkeiten offen lassen, schließen sie doch andere aus, sind mehr als bloße „Leerformeln“, bestimmen die Arbeit der Juristen auf allen Stufen mit. Bydlinski führt eine Reihe solcher von ihm für fundamental gehaltenen Rechtsgrundsätze auf, ohne den Anspruch zu erheben, daß diese Aufzählung erschöpfend sei.

---

[40] a.a.O., S. 559.
[40a] Bydlinski, Fundamentale Rechtsgrundsätze, 1988.
[40b] S. 115.
[40c] a.a.O., S. 3.

Daß rechtsethische Prinzipien ein notwendiger Bestandteil des geltenden Rechts sind, betont auch RALF DREIER in einer Abhandlung über den Begriff des Rechts[40d]. Hierfür und also gegen den Positivismus führt er zwei Gründe an. Zum ersten könne eine kraß ungerechte Norm, die in fundamentaler Weise gegen sittliche Gebote verstößt, keine rechtliche Geltung beanspruchen. Das habe auch das Bundesverfassungsgericht in seiner Rechtsprechung zu den nationalsozialistischen Rassegesetzen angenommen. Zum zweiten seien allen entwickelten Rechtsordnungen Prinzipien immanent, die „kraft ihrer Struktur und ihrer Geltungsbegründung den positivistischen Rechtsbegriff sprengen". Dies täten sie, weil sie „die approximative Realisierung eines moralischen Ideals zur Rechtspflicht machen"[40e]. In den Begriff des Rechts müsse daher neben dem Normcharakter und einem Mindestmaß an sozialer Wirksamkeit auch ein Mindestmaß an ethischer Rechtfertigungsfähigkeit aufgenommen werden. Demgegenüber will HOERSTER[40f] am positivistischen Rechtsbegriff festhalten. Er meint jedoch, ein positives Recht könne Forderungen der Moral durch entsprechende Gesetzesbestimmungen oder durch Gewohnheitsrecht in sich aufnehmen. Dann gelten diese rechtlich zwar nicht schon ihres Inhalts wegen, aber kraft eines Aktes der Rechtssetzung. Demgegenüber sind BYDLINSKI und DREIER der Meinung, daß das Vorhandensein solcher Normen im positiven Recht kein Zufall sei, sondern bereits durch den Begriff des Rechts gefordert werde.

Rechtswissenschaft als teleologisch verfahrende Wissenschaft ist auch das Thema der Schrift von INGO MITTENZWEI[40g]. Rechtsnormen verfolgen stets bestimmte Zwecke, darunter nicht nur solche des jeweiligen Gesetzgebers, sondern auch „objektive Zwecke der Rechtsordnung, welche allein durch die innere Vernünftigkeit derselben gefordert sind"[40h]. Unter ihnen besteht notwendig eine Rangordnung, die wiederum nicht nur vom Belieben des Gesetzgebers abhängt. Teleologisches Denken ist Denken vom Ziele her; es ist zugleich ein Denken vom übergeordneten Ganzen her. Teleologische Interpretation, auch von Rechtssätzen, ist daher „die Herausarbeitung und Entfaltung des Sinnes und Zweckes von Teilen in bezug auf ein gedachtes, organisches, d.h. funktionell zusammenhängendes Ganzes"[40i].

Fragen wir nach der Gerechtigkeit, so finden wir sie nach MITTENZWEI nicht außerhalb des positiven Rechts, in einem von ihm getrennt gedachten „Naturrecht", sondern nur innerhalb seiner, sofern es das Prädikat einer gerechten Ordnung verdient. Abzulehnen ist sowohl der Versuch, „irgendwelche Elemente oder Momente des Natürlichen im Menschen gegen die positive Rechtsordnung auszuspielen", wie auch der „Versuch der Legitimierung einer konkreten positiven Rechts-

[40d] In NJW 86,890. Vgl. hierzu, außer den in der nächsten Anm. genannten Abhandlungen von HOERSTER, auch KRAWIETZ, in RTh 1987, S. 209 ff.

[40e] a.a.O., S. 892.

[40f] In NJW 86, 2480 und JuS 87, 181.

[40g] INGO MITTENZWEI, Teleologisches Rechtsverständnis.

[40h] a.a.O., S. 272.

[40i] a.a.O., S. 46.

ordnung aus einem natürlichen Ordnungsgefüge"[40k]. „Richtiges Recht" ist aus dieser Sicht nur ein positives Recht, das als Ganzes, in seinen leitenden Prinzipien und in seinem Zusammenhang, unter den gegenwärtigen Verhältnissen der Idee einer gerechten Ordnung entspricht. Mit Recht beruft sich MITTENZWEI für diese seine Auffassung mehrfach auch auf HEGEL[40l]. Die Idee des Rechts ist danach die Idee eines Gemeinwesens, das die Freiheit aller in einer ausgeglichenen Weise verwirklicht.

3. Normgehalt und Wirklichkeitsstruktur

Anhänger der Wertungsjurisprudenz, die von der Interessenjurisprudenz herkommen oder an die Wertphilosophie MAX SCHELERS und NICOLAI HARTMANNS anknüpfen, pflegen den realen Interessen und Machtverhältnissen den ideellen Wert oder Wertungsmaßstab gegenüberzustellen, an dem sich die vom Gesetzgeber oder Richter vorgenommene Wertung ausrichtet. Dem liegt die strikte Trennung des Sollens und des Seins, oder eines Reiches der Werte und der Wirklichkeit zugrunde, die uns vom Neukantianismus her bekannt ist und ohne die – wenn sie auch nicht das letzte Wort sein kann - die Rechtswissenschaft in der Tat nicht auskommt. Sie darf freilich nicht dahin übersteigert werden, als könne der Inhalt eines Sollens ohne Rücksicht auf die Seinsverhältnisse festgesetzt werden, für die oder innerhalb derer es gelten soll. Daß das nicht angeht, wird denn auch fast überall anerkannt. So spricht HEINRICH HENKEL[41], selbst ein Anhänger der Wertphilosophie, ausführlich von den ontologisch-anthropologischen und den kulturell-soziologischen Vorgegebenheiten des Rechts, ZIPPELIUS[42] von der Sachbezogenheit des Rechts und seiner „grundsätzlichen Bindung an die Realitäten". Das Recht, so betont er, „ist also seinem Inhalt nach weitgehend durch die natürlichen und sozialen Verhältnisse bestimmt, die es ordnet oder an die seine Ordnung anknüpft". Zugleich betont er jedoch, daß „Sollensnormen nicht aus Tatsachen abgeleitet werden können". Dem Begriff der „Natur der Sache" steht er skeptisch gegenüber, wenn dieser besagen soll, in den Sachstrukturen „liege ein Richtmaß dafür, was richtigerweise geschehen solle"[43]. Auch ENGISCH[44] will den Begriff der „Natur der Sache" nur für die „Vorgegebenheiten" gelten lassen, die ihrerseits „Gegenstand" einer rechtlichen Bewertung und Regelung sind; er wendet sich gegen einen Begriff, der bereits „irgendwelche Rechtsgedanken als den zu regelnden Lebensverhältnissen immanent antizipiert". Aus der Sachstruktur der geregelten Lebensverhältnisse lassen sich danach keine Folgerungen für die Regelung und für die konkrete Entscheidung einer Regelungsfrage ziehen. Eben das aber verlangt, als Teil der dem Richter aufgetragenen Normkonkretisierung, FRIEDRICH MÜLLER.

[40k] a.a.O., S. 36.
[40l] a.a.O., S. 167 ff.; vgl. dazu auch S. 176.
[41] HENKEL, Einführung in die Rechtsphilosophie, 2. Aufl. 1977, S. 234 ff.
[42] ZIPPELIUS, Rechtsphilosophie, 2. Aufl. 1989, S.46 ff.
[43] a.a.O., S. 95.
[44] ENGISCH, Auf der Suche nach der Gerechtigkeit, 1971, S. 238.

MÜLLER wendet sich gegen die strikte Entgegensetzung von Sollen und Sein, Norm und von ihr betroffener Realität. Er fragt nach der „im Grundsatz gemeinsamen Struktur fallbezogener Normkonkretisierung“[45], wobei „Konkretisierung“ für ihn nicht bedeutet, die schon vorhandene Norm nur zu verdichten, sie „konkreter“ zu machen, sondern die Norm, nach der der Fall dann entschieden wird, erst hervorzubringen[46]. Um es mit seinen Worten zu sagen: „Dieser Begriff bezeichnet nicht das Verengen einer gegebenen allgemeinen Rechtsnorm auf den Fall hin, sondern das Erzeugen einer allgemeinen Rechtsnorm im Rahmen der Lösung eines bestimmten Falles“[47]. MÜLLER betont immer wieder, daß die Norm, die im Gesetze steht, der „Normtext“, nicht die Norm sei, nach der der Fall schließlich entschieden wird, nicht die „Entscheidungsnorm“, sondern nur der Ausgangspunkt für deren Bildung durch denjenigen, der den Fall bearbeitet. Die Entscheidung müsse mit dem Normtext nur vereinbar sein; dieser bilde die Grenze der möglichen Konkretisierung der Norm. Das ergebe sich, meint MÜLLER, aus verfassungsrechtlichen Gründen. Im übrigen aber gilt: „Die Norm ist nicht fertig und anwendbar. Ihr Sinn vollendet sich jeweils erst in der Konkretisierung“[48]. Erst in der juristischen Argumentation gewinnt der Text seine Bedeutung, erst hier wird der tragende Leitsatz der Entscheidung hergestellt[49].

Die zu bildende Rechtsnorm, fährt MÜLLER fort, wird aus zwei Komponenten zusammengestellt, dem „Normbereich“ und dem „Normprogramm“[50]. Den „Normbereich“ bilden die Tatsachen, „die mit der fraglichen Rechtsnorm thematisch in Verbindung stehen können“[51], mit anderen Worten, der Ausschnitt aus der Lebenswirklichkeit, der möglicherweise von der Norm betroffen ist. Das Normprogramm ist der im Wege der Auslegung des Normtextes gewonnene „ordnende Maßstab“[52]. Wie die Bildung der Norm aus diesen beiden Komponenten vor sich geht, bleibt undeutlich. Gedacht ist offenbar an ein „Hin- und Herwandern des Blicks“ zunächst zwischen dem Sachverhalt und den in Frage kommenden Normtexten, sodann zwischen dem dadurch bereits verengten Sachverhalt und den als einschlägig erkannten Normen. Dem folgt die Bildung der hier passenden Norm durch den Bearbeiter. Zum Schluß „sind die Schwerpunkte, zwischen denen der Blick des Fallbearbeiters pendelt, die aus Normprogramm und Normbereich soeben erarbeitete Rechtsnorm und der individuelle Sachverhalt“[52a].

Richtig ist, daß die Norm, die im Gesetze steht, um angewandt zu werden, der Verdeutlichung und Präzisierung bedarf, und daß dies die vom Richter geforderte Leistung ist. Das heißt aber nicht, daß dieser den Maßstab selbst bildet, an dem er

---

[45] FRIEDRICH MÜLLER, Juristische Methodenlehre, 3. Aufl. 1989, S. 20.
[46] Ebenda S. 27.
[47] FRIEDRICH MÜLLER, Richterrecht, 1986, S. 47.
[48] FRIEDRICH MÜLLER, Strukturierende Rechtslehre, 1984, S. 66.
[49] Juristische Methodenlehre, 3. Aufl., S. 157.
[50] Vgl. Strukturierende Rechtslehre, S. 232, 263, 270 und öfter.
[51] a.a.O., S. 252.
[52] a.a.O., S. 263.
[52a] a.a.O., S. 336.

dann den Fall mißt. Die Auslegung der Norm darf nicht das eine Mal so, das andere Mal anders erfolgen. Der Richter hat nicht eine Norm zu finden gerade nur für diesen Fall, sondern die ihm gegebene Norm in der von ihm für „richtig" erkannten Weise auf jeden ihm vorgelegten Fall anzuwenden. Da nach MÜLLER die Entscheidung *stets* auf der vom Richter selbst erst gebildeten Norm beruht, ist für ihn alles von einem Gericht angewandte Recht „Richterrecht"[52b]. Das ist in dieser Allgemeinheit nicht zu halten. Gegenüber dem nicht zu leugnenden Anteil der Rechtsprechung an dem in Anwendung stehenden Recht wird der Anteil der Gesetzgebung von MÜLLER unserer Meinung nach zu gering eingeschätzt.

Dasselbe gilt für die Schrift von RALPH CHRISTENSEN über die Gesetzesbindung[52c], in der er die Gedanken von FRIEDRICH MÜLLER vor allem in sprachwissenschaftlicher Hinsicht weiter ausführt. Auch CHRISTENSEN kann sich die Anwendung einer Norm nur als Subsumtion eines Falles unter die allgemein formulierte Norm, nicht auch als Prozeß der näheren Ausfüllung und Konkretisierung der Norm denken. Da er richtig erkennt, daß erst in diesem Prozeß der Richter seine Aufgabe erfüllt, meint er, der Richter bilde damit selbst erst die Norm, unter die er dann den Fall subsumiert. Die Norm, wie sie im Gesetze steht, der „Normtext", bilde nur den Ausgangspunkt für die richterliche Tätigkeit. Er sei, von Ausnahmen abgesehen, noch viel zu unbestimmt und mehrdeutig, als daß unter ihn subsumiert werden könnte. Um den Fall entscheiden zu können, bedürfe es der Bildung einer engeren Norm, der „Entscheidungsnorm", die in den Leitsätzen des richterlichen Urteils ausgesprochen werde und erst den Fall entscheide. Es sei ein Irrtum, zu glauben, „daß die Rechtsnorm als tragender Leitsatz einer Entscheidung schon im Normtext vorgegeben sei"[52d]. Ausdrücklich beruft sich CHRISTENSEN für diese Ansicht auf FRIEDRICH MÜLLER. Der tragende Leitsatz einer Entscheidung liege nicht einfach im Normtext, sondern müsse vom Richter erst erarbeitet werden[52e]. Verkannt wird hierbei, daß Anwendung einer Norm nicht nur im Wege einer einfachen Subsumtion möglich ist.

Ist der Gesetzestext nicht schon die Norm, an der der Richter seine Entscheidung ausrichtet, welche Bedeutung kommt ihm dann zu? Auf diese Frage antwortet CHRISTENSEN, die Entscheidung des Richters müsse dem vom Gesetzgeber geschaffenen Normtext „zurechenbar" sein. Die Zurechnung müsse „an verfassungsrechtlich rückgebundenen methodischen Standards zu überprüfen sein"[52f]. Was das heißt, bleibt im dunkeln. Soll es heißen, daß der Richter zwar nicht an den Gesetzestext, aber doch an die für dessen Auslegung geltenden Grundsätze gebunden ist, ist er damit mittelbar doch wieder an das Gesetz gebunden. Damit verträgt sich die entschiedene Ablehnung jeder Bindung an den Gesetzestext aber kaum.

[52b] So in seinem Beitrag „Richterrecht – rechtstheoretisch formuliert" in dem Sammelband „Richterliche Rechtsfortbildung", 1986, S. 65 ff., 80 ff.

[52c] RALPH CHRISTENSEN, Was heißt Gesetzesbindung? Eine rechtslinguistische Untersuchung, 1989.

[52d] a.a.O., S. 68.

[52e] a.a.O., S. 38. Vgl. auch S. 20 f.

[52f] a.a.O., S. 300.

Arthur Kaufmann geht davon aus, daß die Lebensverhältnisse, auf die sich die Rechtsnormen beziehen, einer bereits in sich strukturierten Realität angehören, der, da es sich um zwischenmenschliche Verhältnisse handelt, auch schon ein Sinn innewohnt. Er entwickelt diese Auffassung im Rahmen eines umfassenden philosophischen Ansatzes, einer Ontologie, die in der Tradition von Aristoteles, Thomas v. Aquin und auch von Hegel steht[53]. „Sollen" und „Sein" oder „Wert" und „Wirklichkeit" sind hiernach nicht als zwei völlig disparate Bereiche, sondern als schon vor der „Setzung" von Normen miteinander verbunden, aufeinander bezogen, einander „entsprechend" zu denken. Zum Schlüsselbegriff wird damit die „Natur der Sache"[54] eben in dem Sinne, den Engisch und Zippelius, beide wohl in der Tradition des Neukantianismus, nicht gelten lassen wollen. Bei aller Rechtsetzung und Rechtsfindung gehe es darum, Sollen und Sein „in die Entsprechung" zu bringen. Das aber könne nicht im Wege eines logischen Syllogismus, sondern nur in dem der Vornahme einer Analogie geschehen[55]. Denn die Norm und der Sachverhalt seien niemals einander völlig gleich, sondern immer nur einander ähnlich, und zwar in dem, was ihren Sinn ausmacht. Der Sinn des Gesetzes stecke nicht, wie das die traditionelle Methodenlehre annehme, „in den abstrakten und darum weitgehend sinnentleerten gesetzlichen Begriffen", man müsse vielmehr „auf etwas Anschaulicheres zurückgreifen, auf die in Betracht kommenden konkreten Lebenssachverhalte. Der ‚Sinn des Gesetzes' läßt sich nie ermitteln ohne Bezugnahme auf den Sinn, die ‚Natur' der zu beurteilenden Lebenssachverhalte"[56]. Als die „Natur" des Lebensverhältnisses sieht Kaufmann den ihm innewohnenden Sinn oder Wert, der zu dem im Gesetz gemeinten „in die Entsprechung gebracht" werden muß. „Wo wir aus der ‚Natur der Sache' heraus denken, sind wir immer zugleich beim Sachverhalt und beim Wert, erfahren wir die unlösbare ‚Strukturverschlingung' von Sein und Sollen"[57].

Die „Natur der Sache" aber verweist auf die Denkform des Typus. Denn der Typus ist „ein vergleichsweise Konkretes, ein universale in re"[58]. Im Gegensatz zum abstrakt-allgemeinen Begriff ist er „nicht definierbar, sondern nur explizierbar", nicht „geschlossen, sondern offen", er „verbindet, macht Sinnzusammenhänge bewußt". Auf der Ebene des Rechts erweist er sich „als die Mitte zwischen Rechtsidee und Lebenssachverhalt, um die letztlich alles Rechtsdenken kreist: die Mitte zwischen Normgerechtigkeit und Sachgerechtigkeit"[59]. Er ist dem Gesetzgeber vorgegeben, „dieser hat die Aufgabe, Typen zu beschreiben". Versucht der Gesetzgeber, die typischen Lebenssachverhalte möglichst präzis in Begriffen zu fassen, so muß die Rechtsprechung „diese Begriffe wieder sprengen, um den Lebens-

---

53 Kaufmann, Analogie und „Natur der Sache", 2. Aufl. 1982, S. 19 ff.; näher: Die ontologische Struktur des Rechts, in: Rechtsphilosophie im Wandel, 1972, S. 104 ff.

54 Analogie und „Natur der Sache", S. 44 ff.

55 a.a.O., S. 18 ff., 37 ff.

56 a.a.O., S. 39.

57 a.a.O., S. 46.

58 a.a.O., S. 47.

59 a.a.O., S. 48.

wirklichkeiten gerecht werden werden zu können". Alsbald aber beginnt „der rückläufige Vorgang", der in eine neue, „verbesserte" Definition des Begriffs mündet, die sich bald aber wieder als zu eng erweist. Wir haben es also beim Prozeß der Rechtsverwirklichung „mit einem ständigen Schließen und Öffnen und wieder Schließen der Gesetzesbegriffe zu tun"[60]. Eine „restlose Verbegrifflichung der Typen ist unerreichbar, und darum muß bei der konkreten Rechtsfindung immer wieder auf die vom Gesetz gemeinten Typen, auf die ihnen zugrundeliegenden Modellvorstellungen zurückgegriffen werden".

KAUFMANN bemerkt selbst[61], seine These, daß Rechtserkenntnis „immer analogische Erkenntnis" sei, scheine „dem heutigen Verständnis von Recht und Rechtserkenntnis radikal zu widersprechen". Im Nachwort zur zweiten Auflage seiner Schrift „Analogie und Natur der Sache"[62] geht er auf das strafrechtliche Analogieverbot ein. Dieses wolle er nicht in Frage stellen, allein es handle sich nicht um ein Verbot analogischen Denkens in dem weiten Sinne, in dem KAUFMANN dieses versteht, sondern nur um ein Verbot einer zu weitgehenden Analogie, um „eine Grenzziehung innerhalb der Analogie". Das ist von seinem Standpunkt aus gewiß konsequent. Hier muß aber darauf aufmerksam gemacht werden, daß KAUFMANN mit der Analogie, die seiner Meinung nach jeder Normanwendung zugrundeliegt, etwas durchaus anderes meint, als die herrschende Lehre und auch dieses Buch unter einer „Analogie" versteht. „Analogie" bedeutet danach ein Verfahren, bei dem zwei Gegebenheiten miteinander verglichen werden. Gefragt wird, ob sie so viel Gemeinsames aufweisen, daß man – im Fall der juristischen Analogie – trotz der bestehenden Verschiedenheit die gleiche Rechtsfolge für sie angebracht hält. Verglichen werden also in der gemeinhin so genannten juristischen Analogie zwei Lebenssachverhalte, von denen einer dem gesetzlichen Tatbestand zweifellos unterfällt, während der andere (scheinbar) nicht geregelt ist. Ist der zweite dem ersten hinreichend ähnlich, wird er hinsichtlich der Rechtsfolge – und *nur* hinsichtlich dieser – dem ersten gleichgestellt; die „Ähnlichkeit" der beiden Sachverhalte rechtfertigt dann die gleiche Rechtsfolge. Eine Analogie *in diesem Sinne* meint das strafrechtliche Analogieverbot. KAUFMANN dagegen meint mit dem „analogischen Denken der Rechtswissenschaft" nicht einen Vergleich zweier Sachverhalte, sondern den Vergleich eines Sachverhalts mit dem Tatbestand einer Norm, wobei es ihm auf die Übereinstimmung oder Nichtübereinstimmung des von der Norm gemeinten und des dem Sachverhalt selbst zukommenden Sinngehalts ankommt. Dieser liegt nicht von vornherein fest, sondern gibt sich erst im Laufe der Vergleichung genauer zu erkennen, was dann zu dem Urteil führt, dieser Sachverhalt entspreche der Norm, oder er entspreche ihr nicht. Eine völlige Gleichsetzung wird dabei nicht erstrebt und kann auch nicht erfolgen; möglich ist, wie bei jeder Analogie, nur ein für die Bejahung der „Entsprechung" hinreichendes Maß an Übereinstimmung. Hinsichtlich des jeweils für erforderlich zu erachtenden Maßes an Übereinstimmung erfordert

---

[60] a.a.O., S. 51 f.
[61] a.a.O., S. 19.
[62] S. 60 ff.

jede Analogie – auch die juristische, wie später darzulegen ist – ein Werturteil. Das analogische Denken im Sinne KAUFMANNs ist daher auch wertorientiertes Denken.

KAUFMANNs Thesen enthalten einen richtigen Kern, gehen aber meiner Meinung nach, ähnlich wie die von FRIEDRICH MÜLLER, in ihrer Verallgemeinerung zu weit. Es gibt typische, d. h. in ähnlicher Weise immer wiederkehrende soziale Verhältnisse, die, wie Ehe und Familie, die Beziehung zwischen Eltern und Kindern, Lehrer und Schüler, Eigentum (im „untechnischen" Sinne des mir Eigenen), Vertrag, die ihren eigenen Sinn und damit auch schon die Grundzüge einer Ordnung in sich tragen – hier ist der Rückgriff auf die „Natur der Sache" möglich und in gewissen Grenzen legitim. Dem stehen aber zahllose Normen gegenüber, die sich auf zu bestimmten Zwecken geschaffene Einrichtungen oder „wild gewachsene" Verkehrsformen oder sozial-relevante Fakten (wie z. B. heute die „Umweltverschmutzung") beziehen und diese einer Regelung unterwerfen, die nicht in ihnen bereits angelegt ist. Solche Normen sind nicht aus den in sich schon sinnvollen und werthaften Realgebilden gleichsam nur herausgelöst, sondern werden an eine teilweise noch ungeregelte Realität herangetragen oder schaffen erst die ihnen entsprechenden Sozialgebilde. Das Denken in Typen hat daher sachlich gebotene Grenzen. Was allerdings den Typus betrifft, so handelt es sich bei ihm in der Tat um eine in ähnlicher – nicht aber immer in der gleichen – Weise anzutreffende Lebenserscheinung, die von der ihr adäquaten Regelung nicht zu trennen ist. Dem Gesetzgeber ist er vorgegeben, auch wenn er ihn näher zu regeln und zu umgrenzen sucht. Der Versuch, Typen in begrifflichen Definitionen zu erfassen, muß fehlschlagen. KAUFMANN hat recht, wenn er sagt[63]: „Äußerste Präzision der Sprache läßt sich nur um den Preis äußerster Inhalts- und Sinnentleerung erreichen". Sie ist die unvermeidbare Folge der auf die Spitze getriebenen Abstraktion. „Lebensnahe" Entscheidungen sind daher eher zu erwarten, wo sich der Richter an den Typus hält. Daß typologisches Denken, wie mancher wohl meint, ein geringeres Maß an Rechtssicherheit erlaube, als die begriffliche Ausformung der Tatbestände (in Verbindung mit der Subsumtionstechnik), ist nur bedingt richtig. Zu eng gefaßte Begriffe bricht die Rechtsprechung, wie KAUFMANN richtig bemerkt, nach einiger Zeit wieder auf; dann aber besteht die Gefahr, daß sie außer Kontrolle geraten[64].

4. Die Suche nach der gerechten Entscheidung des Einzelfalls

Die Frage, auf welche Weise es dem Richter möglich sei, mit Hilfe des Gesetzes oder auch ohne sie, zu gerechten Fallentscheidungen zu gelangen, beschäftigt alle modernen Autoren der juristischen Methodenlehre. Sie steht jedoch im Mittelpunkt

[63] a.a.O., S. 73. Näher dazu: Rechtsphilosophie im Wandel, S. 338 ff.

[64] Ich denke dabei an die Ausuferung des Begriffs „Vermögensschaden" durch die Rechtsprechung des BGH, durch die die Grenze zwischen dem nach dem BGB stets in Geld ersetzbaren Vermögensschaden und dem immateriellen Schaden mehr und mehr verwischt worden ist.

vornehmlich bei den Autoren, die ihr Hauptaugenmerk auf die Streitentscheidung, damit auf die richterliche Praxis, richten. Unter ihnen sind besonders zwei zu nennen, die sich beide, nicht zufällig, näher mit der Denkweise des englischen und des amerikanischen Rechts, eines „case-law", beschäftigt haben: JOSEF ESSER und WOLFGANG FIKENTSCHER.

Einer der ersten, die gegenüber einem engen Gesetzespositivismus die schöpferische Tätigkeit der Rechtsprechung, ihren Anteil an der ständigen Ausbildung und Fortbildung des sich verwirklichenden Rechts, des „law in action", hervorhoben, war JOSEF ESSER[65]. Wo die Rechtsprechung über den durch den Text des Gesetzes gezogenen Rahmen hinausgeht, da beruft sie sich gern auf „allgemeine Rechtsgedanken" oder „Prinzipien", die sie dem Gesetz selbst entnimmt oder zu entnehmen vorgibt. ESSER hält die „Rückführung eines allgemeinen Rechtsgedankens auf einzelne Gesetzesstellen", wie sie in der Argumentation der deutschen Gerichte und auch der Rechtswissenschaft durchaus üblich ist, mehr oder minder für eine Scheinbegründung. In Wahrheit seien diese „allgemeinen Rechtsgedanken" als „Prinzipien" *unabhängig vom Gesetz* wirksam. Sie rechtfertigten sich „aus der Natur der Sache oder der betreffenden Institution", und sie bildeten „ein funktionsnotwendiges Stück jeder Einzellösung, die zu dem gemeinsamen Problemkreis" gehöre, der von ihnen betroffen wird[66]. An der Entwicklung der Lehre von der „culpa in contrahendo" weist ESSER nach, daß die wechselnde Anknüpfung dieser Lehre an einzelne Gesetzesstellen nur eine zeitweilige Auskunft war, auf die man wieder verzichten konnte, sobald sich der neue Rechtsgedanke in der Rechtspraxis durchgesetzt hatte. Den wahren Hergang beschreibt er so: „Eine bestimmte reale Sachproblematik erzwingt die Entwicklung einer Lösung, die zunächst noch kasuistisch, ohne Prinzipiensuche und -nachweise, erfolgt, dann sich pragmatisch an diese oder jene passende Quellenstelle anlehnt, von der man erst, wenn die Systemwidersprüche nicht länger zu verdecken sind, zugibt, daß man sie nur benutzt, um ein über sie hinausführendes Rechtsprinzip systematisch abzustützen"[67]. ESSER geht der Frage nach, wie sich solche Rechtsprinzipien bilden und zur Anerkennung gelangen, wobei er keinen Zweifel daran läßt, daß sie seiner Meinung nach weder „induktiv" aus dem nach seinem immanenten Sinngehalt „richtig" verstandenen Gesetz, noch etwa „deduktiv" aus einem unabhängig vom Gesetz gültigen Naturrechtssystem oder einer festen Rangordnung „an sich seiender" Werte abgeleitet sind. Außer dem Hinweis auf die Natur der Sache oder einer bestimmten Institution, das heißt doch wohl auf einen in den menschlichen Verhältnissen selbst angelegten, uns wenigstens bruchstückweise zugänglichen Sinn des Seins, verweist ESSER auf „die vorpositiven Bereiche rechtsethischer Grundsätze und allgemeiner Überzeugung"[68]. Die Prin-

---

[65] In seiner Schrift „Grundsatz und Norm in der richterlichen Fortbildung des Privatrechts", 1956.

[66] a.a.O., S. 5.

[67] a.a.O., S. 164.

[68] a.a.O., S. 53 f.

zipien bildeten sich zunächst unbewußt, in einem „längeren unterschwellig verlaufenden Prozeß . . ., bis dann das Einleuchten, die inventio eines bisher noch ungeformten Gedankens, plötzlich eine überzeugende, von bloßer Interpretation und Konstruktion des positiv Vorhandenen Abstand nehmende Formulierung findet". Der Richterspruch, insbesondere eine ständige Praxis, werde dann zum „Transformator" der „vorpositiven Prinzipien in positive Rechtssätze und Institutionen"[69].

Es kann wohl nicht zweifelhaft sein, daß ESSER den Vorgang, durch den ein neuer Rechtsgedanke in das geltende Recht – dieses nicht nur als die Gesamtheit der Gesetze, sondern aller in Geltung stehenden Rechtssätze und Entscheidungsgrundsätze verstanden – Eingang findet, zutreffend beschrieben hat. Wichtig ist seine Unterscheidung von Prinzip und Norm. Die Rechtsprinzipien, so wie ESSER sie versteht, sind weder, wenn auch vielleicht sehr weit gefaßte, „Rechtssätze" (Normen) noch „Sätze" im Sinne der Logik (axiomatische Sätze, aus denen durch rationale Schlußfolgerungen konkrete Sollenssätze abgeleitet werden könnten). Wer ESSER so verstünde, würde ihn gründlich mißverstehen. Das Rechtsprinzip in seinem Sinn wird ursprünglich am konkreten Fall „entdeckt"; es ist alsdann „eine Formel für eine Reihe von typisch zutreffenden Gesichtspunkten"[70]. Das bedeutet: „Bei atypischen Fällen oder bei schon geringer Änderung der kulturellen Wertungsmaßstäbe, die das Prinzip historisch belebt haben, kann die Lösung geradezu konträr ausfallen." Auch wenn das Prinzip einmal gefunden ist, ist seine weitere Entwicklung in der Rechtsprechung nicht einfach „Anwendung", sondern ein Prozeß fortdauernder „Gestaltgebung"[71]. Das Prinzip bedarf, um praktisch wirksam zu werden, noch einer „judiziellen oder legislativen Ausprägung" zu einer verbindlichen „Weisung"[72], die es selbst in der Regel noch nicht enthält, weil es an der „Bestimmbarkeit der Anwendungsfälle" fehlt, die den „Rechtssatz" als solchen auszeichnet. Das einmal „entdeckte" Prinzip erlaubt keine einfache Ableitung von Entscheidungen. Es dient lediglich als „starting point" oder Aufhänger für die konkrete richterliche Normbildung. „Die Kommentare erst zeigen die Wahrheit: daß hier die Norm nicht interpretativ aus dem Prinzip gefunden, sondern durch judizielle Synthese geschaffen wird. Erst die Kasuistik teilt uns mit, was Rechtens ist."[73]. Da, wo es an gesetzlich ausformulierten Tatbeständen fehlt, ist auch in den kontinentalen Rechtsordnungen „die Kasuistik in Wahrheit Rechtsquelle"[74].

ESSER geht noch einen Schritt weiter. Nicht nur dort, wo das Gesetz schweigt oder durch sog. Generalklauseln, Blankettnormen oder die Verweisung auf „Standards" (wie die „guten Sitten" oder die „Verkehrssitte") dem Richter – wenn auch „unter dem Gesichtspunkt nicht kodifizierter Wertprinzipien und mit der (nur von

---

[69] a.a.O., S. 52.
[70] a.a.O., S. 267.
[71] a.a.O., S. 268.
[72] a.a.O., S. 50 f.
[73] a.a.O., S. 151.
[74] a.a.O., S. 268.

den Gerichten selbst kontrollierten) Bindung an außergesetzliche, aber doch ‚objektive', also konventionelle Maßstäbe von wechselnder empirischer Basis und Dichte"[75] – in Wahrheit die Normgestaltung überlassen hat, schafft erst die Rechtsprechung das in Geltung stehende Recht. Jede „Anwendung" des Gesetzes ist bereits eine Interpretation, Rechtsfindung „nie bloße Subsumtionsarbeit"[76]. Es besteht kein prinzipieller Unterschied zwischen extensiver Interpretation und Lückenfüllung durch Analogie[77]. Interpretation ist immer schon Rechtsfortbildung. „Lückenfüllung und ‚ergänzende' Auslegung sind keine zusätzliche rechtsschöpferische Aufgabe des Richters, sondern identisch mit jenem allgemeinen reproduktiven Charakter der Interpretation, welcher nicht ohne Leitbild, eine Vorstellung von den Prinzipien denkbar ist, die das Disparate zu einem System integrieren"[78]. Daraus aber folgt, daß „es eine Rechtsanwendung' im hergebrachten Sinne nicht gibt"[79]. „Jede Interpretation stellt eine Verbindung von lex scripta und jus non scriptum dar, welche die eigentliche positive Norm (‚law in action') erst schafft"[80].

Daß jede Interpretation ein aktives geistiges Tun verlangt und daß ihr Resultat, der nun in einem bestimmten Sinne verstandene Text, gegenüber dem Ausgangspunkt, dem Text, „wie er im Gesetze steht", etwas Neues darstellt, hat nicht erst ESSER gesehen. Es fragt sich aber, ob ESSER die Bedeutung des Textes und mit ihm den Anteil des Gesetzgebers am „law in action" nicht doch allzusehr herunterspielt, wenn er immer wieder betont, was wirklich geltendes Recht sei, bestimme erst die Jurisprudenz (d. h. nach dem Sprachgebrauch ESSERS: die Rechtsprechung). Die Frage ist, wie diese mit dem Text umgeht. Befragt sie ihn, um mittels seiner die dem Recht entsprechende Lösung des Falles zu finden, oder benutzt sie ihn nur, um die auf andere Weise von ihr schon gefundene Lösung mit einer „passenden" Begründung zu versehen? In seiner Schrift „Vorverständnis und Methodenwahl in der Rechtsfindung"[81], die die Diskussion stark beeinflußt hat, glaubt ESSER feststellen zu können, daß die Rechtsprechung in der Regel auf die zweite Weise verfährt, und er hält dies offenbar auch für legitim. Möglich sei ihr dies, weil die herrschende, auf SAVIGNY zurückgehende Auslegungslehre verschiedene Auslegungsgesichtspunkte – den sprachlichen, den systematischen, den historischen, den teleologischen – angibt, ohne jedoch sagen zu können, welchem von ihnen, wenn sie zu einander widersprechenden Ergebnissen führen, der Vorrang zukommt. Der Richter könne daher jeweils demjenigen den Vorzug geben, der eine Interpretation erlaubt, die dazu geeignet ist, die von ihm im vorhinein als „gerecht" empfundene Fallentscheidung zu legitimieren. „Ganz unverkennbar ist es, daß das Problem des ‚Verstehens' der Gesetzestexte hierbei keineswegs im Vordergrund steht und ganz sicher nicht in der schulmäßigen Form von grammatischen, systematischen, histo-

[75] a.a.O., S. 150.
[76] a.a.O., S. 253 f.
[77] a.a.O., S. 255.
[78] a.a.O., S. 259.
[79] a.a.O., S. 261.
[80] a.a.O., S. 287.
[81] 2. Aufl. 1972.

rischen und so fort ‚Interpretationsmethoden' angegangen oder gar gelöst wird“[82]. ESSER unterscheidet zwischen der *Findung* der Entscheidung, bei der es auf die sachgemäße Entscheidung des Einzelfalls ankomme, und der, meist nachträglich vorgenommenen, *Begründung*, die dem Nachweis der Vereinbarkeit der vorweggenommenen Entscheidung mit dem gesetzten Recht dient, wobei der Richter jede „Methode“ benutze, die sich hierfür als zweckdienlich erweist. „Die Praxis geht nicht von doktrinären ‚Methoden' der Rechtsfindung aus, sondern sie benutzt sie nur, um die nach ihrem Rechts- und Sachverständnis angemessenste Entscheidung lege artis zu begründen“[83]. Der Begründung kommt nach ESSER insoweit zwar eine Kontrollfunktion zu, als der Richter auf die von ihm zunächst in das Auge gefaßte Entscheidung dann verzichtet, wenn sie sich als schlechterdings nicht begründbar erweist. Das wird aber, angesichts der mannigfaltigen, dem Richter zur Verfügung stehenden Möglichkeiten der Auslegung und Lückenergänzung, nur selten der Fall sein. Primär, so meint ESSER, komme es dem Richter nicht auf die Schlüssigkeit seiner Begründung, sondern darauf an, „was im Konfliktfall die gerechte und doch auch (!) als gesetzeskonform legitimierbare Entscheidung ist“[84].

Es mag sein, daß viele Richter in der von ESSER geschilderten Weise vorgehen. Wenn dem so ist, ist damit noch nicht ausgemacht, daß dieses Vorgehen auch im Sinne unserer Rechtsverfassung richtig ist. Entscheidend hierfür ist die Frage, auf welchem – angebbaren, damit nachprüfbaren – Wege denn der Richter die von ihm für gerecht befundene Entscheidung findet, wenn der Weg über das Gesetz dabei erst in zweiter Linie in Betracht kommt. Bei der Erörterung dieser Frage weist ESSER, wie schon in „Grundsatz und Norm“, auf nicht positivierte Rechtsprinzipien und auf außerrechtliche Wertungsmaßstäbe hin. Er spricht von einem „Durchgriff auf vorsystematische Wertungen“, auf „intersubjektiv anerkannte Präferenzen“, „Wertkonsense“, „vorrechtliche Regelungsmuster und Leitbilder“, „außerrechtliche Erwartungs- und Überzeugungshaltungen“[85]. Solche „Durchgriffe“, aber auch die „Maßstäbe und Sachargumente, die der Richter selbst aus der Konfliktsproblematik im Prozeß gewinnt und im Wege der Rückinformation seinem Normverständnis einverleibt“[86], bestimmten sein Verständnis, mit dem er an die Lösung des Falles herantritt. Dieses leite ihn bei der Auswahl der Normen und bei ihrem Verständnis. „Vorrechtliche oder jedenfalls vorpositive Werturteile“ bestimmten auch die dogmatische Arbeit; „keine einzige, wie immer elementare, juristische Denkoperation kann bei genauem Hinsehen ohne ein solches Werturteil im weiteren Sinne verstanden werden“[87]. Solche Werturteile seien gewiß nicht unumstößlich; sie hätten sich zu bewähren im Fortgang der Arbeit und in der Herbeiführung als gerecht empfundener, daher „konsensfähiger“ Entscheidungen. Aber einen Weg, um die

---

[82] a.a.O., S. 8.
[83] a.a.O., S. 7.
[84] a.a.O., S. 7.
[85] a a O , S 162 ff.
[86] a.a.O., S. 144.
[87] a.a.O., S. 168.

Richtigkeit auf solche Weise unabhängig vom Gesetz gefundener Entscheidungen zu überprüfen, vermag ESSER nicht anzugeben[88]; es bleibt bei dem persönlichen Werturteil des entscheidenden Richters.

Die Frage nach der gerechten Lösung eines Konflikts im Einzelfall steht auch für FIKENTSCHER im Mittelpunkt aller Bemühungen der Juristen. Aus seinem monumentalen Werk[89], das eine Art universaler Rechts-Erkenntnistheorie der verschiedensten Kulturen und Rechtskreise, eine vergleichende Methodenlehre auf breitester Basis darstellt, kann hier nur weniges herausgegriffen werden. FIKENTSCHER betont mit Nachdruck, daß die Gerechtigkeit zwei Komponenten aufweise; er nennt sie die „Gleichgerechtigkeit" und die „Sachgerechtigkeit". Während die Gleichgerechtigkeit die Gleichbehandlung des gleich zu Bewertenden, das gleiche Maß für alle vergleichbaren Fälle verlangt, geht es bei der „Sachgerechtigkeit" um die Angemessenheit der Entscheidungsnorm an den in Frage stehenden Sachverhalt. „Sachwertung und Gleichwertung zusammen ergeben erst die gerechte Entscheidung"[90]. Um der Forderung der Gleichgerechtigkeit zu genügen, muß jede Entscheidung an einer Norm ausgerichtet sein, die eine gleichmäßige Anwendung erlaubt. Das ist nach FIKENTSCHERS Meinung nur dann der Fall, wenn der konkrete Sachverhalt unter den Tatbestand der Norm im logischen Sinne subsumiert werden kann. Indem die Norm den Sachverhalt, auf den sie anzuwenden ist, genau beschreibt, also festlegt, bestimmt sie, was rechtlich als „gleich" anzusehen ist, und ordnet für jeden derartigen Sachverhalt die gleiche Rechtsfolge an. FIKENTSCHER entscheidet sich deshalb, im Gegensatz zu ARTHUR KAUFMANN und zu ESSER, für das Subsumtionsmodell[91]. Da er nun aber weiß, daß die meisten Regeln, die im Gesetze stehen, nicht so gefaßt sind, daß sie ihre Anwendung durch eine einfache Subsumtion erlauben, vielmehr der weiteren Konkretisierung bedürfen, die nicht allein im Wege logischer Ableitungen erfolgt, so folgert er, die Norm, unter die der Richter den Fall subsumiert, sei in den meisten Fällen gar nicht die Regel, die im Gesetze steht, sondern eine Norm, die der Richter, wenn auch aufgrund der Gesetzesregel, im Hinblick auf den zu entscheidenden Fall erst selbst bildet. Diese Norm, die eigentliche Entscheidungsnorm, nennt er die „Fallnorm". Durch sie werde dem lösungsbedürftigen Sachverhalt die auf ihn passende Rechtsfolge zugeordnet; sie sei also „der Rechtssatz im technischen Sinne"[92].

Wie gewinnt nach FIKENTSCHER der Richter die von ihm zur Entscheidung benötigte Fallnorm? Im Gegensatz zu ESSER hält er wenig von einem „Durchgriff" auf vorpositive Werte oder von einem intuitiven Vorgehen, sondern verlangt ein rational kontrollierbares, schrittweises Vorgehen. Es besteht, kurz gesagt, darin, daß der Richter die im Gesetz, aber auch im Richterrecht ihm vorgegebenen Richtlinien und Wertungsgesichtspunkte im Hinblick auf den zu beurteilenden

---

[88] Darin liegt die Schwäche seiner Konzeption. So auch FIKENTSCHER, Methoden des Rechts, Bd. IV, S. 181; KOCH/RÜSSMANN, Juristische Begründungslehre, S. 175 f.

[89] FIKENTSCHER, Methoden des Rechts, 5 Bände, 1975–1977.

[90] a.a.O., Bd. IV, S. 190.

[91] a.a.O., S. 181.

[92] a.a.O., S. 202.

Sachverhalt konkretisiert und spezifiziert, Zug um Zug den Sachverhalt im Hinblick auf die für ihn (etwa) zutreffenden rechtlichen Gesichtspunkte vervollständigt und präzisiert, und zwar beides so lange, bis die Fortsetzung dieses Verfahrens für eine gerechte Entscheidung des Falles „nichts mehr hergibt". FIKENTSCHER bezeichnet dieses Verfahren wechselseitiger Annäherung und Erhellung von Norm und Sachverhalt als „hermeneutisches Verfahren", den Punkt, an dem es abgebrochen wird, als den „hermeneutischen Umkehrpunkt". Er ist dann erreicht, wenn „eine weitere Verdichtung unter den Maßstäben von Sach- und Gleichgerechtigkeit keine weitere Spezifizierung der Norm und keine weitere Unterteilung sachverhaltlicher Begriffe mehr zuläßt"[93]. Die in diesem Verfahren zuletzt erreichte Verdichtung „liefert die Fallnorm, den zu entscheidenden Sachverhalt und läßt dadurch dessen Bewertung zu"[94].

Welche Rolle spielt bei diesem Vorgang nach FIKENTSCHERS Meinung das Gesetz? Nur in wenigen Fällen, etwa wenn es nur auf eine zahlenmäßig festgelegte Frist oder Altersgrenze ankommt, ist bereits die Gesetzesnorm so weit verdichtet, daß ohne weiteres unter sie subsumiert werden kann; dann fällt die Gesetzesregel mit der Fallnorm zusammen. Der Richter ist in diesem Fall an die Regel strikt gebunden. In allen anderen Fällen ist das Gesetz zwar nicht unmittelbar anwendbar, „aber es steckt den Rahmen, und es gibt Hinweise dafür, wie die Fallnorm zu gewinnen ist"[95]. Hinsichtlich des Gesetzestextes unterscheidet FIKENTSCHER eine „Wortsinngrenze" und eine „Normsinngrenze". Unter der „Wortsinngrenze" sei „der Sprachsinn eines Rechtstextes" zu verstehen, „durch den in wenigstens unvollkommener Weise ein Verständnis rechtserheblicher Aussagen vermittelt werden kann"[96]. Innerhalb der Wortsinngrenze habe der Richter volle Freiheit, Fallnormen zu erzeugen; dies geschehe in der Weise, die die allgemeine Meinung zu Recht als „Auslegung" bezeichnet[97]. Wo „ein Gesetzeswortlaut verschiedener Auslegung fähig ist, gilt die ganze Breite der Auslegungsmöglichkeiten innerhalb der Wortsinngrenze als ‚Gesetz'". Das könnte so verstanden werden, als wolle FIKENTSCHER sagen, *jede* nur noch vom Wortsinn gedeckte Auslegung sei gleichermaßen zulässig. Doch steht dem entgegen, daß er an anderer Stelle sagt, die bindende Kraft des Gesetzes bestehe darin, „daß es den Richter bei der Entwicklung der Fallnorm an die gesetzliche Zwecksetzung, die gesetzliche Wertung, das gesetzliche System und Denkschema – und das zu einem gegebenen historischen Zeitpunkt – bindet"[98]. Den Rahmen dieser Bindung bestimme der Wortlaut des Gesetzes. Demnach kann aber nur eine solche im Rahmen des Wortsinns liegende Auslegung als „Gesetz gelten" und bindend sein, die diesen weiteren Anforderungen genügt. Dabei redet FIKENTSCHER einer im Ausgangspunkt historischen, teleologischen und zugleich am gesetzlichen System orientierten Auslegung das Wort. Die „Normsinngrenze" bezeichnet die Grenze, bis zu

[93] a.a.O., S. 198.
[94] a.a.O., S. 199.
[95] a.a.O., S. 289.
[96] a.a.O., S. 293.
[97] a.a.O., S. 294.
[98] a.a.O., S. 337.

der die gesuchte Fallnorm, wenn nicht durch den Wortlaut, so doch durch den Sinn und Zweck des Gesetzes gedeckt wird, mit anderen Worten, eine Analogie möglich ist. Will der Richter bei der Bildung der Fallnorm über die Wortsinngrenze hinausgehen, so „muß er offenlegen, daß er den Wortlaut des Gesetzes verläßt und sich den Methoden gesetzesüberschreitender Fallnormsuche anvertraut"[99].

Da aber die auf solche Weise entstandene Fallnorm an der Bindekraft des Gesetzes keinen Teil hat, muß in diesen Fällen nach FIKENTSCHER die Fallnorm selbst binden. „Wo der Wortsinn des Gesetzes verlassen wird, beginnt die Präjudizienbindung und das strikte fallrechtliche Verfahren". „Die hier vertretene Methodenlehre", sagt FIKENTSCHER, „legt entscheidendes Gewicht auf eben diese Feststellung, daß innerhalb der Wortsinngrenze Gesetzesbindung, außerhalb ihrer Präjudizienbindung herrscht und herrschen muß"[100]. Der Richter ist danach in doppelter Weise gebunden: hinsichtlich der Bildung der Fallnorm an das Gesetz, hinsichtlich der Entscheidung des einzelnen Falles an die zuvor gebildete Fallnorm. „Bindung" bedeutet hier jedoch offenbar nicht das gleiche. Die Bindung an das Gesetz versteht FIKENTSCHER in einem weiteren Sinne als eine „wertungsmäßige Vorzeichnung, wie Fälle zu entscheiden sind"[101], die Bindung an die Fallnorm dagegen als die Subsumierbarkeit des gegebenen Falles unter die zuvor gebildete Fallnorm.

Das objektive Recht besteht nach FIKENTSCHER aus der Summe der Fallnormen, denn diese sind die Normen, nach denen wirklich entschieden wird. Gesetzliche Vorschriften, die „weiter gespannt sind als Fallnormen" – das sind nach FIKENTSCHER die meisten –, sind nur „Bestätigungshilfen" für die Bildung solcher Normen neben anderen, wie etwa vorhandenem Richterrecht[102]. Gesetz und Gewohnheitsrecht sind danach noch kein „geltendes Recht", sondern stellen „vielmehr nur die (textlichen) Rechtsquellen dar, aus denen das objektive Recht (die Fallnormen) erst hergestellt werden müssen"[103]. Derartige Formulierungen müssen Bedenken erwecken. Die „Norm" hat doch auch in FIKENTSCHERS Sicht die Funktion, durch ihre Anwendung auf eine Vielzahl von „Fällen", die ihren Anforderungen genügen, die „Gleichgerechtigkeit" zu gewährleisten. Die „Fallnorm" ist jedoch so weit spezialisiert, daß man sich fragen muß, ob sie diese Funktion noch erfüllt. FIKENTSCHER selbst bemerkt: „Da fast jeder Fall vom anderen abweicht, sind Fallnormen sehr weit in den faktischen Bereich, in den zu subsumierenden Sachverhalt vorgeschoben"[104]. Handelt es sich z.B. darum, ob ein bestimmtes Verhalten gerade in einer bestimmten Situation als „fahrlässig" zu bezeichnen ist, dann müßte man in den Tatbestand der Fallnorm so viele Einzelheiten der betreffenden Situation aufnehmen, als sie für die Beurteilung von Bedeutung sein können, und da man nie wissen kann, welche Einzelheit sich künftig noch als bedeutsam herausstellen wird, wenn ein neuer Fall gerade nur in dieser Hinsicht abweicht und deshalb vielleicht anders zu beurteilen ist, so müßte der

99 a.a.O., S. 295.
100 a.a.O., S. 296.
101 So in der Ztschr. für Rechtsvergleichung, 1985, S. 175.
102 a.a.O., S. 220.
103 a.a.O., S. 323.
104 a.a.O., S. 382.

Tatbestand eine nach Möglichkeit vollständige Sachverhaltsbeschreibung einschließen. Dann ist zwar die Subsumtion eben dieses Sachverhalts unter den gerade ihm nachgebildeten Tatbestand der Fallnorm unproblematisch, es dürfte aber kaum weitere Fälle geben, die gerade unter *diese* Fallnorm subsumiert werden können.

Wir ziehen es deshalb mit der ganz herrschenden Ansicht vor, als die Entscheidungsnorm, der die Rechtsfolge zu entnehmen ist, die Gesetzesnorm zu verstehen, also z. B. § 280 in Verbindung mit § 276 Abs. I BGB. Richtig ist, daß die meisten Gesetzesnormen eine mehr oder weniger weite „Bandbreite" aufweisen, die auszuloten das von FIKENTSCHER geschilderte Verfahren der „Annäherung" dient. Das Ergebnis dieses Verfahrens ist das Urteil, daß der zu beurteilende Sachverhalt (noch) innerhalb der Bandbreite der Norm (ihres legalen Anwendungsbereichs) liegt (oder nicht mehr liegt). Ist der Tatbestand der Norm hinreichend genau definiert, geschieht das im Wege der logischen Subsumtion; andernfalls durch Konkretisierung, Fallvergleichung, Zuordnung zu einem Typus oder Verdeutlichung der gesetzlichen Wertung oder des zugrundeliegenden Prinzips jeweils im Blick auf diesen Fall.

5. Topik und Argumentationsverfahren

Ist es die Aufgabe der Gerichte, vor sie gebrachte Konflikte „gerecht" zu entscheiden, und bietet die „Anwendung" der Gesetze allein mittels des Subsumtionsverfahrens für eine solche Entscheidung keine Gewähr, so liegt es nahe, nach einem Verfahren zu suchen, das die Lösung von Rechtsproblemen „von der Sache" her, auch ohne Anlehnung an ein Gesetz, erlaubt. Als ein solches Verfahren bietet sich eine „Rundum-Erörterung" an, die das Problem von den verschiedensten Seiten her angeht, alle Gesichtspunkte in das Spiel bringt – darunter dem Gesetz entnommene wie außergesetzliche –, die für die Lösung im Hinblick auf die Gerechtigkeit von Bedeutung sein können, mit dem Ziel, unter den Beteiligten einen Konsens herzustellen. Als historisches Vorbild eines solchen Verfahrens hat VIEHWEG in seiner zuerst 1953 erschienenen Schrift[105] der Jurisprudenz die Topik empfohlen. Demgegenüber bezeichnet er die Jurisprudenz des 19. Jahrhunderts, die versucht habe, Entscheidungen aus begrifflich geformten Rechtssätzen, die Begriffe aus einem auf wenige Oberbegriffe (Axiome) zurückgehenden System logisch-deduktiv abzuleiten, als eine Verirrung. Ihrem eigentlichen Anliegen, nämlich die Frage zu beantworten, was hier und jetzt jeweils gerecht sei, könne die Jurisprudenz nur genügen, wenn sie topisch verfahre.

Was aber versteht VIEHWEG unter der „Topik"? Im Anschluß an ARISTOTELES und an die Rhetoren, insbesondere an CICERO, bestimmt er sie als ein „besonderes Verfahren der Problemerörterung", das durch die Verwendung gewisser, als feststehend angenommener allgemeiner Gesichtspunkte, Fragestellungen und Argumente, eben der „Topoi", gekennzeichnet ist. Topoi sind „vielseitig verwendbare, überall

[105] VIEHWEG, Topik und Jurisprudenz, 5. Aufl. 1974 (1. Auflage 1953). Ihm folgt STRUCK, Topische Jurisprudenz, 1971. Bei ihm findet sich auch ein – ohne erkennbares Auswahlprinzip zusammengestellter – Katalog juristischer Topoi.

annehmbare Gesichtspunkte, die im Für und Wider des Meinungsmäßigen gebraucht werden und zum Wahren hinführen können". Sie werden dazu gebraucht, um die Erörterung eines Problems in Gang zu bringen und dieses gleichsam von verschiedenen Seiten her anzugehen, wie auch, um den immer schon gegebenen Verständniszusammenhang aufzudecken, in dem das Problem seine Stelle hat. Während aber das deduktiv-systematische Denken diesen Verständniszusammenhang als ein umfassendes System, einen logischen Ableitungszusammenhang zu erfassen sucht, verläßt das topische Denken nicht den durch das Problem selbst bezeichneten Umkreis, setzt immer neu beim Problem ein und führt auf es zurück. „Topische" Ableitungszusammenhänge können daher nur „von kleinem oder kleinstem Umfang" sein; das topische Denken führe nicht zu einem (umfassenden) System, sondern „zu einer Pluralität von Systemen, ohne deren Verträglichkeit aus einem umfassenden System zu beweisen". Es hat, so könnte man auch sagen, seine „Mitte" jeweils im einzelnen Problem, nicht in einem, an den einzelnen Problemen sichtbar werdenden, übergreifenden Problem- oder Sachzusammenhang.

Im näheren unterscheidet VIEHWEG zwei Stufen der Topik. Auf der ersten, primitiveren Stufe werden lediglich „mehr oder weniger zufällige Gesichtspunkte in beliebiger Auswahl versuchsweise" aufgegriffen und an ein Problem herangetragen. So verfahre man fast immer im täglichen Leben. Auf der zweiten Stufe werden Gesichtspunkte gesucht und in sogenannten „Topoikatalogen" zusammengestellt, die für bestimmte Probleme „passend" erscheinen. Auch hierbei wird jeder Versuch unterlassen, sie untereinander in ein bestimmtes Verhältnis zu bringen. Die Anordnung solcher Kataloge ist beliebig, z.B. alphabetisch, die Zahl möglicher Topoi praktisch unbegrenzt. Gleichgültig ist, ob sie „als Begriffe oder Sätze auftreten"; wesentlich ist nur ihre Funktion, „der Problemerörterung zu dienen". Sie erhalten ihren Sinn „jeweils vom Problem her", das sie aufzuhellen bestimmt sind, und müssen „als Orientierungsmöglichkeiten oder Leitfäden des Gedankens" verstanden werden.

Es gebe nun, führt VIEHWEG weiter aus, nicht nur „die überall verwendbaren Topoi, von denen ARISTOTELES, CICERO und ihre Nachfolger handeln, sondern auch solche, die für ein bestimmtes Fach approbiert sind". *Juristische Topoi* sind demnach Argumente, die für die Lösung von Rechtsproblemen herangezogen werden und hierfür auf allgemeine Zustimmung, den „consensus omnium", rechnen dürfen. Sie können wieder in sehr verschiedener Gestalt auftreten. Im römischen Zivilrecht nahmen sie die Gestalt von Fallentscheidungen an, die von dem entschiedenen Fall so weit abstrahiert waren, daß sie sich „leicht in einen Leitsatz umschreiben" ließen. Auch die spätmittelalterliche Jurisprudenz, der „mos italicus", verfuhr „topisch". In das moderne Zivilrecht hat JHERING mit der Kategorie des Interesses einen „Topos" eingeführt, der „dauernd an Gewicht zunahm". Durch die Aufgliederung des Interessenbegriffs wurde „eine große Anzahl neuer juristischer Argumente" gefunden, denen „die Anerkennung zum guten Teil nicht versagt blieb". Weiter werden von VIEHWEG aber auch Begriffe, wie „Willenserklärung", „wesentlicher Bestandteil", ferner materiale Rechtsprinzipien, Rechtfertigungsgründe positiver Regelungen wie der „Vertrauensschutz" und Gründe der Schadenszurechnung, als „juristische Topoi" bezeichnet. Da es sich hierbei offenbar um Verschiedenes handelt, so läßt sich nicht exakt angeben, was denn nun VIEHWEG eigentlich unter einem juristischen Topos versteht. Anscheinend sieht er *jeden* Gedanken oder Gesichtspunkt, der in rechtlichen Erörterungen überhaupt eine Rolle spielen kann, gleich welcher Art, als einen „Topos" an. Angesichts einer so vielfältigen Verwendungsmöglichkeit ist es nicht verwunderlich, daß jeder, der den zeitweilig zum Modewort gewordenen Ausdruck gebraucht, mit ihm seine eigene Vorstellung verbindet, was bei der Stellungnahme zu solchen Äußerungen bedacht werden muß.

VIEHWEGS Schrift hat eine ungewöhnlich starke Beachtung gefunden. Daß Juristen etwa in der Beratung des Richterkollegiums vielfach „topisch" argumentieren, kann nicht wohl bestritten werden. Die Argumente oder die Topoi, die sie verwenden, sind aber von ganz unterschiedlichem Gewicht. Sie werden nicht einfach aufgegriffen und nebeneinandergereiht, sondern haben einen bestimmten Stellenwert und werden jeweils in einem bestimmten Zusammenhang von Bedeutung. Auch wenn zunächst in dem Sinne „topisch" argumentiert wird, daß bestimmte Topoi in die Diskussion eingebracht, geprüft, wieder fallengelassen oder festgehalten werden, der Zwang zur Begründung der Entscheidung nötigt dann doch zu einem geordneten Gedankengang, in dem jedes Argument die ihm zukommende Stelle erhält, der in eine bestimmte Schlußfolgerung einmündet. Mit einer bloßen Sammlung rechtlich erheblicher Gesichtspunkte, einem Topoi-Katalog ist es daher nicht getan. Wenn sie nicht mehr zu bieten hat als das, ist die Berufung auf die „Topik" daher nur von sehr beschränktem Wert[106].

Davon, daß weder die Gesetzesanwendung im Wege der bloßen Subsumtion, noch die herkömmlichen „Methoden" der Auslegung dafür genügen, um die jeweils „gerechte" und zugleich dem geltenden Recht entsprechende Entscheidung zu finden, ist auch MARTIN KRIELE überzeugt. Jede Entscheidung muß nach ihm als rechtlich-vernünftig gerechtfertigt werden können, und dem dient vor allem der Diskurs. Wenn der Jurist sich zuerst am positiven Recht orientiert, dann tut er dies, weil er „einen inneren Zusammenhang von positivem Recht und seiner vernünftigen Rechtfertigungsfähigkeit stillschweigend voraussetzt"[107]. Die „praktische Bedeutung" dieses vorausgesetzten Zusammenhanges besteht darin, „daß der Text überhaupt nur richtig interpretiert werden kann, wenn ihm die Intention der Vernünftigkeit und Unparteilichkeit unterstellt wird"[108]. So gesehen schließen sich Gesetzestreue und das Streben nach Gerechtigkeit in der richterlichen Rechts-

---

106 Kritisch zur topischen Methode: DIEDERICHSEN, NJW 66, 697; ZIPPELIUS, NJW 67, 2229; FR. MÜLLER, Juristische Methodik, 3. Aufl., S. 97 ff.; WEINBERGER, Rechtslogik, 2. Aufl. 1989, S. 400; PAWLOWSKI, Methodenlehre, Rdz. 93; DREIER, Recht, Moral, Ideologie, 1981, S. 116 f.; ALEXY, Theorie der juristischen Argumentation, S. 39 ff. Zutreffend bemerkt Schlüchter, Mittlerfunktion der Präjudizien, 1986, S. 11, es lasse sich nicht sagen, warum gerade dieser und nicht etwa (auch) jener Gesichtspunkt *das* richtige Ergebnis garantiert.

107 KRIELE, Theorie der Rechtsgewinnung, 2. Aufl. 1976, S. 167.

108 a.a.O., S. 169.

findung nicht aus, sondern bedingen sich wechselseitig[108a]. Der solchermaßen vernünftig interpretierte Gesetzestext bindet den Richter, schneidet weitere Problemerörterungen ab. Es bleiben jedoch immer noch Fragen, die das Gesetz nicht löst, und hinsichtlich dieser Fragen bedarf die Entscheidung einer Rechtfertigung durch Gründe, die die „praktische Vernunft" als solche anerkennt. Um solche Gründe geht es KRIELE vornehmlich in seiner „Theorie der Rechtsgewinnung".

An dieser Stelle dürfte es dem Verständnis der Ausführungen KRIELES dienlich sein, auf ihren rechtsphilosophischen Hintergrund einzugehen, den er in einer späteren Schrift[109] dargelegt hat. KRIELE wendet sich gegen die in der positivistischen Rechtstheorie des 19. Jahrhunderts vollzogene strikte Trennung des Rechts von der Ethik, die der gesamten Tradition der abendländischen Rechtsphilosophie bis zum Ausgang des Naturrechts zuwiderläuft. Sie „schneidet das Recht von seinen rechtfertigenden Gründen und sich selbst von der ethischen Aufklärung ab"[110]. In der Ethik wie im Recht gehe es letztlich um Rechtfertigung, nämlich um die Rechtfertigung konkreter Handlungen und Entscheidungen. Die Ethik reflektiere „die im Volk lebendigen Standards" auf die „ihnen zugrundeliegenden Prinzipien und die Realbedingungen ihrer Verwirklichung hin"[111]. Rechtsphilosophie sei unter anderem „die auf Rechtsprobleme angewandte Ethik". Damit gewinnt KRIELE zunächst für die rechtspolitische Diskussion den Anschluß an neuere Strömungen der Philosophie, die davon ausgehen, daß auch über Fragen nach dem, was man vernünftigerweise tun *sollte,* durch rationale Argumente eine Verständigung erzielt werden könne. Das geschehe, meint KRIELE, in der Form eines Diskurses unter bestimmten, als „ideal" angesehenen Bedingungen. „Die Diskurstheorie bringt den sokratischen Gedanken in Erinnerung, daß in praktischen Fragen durch Argument und Gegenargument ‚idealiter' Konsens erzielt werden könnte, wenn sich nur jedermann sachlich, aufrichtig, intelligent und gutwillig am Diskurs beteiligen würde und dieser unendlich, ohne praktischen Entscheidungsdruck, fortgesetzt werden könnte"[112]. Der Diskurs in praktischen Fragen der Politik und des Rechts werde seit Jahrtausenden geführt und werde weitergehen. Seine Voraussetzung sei, daß die Möglichkeit eines Konsenses, und zwar „nicht nur eines trügerischen, sondern eines begründeten Konsenses", idealiter – wenn auch nicht notwendig realiter – unterstellt werde[113]. Der juristische Diskurs sei ein Sonderfall des ethischen Diskurses, allerdings mit der Besonderheit, daß in ihm das dem Juristen vorgegebene geltende Recht als verbindlich und das heißt in diesem Kontext: als mutmaßlich vernünftig und daher richtig, angesehen wird. Dazu müssen wir uns erinnern, daß nach KRIELE Gesetze nur im Hinblick auf erkanntes ethisch Richtiges auszulegen und fortzubilden sind, weil dem

---

108a Das hat KRIELE näher ausgeführt in der Festschrift der Rechtswissenschaftlichen Fakultät zur 600-Jahr-Feier der Universität zu Köln, 1988, S. 707 ff.

109 KRIELE, Recht und praktische Vernunft, 1979.

110 a.a.O., S. 15.

111 a.a.O., S. 10.

112 a.a.O., S. 30.

113 a.a.O., S. 33.

Gesetzgeber, jedenfalls im demokratischen Staat, die Intention der Vernünftigkeit und Gerechtigkeit unterstellt werden kann.

Kehren wir zu KRIELES Theorie der Rechtsgewinnung zurück, so ist nunmehr deutlich, daß es ihm vor allem um die ethische Rechtfertigung sowohl des positiven Rechts, seines Geltungsanspruchs im ganzen, wie des der einzelnen Entscheidungen geht. Um diese soll sich der Richter vornehmlich bemühen. Sucht er für einen Fall die Lösung auch zunächst im Gesetz, so kommt es ihm entscheidend doch auf ein Ergebnis an, das er auch im ethischen Sinn als gerechtfertigt anzusehen vermag. Im Hinblick auf ein solches Ergebnis legt er das Gesetz aus: „Der leitende Gesichtspunkt ist, daß die Textauslegung nur richtig sein kann, wenn sie die konkreten Probleme richtig – das heißt in einer zu rechtfertigenden Weise – löst“[114]. Gerechtfertigt aber ist eine Entscheidung, und zwar sowohl die des Gesetzgebers, wie letztlich die des Richters, wenn sie unter mehreren auf dem Spiele stehenden (allgemeinen) Interessen das „eindeutig fundamentalere“ bevorzugt[115]. Um dieses zu erkennen, bedarf es der Voraussicht der mutmaßlichen Folgen der Entscheidung und deren Einwirkung auf andere Interessen. Dies erläutert KRIELE zuerst an der rechtspolitischen Diskussion, um dann zu erklären, die rechtspolitische und die im engeren Sinne juristische Argumentation seien in ihrer Struktur gleich[116]. Dabei führt er als Beispiel das Rechtsgespräch an, das Kläger und Beklagter vor dem Gericht führen. Der Kläger führte beispielsweise eine ihm günstige Norm an und suchte sie dem Gericht als seinen „Normvorschlag“ plausibel zu machen. Der Beklagte wende sich gegen diesen Normvorschlag, indem er z. B. ausführe, diese Norm möge zwar in der Regel gelten, in einem Falle wie dem vorliegenden müsse aber eine Ausnahme gemacht werden. „Das heißt, er erörtert, wo die von ihm angegriffene Norm bzw. die von ihm vorgeschlagene Ausnahmenorm hinführen und welche Interessen sie beeinträchtigen werde und gegebenenfalls welches Interesse das fundamentalere ist“[117]. Der Richter seinerseits beginne seine Erwägungen mit der Aufstellung einer „Normhypothese“, die zu einem von ihm als gerecht erkannten Ergebnis führen würde. Er vergleiche diese Normhypothese sodann mit den Rechtssätzen des positiven Rechts, denn „der Jurist hat zwar, wie die rechtsetzende Gewalt, die Kontroversfragen, welche Konsequenzen die Setzung oder Nichtsetzung der Normhypothesen als Norm haben würde, zu erwägen, aber er hat dabei sämtliche Entscheidungen der rechtsetzenden Gewalt hinzunehmen“[118]. Zu der hieraus sich ergebenden Einschränkung kommt als weitere die von KRIELE angenommene präsumtive Richtigkeit und daher auch Verbindlichkeit von Präjudizien hinzu. Hier soll aber der Nachweis ihrer Unrichtigkeit offen bleiben.

---

[114] Theorie der Rechtsgewinnung, S. 215.
[115] a.a.O., S. 179; vgl. auch S. 217.
[116] a.a.O., S. 195 ff.
[117] a.a.O., S. 199. Vgl. auch Recht und praktische Vernunft, S. 68.
[118] a.a.O., S. 204.

Auch nach der diesem Buche zugrundeliegenden Auffassung ist die strikte Trennung des Rechts und der Ethik, wie sie dem Positivismus eigen war, unhaltbar. „Sollen" und „Dürfen", Anspruch und Verbindlichkeit, Verantwortung und Zurechnung sind letztlich ethische Kategorien, auch wenn sie in rechtlichen Zusammenhängen eine spezifische Bedeutung erlangen. Es geht in der Ethik wie im Recht letztlich um „richtiges" Handeln. Da aber rechtliche Entscheidungen, weil auf „Gerechtigkeit" bezogen, ein *gleiches Maß* verlangen, dieses nicht ohne weiteres gegeben ist, bedürfen solche Entscheidungen der Legitimierung durch eine geltende Rechtsordnung. Diese ist zwar kein fertiger Kodex, der auf jede Rechtsfrage eine Antwort bereithielte, sondern sie bedarf der verständigen Auslegung und Fortentwicklung gerade auch in der „Anwendung" durch die Gerichte; und zwar auch im Hinblick auf rechtsethische Prinzipien und die Gerechtigkeit. Ein unmittelbarer Zugriff auf das von ihnen als „gerecht" angesehene Ergebnis ist aber den Gerichten, von seltenen Ausnahmefällen abgesehen, verwehrt. Für wenig hilfreich halte ich KRIELES Grundsatz der Bevorzugung des jeweils „fundamentaleren" Interesses. Gewiß ist das Interesse jedes Menschen an seinem Leben und meist auch an seiner Gesundheit „fundamentaler" als jedes Vermögensinteresse. Ob sein Interesse an wirtschaftlicher Selbständigkeit oder an sozialer Sicherheit „fundamentaler" ist, ist schon zweifelhaft. KRIELE räumt an anderer Stelle denn auch ein[119], die „Fundamentalitätsverhältnisse" seien komplex, sie stünden in „wechselseitigen Bedingungsverhältnissen". Ein Konsens darüber ist in vielen Fällen nicht zu erwarten; zu verschieden sind hierfür die Bedürfnisse und Neigungen der Menschen. Persönliche Lebensumstände, Alter, Beruf und vieles andere macht sich hier bemerkbar. Der Richter kann auch nicht auf die Ergebnisse eines unter „idealen" Bedingungen geführten Dialogs warten. Nicht einmal der Gesetzgeber kann das. Was das Folgenargument betrifft, so vermag der Richter die ferneren Folgen seiner Entscheidung sowohl von seinen tatsächlichen Möglichkeiten, wie vom Prozeßrecht her sehr viel weniger zu übersehen als der Gesetzgeber. Er muß deshalb die Verantwortung für die Folgen, etwa für die wirtschaftlichen Folgen der Eröffnung eines Konkursverfahrens, dem Gesetzgeber überlassen, kann sie nur in Ausnahmefällen – etwa wenn er sich zu einer „gesetzesübersteigenden" Rechtsfortbildung entschließt – in seine Erwägungen einbeziehen[120]. Nur für die Entscheidungen des Bundesverfassungsgerichts, die unmittelbar in die politischen oder wirtschaftlichen Zusammenhänge eingreifen, dürfte es anders liegen; hier ist eine Berücksichtigung der Folgen (im Rahmen des dem Gericht Möglichen) geboten. Darauf ist an anderer Stelle einzugehen.

---

119 Recht und praktische Vernunft, S. 58.

120 So, mit eingehender Begründung, auch PAWLOWSKI, Methodenlehre, Rdz. 75 ff. Für eine sehr begrenzte Berücksichtigung der Folgen – nur jenseits der Gesetzesbindung – KOCH/RÜSSMANN, Juristische Begründungslehre, S. 227 ff. Vgl. ferner ACHTERBERG (Theorie und Dogmatik des öffentlichen Rechts, 1980, S. 195): Berücksichtigung sozialer Folgen ist dem Richter „nur intra, möglicherweise auch praeter, nicht aber contra legem möglich". Zur eigenen Stellungnahme unten, Kap. 4, 4 c.

Kriele wirft (im Nachwort zur 2. Auflage seiner „Theorie der Rechtsgewinnung") mir und anderen Autoren, z. B. Friedrich Müller, vor, wir wollten „durch eine Verfeinerung des Methodenkanons die Entscheidungsverantwortung des Juristen soweit wie möglich zurückdrängen", ihn von seiner ethischen Verantwortung (für die Entscheidung und deren Folgen) entlasten[121]. Weder Müller noch ich behaupten indessen, daß der Richter durch die einfache Befolgung von Auslegungsregeln und durch logisch zwingende Schlüsse die Entscheidung aus dem Gesetz in der Weise einer bloßen Rechenoperation ableiten könne. Was wir meinen, ist, daß der Jurist die von ihm gesuchte gerechte Entscheidung in der Regel nicht durch einen doch immer fragwürdigen Zugriff auf letzte, allgemeinste Grundsätze gewinnt, sondern durch ein schrittweises Vorgehen, bei dem er sich zunächst des rechten Sinnes der in Frage kommenden Gesetzesregeln – die ja auch nach Kriele so zu verstehen sind, daß in ihnen die Intention auf Gerechtigkeit zum Ausdruck kommt – und der in ihnen enthaltenen Rechtsgedanken zu versichern sucht, um diese dann im Blick auf den zu entscheidenden Fall weiter und zu Ende zu denken. Die genannten „Auslegungsregeln" markieren nichts weiter als bestimmte Schritte oder Stufen des Gedankengangs, die allerdings nicht ausgelassen werden dürfen, soll nicht vielleicht Wesentliches übersehen werden. Solch schrittweises Vorgehen erlaubt eine rationale Nachprüfung, auch wenn dabei immer wieder Werturteile gefordert sind. Die Meinung ist, daß auf diese Weise am ehesten das mögliche Maß an Gerechtigkeit der Fallentscheidung erreicht werden kann, zumal wenn dabei die „Gleichgerechtigkeit" (im Sinne Fikentschers) mitbedacht wird. Wo dem Richter das Gesetz bei der Findung einer einigermaßen als „sachgerecht" anzuerkennenden Entscheidung nicht weiterhilft, da hat er noch die Möglichkeit einer, allerdings von ihm sachlich zu begründenden, „gesetzesübersteigenden" Rechtsfortbildung. Mit alledem trägt der Richter ein hohes Maß an Verantwortung für seine Entscheidung, die ihm keine Methodenlehre abnehmen kann oder will. Man darf ihn aber auch nicht überfordern.

Um die ethische Rechtfertigung der Entscheidungen geht es auch Haverkate[122]. Er spricht, unter Berufung auf Esser, vom „Ende der juristischen Methode als Mittel der Erkenntnisvergewisserung bei der jurisprudentiellen und judiziellen Rechtssatzproduktion". Gemeint ist das deduktive Ableitungsverfahren, einerlei ob aus allgemeinen Rechtsbegriffen oder – „mit zunehmender Annäherung an den Positivierungsgedanken" – aus dem Gesetz. Diese „herkömmliche Methodenlehre" könne „das Phänomen inhaltlichen Wandels im Recht nicht erklären". Hinzu komme „der Methodensynkretismus, die Möglichkeit, frei unter allen angebotenen Auslegungskriterien zu wählen und eines dieser Kriterien im gerade vorliegenden Fall für verbindlich zu erklären"[123]. So müßte „der Versuch scheitern, die je nach der Sachlage des Einzelfalls verschieden angewandten topoi judizieller Auslegungskunst mit den Weihen formaler Methodik zu versehen". Indessen bedeute das Ende

121 a.a. O., S 312, 314 ff.
122 Götz Haverkate, Gewißheitsverluste im juristischen Denken, 1977, S. 163.
123 a.a.O., S. 149.

der juristischen Methode in ihrer „erkenntnisvergewissernden" Funktion nicht das Ende aller Methode[124]. Die bisherige Methode habe, soweit sie überhaupt praktisch geworden sei, nur eine negative Funktion gehabt; sie habe „eine offene Rechtfertigung der Entscheidung an Hand der für die Entscheidungsfindung maßgeblichen Erwägungen" ausgeschlossen und so verhindert, „daß die maßgeblichen Gerechtigkeitskriterien in der Begründung der Entscheidung auftauchten". In Wahrheit gehe es, statt um eine formal-logische Ableitung der Entscheidung, um ihre „materiale Rechtfertigung". Damit stelle sich aber das Problem, wie sich „die auf inhaltliche Richtigkeit bezogene Intention des Interpreten mit seiner Gesetzesbindung verträgt"[125]. Beidem trage der Jurist zunächst dadurch Rechnung, daß er versuche, „die materiale Vernünftigkeit des Gesetzes zu erkennen, zu entwickeln und auszuschöpfen". Wo dies aber nicht ausreiche, da sei er vor die Frage nach der „Rechtfertigungsfähigkeit des Rechts, seiner veritas" gestellt. „Das Recht und seine Handhabung ist verwiesen auf die Frage nach den Kriterien des ‚Richtigen' und damit auf die Lösungsansätze der praktischen Philosophie als Grundwissenschaft vom ‚richtigen Handeln'"[126]. Da aber der Jurist, der zu Entscheidungen genötigt ist, nicht auf die Fortschritte der philosophischen Diskussion warten könne, so sei es nötig, wenigstens einige „Bedingungen der Möglichkeit von Wahrheit im Recht" zu formulieren; diese sieht HAVERKATE im Verfassungsstaat verwirklicht.

Der vor allem durch VIEHWEG den Juristen nahegebrachte Gedanke, die Lösung eines juristischen Problems erfolge nicht in einem aus logischen Ableitungen bestehenden Verfahren, sondern mittels einer Rundum-Erörterung einschlägiger Argumente, hat zu einer zunehmenden Beschäftigung mit den Voraussetzungen und den Regeln der juristischen Argumentation geführt[127]. Dabei geht es sowohl um die logische Struktur der Argumentation, insbesondere um die Möglichkeit einer Begründung von Werturteilen, um Argumentationsregeln, wie auch um die Verwendung spezifisch juristischer Argumente, etwa im Rahmen der Gesetzesauslegung, der Präjudizienverwertung, der Dogmatik. Da es sich insoweit im weiten Umfang um die gleichen Themen handelt, die auch in der juristischen Methodenlehre behandelt werden, erhebt sich die Frage, was den Unterschied zwischen einer Methodenlehre und einer Argumentationstheorie ausmacht. „Argumentieren" heißt: Gründe angeben, die eine Behauptung als gerechtfertigt, als zutreffend oder mindestens als diskutabel erscheinen lassen. Die Gründe müssen, um dem zu

---

124 a.a.O., S. 169.

125 a.a.O., S. 164.

126 a.a.O., S. 220.

127 Ich nenne hier die folgenden Arbeiten: ROBERT ALEXY, Theorie der juristischen Argumentation, 1978; CH. CLEMENS, Strukturen juristischer Argumentation, 1977; GRÖSCHNER, Dialogik und Jurisprudenz, 1982; FRITJOF HAFT, Juristische Rhetorik, 3. Aufl. 1985; PERELMANN, Logik und Argumentation, 1979 (vgl. auch unten Anm. 218); A. PODLECH (Hrsg.), Rechnen und Entscheiden, 1977; SCHREINER, Die Intersubjektivität von Wertungen, 1980; G. STRUCK, Zur Theorie der juristischen Argumentation, 1977; CHR. WESTERMANN, Argumentationen und Begründungen in der Ethik und Rechtslehre, 1977; Ferner Argumentation und Hermeneutik in der Jurisprudenz, RTh Beiheft 1, 1979. Von diesen Schriften mag hier die von ALEXY stellvertretend auch für die übrigen stehen.

genügen, so beschaffen sein, daß sie die vorausgesetzten Diskussionsteilnehmer zu überzeugen, von ihnen etwa vorgebrachte Gegengründe zu überwinden vermögen. Wer eine Theorie der juristischen Argumentation entwirft, denkt vor allem an die Diskussion von Rechtsfragen vor Gericht, im Beratungszimmer und im Schrifttum. Es liegt auf der Hand, daß sich die Findung des richterlichen Urteils wie auch die Durchsetzung einer Meinung im Schrifttum regelmäßig auf dem Wege eines Diskurses vollzieht. Das legt es in der Tat nahe, juristische Begründungen als Argumentationsformen und Argumentationsketten darzustellen. Demgegenüber ist eine „Methodenlehre" eher für das Verfahren einer rechtswissenschaftlichen Untersuchung, eines Gutachtens und auch der Urteilsbegründung gedacht. Hier kommt es nicht nur auf die „stärkeren" Argumente, sondern auch auf den geordneten Gedankengang an, der dafür bürgen kann, daß wesentliche Gesichtspunkte nicht außer acht gelassen sind. Da es aber letzten Endes die gleichen Gesichtspunkte sind, deren sich der Argumentierende als Argument und der „methodisch" Vorgehende als eines unvermeidbaren Gedankenschritts bedient, so handelt es sich, soweit es um mehr geht als nur um die formalen Regeln einer vernünftigen Diskussion, weithin doch um verschiedene Aspekte derselben Sache.

Deutlich ist dies in der „Theorie der juristischen Argumentation" von ROBERT ALEXY. Er betont, daß der juristische Diskurs ein „Sonderfall des allgemeinen praktischen Diskurses" sei[128]. Die Gemeinsamkeit des juristischen und des allgemeinen praktischen Diskurses bestehe darin, daß beide Male mit der Behauptung einer bestimmten normativ gemeinten Aussage der Anspruch auf Richtigkeit dieser Aussage erhoben werde. Ein Sonderfall aber sei der juristische Diskurs, „weil die juristische Argumentation unter einer Reihe von einschränkenden Bedingungen stattfindet". Diese Bedingungen seien: „die Bindung an das Gesetz, die gebotene Berücksichtigung der Präjudizien, die Einbindung in die von der institutionell betriebenen Rechtswissenschaft erarbeitete Dogmatik" sowie, mit Ausnahme des rechtswissenschaftlichen Diskurses, „die Beschränkungen durch die Regeln der Prozeßordnungen"[129]. Demgemäß sei auch der Anspruch auf Richtigkeit, den juristische Behauptungen erheben, gegenüber dem des „allgemeinen praktischen Diskurses" ein engerer. „Es wird nicht beansprucht, daß die behauptete, vorgeschlagene oder als Urteil verkündete normative Aussage schlechthin vernünftig ist, sondern nur, daß sie im Rahmen der geltenden Rechtsordnung vernünftig begründet werden kann"[130]. Folgerichtig stellt ALEXY die Frage: „Was aber ist eine im Rahmen der geltenden Rechtsordnung vernünftige Begründung"?[131]

Um diese Frage zu beantworten, wendet sich ALEXY den Themen zu, die seit langem den Gegenstand der juristischen Methodenlehre bilden: der Lehre vom Rechtssatz und vom Syllogismus der Rechtsfolgebestimmung, den verschiedenen Methoden – ALEXY spricht von „Argumentformen" – der Gesetzesauslegung, der

[128] ALEXY, Theorie der juristischen Argumentation, 1978, S. 32 f.
[129] a.a.O., S. 34.
[130] a.a.O., S. 264.
[131] a.a.O., S. 272.

Arbeitsweise der juristischen Dogmatik und der Verwendung ihrer Ergebnisse, der Verwendung von Präjudizien. Hinsichtlich der verschiedenen Auslegungsmethoden teilt ALEXY nicht die absolute Skepsis von ESSER, KRIELE und HAVERKATE. Zwar könne auch die Diskurstheorie keine feste Rangordnung oder Reihenfolge bieten, sie vermöchte aber zu zeigen, „auf welche Weise die verschiedenen Argumentationsformen sinnvollerweise zu verwenden sind“[132]. Letzten Endes müßten „vernünftige Gründe“ darüber entscheiden, welches Gewicht den einzelnen Argumentformen jeweils zuzumessen ist. Solche Gründe ergäben sich vornehmlich aus der „allgemeinen praktischen“, also einer sozial-ethischen Diskussion. Abschließend sagt er[133], daß die sogenannten canones, also die Auslegungsmethoden, zwar nicht die Gewähr dafür böten, daß „das einzig richtige Ergebnis mit einer verhältnismäßig großen Sicherheit gefunden wird“, daß sie aber „mehr sind als bloße Instrumente der sekundären Legitimation einer auf andere Weise gefundenen und begründbaren Entscheidung. Sie sind Formen, deren sich die juristische Argumentation zu bedienen hat, wenn sie den in ihr erhobenen Anspruch auf Richtigkeit, der anders als der des allgemeinen praktischen Diskurses insbesondere auch auf die Bindung an das Gesetz bezogen ist, erfüllen will“. Dem können wir nur zustimmen.

Mit der Topik teilt ALEXY nur die Überzeugung, daß es bei kontroversen Rechtsproblemen darum geht, wer die besseren Argumente hat, und daß das geeignetste Mittel, um dies herauszufinden, ein vernünftigen (formalen) Regeln folgender Diskurs ist. Er erkennt jedoch sehr deutlich auch ihre Schwächen und zählt diese im einzelnen auf[134]. Ihren Hauptmangel sieht er „in der Verfehlung der Bedeutung von Gesetz, Dogmatik und Präjudiz“, sowie darin, daß „zwischen den verschiedenen in juristischen Begründungen heranzuziehenden Prämissen nicht hinreichend differenziert wird“. Eine Theorie der juristischen Argumentation, so sagt er, müsse sich daran messen lassen, „ob und inwieweit sie diese Mängel vermeiden kann“. ALEXY scheut sich nicht zu sagen, daß es im juristischen Diskurs um *„die Richtigkeit normativer Aussagen“* gehe. Er unterscheidet sich damit deutlich von den an die Rhetorik anknüpfenden Autoren wie PERELMANN und VIEHWEG, nach denen es sich nur darum handeln kann, für die Diskussionsteilnehmer „akzeptable“ Argumente zu finden, „Konsensfähigkeit“ an die Stelle von „Richtigkeit“ tritt.

Besondere Aufmerksamkeit verdienen die Ausführungen ALEXYS darüber, ob und wie weit Sätze der Rechtsdogmatik als Argumente in juristischen Diskussionen (gemeint ist wohl: über die richtige Entscheidung von Fällen) Verwendung finden können und sollen. Seine Antwort lautet: „Dogmatisches Argumentieren ist vernünftig, solange die Rückkoppelung an die allgemeine praktische Argumentation nicht verloren geht“[135]. Darin liegt eine Absage an die Systemfeindlichkeit VIEHWEGS

132 a.a.O., S. 304.
133 a.a.O., S. 306 f.
134 Theorie der juristischen Argumentation, S. 39 ff.
135 a.a.O., S. 334.

und doch wohl auch an die ausschließlich negative Bewertung der sogenannten Begriffsjurisprudenz. Freilich handelt es sich bei der Frage nach der Verwendbarkeit dogmatischer Sätze in der juristischen Diskussion nur um einen Teilaspekt, der die Frage nach dem Erkenntniswert der (dogmatischen) Rechtswissenschaft nicht erschöpft.

6. Gesetzesbindung und Subsumtionsmodell

Die bisher angeführten Autoren stimmen durchweg darin überein, daß sie das Verfahren einer Ableitung der meisten Entscheidungen aus dem Gesetz mittels einer logischen Subsumtion (des Sachverhalts unter den Tatbestand einer Gesetzesnorm) entweder überhaupt für ungeeignet halten, oder ihm doch nur eine mindere Bedeutung zuerkennen. Das Schwergewicht mindestens der Rechtsfindung, aber auch der Rechtfertigung der Entscheidung, liegt für sie in anderen Erwägungen des Richters, die immer auch Werturteile einschließen. Hiervon macht auch FIKENTSCHER keine Ausnahme. Zwar entscheidet er sich ausdrücklich für das Subsumtionsmodell, aber die Subsumtion ist für ihn nur der letzte Schritt in einem Verfahren, an dessen Ende der Richter in den meisten Fällen die Norm, unter die er dann subsumiert, erst selbst bildet. Es ist nicht zu bestreiten, daß damit die neuere Methodenlehre den Gerichten einen großen Anteil an der Bildung und der Fortbildung des in Anwendung stehenden Rechts, des „law in action", zuerkennt, was mit der Erfahrung übereinstimmt, die jeder macht, der etwa versuchen sollte, sich über das heutige Schuldrecht allein aus dem BGB zu informieren. Mitunter sieht es so aus, als sei der Grundsatz der Bindung des Richters an das Gesetz in der modernen Methodenlehre praktisch aufgegeben. So lesen wir bei HASSEMER[135a], auch wenn der Richter sich streng an das Gesetz halten *wolle*, so *könne* er dies doch nicht. Sobald das Gesetz erlassen sei, stehe seine Anwendung „dem richterlichen Handeln zur Disposition"[135b]. Zwar bleibt auch für ihn „das Gesetzesbindungspostulat als normative Anforderung an richterliches Handeln bestehen"[135c]. Indessen ist es nach HASSEMER eben nur eine Anforderung, deren Erfüllung nach ihm nicht möglich ist. Es bleibt für ihn bei der wenigstens faktischen Bindung der Gerichte an das Richterrecht und an die Rechtsdogmatik. Geht man aber so weit, zu sagen, was heute rechtens sei, was als Inhalt der Gesetze zu gelten habe, bestimme allein die Rechtsprechung, dann erscheint die verfassungsmäßige Bindung der Gerichte an die Gesetze nur noch als eine Fiktion. Damit würde nicht nur eine der grundlegenden Bestimmungen unserer Rechtsverfassung, des demokratischen Rechtsstaates, leerlaufen, das Gesetz würde auch seine Funktion, die Einheitlichkeit des Maßstabes zu gewährleisten, nicht mehr erfüllen – manche denken deshalb als Ersatz an eine Präjudizienbindung – und die Rechtssicherheit schweren Schaden nehmen. Wer das nicht will, anderseits aber

---

[135a] in dem Sammelband KAUFMANN/HASSEMER, Einführung in die Rechtsphilosophie und Rechtstheorie, 5. Aufl., 1989, S. 223.
[135b] a.a.O., S, 224.
[135c] a.a.O., S. 230.

glaubt, daß andere als durch logisch zwingende Schlüsse begründete Erwägungen nicht dazu ausreichen könnten, Entscheidungen auf dem Felde der Rechtswissenschaft und der praktischen Ethik jenes Maß an Einsichtigkeit und damit Überprüfbarkeit zu verschaffen, das hier möglich ist und genügen muß, der wird sich darum bemühen, in möglichst weitem Umfang am „klassischen" Subsumtionsmodell festzuhalten. So KOCH und RÜSSMANN in ihrer auf Erkenntnissen der modernen Logik und der Semantik aufbauenden „Juristischen Begründungslehre"[136].

Es geht KOCH und RÜSSMANN nicht um die Frage – die etwa für ESSER im Vordergrund seiner Überlegungen steht –, wie der Richter zu der von ihm als „gerecht" empfundenen Entscheidung tatsächlich gelangt, sondern um die Frage, „was gute Gründe für juristische Entscheidungen sein könnten"[137]. Sie gehen davon aus, daß die Begründung in erster Linie die Aufgabe hat, nachzuweisen, daß die Entscheidung mit dem Gesetz übereinstimmt. Dem diene am besten das „deduktive Begründungsmodell", das heißt die Anwendung einer Gesetzesnorm im Wege der logischen Subsumtion der Sachverhaltsschilderung unter diese Norm. Stoße dieses Modell auch da auf seine Grenze, wo der Gesetzgeber selbst dem Anwender die Wahl zwischen verschiedenen Möglichkeiten gelassen hat, so erlaube es doch bis zu dieser Grenze jedenfalls die Wahrung des möglichen Maßes an Gesetzesbindung[138]. Diese verlange, als erste Prämisse des deduktiven Schemas nach Möglichkeit eine gesetzliche Norm zu wählen, deren Bedeutung im Wege der Interpretation im näheren festzulegen sei. Hierbei sei auf den Gehalt des Gesetzes und die Ziele des Gesetzgebers *vorrangig* abzustellen. Anders ausgedrückt: „Der Jurist soll den gesetzlichen Ausdrücken nicht irgendeine Bedeutung *verleihen*, sondern er soll den semantischen Gehalt des Gesetzes in Bindung an Gesetz und Gesetzgeber *finden*"[139]. Diese Sätze bedeuten eine Absage an alle diejenigen, die es für legitim halten, die Wahl der zur Begründung herangezogenen Auslegungs„methode" davon abhängig zu machen, welche zu dem jeweils für gerecht gehaltenen Ergebnis führt. Als weitere Vorteile des deduktiven Begründungsmodells heben KOCH und RÜSSMANN hervor: es sichere die Gleichbehandlung aller der Fälle, die die, notwendig allgemein formulierten, Bedingungen der Norm erfüllen, und es gewährleiste in dem möglichen Umfang Rechtssicherheit. Schließlich erlaube es, die Bündigkeit einer Schlußkette auf die sicherste Weise zu prüfen und damit eine begründete Kritik zu üben. Im Hinblick auf die Topik heißt es[140]: „Eine Entscheidungsbegründung, die ein Potpourri von Gesichtspunkten darstellt, ist der Kritik kaum zugänglich". Insoweit ist eine Rückwendung zu der – von manchen bereits totgesagten – „klassischen" Methodenlehre unverkennbar, wie sie unter den neueren Autoren etwa noch ENGISCH[141] vertritt.

---

136 KOCH/RÜSSMANN, Juristische Begründungslehre, 1982.

137 a.a.O., S. 1.

138 a.a.O., S. 112.

139 a.a.O., S. 7.

140 a.a.O., S. 115.

141 ENGISCH, Einführung in das juristische Denken, 7. Aufl. 1977; vor allem die Kap. II und III.

Das „deduktive Begründungsmodell" wird nun von KOCH und RÜSSMANN erheblich verfeinert. Soweit das mit Hilfe der modernen (formalen) Logik geschieht, kann hier nur darauf verwiesen werden. Der Gewinn einer derartigen logischen Formalisierung liegt, so betonen sie, vor allem darin, daß mit ihrer Hilfe die Lückenlosigkeit der erforderlichen Schlußkette leichter zu kontrollieren ist. Bei der Subsumtion geht es nach ihnen vornehmlich darum, die sprachliche Kluft zwischen dem in meist sehr allgemeinen Ausdrücken beschriebenen gesetzlichen Tatbestand und der stärker die Einzelzüge des zu beurteilenden Sachverhalts hervorhebenden Sachverhaltsschilderung zu überwinden[142]. Dabei sind Prämissen in die Schlußkette einzustellen, die teils das Ergebnis einer Auslegung der Gesetzesnorm, teils Schlußfolgerungen aus den vorgehenden Prämissen sind. Nehmen wir an, nach dem gesetzlichen Tatbestand käme es darauf an, ob der Täter eine Waffe mit sich führte. Laut Sachverhaltsschilderung trug er ein Messer bei sich. Hier fällt es nicht schwer, die „Kluft" durch die wohl kaum zu bezweifelnde Aussage zu schließen, daß ein Messer eine „Waffe" (im Sinne dieser Vorschrift) sei. Danach bietet die Subsumtion keine Schwierigkeit. Hat er aber nicht ein Messer, sondern, sagen wir, eine Nagelschere bei sich gehabt, so wird man zweifeln, ob das eine „Waffe" (im Sinne dieser Vorschrift) sei. Um diese Frage zu beantworten, muß der Ausdruck „Waffe" (immer: im Sinne dieser Vorschrift) durch die Angabe der Eigenschaften, auf die es für ihn ankommt, näher gekennzeichnet werden. Das geschieht im Wege der Auslegung der Vorschrift. Das Ergebnis der Auslegung bildet den Obersatz eines Schlusses, dessen Untersatz die Feststellung ist, die (von dem Täter mit sich geführte) Nagelschere weise diese Eigenschaften auf (oder nicht auf). Den Schlußsatz bildet dann die Aussage, der Täter habe eine Waffe mit sich geführt (oder nicht), woraus dann wiederum folgt, daß der geschilderte Sachverhalt dem gesetzlichen Tatbestand gleicht (oder nicht gleicht). Ein solches Ineinandergreifen von Schlüssen, deren Prämissen einmal der Gesetzestext, dann die durch dessen Auslegung gewonnene nähere Begriffsbestimmung und die Sachverhaltsschilderung sind, kennzeichnet in der Tat das „deduktive Begründungsmodell" und macht dieses eben durch den Eindruck einer strengen, der Logik gemäßen Gedankenfolge so attraktiv.

KOCH und RÜSSMANN sind der Meinung, daß die Subsumtion unter Zuhilfenahme der Auslegung auch dann möglich sei, wenn das Gesetz „vage Begriffe" oder Typenbeschreibungen verwendet[143]. Dem kann ich allerdings nicht zustimmen. „Vage" Begriffe wie „geringfügig", „unerheblich", „überwiegend" haben eine „schwankende" Bandbreite, innerhalb derer nicht mit letzter Sicherheit gesagt werden kann, ob dieser Fall noch darunter fällt oder nicht. Subsumieren ließe sich unter sie nur, wenn man sie in feste Mengen- oder Zeitgrößen umformen könnte.

---

142 KOCH/RÜSSMANN, a.a.O., S. 15 ff., 24 ff. Vgl. auch KOCH in: Rechtsdogmatik und praktische Vernunft. Festschr. für WIEACKER, 1990, S. 69 ff. Die Sachverhaltsbeschreibung im Urteil erfolge, sagt er „in einer konkreteren Sprache, als sie in der der gesetzlichen Normformulierung verwandt ist". Die Überwindung dieser sprachlichen Kluft ermöglicht die Gleichsetzung dieses Sachverhalts mit dem im Gesetz gemeinten.

143 a.a.O., S. 67 ff.

Gerade das hat der Gesetzgeber aber nicht getan; er wollte einen gewissen Beurteilungsspielraum lassen. Wohl lassen sich Sätze bilden wie der: eine Fristüberschreitung von mehr als einer Woche ist jedenfalls nicht unerheblich, und falls dann eine solche Überschreitung vorliegt, läßt sich subsumieren. Aber derartige Urteile sind gefährlich; es könnte doch einmal anders liegen. Die Scheu, zuzugeben, daß unter „vage Begriffe" nicht subsumiert werden kann, ist in der Meinung begründet, dann sei nur noch eine irrationale Entscheidung, eine reine Dezision, möglich. Dem ist nach der hier vertretenen Meinung aber nicht so. In der Mehrzahl der Fälle wird es überhaupt keinen Zweifel geben, weil sie typische, exemplarische Fälle sind. In anderen Fällen hilft der Vergleich mit derartigen oder mit bereits entschiedenen Fällen weiter. Ergibt er, daß zwischen den verglichenen Fällen kein für die Beurteilung relevanter Unterschied besteht, ist eine Analogie angebracht; ergeben sich aber solche Unterschiede, ist sie abzulehnen. Nur eine verschwindende Minderzahl der Fälle liegt so hart „an der Grenze", daß nur die reine Dezision übrigbleibt; da ist sie hinzunehmen. Dasselbe gilt von Typenbeschreibungen und von ausfüllungsbedürftigen Maßstäben wie z. B. der (hier und jetzt) zu fordernden Sorgfalt. Keineswegs beginnt hier überall sogleich der Bereich reiner Dezision; an die Stelle der Subsumtion tritt nur eine auf Vergleichung und wertender Abwägung beruhende Zuordnung. „Deduktiv" ist das Verfahren auch in diesen Fällen noch insoweit, als den Ausgangspunkt eine Gesetzesnorm bildet, der die Rechtsfolge entnommen wird; nur die nötigen Zwischenschritte sind von anderer Art, als die, die das Subsumtionsmodell verlangt. Verzichtet wird auch hier nicht auf die Begründung; nur ist diese hier nicht in der Weise „zwingend", wie das das Subsumtionsschema suggeriert.

Da Koch und Rüssmann der Gesetzesauslegung eine wichtige Funktion innerhalb des deduktiven Begründungsschemas zuerkennen, das seinerseits die Einhaltung der Gesetzesbindung des Richters und des Prinzips der Gleichbehandlung sichert, so können sie sie nicht – qua „Methodenwahl" – dem Belieben des Auslegenden überlassen[144]. Der Richter hat sich nach ihnen an bestimmte Auslegungsregeln zu halten. Besonderes Gewicht legen sie auf die sprachliche („semantische") Auslegung. Die systematische gehe in ihr auf, soweit sie nur darin bestehe, den gesetzlichen Kontext der auszulegenden Vorschrift zu beachten. Nächst dem Wortsinn ist die Regelungsabsicht des (historischen) Gesetzgebers maßgebend. Skeptisch sind Koch und Rüssmann dagegen gegenüber einer davon zu unterscheidenden „ratio legis", einer „objektiv-teleologischen" Auslegung. Die Rangfolge der Auslegungsziele ergibt sich nach ihnen aus staatstheoretischen, nicht aus hermeneutischen oder philosophischen Überlegungen. Den Vorrang hat die semantische Auslegung; ein eindeutiger Wortsinn darf nicht durch Berücksichtigung der anderen Auslegungsziele korrigiert werden. Insoweit ist der Richter nach Koch und Rüssmann, vorbehaltlich einer etwa zulässigen Rechtsfortbildung, an den Wortsinn gebunden. Ist dieser aber mehrdeutig, so kommt es in zweiter Linie auf die Zweckvorstellungen des Gesetzgebers an. Nur wenn auch danach eine Entscheidung nicht getroffen

---

144 So ausdrücklich a.a.O., S. 163 f.

werden kann, „ist die semantische Interpretation des Gesetzes im Lichte ‚vernünftiger Zwecke' zu ergänzen"[145]. Es ist hiernach deutlich, daß KOCH und RÜSSMANN, anders als einige der bisher angeführten Autoren, dem Postulat der Gesetzesbindung (aus staatstheoretischen, verfassungsrechtlichen Gründen) den Vorrang einräumen auch gegenüber der Fallgerechtigkeit. Ausdrücklich bemerken sie gegenüber KRIELE, die Wahl der einen oder der anderen Auslegungsmöglichkeit im Hinblick auf die Vernünftigkeit des mit ihr zu erzielenden Ergebnisses führe schon deshalb nicht weiter, „weil die Intersubjektivität der Bewertung der Ergebnisse häufig nicht gegeben sein wird"[146]. Das Bemühen um eine gerechte Fallentscheidung sei nur anzuerkennen „innerhalb des Rahmens der Gesetzesbindung"[147].

KOCH und RÜSSMANN bestreiten trotzdem nicht die begrenzte Zulässigkeit und die große praktische Bedeutung der richterlichen Rechtsfortbildung. Die Frage der Zulässigkeit sei wiederum eine solche des Verfassungsrechts. Sie sei für verschiedene Rechtsgebiete verschieden zu beantworten. So dürfe die Rechtsprechung keinesfalls von sich aus staatliche Eingriffsrechte gegenüber den Bürgern erweitern[148]. Eher sei eine Rechtsfortbildung zulässig im privatrechtlichen Bereiche. Den Lückenbegriff als ein Kriterium der Zulässigkeit lehnen sie ab. Zu begründen sei eine (zulässige) Rechtsfortbildung vor allem damit, daß durch sie „das vom Gesetzgeber Gewollte gegen das vom Gesetzgeber Gesagte zur Geltung gebracht wird"[149]. In diesem Zusammenhang sind sie bemüht, die Argumentationsformen der Analogie und der teleologischen Reduktion auf die ihnen gemäße logische Form zu bringen.

Schließlich erkennen KOCH und RÜSSMANN an, daß es – insbesondere bei Ermessensnormen und Prinzipien – Entscheidungsspielräume gibt, die „nicht durch den Rekurs auf das vom Gesetzgeber Gewollte überwunden werden können"[150]. Hier müsse der jeweils Entscheidende Rechenschaft ablegen „für eine Wahl, die in Ansehung der verfügbaren Alternativen auch anders hätte ausfallen können". Soll er „Rechenschaft ablegen", so muß er auch hier noch Gründe für seine Entscheidung angeben, mögen diese auch keine „zwingenden" sondern eben von ihm frei zu verantwortende Gründe sein. Es kann sich dabei nur um moralische Rechtfertigungsgründe handeln. Mit PERELMANN und anderen neueren Moralphilosophen sind sie der Meinung, als „gerecht" könne nur eine Entscheidung betrachtet werden, der alle von ihr Betroffenen bei richtiger Erkenntnis und Würdigung ihrer zu erwartenden Folgen (für sich selbst, aber auch für das gesellschaftliche Zusammenleben der Menschen überhaupt) zustimmen könnten. Es müßte deshalb dargelegt werden, welche Interessen von den zur Wahl stehenden Norm-Alternativen betroffen sind, und es müßten diese Interessen wieder nach ihrer Bedeutung bewertet, „Verteilungsprinzipien und Vorrangsregeln" entwickelt werden. „Das alles bei jeder richterlichen

---

145 a.a.O., S. 182.
146 a.a.O., S. 183.
147 a.a.O., S. 176.
148 a.a.O., S. 256.
149 a.a.O., S. 257 f.
150 a.a.O., S. 346 f.

Entscheidung ab ovo und immer wieder leisten zu wollen, ist selbst dann utopisch bzw. mit der Folge weitestgehender Entscheidungsunfähigkeit verbunden, wenn man sich auf die Auswahl solcher Alternativen beschränkt, die sich im Rahmen des legislativen Normprogramms bewegen"[151]. Der Richter müsse sich daher zunächst an „Vorleistungen" halten, wie sie in Präjudizien und in Vorschlägen der Dogmatik enthalten sein könnten. Fehle es auch hieran, so dürfe man ihn trotzdem nicht von der Verpflichtung freistellen, eigene Überlegungen anzustellen, man dürfe nur nicht verlangen, daß „die mit beschränkten Erkenntnismitteln und unter Entscheidungsdruck durchgeführte Reflexion den Grad an Richtigkeitsgewähr verbürgt, den die wissenschaftlich vorbereitete und kontrollierte Folgenreflexion haben kann"[152].

Koch und Rüssmann sind darum bemüht, den Richter auf die Angabe nachprüfbarer Gründe so weit als irgendmöglich festzulegen. Sie lassen ihm nur wenig Raum für die Berufung auf das Rechtsgefühl, die Billigkeit, oder auf vage Allgemeinvorstellungen. Ein Höchstmaß an Rationalität verlangen sie auch für die Sachverhaltsfeststellungen, insbesondere, soweit sich diese lediglich auf Wahrscheinlichkeitsurteile stützen[153]. Die Grenze zwischen den gemäß dem Subsumtionsmodell „logisch zwingend" zu begründenden und den vom Richter nur noch frei zu verantwortenden, mit ethischen Argumenten abzustützenden Entscheidungen schieben sie zugunsten der ersteren so weit als möglich – nach unserer Meinung weiter als möglich – vor. Nach den zum Teil weit übertriebenen Angriffen auf das Subsumtionsmodell, ja auf methodisches Vorgehen überhaupt, war ein solcher Rückschlag des Pendels zu erwarten. Einiges wird so wieder zurecht gerückt. Da sich Koch und Rüssmann ganz auf die Begründung richterlicher Urteile konzentrieren, ist die auf die Gewinnung allgemeiner Rechtserkenntnisse gerichtete Tätigkeit der Rechtswissenschaft und damit ihre systematische Komponente nicht ihr Thema. Es ist wohl auch kein Zufall, daß sie dem systematischen Kriterium keinen eigenen Stellenwert unter den Auslegungskriterien einräumen, die systematische Auslegung in der sprachlichen aufgehen lassen..

Das ist anders bei Pawlowski[154]. Ihm geht es darum, wie die Rechtswissenschaft zu normativ-richtigen Einsichten gelangt, und zwar mit Hilfe des geltenden Rechts und, im Rahmen desselben, der zutreffend ausgelegten Gesetze. Das Subsumtionsmodell hält er zwar für unverzichtbar bei der Begründung von Entscheidungen[155], dagegen könne es für die Erarbeitung richtiger Entscheidungen nur wenig helfen[156]. Es sei daher „verständlich und sachlich notwendig, dem urteilenden Juristen daneben andere Methoden an die Hand zu geben, die seinen Blick wieder auf weitere Zusammenhänge richten".

---

151 a.a.O., S. 373.

152 a.a.O., S. 375.

153 a.a.O., S. 271 ff., zu den Wahrscheinlichkeitsurteilen S. 287 ff.

154 Hans-Martin Pawlowski, Methodenlehre für Juristen, 1981. Zitiert werden im folgenden die Randziffern.

155 a.a.O., Rdz. 394.

156 a.a.O., Rdz. 393.

Ähnlich wie FIKENTSCHER, wenn auch ohne die von diesem geprägten Ausdrükke zu gebrauchen, unterscheidet PAWLOWSKI zwei Komponenten der Gerechtigkeit, nämlich die „Gleichgerechtigkeit" und die „Sachgerechtigkeit". Die abendländischen Rechtsordnungen, so lesen wir bei PAWLOWSKI[157], „gehen seit langem im Anschluß an das römische Recht und unter dem Einfluß der griechischen Rechtsphilosophie davon aus, daß Recht und Gerechtigkeit durch die ‚Gesetzmäßigkeit' (d. h. durch die Gleichbehandlung des Gleichen) charakterisiert werden –, daß also Recht und Gerechtigkeit mit ‚normativen' (gesetzmäßigen, wiederholbaren) Entscheidungen verbunden sind und insofern auch nicht vom unmittelbaren Konsens der Beteiligten abhängen". Gleichheit entsteht durch einen Akt der Abstraktion. Was als gleich, was als ungleich anzusehen ist, muß daher mit Hilfe von Vorentscheidungen (Setzungen, Gesetzen) festgelegt werden. „Die Rechtswissenschaft erweist sich unter diesem Aspekt als eine Wissenschaft davon, wie man Gleichheit am besten *herstellt,* also nicht primär davon, was *gleich ist*"[158]. Sind die nötigen Vorentscheidungen einmal getroffen – und ist ihr Inhalt, soweit nötig, durch die Rechtswissenschaft näher bestimmt oder weiter entwickelt –, dann bringt das Subsumtionsmodell zum Ausdruck, „daß die jeweils gefundene Entscheidung dem Prinzip der Gesetzmäßigkeit Rechnung trägt", Gleiches also gleich behandelt[159]. Indessen ist „Normativität des Rechts nur die erste, nicht aber die einzige Voraussetzung für (materielle) Gerechtigkeit"[160]. Die zweite ist, daß die in Präjudizien oder Gesetzen getroffenen Vorentscheidungen in dem Sinne „richtig" sind, „daß die in ihnen enthaltenen ‚Tatbestandsmerkmale' zu Unterscheidungen (zur Bestimmung von ‚Ungleichheiten') führen, die sich im Hinblick auf die von ihnen geregelte Problematik und auf die angeordnete Rechtsfolge als ‚plausibel' (sachlich vertretbar) darstellen"[161]. Damit ist offenbar die von FIKENTSCHER so genannte „Sachgerechtigkeit" angesprochen. Auch die staatlichen Gesetze, so sagt PAWLOWSKI[162], seien erst dann als Bestandteile des geltenden Rechts erkannt und verstanden, wenn „man angeben kann, warum und inwieweit der durch sie festgelegte Zusammenhang von Tatbestand und Regelungsanordnung ‚richtig' (vernünftig, sachlich angemessen) ist".

Besteht die Aufgabe der Gesetze vornehmlich darin, durch die Festlegung dessen, was als gleich und was als ungleich zu behandeln ist, die Gleichbehandlung des Gleichen zu sichern, so tritt dazu eine andere Funktion der Gesetze scheinbar in Widerspruch, die PAWLOWSKI als ihre „Steuerungsfunktion" bezeichnet. Viele der heutigen Gesetze dienen gerade dazu, das bisherige Recht zu ändern, neues Recht zu schaffen. Gleiche Sachverhalte können danach von heute auf morgen anders zu behandeln sein. Gerechtfertigt ist diese Art von Ungleichbehandlung nach PAW-

[157] a.a.O., Rdz. 341.
[158] a.a.O., Rdz. 345.
[159] a.a.O., Rdz. 394.
[160] a.a.O., Rdz. 344.
[161] a.a.O., Rdz. 359.
[162] a.a.O., Rdz. 369.

LOWSKI dann, wenn sich die für die neue Regelung maßgebenden Verhältnisse so geändert haben, daß die bisherige Regelung nicht mehr sachgerecht ist. Trotz „äußerlicher Gleichheit“ gehe es dann nicht mehr um den „gleichen Sachverhalt“[163]. Eine Änderung der allgemeinen Rechts- oder Lebensverhältnisse könne ferner dazu führen, daß eine unveränderte gesetzliche Regelung nun eine völlig andere Bedeutung erlange und daher anders als bisher auszulegen sei[164]. Durch die Änderung oder die veränderte Auslegung eines einzelnen Gesetzes könne es zu Widersprüchen innerhalb der Rechtsordnung kommen. „Denn es ist nicht gewährleistet, daß der Gesetzgeber, die Gerichte oder andere Entscheidungsinstanzen bei dem Erlaß ‚neuer (Vor-)Entscheidungen‘ immer berücksichtigen, daß und in welcher Hinsicht ihre Entscheidung für andere Sachverhalte von Bedeutung ist“. „Jede ‚neue (Vor-)Entscheidung’ gibt deshalb Anlaß, die gegenseitige Vereinbarkeit der jetzt vorhandenen (Vor-)Entscheidungen zu überprüfen“[165]. Dies könne man aber nur mit Hilfe systematischer Überlegungen. „Denn man kann nur mit Hilfe eines in sich konsistenten Systems von Vorentscheidungen bestimmen, was wesentlich gleich oder wesentlich ungleich ist“[166]. Stimmen diese nicht überein, ist die Gleichbehandlung des Gleichen nicht gewährleistet. Im Falle der Nichtübereinstimmung sei der Vorrang des neuen Rechts gegenüber dem bisherigen zu beachten. „Wenn also ein neues Gesetz nicht mit dem vorhandenen Rechtssystem übereinstimmt, dann ist – wenigstens in der Regel – das System zu ändern (umzubauen), nicht aber das Gesetz aufzuheben“[167].

Auf den Systembegriff PAWLOWSKIS werden wir zurückkommen. Jetzt wenden wir uns seiner Theorie des Gesetzes – und damit auch der Gesetzesbindung – zu, der innerhalb seiner Methodenlehre eine erhebliche Bedeutung zukommt. PAWLOWSKI unterscheidet drei verschiedene Aufgaben oder Funktionen der Gesetze – er nennt sie die „Normativfunktion“, die „Verbesserungsfunktion“ und die „Planungsfunktion“. Die „Normativfunktion“ der Gesetze ist identisch mit der Gewährleistung des Gleichbehandlungsgebotes eben durch ihren Charakter als „Normen“.

Innerhalb der Normativfunktion unterscheidet PAWLOWSKI drei Arten der Bindung der Gerichte an das Gesetz: die „technische“, die „dogmatische“ und die „rechtliche“ Bindung. Die „technische“ Bindung ergibt sich einfach aus der Zweckmäßigkeit: man kann erwarten, daß sich *alle* Gerichte an die staatlich gesetzten Normen und darüber hinaus auch an die vom Gesetzgeber dazu gegebenen Begründungen halten werden, so daß damit die Gleichbehandlung am ehesten gesichert ist. Diese „technische“ Bindung ist aber noch keine rechtliche Bindung im Sinne einer Verpflichtung. Bei der „dogmatischen“ Bindung geht es um die vom Gesetz gewählte dogmatische Konstruktion. Auch sie ist, verstehe ich PAWLOWSKI recht, noch keine „rechtliche“ Bindung, sondern ebenfalls eine Frage der Zweckmäßigkeit: wenn und solange keine bessere Konstruktion zur Verfügung steht und anerkannt ist, sei es zweckmäßig, sich an die vom Gesetz gewählte zu halten, weil das wahrscheinlich auch die anderen Gerichte tun werden und so wiederum die Gleichbehandlung am ehesten gesichert ist. Es sei richtig, auf

---

[163] a.a.O., Rdz. 375.
[164] a.a.O., Rdz. 383.
[165] a.a.O., Rdz. 400.
[166] a.a.O., Rdz. 402.
[167] a.a.O., Rdz. 404.

die Theorie (den Systematisierungsvorschlag) zurückzugreifen, die den stärksten Anhalt im Gesetz oder in den dazu vorhandenen weiteren Erklärungen der staatlichen Stellen hat, „nicht weil das Gesetz in dieser Hinsicht ‚rechtlich' bindet oder weil man ein Gesetz ‚subjektiv' auslegen müßte", sondern weil sich das „als das beste Mittel zur Vereinheitlichung des Rechts darstellt"[168]. Damit erweise sich das staatliche Gesetz zugleich „als ein Mittel der Rechtserkenntnis"[169]. Als solches aber könne es durch den Fortschritt der Rechtserkenntnis auch wieder überholt werden[170].

Die zweite Funktion nicht aller, aber doch sehr vieler Gesetze ist nach PAWLOWSKI die oben schon erwähnte Steuerungs- oder Verbesserungsfunktion. Hinsichtlich dieser Funktion tritt die Frage nach den „richtigen Inhalten" und damit die zweite Komponente der Gerechtigkeit, die sachliche Angemessenheit der Normen, erneut in den Blick. Um die Steuerungsfunktion der staatlichen Gesetze geht es vornehmlich dann, wenn „ein Fortschritt in der außer- oder metarechtlichen Erkenntnis oder die Entwicklung der sozialen Verhältnisse zu ‚neuen' Gesetzen Anlaß gibt"[171]. Das staatliche Gesetz ist dann „ein Instrument, mit dessen Hilfe wir Rechtserkenntnis und außer- oder metarechtliche Erkenntnis verbinden". Daraus ergebe sich, daß es den Richter – und im Hinblick auf die Erkenntnis des geltenden Rechts auch den juristischen Theoretiker – (nun auch) *rechtlich binde*[172]. Denn Entscheidungen, die sich nicht an diese staatlichen Gesetze hielten, würden nicht nur dem Grundsatz der Gleichbehandlung widersprechen, sondern auch noch „darauf verzichten, die für jedes Recht notwendigen Vorentscheidungen nach dem Stand der heutigen Erkenntnis zu bestimmen, und somit aus einem zweiten, materiellen Grunde die Gerechtigkeit verfehlen". Der Richter sei an die Gesetze, mit denen der Staat seine Verbesserungs- und Steuerungsfunktion ausübt, rechtlich gebunden, „weil man nur so gerechte Urteile fällen kann, d. h. Urteile, die dem Gleichbehandlungsgrundsatz entsprechen und die Unterscheidung zwischen wesentlicher Gleichheit und Ungleichheit unter Berücksichtigung aller Erkenntnisse treffen, die uns heute zugänglich sind"[173]. Allerdings setze dies voraus, daß „unser Gesetzgebungsverfahren so organisiert ist, daß man mit Recht davon sprechen kann, daß mit Hilfe der staatlichen Gesetze das Recht ‚verbessert' wird", daß es „als das geeignete Mittel erscheint, unser Recht dem Fortschritt der außer- und metarechtlichen Erkenntnis anzupassen"[174]. Dies sei aber der Fall[175].

Die danach zu bejahende rechtliche Bindung an die der Verbesserung des Rechts dienenden Gesetze ist allerdings nicht grenzenlos. Zwar ist der Richter nicht berechtigt, von einem solchen Gesetze deshalb abzuweichen, weil die ihm zugrundeliegende außerrechtliche Erkenntnis sich seiner Meinung nach als falsch erwiesen hat.

---

[168] a.a.O., Rdz. 535.
[169] a.a.O., Rdz. 537.
[170] a.a.O., Rdz. 540.
[171] a.a.O., Rdz. 586.
[172] a.a.O., Rdz. 592.
[173] a.a.O., Rdz. 604.
[174] a.a.O., Rdz. 605.
[175] a.a.O., Rdz. 621 ff.

Er muß die erneute Anpassung dem Gesetzgeber überlassen, weil dieser „im Hinblick auf die Verbesserung des Rechts" die besseren Erkenntnismöglichkeiten hat. Anders aber, wenn sich das Gesetz von der Rechtserkenntnis („im engeren Sinne") her als falsch erweist, etwa weil sich nachweisen läßt, daß es „das von den vorhandenen (geltenden) Vorentscheidungen her wesentlich Gleiche nicht gleich behandelt"[176]. Hier erhebt sich allerdings die Frage, wie sich das mit dem von PAWLOWSKI zuvor behaupteten Vorrang des neuen Rechts vor den vorhandenen Vorentscheidungen verträgt. Daß ein Gesetz ungültig ist, also nicht bindet, wenn es gegen vorrangiges Recht, etwa gegen Verfassungsrecht, verstößt, worauf PAWLOWSKI hier hinweist, steht auf einem anderen Blatte. Die rechtliche Bindung, so sagt PAWLOWSKI weiter, könne auch durch den Zeitablauf beeinflußt werden. Ein Gesetz, das zur Zeit seines Erlasses der Verbesserung des Rechts diene, könne diese Funktion und damit seine rechtliche Bindung dann verlieren, wenn die damals „neuen" außerrechtlichen Erkenntnisse, die ihm zugrunde liegen, „zum unbestrittenen (selbstverständlichen) Bestandteil des geltenden Rechts und damit Allgemeingut geworden sind"[177]. Welchen Grund sollten die Juristen aber dann noch haben, ihm die Gefolgschaft zu versagen? Die Frage, wie weit die rechtliche Bindung reicht, ist darum umso schwieriger zu beantworten, weil es, wie PAWLOWSKI zugibt[178], „bei einem einzelnen Gesetze weder von vornherein, noch ein für allemal festliegt, welche seiner Inhalte nun der Steuerungs- oder Verbesserungsfunktion zuzurechnen sind und welche nur der Normativ- oder Gleichbehandlungsfunktion".

Bei der letzten Funktion, der „Planungsfunktion", geht es um die Organisation des Gemeinwesens, um Kompetenznormen, um die Begrenzung der Staatsmacht, das gesetzmäßige Verhalten von Amtsträgern, die Gerichtsverfassung, schließlich auch um Normen, die den Status (die rechtlichen „Fähigkeiten") des einzelnen festlegen – genau besehen, um die meisten öffentlich-rechtlichen und einige privatrechtlichen Normen, insbesondere auch um das Strafrecht. Bei diesen Normen besteht nach PAWLOWSKI „eine strikte Bindung an die formale Tatbestandsbeschreibung des Gesetzes"[179]. In diesem Bereich seien aus staats- und verfassungspolitischen Gründen alle wesentlichen Entscheidungen dem Gesetzgeber vorbehalten. Daher gelte hier ein „strenger Positivismus", der zu einer „formalen Bindung" führt; er schließe „den Rekurs auf die heute mögliche Rechtserkenntnis gerade aus" [180]. Wenn das bedeuten soll, daß in diesem Bereich auch wesentliche Ungleichheiten hinzunehmen sind, kann das nur verwundern[181]. Dem stünde auch hier noch das Gleichheitsgebot des Art. 3 GG als höherrangiges Recht gegenüber. PAWLOWSKI geht so weit, daß er in diesem Bereich nicht nur die Analogie, sondern sogar auch eine einschränkende oder ausdehnende Auslegung für ausgeschlossen

---

[176] a.a.O., Rdz. 607.
[177] a.a.O., Rdz. 609.
[178] a.a.O., Rdz. 608.
[179] a.a.O., Rdz. 650.
[180] a.a.O., Rdz. 672.
[181] Selbst im Strafrecht ist die Analogie *zugunsten des Täters* zulässig.

hält[182]. Damit bliebe wohl nur eine streng wörtliche Auslegung übrig; ob PAWLOWSKI das wirklich meint, ist mir zweifelhaft. Trotz dieser Bedenken halte ich den Gedanken, hinsichtlich des Ausmaßes der Bindung und der Befugnis der Gerichte zur Rechtsfortbildung nach verschiedenen Funktionen des Gesetzes zu differenzieren, für weiter erwägenswert.

Mit dem Sinn und dem Umfang der richterlichen Bindung an das Gesetz haben sich mehrere Autoren auch aus verfassungsrechtlicher Sicht befaßt[183]. Sie stimmen darin überein, daß sie die Bindung nicht in einem so engen Sinne verstehen, daß den Gerichten eine Fortbildung des Rechts schlechthin verwehrt wäre, aber sie verlangen, daß diese „den Normbildungsprimat des Gesetzgebers achten", „die verfassungsrechtlich vorgesehene Funktion des Gesetzes mit den Mitteln der juristischen Argumentation und Begründung bei der Findung einer gerechten Entscheidung zur Geltung bringen". Sie betonen somit die Gesetzesbindung des Richters in stärkerem Maße als das sonst heute vielfach geschieht. Im übrigen weisen wir hierzu auf unsere Ausführungen zur Verfassungsinterpretation (unten Kap. 4, 4 c) hin.

7. Zur Systemfrage

Die unbestreitbare Leistung der Begriffsjurisprudenz war die Ausarbeitung eines abstrakt-begrifflichen Systems, das nach dem Prinzip der Unterordnung immer speziellerer Begriffe unter solche von immer weiterem Umfang (Anwendungsbereich), aber immer engeren Inhalt (Aussagegehalt) gebildet war und es erlauben sollte, jedem Begriff nicht nur seinen „Ort" innerhalb des gesamten Systems zuzuweisen, sondern auch konkrete Sachverhalte unter die gesetzlichen Tatbestände zu subsumieren und so die Rechtslage zu bestimmen[183a]. Dieses System hat seinen Niederschlag in der äußeren Anordnung unserer Gesetze und in zahlreichen begrifflichen Einteilungen (wie der von öffentlichem und Privatrecht, „absoluten" und „relativen" Rechten, Wirkung „inter partes" und „inter omnes", Nichtigkeit und bloßer Vernichtbarkeit eines Rechtsgeschäfts und vielen anderen) gefunden. Es dient daher dem Juristen heute noch in weitem Umfang zur Orientierung – auch wenn es an vielen Ecken und Enden nicht mehr „stimmt". Dagegen erwartet sich von *diesem* System heute niemand mehr einen Gewinn für die Lösung offener Rechtsprobleme, sondern allenfalls eine Erleichterung des Auffindens der jeweils einschlä-

---

[182] a.a.O., Rdz. 744. Hiermit stimmt es freilich nicht überein, daß PAWLOWSKI in Rdz. 693 von der Notwendigkeit spricht, „bei der Anwendung öffentlich-rechtlicher Vorschriften zur Regelung des staatlichen Bereichs nicht bei formalen (positivistischen) Argumenten stehen zu bleiben, sondern den Inhalt dieser Gesetze mit Hilfe sachbezogener Argumente zu bestimmen, zu erweitern oder einzuschränken". Daß es sich bei den in Rdz. 693 erwähnten Vorschriften um solche mit „Planungscharakter" handelt, wird dadurch unterstrichen, daß PAWLOWSKI in der Rdz. 744 auf die Rdz. 691 ff. zurückverweist.

[183] BADURA, Grenzen und Möglichkeiten des Richterrechts, in: Schriftenreihe des deutschen Sozialgerichtsverbandes, Bd. X, 1973; KREY, Studien zum Gesetzesvorbehalt im Strafrecht, 1977; JZ 78, S. 361, 428 und 465; WANK, Grenzen richterlicher Rechtsfortbildung, 1978.

[183a] Dazu unten Teil II, Kap. 6 Nr. 1b.

gigen Gesetzesnormen. Seine Bedeutung in dieser Hinsicht sollte nicht unterschätzt werden; indessen rechtfertigt sie allein die Bemühungen der Jurisprudenz um die Gewinnung systematischer Einsichten nicht. Trotzdem werden diese Bemühungen fortgesetzt; die Frage nach dem Sinn solcher Bemühungen ist daher neu gestellt.

Einer der ersten, die sich mit dem Systemgedanken in der Rechtswissenschaft kritisch auseinandergesetzt haben, ist ENGISCH[184]. Er legt zunächst dar, daß und warum ein streng „axiomatisches" System nach Art der Mathematik oder einer kalkülisierten Wissenschaft in der Jurisprudenz nicht möglich ist. Ein derartiges System verlangt zunächst eine geschlossene Zahl miteinander logisch verträglicher, jeweils „letzter", d. h. nicht weiter ableitbarer Grundbegriffe oder „Axiome". ENGISCH führt aus, daß, wollte man versuchen, die Fülle der einem bestimmten Recht zugehörigen Begriffe auf einige wenige Grundbegriffe zurückzuführen, die als „Axiome" zu funktionieren vermöchten, man entweder, wie STAMMLERS „Kategorientafel" zeige, zu rein formalen Begriffen gelange, die keine Aussage über den Inhalt irgendeines Rechtssatzes ermöglichen, oder aber zu „letzten empirischen Vorstellungselementen", die „so zahlreich sind wie die Aspekte, die uns die natürlich-soziale Welt bietet", und daher keine in sich geschlossene Gruppe bilden. Zum anderen aber sei in der Jurisprudenz beim Fortgang vom allgemeineren zum spezielleren Begriff „soviel Materie zu bewältigen, daß hinter den dafür erforderlichen Erkenntnisakten das rein Deduktive zurücktritt". Schließlich würden die rechtlichen Grundsätze, aus denen scheinbar deduziert werde, „durch andere Rechtsgrundsätze durchkreuzt und eingeschränkt, so daß kein einfaches Ableiten mehr möglich ist, sondern Entscheidungen hinzutreten müssen, die darüber befinden, welcher Grundsatz dem anderen im Range vorgeht".

Obgleich ENGISCH somit zu dem Ergebnis kommt, daß „das Ideal der axiomatisch-deduktiven Methode in der Jurisprudenz nicht verwirklicht werden kann", sieht er darin mit Recht keinen Grund, den Systemgedanken selbst preiszugeben. Wo immer wir es mit einer „wahren Rechtsordnung" und ihrer geistigen Durchdringung zu tun hätten, da sei der Systemgedanke „unverzichtbar". Auch eine Rechtsordnung, die sich „von Fall zu Fall und von Einzelregelung zu Einzelregelung weitertastet", wachse „nach immanenten Prinzipien, die insgesamt ein System ergeben". Was ENGISCH vorschwebt, ist also ein System sinnvoll miteinander verbundener leitender Rechtsprinzipien, das sich bestimmter Begriffe und Einteilungsgesichtspunkte bedient, ohne für diese je eine Allgemeingültigkeit oder Vollständigkeit beanspruchen zu können. Keinesfalls dürfe das System dem Recht „wie ein Netz übergeworfen werden" – vielmehr hat es, so können wir ergänzen, die Wissenschaft ständig aus dem Rechtsganzen, seinen immanenten Sinnzusammenhängen, neu zu entwickeln und dieses Ganze dadurch als einen Sinnzusammenhang durchsichtig und verständlich zu machen. Die innere Einheit einer

[184] In Studium Generale, Bd. 10 (1957), S. 173 ff.; wieder abgedruckt in Studium Generale, 1984, S. 181.

positiven Rechtsordnung ist, wie ENGISCH im Jahre 1935 zutreffend dargelegt hat[185], ebensowohl erst das Ergebnis der systematisierenden Tätigkeit der Rechtswissenschaft, wie auf der anderen Seite doch vorbestimmt „durch die schon gegebenen normativen und teleologischen Bezüge innerhalb der Rechtsordnung selbst, die als Erzeugnis menschlichen Geistes kein amorphes Chaos ist". Sie ist weder in irgendeinem Augenblick vollständig durchgeführt, so daß sie einfach abgelesen werden könnte – es gibt stets Unstimmigkeiten, unaufgearbeitete Reste oder sogar gewollte Durchbrechungen des Zusammenhangs –, noch wird sie umgekehrt von der Wissenschaft lediglich postuliert und der daseienden Ordnung mehr oder weniger aufgenötigt. ENGISCH sagt: „Was die Rechtsordnung implicite birgt, wird von der Rechtserkenntnis explicite entwickelt". Soweit die Rechtsordnung, was vom Gedanken des Rechts her gefordert ist, in ihren Grundgedanken und maßgeblichen Wertentscheidungen Übereinstimmung aufweist, hat die Rechtswissenschaft diese Übereinstimmung sichtbar zu machen und die Konsequenzen daraus zu ziehen – in diesem Sinne muß sie systematisch verfahren[186].

Trotz seiner deutlichen Neigung zum case-law und zum „Problemdenken" will auch ESSER nicht auf jede Systembildung in der Jurisprudenz verzichten. Dadurch unterscheidet er sich sehr deutlich von der Position VIEHWEGS, dem Ausschließlichkeitsanspruch der Topik. Er unterscheidet das „geschlossene System", das durch die Idee der Kodifikation repräsentiert werde, und das „offene System", wie es sich schließlich auch in einem Fallrecht herausbilde, da dieses „auf die Dauer nicht ohne einen begrifflichen und wertmäßigen Ableitungszusammenhang" auskomme, der die einzelnen Entscheidungen rational nachprüfbar und ihre Gesamtheit zum „System" mache[187]. ESSER sieht hier geradezu ein historisches Gesetz am Werke: In allen Rechtskulturen, so sagt er[188], wiederhole sich „ein Kreislauf zwischen Problementdeckung, Prinzipienbildung und Systemverfestigung". Die Rechtsprinzipien, nicht die abstrakten Begriffe sind danach die eigentlich systembildenden Faktoren. Erkannt werden sie, wie wir gesehen haben, nach ESSER vornehmlich am problematischen Fall; sie sind verallgemeinerte Problemlösungen. Die heute vielfach beobachtete Annäherung der Denkweisen des case-law und des kodifizierten Rechts finde so ihre Erklärung darin, daß jenes sich zur Zeit in einer Phase der Prinzipienbildung und Prinzipienverfestigung, damit der beginnenden Systembildung, dieses dagegen in einer Phase der Systemauflockerung und erneuten Hinwendung zum Problemdenken befinde.

Dem „Problemdenken" kommt nach ESSER die Bedeutung des produktiven Neuanfangs, dem Denken in systematischen Zusammenhängen und der diesem Denken entsprechenden juristischen „Konstruktion" die Bedeutung einer rationalen Kontrolle der Einzelfallösung zu. „Unter Konstruktion", sagt er[189], „verstehe

---

185 Die Einheit der Rechtsordnung, S. 83.
186 Dazu auch PAWLOWSKI in AcP 175, 189, 217 ff.
187 Grundsatz und Norm, S. 44, 239.
188 Grundsatz und Norm, S. 7.
189 Wertung, Konstruktion und Argument im Zivilurteil, S. 15.

ich hier die Einordnung der Werterkenntnis in ein System und damit die Kontrolle jeder Entscheidung durch ihr Zurückführen auf die sie nach dem betreffenden Gesamtsystem rational, d. h. nachprüfbar, tragenden Kriterien". Diese seien nun einmal denkmäßig in Begriffe gefaßt. Der Begriff gebe einen „rationalen Wertungsrahmen" ab, innerhalb dessen sich die Judikatur weiter entfalten könne[190]. Es ist ersichtlich, daß ESSER hier nicht etwa erschöpfend definierte Begriffe meint, unter die man einfach subsumieren könnte, sondern „Rahmenbegriffe", die eine weitere Ausfüllung durch die Rechtsprechung erforderlich machen. Es bleibt freilich zu fragen, ob es sich hierbei noch um „Begriffe" im eigentlichen Sinne handelt, oder welches die Struktur dieser „Begriffe" ist.

Auch COING betont die Bedeutung der systematischen Arbeit in der Rechtswissenschaft[191]. Jedes System fasse „den in der Arbeit an den Einzelproblemen erreichten Erkenntnisstand zusammen: die erkannten Rechtsprinzipien in ihrer gegenseitigen Beziehung ebenso wie die erkannten Sachstrukturen, die uns im Fall, im Gegenstand der Regelung entgegentreten. Es erleichtert damit nicht nur Übersicht und praktische Arbeit; es wird auch Ursprung neuer Erkenntnisse über bestehende Zusammenhänge, die erst das System deutlich macht, und damit Grundlage weiterer Entwicklung des Rechts. Eine Wissenschaft, die nur am Einzelproblem arbeitete, würde nicht in der Lage sein, zur Entdeckung größerer Zusammenhänge von Problemen, zu weiteren Prinzipien fortzuschreiten; sie würde in der Rechtsvergleichung die Funktions-Verwandtschaft verschieden ausgeprägter positiver Institute und Regeln nicht erkennen. Darum bleibt die Arbeit am System eine dauernde Aufgabe; nur muß man sich bewußt sein, daß kein System die Fülle der Probleme deduktiv beherrschen kann; das System muß *offen* bleiben. Es ist nur eine vorläufige Zusammenfassung." Daß das rechtswissenschaftliche System „offen" bleiben müsse, niemals abgeschlossen sein und daher auch niemals auf alle Fragen eine Antwort bereithalten kann, wird demnach sowohl von ENGISCH, wie von ESSER, wie von COING festgestellt. Nicht beantwortet ist damit schon die Frage, aus welchen Bausteinen ein solches System gebildet werden kann. Sind nämlich die Bausteine ihrerseits Begriffe gleich denen des begrifflich-deduktiven Systems, dann drängt ein solches System doch wiederum nach weitgehender Verfestigung und – idealiter – nach Geschlossenheit. Ist es wirklich ein und dasselbe System, das einmal die „Übersicht und praktische Arbeit" erleichtert und anderseits „Ursprung neuer Erkenntnisse über bestehende Zusammenhänge" wird?

Daß in der Tat verschiedene Systembegriffe unterschieden werden müssen, hat CANARIS in einer eigens diesem Problem gewidmeten Schrift nachgewiesen[192]. Gemeinsam ist ihnen allen lediglich der Gedanke der Einheit (im Sinne eines oder

---

190 Wertung, S. 14.

191 COING, Grundzüge der Rechtsphilosophie, 4. Aufl., S. 353.

192 CANARIS, Systemdenken und Systembegriff in der Jurisprudenz, 2. Aufl. 1983. Ihm und ENGISCH folgt HÖNN in seiner Studie „Kompensation gestörter Vertragsparität", 1982, S. 61 ff. Er bezeichnet sie ausdrücklich als einen Beitrag zum „inneren System" des (geltenden) Vertragsrechts.

mehrerer zentraler Bezugspunkte) und der Ordnung (im Sinne eines durchgehenden Zusammenhanges und der logischen Vereinbarkeit aller Aussagen). Nicht für die Rechtswissenschaft geeignet ist nach CANARIS das axiomatisch-deduktive System im Sinne der Logistik[193], denn ein solches System verlangt die Widerspruchsfreiheit und die Vollständigkeit der zugrundegelegten Axiome – zwei Forderungen, die jedenfalls hinsichtlich der hinter den Normen stehenden Wertungsprinzipien nicht erfüllbar sind. Ebensowenig geeignet ist das logische System der Begriffsjurisprudenz, und zwar deshalb, weil die innere Sinneinheit des Rechts, die es im System zu erfassen gilt, „entsprechend ihrer Ableitung aus dem Gerechtigkeitsgedanken nicht logischer, sondern wertungsmäßiger, also axiologischer Art" ist[194]. Ungeeignet zur Erfassung dieser „Sinneinheit" sind ferner ein nur zu Darstellungszwecken oder zur Erleichterung der Übersicht gebildetes äußeres System im Sinne der Terminologie HECKS, ein „System der Konfliktsentscheidungen", wiederum im Sinne HECKS, ein System rein formaler Grundbegriffe, wie etwa das STAMMLERS, ein System lediglich von Problemzusammenhängen und ein System der Lebensverhältnisse, wenngleich diese von erheblichem Einfluß wenigstens auf das „äußere System" des Rechts sind. Was bleibt, ist ein System als „axiologische oder teleologische Ordnung" leitender Wertgesichtspunkte. Im Gegensatz zu einem System von allgemeinen Rechtsbegriffen ist es ein solches von Rechtsprinzipien, wobei das „Prinzip" im Gegensatz zum „Begriff" als ein „offener", konkretisierungsbedürftiger – und nur in seinen Konkretisierungen voll erfaßbarer – Maßstab zu verstehen ist. Während der (juristische) Begriff die Wertung nur mittelbar, gleichsam „verschlüsselt", enthält, „macht das Prinzip die Wertung explizit", und ist darum „besser geeignet, die Wertungseinheit des Rechts wiederzugeben"[195]. Dadurch werde die Begriffsbildung freilich nicht überflüssig. Zur Vorbereitung der Subsumtion sei sie unerläßlich, „und daher sollte den Rechtsprinzipien ein korrespondierendes System von Rechtsbegriffen zugeordnet werden". Nur dürfe man nicht vergessen, daß diese teleologischer Natur sind und daher im Zweifelsfall stets der Rückgriff auf die in ihnen enthaltene Wertung und das heißt, auf das Prinzip erforderlich ist.

Der Unterschied eines Systems von Rechtsprinzipien zu einem solchen der Begriffe wird von CANARIS folgendermaßen deutlich gemacht[196]: Die Prinzipien „gelten nicht ohne Ausnahmen und können zueinander in Gegensatz oder Widerspruch treten; sie erheben nicht den Anspruch der Ausschließlichkeit – d.h. sie dürfen nicht nach dem Schema ‚nur wenn ... dann' formuliert werden –; sie entfalten ihren eigentlichen Sinngehalt erst in einem Zusammenspiel wechselseitiger Ergänzung und Beschränkung; und sie bedürfen zu ihrer Verwirklichung der Konkretisierung durch Unterprinzipien und Einzelwertungen mit selbständigem Sachgehalt". Sie sind „keine Normen und daher der unmittelbaren Anwendung nicht fähig"; vielmehr

---

193 a.a.O., S. 25 f. Dagegen EIKE V. SAVIGNY in JAHR u. MAIHOFER, Rechtstheorie, S. 315. Er zeigt aber nur, daß eine Axiomatisierung eng begrenzter Aussagenkomplexe möglich ist.
194 a.a.O., S. 22.
195 a.a.O., S. 50.
196 a.a.O., S. 52 f.

bedarf es zu ihrer Anwendung immer wieder der Einschaltung „neuer selbständiger Wertungen“[197]. Schon daraus ergebe sich die „Offenheit“ eines aus Rechtsprinzipien gebildeten Systems. Hinzu komme die geschichtliche Wandelbarkeit der Rechtsordnung mit Einschluß der sie tragenden Wertungen. Allgemeine Rechtsprinzipien könnten ihren Geltungsgrund nicht nur in der gesetzten Ordnung, sondern darüber hinaus auch „in der Rechtsidee, deren historische Konkretisierungen sie weitgehend darstellen, sowie in der Natur der Sache haben“[198]. Auch insoweit dürfe man sie sich nicht „ahistorisch und gleichsam statisch“ vorstellen; vielmehr gewännen auch die auf die Rechtsidee oder auf die „Natur der Sache“ rückführbaren Prinzipien „ihre konkrete Gestalt in aller Regel nur durch den Bezug auf eine bestimmte historische Situation und in der Vermittlung durch das jeweilige allgemeine Rechtsbewußtsein“[199]. In den dadurch angedeuteten Grenzen aber erweitere die Aufdeckung der systematischen Zusammenhänge der Prinzipien und Unterprinzipien die Erkenntnis des Rechts; sie diene zugleich der Auslegung der Normen und der Lückenausfüllung, indem sie die „wertungsmäßige Einheit und Folgerichtigkeit bei der Rechtsfortbildung“ wahrt[200]. Als „der Inbegriff aller eine Rechtsordnung tragenden Grundwertungen“ bringe das System „die materiale Gerechtigkeit, wie diese sich in der jeweiligen positiven Rechtsordnung verwirklicht hat, zur Darstellung“[201].

Von der „Offenheit“ eines Systems unterscheidet CANARIS seine „Beweglichkeit“ im Sinne WILBURGS[201a]. Diese besteht darin, daß verschiedene Elemente einer einheitlichen Regelung jeweils in unterschiedlicher Stärke gegeben sind, unter Umständen eines ganz fehlen kann, ohne daß deshalb die Zugehörigkeit der Regelung zu diesem Komplex entfallen müßte. Während die Offenheit des Rechtssystems diesem wesenseigentümlich sei, sei die Beweglichkeit eines Systems eher die Ausnahme[201b]. Sie könne aber von Bedeutung sein für die Beschreibung eines Typus. Wir werden darauf zurückkommen[201c].

Zwischen einem aus Normen und einem aus Prinzipien gebildeten System unterscheidet auch PAWLOWSKI. Das erste ist nach ihm „eine zusammenfassende Darstellung von Normen (oder Rechtsgrundsätzen), die deren gegenseitige Vereinbarkeit (Konsistenz) ausweisen soll – und das heißt eine Darstellung der Verwirklichung des Gleichbehandlungsgrundsatzes“[202]. Mit Hilfe *dieses* Systems soll es möglich sein, Entscheidungen vermöge eines einfachen Schlusses aus anerkannten Normen abzuleiten[203]. Doch bedarf dieses System wegen des Vorranges neuer Vor-

---

197 a.a.O., S. 57.
198 a.a.O., S. 70.
199 a.a.O., S. 71.
200 a.a.O., S. 97 ff.
201 a.a.O., S. 107.
201a a.a.O., S. 74 ff.
201b a.a.O., S. 78.
201c In Kap. 6, 2d und 3a.
202 PAWLOWSKI, Methodenlehre, Rdz. 403.
203 a.a.O., Rdz. 418.

Entscheidungen gegenüber den früheren der ständigen Überprüfung; nur die dem jeweiligen Stande angepaßte „neue Systematisierung" kann einen Maßstab für die Entscheidung abgeben. Das System kann deshalb nur ein „offenes", und (wegen der Masse der Normen oder der Verschiedenheit der Teilbereiche?) nur ein Teilsystem sein. Deshalb erhebt sich die Frage nach der Vereinbarkeit der Teilsysteme und damit nach einem „Gesamtsystem", das nur aus „allgemeinen Rechtsgedanken", „Grundsätzen" oder „Werten" gebildet werden kann. Es könne keine Maßstäbe für die Entscheidung von Einzelfällen, sondern nur Topoi liefern[204]. PAWLOWSKI nennt, im Gegensatz zu der in diesem Buche und von CANARIS benutzten Terminologie, dieses System, da es nur „Ordnungsgesichtspunkte" enthalte, das „äußere", das aus den Normen gebildete, also doch wohl – da es Ableitungen im Wege des Syllogismus ermöglichen soll – begriffliche das „innere" System. So kommt er zu dem Satz: „Das ‚äußere' System bietet Ordnungsgesichtspunkte für die Darstellung des vorhandenen rechtlichen Materials, aus dem die Entscheidung zu entwickeln ist. Das ‚innere' System, das in der Orientierung am Prinzip der Gesetzmäßigkeit und Gleichbehandlung jeweils neu zu erarbeiten ist, bietet die Maßstäbe für die Entscheidung"[205]. Im Gegensatz zum „inneren" System müsse das „äußere" als „jeweils heute geschlossenes System gedacht und beschrieben werden"[206] – was allerdings unserer Meinung nach unhaltbar ist. Denn auch soweit „allgemeine Rechtsgedanken" als Prinzipien „richtigen Rechts" Konkretisierungen der Rechtsidee sind, sind sie das nur in der näheren Ausgestaltung dieses positiven Rechts, und *insoweit* auch entwicklungsfähig, nicht abgeschlossen und auch nicht durch eine starre Rangfolge in ihrem Verhältnis zueinander endgültig festgelegt[207].

Eher skeptisch gegenüber der Möglichkeit, das Recht als ein in sich einheitlich strukturiertes System zu verstehen, zeigt sich FRANZ-JOSEPH PEINE in seiner Schrift „Das Recht als System"[207a]. Zunächst unterscheidet er einbezügliche und zweibezügliche Systeme. Einbezügliche Systeme entstehen nach ihm schon durch die Aussonderung von Elementen gleicher Art aus einer Menge verschiedenartiger. Meiner Meinung nach sollte man hier nur von einer Reihe, nicht schon von einem System sprechen. Zweibezügliche Systeme enthalten auch eine Aussage darüber, wie sich die einzelnen Elemente des Systems zueinander verhalten, und ordnen sie gemäß dieser Aussage[207b]. Für die Rechtsordnung komme nur das zweibezügliche System in Frage. Als die Elemente des gesuchten Rechtssystems sieht PEINE Rechtswerte und die von ihnen bestimmten Normen an. Es gebe Rechtswerte höheren und niederen Ranges; schon deshalb sei es möglich und notwendig, sie zueinander in Beziehung zu setzen. Im weiteren spricht PEINE nicht mehr von

---

204 a.a.O., Rdz. 449.
205 a.a.O., Rdz. 449 (am Ende).
206 a.a.O., Rdz. 455.
207 Dazu meine *Schrift* „Richtiges Recht" S. 180 ff. Vgl. auch CANARIS a.a.O., S. 63 ff.
207a PEINE, Das Recht als System, 1983.
207b a.a.O., S. 41.

Rechtswerten, sondern von den Zwecken der Rechtsnormen. Das Recht sei dann ein System, wenn die durch seine Normen verfolgten Zwecke in der Weise geordnet wären, daß, abgesehen von den höchsten Zwecken, jeder Zweck aus einem anderen abgeleitet werden könnte oder wenn jedes Glied der Pyramide im Hinblick auf die untergeordneten einen Zweck, im Hinblick auf übergeordnete, wieder abgesehen von den höchsten, ein Mittel darstellte[207c]. Am Beispiel der Grundrechte legt PEINE dar, daß das nicht der Fall sei. Das Recht als die Gesamtheit aller geltenden Normen sei daher kein System; denkbar seien nur Teilsysteme.

Anders als PEINE verstehen ECKHOFF und SUNDBY[207d] Rechtsordnungen als Systeme, nämlich als ein „zusammenhängendes Ganzes, als „ein Beziehungsgefüge von Positionen“[207e]. Sie sehen das System aber nicht nur als ein Ganzes von Normen, sondern auch als ein Ganzes von Aktivitäten wie Gesetzgebung und Gerichtstätigkeit[207f]. Als Rechtssysteme sehen sie neben den nationalen Rechtsordnungen das Völkerrecht und das Recht internationaler Organisationen wie der EG an. Entgegen KELSEN lehnen sie die Anwendbarkeit physischen Zwangs als Kennzeichen einer Rechtsordnung ab, denn hierdurch würden das Völkerrecht und das Recht internationaler Organisationen ausgeklammert[207g]. Für wenig glücklich halte ich es, daß ECKHOFF und SUNDBY den Ausdruck „Norm“ nicht nur für allgemeine Regeln, sondern auch für individuelle Gebote verwenden, wie sie sich in gerichtlichen Urteilen, Verwaltungsakten und, ihrer Meinung nach, sogar in Verträgen finden[207h]. Innerhalb der Normen bilden nach ihnen eine besondere Gruppe die „Richtlinien“. Sie können „hilfsweise zur inhaltlichen Klärung von Regeln herangezogen werden und darüber hinaus Entscheidungskriterien liefern bei Fragen, für die die Regeln keine Antwort enthalten“[207i]. Zu ihnen gehören vor allem die gesetzlichen und die ungeschriebenen Normen für die Auslegung von Gesetzen und von Rechtsgeschäften. Sie verlangen regelmäßig eine Abwägung verschiedener Umstände, gestatten also keine einfache Subsumtion. Zwischen den verschiedenen Auslegungskriterien bestehe kein festes Rangverhältnis; oft werde hier die Wertung des Richters ausschlaggebend sein[207k]. Der Frage, wie man wenigstens zu einer annähernden Objektivierung des Urteils gelangen kann, wenn schon eine sichere Entscheidung nicht möglich ist, gehen sie nicht nach. Insgesamt ist der Ertrag dieser Schrift für die Methodenlehre gering.

Kehren wir jetzt noch einmal zum Ausgangspunkt dieses historisch-kritischen Teils zurück. Wir hatten gesehen, daß der junge SAVIGNY die Rechtswissenschaft dahin charakterisiert hatte, sie sei „vollständig historisch und vollständig philosophisch“ zugleich, wobei er das „philosophische“ mit dem „systematischen“ Element

---

207c a.a.O., S. 113.
207d TORSTEN ECKHOFF und NILS KRISTIAN SUNDBY, Rechtssysteme, 1988.
207e a.a.O., S. 173, 174.
207f a.a.O., S. 14, 183.
207g a.a.O., S. 180.
207h a.a.O., S. 44, 71.
207i a.a.O., S. 90.
207k a.a.O., S. 98.

gleichsetzte. Diese Gleichsetzung wird nur aus der Voraussetzung verständlich, daß im historisch gewordenen, „positiven" Recht eine „innere Vernünftigkeit" obwaltet, die in ihm Einheit und Zusammenhang stiftet und durch die Rechtswissenschaft, soweit sie systematisch verfährt, aufgedeckt werden kann. SAVIGNY hat diese seine Voraussetzung nie explizit begründet; er hielt das wohl für eine Aufgabe der Philosophie. Aber das von ihm ausgeführte System war für ihn die Bestätigung, denn wenn er sich als systematisierbar erwies, mußte der dem positiven Recht entnommene Stoff eine solche Einheit in sich tragen. PUCHTA war der gleichen Überzeugung; aber er war es vornehmlich, der das „System" als formal-logisches und abstrakt-begriffliches verstand und damit den Weg zur „Begriffsjurisprudenz" einschlug. Dieser Weg erwies sich deshalb als verhängnisvoll, weil ein nur nach formallogischen Kriterien gebildetes begriffliches System die hinter den Normen stehenden Wertungsbezüge abschneidet und damit notwendig den dem Recht eigentümlichen Sinn-Zusammenhang verfehlt, der nicht formallogischer, sondern teleologischer Natur ist. Das begriffliche System leistet daher gerade das nicht, was SAVIGNY im Sinne hatte, wenn er von dem philosophischen Element der Rechtswissenschaft sprach.

Aber auch ein philosophisches System nach Art der HEGELschen Rechtsphilosophie ist heute nicht mehr zu vertreten[208]. Zwar schneidet dieses System die Wertungsbezüge nicht ab, da der HELGELsche „Begriff" selbst wertbetont ist und die Entfaltung der Begriffsmomente im System nichts anderes als die schrittweise erfolgende Konkretisierung eines Grundwertes (der im Zusammenleben verwirklichten Freiheit) bedeutet. Aber über den Absolutheitsanspruch dieses Systems – wie desjenigen aller Nachfolger – ist die Geschichte hinweggegangen; wir vermögen nicht mehr zu glauben, daß eine abschließende Erkenntnis auch nur dessen, was unter den heutigen Bedingungen „an sich" gerecht, zweifelsfrei „richtig" sei, möglich ist. Wir vermögen allenfalls zu glauben, hier und da ein Stück des Fadens in die Hand zu bekommen, dessen Ende für uns im Dunkel liegt. Ist dem so, dann ist ebenso für die Rechtswissenschaft, wie auch für die „praktische" Philosophie (d. h. Ethik und Rechtsphilosophie), das „offene" und bis zu einem gewissen Grade in sich „bewegliche" System, das niemals vollendbar ist und immer wieder in Frage gestellt werden kann, die einzig noch mögliche Art eines Systems, das die „innere Vernünftigkeit", die leitenden Werte und Prinzipien des Rechts deutlich macht. Die Suche nach einem solchen System und die Orientierung an ihm in grundsätzlichen Fragen ist ein unverzichtbarer Bestandteil der juristischen Arbeit.

8. Zur rechtsphilosophischen Diskussion über die Gerechtigkeit

In der Methodendiskussion der Gegenwart spielt, wie wir gesehen haben, eine zentrale Rolle die Frage, wie der Richter zu einer „gerechten" Entscheidung zu gelangen vermöge; erinnert sei nur an ESSER, FIKENTSCHER, PAWLOWSKI und KRIELE.

---

[208] Dazu auch meine Schrift „Richtiges Recht", S. 182 f.

Was aber ist eine „gerechte" Entscheidung? Darüber äußern sich nur wenige. Die Frage ist, ob über die Bedeutung des Terminus „Gerechtigkeit" überhaupt Aussagen gemacht werden können, die beanspruchen dürfen, zutreffende Erkenntnisse zu sein. Diese Frage wird von denen verneint, die alle derartigen Aussagen als bloße „Metaphysik" glauben abtun zu können – also vornehmlich von den Vertretern eines positivistischen Wissenschaftsbegriffs. Sie sehen in Aussagen, die etwas über den Inhalt der Gerechtigkeit besagen wollen, bloße „Leerformeln"[209]; sie warnen vor der Verwendung eines derartig vagen, von jedem anders, nämlich gemäß seinem eigenen, partikularen Interesse, verstandenen Begriffs im wissenschaftlichen Schrifttum. Im Zeichen des juristischen Positivismus verschwand er denn auch aus dem juristischen Schrifttum mehr und mehr. Umso bemerkenswerter scheint es uns zu sein, daß parallel zu der Methodendiskussion, in der die „Fallgerechtigkeit" eine so bedeutende Rolle spielt, erneut eine rechtsphilosophische Diskussion um die „Gerechtigkeit" eingesetzt hat. Wir wollen deshalb abschließend auch auf sie einen kurzen Blick werfen. Zum Teil wird sie von denselben Autoren geführt, zum Teil aber auch ohne Zusammenhang mit der Methodendiskussion, jedoch vor dem gleichen Hintergrund.

Eine Schlüsselstellung in dieser Diskussion hat lange Zeit der belgische Rechts- und Moralphilosoph Chaim Perelmann eingenommen. Viehweg hat im Jahre 1965 zwei Abhandlungen Perelmanns in deutscher Übersetzung unter dem Titel „Über die Gerechtigkeit" herausgegeben und eingeleitet, von denen die erste zuerst im Jahre 1945, die zweite 1965 veröffentlicht worden ist. Während die erste noch ganz im Zeichen der Skepsis hinsichtlich der Möglichkeit steht, auf dem Gebiet der Ethik zu Erkenntnissen zu gelangen, sucht die zweite zu zeigen, daß und wie solche Erkenntnisse möglich sind, wobei als Gegenstand solcher Erkenntnisse beide Male der Begriff „Gerechtigkeit" untersucht wird.

Zu Beginn der ersten Abhandlung stellt Perelmann sechs gängige Formulierungen nebeneinander, die, in schlagwortartiger Zuspitzung, angeben sollen, was „gerecht" sei. Sie lauten:

1. Jedem das Gleiche.
2. Jedem gemäß seinen Verdiensten.
3. Jedem gemäß seinen Werken.
4. Jedem gemäß seinen Bedürfnissen.
5. Jedem gemäß seinem Rang.
6. Jedem gemäß dem ihm durch das Gesetz Zugeteilten.

Er zeigt sogleich, daß die meisten dieser Formulierungen sich widersprechen und jeweils anderen Bedenken unterliegen. Als Ausweg bietet sich ihm die Möglichkeit, das den verschiedenen Formulierungen logisch Gemeinsame auszusondern, weil hierüber am ehesten Übereinstimmung erwartet werden könne. Freilich kann

[209] So Kelsen in seiner Abhandlung „Das Problem der Gerechtigkeit", im Anhang zu „Reine Rechtslehre", 1960, S. 357 ff. Kritisch dazu u. a. Tammelo, Theorie der Gerechtigkeit, S. 24. Der Vorwurf, den Kelsen erhebt, Aussagen über Gerechtigkeit seien inhaltsleer, beruht auf der unbegründeten Erwartung, daß solche Aussagen eine Quelle für gerechte Entscheidungen in Einzelfällen sein sollten. Das aber sei ihre Aufgabe nicht.

das Ergebnis dann nur ein Gerechtigkeitsbegriff sein, dessen inhaltliche Ausfüllung offen gelassen werden muß. Das Gemeinsame aller genannten Formulierungen sei der Gedanke, „daß gerecht sein eine gleiche Behandlung für alle Wesen bedeutet, die in bestimmter Hinsicht gleich sind, dasselbe Charakteristikum aufweisen“[210]. Hierbei bleibt offen, in welcher Hinsicht diejenigen einander gleichen sollen, die gleich zu behandeln sind. Anders ausgedrückt: „Die formale oder abstrakte Gerechtigkeit läßt sich demnach definieren als ein Handlungsprinzip, nach welchem die Wesen derselben Wesenskategorie auf dieselbe Art und Weise behandelt werden müssen“ [211]. „Formal“ sei diese Definition, weil sie „die für die Anwendung der Gerechtigkeit wesentlichen Kategorien nicht bestimmt“. Diese Kategorien könnten aber nicht ohne eine gewisse Wertskala bestimmt werden[212], und diese wiederum sei abhängig von der „persönlichen Weltanschauung“ eines jeden. Es ist PERELMANN zu dieser Zeit nicht fraglos, daß Werte nicht der Erkenntnis, sondern nur dem persönlichen Bekenntnis zugänglich sind. In einem normativen System werde ein „allgemeinster Wert“ festgesetzt, aus dem sich Normen, Imperative ableiten lassen. „Da sich die Behauptung dieses Wertes weder aus einer logischen Notwendigkeit, noch aus einer erfahrungsmäßigen Universalität ergibt, ist der Wert weder allgemein noch notwendig. Er ist logisch und erfahrungsgemäß willkürlich“[213]. „Jedes Gerechtigkeitssystem stellt nur die Entfaltung eines oder mehrerer Werte dar, deren willkürlicher Charakter sich aus deren Wesen selbst ergibt“. Da jeder Wert „willkürlich“ ist, „gibt es keine absolute, allein in der Vernunft begründete Gerechtigkeit“. „Die Gerechtigkeit als Manifestation im Handeln muß sich mit einer formal fehlerlosen Entwicklung eines oder mehrerer Werte begnügen, die weder durch die Vernunft, noch durch ein Gerechtigkeitsgefühl bestimmt sind“. Überträgt man das auf die Jurisprudenz, kann die Folgerung nur lauten, daß es „gerechte“ Entscheidungen nur insofern gibt, als sie sich als die fehlerlose Anwendung der Normen des positiven Rechts und der hinter ihnen stehenden Wertungen darstellen; nach der Gerechtigkeit dieser Normen und der ihnen zugrundeliegenden Wertungen selbst kann sinnvollerweise nicht gefragt werden.

Dieses Ergebnis hat PERELMANN nach seiner eigenen Aussage keine Ruhe gelassen. Er hat immer wieder gefragt: „Können die Werte und Normen, welche Voraussetzungen einer Verwirklichung der Gerechtigkeit sind, Gegenstand rationalen Durchdenkens sein, oder sind sie lediglich Ausdruck unserer Begierden und Interessen? Wie begründet man die Werte und die Normen und wie läßt sich die Idee der praktischen Vernunft begrifflich fassen?“[214] Diese Fragen versucht er in der zweiten Abhandlung in einer neuen Weise zu beantworten. Das formale Prinzip der Gerechtigkeit, so lesen wir jetzt[215], führe zwar, indem es die Gleichförmigkeit for-

---

210 PERELMANN , Über die Gerechtigkeit, S. 27
211 a.a.O., S. 28.
212 a.a.O., S. 41.
213 a a.O., S. 74.
214 a.a.O., S. 85.
215 a.a.O., S. 107.

dert, zur Voraussehbarkeit und zur Sicherheit. Es ermögliche „das zusammenhängende und beständige Funktionieren einer Rechtsordnung". Dies genüge aber nicht, um unser Bedürfnis nach Gerechtigkeit zufriedenzustellen. „Es ist erforderlich, daß die dergestalt verwirklichte Ordnung selbst gerecht ist".

Zwar hält PERELMANN auch jetzt daran fest, daß Werte, die ein Rechtssystem fundieren, „weder aus der Erfahrung resultieren, noch aus unstrittigen Prinzipien deduziert werden können"[216]. Aber daraus brauche man noch nicht den Schluß zu ziehen, „daß die Werte und fundamentalen Normen, die unser Handeln leiten, jeder Rationalität fremd sind, daß man sie weder kritisieren noch rechtfertigen kann, daß jede diesbezügliche Überlegung nur der Ausdruck unserer Interessen und Begehren ist". Diese Schlußfolgerung liege freilich für diejenigen auf der Hand, „für die jeder Beweis auf dem Kalkül oder der Erfahrung begründet und jedes überzeugende rational begründete Denken eine Form der Deduktion oder der Induktion ist". Bevor man jedoch „die Thesen des Positivismus über die Werte unterschreibt", solle man daran gehen, eine Logik der Werturteile auszuarbeiten, indem man von der Art und Weise ausgehe, „wie Menschen über Werte räsonnieren"[217]. Dies müsse geschehen in der Form einer Theorie der Argumentation. Hierzu hat PERELMANN selbst eine Reihe von Arbeiten vorgelegt[218]. Unter den Juristen, deren Beiträge zur Methodendiskussion wir kennen gelernt haben, gehen vornehmlich VIEHWEG, KRIELE und ALEXY denselben Weg.

Woher nehmen aber die Teilnehmer an einem Diskurs über die Werte und die Normen, deren Rechtfertigung in Frage steht, ihre Argumente? Hierauf antwortet PERELMANN[219]: „Es ist so, daß für jede Gesellschaft und für jeden Geist Handlungen, Handelnde, Glaubenshaltungen und Werte bestehen, welche in einem bestimmten Augenblicke rückhaltlos gebilligt und nicht mehr diskutiert werden, die man daher nicht zu rechtfertigen braucht. Diese Handlungen, diese Handelnden, diese Glaubenshaltungen und diese Werte liefern Präzedenzfälle, Modelle, Überzeugungen und Normen, die die Ausarbeitung von Kriterien zum Zwecke der Kritik und der Rechtfertigung der Verhaltensweisen, der Neigungen und Vorschläge ermöglichen". Da sich diese Präzedenzfälle und Modelle auf eine bestimmte Umgebung beziehen und sich mit der Zeit und im Raum verändern können, stellen sich die Kritik und die Rechtfertigung freilich nicht als zeitlos und allgemeingültig dar. Im weiteren unterscheidet PERELMANN zwischen dem „politisch Gerechten" und dem „philosophisch Gerechten". Die „politisch gerechten" Gesetze und Regelungen sind deshalb nicht willkürlich, weil sie den Glaubensvorstellungen, den Wünschen und Werten der politischen Gemeinschaft entsprechen. „Wenn die Zwangsmacht, über welche eine legitime Gewalt verfügt, gemäß den Wünschen der Gemeinschaft ausgeübt wird,

---

216 a.a.O., S. 134.

217 a.a.O., S. 135.

218 PERELMANN – L. OLBRECHTS – TYTECA, Traité de l'argumentation, 1958, 2. Aufl. 1970; CH. PERELMANN , Logique Juridique, 1976; Das Reich der Rhetorik, 1980; Logik und Argumentation, 1979. Näher dazu ALEXY,Theorie der juristischen Argumentation, S. 197 ff.; auch DREIER, Recht – Moral – Ideologie, 1981, S. 27 ff.

219 Über die Gerechtigkeit, S. 141.

sind die Entscheidungen politisch gerecht“[220]. Würde man indessen das in diesem Sinne „politisch Gerechte“ mit dem „philosophisch Gerechten“ gleichsetzen, so würde man darauf verzichten, „nach einem rationalen Kriterium zu suchen, das diese Glaubensvorstellungen, Zielsetzungen und Werte zu kritisieren ermöglicht“. Man wäre, mit anderen Worten, immer noch nicht über den Positivismus hinaus. Die Gesetzgeber haben die Aufgabe, in Entsprechung mit den Wünschen der Gemeinschaft, deren Repräsentanten sie sind, gerechte Gesetze auszuarbeiten, die Richter, sie „im Geiste der Billigkeit“ anzuwenden; die Aufgabe des Philosophen ist es, „der Wortführer der Vernunft und Verteidiger universaler, für die ganze Menschheit gültiger Werte“ zu sein[221]. Er darf daher nur solche Regeln anerkennen, die, etwa im Sinne KANTS, geeignet sind, „zu Gesetzen einer universalen Gesetzgebung zu werden“[222]. Im Wege einer rationalen Argumentation, die freilich „nicht zwingend“[223] ist, sucht der Philosoph ein gedachtes „universales Auditorium“ der Wissenden zu überzeugen. Er ist sich freilich dabei seiner eigenen Grenzen bewußt; „da er seine Grenzen kennt, weiß der Philosoph, daß seine Anstrengungen kein endgültiges und vollständiges Werk hervorbringen werden“[224].

So weit PERELMANN. Er gibt auch in der zweiten Abhandlung keine inhaltlichen Kriterien für die Gerechtigkeit an; er fordert nur dazu auf, darüber rational zu diskutieren, und er hält es allenfalls für möglich, daß der philosophische Dialog so etwas wie eine fortschreitende Annäherung an die Erkenntnis universal-gültiger Werte bewirkt. Den Juristen dagegen verweist er auf die Wertvorstellungen der betreffenden Gemeinschaft. Das in ihr geltende positive Recht verwirkliche das von ihm so genannte „politisch Gerechte“. „Gerecht“ ist dieses aber doch wohl nur, wenn und soweit es das – dem derzeitigen Erkenntnisstand entsprechende – „philosophisch Gerechte“ wenigstens annäherungsweise verwirklicht. Für dieses aber verweist PERELMANN den Juristen auf den philosophischen Dialog, der ohne Resultat ist. Es bleibt bei einem Fragezeichen; PERELMANNS Verdienst ist es, die Erörterung des Begriffs „Gerechtigkeit“ wieder als ein ernsthaftes wissenschaftliches Anliegen legitimiert zu haben.

Eine zutreffende Erkenntnis letzter Werte, so auch der Gerechtigkeit, im Wege eines rationalen Diskurses hält ARTHUR KAUFMANN für möglich[224a]. In einem unvoreingenommen geführten Diskurs, in dem jeder Teilnehmer bereit ist, die Argumente des anderen zu erwägen, werden, so meint er, subjektive, der Persönlichkeit des einzelnen Teilnehmers entstammende, und objektive, der gemeinten Sache zugehörige Momente eine Rolle spielen. „Die subjektiven Momente, gegeneinan-

---

220 a.a.O., S. 146.
221 a.a.O., S. 149.
222 a.a.O., S. 153 f.
223 a.a.O., S. 162.
224 a.a.O., S. 162 f. PERELMANNS „universales Auditorium“ ist, wie WEINBERGER (Studien zur Normenlogik und Rechtsinformatik, 1974, S. 314) zutreffend bemerkt, eine „regulative Idee“, kein wirkliches Auditorium, dabei nicht als ein „Testkriterium“ realiter verwertbar, auch kein Kriterium für „Konsensfähigkeit“.
224a ARTHUR KAUFMANN, Rechtsphilosophie in der Nach-Neuzeit, 1990.

dergehalten, schwächen sich gegenseitig ab oder heben sich gar auf; die objektiven Momente hingegen weisen alle auf den Einheitspunkt des Seienden hin und bewähren sich als begründet"[224b]. Es handelt sich nicht um eine bloße Häufung verschiedener Meinungen, sondern um „die Ineinssetzung verschiedener, von verschiedenen Subjekten herrührenden und untereinander unabhängigen Erkenntnisse von demselben Seienden". In diesem Sinne könne gesagt werden, daß „die Konvergenz nicht nur ein Mittel zur Erkenntnis des Konkreten, sondern auch Kriterium der Wahrheit ist"[224c]. Man kann bezweifeln, ob das, was auf diese Weise gewonnen wird, in allen Fällen die Wahrheit ist. Schon die Auswahl der Teilnehmer des Diskurses dürfte nicht ohne Einfluß auf das Ergebnis sein. Mehr als eine sehr weitgehende Annäherung an die Wahrheit dürfte auch von diesem Verfahren nicht zu erwarten sein. KAUFMANN selbst gibt an anderer Stelle[224d] ENGISCH zu, daß ein „gewisser Wertrelativismus" bleibt; nur entbinde uns das nicht von der Aufgabe, diese Relativität möglichst klein zu halten.

Eher skeptisch gegenüber dem Versuch, über allgemeingültige Werte und damit auch über den Inhalt der Gerechtigkeit zu „zutreffenden" Aussagen zu gelangen, zeigt sich KARL ENGISCH[225]. Er unterscheidet, ähnlich wie PERELMANN, die formale Gerechtigkeit als die Gleichbehandlung des (wesentlich) Gleichen und deren „materielle Auffüllung". Anders als PERELMANN, betont er jedoch sogleich auch die „Kehrseite" des Gleichbehandlungsgebotes, nämlich die Ungleichbehandlung des Verschiedenen, und versteht die Gleichheit daher von vornherein auch als Proportionalität – als „Suum cuique" – und als Äquivalenzprinzip. Infolgedessen ist für ihn aber schon die „formale" Gerechtigkeitsidee, wie er ausdrücklich feststellt, nicht inhaltsleer, sondern sagt etwas normativ Belangvolles aus. Sie nötigt uns, „als Grundsatz der Gleichbehandlung oder als Devise „Suum cuique" oder als Äquivalenzprinzip dazu, darauf bedacht zu sein, das ‚wesentlich Gleiche' gleich, das ‚wesentlich' Verschiedene verschieden zu behandeln, uns demgemäß sorgfältig Rechenschaft darüber abzulegen, ob und unter welchen Gesichtspunkten etwas gleiche oder unterschiedliche Behandlung erfordert. Sie gebietet, nur geringfügige Verschiedenheiten um der möglichsten Gleichbehandlung willen unbeachtet zu lassen, weiter aber, im Rahmen der ausgleichenden Gerechtigkeit einen angemessenen Ausgleich zwischen Leistung und Gegenleistung, Schädigung und Restitution, Schuld und Sühne usw. anzustreben oder wenigstens (im letzten Fall) nicht aus den Augen zu lassen"[226]. Das ist, wie man sieht, nicht wenig. Eine Menge von Handlungen (Normsetzungen, Entscheidungen) werden dadurch jedenfalls ausgeschlossen, und es ist nicht an dem, daß die erforderliche „Auffüllung" völlig willkürlich und beliebig erfolgen könnte. Deshalb halte ich es nicht für richtig, den so verstandenen Gerechtigkeitsbegriff nur als einen „formalen" zu bezeichnen – eine Bezeichnung, die die Vermutung nahelegt, er sei noch jedes normativen Sinngehaltes bar. Das ist er

[224b] a.a.O., S. 37.
[224c] a.a.O., S. 37.
[224d] a.a.O., S. 21.
[225] ENGISCH, Auf der Suche nach der Gerechtigkeit, 1971.
[226] a.a.O., S. 178.

nicht. Auch wenn aus ihm keine einzige Entscheidung einfach abgeleitet werden kann, ist er doch mehr als nur ein leerer Rahmen, nämlich ein Prinzip, das zwar erst die allgemeine Richtung weist, der Konkretisierung (weiteren Bestimmung, Verdichtung) bedürftig, aber auch fähig ist.

Die Skepsis von ENGISCH bezieht sich auf die Möglichkeit, auch hinsichtlich der erforderlichen weiteren Ausfüllung des (vermeintlich nur) formalen Gerechtigkeitsbegriffs Aussagen zu machen, die den Anspruch erheben können, richtig zu sein. Zutreffend weist er darauf hin, daß solche „in den Gerechtigkeitsbegriff eingefügten Momente wie ‚wesentlich' gleich oder ‚wesentlich' verschieden, ‚angemessener' Ausgleich" auf die Notwendigkeit der Heranziehung weiterer Wertgesichtspunkte hinwiesen, durch welche erst die Gerechtigkeit praktikabel würde. Er bekennt sich deshalb zum Wertrelativismus[227]. Die Begründung ist die gleiche wie in PERELMANNS erster Abhandlung: Da es sich nicht um Urteile über reale Sachverhalte handle, scheide jeder Erfahrungsbeweis aus; ein deduktiver Beweis nach der Art des mathematischen führe nicht zum Ziel, weil er letzte Axiome voraussetzt, um deren Begründbarkeit es hier gerade gehe[228]. ENGISCH setzt sich zwar mit einer Anzahl von Kritikern des Wertrelativismus auseinander, geht aber nicht auf die These PERELMANNS und der Vertreter der „Argumentationstheorie" ein, daß im Bereich der praktischen Vernunft andere Begründungsweisen als die der Bestätigung durch die Erfahrung und der Deduktion angemessen und zureichend seien. Vielmehr enden seine Ausführungen in einer spürbaren Resignation. Auch der Hinweis auf solche fundamentalen sittlichen Grundsätze, „an denen wir für unser heutiges Recht allgemein oder ganz überwiegend festhalten wollen", verfange gegenüber dem Relativismus nicht, da es sich bei der Überzeugung aller oder der Mehrheit wieder nur um ein Faktum handle, das als solches noch kein Werturteil zu rechtfertigen vermöge. Am ehesten lasse sich „wohl mit einiger Vorsicht noch sagen, daß die zu allen Zeiten dem Recht zukommende Funktion, eine dauerhafte friedliche Gemeinschaft zwischen den Rechtsgenossen, den sozialen Gruppen, am Ende aber auch den Völkern und Staaten zu begründen und aufrechtzuerhalten, ein Recht richtig macht, das eben diese Funktion erfüllt"[229]. Daß friedliche Gemeinschaft unter Menschen sein soll, sei freilich selbst wieder ein Werturteil, dem nur eine – wenn auch faktisch wohl für die meisten unzweifelhafte – relative Geltung zukomme. Kurz: „Aus dem Teufelskreis des Wertrelativismus gibt es kein Ausbrechen; am Ende müssen wir uns abfinden mit der Welt, wie sie ist, die uns anscheinend eindeutige klare Wertmaßstäbe, Rangordnun-gen und Vorzugsregeln vorenthält"[230].

Am Wertrelativismus hält auch REINHOLD ZIPPELIUS fest. Er sieht als „die letzte Quelle und die letzte Instanz", bis zu der unsere ethische Einsicht vordringen könnte, die ethische Überzeugung des einzelnen, hinsichtlich der Gerechtigkeit

---

[227] a.a.O., S. 246 ff.
[228] a.a.O., S. 262.
[229] a.a.O., S. 282 f.
[230] a.a.O., S. 293.

daher das Rechtsgefühl an. Auch die jeweils „herrschenden Gerechtigkeitsvorstellungen“, auf die er den Richter verweist, spiegelten die Relativität des individuellen Rechtsempfindens wider, erlaubten daher keine Aussagen über ein „an sich“ Gerechtes[231].

Eine sehr grundsätzliche Auseinandersetzung mit dem Erkenntnisproblem auf dem Gebiete der Ethik finden wir bei HANS RYFFEL[232]. Ihm geht es um die Gewinnung einer Sichtweise, die über den Gegensatz eines „absolutistischen“ und eines streng relativistischen Standpunkts hinausführt. Auf der einen Seite sei es unmöglich, ein „inhaltlich erfülltes absolut Richtiges“ zu erkennen. Denn ein solches „müßte die vollständige künftige sittliche Erfahrung, die wir noch nicht gemacht haben, und den ‚Weltlauf‘ im ganzen vorwegnehmen“. Es müßte auch „alle künftigen Verhaltensmöglichkeiten, die jeweils aus der Fülle des Verhaltens aufsteigen mögen“, einbeziehen, und es müßten dabei „alle jeweils möglichen Situationen vorweggenommen werden“, was alles uns unmöglich ist[233]. Auf der anderen Seite müsse der konsequente Relativist annehmen, daß alle letzten Stellungnahmen, da keine sich vor der Vernunft auszuweisen vermag, gleichberechtigt seien. Das führe in der letzten Konsequenz, sofern jeder seinen Standpunkt als den allein „richtigen“ durchzusetzen suche, zur Gewalt. Der „gemäßigte“ Relativist setze deshalb stillschweigend einen gewissen Mindestkonsens voraus und suche im Konfliktfall den Kompromiß. Das aber könne er nur, wenn er über die „Richtigkeit“ des eigenen Standpunkts wie des des anderen bereit sei, mit sich reden zu lassen, wenn er den des anderen als „möglicherweise richtig“ gelten lasse. Diese Annahme, damit jede sinnvolle Diskussion über die (relative) Richtigkeit des eigenen und des fremden Standpunkts, setze aber voraus, daß es ein (absolut) Richtiges gibt, das wir zwar nie voll zu erkennen, dem wir uns aber in dem, was wir für richtig halten, wenigstens anzunähern vermögen. „An dem von allen relativen Standpunkten vorausgesetzten Richtigen sind auch die Auseinandersetzungen der Standpunkte orientiert“[234]. Zwar ist nach RYFFELS Meinung das von allen vorausgesetzte „absolut Richtige“ ein solches, das sich „unseren Versuchen, es zu formulieren, stets entzieht“[235]. Jedes „Richtige für wirkliches menschliches Verhalten, das wir setzen“, kann dagegen als ein grundsätzlich provisorisches stets in Frage gestellt werden; es setzt aber „das absolute, nicht in gesollte Verhaltenspotentialitäten umsetzbare Richtige voraus“.

Das Ergebnis dieser Überlegungen kann nur sein, daß Aussagen über richtigerweise Gesolltes, also auch das Gerechte, zwar nie mit dem Anspruch auf „absolute Richtigkeit“, wohl aber mit dem Anspruch gemacht werden können, „richtiger“ zu sein, d. h. dem „absolut Richtigen“ näher zu kommen, als andere. Dieser Anspruch muß durch einsehbare Gründe gerechtfertigt und dann fallengelassen werden, wenn das nicht möglich ist. Ich verstehe RYFFEL dahin, daß die im folgenden von ihm

231 ZIPPELIUS, Rechtsphilosophie, 2. Aufl. 1989, S. 80, 152.
232 RYFFEL, Grundprobleme der Rechts- und Staatsphilosophie, 1969.
233 a.a.O., S. 238.
234 a.a.O., S. 288.
235 a.a.O., S. 293.

aufgezeigten „Kriterien des Richtigen“ solche Gründe darstellen. Er gewinnt sie durch eine geschichtsphilosophische und anthropologische Betrachtung[236]. Es handelt sich dabei nicht um Verhaltensmaximen auch nur allgemeinsten Inhalts, sondern um eine bestimmte Weise des Selbstverständnisses des Menschen, die in den letzten zwei Jahrhunderten - seit ROUSSEAU und KANT - sich mehr und mehr durchgesetzt hat. An ihr sind heute alle bestehenden Ordnungen und alle Ordnungsentwürfe zu messen, ohne daß doch daraus wieder eine (absolut) richtige Ordnung abgeleitet werden könnte. An einer als richtig anzusehenden Ordnung mitzuwirken, sie mitzugestalten und mitzutragen, liegt jedoch in der Verantwortung eines jeden Menschen.

Erheblich weiter hinsichtlich der Möglichkeit, richtige Aussagen über den Inhalt der Gerechtigkeit oder „das Gerechte“ zu machen, geht der Rechtsphilosoph ILMAR TAMMELO[237]. Er entwirft eine Reihe von „Kriterien der Gerechtigkeit“, die, anders als die von RYFFEL, oberste Normen einer jeden denkbaren Gerechtigkeitsordnung sein sollen. Als das Material, aus dem er diese Grundsätze gewonnen habe, nennt er[238] „die Anschauungen, die im üblichen Sprachgebrauch und in den herrschenden Lehrmeinungen Niederschlag gefunden haben“, ferner „die herkömmlichen Grundsätze des Naturrechts, vor allem diejenigen, die auch heute als bewährt angesehen werden“. Die Begründung aber könne nur in einem argumentativen Verfahren gefunden werden, das in der Form eines Dialogs stattfinde und ein „Forum der Vernunft“ im Sinne PERELMANNs voraussetze[239]. Zwar sei ein solches Forum nur als ein Idealtypus zu betrachten, „der sich in tatsächlichen Argumentationssituationen nur in Glücksfällen annähernd verwirklicht“. Doch müsse das ideale Forum im Auge behalten werden, „wenn vertretbare Wertungen erzielt werden sollen“. Dem „Forum der Vernunft“ dürften nur solche als Partner angehören, die unparteiisch, vorurteilslos, sachkundig und „fähig sind, das Begründungsverfahren geistig zu bewältigen“. Das Ergebnis bedürfe ihrer Zustimmung, um als gesichert gelten zu können. Wertungen ließen sich zwar auch in einem solchen Verfahren nicht als begründet *beweisen,* sie ließen sich aber „infolge des Verfahrens als begründet erweisen“[240]. Es fällt auf, daß TAMMELO seinen Katalog von Gerechtigkeitsgrundsätzen vorbringt, ohne ihn einem solchen Verfahren unterworfen zu haben; folglich kann man darin nicht mehr sehen als Propositionen für ein Verfahren, das er mit ihrer Veröffentlichung in Gang bringen will.

Sieht man sich TAMMELOs Grundsätze und die von ihm zu ihrer Begründung vorgebrachten Argumente etwas näher an, so findet man unter ihnen solche, die gewiß jeder billigen wird, wie die Rechtssubjektivität jedes Menschen oder „pacta sunt servanda“. Es finden sich aber auch solche, bei denen nur schwer zu erkennen ist, was der Autor meint. Das „oberste Rechtsgebot“ soll lauten: „Schutz soll gegen

---

236 a.a.O., S. 299 f.
237 TAMMELO, Theorie der Gerechtigkeit, 1977.
238 a.a.O., S. 82.
239 a.a.O., S. 105 ff.
240 a.a.O., S. 113.

jeden Machtübergriff gewährt werden"[241]. Man denkt hier zunächst an die Fälle eines Machtmißbrauchs, an die Beschränkung und die Kontrolle sei es der politischen oder der wirtschaftlichen Macht des Staates, der Verbände oder einzelner. Zur Begründung erfährt man aber nur, daß „überall der Schutz des Menschenlebens und anderer für unverzichtbar gehaltener Güter als eine vorrangige Aufgabe des Rechts aufgefaßt wird". Solcher Schutz wird aber offenbar gegen *jede* Verletzung des Lebens, der Gesundheit, des Eigentums und der Individualsphäre gewährt, ohne daß dabei ein Machtgebrauch im Spiel sein müßte. TAMMELO führt denn auch als Beispiele für „Machtübergriffe" so heterogene Dinge an wie „Umweltverschmutzung, Mißbrauch der elterlichen Gewalt, Verleumdung, wilde Streiks". Sie zeigen, daß er unter einem „Machtübergriff" *jedes* vom Recht *mißbilligte* Verhalten verstehen will. Dann aber ist der Aussagegehalt dieses Gebotes minimal. Beim Austauschvertrag und beim Schadensersatz verlangt TAMMELO[242] eine Gegenleistung beziehungsweise eine Reparation, die „den jeweiligen Verkehrsbedürfnissen angemessen ist". Was das für Verkehrsbedürfnisse sind und wie sie sich zu den Interessen der Beteiligten verhalten, wird nicht gesagt.

Von KRIELES Grundsatz des Vorranges des jeweils „fundamentaleren Interesses" war schon im 5. Abschnitt die Rede. Von „Grundsätzen der Gerechtigkeit", ja sogar von einem aus ihnen gebildeten „Naturrecht" spricht, worauf bereits im 2. Abschnitt hingewiesen wurde, HELMUT COING. In ihnen manifestieren sich seiner Meinung nach „überzeitliche Wertinhalte"[243], bezogen freilich auf „typische und wieder-kehrende Situationen des menschlichen Daseins", die eine ihnen gemäße Regelung verlangen. Da wir diese Situationen nur durch die Erfahrung erkennen, sind die „Grundsätze der Gerechtigkeit" aus apriorischer Werteinsicht und aus Erfahrung entwickelt worden und können daher auch durch neue Erfahrungen berichtigt werden[244]. Sie bilden kein geschlossenes System, stellen auch keine „Axiome" dar, aus denen sich deduzieren ließe. Denn sie unterliegen verschiedenen Modifikationen, begrenzen sich gegenseitig und werden weiter begrenzt durch die Natur der Sache und die konkreten Verhältnisse. „Eher könnte man sagen, daß es Gesichtspunkte sind, die keine gerechte Regelung außer acht lassen darf"[245].

Gegenüber dem Argument, daß außerhalb des logisch-deduktiven Verfahrens und der Bestätigung einer Hypothese durch Beobachtung und Experiment keine Erkenntnis möglich sei, dem positivistischen Wissenschaftsbegriff also, weist COING mit Recht auf das „Faktum" der Geisteswissenschaften hin. Ihr „Geschäft" sei das Verstehen menschlicher Äußerungen. „Nicht die einfache Beobachtung, sondern die *Deutung* des Beobachteten als *sinnvolle* menschliche Lebensäußerung ist hier das Entscheidende"[246]. Das gilt für den Historiker; das gilt auch für den Juristen. Dabei werde regelmäßig eine Hypothese mit einer Reihe von Sach-

---

241 a.a.O., S. 90.
242 a.a.O., S. 94.
243 COING, Grundzüge der Rechtsphilosophie, 4. Aufl., S. 203.
244 a.a.O., S. 209.
245 a.a.O., S. 231.
246 a.a.O., S. 96.

argumenten abgestützt, die aus bekannten Daten oder gesicherten methodischen Gesichtspunkten gewonnen würden; alsdann würden auch Gegenargumente erörtert und „in ihrem Gewicht gegen die stützenden Gesichtspunkte abgewogen“[247]. COING verweist hier auf das argumentative Verfahren der Topik und der „neuen Rhetorik“. Er zitiert PERELMANNS „universales Auditorium“, ohne sich die Folgerung zu eigen zu machen, daß man auf die Ergebnisse der Verhandlung vor einem solchen- mehr oder weniger fiktiven- Forum warten müsse. Auch ethische Urteile könnten in der Weise der „rechtfertigenden Argumentation“ überprüft, einer rationalen Kontrolle unterworfen werden. Auch dann, wenn ein ethisches Urteil zunächst „rein intuitiv“ zustandekomme, gefühlsmäßig bestimmt sei, könne es so „in die Sphäre der Rationalität einbezogen“, als ein Urteil der „praktischen Vernunft“ erkannt werden[248].

Was den Inhalt der „Grundsätze der Gerechtigkeit“ betrifft, so folgt COING zunächst der überlieferten Einteilung in die justitia commutativa und die justitia distributiva. Erwähnt werden das Äquivalenzprinzip beim gegenseitigen Vertrag und beim Schadensersatz, aber auch die Vertragstreue, Treu und Glauben, das neminem laedere, das Gleichheitsprinzip bei der Gesellschaft, seine Modifikation durch die Natur der Sache. Als dritten Grundaspekt fügt COING den Gedanken der Machtbegrenzung hinzu; er spricht von einer „justitia protectiva“[249]. Ihr Leitsatz lautet: „Alle Macht von Menschen über Menschen muß begrenzt sein“. Im näheren fordert er, keine Macht dürfe weiter gehen, als es der Natur der Sache entspreche, d.h. durch den spezifischen Zweck gefordert wird, dem das betreffende Machtverhältnis im sozialen Leben zu dienen bestimmt ist. Keine Machtstellung dürfe einen anderen von seinen Grundrechten ausschließen. Auch der Machtträger sei im Verhältnis zu dem seiner Macht Unterworfenen an Treu und Glauben gebunden. Alle Macht müsse kontrolliert sein, denn „angesichts der bestehenden Machtsituation genügt die Begrenzung der Macht allein nicht, wenn es keine Instanz gibt, welche nachprüft, ob die gesetzten Grenzen eingehalten werden“[250]. Schließlich gehören zu den Grundsätzen der Gerechtigkeit auch die obersten Regeln des gerichtlichen Verfahrens, wie die Unabhängigkeit der Richter und der Grundsatz des rechtlichen Gehörs. In ihnen und in den Grundsätzen der „justitia protectiva“ vor allem manifestieren sich die Grundgedanken unseres heutigen Rechtsstaats. Über ihn heißt es: „Auf den Umstand, daß in keinem Staatswesen nach geschichtlicher Erfahrung das Moment der Herrschaft ausgeschaltet werden kann, beruht die Notwendigkeit des Rechtsstaates. Der Rechtsstaat ist der Versuch, die bestehende, auf keine Weise aufzulösende staatliche Herrschaft durch Begrenzung mit der Forderung der Gerechtigkeit, alle Menschen zu achten, so weit als möglich in Übereinstimmung zu bringen ... Der Aufbau des Rechtsstaates folgt den Prinzipien der justitia protectiva“[251].

---

[247] a.a.O., S. 101.
[248] a.a.O., S. 115.
[249] a.a.O., S. 220 ff.
[250] a.a.O., S. 222.
[251] a.a.O., S. 245 f.

COINGS Lehre von dem Inhalt der Gerechtigkeit beruht einmal auf einer Grundwertung, die man dahin umschreiben könnte: es soll unter den Menschen das Recht und nicht nackte Gewalt und Willkür herrschen, vor allem aber auf geschichtlichen Erfahrungen – Erfahrungen von den Bedrohungen, denen die Herrschaft des Rechts ausgesetzt war und ist, und von den Mitteln, die entwickelt worden sind, diesen Bedrohungen zu begegnen. Erkenntnisse aus geschichtlichen Erfahrungen zu gewinnen, halten wir für legitim, auch ohne daß es dazu notwendig des Diskurses vor einem idealen Forum bedürfte. Die ausdrückliche Betonung des fragmentarischen Charakters der Grundsätze und der Möglichkeit, daß sie infolge neuer Erfahrungen berichtigt werden müßten, sollte eine dogmatische Erstarrung verhindern, an die man bei dem Ausdruck „Naturrecht" zuerst denken mag[252]. Sie sind keine der unmittelbaren Anwendung fähige Rechtsnormen, unter die man nur zu subsumieren brauchte, sondern in Wahrheit rechtsethische Prinzipien, d. h. Leitgedanken richtigen Rechts, die in anwendbare Normen und in Entscheidungen umzusetzen. Aufgabe des Gesetzgebers und der Gerichte ist. Ihre Tragweite und ihre wechselseitige Verschränkung erweisen sich erst in dem fortdauernden Prozeß ihrer Konkretisierung; in diesen Prozeß fließen immer wieder, je nach den wechselnden Lagen, neue Gesichtspunkte, veränderte Wertungen, ein.

Als „offenes Prinzip mit normativem Richtliniengehalt" kennzeichnet auch HEINRICH HENKEL die Idee der Gerechtigkeit[253]. Er nimmt sie zunächst in den beiden Hauptbedeutungen, die man ihr „seit alters her" zuschreibe: als die Forderung des Suum cuique und als Prinzip der Gleichbehandlung des (wesentlich) Gleichen. In beiden Bedeutungen erlaubt sie für sich allein keine Lösung konkreter Rechtsprobleme, keine Entscheidung eines Einzelfalls. Was das jedem gebührende „Seinige" ist, bleibt ebenso offen, wie die Frage, welche Sachverhalte „wesentlich" gleich, welche „wesentlich" ungleich sind, und welche Behandlung die jeweils angemessene ist. Hier sind stets weitere Entscheidungen notwendig. Dennoch handle es sich nicht etwa um bloße „Leerformeln". Man dürfe nicht jeden beliebigen Inhalt in sie hineinlegen. Vielmehr verlangten sie „ein Behandeln nach Regelhaftigkeit und nach sachlichem Maß". Damit enthielten sie „Richtlinien nach der negativen Seite hin, Richtgedanken, die bestimmte Lösungen als der Gerechtigkeit widerstreitend ausschließen"[254]. Meiner Meinung nach ist gerade diese „negative Funktion" von hoher praktischer Bedeutung, denn es ist erfahrungsgemäß sehr viel leichter zu erkennen, daß eine bestimmte Entscheidung ungerecht wäre, als zu erkennen, welche hier die einzig gerechte ist. Als „ungerecht" zu erkennende Entscheidungen sollte der Richter unter allen Umständen vermeiden.

Leitgedanken „auch in positiver Hinsicht" ergeben sich aus den beiden Grundbedeutungen der Gerechtigkeitsidee dann, wenn man „von den allgemeinsten Kategorien der Sozialbezüge zu den besonderen übergeht, wobei stufenweise die Gehalte

---

[252] COING selbst bedient sich des Ausdrucks „Naturrecht" nur mit einem deutlichen Vorbehalt; vgl. a.a.O., S. 204.

[253] HENKEL, Einführung in die Rechtsphilosophie, 2. Aufl. 1977, S. 391 ff.

[254] a.a.O., S. 401.

der Gerechtigkeitsformeln entsprechend den bestimmten Regelungsaufgaben immer spezieller hervortreten, so daß die Richtlinien dann letztlich doch mit einer gewissen Inhaltsfülle am konkreten Rechtsproblem eingesetzt werden können, ohne allerdings die Entscheidung für sich allein festzulegen"[255]. Zunächst entfaltet HENKEL den in den beiden Grundformeln nur erst angedeuteten Sinngehalt im Hinblick auf die sozialen Grundmodelle der Über- und Unterordnung und der Gleichordnung, innerhalb derselben nach den verschiedensten Richtungen. Dabei kommen Verhältnisse der zuteilenden und der ausgleichenden Gerechtigkeit in den Blick. Auch COINGS Gedanken einer „justitia protectiva" nimmt er auf[256]. Insgesamt ergibt sich daraus eine Fülle von, zum Teil ineinandergreifenden, Gesichtspunkten, die im methodischen Schrifttum als Rechtszwecke, übergesetzliche Wertungen oder auch als „Topoi" wiederkehren. HENKEL will damit ihren Sinnbezug auf die Idee der Gerechtigkeit sichtbar machen. „Zugleich werden dabei aber auch die Grenzen des Gerechtigkeitsprinzips sichtbar. Es wird nämlich spürbar, inwieweit diese Richtweisungen der Ergänzung durch anderweitige, nicht mehr im Gerechtigkeitsprinzip enthaltene Gesichtspunkte bedürftig sind"[257]. Abschließend stellt HENKEL fest[258]: „Das Gerechtigkeitsprinzip stellt keine Norm dar, an Hand deren man unmittelbar Entscheidungen für das einzelne Rechtsproblem oder den einzelnen Rechtsfall treffen könnte, auch nicht eine Norm, aus der ein ideales Rechtssystem naturrechtlichen Charakters ableitbar wäre". Es stellt aber auch keineswegs nur als „ein reines Formalprinzip bloße ‚Leerformeln' zur Verfügung, die mit jedem beliebigen Inhalt erfüllt werden könnten". Vielmehr stellt es einen „sachlichen Richtliniengehalt" zur Verfügung. Aus der Verbindung dieses Richtliniengehalts mit weiteren Bestimmungsfaktoren ergeben sich Problemlösungen, in denen „jeweils Allgemeingültiges mit relativ Bedingtem verschmolzen ist".

Soviel zur Diskussion über die Gerechtigkeit, soweit sie sich mit der Methodendiskussion berührt[259] und nicht schon bei deren Darstellung zur Sprache kam. Meinen eigenen Beitrag zu der Diskussion über die Gerechtigkeit findet der Leser in meiner Schrift „Richtiges Recht"[260] und in einer Abhandlung „Gerechtigkeit als Leitbild der Justiz"[261].

---

[255] a.a.O., S. 403.
[256] a.a.O., S. 408 f.
[257] a.a.O., S. 406.
[258] a.a.O., S. 416 f.
[259] Hieran fehlt es bei der Theorie der Gerechtigkeit von JOHN RAWLS (deutsche Übersetzung 1975), auf die ich deswegen nicht eingehe.
[260] Richtiges Recht, Grundzüge einer Rechtsethik, 1979, S. 37 ff.
[261] In Forum Heute, Bd. I, S. 190 (Sonderbeiträge aus Meyers Enzyklopädischem Lexikon, 1975).

II. Systematischer Teil

KAPITEL 1

Einführung

Allgemeine Charakteristik der Jurisprudenz

1. Die Erscheinungsweisen des Rechts und die ihnen zugeordneten Wissenschaften

Mit dem Recht befassen sich heute eine Reihe verschiedener Wissenschaften: die Rechtsphilosophie, die Rechtstheorie, die Rechtssoziologie, die Rechtsgeschichte und die Jurisprudenz („Rechtsdogmatik"), um nur die wichtigsten zu nennen. Sie sehen das Recht jeweils unter einem anderen Aspekt, daher auf verschiedene Weise. Das wäre nicht möglich, wenn nicht das Recht ein überaus komplexes Phänomen wäre, das sich auf verschiedenen Ebenen des Seins, in jeweils verschiedenen Zusammenhängen zeigt. Wie die Sprache, die Literatur, die Kunst, aber auch der Staat oder die technische Zivilisation gehört es dem weiten Bereich menschlicher Hervorbringungen an; es ist ein Bestandteil der Welt, die gerade dem Menschen und nur ihm zugehörig ist; in diesem Sinne gehört es nicht zur „Natur". Es hat ferner einen nahen Bezug zum sozialen Dasein des Menschen: es ist, nach allgemeiner Meinung, ein Inbegriff von Regeln, nach denen die Menschen ihr Verhalten untereinander einrichten, und an denen sie es messen lassen. Es ist eine Bedingung für alle höher entwickelten Gesellschaftsformen, indem es ermöglicht, Konflikten vorzubeugen oder sie in friedlicher Weise beizulegen. Dem dienen vor allen das Gerichtswesen und Vollstreckungsmöglichkeiten. Diese haben ihrerseits bereits eine bestimmte Verfassung der Gesellschaft, ihre Organisation als einer Rechtsgemeinschaft, zur Voraussetzung. Rechtsverfassung und Gesellschaftsverfassung bedingen sich wechselseitig. Das Recht tritt als ein soziales Phänomen in den Blick, wenn wir nach seiner Rolle im Ablauf sozialer Prozesse, den gesellschaftlichen Bedingungen seiner Entstehung und Durchsetzung, seiner Effizienz, nach der „Macht" oder der „Ohnmacht" des Rechts fragen. In dieser Blickrichtung ist es Gegenstand der Rechtssoziologie.

Allein, schon daß wir von mangelnder Effizienz, ja in manchen Situationen von der „Ohnmacht" des Rechts sprechen, macht deutlich, daß es uns noch unter einem anderen Aspekt als dem einer faktisch überwiegend eingehaltenen Regel des Verhaltens erscheint. Im Gedanken des Rechts liegt, auch sprachlich anklingend, der eines Richtmaßes, nach dem wir unser Verhalten einrichten *sollen,* der Gedanke der Maßgeblichkeit oder Verbindlichkeit. Die Maßgeblichkeit oder Verbindlichkeit einer Regel ist nicht gleichbedeutend mit ihrer Effizienz. Wo „Recht" dem „Unrecht" weichen muß, und wir wissen leider, wie häufig das geschieht, da büßt das Recht mit seiner Effizienz nicht auch zugleich seinen *Geltungsanspruch* ein. Der Ausdruck „Regel des Verhaltens" selbst ist doppeldeutig. Er kann lediglich eine „regelmäßig", d. h. in der Masse der Fälle immer wieder gezeigte gleichförmige *Verhaltensweise,* wie eine *Norm* im Sinne eines verbindlichen *Richtmaßes,* einer Verhaltens*anforderung,* die mit dem Anspruch der Maßgeblichkeit auftritt, meinen[1]. Beide Bedeutungen können wir mit dem Begriff einer „Rechtsregel" verbinden. Im ersten Fall schreiben wir ihr eine gewisse tatsächliche Effizienz, im zweiten Fall den Sinn einer *Norm,* daher den Anspruch auf Maßgeblichkeit oder Verbindlichkeit zu. In dieser Blickrichtung, der eines normativen Sinnes, zeigt sich die Rechtsregel der Jurisprudenz. Diese befaßt sich mit dem Recht vornehmlich als einem Phänomen, das der normativen Sphäre angehört.

Wieder von einer anderen Seite zeigt sich uns das Recht, wenn wir es als ein geschichtliches Phänomen betrachten. Ein solches ist es eben deshalb, weil es der vom Menschen geschaffenen, ihm eigentümlichen Welt zugehört. „Der Mensch ist ein geschichtliches Wesen", das will heißen: seine Vergangenheit – seine persönliche, die der sozialen Gemeinschaft, der er angehört, der Kultur, an der er teilhat – ist ein Bestandteil seines gegenwärtigen Seins; sie hat vielfach Macht über ihn, und wo er sich von ihr löst, geschieht es in der Auseinandersetzung mit ihr. Sie ist nicht einfach vergangen und damit abgetan. Die „geschichtliche Welt", die der Mensch um sich schafft und in der er sein eigenes Leben lebt, ist ebenso kontinuierlich, wie veränderbar; sie erhält sich im Wechsel der Zeiten, der Generationen, und es tritt fortgesetzt Neues in sie ein. Auch das Recht hat „die Zeitstruktur der Geschichtlichkeit"[2]: es erhält sich über kürzere oder längere Zeiten, und es befindet sich in einem ständigen Prozeß der Anpassung an die Änderungen innerhalb der geschichtlichen, d. h. der vom Menschen geprägten Zeit. Wer das Recht der Gegenwart in seinem derzeitigen Zustande verstehen will, muß auch sein geschichtliches Gewordensein, wie seine Offenheit zur Zukunft hin sehen. Die Fortwirkung der Vergangenheit im geschichtlich gewordenen Recht ist das Thema der Rechtshistorie.

Wenn die Rechtssoziologie, die Jurisprudenz und die Rechtshistorie das Recht jeweils unter einem verschiedenen Blickpunkt betrachten, bedeutet das nicht ein beziehungsloses Nebeneinander. Zu jeder Rechtsnorm gehört als der für ihr Verständnis unentbehrliche Hintergrund die gesellschaftliche Realität, auf die hin sie konzipiert wurde, der Rechtszustand ihrer Entstehungszeit, und die heutige gesellschaftliche Wirklichkeit, in der sie wirken soll. Der Jurist muß die sozialen Sachverhalte, auf die eine Norm sich bezieht, mit in den Blick nehmen, wenn er sie interpretiert. Das ist so selbstverständlich, daß es nur deshalb hier gesagt wird, weil

---

[1] HART, The Concept of Law, 1961 (deutsch: „Der Begriff des Rechts", 1973) S. 86 ff. spricht von dem „internal" und „external aspect of rules". Gegen die Vertauschung der Begriffe zutreffend R. LAUTMANN, Wert und Norm, 2. Aufl. 1971, S. 59 f.

[2] GERHART HUSSERL, Recht und Zeit, S. 22. Zur Geschichtlichkeit des Rechts vgl. ferner A. KAUFMANN, Rechtstheorie, S. 81 ff.

es Mode geworden ist, der Jurisprudenz ihre „selbstgenügsame Isolierung" vorzuwerfen, so als existiere das, was den Gegenstand der rechtlichen Regelung bildet, für sie nicht. Auf der anderen Seite kann auch der Soziologe nicht übersehen, daß Rechtsregeln, anders als bloße Gewohnheiten, einen normativen Geltungsanspruch erheben, so verstanden werden und gerade dadurch in bestimmter Weise wirken[3]. Der Rechtshistoriker schließlich muß sich, will er vergangene Rechtsbildungen verstehen, zwar von der Befangenheit in den Vorstellungen und Rechtsbegriffen seiner Gegenwart freimachen, findet aber den Zugang zu seinem Stoff doch nur über seine bei der Gegenwart einsetzende Erfahrung vom Recht[4]. Wiewohl also die Grenzen der genannten Wissenschaften vom Recht gegeneinander durchlässig sind, bleibt es doch dabei, daß ihre Fragestellungen verschieden sind und daß jede zur Beantwortung der von ihr gestellten Fragen eigene Methoden entwickelt hat und anwendet. Der Rechtshistoriker kann sich nur der Methoden der Geschichtswissenschaft, der Rechtssoziologe derjenigen der Soziologie und der Jurist, sofern er sich als solcher, nicht als Rechtshistoriker oder Rechtssoziologe, betätigt, jurisprudentieller Methoden bedienen[5].

Zu den drei bisher betrachteten Wissenschaften vom Recht treten hinzu die Rechtsphilosophie und die Rechtstheorie. Wenn das Recht einen normativen Geltungsanspruch erhebt, kann die Frage nach der Begründung wie nach den Grenzen dieses Geltungsanspruchs nicht abgewiesen werden. Diese Frage vermag die Jurisprudenz nicht zu beantworten, da sie, wie noch zu zeigen ist, ihren Standort immer schon innerhalb einer bestehenden Rechtsordnung und deren Verfassung nimmt. Sie ist eine Frage der Philosophie, des näheren der Ethik. Damit zusammen hängt die Frage nach dem „Sinn" von Recht überhaupt, nach dem „Sinn" von Rechtsakten, die Frage nach der „Seinsweise" des Rechts (seiner „Geltung"), endlich die Frage nach einem sinngebenden Prinzip, nenne man es nun „Gerechtigkeit" oder den „Rechtsgedanken" schlechthin. Man kann der Meinung sein, daß die abschließende Beantwortung dieser Fragen das menschliche Erkenntnisvermögen übersteigt; als *Fragen* lassen sie sich dennoch nicht abweisen. Mit ihnen beschäftigt sich seit mehr als zweieinhalb Jahrtausenden – zeitweilig unter dem Namen „Naturrecht" – die Rechtsphilosophie; ihre Weise des Denkens und Argumentierens kann nur eine philosophische sein. Erst in neuerer Zeit spricht man auch von der so genannten Rechtstheorie. Was unter „Rechtstheorie" im näheren zu verstehen sei, insbesondere ihre Abgrenzung zur Rechtsphilosophie, ist zur Zeit stark umstritten. Nach der Meinung von Arthur Kaufmann besteht „kein Wesensunterschied von Rechtsphilosophie und Rechtstheorie"[6]. Günter Jahr[7] sieht in der Rechtstheorie eine „Meta-

---

[3] Darauf weist SCHELSKY in JbRSozRTh Bd. 3, S. 604 – unter Zurückweisung eines Ausschließlichkeitsanspruchs der Rechtssoziologie – hin.

[4] Dazu WIEACKER, Notizen zur rechtshistorischen Hermeneutik in Nachrichten der Akademie der Wissenschaften in Göttingen, Philologisch-historische Klasse, 1963, S. 3 ff.

[5] Hierzu NAUCKE, Über die juristische Relevanz der Sozialwissenschaften, 1972.

[6] KAUFMANN/HASSEMER, Einführung in die Rechtsphilosophie und Rechtstheorie der Gegenwart, 5. Aufl. 1989, S. 10.

[7] G. JAHR u. W. MAIHOFER (Herausgeber), Rechtstheorie, S. 311.

Theorie der Rechtsdogmatik" und damit einen Teil der allgemeinen Wissenschaftslehre; ihr Gegenstand sei im wesentlichen die Methode der Rechtsdogmatik. Wenn es in dem unter dem Titel „Rechtstheorie" von Arthur Kaufmann herausgegebenen Sammelband in der Einleitung heißt, rechtstheoretisches Denken sei meta-dogmatisches Denken[8], es sei „Kritik der Rechtsdogmatik überhaupt", so läßt das mancherlei Deutungen Raum. Früher sprach man von einer „Allgemeinen Rechtslehre" und verstand darunter eine Lehre von der logischen Struktur der Rechtsnorm, von bestimmten formalen Grundbegriffen, die in allen entwickelten Rechtsordnungen anzutreffen seien (wie etwa „rechtmäßig" und „rechtswidrig", Sollen, Dürfen, Können, Gebot, Verbot, Erlaubnis, Rechtssubjekt und Rechtsgegenstand), von den logischen Beziehungen dieser Grundbegriffe untereinander und den Denkweisen der Jurisprudenz. Man sah in ihr also ein Bindeglied zwischen Logik und Jurisprudenz. Man versuchte auf diesem Felde zu allgemeingültigen, nicht nur für eine bestimmte „positive" Rechtsordnung zutreffenden Erkenntnissen hinsichtlich des Rechts, und zwar wesentlich in der normativen Sicht, zu gelangen, die nicht durch ontologische oder metaphysische Voraussetzungen vorbelastet seien. Beispiele solcher „Allgemeiner Rechtslehren" sind die von Bierling und STAMMLERS Theorie der Rechtswissenschaft. Heute wird, unter Einbeziehung sowohl des gesellschaftswissenschaftlichen Aspekts, wie sprachtheoretischer und hermeneutischer Erkenntnisse, der Rahmen erheblich weiter gespannt.

Verhältnismäßig nahe bei dem überkommenen Verständnis bleibt noch die Aussage Hassemers[9], Rechtstheorie könne betrieben werden „als Theorie des Rechts, als Wissenschaft, frei von praktischem Interesse und der Weisung praktischer Verwertbarkeit", beispielsweise als „Theorie der Normstruktur", oder auch „als Theorie oder Metatheorie juristischer Gesetzgebung und Entscheidung, als Methoden- und Auslegungslehre oder als Theorie dieser Lehren". Als eine besondere Disziplin ist die Rechtslogik anzusehen[10]. Sie ist ebenso ein Teilgebiet der Logik wie der Rechtstheorie und steht in naher Beziehung auch zur Methodenlehre. Ellscheid[11] meint, als das „Formalobjekt der Rechtstheorie" könne „die Struktur der realen Akte" angesehen werden „die die Konstitution von Recht im normativen Sinne intendieren". Doch zweifelt er selbst daran, ob „die damit vorgeschlagene Vorzeichnung des Gegenstandes der Rechtstheorie" weiträumig genug sei, um alle relevanten Phänomene zu erfassen.. Kunz[12] versteht die Rechtstheorie als eine Erkenntnistheorie des Rechts – wobei er darunter eine Theorie versteht, die „die Erkenntnis des geschichtlich-gesellschaftlich konstituierten Rechts selbst in einen historisch-gesamtgesellschaftlichen Bezugsrahmen integriert". Hier erhebt sich die Frage nach den erkenntnistheoretischen Voraussetzungen eben dieses Bezugsrahmens – womit sich eine so verstandene Rechtstheorie wieder auf eine allgemein-

---

[8] Rechtstheorie, herausgeg. von A. KAUFMANN, 1971, S. 3.

[9] HASSEMER, in KAUFMANN/HASSSEMER, Einführung. S. 27.

[10] Führend auf diesem Gebiet ist die Rechtslogik von ULRICH KLUG, 4. Aufl. 1982. Im Rahmen der Methodenlehre machen KOCH und RÜSSMANN von ihr einen sehr intensiven Gebrauch. Wichtig ferner WEINBERGER, Rechtslogik, 2. Aufl. 1989; Logische Analyse in der Jurisprudenz, 1979.

[11] In KAUFMANN/HASSSEMER, Einführung. S. 13.

[12] Ebenda, S. 19 ff., 23.

philosophische (erkenntnistheoretische) Problematik zurückbezieht. Krawietz[13] meint, die Rechtstheorie habe vornehmlich die soziale Funktion des positiven Rechts zu erhellen. Diese bestehe heute darin, „als Mittel bestimmte, genau umgrenzte Zwecke zu bewirken." Damit rückt er die Rechtstheorie in die Nähe der Rechtssoziologie. Als Teilausschnitte aus der Rechtstheorie kann man die Gesetzgebungstheorie[14] und eine als Parallele zu ihr von Achterberg[15] geforderte „Rechtsprechungswissenschaft" ansehen, der er die Aufgabe zuweist, „das metajuristische Umfeld der Rechtsprechung zu erforschen". Zu diesem „Umfeld" rechnet er sowohl die Anforderungen der Hermeneutik, Semiotik und Logik an die Rechtsprechung, wie deren soziale Voraussetzungen und Folgen. Den wohl weitesten Aufgabenbereich weist Werner Maihofer der Rechtstheorie zu[16]. Er sieht in ihr so etwas wie eine Universalwissenschaft vom Recht, nämlich eine „nach Thematik und Methodik den gesamten Gegenstands- und Erkenntnisbereich des Rechts in allen seinen Aspekten und Perspektiven (!) umfassende, auf Wissenschaftlichkeit des theoretischen Erkennens und praktischen Handelns gerichtete Norm- und Sozialwissenschaft, die, ihrem Gegenstand entsprechend, aus einer eigentümlichen Verbindung von Bewußtseinswissenschaft und Wirklichkeitswissenschaft betrieben werden muß"[17]. Ob es möglich ist, einen so weitgespannten Rahmen wirklich auszufüllen, ist mir sehr zweifelhaft. Es bleibt fraglich, was man unter „Rechtstheorie" verstehen soll.

Unter den genannten Wissenschaften vom Recht nimmt die Jurisprudenz eine Sonderstellung ein, die mit ihrer Aufgabe im Bereich der Rechtspraxis zusammenhängt. (Darüber unten 5.) Während sich die anderen Wissenschaften mit „dem" Recht im allgemeinen, oder doch im Grundsatz mit allen in der Geschichte hervorgetretenen Rechtsordnungen befassen, ist die Jurisprudenz grundsätzlich jeweils einer *bestimmten* Rechtsordnung zugewandt, auf die sich ihre Aussagen – sehen wir einmal von der Rechtsvergleichung ab – ihrem unmittelbaren Aussagesinn nach beziehen.Darauf, daß die Lösungen *einer* positiven Rechtsordnung häufig Antworten auf *allgemeine* Rechtsprobleme sind, die sich in gleicher oder vergleichbarer Weise allen oder den meisten Rechtsordnungen stellen, beruht die Möglichkeit und die Fruchtbarkeit rechtsvergleichender Untersuchungen. Sie gehören zur dogmatischen Jurisprudenz. Auch bedeutet die grundsätzliche Begrenzung auf den ihr vorgegebenen Rahmen eines bestimmten „positiven" Rechts nicht, daß die Jurisprudenz gegenüber den Normen, Problemlösungen und Entscheidungen dieses Rechts zu kritischer Stellungnahme nicht fähig wäre[18]. Die Maßstäbe solcher Kritik entnimmt sie freilich nicht einen unabhängig vom bestehenden Recht ihr vorgegebenen Sittenkodex, sondern sie erarbeitet sie in der ständigen Auseinandersetzung

---

[13] KRAWIETZ, Das positive Recht und seine Funktion, 1967.

[14] NOLL,Gesetzgebungslehre, 1973; RÖDIG (Herausgeber), Studien zu einer Theorie der Gesetzgebung, 1976.

[15] ACHTERBERG, Theorie und Dogmatik des Öffentlichen Rechts, 1980, S. 178 ff.

[16] In JbRSozRTh Bd. 2, S. 51 ff.

[17] Ebenda, S. 75 (These 6).

[18] Das behauptet indessen W. PAUL in A. KAUFMANN, Rechtstheorie, S. 64 f.

mit den Rechtsgedanken und den Wertungsgrundsätzen, die ihr im positiven Recht selbst entgegentreten. Sie betrachtet das positive Recht, und sei es auch nur im Sinne einer „Arbeitshypothese“[19], als einen Versuch, Maßstäbe eines friedlichen Zusammenlebens und gerechter Konfliktsentscheidungen in „ausgewogene“ Normen und Entscheidungen umzusetzen, und indem sie diese Maßstäbe in den leitenden Prinzipien des geltenden Rechts selbst aufdeckt, gewinnt sie bereits einen gewissen Abstand zu den einzelnen Regeln und Entscheidungen und damit die Möglichkeit der Kritik. In der Tat ist das juristische Schrifttum voll von solcher „immanenten“ Kritik nicht nur an einzelnen gerichtlichen Entscheidungen, sondern auch an der gesetzlichen Regelung.

Eine an den Gerechtigkeitspostulaten des geltenden Rechts gewonnene Gesetzeskritik mündet nicht selten in konkrete Vorschläge für eine Gesetzesreform[20]. Damit betritt die Jurisprudenz das Feld der Rechtspolitik. Auf diesem Felde freilich reichen die jurisprudentiellen Methoden keinesfalls mehr aus. Vielfach hat die Jurisprudenz hier anderen Wissenschaften das erste Wort zu überlassen; je nach der Materie, um die es sich handelt, der empirischen Sozialforschung, der Medizin, der Biologie, der Psychologie oder bestimmten Techniken. Denn nur diese können mit hinreichender Sicherheit Aussagen darüber machen, wie sich die vorzuschlagende Regelung in den verschiedenen Bereichen der sozialen Realität auswirken wird, welche Alternativen von dem Sachbereich her überhaupt bestehen, welche Mittel in Frage kommen, welche Vorteile, welche Nachteile zu erwarten sind. Der Jurist, der rechtspolitisch arbeiten will, muß sich die nötigen Daten, das Erfahrungsmaterial, von den jeweils zuständigen Wissenschaften geben lassen. Auf der anderen Seite ist aber auch die Rechtspolitik ein legitimes Arbeitsfeld der Jurisprudenz, deren Mitwirkung auch auf diesem Felde unentbehrlich. Denn nicht nur, daß die von ihr geübte Kritik an den geltenden Normen häufig dadurch, daß sie aufzeigt, worin deren Mangel liegt, den Anstoß zu Verbesserungsvorschlägen gibt und die Richtung weist, in der diese zu suchen sind, vor allem bedarf es ihrer Mithilfe dazu, die gewonnenen Zielvorstellungen in zur Anwendung fähige Normen umzusetzen. Diese müssen sich in den Rahmen der gesamten Rechtsordnung einfügen lassen und mit der Verfassung, wie mit den ihr zugrundeliegenden Wertungsgrundsätzen, wenn man so will, mit dem sozialen Leitbild der Verfassung, im Einklang stehen. Sache des Juristen ist es vor allem, dabei auf die Wahrung der rechtsstaatlichen Prinzipien, sowie auf die Vermeidung unerwünschter oder zu schwerwiegenden Wertungs-

---

[19] Zutreffend bemerkt SCHILD (in Geschichte und System, Festschr. f. ERICH HEINTEL, S. 165), der Rechtswissenschaftler müsse zunächst voraussetzen, daß der Gesetzgeber „Vernünftiges“ („Gerechtes“), will, dann aber „diese Voraussetzungen einholen“, d. h. er müsse „diese gerechte Ordnung in den gegebenen Gesetzen selbst darlegen“, was man als „nachvollziehendes Wertverständnis“ bezeichnen könne. Es versteht sich, daß er dabei auch auf Diskrepanzen stößt, die ihn zu Kritik und auch zu Verbesserungsvorschlägen veranlassen. Vgl. dazu auch RYFFEL, Grundprobleme der Rechts- und Staatsphilosophie, S. 48.

[20] Solche Vorschläge finden sich vor allem in den Verhandlungen des Deutschen Juristentages.

widersprüchen führender „Fernwirkungen“ auf anderen Rechtsgebieten zu achten. Diese Aufgabe geht beträchtlich über die einer bloßen Formulierungshilfe hinaus. Hierauf werden wir noch (unten 5) zurückkommen.

Damit wird allerdings noch einmal die Grenze deutlich, die der Jurisprudenz auch insoweit, als sie „rechtspolitisch“ argumentiert, durch ihre Orientierung an den Grundprinzipien der geltenden Rechtsordnung – auch wenn diese selbst als entwicklungsfähig, dem geschichtlichen Wandel unterworfen und in diesem Sinne zur Zukunft hin „offen“ angesehen werden – nun einmal gezogen ist. Die Jurisprudenz muß, wenn sie sich nicht in eine wie immer, sei es naturrechtlich, geschichts- oder sozialphilosophisch begründete Gesellschaftstheorie umwandeln, sondern eben Jurisprudenz bleiben will, immer noch voraussetzen, daß das geltende Recht im großen und ganzen in sich vernünftig ist. Eine sogenannte „Kritische Theorie“, die das abstreitet, weil sie etwa das geltende Recht nur unter dem *einen* – jedenfalls einseitigen – Aspekt der Festschreibung von „Herrschaftsverhältnissen“ betrachtet, braucht sich nicht die Mühe zu machen, dem Gerechtigkeitsgehalt einzelner Regelungen oder Entscheidungen nachzuspüren, weil das negative Resultat für sie im voraus feststeht. Die Jurisprudenz läßt sich gerade diese Mühe angelegen sein. Ihr geht es nicht nur um Klarheit und Rechtssicherheit, sondern auch um „mehr Gerechtigkeit“ in der schrittweisen Arbeit am Detail. Wer glaubt, diese überspringen zu können, sollte sich in der Tat gar nicht erst mit ihr abgeben.

2. Die Jurisprudenz als Normwissenschaft. Die Sprache der normativen Aussagen

Im folgenden geht es um die Methodenlehre der Jurisprudenz. Wir hatten die Jurisprudenz als diejenige Wissenschaft vom Recht gekennzeichnet, die sich mit ihm vornehmlich unter dem normativen Aspekt und daher mit dem „Sinn“ von Normen befaßt. Es geht in ihr um die normative Geltung und um den Sinngehalt von Normen des positiven Rechts mit Einschluß der in den Urteilen der Gerichte enthaltenen Entscheidungsmaximen. Wenn sich die Jurisprudenz als eine „Normwissenschaft“ versteht, dann ist nicht die Meinung, daß sie selbst normgebend sei, Rechtsnormen in Geltung setzt. Vielmehr versteht sie sich prinzipiell als ein System von Aussagen *über* geltendes Recht. Freilich werden wir sehen, daß ihre Aussagen auf den Inhalt dessen, worauf sie sich beziehen, also den der Rechtsnormen, nicht ohne Einfluß sind. Dadurch unterscheidet sie sich von den heute meist so genannten scientistischen Wissenschaften, die von der Unabhängigkeit des Erkenntnisobjekts vom erkennenden Subjekt ausgehen und daran festhalten. Doch sehen wir hiervon zunächst einmal ab und fragen wir, was es heißt, daß die Jurisprudenz Aussagen über „geltendes Recht“ macht.

Normative Geltung meint die Maßgeblichkeit oder Verbindlichkeit einer Verhaltensanforderung oder eines Maßstabes, an dem sich menschliches Verhalten messen lassen muß. Sie ist zu unterscheiden von der faktischen Geltung einer Norm, unter der man ihre Effizienz oder die Chance ihrer Durchsetzbarkeit verstehen kann.

MAX WEBER[21] hat auf diese Unterscheidung den größten Wert gelegt und nicht zuletzt mit ihr den Unterschied der juristischen und der soziologischen Betrachtungsweise begründet. Wenn der Jurist fragt, ob ein Gesetz „gilt", dann meint er nicht, ob es stets oder auch nur in den meisten Fällen befolgt wird, sondern ob der ihm als Norm eigene Geltungsanspruch nach den verfassungsrechtlichen Vorschriften über die Gesetzgebung gerechtfertigt ist. Um dies zu entscheiden fragt er, ob gewisse Akte, die den Sinn haben, eine Norm in Geltung zu setzen, von den dazu nach vorrangigen Normen legitimierten Personen in dem in diesen Normen festgelegten Verfahren vorgenommen wurden und ob der Inhalt der solchermaßen zustande gekommenen Norm den Anforderungen entspricht, die dafür in den vorrangigen Normen gestellt sind. Um ihre Geltung festzustellen, mißt er also die Norm an anderen Normen. Dazu gehören nicht nur die Verfassungsnormen über die Zuständigkeiten zur Gesetzgebung und das dabei einzuhaltende Verfahren, sondern auch alle Normen, die die Freiheit des Gesetzgebers zur inhaltlichen Ausgestaltung seiner Normen beschränken, weil sie, wie nach ausdrücklicher Anordnung unseres Grundgesetzes (Art. 1 Abs. 3) die Grundrechte, auch den Gesetzgeber „als unmittelbar geltendes Recht binden". Die normative Geltung der Verfassung selbst kann der Jurist freilich als solcher nicht mehr hinterfragen. Sie ist, wie schon bemerkt wurde, ein Problem der Rechtsphilosophie[22]. Die Frage stellt sich unabweislich im Zusammenhang mit der nach der Möglichkeit und der Erkennbarkeit „gesetzlichen Unrechts"[23]. Unter der Geltung eines Grundgesetzes, das, wie das unsere, fundamentale Rechtsprinzipien allgemeinster Art in den Rang von Verfassungsgrundsätzen erhoben hat, bleibt diese Frage freilich in der Regel im Rahmen der Prüfung der Gesetze auf ihre Verfassungsmäßigkeit und ist dann eine solche der Verfassungsauslegung. Die Bindung des einfachen Gesetzgebers an die in der Verfassung enthaltenen rechtsstaatlichen Prinzipien und Grundrechte gibt, wie leicht ersichtlich, der Rechtsprechung, damit aber auch der Jurisprudenz ein erhebliches Gewicht gegenüber dem Gesetzgeber.

Aussagen über die Geltung (oder Nichtgeltung) sowie über den Inhalt (Sinngehalt) von Rechtsnormen sind keine Aussagen über wahrnehmbare, der Beobachtung zugängliche und im Experiment zu erhärtende „Fakten". Gewiß sind zum Zustandekommen eines Gesetzes auch gewisse wahrnehmbare Vorgänge erforderlich: die Mitglieder der gesetzgebenden Versammlung müssen sich versammeln, ihre Zustimmung oder Ablehnung kundtun, die Stimmen müssen gezählt, die Mehrheit muß festgestellt werden. Aber das alles ist nur die äußere Seite eines

---

[21] MAX WEBER, Wirtschaft und Gesellschaft, § 1

[22] Zur Einführung in diese Problematik: G. HUSSERL, Rechtskraft und Rechtsgeltung, 1925; *meine* Schrift „Das Problem der Rechtsgeltung", 1929, Neudruck mit Nachwort 1967; HENKEL, Einführung in die Rechtsphilosophie, 2. Aufl. 1977, S. 543 ff.; Festschr. f. MARCIC, 1974, S. 63; WELZEL, Die Frage nach der Rechtsgeltung, 1966; ENGISCH, Auf der Suche nach der Gerechtigkeit, 1971, S. 56 ff.

[23] Dazu HENKEL, a.a.O., S. 563 ff.; ENGISCH, Einführung in das juristische Denken, 7. Aufl., S. 170 ff.

Vorgangs, dessen rechtliche Bedeutsamkeit sich allein daraus ergibt, daß er (für diejenigen, die daran beteiligt sind, und für diejenigen, an die er sich wendet) *den Sinn hat,* ein Akt der Gesetzgebung zu sein. Erst wenn der Beobachter diesen Sinn des Vorganges erfaßt hat, was nur aufgrund schon vorhandener rechtlicher Erfahrung möglich ist, kann er die weitere Frage stellen, mit der die Tätigkeit des Juristen zumeist beginnt: ob dieser Akt und sein Inhalt (das beschlossene Gesetz) allen in der Verfassung aufgestellten Bedingungen für ein gültiges Gesetz genügt. Die (bejahende oder verneinende) Antwort auf diese Frage ist nicht das Ergebnis einer Tatsachenfeststellung, sondern das einer normativen Prüfung, bei der der bereits in seinem intendierten Sinn (dem Aktsinn) erfaßte Vorgang an den dafür zuständigen, ihrerseits als geltend vorausgesetzten Normen gemessen und danach beurteilt wird. Nicht anders steht es mit der Frage nach der Gültigkeit eines Vertrages. Auch hier gibt es gewisse wahrnehmbare Vorgänge, nämlich mündliche oder schriftliche Äußerungen der Parteien, die im Prozeß Gegenstand der Beweiserhebung sein können. Aber was diese Vorgänge erst rechtlich bedeutsam sein läßt, ist der von den Parteien intendierte Sinn: die Parteien bringen zum Ausdruck, daß sie sich hiermit an das Vereinbarte „binden", es gelten lassen wollen. Ob die Erklärungen diesen Sinn haben, ist für den Juristen eine Frage ihrer Auslegung. Hat er sie bejaht, und hat er, ebenfalls im Wege der „Auslegung", ermittelt, was die Parteien denn nun im näheren vereinbart haben, dann mißt er die getroffene Vereinbarung nunmehr wiederum an dem Gesetz, indem er fragt, ob die vom Gesetz verlangten Voraussetzungen für einen gültigen Vertragsschluß (z. B. Geschäftsfähigkeit, Formerfordernisse) erfüllt sind und der Inhalt nicht gegen die gesetzlichen Anforderungen verstößt. Wiederum ist es ihm einmal um den gemeinten Sinn des Vorganges, zum anderen um den Sinn bestimmter, auf ihn anzuwendender Normen und schließlich darum zu tun, ob der so beurteilte Vorgang normgemäß ist. Auch wo also äußere Vorgänge den Anlaß dazu bieten, eine Rechtsfrage aufzuwerfen, geht es dabei letztlich immer doch um deren rechtlichen Sinn.

Fragen nach dem „Sinn" können weder durch Beobachtung im Experiment, noch durch Messung oder Zählung beantwortet werden. Die Jurisprudenz hat es nicht mit Quantifizierbarem zu tun. Wer das Kennzeichen der Wissenschaft darin erblickt, daß sie ihre Objekte so aufzubereiten sucht, daß sie meßbar und die Ergebnisse der Wissenschaft dadurch mathematisierbar werden[24], muß die Jurisprudenz, aber auch viele andere Wissenschaften, die nicht oder nicht ausschließlich in der Weise der Naturwissenschaften verfahren, aus dem Bereich der Wissenschaften von vornherein ausschließen. Aber damit ist wenig getan. Denn immerhin behauptet jeder Verfasser einer juristischen Abhandlung, daß sie über geltendes Recht „zutreffende" Aussagen enthalte. Ob zutreffende Aussagen der geschilderten Art möglich sind oder nicht, das ist noch nicht damit entschieden, daß es sich offenbar um Aussagen von ganz anderer Art handelt, als sie die Naturwissenschaft macht.

---

[24] So OTTMAR BALLWEG, Rechtswissenschaft und Jurisprudenz, 1970, S. 46 ff.; 51.

In diesem Zusammenhang kann auf einen sprachlichen Unterschied aufmerksam gemacht werden, auf den ENGISCH[24a] hingewiesen hat. Aussagen über wahrnehmbare Tatsachen können „wahr" oder „falsch" (unwahr) sein, Aussagen über die Geltung einer Norm nennen wir „richtig" oder „unrichtig". Beide Ausdrucksweisen meinen anscheinend dasselbe, doch drückt die zweite einen etwas schwächeren Grad an Gewißheit aus. Die Rechtswissenschaft begnügt sich in der Regel mit der „Richtigkeit" ihrer Aussagen, ohne deshalb den Anspruch auf Wissenschaftlichkeit aufzugeben. Es bleibt ein letzter Rest von Ungewißheit, der aber praktisch vernachlässigt werden kann.

Wer glaubt, daß Erfahrungswissenschaften nur solche Wissenschaften sein können, deren Objekte quantifizierbar, damit meßbar oder zählbar sind, muß auch die Sozialwissenschaften zum großen Teil aus dem Bereich der Wissenschaften hinausweisen. Denn es geht in ihnen keineswegs nur um die kausale Erklärung von Fakten oder um deren Erfassung nach statistisch ermittelten Wahrscheinlichkeitsregeln. Wer das behauptet, verbreitert in unnötiger Weise die Kluft zwischen Jurisprudenz und Sozialwissenschaften. Die Sozialwissenschaften haben es vornehmlich mit menschlichen Handlungen zu tun und können von deren – gemeintem oder gemeinhin erwartetem – Sinn nicht abstrahieren. Motivationen spielen für sie eine bedeutende Rolle. Selbst wenn man die Motivation einfach als einen Fall der „Kausalität" ansehen wollte, was doch wohl eine Verkürzung wäre, lassen sich gesellschaftliche Prozesse auf diese Weise allein schwerlich „erklären". Bei allen, scheinbaren oder wirklichen, Zwangsläufigkeiten ist im Leben des einzelnen Menschen wie im gesellschaftlichen Dasein immer auch ein Element des Anderskönnens, etwas Unberechenbares im Spiel. Gesellschaftliche Prozesse verlaufen meist nicht in – experimentell nachweisbaren – Einbahnstraßen, sondern stehen in Wechselwirkungen mit zahlreichen anderen. Um die Komplexität gesellschaftlicher Systeme erfassen zu können, bedient sich NIKLAS LUHMANN einer „funktionalen Methode", die er ausdrücklich von der kausalwissenschaftlichen abhebt[25]. LUHMANN will verschiedene wiederkehrende Verhaltensweisen oder Sozialmodelle unter dem Gesichtspunkt vergleichen, was sie für „die Reduktion sozialer Komplexität" und damit letztlich für den Menschen leisten. Das ist gewiß nur *ein* möglicher methodischer Ansatz neben anderen, zeigt aber, daß die Methodenprobleme auch in den Sozialwissenschaften komplizierter sind, als mancher vielleicht meint. Wohl geht es in den Sozialwissenschaften um „Faktisches", um die Frage was geschieht oder geschehen wird. In das Faktische aber, das sie untersuchen, sind Sinnbezüge verschiedener Art, darunter auch solche normativer Art, untrennbar hineinverwoben. Deshalb ist es mit dem Messen und Zählen, sowie mit kausalen Erklärungen allein auch hier nicht getan.

[24a] ENGISCH, Wahrheit und Richtigkeit im juristischen Denken, in: Beiträge zur Rechtstheorie, 1984, S. 287.

[25] In seinen Abhandlungen über „Funktion und Kausalität" und „Funktionale Methode und Systemtheorie" in dem Band „Soziologische Aufkärung", Bd. 1, 3. Aufl. 1972, S. 9 ff. und 31 ff.

Immerhin interessieren Sinnbezüge den Sozialwissenschaftler vornehmlich nur insoweit, als sie soziales Verhalten motivieren, am Aufbau sozialer Bezugssysteme mitwirken. Die Jurisprudenz hebt die normativen Sinnbezüge des Rechts als solche heraus und macht *sie* eigens zum Thema ihrer Betrachtung.

Die Unterschiedlichkeit der auf die Erfassung von faktischen Zusammenhängen und von normativem Sinn gerichteten Betrachtungsweisen findet ihren Ausdruck in der vorwissenschaftlichen und der wissenschaftlichen Sprache. Den Unterschied faktischer und normativer „Geltung" und die dem entsprechende Doppeldeutigkeit des Wortes „Regel" haben wir bereits deutlich gemacht. Was „Sollen", was „Rechtfertigung" meint, läßt sich in der Sprache, in der über Faktisches geredet wird, nicht wiedergeben[26]. Derartige Ausdrücke haben den Charakter von Schlüsselworten, durch die sich eine eigene Sinnsphäre konstituiert. Das gilt beispielsweise auch von dem „subjektiven Recht", der Berechtigung. Definiert man es in der Sprache des Faktischen etwa als „Willensmacht", als „rechtlich zugeeignetes Machtverhältnis" oder „rechtlich geschütztes Interesse", so kennzeichnet man damit die Wirkung in der Sozialsphäre. Der normative Sinn, daß es das bezeichnet, was der Person Rechtens „zukommt", in diesem Sinne das „Ihrige" ist, wird dadurch aber nicht getroffen. Daß jemand an einen Vertrag „gebunden" ist, ihn einhalten „soll", meint nicht dasselbe, wie daß er für den Fall der Nichteinhaltung „Sanktionen" seitens der Rechtsgemeinschaft zu erwarten hat. „Gebunden" im normativen Sinn ist er auch dann, wenn derartige Sanktionen nicht zu erwarten sind. Es ist nichts dagegen zu sagen, wenn der Soziologe in seinem Bereich mit einem Vertragsbegriff arbeitet, der sich an der Chance orientiert, daß auf den Vertragsbruch eine Sanktion erfolgen werde. Er beschreibt dann die faktische Geltung, oder wenigstens eines ihrer

---

[26] Zutreffend sagt PODLECH (ArchöffR 95, 195), daß „über den Bereich des Sollens im weiten Sinn nicht in einer rein deskriptiven Sprache gesprochen werden kann". Den Grund dafür gibt HARE (Die Sprache der Moral, S. 123) an. „Wertwörter", sagt er, „haben eine bestimmte Funktion in der Sprache, nämlich die des Empfehlens; und so können sie einfach nicht mittels anderer Wörter definiert werden, die diese Funktion nicht haben". Den gleichen Gedanken führt FRANKENA (Analytische Ethik, S. 117 ff.) weiter aus. Werturteile unterschieden sich von Tatsachenbehauptungen dadurch, daß sie eine Stellungnahme für oder wider, eine Empfehlung oder Anleitung zum Ausdruck brächten. Könnte man einen normativ gemeinten Begriff lediglich durch deskriptive Merkmale definieren, so müßte man aus ihm mittels weiterer Tatsachenbehauptungen Werturteile ableiten können. Aus Prämissen, die lediglich Aussagen über Tatsachen enthalten, könnten aber nur weitere Tatsachen gefolgert werden. Der spezifische Sinn eines Werturteils müßte so verloren gehen. FRANKENA bezweifelt daher mit Recht, daß wir im Bereiche der wertenden Urteile „ohne ein spezifisches Vokabular dafür auskommen, wozu uns unsere ethischen Begriffe bis jetzt gedient haben – nämlich (zumindest auch) dazu, positiv oder negativ zu etwas Stellung zu nehmen, etwas zu empfehlen, vorzuschreiben, zu, bewerten usw." In seiner vorwiegend auf Sprachanalyse gestützten Verdeutlichung der Ausdrücke „Wert" und „Norm" betont R. LAUTMANN (Wert und Norm, 2. Aufl. 1971, S. 104), das ihnen eigene normative Element sei „durch ein Wort der normativen Sprache zu bezeichnen." Als passende Bezeichnungen (für „Norm") nennt er „Vorschrift" oder „Sollen". Diese Worte werden von ihm nicht analysiert, sondern in ihrer normativen Bedeutung als hinreichend bekannt vorausgesetzt.

Elemente, nicht aber die normative Geltung. Der Jurist hat beides auseinanderzuhalten.

Ein lehrreiches Beispiel dafür, wie dasselbe Wort Verschiedenes bedeuten kann, je nachdem ob es im Zusammenhang einer Aussage über Normatives oder über Faktisches gebraucht wird, ist der Gebrauch der Worte „Legitimität" und „Legitimation" in LUHMANNs Schrift „Legitimation durch Verfahren". Im normativen Sinn bedeutet „Legitimation" soviel wie „Rechtfertigung" – ein Ausdruck, der sich in die Sprache des Faktischen nicht übersetzen läßt. LUHMANN definiert zunächst „Legitimität" (im soziologischen Sinn) als „eine generalisierte Bereitschaft, inhaltlich noch unbestimmte Entscheidungen innerhalb gewisser Toleranzgrenzen hinzunehmen"[27], also durch rein faktische Merkmale. Mit der „Hinnahme" der Entscheidungen sei gemeint, „daß Betroffene aus welchen Gründen immer die Entscheidung als Prämisse ihres eigenen Verhaltens übernehmen und ihre Erwartungen entsprechend umstrukturieren"[28]. Man beachte die Worte: „aus welchen Gründen immer"; es spielt also für LUHMANNs Begriff der „Legitimation" keine Rolle, ob die Betroffenen die Entscheidung hinnehmen, weil sie diese für „gerechtfertigt", oder mindestens die Kompetenz des Entscheidenden, eine solche Entscheidung zu treffen, für gegeben und daher das Verlangen, ihr nachzukommen, für „gerechtfertigt" halten, oder aus anderen Gründen. „Legitimation" bedeutet für LUHMANN nur das Bewirken einer derartigen Bereitschaft zur Hinnahme von Entscheidungen, „Legitimation durch Verfahren" die Erhöhung solcher Bereitschaft dadurch, daß die „Betroffenen" am Verfahren beteiligt werden, in ihm eine Rolle übernehmen. Dabei klingt so etwas wie HEGELs „List der Vernunft" an, wenn er schreibt[29]: „Vermutlich ist dies die heimliche Theorie des Verfahrens: daß man durch Verstrickung in ein Rollenspiel die Persönlichkeit einfangen, umbilden und zur Hinnahme von Entscheidungen motivieren könne". Daß durch die Beteiligung an einem Verfahren die Bereitschaft gesteigert werden kann, die aufgrund des Verfahrens getroffene Entscheidung hinzunehmen, ist eine empirische Feststellung und als solche sicher richtig. Diesen Vorgang als „Legitimation durch Verfahren" zu kennzeichnen, mag so lange unbedenklich sein, als man den Ausdruck „Legitimation" streng in dem von LUHMANN definierten Sinne, als einen wertfreien Begriff[30] versteht, der einen Vorgang in der Sozialsphäre bezeichnet, seine normative Bedeutung – als „Rechtfertigung" – dagegen fernhält. LUHMANN vertauscht indessen die von ihm gewählte Bedeutung mit der normativen, wenn er schreibt[31], daß die „Legitimation durch Verfahren" an die Stelle „älterer naturrechtlicher Begründungen" getreten sei, daß es gelte[32], „den Verlust des Naturrechts durch Verfahrensrecht auszugleichen". Das Naturrecht war

---

[27] N. LUHMANN, Legitimation durch Verfahren, S. 28.
[28] a.a.O., S. 33.
[29] a.a.O., S. 87.
[30] Von dem „wertfreien Begriff der Legitimität", an dem er seine Untersuchungen orientiere, spricht LUHMANN, S. 156.
[31] S. 30.
[32] S. 148.

eine Antwort auf die Frage nach der Rechtfertigung des Geltungsanspruchs des positiven Rechts oder nach einer unmittelbaren Rechtfertigung bestimmter Verhaltensanforderungen aus der „Natur des Menschen" oder der Vernunft. Hier ging es also um Legitimation im normativen Sinne, d. h. um eine ganz andere Frage als die, auf die LUHMANN mit *seinem* Begriff der Legitimation durch Verfahren antworten will. Die Frage, ob eine Entscheidung – des Gesetzgebers, des Richters, einer Behörde – im Sinne des „Naturrechts" oder wenigstens des „positiven" Rechts gerechtfertigt ist, ist nun einmal nicht identisch mit der Frage, ob die Betroffenen bereit sind, sie hinzunehmen oder nicht.

Daß LUHMANN die von ihm dem Ausdruck „Legitimation" beigelegte soziologische Bedeutung ohne weiteres mit der Bedeutung gleichsetzt, die der Ausdruck im normativen Sprachgebrauch hat, dürfte nicht zufällig, sondern in LUHMANNS wissenschaftstheoretischen Prämissen begründet sein. HABERMAS[33] hat darauf hingewiesen, daß LUHMANN „bereits die Forderung nach einer diskursiven Begründung von Geltungsansprüchen als sinnlos abweisen muß". LUHMANNS Systemtheorie, „die Wahrheitsfragen subjektivistisch unterläuft", könne „die Differenz von Sein und Sollen, Wahrheit und Richtigkeit" nicht „angemessen thematisieren". LUHMANN ignoriere „jene Begründungserfordernisse und -möglichkeiten, die in praktischen Diskursen eingelöst werden können"[34]. In der Tat entwickelt LUHMANN einen soziologischen Wahrheitsbegriff, dem zufolge der Wahrheitsgehalt einer Aussage daran gemessen werden soll, welchen Beitrag sie „zur gesellschaftlichen Konstitution einer sinnhaft geordneten Welt" leistet[35]. LUHMANN behandelt Fragen der „Richtigkeit" als solche der Effizienz (im Sinne der von ihm als Endzweck angenommenen „Reduktion von Komplexität"). Er übersieht, daß das Verfahren die in ihm gefundene Entscheidung nur dann (im Sinne der ursprünglichen, nämlich normativen Bedeutung des Ausdrucks) zu „legitimieren" vermag, wenn es selbst auf „richtigen" Verfahrensgrundsätzen beruht, d. h. wenn es den Anforderungen genügt, die wir an ein „gerechtes" Verfahren stellen.

Die Beobachtung, daß der gleiche Ausdruck etwas durchaus Verschiedenes bedeuten kann, je nachdem, ob der Zusammenhang, in dem er gebraucht wird, Normatives oder Faktisches meint, legt den Gedanken nahe, die Sprache der normativen Aussagen – d. h. der Aussagen über Normatives – in loser Anlehnung an die Spätphilosophie WITTGENSTEINS[36] als ein besonderes „Sprachspiel" anzusehen. Die Bedeutung eines Wortes, sagt uns WITTGENSTEIN, haftet ihm nicht wie eine feste Eigenschaft an, sondern ergibt sich jeweils aus seinem Gebrauch in einem bestimmten „Sprachspiel". Um eine hinweisende Definition richtig zu deuten, muß ich schon wissen, „welche Rolle das Wort in der Sprache überhaupt spielen soll"[37]. Die Rolle der Wörter in einem Sprachspiel sei daher nicht durch eine Definition zu erfassen[38].

---

[33] In dem Bande „Theorie der Gesellschaft oder Sozialtechnologie" von J. HABERMAS und N. LUHMANN, S. 221.

[34] a.a.O., S. 239.

[35] In demselben Bande, S. 85 f. Zu LUHMANNS Wahrheitsbegriff und seinem Zusammenhang mit LUHMANNS Verständnis der „legitimierenden Wirkung" des Verfahrens vgl. auch ESSER, Vorverständnis und Methodenwahl in der Rechtsfindung, S. 202 ff.

[36] Es ist mir natürlich klar, daß WITTGENSTEIN mit dem Ausdruck noch mehr verbindet. Vgl. hierzu auch PANNENBERG, Wissenschaftstheorie und Theologie, 1974, S. 211 f.

[37] Philosophische Untersuchungen Teil I, Nr. 30.

[38] a.a.O., Nr. 182.

Man kann insbesondere die Bedeutung eines Wortes innerhalb *eines* Sprachspiels nicht dadurch erfassen, daß man sie auf seine Bedeutung in einem *anderen* Sprachspiel zurückführt. Allenfalls ließe sich sagen, daß der Rolle eines Wortes in einem „Sprachspiel" die eines anderen – oder desselben – Wortes in einem anderen Sprachspiel „entspreche". So kann man etwa sagen, der Geltung im normativen Sinne entspreche die Effektivität der Norm im soziologischen Sinne, nicht aber die eine durch die andere definieren. Man kann das Sollen, die Verpflichtung des Schuldners zur Leistung und das Forderndürfen des Gläubigers nicht durch Ausdrücke aus dem Bereich des Faktischen, wie Erwartung (einer Sanktion) oder Macht (zur Durchsetzung) definieren, auch wenn das eine mit dem anderen verbunden zu sein pflegt, denn beides meint nun einmal nicht dasselbe. Man muß daher sehr genau darauf achten, in welchem Sinne man einen Ausdruck gebraucht, um nicht unversehens aus einem Sprachspiel „herauszufallen", was allemal eine Begriffsvertauschung bedeutet.

Wenn aber normative Ausdrücke nicht dadurch definiert werden können, daß man sie auf Kennzeichnungen oder Begriffe eines anderen „Sprachspiels" zurückführt, wie kann man ihrer Bedeutung dann innewerden? Im Sinne WITTGENSTEINS wäre hierauf wohl zu antworten: nur dadurch, daß man an dem „Sprachspiel" teilnimmt. Das allerdings legt die Frage nahe, wie man denn in ein solches „Sprachspiel" überhaupt hineinkommt. Auf Normatives kann man ja nicht handgreiflich „zeigen", wie auf ein sinnlich wahrnehmbares Ding. Dennoch ist zweifellos, daß schon ein kleines Kind es versteht, wenn man ihm bedeutet, daß es etwas tun soll oder nicht tun darf. Der nächste Schritt dürfte der sein, daß es nicht nur Anforderungen an sich gestellt sieht, sondern auch solche an andere stellt. Sehr früh entwickelt es aber auch ein gewisses Unterscheidungsvermögen dafür, ob solche Anforderungen „gerechtfertigt" sind oder nicht. Es fühlt sich „ungerecht" behandelt, wenn man von ihm etwas verlangt, was über seine Kräfte geht, was man von anderen seines Alters nicht verlangt, ihm nicht zugesteht, was es, ob zurecht oder nicht, als sein „Recht" ansieht. Wahrscheinlich sind es derartige „Schlüsselerlebnisse", die den Zugang zur normativen Sphäre jedem Menschen schon im frühen Alter ermöglichen. Von dort bis zu einem adäquaten Verständnis der normativen Ausdrücke der allgemeinen Umgangssprache ist selbstverständlich noch ein weiter Weg. Der (heranwachsende) Mensch begegnet rechtlich Bedeutsamem im Rahmen seiner alltäglichen Erfahrung und lernt die rechtliche Bedeutung erkennen, auch ohne sich darüber schon Rechenschaft zu geben[39]. Ausdrücke, die Normatives besagen, erhalten in der Sprache der Jurisprudenz zwar eine sehr viel präzisere Bedeutung, als sie in der allgemeinen Umgangssprache haben. Diese Bedeutung ergibt sich aber wiederum und in erster Linie nicht aus einer Definition, sondern aus ihrer Rolle, ihrer Funktion im Sinnzusammenhang der normativen Sphäre des Rechts, ihrem dadurch festgelegten Gebrauch im „Sprachspiel" und ihrem Sinnbezug auf andere, im Verhältnis zu ihnen komplementäre oder gegensätzliche Ausdrücke der gleichen Sinnsphäre.

---

[39] G. HUSSERL, Erfahrung des Rechts, in: Recht und Zeit, S. 68, 73 ff.

Der Ausdruck „Sprachspiel" darf nicht dahin mißverstanden werden, als sei damit lediglich ein Spiel mit der Sprache, ein „Jonglieren" mit Worten gemeint. Ein Sprachspiel, wie es hier verstanden werden soll, ist die besondere Weise, in der – innerhalb einer bestimmten Sprache – von einem bestimmten Sachbereich oder Lebensbereich die Rede ist. Solche Bereiche sind etwa die unbelebte und die belebte Natur, die Technik, die Kunst, und eben auch das Recht. In einer Sprache wird immer *über* etwas gesprochen; Verständigung durch das Medium der Sprache ist Verständigung über eine Sache, die „zur Sprache gebracht" wird[40]. Die Sache, von der in der normativen Sprache der Jurisprudenz gesprochen wird, ist „die Sache Recht"[41]. Auf die Frage, was diese „Sache Recht" sei, ist m.E. zu antworten[42]: es ist das „geltende Recht" gerade in seinem normativen Sinn, als Inbegriff von Normen. Das schließt notwendig ein den Sinnbezug auf den Rechtsgedanken selbst, die Rechtsidee oder, wie HRUSCHKA sagt[43], „das Prinzip Recht". Denn darum geht es letztlich dem Rechtsuchenden, der um „sein Recht" kämpft, dem Richter, der nicht nur eine „legale", sondern damit zugleich eine so weit als möglich „gerechte" Entscheidung anstrebt[44], den Verfahrensbeteiligten, die eben eine solche Entscheidung von ihm erwarten. Nicht, als sei das positive Recht jemals seinem vollen Umfang nach eine „gerechte" Ordnung, die richterliche Entscheidung immer auch „gerecht" – aber daß sie sich an dieser, obschon niemals voll erfüllbaren Anforderung messen lassen müssen, stellt den Sinnbezug des „positiven" Rechts auf den Rechtsgedanken dar, ohne den von ihm nicht sinnvoll in einer normativen Sprache gesprochen werden könnte[45].

Damit haben wir den Ausgangspunkt für weitere Überlegungen gefunden. Die Jurisprudenz hat es zu tun mit dem jeweils geltenden Recht, das sie in seinem normativen Sinn, und das heißt zugleich: als *eine* (unter vielen möglichen) Ausgestaltungen des Rechtsgedankens zu verstehen sucht. Das geltende Recht ist ihr „gegeben" in (heute zumeist geschriebenen) Rechtsnormen, die Gültigkeit beanspruchen, und in Gerichtsentscheidungen, genauer in den in ihnen enthaltenen Entscheidungsmaximen. Dieses ihr „Gegebene" will sie, mitsamt den darin eingeschlossenen Sinnbezügen, „verstehen", d. h. sie will erkennen und aus-sagen, was es, über den sofort verständlichen Wortsinn hinaus, be-sagt. Wir werden sehen, daß sie es dabei notwendig auch verwandelt.

---

40 GADAMER, Wahrheit u. Methode, 5. Aufl. 1986, S. 384.

41 HRUSCHKA, Das Verstehen von Rechtstexten, S. 29 ff., 52 ff.

42 Anders HRUSCHKA, a.a.O.: für ihn ist das positive Recht als „geltendes" nicht die „Sache Recht", sondern bereits eine (sprachliche) Auslegung dieser „Sache Recht", die als solche sprach-jenseitig, extra-positiv ist, dem „positiven Recht" als Bedingung seiner Möglichkeit (im hermeneutischen Sinne) zugrundeliegt.

43 a.a.O., S. 68 f.

44 Vgl. ESSER, Vorverständnis und Methodenwahl, S. 14, 21, 41, 210.

45 Die „Sache Recht" als hermeneutisches a priori, d. h. als die Bedingung der Möglichkeit des Verstehens von Rechtstexten herausgearbeitet zu haben, ist das Verdienst der Arbeit von HRUSCHKA – auch wenn ich seiner näheren Bestimmung dieser „Sache", insbesondere seiner Lehre von dem „Rechtsphänomen", nicht zu folgen vermag.

3. Die Jurisprudenz als „verstehende" Wissenschaft

a) Verstehen durch Auslegen

Es geht, wie aus dem Bisherigen deutlich geworden ist, in der Jurisprudenz weithin um das Verstehen von sprachlichen Äußerungen, des ihnen zukommenden normativen Sinnes. Um sprachliche Äußerungen handelt es sich sowohl bei Gesetzen, wie bei Gerichtsentscheidungen und Verwaltungsakten, regelmäßig auch bei Verträgen. Das Verstehen sprachlicher Äußerungen geschieht nun entweder unreflektiert, durch das unmittelbare Innewerden des Sinnes der Äußerung, oder in reflektierter Weise, durch Auslegen[46]. Dabei ist stets die Vermittlung durch die sinnliche Wahrnehmung (der Laute oder Schriftzeichen) schon vorausgesetzt. Unreflektiert ist das Verstehen dann und solange, wie dem Hörenden und Verstehenden aufgrund seiner Kenntnis der Sprache der Sinn der Rede nicht problematisch wird, er sich der Möglichkeit verschiedener Deutungen nicht bewußt wird. Sobald das der Fall ist, wird der gemeinte oder sonst „zutreffende" Sinn zum Gegenstand einer Reflexion und damit einer „Auslegung". „Auslegen" ist ein vermittelndes Tun, durch das sich der Auslegende den Sinn eines Textes, der ihm problematisch geworden ist, zum Verständnis bringt[47]. Worin besteht dieses vermittelnde Tun? Der Auslegende vergegenwärtigt sich die verschiedenen möglichen Bedeutungen eines Ausdrucks oder einer Wortfolge und fragt sich, welche hier die „richtige" sei. Zu diesem Zwecke befragt er den Textzusammenhang, seine eigene Kenntnis von der Sache, von der im Texte die Rede ist, prüft die Situation, die den Anlaß zu dem Text oder der Rede gegeben hat, sowie andere „hermeneutisch bedeutsame" Umstände, die sich als Indizien für die gesuchte Bedeutung verwerten lassen. Der Schluß, zu dem er gelangt, ist kein logisch zwingender Schluß, sondern eine durch hinreichende Gründe motivierte Wahl zwischen verschiedenen Deutungsmöglichkeiten. Einen Text „auslegen", heißt also, sich für eine unter mehreren möglichen Deutungen aufgrund von Überlegungen zu entscheiden, die gerade diese Deutung als die hier „zutreffende" erscheinen lassen.

Die Jurisprudenz ist eben darum eine Wissenschaft – sieht man einmal von dem Einwand der Anhänger des „scientistischen" Wissenschaftsbegriffs ab – weil sie Rechtstexte grundsätzlich problematisiert, d. h. sie auf verschiedene Deutungsmöglichkeiten hin befragt. Rechtstexte sind in dieser Weise problematisierbar, weil sie in der Umgangssprache oder doch in einer an sie angelehnten Fachsprache abgefaßt sind, deren Ausdrücke – von Zahlen, Eigennamen und bestimmten techni-

---

46 Anders wohl GADAMER, Wahrheit und Methode, 5. Aufl. 1986, S. 312. Für ihn ist Verstehen „immer Auslegung".

47 HRUSCHKA (a.a.O., S. 6) meint, Auslegung sei kein Erkenntnisvorgang, sondern ein sprachlicher Akt, als solcher die „Außenseite" eines Erkenntnisvorgangs, seine Artikulation und Objektivation. Gewiß artikuliert sich das Verständnis in einer Aussage, doch sehe ich nicht ein, warum nicht der ihr zugrundeliegende Erkenntnisvorgang selbst als „Auslegung" sollte bezeichnet werden können.

schen Ausdrücken abgesehen – einen Bedeutungsspielraum lassen[48], der zahlreiche Bedeutungsvarianten möglich macht. Eben in der Fülle dieser Bedeutungsvarianten besteht ja der Ausdrucksreichtum der Sprache und ihre Anpassungsfähigkeit an die jeweilige Situation. Es wäre also ein Irrtum, anzunehmen, Rechtstexte bedürften nur dort der Auslegung, wo sie besonders „dunkel", „unklar" oder „widersprüchlich" erscheinen; vielmehr sind grundsätzlich *alle* Rechtstexte der Auslegung sowohl fähig wie bedürftig[49]. Ihre Auslegungsbedürftigkeit ist kein „Mangel", dem man durch möglichst präzise Fassung endgültig abhelfen könnte, sondern wird so lange bestehen bleiben, als nicht alle Gesetze, gerichtlichen Urteile, Beschlüsse und selbst Verträge ausschließlich in einer symbolisierten Zeichensprache abgefaßt sein werden.

Daß nicht nur Gesetze und Verträge, sondern auch gerichtliche Entscheidungen der Interpretation bedürfen, wird oft übersehen. DREIER[50] ist der Meinung, da ein großer Teil des faktisch geltenden Rechts heute in den Entscheidungen der Gerichte zu finden sei und die Jurisprudenz (unter anderem) die Aufgabe habe, das in einer Rechtsgesellschaft empirisch geltende Recht zu „beschreiben", so könne sie sich bei der Erfüllung dieser Aufgabe der „empirisch-analytischen" Methode bedienen. Wenn das heißen soll, die Jurisprudenz könne sich damit begnügen, die „Leitsätze" der Entscheidungen als „gegebene" einfach hinzunehmen und in irgendeine äußere Ordnung zu bringen, interpretativer Methoden bedürfe es dazu nicht, dann wäre das ein Irrtum. Die bloße Wiedergabe von Entscheidungen – etwa in einem Praktiker-Kommentar – ist noch keine Jurisprudenz; jede juristische Bearbeitung von Entscheidungen aber beginnt mit ihrer Interpretation; darüber hinaus ordnet sie sie in weitere rechtliche Sinnzusammenhänge ein.

Was die Frage betrifft, wann eine Auslegung als „zutreffend" angesehen werden kann, so kommt es darauf an, zu welchem Zweck ein Text ausgelegt werden soll. Im täglichen Leben kommt es entweder darauf an, die Meinung des Urhebers einer Rede, eines Briefes oder einer sonstigen Aufzeichnung zu erkennen, oder aber darauf, mit Hilfe des Textes die Sache (besser, genauer, umfassender) zu verstehen, von der im Text die Rede ist. Das ist z. B. der Fall bei mündlichen oder schriftlichen Erklärungen von technischen Objekten, Gebrauchsanweisungen, Sachbüchern oder Zeitungsberichten. Die Meinung des Urhebers interessiert hierbei nur soweit, als sie zum Verständnis der Sache beitragen kann. Dagegen ist sie das Auslegungsziel etwa bei literarischen Selbstzeugnissen, bei Äußerungen, die eine persönliche Stellungnahme enthalten, die der Ausleger erfahren möchte, bei der Schilderung persönlicher Erlebnisse. Je nach dem Auslegungsziel werden andere Umstände „hermeneutisch bedeutsam". Geht es um die Meinung des Urhebers, so kommt es u. a. auf den Anlaß der Äußerung, die Situation, die der Redende vor Augen hatte, seine Beziehung zum Angesprochenen, auf eine ihm eigene Ausdrucksweise, z. B. auf seine Neigung, seine Meinung zu verschlüsseln, zu übertreiben oder sich ganz bestimmter Ausdrücke zu

---

48 HART (The Concept of Law, S. 121 ff.) spricht deshalb von der Offenheit („open texture") des Rechts.

49 Dazu MAYER-MALY in Salzburger Studien zur Philosophie, Bd. 9, S. 127.

50 DREIER in RTh, Bd. 2, S. 37, 43.

bedienen, an. Geht es dagegen um die dargestellte Sache, so können anderweit erlangte Informationen über sie ebenso wie das im Fortgang bereits erzielte Verständnis zu Hilfe genommen werden. Woraufhin juristische Texte auszulegen sind, ist eine der Hauptfragen der Methodenlehre und an anderer Stelle ausführlich zu erörtern. Es macht, wie sich zeigen wird, einen bedeutenden Unterschied, ob es sich bei diesen Texten um Gesetze, um gerichtliche Entscheidungen oder um Rechtsgeschäfte handelt.

b) Die „Zirkelstruktur" des Verstehens und die Bedeutung des „Vorverständnisses"

Die Auslegung eines Textes – gleich viel, welcher Art – hat es nicht nur mit dem Sinn einzelner Worte, sondern mit dem einer Folge von Worten und Sätzen zu tun, die einen durchgehenden Gedankenzusammenhang zum Ausdruck bringen[51]. Zwar ergibt sich der durchgehende Sinn erst aus dem Verständnis der einzelnen Worte und Sätze, indessen ist die Bedeutung der einzelnen Worte in der allgemeinen Sprache regelmäßig nicht in solcher Weise festgelegt, daß sie stets in genau der gleichen Bedeutung gebraucht würden. Vielmehr weist die Bedeutung der meisten Worte eine mehr oder minder große Variationsbreite auf; welche Bedeutung die gerade hier gemeinte oder zu verstehende ist, ergibt sich nicht zuletzt aus der Stellung eines Wortes im Satz und weiter aus dem gesamten Sinnzusammenhang, innerhalb dessen es an dieser Stelle der Rede oder des Textes steht. Daraus ergibt sich eine Eigentümlichkeit des Verstehensprozesses, die unter der Bezeichnung des „hermeneutischen Zirkels" bekannt ist[52]. Damit ist, vereinfachend gesagt, folgendes gemeint: weil die jeweilige Bedeutung des Wortes erst aus dem Sinnzusammenhang des Textes, dieser aber endgültig erst aus der – hier zutreffenden – Bedeutung der ihn bildenden Wörter und Wortzusammensetzungen zu entnehmen ist, muß der Interpret – und überhaupt jeder, der einen zusammenhängenden Text oder eine Rede verstehen will – bei den einzelnen Worten schon auf den von ihm erwarteten Sinn des Satzes und des Textes im ganzen voraus –, von diesem aus aber wenigstens dann, wenn sich Zweifel einstellen, auf die von ihm zunächst angenommene Wortbedeutung zurückblicken und gegebenenfalls entweder diese oder sein weiteres Textverständnis so lange berichtigen, bis sich eine durchgehende Übereinstimmung ergeben hat. Dabei hat er die erwähnten „hermeneutisch bedeutsamen Umstände" zur Kontrolle und als Auslegungshilfen heranzuziehen.

Das Bild vom „Zirkel" trifft die Sache insofern nicht genau, als die Kreisbewegung des Verstehens nicht einfach an ihren Ausgangspunkt zurückkehrt – dann würde es sich um eine Tautologie handeln –, sondern das Verständnis des Textes auf eine neue Stufe hebt. Stimmt die von dem Interpreten zunächst angenommene

[51] Vgl. BETTI, Allgemeine Auslegungslehre, S. 140: es geht um die „Ganzheit der Rede in ihrem semantischen Wert".

[52] HEIDEGGER, Sein und Zeit, § 32; GADAMER, a.a.O., S. 270 ff., 296 ff.; BETTI, a.a.O., S. 219 ff.; 613 ff.

Bedeutung eines Wortes nicht mit dem Sinnzusammenhang des Textes überein, wie er sich dem Interpreten im Fortgang erschließt, so berichtigt er seine erste Annahme; ergeben die möglichen (hier denkbaren) Wortbedeutungen einen anderen als den vom Interpreten zuerst erwarteten Sinnzusammenhang, so berichtigt er seine Erwartung. Der Prozeß des Voraus- und Zurückblickens kann dabei mehrfach zu wiederholen sein, zumal wenn zunächst nur ein Teil des ganzen Textes – etwa ein einzelner Satz oder Absatz – in den Blick genommen war. Auch dann, wenn sich seine anfängliche Sinn-Erwartung im vollen Maße bestätigt, steht der Interpret nicht mehr an dem gleichen Punkt, da sich seine bloße Vermutung oder Annahme nunmehr in Gewißheit verwandelt hat. Die Sinn-Erwartung[53] hat den Charakter einer Hypothese, die durch eine gelungene Auslegung bestätigt wird[54].

Der Verstehensprozeß verläuft also nicht lediglich in *einer* Richtung, „linear", wie ein mathematischer Beweis oder eine logische Schlußkette, sondern in Wechselschritten, die eine wechselseitige Erhellung des einen durch das andere (und dadurch eine Annäherung mit dem Ziele weitgehender Deckung) bezwecken. Diese Art des Denkens, die den „exakten" Wissenschaften fremd ist und von den meisten Logikern vernachlässigt wird, ist in der Jurisprudenz von sehr großer Bedeutung. Sie tritt nicht nur bei der Auslegung von Texten gemäß dem Bedeutungszusammenhang (Kap. 4, 2 b) und der – wenigstens zum Teil mit Hilfe eben des Textes ermittelten – „ratio legis" auf, sondern auch im Prozeß der Anwendung der Norm auf einen bestimmten Sachverhalt (Kap. 3, 1). ENGISCH[55] spricht in diesem Zusammenhang von einem „Hin- und Herwandern des Blicks" (zwischen dem Tatbestand der Norm und dem Sachverhalt). Besonders deutlich ist diese Denkweise bei der Konkretisierung ausfüllungsbedürftiger Bewertungsmaßstäbe im Hinblick auf „typische" Fälle und Fallgruppen (Kap. 3, 3 d). „Lineares" Denken behauptet sich dem gegenüber im „Syllogismus der Rechtsfolgebestimmung" (Kap. 2, 5 a) und, soweit diese reicht, in der Subsumtion (Kap. 2, 5 b).

Am Beginn des Verstehensprozesses steht regelmäßig eine, wenn auch mitunter noch vage, Sinnerwartung, die sich bei einem ersten, noch flüchtigen Hinsehen einzustellen pflegt. Der Interpret ist dazu in der Lage aufgrund eines „Vorverständnisses"[55a], mit dem er an den Text herantritt. Dieses Vorverständnis bezieht sich auf die Sache, von der der Text handelt, und auf die Sprache, in der er von ihr spricht. Ohne jegliches Vorverständnis in der einen wie in der anderen Hinsicht würde sich eine „Sinnerwartung" nur schwer oder gar nicht bilden. Der Interpret bedarf seiner,

---

53 Der „Vorbegriff" im Sinne PANNENBERGS (Wissenschaftstheorie und Theologie, S. 195, 201).

54 HASSEMER, Tatbestand und Typus, S. 107, vergleicht den Verstehensprozeß daher nicht mit einem Kreis, sondern mit einer Spirale. Ebenso spricht WEINBERGER, Norm und Institution, 1988, S. 179, von einem „spiralenförmigen Fortschreiten der Bedeutungsanalyse". Vgl. auch A. KAUFMANN, in: Festschr. f. GALLAS, 1973, S. 20. ACHTERBERG (Theorie und Dogmatik des Öffentlichen Rechts, 1980, S. 181) spricht zutreffend von der „hermeneutischen Dialektik". Er betont, daß sie zumal dem Richter „immer wieder erneut aufgegeben" sei.

55 ENGISCH, Logische Studien zur Gesetzesanwendung, S. 15.

55a Dazu GIZBERT-STUDNICKI, ARSP 73, 476.

um in den Verstehensprozeß hineinzukommen. Es kann sich im Laufe dieses Prozesses als unzulänglich erweisen und ist von ihm dann entsprechend zu berichtigen. Je länger und je eingehender sich jemand mit einer Sache beschäftigt, je tiefer er in sie eingedrungen ist, umso reicher ist sein Vorverständnis, umso eher wird sich bei ihm eine adäquate Sinnerwartung bilden und umso schneller der Verstehensprozeß ablaufen. Wer von Mathematik keine Ahnung hat, wird einem mathematischen Lehrbuch zunächst einigermaßen ratlos gegenüberstehen. Auch wer noch nie mit rechtlichen Fragen zu tun gehabt hat, wird sich mit dem Verständnis eines Gesetzestextes oder einer Urteilsbegründung schwer tun. Der Jurist, der ein Gesetz oder auch einen Vertrag interpretiert, tritt an seine Aufgabe mit seinem gesamten Wissen um rechtliche Probleme, Problemzusammenhänge, Denkformen und dadurch bedingte Lösungsmöglichkeiten des geltenden Rechts und nicht zuletzt um die Sprache heran, deren sich der Gesetzgeber, aber auch – im Falle eines Vertrages – rechtskundige Bürger zu bedienen pflegen. Sein „Vorverständnis" ist das Ergebnis eines langwierigen Lernprozesses[56], in den sowohl die während seiner Ausbildung oder später erworbenen Kenntnisse, wie mannigfache berufliche und außerberufliche Erfahrungen, nicht zuletzt solche über soziale Tatsachen und Zusammenhänge, eingegangen sind. Die Bedeutung dieses Vorverständnisses als Vorbedingung adäquaten Verstehens kann nicht wohl überschätzt werden.

Es kann allerdings mißverstanden werden, wenn führende Hermeneutiker, wie GADAMER, das Vorverständnis und die durch es ermöglichte konkrete Sinnerwartung (bezüglich eines bestimmten Textes) wohl im Anschluß an die Terminologie HEIDEGGERS auch als Vor-Urteil bezeichnen. Denn damit drängt sich nach unserem Sprachgebrauch fast unabweisbar die Vorstellung auf, es handle sich dabei um ein „falsches" Urteil, das dem rechten Verständnis hindernd im Wege steht. So aber ist es gerade nicht gemeint. „Vorurteil", sagt GADAMER, „heißt also durchaus nicht: falsches Urteil, sondern in seinem Begriff liegt, daß es positiv und negativ gewertet werden kann"[57]. Dem Vorurteil schreibt GADAMER eine maßgebliche Bedeutung als hermeneutische Bedingung jedes Verstehens zu[58]. GADAMER versteht das Verstehen eines Textes nach Analogie der Verständigung im Gespräch. Der Text bringt eine Sache zur Sprache[59]; er spricht nur zu dem, der seine Sprache und die Sache, von der er spricht, schon so weit versteht, daß ihm der Zugang zu dem, was der Text sagt, offen steht.

Die gemeinsame Basis, die den Text mit dem Interpreten verbindet und diesem den Zugang zu dem gestattet, was der Text sagt, ist für GADAMER die Sprache und darüber hinaus der Überlieferungszusammenhang, in dem beide stehen. Die große Bedeutung, die GADAMER dem Überlieferungszusammenhang und der darin eingeschlossenen „Wirkungsgeschichte" eines historischen Vorgangs, einer historischen

---

[56] ESSER, Vorverständnis und Methodenwahl, S. 10.
[57] GADAMER, a.a.O., S. 275.
[58] a.a.O., S. 270 ff.
[59] a.a.O., S. 391.

Leistung für den Verstehensprozeß zuerkennt, wird daraus erklärlich, daß es ihm vor allem um das Verständnis überlieferter Texte, sprachlicher und anderer Zeugnisse der Vergangenheit geht. Auf die Jurisprudenz übertragen, ist der „Überlieferungszusammenhang" vornehmlich derjenige, in dem die heute geltenden Normen und anerkannten juristischen Denkformen mit der voraufgegangenen Arbeit vieler Juristengenerationen stehen, durch die sie ihre heutige Gestalt erlangt haben oder von der sich die gegenwärtige Jurisprudenz losgemacht hat[60]. In der Tat bildet dieser Überlieferungszusammenhang, in dem nicht nur Gesetze, sondern vor allem auch Gerichtsentscheidungen und dogmatische Erkenntnisse (oder Irrtümer) stehen, den Hintergrund jeder juristischen Interpretation – ob sie nun „historisch", oder systematisch und teleologisch verfährt. Vor allem für das Verständnis der Gerichtsentscheidungen ist er unentbehrlich.

Das Vorverständnis, dessen der Jurist bedarf, bezieht sich nicht nur auf die „Sache Recht", die Sprache, in der von ihr die Rede ist und den Überlieferungszusammenhang, in dem die Rechtstexte, die Gerichtsentscheidungen, die gebräuchlichen Argumente immer stehen, sondern ebenso auf die sozialen Zusammenhänge, auf die Interessenlagen, die Strukturen der Lebensverhältnisse, auf die sich die Rechtsnormen beziehen[61]. Sie enthalten ja nicht nur eine Regelung, die rechtliche Geltung beansprucht, sondern sie regeln bestimmte soziale Beziehungen, Abläufe und Verhaltensweisen, an denen der Umstand, daß sie vom Recht geregelt sind, wiederum nur *einen* der Aspekte darstellt, unter denen sie sich darbieten. Der Jurist, der von den anderen Aspekten nichts in den Blick bekommt, wird auch ihre rechtliche Regelung nicht verstehen. Ein Mietvertrag über eine Wohnung z. B. hat für den Mieter in erster Linie den Aspekt, daß er ihm dazu dient, sein Wohnbedürfnis zu befriedigen. Für den Vermieter steht der Aspekt im Vordergrund, daß er den Wohnraum, den er selbst nicht unmittelbar nutzen kann oder will, vielleicht (auf seine Kosten) zum Zwecke solcher Verwertung erstellt hat, auf diese Weise mittelbar nutzt. Zu diesen mehr „privaten" Aspekten der unmittelbar Beteiligten, ihrer „Interessenlage", kommen allgemeine, sozialpolitische und gesamtwirtschaftliche Aspekte: bei dem Wohnbedürfnis breiter Bevölkerungsschichten handelt es sich um eines jener Elementarbedürfnisse, an deren bestmöglicher Befriedigung ein öffentliches Interesse besteht; dieses verlangt nach Regelungen, die einmal den Mietern Schutz gegen Übervorteilung und kurzfristige Kündigung gewähren, anderseits dem Interesse der Vermieter, ihr Kapital in Wohnungen zu investieren und dabei auf ihre Kosten zu kommen, Rechnung tragen. Das heutige Wohnmietrecht ist nur dem verständlich, der es als den Versuch versteht, diesen verschiedenen Aspekten in einer „ausgewogenen", den Verhältnissen auf dem Wohnungsmarkt Rechnung tragenden Regelung so weit als möglich gerecht zu werden. Um zu diesem Verständnis zu gelangen, bedarf es auch eines gewissen „Vorverständnisses" hinsichtlich dieser

---

60 Auch ein solcher negativer Bezug kann für das Verständnis von großer Bedeutung sein. So wirkt in der heutigen Lehre vom „Anspruch" die (durch sie überwundene) Lehre von der actio, im „finalen" Handlungsbegriff der „kausale" (als Gegenposition) nach.

61 Den „Normbereich" im Sinne von FRIEDRICH MÜLLER.

Aspekte und der ihnen zugrundeliegenden tatsächlichen Verhältnisse. Nicht immer sind die für eine Regelung relevanten tatsächlichen Verhältnisse so leicht erkennbar wie in diesem Beispiel. Dem Juristen mangelt es häufig an dem nötigen Vorverständnis hinsichtlich solcher Materien, mit denen er vielleicht nur in seltenen Fällen zu tun hat. Von ihm wird aber verlangt, daß er sich gegebenenfalls die nötigen Vorkenntnisse verschafft. Daß hier auch gewisse Mängel in der Ausbildung vorliegen, ist zweifellos.

Nach ESSER ermöglicht dem Richter sein „Vorverständnis" nicht nur eine bestimmte Sinnerwartung hinsichtlich des Verständnisses der Norm, sondern der Richter bildet sich aufgrund seines durch lange berufliche Erfahrung angereicherten Vorverständnisses, mittels eines „Durchgriffs auf Evidenzmöglichkeiten in der vordogmatischen Bewertung" eine „Richtigkeitsüberzeugung", auch hinsichtlich der von ihr zu treffenden Entscheidung, noch bevor er mit der „schulgerechten" Gesetzesinterpretation oder mit „dogmatischen" Erwägungen beginnt[62]. Diese dienen ihm lediglich zu einer nachträglichen „Stimmigkeitskontrolle"[63], die den Nachweis der Verträglichkeit der bereits gefundenen Entscheidung mit dem positiven Rechtssystem bezweckt. Da ESSER der Meinung ist, daß die Methoden der Gesetzesinterpretation beliebig gegeneinander austauschbar seien (oder doch: von den Gerichten für beliebig austauschbar gehalten würden), so liegt es nahe, daß der Richter dann jeweils diejenige Auslegungsmethode wählt, die es ihm erlaubt, die von ihm für richtig erachtete Entscheidung als gesetzeskonform hinzustellen. Das Vorverständnis des Richters setzt nach dieser Auffassung also nicht nur den Verstehensprozeß in Gang, an dessen Ende die erst zu findende Entscheidung steht, sondern steuert, über die „Methodenwahl", den Prozeß auf das in der „Richtigkeitsüberzeugung" des Richters vorweggenommene Ergebnis hin.

Es mag sein, daß manche Richter in der von ESSER beschriebenen Weise verfahren. Aber für legitim können wir ein derartiges Verfahren nicht ansehen. Es steckt darin, was ESSER nicht bemerkt zu haben scheint, ein gutes Stück richterlicher Überheblichkeit – der Richter, der so verfährt, hält sich aufgrund seines „Vorverständnisses" für klüger als das Gesetz und die an es anknüpfenden Ergebnisse der jurisprudentiellen Interpretation. Mit der „Bindung an Gesetz und Recht", wie sie unsere Rechtsverfassung dem Richter auferlegt, ist es, wenn man sie ernstnimmt, nicht vereinbar[64]. Denn diese verlangt, daß der Richter seine Entscheidung primär an den Maßstäben der Rechtsordnung orientiert, und zwar auch und gerade dann, wenn er wertet[65]. Zu diesem Zwecke muß er sich um den hier jeweils maßgeblichen

---

[62] ESSER, Vorverständnis und Methodenwahl; vgl. dazu besonders das Kap. VI.

[63] a.a.O., S. 19.

[64] Dazu RUPP in NJW 73 1769, *meine* Abhandlung über „Die Bindung des Richters als hermeneutisches Problem" in der Festschr. f. ERNST RUDOLF HUBER, 1973, S. 291, und PICKER in JZ 88, S. 3 ff.

[65] Vgl. dazu die Ausführung von P. BADURA über „Grenzen und Möglichkeiten des Richterrechts" in der Schriftenreihe des Deutschen Sozialgerichtsverbandes, Bd. X, 1973. Die Bindung des Richters an das Gesetz bedeute, sagt BADURA, „die verfassungsrechtlich vorgesehene Funktion des Gesetzes mit den Mitteln der juristischen Argumentation und Begründung bei der Findung einer gerechten Entscheidung zur Geltung zu bringen".

Sinn dieser Maßstäbe immer wieder in einem Verstehensprozeß bemühen, der von ihm die Bereitwilligkeit verlangt, seine Vor-Meinung von dem sich ihm erschließenden Sinn her in Frage stellen und berichtigen zu lassen. Daran fehlt es nur zu leicht, wenn er seine Vor-Meinung, noch bevor er in diesen Prozeß eintritt, sich bereits zu einer „Richtigkeitsüberzeugung“ verfestigen läßt. Freilich setzt dies voraus, daß die Methodenwahl nicht schlechthin in sein Belieben gestellt ist, und daß ihm die Rechtsordnung, wenn er sie in der richtigen Weise befragt, wenigstens für die Masse der Fälle eine – im Sinne eines Mindestmaßes an Entscheidungsgerechtigkeit – „vertretbare“ Antwort gibt.

Der Ausdruck „Vorverständnis“ wird heute manchmal noch in einem anderen Sinne als dem der Hermeneutik gebraucht[66]. Man meint dann nicht ein noch vorläufiges Verständnis der Sache, das nicht mehr als eine erste Orientierung ermöglicht, den Verstehensprozeß in Gang setzt und weiter treibt, als vielmehr die Befangenheit des Urteilenden in Vorurteilen, die seiner sozialen Umwelt, seiner Herkunft und Erziehung entstammen und sein Urteil vermeintlich determinieren[67]. So sicher es ist, daß niemand frei von derartigen Vorurteilen ist, so verkehrt wäre es, in ihnen eine absolute, unübersteigbare Schranke zu sehen. Ihre Überwindung ist aber gar nicht anders möglich als in einem lebenslangen Prozeß der Selbstprüfung und der immer erneuten Bemühung um „die Sache selbst“. Die Bereitschaft dazu ist die erste Forderung, die an den Richter wie an den Wissenschaftler gestellt werden muß. Das Vorurteil in diesem negativen Sinne, als eine in der Bemühung um die Sache abzuarbeitende Schranke der Erkenntnis, darf aber nicht mit dem „Vorverständnis“ im Sinne der Hermeneutik, als einer (positiven) Bedingung der Möglichkeit des Verstehens der Sache, um die es geht, verwechselt werden.

c) Die Anwendung der Normen als dialektischer Prozeß

Rechtsnormen werden regelmäßig deshalb ausgelegt, um sie auf konkrete Sachverhalte „anzuwenden“. Nur scheinbar handelt es sich bei der Rechtsanwendung um einen Vorgang, bei dem die anzuwendende Norm gleichsam wie ein Zollstock an den zu beurteilenden Sachverhalt angelegt und dieser an ihm gemessen wird. Das würde einmal voraussetzen, daß die anzuwendende Norm schon vorher in sich so bestimmt wäre, daß ihr genauer Inhalt außer Frage stünde. Wäre dem so, bedürfte es keiner Auslegung. Zweitens würde das aber auch voraussetzen, daß der zu beurteilende Sachverhalt schon vor jeder rechtlichen Beurteilung in allen seinen Elementen feststünde, und daß er von solcher Beschaffenheit wäre, daß er sich dem in der Norm gegebenen Muster genau einpassen ließe. Auch das ist nicht an dem. Die meisten Sachverhalte sind überaus komplex. Die Norm, die vereinfachen muß, weil sie viele Sachverhalte erfassen will, erfaßt an jedem einzelnen Sachverhalt nur einige Seiten oder Elemente. Sie vernachlässigt alle anderen. Das führt aber nicht selten zu

66 ESSER versteht den Begriff eindeutig im Sinne der Hermeneutik. Dazu vgl. den Bericht von KÖTZ in AcP 172, S. 175.

67 Trefflich hierzu RYFFEL, Rechtssoziologie, 1974, S. 350 ff.

der Frage, ob einige der in der Norm vernachlässigten Elemente im konkreten Fall nicht doch so bedeutsam sind, daß ihre Berücksichtigung hier unumgänglich ist, soll nicht (vom Rechtsgedanken her) Ungleiches als „gleich" behandelt und daher „ungerecht" entschieden werden. Ist dem so, dann taucht die Frage auf, ob die Norm, „richtig" verstanden, nicht vielleicht eine Einschränkung oder eine Differenzierung erlaubt, die eine „gerechte" Entscheidung ermöglichen würde, ob hier eine andere Norm herangezogen werden kann, die nur „auf den ersten Blick" hier nicht anwendbar zu sein scheint, ob eine „Lücke" im Normengefüge vorliegt, die gemäß dem Grundgedanken einer Regelung oder einem durchgängigen Rechtsprinzip ausgefüllt werden kann. Diese und ähnliche Erwägungen drängen sich dem Juristen immer wieder im Zuge der Rechtsanwendung auf, und sie bewirken, daß sich die bloße „Anwendung" der Normen gleichsam unter seinen Händen in deren inhaltliche Fortbestimmung oder Ergänzung verwandelt. Dabei setzen die Normen und das Normengefüge im Laufe ihrer richterlichen Anwendung gewissermaßen immer neue Schichten an: die Auslegung oder die Ergänzung einer Norm durch das höchste Gericht wirkt beispielgebend für weitere Entscheidungen, an sie schließen sich sodann weitere Auslegungen oder Ergänzungen an, die ihrerseits wieder zu Maximen richterlicher Entscheidungen und vielfach zu anerkannten Richtlinien normgerechten Verhaltens führen. Am Anfang steht der – nur scheinbar eindeutige und leicht anzuwendende – Gesetzestext, am Ende – wenn es ein solches gibt – ein um ihn herum entstandenes Netzwerk von Auslegungen, Einschränkungen und Ergänzungen, das seine „Anwendung" im einzelnen reguliert und seinen Inhalt, so wie er nunmehr als maßgeblich angesehen wird, weitgehend, in extremen Fällen fast bis zur Unkenntlichkeit, verändert hat. In der Tat: ein seltsames Resultat desjenigen Prozesses, den der Jurist schlicht als „Anwendung der Normen" zu bezeichnen pflegt!

Der aufgezeigte Befund hat GADAMER[68] dazu veranlaßt, die „exemplarische Bedeutung der juristischen Hermeneutik" für die allgemeine Hermeneutik herauszustellen. Er sieht sie darin, daß Anwendung, „Applikation", ein allem „Verstehen" innewohnendes Moment sei. Im Verstehen, sagt er[69], finde „immer so etwas wie eine Anwendung des zu verstehenden Textes auf die gegenwärtige Situation des Interpreten" statt. Anwendung sei „ein ebenso integrierender Bestandteil des hermeneutischen Vorgangs wie Verstehen und Auslegen". Verstehen sei immer schon anwenden[70]. Hier scheint mir jedoch eine nähere Überlegung angebracht zu sein.

Richtig ist, daß der Historiker den Abstand zu überbrücken hat, der zwischen den von ihm betrachteten Zeugnissen einer vergangenen Epoche und seiner Gegenwart besteht. Er muß die seither gemachten Erfahrungen und seinen eigenen historischen Standort mitbedenken, will er diese Zeugnisse so zum Sprechen bringen, daß sie der Gegenwart etwas „zu sagen haben". Solches Mitbedenken der eigenen

---

[68] GADAMER, a.a.O., S. 330.
[69] a.a.O., S. 313.
[70] a.a.O., S. 314.

Situation ist jedoch noch keine „Anwendung". Gewiß hat auch der Jurist, vornehmlich wenn er ein schon älteres Gesetz anwendet, zu bedenken, ob die Situation, für die es geschaffen wurde, so noch besteht, ob vielleicht ein „Wandel der Normsituation" eine veränderte Auslegung erforderlich macht. Aber das ist nur einer der vielen Aspekte, die bei der Auslegung von Gesetzestexten im Hinblick auf ihre Anwendbarkeit auf den konkreten Fall auftauchen. Das Hauptproblem für den Normanwender ist nicht der zeitliche Abstand, sondern der Abstand zwischen der notwendigen Allgemeinheit der Norm und der Besonderheit jedes konkreten „Falles". Ihn zu überbrücken oder vielmehr: zu vermitteln, ist die Aufgabe der „Konkretisierung" der Norm, die GADAMER mit Recht als eine „Leistung produktiver Rechtsergänzung" bezeichnet[71]. GADAMER vernachlässigt jedoch die Maßstabfunktion der Norm. Der Jurist fragt nach der „normativen Verbindlichkeit des zu verstehenden Sinns"[72], weil er die Norm – mit Recht – als den Maßstab betrachtet, an dem er den „Fall" zu messen hat. Die Frage ist die, wie das möglich ist, wenn doch der Maßstab erst im Prozeß seiner „Anwendung" seine letzte inhaltliche Bestimmtheit erlangt. Für den Historiker stellt sich dieses Problem nicht, denn er denkt nicht daran, die Gegenwart am Maßstab der Vergangenheit zu messen.

Ein „Maßstab" verlangt, daß er auf alle an ihm zu messenden Fälle in gleicher Weise angewandt wird. Das wäre nicht möglich , wenn sein Inhalt, was GADAMER ausdrücklich auch für die juristische Auslegung in Anspruch nimmt, „in jedem Augenblick, d. h. in jeder konkreten Situation, neu und anders verstanden werden muß". Zwar ist es richtig, daß kein Fall einem anderen in jeder Hinsicht gleicht. Soll dennoch der „gleiche" Maßstab angelegt werden, so darf jedenfalls nicht jede Veränderung der Fallkonstellation auch schon eine neue und andere Auslegung des Maßstabes nach sich ziehen. Dann wäre der Gedanke des „gleichen Maßes", ein Grundelement der „Gerechtigkeit", reine Illusion. Man wird also an der These GADAMERS einige Abstriche machen müssen[73]. Vor allem ist dabei zu beachten, daß jede (gelungene) Konkretisierung eines Maßstabes ein Maß für die Beurteilung weiterer, hinsichtlich der Wertungsgesichtspunkte gleichartiger Fälle setzt. Darauf beruht unter anderem die große Bedeutung der „Präjudizien".

Die eben erlassene Norm ist zwar nur „mehr oder weniger" inhaltlich bestimmt; sie harrt der Konkretisierung in dem nun einsetzenden Prozeß ihrer Anwendung. Aber die zum Zwecke ihrer Anwendung vorgenommene Auslegung der Norm setzt – bei fortgeschrittenem Prozeß – nicht bei der Norm, so wie sie „da steht", an, sondern nimmt die bisherigen Auslegungen mit in den Blick. Freilich sind diese für den Richter niemals „bindend": er kann, ja muß eine einmal gefundene Auslegung wieder aufgeben, wenn sie sich im Rückgang auf die Norm selbst, ihren (im Kontext

---

[71] a.a.O., S. 335.

[72] Dazu APEL in: Hermeneutik und Ideologiekritik, S. 33.

[73] Zu GADAMER bemerkt kritisch GIZBERT-STUDNICKI in RTh 18, 354, um von der Interpretation zu sprechen, müsse man voraussetzen, daß es Bedeutungen gibt, die „legitim sind und solche, die keinen Anspruch auf Legitimität erheben können". Ohne den Begriff der legitimen Bedeutung eines Textes könne man gar nicht von der Interpretation reden. Es gäbe dann keinen Unterschied zwischen Verstehen und Mißverstehen.

des Gesetzes zu verstehenden) Bedeutungsgehalt und die Besonderheiten des gegenwärtigen Falls (oder eine insgesamt veränderte Situation) als unhaltbar erweist. Jedoch sind dies – so sehr das den Anschein haben mag, zieht man nur die *höchstrichterlichen* Entscheidungen in Betracht – nicht die Regelfälle, sondern eher Ausnahmen; in der Masse der Fälle folgen die Gerichte einem höchstrichterlichen Präjudiz nicht nur um der Zeit- und Arbeitsersparnis willen, sondern weil andernfalls das „gleiche Maß" verloren gehen, größte Rechtsunsicherheit die Folge sein würde. Daß diese Maßstäbe erst im Fortgange ihrer Anwendung denjenigen Grad von inhaltlicher Bestimmtheit erlangen, der ihre gleichmäßige Anwendung auf gleichartige Fälle möglich macht, kann nur den verwundern, der vom Bilde des Zollstocks nicht loskommt oder, moderner gesprochen, die Anwendung der Normen für restlos programmierbar hält. Neben der unveränderten Anwendung der Norm (in der ihr einmal von den Gerichten gegebenen Auslegung) gibt es ebenso immer wieder neue Auslegungen, durch die ihr Inhalt – mit beispielgebender Wirkung für künftige Entscheidungen – weiter konkretisiert, präzisiert, abgewandelt wird. Beides, die Maßstabfunktion der Norm – die ihre gleichmäßige Anwendung verlangt – und ihre immer erneut zutage tretende (weitere) Auslegungsbedürftigkeit, schließlich die „Rückwirkung" der einmal erfolgten Auslegung und Konkretisierung auf die weitere Anwendung der Norm müssen gesehen werden, soll der – seiner Struktur nach „dialektische" – Prozeß der Rechtsanwendung nicht nur einseitig und deshalb unrichtig gedeutet werden.

4. Wertorientiertes Denken in der Jurisprudenz

Bei der Auslegung der Gesetze (im Hinblick auf die Entscheidung von „Rechtsfällen") kann nicht außer acht gelassen werden, daß es sich bei ihnen nicht um beliebige Aussagen handelt, sondern um zu befolgende Vorschriften, vorgeschriebene Urteilsmaßstäbe, kurz: Normen. Der Gesetzgeber, der einen bestimmten Lebensbereich durch Normen zu regeln unternimmt, läßt sich dabei leiten von bestimmten Regelungsabsichten, Gerechtigkeits- oder Zweckmäßigkeitserwägungen, denen letztlich bestimmte Wertungen zugrundeliegen. Solche Wertungen zeigen sich darin, daß das Gesetz bestimmten Gütern einen umfassenden Schutz zuteilwerden läßt, andere ungeschützt läßt oder in geringerem Maße schützt, in dem Gebot oder Verbot bestimmter Verhaltensweisen und der Androhung von „Sanktionen" für den Zuwiderhandelnden, in der Einräumung oder Versagung von Rechten, der Zuweisung von Risiken. Eine Rechtsnorm „verstehen" verlangt daher, die in ihr beschlossene Wertung und ihre Tragweite aufzudecken. Ihre Anwendung verlangt, den zu beurteilenden Fall der Norm gemäß zu bewerten, anders ausgedrückt, die in der Norm enthaltene Wertung in der Beurteilung des „Falles" sinngemäß zum Tragen zu bringen. Zutreffend sagt JOERGENSEN[74], es sei gerade die Eigentümlichkeit

[74] STIG JOERGENSEN, Recht und Gesellschaft, S. 8.

der Rechtswissenschaft und Rechtsprechung, daß sie es „fast ausschließlich mit Wertungen zu tun haben".

Daß es in der „Anwendung" der Norm um eine Wertung geht, tritt allerdings dann nicht in die Erscheinung, wenn der Tatbestand der Norm in wertungsfreien Tatsachenbegriffen formuliert ist, unter die der zu beurteilende Sachverhalt durch ein logisches Verfahren „subsumiert" werden kann. Ein solches Verfahren erfordert die Feststellung, daß sämtliche den Begriff bildende Merkmale in dem zu beurteilenden Sachverhalt anzutreffen sind. Kann diese Feststellung getroffen werden, dann folgt daraus nach den Regeln der Logik, daß der Sachverhalt dem Begriff unterfällt. Um aber diese Feststellung treffen zu können, bedarf es zumeist einer Reihe von Zwischen- oder Hilfsurteilen[75]. „Verbrauchbare Sachen" definiert das Gesetz z. B. als „bewegliche Sachen, deren bestimmungsmäßiger Gebrauch in dem Verbrauch oder der Veräußerung besteht" (§ 92 BGB). Was der „bestimmungsmäßige Gebrauch" einer Sache dieser Art ist, weiß der Beurteiler aus seiner sozialen Erfahrung. Es wird also ein auf Erfahrung beruhendes Urteil von ihm gefordert, und ein derartiges Urteil ist nur selten „exakt". In anderen Fällen hat er menschliches Verhalten zu beurteilen, z. B. darauf hin, ob in ihm ein bestimmter Rechtsfolgewillen zum Ausdruck kommt. Ein solches Urteil ist keine reine Tatsachenfeststellung, sondern verlangt eine Deutung. Schließlich gibt es gesetzliche Tatbestände, zu deren Merkmalen eines gehört, das bereits ein Werturteil verlangt, wie das der „verständigen Würdigung des Falles" im Irrtumstatbestand des § 119 BGB. Es ist daher eine Täuschung zu glauben, die Anwendung selbst solcher Normen, deren Tatbestand begrifflich ausgeformt ist, erschöpfe sich in dem logischen Vorgang der „Subsumtion". Bevor es dazu kommen kann, findet bereits eine Beurteilung statt, die keineswegs immer wertungsfrei ist.

Durchaus nicht alle gesetzlichen Tatbestände sind aber begrifflich ausgeformt. Vielfach bedient sich das Gesetz zur Kennzeichnung eines Sachverhalts statt eines Begriffs eines „Typus", der nicht so, wie ein Begriff, durch unverzichtbare Merkmale abschließend festgelegt ist. Oder es enthält einen „ausfüllungsbedürftigen" Wertungsmaßstab, der erst in seiner „Anwendung" auf den einzelnen Fall voll „konkretisiert" werden kann. In beiden Fällen geht es nicht einfach um „Anwendung" der Norm, sondern darum, eine Bewertung vorzunehmen, die der von der Norm oder dem Maßstab „gemeinten" entspricht. Eine solche „Entsprechung", die also nicht, anders als die Vornahme einer Subsumtion, Gleichsetzung bedeuten kann, bedarf, soll sie überzeugen, mannigfacher Vermittlungen. Um solche Vermittlungen, die nicht den Charakter von „logisch zwingenden" Schlüssen, wohl aber den von nachvollziehbaren und (innerhalb gewisser Grenzen) überzeugenden Denk-Schritten haben, geht es vornehmlich in der Jurisprudenz. Sie ist daher, und zwar sowohl im praktischen Bereich (dem der „Rechtsanwendung"), wie im theoretischen Be-

---

[75] Näheres dazu unten im 3. Kapitel.

reich (dem der „Dogmatik") weithin ein „wertorientiertes" Denken[76]. Daß ein solches Denken eine der verschiedenen Möglichkeiten des Denkens ist, und worin seine Eigentümlichkeit besteht, ist selbst vielen Juristen nicht bewußt, die juristisches Denken mit Subsumtion oder logischen Folgerungen gleichsetzen und Werturteile für rational nicht begründbar halten. Deshalb soll das Gesagte im folgenden deutlicher gemacht werden.

a) Wertorientiertes Denken im Bereich der Rechtsanwendung

Die Eigenart „wertorientierten" Denkens läßt sich an dem Unterschied zwischen „Begriff" und „Typus" verdeutlichen. Es wurde gesagt, daß der wertende Charakter jeder „Rechtsanwendung" dann in den Hintergrund tritt, wenn der Tatbestand der anzuwendenden Norm begrifflich fixiert ist, so daß der festgestellte Sachverhalt unter ihn nur noch „subsumiert" zu werden braucht. Das ist jedoch weit weniger häufig der Fall, als die meisten Juristen annehmen und selbst viele Anhänger der „Wertungsjurisprudenz" zuzugeben bereit sind. Von einem „Begriff" im strengen Sinn läßt sich nur da sprechen, wo es möglich ist, ihn durch die vollständige Angabe der ihn kennzeichnenden Merkmale eindeutig zu definieren. Der Sinn einer solchen Definition ist der, daß „nur dann und immer dann", wenn die sämtlichen Merkmale des Begriffs an irgendeinem Objekt anzutreffen sind, dieses Objekt unter den Begriff subsumiert werden kann, d. h. zur Klasse der durch ihn bezeichneten Objekte gehört. Der „Obersatz" des Subsumtionsschlusses ist die Definition des Begriffs, der „Untersatz" die – durch Wahrnehmung erhärtete – Feststellung, daß dieses Objekt X die sämtlichen in der Definition genannten Merkmale aufweist, die Schlußfolge die Aussage, X gehöre zur Klasse der durch den Begriff bezeichneten Objekte oder X sei ein „Fall" der Gattung, die durch den Begriff gekennzeichnet ist – für den Juristen, der Sachverhalt X sei ein „Fall" des begrifflich aufgefaßten gesetzlichen Tatbestandes.

Nicht selten enthält eine gesetzliche Definition jedoch ein Element (oder mehrere), das keine einfache Subsumtion erlaubt. Nehmen wir den Begriff „wesentlicher Bestandteil einer Sache" (§ 93 BGB). „Wesentliche Bestandteile" einer Sache sind nach § 93 BGB solche, die nicht voneinander getrennt werden können, ohne daß der eine oder der andere „zerstört oder in seinem Wesen verändert" wird. Das kaum praktikable Merkmal einer „Wesensänderung" hat das Schrifttum im Wege der Auslegung durch das einer „nicht unerheblichen Minderung der Brauchbarkeit oder des Wertes" ersetzt[77]. „Nicht unerheblich" ist kein exakter, sondern ein „gleitender"

---

[76] In ihrem Buch „Die Rezeption der Hermeneutik bei Karl Larenz und Josef Esser" (1981) behauptet (auf S. 88) MONIKA FROMMEL, daß ich unter „wertorientiertem Denken" eine „intuitive Wertung" verstehe„ sofern sie sich in Übereinstimmung mit allgemein anerkannten, historisch tradierten Einstellungen befindet". Ich meine, daß schon aus dem obigen Text deutlich hervorgeht, daß ich darunter gerade nicht eine lediglich intuitive, sondern eine durch bestimmte Überlegungen vermittelte, insoweit rational begründete Wertung verstehe, die mit „historisch tradierten" Wertungen übereinstimmen, aber auch von ihnen abweichen kann.

[77] Vgl. dazu OTTE in JuS 1970, S. 154 ff.

Maßstab. Was im Einzelfall „noch" oder „nicht mehr" unerheblich ist, läßt sich nicht im Wege der Subsumtion ermitteln, sondern verlangt eine Bewertung, die sich nur daran orientieren kann, was entweder „jedermann" zugestehen wird oder in vergleichbaren Fällen entschieden ist. Dabei handelt es sich um eine Entscheidungshilfe, nicht um ein logisch zwingendes Schlußverfahren.

Zu den „wesentlichen Bestandteilen" eines Grundstücks gehören nach § 94 BGB ferner unter anderem die auf dem Grundstück stehenden Gebäude, zu den „wesentlichen Bestandteilen" des Gebäudes (und damit des Grundstücks) „die zur Herstellung des Gebäudes eingefügten Sachen". Was zur „Herstellung des Gebäudes" eingefügt ist, das richtet sich einmal nach dem spezifischen Zweck des Gebäudes (z. B. Wohnhaus, Fabrik, Lagerhaus), zum anderen danach, was heute im Verkehr als zur Fertigstellung eines derartigen Gebäudes gehörend angesehen wird. Heizungsanlagen etwa sind „zur Herstellung eines Gebäudes" eingefügt, das Menschen zum Aufenthalt dienen soll[78]. Dasselbe gilt nach heutiger Auffassung bei Wohngebäuden etwa von Badewannen und Waschbecken[79], da sie als zur „Normalausstattung" eines solchen gehörend anzusehen sind. Die Kommentare bringen zahlreiche weitere Beispiele, versäumen aber auch nicht, darauf hinzuweisen, es komme „auf die Lage des jeweiligen Einzelfalls" an[80]. Überall, wo dieser Hinweis gemacht wird, da zeigt er an, daß eine lediglich auf generell erfaßbare Einzelmerkmale abgestellte Betrachtung – und damit eine einfache logische „Subsumtion" – nicht genügt, sondern daß ein Urteil verlangt wird, das verschiedene, in unterschiedlicher Weise zu kombinierende Gesichtspunkte berücksichtigt. Das hier verlangte Urteil ist zwar kein Werturteil, aber doch ein Urteil, das durch bestimmte soziale Erfahrungen – etwa darüber, was zum bestimmungsgemäßen Gebrauch eines derartigen Gebäudes benötigt wird oder nach heutiger Verkehrsanschauung zu seiner Normalausstattung gehört – vermittelt ist. Ein derartiges Urteil ist nicht mit demselben Grad an intersubjektiver Gewißheit zu fällen wie ein auf gesicherter Wahrnehmung beruhendes Tatsachenurteil. Dort, wo die Entwicklung „im Flusse", die Verkehrsanschauung unsicher ist, gibt es, statt festliegender Grenzen, „fließende Übergänge" und infolgedessen in Einzelfällen einen Beurteilungsspielraum, innerhalb dessen die eine wie die andere Beurteilung, wie der Jurist sagt, „vertretbar" ist. Zwar ist die Jurisprudenz bemüht, im Wege der Interpretation diesen Spielraum einzuengen, er verschwindet aber nie ganz. Zum mindesten innerhalb dieses Spielraums ist eine Subsumtion im streng logischen Sinne nicht mehr möglich. Auch wenn es also gelingt, einen gesetzlichen Begriff im Wege der Auslegung soweit abzuklären, daß man eine Reihe von Gesichtspunkten hat, die seine Anwendung erleichtern und vor allem, sie zu begründen vermögen, sind diese Gesichtspunkte doch keineswegs immer von der Art, daß sie nunmehr eine einfache Subsumtion ermöglichten[81].

---

[78] Vgl. BGHZ 53, 324.

[79] So auch MÜNCH KOMM/HOLCH 18 zu § 94 BGB.

[80] Vgl. den Kommentar von SOERGEL-MÜHL, Rdn. 20 zu § 94 BGB.

[81] Anderer Ansicht sind KOCH/RÜSSMANN, Juristische Begründungslehre, S. 67 ff. Sie meinen, im Wege der Auslegung ließen sich „vage Begriffe" so weit präzisieren, daß unter den

Mitunter handelt es sich um die Bezeichnung eines *Typus,* den wir beschreiben, erläutern und dadurch anwendbar machen, nicht aber durch die Angabe einiger feststehender Merkmale, die stets vorliegen, aber auch genügen, definieren können. Wir verdeutlichen das Gesagte zunächst wieder an einem Beispiel, an dem des „Tierhalters“ im Sinne des § 833 BGB. Tierhalter, so kann man lesen[82] sei, „wer das Tier in seinem Hausstand, seinem Wirtschaftsbetrieb oder allgemein in seinem Herrschaftsbereich nicht nur ganz vorübergehend im eigenen Interesse verwendet, dessen Lebens- oder Wirtschaftssphäre es also angehört“. Diese Definition – wenn man eine solche darin sehen will – geht zurück auf eine Entscheidung des Reichsgerichts aus dem Jahre 1905, in der es heißt, daß das Tier von demjenigen gehalten werde, der es „in seinen Wirtschaftsbetrieb oder – im weitesten Sinne verstanden – in seinen Haushaltsbetrieb eingestellt hat, um es auf diese Weise seinen Zwecken dienstbar zu machen“[83]. Das Reichsgericht berief sich hierfür zunächst auf den Sprachgebrauch des täglichen Lebens, den es jedoch für einschränkungsbedürftig hielt. Es ging in dem zu entscheidenden Fall darum, ob der Eigentümer eines Pferdes, der dieses einem anderen zu dessen Gebrauch in seinem Wirtschaftsbetrieb zeitweilig unentgeltlich überlassen hatte, gleichwohl während dieser Zeit „Tierhalter“ blieb. Das Reichsgericht verneinte das, weil der gesetzgeberische Grund für die verschärfte Haftung des Tierhalters auf den Verleiher während der Verleihzeit nicht mehr zuträfe. Das Reichsgericht nahm also eine an dem gesetzgeberischen Grund der Bestimmung, der ratio legis, orientierte Auslegung vor. Es stellte fest, der Tierhalter sollte für den angerichteten Tierschaden verantwortlich sein, „weil er als ‚Unternehmer' um seines Interesses willen andere Personen den von dem Tiere ausgehenden Gefahren aussetzt, und weil währenddessen allein von dem Tiere den Nutzen hat“. Mit Recht stellte es also den Gesichtspunkt des Eigeninteresses des Tierhalters in den Vordergrund. Dieses sei für die Zeit zu verneinen, während der das Tier aus dem Wirtschaftsbetrieb des Verleihers ausgeschieden und in den des Entleihers eingestellt gewesen sei mit der Folge, daß es diesem „zu seinem alleinigen Nutzen als Betriebsmittel diente“. Der Verleiher habe auch während der Leihzeit nicht mehr die tatsächliche Gewalt über das Pferd ausgeübt, so daß es ihm etwa möglich gewesen wäre, durch vorbeugende Maßnahmen der Tiergefahr entgegenzuwirken. Diese Erwägungen treffen gewiß zu. Der Umstand, daß das Pferd hier für eine gewisse Zeit aus dem Wirtschaftsbetrieb des einen ausgeschieden und in den des anderen übernommen war, hat offenbar dazu Anlaß gegeben, der Eingliederung in den Wirtschaftsbetrieb des „Halters“ besondere Bedeutung zuzumessen. Da aber viele Tiere nicht zu

---

ausgelegten Begriff, im Wege einiger Zwischenschritte, also mittelbar, zuletzt doch subsumiert werden könnte. Solche logischen Schlußketten, wie sie sie auf S. 14 ff. vorführen, sind gewiß hilfreich; im Gegensatz zu ihnen bezweifle ich aber, daß das letzte Glied der Schlußkette immer von der Art ist, daß man darunter – und damit unter den durch die Zwischenglieder definierten Begriff – subsumieren könnte. Dies sollen die im Text gebrachten Beispiele deutlich machen.

[82] Bei Soergel-Zeuner, Rdn. 12 zu § 833 BGB.

[83] RGZ 62, 79.

wirtschaftlichen Zwecken, sondern aus Liebhaberei gehalten werden, lag es nahe, dem Wirtschaftsbetrieb den Hausstand an die Seite zu stellen. „Wirtschaftsbetrieb" und „Hausstand" zeigen das Interesse an der Tierhaltung und zugleich ein gewisses Gewaltverhältnis an, vermöge dessen der Halter auf das Tier einzuwirken vermag. Aber handelt es sich dabei wirklich um eine allen Ansprüchen an eine solche genügende Definition?

Handelte es sich bei dem „Wirtschaftsbetrieb" oder „Hausstand" um alternative Begriffsmerkmale, so wäre die Tierhaltereigenschaft „immer dann und nur dann" zu bejahen, wenn eines dieser beiden Merkmale vorläge. Daß das nicht richtig sein kann, zeigt das Beispiel des Wanderburschen, der seinen Hund mit sich führt. Vom Grundgedanken der Bestimmung her gesehen ist er zweifellos „Tierhalter". Man könnte nun geneigt sein, statt der Eingliederung in den Haushalt oder Wirtschaftsbetrieb die tatsächliche Gewalt genügen zu lassen. Aber diese kann jemand auch für einen anderen ausüben. Unmittelbarer Besitz ist ebenfalls nicht immer erforderlich. Gibt jemand seinen Hund für die Zeit, in der er verreist ist, einem Bekannten in Obhut und Pflege, so ist er während dieser Zeit nur „mittelbarer Besitzer". Er bleibt jedoch Tierhalter, weil der andere den Hund in *seinem* Interesse und nur so lange verwahrt, bis *er* wieder in der Lage ist, ihn zu sich zu nehmen. Daß anderseits der „mittelbare Besitz" für die Eigenschaft als Tierhalter nicht genügt, zeigt das Beispiel des verliehenen Pferdes. Der Verleiher behält zwar den mittelbaren Besitz, auch ist sein Interesse an dem Tier keineswegs endgültig erloschen. Als Verleiher ist er in der Lage, das Pferd jeder Zeit oder doch nach Ablauf der vereinbarten Leihzeit zurückzufordern. Aber während der Leihzeit tritt sein Interesse an der Nutzung des Pferdes hinter das des Entleihers zurück, dessen Zwecken, dessen Wirtschaftsbetrieb es während dieser Zeit dient. Das genügte dem Reichsgericht, um das mit der Tierhaltung verbundene Risiko während dieser Zeit dem Entleiher, und ihm allein, aufzuerlegen. Das Interesse an der Tierhaltung kann jedoch sowohl bei dem unmittelbaren wie dem mittelbaren Besitzer annähernd gleich stark sein. Nimmt jemand Tiere gegen Entgelt und gewerbsmäßig in Obhut und Pflege („Hundepension"), dann halte ich es für gerechtfertigt, sowohl ihn wie denjenigen, der das Tier in Verwahrung gegeben hat, als Tierhalter anzusehen, da keines der beiden Interessen – weder dasjenige des Hinterlegers daran, daß der andere das Tier für ihn verwahrt, noch dasjenige des Verwahrers, mittels der Verwahrung und Pflege des Tiers einen Gewinn zu erzielen – „überwiegt".

Weder die Eingliederung des Tiers in den Hausstand oder Wirtschaftsbetrieb, noch die tatsächliche Gewalt, der unmittelbare oder der mittelbare Besitz sind also unverzichtbare, d. h. begriffliche Merkmale. Jedes dieser Merkmale kann aber von Bedeutung sein in Verbindung mit dem Interesse an der Tierhaltung. Dieses wiederum kann bei verschiedenen Personen in verschiedener Stärke vorliegen; es ist also ein „abstufbares" Merkmal. Entscheidend ist das Interesse in Verbindung mit wenigstens einem der anderen Momente. Handelt es sich dabei nicht um begriffliche Merkmale, so kann es sich nur um Anzeichen, Indizien für das Vorliegen der vom Gesetz gemeinten Beziehung handeln, an die es das aus der Tiergefahr sich ergebende Haftungsrisiko anknüpft. Welcher Art diese Beziehung ist, läßt sich mit Hilfe solcher Indizien und durch konkrete Beispiele annähernd umschreiben, nicht aber durch streng begriffliche Merkmale abschließend festlegen.

Eine weitere Unsicherheitsrelation ergibt sich aus der Bedeutung des Zeitfaktors. Wir haben gesehen, daß in der vermeintlichen Definition auch die Worte „nicht nur ganz vorübergehend“ vorkommen. „Vorübergehende Besitzentziehung, z. B. durch Entlaufen des Tieres, hebt die Haltereigenschaft nicht auf“, kann man in den Kommentaren lesen[84]. Wann aber hört der Besitzverlust auf, ein nur „vorübergehender“ zu sein? Hierauf wird man vielleicht antworten: wenn mit der Rückkehr des entlaufenen Tieres nicht mehr gerechnet werden kann. Wann das aber der Fall ist, läßt sich – aufgrund entsprechender Erfahrungen – wiederum nur annäherungsweise feststellen. Diebstahl, so heißt es weiter, beende die Tierhaltereigenschaft sofort, weil es sich hier um eine „dauernde Besitzentziehung“ handle. Jedoch lassen sich auch Fälle denken, in denen mit der baldigen Ermittlung des Diebes und Rückschaffung des Tieres gerechnet werden kann. Soll es hier anders sein? Eine subtilere Überlegung stellt ZEUNER[85] an. Das Entlaufen des Tiers, meint er, stelle eine typische Tiergefahr dar, deshalb müsse der (bisherige) Halter auch noch für die Schäden haften, die das Tier nach dem Entlaufen anrichte. Zwar bestehe „die für die Haltereigenschaft typische faktische Beziehung zu dem Tier“ nicht eigentlich fort, doch sei der Schaden noch auf eine Gefahr aus der Zeit der früheren tatsächlichen Zugehörigkeit des Tieres zur Sphäre des Halters, eben die des Entlaufens, zurückzuführen. Indessen fragt es sich doch, wie lange das gelten soll. Eine zeitlich unbegrenzte Risikozurechnung dürfte kaum vertretbar sein.

Nicht um einen Begriff, der durch die Angabe aller seiner notwendigen Merkmale abschließend definiert werden könnte, handelt es sich bei dem „Tierhalter“, sondern um einen Typus[86], und zwar, wie wir später sehen werden, um einen „normativen Realtypus“[87]. Die vermeintliche Begriffsdefinition ist eine exemplarisch gemeinte Typenbeschreibung. Um begrifflich nicht genau festgelegte Typen handelt es sich auch bei Personengruppen wie dem „Verrichtungsgehilfen“ (§ 831 BGB)[88] und dem „Besitzdiener“ (§ 855 BGB). Es handelt sich hier jedes Mal um Personen, die zu einer anderen Person in einem bestimmten sozialen Verhältnis stehen, vermöge dessen sie deren Weisungen (mehr oder weniger) zu folgen haben, deren Organisationsbereich – § 855 BGB nennt als Beispiel wieder „Haushalt“ und „Erwerbsgeschäft“ – in irgendeiner Weise zugeordnet sind, ohne daß sich in der einen oder der anderen Hinsicht genaue Abgrenzungskriterien angeben ließen. Wir

---

84 So MERTENS im MÜNCH. KOMM. 21 zu § 833 BGB.

85 So SOERGEL-ZEUNER, 12 zu § 833 BGB.

86 Grundlegend zum Typus und seiner Verwendung in der Rechtswissenschaft ENGISCH, Die Idee der Konkretisierung in Recht und Rechtswissenschaft unserer Zeit, 2. Aufl. 1968, S. 237 ff.; 308 f.; HASSEMER, Tatbestand und Typus, 1968; LEENEN, Typus und Rechtsfindung, 1971; KAUFMANN, Analogie und Natur der Sache, 2. Aufl. 1982, S. 47 ff (mit weiteren Nachweisen in Anm. 122). Strikt ablehnend aber KUHLEN, Typuskonzeptionen in der Rechtstheorie, 1977; auch KOCH/RÜSSMANN, Juristische Begründungslehre, 1982, S. 82 ff.; positiv dagegen PAWLOWSKI, Methodenlehre fürJuristen, 1981, Rdz. 145 ff.

87 Dazu unten Kap. 6, 2 b.

88 Das tritt deutlich zutage, wenn es etwa in dem Kommentar von SOERGEL-ZEUNER, 7 zu § 831 BGB, heißt, „werden für den Entlastungsbeweis so strenge Maßstäbe angelegt, daß es mindestens zweifelhaft erscheint, ob man es noch mit einer Haftung für eigenes Handeln des Geschäftsherrn zu tun hat oder ob nicht vielmehr schon die Grenze zu einer Einstandspflicht für fremdes Verhalten überschritten ist“.

werden später sehen (in Kap. 3, 4 c), daß neben diesen „normativen Realtypen" Typen von Rechtsverhältnissen, insbesondere Schuldverhältnissen, als „rechtliche Strukturtypen" im Prozeß der Rechtsanwendung eine erhebliche Rolle spielen.

Ein Begriff ist durch seine Definition in der Weise festgelegt, daß er auf einen konkreten Vorgang oder Sachverhalt „nur dann und immer dann" anzuwenden ist, wenn in ihm sämtliche Merkmale der Definition anzutreffen sind. Für den Typus gilt dieser Satz nicht. Die in der Beschreibung des Typus angegebenen Merkmale oder doch einige von ihnen brauchen nicht sämtlich vorzuliegen; sie können insbesondere in unterschiedlichem Maße – „mehr" oder „weniger" – gegeben sein. Sie sind häufig abstufbar und bis zu einem gewissen Grade gegeneinander austauschbar[89]. Für sich allein genommen, haben sie nur die Bedeutung von Anzeichen oder Indizien. Entscheidend ist erst ihre jeweilige Verbindung in der konkreten Erscheinung. Ob ein bestimmter Sachverhalt dem Typus zuzuordnen ist oder nicht, das kann also nicht allein danach entschieden werden, ob er alle in ihm gewöhnlich anzutreffenden Merkmale enthält. Vielmehr kommt es darauf an, ob die als „typisch" angesehenen Merkmale in solcher Zahl und Stärke vorhanden sind, daß der Sachverhalt „im ganzen" dem Erscheinungsbild des Typus entspricht. Der Typus wird nicht definiert, sondern beschrieben. Unter die Typenbeschreibung kann man nicht subsumieren; man kann aber mit ihrer Hilfe beurteilen, ob eine Erscheinung dem Typus zugeordnet werden kann oder nicht.

Wenn es sich beim Typus nicht lediglich um eine Summierung einzelner Merkmale handelt, sondern um eine Verbindung der ihn kennzeichnenden Einzelzüge zu einem „Gesamtbild", dann frage es sich, worauf diese Verbindung beruht, anders ausgedrückt, was das die Einheit des Typus stiftende Moment ist. Hier wird nun bedeutsam, daß der „normative Realtypus"', wie wir ihn genannt haben, zwar einen in der sozialen Realität vielfach anzutreffenden Sachverhalt meint, seine rechtliche Relevanz aber dadurch erhält, daß ihm eine bestimmte Rechtsfolge „angemessen" ist. Der Gesetzgeber bildet den Typus im Hinblick auf die Rechtsfolgen, die er an ihn knüpft, und damit auf die Wertung, die er ihm zuteil werden läßt. Es ist das Verdienst von LEENEN[90], die Rolle des Typus gerade im Zusammenhang des wertorientierten Denkens herausgearbeitet zu haben. Weder der normative Realtypus noch der rechtliche Strukturtypus können ohne den leitenden Wertgesichtspunkt gedacht werden, der den Gesetzgeber dazu bewogen hat, an diesen Typus gerade diese Rechtsfolgen zu knüpfen. Verdeutlichen wir uns das nochmals am Beispiel des „Tierhalters". Das Gesetz will das Risiko von Schäden, die „durch ein Tier" anderen zugefügt werden, demjenigen auferlegen, der dieses Tier in seinem Interesse „hält". Wie wir gesehen haben, kann das „Halten" des Tiers hier ebenso die nicht nur vorübergehende unmittelbare Herrschaft über das Tier, wie eine durch einen anderen (Besitzmittler oder Besitzdiener) vermittelte Herrschaftsbeziehung

---

[89] Vgl. ENGISCH, Die Idee der Konkretisierung, S. 242; ders., 1. Festschr. f. KARL LARENZ, S. 129 f. (Anm. 17); KAUFMANN, Rechtsphilosophie im Wandel, S. 310 ff.; HARM PETER WESTERMANN, 1970, S. 103; LEENEN, Typus und Rechtsfindung, 1971, S. 34 ff.

[90] Typus und Rechtsfindung, S. 42 ff., 62 ff.

bedeuten. Entscheidend ist dabei die Intensität des Interesses an der Tierhaltung. Sie ist es deshalb, weil der hinter der Tierhalterhaftung stehende Rechtsgedanke der einer Verknüpfung von Eigeninteresse und Risiko ist. Danach bestimmt es sich, wer als „Tierhalter" anzusehen ist. Beispiele wie „Hausstand" oder „Wirtschaftsbetrieb", wie alle anderen in der Kasuistik hervorgehobenen Gesichtspunkte, erhalten von daher ihren begrenzten Aussagewert. Ohne den zentralen Bezugspunkt der ratio legis blieben sie mehr oder weniger zufällig – bloße „topoi".

Wenn der Gesetzgeber zur Kennzeichnung eines Sachverhalts einen Begriff bildet, geht es ihm darum, diesen Sachverhalt möglichst genau und so festzulegen, daß sein Vorliegen im Einzelfall ohne Rückgriff auf Wertungsgesichtspunkte im Wege der Subsumtion festgestellt werden kann. Zwar wird der Gesetzgeber auch in diesem Fall die Begriffsmerkmale so wählen, daß der aus ihnen gebildete Begriff den von ihm gemeinten Sachverhalt deckt. Allein die Begriffsmerkmale werden von ihm so ausgewählt, daß „bei der Anwendung des Begriffs die Frage nach dem Vorliegen der Begriffsmerkmale die Wertungsfrage zu vertreten vermag"[91]. Die Subsumtion unter den Begriff ist, wenigstens im „Idealfall", ein wertungsfreier Denkvorgang. Dadurch wird derjenige, der das Gesetz anwendet, von der Mühe wertender „Abwägung" entlastet, die Rechtsanwendung „sicher" gemacht. Der Nachteil begrifflicher Festlegung besteht darin, daß die begrifflichen Merkmale häufig entweder nicht alle Fälle decken, die von der ratio legis her gesehen gemeint sind, oder umgekehrt auch solche, auf die diese nicht zutrifft. Anders, wenn sich das Gesetz mit einer Typenbeschreibung begnügt. „Typologisches Denken", sagt LEENEN[92], „wahrt in der Beschreibung von Fallgruppen stets den Bezug zum leitenden Wertgesichtspunkt, da alle Züge, die in den Blick kommen, auf diesen Wert als einheitsstiftende Mitte ausgerichtet sind, nur insoweit ‚Bedeutung haben'". Die Zuordnung zum Typus im einzelnen Fall erfordert daher, diesen leitenden Wertgesichtspunkt mit in den Blick zu nehmen, da er allein letzten Endes darüber entscheidet, ob die hier vorliegenden „Züge" oder „Merkmale" nach ihrem Stärkegrad und ihrer Verbindung die Zuordnung rechtfertigen oder nicht. Die Zuordnung zum Typus ist daher, anders als die Subsumtion unter einen Begriff, ein Verfahren wertorientierten Denkens.

Der Gesetzgeber, der einen Lebenssachverhalt zu regeln unternimmt, hat in der Regel die Wahl, ob er den gemeinten Sachverhalt durch die Festlegung möglichst scharf profilierter, als unverzichtbar und als abschließend gedachter Merkmale, also in begrifflicher Weise, oder durch die Bezeichnung eines Typus, die er durch die Angabe als exemplarisch gemeinter Züge oder von Beispielen erläutern mag, umschreiben will[93]. Für das eine wie für das andere kann er seine Gründe haben[94]. Wo

---

[91] LEENEN, Typus und Rechtsfindung, S. 97.

[92] a.a.O., S. 64.

[93] Anders wohl HASSEMER, Tatbestand und Typus, 1968, S. 109 ff. Nach ihm sind *alle* gesetzlichen Tatbestände wegen ihres Wirklichkeitsbezuges notwendig typologisch strukturiert.

[94] Vgl. LEENEN, a.a.O., S. 96 ff.

er sich für eine begriffliche Festlegung entschieden hat, da darf sich der Ausleger nicht ohne weiteres darüber hinwegsetzen. Ihm bleiben freilich die Möglichkeiten einer teleologischen Interpretation (innerhalb der Grenzen des möglichen Wortsinnes und des Bedeutungszusammenhanges der Regelung) und, darüber hinaus, der Analogie oder der teleologischen Reduktion. Handelt es sich dagegen um einen Typus, so ermöglicht ihm dessen größere Variationsbreite und relative Offenheit von vornherein ein „elastischeres" Verfahren. „Typus" und „Begriff" sind im übrigen keine starren Gegensätze, sondern lassen wiederum Übergänge zu. So haben wir gesehen, daß ein durch als abschließend gedachte Merkmale definierter Begriff" *ein* Merkmal enthalten kann, das seinerseits in der Weise eines Typus „offen" ist. Erinnert sei an die „zur Herstellung eines Gebäudes eingefügten Sachen". Hier kommt es darauf an, was bei einem Gebäude solcher Art „typischerweise" als zu seiner Fertigstellung gehörend im Verkehr angesehen wird. Auf der anderen Seite kann ein Typus durch die Festlegung einiger unverzichtbarer Merkmale (neben anderen, die nur symptomatisch sind) einem Begriffe angenähert werden. Typenbeschreibung kann als Vorstufe einer Begriffsbildung gemeint sein, eine vermeintliche Begriffsdefinition sich als Typenbeschreibung erweisen. Die Gerichte argumentieren nicht selten typologisch, deklarieren ihre als Zuordnung zu einem Typus gerechtfertigte Argumentation dann aber als Subsumtion unter einen Begriff, als die sie in der Tat nicht haltbar ist. Das Fehlen des Bewußtseins, typologisch zu argumentieren, setzt dann die Begründung zu einer Scheinbegründung herab, obgleich sie zutreffend wäre, wenn das Gericht offen typologisch argumentiert hätte.

Die Notwendigkeit eines „wertorientierten" Denkens tritt am stärksten dort hervor, wo sich das Gesetz zur Umschreibung des Tatbestandes oder auch der Rechtsfolge eines ausfüllungsbedürftigen Wertungsmaßstabes bedient. Solche Maßstäbe sind etwa „Treu und Glauben", ein „wichtiger Grund", ein „angemessenes Verhältnis" (von Leistung und Gegenleistung), eine „angemessene Frist" oder „billiges Ermessen". Derartige Maßstäbe sind nicht etwa schlechthin inhaltslos; sie sind keine „pseudonormativen Leerformeln", die „mit allen oder fast allen konkreten Verhaltensformen und Verhaltensregeln vereinbar" wären[95]. Vielmehr enthalten sie jeweils einen spezifischen Rechtsgedanken, der sich zwar jeder begrifflichen Definition entzieht, aber durch allgemein akzeptierte Beispiele verdeutlicht werden kann. Sie erhalten ihre inhaltliche Ausfüllung durch das übereinstimmende Rechtsbewußtsein der zur Rechtsgemeinschaft Verbundenen, das sowohl durch Tradition geprägt, wie in ständiger Neubildung begriffen ist. Gleichsam als das „Sprachrohr" dieses allgemeinen Rechtsbewußtseins betrachten sich die Gerichte, die sich dabei vorwiegend an Beispielen solcher Entscheidungen orientieren, die als fraglos empfunden werden oder durch eine längere Rechtsprechung gesichert sind. In jeder dieser Entscheidungen ist der in dem Maßstab gemeinte Rechtsgedanke zu einem bestimmten Fall in Bezug gesetzt und dadurch für diesen Fall – das heißt aber: für alle

[95] So aber TOPITSCH, Logik der Sozialwissenschaften, 8. Aufl. 1972, S. 28.

Fälle, die mit ihm vergleichbar sind - mit zusätzlichem Inhalt erfüllt, „konkretisiert"; jede gelungene Konkretisierung trägt, als beispielgebend, zur weiteren Konkretisierung des Maßstabes bei, ohne daß dieser Prozeß jemals „am Ende" wäre.

Handelt es sich bei der Konkretisierung ausfüllungsbedürftiger Wertungsmaßstäbe um einen letztlich „irrationalen" Vorgang, oder vermag „wertorientiertes Denken" auch hier noch eine wesentliche Hilfe zu bieten? Wir meinen das letztere; den Nachweis dafür werden wir an anderer Stelle erbringen (im 3. Kapitel unter 3 d). Wir werden sehen, daß auch hierbei typologisches Denken – nämlich die Bildung von Fallgruppen und die Herausarbeitung für sie typischer Elemente – eine nicht unerhebliche Rolle spielt. Es bleibt hier freilich in vielen Fällen dem Beurteiler ein Beurteilungsspielraum, vornehmlich dort, wo es auf ein „mehr" oder „weniger" ankommt.

Bei den ausfüllungsbedürftigen Maßstäben zeigt sich mit besonderer Deutlichkeit, daß ihre „Anwendung" stets ihre Konkretisierung, d. h. ihre inhaltliche Fortbestimmung verlangt, diese ihrerseits aber zurückwirkt auf die „Anwendung" des Maßstabes in künftigen, vergleichbaren Fällen. Denn jede (gelungene) Konkretisierung dient als Vergleichsfall und wird damit zum Ausgangspunkt weiterer Konkretisierungen. „Konkretisiert" wird der Maßstab in der Beurteilung des Falles, auf den ihn der Beurteiler als „anwendbar" oder „nicht anwendbar" erkennt. In diesem Prozeß der Konkretisierung durch Fallbeurteilung wird der Maßstab inhaltlich angereichert und dadurch fortgebildet. Rechtsanwendung und Rechtsfortbildung gehen miteinander her. Wir behandeln den Vorgang im Zusammenhang der rechtlichen Beurteilung des Sachverhalts; wir hätten ihn ebenso im Zusammenhang der (gesetzesimmanenten) Rechtsfortbildung behandeln können. Er gehört so gut dem einen wie dem anderen Zusammenhang an.

b) Wertorientiertes Denken im Bereich der Rechtsdogmatik

Ist im Bereich der sogenannten „Rechtsanwendung" wertorientiertes Denken in dem Maße unentbehrlich, in dem es sich hierbei nicht um einfache Subsumtion, sondern um wertende Zuordnung und „Konkretisierung" handelt, so scheint das im Bereich der nicht unmittelbar praxisbezogenen jurisprudentiellen Theorie, der sogenannten „Rechtsdogmatik", anders zu sein. Nach ESSER[96] handelt es sich bei ihr um eine „sich zum eigenen System abschließende Elementarlehre von Rechtsbegriffen und -institutionen". Die von der Dogmatik erwartete Leistung sei die „einer Transformation der Wertungs- in Erkenntnis- oder Wahrheitsfragen". Nach ESSERS Meinung erhebt die Dogmatik auch heute noch den (ungerechtfertigten) „Anspruch auf voll abgedichtete Autorität" ihrer Lehren und „auf Bewältigung je neuer Sozialkonflikte ohne je neuen Konsens, nur aus dem Vorrat an Normen und dogmatischer Kunst"[97]. ESSER spricht von „dogmatischem Denken im Sinne

---

[96] ESSER in AcP 172, S. 98.
[97] a.a.O., S. 101.

wertungsneutraler Begriffsarbeit“[98]; er sieht die Rolle der Dogmatik darin, daß sie „Gerechtigkeitsfragen in ihren Einzelbereichen juristisch operational“ mache. Das bedeutet, „daß Werturteile in einer Form vollzogen bzw. nachvollzogen werden, die sich als ‚Denken‘ im Sinne von Objekt-Erkenntnis . . . versteht“. Ein solcher „Umsetzungsprozeß von Richtigkeitserwägungen in Denkbarkeitsfragen und Denkaufgaben“ sei „die eigentlich innerste Bestimmung von Dogmatik“[99].

Das Bild, das ESSER hier von der juristischen Dogmatik zeichnet, ist ersichtlich orientiert an den Vorstellungen, die der dogmatischen Arbeit des ausgehenden 19. Jahrhunderts und noch der ersten Jahrzehnte dieses Jahrhunderts zugrundelagen. Es sind das die Vorstellung von der Möglichkeit, alle Rechtserscheinungen in Begriffe fassen zu können, unter die man subsumieren kann, die Vorstellung eines mehr oder minder geschlossenen Begriffssystems, das es ermögliche, auch neu auftauchende Rechtsfragen im Wege logischer Gedankenoperationen zu beantworten, und die Vorstellung, wissenschaftliches Denken könne auch im Bereich der Jurisprudenz nichts anderes sein als wertneutrale Objekt-Erkenntnis, also der scientistische Wissenschaftsbegriff. ESSER hat selbst sehr viel dazu beigetragen, daß die Unrichtigkeit dieser Vorstellungen immer mehr erkannt wurde. Verstehen wir ihn recht, hält er nun ein zweigleisiges Verfahren für möglich: die eigentliche Rechtsfindung soll sich auf einem vor- oder außerdogmatischen Wege vollziehen[100], daneben aber die Dogmatik im bisherigen Stil eine begrenzte Berechtigung behalten. Diese erblickt ESSER in ihrer „stabilisierenden“ Funktion. Sie bestehe darin, daß „die dogmatische Fassung den rechtspolitischen Gedanken, den Gerechtigkeitsimpetus, erst profiliert, realisiert und positiviert“. Darüber hinaus sei es „eine entscheidende Leistung für die Stabilität der Rechtsprechung, wenn ihre Wertungsprobleme als Denkprobleme zu bewältigen sind und als solche durch bessere dogmatische Begriffsbildung, durch das Herauslösen, Verstehen und Mitteilen der Regelungseigenart in der ihr vertrauten Sprache besser bewältigt werden können“[101]. Ferner stelle die Dogmatik „jene Kontrollinstanz dar, welche die Verträglichkeit von Lösungen mit anderweit vorgegebenen Regelungen sichert“. „Durch den Zwang, die Lösungsversuche in eine bestimmte Vorstellungswelt einzugliedern“, werde „eine Rationalitätsprobe durchgeführt, die, wenn man sie ernstnimmt, die Auswirkungen einer Lösung auf das fernere Schicksal des betreffenden Systems aufzeigt und zwingt, entweder Alternativen aufzubauen oder sich mit allen Konsequenzen, die nun im System auftauchen, auseinanderzusetzen“[102]. ESSER will also die Dogmatik im Sinne „wertungsneutraler“ Begriffsarbeit beibehalten, sie aber auf die Funktion beschränken, die anderweit gefundenen Lösungen und Bewertungen in die Sprache rationalen Denkens im Sinne der Objekt-Erkenntnis und das in dieser Sprache

---

98 a.a.O., S. 103.
99 a.a.O., S. 113.
100 Dazu seine Schrift „Vorverständnis und Methodenwahl in der Rechtsfindung“.
101 a.a.O., S. 103.
102 a.a.O., S. 104.

gebildete begriffliche System zu transformieren und dadurch für die Rechtsprechung praktikabler zu machen und zu stabilisieren.

Lassen sich aber Antworten auf Wertungsprobleme wirklich in völlig wertungsfreie Begriffe transformieren und dadurch „operational" machen; ist die Arbeit der (heutigen) Rechtsdogmatik als „wertungsneutrale Begriffsarbeit" zutreffend gekennzeichnet? Oder ist vielleicht auch die Dogmatik, wenn nicht durchweg, so doch in einem weiten Bereich, ebenfalls wertorientiertes Denken?

Ein erster Zweifel daran, daß die juristische Dogmatik nichts anderes als wertungsneutrale Begriffsarbeit sei, ergibt sich bereits daraus, daß in der heutigen Dogmatik die Beschreibung von Typen anstelle der Bildung subsumtionsfähiger Begriffe zunehmende Bedeutung erlangt. Dazu kommt das oft ausschlaggebende Gewicht der „teleologischen" Gesichtspunkte für die Auslegung der gesetzlichen Regelungsinhalte. Zwar erschöpft sich Dogmatik nicht in Interpretation, ist aber auch nicht ohne diese denkbar. Aber freilich, und das meint ESSER wohl, nimmt die Dogmatik den Wertungsbezug (oder Sinnbezug) nicht *in den Inhalt des Begriffs* auf, sondern sucht diesen durch solche Merkmale zu definieren, deren Vorliegen ohne erneute Wertung – also durch einfache Subsumtion – festgestellt werden kann. Ob ihr das in allen Fällen gelingt, ist eine andere Frage.

Ein großer Teil der Begriffe, mit denen der Jurist arbeitet, ist allerdings rein rechtstechnischer Natur; bei ihnen handelt es sich um Begriffe, die auf der Grundlage der formalen Logik gebildet und „Klassenbegriffe" sind. Sie dienen lediglich der Übersichtlichkeit und der Erleichterung der Rechtsanwendung dadurch, daß sie eine Subsumtion ermöglichen. Hierher gehören solche Begriffe wie Wechsel, Scheck, Anweisung, Vormerkung, Widerspruch, Rangstelle, Eintragung, Löschung (im Grundbuch) und viele mehr. Häufig sind diese Begriffe im Gesetz bereits definiert, oder ihre Definition ist aus dem Gesetz leicht abzulesen. Da es Nominaldefinitionen sind, erfolgt ihre Bildung durch eine Festsetzung des Gesetzgebers oder durch Übereinkunft. Eben weil sie Nominaldefinitionen sind, die Wertungsbezüge „abschneiden", sind Erkenntnisse mit ihrer Hilfe nicht zu erwarten. Sie geben niemals mehr her, als was man zuvor, im Wege der Definition, in sie hineingelegt hat. Nach den Regeln der formalen Logik lassen sie sich lediglich in ein Verhältnis der logischen Über- und Unterordnung (Gattungs-, Artbegriffe) oder in eine Ausschließlichkeitsrelation (entweder-oder) oder in ein ähnliches Verhältnis bringen. Das ist gewiß nicht gering zu achten, da die Einhaltung der logischen Regeln eine Grundbedingung allen Denkens ist, bereichert aber inhaltlich unsere Erkenntnis nicht. Eine Dogmatik, die sich mit der Bildung derartiger Begriffe und mit der Darlegung logischer Bezüge begnügte, würde zur Lösung von Rechtsproblemen so gut wie nichts beitragen können. Eben darum ist es aber den meisten „dogmatischen" Arbeiten zu tun.

Die Frage, ob in der heutigen Rechtsdogmatik nicht auch wertorientiertes Denken einen breiten Raum einnimmt, kann nur beantwortet werden, wenn man neuere dogmatische Arbeiten auf die in ihnen zum Ausdruck kommenden Denkweisen hin analysiert. Das soll im letzten Kapitel (unter 2 und 3) geschehen, weshalb an dieser Stelle nur eine vorläufige Antwort gegeben werden soll. Wertorientiertes Denken im Bereich der Dogmatik ist einmal da am Werk, wo sie typologisch, nicht begrifflich verfährt. Dahin gehört auch die Herausarbeitung von Falltypen und der für jeden dieser Typen zutreffenden Wertungsgesichtspunkte im Wege der „Aufarbeitung" einer Rechtsprechung, die sich um die Konkretisierung eines ausfüllungsbedürftigen Maßstabes bemüht oder der ein ihr vielleicht noch nicht voll bewußt gewordenes Rechtsprinzip zugrundeliegt[103]. Vor allem aber gehört dahin das Aufsuchen der „tragenden" Rechtsprinzipien selbst, das Ausmessen ihrer Tragweite, die Erkenntnis ihres Zusammenspiels, ihrer Bedeutung für das Verständnis einer Regelung, deren Begrenzung oder Ergänzung. „Rechtsprinzipien" sind nichts anderes als allgemeine Wertungsmaßstäbe oder Wertvorzüge im Hinblick auf die Rechtsidee, die noch nicht zu unmittelbar anwendbaren Rechtsregeln verdichtet sind, für sie aber „Rechtfertigungsgründe" darzustellen vermögen. Sie entziehen sich, wie alle „konkretisierungsbedürftigen" Maßstäbe, einer begrifflichen Definition; ihr Sinngehalt läßt sich an Beispielen verdeutlichen. Zu ihrer einen breiten Konsens bewirkenden Evidenz tritt der Nachweis ihres Niederschlags in den Regelungsinhalten des positiven Rechts. Zum Teil sind sie heute im Grundgesetz ausgesprochen und haben damit Verfassungsrang.

Sehen wir uns zum Beispiel die neueren dogmatischen Arbeiten über die Lehre vom Rechtsgeschäft an[104], so erkennen wir, daß sie nicht mehr von einem weitgehend inhaltsleeren Begriff des Rechtsgeschäfts ausgehen, sondern von dessen Funktion als Mittel privatautonomer Rechtsgestaltung oder (so FLUME) von „Akttypen". Privatautonome Rechtsgestaltung verstehen sie als Ausdruck verantwortlicher Selbstbestimmung, wobei Verantwortung in der Bindung gegenüber dem Partner zum Ausdruck kommt. Daneben erkennen sie dem „Vertrauensprinzip" die Bedeutung zu, ebenfalls Grundlage einer Bindung im Rahmen des rechtsgeschäftlichen Verkehrs zu sein. Von diesen Ansätzen her suchen sie die gesetzliche Regelung als das Ergebnis eines Zusammenspiels dieser Prinzipien besser zu verstehen, Abgrenzungen vorzunehmen, Lücken zu schließen, Entscheidungen aufeinander abzustimmen. Es versteht sich, daß dabei vor allem Gerichtsentscheidungen auf die in ihnen zutage getretenen Fragen und Lösungsversuche hin untersucht und neue Problemstellungen in die Erörterung eingebracht werden. Das alles geht über eine „wertungsneutrale Begriffsarbeit" weit hinaus.

Ein anderes Beispiel bildet die Erörterung um den Eigentumsbegriff, wenn etwa die grundgesetzliche Eigentumsgarantie in Frage steht. Niemand wird in diesem Falle mehr mit der formalen Begriffsdefinition arbeiten, die dem § 903 BGB zu entnehmen ist. Vielmehr geht man wieder zurück auf den Sinn des Eigentums als rechtlicher Gewähr eines „äußeren" Freiheitsraums. Was „Eigentum" im Sinne

---

[103] Von der Gewinnung von Rechtserkenntnissen im Wege der „vergleichenden Typenbildung" spricht auch PAWLOWSKI, Methodenlehre, Rdz. 418.

[104] Etwa die von FLUME, Allgemeiner Teil des Bürgerlichen Rechts, Bd. 2, Das Rechtsgeschäft, 3. Aufl. 1979; BYDLINSKI, Privatautonomie und objektive Grundlagen des verpflichtenden Rechtsgeschäfts, 1967; CANARIS, Die Vertrauenshaftung im deutschen Privatrecht, 1971.

unserer Rechtsordnung ist, ergibt sich aus der Gesamtheit der es betreffenden Vorschriften, bezogen auf den Gedanken des persönlichen Freiheitsraumes als deren Sinnmitte, wobei die soziale Schranke, die sich aus dem Erfordernis des Zusammenlebens in der Rechtsgemeinschaft ergibt, mitzudenken ist. Die Konkretisierung freilich des Eigentumsinhalts und seiner Grenzen erfordert wiederum mannigfache Vermittlungen. Mit Recht bemerkt BADURA[105], daß sich die Frage nach dem Umfang des im Grundgesetz gewärten Eigentumsschutzes nicht durch die Angabe von „zur Subsumtion geeigneten Tatbestandsmerkmalen", sondern nur aufgrund „vielfäl-tiger richterlicher Wertungsgesichtspunkte" beantworten läßt, um deren Erhellung es in der dogmatischen Arbeit (sic!) gehe. Als „Eigentum" im Sinne des Grundgesetzes bezeichnet BADURA demgemäß „jede vermögenswerte Rechtsposition, die der persönlichen Lebensführung oder der wirtschaftlichen Betätigung als Grundlage dient". Diese Begriffsbestimmung schneidet den Wertbezug nicht ab, sondern läßt ihn – in dem Hinweis auf „persönliche Lebensführung" oder „wirtschaftliche Betätigung" (einer Person) – deutlich erkennen. Ein ähnlicher, auf die rechtsethische und rechtspolitische Funktion des Eigentums bezogener „funktionaler" Eigentumsbegriff tritt uns auch in neueren Darstellungen des Sachenrechts entgegen[106], von dem aus gesehen dann der formale Eigentumsbegriff des BGB als eine den eigentlichen Sinngehalt kaum noch erkennen lassende Kurzformel erscheint. Für die äußere Systematik des Sachenrechts – die Gegenüberstellung des Eigentums als des umfassendsten möglichen Herrschaftsrechts an einer Sache und aller anderen Sachenrechte als „beschränkter" (und das jeweilige Eigentum beschränkender) Rechte – leistet diese Kurzformel weiterhin ihre Dienste; als Grundlage einer Argumentation über Inhalt und Grenzen des Eigentums, etwa an Grundstücken, Bodenschätzen, beweglichen Sachen, Investitions- und Gebrauchsgütern eignet sie sich nicht. Derartige Differenzierungen, die einerseits an der sozialen Realität und anderseits an der Funktion des Eigentums orientiert sind, werden von einem formalen, lediglich abstrakt-allgemeinen Eigentumsbegriff eingeebnet. Auf sie kommt es aber wesentlich mit an, wenn es etwa um das Ausmaß der „Sozial-pflichtigkeit" des Eigentums oder um seinen – von der Sache, das heißt von seiner Funktion her – notwendigen Mindestinhalt geht.

Was die Kennzeichnung der Dogmatik als einer sich im eigenen System abschließenden Elementarlehre und ihren vermeintlichen Anspruch auf „voll abgedichtete Autorität" durch ESSER angeht, so trifft diese Kennzeichnung wiederum nur auf das abstrakt-begriffliche System der „Begriffsjurisprudenz", nicht aber auf die heutige Rechtsdogmatik im ganzen zu. Dogmatische Figuren wie das Anwartschaftsrecht, das Rechtsverhältnis der Vertragsverhandlung (als Grundlage einer Haftung für „culpa in contrahendo"), der Vertrag mit Schutzwirkung für Dritte, die Rechtsscheinhaftung, die Beweislastverteilung nach Gefahrenbereichen sind nicht aus dem begrifflichen System deduziert, sondern im Hinblick entweder auf ein

---

[105] In ArchöffR, Bd. 98, S. 153 ff., 164, 173.

[106] Z. B. bei WOLFF-RAISER, Sachenrecht, § 51, I.

Verkehrsbedürfnis oder bestimmte Gerechtigkeitsanforderungen, meist unter Auswertung der Rechtsprechung, entwickelt und weiterentwickelt worden. Richtig ist, daß die ihnen zugrunde liegenden Rechtsgedanken durch ihre Ausarbeitung zu einer „Lehre" eine Positivierung und Verfestigung erfahren haben, die es der Rechtsprechung erlaubt, sich ihrer nunmehr als einer gesicherten Entscheidungsmaxime zu bedienen. Wenn „voll abgedichtete Autorität" heißen soll, daß neu auftauchende Rechtsfragen nur deshalb, weil sie sich allein aus dem begrifflichen System nicht lösen lassen, abgewiesen werden, dann zeigen die genannten „Figuren", die schließlich nichts anderes als Antworten auf derartige Fragen sind, das Gegenteil. Die „Dogmatik" hat sich nicht gescheut, um der Beantwortung neuer Rechtsfragen willen das begriffliche System zu modifizieren oder zu durchbrechen.

Fraglich ist allerdings, ob für eine theoretische Jurisprudenz, die für neue Fragen offen ist und die sich nicht so sehr als logisches Folgern aus feststehenden Prämissen, denn als verstehendes und wertorientiertes Denken versteht, der Ausdruck „Dogmatik" noch angemessen ist. Versteht man darunter ein geschlossenes System als feststehend angesehener Lehrsätze und aus ihnen auf logisch-deduktivem Wege gewonnener Schlußfolgerungen, so trifft der Ausdruck für die praktische Rechtswissenschaft, wie sie heute betrieben wird, nicht mehr zu. MEYER-CORDING hat recht[107], wenn er für die heutige Jurisprudenz in Anspruch nimmt, daß sie dem Zerrbild einer sich in ihr eigenes enges Gehäuse einschließenden, auf überholten Dogmen beharrenden und aus ihnen folgernden Dogmatik nicht mehr entspricht. An der Aufrechterhaltung dieses Zerrbildes seien, so meint er, die Juristen selbst schuld, weil sie an dem Ausdruck „Dogmatik" festhielten. Allein der Ausdruck „Dogmatik" muß nicht in diesem Sinne verstanden werden. Er kann auch eine Tätigkeit bezeichnen, die in der Entfaltung inhaltlich bestimmter Begriffe, der weiteren Ausfüllung von Prinzipien und der Rückführung von Normen und Normkomplexen auf diese Grundbegriffe und Prinzipien besteht. Daß es sich bei den gefundenen Sätzen um „Dogmen" handelt, ist darin begründet, daß sie teilhaben an der im Rahmen der Dogmatik eines bestimmten positiven Rechts nicht weiter hinterfragten Autorität des Gesetzes. Der Ausdruck „Dogmatik" meint die Bindung des Erkenntnisprozesses an die in diesem Rahmen nicht mehr in Frage zu stellenden Vorgaben im Gesetz[107a]. Nur soweit sie sich von dieser Bindung löst, also etwa Sachstrukturen in den Blick nimmt, die unabhängig von einem positiven Recht gelten, paßt der Ausdruck „Dogmatik" nicht mehr.

c) Zu Niklas Luhmanns Thesen über Rechtsdogmatik

Die Frage, ob die Rechtsdogmatik sich darin erschöpft, Gerechtigkeitsfragen dadurch „juristisch operational" zu machen, daß sie Wertungsgesichtspunkte in (scheinbar) wertungsneutrale Begriffe transformiert, die dann ihrerseits eine allein nach logischen Kriterien vorgenommene Subsumtion ermöglichen, haben wir bisher

---

107 MEYER-CORDING, Kann der Jurist heute noch Dogmatiker sein? 1973.

107a Vgl. SELB in der Festschr. zu meinem 80. Geburtstag, 1983, S. 609 f.

im Hinblick darauf untersucht, ob die heutige Dogmatik tatsächlich allein oder ganz überwiegend in dieser Weise verfährt. Die Frage kann und muß aber auch im Hinblick darauf gestellt werden, welche Funktion die Rechtsdogmatik heute im Prozeß der Rechtsverwirklichung und damit im gesellschaftlichen Kontext erfüllt. Die Funktion der Rechtsdogmatik innerhalb des Rechtssystems als eines Teilsystems der Gesellschaft hat NIKLAS LUHMANN untersucht[108]. Die von ihm aufgestellten „Thesen über Dogmatik"[109] verdienen umso mehr unsere Aufmerksamkeit, als sie frei sind von jeder Voreingenommenheit, wie man sie in manchen Auslassungen von soziologischer Seite heute leider nicht selten antrifft.

LUHMANN legt zunächst dar, für das „gewohnte Verständnis" des Ausdrucks „Dogmatik" sei kennzeichnend ein „Negationsverbot: die Nichtnegierbarkeit der Ausgangspunkte von Argumentationsketten". Sie blieben der Kritik entzogen. Hieran sei kein Anstoß zu nehmen, denn „Soziologen wissen, daß alle menschliche Kommunikation Nichtnegierbarkeiten voraussetzt". LUHMANN fragt nicht, welcher Art die „Nichtnegierbarkeiten" der heutigen Dogmatik sind: ob es Begriffe, Theoreme, vermeintliche logische Unvereinbarkeiten, oder, wie wir meinen, in der Verfassung und der Gesamtrechtsordnung vorgegebene Wertentscheidungen und Prinzipien sind. Soziologisch (Gegensatz: wissenschaftstheoretisch?), so sagt er, könne die Frage nur lauten: „In welcher Höhenlage, in welchem Abstraktionsgrad werden Nichtnegierbarkeiten angesiedelt, wenn man ihnen die Form von Dogmatik gibt?" Er nimmt offenbar als ausgemacht an, daß der Abstraktionsgrad einer „Dogmatik" ein sehr hoher ist, denn er fährt, ohne die Frage zu beantworten, fort, es liege daher nahe, „weniger auf die Sichtbegrenzungen der Dogmatik als auf die dadurch ermöglichten Abstraktionsleistungen und Interpretationsfreiheiten abzustellen". Die positive Funktion der Dogmatik, so sagt er, „dürfte darin bestehen, daß durch die Art des Arrangierens von Negationsverboten die Flexibilität in der Ausdeutung von Texten und Erfahrungen auf das erforderliche Niveau gebracht wird". Der Sinn von Dogmatik liege für den heutigen Juristen „nicht in einer Fixierung des ohnehin Feststehenden, sondern in der Ermöglichung kritischer Distanz, in der Organisation einer Schicht von Überlegungen, Gründen, Verhältnisabwägungen, mit denen der Rechtsstoff über seine unmittelbare Gegebenheit hinaus kontrolliert und verwendungsfähig aufbereitet wird".

Halten wir hier einen Augenblick inne. In der Tat ist es eine der wesentlichsten Funktionen jeder juristischen Dogmatik, daß durch sie der – in Gesetzen und richterlichen Entscheidungen – gegebene Rechtsstoff seiner Unmittelbarkeit und bloßen „Gegebenheit" enthoben, in einen durchgehenden Zusammenhang gestellt und von daher neu gesehen, in einem weit höheren Maße interpretierbar gemacht wird. Mit Recht betont LUHMANN die dadurch ermöglichte Flexibilität im Umgang mit Texten und einzelnen Erfahrungen – was immer er unter dem „Arrangieren von Negationsverboten" verstehen mag. LUHMANN hätte hinzufügen können, daß ohne gewisse „Nichtnegierbarkeiten" nicht nur jede menschliche Kommunikation, son-

---

108 In der Schrift: Rechtssystem und Rechtsdogmatik, 1974.

109 S. 15 ff.

dern insbesondere eine Rechtsordnung unmöglich wäre, die eben auf der ausdrücklichen oder stillschweigenden Anerkennung gewisser „Nichtnegierbarkeiten" – auch bei weitestgehender Freigabe persönlicher Lebens- und Gewissensentscheidungen – beruht. In den Grenzen solcher, von ihr respektierter letzter „Nichtnegierbarkeiten" schafft die Dogmatik aber gegenüber der andrängenden Fülle der Normen und Einzelentscheidungen eine Distanz, die es erlaubt, Unausgesprochenes in Rechnung zu stellen, Ungereimtheiten zu korrigieren und in der „Anwendung" auf wechselnde Situationen flexibel zu bleiben.

LUHMANN fährt fort, die Geschichte sowohl der theologischen als auch der juristischen Dogmatik zeige deutlich, daß die Funktion der Dogmatik „nicht in der Fesselung des Geistes, sondern gerade umgekehrt in der Steigerung der Freiheiten im Umgang mit Erfahrungen und Texten" liege. Das kann nur diejenigen überraschen, die an einem Zerrbild von Dogmatik festhalten; jeder wird es bestätigen, der einmal ernsthaft dogmatisch gearbeitet hat. Bekannt ist, daß Nichtjuristen sehr viel stärker zu einer „buchstabengetreuen", engen und oft wenig sinnvollen Auslegung von Vorschriften neigen als ein dogmatisch geschulter Jurist. Man wird daher LUHMANN zustimmen müssen, wenn er sagt, dogmatische Begrifflichkeit ermögliche „eine Distanznahme auch und gerade dort, wo die Gesellschaft Gebundenheit erwartet". Sie ermögliche die „Wiederherstellung von Zweifeln, die Steigerung tragbarer Unsicherheiten". Freilich, das muß hinzugefügt werden, hat sich die juristische Dogmatik nicht immer so gesehen. Eine Dogmatik, die ihre Aufgabe in der Schaffung eines in sich abgeschlossenen Begriffssystems sah, dem jeder denkbare „Fall" im Wege logischer Subsumtion sollte eingeordnet werden können, strebte vielmehr primär nach einer Steigerung der Sicherheit, der Ausschaltung möglicher Zweifel, nach unbezweifelbarer – weil „logisch" begründeter – Gewißheit. Daß sie unter der Hand den von LUHMANN hervorgehobenen gegenteiligen Effekt hatte, blieb ihr lange verborgen. Erst das Scheitern der „Begriffsjurisprudenz" machte den Weg zu dieser Einsicht frei.

Freilich wäre es ein großes Mißverständnis, die Funktion der Dogmatik *allein* in der Ermöglichung von Zweifeln, in der Steigerung von Unsicherheiten zu sehen. LUHMANN spricht denn auch nur von „tragbaren" Unsicherheiten. LUHMANN redet durchaus nicht einer Denkweise das Wort, die Methodenwahl für beliebig, „topoi" für austauschbar, Normen für disponibel und richterliche Entscheidungen für reine „Dezisionen" hält. Vielmehr hält er durchaus daran fest, daß die Dogmatik im Prozeß der Rechtsverwirklichung eine Steuerungsfunktion erfüllt. Aufschlußreich ist in diesem Zusammenhang die Kritik, die LUHMANN in einem der folgenden Kapitel[110] an dem „Argumentieren vom Ergebnis her" und an der Forderung übt, juristische Entscheidungen von ihren vorauszusehenden realen Folgen abhängig zu machen. „Wenn man Folgen als Orientierungs- oder gar Rechtfertigungsgesichtspunkte verwenden will", sagt er[111], „muß man über Scheuklappen verfügen,

---

[110] S. 31 ff. Gegen die Ausrichtung richterlicher Entscheidungen an ihren zu erwartenden Folgen auch PAWLOWSKI, Methodenlehre, Rdz. 75 ff.

[111] S. 35.

die verhindern, daß man alle Nebenfolgen, alle Folgen von Folgen, etwaige Schwelleneffekte aggregierter Folgen einer Vielzahl von Entscheidungen in den Blick bekommt; man muß, um nur ein Beispiel zu geben, die aggregierten Effekte ignorieren dürfen, die sich daraus ergeben, daß nachteilige Rechtspositionen (etwa im Falle der Produzentenhaftung) über Preiserhöhungen finanziert werden. Die Rechtfertigung durch Folgen beruht mithin auf einer vorausgesetzten Rechtfertigung solcher Scheuklappen". Das ist gewiß reichlich überspitzt – die mit Sicherheit eintretenden sozial-relevanten Folgen mitzubedenken, ist vom Richter jedenfalls dann zu verlangen, wenn er das Gesetz nicht nur interpretiert, sondern das Recht in „gesetzesübersteigender" Weise fortbildet –, richtig ist aber, daß die Folgen ihrerseits nach einer Bewertung verlangen und daß die Maßstäbe für diese Bewertung wieder nur solche rechtlicher Natur sein dürfen. Die „Zuteilung von Recht und Unrecht" kann letztlich nicht, wie LUHMANN betont, von ihren eigenen Folgen abhängig gemacht werden. Richtig ist auch, daß der Richter mangels hinreichender Informationsmöglichkeiten alle Folgen gar nicht zu überblicken vermag. Ist dem aber so, dann sind in der Rechtsordnung vorgegebene Maßstäbe der rechtlichen Bewertung unerläßlich, und Aufgabe der Dogmatik ist es dann, diese Maßstäbe so auszuarbeiten, daß sie auch in zweifelhaften Fällen eine durch Argumentation hinreichend abgestützte – nicht aber: jede beliebige – Entscheidung ermöglichen. In LUHMANNs eigener Ausdrucksweise könnte man sagen, die Dogmatik diene ebenso der Steigerung, wie der Einschränkung von „Komplexität" der möglichen Entscheidungen.

LUHMANN selbst kommt zu diesem Ergebnis noch auf einem anderen Wege. Das Vorhandensein von Rechtsnormen, sagt er[112], die für eine Vielzahl von Fällen geschaffen sind und auf sie angewandt werden, sei „als Steuerungsebene" unentbehrlich; ohne sie könne man nicht von „Recht" sprechen. Daraus ergebe sich das Problem der Anwendung dieser Normen auf „Fälle". Kein „Fall" gleiche dem anderen in jeder Hinsicht, „Fälle" sind also variabel. Wenn nun – aufgrund der ersten Funktion der Dogmatik – auch die Auslegung der Rechtsnormen variabel ist, dann ist die Beziehung zwischen Norm und Fall die zwischen zwei Variablen; sie ist, wie LUHMANN sagt, „doppelseitig variabel". Daraus ergibt sich für LUHMANN die zweite Funktion der Dogmatik. Sie liegt „in der Einschränkung der Beliebigkeit von Variationen, die möglich werden, wenn eine Beziehung als zweiseitig variabel vorgestellt wird – wenn also nicht nur die Fälle sich nach den Normen, sondern zugleich auch die Normanwendungen sich nach den Fällen richten sollen". Durch Dogmatisierung des Rechtsstoffs, und das hieße zunächst: durch seine begrifflich-klassifikatorische Durcharbeitung, werde erreicht, „daß jenes oft beschriebene Hin- und Herwandern des Blicks zwischen Normen und Fakten nicht ohne Führung bleibt, sich nicht nur der Entscheidungssituation, sondern auch dem Rechtssystem verpflichtet weiß und sich nicht aus der Rechtsordnung hinausspiralt". Indem die Dogmatik „Gründe der Ähnlichkeit von Fällen reflektiert", komme es dazu, daß Entscheidungen „von festgehaltenen Gesichtspunkten abhängen". Die Rechtsdog-

112 S. 17 ff.

matik definiere im Rahmen dieser ihrer Funktion „die Bedingungen des juristisch Möglichen", was nichts anderes heißen kann, als daß sie die Variationsfähigkeit sowohl der Normen wie der Fälle wiederum einschränkt, indem sie Grenzen angibt, innerhalb derer eine Entscheidung noch als der Norm entsprechend, der Jurist sagt als „vertretbar", angesehen werden kann.

LUHMANN bringt den doppelseitigen Prozeß der Steigerung und der Einschränkung von „Komplexität" durch die Rechtsdogmatik schließlich mit der Idee der Gerechtigkeit als demjenigen Pol zusammen, der die Einheit des Rechtssystems als Ganzen bezeichnet. Die dogmatische Begrifflichkeit trage dem gegenüber der Komplexität des Rechts Rechnung. Die Gerechtigkeit beziehe sich auf die gesamtgesellschaftlichen Anforderungen an das Recht, die Dogmatik stelle die „rechtssystemimmanente Ebene dar, auf der diese Anforderungen respezifiziert und operationalisiert werden". Dies geschehe durch die Entwicklung von Kriterien, die der Differenzierung von Recht und Unrecht dienen. Durch die Ausarbeitung derartiger Kriterien leiste die Dogmatik die „Ausdifferenzierung des Rechtssystems" und zwar „unter der Idee", daß das Recht „nach rechtseigenen Kriterien zu behandeln sei". Sagen wir es mit unseren eigenen Worten: die Dogmatik leistet die ständige Vermittlung jener letzten Anforderungen, der durchweg akzeptierten Grundwerte und Prinzipien, sowohl mit der Fülle der „gegebenen" Normen wie dieser – und damit letztlich der Prinzipien selbst – mit ihren „Anwendungen" in mannigfachen und wechselnden Situationen.

Ist dies aber die Funktion der Dogmatik, dann ist schlechterdings nicht einzusehen, wie diese ihr sollte gerecht werden können, wenn sie in ihrem Kernstück nichts anderes wäre als „begrifflich-klassifikatorisches" Denken. „Vermittlung" ist kein nur in *einer* Richtung verlaufender, sondern ein gegenläufiger Prozeß. „Ausdifferenzierung" ist ebenso ein Prozeß, der sich an zwei Polen – an einem Einheitspol und an einer Vielheit – orientiert. Klassifikatorische Begriffe sind Invariabeln, die nur immer in gleicher Weise angewandt werden können. Die Jurisprudenz bedarf, gerade um der von LUHMANN aufgezeigten Funktion von „Rechtsdogmatik" zu genügen, solcher Begriffe und Denkformen, die innerhalb bestimmbarer Grenzen variabel sind und daher in der Anwendung vornehmlich auf unvorhergesehene Situationen flexibel gehalten werden können. Zwar erwähnt LUHMANN einmal, jedoch nur am Rande, eine Orientierung an Typen als „hilfreich"[113] und ebenso beiläufig[114] WILBURGS Gedanken eines „beweglichen Systems". Indessen spricht er weiter von dem „klassifikatorischen Abstraktionsstil" der Dogmatik und teilt offenbar ESSERS Meinung, juristische Dogmatik sei „wertungsneutrale Begriffsarbeit". Wäre sie lediglich das, so hätte sie längst abgedankt. LUHMANN stellt die Frage[115], „ob und wie unter gegebenen gesellschaftsstrukturellen Bedingungen eine Rechtsdogmatik und eine durch sie gesicherte Differenzierung des Rechtssystems überhaupt noch mög-

---

[113] S. 33.
[114] In der Anm. 68 auf S. 84.
[115] S. 23.

lich ist". Soweit dies von den gesellschaftsstrukturellen Bedingungen abhängt, wagen wir so wenig wie LUHMANN eine Voraussage. Soweit es von ihr selbst abhängt, lautet unsere Antwort: Die Rechtsdogmatik wird sich dann und nur dann behaupten und ihre Funktion erfüllen, wenn es ihr in zunehmendem Maße gelingt, Formen eines wertorientierten Denkens – wie den Rechtstypus, den funktional gedachten Rechtsbegriff, das „bewegliche" und das „offene" System – und Methoden eines nicht nur in einer Richtung verlaufenden, sondern gegenläufigen Denkens – Methoden der „Konkretisierung" und „Typisierung", der „Analogie" und der „teleologischen Reduktion" – zu entwickeln und anzuwenden.

5. Die Bedeutung der Jurisprudenz für die Rechtspraxis

Daß die Jurisprudenz vornehmlich eine praktische Aufgabe zu erfüllen hat, dürfte unbestritten sein. Sie ergibt sich in Ländern mit kodifiziertem Recht daraus, daß die Gesetze nicht nur immer wieder der Auslegung bedürfen, sondern auch der „Lückenergänzung" und der Anpassung an veränderte Situationen; ferner aus dem mit zunehmender Komplexität wachsenden Bedürfnis nach Übersichtlichkeit und nach einer Abstimmung der Normen untereinander; schließlich aus der Forderung, Wertungswidersprüche zu vermeiden, die sich aus dem Prinzip des „gleichen Maßes", dem Gedanken der Gerechtigkeit also, ergibt. Durch entsprechende Verarbeitung des ihr in den Gesetzen und in Gerichtsentscheidungen gegebenen Materials ist die Jurisprudenz bestrebt, detaillierte Kriterien für die Lösung von Rechtsfragen und die Entscheidung von Rechtsfällen zu gewinnen, und zwar im Rahmen des jeweils geltenden Rechts und seiner Grundwertungen. Wenn wir früher sagten, die Jurisprudenz mache Aussagen über geltendes Recht, dann ist jetzt hinzuzufügen, daß es ihr vornehmlich auf solche Aussagen ankommt, denen sich Entscheidungskriterien entnehmen, die sich in die Entscheidung von Rechtsfällen umsetzen lassen. Sie will damit dem Praktiker, vornehmlich dem Richter und dem Verwaltungsbeamten, zu Hilfe kommen, die in konkreten Situationen Entscheidungen treffen müssen, die mit der Rechtsordnung im Einklang stehen. Der Entscheidungszwang, unter dem der Praktiker steht, erlaubt ihm nicht, mit seiner Entscheidung so lange zu warten, bis eine Frage in der Dogmatik ausdiskutiert ist, eine überzeugende Lösung gefunden hat. Er muß eine Entscheidung „wagen", auch wo er sie mit Gründen nicht voll abzustützen vermag; insoweit enthält seine Entscheidung unvermeidbar ein Stück „Dezision". Aber er soll seine Entscheidung wenigstens so weit, als das möglich ist, mit rechtlichen Argumenten begründen – das verlangt seine verfassungsmäßige Bindung an „Gesetz und Recht". Das schließt wiederum ein, daß er sich bei der Auslegung und Ergänzung der Gesetze der ihm von der Jurisprudenz gelieferten Erkenntnisse und der anerkannten jurisprudentiellen Methoden bedient[116]. Daraus ergibt sich anderseits für die Jurisprudenz als Wissenschaft die Forderung, daß sie

[116] Vgl. *meine* Abhandlung über „Die Bindung des Richters an das Gesetz als hermeneutisches Problem" in der Festschr. für E. R. HUBER, 1973, S. 291 ff.

ihre Aussagen mit hermeneutisch zulässigen Methoden wertorientierten Denkens begründet und absichert, sich dagegen nicht begründbarer Werturteile und Dezisionen enthält. Der Dogmatiker, der nicht wie der Praktiker unter einem Entscheidungszwang steht[117], ist nicht nur berechtigt, sondern gegebenenfalls auch verpflichtet, einzuräumen, daß das geltende Recht nach dem gegenwärtigen Stande der Erkenntnis eine befriedigende Lösung nicht erlaubt, und er tut das immer dann, wenn er wegen eines anders nicht zu behebenden Mangels eine Änderung der gesetzlichen Regelung vorschlägt.

Das Verhältnis zwischen der Rechtsdogmatik auf der einen Seite und der Praxis vornehmlich der Gerichte auf der anderen Seite ist ein in eigentümlicher Weise wechselseitiges. Auf der einen Seite gibt die Dogmatik der Praxis Entscheidungskriterien an die Hand, die diese nicht selten aufgreift, manchmal modifiziert, manchmal auch mißversteht. Auf der anderen Seite liefert die Rechtsprechung wiederum der Dogmatik im weiten Umfange das „Material", aus dem diese neue Kriterien zu gewinnen sucht. Die Rechtsprechung ist ihrer Natur nach in höherem Maße als die Dogmatik einzelfallbezogen, ihr Streben richtet sich vielfach auf ein möglichst hohes Maß von „Fallgerechtigkeit". Der Dogmatiker blickt stärker auf das Allgemeine, das Typische der Fälle. Gleichwohl weiß auch der Richter, daß die Maxime, nach der er *einen* Fall entscheidet, für *alle* gleichartigen Fälle Geltung beanspruchen muß. Nicht immer jedoch tritt die der Entscheidung zugrundegelegte Entscheidungsmaxime, tritt ihre Bedeutung und Reichweite in der Entscheidung unmittelbar hervor. Oft bedarf es erst einer eingehenden Analyse der gegebenen Begründung oder des Vergleichs einer größeren Zahl von Entscheidungen, um zu erkennen, welche Erwägungen eigentlich den Ausschlag gegeben haben, welche Richtung die Rechtsprechung eingeschlagen hat. Hier setzt die Arbeit der Dogmatik ein. Dabei wird fast immer unausgesprochen die Voraussetzung gemacht, daß das Gericht, auch wenn seine Begründung noch mangelhaft ist, doch etwas Richtiges gemeint hat, daß die Entscheidung im Ergebnis „vernünftig" und (deshalb auch) nach dem positiven Recht begründbar ist. Diese Voraussetzung, die als Arbeitshypothese anzusehen ist, bestätigt sich nicht immer, aber häufig genug, um mit ihr zunächst einmal zu arbeiten. Gewiß läßt es die Dogmatik auch nicht an herber Kritik der Rechtsprechung fehlen, wobei Vorurteile und Dünkel mitunter unerfreuliche Blüten treiben. Im ganzen ist aber die Bereitschaft, voneinander zu lernen, auf beiden Seiten heute stärker als früher vorhanden. In der Tat beruht die Entwicklung oder Weiterentwicklung einer ganzen Reihe von Rechtsbegriffen und Entscheidungsmaximen, die heute zum „festen Bestand" des geltenden Rechts gehören, auf dem Zusammenwirken von Rechtsprechung und Rechtsdogmatik.

So hat die Rechtsprechung STAUBS Lehre von der „positiven Forderungsverletzung" sehr rasch übernommen und bis heute an ihr festgehalten. Übernommen und weitergebildet hat sie die Lehre von der culpa in contrahendo, die von der

[117] Diesen Unterschied verkennt BALLWEG, wenn er (JbRSozRTh, Bd. 2, S. 45) die Denkweise der Jurisprudenz schlechthin als durch den Entscheidungszwang geprägt bezeichnet.

Dogmatik wiederum nicht zuletzt unter Einarbeitung der Rechtsprechung weiter ausgebaut wurde[118]. Übernommen hat die Rechtsprechung das Anwartschaftsrecht, den Vertrag mit Schutzwirkung für Dritte, die neuere Bereicherungslehre (Vorrang der Leistungskondiktion)[119], die teleologische Reduktion des § 181 BGB. Von der Rechtsprechung ihren Ausgang genommen haben der objektiv-typisierende Fahrlässigkeitsmaßstab im Zivilrecht und die Anscheinsvollmacht. Sie sind inzwischen von der Dogmatik aufgenommen und weitergebildet worden. Wichtig ist, daß unsere obersten Gerichte sich in ihren Entscheidungsgründen mit den Ergebnissen dogmatischer Arbeit auseinandersetzen, auch wenn sie schließlich anders entscheiden. So kommt es immer wieder zum wechselseitigen Gespräch.

Die Bedeutung der Jurisprudenz für die Rechtspraxis erschöpft sich aber nicht in der Hilfe, die sie der Rechtsprechung gewährt. Eine ihrer wichtigsten Aufgaben besteht darin, daß sie Rechtsprobleme aufdeckt, die bisher im geltenden Recht keine Lösung gefunden haben, und dadurch eine Änderung entweder der Rechtsprechung oder der Gesetzgebung anregt. Neue Rechtsprobleme entstehen dadurch, daß neu sich herausbildende soziale Sachverhalte nach einer Regelung unter den Gesichtspunkten ausgleichender Gerechtigkeit, des Schutzes des wirtschaftlich in der Regel schwächeren Teils oder der Gefahrenabwehr verlangen. Nicht immer treten die dadurch sich ergebenden Rechtsprobleme sogleich in den Blick, oft erscheinen sie lange Zeit unter einem Wertungsgesichtspunkt, der ihre Eigenart verfehlt. So hat man die ersten Ausgestaltungen der Gefährdungshaftung lange Zeit unter dem Gesichtspunkt eines zu vermutenden Verschuldens gesehen, bis sich die Erkenntnis durchsetzte, daß es sich um eine besondere Form der Zurechnung bestimmter Schadensrisiken handelt. Den erhöhten Gefahren des technischen Zeitalters suchte die Rechtsprechung einmal durch die Auferlegung immer neuer „Verkehrssicherungspflichten", durch die Einschränkung der Möglichkeit des „Entlastungsbeweises" gemäß § 831 BGB, durch Änderung der Beweislast in Schadensersatzprozessen (Beweislastverteilung nach Gefahrenbereichen), zum anderen durch die Ausdehnung der vertraglichen Haftung (vertragliche und vorvertragliche Aufklärungs- und Schutzpflichten, Vertrag mit Schutzwirkung für Dritte) zu begegnen. Weitergehende Maßnahmen, die dazu dienen sollen, sicherzustellen, daß der Geschädigte Ersatz erhält, wie die Einführung einer Pflichtversicherung oder sonstiger Deckungsvorsorge, bedurften einer gesetzlichen Regelung. Immer deutlicher hat sich herausgestellt, daß allein mit den überkommenen Mitteln, dem Verschuldensgrundsatz und dem Grundsatz des vollen Schadensausgleichs („Alles-oder-Nichts-Prinzip"), befriedigende Lösungen nicht zu erzielen sind. Zur Erarbeitung neuer Lösungen bedarf es hier wie überall der Mitwirkung der Jurisprudenz.

---

[118] Sie wurde ihrerseits zum Ausgangspunkt für weitere Schuldverhältnisse ohne primäre Leistungspflicht; vgl. *mein* Lehrbuch des Schuldrechts, Bd. I, § 9 II.

[119] Von besonderem Einfluß waren hier die Arbeiten v. CAEMMERERS; vgl. seine Ges. Schriften, 1968, Bd. I, S. 209 ff.

Die Aufgabe der Jurisprudenz bei der Vorbereitung der Gesetzgebung ist eine dreifache: einmal hat sie die anstehenden Probleme als *Rechtsprobleme* deutlich zu machen, mit allen Implikationen, die sich daraus ergeben; zum zweiten hat sie – in Zusammenarbeit mit anderen Wissenschaften, vor allem der empirischen Rechtssoziologie – Lösungsvorschläge zu erarbeiten, die sich dem geltenden Recht einpassen und dem Gesetzgeber Alternativen ermöglichen[120]; zum dritten hat sie Formulierungshilfe zu leisten. Bei der Erarbeitung von Lösungsvorschlägen spielt vor allem die Rechtsvergleichung eine immer bedeutendere Rolle. Reformen auf solchen Gebieten wie dem allgemeinen Schadensersatzrecht, dem Verbraucherschutz, dem allgemeinen Schutz der Persönlichkeitssphäre, erst recht bei solchen Materien, die heute schon in einem übernationalen Rahmen geregelt werden müssen, wie dem Recht der Handelsgesellschaften, dem Wertpapierrecht, dem Urheberrecht, sind ohne rechtsvergleichende Untersuchungen nicht mehr denkbar. So berechtigt das Verlangen nach Erforschung der tatsächlichen Auswirkungen, nach Einschaltung daher der empirischen Sozialforschung, nach „rechtstatsächlichen" Untersuchungen ist, die Mitwirkung auch der Jurisprudenz bleibt unentbehrlich. Sie hat sich niemals nur als „Rechtsprechungswissenschaft", sondern stets auch als eine Wissenschaft betrachtet, zu deren Aufgabe es gehört, rechtspolitischen Forderungen Ausdruck zu geben, neue Vorschläge für die Gesetzgebung zu erarbeiten[121]. Zu diesem Zwecke haben Juristen auch immer wieder Rechtstatsachenforschung betrieben und sich hierfür sozialwissenschaftlicher Methoden, etwa statistischer Erhebungen oder der Befragung von Behörden oder Verbänden, bedient. Zur Umsetzung der so gewonnenen Erkenntnisse in Gesetzesvorschläge bedarf es dann aber wieder der genauen Kenntnis des juristischen Instrumentariums.

Es ist üblich, daß der Jurist streng unterscheidet zwischen Aussagen „de lege lata" und „de lege ferenda". An dieser Unterscheidung ist festzuhalten. Nicht alles, was rechtspolitisch wünschenswert sein mag, läßt sich im Rahmen der geltenden Gesetze, mit den Mitteln methodisch gesicherter Interpretation und Rechtsfortbildung, realisieren. Es gibt zudem Fragen, die von so weittragender Bedeutung für die verschiedensten Lebensbereiche sind, daß nur der Gesetzgeber, der sich den nötigen Überblick verschaffen kann, zu ihrer Lösung berufen ist. Der Richter sollte die vom Gesetzgeber geforderten Entscheidungen diesem nicht abnehmen. Nur in engen Grenzen ist die Berücksichtigung rechtspolitischer Gesichtspunkte auch bei der interpretativen Fortbildung des geltenden Rechts und, wenn deren Voraussetzungen vorliegen[122], bei einer gesetzesübersteigenden Rechtsfortbildung legitim. Die Rechtsprechung hat, wie ich meine mit Recht, davon Abstand genommen, von sich aus eine Risikohaftung des Herstellers eines Produkts für solche Schäden

---

[120] Das geschieht z. B. in den Gutachten und Referaten für die jährlich stattfindenden Verhandlungen des Deutschen Juristentages.

[121] Daher halte ich den Titel der Abhandlung von P. Noll „Von der Rechtsprechungswissenschaft zur Gesetzgebungswissenschaft" (in JbRSozRTh, Bd 2, S. 524) für polemisch überspitzt. Der behauptete Gegensatz besteht in dieser Weise nicht.

[122] Vgl. unten Kap. 5, 4 d.

anzunehmen, die der Erwerber oder Benutzer durch einen für ihn nicht erkennbaren Fehler des Produkts erleidet. Als das Bedürfnis nach einer solchen Haftung deutlich wurde, hat sich die Rechtsprechung zunächst damit begnügt, ein Verschulden des Produzenten zu vermuten[123]. Erst durch das Gesetz über die Haftung für fehlerhafte Produkte vom 15.12.89 ist eine vom Verschulden unabhängige Haftung des Herstellers geschaffen, die u.a. dann entfällt, wenn er, was er zu beweisen hat, das Produkt nicht in den Verkehr gebracht hat, oder wenn anzunehmen ist, daß das Produkt den Fehler noch nicht hatte, als der Hersteller es in den Verkehr brachte. Was die Rechtsprechung begonnen, hat die Gesetzgebung zu Ende geführt.

Die Mitwirkung der Jurisprudenz an der Fortentwicklung der Rechtsprechung würde selbst dann nicht entbehrlich werden, wenn diese in Zukunft zu einem großen Teil statt von Menschen von Computern besorgt würde. Solange nämlich die Gesetze in der Umgangssprache abgefaßt sind, die auslegungsbedürftig ist, müßte bei der Übersetzung in die Sprache des Computers diesem die zutreffende Auslegung mitgeliefert werden. Da sich aber nicht alle Fallgestaltungen voraussehen lassen, in denen die Auslegung einer Bestimmung erneut zweifelhaft werden kann, würde sich immer wieder die Notwendigkeit ergeben, den Computer neu zu instruieren[124]. Die Aufgabe der Interpretation würde nicht entfallen, sondern allenfalls auf andere Stellen verlagert werden. Auch dürfte es wohl nicht möglich sein, daß der Computer von sich aus „Lücken“ feststellen und fehlende Regeln – also solche, die ihm nicht eingegeben wurden – aufstellen kann. Selbst wenn es aber möglich wäre, alle Gesetze, statt in der Umgangssprache, in der exakten Zeichensprache des Computers abzufassen, also nur in ihr definierte Begriffe zu verwenden und dadurch Interpretation überflüssig zu machen, würden doch der Sachvortrag der Prozeßparteien, die Aussagen der Zeugen und anderer Prozeßbeteiligten weiterhin in der Umgangssprache erfolgen. Bei der Übersetzung des vom Gericht festgestellten Sachverhalts aus der Umgangssprache in die des Computers würde das Problem der Interpretation wieder auftauchen. Denn die Schilderung des Sachverhalts würde Varianten enthalten, die sich nicht ohne weiteres mit dem begrenzten Zeichenvorrat des Computers voll erfassen lassen. Gerade die Variationsbreite der immer wieder etwas anders gelagerten Sachverhalte ist es ja, die dazu nötigt, die bisherige Auslegung einer Norm immer wieder zu überprüfen, zu korrigieren und fortzuentwickeln. Daran würde die Verwendung von Computern auf der untersten Ebene, der der reinen Subsumtion, nichts ändern. Allenfalls dort, wo es sich um massenhaft in gleichförmiger Weise auftretende Vorgänge handelt, wo die individuellen Umstände des Falles, Nuancen, abstufbare Übergänge, nicht vorausgesehene Fallkonstellationen keine Rolle spielen, kann der im Einzelfall entscheidende Richter durch den für alle Fälle im voraus instruierten Computer ersetzt werden. Neben dem sich ausdehnenden Bereich solcher Vorgänge wird es aber immer eine große Zahl anderer

---

123 Zuerst in der Entsch. BGHZ 59, 91.

124 Zutreffend bemerkt A. KAUFMANN (Festschrift für K. LARENZ, 1973, S. 371), ein Rechtsprechungscomputer, der „nur ein einziges Mal per saecula saeculorum programmiert wird“, würde „auch den unerschütterlichsten Positivisten das Gruseln lehren“.

geben, die nach einer nicht nur generalisierenden, sondern auch individualisierenden und typisierenden Beurteilung verlangen. Für sie Maßstäbe zu entwickeln, die eine an übergreifenden Wertungsgesichtspunkten und Prinzipien orientierte, zugleich aber fall- oder typenbezogene, elastische Beurteilung ermöglichen, bleibt Aufgabe der Jurisprudenz.

6. Die Erkenntnisleistung der Jurisprudenz

Daß die Jurisprudenz oder doch ihre nicht unmittelbar fallbezogene Ausprägung in der sog. Rechtsdogmatik eine Erkenntnisleistung zu erbringen vermag, wird einmal von allen denen bestritten, die eine solche überhaupt nur von den scientistischen Wissenschaften erwarten, zum anderen aber auch von den heute wohl in der Mehrzahl befindlichen Juristen, die die Aufgabe der Jurisprudenz ausschließlich in ihrem Nutzen für die Praxis sehen. „Rein theoretische" Arbeiten, die keinen unmittelbaren Nutzen für die Praxis erkennen lassen, begegnen heute auch an den Universitäten Zurückhaltung, wenn nicht entschiedener Ablehnung. Nach einer verbreiteten Ansicht sind nur rechtslogische, rechtssoziologische und rechtshistorische Arbeiten dazu geeignet, unsere Erkenntnis zu erweitern, rechtsdogmatische dagegen nicht. Die Aufgabe der Dogmatik wird ausschließlich in ihrer Einwirkung auf die Rechtspraxis gesehen. Diese Ansicht geht besonders auf HECK zurück. Die „praktische Rechtswissenschaft", sagt er, „die man hergebrachterweise als die ‚dogmatische' Rechtswissenschaft bezeichnet", erforsche „die Wege zu einem einzigen Endziel, zu der Einwirkung auf das Leben", und diene „keinem zweiten, getrennten, etwa rein theoretischen Ziele"[125]. Ähnliches ließe sich freilich auch von weiten Teilen der Naturwissenschaften und von der Medizin sagen; dennoch wird man kaum bestreiten, daß diese, und sei es auch in praktischer Absicht, Erkenntnisse gewinnen. Wenn man dies von der Jurisprudenz weithin bestreitet, so deshalb, weil man glaubt, daß Erkenntnisse nur im Bereich wertfreien Denkens, quantifizierender Methoden gewonnen werden könnten. Gerade die Einsicht, daß Jurisprudenz nicht „wertungsneutrale Begriffsarbeit", nicht „Dogmatik" im schlechten Sinne (nämlich im Sinne formal-logischer Operationen), sondern vornehmlich wertorientiertes Denken ist, steht dann der Anerkennung auch einer Erkenntnisleistung der Jurisprudenz im Wege. Ist sie, so meint man, nicht in der Lage, über ihren Gegenstand, das positive Recht, Aussagen zu machen, die rational zwingend begründbar sind, so ist sie ein bloßes „Meinungsgefüge"[126], dem zwar eine gewisse Verstän-

---

[125] PHILIPP HECK, Das Problem der Rechtsgewinnung und andere Schriften, Studien u. Texte zur Theorie und Methodologie des Rechts, Bd. 3, S. 146 f.

[126] So O. BALLWEG in JbRSozRTh, Bd. 2, S. 45 f. Zahlreiche ähnliche Äußerungen, die alle darauf hinauslaufen, daß rechtswissenschaftliche Aussagen niemals Anspruch auf Richtigkeit (im Sinne zutreffender Erkenntnis) erheben könnten, führt KELLMANN in RTh, 1975, S. 85 f. an. KELLMANN selbst hält Aussagen, die diesen Anspruch erheben können, nur in dem engen Rahmen eines „konsequent durchdachten und durchgehaltenen Rechtspositivismus" (etwa in Gestalt der „Reinen Rechtslehre" KELSENS) für möglich; damit greift er m.E. aber zu kurz.

digungsfunktion zukommt, aber keinerlei Erkenntnisfunktion. Denn „Meinungen" sind, im Gegensatz zu „Erkenntnissen", weder verifizierbar, noch falsifizierbar, daher beliebig.

Mindestens seit MAX WEBER scheint es den meisten ein unumstößliches Dogma zu sein, daß über Werte und Werthaftes keine wissenschaftlichen Erkenntnisse möglich sind[127]. Die Kehrseite dieses Dogmas ist eine eigentümliche Resignation hinsichtlich der Möglichkeit, Erkenntnisse zu gewinnen in dem weiten Bereich, in dem es um den Wert oder Unwert von menschlichen Verhaltensweisen, von Zielen, Zwecken, menschlichen Veranstaltungen (wie der Technik), um den „rechten" Gebrauch der den Menschen zur Verfügung stehenden Mittel und Kräfte geht. Niemand kann heute noch im Ernst behaupten, diese Fragen wären für die Menschheit von untergeordneter Bedeutung. Nicht mit Unrecht bemerkt GADAMER[128], hier – nämlich bei „dem blinden Dezisionismus betreffs der letzten Zwecke" – ende „der methodische Realismus in einem kruden Irrationalismus". Wir haben indessen oben[129] gesehen, daß auf die Frage, ob über Werte, wie den der Gerechtigkeit, einige begründbare Aussagen gemacht werden können, heute von Rechts- und Moralphilosophen die verschiedensten Antworten gegeben werden. Doch mag diese Frage an dieser Stelle auf sich beruhen. Es geht um die leichter zu beantwortende Frage, ob im Rahmen eines, wenn auch nur in Umrissen, *gegebenen Systems von Wertungsmaßstäben* Aussagen über deren Inhalt, Reichweite und Bedeutsamkeit gemacht werden können, die auf „Richtigkeit" innerhalb auf dieses Systems Anspruch erheben können. Diese Frage müssen wir bejahen.

Mag es selbst so sein, daß sich über „letzte Werte" keine Aussagen machen lassen, die für jedermann überzeugend sind, möglich ist es doch, wie das „Faktum" der Jurisprudenz beweist, Wertungsmaßstäbe, die uns irgendwie – eben in einem positiven Recht, einer positiven Moral – gegeben sind, im Wege ihrer Interpretation und ihrer Konkretisierung im Hinblick auf „repräsentative" Fälle zu verdeutlichen, praktikabler zu machen und weiter zu entwickeln. Daß Interpretationen und auf sie gegründete Folgerungen nicht den Grad an Genauigkeit und logischer Stringenz erreichen, wie Messungen, Rechnungen und rein logische Gedankenoperationen, ist allein noch kein Grund, ihnen jedweden Erkenntniswert abzusprechen. Jurisprudentielle Aussagen können zwar häufig nicht voll verifiziert werden, weil oft ein gewisser Spielraum des Urteilsermessens bleibt, wo verschiedene Werte oder Güter gegeneinander „abzuwägen" sind oder die Zuordnung zum Sinnbereich eines Typus oder Maßstabes im Einzelfall zweifelhaft bleibt. Indessen lassen sich viele Aussagen wenigstens falsifizieren, und das wäre nicht möglich, wenn es sich nur um „Mei-

---

127 WEBER sei, meint LOOS (Zur Wert- und Rechtslehre MAX WEBERS, S. 49), offenbar so fest davon überzeugt gewesen, „daß der Wertbereich der ratio entzogen ist", daß er über die Beweisbedürftigkeit dieser Auffassung „nicht einmal reflektierte".

128 Wahrheit und Methode, 3. Aufl., 1972, im Nachwort S. 522. Ähnlich auch RYFFEL, Rechtssoziologie, S. 195.

129 In dem Kapitel über die Methodendiskussion unter Nr. 8. Erinnert sei besonders an PERELMANN, RYFFEL, COING und HENKEL.

nungen" handelte[130]. Sie können darüber hinaus in dem Sinne *begründet* werden, daß sie als mit anderen, bereits feststehenden vereinbar oder durch sie gefordert aufgezeigt werden. In diesem Sinne begründete Aussagen sind auch im Bereich eines wertorientierten Denkens möglich und gefordert[130a]. Man darf eben nicht „Werten" im Sinne rein persönlicher Stellungnahme, wie das immer noch geschieht, mit „wertorientiertem Denken" gleichsetzen, das aus der Wissenschaft zu verweisen nichts anderes als die Bankrotterklärung der menschlichen Vernunft gegenüber den meisten menschlichen Lebensproblemen bedeuten würde. Die Jurisprudenz jedenfalls hat keinen Grund, eine solche Bankrotterklärung zu unterschreiben. Sie hat – auch wenn das vielen Juristen gar nicht bewußt ist – Methoden wertorientierten Denkens geschaffen, die denen anderer, grundsätzlich „wertfreier" Wissenschaften durchaus an die Seite zu stellen sind.

Ein weiterer Grund, aus dem der Jurisprudenz nicht selten ein Erkenntniswert abgesprochen wird, ist die schon von KIRCHMANN[131] hervorgehobene Flüchtigkeit ihres Gegenstandes, des „positiven" Rechts. Gerne wird sein Ausspruch zitiert: „Drei berichtigende Worte des Gesetzgebers, und ganze Bibliotheken werden zu Makulatur". Aber auch hier sollte man vorsichtig sein. Gewiß sind viele Rechtsprobleme zeit- und situationsbedingt. Sie tauchen auf und verschwinden wieder, weil die Voraussetzungen weggefallen sind, unter denen sie von Bedeutung werden konnten. Aber das gilt keineswegs für alle Probleme; viele kehren, in leicht veränderter Gestalt, immer wieder. Wo es beispielsweise Verträge gibt, da tauchen auch immer wieder Fragen auf wie die, *wer* Verträge schließen kann (Frage der Geschäftsfähigkeit), *wie* der Abschluß vor sich geht (Frage der Form, des „Zugangs" von Willenserklärungen, des „Konsenses" und „Dissenses"), ob die Partner *unter allen Umständen* an den Vertrag gebunden sind (Fragen der Gültigkeitsvoraussetzungen, nach dem Einfluß eines Irrtums oder der völligen Veränderung der vorausgesetzten Umstände oder mangelhafter Vertragserfüllung) und andere mehr. Verschiedene Rechtsordnungen mögen sie zu verschiedenen Zeiten verschieden beantworten; als Probleme stellen sie sich immer erneut. Dasselbe gilt etwa von dem Problem des Irrtums oder des „übergesetzlichen Notstandes" im Strafrecht. Eine Zeit glaubt sie gelöst zu haben, aber die Lösung ist durch irgendeinen Mangel erkauft und hält daher nicht Stand. Diese Beobachtung erlaubt wohl die Feststellung, daß es sich dabei um in der „Sache Recht" selbst gelegene Probleme handelt, oder, noch allgemeiner, daß es diese „Sache" gibt[132].

Der Fehler KIRCHMANNS und aller „Positivisten" ist der, daß sie die gesetzlichen Regelungen nur in ihrer reinen Positivität, als „gesetzte", betrachten, nicht aber als mögliche Antworten auf Rechtsprobleme, das sind Probleme, die sich aus

---

[130] Zur Falsifizierbarkeit juristischer Theorien vgl. unten Kap. 6, 1 d.

[130a] Zutreffend sagt NEUMANN in KAUFMANN/HASSEMER, Einführung in die Rechtsphilosophie und Rechtstheorie der Gegenwart, 5. Aufl. 1989, S. 382: „Rechtswissenschaftliche Theorien können nicht verifiziert, aber sie können und müssen *begründet* werden."

[131] Über KIRCHMANN vgl. oben im 1. Teil, Kap. 3, 2.

[132] Dazu HRUSCHKA, Das Verstehen von Rechtstexten, S. 56 ff.

den Möglichkeiten und Zwängen zwischenmenschlicher Beziehungen unter dem Leitgedanken einer „gerechten" Ordnung immer wieder ergeben. Damit soll nicht gesagt sein, die Jurisprudenz sei eine Wissenschaft lediglich von den *Rechtsproblemen*, nicht auch von den jeweils auf sie gegebenen Antworten. Denn diese Probleme lassen sich von den auf sie gegebenen Antworten nicht in der Weise isolieren, daß sie ganz unabhängig davon Gegenstand einer eigenen Wissenschaft sein könnten. Ergeben sich viele dieser Probleme doch erst aus der Beantwortung eines anderen. Entscheidend ist jedoch, daß die Jurisprudenz hinter den Problemen und hinter den Antworten, die das positive Recht auf sie gibt, die spezifischen Rechtsgedanken (die „rationes legis") und die leitenden Rechtsprinzipien, ferner gewisse Sachstrukturen und durch sie gebotene Unterscheidungen erkennt, die diese Antworten begründen (im Sinne von „rechtfertigen") oder nach neuen Antworten verlangen. Mit der Änderung eines Gesetzes verschwindet noch nicht das Problem, auf das der Gesetzgeber nun eine neue Antwort gibt; und diese neue Antwort ist ihrerseits nur verständlich, wenn man das Problem und die darauf bisher gegebenen Antworten versteht. So kommt es dann auch in der Rechtswissenschaft immer wieder zu Rückgriffen auf Antworten, die unter einem anderen Gesetzeszustand gegeben worden waren. Das Wort KIRCHMANNS ist insoweit schlicht falsch.

Wohl beziehen sich die Aussagen der Jurisprudenz unmittelbar auf das gerade hier und jetzt geltende Recht. Aber dieses gibt eine Antwort auf Fragen, die sich nicht nur dieser Rechtsgemeinschaft, sondern in ähnlicher Weise auch anderen stellen. Es sind nicht nur Probleme gerade dieser Rechtsordnung, sondern mehr oder weniger allgemeine Rechtsprobleme. Daher kann und will die Rechtsvergleichung nicht nur Kenntnisse über fremde Rechtsordnungen vermitteln, sondern auch Erkenntnisse über mögliche Lösungen von Rechtsproblemen und deren unterschiedlichen Wert gewinnen[133]. Jede ernsthafte Beschäftigung mit einem Rechtsproblem, zumal wenn sie dieses nicht nur im Rahmen und mit den Denkmitteln einer einzigen positiven Rechtsordnung angeht, ist daher sehr wohl geeignet, unsere Kenntnis von der „Sache Recht" zu erweitern.

HECK hat insofern gewiß recht, als die Jurisprudenz nicht *neben* ihrer praktischen Aufgabe, die Anwendung und Fortbildung des geltenden Rechts zu fördern, und getrennt von ihr ein zweites, „rein theoretisches" Ziel verfolgt. Alle ihre Erkenntnisse sollen schließlich wieder der Entwicklung des Rechts zugute kommen. Aber auch ihr Wert für die Rechtspraxis wäre überaus gering, wenn sie nicht in der Lage wäre, Erkenntnisse zu gewinnen, die dazu geeignet sind, ein besseres Verständnis des geltenden Rechts, der rechtlichen Probleme überhaupt und ihrer Lösungsmöglichkeiten herbeizuführen. Dabei geht es nicht lediglich um die formale Struktur – wenngleich auch diese zu beachten ist – sondern letztlich um den materialen Gerechtigkeitsgehalt der Normen, Rechtsinstitute und der in der Rechtsprechung zutage tretenden Entscheidungsmaximen. Indem sie uns diesen Gerechtigkeitsgehalt bewußt macht, leitende Rechtsprinzipien aufdeckt und in verschiedenen Zusam-

133 Die Gewinnung von Erkenntnis bezeichnen ZWEIGERT und KÖTZ (Einführung in die Rechtsvergleichung, S. 14) als die „primäre Funktion der Rechtsvergleichung".

menhängen konkretisiert, das „innere System“ entfaltet, leistet die Jurisprudenz auch einen Beitrag zur besseren Erkenntnis der Prinzipien eines (jeden) richtigen Rechts[134]. Insoweit geht es dann nicht nur um Erkenntnisse, die „zutreffend“ sind im Rahmen gerade dieses positiven Rechts, sondern um Rechtserkenntnis (Erkenntnis der „Sache Recht“) schlechthin. Ist solche Erkenntnis auch letztlich die Aufgabe der Rechtsphilosophie, so leistet die Jurisprudenz doch einen nicht zu entbehrenden Beitrag hierzu.

7. Methodenlehre als hermeneutische Selbstreflexion der Jurisprudenz

Es bleibt uns zum Abschluß dieser einführenden Bemerkungen noch ein Wort zu sagen über die Aufgabe und den Standort der Methodenlehre der Jurisprudenz selbst. Ist sie ein Teil der Jurisprudenz, wie diese an ein bestimmtes positives Recht gebunden, oder hat sie eine von ihr unabhängige Grundlage? Wir werden sehen daß beides bis zu einem gewissen Grade zutrifft.

Methodenlehre einer jeden Wissenschaft ist zunächst einmal die Reflexion dieser Wissenschaft auf ihr eigenes Vorgehen, auf die Denkweisen und die Erkenntnismittel, deren sie sich bedient. Jede Wissenschaft entwickelt solche Denkweisen und darüber hinaus bestimmte Verfahren, um sich ihres Stoffes zu vergewissern, ihre Aussagen zu verifizieren[135]. Die Reflexion auf diese Verfahren geschieht nicht von ihrer Anwendung getrennt, sondern begleitet sie oder folgt ihr unmittelbar nach, steht in engster Verbindung mit der betreffenden Wissenschaft selbst. Das gilt auch für die Methodenlehre der Jurisprudenz. Sie ist daher jeweils die Methodenlehre einer bestimmten Jurisprudenz: der eines kodifizierten Rechts oder eines case law, ja sogar bis zu einem gewissen Grade der eines bestimmten Rechtssystems. Daß im Falle der Rezeption eines fremden Rechtssystems und seiner Dogmatik die Methodenlehre des Rezeptionslandes gleichwohl andere Wege gehen kann, hat am Beispiel der Rezeption des europäischen Rechts in Japan KITAGAWA[136] gezeigt. Eine Vergleichung der wichtigsten Rechtskreise der Gegenwart schließt auch eine Vergleichung der ihnen zugehörigen Methodenlehren ein[137]. Noch weiter faßt

---

[134] Prinzipien, auch „rechtsethische“, eines positiven Rechts sind als solche noch nicht ohne weiteres auch Prinzipien „richtigen Rechts“, sie gelten nach Maßgabe und im Kontext dieses positiven Rechts. Aber indem das positive Recht auf die Gerechtigkeit hin angelegt ist, eröffnen sie einen Zugang auch zur Erkenntnis des in Ansehung des Rechts Richtigen. Näher hierzu meine Schrift über Richtiges Recht, S. 174 ff.

[135] Vgl. VICTOR KRAFT, Die Grundformen der wissenschaftlichen Methoden, 2. Aufl., Wien 1973, S. 11: „Die wissenschaftlichen Methoden ... dienen nicht zur Entdeckung, sondern zur Begründung der Erkenntnis. Sie haben die Aufgabe, zu gewährleisten, daß eine Aussage eine Erkenntnis enthält.“

[136] KITAGAWA, Rezeption und Fortbildung des europäischen Zivilrechts in Japan, 1970, S. 176 ff.

[137] Ansätze dazu bei DAVID-GRASSMANN, Einführung in die großen Rechtssysteme der Gegenwart, 2. Aufl. 1988, S. 174 ff., 184 ff., 423, 489 ff.

Fikentscher die Aufgabe einer vergleichenden Methodenlehre[138]. Er versteht unter „Methoden" spezifische Weisen, Recht zu denken und demgemäß, es zu praktizieren, und er bezieht außer dem gegenwärtigen auch das Rechtsdenken früher und vergangener Epochen, wie der griechisch-römischen Kultur, ein. Das Hauptgewicht seines Werkes liegt freilich auf der Denkweise und den ihr jeweils entsprechenden Methoden des anglo-amerikanischen und des (heutigen) kontinental-europäischen Rechtskreises.

Die Reflexion auf das eigene Tun schafft jedoch zugleich einen gewissen Abstand. Sie bedeutet eine Änderung der Blickrichtung und damit der Fragestellung. Gefragt wird nun nicht mehr, ob diese oder jene Interpretation oder Zuordnung zum Sinnbereich eines Wertungsmaßstabes zutreffend sei, sondern was vor sich geht, wenn ein Gesetz interpretiert, ein ausfüllungsbedürftiger Maßstab konkretisiert wird, und vor allem: wann, unter welchen Bedingungen eine solche Interpretation oder Zuordnung als „zutreffend" angesehen werden kann. Die Methodenlehre beschreibt also nicht nur, wie tatsächlich verfahren wird, sondern sie stellt auch die Frage nach dem Wert, dem möglichen Erfolg bestimmter Methoden. Sie verfährt insoweit nicht lediglich „deskriptiv", sondern auch „normativ"[139]. Der Maßstab, den sie dazu anlegen muß, kann offenbar nur das spezielle Erkenntnisziel dieser Wissenschaft sein[140].

Das Erkenntnisziel der Jurisprudenz ist die Ausarbeitung und die Darstellung des hier und jetzt (im normativen Sinne) geltenden Rechts, und zwar als eines nicht schlechthin „gegebenen", sondern eines aus einem (in Gesetzen und richterlichen Entscheidungen, Verwaltungsakten und Verträgen) vorgegebenen Stoff jeweils erst näher zu entwickelnden Regelungsinhalts. Dabei macht sie, wie mehrfach betont wurde, mindestens im Sinne einer Arbeitshypothese die Voraussetzung, daß diesem Stoff bis zu einem gewissen Grade eine innere Ordnung innewohnt, daß er insgesamt als Versuch miteinander übereinstimmender Antworten auf Rechtsprobleme als solche verstanden werden kann. Ohne diese Voraussetzung bliebe ihr kaum mehr als die Tätigkeit des Sammelns und Registrierens – eine Tätigkeit, mit der sie sich zu keiner Zeit zufrieden gegeben hat. Eine weitere Voraussetzung, die durchweg gemacht wird, ist die, daß sich mit Hilfe der in ihrem sinnhaften Zusammenhang richtig verstandenen Normen und zum Vergleich geeigneter Entscheidungen weitere „Rechtsfälle" in einer Weise entscheiden lassen, die der Forderung nach Sachgerechtigkeit in den Grenzen des jeweils Möglichen entspricht. Ziel der rechtswissenschaftlichen Arbeit ist also einmal die Aufdeckung einer inneren Einheit, eines durchgehenden Sinnbezuges der Normen, zum anderen ihre

[138] In seinem Werk „Methoden des Rechts in vergleichender Darstellung", 5 Bände, 1975–1977.

[139] Das gilt wohl für die Methodologie einer jeden Wissenschaft. R. Lautmann, Wert und Norm, 2. Aufl., S. 112, Anm. 6, weist darauf hin, daß „in methodologischen Erörterungen häufig das Wort ‚soll' einschließlich seiner Äquivalenzen" auftauche. Methodologische Normen schrieben „den Gang der wissenschaftlichen Forschung" vor. Sie tun dies freilich nicht im Sinne etwa der Regeln der Logik, sondern eher im Sinne bloßer Empfehlungen.

[140] Vgl. auch Albert in: Topitsch, Logik der Sozialwissenschaften, 8. Aufl. 1972, S. 187.

Konkretisierung im Blick auf verschiedene Fallkonstellationen. Methoden, die die Jurisprudenz diesem ihrem Erkenntnisziel und damit der ihr gestellten praktischen Aufgabe näher zu bringen geeignet sind, wird die Methodenlehre billigen, solche, die dazu nicht geeignet sind, dagegen ablehnen.

Wenn auch die Rechtswissenschaft eines jeden positiven Rechts ihre eigene Methodenlehre entwickeln wird, geht es letzten Endes doch um die gleiche Frage, die nach der zutreffenden Weise der Erkenntnis der „Sache Recht". Diese Frage kann nur eine Wissenschaft beantworten, die die Eigenart, die spezifische Sinnhaftigkeit dieser Sache selbst – noch unabhängig von ihrer jeweiligen Darstellung in einem „positiven" Recht – thematisiert: die Rechtsphilosophie. Insofern hat RYFFEL recht, wenn er sagt[141], die Methodenlehre führe, „gewollt oder ungewollt", in die Philosophie. Der historische Teil hat den engen Zusammenhang zwischen juristischer Methodenlehre und Rechtsphilosophie durchweg bestätigt. Zu jeder Methodenlehre könnte man, auch wenn sie sich dessen nicht bewußt ist, eine ihr adäquate Rechtsphilosophie aufzeigen. Auch in der Methodendiskussion der Gegenwart machen sich, wie wir gesehen haben, rechtsphilosophische Grundannahmen durchweg bemerkbar. Das gilt etwa von der fast einhelligen Bevorzugung der „Fallgerechtigkeit" wie von den unterschiedlichen Stellungnahmen zur Systemfrage, vor allem aber zum Erkenntnisproblem. Das Verhältnis zwischen Methodenlehre und Rechtsphilosophie darf indessen nicht nur im Sinne einer einseitigen Abhängigkeit der Methodenlehre von bestimmten rechtsphilosophischen Voraussetzungen gesehen werden. Methodologische Einsichten, wie z. B. die, daß alle Regeln notwendig sowohl interpretationsbedürftig, wie „lückenhaft" und in weitem Maße „konkretisierungsbedürftig" sind, stellen bestimmte rechtsphilosophische Ansätze – etwa einen reinen „Gesetzespositivismus" oder ein statisches Naturrechtsdenken – von vornherein in Frage[141a].

Ob aber bestimmte Methoden dazu geeignet sind, das Erkenntnisziel der Jurisprudenz und ihre davon untrennbaren praktischen Aufgaben zu fördern oder nicht, ob es spezifische Methoden wertorientierten Denkens gibt und wenn ja, wie sie sinnvollerweise einzusetzen sind, das sind Fragen, die dem weiteren Bereich der Hermeneutik angehören. Unter „Hermeneutik" verstehe ich hier: die Lehre von den Bedingungen der Möglichkeit und den besonderen Weisen des „Verstehens im engeren Sinn", d. h. des Verstehens von Sinnhaftem als solchem, im Gegensatz zum „Erklären" von Objekten ohne Rücksicht auf Sinnbezüge[142]. Geht es in der juristischen Methodenlehre um die besonderen Weisen des Verstehens rechtlicher Sinnbezüge, so bildet die allgemeine Hermeneutik in dem bezeichneten Sinne wiederum die Grundlage auch für die juristische Methodenlehre.

---

141 RYFFEL, Grundprobleme der Rechts- und Staatsphilosophie, S. 59.

141a Das führt BYDLINSKI in seinem Werk „Juristische Methodenlehre und Rechtsbegriff", 1982, näher aus.

142 Die Frage einer „universalen Hermeneutik" im Sinne GADAMERS, die auch das „Erklären" mit umgreift, kann hier offen bleiben. Hierzu auch PANNENBERG, Wissenschaftstheorie und Theologie, S. 139 ff., 152 ff., 223.

Insoweit als die Methodenlehre der Jurisprudenz sich auf die allgemeine Hermeneutik zurückbezieht und von daher in der Lage ist, an die in der Jurisprudenz angewandten Methoden einen kritischen Maßstab anzulegen, gewinnt sie gegenüber der Jurisprudenz und dem Rechtssystem, dem diese jeweils zugehört, erheblich an Unabhängigkeit[143]. Sie hat vor allem die Möglichkeit, die Jurisprudenz über Irrtümer aufzuklären, denen sich diese hinsichtlich der Tragweite einzelner ihrer Methoden oder der logischen Struktur ihrer Argumentationsweisen hingibt. Sie kann z. B. deutlich machen, daß Rechtsanwendung nicht von Interpretation und Rechtsfortbildung getrennt werden kann, daß sie nur zu einem geringen Teil auf logischer Subsumtion, im weitesten Maße auf Beurteilungen ganz anderer Art beruht, daß wertorientiertes Denken in der Jurisprudenz unentbehrlich ist und nicht mit persönlichem Werten gleichgesetzt werden darf, sowie welcher spezifischer Denkformen – wie Typus, konkretisierungsbedürftiger Maßstab, funktionsbestimmter Begriff – sich ein solches Denken bedient. Freilich geht diese Unabhängigkeit der Methodenlehre nicht so weit, daß sie, als Methodenlehre einer bestimmten Jurisprudenz, von der dieser zugrundeliegenden Rechtsverfassung – ob überwiegend gesetzliches Recht mit Bindung der Gerichte an Gesetz „und Recht", oder case law, oder vielleicht eine Mischung aus beidem – absehen könnte. Denn mit Rücksicht eben auf diese Rechtsverfassung hat die der einen oder der anderen verhaftete Jurisprudenz bestimmte Methoden entwickelt, auf die sie nicht verzichten kann. Indessen bestehen, wie die Untersuchungen der letzten Jahrzehnte, etwa die von ESSER, gezeigt haben, vor allem in bezug auf die richterliche Rechtsfindung – so etwa im Bereich der „Generalklauseln" – auch Gemeinsamkeiten, die auf allein von der Sache (nämlich: der „Sache" Rechtsfindung) her bestimmte Strukturen hindeuten.

Methodenlehre der Jurisprudenz läßt sich danach als deren Selbstreflexion im Lichte der Hermeneutik charakterisieren. Mit „Selbstreflexion" ist nicht so etwas wie eine psychologische Analyse der juristischen Entscheidungsvorgänge gemeint, so nützlich eine solche sein mag, sondern die Aufdeckung und hermeneutische Beurteilung der in der Jurisprudenz, mehr oder weniger bewußt, angewandten Methoden und Denkformen. Es geht ferner darum, was eine bestimmte Methode zu leisten vermag, was nicht, wie man methodisch „richtig" vorgehen kann, was methodisch falsch, weil in der Tat nicht geeignet ist, zu einwandfreien Ergebnissen zu gelangen. Hier muß indessen vor einem verbreiteten Mißverständnis gewarnt werden. Juristische Methodenlehre ist weder „juristische Formallogik", noch „Anleitung zur Technik von Fallösung"[144]. Es kann der Methodenlehre nicht darum gehen, feste Regeln aufzustellen, die man nur zu befolgen brauchte, um in der Anwendung der Rechtsnormen sicher zu gehen. Interpretation und alles, was sich an sie anschließt, ist keine Tätigkeit, die sich allein nach festgelegten Regeln vollziehen könnte; es bedarf dazu immer auch der schöpferischen Phantasie des Interpreten. Wenn wir früher von „hermeneutisch bedeutsamen Umständen" gesprochen haben,

---

[143] Von der „relativen Unabhängigkeit" der Methodenlehre vom jeweiligen Rechtssystem spricht auch HASSEMER in: A. KAUFMANN, Rechtstheorie, S. 30.

[144] So auch FRIEDRICH MÜLLER, Juristische Methodik, 3. Aufl. 1989, S. 20.

ist jetzt hinzuzufügen, daß es nicht möglich ist, einen erschöpfenden Katalog aller Umstände aufzustellen, die hermeneutisch bedeutsam werden können. Methodische Anweisungen lassen für ihre Anwendung in gleicher Weise einen Beurteilungsspielraum, wie die meisten Rechtsnormen. Sie geben Orientierungshilfen, ermöglichen die Kontrolle eines Gedankenganges vor allem daraufhin, ob keine wesentlichen Gesichtspunkte übersehen sind, nötigen den Interpreten dazu, sich über sein Vorgehen Rechenschaft zu geben. Aber wer meint, sie sklavisch befolgen zu sollen, hat sich die Sache zu einfach gemacht. Nicht für die juristische Alltagsarbeit, wohl aber für alle bedeutenden juristischen Arbeiten trifft die Bemerkung GADAMERS zu, daß „zwar methodische Sauberkeit zur Wissenschaft unerläßlich ist, aber die bloße Anwendung gewohnter Methoden weit weniger als die Findung von neuen – und dahinter die schöpferische Phantasie des Forschers – das Wesen aller Forschung ausmacht"[145]. Freilich, auch der entgegengesetzte Schluß ginge fehl, der nämlich: weil methodische Anweisungen keine stets in gleicher Weise, gleichsam mechanisch anwendbare Regeln sind, seien sie überflüssig, bloße „Leerformeln". Das hieße wieder, auf das *mögliche Maß* von Rationalität zu verzichten und alles der bloßen Beliebigkeit des subjektiven Dafürhaltens zu überlassen[146].

Da die Methodenlehre die der Jurisprudenz einer bestimmten Rechtsordnung ist, die bestimmte Anforderungen auch an das Vorgehen der Gerichte stellt und diese Anforderungen wiederum deren Argumentationsweise und Begründungsstil mitbestimmen, hat die Methodenlehre auch sie mitzubedenken[147]. Die wichtigste derselben ist in unserem Rechtssystem die im Grundgesetz (Art. 20 Abs. 3 und 97 Abs. 1) ausgesprochene Bindung der Rechtsprechung an „Gesetz und Recht". Was sie im einzelnen bedeutet, ist zwar umstritten, die Methodenlehre muß, wenn anders sie den Richtern eine Entscheidungs- und Begründungshilfe gewähren will, ihr Rechnung tragen. Wir haben bereits im 5. Kapitel des I. Teils gesehen, daß sie in der heutigen Methodendiskussion eine erhebliche Rolle spielt. Ebenfalls in unserem geltenden Rechtssystem begründet ist der Auftrag der Gerichte zu einer (sachgerechten) Rechtsfortbildung. Wie beide Forderungen in der richterlichen Tätigkeit verwirklicht und miteinander vereinigt werden können, muß die Methodenlehre darlegen. Wie soll sich die Methodenlehre verhalten, wenn die Rechtsordnung, um deren Jurisprudenz es sich handelt, sich nicht darauf beschränkt, die Richter anzuweisen, „nach bewährter Lehre" und das heißt auch: gemäß den anerkannten Regeln der Interpretation und Rechtsfortbildung, zu verfahren, sondern selbst detaillierte Anweisungen für die Auslegung und die Lückenergänzung gibt? Das ist bei uns z. B. der Fall hinsichtlich der Auslegung von Rechtsgeschäften, wenngleich diese Vorschriften selbst wiederum in hohem Maße auslegungsbedürftig sind und in der Tat eine ihrem Wortsinn nach kaum zu erwartende Auslegung erfahren haben. Weiter ist

---

145 GADAMER, Wahrheit und Methode, S. 513 (Nachwort).

146 Ist der Verzicht auf das *mögliche Maß* an Rationalität, d. h. hier: Rechtfertigung durch Gründe, schon im Bereich moralischer Urteile bedenklich – dazu FRANKENA, Analytische Ethik; S. 127 ff. –, so ist er im Bereich rechtlichen Urteilens unerträglich.

147 Dazu FRIEDRICH MÜLLER, Juristische Methodik und Politisches System, 1976.

hier etwa das Analogieverbot im Strafrecht zu nennen. Das englische Recht kennt ein, auf Gewohnheitsrecht beruhendes, dem kontinentalen Juristen fast unverständliches Verbot der historischen Gesetzesauslegung. Zu derartigen Vorschriften ist zu sagen, daß sie, weil selbst auslegungsbedürftig, selten den vom Gesetzgeber vorgestellten Effekt haben. Im übrigen hat die Methodenlehre sie als Schranken, an die die Gerichte und andere Staatsorgane nun einmal gebunden sind, hinzunehmen. Ihr ist unbenommen, sie vom hermeneutischen Standpunkt aus zu kritisieren. Sie hat dabei zu beachten, daß die methodischen Regeln der Interpretation und Konkretisierung von Rechtsnormen zwar einerseits den hermeneutischen Bedingungen genügen müssen, anderseits aber selbst wieder, so wie die zu interpretierenden Rechtsnormen, im Dienste einer sinn- und sachgerechten Rechtsfindung und Rechtsfortbildung stehen und daher auch immer unter diesem Aspekt zu sehen sind.

Haben auch die von der Rechtsprechung anerkannten, hermeneutisch gerechtfertigten methodischen Anweisungen ihrerseits den Rang von Rechtsnormen? Die Frage muß verneint werden. Sie haben, trotz langjähriger unangefochtener Übung durch die Gerichte, nicht den Charakter von Gewohnheitsrecht, weil keine allgemeine Rechtsüberzeugung dahinter steht. Ihre Verfestigung zu Rechtsnormen würde zudem die Aufgabe als unhaltbar erkannter Regeln (wie derjenigen, daß „Ausnahmeregelungen stets eng auszulegen“ seien) unnötig erschweren. Zwar kann die Außerachtlassung methodischer Regeln (oder der nötigen Sorgfalt bei ihrer Anwendung) zu einer falschen Interpretation und diese zu einer unrichtigen Entscheidung führen. Die methodische Regel selbst hat aber nur eine Hilfsfunktion. Ihre Außerachtlassung allein macht das Urteil noch nicht notwendig unrichtig.

Die Methodenlehre der Jurisprudenz bedient sich einer normativen Sprache aus dem Grunde, weil sie die Metawissenschaft einer normativen Wissenschaft ist. Mit Worten wie „Rechtssatz“, „Rechtsfolgen“, „Geltung“ meint sie, was die Jurisprudenz unter ihnen versteht. Die zur Kennzeichnung jurisprudentieller Methoden verwandten Ausdrücke – wie z. B. einschränkende, erweiternde Auslegung, Analogie, teleologische Reduktion, Konkretisierung eines Wertungsmaßstabes – haben darüber hinaus einen spezifisch hermeneutischen Sinn. Sie haben in die „Alltagssprache“ der Juristen in dem Maße Eingang gefunden, in dem die Jurisprudenz methodenbewußter geworden ist, was sich etwa an der Ausbreitung des Wortes „Konkretisierung“ im Sprachgebrauch der Gerichte in den letzten 40 Jahren verfolgen läßt[148]. Aus der allgemeinen Hermeneutik stammende Ausdrücke – z. B. Analogie – haben wieder im Kontext der Jurisprudenz und der juristischen Methodenlehre einen spezifischen Sinn. Die Methodenlehre der Jurisprudenz geht weder in Hermeneutik, noch in Jurisprudenz auf, sondern ist die ständige Vermittlung beider, in keine von ihnen ganz einzuordnen. Sie ist einerseits „eingegliedert in die jeweilige Rechtsordnung und klärt deren Präzepte methodisch auf“[149]. Aber sie kann diese nur

---

[148] Wesentlich beigetragen hat dazu die Schrift von ENGISCH über „Die Idee der Konkretisierung in Recht und Rechtswissenschaft unserer Zeit“, 1953, 2. Aufl. 1968.

[149] So HASSEMER in „Rechtstheorie“, S. 29.

„aufklären“, indem sie sich über die Vorschriften – auch solche methodischer Art – der jeweiligen Rechtsordnung erhebt, sie im Lichte allgemeiner Erkenntnisse der Hermeneutik prüft. Neue hermeneutische Erkenntnisse – wie etwa die, daß „Auslegen“ kein lediglich rezeptives, sondern stets auch ein produktives Tun ist – verändern ebenso das Selbstverständnis der Jurisprudenz, wie aus den in der Jurisprudenz angewandten Methoden die Hermeneutik neue Erkenntnisse zu gewinnen vermag. Die „Vermittlung“ muß in beiden Richtungen gesehen werden. Durch Schärfung des methodischen Bewußtseins will auch die Methodenlehre zu den praktischen Aufgaben der Jurisprudenz beitragen. Ihr primäres Ziel aber ist die Gewinnung von Erkenntnissen über die Rechtswissenschaft. Insofern ist sie eine Theorie der Rechtswissenschaft, als solche ein Teil der Rechtstheorie.

KAPITEL 2

Die Lehre vom Rechtssatz

1. Die logische Struktur des Rechtssatzes

a) Die Bestandteile des (vollständigen) Rechtssatzes

Jede Rechtsordnung enthält Regeln, die beanspruchen, daß sich diejenigen, an die sie sich richten, ihnen gemäß verhalten. Soweit diese Regeln zugleich Entscheidungsnormen darstellen, sollen diejenigen, die über die rechtliche Austragung von Konflikten zu entscheiden haben, ihnen gemäß urteilen. Die meisten Rechtsregeln sind sowohl Verhaltensnormen für den Bürger, wie Entscheidungsnormen für die Gerichte und die Behörden. Kennzeichnend für eine „Regel" in dem hier gemeinten Sinn ist erstens ihr Geltungsanspruch, der ihr zukommende Sinn einer verbindlichen Verhaltensanforderung oder eines verbindlichen Beurteilungsmaßstabes – ihr normativer Charakter –, zweitens ihr Anspruch, nicht nur gerade für einen bestimmten Fall, sondern innerhalb ihres räumlichen und zeitlichen Geltungsbereiches für alle Fälle „solcher Art" zu gelten – ihr genereller Charakter. Eine Rechtsregel kann ausgesprochen sein in einem Gesetz, sie kann sich ergeben aus sogenanntem Gewohnheitsrecht oder aus zutreffenden Folgerungen aus dem geltenden Recht oder aus Konkretisierungen von Rechtsprinzipien, wie sie immer wieder von den Gerichten vorgenommen werden. Damit sich aus der zunächst fallbezogenen Konkretisierung eines Rechtsprinzips oder eines ausfüllungsbedürftigen Maßstabes eine neue Rechtsregel ergibt, muß sie allerdings in dem Sinne verallgemeinerungsfähig sein, daß sie auf gleichliegende oder „ähnliche" Fälle anwendbar ist. Das ist der Fall, wenn und soweit sie an die „typischen" Züge des jeweils entschiedenen Falles anknüpft.

Die Regel des Rechts hat die sprachliche Form eines Satzes, des „Rechtssatzes"[1]. Um ihn ist es im folgenden zu tun. Der Rechtssatz ist wegen des ihm zukommenden normativen Sinnes zu unterscheiden von einem Aussagesatz, der eine Tatsachen-

---

[1] Der Ausdruck „Rechtssatz" wird hier also gleichbedeutend mit dem Ausdruck „Rechtsnorm" gebraucht. Dies rechtfertigt sich eben daraus, daß die Rechtsnorm sprachlich nur als ein Satz (oder als ein Gefüge von Sätzen) ausgedrückt werden kann. KELSEN (Reine Rechtslehre, 2. Aufl., S. 73 ff.) behält den Ausdruck „Rechtssatz" den Sätzen der Rechtswissenschaft vor. Diese enthalten Aussagen über den Inhalt oder die Geltung von Rechtsnormen; sie sind Aussagesätze, die sich inhaltlich auf Normen beziehen, aber selbst keine Normen.

behauptung oder eine Feststellung enthält[2]. Er ist ebenso zu unterscheiden von solchen Sätzen, die Aussagen über geltendes Recht enthalten, in denen von Rechtsnormen die Rede ist. Machen wir uns die Gemeinsamkeit wie die Unterschiede der Aussagesätze und der normativen Sätze, d. h. der Rechtssätze, weiter klar.

Jeder Satz ist ein sprachliches Gefüge, in dem eines mit einem anderen verknüpft ist. Ein Aussagesatz enthält zumeist die Verknüpfung zwischen einem Objekt und einer Eigenschaft oder einer Verhaltensweise, die ihm zugeschrieben, von ihm behauptet wird. Beispiele wären etwa die Sätze: „Dieses Auto ist rot" oder „ Dieses Auto fährt z. Zt. mit der und der Stundengeschwindigkeit". Kompliziertere Aussagen wie etwa „Dieses Auto ist eben dabei, einen Lastwagen zu überholen" oder „X ist während der Fahrt am Steuer seines Wagens eingeschlafen", dürften sich alle auf die vorgenannte Grundform zurückführen lassen. Gemeinsam ist allen derartigen Aussagesätzen, daß der darin bezeichnete Zusammenhang oder Vorgang als ein tatsächlich bestehender oder stattfindender oder, wenn die Aussage in die Vergangenheitsform gekleidet ist, als ein solcher behauptet wird, der bestanden oder stattgefunden hat. Als Bekräftigung ließe sich allemal hinzufügen: So ist es oder so war es tatsächlich. Weil jede Aussage den Anspruch erhebt, daß es tatsächlich so ist oder so war, unterliegt sie dem Wahrheitskriterium, kann ihr das Prädikat „wahr" oder „falsch" zukommen.

Nehmen wir nun einen beliebigen Rechtssatz, z. B. den Satz: Der Vermieter hat die vermietete Sache während der Mietzeit in einem zu dem vertragsmäßigen Gebrauch geeigneten Zustand zu erhalten (§ 536 BGB). Dieser Satz behauptet nicht, daß Vermieter sich immer in der angegebenen Weise verhielten oder in Zukunft so verhalten würden. Er schreibt vielmehr allen denjenigen, die im Sinne dieser Bestimmung als „Vermieter" anzusehen sind, ein bestimmtes Verhalten in bezug auf die Mietsache vor[3]. Man kann daher auch nicht fragen, ob dieser Rechtssatz wahr oder falsch, sondern nur, ob er gültig, Bestandteil der geltenden Rechtsordnung sei[3a]. Von dem Rechtssatz selbst ist die Aussage zu unterscheiden, dieser Satz sei geltendes Recht. Diese Aussage kann, wie jede Aussage, wahr oder falsch sein.

Der Rechtssatz verknüpft wie jeder Satz eines mit einem anderen. Er ordnet dem generell umschriebenen Sachverhalt, dem „Tatbestand", eine ebenso generell umschriebene „Rechtsfolge" zu. Der Sinn dieser Zuordnung ist, daß immer dann, wenn

---

[2] Zwar sagt auch der Rechtssatz etwas aus, indem er angibt, was der Adressat tun oder lassen, wie er urteilen soll. Diese Aussagefunktion steht aber im Dienste der normativen Funktion. Der Rechtssatz behauptet nicht, daß etwas sei oder so sei, sondern schreibt etwas vor, gewährt oder versagt. Vgl. zu der ähnlichen Problematik der Imperative HARE, Die Sprache der Moral, S. 35, 37 ff. Über Normsätze und Aussagesätze WEINBERGER, Rechtslogik, 2. Aufl., S. 53 ff., 225 ff.

[3] Recht und Moral, wie immer ihr Verhältnis sonst sein mag, stimmen jedenfalls darin überein, daß beide sich einer „vorschreibenden" Sprache bedienen, die von der Sprache, in der Tatsachenbehauptungen geäußert werden, charakteristisch verschieden ist. Vgl. dazu HARE, a.a.O., S. 19 ff.

[3a] Richtig sagt WEINBERGER, a.a.O., S. 259, die Funktion des Geltungsbegriffs in bezug auf die Rechtsnorm sei weitgehend analog der Rolle des Wahrheitsbegriffs in bezug auf Aussagesätze.

der im Tatbestand bezeichnete Sachverhalt vorliegt, die Rechtsfolge eintritt, d. h. im konkreten Fall gilt. In unserem Beispiel wird der Tatbestand lediglich durch das Wort „der Vermieter" bezeichnet. Wie der Kontext der Bestimmung ergibt, ist damit derjenige gemeint, der einem anderen eine Sache vermietet, d. h. sich dazu verpflichtet hat, ihm gegen ein Entgelt, den Mietzins, den zeitweiligen Gebrauch der Sache zu gewähren (§ 535 BGB). Der Tatbestand des § 536 BGB erfordert demnach einen den Anforderungen der Rechtsordnung an derartige Verträge genügenden, daher gültigen Mietvertrag. Die an diesen Tatbestand von der Norm geknüpfte Rechtsfolge ist die im Gesetzestext näher bezeichnete Verpflichtung des Vermieters zur Instandhaltung der Mietsache. Der Ausdruck „hat ... zu erhalten"[3b] ist gleichbedeutend mit „soll erhalten" oder „ist verpflichtet zu erhalten". Die Wörter „sollen" oder „verpflichtet sein" sind, so haben wir früher gesehen, Schlüsselwörter der Sprache des Normativen, die nicht ohne Verlust ihres spezifischen Sinnes durch solche Ausdrücke definiert werden können, in denen wir von Tatsachen sprechen. Die Rechtsfolge liegt stets auf dem Gebiet des Normativen. Sie ist nicht etwa gleichbedeutend mit dem von dem Normgeber erstrebten tatsächlichen Erfolg, sondern, von ihm her gesehen, nur das mehr oder minder geeignete Mittel dazu, um ihn herbeizuführen. Während die Rechtsfolge als ein normativer Sachverhalt (Entstehung einer Verpflichtung) vermöge der Geltung des Rechtssatzes in jedem Fall eintritt (d. h. gilt), hängt der erstrebte tatsächliche Erfolg von mannigfachen weiteren Faktoren ab, kann daher im einzelnen Fall auch ausbleiben.

Wenn beispielsweise der Gesetzgeber bestimmt, daß derjenige, der schädliche Stoffe in ein Gewässer einleitet, dem dadurch Geschädigten dessen Schaden zu ersetzen hat, dann bezweckt er damit einmal, daß die auf solche Weise Geschädigten in der Tat eine Entschädigung erhalten, und darüber hinaus, daß infolge der abschreckenden Wirkung einer vielleicht hohen Schadensersatzpflicht potentielle Verunreiniger von Gewässern davon abgehalten werden, schädliche Stoffe in sie einzuleiten. Ob und in welchem Umfang diese vom Gesetzgeber erstrebten Wirkungen eintreten, das hängt unter anderem von der Zahlungsfähigkeit der jeweils zum Schadensersatz Verpflichteten, und soweit es um die abschreckende Wirkung einer derartigen Ersatzpflicht geht, von schwer durchschaubaren psychologischen Vorgängen ab. Nichtsdestoweniger tritt die Rechtsfolge als solche in jedem Fall einer Verwirklichung des Normtatbestandes ein. Denn die „Rechtsfolge" besteht weder darin, daß A, der schädliche Stoffe in ein Gewässer eingeleitet hat, dem dadurch geschädigten B dessen Schaden tatsächlich ersetzt, noch gar in der ganz ungewissen Präventionswirkung, sondern einzig und allein darin, daß A dem B zum Ersatz seines Schadens verpflichtet wird. Diese Rechtsfolge tritt ein, weil sie in einem gültigen Rechtssatz angeordnet ist, ohne daß es hierfür noch auf weitere Fakten ankäme. Die Verknüpfung eines tatsächlichen Vorgangs, wie er in dem Tatbestand der Norm

[3b] Richtig sagt WEINBERGER, Norm und Institution, 1988, S. 61: „Sollsätze drücken Pflichten aus. Statt ‚Es ist geboten, daß Du Deine Schuld bezahlst' (= ‚Du sollst deine Schuld bezahlen'), kann man sagen ‚Du hast die Pflicht, Deine Schuld zu bezahlen'".

beschrieben ist, mit einer Rechtsfolge, die auf dem Gebiet des rechtlich Geltenden liegt, daher mit der Verwirklichung des Tatbestandes „in Geltung tritt", ist das Spezifikum des Rechtssatzes als der sprachlichen Ausdrucksform einer Norm.

Der Sinn der Verknüpfung des Tatbestandes mit der Rechtsfolge ist nicht, wie im Aussagesatz, eine Behauptung, sondern eine Geltungsanordnung. Der Normgeber sagt nicht: So ist es in der Tat, sondern er sagt: So soll es Rechtens sein, gelten. Freilich wären seine Worte „ins Leere" gesprochen, wäre er nicht, aufgrund vorgehender Normen, dazu legitimiert, Geltungsanordnungen solcher Art, die für andere „verbindlich" sind, zu treffen, und handelte er dabei nicht im Rahmen der ihm durch eine vorgehende Norm übertragenen Kompetenz. Allein das betrifft nicht mehr die Frage nach der Struktur des Rechtssatzes, sondern die nach seiner Gültigkeit, die hier nicht weiter zu verfolgen ist.

b) Der Rechtssatz als Bestimmungssatz. Kritik der Imperativen-Theorie

Die bisherigen Ausführungen legen die Vermutung nahe, daß die Rechtssätze stets zu der allgemeineren Klasse der Gebotssätze oder Imperative gehören. Die sprachliche Form und die Logik der Imperativsätze hat HARE untersucht[4]. Er unterscheidet individuelle und universelle Imperative. Die letzteren haben die Form von Sollenssätzen. Aus ihnen können, so legt er dar, mittels logischer Schlußregeln individuelle Imperative abgeleitet werden. So leiten wir aus dem universellen Rechtsgebot, daß (alle) Vermieter die Mietsache während der Mietzeit in dem zu dem vertragsmäßigen Gebrauch geeigneten Zustand zu erhalten haben, das individuelle Rechtsgebot an den Vermieter A ab, zur Instandhaltung der von ihm an B vermieteten Sache die und die konkreten Maßnahmen zu treffen. Daß dieses Gebot für ihn „gilt", drücken wir auch so aus, daß wir sagen, er sei dazu verpflichtet.

Aber sind alle Rechtssätze wirklich solche, die entweder ein Gebot oder ein Verbot zum Ausdruck bringen, bestimmten Personen eine Verpflichtung zu einem Tun oder einem Unterlassen auferlegen? Das ist die Meinung der im rechtstheoretischen Schrifttum weit verbreiteten Imperativentheorie[5]. Sie glaubt, alle rechtlichen Bestimmungen letzten Endes auf solche Sätze zurückführen zu können, die ein bestimmtes Verhalten gebieten oder verbieten, also Imperative sind, und will nur diesen die Bezeichnung „Rechtssätze" vorbehalten.

---

[4] Die Sprache der Moral, dtsch. Ausg. 1972 (engl. Ausg. 1952).

[5] Sie geht zurück auf THON, Rechtsnorm und subjektives Recht, 1878, S. 3; JHERING, Der Zweck im Recht, 3. Aufl., Bd. 1, S. 330; BIERLING, Juristische Prinzipienlehre, Bd. 1, S. 30. Weitere Vertreter sind BINDER, Philosophie des Rechts S. 702 ff., NAWIASKY, Allgemeine Rechtslehre, S. 8; ENGISCH, Einführung in das juristische Denken, S. 22 ff., 200 f. (Anm. 6 b). Zu ihren Gegnern gehörte ZITELMANN, Irrtum und Rechtsgeschäft, S. 204, 222. Nach ihm enthält der Rechtssatz eine Aussage über die vom Gesetzgeber getroffene Anordnung. Ähnlich WERNER GOLDSCHMIDT, Der Aufbau der juristischen Welt, 1963, S. 6, 21, 284 ff. Kritisch HENKEL, Einführung in die Rechtsphilosophie, 2. Aufl. S. 43 ff., KLUG, Logik und Logikkalkül, 1962, S. 115 f.; ESSER, Vorverständnis und Methodenwahl, S. 34; HART, The Concept of Law, S. 27 ff.; BYDLINSKI, Jur. Methodenlehre u. Rechtsbegriff, S. 197 ff.

Indessen wie steht es mit solchen Rechtssätzen, die bestimmen, daß jemand unter bestimmten Voraussetzungen ein Recht erwirbt oder verliert? Man denke an die Bestimmungen über den Erwerb und den Verlust des Eigentums, eines anderen dinglichen Rechts oder einer Forderung. Kann man alle diese Bestimmungen auf Gebote oder Verbote zurückführen? Im historischen Teil haben wir die Auffassung WINDSCHEIDS erwähnt[6], nach der der rechtliche Gehalt des Eigentums allein in seiner Ausschlußfunktion, also in dem an alle gerichteten Verbot, den Eigentümer in seiner ausschließlichen Sachherrschaft zu beeinträchtigen, gelegen sei. Aber diese Auffassung wird dem Sinn des Eigentums nicht gerecht. Der Ausschluß aller anderen von der Einwirkung auf den Eigentumsgegenstand ist nur die Kehrseite davon, daß die Rechtsordnung diesen Gegenstand dem Eigentümer zu seiner alleinigen tatsächlichen und rechtlichen Verfügung zugewiesen hat. Dadurch, daß er mit der Sache Rechtens nach seinem Willen verfahren, sie für seine Zwecke gebrauchen, verbrauchen, umgestalten oder veräußern darf, erlangt der Eigentümer einen individuellen Freiheitsraum, der es ihm ermöglicht, sich als Person zu entfalten. Beide Seiten, der „Zuweisungsgehalt" des Eigentums und seine Ausschlußfunktion, bedingen sich wechselseitig; es ist nicht gerechtfertigt, die eine lediglich als den „Reflex" der anderen hinzustellen und ihr damit eine nur untergeordnete Bedeutung zuzuschreiben. Vielmehr sind die Zuweisung einer Sache zum rechtlichen Eigenbereich des Eigentümers und das an alle gerichtete Verbot der „Verletzung" des Eigentums – das man auch positiv als das an alle gerichtete Gebot bezeichnen kann, den Eigentümer in seiner Eigensphäre zu achten –, gleich notwendige Elemente des Eigentumsbegriffs. Das bedeutet, daß man nicht das eine allein auf das andere zurückführen, es damit zum Verschwinden bringen kann. Ein Rechtssatz, dem zufolge A das Eigentum an einer bestimmten Sache verliert und B es erwirbt, hat nicht nur zur Folge, daß alle anderen jetzt dazu verpflichtet sind, das nunmehrige Eigentum des B an der Sache nicht zu verletzen, sondern vor allem, daß B nunmehr rechtens alles das tun kann, was dem Eigentümer als solchem mit der Sache zu tun gestattet ist. Die Rechtsfolge ist in der Tat, daß A die rechtliche Stellung des Eigentümers verliert und B in sie eintritt, mit allen Konsequenzen, die sich aus diesem Wechsel der Eigentumszuständigkeit ergeben. Nicht anders ist es bei dem Erwerb eine Hypothek, einer Forderung oder eines anderen Rechts. Es gibt also zahlreiche Rechtssätze, deren unmittelbare oder nächste Rechtsfolge nicht in der Auferlegung oder Änderung einer Pflicht, sondern in dem Erwerb oder in dem Verlust eines Rechts besteht.

Ist es schon schwierig für die Imperativentheorie, Rechtssätze, die als Folge den Erwerb oder den Verlust eines Rechts anordnen, auf Imperative zurückzuführen, so wird dies noch schwieriger, wenn wir solche Rechtssätze ins Auge fassen, die etwa die Begründung einer Vertretungsmacht, den Erwerb oder Verlust einer Vollmacht, einer Verfügungsmacht oder Empfangszuständigkeit regeln. Denn der Begründung einer derartigen „Rechtsmacht" entspricht nicht notwendig jeweils die Entstehung einer Pflicht. Allerdings wird die Begründung beispielsweise einer

---

6 Vgl. oben S. 30.

Vollmacht praktisch bedeutsam erst in Verbindung mit einem Rechtsgeschäft, das der Bevollmächtigte im Rahmen seiner Vollmacht namens des Vollmachtgebers mit einem Dritten abschließt. Aus diesem Geschäft wird, wenn es sich um einen schuldrechtlichen Vertrag handelt, der Vollmachtgeber gegenüber dem Dritten oder dieser gegenüber jenem verpflichtet. Um die Imperativentheorie aufrecht zu erhalten, könnte man in solchen Fällen sagen, daß die Begründung einer Vollmacht (oder einer gesetzlichen Vertretungsmacht, einer Verfügungsmacht usw.) für sich allein noch keine „Rechtsfolge" sei, sondern daß es sich nur um eine abkürzende Redeweise handle für die Schaffung einer Bedingung, die im Falle des Hinzutretens weiterer Bedingungen (nämlich des Abschlusses eines entsprechenden Rechtsgeschäftes) als Rechtsfolge eine Verpflichtung nach sich ziehen könne. Dann wäre der Satz, der bestimmt, unter welchen tatbestandlichen Voraussetzungen eine Vollmacht begründet wird, mangels einer Rechtsfolge noch kein vollständiger Rechtssatz, sondern ein unvollständiger Rechtssatz, der dazu diente, eine der tatbestandlichen Voraussetzungen eines anderen Rechtssatzes näher zu umschreiben. Zweifellos gibt es, wie wir noch sehen werden, derartige unvollständige Rechtssätze; die Frage ist nur, welche Sätze man dazu zählen will. Es ist vielleicht logisch möglich, alle Rechtssätze, die nicht selbst ein Gebot oder Verbot darstellen, als unvollständige Rechtssätze aufzufassen, die lediglich der Vervollständigung von Gebots- oder Verbotssätzen dienen. Das würde aber den Bau der Gesetze nicht durchsichtiger, ihr Verständnis und ihre Anwendung nicht leichter machen, sondern erheblich erschweren.

Eine weitere Gruppe von Rechtssätzen regelt den rechtlichen Status eines Menschen oder einer Personenvereinigung, also z. B. den Erwerb der Rechtsfähigkeit, der Geschäftsfähigkeit, der Staatsangehörigkeit oder des Wohnsitzes. Die Imperativentheorie kann auch diese Rechtssätze nur als unvollständige verstehen, da sie als Rechtsfolge kein Gebot oder Verbot enthalten. Der Satz „Die Rechtsfähigkeit des Menschen beginnt mit der Vollendung der Geburt", wäre also kein vollständiger Rechtssatz, sondern erläuterte nur eines der vielen Tatbestandsmerkmale, das in allen den Rechtssätzen wiederkehrt, die Personen Pflichten auferlegen und dadurch möglicherweise für andere Personen Rechte begründen. Sieht man dagegen den Status der Rechtsfähigkeit, der Geschäftsfähigkeit, der Staatsangehörigkeit als „Rechtsfolge" an, dann handelt es sich bei dem angeführten Satz (§ 1 BGB) ebenso wie bei den Rechtssätzen, die den Erwerb oder Verlust eines Rechts oder einer bestimmten „Rechtsmacht" regeln, um vollständige Rechtssätze, auch wenn die in ihnen angeordnete Rechtsfolge ihre volle Bedeutung erst dadurch gewinnt, daß sie als eine Voraussetzung für den Eintritt anderer Rechtsfolgen aufgrund anderer Rechtssätze fungiert. So ist etwa die Rechtsfähigkeit des Erwerbers die Voraussetzung für jeglichen Rechtserwerb, Geschäftsfähigkeit die Voraussetzung für die Gültigkeit einer Willenserklärung, die Verfügungsmacht über das betreffende Recht dic Voraussetzung für die Gültigkeit einer Verfügung. Mögliche „Rechtsfolgen" sind demnach nicht nur die Entstehung oder das Erlöschen einer Rechtspflicht, sondern auch der Erwerb, die inhaltliche Veränderung, der Übergang oder der Verlust eines subjektiven Rechts, der Erwerb oder Verlust einer „Rechtsmacht" (wie z. B. einer Vollmacht oder einer Verfügungsmacht), einer Zuständigkeit oder des rechtlichen

Status einer Person[7]. In allen Fällen handelt es sich um eine Änderung in der Welt des rechtlich Geltenden.

Enthält danach nicht jeder Rechtssatz notwendig ein Gebot oder Verbot, so doch eine Geltungsanordnung. Sein Sinn als normativer Satz ist es, Rechtsfolgen in Geltung zu setzen. Seiner logischen Form nach ist er ein hypothetischer Satz. Er besagt: Immer dann, wenn ein konkreter Sachverhalt S den Tatbestand T verwirklicht, gilt für diesen Sachverhalt die Rechtsfolge R; kürzer: für jeden Fall von T gilt R.

Den Unterschied der von ihm als „Bestimmungssätze“ gekennzeichneten Sätze, die eine Geltungsanordnung enthalten, sowohl von den Aussagesätzen wie von Imperativen hat ADOLF REINACH[8] zutreffend herausgearbeitet. Bestimmungen, so führt er aus, seien etwas anderes als Befehle. Ein Befehl richtet sich an andere Personen und verlangt ein bestimmtes Verhalten von ihnen. Die Bestimmung dagegen nehme nicht notwendig das Verhalten einer anderen Person in ihren Inhalt auf. Vielmehr gehe die Bestimmung ganz allgemein darauf aus, daß irgendetwas sein *soll*. In ihr werde „etwas als sein-sollend gesetzt“. Der Befehl zielt unmittelbar auf Befolgung ab, die Bestimmung darauf, daß das Bestimmte fortan als maßgeblich genommen wird, daß es im normativen Sinne „gilt“. Die unmittelbare Wirkung des Befehls, auf die er abzielt, nämlich seine Befolgung, liegt im Bereich des tatsächlich Geschehenden; die unmittelbare Wirkung, auf die die Bestimmung abzielt, nämlich die Geltung des Bestimmten, liegt im Bereich des Normativen, der rechtlichen Sachverhalte und Beziehungen. Diese bilden im Sinne einer nicht naturalistischen Ontologie eine eigene Seinsebene, nämlich einen Ausschnitt aus dem Bereich des von NICOLAI HARTMANN sogenannten objektivierten Geistes[9]. Normsetzung ist ein konstitutiver Akt, durch den Sachverhalte und Beziehungen auf der Ebene des rechtlich Geltenden gestaltet werden.

Damit soll nicht gesagt werden, daß es nicht auch Rechtssätze geben könne, die zugleich ein Gebot oder Verbot zum Ausdruck bringen, die daher auch als generelle Imperative aufgefaßt werden können. Sie zielen aber auch in diesem Fall darauf, Rechtsfolgen in Geltung zu setzen. So kann man in dem Rechtssatz, der dem Vermieter die Pflicht zur Instandhaltung der Mietsache auferlegt, einen Imperativ, nämlich das Gebot an alle Vermieter sehen, sich dementsprechend zu verhalten.

---

[7] In einem Beitrag zur formalen Struktur der subjektiven Rechte in RTh 1979, S. 71, meint JÜRGEN SCHMIDT, ob man das subjektive Recht definiere lediglich durch eine Verbotsnorm – so die Imperativentheorie – oder durch die Kombination einer Verbots- und einer Erlaubnisnorm, sei sachlich gleichbedeutend und nur eine Verschiedenheit der sprachlichen Formulierung. Das mag zutreffen, aber die Rechtsordnung enthält nicht nur Verbots- und (etwa noch) Erlaubnissätze, sondern Geltungsanordnungen verschiedenster Art, und *deshalb* ist die Imperativentheorie unzureichend, um die Eigenart der Rechtssätze („Rechtsnormen“) gegenüber anderen Sätzen (insbesondere Aussagesätzen) zu kennzeichnen.

[8] Die apriorischen Grundlagen des bürgerlichen Rechts, Neuausg. 1953, S. 170 ff. Zu ihm vgl. oben im 1. Teil, Kap. 4 unter 4.

[9] Vgl. dazu HENKEL, Einführung in die Rechtsphilosophie, 2. Aufl., S. 186 ff., 550 f.; auch COING, Grundzüge der Rechtsphilosophie, 4. Aufl., S. 298.

Unabhängig davon, ob sie diesem Gebot nachkommen oder nicht, unabhängig also von seiner Wirksamkeit als Imperativ hat der Rechtssatz aber zur Folge, daß für jeden Vermieter die genannte Verpflichtung entsteht. Diese Folge, die allein auf der Ebene des rechtlich Geltenden liegt, hat er deshalb, weil er nicht nur ein Imperativ, sondern in erster Linie ein Bestimmungssatz ist, der eine Geltungsanordnung enthält. Die Verwechslung der Bestimmungssätze mit Imperativen ist nicht nur bei Juristen, sondern auch bei Logikern und Moralphilosophen noch weit verbreitet. Man erkennt wohl den Unterschied zwischen Aussagesätzen, die eine Behauptung enthalten, und Befehlssätzen oder Imperativen. Wenn man erkannt hat, daß die Rechtssätze keine Aussagesätze sind, weil sie nicht etwas behaupten, sondern etwas anordnen, dann glaubt man, sie nur noch der Klasse der Befehlssätze (Imperative) zuordnen zu können. In Wahrheit bilden die Bestimmungssätze eine weitere Klasse von Sätzen für sich, und die Rechtssätze ihren wichtigsten, wenn nicht sogar einzigen Anwendungsfall[10].

2. Unvollständige Rechtssätze

Ein Gesetz besteht in der Regel aus einer Vielzahl von Sätzen, die aber nicht alle vollständige Rechtssätze sind. Manche dienen nur dazu, den Tatbestand, ein Tatbestandselement oder die Rechtsfolge eines vollständigen Rechtssatzes näher zu bestimmen; manche schränken einen weit gefaßten Rechtssatz ein, indem sie eine bestimmte Fallgruppe von seiner Anwendung ausnehmen; wieder andere verweisen hinsichtlich eines Tatbestandselementes oder der Rechtsfolge auf einen anderen Rechtssatz. Alle derartigen Sätze sind sprachlich vollständige Sätze, als Rechtssätze aber unvollständig. Daß sie, wenn auch unvollständige, *Rechtssätze* sind, bedeutet: Sie nehmen an dem Geltungssinn des Gesetzes teil, sind keine Aussagesätze, sondern Teile von Geltungsanordnungen[11]. Sie erhalten ihre konstitutive, Rechtsfolgen begründende Kraft aber nur in Verbindung mit anderen Rechtssätzen. Wenn beispielsweise § 90 BGB bestimmt: „Sachen im Sinne dieses Gesetzes sind nur körperliche Gegenstände", dann besagt dieser Satz, daß überall dort, wo das Gesetz den Ausdruck „Sache" gebraucht, darunter nur „körperliche Gegenstände" zu verstehen sind. Hierbei handelt es sich nicht um eine Aussage – etwa darüber, daß es die Gesetzesverfasser so gemeint hätten –, sondern um die verbindliche Anweisung an denjenigen, der das Gesetz anzuwenden hat, den Ausdruck „Sache" in dem angegebenen Sinn zu verstehen. Diese Anweisung gewinnt praktische Bedeutung erst in Verbindung mit solchen Rechtssätzen, in denen der Ausdruck „Sache" verwendet wird. Der Satz erfüllt also lediglich eine Hilfsfunktion für das durch ihn vorgeschriebene Verständnis anderer, ihrerseits vollständiger oder unvollständiger Rechtssätze.

---

[10] Vgl. hierzu auch *meinen* Beitrag in der Festschrift für ENGISCH, 1969, S. 150.

[11] Vgl. BIERLING, Juristische Prinzipienlehre, Bd. 4, S. 222; SOLMÓ, Juristische Grundlehre, S. 186.

Unter den unvollständigen Rechtssätzen unterscheiden wir erläuternde, einschränkende und verweisende.

a) Erläuternde Rechtssätze

Unter „erläuternden Rechtssätzen“ verstehen wir solche, die entweder einen in anderen Rechtssätzen verwandten Begriff oder Typus näher umschreiben (umschreibende Rechtssätze), oder einen allgemein gehaltenen Ausdruck im Hinblick auf unterschiedliche Fallgestaltungen spezialisieren oder inhaltlich weiter ausfüllen (ausfüllende Rechtssätze). Während sich die umschreibenden Rechtssätze meist auf Tatbestandselemente beziehen, erläutern die ausfüllenden Rechtssätze zumeist eine Rechtsfolge. Beispiele für die Erläuterung eines Tatbestandselementes finden sich im BGB in den §§ 90 ff., 276 Abs. 1 Satz 1, 278, 279 (Erläuterung dessen, was ein Schuldner im Sinne der Tatbestände der §§ 275, 280, 285, 323, 325, 326 „zu vertreten hat“), 276 Abs. 1 Satz 2 (Umschreibung des Begriffs „Fahrlässigkeit“), 932 Abs. 2 (Erläuterung des Begriffs „guter Glaube“). Zu den ausfüllenden Rechtssätzen gehören die §§ 249 ff. BGB. Sie haben den Sinn, die sich aus anderen Rechtssätzen ergebende Rechtsfolge einer „Verpflichtung zum Schadensersatz“ in ihrem Inhalt näher zu bestimmen. § 462 BGB bestimmt: „Wegen eines Mangels, den der Verkäufer nach den Vorschriften der §§ 459, 460 zu vertreten hat, kann der Käufer Rückgängigmachung des Kaufes (Wandelung) oder Herabsetzung des Kaufpreises (Minderung) verlangen“. Der Tatbestand dieses Rechtssatzes ist im wesentlichen durch die Verweisung auf die genannten Vorschriften bestimmt; nur in Verbindung mit ihnen handelt es sich um einen vollständigen Rechtssatz. Die Rechtsfolgen „Wandelung“ und „Minderung“ werden durch die ausfüllenden Rechtssätze der §§ 465 ff. des näheren bestimmt.

Die im Gesetz enthaltenen Umschreibungen von Schuldvertragstypen haben in der Tat nur eine erläuternde Funktion, auch wenn sie im Gewande einer Rechtsfolgeanordnung, also eines vollständigen Rechtssatzes, auftreten. Faßt man sie als Rechtsfolgeanordnungen auf, so verkennt man, daß die darin genannten vertragstypischen Pflichten sich nicht erst aus der sie benennenden Norm, sondern aus dem Inhalt des konkreten Vertrages in Verbindung mit dem Rechtssatz, daß verpflichtende Verträge grundsätzlich rechtsverbindlich sind, ergeben. Zutreffend sagt das Gesetz in § 705 BGB, daß durch den Gesellschaftsvertrag sich die Gesellschafter gegenseitig verpflichten, die Erreichung eines gemeinsamen Zweckes in der durch den Vertrag bestimmten Weise zu fördern. Diese Pflicht ergibt sich also nicht erst aus § 705 BGB, sondern schon aus dem Gesellschaftsvertrag. Wenn es in § 607 BGB heißt: „Wer Geld oder andere vertretbare Sachen als Darlehen empfangen hat, ist verpflichtet, dem Darleiher das Empfangene in Sachen von gleicher Art, Güte und Menge zurückzuerstatten“, dann ergibt sich diese Pflicht eben aus der Vereinbarung, daß das Empfangene „als Darlehen“ gegeben und empfangen sei, § 607 erläutert nur das Wort „Darlehen“. Nicht anders steht es mit den in § 433 BGB genannten Verpflichtungen des Verkäufers und des Käufers, von der Abnahmepflicht des Käufers einmal abgesehen. Denn es ist eben der vertragstypische Sinn ihrer Erklärungen, daß der Verkäufer und der Käufer einer Sache sich durch sie in der im Gesetz näher bezeichneten Weise verpflichten. Daß diese Verpflichtungen von der Rechtsordnung sanktioniert werden, ergibt sich aus den allgemeinen Vorschriften über Verträge, nicht erst aus § 433 BGB. Der Sinn, die Funktion dieser Bestimmung liegt darin, daß sie kenntlich macht, was das Gesetz unter einem „Kaufvertrag" versteht, auf den es die dann folgenden Vorschriften über die Rechtsfolgen von Kaufverträgen angewandt wissen will. Es handelt sich also um einen erläuternden Rechtssatz, und zwar um eine Typenbeschreibung. Ebenso liegt es bei fast allen Bestimmungen, mit denen das Gesetz die Regelung eines bestimmten Vertragstypus, wie etwa der Miete, der Pacht, des Dienst- oder des Werkvertrages, einleitet. Es umschreibt den jeweiligen Vertragstypus durch die Angabe der vertragstypischen Leistungen, zu denen sich die Partner eines solchen Vertrages verpflichten. Ihre Verpflichtung ergibt sich aus dem Vertrag, der eben deshalb ein im Sinne des Gesetzes typischer ist, weil sich die Partner in dieser Weise verpflichtet haben. Hinter der scheinbaren Rechtsfolgeanordnung des Gesetzes verbirgt sich eine Definition oder eine Typenbeschreibung. Die Beschreibung des gesetzlichen Typus braucht nicht abschließend zu sein. Vor allem bei der Gesellschaft, aber auch beim Dienst- und Werkvertrag, bei der Miete und selbst beim Kauf hat man, um den Typus nicht nur in seinen Hauptzügen, sondern auch in der Fülle seiner möglichen Abwandlungen und in seinem vollen Bedeutungsgehalt zu erfassen, auch auf die nachfolgenden gesetzlichen Vorschriften und die in ihnen zum Ausdruck kommende Regelungsidee zurückzugreifen[12].

b) Einschränkende Rechtssätze

Sehr häufig wird der Tatbestand eines Rechtssatzes im Gesetz zunächst so weit gefaßt, daß er seinem Wortsinn nach auch Sachverhalte deckt, für die er nicht gelten soll. Dann wird er durch einen zweiten Rechtssatz wieder eingeschränkt. Derartige einschränkende Rechtssätze lassen sich auf die Form bringen: Wenn zu dem Tatbestand T (der zuvor gegebenen Norm) das besondere Merkmal M hinzutritt[13], gilt die für T angeordnete Rechtsfolge R nicht. Einschränkende Rechtssätze enthalten eine negative Geltungsanordnung („gilt nicht"), die nur verständlich ist in Verbindung mit einer vorausgegangenen positiven Geltungsanordnung. Der Grund für den Gesetzgeber, in dieser Weise zu verfahren, kann darin liegen, daß die Aufnahme aller einschränkenden Merkmale schon in den Tatbestand der positiven Geltungsanordnung einen zu schwerfälligen, unschönen oder gar unverständlichen Satz ergeben würde, oder aber darin, daß der Gesetzgeber, wie es im BGB der Fall ist, durch das Schema von „Regel" und „Ausnahme" oft zugleich die Beweislast regeln will.

Da die wahre Reichweite eines Rechtssatzes erst dann erkennbar wird, wenn man alle im Gesetz enthaltenen Einschränkungen hinzunimmt, so ergibt sich der vollständige Rechtssatz im Grunde erst aus der Verbindung der positiven Geltungsanordnung mit den sie wieder einschränkenden negativen Geltungsanordnungen.

---

[12] Das hat LEENEN, Typus und Rechtsfindung, S. 162 ff. deutlich gemacht. Im näheren dazu unten Kap. 3, 4c (S. 301 ff.).

[13] Dieses Merkmal kann auch ein negatives Merkmal sein; Beispiele §§ 285 u. 400 BGB.

Zum Tatbestand eines Rechtssatzes kann nicht nur das Vorliegen, sondern auch das Nicht-Vorliegen bestimmter Tatsachen gehören. In letzterem Fall sprechen wir von „negativen Tatbestandsmerkmalen“[14]. Dem Gesetzgeber steht es grundsätzlich frei, Einschränkungen entweder in der Gestalt von negativen Tatbestandsmerkmalen in den Tatbestand der die Rechtsfolge aussprechenden Norm selbst aufzunehmen, oder sie dieser in Gestalt einer negativen Geltungsanordnung nachträglich anzufügen. § 398 BGB sagt, eine Forderung könne von dem Gläubiger durch Vertrag mit einem anderen auf diesen übertragen werden. Dieser Satz wird eingeschränkt durch die §§ 399 und 400, denen zufolge Forderungen unter gewissen Umständen nicht abgetreten werden können. Der Gesetzgeber hätte stattdessen sogleich in § 398 bestimmen können, eine Forderung könne dann abgetreten werden, wenn keiner der in den §§ 399 und 400 genannten Umstände vorliegt. Versucht man, den § 398 in dieser Weise umzuformulieren, so wird man erkennen, daß der sich dann ergebende Satz nur schwer lesbar ist. Es wäre einfach ein schlechter Stil, würde das Gesetz so verfahren. Zu den Voraussetzungen des gutgläubigen Eigentumserwerbs gemäß § 932 BGB gehört auch, daß die Sache dem Eigentümer nicht im Sinne des § 935 Abs. 1 abhanden gekommen ist. Das Gesetz hätte zweifellos diese Voraussetzung, ebenso wie das Fehlen des guten Glaubens, in Gestalt eines negativen Tatbestandsmerkmals in den Tatbestand des § 932 mit aufnehmen können. Da aber dieses negative Merkmal seinerseits durch den § 935 Abs. 2 wiederum eingeschränkt (und damit für die in diesem Absatz genannten Fälle die ursprüngliche Regel des § 932 wieder in Geltung gesetzt) wird, so würde sich abermals ein sprachlich schwer durchschaubares Gebilde ergeben, wollte man dies alles in einem einzigen Satz zum Ausdruck bringen. Das Gesetz bedient sich daher der Ausdrucksform einer zweifachen negativen Geltungsanordnung, wobei die zweite wiederum die erste einschränkt.

Schon diese Beispiele dürften hinreichend gezeigt haben, daß die einzelnen Sätze des Gesetzes nicht isoliert nebeneinander stehen, sondern vielfach unvollständige Rechtssätze sind, die erst in ihrer Verbindung den vollständigen Rechtssatz ergeben. Das ist vollends deutlich, wenn im Tatbestand oder in der Bezeichnung der Rechtsfolge des einen Rechtssatzes auf einen anderen verwiesen wird.

c) Verweisende Rechtssätze

Als einen Rechtssatz, der in seinem Tatbestand auf den eines anderen verweist, haben wir bereits den § 462 BGB kennengelernt. Er bezieht sich zur näheren Bestimmung eines Mangels, wegen dessen der Käufer Wandelung oder Minderung verlangen kann, auf die §§ 459, 460. § 249 BGB verweist mit den Worden „wer zum Schadensersatz verpflichtet ist“, auf alle diejenigen Rechtssätze, aus denen sich für bestimmte Tatbestände eine Schadensersatzpflicht ergibt; er füllt die in diesen Rechtssätzen angeordnete, nur vage umschriebene Rechtsfolge „Verpflichtung zum

---

[14] Hierzu JUTTA MINAS-V. SAVIGNY, Negative Tatbestandsmerkmale, ein Beitrag zur Rechtssatz- und Konkurrenzlehre, 1972.

Schadensersatz" näher aus. Nicht selten wird die Rechtsfolge eines Tatbestandes durch Verweisung auf die einer anderen Norm bestimmt. Das geschieht zumeist durch Wendungen wie „das Gleiche gilt".

So verweist § 823 Abs. 2 Satz 1 BGB mit den Worten „die gleiche Verpflichtung trifft denjenigen, welcher gegen ein den Schutz eines anderen bezweckendes Gesetz verstößt", auf die Rechtsfolge des ersten Absatzes. § 324 Abs. 2 BGB ordnet für den dort genannten Tatbestand die gleiche Rechtsfolge an, die im ersten Absatz des § 324 für den Fall einer vom Gläubiger zu vertretenden Unmöglichkeit angeordnet ist. Vielfach finden sich auch Pauschalverweisungen. So verweist § 467 BGB für die Durchführung der Wandelung auf die im einzelnen angeführten Vorschriften des Rücktrittsrechts. § 515 BGB bestimmt, daß auf den Tausch die Vorschriften über den Kauf entsprechende Anwendung finden; § 581 Abs. 2 BGB bestimmt, daß die Vorschriften über die Miete, mit gewissen Einschränkungen, auch auf die Pacht entsprechend anwendbar sind. Die „entsprechende" Anwendung bedeutet, daß die einzelnen Elemente des durch die Verweisung geregelten und desjenigen Tatbestandes, auf dessen Rechtsfolgen verwiesen wird – also z. B. die Elemente eines Tausch- und die eines Kaufvertrages – miteinander so in Beziehung zu setzen sind, daß den jeweils nach ihrer Funktion, ihrer Stellung im Sinnzusammenhang des Tatbestandes gleich zu erachtenden Elementen die gleiche Rechtsfolge zugeordnet wird. So kommt beispielsweise bei einem Tauschvertrag jedem Tauschpartner hinsichtlich der von ihm vertauschten Sache die gleiche Stellung zu wie einem Verkäufer. Jeder Tauschpartner haftet daher gleich einem solchen für Rechts- und für Sachmängel. Hinsichtlich der von ihm eingetauschten Sache hat jeder Tauschpartner die Stellung eines Käufers, also vor allem den Anspruch auf Übergabe und auf Verschaffung des Eigentums. Dagegen sind die Vorschriften, die sich auf den Kaufpreis beziehen, nicht anwendbar, da ein solcher bei einem Tausch gerade nicht vereinbart wird. Das führt zu gewissen Schwierigkeiten bei der Durchführung einer „Minderung", auf die hier nicht eingegangen werden soll[15]. Auch wo dies nicht im Gesetz ausdrücklich erwähnt ist, kann die Anwendung der Norm, auf die in der Verweisungsnorm verwiesen wird, immer nur eine „entsprechende" sein. Unsachgemäße Gleichsetzungen sind also zu vermeiden, von der Sache, d. h. den zu regelnden Lebensverhältnissen her gebotene Differenzierungen dürfen nicht ausgeschlossen werden.

Die Verweisung ist ein gesetzestechnisches Mittel, um umständliche Wiederholungen zu vermeiden. Denselben Erfolg wie durch eine Verweisung kann das Gesetz auch durch eine Fiktion erreichen.

---

[15] Vgl. *mein* Lehrbuch des Schuldrechts, Bd. II, 1, 13. Aufl., § 46.

d) Gesetzliche Fiktionen als Verweisungen[16]

Die juristische Fiktion besteht in der gewollten Gleichsetzung eines als ungleich Gewußten[17]. Dadurch, daß die tatsächliche Ungleichheit des Gleichgesetzten demjenigen, der sich der Fiktion bedient, bewußt ist, unterscheidet sich die Fiktion von einer irrtümlich falschen Identifizierung oder Subsumtion[18]. Zu unterscheiden ist die Fiktion als Mittel der Gesetzestechnik, als Mittel der Urteilsbegründung, und ihre Verwendung in der Wissenschaft.

Gesetzliche Fiktionen bezwecken in der Regel die Anwendung der für den einen Tatbestand (T^1) gegebenen Regel auf einen anderen Tatbestand (T^2). Sie sind dann nichts anderes als verdeckte Verweisungen[19]. Statt anzuordnen: Die Rechtsfolgen von T^1 gelten auch für T^2, fingiert das Gesetz, T^2 sei ein Fall von T^1. Da das Gesetz keine Aussagen über Tatsachen, sondern Geltungsanordnungen enthält, behauptet der Gesetzgeber nicht, T^2 sei in der Tat gleich T^1 oder ein Fall von T^1, sondern er gibt die Anweisung, daß für T^2 dieselben Rechtsfolgen gelten wie für T^1. Um dies zu erreichen, bestimmt er, T^2 solle von dem, der das Gesetz anwendet, so angesehen werden, „als ob" es ein Fall von T^1 wäre. Soll dagegen T^2 so angesehen werden, als sei es nicht ein Fall von T^1, obgleich es in der Tat ein solcher Fall ist, so will das Gesetz für T^2 die sonst eintretenden Rechtsfolgen von T^1 ausschließen – es handelt sich dann um eine verdeckte Einschränkung.

In § 119 Abs. 2 BGB heißt es, als Irrtum „über den Inhalt der Erklärung" (den das Gesetz in Abs. 1 geregelt hat) gelte auch der Irrtum über verkehrswesentliche Eigenschaften der Person oder der Sache. Das Gesetz will damit keine Aussage darüber machen, wie sich der Eigenschaftsirrtum, psychologisch oder phänomenologisch betrachtet, zum Inhaltsirrtum verhält. Das zu entscheiden, wäre weder die Aufgabe, noch stände es in der Macht eines Gesetzgebers. Das Gesetz will vielmehr durch die Gleichsetzung des Eigenschaftsirrtums in den näher bezeichneten Fällen mit einem Inhaltsirrtum anordnen, daß für diese Fälle die gleiche Regelung wie für den Inhaltsirrtum gilt. Dafür, daß der Gesetzgeber die Verweisung nicht offen ausspricht, sondern in die Form einer Fiktion kleidet, kann er verschiedene Gründe haben. Handelt es sich um die spätere Ergänzung eines früheren Gesetzes, so kann der Grund für die Verwendung der Fiktion in dem Bestreben liegen, den Schein der Kontinuität aufrechtzuerhalten: Indem der Gesetzgeber erklärt, der jetzt von ihm zu regelnde Sachverhalt sei ein solcher, der dem Tatbestand des älteren

---

[16] Aus dem fast unübersehbaren Schrifttum zur gesetzlichen Fiktion sind hervorzuheben: BERNHÖFT, Beiträge zur Erläuterung des Bürgerlichen Gesetzbuchs, Heft 6,1905; ders.: Festschrift für ERNST IMANUEL BEKKER, 1907, S. 241 ff.; BIERLING, Juristische Prinzipienlehre, Bd. 1, S. 101 ff.; DEMELIUS, Die Rechtsfiktion in ihrer geschichtlichen und dogmatischen Bedeutung, 1858; ESSER, Wert und Bedeutung der Rechtsfiktionen, 1940; HANS ALBRECHT FISCHER, Fiktionen und Bilder in der Rechtswissenschaft, AcP 117, S. 143 ff.; SOMLÓ, Juristische Grundlehre, S. 524 ff., STAMMLER, Theorie der Rechtswissenschaft, 2. Aufl., S. 199 ff.; v. TUHR, Der Allgemeine Teil des Deutschen Bürgerlichen Rechts, Bd. 1, S. 24; Bd. 2, Teil 1, S. 13, 422 ff.

[17] Vgl. DEMELIUS, a.a.O., S. 39, 76; FISCHER, a.a.O., S. 144.

[18] Insoweit richtig BIERLING, a.a.O., S. 101.

[19] Vgl. ESSER, a.a.O., S. 26 ff.

Gesetzes unterfällt, läßt er dieses scheinbar unverändert. Die Scheu davor, ein bestehendes Gesetz oder Gewohnheitsrecht offen abzuändern, dürfte vor allem in Frühzeiten der Rechtsentwicklung eine Rolle gespielt haben. Die Verwendung der Fiktion kann sich ferner da empfehlen, wo der Gesetzgeber selbst im Zweifel ist, ob T^2 ein Fall von T^1 ist oder nicht. Um derartige Zweifel ein für allemal abzuschneiden, ordnet er die Gleichsetzung beider Tatbestände im Wege der Fiktion an.

Die Fiktion bringt vermöge der suggestiven Wirkung der Formulierung die Gefahr mit sich, daß die tatsächlich doch bestehende Verschiedenheit von T^2 und T^1 ignoriert, die Gleichsetzung daher über das sachlich vertretbare Maß hinaus ausgedehnt wird[20]. Auch die in Form einer Fiktion gekleidete Verweisung darf nur so verstanden werden, daß die Norm, auf die verwiesen wird, „entsprechend" anzuwenden ist. Mit Recht weist v. TUHR darauf hin[21], daß die rechtliche Gleichsetzung „mehr oder weniger weit gehen kann"; sie braucht nicht notwendig in jeder Hinsicht durchgeführt zu werden. Hat der Gesetzgeber nicht alle Konsequenzen der von ihm angeordneten Gleichsetzung erkannt, so kann sich aus dem Zweck des Gesetzes die Notwendigkeit einer einschränkenden Auslegung ergeben. In den Fällen der §§ 108 Abs. 2, 177 Abs. 2 BGB „gilt" die Genehmigung als verweigert, wenn sie nicht auf eine Aufforderung hin innerhalb bestimmter Frist erklärt wird. Das Schweigen auf die ergangene Aufforderung hin hat die gleiche Rechtsfolge, wie die Erklärung, die Genehmigung werde verweigert, nämlich die Folge, daß die Genehmigung nun nicht mehr erteilt werden kann. Damit soll dem Geschäftsgegner die Gewißheit verschafft werden, woran er ist. Es kommt nicht darauf an, ob derjenige, der genehmigen könnte, durch sein Schweigen seinen Willen, die Genehmigung zu verweigern, zum Ausdruck bringen wollte oder nicht; auch wenn ihm ein solcher Wille fehlte, wird der Geschäftsgegner geschützt. Eine Irrtumsanfechtung gemäß § 119 Abs. 1 BGB deshalb, weil der zur Genehmigung Berechtigte durch sein Schweigen eine Erklärung dieses Inhalts nicht habe abgeben wollen, kommt daher nicht in Betracht. Der Zweck des Gesetzes verbietet es insoweit, auf die vom Gesetz fingierte Willenserklärung alle Bestimmungen über Willenserklärungen in gleicher Weise anzuwenden. Anwendbar wäre etwa der § 123 BGB, wenn der zur Genehmigung Berechtigte durch eine Täuschung oder rechtswidrige Drohung dazu veranlaßt worden wäre, zu schweigen.

Mitunter bedient sich das Gesetz einer Fiktion, wo es seinen Zweck ebenso durch eine Definition hätte erreichen können[22]. So gibt das BGB in § 92 Abs. 1 zunächst eine Definition des Begriffs „verbrauchbare Sachen", die mit den Worten beginnt: „Verbrauchbare Sachen im Sinne des Gesetzes sind...". Der zweite Absatz beginnt dagegen mit den Worten „als verbrauchbar gelten auch". Sicher hätte das Gesetz stattdessen den zweiten Absatz auch mit den Worten einleiten können: „Verbrauchbare Sachen im Sinne des Gesetzes sind auch", oder beide Absätze zu einem einzigen Satz zusammenziehen können. Ein Grund dafür, daß die im ersten

---

20 Vgl. ESSER, a.a.O., S. 31 ff.

21 a.a.O., Bd. 2, Teil 1, S. 13.

22 ESSER, a.a.O., S. 98 ff. spricht in diesen Fällen von „definitorischen Fiktionen".

Absatz genannten Sachen per definitionem, die im zweiten Absatz genannten aber nur vermöge einer Fiktion als „verbrauchbare Sachen“ angesehen werden sollen, ist nicht zu erkennen. Wenn § 812 Abs. 2 BGB bestimmt: „Als Leistung gilt auch die durch Vertrag erfolgte Anerkennung des Bestehens oder Nichtbestehens eines Schuldverhältnisses“, so ist auch hier kein Grund für die Fiktionsform zu erkennen; das Gesetz hätte ebenso gut sagen können: „Eine Leistung im Sinne dieser Vorschrift ist auch...“. Es handelt sich um nichts anderes als um eine Erläuterung des Rechtsbegriffs „Leistung“, die dem Gesetzgeber freisteht.

Nach allem ist die gesetzliche Fiktion ein Ausdrucksmittel, das die Funktion bald einer Verweisung, bald einer Einschränkung oder einer Erläuterung erfüllt. Sinn und Tragweite einer Verweisung oder Einschränkung sind jedes Mal aus dem Zusammenhang und dem Zweck des Gesetzes zu erschließen und danach zu begrenzen. Das gilt auch von der Fiktion der „Rückwirkung“ eines Sachverhalts[23].

Anders als die gesetzliche Fiktion ist die *Fiktion als Mittel der Begründung eines Gerichtsurteils* zu bewerten. Die Begründung erhebt, anders als ein Rechtssatz, Anspruch auf Richtigkeit im Sinne einer zutreffenden Erkenntnis; sie ordnet nicht an, sondern will überzeugen[24]. Im Begründungszusammenhang eines gerichtlichen Urteils bedeutet die Fiktion, daß ein Tatbestandselement, aus dem der Richter eine Rechtsfolge herleitet, als im Sachverhalt vorhanden von ihm unterstellt wird, obgleich er weiß oder sich doch darüber klar sein müßte, daß dem in der Tat nicht so ist. Die Rechtsprechung hat lange Zeit mit fiktiven Willenserklärungen operiert, etwa dann, wenn sie zu einem Haftungsausschluß kommen wollte. Die Fiktion verdeckt hier die maßgeblichen Entscheidungsgründe; sie setzt die Begründung zu einer Scheinbegründung herab. Die Gerichte sollten sie daher vermeiden.

3. Der Rechtssatz als Teil einer Regelung

Schon die bisherigen Ausführungen lassen erkennen, daß die in einem Gesetz enthaltenen Rechtssätze nicht einfach nebeneinander stehen, sondern in verschiedener Weise aufeinander bezogen sind und erst in ihrer wechselseitigen Verschränkung und ihrem Zusammenspiel eine Regelung ergeben. Die Rechtsordnung besteht nicht nur aus einer Summe von Rechtssätzen, sondern aus Regelungen. Bei der Regelung einer bestimmten Materie, etwa des Kaufrechts, des Mietrechts, der unerlaubten Handlungen, reiht der Gesetzgeber nicht lediglich verschiedene Rechtssätze nebeneinander, er bildet vielmehr die Tatbestände und ordnet ihnen Rechtsfolgen zu unter bestimmten leitenden Gesichtspunkten. Solche leitenden Gesichtspunkte erschließen erst das Verständnis der einzelnen Rechtssätze in der ihnen jeweils zukommenden Bedeutung und in ihrem Zusammenspiel. Die daraus sich ergebenden

---

23 Dazu v. TUHR, a.a.O., S. 25 ff.

24 Man beachte wohl, daß hier von der Urteils*begründung* die Rede ist. Der Urteilsspruch als solcher ist Geltungsanordnung, soweit er in Rechtskraft erwachsen kann; er unterliegt daher auch noch anderen Beurteilungskriterien.

Sinnbezüge herauszuarbeiten, ist eine der wichtigsten Aufgaben der Jurisprudenz. Der einzelne Rechtssatz, auch ein vollständiger Rechtssatz, wird von ihr stets gesehen als Teil einer umfassenderen Regelung.

Nehmen wir als Beispiel einen Satz aus dem Kaufrecht, den § 447 Abs. 1 BGB. Er lautet: „Versendet der Verkäufer die verkaufte Sache auf Verlangen des Käufers nach einem anderen Ort als dem Erfüllungsorte, so geht die Gefahr auf den Käufer über, sobald der Verkäufer die Sache dem Spediteur, dem Frachtführer oder der sonst zur Ausführung der Versendung bestimmten Person oder Anstalt ausgeliefert hat". Sehen wir von der Problematik ab, die sich hinter dem Ausdruck „Erfüllungsort" verbirgt, so ist der Tatbestand aus dem Gesetzestext heraus zunächst verständlich. Was aber ist mit dem Übergang der Gefahr auf den Käufer, also der Rechtsfolge, gemeint? Aus dem § 446, auf den insoweit sinngemäß Bezug genommen wird, geht hervor, daß es sich um „die Gefahr des zufälligen Unterganges und einer zufälligen Verschlechterung" (der Kaufsache) handelt. Was aber bedeutet es für das Rechtsverhältnis, daß diese Gefahr bis zu dem im Gesetz genannten Zeitpunkt der Verkäufer, danach aber der Käufer trägt? Der *Verkäufer* trägt im rechtlichen Sinn die Gefahr, wenn er im Falle ihrer Verwirklichung den Kaufpreisanspruch ganz oder teilweise verliert. Nun ergibt sich aus § 323 Abs. 1 BGB, daß der Verkäufer den Kaufpreisanspruch in der Tat regelmäßig dann verliert, wenn die ihm obliegende Leistung – das ist nach dem Vertrage die Übergabe der Sache an den Käufer und die (davon zu unterscheidende) Verschaffung des Eigentums an ihn – infolge eines Umstandes unmöglich wird, den weder er, noch der Käufer im Sinne des Gesetzes „zu vertreten" hat. Somit bedeutet der Übergang der Gefahr des zufälligen Untergangs der Sache auf den Käufer, daß der Verkäufer in einem solchen Fall seinen Anspruch auf den Kaufpreis behält, obgleich ihm die Erfüllung nunmehr unmöglich geworden ist, er ihn also nach § 323 BGB verlieren würde. Was den Fall einer Verschlechterung der Kaufsache betrifft, so besagt § 459 BGB, daß der Verkäufer einer Sache dem Käufer dafür einzustehen hat, daß „sie zu der Zeit, zu welcher die Gefahr auf den Käufer übergeht, nicht mit Fehlern behaftet ist", die ihren Wert oder ihre Tauglichkeit aufheben oder mindern. Der Käufer kann im Falle des Vorliegens eines solchen Fehlers den Kauf rückgängig machen oder eine Herabsetzung des Kaufpreises verlangen (§ 462 BGB). Somit bedeutet der Übergang der Gefahr der zufälligen Verschlechterung auf den Käufer, daß der Verkäufer wegen eines solchen Fehlers, der erst nach diesem Zeitpunkt – z. B. infolge einer Beschädigung der Sache auf dem Transport – entsteht, dem Käufer nicht einzustehen braucht, also weder den Verlust, noch eine Minderung seines Kaufpreisanspruchs zu besorgen hat. Vom Käufer her gesehen bedeutet der Übergang der Gefahr auf ihn, daß er von diesem Zeitpunkt an den vollen Kaufpreis zahlen muß, auch wenn die Kaufsache auf dem Transport (ohne Verschulden des Verkäufers) untergeht, in Verlust gerät oder verschlechtert wird. Daß dies der Sinn der Regel des § 447 BGB ist, erkennt man erst, wenn man sie im Zusammenhang der Regeln einmal über gegenseitige Verträge (§ 323 BGB) und zum anderen über die Gewährleistung für Sachmängel beim Kauf (§ 459 ff. BGB) sieht.

Fragen wir weiter, warum denn wohl das Gesetz die Gefahr des (vollen oder teilweisen) Verlustes des Kaufpreisanspruchs (im Falle des zufälligen Untergangs oder einer Verschlechterung der Sache) bei einem „Versendungskauf" bereits im Zeitpunkt der Auslieferung der Ware an den Transportführer oder den Beauftragten der „Transportanstalt" – statt erst bei der Ankunft und damit der Übergabe der Ware – auf den Käufer übergehen läßt, so werden hierfür die Worte „auf Verlangen des Käufers" wichtig. Der Verkäufer, der es „auf Verlangen des Käufers" übernimmt, die Sache diesem, und zwar nach einem anderen Ort als dem „Erfüllungsort" – d. h. dem Ort, an dem er nach dem Vertrag zu leisten hat – zu übersenden, tut damit mehr, als wozu er „streng genommen" verpflichtet wäre. Er übernimmt eine zusätzliche Nebenleistung, will damit aber kein zusätzliches Risiko übernehmen und soll es nach der gesetzlichen Wertung auch nicht übernehmen müssen. Auch die hinter der Norm stehende gesetzliche Wertung zeigt sich also erst, wenn wir die Norm nicht isoliert, sondern im Zusammenhange der betreffenden Regelung sehen. Die übliche Einteilung der Gesetze in äußerlich voneinander getrennte Paragraphen oder Artikel darf nicht darüber hinwegtäuschen, daß es sich bei ihnen nur um Teile eines weit umfassenderen Satzgefüges handelt, die lediglich in ihrem Zusammenhang mit anderen, im Gesetz oft an weit entfernter Stelle stehenden Sätzen voll verstanden werden können.

Daß die Reichweite der einzelnen Rechtssätze nur aus ihrem Zusammenhang mit der gesamten Regelung, der sie zugehören, darüber hinaus oft aber auch nur mit anderen Regelungen und dem Verhältnis, in dem diese Regelungen zueinander stehen, verstanden werden kann, zeigt sich besonders dann, wenn mehrere Rechtssätze oder Regelungen miteinander konkurrieren.

4. Zusammentreffen (Konkurrenz) mehrerer Rechtssätze oder Regelungen

Die Tatbestände mehrerer Rechtssätze können sich in vollem Umfang oder teilweise decken, so daß ein und derselbe Sachverhalt von ihnen erfaßt wird. Man spricht dann von einem Zusammentreffen oder einer Konkurrenz der Rechtssätze. Ordnen beide Rechtssätze genau die gleiche Rechtsfolge an, wie z. B. die Rechtssätze der beiden Absätze des § 823 BGB, so ist die Konkurrenz problemlos. Schädigt A die Gesundheit des B durch eine fahrlässige Handlung oder Unterlassung, die zugleich einen Verstoß gegen das Arzneimittelgesetz darstellt, so ist er ihm nach beiden Absätzen des § 823 BGB zum Schadensersatz verpflichtet. Der Schadensersatzanspruch des B ist im Gesetz auf zweifache Weise begründet. Sind die Rechtsfolgen der beiden Bestimmungen verschieden, ohne sich jedoch gegenseitig auszuschließen, so fragt es sich, ob *beide* Rechtsfolgen nebeneinander eintreten, oder ob der eine Rechtssatz den anderen verdrängt, so daß nur die Rechtsfolgen des ersten eintreten. Schließen sich die Rechtsfolgen gegenseitig aus, so kann nur *einer* der beiden Rechtssätze zur Anwendung gelangen. Denn es wäre unsinnig, wollte die Rechtsordnung zugleich A und Non-A gebieten. Es muß also in solchen Fällen entschieden werden, welche der beiden Rechtsnormen der anderen weicht. Ist eine der Rechtsnormen zeitlich älter als die andere, so weicht sie in der Regel der jüngeren, da anzunehmen ist, daß der Gesetzgeber mit dem Erlaß einer neuen Norm eine entgegenstehende ältere Regel hat aufheben wollen. Finden sich aber die miteinander konkurrierenden Rechtssätze in demselben Gesetz, so bedarf es anderer Kriterien, um zu entscheiden, ob sie nebeneinander anzuwenden sind, oder ob einem und dann, welchem von ihnen der Vorrang gebührt. Hier ist noch vieles streitig[25].

Wir nehmen an, daß von den mehreren miteinander konkurrierenden Normen keine von vornherein „ranghöher" ist als die andere, daß es sich also um Normen gleicher Rangstufe handelt. Ranghöher ist insbesondere das Verfassungsrecht gegenüber einfachem Gesetzesrecht. In dem Bestreben, für die Frage, wann eine Norm eine andere ranggleiche verdrängt, ein an der Logik orientiertes Kriterium zu geben, hat DIETZ geglaubt, darauf abstellen zu können, ob die Tatbestände der beiden Normen zueinander im logischen Verhältnis der Spezialität stehen oder nicht. Im logischen Verhältnis der Spezialität stehen sie zueinander dann, wenn der Anwendungsbereich der spezielleren Norm völlig in dem der allgemeineren Norm aufgeht, wenn also alle Fälle der spezielleren Norm auch solche der allgemeineren Norm sind. Das ist der Fall, wenn der Tatbestand der spezielleren Norm alle Merkmale der allgemeineren Norm und darüber hinaus noch mindestens ein zusätzliches Merkmal enthält. In diesen Fällen verdrängt nach DIETZ die speziellere Norm für ihren engeren Anwendungsbereich stets die allgemeinere, was nichts anderes bedeutet, als daß die allgemeinere Norm durch die speziellere eingeschränkt wird[26]. In dieser Allgemeinheit ist das jedoch nicht richtig[27]. Soweit nämlich die Rechtsfolgen der konkur-

---

[25] Ungeklärt ist bereits die Terminologie. Manche, so besonders DIETZ, bezeichnen nur den Fall als „Gesetzeskonkurrenz", in dem die eine Norm die andere verdrängt. Dem entspricht der Sprachgebrauch in der Strafrechtslehre. In der Zivilrechtslehre wird der Ausdruck „Gesetzeskonkurrenz" auch zur Bezeichnung *aller* Fälle gebraucht, in denen die Tatbestände mehrerer Rechtssätze auf denselben Sachverhalt zutreffen. Man unterscheidet dann wohl zwischen kumulativer, alternativer und verdrängender Gesetzeskonkurrenz (ENNECCERUS-NIPPERDEY). Im Fall, daß mehrere anspruchsbegründende Normen auf denselben Sachverhalt anwendbar sind, spricht man von „Anspruchskonkurrenz" oder auch von „Anspruchsnormen-Konkurrenz". Als zusammenfassender Ausdruck für alle Fälle des Zusammentreffens mehrerer Rechtssätze empfiehlt sich der Ausdruck „Normen-Konkurrenz". Aus dem überreichen Schrifttum seien hervorgehoben: DIETZ, Anspruchskonkurrenz bei Vertragsverletzung und Delikt, 1934; ENNECCERUS-NIPPERDEY, Allgemeiner Teil, § 60; GEORGIADES, Die Anspruchskonkurrenz im Zivilrecht und Zivilprozeßrecht, 1968; HRUSCHKA, Pflichtenkollisionen und Pflichtenkonkurrenzen, Festschr. f. LARENZ, 1983, S. 257; LENT, Die Gesetzeskonkurrenz im bürgerlichen Recht und Zivilprozeßrecht, 2 Bde, 1912/16; MAURACH, Deutsches Strafrecht, §§ 54 ff.; MEZGER, Strafrecht (Lehrbuch), § 69; SCHLECHTRIEM, Vertragsordnung und außervertragliche Haftung; Eine rechtsvergleichende Untersuchung zur Konkurrenz von Ansprüchen aus Vertrag und Delikt, 1972; RUD. SCHMIDT, Die Gesetzeskonkurrenz im bürgerlichen Recht, 1915. Vgl. auch ENGISCH, Einführung in das juristische Denken, 7. Aufl., S. 162 f.

[26] MINAS – V. SAVIGNY, Negative Tatbestandsmerkmale, rechnet daher alle einschränkenden Rechtssätze zu den konkurrierenden (wenn auch nur zu den „scheinbar konkurrierenden"). Üblicherweise spricht man da nicht von einem Konkurrenzproblem, wo die Funktion eines Rechtssatzes als Einschränkung eines anderen klar zutage liegt (etwa schon nach seiner Wortfassung oder seiner Stellung im Gesetz), sondern nur da, wo dies zweifelhaft ist.

[27] Vgl. ENNECCERUS-NIPPERDEY, a.a.O., § 60, II.

rierenden Rechtssätze miteinander verträglich sind, kommt es darauf an, ob die Rechtsfolgen der spezielleren Norm für deren Anwendungsbereich die der allgemeineren Norm nach der Regelungsabsicht des Gesetzes nur ergänzen, sie modifizieren, oder aber an ihre Stelle treten sollen. Das ist eine Frage der (teleologischen und systematischen) Auslegung. Nur dann, wenn die Rechtsfolgen sich ausschließen, führt das logische Verhältnis der Spezialität notwendig zur Verdrängung der allgemeineren Norm, da im umgekehrten Fall die spezielle Norm überhaupt kein Anwendungsgebiet hätte. Um das Verhältnis der Spezialität im Sinne einer einschränkenden Norm handelt es sich zweifellos in dem Verhältnis des zweiten Absatzes zum ersten Absatz des § 565 BGB. Der erste Absatz regelt die Kündigungsfristen für Mietverhältnisse über „Grundstücke, Räume oder im Schiffsregister eingetragene Schiffe" allgemein. Der zweite Absatz regelt davon abweichend die Kündigungsfristen über Mietverhältnisse für „Wohnraum". Es ist nach dem Zweck des Gesetzes (Schutz des Wohnungsmieters) klar, daß für Wohnraum nur die Fristen des zweiten Absatzes, nicht die des ersten gelten sollen. Der erste Absatz ist daher so zu lesen, daß hinter das Wort „Räume" sinngemäß einzufügen ist „außer Wohnraum". Damit wird die Einschränkung der Regel des ersten Absatzes durch die des zweiten deutlich zum Ausdruck gebracht. Anders liegt es im Fall des § 463 BGB. Zwar sind alle Fälle, in denen der verkauften Sache schon zur Zeit des Kaufvertrages und noch im Zeitpunkt des Gefahrenüberganges eine zugesicherte Eigenschaft fehlt, auch Fälle des § 459 Abs. 2 und damit des § 462. Aber die Rechtsfolge des § 463 – Schadensersatz wegen Nichterfüllung – tritt dennoch nicht an die Stelle derjenigen des § 462, sondern der Käufer kann zwischen beiden Rechtsfolgen wählen. ENNECCERUS-NIPPERDEY sprechen daher hier von „alternativer Konkurrenz". § 463 verdrängt für seinen Anwendungsbereich nicht den § 462, sondern ergänzt und modifiziert ihn.

Von den Fällen der Spezialität zu unterscheiden sind diejenigen, bei denen sich die Tatbestände zweier Normen nur teilweise decken, einige Fälle also nur dem einen, einige dem anderen, einige beiden Tatbeständen unterfallen. Wiederum stellt sich die Frage, ob, soweit auf einen Sachverhalt beide Tatbestände zutreffen, die Rechtsfolgen beider Rechtssätze nebeneinander eintreten, oder ob der eine den anderen verdrängt. Auch hier wieder kommt es auf den Sinn und Zweck der in Frage stehenden Regeln und die hinter ihnen stehenden Wertungen an. Es kann sein, daß das Gesetz bestimmte Vorgänge aus besonderen Gründen einer einheitlichen Regelung hat unterwerfen wollen, die es für diese Fälle als abschließend gedacht hat. Wollte man dann auf einen Teil dieser Vorgänge, die auch dem Tatbestand einer anderen Norm unterfallen, diese andere Norm ebenfalls anwenden, so könnte der Zweck der besonderen Regelung damit für einen Teil der Fälle vereitelt werden. Deshalb ist in solchen Fällen die Verdrängung der anderen Norm anzunehmen[28].

[28] So auch DIETZ, a.a.O., S. 62. Er spricht hier zutreffend nicht von Spezialität, sondern von „Subsidiarität infolge erschöpfender Regelung". Als Beispiel kann hier das Verhältnis der Vorschriften über die Mängelgewähr beim Kauf (§§ 549 ff. BGB) zur Irrtumsanfechtung wegen Eigenschaftsirrtums (§ 119 Abs. 2) dienen. Da es Fälle geben kann, in denen ein Sachmangel im

Wenn dagegen die eine der beiden Normen nicht als erschöpfende Regelung zu betrachten ist, dann sind beide Normen, soweit ihre Tatbestände sich decken und die Rechtsfolgen einander nicht ausschließen, nebeneinander anwendbar. So kann beispielsweise eine Eigentumsstörung ebenso nach § 1004 BGB, wie nach § 823 Abs. 1 BGB zu beurteilen sein. Die Rechtsfolgen – Unterlassungsanspruch und Schadensersatzanspruch – schließen sich nicht aus, sondern ergänzen einander. Es handelt sich, in der Terminologie von ENNECCERUS-NIPPERDEY, um „kumulative Konkurrenz". Um eine solche handelt es sich auch in allen Fällen der sogenannten „Anspruchskonkurrenz" und der „Anspruchsnormenkonkurrenz"[29].

Nicht nur einzelne Rechtssätze können sich in ihrem Anwendungsbereich überschneiden, sondern auch ganze Regelungskomplexe. Eine der im Zivilrecht am meisten erörterten Konkurrenzfragen ist die nach dem Verhältnis der vertraglichen und der außervertraglichen Schadenshaftung. Für beide enthält das Gesetz zahlreiche und z.T. sehr differenzierte Normen, deren Tatbestände sich mannigfach überschneiden können. Zwar ist nicht jede Vertragsverletzung als solche auch schon eine „unerlaubte Handlung" im Sinne der §§ 823 ff. BGB, so daß das Verhältnis der „Spezialität" hier nicht vorliegt. Indessen erfüllen viele Vertragsverletzungen, insbesondere Verletzungen vertraglicher Schutzpflichten, zugleich den Tatbestand einer unerlaubten Handlung. Man könnte daran denken, daß das Gesetz die Fälle einer Vertragsverletzung, eben mit Rücksicht auf die bestehende Sonderbeziehung, erschöpfend geregelt habe, so daß insoweit die deliktsrechtliche durch die vertragsrechtliche Regelung verdrängt würde. Das ist jedoch nicht der Standpunkt der durchaus herrschenden Lehre. Sie geht vielmehr davon aus, daß grundsätzlich beide Regelungskomplexe nebeneinander anwendbar sind[30]. Da die Deliktsvorschriften dem Geschädigten in einigen Hinsichten günstiger sind als die vertragsrechtlichen, so will man dem Geschädigten die sich für ihn daraus ergebenden Vorteile auch dann lassen, wenn es sich zugleich um eine Vertragsverletzung handelt. Indessen gibt es Fälle, in denen die Anwendung des Deliktsrechts neben den vertragsrechtlichen Normen die mit diesen erstrebte Regelung empfindlich stören würde. Das gilt insbesondere für die Fälle, in denen das Delikts- und das Vertragsrecht unterschied-

---

Sinne des § 459 nicht auf dem Fehlen einer verkehrswesentlichen Eigenschaft der Sache beruht, so liegt das Verhältnis der „Spezialität" im logischen Sinne nicht vor. Die gleichzeitige Anwendung des § 119 Abs. 2 BGB neben den Vorschriften über die Mängelhaftung würde aber den Zweck einiger dieser Vorschriften durchkreuzen. Daher nimmt die herrschende Lehre hier – im Wege einer teleologischen Gesetzesauslegung – die Verdrängung des § 119 Abs. 2 an. Hierzu *mein* Lehrb. des Schuldrechts, Bd. II, 1, 13. Aufl., S. 73 f..

[29] Es geht bei dieser Unterscheidung um die Frage, ob im Falle gleichzeitiger Anwendbarkeit mehrerer anspruchsbegründender Normen mehrere Ansprüche entstehen, die auf das gleiche Ziel gerichtet sind, aber z. B. selbständig abgetreten oder eingeklagt werden können oder ob nur ein einziger Anspruch entsteht, der im Gesetz mehrfach begründet ist. Hierzu vgl. die angegebenen Schriften von GEORGIADES und SCHLECHTRIEM sowie *mein* Lehrbuch des Allgemeinen Teils, 7. Aufl., § 14, IV.

[30] Vgl. DIETZ, a.a.O., S. 69 ff.; GEORGIADES, a.a.O., S. 84 ff.; SCHLECHTRIEM, a.a.O., S. 27 ff.; ESSER, Schuldrecht, 4. Aufl., § 112, V; *mein* Lehrbuch des Schuldrechts, Bd. II, 12. Aufl., § 75, VI.

liche Anforderungen an das zur Haftung ausreichende Verschulden stellen oder unterschiedliche Verjährungsfristen kennen. Würde man in den Fällen, in denen das Gesetz für einen Schadensersatzanspruch wegen Vertragsverletzung ausnahmsweise ein qualifiziertes Verschulden verlangt (§§ 521, 599, 690, 708 BGB), bei Vorliegen nur leichter Fahrlässigkeit den Ersatzanspruch dennoch aus § 823 BGB geben, so würde das dazu führen, daß die Regelung des Vertragsrechts hier weitgehend illusorisch wäre. Deshalb versagt die herrschende Lehre in diesen Fällen auch den Deliktsanspruch, läßt also insoweit die Regelung des Vertragsrechts vorgehen. Das ist allerdings, worauf ESSER und SCHLECHTRIEM hingewiesen haben[31], nur insoweit berechtigt, als die ratio legis der vertragsrechtlichen Haftungsmilderung tatsächlich die Freistellung von jedem Ersatzanspruch verlangt. Nach ihrer Meinung ist das aber nur der Fall, wenn durch das Verhalten des Schuldners gerade das spezifische Interesse des Gläubigers an der sorgsamen Erbringung der Vertragsleistung beeinträchtigt worden ist. Nur dann greife die Haftungserleichterung auch gegenüber dem deliktischen Anspruch durch. Sie soll dagegen nicht durchgreifen, wenn das Interesse des Gläubigers an der Erhaltung seiner sonstigen Rechtsgüter, also ein Schutzinteresse, verletzt worden ist. Im Falle der Verletzung einer vertraglichen Schutzpflicht bleibt es nach ihnen bei der Haftung für jedes Verschulden.

Im Falle, daß sich ein und dasselbe Verhalten sowohl als Vertragsverletzung wie als Delikt darstellt, konkurrieren miteinander nicht nur zwei Normen, sondern zwei Regelungskomplexe. Grundsätzlich sind hier beide Regelungen nebeneinander anwendbar; es handelt sich um „kumulative Normenkonkurrenz"[32]. Beide Regelungen stimmen darin überein, daß sie im Grundsatz an jedes schuldhafte Verhalten eine Schadensersatzpflicht knüpfen. Für die Fälle, in denen die vertragsrechtliche Regelung ein qualifiziertes Verschulden verlangt, enthält sie die *negative Entscheidung* des Gesetzgebers, daß in Ermangelung eines solchen Verschuldens hier ein Schadensersatzanspruch *nicht* entstehen soll. Würde man die deliktsrechtliche Regelung trotzdem auch in diesen Fällen anwenden, so würde diese Entscheidung des Gesetzgebers dadurch hinfällig werden. Beide Regelungen geraten daher für diese Fälle in einen Widerstreit, den die herrschende Lehre zugunsten der – nach ESSER und SCHLECHTRIEM zuvor einschränkend interpretierten – vertragsrechtlichen Regelung löst. Es handelt sich dabei methodisch um eine teleologische Reduktion des Anwendungsbereichs der deliktsrechtlichen Regeln zugunsten der Entscheidung, die der Gesetzgeber im Vertragsrecht getroffen hat. Dagegen handelt es sich in den Fällen, in denen ESSER und SCHLECHTRIEM die vertragsrechtliche Norm, die den Haftungsmaßstab ermäßigt, nicht anwenden wollen – also in den Fällen einer Schutzpflichtverletzung –, um eine teleologische Reduktion der vertragsrechtlichen Norm. Welcher der beiden Auffassungen man folgen soll, kann hier offen bleiben.

---

[31] ESSER, a.a.O., § 112, V, 3; SCHLECHTRIEM, a.a.O., S. 333, 346 ff.; 388 ff.; 418 ff.

[32] Im Sinne von ENNECCERUS-NIPPERDEY, a.a.O., § 60, I.

5. Das logische Schema der Gesetzesanwendung

Rechtssätze sind, so hatten wir gesagt, in eine sprachliche Form gebrachte Verhaltens- oder Entscheidungsregeln. Damit sie diese ihre Funktion erfüllen, müssen sie angewandt werden. Wie wird ein Rechtssatz angewandt?

Die Antwort auf diese Frage scheint leicht zu sein. Als gleichbleibender Rahmen, innerhalb dessen sich jede Anwendung eines Rechtssatzes vollzieht, steht ein scheinbar einfaches logisches Schema zur Verfügung. Zweifel daran, daß dieses Schema zureicht, muß aber schon die in den bisherigen Überlegungen vorbereitete Erkenntnis erwecken, daß wir ja nicht nur einzelne Rechtssätze anwenden, sondern zumeist eine Regelung im ganzen, mit Einschluß der in ihr getroffenen „negativen" Entscheidungen. Die Hauptschwierigkeit ergibt sich aber aus der Beschaffenheit der sprachlichen Ausdrucksmittel und der unvermeidbaren Diskrepanz zwischen der auf eine bestimmte Wirklichkeit hin entworfenen Regelung und der Veränderlichkeit dieser Wirklichkeit, dem „fließenden" Charakter der meisten geregelten Sachverhalte. Dies wird uns im nächsten Kapitel eingehend beschäftigen. Hier lassen wir diese Schwierigkeiten noch beiseite und beschränken uns zunächst auf das logische Gerüst, dessen Bedeutung für die Rechtsanwendung nicht überschätzt, das aber auch nicht außer acht gelassen werden darf.

a) Der Syllogismus der Rechtsfolgebestimmung

Wir haben früher gesehen, daß ein vollständiger Rechtssatz seinem logischen Sinne nach besagt: Immer wenn der Tatbestand T in einem konkreten Sachverhalt S verwirklicht ist, gilt für S die Rechtsfolge R. Der allgemein gefaßte Tatbestand T ist in einem bestimmten Sachverhalt verwirklicht, wenn S, logisch gesehen, ein „Fall" von T ist. Um zu erkennen, welche Rechtsfolge für einen – mir woher immer gegebenen – Sachverhalt gilt, muß ich daher prüfen, ob dieser Sachverhalt einem bestimmten gesetzlichen Tatbestand als ein „Fall" unterzuordnen ist. Trifft dies zu, so ergibt sich die Rechtsfolge aus einem Syllogismus, der folgende Gestalt hat:

Wenn T in irgendeinem Sachverhalt verwirklicht ist, gilt für diesen Sachverhalt die Rechtsfolge R (Obersatz).

Dieser bestimmte Sachverhalt S verwirklicht T, d. h. er ist ein „Fall" von T (Untersatz).

Für S gilt R (Schlußfolgerung).

Man kann diesen Syllogismus, ohne die hypothetische Fassung des Obersatzes und daher kürzer, auch so ausdrücken[33]:

$T \rightarrow R$ (d. h. für jeden Fall von T gilt R)
$S = T$ (S gleicht T, ist ein Fall von T)[34]
$S \rightarrow R$ (für S gilt R)

---

[33] Vgl. ENGISCH, Logische Studien zur Gesetzesanwendung, S. 8 ff.

[34] Das Gleichheitszeichen trifft, wie ich KOCH/RÜSSMANN, a.a.O., S. 64, zugeben muß, das Gemeinte nur schlecht. S und T sind insofern niemals gleich, als der Abstand zwischen dem

Ich nenne diese logische Figur den „Syllogismus der Rechtsfolgebestimmung". In ihm bildet ein vollständiger Rechtssatz[35] den Obersatz, die Unterordnung eines konkreten Sachverhalts als eines „Falles" unter den Tatbestand des Rechtssatzes den Untersatz. Die Schlußfolge besagt, daß für diesen Sachverhalt die im Rechtssatz genannte Rechtsfolge gilt.

Damit ist freilich nur erst der einfachste Fall gekennzeichnet. Ein und derselbe Lebensvorgang kann, wenngleich vielleicht nicht mit allen seinen Einzelzügen, die Tatbestände verschiedener Rechtssätze verwirklichen, die nebeneinander anwendbar sind. So kann, wie wir gesehen haben, ein und dasselbe Verhalten den Tatbestand einer Vertragsverletzung und den einer unerlaubten Handlung verwirklichen. Die Rechtsfolge ist nach beiden Regeln die Entstehung einer Schadensersatzpflicht. Wir können das so kennzeichnen

$$\frac{\begin{array}{l} T^1 \rightarrow R \\ S = T^1 \end{array}}{S \rightarrow R\,(T^1)} \qquad\qquad \frac{\begin{array}{l} T^2 \rightarrow R \\ S = T^2 \end{array}}{S \rightarrow R\,(T^2)}$$

T^1 bezeichnet hier den Tatbestand der Vertragsverletzung, T^2 den der unerlaubten Handlung. R ist sowohl nach T^1 wie nach T^2, also nach beiden Normen begründet. Möglich ist aber auch, daß von zwei in Betracht gezogenen Tatbeständen nur einer im Sachverhalt verwirklicht ist; so, wenn die unerlaubte Handlung nicht zugleich auch eine Vertragsverletzung ist. Dann ergibt sich folgendes Schema:

$$\frac{\begin{array}{l} T^1 \rightarrow R \\ S \text{ nicht} = T^1 \end{array}}{S \text{ nicht} \rightarrow R\,(T^1)} \qquad\qquad \frac{\begin{array}{l} T^2 \rightarrow R \\ S = T^2 \end{array}}{S \text{ aus} \rightarrow R\,(T^2)}$$

Diese Figuren lehren uns[36], daß aus der Verneinung der Zuordnung eines Sachverhalts zum Tatbestand einer bestimmten Rechtsnorm noch nicht notwendig die Verneinung der Rechtsfolge folgt, da sie möglicherweise aus einem anderen Tatbestand begründet ist. Um zur Verneinung einer bestimmten Rechtsfolge, also z. B. einer Schadensersatzpflicht, überhaupt zu gelangen, muß der Anwender daher sicher sein, daß kein weiterer Rechtssatz, der die gleiche Rechtsfolge anordnet, in Frage kommt. Es könnte beispielsweise eine Ersatzpflicht infolge mangelnder Schuldfähigkeit des Schädigers weder aus Vertragsverletzung noch aus § 823 BGB begründet sein, wohl aber nach § 829 BGB, wenn die besonderen Voraussetzungen gerade dieser Bestimmung in dem gegebenen Fall vorliegen. Daraus ergibt sich für die Lösung eines „Rechtsfalls" die Notwendigkeit, sämtliche ihrem Tatbestand nach für ihn überhaupt in Betracht kommenden Rechtssätze durchzuprüfen.

Besonderen und dem Allgemeinen bleibt. Sie gleichen einander nur in bezug darauf, daß S – neben anderen, spezifischen – alle die Merkmale aufweist, durch die T charakterisiert ist. Mir fehlt aber ein passenderes Zeichen für das hier Gemeinte.

35 Genauer: Ein Aussagesatz des Inhalts, daß dieser Rechtssatz gilt.

36 Darauf weist auch ENGISCH, a.a.O., S. 13 hin.

Nicht selten, so hatten wir gesehen, schränkt das Gesetz eine zu weit gefaßte Rechtsfolgeanordnung dadurch wieder ein, daß es durch eine negative Geltungsanordnung einen Teil der vom Tatbestand der ersten Norm getroffenen Fälle von ihrer Anwendung wieder ausnimmt. Der vollständige Rechtssatz ist dann erst der, der sich unter Berücksichtigung auch der einschränkenden Norm ergibt. Es genügt daher nicht die Nachprüfung, ob ein Sachverhalt unter den Tatbestand der zu weit gefaßten Norm fällt; es muß auch geprüft werden, ob er nicht ebenfalls unter den Tatbestand der einschränkenden Norm fällt. Die in dem ersten Satz genannte Rechtsfolge gilt für ihn nur dann, wenn er dem Tatbestand der ersten Norm unterfällt, dem der einschränkenden Norm aber nicht unterfällt.

b) Die Gewinnung des Untersatzes: Der nur begrenzte Anteil der „Subsumtion"

Die Problematik des aufgezeigten Schlußverfahrens liegt, wie man längst erkannt hat[37], hauptsächlich in der richtigen Bildung der Prämissen, insbesondere des Untersatzes. Was den Obersatz betrifft, so darf man freilich nicht annehmen, er könne einfach aus dem Gesetzestext übernommen werden. Vielmehr bedarf jedes Gesetz der Auslegung und steht keineswegs jeder Rechtssatz im Gesetz. Davon wird im 4. und 5. Kapitel die Rede sein. Die Gewinnung des Untersatzes, also der Aussage, S sei ein Fall von T, bezeichnet man gemeinhin als den Vorgang der „Subsumtion", als deren Kern man wiederum einen logischen Schluß ansieht. Das Schema dieses Schlusses sieht folgendermaßen aus:

T ist vollständig gekennzeichnet durch die Merkmale M^1, M^2, M^3.
S weist die Merkmale M^1, M^2, M^3 auf.
Also ist S ein Fall von T.

In der Logik versteht man unter einem Subsumtionsschluß einen Schluß, „der dadurch zustande kommt, daß Begriffe von engerem Umfang solchen von weiterem Umfang untergeordnet, unter sie subsumiert werden"[38]. Das kann nur in der Weise geschehen, daß man beide Begriffe definiert und sodann feststellt, daß die sämtlichen Merkmale des Oberbegriffs in dem Unterbegriff wiederkehren, der deshalb einen engeren Umfang hat, weil er überdies noch durch mindestens ein weiteres Merkmal gekennzeichnet ist. So kann etwa der Begriff „Pferd" unter den Begriff „Säugetier" subsumiert werden, weil alle zur Definition „Säugetier" erforderlichen und ausreichenden Merkmale auch in dem vollständig definierten Begriff „Pferd" wiederkehren. In dem der Rechtsanwendung zugrunde liegenden Subsumtionsschluß werden indessen nicht engere unter weitere Begriffe subsumiert, sondern, so scheint es wenigstens, Fakten unter den im Gesetz beschriebenen Tatbestand[39]. Genau betrachtet, werden nicht die Fakten subsumiert – wie sollte das möglich sein? –, sondern *Aussagen* über einen Sachverhalt als einen geschehenen. Der Sachverhalt als Aussage, wie er in dem Untersatz des Syllogismus der Rechtsfolgebestimmung und auch in

[37] Vgl. ENGISCH, a.a.O., S. 13, 18.
[38] HOFFMEISTER, Wörterbuch der philosophischen Begriffe, 2. Aufl. 1955.
[39] Hierzu ENGISCH, Logische Studien, S. 22 ff.

dem des Subsumtionsschlusses erscheint, muß unterschieden werden von dem Sachverhalt als dem Lebensvorgang, auf den sich diese Aussage bezieht. Der Untersatz des Subsumtionsschlusses ist die Aussage, daß die im Tatbestand des Rechtssatzes genannten Merkmale in dem Lebensvorgang, auf den sich diese Aussage bezieht, sämtlich verwirklicht sind. Um diese Aussage machen zu können, muß der ausgesagte Sachverhalt, d. h. der Lebensvorgang, zuvor auf das Vorliegen der betreffenden Merkmale hin beurteilt werden. Auf diesem Vorgang der Beurteilung, mit dem sich das nächste Kapitel näher beschäftigen wird, liegt in Wahrheit das Schwergewicht der Gesetzesanwendung im Wege der Subsumtion.

Bei der Beurteilung des beschriebenen Sachverhalts darauf hin, ob er die Merkmale des gesetzlichen Tatbestandes erfüllt, macht sich zunächst der Umstand bemerkbar, daß die Beschreibung des Sachverhalts in der Umgangssprache erfolgt, die Gesetzessprache aber viele Fachausdrücke und Begriffe einer verhältnismäßig hohen Abstraktionsstufe enthält[40]. Im Gesetz ist von der „Anfechtung" einer Willenserklärung die Rede. Im Sachverhalt ist gesagt, der Beklagte habe dem Kläger gesagt, er halte sich an die getroffene Abmachung nicht für gebunden. Um beurteilen zu können, ob das eine Anfechtungserklärung ist, bedarf es einer Erläuterung des mit dem Ausdruck „Anfechtung" Gemeinten, und zwar in Worten, wie sie auch in Sachverhaltsschilderungen gebraucht werden. Die Kommentare sind voll von solchen Erläuterungen. Um Definitionen, die wiederum einen Subsumtionsschluß ermöglichen, handelt es sich dabei zumeist nicht. Freilich können auch weitere Subsumtionsschlüsse eingeschoben werden, dann nämlich, wenn ein bestimmtes Tatbestandsmerkmal, etwa das Merkmal „bewegliche Sache", seinerseits wieder durch weitere Merkmale definiert werden kann[41]. Da aber der Vorgang der Definition und damit der der logischen Ableitung im Wege des Subsumtionsschlusses nicht ins Unendliche fortgesetzt werden kann, so bedarf es früher oder später gewisser Elementarurteile, die ihrerseits nicht mehr durch Schlüsse vermittelt sind, sondern entweder auf (eigenen oder fremden) Wahrnehmungen beruhen (Wahrnehmungsurteile), oder auf bestimmten Erfahrungen, insbesondere solchen aus dem Bereich sozialer Erfahrungen. Es ist daher nicht an dem, daß das Urteil, S sei ein Fall von T, jeweils allein im Wege der Definition von T durch seine Begriffsmerkmale und eines Subsumtionsschlusses zustande käme. Vielmehr setzt die Subsumtion ihrerseits eine Beurteilung des ausgesagten Sachverhalts nach solchen Kriterien voraus, die zwar noch sprachlich benannt, nicht aber weiter definiert werden können. Schon aus diesem Grunde ist es bedenklich, die Bildung des Untersatzes allein als „Subsumtion" zu bezeichnen, da dadurch der entscheidende Anteil der Beurteilung verdeckt wird.

Hierzu kommt aber noch ein Weiteres. Nicht zufällig spricht man in der Logik von der Subsumtion von Begriffen unter Begriffe. Das Subsumtionsschema setzt voraus, daß der Oberbegriff, dem der Tatbestand des Rechtssatzes entspricht, durch

---

[40] Zu den verschiedenen „Sprachebenen" vgl. A. KAUFMANN, Die Parallelwirkung in der Laiensphäre, 1982, S. 27 ff.

[41] So auch in dem Beispiel von KOCH/RÜSSMANN, a.a.O., S. 15.

die Angabe aller der Merkmale definiert werden kann, deren Vorliegen sowohl erforderlich, wie hinreichend ist, um unter ihn zu subsumieren. Die Unterordnung eines bestimmten Sachverhalts S unter den Tatbestand T im Wege eines Subsumtionsschlusses ist daher nur dann möglich, wenn T durch die Angabe hinreichend bestimmter Merkmale vollständig definiert werden kann, mit anderen Worten, wenn es sich bei der Kennzeichnung von T durch die Merkmale M^1 bis M^x um die Definition eines Begriffs handelt. Das ist aber, wie wir früher gesehen haben, keineswegs immer der Fall. Typen und ausfüllungsbedürftige Wertungsmaßstäbe entziehen sich einer solchen Definition, auch wenn sie durch die Angabe leitender Gesichtspunkte, charakteristischer Züge und durch Beispiele umschrieben und deutlich gemacht werden können. Die Zuordnung eines Lebensvorganges zu einem Typus oder zum Sinnbereich eines ausfüllungsbedürftigen Maßstabes ist keine Subsumtion, sondern wertende Zuordnung. An der Stelle des Urteils, daß die im Tatbestand angegebenen Merkmale hier vorliegen, steht das Urteil, daß der zu beurteilende Sachverhalt einem anderen, zweifelsfrei so zu beurteilenden in den für die Beurteilung maßgebenden Hinsichten gleichliegt oder nahekommt. Das gilt auch da, wo ein Begriffsmerkmal ein „gleitender" Maßstab ist. Statt von dem Vorgang der „Subsumtion" sollte man in diesen Fällen daher lieber von der Zuordnung des Sachverhalts zum Tatbestand einer Rechtsnorm sprechen.

ENGISCH freilich spricht auch in Fällen dieser Art noch von einer Subsumtion[41a]. Er kann das, weil er das Wesen der Subsumtion nicht in der Gleichsetzung der Merkmale des zu beurteilenden Sachverhalts mit den im Oberbegriff angegebenen, sondern in einer Gleichsetzung des zu beurteilenden Falles mit den früher beurteilten Fällen erblickt. Solche Gleichsetzung von Fällen kann aber, da kein Fall dem anderen völlig gleicht, im Grunde nur im Wege einer Analogie erfolgen. Mit Recht sagt hierzu BYDLINSKI[41b], damit werde der Unterschied zwischen Deduktion und Analogie, hier der zwischen Fällen verwischt, ohne daß hierdurch ein Vorteil ersichtlich sei. Ähnliches ist zu den Ausführungen von JAN SCHAPP[41c] zu sagen, nach denen das Gesetz nicht einen abstrakten Tatbestand sondern eine Reihe gleich gelagerter Einzelfälle regle. Ob sie „gleich gelagert" sind, ist eben die Frage.

Es bleibt dabei, daß Subsumtionsschlüsse bei der Anwendung der Rechtssätze eine erhebliche Rolle spielen. Viele, aber längst nicht alle Tatbestände sind entweder schon vom Gesetzgeber oder mit Hilfe der Jurisprudenz so weitgehend begrifflich ausgeformt, daß die Zuordnung sich in diesen Fällen in der logischen Form eines Subsumtionsschlusses vornehmen läßt[42]. Auch dann bleibt es freilich dabei, daß die Subsumtion eine Beurteilung des Sachverhalts voraussetzt, die ihrerseits letztlich nicht mehr auf Schlüsse, sondern nur noch auf einfache Wahrnehmungs- und Erfahrungsurteile zurückgeht.

[41a] ENGISCH, Einführung in das juristische Denken, 7. Aufl. 1977, S. 56, und, ausführlich, S. 213.

[41b] BYDLINSKI, Juristische Methodenlehre und Rechtsbegriff, 1982, S. 397.

[41c] JAN SCHAPP, Hauptprobleme der juristischen Methodenlehre, 1983, S. 31 ff.

[42] Dies leugnen zu wollen, wäre m. E. ebenso verkehrt, wie die These, die Zuordnung geschehe *immer* im Wege einer Subsumtion.

Es steht natürlich nichts entgegen, auch solche einfachen Urteile wie „dieses Auto ist rot" noch als „Subsumtion" zu bezeichnen. Dann handelt es sich aber, da „rot" nicht definiert werden kann, jedenfalls nicht um einen Schluß mittels einer Begriffsdefinition. Es handelt sich um ein auf Wahrnehmung beruhendes Urteil, das bei dem Wahrnehmenden durch den Vergleich des von ihm betrachteten Objekts mit anderen, die er als „rot" anzusehen gelernt hat, zustande kommt. Wenn aber der Ausdruck „Subsumtion" gerade ein bestimmtes Schlußverfahren bezeichnen soll, dann ist er hier nicht mehr am Platz – ebensowenig wie in den Fällen der Zuordnung zum Sinnbereich eines Typus oder eines ausfüllungsbedürftigen Maßstabes.

c) Die Ableitung der Rechtsfolge mittels des Schlußsatzes

Auch der Schlußsatz des Syllogismus der Rechtsfolgebestimmung reicht zur Bestimmung der konkreten Rechtsfolge im Einzelfall vielfach noch nicht aus. Auch hier vereinfacht das Schema des Syllogismus den Vorgang in unzutreffender Weise. „R" im Obersatz meint die generell umschriebene, abstrakte Rechtsfolge, „R" im Schlußsatz dagegen die konkrete Rechtsfolge dieses Sachverhalts. Mitunter zwar kann die Ermittlung der konkreten Rechtsfolge auf die Weise erfolgen, daß in die Variablen der abstrakten Formulierung des Obersatzes die entsprechenden Angaben über Personen, Orte, Zeitpunkte eingesetzt werden. Wenn etwa die Voraussetzungen der Ersitzung in der Person des A mit Bezug auf die Sache S verwirklicht sind, dann genügt diese Feststellung, die bereits im Untersatz des Syllogismus zu treffen ist, um mittels des Schlußsatzes die konkrete Rechtsfolge, den Eigentumserwerb des A an der Sache S, zu bestimmen. So einfach ist es indessen nicht immer. Nehmen wir zum Beispiel die Erhaltungspflicht des Vermieters (§ 536 BGB). Wenn ein bestimmter Vermieter nach Meinung des Mieters dieser Verpflichtung nicht nachgekommen ist, wird dieser nicht auf die Erfüllung der Erhaltungspflicht schlechthin, sondern darauf klagen, daß der Vermieter bestimmte Maßnahmen trifft, die nach Meinung des Mieters zur Instandhaltung erforderlich sind. Zu der Feststellung, daß dieser bestimmte Vermieter V seinem Mieter M zur Instandhaltung der ihm vermieteten Sache verpflichtet sei, muß daher, um diese Rechtsfolge zu konkretisieren, das weitere Urteil hinzutreten, daß die vom Mieter begehrte Maßnahme dazu erforderlich ist, die Mietsache in dem zu dem vertragsmäßigen Gebrauch geeigneten Zustand zu erhalten oder sie in diesen Zustand zu versetzen. Man kann dieses Urteil wieder als das Ergebnis eines Schlusses ansehen, der folgende Gestalt hat:

V hat die Mietsache in dem zu dem vertragsmäßigen Gebrauch geeigneten Zustand zu erhalten.

Zur Erhaltung der Mietsache in diesem Zustand ist die Maßnahme M erforderlich.

V ist zur Vornahme der Maßnahme M verpflichtet.

Der Obersatz dieses Syllogismus deckt sich mit dem Schlußsatz des ersten Syllogismus, des Syllogismus der Rechtsfolgebestimmung. Der Untersatz ist das Ergebnis einer Beurteilung dessen, was hier zur Erhaltung der Mietsache in dem geforderten Zustand erforderlich ist. Dieses Urteil gründet sich auf technisches

Wissen und soziale Erfahrungen. Der Schlußsatz ergibt erst die konkrete Rechtsfolge für diesen Sachverhalt.

Lautet die Rechtsfolge, A sei dem B zum Ersatz des diesem aus einem bestimmten Vorgang entstandenen Schadens verpflichtet, so sind oft sehr umständliche und komplizierte Untersuchungen erforderlich, um die Höhe des Schadens und damit den genauen Inhalt der Schadensersatzpflicht des A zu ermitteln. Das Ergebnis des „Syllogismus der Rechtsfolgebestimmung“ (A ist dem B zum Ersatz des diesem entstandenen Schadens verpflichtet) ist in diesen Fällen also nur erst ein vorläufiges; zur endgültigen und genauen Bestimmung der Rechtsfolge bedarf es weiterer, oft sehr weitläufiger Untersuchungen. Verfahrensrechtlich kommt das in der Möglichkeit eines Zwischenurteils über den Grund des Anspruchs zum Ausdruck, dem das Verfahren über die Höhe des geschuldeten Betrages nachfolgt (§ 304 ZPO). Im Strafprozeß kann der „Syllogismus der Rechtsfolgebestimmung“ nur zu dem Schluß führen, daß der Täter in verantwortlicher Weise den und den Straftatbestand verwirklicht hat und demgemäß zu bestrafen ist. Der Richter sieht sich nunmehr erst vor der Aufgabe, im Blick auf die verschiedenen Strafzumessungskriterien die konkrete Strafe festzusetzen. Der „Syllogismus der Rechtsfolgebestimmung“ liefert also in vielen Fällen noch keine präzise Bestimmung der Rechtsfolge, sondern nur erst einen Rahmen, der weiterer Ausfüllung bedarf.

Das bisher Gesagte gilt nur für solche Rechtssätze, die einen durch seine Merkmale fest umrissenen Sachverhalt mit einer ebenfalls fest umrissenen Rechtsfolge verknüpfen. Es gibt aber auch Rechtssätze, die zur Bestimmung des Sachverhalts oder der Rechtsfolge sich eines unbestimmten Begriffs, eines ausfüllungsbedürftigen Maßstabes wie „Treu und Glauben“ oder „wichtiger Grund“ bedienen und daher mehr erfordern als den hier beschriebenen Vorgang der Subsumtion. Von diesen Fällen wird an späteren Stellen – im 3. Kapitel unter 3 d, im 5. Kapitel unter 3 und im 6. Kapitel unter 3 – die Rede sein.

KAPITEL 3

Die Bildung und rechtliche Beurteilung des Sachverhalts

1. Der Sachverhalt als Geschehnis und als Aussage

Rechtssätze sollen auf tatsächliche Vorgänge, auf einen geschehenen Sachverhalt „angewandt" werden. Wie wir bereits gesehen haben, ist das nur möglich, indem der geschehene Sachverhalt ausgesagt wird. Was im Tatbestand eines Urteils als „Sachverhalt" erscheint, ist der Sachverhalt als Aussage. Das Geschehene muß zu diesem Zweck benannt, und das Benannte in eine gewisse Ordnung gebracht werden. Aus der unübersehbaren Fülle, dem ständigen Fluß des tatsächlich Geschehenen nimmt der Sachverhalt als Aussage stets eine Auswahl vor; bereits diese Auswahl trifft der Beurteiler im Hinblick auf die mögliche rechtliche Bedeutsamkeit der einzelnen Fakten. Der Sachverhalt als Aussage ist also dem Beurteiler nicht von vorneherein „gegeben", sondern er muß von ihm in Hinblick auf die ihm bekannt gewordenen Fakten einerseits, deren mögliche rechtliche Bedeutung anderseits erst gebildet werden. Die Tätigkeit des Juristen setzt gewöhnlich nicht erst bei der rechtlichen Beurteilung des ihm fertig vorliegenden, sondern schon bei der Bildung des seiner rechtlichen Beurteilung unterliegenden Sachverhaltes, des Sachverhaltes „als Aussage", ein.

Bei der Bildung des Untersatzes des Syllogismus der Rechtsfolgebestimmung unterscheidet ENGISCH[1] drei Elemente, nämlich:

1. Die Vorstellung des konkreten Lebensfalles, des (geschehenen) Sachverhaltes,
2. die Feststellung, daß dieser Sachverhalt sich tatsächlich zugetragen hat,
3. die Würdigung des Sachverhalts als eines solchen, der die Merkmale des Gesetzes, d. h. genauer des ersten Gliedes des Obersatzes (des gesetzlichen Tatbestandes) aufweist.

Die „Vorstellung", die sich der Beurteiler von dem geschehenen Sachverhalt macht, muß von ihm, um sie mit den Merkmalen des gesetzlichen Tatbestandes vergleichen zu können, artikuliert, der geschehene Sachverhalt von ihm in einer Sprache, die der des Gesetzes konform ist, ausgesagt werden. Die Würdigung des Sachverhalts als eines solchen, der den Merkmalen des gesetzlichen Tatbestandes entspricht (oder nicht entspricht), folgt nicht der Bildung des Sachverhalts (als Aussage) zeitlich erst nach, sondern begleitet sie, da die Sachverhaltsbildung, wie gesagt, bereits mit Rücksicht auf die mögliche Bedeutung der einzelnen Fakten

[1] Logische Studien zur Gesetzesanwendung, S. 19.

erfolgt. Es bleibt die davon zu sondernde Feststellung, daß „dieser Sachverhalt sich tatsächlich zugetragen hat", daß der Sachverhalt als Aussage den geschehenen Sachverhalt, die tatsächlichen Vorgänge, zutreffend wiedergibt. Hierauf werden wir am Schluß des Kapitels zurückkommen.

Der Jurist, der einen Rechtsfall beurteilen soll, geht zumeist von einem „Roh-Sachverhalt" aus, der ihm in Form einer Erzählung vorgelegt wird. In dieser Erzählung werden zunächst viele Einzelbegebenheiten und Umstände vorkommen, die für die rechtliche Beurteilung am Ende bedeutungslos sind und daher von dem Beurteiler im Verlauf seiner Überlegungen aus dem endgültigen Sachverhalt (als Aussage) wieder ausgeschieden werden. Die Frau, die von dem Hund des Nachbarn in die Hand gebissen wurde, als sie ihm einen Knochen hinhielt, wird vielleicht erzählen, daß der Hund ihr leid getan habe, weil er so mager gewesen sei, daß sie nicht auf die Reaktion des Hundes gefaßt gewesen sei, weil der Hund sie doch gekannt, sie ihm schon öfters etwas gegeben habe, und ähnliches mehr. Sie wird aber vielleicht nicht erzählen, daß der Nachbar sie gewarnt hatte, dem Hund etwas zu geben, weil er noch jung und etwas ungebärdig sei. Dieser Umstand kann rechtlich von Bedeutung sein, weil sich daraus ein Mitverschulden der Frau im Sinne des § 254 BGB ergeben kann. Ein anderer Umstand, dessen mögliche rechtliche Bedeutung sich aus § 833 BGB ergibt, ist der, ob der Nachbar den Hund aus Liebhaberei oder zu Berufs- oder Erwerbszwecken hält. Der Jurist, der den Fall rechtlich beurteilen soll, wird also nach solchen Umständen, auf die es für die Beurteilung nach den in Betracht kommenden Rechtsnormen ankommen kann, fragen, wenn sie ihm nicht sogleich mitgeteilt werden. Er wird auf solche Weise die ursprüngliche Erzählung, den „Roh-Sachverhalt", so weit teils verkürzen, teils vervollständigen, daß der endgültige Sachverhalt nur noch diejenigen, aber auch alle diejenigen Elemente des tatsächlichen Geschehens enthält, die im Hinblick auf die möglicherweise anwendbaren Rechtsnormen von Bedeutung sind. Der (endgültige) Sachverhalt ist somit das Ergebnis einer gedanklichen Verarbeitung, in der die rechtliche Beurteilung bereits vorweggenommen ist. In ihm werden einzelne Tatsachen oder Geschehnisse durch Ausdrücke – wie Hund, Biß, Verletzung der Hand – gekennzeichnet, die sich den Begriffen des Gesetzes – Tier, Verletzung des Körpers – leicht subsumieren lassen; die als Warnung gemeinten Worte des Nachbarn werden in dieser ihrer Bedeutung angegeben. Schließlich enthält der Sachverhalt sogar schon eine, wenn auch nur vage angedeutete rechtliche Beziehung in den Worten: „Der Hund des Nachbarn". Denn mit diesen Worten wird gesagt, daß der Hund zum Haushalt, zum Herrschaftsbereich des Nachbarn gehört; damit wird bereits nahegelegt, auch wenn dies noch näher zu prüfen bleibt, daß der Nachbar als „Tierhalter" im Sinne des § 833 BGB anzusehen sei. Das Wort „Tierhalter" kommt dagegen in der Sachverhaltsschilderung noch nicht vor, da die Beantwortung der Frage, wer hier „Tierhalter" war, erst das Ergebnis der rechtlichen Beurteilung des Sachverhalts sein kann, der, um dieses Urteil zu ermöglichen, falls das erforderlich ist, um weitere Fakten ergänzt werden muß. Von ähnlicher Struktur sind alle rechtlich beurteilten Sachverhalte; sie stellen keine reine Aufzählung von Fakten dar, sondern sind das Ergebnis einer gewissen Auslese, Deutung und Verknüpfung der Fakten im Hinblick auf das, was daran rechtlich bedeutsam sein kann.

Das angeführte Beispiel kann uns noch etwas mehr darüber lehren, nach welchen Gesichtspunkten die Auswahl der in dem Sachverhalt als Aussage aufzunehmenden Fakten erfolgt. Der geschehene Sachverhalt hat gewissermaßen einen „Kern“, der den Anlaß dazu gibt, eine rechtliche *Frage* daran zu knüpfen[2]. Den Kern bilden hier der Hundebiß und die dadurch der Frau zugefügten Schmerzen und sonstigen Nachteile, wie etwa Aufwendungen für den Arzt, Verdienstausfall. Die Rechtsfrage, die aufzuwerfen der Fall Anlaß gibt, ist die, ob die Frau für diese Nachteile von dem Hundebesitzer oder einem anderen Schadensersatz verlangen könne. Der Jurist wird diese Frage aufwerfen, weil er den § 833 BGB kennt. Die verletzte Frau, die den Juristen um Rat fragt, braucht indessen solche speziellen Kenntnisse nicht zu haben[3]. Sie hat einmal ein Interesse an einer Schadloshaltung. Zum anderen weiß sie vielleicht von anderen Fällen, in denen der von einem Hund Verletzte Schadensersatz von dem Hundehalter erlangt hat. Schließlich sagt ihr ihr „Rechtsgefühl“, daß es hier einen Ausgleich geben müsse. Ist somit einmal die Rechtsfrage gestellt, dann bedarf es zu ihrer Beantwortung nun allerdings der Kenntnis derjenigen Rechtssätze, die darauf eine Antwort geben können. Es sind das solche Rechtssätze, die an bestimmte Tatbestände als Rechtsfolge eine Pflicht zum Schadensersatz knüpfen. Die Tatbestände dieser Rechtssätze enthalten eine Reihe in allgemeiner Weise gekennzeichneter Umstände, von deren Vorliegen oder Nicht-Vorliegen im Einzelfall die Entscheidung abhängt. Soweit es auf solche Umstände ankommt und der Beurteiler ihr Vorliegen oder Nicht-Vorliegen in dem zu beurteilenden Fall in Erfahrung bringen kann, wird er sie in seine Schilderung des Sachverhalts, den Sachverhalt als Aussage, aufnehmen.

Aber bewegen wir uns damit nicht wieder in einem Zirkel? Um den Sachverhalt, wie er geschehen ist, rechtlich beurteilen zu können, muß ihn der Beurteiler zuvor auf die Form einer Aussage bringen, in die er alles das (und nur das) aufnimmt, was für die rechtliche Beurteilung von Bedeutung sein kann. Was für die rechtliche Beurteilung bedeutsam ist, ergibt sich aus den auf den Sachverhalt möglicherweise anwendbaren Rechtssätzen. Der Beurteiler geht also von dem ihm geschilderten Sachverhalt aus, prüft, welche Rechtssätze möglicherweise auf ihn anwendbar sind, vervollständigt danach den Sachverhalt im Hinblick auf die Tatbestände dieser Rechtssätze, die er ihrerseits wieder, soweit sie keine glatte Subsumtion ermöglichen, im Hinblick auf solche Umstände, wie sie hier vorliegen, konkretisiert. Der Sachverhalt als Aussage erhält seine endgültige Fassung erst im Hinblick auf die Rechtssätze, nach denen er beurteilt wird; diese aber werden ihrerseits ausgewählt und, soweit erforderlich, konkretisiert im Hinblick auf den zu beurteilenden Sachverhalt. Um einen fehlerhaften logischen Zirkel würde es sich hierbei nur dann handeln, wenn der Beurteiler in den Sachverhalt als Aussage etwas hineinlegen würde, was in dem geschehenen Sachverhalt keine Bestätigung findet, oder wenn er den Rechtssatz so

---

[2] Zur Bedeutung der Frage für die Sachverhaltsbildung vgl. HRUSCHKA, Die Konstitution des Rechtsfalles, 1965, S. 20 ff.

[3] Vgl. HRUSCHKA, a.a.O., S. 48.

„zurechtbiegen" würde, daß er die von dem Beurteiler gewünschte Folgerung erlaubt. Das eine wie das andere wäre unzulässig. ENGISCH[4] spricht von einem „Hin- und Herwandern des Blickes zwischen Obersatz und Lebenssachverhalt", SCHEUERLE[5] von einer „wechselseitigen Durchdringung zwischen den Akten der Tatsachenfeststellung und denen der rechtlichen Qualifizierung". Es handelt sich wiederum um den uns bekannten Vorgang der wechselseitigen Erhellung, eine Erscheinungsform des „hermeneutischen Zirkels"[6]. Das „Hin- und Herwandern des Blickes" zwischen Sachverhalt und Rechtssatz darf man sich nicht so vorstellen, als ob nur der Betrachter seine Blickrichtung änderte, vielmehr handelt es sich um einen gedanklichen Prozeß, in dessen Verlauf der „Roh-Sachverhalt" zum endgültigen Sachverhalt (als Aussage), der Normtext (gleichsam der Rohzustand der Norm) zu der für die Beurteilung dieses Sachverhalts hinreichend konkretisierten Norm umgeformt wird. Dieser Prozeß ist durch die Stellung der Rechtsfrage so angelegt, daß er mit ihrer endgültigen Beantwortung – im bejahenden oder verneinenden Sinne – sein Ende findet.

Für die methodologische Analyse ist es dennoch notwendig, die einzelnen Phasen dieses in sich zusammenhängenden Prozesses gesondert zu betrachten. Daraus darf nicht geschlossen werden, daß sie im Vorgang der Normanwendung, der ebenso ein Vorgang der Normkonkretisierung ist, immer getrennt werden könnten. Wir befassen uns in diesem Kapitel nur mit der Bildung des (endgültigen) Sachverhalts und seiner rechtlichen Würdigung. In den Sachverhalt als Aussage dürfen, so sagten wir, nur solche Tatsachen und Vorgänge aufgenommen werden, die in dem tatsächlich Geschehenen ihre Grundlage finden. Wir stellen die Frage, wie der Beurteiler feststellt, was tatsächlich geschehen ist, vorläufig zurück und wenden uns zunächst der Frage nach der Auswahl der für die rechtliche Würdigung und damit auch für die Bildung des endgültigen Sachverhalts maßgebenden Rechtssätze zu.

2. Die Auswahl der der Sachverhaltsbildung zugrunde gelegten Rechtssätze

Die Auswahl der für die rechtliche Beurteilung und damit für die Bildung des endgültigen Sachverhalts maßgeblichen Rechtssätze geschieht zuerst in der Weise, daß der Beurteiler, ausgehend von dem „Roh-Sachverhalt", die auf ihn möglicherweise anwendbaren Rechtssätze gleichsam durchprobiert, diejenigen ausscheidet, die sich bei näherem Zusehen als unanwendbar erweisen, andere hinzunimmt, die danach in Betracht kommen. So wird er, wenn er z. B. erkannt hat, daß ein Erfüllungsanspruch hier nicht gegeben ist, prüfen, ob vielleicht ein Anspruch auf Ersatz des Vertrauensschadens oder ein Bereicherungsanspruch gegeben ist. Um den Sachverhalt unter diesem Gesichtspunkt erschöpfend würdigen zu können, wird er

---

4 ENGISCH, Logische Studien, S. 15. Vgl. oben, S. 207.
5 SCHEUERLE, Rechtsanwendung, S. 23.
6 Vgl. oben Kap. 1, 3 b.

vielleicht weiterer, bisher unbeachtet gelassener Tatsachen bedürfen und den endgültigen Sachverhalt um diese ergänzen. BIERLING[7] spricht von einem „mehr oder weniger methodischen fortgesetzten Experimentieren", mit dem sich die Praxis, bewußt oder unbewußt, behelfe. Indessen wäre ein wahlloses Probieren und Experimentieren bei der großen Fülle von Rechtssätzen, aus denen die Rechtsordnung besteht, ein kaum aussichtsreiches Unterfangen. Der Beurteiler würde zudem jeder Gewähr dafür entbehren, alle in Betracht kommenden Rechtssätze gefunden zu haben.

Hier nun liegt die große praktische Bedeutung des aus abstrakten Allgemeinbegriffen, nach mehr oder weniger formalen Einteilungsgesichtspunkten, gebildeten „äußeren" Systems. Ihm kommt, wie im letzten Kapitel dargelegt werden soll, zwar kein oder nur ein geringer Erkenntniswert, wohl aber ein bedeutender Wert als Orientierungshilfe zu. Ohne ein solches System würde derjenige, der zu einem ihm gegebenen Sachverhalt die für ihn passenden Rechtsnormen sucht, hilflos umhertappen. Das System allein ermöglicht es, bei der Aufsuchung der in Betracht zu ziehenden Rechtssätze bis zu einem gewissen Grade methodisch vorzugehen. Zunächst einmal vermag der Beurteiler, der sich in dem System zurechtfindet, den Fall gleichsam einzukreisen, indem er das Gebiet erkennt, dem die anzuwendenden Normen zu entnehmen sind. Denken wir an den Fall des Hundebisses. Der Jurist, der gewohnt ist, mit dem System des geltenden Rechts zu arbeiten, erkennt zunächst, daß es sich bei der Frage, ob der Frau ein Schadensersatzanspruch gegen den Hundebesitzer zusteht, nur um eine Frage des Privatrechts handeln kann. Weiter weiß er, daß unser Privatrecht Schadensersatzansprüche aus verschiedenen Gründen kennt, unter denen hier, da es an einer vertraglichen Beziehung zwischen der Frau und dem Hundebesitzer fehlt, nur unerlaubte Handlung und Gefährdungshaftung, also die §§ 823 ff., insbesondere aber § 833 BGB in Betracht kommen. Auf § 833 wird er geführt, weil die Verletzung der Frau durch den Hund, also „ein Tier", zugefügt wurde. Ihm ist weiter bekannt, daß das BGB über Schadensersatzansprüche allgemeine Vorschriften in den § 249 ff enthält. Sobald er diese Vorschriften ins Auge faßt, wird er auch auf den § 254 BGB und damit auf die Frage eines möglichen Mitverschuldens der Frau geführt. Er wird sodann fragen, für welche Schäden die Frau Ersatz verlangen kann. Hierüber geben ihm die §§ 249 ff. BGB und, da es sich um einen Anspruch handelt, der auf § 833 BGB gestützt wird, der § 847 BGB Auskunft. Liegt der Vorgang schon einige Zeit zurück, so wird er weiter auch an die Verjährungsvorschriften, und hier insbesondere an § 852 BGB denken. Dagegen weiß er von vornherein, daß Vorschriften über Schuldverträge, solche des Sachenrechts und des Familien- und Erbrechts hier nicht zur Anwendung kommen können. Er sucht also nicht planlos im gesamten BGB und allen sonstigen privatrechtlichen Gesetzen herum, sondern beschränkt sich von vorneherein auf diejenigen Regelungsbereiche, die hier überhaupt in Betracht kommen können.

Der Vorgang der Auswahl der anzuwendenden Rechtssätze ist selbstverständlich nicht immer so einfach wie in dem Beispielsfall. Fälle, die lebensmäßig einfach zu

---

[7] Juristische Prinzipienlehre, Bd. 4, S. 47.

liegen scheinen, können unter ganz verschiedenen rechtlichen Aspekten zu sehen sein, etwa einem schuldrechtlichen und einem sachenrechtlichen oder familienrechtlichen. Die Frage, ob hier öffentliches Recht oder Privatrecht anzuwenden sei, kann zweifelhaft sein. Auch in einem solchen Fall kommen aber nicht alle Normen aus beiden Rechtsgebieten in Betracht, sondern immer nur einige. Der Beurteiler, der sich im Zweifel ist, ob hier öffentliches Recht oder Privatrecht anzuwenden ist, wird zunächst nach den Kriterien fragen, die für die Abgrenzung dieser Regelungskomplexe maßgebend sind. Er wird danach alle diejenigen Umstände des geschehenen Sachverhalts in Erfahrung zu bringen suchen, die im Hinblick auf diese Kriterien von Bedeutung sein können. Diese Umstände wird er in den von ihm zu bildenden Sachverhalt als Aussage aufnehmen, weil sie für seine weiteren Überlegungen und damit auch für die Endentscheidung relevant sind. Bietet dagegen der Sachverhalt, wie in unserem Fall des Hundebisses, keinen Anlaß, daran zu zweifeln, daß er nach dem Privatrecht zu beurteilen ist, dann werden weitere Fragen und Erwägungen in dieser Richtung unterbleiben. Erneut zeigt es sich, daß die endgültige Bildung des Sachverhalts als Aussage von der Auswahl der auf ihn möglicherweise anzuwendenden Rechtsnormen, diese aber wiederum einerseits von den dem Beurteiler bis dahin bekannt gewordenen Umständen, anderseits von seiner Kenntnis weiterer und engerer Normenkomplexe abhängt, in deren Regelungsbereich der Sachverhalt fällt oder, bei erstem Hinsehen, fallen kann.

3. Die erforderlichen Beurteilungen

Bei der Beurteilung eines Sachverhalts im Hinblick darauf, ob er dem Tatbestand eines der möglicherweise auf ihn anwendbaren Rechtssätze unterfällt, werden von dem Beurteiler, was noch zu wenig beachtet wird, Urteile sehr verschiedener Art verlangt. Auch wer daran festhält, in der Unterordnung eines bestimmten Sachverhalts unter den Tatbestand einer Norm stets eine „Subsumtion" im Sinne eines logischen Schlußverfahrens zu sehen, muß doch zugeben, daß solche Subsumtion gewisse einfache, d. h. nicht wieder durch Schlüsse vermittelte, Urteile voraussetzt, die besagen, dieses oder jenes im Tatbestand der Norm genannte Merkmal liege hier vor. In Wahrheit liegt das Schwergewicht der Gesetzesanwendung nicht auf der abschließenden Subsumtion, sondern auf der ihr vorausgehenden Beurteilung der einzelnen Elemente des Sachverhalts als solcher, die den im Tatbestand genannten Merkmalen entsprechen. Diesem Kernstück der Rechtsanwendung, der erforderlichen Beurteilung des Sachverhalts, wenden wir uns jetzt zu, wobei wir uns nicht scheuen werden, in diesem Zusammenhang teilweise schon einmal Gesagtes zu wiederholen.

a) Auf Wahrnehmung beruhende Urteile

Der Sachverhalt als Aussage bezieht sich in erster Linie auf tatsächliche Vorgänge oder Zustände; er sagt uns, daß dies oder jenes sich dann und dort zugetragen habe. Aussagen über Tatsachen beruhen regelmäßig auf Wahrnehmungen. Der Beurteiler stützt sich auf eigene Wahrnehmungen oder, meist, auf Wahrnehmungen anderer, die ihm mitgeteilt wurden. Einzelne Wahrnehmungen werden auf Grund alltäglicher Erfahrung zu Vorstellungsbildern verknüpft, diese benannt. Darin steckt bereits so etwas wie eine „Deutung". Jemand nimmt z. B. am wolkenlosen Himmel über dem Horizont ein dunkles Gebilde wahr, das er als „Wolke" oder auch als „Gebirge" deutet. Stimmen seine weiteren Wahrnehmungen mit seiner Deutung nicht überein, so wird er sie berichtigen. Jemand sieht einen Hund hin und her laufen und hört zugleich Töne, die er als Hundegebell kennt. Er verbindet beide Wahrnehmungen zu einem Vorstellungsbild, indem er sagt, daß dieser Hund, den er an diesem bestimmten Ort sieht, bellt. Aus derartigen, auf Wahrnehmungen und deren Deutung beruhenden Vorstellungsbildern setzt sich die Erzählung, die wir als „Rohsachverhalt" bezeichneten, regelmäßig zusammen.

Rechtlich bedeutsame Tatsachen, die durch Wahrnehmung bestätigt werden können, sind z. B. die Geburt und der Tod eines Menschen zu einem bestimmten Zeitpunkt, die körperliche Verletzung eines Menschen, die Zerstörung oder Beschädigung einer Sache, die Größe, das Gewicht, das Aussehen, die chemische oder physikalische Beschaffenheit einer Sache, die Lage eines Grundstücks, die Absendung oder das Eintreffen eines Schriftstücks an einem bestimmten Ort, zu einer bestimmten Zeit, die Echtheit einer Urkunde, die in einer bestimmten Situation tatsächlich gesprochenen Worte. Solche Tatsachen sind im Prozeß des Beweises fähig, und, soweit sie bestritten werden, auch bedürftig. Indessen nehmen die Tatbestände der Gesetze nicht allein auf solche, durch schlichte Wahrnehmung zu verifizierende Tatsachen Bezug, sondern zum Teil auch auf solche Tatsachen und Vorgänge, die, wie insbesondere menschliche Handlungen und Willensäußerungen, in bestimmter Weise zu verstehen, zum Beispiel als Erklärung eines rechtsgeschäftlichen Willens zu deuten sind. Darüber hinaus verlangt der Tatbestand nicht selten schon eine rechtliche Bewertung des Geschehenen. Die Urteile, die gefordert werden, um einen Sachverhalt als einen solchen zu qualifizieren, wie ihn der Tatbestand einer Gesetzesnorm meint, gründen sich jedenfalls nicht immer allein auf Wahrnehmungen und deren Verknüpfung zu Vorstellungsbildern. Es handelt sich häufig um Urteile, die auf einer Deutung menschlichen Verhaltens, auf sozialer Erfahrung oder auf einer Bewertung beruhen. Darüber sogleich mehr.

Nur der Vollständigkeit halber sei bemerkt, daß Elemente gesetzlicher Tatbestände auch Rechtsverhältnisse sein können. Tatbestandselement kann z. B. der Umstand sein, daß jemand Eigentümer einer bestimmten Sache, gesetzlicher Vertreter eines anderen, geschäftsfähig oder beschränkt geschäftsfähig, Vorstand oder sonstiges Organ einer juristischen Person ist[8]. Wenn das im Einzelfall streitig ist, ist es erforderlich, wiederum auf diejenigen Tatsachen, Handlungen oder sonstigen Vorgänge zurückzugehen, von denen das betreffende Rechtsverhältnis abhängt. Soweit indessen das Bestehen eines im Tatbestand vorausgesetzten Rechtsverhältnisses unstreitig ist und nur über das Vorliegen anderer Tatbestandselemente oder über die Rechtsfolge gestritten wird, bedarf es eines solchen Rückganges nicht.

---

[8] Vgl. hierzu BIERLING, Juristische Prinzipienlehre, Bd. 4, S. 25 ff.; ENNECCERUS-NIPPERDEY, Allgemeiner Teil, § 136 zu Anm. 4.

Das Bestehen eines bestimmten Rechtsverhältnisses zu einer bestimmten Zeit ist zwar keine Naturtatsache, die als solche prinzipiell der Wahrnehmung zugänglich wäre, wohl aber ein „Faktum" innerhalb der Welt des hier und jetzt rechtlich Geltenden. Daher kann das, was selbst eine Rechtsfolge ist, die sich aus der Anwendung von Rechtssätzen auf bestimmte Lebensvorgänge ergeben hat, wiederum als Tatbestandselement eines anderen Rechtssatzes fungieren.

b) Auf der Deutung menschlichen Verhaltens beruhende Urteile

Unter den Urteilen, die nicht lediglich auf Wahrnehmungen beruhen, sind diejenigen die wichtigsten, die auf einer Deutung menschlichen Verhaltens beruhen. Nur die äußere Seite menschlichen Verhaltens ist unmittelbar der Wahrnehmung zugänglich. Menschliches Verhalten ist in weitem Umfang zweckgerichtetes Tun. Als solches verstehen wir es nur auf Grund der Erfahrungen, die jeder an sich selbst und an anderen macht. Zu der Wahrnehmung der Körperbewegung und der dadurch bewirkten Veränderung der Außenwelt tritt daher in vielen Fällen sogleich die Deutung des Vorgangs als eines zweckgerichteten Tuns hinzu. Wir sehen einen anderen einen Schlüssel in ein Schlüsselloch stecken und herumdrehen; wir deuten dieses Verhalten sogleich als „Aufschließen der Tür". Oder wir sehen, daß der Käufer dem Verkäufer, der Gast dem Kellner einen Geldschein hinreicht und deuten diesen Vorgang sogleich als „Zahlung". Schlägt jemand im Laufe einer Auseinandersetzung mit einem harten Gegenstand auf seinen Gegner ein, so daß dieser zusammenbricht, so zögern wir nicht, darin eine vorsätzliche Körperverletzung zu sehen. Daß wir das wahrgenommene Verhalten sogleich als ein zweckgerichtetes Tun verstehen, beruht auf vielfältigen Erfahrungen darüber, was Menschen in einer solchen Situation mit einem solchen Verhalten zu bezwecken pflegen. Weitere Überlegungen werden erforderlich, wenn das Verhalten verschiedenen Zwecken dienen kann oder die Situation mehrdeutig ist. Eine zunächst naheliegende Deutung kann sich bei näherer Kenntnis der Umstände als unrichtig erweisen. Dann muß der Beobachter sein erstes Urteil berichtigen. Was hier gezeigt werden soll, ist dies, daß bei der Kennzeichnung menschlichen Verhaltens als einer bestimmten Handlung – als Aufschließen der Tür, als Zahlung, als Körperverletzung – in höherem Maße noch als bei der Verknüpfung von Wahrnehmungen zu Vorstellungsbildern Deutungen eine Rolle spielen, die sich ihrerseits auf früher gemachte Erfahrungen gründen.

In besonderem Maße deutungsbedürftig sind mündliche und schriftliche Willensäußerungen, insbesondere rechtsgeschäftliche Willenserklärungen. Unmittelbar wahrnehmbar ist auch hier wieder nur der äußere Vorgang, sind die gesprochenen Laute oder die geschriebenen Schriftzeichen. Wir verstehen sie als Willens- oder Meinungsäußerungen bestimmten Inhalts auf Grund einer Deutung, die sich in allererster Linie auf die Kenntnis der jeweiligen Sprache als des Mediums gründet, dessen sich der Urheber der Worte oder der Schriftzeichen bedient, um sich anderen verständlich zu machen. Darüber hinaus erfordert die Deutung derartiger Erklärungen, angesichts der Vielzahl der möglichen Bedeutungsvarianten des sprachlichen Ausdrucks, eine Kenntnis der Situation, auf die sich die Rede bezieht, besonderer

Gepflogenheiten des Sprechenden sowie derjenigen Umstände, die er als dem Adressaten seiner Worte bekannt voraussetzt. Der Jurist weiß, daß die meisten derartigen Erklärungen, sobald ihr Inhalt streitig wird, der Auslegung bedürfen. Zur Auslegung rechtsgeschäftlicher Erklärungen soll unten (unter Ziff.. 4 b) noch einiges gesagt werden. Hier genügt es festzustellen, daß es bei der Auslegung rechtsgeschäftlicher Erklärungen zumeist um die Ermittlung gerade derjenigen Bedeutung geht, die die Rechtsordnung unter den gegebenen Umständen als die rechtlich maßgebende ansieht. Die Auslegung der rechtsgeschäftlichen Erklärungen erfordert daher nicht nur eine Deutung aufgrund des Sprachverständnisses und sozialer Erfahrungen, sondern steht darüber hinaus unter spezifisch rechtlichen Anforderungen.

c) Sonstige durch soziale Erfahrung vermittelte Urteile

Auch wo es nicht um die Deutung menschlichen Verhaltens geht, bedarf es zur Beurteilung bestimmter Fakten als solcher, wie der Tatbestand eines Gesetzes sie meint, häufig über die Wahrnehmung hinaus der sozialen Erfahrungen. So enthält bereits das Urteil, eine Sache sei (im Sinne des § 459 BGB) „mangelhaft", einen „normativen Einschlag". Wir nennen eine Sache dann „mangelhaft", wenn sie nicht so ist, wie sie sein „sollte". Welches die gesollte, d. h. die von der Rechtsordnung verlangte Beschaffenheit ist, ergibt sich aus § 459 BGB. Danach ist Maßstab der Wert einer solchen Sache in mangelfreiem Zustand oder ihre Tauglichkeit „zu dem gewöhnlichen oder dem nach dem Vertrag vorausgesetzten Gebrauch". Was der nach dem Vertrag vorausgesetzte Gebrauch ist, muß im Wege der Vertragsauslegung ermittelt werden. Der „gewöhnliche Gebrauch" und der Wert einer Sache ergeben sich auf Grund von Tatsachen, die Gegenstand sozialer Erfahrung sind. Wie sich der Beurteiler die nötige Kenntnis von diesen Tatsachen verschafft, steht hier nicht zur Erörterung. Genug, daß er sich bei der Ermittlung der „Soll-Beschaffenheit" der Sache, anders als bei der Ermittlung ihrer tatsächlichen Beschaffenheit, nicht lediglich auf Wahrnehmungsurteile stützen kann, sondern daß er sein Urteil bildet mit Hilfe sozialer Erfahrungen. Solcher Erfahrungen bedarf es auch, wie wir bereits früher (oben S. 217) gesehen haben, wenn z. B. entschieden werden soll, ob bestimmte Sachen einem Gebäude „zu einer Herstellung eingefügt" sind (§ 94 Abs. 2 BGB). Hier reichen diese überdies zu einer sicheren Beurteilung nicht in allen Fällen aus, so daß ein gewisser Beurteilungsspielraum verbleibt.

Machen wir uns die Eigenart der hier vorliegenden Beurteilungen an einem weiteren Beispiel deutlich. Nach § 950 BGB erwirbt, wer „durch Verarbeitung oder Umbildung eines oder mehrerer Stoffe eine neue bewegliche Sache herstellt", das Eigentum an der neuen Sache, „sofern nicht der Wert der Verarbeitung oder der Umbildung erheblich geringer ist als der Wert des Stoffes". Aus der Vielzahl der Fragen, die diese Bestimmung aufwirft, sei hier nur eine einzige herausgegriffen, die Frage, wann es sich um eine „neue" Sache handelt. Der Schüler A. hat mittels Laubsägearbeit aus einer ihm nicht gehörenden Holzplatte ein Kästchen geschnitzt und zusammengefügt. Niemand wird daran zweifeln, daß es sich bei dem Kästchen gegenüber der Holzplatte, aus der es hergestellt wurde, um eine „neue" Sache handelt. Wandeln wir den Sachverhalt jetzt dahin ab, daß A ein aus rohem Holz locker zusammengefügtes Kästchen auseinandergenommen, die Seiten des Kästchens durch kunstvolles Schnitzwerk verziert und sie dann wieder zusammengefügt hat. Ist das Kästchen jetzt noch „dieselbe", nur in ihrem Aussehen und ihrem Wert veränderte, oder eine „neue" Sache? Die „Verkehrsanschauung", auf die in diesem Zusammenhang häufig verwiesen wird, gibt darauf keine Antwort. Denn es läßt sich nicht feststellen, ob sich über diese Frage eine feste Meinung im Verkehr gebildet hat. Versucht man es, um eine Subsumtion zu ermöglichen, mit einer begrifflichen Definition, so stellt sich heraus, daß sich schwerlich ein Kriterium finden läßt, das der Intention des Gesetzes in allen Fällen gerecht wird. Die Veränderung von Form und Gestalt kann ein Indiz sein, ist aber weder notwendig, noch für sich allein dafür ausreichend, um die veränderte Sache als eine „neue" anzusehen[9]. Ähnlich verhält es sich mit dem sprachlichen Kriterium. Wird die Sache jetzt im Verkehr anders benannt, so spricht das zwar dafür, daß es sich um eine „neue Sache" handelt. Doch kann auch das nicht unter allen Umständen entscheidend sein, weil der Sprachgebrauch auch hier unscharf und schwankend sein kann. Soll man sagen, das durch das Schnitzwerk verzierte Kästchen sei eben nach wie vor doch ein „Kästchen", daher dieselbe Sache, oder es sei jetzt ein „Kunstwerk", was es vorher gewiß nicht war, und deshalb eine „neue Sache"? Oder soll man auf die andersartige Verwendbarkeit der nunmehrigen Sache, also auf den jeweiligen Gebrauchszweck abstellen?[10] Der Gesetzgeber wollte, worauf auch der Nachsatz hinweist, der Werte schaffenden Tätigkeit den Vorrang einräumen gegenüber dem bloßen Stoffeigentum. Das legt eine „wirtschaftliche Betrachtungsweise" nahe, die vornehmlich darauf abstellt, ob durch die Verarbeitung oder Umbildung ein im Verhältnis zum Wert des Stoffes nicht unbedeutender neuer Wert geschaffen wurde. Dies kann freilich auch durch eine umfassende Reparatur geschehen, durch die nach allgemeiner Meinung keine „neue Sache" hergestellt wird. Die reparierte Sache wird lediglich in ihren früheren Zustand zurückversetzt; sie wird für ihren ursprünglichen Verwendungszweck wieder tauglich gemacht. In der Tat sträubt sich hier das Sprachgefühl dagegen, die lediglich reparierte Sache als eine „neue Sache" zu bezeichnen. Wie sich aus alle dem ergibt, ist nicht ein einziges Kriterium entscheidend, sondern allenfalls das Zusammenspiel mehrerer, wobei es darauf ankommt, welchem von ihnen nach der besonderen Lage des Falles das höhere „Gewicht" zukommt. Mit Recht sagt OTTE[11], die Entscheidung komme nicht durch Subsumtion unter einen in der Verkehrsanschauung vorgegebenen Satz zustande, sondern gründe sich auf das Abwägen von Fakten. Das Verfahren ist das gleiche, das wir bereits bei der Zuordnung zu einem Typus kennengelernt haben (oben Kap. 1, 4 a). Was unser Beispiel betrifft, so würde ich die Neuheit des durch Schnitzwerk verzierten Kästchens bejahen, weil es sein Aussehen wesentlich verändert, eine neue Bedeutung (als „Kunstwerk") erhalten hat und sein Wert in sehr

---

9 Vgl. WESTERMANN, Sachenrecht, 5. Aufl., § 53, II, 3.
10 So ENGISCH, Vom Weltbild des Juristen, 2. Aufl. 1965, S. 158.
11 In JuS 1970, S. 157.

beträchtlichem Maße gesteigert worden ist. Deutlich ist, daß es sich bei der Beurteilung der „Neuheit" einer Sache nicht um eine auf Wahrnehmung beruhende Tatsachenfeststellung, sondern um eine Würdigung aufgrund sozialer Fakten und deren Bewertung im Hinblick auf den der Rechtsnorm zugrunde liegenden Gedanken handelt. Wenn wir hier noch nicht von einem „Werturteil" sprechen, so deshalb, weil die Orientierung an den als relevant erkannten sozialen Fakten in der großen Mehrzahl der Fälle genügt.

Nicht immer allerdings muß der Richter die Würdigung im Einzelfall selbst vornehmen; häufig ist sie ihm in sogenannten „allgemeinen Erfahrungssätzen" vorgezeichnet. So kann man es als einen allgemeinen Erfahrungssatz bezeichnen, daß Apfelsinen oder Zitronen Sachen sind, die im Verkehr nach Stückzahl oder Gewicht bestimmt zu werden pflegen, daher „vertretbare Sachen" sind (§ 91 BGB), oder daß die Bebaubarkeit eines Grundstücks eine Eigenschaft desselben ist, die im Verkehr als „wesentlich" angesehen wird. Solche Erfahrungssätze findet der Richter aufgrund seiner eigenen sozialen Erfahrung und vielfach in den juristischen Erläuterungsbüchern. Sie dienen ihm als Hilfsmittel bei der rechtlichen Beurteilung und sichern bis zu einem gewissen Grade die Gleichmäßigkeit der Gesetzesanwendung. Hat etwa die Rechtsprechung die Bebaubarkeit eines Grundstückes als eine verkehrswesentliche Eigenschaft desselben anerkannt, so werden sich die Gerichte so lange daran halten, als nicht dieser Erfahrungssatz durch gegenteilige Erfahrungen erschüttert ist. Insoweit sie die Gleichmäßigkeit und Kontinuität der Rechtsprechung sichern helfen, erfüllen derartige Sätze eine ähnliche Funktion wie Rechtssätze. Sie sind dennoch keine „Rechtssätze", weil ihnen die normative Verbindlichkeit fehlt und ihre Richtigkeit als Erfahrungssätze davon abhängt, daß weiterhin die entsprechenden Erfahrungen gemacht werden. Sobald das zweifelhaft wird, darf sich der Richter nicht mehr auf sie verlassen, sondern hat die ihnen zugrunde liegenden Tatsachen unter dem Gesichtspunkt der gesetzlichen Wertung erneut zu würdigen.

d) Werturteile

Wir haben gesehen, daß der Beurteiler schon bei der Beurteilung bestimmter Vorgänge aufgrund sozialer Erfahrungen dann, wenn ihm hierfür kein „allgemeiner Erfahrungssatz" zur Verfügung steht, Fakten „abwägt", d. h. in ihrer jeweiligen Bedeutung unter dem Blickpunkt der gesetzlichen Regelung wertet. Daß ihm ein Werturteil abverlangt wird, liegt da klar zutage, wo er den Sachverhalt, um ihn dem Tatbestand der Gesetzesnorm zuordnen zu können, nach einem von ihm selbst erst zu konkretisierenden, „ausfüllungsbedürftigen" Maßstab zu beurteilen hat. Derartige ausfüllungsbedürftige Maßstäbe sind die „guten Sitten" (§§ 138, 826 BGB, 1 UWG), „Treu und Glauben" (§§ 157, 242 BGB), die im Verkehr „erforderliche Sorgfalt" (§ 276 Abs. 1 Satz 2 BGB), der „wichtige Grund" als Voraussetzung der Wirksamkeit einer fristlosen Kündigung bei Dauerschuldverhältnissen. Ein „wichtiger Grund" ist nach der Rechtsprechung dann gegeben, „wenn einem Vertragsteil unter Berücksichtigung aller Umstände nach Treu und Glauben nicht zugemutet werden kann, das Schuldverhältnis fortzusetzen"[12]. Den Maßstab der „Zumutbarkeit" legt die Rechtsprechung auch in anderen Zusammenhängen, so beim Fortfall der Geschäftsgrundlage und in Fällen „überobligationsmäßiger Schwierigkeit", an. Wann das Festhalten an einem Vertrage, die unveränderte Vertragserfüllung einem Vertragspartner etwa mit Rücksicht auf eine Erschütterung der Vertrauensgrundlage, unvorhersehbare Erschwernisse und andere Umstände nicht mehr zugemutet werden kann, läßt sich offenbar nicht generell sagen. Zur näheren Bestimmung der Rechtsfolge verweist das Gesetz nicht selten auf den Maßstab der „Billigkeit"; so in den Fällen einseitiger Bestimmung der Leistung durch eine Vertragspartei, der Bestimmung der Leistung durch einen Dritten oder durch Urteil (§§ 315, 319 BGB), hinsichtlich der Höhe des Schmerzensgeldes (§§ 847 BGB) und einer Ersatzpflicht im Falle des § 829 BGB. Jeder Teilhaber einer Rechtsgemeinschaft nach Bruchteilen kann eine „dem Interesse aller Teilhaber nach billigem Ermessen entsprechende Verwaltung und Benutzung" verlangen (§ 745 Abs. 2 BGB). Die Liste der Beispiele ließe sich leicht vermehren, wenn man weitere Gesetze heranzieht.

Nur einige der genannten „Generalklauseln" enthalten so etwas wie eine Verweisung auf anderweit gegebene, außerrechtliche Normen; so etwa die „guten Sitten" auf die jeweils anerkannte Sozialmoral[13]. Indessen, was die jeweils herrschende Sozialmoral in dieser oder jener Situation verlangt, ist wiederum zumeist schwer feststellbar; auf weiten Gebieten gehen die Anschauungen darüber, was moralisch erlaubt sei, was nicht mehr, heute weit auseinander. Die Rechtsprechung ist daher dazu übergegangen, die „herrschende Sozialmoral" ihrerseits an den grundlegenden Wertmaßstäben der Rechtsordnung, insbesondere der Verfassung, zu messen[14], sie konkretisiert also den Maßstab im Hinblick auf spezifisch rechtliche Wertungsmaßstäbe und von ihr selbst in beispielgebenden Entscheidungen gesetzte Richtpunkte. Als Maßstab fahrlässigen Verhaltens hat der Gesetzgeber mit Bedacht die Außerachtlassung der im Verkehr „erforderlichen", nicht etwa der „üblichen" Sorgfalt genannt. Welche Sorgfalt jeweils „erforderlich" war, das bestimmt sich einerseits von dem Zweck her, eine Schädigung anderer zu vermeiden, anderseits mit Rücksicht auf das Können des Handelnden und das noch erlaubte, weil im Verkehr nicht ganz zu vermeidende Risiko. Wiederum ist es die Rechtsprechung selbst, die darüber befindet, welche Anforderungen unter diesen Gesichtspunkten jeweils in einer bestimmten Situation zu stellen sind. Der Beurteiler, der ein bestimmtes Verhalten als „fahrlässig" oder nicht „fahrlässig", als mit den „guten Sitten", mit „Treu und Glauben", vereinbar oder nicht vereinbar, die Fortsetzung eines Vertragsverhältnisses oder die unveränderte Erbringung der Leistung als dem Verpflichteten

---

[12] Vgl. BGHZ 50, 315.

[13] Nicht etwa auf ein „absolutes Sittengesetz" oder eine bestimmte „Hochethik"; vergl. dazu *meine* Ausführungen im Juristen-Jahrbuch, Bd. 7, S. 98 ff.

[14] Teubner, Standards und Direktion in Generalklauseln, 1971, S. 91 spricht zutreffend von einer „Richtigkeitskontrolle", die darin besteht, daß der Richter die zuvor empirisch ermittelten sozialen Normen an Rechtsnormen, Rechtsprinzipien und Wertmaßstäben der Verfassung mißt.

noch oder nicht mehr „zumutbar" beurteilt, hat den Maßstab der Beurteilung zuvor selbst so weit auszufüllen, als dies zu seiner Anwendung auf einen in allen für die Beurteilung bedeutsamen Hinsichten gerade so wie hier gelagerten Fall erforderlich ist. Es ist unvermeidlich, daß er dabei auf die Rechtsfolge vorausblickt: Bei der Beurteilung eines Verhaltens als „fahrlässig" geht es darum, ob es dazu geeignet ist, nach der gesetzlichen Wertung eine Verantwortlichkeit zu begründen, bei der Beurteilung der Frage, ob die Fortsetzung eines Vertragsverhältnisses einem Vertragspartner noch „zumutbar" ist, um den Wertrang der Bindung an einen Vertrag. Die Beurteilung des Sachverhalts als eines solchen, wie ihn der ausfüllungsbedürftige Maßstab meint, läßt sich von der Frage, welche Rechtsfolge hier im Sinne des Gesetzes „angemessen" ist, nicht trennen.

Die Frage nach der „Angemessenheit" einer Rechtsfolge (an einen derartigen Sachverhalt) ist eine Frage der Bewertung. Diese hat hier der Beurteiler in dem ihm durch die Norm vorgegebenen Rahmen selbst vorzunehmen. Die Frage ist, ob und wie solche Werturteile im Sinne einer Rechtfertigung mit rechtlichen Erwägungen begründbar sind. Als Vorfrage stellt sich hier die nach der logischen oder semantischen Bedeutung eines Werturteils.

Unter „Werten" oder „Bewerten" wird man zunächst einen Akt der inneren Stellungnahme zu verstehen haben. Der zu bewertende Gegenstand wird darin als erstrebenswert oder nicht erstrebenswert, billigenswert oder nicht billigenswert, einem anderen vorzuziehen oder hinter ihn zurückzusetzen beurteilt. Etwas, das allen Menschen oder jedem einsichtigen Menschen als erstrebenswert gilt, nennt man ein „Gut", z. B. Frieden, Gesundheit, Unabhängigkeit, Abwesenheit von Zwang und Not. Ein Handeln, das diese und andere Güter fördert oder erhält, billigen wir; ein gegenteiliges Handeln mißbilligen wir. Billigung oder Mißbilligung finden ihren Ausdruck in einem Werturteil, das moralischer oder, wenn es sich an spezifisch-rechtlichen Grundsätzen orientiert, rechtlicher Natur sein kann.

Ist das Werturteil Ausdruck einer Stellungnahme, so ist diese zunächst die des jeweils Urteilenden. Daraus darf aber nicht geschlossen werden, daß das Werturteil nur eine Aussage über den von dem Urteilenden innerlich vollzogenen Wertungsakt sei. Dieser Auffassung ist allerdings SCHEUERLE[15]. Nach ihm enthält das Werturteil eine Aussage des Urteilenden über ein „eigenpsychisches Faktum". Der Urteilende, meint SCHEUERLE, stelle als eine Tatsache fest, daß er selbst „angesichts des gegebenen Sachverhalts die Wertung ‚sittenwidrig' vollzog". Der dem Urteilsakt vorausliegende Wertungsakt selbst ist nach SCHEUERLES Meinung ein Gefühlsakt, der auf einem Begehren des Menschen beruht, keineswegs ein Erkenntnisakt. Indem SCHEUERLE das Werturteil auf ein Tatsachenurteil über ein „eigenpsychisches Faktum" zurückführt, verkennt er, daß es in ihm gerade nicht um die Feststellung einer Tatsache, sondern um die Bewertung eines Sachverhalts geht. Das Urteil, „dieses Verhalten ist sittenwidrig", „ein derartiges Verlangen verstößt gegen Treu und Glauben", will nicht nur besagen, daß der Urteilende es so empfindet, sondern daß das betreffende Verhalten oder Verlangen eine solche Bewertung „verdient", daß

---

[15] In seinem Buch „Rechtsanwendung", S. 111 f.; 162.

ihm diese Beurteilung von Rechts wegen zukommt. FRANKENA[16] hat darauf aufmerksam gemacht, daß auch moralische Urteile dem Sinn der moralischen Sprache gemäß den Anspruch erheben, objektiv gerechtfertigt zu sein. HARE[17] bemerkt in dem gleichen Sinne, daß es nicht dasselbe sei, zu sagen, jemand habe ein Gefühl der Verpflichtung, und er „habe eine Pflicht". Wer das erstere sagt, stelle eine psychologische Tatsache fest; wer das letztere sagt, fälle ein Werturteil. Ausdrücklich wendet sich HARE gegen „die Verwechslung von psychologischen Feststellungen eines Gefühls der Verpflichtung und Werturteilen über Pflichten". Wenn aber schon moralische Werturteile ihrem Sinne nach darauf Anspruch erheben, von jedem Einsichtigen bejaht werden zu müssen, in diesem Sinne „richtig" zu sein, dann muß das umsomehr von rechtlichen Werturteilen gelten, die unter Berufung auf die Maßstäbe der Rechtsordnung ergehen. Derartige Urteile sagen nicht nur etwas über die eigene Wertung des Urteilers, sondern primär etwas darüber aus, wie dieser Sachverhalt – es versteht sich, nach der gewissenhaft gebildeten Überzeugung des Urteilers – unter rechtlichen Gesichtspunkten, gemäß den Anforderungen und Wertmaßstäben der Rechtsordnung, *zu beurteilen ist.*

Die Frage ist, wie dieser Anspruch und bis zu welchem Grade er durch einsichtig zu machende, am Recht orientierte Erwägungen gerechtfertigt werden kann. Es ist falsch, bei „Werten" nur an ein durch rationale Erwägungen nicht vermitteltes, in diesem Sinne „irrationales", weithin emotional bedingtes Urteilen zu denken. Gewiß überwiegt solches rein „emotionales" Werten im Alltag bei weitem, läßt es sich aus politischen Auseinandersetzungen, aber auch aus dem Gerichtssaal schwerlich ganz verbannen. Aber die Aufgabe des Juristen ist gerade die „Versachlichung" der Wertungen. Ihm obliegt daher ein an Rechtsgrundsätze gebundenes Werten mit Hilfe eines, wie wir oben sagten, „wertorientierten" Denkens.

Der Jurist hat dabei vor dem Moralphilosophen, der Ähnliches versucht, voraus, daß *ihm* die für ihn verbindlichen Wertungsmaßstäbe in der Rechtsordnung, in der Verfassung und den von ihr akzeptierten Rechtsgrundsätzen vorgegeben sind, auch wenn sie zu ihrer „Anwendung" noch weiterer Akte, wie einer Konkretisierung, bedürfen. Mindestens die Richtung, in die er weiter zu gehen hat, ist ihm dadurch vorgezeichnet. Eine Entscheidung „rechtfertigen", heißt für ihn: Darlegen, daß sie im Einklang mit diesen grundlegenden Maßstäben und mit ihrer weiteren Ausgestaltung in der gesamten Rechtsordnung – mit Einschluß der von der Rechtsprechung erarbeiteten Entscheidungskriterien – steht. Das ist häufig ein verwickelter, mitunter im einzelnen schwer durchschaubarer Prozeß. Was Ausdrücke wie „Treu und Glauben", „Billigkeit" oder „Zumutbarkeit" besagen, läßt sich zwar nicht in der einfachen Form einer Worterklärung oder Definition erschöpfend angeben, wohl aber an „einleuchtenden" Beispielen deutlich machen. Der Gesetzgeber, der derartige Ausdrücke verwendet, hat dabei zweifellos solche Fälle im Auge, über deren Beurteilung nach dem angegebenen Maßstab ein allgemeiner

---

[16] Analytische Ethik, S. 131.
[17] Die Sprache der Moral, S. 208.

Konsens besteht. Der Maßstab enthält einen allgemeinen Rechtsgedanken, der eine Orientierung an bestimmten Gesichtspunkten nahelegt. So weist der Maßstab von „Treu und Glauben" auf den Gesichtspunkt der Einlösung des entgegengebrachten und in Anspruch genommenen Vertrauens wie auf den der gegenseitigen Rücksichtnahme im Verhältnis der Partner hin; die „Billigkeit" meint einen beiden gerecht werdenden Ausgleich, sei es im Verhältnis der Vertragspartner (§ 315 BGB), sei es zwischen Schädiger und Geschädigtem (§ 847 BGB). Nichts anderes meint der Jurist, wenn er sagt, Chancen und Risiken (der Teilnehmer einer rechtlichen Verbindung), Vorteile und Lasten müßten in einem „ausgewogenen Verhältnis" stehen, kollidierende, aber schutzwürdige Interessen „ausgeglichen" werden. Gewiß lassen sich aus solchen allgemeinen Rechtsgedanken und Prinzipien unmittelbar noch keine konkreten Entscheidungen gewinnen; gänzlich inhaltslos sind sie aber nicht. Durch ihre Verdeutlichung an „einleuchtenden" Beispielen und sodann durch den Vergleich mit anderen, nach ihnen beurteilten Fällen, sowie durch die Herausarbeitung weiterer, speziellerer Rechtsgedanken aufgrund einer rechtlichen Analyse derjenigen Fälle, an denen sie hervortreten, gelingt es der Rechtsprechung nach und nach, den relativ „unbestimmten" Maßstab inhaltlich anzureichern, mit Bezug auf bestimmte Fälle und Fallgruppen zu konkretisieren und dadurch schließlich ein Geflecht von Entscheidungsmustern zu schaffen, in das neu zu beurteilende Fälle größtenteils eingeordnet werden können. Die Kommentare zu § 242 BGB geben ein eindrucksvolles Beispiel hierfür.

Sehen wir uns die dabei zur Anwendung kommende Methode der Fallvergleichung und Typisierung noch etwas näher an[18]. Wieder fällt hierbei auf, daß der gedankliche Prozeß nicht nur in *einer* Richtung, sondern gegenläufig erfolgt, nämlich einmal von dem allgemeinen Rechtsgedanken zu den nach ihm beurteilten Fällen hin und zum anderen von diesen über als typisch erkannte Fälle und speziellere Rechtsgedanken zu dem allgemeinen Prinzip zurück. Wenn auch kein einzelner Fall dem anderen in jeder Hinsicht gleicht, so gleichen sich doch viele Fälle in bestimmten Zügen und in bestimmtem Ausmaß. Da es ein Grundpostulat der Gerechtigkeit ist, „gleiche Fälle" gleich zu behandeln, so kommt es zunächst darauf an, zu erkennen, welche Umstände in welchem Ausmaß für die hier geforderte Bewertung (nach dem allgemeinen Maßstab) von Bedeutung sind, denn nur und alle solche Fälle, die sich hinsichtlich aller dieser Umstände gleichen, sind gleich zu beurteilen. Man kann nun von Fällen, deren Beurteilung (als „treuwidrig", „sittenwidrig", „unbillig") praktisch unbezweifelt ist, ausgehen und, indem man sie in Gedanken variiert, fragen, welche Umstände hier wohl für die Beurteilung ausschlaggebend sind. Man wird dann zugleich auf speziellere Wertungsgesichtspunkte geführt, wie z. B. „venire contra factum proprium", „Vertrauensmißbrauch", „Verwirkung", oder, denken wir an die „guten Sitten", solche Gesichtspunkte wie „Knebelungsverträge", „übermäßige Beschränkung der Berufsausübung", „vorsätzliche Schädigung Dritter", „Ausnutzung einer Monopolstellung" u.a. Dabei werden sich ebensowohl

[18] Vgl. hierzu *meine* Ausführungen in der Festschrift für NIKISCH, 1958, S. 292 ff. und LEENEN, Typus und Rechtsfindung, S. 66 ff.

Über-schneidungen ergeben, wie noch nicht oder nicht hinreichend ausgefüllte Räume bleiben. Mit der Zahl der von den Gerichten entschiedenen Fälle wachsen die Vergleichsmöglichkeiten; damit wächst die Sicherheit, mit der Entscheidungen getroffen werden können, verengt sich der verbleibende Spielraum, innerhalb dessen die Entscheidung unsicher bleibt. Daraus ergibt sich zugleich, daß jede gelungene Konkretisierung in der Beurteilung eines Einzelfalles den Maßstab selbst fortbildet. Rechtsanwendung und Rechtsfortbildung, so sagten wir bereits (oben Kap. 1, 4 a am Ende), gehen hier miteinander einher, sind ein und derselbe Prozeß.

Gewiß hat diese Methode der Konkretisierung ihre Grenzen. Die Fallanalyse mag unzureichend sein, die im Vergleichsfall getroffene Entscheidung der Nachprüfung nicht standhalten. Infolge eines Wandels des allgemeinen Wertbewußtseins kann, was besonders bei den „guten Sitten" deutlich ist[19], die früher unzweifelhaft erschienene Beurteilung bestimmter Fallgruppen zweifelhaft werden. Die Rechtsprechung kann sich solchen Wandlungen auf die Dauer nicht entziehen, will sie im Einklang mit dem allgemeinen Rechts- und Sittenbewußtsein bleiben. Es kann ferner für den neu zu entscheidenden Fall an Vergleichsfällen fehlen. Neben Fällen, die mehr oder minder „typisch" sind, werden immer wieder atypische Fälle auftreten. Hier kann der Richter seine Entscheidung nicht mehr bis ins letzte begründen; dann, aber eben *nur* dann, kann nur noch seine persönliche Überzeugung davon, was hier maßstabgerecht sei, den Ausschlag geben. Aber ungeachtet solcher verbleibender Unsicherheiten zeigt es sich doch, daß für eine große, wahrscheinlich für die größte Zahl der zu beurteilenden Fälle der Richter das von ihm verlangte Werturteil sehr wohl mit Gründen zu rechtfertigen vermag. Rechnet man zum „geltenden Recht" auch die in den richterlichen Entscheidungen enthaltenen Wertungen, soweit sie ihrerseits gerechtfertigt sind, mit, so ist auch eine Entscheidung, die im Wege der Fallvergleichung und der Zuordnung zu einem Falltypus gefunden wurde, eine Entscheidung, die aus dem geltenden Recht begründet ist. Man darf von einer rechtlichen Begründung, wenigstens soweit es um Werturteile geht, nur nicht die logische Stringenz eines mathematischen oder physikalischen Beweises verlangen. „Begründen" heißt hier, durch einsichtig zu machende Erwägungen die Entscheidung aus dem geltenden Recht zu rechtfertigen. Auch wo ihm dies nicht vollständig gelingt, hat sich der Richter, der sein Amt richtig wahrnimmt, nach besten Kräften darum zu bemühen.

e) Der verbleibende Beurteilungsspielraum des Richters

Nicht nur bei der Konkretisierung eines ausfüllungsbedürftigen Wertungsmaßstabes, sondern mitunter auch schon bei der Beurteilung eines Sachverhalts aufgrund sozialer Erfahrungen und bei der Zuordnung zu einem Typus (wie „Tierhalter", „Besitzdiener", „Zubehör") verbleibt dem Richter ein Beurteilungsspielraum, der

[19] Vgl. dazu ROTHER, Sittenwidriges Rechtsgeschäft und sexuelle Liberalisierung, AcP 172, 498.

durch jedermann überzeugende Erwägungen nicht mehr auszufüllen ist[20]. Ein solcher Spielraum kann sich daraus ergeben, daß der zu beurteilende Fall gleichsam auf der Grenze zwischen mehreren, ihm vergleichbaren, jedoch unterschiedlich beurteilten Fällen liegt. Wo das Gesetz auf die an sich mögliche Festlegung einer quantitativen Größe für die Grenzziehung verzichtet hat, wo es etwa nur von einem „auffälligen Mißverhältnis" zwischen Leistung und Gegenleistung oder einer „nicht unerheblichen" Minderung des Wertes spricht, da gibt es statt einer scharfen Grenze gewissermaßen einen Zwischenraum, innerhalb dessen die Entscheidung so oder so ausfallen kann. Ähnlich ist es dort, wo es nur „gleitende Übergänge" gibt, wie zwischen Tag und Nacht, einer Baumgruppe und einem Wald. Auch zwischen „leichter" und „grober" Fahrlässigkeit läßt sich keine scharfe Grenze ziehen, mag auch die Fallvergleichung hier wieder in den meisten Fällen zu einem gesicherten Ergebnis führen. Innerhalb des in einzelnen Fällen verbleibenden Beurteilungsspielraums hat der Richter so zu entscheiden, wie es nach seinem pflichtmäßigen Ermessen der gesetzliche Maßstab oder Typus verlangt, auch wo er das nicht mehr bis ins letzte begründen kann. Der Wissenschaftler, dem es allein um Erkenntnis geht, muß hier sagen, daß ihm ein sicheres Urteil nicht mehr möglich ist, weil der Maßstab zu ungenau ist oder weil ihm der Stand der Erkenntnis ein solches nicht erlaubt. Der Richter kann sich ein solches „non liquet" nicht erlauben; er steht, im Gegensatz zum Wissenschaftler, unter Entscheidungszwang. Er muß zu einer Entscheidung des ihm vorgelegten Rechtsfalles gelangen und sich deshalb dazu entschließen, den ihm vorgelegten Sachverhalt so oder so zu beurteilen. Das der Rechtsprechung in solchen Fällen unvermeidbar anhaftende Unsicherheitsrisiko muß hingenommen werden. Genug, daß der Richter alle ihm zur Verfügung stehenden Mittel der Konkretisierung mit Hilfe rechtlicher Überlegungen ausgeschöpft hat und seine Entscheidung danach als „vertretbar" erscheint. Der Jurist nennt eine Entscheidung dann „vertretbar", wenn zum mindesten ebenso gute Gründe für wie gegen ihre Richtigkeit sprechen. Daß er sich häufig mit bloßer „Vertretbarkeit" einer Entscheidung begnügt, wo der Laie nachweisbare „Richtigkeit" erwartet, liegt an der Unvermeidbarkeit des Verbleibens von Beurteilungsspielräumen und an dem Entscheidungszwang, unter dem der Richter steht. Die Jurisprudenz kann mit Bezug auf solche Fälle nur eine Aussage darüber machen, ob eine solche Entscheidung noch vertretbar, oder nicht mehr vertretbar ist. Eine derartige Aussage steht ihrerseits selbstverständlich wieder unter der Anforderung der Aussagerichtigkeit.

Wo der Richter schließlich die Wahl zwischen zwei gleichermaßen vertretbaren Beurteilungen hat, da liegt es nahe, daß er die Wahl im Vorausblick auf das von ihr abhängige Ergebnis, also auf die aus ihr folgende Fallentscheidung trifft. Da der Richter den Fall nach Möglichkeit „gerecht" entscheiden will, Gerechtigkeit in diesen Fällen ein legitimes Anliegen der Rechtsprechung ist, ist der Vorausblick auf die vom Richter für gerecht erachtete Fallentscheidung legitim. Freilich weiß der

[20] HART, The Concept of Law, S. 121 ff. spricht von „the open texture of Law", womit er ebenfalls einen solchen Beurteilungsspielraum meint.

Richter nicht immer im voraus, welche Entscheidung hier „gerecht“ ist. Da es leichter ist, zu sagen, was offenbar ungerecht, als was in schwierigen Fällen gerecht sei, so vermag er auf diese Weise wenigstens eine evident ungerechte Entscheidung zu vermeiden[21]. Wo keine der möglichen Entscheidungen evident ungerecht wäre, bleibt in den genannten Fällen die Entscheidung der persönlichen Werteinsicht und Überzeugung des Richters überlassen. Gewiß besteht hier die Gefahr, daß in das Urteil des Richters, ihm selbst unbewußt, mancherlei Vorurteile, sie mögen wie immer bedingt sein, einfließen. Vom Richter muß verlangt werden, daß er sich davon so weit als möglich befreit, sich über seine Motivationen Rechenschaft ablegt und auch aus Fehlentscheidungen lernt. Denn wo die Bereitschaft dazu fehlt, kann auch ein ausgeprägtes Rechtsgefühl leicht in die Irre gehen[22].

Daß dem Richter mitunter ein Beurteilungsspielraum bleibt, innerhalb dessen dann nur noch seine persönliche Richtigkeitsüberzeugung den Ausschlag gibt, erscheint indessen nur dem als ein „peinlicher Rest“, der an die restlose Rationalisierbarkeit aller Lebensvorgänge und damit an die Ausschaltung der kreativen Persönlichkeit zu glauben vermag. Dem gegenüber steht die Meinung, daß wie in anderen Lebensbereichen, so auch im Bereich der Rechtsanwendung der Einschlag persönlicher Entscheidung nicht entbehrt werden kann. Das Recht, hat ENGISCH einmal gesagt[23], „ist in allen seinen Teilen ein Erzeugnis des lebendigen Geistes, der organisch und persongebunden in Erscheinung tritt. Die Ermächtigung zur Entscheidung nach eigenem Ermessen bedeutet die Inthronisation der nach Sinnverwirklichung strebenden Persönlichkeit auf der Ebene der Rechtskonkretisierung. Darum kann das subjektiv-Richtige hier das Richtige überhaupt sein“. Es versteht sich, daß das immer nur innerhalb jenes Bereichs gilt, für den dem Richter ein Beurteilungsspielraum verbleibt. Daß dieser Spielraum, den die Jurisprudenz einzuengen ständig sich bemüht, je ganz verschwindet, ist weder anzunehmen noch auch nur wünschenswert.

Von dem *Beurteilungsspielraum,* der dem Rechtsanwender vornehmlich bei der Konkretisierung eines ausfüllungsbedürftigen Maßstabes im Hinblick auf den Einzelfall, in begrenzterem Umfang aber auch bei der Zuordnung zu einem Typus sowie da, wo es gleitende Übergänge gibt, verbleibt, ist das Handlungs- oder Ge-

---

[21] PODLECH (ArchöffR 95, S. 190) hat hiergegen eingewandt, der Versuch, „tatsächliche Unterschiede in Sachverhalten, die so subtil sind, daß sie durch die Maschen sowohl der Umgangssprache wie der juristischen dogmatisch-systematischen Argumentation hindurchfallen, mit dem groben und nur grundsätzliche Entscheidungen zulassenden Kriterium der Gerechtigkeit fassen zu wollen“, sei untauglich. Dies habe ich auch nicht gemeint. Vielmehr ging es mir nur um die Frage, ob der Richter in Grenzfällen, in denen die eine wie die andere Beurteilung „vertretbar“ ist, die Wahl davon abhängig machen darf, welche ihm eine nach seiner persönlichen Überzeugung „gerechte“ Entscheidung ermöglicht. Eine Objektivierung des Urteils kann dadurch allerdings nur so weit erreicht werden, als es auf diese Weise möglich ist, evident ungerechte Entscheidungen zu vermeiden. Im übrigen bleibt es dabei, daß in solchen Fällen die Persönlichkeit des Richters den Ausschlag gibt, wie PODLECH sagt, „die Recht anwendenden Organe als Zufälligkeitsgeneratoren fungieren“.

[22] Vgl. dazu BRUSIIN, Über die Objektivität der Rechtsprechung, S. 47 f.

[23] Einführung in das juristische Denken, 5. Aufl., S. 132.

staltungsermessen des Verwaltungsbeamten in den Fällen zu unterscheiden, in denen ihm das Gesetz einen *Entscheidungsspielraum* läßt. Das Schrifttum zum Begriff des „Ermessens" in der Verwaltung ist nahezu unübersehbar[24]; wir müssen uns hier auf einige grundsätzliche Bemerkungen beschränken. Der Sinn des der Verwaltung in manchen Fällen eingeräumten Handlungs- oder Gestaltungsermessens wird gemeinhin darin gesehen, daß die Verwaltung die Möglichkeit haben soll, je nach Zeit, Ort und gegebenen Umständen eine von mehreren durch das Gesetz zugelassenen Maßnahmen zu ergreifen oder untätig zu bleiben, wobei sie sich weniger von Rechts- als von Zweckmäßigkeitserwägungen leiten lassen wird. Auch ein solcher der Verwaltung eingeräumter Ermessensspielraum ist nach heutiger Auffassung stets begrenzt, sei es durch das das Ermessen einräumende Gesetz selbst, sei es durch die stets zu beachtenden Schranken, die sich aus der Verfassung und aus allgemeinen Rechtsprinzipien, wie dem Grundsatz der Verhältnismäßigkeit, ergeben. Eine Ermessensausübung, die diese Grenzen überschreitet, ist rechtswidrig; die Verwaltungsgerichte wachen darüber, daß die Verwaltung von ihrem Ermessen nur einen pflichtgemäßen Gebrauch macht. Liegt aber die von der Behörde getroffene Maßnahme im Rahmen ihres Ermessensspielraums, so ist sie rechtmäßig, auch wenn vielleicht eine andere zweckmäßiger gewesen wäre. Die Verwaltungsgerichte prüfen nur die Rechtmäßigkeit, nicht auch die Zweckmäßigkeit. Es kann nun sein, daß sich ein Gesetz zur Kennzeichnung der Voraussetzungen, unter denen die Behörde einen Ermessensspielraum haben soll, eines sogenannten unbestimmten Rechtsbegriffs, also eines ausfüllungsbedürftigen Maßstabes bedient[25]. Soll die Behörde im Fall, daß die Voraussetzungen zu bejahen sind, stets in bestimmter Weise tätig werden, so reicht der Ermessensspielraum nicht weiter als der Beurteilungsspielraum. Ob auch im Falle der Bejahung der Voraussetzungen der Behörde hinsichtlich ihrer Entscheidung noch ein Ermessensspielraum verbleiben soll, und wie groß dieser gegebenenfalls ist, bedarf jeweils der Prüfung. Zwischen dem „Beurteilungsspielraum" des Rechtsanwenders und dem (gebundenen) Ermessen (Handlungsermessen) der Verwaltung bleibt jedenfalls der Unterschied, daß im Prozeß der Konkretisierung ausfüllungsbedürftiger Maßstäbe durch die Gerichte die einzelne Entscheidung beispielgebend wirkt und daher dazu beiträgt, den verbleibenden Beurteilungsspielraum zu verengen, während im Bereich des Handlungsermessens diese Wirkung nicht in gleichem Maße eintritt. Allerdings kann der als Willkürverbot verstandene Gleichheitsgrundsatz auch hier dazu führen, daß die Verwaltung an ihre ständige Praxis bis zu einem gewissen Grade gebunden wird.

---

[24] Ohne jeden Anspruch auf Vollständigkeit seien genannt: BACHOF, JZ 1955, S. 99 ff.; JZ 72, S. 641; EHMKE, Ermessen und unbestimmter Rechtsbegriff im Verwaltungsrecht, 1960. ENGISCH, Einführung, S. 118 ff.; FORSTHOFF, Lehrbuch des Verwaltungsrechts, 9. Aufl., S. 80 ff.; JESCH, ArchöffR 82, S. 163; KLEIN, ArchöffR 82, S. 75; RUPP, Grundlagen der heutigen Verwaltungslehre, 1965, S. 200 ff.; SCHIMA, Der unbestimmte Rechtsbegriff, in: Österreichische Akademie der Wissenschaften, philosophisch-historische Klasse, Jg. 1967, S. 185; ULE in Festschrift für WALTER JELLINEK, 1955, S. 309 f.

[25] Hierzu vgl. die Entscheidung des gemeinsamen Senats der obersten Gerichtshöfe in NJW 72, 1411 – mit Anm. von KLOEPFER – und den Aufsatz von BACHOF in JZ 72, S. 641.

Weder dem Beurteilungsspielraum bei der Anwendung mehr oder weniger unbestimmter Rechtsbegriffe und Wertungsmaßstäbe, noch dem Handlungsermessen der Verwaltung gleicht das Ermessen des Strafrichters bei der Festsetzung der konkreten Strafe, der Strafzumessung. Sie ist einerseits streng am Rechtsgedanken und an den von der Rechtsordnung anerkannten verschiedenen Strafzwecken zu orientieren. Anderseits erschwert die Disparität dieser Zwecke, die Vielfältigkeit der zu berücksichtigenden individuellen Umstände und die Begrenztheit der Erkenntnismittel die Vergleichsmöglichkeiten und damit die Einhaltung der Maßstabgerechtigkeit in hohem Maße. Das schließt nicht aus, daß sich der Richter auch hier um die Anlegung gleicher Maßstäbe bemüht und seine Erwägungen deutlich macht. Dennoch wird man ENGISCH[26] recht geben müssen, wenn er einräumt, daß „auch hier bei allem Bemühen von Theorie und Praxis, in die Strafzumessung Gerechtigkeit zu bringen, doch einerseits Zweckgedanken eine erhebliche Rolle spielen, anderseits aber auch ein persönlicher Rest bleibt, der durch Vernunft dividiert nicht aufgeht, also eine individuelle Komponente im Entscheidungsakt". Innerhalb des aufgrund sorgfältiger Erwägungen abzusteckenden Entscheidungsspielraums hat der Richter den genau bestimmten Umfang der Strafe nur noch festzusetzen; insoweit kommt dann, wie HEGEL sagt[27], nur noch das Interesse an der Verwirklichung des Rechts in Betracht, „das Interesse, daß überhaupt bestimmt und entschieden sei, es sei, auf welche Weise es (innerhalb einer Grenze) wolle". Auch hier ist es die Aufgabe der Rechtswissenschaft, durch die Entwicklung einleuchtender und hinreichend praktikabler Strafzumessungskriterien den Richter dazu instand zu setzen, die Entscheidung über das Strafmaß so weit als möglich einsichtig zu machen, d. h. den Entscheidungsspielraum, innerhalb dessen er nur noch festsetzen kann, klein zu halten.

4. Die Deutung rechtsgeschäftlicher Erklärungen

a) Rechtsgeschäftliche Erklärungen als Rechtsfolgeanordnungen

Rechtserhebliche Sachverhalte sind vielfach solche, die aus einer oder mehreren Erklärungen bestehen, die auf den Eintritt von Rechtsfolgen gerichtet sind (Rechtsgeschäfte). Sie bedürfen, wie alle Meinungs- und Willensäußerungen, der Deutung. Rechtsgeschäftliche Erklärungen sind aber nicht nur Sachverhalte, an deren Vorliegen *das Gesetz* bestimmte Rechtsfolgen knüpft, sondern sie besagen *ihrem eigenen Inhalt nach,* diese oder jene Rechtsfolge solle eintreten. So besagt eine Kündigung, daß das gekündigte Rechtsverhältnis zu dem angegebenen Zeitpunkt enden, ein Vertrag über den Übergang des Eigentums an einer bestimmten Sache, daß dieses auf den Erwerber übergehen, ein Schuldvertrag, daß der eine dem anderen oder jeder

---

[26] Einführung, S. 132. Vgl. auch seinen Beitrag über den Ermessensbegriff in der Festschr. für KARL PETERS, 1974, S. 15.

[27] Rechtsphilosophie, § 214. Obgleich, wie HEGEL betont, der Idee nach für jede Tat nur *eine* Strafe die „gerechte" ist. Sie läßt sich aber nicht bis auf die Stunde (Freiheitsentzug) oder den Pfennig (Geldstrafe), wie HEGEL sagt, „vernünftig bestimmen".

dem anderen zu einer bestimmten Leistung verpflichtet sein solle. Die rechtsgeschäftliche Willenserklärung enthält nicht lediglich die Kundgabe einer bestimmten Meinung oder Absicht; sie ist ihrem Sinne nach Geltungserklärung, d. h. ein Akt, der darauf abzielt, eine Rechtsfolge in Geltung zu setzen[28]. Rechtsgeschäfte sind Sachverhalte, die die ihnen primär zugeordneten Rechtsfolgen bereits implizieren. Sie unterscheiden sich dadurch grundlegend von allen anderen rechtlich relevanten Sachverhalten.

Schon oben (im 2. Kapitel unter 2 a) wurde darauf hingewiesen, daß im Falle eines rechtsgültigen Schuldvertrags die Parteien zu den vertraglichen Hauptleistungen deshalb verpflichtet sind, weil sie sich durch den Vertrag selbst dazu verpflichtet haben. Ihre Verpflichtung ergibt sich also nicht erst daraus, daß das Gesetz sie als Rechtsfolge an einen derartigen Tatbestand knüpft, sondern – unter der Voraussetzung, daß die betreffende Rechtsordnung derartige Verträge überhaupt anerkennt, unter der Voraussetzung und innerhalb der jeweiligen Grenzen der „Privatautonomie" also – aus dem Tatbestand „rechtsgültiger Schuldvertrag" selbst. Der Käufer ist zur Zahlung des vereinbarten Kaufpreises verpflichtet, weil er sich dazu in einem Rechtsakt, den das Gesetz eben deshalb als „Kaufvertrag" bezeichnet, selbst verpflichtet hat. § 433 Abs. 2 BGB begründet nicht erst diese Verpflichtung, sondern macht nur, in Verbindung mit dem ersten Absatz, deutlich, was das Gesetz unter einem „Kaufvertrag" versteht. Solange wir nicht wissen, wozu sich in einem Vertrage der eine und der andere Teil verpflichtet hat, können wir auch nicht sagen, ob es sich um einen Kaufvertrag oder um einen anders gearteten Vertrag handelt. Die erste Frage, die der Jurist beantworten muß, um einen Vertrag zu beurteilen, lautet daher: Was haben die Parteien vereinbart? Um diese Frage zu beantworten, muß er, wie wir gleich sehen werden, die Erklärungen der Vertragsparteien auslegen. Erst wenn feststeht, was, d. h. welche Rechtsfolgen die Parteien vereinbart haben, stellt sich die weitere Frage, wie diese Vereinbarung rechtlich einzuordnen und zu beurteilen ist, ob etwa als Kaufvertrag, gemischte Schenkung, Mietkauf oder wie immer.

Die Einordnung des konkreten Vertrages in einen gesetzlichen Vertragstypus oder seine Beurteilung als „typengemischt" ist von zweifacher Bedeutung. Einmal kann sich daraus ergeben, daß für einen derartigen Vertrag besondere Gültigkeitsvoraussetzungen bestehen, z. B. das Formerfordernis des § 518 BGB, wenn es sich um ein Schenkungsversprechen, das Formerfordernis des § 313 BGB, wenn es sich um einen Grundstückskauf handelt. Auch für die Frage, ob ein gesetzliches Verbot entgegensteht oder eine behördliche Genehmigung erforderlich ist, kann die Einordnung von Bedeutung sein. Zum anderen hängt von ihr die Anwendbarkeit der die Vereinbarung ergänzenden, meist dispositiven Gesetzesnormen ab. Ist z. B. festgestellt, daß es sich um einen Kaufvertrag und nicht etwa um eine „gemischte Schenkung" handelt, dann können nun, sofern die Parteien nichts anderes vereinbart

---

[28] Vgl. *meine* Schrift „Die Methode der Auslegung des Rechtsgeschäftes", 1930 (Neudruck mit Nachwort 1966), S. 34 ff.; *mein* Lehrbuch des Allgemeinen Teils, 7. Aufl., § 19, I.

haben, die Vorschriften der §§ 459 ff. BGB über Sachmängel angewandt werden. Die Anwendbarkeit der ergänzenden Vertragsnormen hängt von der rechtlichen Beurteilung des konkreten Vertrages, diese wiederum davon ab, was die Parteien in ihm vereinbart haben.

Die Frage, was die Vertragspartner vereinbart haben, ist keineswegs nur eine Frage der Tatsachenfeststellung oder auch der psychologischen Deutung, der Meinungs- und Motivationserforschung. Die Parteien teilen einander nicht nur unverbindlich mit, was sie wünschen oder beabsichtigen, sondern sie kommen darin überein, daß in ihrem Verhältnis zueinander bestimmte Rechtsfolgen gelten sollen. Schon in die Ermittlung des Inhalts ihrer „Willenserklärungen" spielt daher die rechtliche Beurteilung mit hinein. Wenn der Kunde in einem Laden zu der Verkäuferin sagt: „Geben Sie mit bitte 1 kg Äpfel", dann bedeutet diese Erklärung den Umständen nach nicht, der Kunde wolle die Äpfel geschenkt haben, sondern er wolle sie „kaufen", d. h. er verpflichtet sich hiermit zur Zahlung des Kaufpreises. Entscheidend ist dabei nicht, daß er es tatsächlich so gemeint hat, sondern daß seine Erklärung den Umständen nach von der Verkäuferin nicht anders denn als ein Kaufangebot verstanden werden konnte. Die als rechtlich maßgeblich zu betrachtende Bedeutung seiner Erklärung muß der Kunde als für ihn verbindlich gelten lassen.

b) Zur Auslegung der Rechtsgeschäfte

Wenn die rechtlich maßgebliche Bedeutung einer Erklärung unter den Beteiligten streitig wird, bedarf sie der Auslegung durch das Gericht. Ist die Erklärung zwar objektiv mehrdeutig, haben sie der Erklärende und der Empfänger aber in demselben Sinne gemeint, dann müssen beide sie in diesem Sinne gelten lassen; die Rechtsordnung hat keinen Grund, ihnen eine Bedeutung, die keiner von ihnen gemeint hatte, aufzudrängen. Hat dagegen der Empfänger der Erklärung sie anders verstanden, als der Erklärende sie gemeint hatte, dann ist weder die tatsächlich gemeinte noch die tatsächlich verstandene Bedeutung ohne weiteres die rechtlich maßgebliche. Die Rechtsordnung schützt das Vertrauen des Empfängers der Erklärung darauf, daß sie in der Bedeutung gilt, in der er sie den Umständen nach verstehen konnte und mußte. Diese Bedeutung ist, da sie weder mit der tatsächlich gemeinten noch mit der tatsächlich verstandenen übereinzustimmen braucht, eine normative Erklärungsbedeutung. Maßgebend für diese normative Erklärungsbedeutung ist „der Verständnishorizont des Empfängers".

Welche Erwägungen hat der Auslegende bei der Ermittlung der normativen Erklärungsbedeutung anzustellen? Er muß sich zunächst in die Lage des Erklärungsempfängers versetzen und alle diejenigen Umstände, aber auch nur sie, berücksichtigen, die diesem im Zeitpunkt des Zugangs der Erklärung bekannt waren oder bekannt sein konnten. Den Empfänger der Erklärung hat er sich als einen mit dem allgemeinen Sprachgebrauch, dem besonderen Sprachgebrauch des betreffenden Verkehrskreises und den Verkehrsgewohnheiten vertrauten Verkehrsteilnehmer vorzustellen. Ein solcher wird auch diejenigen Umstände berücksichtigen, auf die sich der Erklärende ersichtlich bezieht, so etwa eine bestehende Geschäftsverbindung, Vorbesprechungen, vorangegangene Erklärungen. Bei der Ermittlung der normativen Erklärungsbedeutung ist ein Erklärungsempfänger zu unterstellen, der die Erklärung sorgfältig prüft. Ist für einen sorgfältig prüfenden Empfänger ersichtlich, daß die Erklärung mehrdeutig ist, so wird er sich darum bemühen, die Meinung des Erklärenden zu erkennen und nötigenfalls zurückfragen. Mußte er indessen die Erklärung auch bei gehöriger Sorgfalt in einem bestimmten Sinne verstehen, dann muß der Erklärende sie in diesem Sinne gegen sich gelten lassen, auch wenn er sie anders gemeint hatte; es ist schließlich seine Sache, sich in solcher Weise auszudrücken, daß derjenige, an den er seine Erklärung richtete, das Gemeinte verstehen kann. Das Gesetz gibt ihm jedoch die Möglichkeit, seine Erklärung wegen des Irrtums über ihren Inhalt anzufechten, wenn er sie anders gemeint hatte, als sie vom Empfänger zu verstehen war (§ 119 Abs. 1 BGB). Auf weitere Einzelheiten der Lehre von der Auslegung des Rechtsgeschäfts und vom Erklärungsirrtum braucht hier nicht eingegangen zu werden[29].

Von der Auslegung der einzelnen Willenserklärungen, auch der zum Vertragsschluß führenden Erklärungen der beiden Vertragspartner, unterscheidet man die ergänzende Vertragsauslegung als Auslegung der durch den Vertrag geschaffenen, unter den Parteien geltenden Regelung[30]. Diese kann, wie jede Regelung, lückenhaft sein, oder es kann zweifelhaft sein, ob eine bestimmte Frage noch von der durch die Parteien getroffenen Regelung erfaßt ist oder nicht. Maßgebend für die dann einsetzende „ergänzende Vertragsauslegung“ ist der gesamte Sinnzusammenhang des Vertrages, ein von beiden Teilen anerkannter Vertragszweck, die Interessenlage, wie sie sich jeder Partei darstellte. Dabei ist wieder zu fragen, was unter diesen Umständen jede Partei als im Sinne eines gerechten Interessenausgleichs liegend und deshalb der anderen zumutbar ansehen konnte.Als Maßstab der ergänzenden Vertragsauslegung nennt das Gesetz das Prinzip von „Treu und Glauben“ (§ 157 BGB). Die von den Parteien vereinbarte Regelung ist daher, soweit das die beiderseitigen Erklärungen zulassen, in einem Sinne auszulegen, der beiden Parteien so weit als möglich gerecht wird. Die vertragliche Regelung ist zwar, sofern sie von den Partnern „frei“, ohne Druck des einen auf den anderen, vereinbart wurde, immer eine „gerechte“ Regelung; soweit sie aber für eine Auslegung Raum läßt, hat diese im Blick auf das hier mögliche Maß an „Vertragsgerechtigkeit“ zu erfolgen. Dabei darf freilich der Richter nicht seine eigenen Wertungsmaßstäbe an die Stelle derjenigen der Vertragspartner setzen. An die von den Parteien akzeptierten Bewertungsgrundlagen ist er bei der Auslegung des Vertrages gebunden, wenn anders seine Tätigkeit noch eine Vertragsauslegung bleiben soll.

Die „ergänzende Vertragsauslegung“ läßt sich nicht mehr, wie noch die Auslegung der einzelnen Willenserklärung, nur als Beurteilung eines gegebenen Sachverhalts unter rechtlichen Gesichtspunkten erfassen, sondern gehört bereits zur näheren

---

[29] Vgl. dazu *mein* Lehrbuch des Allgemeinen Teils des deutschen bürgerlichen Rechts, 7. Aufl., § 19, II und die Literaturangaben zu § 19.

[30] Vgl. dazu *mein* Lehrbuch des Allgemeinen Teils, 7. Aufl., § 29, I u. II.

Bestimmung der Rechtsfolgen. Diese werden hier nicht aus der gesetzlichen Regelung, sondern aus der von den Parteien im Vertrag gesetzten und vom Richter gleichsam zu Ende gedachten Regelung abgeleitet. Ebenso wie die Ausfüllung von Gesetzeslücken mit Hilfe interpretativer Methoden, beruht auch die Möglichkeit einer „ergänzenden Vertragsauslegung" darauf, daß eine in sich abgestimmte Regelung mehr umfaßt, als in ihren Worten und Sätzen unmittelbar gesagt ist. Es handelt sich beide Male um das der Hermeneutik bekannte Phänomen eines „Sinnüberschusses", der möglichen Diskrepanz zwischen „Sinngehalt" und „Sinnform". „Die Lückenhaftigkeit und die Unvollendetheit der Sinnform", sagt BETTI[31] „stellen ein Problem ergänzender Auslegung". Die Methoden sind allerdings nicht die gleichen, weil die gesetzlichen Regeln in weit höherem Maße aufeinander abgestimmt und zudem an bestimmten Leitgedanken ausgerichtet sind, als die sehr viel bruchstückhaftere Regelung eines Vertrages, hinter der oft sehr divergierende Interessen stehen. Wo das Gesetz für bestimmte Vertragstypen eine dispositive Regelung bereithält und der konkrete Vertrag dem Typus voll entspricht, werden „Vertragslücken" in der Regel durch das dispositive Gesetzesrecht ausgefüllt. Weicht aber der konkrete Vertrag von dem Regeltypus, auf den die dispositive Norm zugeschnitten ist, nicht unerheblich ab, dann kann die Anwendung der dispositiven Gesetzesnorm der hier zugrunde liegenden Interessenlage und dem sich aus ihr ergebenden Sinn des Vertrages unangemessen sein. In diesen Fällen wie auch dann, wenn eine Dispositivregelung fehlt, insbesondere also bei im Verkehr neu entwickelten Vertragsarten, die noch keine spezielle gesetzliche Regelung gefunden haben, ist die „ergänzende Vertragsauslegung" der gegebene Weg zur Ausfüllung von Vertragslücken.

c) Zur Einordnung der Schuldverträge in gesetzliche Vertragstypen

Das BGB enthält dispositive Regeln vornehmlich auf dem Gebiet des Schuldrechts, teils für Schuldverträge und gegenseitige Verträge im allgemeinen, teils für bestimmte gesetzliche Vertragstypen. Der Anwendung der für einen bestimmten Vertragstypus gegebenen Regeln muß die Einordnung des konkreten Vertrages in den Geltungsbereich dieses Vertragstypus vorausgehen. Nach verbreiteter Auffassung geschieht das stets im Wege eines Subsumtionsschlusses. Da dieser aber, wie wir gesehen haben, als Obersatz einen vollständig definierten Begriff zur Voraussetzung hat, so läßt sich die Subsumtion nur durchführen, wenn und soweit es gelingt, den gesetzlichen Vertragstypus durch die Angabe ihn kennzeichnender fester Merkmale abschließend zu definieren. Für einige Vertragstypen stellt das Gesetz anscheinend eine derartige Definition zur Verfügung. So ist der Kaufvertrag über eine Sache nach dem Gesetz ein Vertrag, durch den der eine Teil sich dem anderen dazu verpflichtet, ihm eine Sache zu übereignen und, wenn er sie nicht schon in Besitz hat, zu übergeben, der andere, ihm dafür einen Geldbetrag als Kaufpreis zu zahlen.

---

[31] EMILIO BETTI, Allgemeine Auslegungslehre als Methodik der Geisteswissenschaften, 1967, S. 281.

Ein Mietvertrag ist ein Vertrag, durch den der eine Teil sich dem anderen dazu verpflichtet, ihm den Gebrauch einer Sache während einer bestimmten Zeit zu gewähren, der andere dazu, dafür einen Mietzins zu entrichten. Zweifelhaft wird die Möglichkeit einer scharfen Begriffsbestimmung aber jedenfalls bei den Typen „Dienstvertrag" und „Werkvertrag", wovon die vielfachen vergeblichen Bemühungen um ihre begriffliche Abgrenzung Zeugnis ablegen[32]. Wenn das Gesetz das Darlehen als einen Vertrag kennzeichnet, dem zufolge jemand Geld oder andere vertretbare Sachen „als Darlehen" empfangen hat, dann ist das offenbar keine Definition, weil das zu Definierende im Definierenden wiederkehrt. Die Definition der Gesellschaft in § 705 BGB ist unpräzis, weil das Merkmal des „gemeinsamen Zwecks" viel zu weit ist, um eine Abgrenzung zu ermöglichen.

In Wahrheit stehen jedoch auch hinter den begrifflichen Festlegungen des Gesetzes Typen. Das zeigt sich einmal darin, daß Elemente des „Kaufs" und der „Miete" in verschiedener Weise miteinander verbunden werden können, so daß Mischtypen entstehen, wie etwa der Mietkauf und das Leasing[33]. Im Fall einer „gemischten Schenkung" soll die Übereignung einer Sache nach der Vorstellung der Parteien zu einem bestimmten Wertanteil entgeltlich, zu einem anderen unentgeltlich erfolgen. Sieht man Kauf, Miete, Schenkung als klassenlogisch verstandene Begriffe an, so fallen die Mischtypen in keine dieser Klassen und damit aus der Systematik des Gesetzes heraus. Mit dieser rein negativen Feststellung hat man sich indessen nie begnügt, sondern stets gefragt, wie weit sie dem einen oder dem anderen Vertragstypus „angenähert" seien. Man hat also insoweit schon immer typologisch gedacht. Das unbezweifelbare Vorhandensein zahlreicher „typengemischter" Verträge deutet darauf hin, daß es sich bei den vermeintlichen gesetzlichen Definitionen nur um verkürzte Typenbeschreibungen handelt[34]. Dafür spricht auch, daß sich innerhalb der durch die Begriffsmerkmale abgesteckten, sehr weiten „Klasse" der Kaufverträge oder Mietverträge engere Typen unterscheiden lassen, die wiederum einige Elemente eines anderen Vertragstyps in sich aufnehmen können. So schließt der Kreditkauf – mit dem Sondertyp Abzahlungskauf – ein Element der Kreditgeschäfte ein. BALLERSTEDT[35] hat dargelegt, daß der von ihm so genannte „marktbezogene Gattungskauf" ein werkvertragliches Element (in Gestalt einer Beschaffungspflicht) enthält. Vor allem ist hinsichtlich der Gesellschaften die Unterscheidung verschiedener Gesellschaftstypen gebräuchlich geworden[36]. Das alles spricht dafür, in den „Vertragstypen" des BGB echte Typen, nicht klassenlogische Begriffe zu sehen[37]. Im näheren handelt es sich bei ihnen um „rechtliche Strukturtypen", das sind Typen von Rechtsverhältnissen (unten Kap. 6, 2 b und c).

---

[32] Dazu LEENEN, Typus und Rechtsfindung, S. 147.

[33] LEENEN, a.a.O., S. 143 ff.

[34] H. P. WESTERMANN, Vertragsfreiheit und Typengesetzlichkeit im Recht der Personengesellschaften, S. 105 f.

[35] in der (ersten) Festschrift f. NIPPERDEY, 1955, S. 264, 280.

[36] WESTERMANN, a.a.O., S. 103 ff. Kritisch W. OTT, Die Problematik einer Typologie im Gesellschaftsrecht, dargestellt am Beispiel des schweizerischen Aktienrechts, 1972.

[37] Das hat LEENEN, a.a.O., S. 162 ff. eingehend begründet.

Den Unterschied zwischen Begriff und Typus hatten wir früher (Kap. 1, 4 a) dahin gekennzeichnet, daß der Umfang eines Begriffs durch die seine Definition bildenden Merkmale abschließend festgelegt ist, der des Typus dagegen nicht. Die ihn kennzeichnenden „Züge“ sind wenigstens zum Teil solche, die in unterschiedlichen Stärkegraden auftreten und bis zu einem gewissen Grade sich wechselseitig vertreten können. Entscheidend ist das „Gesamtbild“, das sich aus der gesetzlichen oder vertraglichen Regelung ergibt und bestimmte leitende Gesichtspunkte erkennen läßt. Mögen einige der kennzeichnenden Züge für den Typus unverzichtbar sein – so für die Miete die Entgeltlichkeit, für den Kauf die Pflicht zur Übereignung einer Sache und zur Zahlung eines Preises – und daher scheinbar eine Begriffsbestimmung ermöglichen, so macht diese den Rückgang auf den Typus da, wo sich Abweichungen vom Normalbild zeigen, nicht entbehrlich. Der Typus ist immer inhaltlich reicher als der Begriff[38]. „Typische“ Züge einer Personalgesellschaft sind etwa die Beteiligung aller am Gewinn und Verlust, Mitwirkungs-, Mitsprache- und Kontrollrechte jedes Gesellschafters, ein persönliches Vertrauensverhältnis. Hierbei sind vielerlei Abstufungen denkbar. Einige der genannten „Züge“ finden sich auch in „partiarischen“ Rechtsverhältnissen. Der Typenvergleich zeigt, daß sie einen „gesellschaftsartigen“ Einschlag haben.

Die typologische Betrachtung eröffnet die Möglichkeit, Typenabwandlungen und Typenmischungen in adäquater Weise einzuordnen. Auf die Frage, ob ein bestimmtes „Etwas“ zur Klasse der durch einen Begriff gekennzeichneten Gegenstände gehört, kann immer nur mit einem „Ja“ oder „Nein“ geantwortet werden. Ein bestimmter Vertrag kann danach nur entweder ein Kaufvertrag oder ein Mietvertrag, ein Dienstvertrag oder ein Werkvertrag sein. Für eine typologische Betrachtung dagegen kann er in einigen Hinsichten dem einen, in anderen dem anderen Typus zuzuordnen sein[39], oder Züge verschiedener Typen in eigenartiger Weise zu einem neuen Typus in sich vereinigen. Bei typengemischten Verträgen richtet sich die Beantwortung der Frage, welche Regeln dort zu gelten haben, wo nicht etwa nur einzelne Leistungspflichten, sondern Bestand und Fortdauer des ganzen Vertragsverhältnisses in Frage stehen, danach, ob die Elemente des einen oder des anderen Vertragstypus im Gesamtbild des Vertrages „überwiegen“. So wird man auf einen partiarischen Pachtvertrag die Kündigungsvorschriften des Pachtrechts und nicht

---

[38] So auch A. KAUFMANN, Rechtsphilosophie im Wandel, S. 312.

[39] Die Rechtsprechung hat lange geschwankt, ob der typische Architektenvertrag als Dienst- oder als Werkvertrag einzuordnen sei. Da sie darin einen begrifflichen Gegensatz sieht, vermag sie nur ein entweder-oder zu sehen. Nachdem sich der BGH entschlossen hatte, den Architektenvertrag, auch soweit der Architekt die Bauaufsicht übernommen hat, einheitlich als „Werkvertrag“ anzusehen, kamen ihm Bedenken wegen der Konsequenz dieser Einordnung für die Verjährung des Honoraranspruchs des Architekten. Die dreißigjährige Verjährungsfrist erschien ihm hierfür mit Recht als nicht angebracht. Deshalb legt er nun entgegen der bisherigen Rechtsprechung, den § 196 Nr. 7 BGB dahin aus, daß unter der „Leistung von Diensten“ im Sinne dieser Vorschrift auch Dienstleistungen aufgrund eines Werkvertrages zu verstehen seien (BGHZ 59,163). Damit gibt er der Sache nach zu, daß ein Werkvertrag auch Züge eines Dienstvertrages einschließen kann.

die des Gesellschaftsrechts anwenden, obgleich er, wie gesagt, auch einige gesellschaftsähnliche Züge aufweist. Bei der Vermietung eines Zimmers mit Beköstigung gibt hinsichtlich der Kündigungsvorschriften die Raummiete den Ausschlag. Neben der „Zuordnung" zum Typus bedarf es einer „Abwägung" der verschiedenen Vertragselemente in ihrer jeweiligen Bedeutung für den Vertrag als einheitliches Rechtsverhältnis.

Die sich aus dem Gesagten ergebende sehr viel größere Flexibilität der typologischen Betrachtung gegenüber der rein begrifflichen wird nur scheinbar durch ein geringeres Maß an Rechtssicherheit erkauft. Denn in Wahrheit werden die entscheidenden Aussagen überall dort, wo es statt fester Grenzen nur abstufbare Übergänge gibt oder Mischtypen vorliegen, von der Rechtsprechung nicht auf begrifflichem Wege gefunden, sondern oft nur mehr oder weniger gefühlsmäßig. Die Forderung nach einer typologischen Methode ist die Forderung nach einer begründeten Einordnung auf einem anderen Wege als dem der hier nicht mehr zureichenden Subsumtionslogik. Daß diese Methode, wie jede „Abwägung", in Grenzfällen kein sicheres Ergebnis mehr ermöglicht, bei ihrer Anwendung in derartigen Fällen vielmehr ein Beurteilungsspielraum bleibt, spricht nicht gegen, sondern für sie. Denn daß es solche Beurteilungsspielräume gibt, läßt sich bei realistischer Betrachtung einfach nicht leugnen. Die Notwendigkeit einer gewissen Flexibilität in der Einordnung unter die gesetzlichen Vertragstypen ergibt sich aus dem auf dem Gebiete der Schuldverträge vorherrschenden Grundsatz der Vertragsfreiheit, der zur Folge hat, daß der Verkehr sich nicht immer an die im Gesetz geregelten Vertragsmuster hält, sondern nicht selten Abweichungen und neue Typen hervorbringt. Das schließt nicht aus, daß sich die Gerichte bei solchen Verträgen, die der im Gesetz gegebenen Kennzeichnung des Typus in allen Stücken genügen und keine Abweichungen vom Normalbild erkennen lassen, mit der Subsumtion unter die als Definition verstandene Typenbeschreibung begnügen. Sobald aber derartige Abweichungen sichtbar werden oder die Definition versagt, weil ihre Merkmale unscharf sind, muß die typologische Methode an die Stelle der rein begrifflichen treten.

5. Der geschehene Sachverhalt

Die Aufgabe des Richters ist es, geschehene, nicht nur erdachte Sachverhalte rechtlich zu beurteilen. Die Bildung des Sachverhalts und seine rechtliche Beurteilung orientieren sich daher auf der einen Seite an den Tatbeständen der möglicherweise hier anwendbaren Rechtssätze und den in ihnen enthaltenen Beurteilungsmaßstäben, auf der anderen Seite an den tatsächlichen Geschehnissen, soweit der Richter diese festzustellen vermag. Der Sachverhalt als Aussage soll den geschehenen Sachverhalt im Medium der Sprache und der ihr zur Verfügung stehenden Ausdrucksformen so, wie er sich aufgrund des Prozesses dem Gericht darstellt, widerspiegeln; er sagt ihn als einen solchen aus, der sich so und nicht anders zugetragen habe. Welche Mittel stehen dem Gericht zur Verfügung, um einen Sachverhalt als einen solchen zu erkennen, der sich tatsächlich so zugetragen hat?

a) *Zur Feststellung der Tatsachen im Prozeß*

Der Richter, der sich vor die Frage gestellt sieht, ob ein ihm vorgetragener Sachverhalt sich tatsächlich so zugetragen hat, hat die Tatsachen in der Regel nicht selbst wahrgenommen, sondern ist auf die Wahrnehmungen anderer angewiesen. Allerdings ist es möglich, daß er nachträglich bestimmte zum Sachverhalt gehörige Objekte, z. B. ein Tatwerkzeug, die Urkunde, um deren Auslegung die Parteien streiten, den Ort des Unfalls, Reste einer zerstörten Sache selbst in Augenschein nimmt. Aber vergangene Geschehnisse – und um solche handelt es sich in der Regel – sind jetzt nicht mehr wahrnehmbar. Es ist nur möglich, daß diejenigen, die sie damals wahrgenommen haben, sie aus der Erinnerung sich wieder vergegenwärtigen und dem Gericht bezeugen. Jedoch weiß jeder praktische Jurist, wie unsicher Zeugenaussagen meist sind: Wahrnehmungs-, Deutungs- und Erinnerungsfehler, Ungenauigkeit des Ausdrucks, oft auch mehr oder minder unbewußte Parteinahme des Zeugen – von bewußt falscher Aussage ganz abgesehen – beeinträchtigen ihren Wert. Der Richter kann daher, um ein zutreffendes Bild des Geschehenen zu gewinnen, nicht ohne weiteres der Aussage eines Zeugen oder gar eines am Rechtsstreit selbst Beteiligten folgen, sondern muß diese Aussagen auf ihre Glaubwürdigkeit beurteilen. Dies ist um so schwieriger für ihn, als er den Zeugen meist nicht kennt, der äußere Eindruck oft täuscht, eine vielleicht bestehende Voreingenommenheit nicht sogleich in die Erscheinung tritt, der Zeuge sich vielleicht ungeschickt ausdrückt, eingeschüchtert ist usw.

Die Schwierigkeit zu erkennen, wie es wirklich gewesen ist, wird noch größer, wenn kein Zeuge einen bestimmten Vorgang aus eigener Wahrnehmung mitteilen kann. Das Mittel, mit dessen Hilfe der Richter dann doch versuchen wird, ein zutreffendes Bild von den Vorgängen zu gewinnen, ist die Schlußfolgerung aus sogenannten Indizien. Vorgänge des Seelenlebens, wie eine bestimmte Absicht, Motive, guter oder böser Glaube, können, da sie fremder Wahrnehmung nicht unmittelbar zugänglich sind, überhaupt nur aus Indizien erschlossen werden. Unter „Indizien" versteht man solche Tatsachen oder Vorgänge, die selbst nicht Teil des zu beurteilenden Sachverhaltes sind, aber auf einen dazu gehörenden Vorgang einen Schluß gestatten[40]. Als „Obersatz" fungiert bei einem solchen Schluß in der Regel ein sogenannter „Erfahrungssatz", ein Naturgesetz oder eine Wahrscheinlichkeitsregel[41], als Untersatz die indizierende Tatsache, die ihrerseits entweder im Prozeß zugestanden oder durch Augenschein oder durch glaubwürdiges Zeugnis gesichert ist. Nur wenn der Obersatz ein Naturgesetz oder eine Folgerung aus den Naturgesetzen ist, ist der Schluß auf die zu beweisende Tatsache zwingend. Steht fest, daß A sich zu einer bestimmten Zeit an einem bestimmten Ort aufgehalten hat,

---

[40] Als eine solche Tatsache gilt jedoch nicht die Aussage eines Zeugen, Sachverständigen oder Beteiligten, wenngleich der Richter auch aus ihr seine Schlüsse zieht. Anders ENGISCH, Logische Studien, S. 64 ff., der auch solche Aussagen zu den „Indizien im weiteren Sinne" zählt.

[41] KOCH/RÜSSMANN a.a.O., S. 285 ff., sprechen im 1. Fall von deterministischen, im 2. Fall von statistischen Erfahrungssätzen.

dann kann er sich nicht zur gleichen Zeit an einem anderen Ort befunden haben, da der Obersatz, daß niemand sich zur gleichen Zeit an zwei verschiedenen Orten befinden kann, als absolut gesichert gelten kann. Meist ist der Obersatz aber nur eine Wahrscheinlichkeitsregel, die oft noch nicht einmal hinreichend gesichert ist. Dann kann der Schlußsatz auch nur besagen, daß die zu beweisende Tatsache (in einem mehr oder minder hohen Maße) wahrscheinlich sei[42]. Wenn jemand zu nächtlicher Stunde in der Nähe des Geschäfts, in das ein Einbruch verübt wurde, mit einem verdächtigen Paket unter dem Arm gesehen wurde, ohne hierfür eine einleuchtende Erklärung geben zu können, dann begründet das wohl eine gewisse Wahrscheinlichkeit dafür, daß er der Täter war; sicher ist das keineswegs. Die Wahrscheinlichkeit erhöht sich, wenn andere Indizien hinzukommen; bei dem Verdächtigen wird z. B. ein Einbruchswerkzeug der Art gefunden, wie es benutzt wurde. In den meisten Fällen begnügt sich der Richter mit einem sehr hohen Grade von Wahrscheinlichkeit, um daraus die Überzeugung zu gewinnen, daß es so und nicht anders gewesen sei. Zwar genügt ein noch so hoher Grad an Wahrscheinlichkeit nicht als „Beweis" im mathematischen oder streng naturwissenschaftlichen Sinne. Aber „beweisen" heißt in der Sprache des Prozeßrechts: „dem Gericht die Überzeugung von der Richtigkeit einer Tatsachenbehauptung verschaffen"[43]. Diese Überzeugung kann der Richter auch dann gewinnen, wenn aufgrund der vorliegenden Indizien nur ein sehr hoher Grad von Wahrscheinlichkeit dafür spricht, daß eine Tatsachenbehauptung zutrifft. Welches Maß von Wahrscheinlichkeit zur Begründung einer solchen Überzeugung erforderlich und genügend ist – die Juristen sprechen von einer „an Sicherheit grenzenden Wahrscheinlichkeit" – läßt sich nicht exakt, etwa durch eine Prozentzahl – angeben[44]. Der Richter, der nach heutigem Prozeßrecht die Beweise „frei" zu würdigen hat, muß sich freilich seine Überzeugung gewissenhaft, unter Ausschaltung aller ihm erkennbaren Fehlerquellen, bilden. Auf die Mitwirkung der menschlichen Persönlichkeit, eine vom richterlichen Ethos geprägte sorgfältige Weise der Beurteilung, kann auch hier wieder nicht verzichtet werden.

Der Feststellung dessen, wie es wirklich gewesen ist, sind aber nicht nur von den Schranken des menschlichen Erkenntnisvermögens her, sondern, so überraschend das manchem zunächst klingen mag, auch vom Prozeßrecht her Grenzen gesetzt. Das gilt vor allem im Bereich des sogenannten Verhandlungsgrundsatzes im Zivilprozeß. Nach ihm darf das Gericht nur solche Tatsachen berücksichtigen, die von einer Partei (in Form der Behauptung) vorgebracht, damit Gegenstand der Verhand-

---

[42] Vgl. KOCH/RÜSSMANN, a.a.O., S. 287 ff., zur Geltung statistischer Erfahrungssätze dort S. 332 ff.

[43] BLOMEYER, Zivilprozeßrecht, § 66, I: ROSENBERG/SCHWAB, Zivilprozeßrecht, 14. Aufl., § 113, I.

[44] Nach KOCH/RÜSSMANN (a.a.O., S. 308) ist das eine Frage „des Maßes, mit dem man insbesondere Risikozuteilungen vorzunehmen wünscht". Es handelt sich hier um das Risiko eines Fehlurteils; dieses hat der Richter so klein wie irgend möglich zu halten. Das Risiko, daß die vorgebrachten Tatsachen nicht dazu ausreichen, dem Richter die Überzeugung von der Richtigkeit der zu beweisenden Behauptung zu verschaffen, trägt alle Male der, den die Beweislast trifft.

lung geworden oder bei Gericht „offenkundig" sind. Tatsachenbehauptungen, die von der Gegenpartei bestritten werden, bedürfen des Beweises; Tatsachenbehauptungen, die von der Gegenpartei zugestanden oder nicht bestritten sind, hat der Richter als zutreffend zu unterstellen, auch wenn er von ihrer Richtigkeit nicht überzeugt ist. Der Richter kann so unter Umständen rechtlich dazu genötigt sein, seiner Beurteilung einen Sachverhalt zugrunde zu legen, von dem er persönlich überzeugt ist, daß er sich so nicht zugetragen hat. Dieses zunächst befremdlich erscheinende Ergebnis erklärt sich aus dem Bestreben der Zivilprozeßordnung, es den Parteien zu überlassen, was sie vorbringen und worüber sie eine Erörterung herbeiführen wollen. Der Verhandlungsgrundsatz ist jedoch im heutigen Zivilprozeß vor allem durch das richterliche Fragerecht (§ 139 ZPO) erheblich eingeschränkt. Aber auch da, wo der „Untersuchungsgrundsatz" gilt, vor allem also im Strafprozeß, sind der Wahrheitsfindung durch das Gericht gewisse Grenzen gesetzt. Bestimmte Personen haben ein Zeugnisverweigerungsrecht; die Verwertung heimlich gemachter Tonbandaufnahmen sowie solcher Aussagen des Beschuldigten, die unter Verletzung gesetzlicher Vorschriften erlangt wurden, ist grundsätzlich unzulässig. Solche Schranken der gerichtlichen Wahrheitsfindung dienen dem Schutze anderer als vorrangig erkannter Rechtsgüter, insbesondere unverzichtbarer Persönlichkeitsrechte des Beschuldigten und schutzwürdiger Interessen Dritter[45]. Die Wahrheitsfindung ist zwar ein sehr wichtiger Zweck des Prozeßrechts, aber nicht sein einziger Zweck. Wie jeder Rechtszweck kann er in gewissem Umfang hinter andere, noch wichtigere Rechtszwecke zurücktreten müssen.

b) Die Unterscheidung der „Tat-" und der „Rechtsfrage"

Herkömmlicherweise unterscheidet man die Frage, was tatsächlich geschehen ist, als die „Tatfrage" von der Frage, wie das Geschehene gemäß den Kriterien der Rechtsordnung einzuordnen ist, als der „Rechtsfrage". Die Beantwortung der Rechtsfrage wird meist mit der sogenannten Subsumtion des angenommenen Sachverhalts unter den Tatbestand eines Rechtssatzes gleichgesetzt. Es handelt sich dabei jedoch, wie wir gesehen haben, nur zu einem geringeren Teil um logische Subsumtion; in weitem Umfang geht es um die Beurteilung nach Erfahrungssätzen, um die Deutung menschlicher Handlungen und Erklärungen, um typologische Zuordnung oder um eine Bewertung im Rahmen eines konkretisierungsbedürftigen Maßstabes. Die Unterscheidung der Tat- und der Rechtsfrage durchzieht das gesamte Prozeßrecht; insbesondere der Verhandlungsgrundsatz setzt diese Unterscheidung voraus. Über die „Tatfrage" urteilt der Richter aufgrund des Vorbringens der Parteien und der Beweisaufnahme, die Rechtsfrage entscheidet er, ohne daß es auf das Vorbringen der Parteien ankäme, aufgrund seiner eigenen Rechts- und Gesetzeskenntnis, die er sich zu verschaffen hat („jura novit curia"). Nur Tatsachen, d. h. tatsächliche Zustände und Geschehnisse sind des Beweises fähig und bedürftig; die

---

[45] Vgl. Heinrich Henkel, Strafverfahrensrecht, 2. Aufl., S. 269; Karl Michaelis in Festschrift für Ernst Rudolf Huber, 1973, S. 326 f.

rechtliche Beurteilung der Tatsachen ist nicht Gegenstand des von einer Partei zu erbringenden Beweises, sondern allein der richterlichen Erwägung und Entscheidung. Die Unterscheidung spielt ferner eine erhebliche Rolle bei der Frage, wie weit ein Urteil mit dem Rechtsmittel der Revision angegriffen werden kann. Unter „Tatsachen" im Sinne der Unterscheidung zur Rechtsfrage sind auch psychische Vorgänge und Handlungen mit Einschluß ihrer „inneren" Seite zu verstehen[45a]; man kann wohl sagen, alles das, was eine bestimmte Stelle in der Zeit hat.

Nur auf den ersten Blick scheint die Unterscheidung indessen unproblematisch zu sein. In der Tat ist es in hohem Maße streitig, ob und auf welche Weise sie sich durchführen läßt[46].

Die Schwierigkeit rührt daher, daß die Frage, ob etwas tatsächlich geschehen ist, sinnvoll nur gestellt werden kann, wenn das „Etwas", nach dem gefragt wird, in irgendeiner Weise beschrieben werden kann. Beschrieben werden kann es nur in Ausdrücken, die entweder der allgemeinen Sprache oder bereits der Gesetzessprache angehören. Im letzteren Fall fließt, so scheint es wenigstens, schon in die Stellung der „Tatfrage" etwas von rechtlicher Beurteilung ein. Indessen sind viele Ausdrücke der Gesetzessprache und der Umgangssprache gemeinsam, wobei der Ausdruck in der Gesetzessprache nur für wenige „Randfälle" eine präzisere Bedeutung erhalten hat. Hier liegt, von den Randfällen abgesehen, in der Verwendung des betreffenden Ausdrucks bei der Stellung der Tatfrage noch nichts von einer rechtlichen Beurteilung. In unserem früheren Beispiel vom Hundebiß würde die Tatfrage etwa so lauten: Ist es tatsächlich geschehen, daß Frau A an dem und dem Tage von dem Hunde des N in die Hand gebissen und dadurch körperlich verletzt wurde? Erst die weitere Frage, ob dadurch der Tatbestand des § 833 Satz 1 BGB erfüllt wurde, ist eine Rechtsfrage. Dabei ergibt sich, daß der Hund ein „Tier", Frau A ein „Mensch" ist, im Wege einfacher Subsumtion; problematischer ist die Frage, ob N „Tierhalter" ist. Um diese Frage zu beantworten, muß nach weiteren Tatsachen gefragt werden, die ihrerseits in Ausdrücken beschrieben werden können, die der allgemeinen Umgangssprache angehören; z. B. es wird gefragt, ob N den Hund in seinem Hausstand, auf seine Kosten und zu seinem Nutzen oder Vergnügen hält. Daß diese Fragen so gestellt werden, geschieht zwar im Hinblick auf die gefragte rechtliche Beurteilung („war N Tierhalter?"); ihre Stellung nimmt aber die Beantwortung der Rechtsfrage noch nicht vorweg. Wo daher lediglich danach gefragt wird, ob bestimmte Tatsachen vorliegen oder sich ereignet haben, die in Ausdrücken der Umgangssprache, auch soweit diese in die Gesetzessprache eingegangen sind, beschrieben werden, da läßt

---

[45a] Zum Begriff der Tatsache MITSOPOULOS, Studi in Onore di Tito Canacini, 1984, S. 441.

[46] Vgl. hierzu: ENGISCH, Logische Studien zur Gesetzesanwendung, 2. Aufl. 1960, S. 82 ff.; HENKE, Die Tatfrage, 1966; Rechtsfrage oder Tatfrage – eine Frage ohne Antwort, ZZP 81, 196; KUCHINKE, Grenzen der Nachprüfbarkeit tatrichterlicher Würdigung und Feststellung in der Revisionsinstanz, 1964; MITSOPOULOS, La distinction du fait et du droit, in: Revue Hellénique de Droit international, 20. Jg. 1968, S. 3; SCHEUERLE, Beiträge zum Problem der Trennung von Tat- und Rechtsfrage, AcP 157,1; SCHWINGE, Grundlagen des Revisionsrechts, 2. Aufl. 1960; NIERWETBERG, JZ 83, 237.

sich die Trennung der Tat- von der Rechtsfrage sehr wohl durchführen. Zur Rechtsfrage gehören insbesondere die Einordnung des Geschehenen mit Hilfe solcher Ausdrücke, deren spezifischer Bedeutungsgehalt im vorliegenden Zusammenhang sich erst aus der Rechtsordnung ergibt, insbesondere aufgrund einer typologischen Zuordnung, einer „Abwägung" divergierender Gesichtspunkte und einer rechtlichen Bewertung im Rahmen eines konkretisierungsbedürftigen Maßstabes. Tatfrage ist, was die Parteien beim Vertragsschluß gesagt haben und was sich die eine und die andere dabei gedacht hat; Rechtsfrage, in welcher Bedeutung jede Partei ihre Erklärung gelten lassen muß, die Frage der normativen Auslegung der Willenserklärungen. Hat A dadurch einen Unfall verursacht, daß er auf regennasser Straße in einer Kurve ins Schleudern gekommen ist, so ist Tatfrage der Zustand der Straße und die Geschwindigkeit, mit der A in die Kurve gefahren ist; ob seine Fahrweise unter diesen Umständen „fahrlässig" war, ist Rechtsfrage. Über diese Frage kann daher, so wenig wie über die als rechtlich maßgeblich zu erachtende Bedeutung eine Erklärung, im Prozeß Beweis erhoben werden. Dagegen kann und muß gegebenenfalls Beweis erhoben werden über alle die tatsächlichen Umstände, von deren Vorliegen die Beantwortung der Rechtsfrage abhängt.

In einigen Fällen allerdings liegen die Tat- und die Rechtsfrage so nahe beieinander, daß sich ihre Trennung in der Praxis nicht mehr durchführen läßt. Das ist einmal der Fall, wenn ein Sachverhalt gar nicht anders beschrieben werden kann als in solchen Ausdrücken, die bereits eine rechtliche Wertung enthalten. Ob jemand „ruhestörenden Lärm" verursacht habe, ist, wenn nicht die Lautstärke exakt gemessen wurde, schwerlich anders zu beschreiben als durch die Angabe, daß eben die Ruhe gestört worden sei. Das Urteil, der Lärm sei „ruhestörend" gewesen, enthält zugleich die Beschreibung des Geschehenen so, wie es für die Stellung der Tatfrage nötig ist, wie seine rechtliche Beurteilung im Sinne einer Wertung. Anders, wenn die Lautstärke vorher exakt gemessen und nun die Frage zu entscheiden ist, ob eine derartige Lautstärke als „ruhestörend" zu beurteilen ist. In diesem Fall ist das Geschehene noch vor seiner rechtlichen Beurteilung in physikalischen Begriffen exakt bestimmt; die Frage, wie dieses im Sinne des gesetzlichen Urteilskriteriums („ruhestörend") zu beurteilen sei, ist reine Rechtsfrage. Rechtsfragen spielen auch in die Stellung der Tatfrage hinein, wenn es sich darum handelt, ob A, als er dem B eine Summe Geldes schickte, ihm diese habe schenken, ihm ein Darlehen geben oder eine Kaufpreisschuld bezahlen wollen. Die Frage, ob in der Handlungsweise des A die Erklärung eines bestimmten Willens (durch „schlüssiges Verhalten") liegt, die er, vorbehaltlich der Irrtumsanfechtung, gegen sich gelten lassen muß, ist jedenfalls reine Rechtsfrage.

Die Möglichkeit der Unterscheidung der Tat- und der Rechtsfrage scheitert auch nicht etwa daran, daß alle Sachverhaltsbildung letztlich auf die Beantwortung der Frage nach den möglichen Rechtsfolgen angelegt ist. Der gedankliche Vorgriff auf die rechtliche Beurteilung des Geschehenen hindert den Beurteiler in der Regel nicht daran, dieses Geschehene zunächst noch unabhängig davon, wie es rechtlich zu beurteilen ist, mit Hilfe der natürlichen Erfahrung und der auf ihr aufbauenden Umgangssprache in seinem So-Sein zu erfassen und sprachlich wiederzugeben.

Freilich wird sich daran sofort die rechtliche Beurteilung anschließen, die ihrerseits die Stellung weiterer Tatfragen erforderlich machen kann. Wenngleich die Stellung der Tatfrage immer wieder von der Rechtsfrage her veranlaßt wird, läßt sie sich doch in den meisten Fällen so formulieren, daß sich die Rechtsfrage von ihr sondern läßt.

In der Frage, wann ein Urteil mit dem Rechtsmittel der Revision angegriffen werden kann, stellen unsere Gesetze zwar auch auf die Unterscheidung der Tat- und der Rechtsfrage ab. Die Revision kann nur darauf gegründet werden, daß „eine Rechtsnorm nicht oder nicht richtig angewendet worden ist" (§ 550 ZPO). Die Rechtsnorm ist nicht richtig angewendet worden, wenn dem Gericht bei der rechtlichen Beurteilung des zuvor festgestellten Sachverhalts, bei der Beantwortung der Rechtsfrage also, ein Irrtum unterlaufen ist. Indessen wird diese Unterscheidung von der Rechtsprechung nicht konsequent durchgeführt. So sieht sie beispielsweise die Beurteilung eines bestimmten Verhaltens als „fahrlässig", als eine durch das Revisionsgericht nachprüfbare Rechtsfrage an, die Beurteilung dagegen, ob es nur „leicht" oder „grob" fahrlässig war, als eine nicht nachprüfbare „Tatfrage". Das ist inkosequent. Beide Male handelt es sich um eine Wertungsfrage, also um eine Rechtsfrage. Die Auslegung einzelner Willenserklärungen, auch soweit es sich dabei um die Ermittlung der rechtlich maßgeblichen Bedeutung, also um eine normative Auslegung handelt, sieht sie als nicht revisibel an, es sei denn, daß ein Verstoß gegen allgemeine Grundsätze der Auslegung, gegen Denkgesetze oder allgemein anerkannte Erfahrungssätze vorläge. Das kann gewiß nicht damit begründet werden, es handle sich hierbei noch um die „Tatfrage"[47]. Wenn die Möglichkeit der Revision in diesen Fällen verneint wird, dann ist dafür offenbar nicht die Abgrenzung zwischen „Tat-" und „Rechtsfrage" maßgeblich, vielmehr sind hier andere Erwägungen im Spiele. Dort, wo die letzte Beantwortung der Rechtsfrage von der Berücksichtigung zahlreicher Einzelheiten des Sachverhalts abhängt, die von Fall zu Fall verschieden liegen, also bei der Auslegung individueller Verträge und bei der Konkretisierung eines allgemeinen Maßstabes mit Rücksicht gerade auf die Umstände des Einzelfalls, hat der Richter der Tatsacheninstanz die größere Sachnähe, da er imstande ist, durch Ausübung seines Fragerechts den Sachverhalt weiter aufzuklären, während der Revisionsrichter auf den ihm von dem Tatrichter übermittelten Sachverhalt angewiesen ist. Hier verschlingen sich die Tat- und die Rechtsfrage in schwer lösbarer Weise: Wie der Richter diesen individuellen Vorgang letztlich beurteilt, das hängt weitgehend davon ab, welche Umstände er bei seinem Urteil berücksichtigt und daher gegebenenfalls aufzuklären sucht; die Auswahl der zu berücksichtigenden Umstände hängt wiederum davon ab, ob er ihnen für die Beurteilung eine Bedeutung zumißt oder nicht. Anderseits tritt dort, wo es wesentlich auf die individuellen Einzelheiten des Falles ankommt, nicht aber auf dessen typische Züge, die in anderen Fällen wiederkehren, der Rechtsvereinheitlichungszweck der Revision zurück. Es kann daher angebracht sein, in solchen Fällen dem Richter der Tatsacheninstanz einen gewissen Beurteilungsspielraum zu überlassen, innerhalb dessen seine Beurteilung

---

[47] Vgl. hierzu HENKE, a.a.O., S. 188 ff.

der Nachprüfung durch das Revisionsgericht entzogen bleibt. Mit der logischen und methodologischen Unterscheidung von Tat- und Rechtsfrage hat das aber nichts mehr zu tun.

KAPITEL 4

Die Auslegung der Gesetze

1. Die Aufgabe der Auslegung

a) Die Funktion der Auslegung im Prozeß der Gesetzesanwendung

Die Gesetzesanwendung, so hatten wir früher (Kap. 3,1) gesehen, ist ein gegenläufiger Prozeß, in dessen Verlauf aus dem „Rohsachverhalt" im Hinblick auf die möglicherweise anwendbaren Rechtssätze der endgültige Sachverhalt als Aussage gebildet und der Inhalt der anzuwendenden Normen so weit präzisiert wird, als das wiederum im Hinblick auf den Sachverhalt notwendig ist. „Auslegen", so hatten wir gesagt (Kap. 1 unter 3 a), ist „ein vermittelndes Tun, durch das sich der Auslegende den Sinn eines Textes, der ihm problematisch geworden ist, zum Verständnis bringt". Problematisch wird dem Anwender der Normtext im Hinblick auf die Anwendbarkeit der Norm gerade auf einen derartigen Sachverhalt. Daß die genaue Bedeutung eines Gesetzestextes immer wieder problematisch wird, liegt in erster Linie daran, daß die Umgangssprache, deren sich das Gesetz weithin bedient, anders als eine mathematisierte Logik und Wissenschaftssprache keine in ihrem Umfang genau festgelegten Begriffe verwendet, sondern mehr oder minder flexible Ausdrücke, deren mögliche Bedeutung innerhalb einer weiten Bandbreite schwankt und je nach den Umständen, der Sachbezogenheit und dem Zusammenhang der Rede, der Satzstellung und Betonung eines Wortes unterschiedlich sein kann. Selbst wo es sich um einigermaßen festbestimmte Begriffe handelt, enthalten diese häufig Merkmale, die ihrerseits einer scharfen Begrenzung entbehren. Erinnert sei an das Merkmal der „zur Herstellung des Gebäudes eingefügten Sachen" (§ 94 Abs. 2 BGB) und der „Neuheit" einer Sache (§ 950 Abs. 1 BGB)[1]. Viele und gerade die wichtigsten Rechtsbegriffe, wie etwa „Rechtsgeschäft", „subjektives Recht", „rechtswidrig" sind im Gesetz nicht definiert; andere gesetzliche Definitionen, wie die der „Fahrlässigkeit" in § 276 BGB, erweisen sich als unvollständig oder mehrdeutig. Ein und derselbe Ausdruck wird häufig in verschiedenen Gesetzen, ja in demselben Gesetz in verschiedenem Sinne gebraucht; so der Ausdruck „Geschäftsbesorgung" in den §§ 662, 667 BGB einerseits, 675 BGB anderseits.

Wie wenig eindeutig der allgemeine Sprachgebrauch häufig ist, zeigt eine Entscheidung des Bundesverwaltungsgerichts aus dem Jahre 1957[2], die sich mit der Auslegung des Begriffs

---

[1] Oben Kap. 1, 4 a und Kap. 3, 3 c.

[2] NJW 57, 1963.

„Kinder" im Sinne des § 230 Abs. 2 Nr. 3 des Lastenausgleichsgesetzes befaßte. Können darunter, so fragte das Gericht, wenigstens dann, wenn leibliche Kinder nicht mehr am Leben sind, auch Schwiegerkinder oder Enkelkinder des verstorbenen Lastenausgleichsberechtigten verstanden werden? Das Gericht meinte, der Begriff „Kinder" sei im allgemeinen Sprachgebrauch durchaus nicht eindeutig. Er bezeichne zwar in erster Linie nur die leiblichen Kinder; doch werde er mitunter auch in einem weiteren Sinne gebraucht, so daß darunter auch Schwiegerkinder und „in die Betreuung des Familienkreises" aufgenommene Personen mit verstanden werden könnten. Der mit Auslegung spezialgesetzlicher Bestimmungen befaßte Richter habe deshalb zu erforschen, „welchen Inhalt und welche Begrenzung der Gesetzgeber im allgemeinen, insbesondere aber in dem anzuwendenden Spezialgesetz und schließlich in der anzuwendenden Einzelnorm" dem Begriff gegeben habe. Aufgrund des Wortgebrauchs in anderen Bestimmungen des Gesetzes kommt das Gericht dann zu dem Schluß, der Begriff „Kinder" sei auch in der fraglichen Bestimmung in dem engeren Sinne zu verstehen, in dem er nur die leiblichen Kinder umfaßt.

Die Notwendigkeit der Auslegung kann sich ferner daraus ergeben, daß zwei Rechtssätze für den gleichen Sachverhalt Rechtsfolgen anordnen, die einander ausschließen. Auch wenn die Rechtsfolgen sich nicht ausschließen, taucht die Frage auf, ob sie *nebeneinander* eintreten sollen, oder ob die eine Norm die andere „verdrängt" (Frage der Normenkonkurrenz, oben Kapitel 2 unter 4). Aufgabe der Gesetzesauslegung ist es dann, Normwidersprüche auszuräumen[3], Fragen der Normenkonkurrenz und der Konkurrenz von Regelungen zu beantworten, ganz allgemein die Tragweite einer jeden Regelung auszumessen, die Regelungsbereiche, wo immer das erforderlich ist, gegeneinander abzugrenzen.

Gegenstand der Auslegung ist der Gesetzestext als „Träger" des in ihm niedergelegten Sinnes, um dessen Verständnis es in der Auslegung geht. „Auslegung" ist, wenn wir an die Wortbedeutung anknüpfen, „Auseinanderlegung", Ausbreitung und Darlegung des in dem Text beschlossenen, aber noch gleichsam verhüllten Sinnes. Durch die Auslegung wird dieser Sinn „zur Sprache gebracht"[4], d. h. er wird mit anderen Worten deutlicher und genauer ausgesagt und mitteilbar gemacht. Dabei ist für den Vorgang der Auslegung kennzeichnend, daß der Ausleger nur den Text selbst zum Sprechen bringen will, ohne etwas hinzuzufügen oder wegzulassen. Wir wissen freilich, daß sich der Ausleger dabei niemals nur rein passiv verhält (oben Kapitel 1 unter 3 b). Der Text sagt dem nichts, der nicht schon etwas von der Sache, von der er handelt, versteht. Er antwortet nur dem, der ihn richtig befragt. Die Frage wird dem, der ein Gesetz anwenden will, durch den Rohsachverhalt und durch dessen Umbildung zum endgültigen Sachverhalt vorgegeben. Um sie in der richtigen Weise zu stellen, bedarf er der Kenntnisse der Gesetzessprache und des Regelungszusammenhanges, in dem die Norm steht. Zum mindesten in der Weise der Fragestellung liegt der nicht hinwegzudenkende Anteil des Auslegenden auch am Ergebnis der Auslegung. Denn die Fragestellung begrenzt auch zugleich die möglichen Antworten. Wir werden später sehen, daß jede neue Auslegung einer Norm durch ein Gericht, sofern sie beispielgebend wirkt, die tatsächliche Anwendung der Norm, die

---

[3] Vgl. dazu ENGISCH, Die Einheit der Rechtsordnung, S. 46 ff.; BYDLINSKI, Jur. Methodenlehre und Rechtsbegriff, S. 463 f.

[4] Vgl. HRUSCHKA, Das Verstehen von Rechtstexten, S. 5 ff.

Normpraxis, verändert. Jedoch ist das in der Regel nicht die Absicht des Interpreten; er will nicht weniger und nicht mehr, als erkennen, was die Norm in ihrem recht verstandenen Sinne „eigentlich besagt". Er will nicht nur *seine* Auslegung geben – obgleich es natürlich immer auch die seinige ist –, sondern die von der Norm, vom Regelungszusammenhang her geforderte; er will, vermittels seiner Aussage, nur die Norm „sprechen lassen". Hiervon haben wir auszugehen; von der Veränderung, die sich, gleichsam hinter dem Rücken des Auslegenden, durch die Auslegung an der Norm als tatsächlich geltender vollziehen kann und häufig vollzieht, wird im nächsten Kapitel die Rede sein.

In die Aufgabe der Auslegung teilen sich die Rechtsprechung und die Jurisprudenz in der Weise, daß diese der Rechtsprechung gleichsam vorarbeitet, indem sie Auslegungsprobleme und Wege zu ihrer Lösung aufzeigt, jene aber die Ergebnisse in der Konfrontation mit der Problematik des einzelnen Falles auf die Probe stellt und damit die Jurisprudenz immer wieder zur Überprüfung nötigt. Obgleich aber der Richter durch den von ihm zu entscheidenden Fall dazu veranlaßt wird, einen bestimmten Ausdruck oder einen bestimmten Rechtssatz über das bisherige Maß hinaus weiter auszulegen, darf er ihn doch nicht nur gerade im Hinblick auf diesen einen Fall auslegen, sondern nur so, daß seine Auslegung auch für alle anderen gleichartigen Fälle Bestand haben kann. Es würde der Forderung der Gerechtigkeit, gleiche Fälle gleich zu behandeln, wie auch der vom Gesetz erstrebten Rechtssicherheit zuwider laufen, wenn die Gerichte die gleiche Bestimmung in gleichartigen Fällen bald so, bald anders auslegen würden, – also z. B. den Ausdruck „Kinder" in derselben Bestimmung des Lastenausgleichsgesetzes einmal in der engeren, ein anderes Mal in der weiteren Bedeutung, je nach dem, welches Ergebnis sie im konkreten Fall gerade als wünschenswert ansähen. Mit Recht hat daher das Bundesverwaltungsgericht in dem erwähnten Fall der Versuchung widerstanden, um der Billigkeit des Ergebnisses in dem gerade von ihm zu entscheidenden Fall willen von der Auslegung abzuweichen, die es generell als im Sinne des Gesetzes liegend erkannt hatte. Freilich sind die Gerichte in unserer Rechtsordnung nicht an die einmal angenommene Auslegung gebunden. Sie können, ja sie müssen von ihr wieder abweichen, wenn nach der Überzeugung des jeweils erkennenden Gerichts die besseren Gründe für eine andere Auslegung sprechen. Aber derartige Fälle sind verhältnismäßig selten; die in der Möglichkeit einer Änderung der Rechtsprechung liegende relative Rechtsunsicherheit muß, um sachlich richtige Urteile zu ermöglichen, in Kauf genommen werden.

Wenn auch jede einzelne Auslegung durch ein Gericht oder durch die Rechtswissenschaft notwendig den Anspruch erhebt, „richtige" Auslegung im Sinne zutreffender, durch einsehbare Gründe hinreichend gestützter Erkenntnis zu sein, so gibt es doch keine „absolut richtige" Auslegung in dem Sinne, daß sie sowohl abschließend, wie für alle Zeiten gültig sei. Abschließend ist sie deshalb nie, weil die unübersehbare Mannigfaltigkeit und der ständige Wandel der Lebensverhältnisse den Normanwender immer wieder vor neue Fragen stellen. Endgültig kann sie schon deshalb nicht sein, weil die Auslegung, wie wir noch sehen werden, immer auch sinnbezogen ist auf das Ganze der jeweiligen Rechtsordnung und die Wertungsmaßstäbe, die ihr zugrunde liegen. Mochte eine Auslegung der Bestimmungen über Notwehr, die es dem Angegriffenen gestattet, auch wegen eines ihm drohenden geringfügigen Vermögensschadens Leben oder Gesundheit des Angreifers aufs Spiel zu setzen, wenn anders er den Angriff nicht abzuwehren vermag, zu Beginn unseres Jahrhunderts aufgrund der damals vorherrschenden, vom Gesetzgeber geteilten Vorstellungen richtig sein, heute wäre sie es nicht mehr[5]. Auch dem Notwehrrecht sind gewisse äußerste Grenzen zu ziehen. Jede Gesetzesauslegung ist bis zu einem gewissen Grade zeitgebunden. Damit soll nicht gesagt sein, daß der Ausleger jeder Zeit- und Modeströmung sofort nachgeben solle. Die Kontinuität der Rechtsprechung, das auf ihr beruhende Vertrauen des Bürgers, seine Sache werde nach den Maßstäben entschieden, die bisher galten, ist ein eigener Wert. Nur einem grundlegenden Wandel des allgemeinen Wertbewußtseins darf sich der Ausleger nicht entziehen, vor allem dann nicht, wenn er in neueren Gesetzen Ausdruck gefunden hat oder auf einem breiten Konsens beruht.

Müßig, weil falsch gestellt, ist die Frage, ob die jurisprudentielle Auslegung eine „Wissenschaft“ oder eine „Kunst“ sei. Legt man den „scientistischen“ Wissenschaftsbegriff zugrunde, dann kann sie keine Wissenschaft sein. Ihr Verfahren ist, wie wir gesehen haben (oben Kapitel 1, 3 b), nicht das des nur in einer Richtung fortschreitenden linearen Denkens, sondern das einer wechselseitigen Erhellung und der sich daraus ergebenden Bestätigung oder Verwerfung der jeweiligen Sinnerwartung. Ein solches Verfahren erfordert immer wieder den Einsatz schöpferischer Geisteskräfte. Insoweit ähnelt es dem des Künstlers. Indessen geht es nicht um Formgebung oder Gestaltung, sondern um zutreffende Aussagen über Inhalt und Reichweite von Normen. Solche Aussagen stehen, wie alle Aussagen, unter der Anforderung der „Richtigkeit“. Daß sie diesem Anspruch nicht immer zu genügen vermögen, ändert daran nichts. „Richtigkeit“ bedeutet hier keine zeitlose Wahrheit, sondern Richtigkeit für d i e s e Rechtsordnung und für d i e s e Zeit. Als eine methodisch geleitete Tätigkeit, die darauf gerichtet ist, in diesem Sinne „richtige“, Aussagen zu gewinnen, ist die Interpretation eine wissenschaftliche Tätigkeit, wenn man sich nur von der Enge des scientistischen Wissenschaftsbegriffs freimacht.

Wenn SAVIGNY[6] die Auslegung zunächst als ein „wissenschaftliches Geschäft, Anfang und Grundlage der Rechtswissenschaft“, bald darauf aber als eine „Kunst“ bezeichnet, die sich als solche „nicht durch Regeln mitteilen oder erwerben“ lasse, dann ist das in seinen Augen kein Widerspruch. Denn die Wissenschaft ist nach der Auffassung SAVIGNYs, dem der positivistische Wissenschaftsbegriff noch fern lag, eine „freie Geistestätigkeit“, die, wie er sagt, zur Rechtserzeugung mitwirkt. Durch den ihr innewohnenden schöpferischen Charakter ist diese Wissenschaft der Kunst nahe verwandt. Ausdrücklich unterstellt SAVIGNY die Aussagen der Rechtswissenschaft dem Wahrheitsbegriff, wenn er sagt, man könne die in der Auslegung enthaltene freie Geistestätigkeit dahin bestimmen, daß „wir das Gesetz in seiner Wahrheit erkennen, d. h. so, wie uns dessen Wahrheit durch Anwendung eines regelmäßigen Verfahrens erkennbar wird“.

---

[5] Vgl. dazu *mein* Lehrb. des Allgemeinen Teils des BGB, 7. Aufl., § 15, I b.
[6] System des heutigen Römischen Rechts, Bd. 1, S. 206 f., 211.

Was aber heißt, das Gesetz „in seiner Wahrheit erkennen“? Damit stehen wir vor der Frage nach dem Auslegungsziel.

b) Das Auslegungsziel: Wille des Gesetzgebers oder normativer Gesetzessinn?

Im historischen Teil haben wir gesehen, daß sich im rechtsphilosophischen und methodologischen Schrifttum bereits in der zweiten Hälfte des 19. Jahrhunderts über das Ziel der Gesetzesauslegung zwei Theorien ausbildeten[7], von denen die erste, die „subjektive Theorie“ oder „Willenstheorie“, die Erforschung des historisch-psychologischen Willens des Gesetzgebers, die zweite, die „objektive Theorie“ oder Theorie der immanenten Gesetzesdeutung, die Erschließung des dem Gesetz selbst innewohnenden Sinnes für das Ziel der Auslegung hält. Als Vertreter der subjektiven Auslegungstheorie haben wir vor allem WINDSCHEID und BIERLING, in gewissem Sinne auch PHILIPP HECK, als Vertreter der objektiven Theorie KOHLER, BINDING und WACH sowie später RADBRUCH, SAUER und BINDER kennengelernt. Der Gegensatz der beiden Theorien besteht in der Gegenwart, oft sogar in demselben Werk und in den Stellungnahmen höchster Gerichte, fort.

So heißt es in dem Lehrbuch von ENNECCERUS-NIPPERDEY[8] zunächst, Ziel der Auslegung sei „die Klarstellung des maßgebenden Sinnes eines Rechtssatzes“. Danach scheint das Lehrbuch auf dem Standpunkt der objektiven Theorie zu stehen. Alsbald heißt es aber weiter, die subjektive Theorie, die sich auf den Rechtsgedanken des § 133 BGB stützen könne und an der auch heute festzuhalten sei, erforsche „die Gebotsvorstellung des Gesetzgebers“. Maßgebend für die Auslegung sei danach „der im Gesetz zum Ausdruck gelangte Wille des Gesetzgebers, also der Sinn, den der Gesetzgeber mit seinen Worten verband, vorausgesetzt, daß er in den Worten auch einen (wenngleich unvollkommenen) Ausdruck gefunden hat“. Stellt sich das Lehrbuch damit eindeutig auf den Standpunkt der subjektiven Theorie, so wird dieser wieder verlassen, wenn es am Ende heißt, wir hätten gar nicht zu fragen, was dieser und jener am Zustandekommen des Gesetzes Mitwirkende gedacht habe; wir dächten uns auch den Gesetzgeber nicht als Lebewesen (!), sondern wir fragten danach, „welcher normative Willensinhalt (im Sinne von Grund, Sinn und Zweck) in dem Gesetzgebungsakt herrschend geworden“ sei und im Gesetz einen wenn auch unvollkommenen Ausdruck gefunden habe. Wie diese Aussage mit der subjektiven Theorie, an der das Lehrbuch festhalten will, zu vereinbaren ist, bleibt für den Leser rätselhaft. Die Lösung des Rätsels dürfte darin zu sehen sein, daß der erste Verfasser, ENNECCERUS, in der Tat ein entschiedener Anhänger der subjektiven Theorie war, der spätere Bearbeiter, NIPPERDEY, hingegen der objektiven Theorie zuneigte, sich indessen davor scheute, den Bruch mit der Auffassung seines Vorgängers offen hervortreten zu lassen. Er suchte infolgedessen beide Auffassungen miteinander zu vereinigen, was ihm aber, wie die angeführten Stellen zeigen, kaum gelungen ist.

Jeder der beiden Theorien liegt eine Teilwahrheit zugrunde; daher kann keine ohne Einschränkung akzeptiert werden. Die Wahrheit der subjektiven Theorie ist, daß das Rechtsgesetz, anders als ein Naturgesetz, von Menschen für Menschen gemacht, Ausdruck eines auf die Schaffung einer nach Möglichkeit gerechten und den Bedürfnissen der Gesellschaft entsprechenden Ordnung gerichteten Willens des Gesetzgebers ist. Hinter dem Gesetz steht eine bestimmte Regelungsabsicht, stehen

---

[7] Vgl. die Literaturangaben im I. Teil zum 2. Kapitel, 4; ENGISCH, Einführung S. 88 ff.; LÜDERITZ, Auslegung von Rechtsgeschäften, 1966, S. 11 ff.

[8] Allgemeiner Teil des bürgerlichen Rechts, 15. Aufl., § 54.

Wertungen, Bestrebungen und sachliche Überlegungen derjenigen, die an ihm mitgewirkt haben. „Bindung an das Gesetz", wie sie unsere Rechtsverfassung (Art. 20 Abs. 3, 97 Abs. 1 GG) verlangt, meint sowohl den Gesetzestext, wie die ihm zugrundeliegenden Wertungen und Absichten des (damaligen) Gesetzgebers. Aber das ist nicht alles. Die Wahrheit der objektiven Theorie ist, daß ein Gesetz, sobald es angewandt wird, eine ihm eigene Wirksamkeit entfaltet, die über das hinausgeht, was der Gesetzgeber beabsichtigt hatte. Das Gesetz greift in mannigfache und sich wandelnde Lebensverhältnisse ein, die der Gesetzgeber nicht alle zu übersehen vermochte; es gibt Antwort auch auf Fragen, die der Gesetzgeber sich noch nicht gestellt hat. Es gewinnt so mit der Länge der Zeit mehr und mehr gleichsam ein eigenes Leben und entfernt sich damit von den Vorstellungen seiner Urheber. Insoweit verhält es sich mit einem Gesetz nicht anders als mit anderen Geisteswerken. Das in Anwendung stehende Gesetz gehört der Seinsschicht des objektiven Geistes (im Sinne der Schichtentheorie NIKOLAI HARTMANNS) an. Es hat den Charakter eines weder physischen, noch psychischen, sondern eben geistigen Seins[9], das als ein solches in der Zeit existiert und mit ihr fortgeht. Diesem Sachverhalt wird eine rein „subjektive" Auslegungstheorie nicht gerecht.

Daß die subjektive Theorie lediglich eine Teilwahrheit enthält, wird bereits daran deutlich, daß sie nicht ohne Anleihe bei der objektiven Theorie auszukommen vermag. WINDSCHEID wollte hinter dem empirischen den „eigentlichen" Willen des Gesetzgebers erkennen, als den er die vernünftige Konsequenz des vom Gesetzgeber Gedachten ansah. In BIERLINGS psychologisch gemeinter Theorie trat mit dem Hinweis auf „Treu und Glauben" als ein subsidiäres Auslegungsprinzip zu dem faktischen ein normatives Kriterium hinzu. STAMMLER, der gleichfalls im Prinzip der subjektiven oder historischen Methode den Vorzug gab, wollte doch nicht darauf verzichten, ältere Gesetze durch Auslegung den Bedürfnissen und Anschauungen der Gegenwart anzupassen. Deshalb lehrte er, daß „der Inhalt eines rechtlichen Wollens, das aus alter Zeit zu uns gekommen ist", in der Gegenwart nur Geltung beanspruchen könne „als ein Wollen dessen, der zur Zeit Recht setzt"[10]. Den gleichen Gedanken vertritt auch NAWIASKY: maßgebend sei „der erkennbare letzte Wille des Normgebers"[11]. Indem hier an die Stelle des empirischen Willens des historischen Gesetzgebers der nur zu mutmaßende hypothetische Wille des heutigen Gesetzgebers gesetzt wird, ist der Boden einer streng historischen Auslegungstheorie bereits verlassen. Das ist auch dann der Fall, wenn man an die Stelle des historischen Gesetzgebers die idealisierende Vorstellung eines „rationalen Gesetzgebers" setzt, als dessen Willen man dann die Norm interpretiert[12]. Daraus ergibt sich freilich nur, daß die Erforschung des Willens des historischen Gesetzgebers

---

[9] Vgl. HEINRICH HENKEL, Einführung in die Rechtsphilosophie, 2. Aufl., S. 550 ff.

[10] STAMMLER, Theorie der Rechtswissenschaft, S. 617.

[11] NAWIASKY, Allgemeine Rechtslehre, S. 130.

[12] Nach diesem „methodologischen Modell" verfährt nach der Meinung von ZYGMUNT ZIEMBINSKY (RTh Beiheft 1, 1979, S. 215 ff .) die Rechtswissenschaft durchweg.

nicht das *letzte* Ziel der Auslegung sein kann. Viel zu weit würde es indessen gehen, der Regelungsabsicht des historischen Gesetzgebers und seinen erkennbaren Normvorstellungen jede Bedeutung für die Auslegung abzusprechen. Wer das täte, würde die in der subjektiven Theorie immerhin enthaltene Teilwahrheit verkennen.

In das Gesetz als die Objektivation des auf die Schaffung einer rechtlichen Regelung oder Teilregelung gerichteten Willens seines Urhebers gehen ebenso dessen „subjektive" Vorstellungen und Willensziele, wie gewisse „objektive" rechtliche Zwecke und Sachzwänge ein, deren sich der Gesetzgeber selbst nicht oder nicht in vollem Umfang bewußt gewesen zu sein braucht. Beides hat zu berücksichtigen, wer ein Gesetz voll verstehen will. Jeder Gesetzgeber muß an die Rechtsvorstellungen und auch an die Ausdrucksmöglichkeiten seiner Zeit anknüpfen; er sieht sich vor bestimmte Rechtsprobleme gestellt, die sich wiederum aus den Verhältnissen seiner Zeit ergeben. Mit dem Fortgang der Zeit treten bestimmte Fragen in ihrer Bedeutung zurück, andere, neuartige treten hervor. Wer das Gesetz jetzt auslegt, sucht in ihm eine Antwort auf die Fragen seiner Zeit. Dem trägt die Auslegung Rechnung; dadurch geschieht es, daß das Gesetz selbst bis zu einem gewissen Grade teilnimmt an dem Flusse der (historischen) Zeit[13]. Dennoch bleibt es seinem Ursprung verhaftet. Über die erkennbare Regelungsabsicht und die von ihm bewußt getroffenen Wertentscheidungen des historischen Gesetzgebers darf sich die Auslegung nicht hinwegsetzen[14], es sei denn, sie stünden im Widerspruch zu heutigen Verfassungsgrundsätzen oder anerkannten Rechtsprinzipien. Täte sie das, so könnte man nicht mehr von „Auslegung", sondern nur noch von „Hineinlegung" sprechen. Die verfassungsmäßige Bindung der Richter an das Gesetz, die den Vorrang der gesetzgebenden Gewalt vor den anderen „Gewalten" im Prozeß der Rechtsschöpfung bedeutet – was die Mitwirkung der richterlichen Gewalt in diesem Prozeß nicht ausschließt –, würde dann bedeutungslos. An diesem Punkte verschlingen sich methodologische und verfassungsrechtliche Erwägungen.

Ziel der Gesetzesauslegung kann demnach letztlich zwar nur die Ermittlung des heute rechtlich maßgeblichen, also eines normativen Sinnes des Gesetzes, sein. Der rechtlich als maßgeblich zu erachtende Sinn des Gesetzes ist aber nur unter Berücksichtigung auch der Regelungsabsichten und der konkreten Normvorstellungen des historischen Gesetzgebers, keinesfalls unabhängig davon festzustellen. Er ist vielmehr das Ergebnis eines gedanklichen Prozesses, in den alle vorstehend genannten Momente, also sowohl „subjektive" wie „objektive", einzubeziehen sind und der, wie schon bemerkt, prinzipiell nie am Ende ist[15]. Manche bezeichnen den maßgebenden Sinn des Gesetzes mit einem sprachlichen Anklang an die subjektive Theorie

---

[13] Treffend sagt GERHART HUSSERL (Recht und Zeit, S. 26): „Wenn eine Rechtsnorm heute anders ausgelegt wird als im Zeitpunkt ihres Inkrafttretens vor 30 Jahren, so ist das durch ihre geschichtliche Zeitstruktur gerechtfertigt. Normen des Rechts entfalten die ihrem Sinne gemäße Wirkung, indem und insoweit sie mit der Zeit mitgehen".

[14] Insoweit stimme ich mit ENGISCH, Einführung in das juristische Denken, 7. Aufl., S. 249 (Anm. 104 b) überein.

[15] Man kann diese Auffassung mit KOCH/RÜSSMANN, a.a.O., S. 178, als „Vereinigungstheorie" bezeichnen.

als den „Willen des Gesetzes". Ein Wille kommt aber nur einer Person, allenfalls, als gemeinsamer Wille, einer Personenmehrheit zu. Der Ausdruck „Wille des Gesetzes" enthält eine ungerechtfertigte Personifizierung des Gesetzes, die nur dazu geeignet ist, das Spannungsverhältnis zu verschleiern, das zwischen den ursprünglichen Intentionen des Gesetzgebers und dem „fortgeschriebenen" Inhalt des Gesetzes, der heute als maßgeblich zu betrachten ist, immer wieder entstehen kann. Der „normative Sinn des Gesetzes" schließt dieses Spannungsverhältnis ein, nicht aus; er ist also immer auch bezogen auf den Willen des Gesetzgebers[16].

Soll die Auslegung nicht dem Gutdünken des Auslegers überlassen bleiben, sondern in einer gesicherten und nachprüfbaren Weise vor sich gehen, dann bedarf es bestimmter Auslegungskriterien, nach denen der Auslegende sich richten kann. Solche Kriterien sind in der juristischen Methodenlehre entwickelt worden. Es kann nach dem Gesagten nicht mehr überraschen, daß sich unter ihnen sowohl solche finden, die am Willen des historischen Gesetzgebers, wie solche, die an einem darüber hinausgehenden normativen Sinnzusammenhang orientiert sind. Bereits SAVIGNY unterschied das „grammatikalische", das „logische", das „historische" und das „systematische" Element der Auslegung. Er bemerkte bereits, daß diese verschiedenen Elemente nicht isoliert werden dürften, sondern stets zusammenwirken müßten. Es handelt sich bei den nunmehr zu erörternden Auslegungskriterien, die sich nur teilweise mit den von SAVIGNY hervorgehobenen Elementen decken, nicht um verschiedene Auslegungsmethoden, wie man immer wieder gemeint hat, sondern um methodische Gesichtspunkte, die alle zu berücksichtigen sind, falls das Auslegungsergebnis Anspruch auf Richtigkeit (im Sinne einer zutreffenden Aussage) soll erheben können. Allerdings lassen verschiedene Kriterien, so der Wortsinn und häufig auch der Bedeutungszusammenhang des Gesetzes, immer noch verschiedene Deutungsmöglichkeiten offen; andere versagen häufig, weil sich z B. das

---

[16] Das betont auch BETTI, der die juristische Auslegung als „Auslegung mit normativer Aufgabe" einordnet (Allgemeine Auslegungslehre, S. 600 ff.). Dennoch sei es unbestreitbar, sagt er (a.a.O., S. 632), „daß die juristische Auslegung nicht darauf verzichten kann, den Prozeß der Entstehung des Gesetzes in Betracht zu ziehen, d. h. die Art und Weise, wie die Normierung ursprünglich gedacht war und wie die im Spiel stehenden Interessen gewertet und abgewogen wurden. Daran ist festzuhalten trotz des paradoxen Widerspruchs gewisser Formulierungen, die das Gegenteil zu behaupten scheinen. Die Erkenntnis der ursprünglichen Wertung, die den Buchstaben des Gesetzes latent innewohnt und den Rechtsgrund (ratio iuris) der Norm bildet, ist unentbehrlich um festzustellen, in welchem Maße mit dem Aufkommen von Wandlungen in der sozialen Umwelt oder neuer Richtungen innerhalb der Rechtsordnung Sinnänderungen eingetreten sind. Denn nur durch die Vermittlung der ursprünglichen Wertung, und nicht etwa unmittelbar, ist es zulässig und gerechtfertigt, zu einer Anpassung und Umstellung des Gesetzestextes auf die lebendige Gegenwart überzugehen. Dabei tut es not, das statische Interesse an der Beständigkeit, Bewahrung und Sicherheit der Rechtsnormierung mit der dynamischen Forderung nach Anpassung und Umgestaltung in der Richtung der Sozialentwicklung gerecht, doch unter Wahrung der Kontinuität abzuwägen". Diese Ausführungen verdienen Zustimmung. Sie machen deutlich, daß eine auf die Ermittlung des (heutigen) normativen Sinnes des Gesetzes gerichtete Auslegung an der Intention des historischen Gesetzgebers nicht vorbeigehen kann, und vermeiden so zutreffend die Einseitigkeit sowohl der subjektiven wie der objektiven Auslegungstheorie.

Normverständnis des historischen Gesetzgebers nicht mehr feststellen läßt. Nicht selten bedarf es einer „Abwägung“ verschiedener Gesichtspunkte. Welches Gewicht hierbei den verschiedenen Kriterien beizumessen ist, soll erst geklärt werden, nachdem sie im einzelnen dargestellt sind. Erst danach werden wir auf die Frage eingehen, wie weit die Sachgerechtigkeit des Ergebnisses in bezug auf den zu entscheidenden Einzelfall ein legitimes Kriterium ist.

2. Die Kriterien der Auslegung

a) Der Wortsinn

Jede Auslegung eines Textes wird mit dem Wortsinn beginnen. Darunter verstehen wir die Bedeutung eines Ausdrucks oder einer Wortverbindung im allgemeinen Sprachgebrauch[17] oder, falls ein solcher feststellbar ist, im besonderen Sprachgebrauch des jeweils Redenden, hier in dem des betreffenden Gesetzes. Die Anknüpfung an den Sprachgebrauch liegt deshalb am nächsten, weil angenommen werden kann, daß derjenige, der etwas sagen will, die Worte in dem Sinne gebraucht, in dem sie gemeinhin verstanden werden. Der Gesetzgeber bedient sich der allgemeinen Sprache, weil und soweit er sich an den Bürger wendet und wünscht, von ihm verstanden zu werden. Er bedient sich darüber hinaus weithin einer besonderen juristischen Kunstsprache, in der er sich präziser ausdrücken kann, deren Gebrauch ihm daher vielfach umständliche Erläuterungen erspart. Auch diese Kunstsprache lehnt sich indessen noch an die allgemeine Sprache an, da das Recht, das sich an alle wendet und alle angeht, nicht auf ein Mindestmaß an Allgemeinverständlichkeit verzichten kann. Auf den Gebieten, auf denen jeder mit dem Recht in Berührung kommt, also etwa auf dem der Alltagsgeschäfte, sind Ausdrücke der Rechtssprache Bestandteile der allgemeinen Sprachegeworden, auch wenn sie in dieser weniger präzise gebraucht werden. Dadurch hat jeder einen unmittelbaren Zugang zur Welt des Rechts[18], dessen er bedarf, um sich in einer sozialen Umwelt, zu der eben auch die Gegenwärtigkeit der Rechtsordnung gehört, zurechtzufinden. Aus diesem Grunde kann sich die Sprache der Gesetze nicht so weit von dem allgemeinen Sprachgebrauch entfernen, wie das mit der Sprache mancher Wissenschaften der Fall ist. Die Rechtssprache ist ein Sonderfall der allgemeinen Sprache, keine von ihr völlig gelöste Zeichensprache. Das hat, wie wir mehrfach betont haben, die Folge, daß sie nicht die Exaktheit einer solchen Zeichensprache zu erreichen vermag, daß ihre Ausdrücke auslegungsbedürftig bleiben.

Die Flexibilität, der Nuancenreichtum und die Anpassungsfähigkeit der allgemeinen Sprache ist ihre Stärke und ihre Schwäche zugleich. Sie hat zur Folge, daß

---

[17] Zur Bedeutung sprachlicher Ausdrücke und zur Feststellung der nach dem allgemeinen Sprachgebrauch üblichen Bedeutung vgl. KOCH/RÜSSMANN, a.a.O., S. 126 ff., 188 ff. Aufschlußreich ist die von ihnen auf S. 128 f. besprochene Entsch. des BGH zur Bedeutung des Ausdrucks „Fenster“.

[18] Vgl. hierzu GERHART HUSSERL, Recht und Zeit, S. 72 ff.

sich aus dem Sprachgebrauch allein ein eindeutiger Wortsinn nicht ergibt. Stattdessen finden wir eine mehr oder minder große Zahl von möglichen Bedeutungen und Bedeutungsvarianten, von denen sich die jeweils gemeinte zumeist aus dem Zusammenhang der Rede, der Sache, von der sie handelt, oder den begleitenden Umständen ergibt. Diesen Kriterien entsprechen für die Gesetzesauslegung der Bedeutungszusammenhang des Gesetzes, die Regelungsabsicht des Gesetzgebers, die Struktur des geregelten Sachbereichs. Der Bedeutungszusammenhang des Gesetzes und wenigstens zum Teil auch der Zweck einer Regelung werden jedoch ihrerseits erschlossen aus der Folge und Verknüpfung derjenigen Bedeutungen, die den einzelnen Ausdrücken und Satzverbindungen des Gesetzestextes eben nach dem allgemeinen Sprachgebrauch oder nach einem besonderen Sprachgebrauch des Gesetzes zukommen. Es handelt sich dabei wieder um den Prozeß des Vorausblickens und Zurückblickens, der wechselseitigen Erhellung, der unter der Bezeichnung des „hermeneutischen Zirkels" bekannt ist (oben Kap. 1 unter 3 b). So wenig der Wortsinn gemäß dem allgemeinen Sprachgebrauch oder auch einem besonderen juristischen Sprachgebrauch die Bedeutung eines Ausdrucks gerade in *diesem* Zusammenhang, an *dieser* Stelle des Gesetzes schon endgültig festzulegen vermag, so wenig ist seine Kenntnis doch zu entbehren, soll der Prozeß des Verstehens durch Auslegen überhaupt in Gang kommen. Das ist gemeint, wenn wir sagen, jede Auslegung müsse mit dem Wortsinn beginnen.

Ausdrücke, die in der Rechtssprache eine spezifische Bedeutung erhalten haben, wie z. B. Vertrag, Forderung, Anfechtbarkeit, Nichtigkeit eines Rechtsgeschäfts, Erbschaft, Vermächtnis, werden in den Gesetzen meist in dieser speziellen Bedeutung gebraucht. Damit scheiden zahlreiche Bedeutungsvarianten des allgemeinen Sprachgebrauchs aus; der Kreis der möglichen Bedeutungen, unter denen aufgrund der anderen Kriterien zu wählen ist, verengt sich in hohem Maße. Mit der Klarstellung des präzisen juristischen Sprachgebrauchs kann die Auslegung mitunter schon am Ende sein, dann nämlich, wenn nichts dafür spricht, daß das Gesetz gerade an dieser Stelle von ihm abgewichen sei. Solche Abweichungen sind indessen niemals ganz ausgeschlossen. Das BGB hat den Begriff „Sache" in § 90 insoweit definiert, als danach nur ein „körperlicher Gegenstand" ein „Sache" im Sinne des Gesetzes ist. Trotzdem besteht Einigkeit darüber, daß der Ausdruck „Sache" in § 119 Abs. 2 nicht in diesem engeren Sinne, sondern im Sinne von „Geschäftsgegenstand" zu verstehen ist, was mit dem allgemeinen Sprachgebrauch durchaus im Einklang steht. Die Definition des § 90 BGB bezieht sich offenbar auf solche Gegenstände, an denen Sachenrechte möglich sind; dagegen handelt es sich bei den „verkehrswesentlichen Eigenschaften" des § 119 Abs. 2 BGB um Eigenschaften des Geschäftsgegenstandes, der meist eine „Sache" im Sinne des § 90 sein wird, aber nicht notwendig zu sein braucht. Ein anderes Beispiel: Als „Genehmigung" bezeichnet das BGB in § 184 Abs. 1 die nachträgliche Zustimmung zu einem Rechtsgeschäft. Dabei hat der Gesetzgeber nur an die Zustimmung gedacht, die eine Privatperson erteilt; die Zustimmung des Vormundschaftsgerichts (§§ 1821 ff. BGB) wird auch dann als „Genehmigung" bezeichnet, wenn sie im voraus erteilt wird. Dasselbe gilt von anderen Genehmigungen durch eine Behörde. Auch ein durch eine Definition festgelegter Sprachgebrauch des Gesetzes bietet also nicht immer Gewähr dafür, daß der betreffende Ausdruck an jeder Stelle des Gesetzes in diesem Sinne zu verstehen ist. Es bedarf nur besonderer Gründe, um darzutun, daß er gerade an dieser Stelle in einer anderen Bedeutung zu verstehen sei.

Geht danach ein besonderer Sprachgebrauch des Gesetzes in der Regel auch dem allgemeinen Sprachgebrauch vor, so ist auf diesen doch dann wieder zurückzugreifen, wenn es sich zeigt, daß das Gesetz von seinem besonderen Sprachgebrauch hier abgewichen ist. Der allgemeine Sprachgebrauch gibt in diesen Fällen freilich nicht viel her. Er bezeichnet aber, wie auch sonst, den Rahmen, innerhalb dessen die gesuchte Bedeutung liegen muß. Was jenseits des sprachlich möglichen Wortsinns liegt, durch ihn eindeutig ausgeschlossen wird, kann nicht mehr im Wege der Auslegung als die hier maßgebliche Bedeutung dieses Ausdrucks verstanden werden. Zutreffend sagt MEIER-HAYOZ[19]: „Der Wortlaut hat danach eine doppelte Aufgabe: Er ist Ausgangspunkt für die richterliche Sinnesermittlung und steckt zugleich die Grenzen seiner Auslegungstätigkeit ab". Eine Deutung, die nicht mehr im Bereich des *möglichen* Wortsinns liegt, ist nicht mehr Ausdeutung, sondern wäre Umdeutung. Damit ist nicht schon gesagt, daß sie dem Richter stets verwehrt wäre; sie bedarf aber besonderer Voraussetzungen und gehört in das Gebiet der im nächsten Kapitel zu besprechenden offenen Rechtsfortbildung. In allen Fällen, in denen die Gerichte betonen, der Sinn und Zweck einer Vorschrift gehe auch einem „sprachlich eindeutigen" Wortlaut vor, die Auslegung werde durch den Wortsinn nicht begrenzt, handelt es sich in Wahrheit, falls das Ergebnis nicht doch im Rahmen des sprachlich möglichen Wortsinns bleibt, um Lückenergänzung, Analogie oder teleologische Reduktion. Unter dem „möglichen Wortsinn" verstehe ich alles, was nach dem allgemeinen oder dem jeweils als maßgeblich zu erachtenden Sprachgebrauch dieses Gesetzgebers – wenn auch vielleicht nur unter besonderen Umständen – noch als mit diesem Ausdruck gemeint verstanden werden kann[19a]. Gewiß kann es, da die Grenzen des sprachlich möglichen Wortsinns auch nicht immer genau abzustecken sind, in manchen Fällen zweifelhaft sein, ob es sich noch um eine sehr „weite" Auslegung oder bereits um Lückenergänzung durch Analogie handelt. Die Unmöglichkeit einer scharfen Grenzziehung steht indessen einer nicht so sehr begrifflich, als typologisch verstandenen Unterscheidung nicht im Wege. In den

---

[19] MEIER-HAYOZ, Der Richter als Gesetzgeber, S. 42. Ihm folgen die meisten; so BYDLINSKI, Juristische Methodenlehre, S. 423; FIKENTSCHER, Methoden des Rechts, Bd. IV, S. 294 f.; RAISCH, Vom Nutzen der überkommenen Auslegungskanones für die praktische Rechtsanwendung, S. 29; Zippelius, Einführung in die Methodenlehre, 4. Aufl., S. 43; auch ZELLER, Auslegung von Gesetz und Vertrag, 1989, S. 153 ff.

[19a] Gegen die Feststellbarkeit des allgemeinen Sprachgebrauchs spricht nicht, daß dieser immer nur, wie CHRISTENSEN („Was heißt Gesetzesbindung?", 1989, S. 79) meint, durch eine „offene Aufzählung von Beispielen", nicht durch eine exakte Definition, angegeben werden kann. Daß eine bestimmte Bedeutung nach dem allgemeinen Sprachgebrauch *nicht* mit diesem Ausdruck verbunden werden kann, ist für jeden Sprachkundigen ohne weiteres einsehbar, ohne daß es dafür einer exakten Begriffsbestimmung bedürfte. Damit kann von Fall zu Fall festgestellt werden, ob eine bestimmte Deutung die Grenze der möglichen Wortbedeutung überschreitet oder nicht.

weitaus meisten Fällen läßt sich auch sehr wohl sagen, eine in Erwägung gezogene Auslegung liege außerhalb des Bedeutungsfeldes dieses Ausdrucks, seines möglichen Wortsinns[20]. So kann es zwar geboten sein, Männer und Frauen gleich zu behandeln; der Ausdruck „Männer" umfaßt aber, nach der möglichen Wortbedeutung, nicht auch Frauen (und umgekehrt). Es bleibt dann die Möglichkeit einer Analogie. Die Unterscheidung zwischen Auslegung und das Gesetz ergänzender oder umbildender Rechtsfortbildung muß gemacht werden, eben weil die letztere, soll das Gesetz die ihm zukommende Rolle als primäre Regelung bewahren, an besondere Voraussetzungen gebunden sein muß. Dabei brauchen wir nicht einmal auf die besondere Problematik des Analogieverbots im Strafrecht hinzuweisen. Analogieverbote gibt es auch auf anderen Rechtsgebieten[21]. Sie sind nicht grundsätzlich widersinnig und daher nicht faktisch so wirkungslos wie meist Auslegungsverbote. Eine andere Grenze zwischen Auslegung und das Gesetz ergänzender oder umbildender Rechtsfortbildung als die des sprachlich möglichen Wortsinns läßt sich nicht finden. Sie wird denn auch überwiegend im Schrifttum[22] und auch in der Rechtsprechung[23] anerkannt.

Ist bei der Ermittlung des möglichen und des hier etwa maßgeblichen Wortsinns von dem Sprachgebrauch zur Zeit der Entstehung des Gesetzes oder von dem der Gegenwart auszugehen? Der Gesetzgeber geht von dem Sprachgebrauch seiner Zeit aus. Handelt es sich um einen Ausdruck der juristischen Fachsprache, den der Gesetzgeber in dem Sinne gebraucht hat, in dem er zu seiner Zeit verstanden wurde, dann ist von der damaligen Bedeutung des Ausdrucks auszugehen. Würde man ohne weiteres von der heutigen Bedeutung ausgehen, so würde man die Intention des Gesetzgebers wahrscheinlich verfehlen. Mit Recht hat der BGH in einer Entscheidung, in der es darum ging, ob unter dem „Bergwerksbesitzer" im Sinne des § 148 des Preußischen Allgemeinen Berggesetzes aus dem Jahre 1865 nur der Bergwerkseigentümer verstanden werden könne oder auch ein Pächter oder Nießbraucher, geprüft, ob der damalige Gesetzgeber zwischen Bergwerkseigentümer und Bergwerksbesitzer unterschieden habe oder nicht[24]. Hat der damalige Gesetzgeber diese Unterscheidung, so wie wir sie heute verstehen, ebenfalls gemacht, dann geht daraus hervor, daß er die Haftung eines Pächters oder Nießbrauchers jedenfalls nicht ausschließen wollte. Es müßten dann schon, was der BGH ebenfalls zutreffend gesehen hat, besondere Gründe, etwa der Zweck oder der Grundgedanke der

---

[20] Dagegen meint SCHIFFAUER (in seiner Schrift: Wortbedeutung und Rechtserkenntnis, 1979, S. 36 ff.), die Grenze sei „in der Praxis nicht intersubjektiv bestimmbar". Er verneint deshalb die Brauchbarkeit des möglichen Wortsinns als Grenze zwischen Auslegung (im engeren Sinn) und Rechtsfortbildung. Ähnlich auch WANK, Die juristische Begriffsbildung, 1985, S. 23 ff.

[21] Über Analogieverbote vgl. CANARIS, Die Feststellung von Lücken im Gesetz, S. 183 ff.

[22] So von ENNECCERUS-NIPPERDEY, Allgemeiner Teil, § 57 III, besonders Anm. 4; DAHM, Deutsches Recht, 2. Aufl., S. 66; ENGISCH, Einführung in das juristische Denken, 7. Aufl., S. 82 und 249 (Anm. 106 b); KREY, Studien zum Gesetzesvorbehalt im Strafrecht, 1977, S. 127 ff., 146 ff.; BYDLINSKI, Jur. Methodenlehre u. Rechtsbegriff, S. 467 ff.

[23] BGHZ 46, 74, 76.

[24] BGHZ 52, 259, 262.

Vorschrift, dafür sprechen, die Bedeutung des Ausdrucks „Bergwerksbesitzer" hier in einem engeren Sinne, nämlich als gleichbedeutend mit dem „Bergwerkseigentümer" zu verstehen. Anders ist es, wenn die Bedeutung eines Ausdrucks zur Entstehungszeit des Gesetzes nicht in einem bestimmten Sinne festgelegt war, den der Gesetzgeber sich zu eigen gemacht hat. Dann empfiehlt es sich, als Grenze der Auslegung den heute möglichen Wortsinn zu nehmen, falls auf diese Weise eine dem Zweck oder Grundgedanken der Norm besser gerecht werdende Auslegung ermöglicht wird. Denn immerhin faßt der heutige Leser den Sinn der Norm nach seinem gegenwärtigen Sprachverständnis auf, so daß ihm nicht etwas Unvermutetes widerfährt, wenn dieses nunmehr der Auslegung zugrunde gelegt wird.

Wohl an der Grenze liegt folgender Fall. Eine Körperverletzung wird schwerer bestraft, wenn sie mittels einer Waffe oder eines anderen gefährlichen Werkzeugs begangen wurde. Der BGH hat die Verwendung von Salzsäure als Angriffsmittel gegen eine Person als den Gebrauch einer „Waffe" im Sinne des Strafgesetzes angesehen[25]. Er meinte, der frühere Sprachgebrauch habe unter „Waffen" zwar nur mechanisch wirkende Mittel verstanden, doch habe sich der Sprachgebrauch unter dem Einfluß der technischen Entwicklung dahin gewandelt, daß nun auch chemisch wirkende Mittel als „Waffen" angesehen werden könnten. Den Begriff „Waffe" in diesem, nach dem heutigen Sprachgebrauch möglichen weiteren Sinne zu verstehen, entspreche dem Sinn und dem Zweck der betreffenden strafrechtlichen Vorschrift. Die Entscheidung ist vor allem von G. und D. REINICKE[26] kritisiert worden. Sie führen aus, der strafrechtliche Begriff „Waffe" sei kein Blankettbegriff, der nach dem jeweiligen Sprachverständnis ausgefüllt werden könne; er müsse vielmehr so ausgelegt werden, wie er zur Zeit der Schaffung des Gesetzes verstanden wurde. Es handle sich bei der Übertragung auf anders als mechanisch wirkende Angriffsmittel in Wahrheit um eine (verbotene) Analogie. ENGISCH[27] hält die Entscheidung für „mindestens fragwürdig". Ich halte sie noch für legitim.

Der dem allgemeinen Sprachgebrauch oder, soweit ein solcher vorliegt, dem besonderen Sprachgebrauch des Gesetzes oder dem allgemeinen juristischen Sprachgebrauch zu entnehmende Wortsinn dient der Auslegung also einmal zur ersten Orientierung, zum anderen bezeichnet er, als möglicher Wortsinn, sei es nach dem damaligen, sei es nach dem heutigen Sprachverständnis, die Grenze der eigentlichen Auslegung. Er steckt gleichsam das Feld ab, auf dem sich die weitere Tätigkeit des Auslegenden vollzieht.

b) Der Bedeutungszusammenhang des Gesetzes

Welche der mannigfachen Bedeutungsvarianten, die einem Ausdruck nach dem Sprachgebrauch zukommen können, jeweils in Betracht kommt, das ergibt sich in der Regel, wenn auch nicht immer mit letzter Genauigkeit, aus dem Zusammenhang, in dem er gebraucht wird. Der Bedeutungszusammenhang des Gesetzes bestimmt zunächst einmal in der gleichen Weise das Verständnis einzelner Sätze und Worte, wie auch sonst das Verständnis einer Textstelle durch deren Kontext mit bestimmt wird. Insoweit handelt es sich um nichts anderes als um die einfachste Form

---

25 BGHSt 1, 3.
26 In NJW 51, 683.
27 Einführung, S. 153.

des oben (in Kap. 1, 3 b) erwähnten sogenannten „hermeneutischen Zirkels“. Ein Gesetz besteht, wie wir früher gesehen haben (Kap. 2, 2), zumeist aus unvollständigen, nämlich erläuternden, einschränkenden oder verweisenden Rechtssätzen, die sich erst zusammen mit anderen zu einem vollständigen Rechtssatz ergänzen oder zu einer Regelung zusammenschließen. Der Sinn des einzelnen Rechtssatzes erschließt sich zumeist erst dann, wenn man ihn als Teil der Regelung betrachtet, der er zugehört (oben Kap. 2, 3). Man muß, um die Regelung des gutgläubigen Eigentumserwerbs vom Nichtberechtigten zu verstehen, den § 935 BGB zu § 932 hinzunehmen, will man nicht voreilige Schlüsse ziehen. Wo das Gesetz auf eine andere Bestimmung verweist, muß man diese hinzunehmen, um sich über die Tragweite der verweisenden Norm klar zu werden. Wer sich ein Bild davon machen will, was das Gesetz unter „Besitz“ versteht, darf sich nicht darauf beschränken, nur den § 854 BGB zu lesen. Er hat das Bild, das er sich lediglich auf Grund dieser Vorschrift macht, alsbald dahin zu berichtigen, daß das Gesetz den sogenannten Besitzdiener (§ 855 BGB) nicht als „Besitzer“, wohl aber den mittelbaren Besitzer (§ 868 BGB) als Besitzer ansieht. Dem Anfänger fällt es mitunter schwer, den Unterschied, den das Gesetz zwischen „Besitz“ und „Eigentum“ macht, nachzuvollziehen, weil im allgemeinen Sprachgebrauch beide Ausdrücke oft als gleichbedeutend gebraucht werden. Um zu dem richtigen Verständnis der Unterscheidung zu gelangen, bedarf es der vergleichenden Gegenüberstellung der beiden Regelungskomplexe. Ähnlich verhält es sich mit Begriffen wie Rechtsfähigkeit und Geschäftsfähigkeit, Parteifähigkeit und Prozeßfähigkeit, Verpflichtung und Verfügung. Erst in der Gegenüberstellung wird jeder voll verständlich.

Über diese allgemeine, das Verständnis fördernde Funktion des Kontextes hinaus spielt der Bedeutungszusammenhang des Gesetzes insofern noch eine weitergehende Rolle für dessen Auslegung, als zwischen den einzelnen Gesetzesbestimmungen eine *sachliche Übereinstimmung* angenommen werden kann. Unter mehreren, dem Wortsinn nach möglichen Auslegungen verdient daher diejenige den Vorzug, die die Wahrung der sachlichen Übereinstimmung mit einer anderen Bestimmung ermöglicht. Ein gutes Beispiel für eine „systematische“ Auslegung, die auf der Annahme der sachlichen Übereinstimmung zweier Vorschriften beruht, gibt eine Entscheidung des BGH über die Bemessung einer „Überbaurente“ gemäß § 912 BGB[28]. Für die Höhe der Rente ist nach § 912 Abs. 2 BGB „die Zeit der Grenzüberschreitung maßgebend“. Die Frage war nun, ob für die Bemessung der auf diesen Zeitpunkt ermittelte Verkehrswert der überbauten Fläche, oder ein etwaiger höherer Wert maßgebend sei, der sich aus der Möglichkeit einer späteren Bebauung des übrigen Grundstücks unter Berücksichtigung des Umstandes ergibt, daß die überbaute Fläche hierin hätte einbezogen werden können. Der BGH stellte zunächst zutreffend fest, daß der Wortlaut des § 912 Abs. 2 BGB die Frage allein noch nicht entscheide. Er zog dann aber zum Vergleich die Bestimmung des § 915 Abs. 1 BGB heran, der zufolge der Rentenberechtigte, also der Eigentümer des überbauten Grundstücks oder dessen Rechtsnachfolger, jederzeit verlangen kann, daß der

---

[28] BGHZ 57, 304.

Rentenpflichtige „ihm gegen Übertragung des Eigentums an dem überbauten Teil des Grundstücks den Wert ersetzt, den dieser Teil zur Zeit der Grenzüberschreitung gehabt hat". Der BGH ist der Ansicht, daß mit dem Wert des überbauten Teils nur dessen Verkehrswert zur Zeit der Grenzüberschreitung gemeint sein könne, nicht ein etwa darüber hinausgehender Wert infolge einer späteren Bebauung. Nun handelt es sich aber offenbar bei dem Betrag, den der Eigentümer des überbauten Teils gegen Übertragung des Eigentums an ihn soll verlangen können, um eine Kapitalisierung der Überbaurente gemäß § 912 BGB. Deshalb, so folgerte der BGH, muß für die Bemessung der Rente der gleiche Wert zugrunde gelegt werden, von dem das Gesetz in § 915 ausgeht.

In den §§ 987 ff. BGB regelt das Gesetz Ansprüche zwischen dem nichtbesitzenden Eigentümer einer Sache und dem Besitzer. Dabei unterscheidet es in § 990 zwischen dem Besitzer, der bei dem Erwerb des Besitzes in gutem Glauben war, und dem, der es nicht war. Diese Unterscheidung kann sinnvoll nur im Hinblick auf einen Besitzer gemacht werden, der objektiv kein Recht zum Besitz gegenüber dem Eigentümer erlangt hat und ihm demnach nach den §§ 985, 986 BGB zur Herausgabe der Sache verpflichtet ist. Die Lehre hat daraus den Schluß gezogen, daß die §§ 987 ff. BGB insgesamt nur auf einen dem Eigentümer gegenüber nicht zum Besitz berechtigten oder sein Besitzrecht überschreitenden Besitzer anwendbar sind. Auch hier wird vorausgesetzt, daß eine zusammenhängende Regelung in sich übereinstimmt.

Einen Hinweis auf die sachliche Zusammengehörigkeit von Vorschriften kann die äußere Systematik des Gesetzes bieten. Aus der Einordnung der §§ 842 ff. BGB über den Umfang der Ersatzpflicht und über ein „Schmerzensgeld" in den Abschnitt über „Unerlaubte Handlungen" kann geschlossen werden, daß diese Vorschriften nur gerade für solche Schadensersatzpflichten gelten, die auf einer „unerlaubten Handlung" im Sinne dieses Abschnitts beruhen, nicht aber auf Ersatzpflichten aus einer Vertragsverletzung. Andernfalls hätte ihre Einordnung in die Vorschriften des allgemeinen Teils des Schuldrechts über den Inhalt einer Schadensersatzpflicht (§§ 249 ff. BGB) nahegelegen. Das Argument aus der systematischen Stellung einer Vorschrift im Gesetz, also aus dessen „äußerem System", darf aber nicht überschätzt werden[29]. So regelt das Sachenrecht des BGB eine Reihe von „gesetzlichen Schuldverhältnissen", wie das zwischen dem nichtbesitzenden Eigentümer und dem zum Besitz nicht berechtigten Besitzer (§§ 987 ff. BGB) oder zwischen Eigentümer und Nießbraucher (§§ 1036 Abs. 2, 1037 ff. BGB), die ihre Grundlagen zwar in einem Rechtsverhältnis des Sachenrechts haben, in ihrer inhaltlichen Ausgestaltung aber den Regeln des Schuldrechts unterliegen. Umgekehrt finden sich im Schuldrecht auch einzelne Vorschriften sachenrechtlichen Gehalts, z. B. über gesetzliche Pfandrechte. Mit Rücksicht auf die sachliche Zusammengehörigkeit der Vorschriften ist das Gesetz in seiner äußeren systematischen Anordnung von der ihr zugrunde liegenden begrifflichen Systematik mitunter abgewichen. Diese bietet zwar ihrer-

---

[29] Vgl. dazu Herschel in BB 1966, S. 791.

seits der Auslegung eine Stütze; so ist etwa der § 816 BGB nur auf dem Hintergrund der begrifflichen Unterscheidung von Verfügungs- und Verpflichtungsgeschäft zu verstehen. Es gibt aber auch Regelungskomplexe, die sich in das begriffliche System nicht restlos einordnen lassen; so die Vormerkung und die familienrechtlichen „Pflichtrechte“[30]. Das begriffliche System gibt zudem nicht mehr als eine grobe Einstellung her; für die Feineinstellung bleibt immer noch ein erheblicher Raum. Für die Frage etwa, was im Sinne des § 119 Abs. 2 BGB als eine „Eigenschaft“ der Sache, und wann sie als „verkehrswesentlich“ anzusehen ist, gibt die Systematik nichts her. Die Auslegung ist hier auf andere Erwägungen angewiesen, etwa auf die Normvorstellung des historischen Gesetzgebers, soweit diese festzustellen ist, oder auf den „vernünftigen Sinn“ der Vorschrift und der in ihr liegenden Risikoverteilung.

Die Frage nach dem Bedeutungszusammenhang des Gesetzes läßt sich weder völlig losgelöst von der nach dem möglichen Wortsinn, noch von der nach anderen Auslegungskriterien beantworten. Der Bedeutungszusammenhang des Gesetzes und auch die ihm zugrunde liegende begriffliche Systematik erschließt sich dem Verständnis erst dann, wenn man auch die Regelungszwecke beachtet. Die unterschiedliche Regelung des Besitzes und des Eigentums wird erst daraus verständlich, daß das Gesetz dem Besitz im Interesse der Friedenssicherung einen vorläufigen Schutz angedeihen läßt und ihm überdies gewisse Funktionen bei der Übertragung dinglicher Rechte sowie hinsichtlich der Beweislage zuweist, während es im Eigentum die rechtlich voll gesicherte Herrschaft einer Person über eine Sache erblickt. § 935 Abs. 1 BGB wird in seiner Bedeutung erst dann voll verständlich, wenn man die darin liegende Wertung des Gesetzes in bezug auf die miteinander kollidierenden Interessen des Eigentümers (an der Erhaltung seines Eigentums) und des gutgläubigen Erwerbers, der auf die Berechtigung des Veräußerers vertraut, erkennt. Nur von dieser Wertung aus kann man bestimmen, was „Abhandenkommen“ im Sinne dieser Vorschrift heißt[31]. Auch hier wieder macht sich die Eigentümlichkeit des Verstehensprozesses als einer hin- und hergehenden Bewegung bemerkbar: Zunächst erkennen wir aus dem Bedeutungszusammenhang der beiden Bestimmungen, daß die in § 932 BGB ausgesprochene Regel durch § 935 Abs. 1 eingeschränkt wird. Die Frage nach dem Grund dieser Einschränkung führt auf die gesetzgeberische Konzeption und die in ihr enthaltene Wertung der Interessenlage; von hier aus geht die Betrachtung zu der Bedeutung eines einzelnen Ausdrucks, hier des „Abhandenkommens“, zurück und grenzt sie des näheren ab. Der Kreis schließt sich mit der Erkenntnis, daß die gefundene Auslegung im Rahmen des möglichen Wortsinns gelegen ist und daß ihr auch sonst keine Bedenken entgegenstehen.

---

[30] Zu diesen vgl. GERNHUBER, Lehrbuch des Familienrechts, 3. Aufl., §§ 2, II, 6; 49, III, 1–3; 65, II, 2.

[31] Zutreffend sagt WESTERMANN (Sachenrecht, § 16, 4), die Abgrenzung zwischen freiwilliger Besitzaufgabe und Abhandenkommen habe vor allem für § 935 BGB Bedeutung und müsse daher von der für § 935 maßgebenden Interessenlage aus erfolgen. Aus dieser, d. h. aus ihrer gesetzlichen Wertung durch eine Kombination des „Rechtsscheinprinzips“ und des „Veranlassungsprinzips“, bestimmt er sodann (in § 49, I) das Abhandenkommen als unfreiwilligen Verlust des unmittelbaren Besitzes.

Das Kriterium des Bedeutungszusammenhangs verlangt in erster Linie die Berücksichtigung des Kontextes, wie sie zum Verständnis jeder zusammenhängenden Rede oder Schrift erforderlich ist. Es meint darüber hinaus die sachliche Übereinstimmung der Bestimmungen innerhalb einer Regelung, ferner die Berücksichtigung der äußeren Anordnung des Gesetzes und der ihr zugrunde liegenden begrifflichen Systematik, denen jedoch nur ein begrenzter Wert für die Auslegung zukommt. Der Bedeutungszusammenhang des Gesetzes läßt sich seinerseits vielfach erst dann voll verstehen, wenn man auf die Teleologie des Gesetzes und das zugrunde liegende „innere System" der maßgeblichen Wertentscheidungen und Prinzipien zurückgeht. Die Frage nach dem Bedeutungszusammenhang leitet dann bereits zu den teleologischen Kriterien hinüber. Damit bestätigt sich die Bemerkung von FRIEDRICH MÜLLER[32], die „herkömmlichen Auslegungsregeln" könnten nicht als für sich selbständige „Methoden" vereinzelt werden. Vielmehr erwiesen sie sich im Vorgang der Konkretisierung „nicht nur als einander ergänzend und abstützend, sondern als jeweils schon vom Ansatz her sachlich ineinander verwoben". Das sollte denen zu denken geben, die meinen, der Auslegende habe zwischen verschiedenen Methoden die Wahl.

c) Regelungsabsicht, Zwecke und Normvorstellungen des historischen Gesetzgebers

Wenn der aus dem allgemeinen Sprachgebrauch oder einem besonderen Sprachgebrauch des Gesetzes sich ergebende Wortsinn, der Bedeutungszusammenhang des Gesetzes und die ihm zugrunde liegende begriffliche Systematik, wie dies häufig der Fall ist, immer noch verschiedene Deutungsmöglichkeiten offen lassen, dann liegt die Frage nahe, welche Deutung denn der Regelungsabsicht des Gesetzgebers oder seiner eigenen Normvorstellung am besten entspricht. Wir kommen damit zu dem „historischen" Element der Auslegung, das, wie wir eingangs dargelegt haben, auch bei der Ermittlung des normativ maßgeblichen Sinnes des Gesetzes zu beachten ist. Vor allem die Regelungsabsicht des Gesetzgebers und die von ihm in Verfolgung dieser Absicht erkennbar getroffenen Wertentscheidungen bleiben für den Richter verbindliche Richtschnur, auch wenn er das Gesetz im Wege teleologischer Auslegung oder Rechtsfortbildung neuen, vom Gesetzgeber nicht vorausgesehenen Umständen anpaßt oder es ergänzt. Freilich erhebt sich hier zunächst die Frage, um welche Personen es sich denn handelt, wenn wir nach dem Willen oder nach den Normvorstellungen „des Gesetzgebers" fragen.

In den modernen Staaten ist der Gesetzgeber keine Einzelperson, sondern in der Regel eine Versammlung, das Parlament, in manchen Staaten eine aus zwei Kammern bestehende gesetzgebende Körperschaft; mitunter sogar die Gesamtheit der abstimmungsberechtigten Bürger. Es wäre ersichtlich ergebnislos, nach den Vorstellungen zu forschen, die sich alle an der Beschlußfassung beteiligten Personen, die dem Gesetzentwurf zugestimmt haben, von der Bedeutung dieser oder jener

---

[32] FRIEDRICH MÜLLER, Juristische Methodik, 3. Aufl., S. 212.

Gesetzesbestimmung im einzelnen gemacht haben. Solche Vorstellungen lassen sich nicht ermitteln, und wenn sie sich ermitteln ließen, welche sollten maßgebend sein, wenn sie auseinandergehen? Manche behelfen sich deshalb mit der Annahme, die Mitglieder der gesetzgebenden Körperschaft hätten in der Regel „denjenigen Sinn akzeptiert, den die eigentlichen Gesetzesverfasser dem von ihnen erarbeiteten gesetzlichen Text mit auf den Weg gegeben haben und den sie in der Begründung kundgetan haben“[33]. Als der „Wille des Gesetzgebers“ hätten danach die Normvorstellungen der Ministerialbeamten, die den Entwurf ausgearbeitet haben, und der Abgeordneten zu gelten, die die Initiative ergriffen oder den Text mitgestaltet haben. Die meisten Abgeordneten sind dagegen gar nicht in der Lage, sich über die Einzelheiten des Gesetzes eine eigene Meinung zu bilden. Worüber sie sich eine Meinung bilden und was sie in Wahrheit allein billigen, das sind die Regelungsabsicht und die Zwecke des Gesetzes, die zutage liegenden sozialpolitischen Auswirkungen (besonders bei Maßnahmegesetzen), die gesamte „Tendenz“ des Gesetzes. Darüber hinaus nehmen sie vielleicht noch zu bestimmten vorher umstrittenen Einzelfragen Stellung. Im übrigen begnügen sie sich damit, dem Gesetz im ganzen ihre Zustimmung zu geben, wobei sie darauf vertrauen, daß der Text den von ihnen gebilligten Zwecken und ihrer Meinung nach zu berücksichtigenden Gesichtspunkten entspricht und von den zur Gesetzesanwendung berufenen Organen, den Behörden und den Gerichten, in diesem Sinne ausgelegt werden wird. Ihre Billigung gilt insoweit dem Text als solchem, nicht einer bestimmten Auslegung einzelner Textstellen.

Als der „Wille des Gesetzgebers“ sind hiernach nur anzusehen die zutage liegende Grundabsicht des Gesetzgebers und diejenigen Vorstellungen, die in den Beratungen der gesetzlichen Körperschaft oder ihrer zuständigen Ausschüsse zum Ausdruck gebracht und ohne Widerspruch geblieben sind. An ihnen hat sich die Auslegung zu orientieren, soweit es für sie auf die Normvorstellungen des historischen Gesetzgebers ankommt. Konkrete Normvorstellungen jedoch, also deutliche Vorstellungen über die genaue Bedeutung und Reichweite einer einzelnen Bestimmung oder eines einzelnen Ausdrucks, kann man am ehesten bei den Verfassern des Gesetzestextes und den Mitgliedern beratender Kommissionen erwarten. Diese aber sind weder einzeln, noch in ihrer Gesamtheit „der Gesetzgeber“. Ihre Meinungen sind dennoch von erheblichem Wert für die Auslegung, weil angenommen werden kann, daß sie sich bei der Wahl der Ausdrücke über deren Tragweite Gedanken gemacht haben und daß sie bestrebt waren, sie so zu wählen, daß sie der von ihnen geteilten und weiter durchdachten Regelungsabsicht des Gesetzgebers möglichst nahe kämen. Indessen stellen sie keine bindende Richtschnur für den Ausleger dar, der vielmehr nicht selten von ihnen abweichen wird, weil die Normvorstellungen der Gesetzesverfasser regelmäßig hinter den Anwendungsmöglichkeiten der Norm zurückbleiben, auch wenn sie nicht von vorneherein auf einer falschen Einschätzung der Normsituation beruhen[34].

---

[33] So ENGISCH, Einführung, S. 95.
[34] Vgl. BVerfGE 54, 298.

Auskunft über die Normvorstellungen der Gesetzesverfasser ergibt häufig die Entstehungsgeschichte des Gesetzes[35]. Nach § 197 BGB verjähren in vier Jahren u.a. Ansprüche auf Rückstände von Zinsen, Miet- und Pachtzinsen, Renten, Unterhaltsbeiträge „und alle anderen regelmäßig wiederkehrenden Leistungen". Es wurde nun fraglich, ob unter die „regelmäßig wiederkehrenden Leistungen" im Sinne dieser Bestimmung auch Gewinnanteilsansprüche fallen, die zwar zu regelmäßig wiederkehrenden Terminen, aber in wechselnder Höhe fällig werden und, in Ermangelung eines Gewinns, auch ein oder mehrere Male ausbleiben können. Der BGH bejahte diese Frage[36]. Der Wortsinn stehe dem nicht entgegen; aus der Entstehungsgeschichte des § 197 BGB ergebe sich, daß in den ersten Entwürfen von „allen sonstigen Leistungen, welche in regelmäßig wiederkehrenden Fristen zu entrichten sind", die Rede gewesen war. In dieser Fassung sei das Wort „regelmäßig" eindeutig nur auf die Termine, nicht auf die Höhe der Leistungen bezogen gewesen. Mit der späteren Änderung der Formulierung sei von den Verfassern keine sachliche Änderung bezweckt worden. Die wechselnde Höhe stehe daher der Einordnung der Gewinnanteilsansprüche unter die „regelmäßig wiederkehrenden Leistungen" nicht im Wege. Komme es aber auf die gleichmäßige Höhe nicht an, so stehe der Einordnung auch nicht im Wege, daß sich zu einem der Termine gelegentlich gar kein Anspruch ergeben könne. Der BGH hätte noch darauf hinweisen können, daß es sich hierbei nur um einen Grenzfall handelt, weil typischerweise doch mit dem Anfall eines, wenn auch der Höhe nach ungewissen Gewinns gerechnet wird.

Als Erkenntnisquellen für die Normvorstellungen der an der Vorbereitung und Abfassung des Gesetzes beteiligten Personen kommen in erster Linie die verschiedenen Entwürfe, die Beratungsprotokolle und die den Entwürfen beigegebenen Begründungen, für die Vorstellungen der am Gesetzgebungsakt selbst beteiligten Personen die Parlamentsberichte in Betracht. Diese Zeugnisse sind selbst wiederum zu interpretieren vor dem Hintergrunde des damaligen Sprachverständnisses, der damaligen Lehre und Rechtsprechung, soweit die Verfasser des Gesetzes sie ausdrücklich übernehmen wollten oder ersichtlich von ihnen beeinflußt waren, der von dem damaligen Gesetzgeber vorgefundenen Normsituation, also derjenigen realen Gegebenheiten, denen er Rechnung tragen wollte. Hier ist der Punkt, wo historische Forschungen in weitestem Sinne zu einem Hilfsmittel der juristischen Auslegung werden.

Die gleichen Erkenntnisquellen dienen auch der Ermittlung der Regelungsabsicht und der Zwecke des Gesetzgebers, soweit diese nicht bereits aus dem Gesetz selbst, aus einem Vorspruch, den einleitenden Bestimmungen, Überschriften, dem Bedeutungszusammenhang des Gesetzes und den daraus hervorgehenden Wert-

---

[35] Trotz mancher gegenteilig klingender Sätze hat die höchstrichterliche Rechtsprechung die Entstehungsgeschichte immer wieder dann maßgeblich herangezogen, wenn aus ihr Wesentliches für die Auslegung einer Gesetzesvorschrift zu entnehmen war; so BGHZ 46, 80.

[36] BGHZ 28, 144, 149 f.

entscheidungen ersichtlich sind. Oft kann eine Regelung vernünftigerweise nur einen einzigen Zweck haben. Meist verfolgt eine gesetzliche Regelung jedoch nicht nur einen Zweck, sondern mehrere Zwecke in unterschiedlichem Maße. Die Regeln über die rechtliche Stellung der in der Geschäftsfähigkeit beschränkten Personen (§§ 107 ff. BGB) bezwecken in erster Linie den Schutz dieser Personen vor den für sie möglicherweise nachteiligen Folgen ihrer eigenen Handlungen. Zugleich räumen sie ihnen aber dasjenige Maß an eigener rechtsgeschäftlicher Handlungsmöglichkeit ein, das mit diesem Zweck nach der Meinung des Gesetzgebers vereinbar und sozial wünschenswert ist. Dem dienen vor allem die §§ 110, 112, 113 BGB. Schließlich läßt das Gesetz auch das „Gegeninteresse" des Geschäftspartners des Minderjährigen, der vor allem wissen möchte, woran er ist, nicht außer Betracht. Es berücksichtigt es in den §§ 108 Abs. 2, 109 und 111. Dabei geht das Gesetz nicht so weit, den von einem Minderjährigen ohne Einwilligung geschlossenen Vertrag zu Gunsten des gutgläubigen Partners, der die Minderjährigkeit und das Fehlen der Einwilligung nicht kannte, als wirksam zu behandeln; es räumt dem gutgläubigen Partner nur bis zur Genehmigung des Vertrages durch die gesetzlichen Vertreter des Minderjährigen ein Widerrufsrecht ein. Weiter geht der Schutz des Partners bei einem von dem Minderjährigen vorgenommenen einseitigen Rechtsgeschäft.

Macht man sich diese verschiedenen Regelungszwecke und ihre in der Regelung zum Ausdruck kommende Wertung durch den Gesetzgeber klar, so können daraus auch gewisse Folgerungen für die Auslegung der einzelnen Bestimmungen gezogen werden. So spricht der offenbar vorrangige Zweck des Minderjährigenschutzes dafür, den Begriff der Geschäfte, durch die der Minderjährige „nicht lediglich einen rechtlichen Vorteil erlangt", in § 107 BGB eng auszulegen[37]. Es kommt danach nicht darauf an, ob das konkrete Rechtsgeschäft für den Minderjährigen etwa nach seinem wirtschaftlichen Gesamterfolg vorteilhaft ist oder nicht. Dies und die Frage, ob seine Vornahme überhaupt im Interesse des Minderjährigen liegt, zu beurteilen soll den gesetzlichen Vertretern überlassen bleiben. Nur solche Rechtsgeschäfte kann der Minderjährige danach selbständig vornehmen, mit deren Vornahme für ihn keinerlei rechtliche Nachteile verbunden sind, so daß sich die Frage, ob die Vorteile die Nachteile überwiegen, gar nicht erst stellt[38]. Auf der anderen Seite brauchen aber die Vorschriften über den Schutz der beschränkt Geschäftsfähigen auch nicht in einem weiteren Umfang angewandt zu werden, als dies durch ihren Zweck gerechtfertigt ist. Verfügt ein Minderjähriger ohne Zustimmung seiner gesetzlichen Vertreter über eine ihm nicht gehörende, dem Eigentümer nicht abhanden gekommene Sache zugunsten eines gutgläubigen Erwerbers, so kann man die Verfügung des Minderjährigen als wirksam ansehen.

---

[37] Vgl. *mein* Lehrb. des Allgemeinen Teils, 7. Aufl. 1989, S. 107 ff.

[38] So die h. L.; anders STÜRNER (AcP 173, 402), der vorschlägt, nur solche rechtliche Nachteile anzurechnen, die typischerweise für das Vermögen des Minderjährigen eine Gefährdung darstellen.

Zwar bringt sie ihm keinen rechtlichen Vorteil, sie kann ihm aber auch keinen Nachteil bringen, da sie im Fall ihrer Wirksamkeit nicht sein Vermögen, sondern das des bisherigen Eigentümers trifft. Es handelt sich um ein sogenanntes „indifferentes" Geschäft, das dem Minderjährigen weder einen rechtlichen Vorteil noch einen Nachteil bringt. Entgegen der engen Wortfassung des § 107 BGB läßt die herrschende Lehre ein solches Geschäft daher wirksam sein[39]. Es handelt sich hierbei jedoch nicht mehr um Auslegung im engeren Sinn, sondern um eine Korrektur des Wortlauts der Bestimmung gemäß dem ihr zugrunde liegenden Schutzgedanken. Diese Korrektur findet eine Stütze in der Bestimmung des § 165 BGB, die einen weiteren Fall eines „indifferenten Geschäfts" betrifft. Derartige Korrekturen des Gesetzeswortlauts gemäß dem Gesetzeszweck gehören in den Bereich der teleologischen Reduktion oder Extension, also einer „gesetzes-immanenten" Rechtsfortbildung (unten Kap. 5, 2 d).

Teleologische Auslegung heißt Auslegung gemäß den erkennbaren Zwecken und dem Grundgedanken einer Regelung. Die einzelne Bestimmung ist im Rahmen ihres möglichen Wortsinns und in Übereinstimmung mit dem Bedeutungszusammenhang des Gesetzes in dem Sinne auszulegen, der den Zwecken der gesetzlichen Regelung und dem Rangverhältnis dieser Zwecke optimal entspricht. Dabei hat der Auslegende stets die Gesamtheit der Zwecke im Auge zu behalten, die einer Regelung zugrunde liegen. Diese Zwecke werden zwar meist auch dem Gesetzgeber vor Augen gestanden haben, er braucht aber nicht alle sich daraus im einzelnen ergebenden Folgerungen übersehen zu haben. Indem der Auslegende zwar von den Zwecksetzungen des historischen Gesetzgebers ausgeht, diese aber in ihren Konsequenzen weiter durchdenkt und die einzelnen Gesetzesbestimmungen an ihnen ausrichtet, geht er bereits über den als historisches Faktum verstandenen „Willen des Gesetzgebers" und die konkreten Normvorstellungen der Gesetzesverfasser hinaus, versteht er das Gesetz in der ihm eigenen Vernünftigkeit.

Ernst Steindorff schlägt vor[40], neben dem Zweck des Gesetzes „die Politik des Gesetzes" als ein Auslegungskriterium anzuerkennen, vornehmlich im Wirtschaftsrecht. „Rechtliche Konstruktionen und ausgeformte Tatbestände" sollten in ihrer Bedeutung für die Auslegung hinter die „Politik des Gesetzes" zurücktreten. Nun liegen die Zwecke vieler Gesetze sicher auf dem politischen Feld, wie immer man den schillernden Begriff „Politik" abgrenzen will. „Politik des Gesetzes" kann m.E. nichts anderes heißen, als die politische Zielsetzung des Gesetzes. Liegt die Zielsetzung eines Gesetzes auf wirtschaftspolitischem Gebiet, so heißt „teleologische Auslegung" des Gesetzes nichts anderes als das Gesetz so auszulegen, daß diese wirtschaftspolitische Zielsetzung so gut als möglich erreicht wird. Ich meine daher, daß

---

[39] So v. Tuhr, Allgemeiner Teil, Bd. II, 1, S. 341, Anm. 49; Enneccerus-Nipperdey, Allgemeiner Teil, § 151, Anm. 7; Flume, Allgemeiner Teil, § 13, 7 b; sowie die meisten Kommentare. Dem steht nicht entgegen, daß der unberechtigt verfügende Minderjährige Bereicherungsansprüchen aus § 816 BGB und möglicherweise Deliktsansprüchen ausgesetzt ist. Diese ihm nachteiligen Folgen ergeben sich nicht aus dem Inhalt des von ihm vorgenommenen Rechtsgeschäfts selbst, sondern aus anderen Gesetzesbestimmungen aufgrund der begleitenden Umstände.

[40] Steindorff in der Festschr. f. Karl Larenz, 1973, S. 217.

„Politik des Gesetzes" und (politischer) Zweck des Gesetzes keine verschiedenen Auslegungskriterien sind.

d) *Objektiv-teleologische Kriterien*

Die Zwecke, die der Gesetzgeber durch das Gesetz zu verwirklichen sucht, sind in vielen, wenn auch nicht in allen Fällen, *objektive* Zwecke des Rechts, wie Friedenssicherung und gerechte Streitentscheidung, „Ausgewogenheit" einer Regelung im Sinne optimaler Berücksichtigung der im Spiele befindlichen Interessen. Darüber hinaus verlangen wir eine Regelung, die „sachgemäß" ist. Nur wenn man dem Gesetzgeber diese Absicht unterstellt, wird man im Wege der Auslegung zu Resultaten gelangen, die eine „angemessene" Lösung auch im Einzelfall ermöglichen.

Damit ergeben sich zwei Gruppen von objektiv-teleologischen Auslegungskriterien, die überall da den Ausschlag geben müssen, wo die bisher erörterten Kriterien noch keine zweifellose Antwort zu geben vermögen. Zum einen handelt es sich um die Strukturen des geregelten Sachbereichs, tatsächliche Gegebenheiten, an denen auch der Gesetzgeber nichts ändern kann, die er vernünftigerweise bei jeder Regelung mit berücksichtigt; zum anderen um die rechtsethischen Prinzipien, die hinter einer Regelung stehen, in denen der Sinnbezug einer solchen auf die Rechtsidee faßbar, aussprechbar wird[41]. Objektiv-teleologisch nenne ich diese Kriterien deshalb, weil es bei ihnen nicht darauf ankommt, daß sich der Gesetzgeber ihrer Bedeutung für die von ihm geschaffene Regelung immer bewußt gewesen ist.

Die Frage, welche Auslegung „sachgemäß" ist, läßt sich nur beantworten, wenn man die Sache um deren Regelung es sich bei der auszulegenden Norm handelt, in ihrer Eigenart, ihrer besonderen Struktur in Betracht zieht. Das wird vor allem dann deutlich, wenn eine Norm (oder ein Normenkomplex) einen umfassenden Lebensbereich regeln will, ohne daß dem Gesetz nähere Angaben über die Umgrenzung dieses Bereichs zu entnehmen sind. Beispielsweise geht es in der Norm um „die Presse", „die Wissenschaft", „die Kunst", „den Wettbewerb", die „freien Berufe", „das Versicherungswesen". FRIEDRICH MÜLLER[42] hat für solche von einer Norm oder Regelung angezielten Bereiche den Ausdruck „Normbereich" geprägt. Er versteht darunter den „Ausschnitt sozialer Wirklichkeit in seiner Grundstruktur, den sich das Normprogramm als einen Regelungsbereich ‚ausgesucht' oder zum Teil erst geschaffen hat". Die Rechtsnorm sei, so bemerkt er, „keine der Wirklichkeit autoritativ übergestülpte Form, sondern eine ordnende und anordnende Folgerung aus der

---

[41] Daß auch solche Kriterien wenigstens dann zu berücksichtigen sind, wenn die anderen versagen oder zu einem offenkundig unsinnigen Ergebnis führen, betont ebenfalls BYDLINSKI, Juristische Methodenlehre und Rechtsbegriff, S. 453 ff. Dabei geht es um Kriterien der „Sachgerechtigkeit" (FIKENTSCHER, FRIEDRICH MÜLLER), wie Kriterien rechtsethischer Richtigkeit (COING, KRIELE, PAWLOWSKI). Auf die – unterschiedliche – Terminologie kommt es dabei nicht so sehr an. KOCH/RÜSSMANN, S. 169 f., 222 ff., lehnen eine „objektiv-teleologische" Auslegung zwar ab, verstehen darunter aber offenbar etwas anderes, als der obige Text.

[42] FRIEDRICH MÜLLER, Normstruktur und Normativität, 1966; Juristische Methodik, 3. Aufl. S. 141 ff.

Sachstruktur des geregelten Sozialbereichs selbst". Dies zeige sich besonders deutlich im Verfassungsrecht. Als Beleg hierfür mögen die eingehenden Erwägungen angeführt werden, die das Bundesverfassungsgericht in dem „Mephisto"-Urteil[43] über das Wesen der Kunst angestellt hat. Vorgegebene Sachstrukturen des „Normbereichs" sind in der Tat objektive Auslegungskriterien. Objektiv-teleologische Kriterien sind sie deshalb, weil ihre Beachtlichkeit für die Auslegung sich daraus ergibt, daß das betreffende Gesetz – was im Zweifel anzunehmen ist – eine der *Sache angemessene* Regelung bezweckt. Wo sich der Gesetzgeber, etwa um eines von ihm als vorrangig betrachteten Zwecks willen, bewußt und erkennbar über solche Strukturen hat hinwegsetzen wollen, müssen sie allerdings ausscheiden, solange nicht das Ergebnis offenbar unsinnig ist.

In diesem Zusammenhang taucht die Frage auf, ob und inwieweit die Sachstrukturen des „Normbereichs" identisch sind mit der sogenannten „Natur der Sache", von der in anderem Zusammenhang (Kap. 5, 4 b) noch ausführlicher die Rede sein wird. In der Tat decken sich die beiden Begriffe in weitem Umfang. Mit dem Begriff der „Natur der Sache" verbindet der Jurist indessen regelmäßig die Vorstellung einer in den „Sachen", d. h. den Lebensverhältnissen selbst schon angelegten, wenn auch noch umrißhaften und fragmentarischen Ordnung, ein dem Seienden selbst zu entnehmendes normatives Element. Der Gedanke einer sachlichen Strukturiertheit des „Normbereichs" enthält dieses Element noch nicht, geht daher nicht so weit wie der der „Natur der Sache". Ob ein bestimmter Lebensbereich überhaupt und in welcher Hinsicht er regelungsbedürftig ist, das ist durch seine Sachstruktur – denken wir an die Kunst oder die Wissenschaft – nicht notwendig vorbestimmt. *Wenn* er aber geregelt wird, ist die Regelung nur „sachgemäß", sofern sie seiner Sachstruktur angemessen ist. Dort, wo sich der Jurist an der „Natur der Sache" orientiert, meint er eine durch die Struktur der Sache bereits vorgezeichnete, wenn auch im einzelnen noch variationsfähige Regelung. Wenn die „Natur der Sache" eine Regelung vorzeichnet, ist diese ein objektiv-teleologisches Auslegungskriterium.

Unter den objektiv-teleologischen Auslegungskriterien, die sich aus den objektiven Zwecken des Rechts, vornehmlich aus dem Gedanken der Gerechtigkeit, ergeben, kommt dem Prinzip der Gleichbehandlung des (gemäß den allgemeinen Wertungen der Rechtsordnung) Gleichartigen (oder Gleichsinnigen) eine hervorragende Bedeutung zu. Die unterschiedliche Bewertung wertungsmäßig gleichliegender Tatbestände erscheint als ein Wertungswiderspruch, der mit der Idee der Gerechtigkeit im Sinne des „gleichen Maßes" nicht zu vereinbaren ist. Die Vermeidung solcher Wertungswidersprüche ist daher eine Forderung sowohl an den Gesetzgeber wie an den Ausleger. Für diesen bedeutet sie, daß er die Rechtssätze im Rahmen ihres möglichen Wortsinns und des Bedeutungszusammenhanges so auszulegen hat, daß Wertungswidersprüche nach Möglichkeit vermieden werden[44].

---

[43] BVerfGE 30,173. Vgl. zu diesem Urteil unten Kap. 5, 3.

[44] HAGEN (Festschr. f. K. LARENZ, 1973, S. 868) spricht von einer „Auslegungsregel im Sinne einer Vermutung für die Konformität der rechtlichen Wertungen für die dogmatische Lösung einander entsprechender Sachprobleme".

Allerdings ist das nicht immer möglich; es handelt sich um ein rechtsethisches Postulat, das nur annäherungsweise zu verwirklichen ist[45]. Die „Wertungswidersprüche“ dürfen nicht verwechselt werden mit Normwidersprüchen, die dann vorliegen, wenn die Normen für denselben Sachverhalt einander ausschließende Rechtsfolgen anordnen. Ein Normwiderspruch muß beseitigt werden, sei es dadurch, daß einer Norm der Vorrang zuerkannt wird, sei es dadurch, daß beide eingeschränkt werden, da es logisch undenkbar ist, daß einander ausschließende Rechtsfolgen nebeneinander eintreten. Wertungswidersprüche innerhalb der Rechtsordnung müssen zwar mitunter hingenommen werden, widerstreiten aber dem Prinzip der Gleichbehandlung des Gleichartigen und daher gleich zu Bewertenden und *sollten* deshalb nach Möglichkeit vermieden werden.

Wollte man den § 107 BGB dahin auslegen, daß ein Minderjähriger auch sogenannte „indifferente“ Geschäfte nicht selbständig vornehmen könnte, so würde sich ein Wertungswiderspruch zu § 165 BGB ergeben, der einen, und zwar besonders wichtigen, Sonderfall des „indifferenten“ Geschäfts eines Minderjährigen betrifft. Der Wertungswiderspruch kann vermieden werden, wenn man den § 107 BGB so auslegt, wie es die heute herrschende Lehre tut. Um die Vermeidung eines Wertungswiderspruchs geht es bei der Interpretation der §§ 987 ff. BGB hinsichtlich der Pflicht eines gutgläubigen Besitzers zur Herausgabe der von ihm gezogenen Nutzungen an den Eigentümer. Nach diesen Bestimmungen hat der gutgläubige Besitzer die von ihm vor dem Eintritt der Rechtshängigkeit des Herausgabeanspruchs gezogenen Nutzungen, außer „Übermaßfrüchten“, nur dann herauszugeben, wenn er den Besitz unentgeltlich erlangt hatte, und zwar nach den Vorschriften über die Herausgabe einer ungerechtfertigten Bereicherung (§§ 988, 993 Abs. 1). Der gutgläubige Besitzer, der den Besitz entgeltlich erlangt hat, kann also die von ihm gezogenen Nutzungen behalten. Dagegen bestimmt § 818 Abs. 1 BGB über den Umfang des Bereicherungsanspruchs, daß sich die Verpflichtung zur Herausgabe des Erlangten auch auf die gezogenen Nutzungen erstreckt. Hat also der gutgläubige Besitzer aufgrund eines nichtigen Kaufvertrages sowohl den Besitz, wie – wegen der „abstrakten Natur“ der Übereignung – das Eigentum an der Sache erlangt, so unterliegt er dem Bereicherungsanspruch und damit auch der Pflicht zur Herausgabe der von ihm gezogenen Nutzungen gemäß § 818 Abs. 1 BGB. War dagegen nicht nur der Kaufvertrag, sondern auch die Übereignung nichtig, so würde er die Nutzungen behalten können, wenn man, wie es das RG getan hat (RGZ 163, 352), in den Regeln der §§ 987 ff. BGB hinsichtlich der Nutzungen eine erschöpfende Sonderregelung sieht, die für ihren Bereich alle anderen Vorschriften, auch die Bereicherungsvorschriften, verdrängt. Der Besitzer, der, obwohl rechtsgrundlos, immerhin zunächst das Eigentum erlangt hat, würde also hinsichtlich der Herausgabe der Nutzungen schlechter stehen als ein Besitzer, der ohne rechtlichen Grund den Besitz und nicht einmal das Eigentum erlangt hat. Das wäre ein Wertungswiderspruch, da, wenn überhaupt zwischen beiden Fällen ein Unterschied zu machen wäre, er wohl eher zugunsten des Besitzers ausfallen müßte, der wenigstens das Eigentum erlangt hat. Um diesen Wertungswiderspruch zu vermeiden, hat das RG den rechtsgrundlosen Erwerb für einen Fall des unentgeltlichen Erwerbs erklärt und so auf dem Umweg über § 988 BGB die Bereicherungsregeln wieder in das Spiel gebracht. Indessen ist die Gleichsetzung des rechts-

---

[45] Zutreffend weist ENGISCH (Die Einheit der Rechtsordnung, S. 63) darauf hin, daß Wertungswidersprüche durch die Auslegung nicht immer beseitigt werden können und daß sie auch nicht wie die „Normwidersprüche“ notwendig beseitigt werden müssen. In der Tat lassen sich Wertungswidersprüche zwischen gesetzlichen Regelungen, die verschiedene, weit auseinander liegende Materien betreffen oder zu verschiedenen Zeiten entstanden sind, wohl nie ganz vermeiden. Vergl. auch ENGISCH, Einführung, S. 163 ff.; CANARIS, Systemdenken und Systembegriff in der Jurisprudenz, S. 113 ff. und unten Kap. 6, 3 c.

grundlosen Geschäfts mit dem unentgeltlichen nicht haltbar. Richtig ist vielmehr, zur Vermeidung des sich sonst ergebenden Wertungswiderspruchs in den §§ 987 ff. BGB keine Regelung zu sehen, die für ihren Bereich alle anderen verdrängt, vielmehr den § 993 Abs. 1 (letzter Halbsatz) einschränkend dahin zu interpretieren, daß er Bereicherungsansprüche und somit auch den § 818 Abs. 1 unberührt läßt[46].

Der Vermeidung von Wertungswidersprüchen dient die Ausrichtung der Auslegung an den über die Einzelregelungen hinausgreifenden *rechtsethischen Prinzipien,* wie dem Prinzip des Vertrauensschutzes und dem Prinzip des Einstehens für Unzulänglichkeiten des eigenen Geschäftskreises. Solche Prinzipien haben zwar in den einzelnen Regelungen eine unterschiedliche und nicht immer konsequente Ausgestaltung erfahren; sie können mit anderen, gleichrangigen Prinzipien oder Rechtszwecken kollidieren. Bei der Auslegung bedarf es daher stets der Prüfung, wie weit die gesetzliche Regelung dem einen und dem anderen Prinzip Raum gibt.

Maßgeblich für die Tragweite und das Zusammenspiel der Prinzipien ist das „innere System" des Rechts[47]. Aus dem „inneren System" ergibt sich häufig auch erst die „ratio legis". Der Ausdruck ist mehrdeutig. Er meint sowohl den Zweck wie den „vernünftigen Grund", das Prinzip einer Regelung. Dieses ist dem Gesetzgeber selbst nicht immer von vornherein bewußt, sondern wird mitunter erst nachträglich von der Wissenschaft herausgearbeitet, ist dann also ein „objektiv-teleologisches" Kriterium. So hat man in den Anfängen der modernen Gefährdungshaftung das ihr zugrunde liegende Prinzip noch nicht erkannt, sondern darin nichts anderes als nur eine Haftung für unwiderlegbar vermutetes Verschulden gesehen. Man sah darin nur die Ausnahme vom sonst geltenden Verschuldensprinzip und glaubte, diesem wenigstens dadurch Rechnung tragen zu sollen, daß ein auch nur leichtes Verschulden des Geschädigten die Haftung völlig ausschloß. Erst mit der Erkenntnis, daß der Gefährdungshaftung ein eigenständiges Haftungsprinzip zugrunde liegt, das die Verfasser des BGB noch nicht erkannt hatten, konnte sich die Auffassung durchset-

---

[46] So die heute herrschende Lehre: Wolff-Raiser, Sachenrecht, § 85, II, 6; Westermann, Sachenrecht, § 31, III, 1; Münch Komm/Medicus, Rdn. 1 u. 7 zu § 893 BGB; vergl. auch den BGH, LM Nr. 15 zu § 812 BGB. Zu beachten ist noch folgendes: Außer der Leistungskondiktion wegen der grundlosen Hingabe der Muttersache, die sich nach § 818 Abs. 1 auf die gezogenen Nutzungen mit erstreckt und nach dem Gesagten durch die Regelung der §§ 987 ff. nicht ausgeschlossen wird, kann dem Eigentümer wegen der von dem Besitzer gezogenen Nutzungen noch ein direkter Kondiktionsanspruch aus dem Gesichtspunkt des Eingriffserwerbs zustehen (vgl. v. Caemmerer, Festschrift für Rabel, Bd. I, S. 362 ff.). Dieser Anspruch wird aber in der Tat durch § 993 Abs. 1 BGB ausgeschlossen, da er sich, wie v. Caemmerer, a.a.O., überzeugend dargelegt hat, auf die Zuordnungsfunktion des Eigentums gründet und ebenso wie die Vindikation dem Schutze des Zuweisungsgehaltes des Eigentums dient. In bezug auf diesen Anspruch stellen die §§ 987 ff. BGB daher in der Tat eine Sonderregelung dar. Von Bedeutung ist das dann, wenn der Besitzer die Sache nicht vom Eigentümer, sondern rechtsgrundlos von einem Dritten erlangt hat, dem Eigentümer daher die Leistungskondiktion nicht zur Verfügung steht. Der Besitzer braucht in diesem Fall dem Eigentümer die Nutzungen (außer Übermaßfrüchten) nicht herauszugeben; er hat sich darüber lediglich mit dem Dritten auseinanderzusetzen.

[47] Darüber unten Kap. 6, 3.

zen, daß ein mitwirkendes Verschulden des Geschädigten auch im Falle der Haftung der Eisenbahn nach § 254 BGB zu beurteilen ist.

Hierbei hat sich die Rechtsprechung zur Vermeidung eines „unerträglichen“ Wertungswiderspruchs über den anders lautenden eindeutigen Wortlaut eines Gesetzes aus der Zeit vor dem BGB und den erkennbaren Willen noch des Gesetzgebers des BGB hinweggesetzt. Nach § 1 des Reichshaftpflichtgesetzes vom 7.6.1871 über die Haftpflicht der Eisenbahnen haftete die Bahn dann nicht, wenn der Unfall nachweislich „durch eigenes Verschulden des Getöteten oder Verletzten verursacht ist“. Ein Menschenalter nach dem Reichshaftpflichtgesetz bestimmte das BGB in seinem § 254 allgemein für alle Schadensersatzverpflichtungen, daß ein „mitwirkendes Verschulden“ des Verletzten zu einer den Umständen, insbesondere dem Maße der beiderseitigen Verursachung entsprechenden Verteilung des Schadens führen, also den Ersatzanspruch nicht schlechthin ausschließen solle. Die Gesetzgebungskommission, die das Reichshaftpflichtgesetz an das BGB anpaßte, ließ den § 1 jedoch unverändert bestehen, weil sie meinte, in dem von ihr immer noch als Ausnahme vom Verschuldensprinzip betrachteten Falle der Haftung der Eisenbahn müsse jedes Verschulden des Verletzten genügen, um die Haftung der Bahn völlig auszuschließen[48]. Gleichwohl hat das Reichsgericht schon sehr bald[49] und in der Folgezeit ständig den § 254 BGB auch in den Fällen, in denen die Bahn nur aus Gefährdung haftete, angewandt und damit den vom Reichshaftpflichtgesetz angeordneten vollständigen Ausschluß der Haftung bei jedem Verschulden des Verletzten praktisch beseitigt. Der Bundesgerichtshof hat diese Rechtsprechung übernommen und sie damit begründet[50], daß der Gesetzgeber in allen Gesetzen, in denen er nach Erlaß des BGB eine Gefährdungshaftung einführte, § 254 BGB für anwendbar erklärt habe und daß daher die Abwägung der beiderseitigen Mitverursachung gemäß § 254 BGB auch in den Fällen der Gefährdungshaftung der „allgemeinen Rechtsanschauung“ entspreche. Demgegenüber könnten „die Vorstellungen, von denen sich die zweite Kommission bei der Beratung über Artikel 42 EGBGB zur Frage der Anwendbarkeit des § 254 BGB auf § 1 Haftpflichtgesetz hat leiten lassen, keine entscheidende Geltung mehr beanspruchen“. Es sei „kein gesetzgeberischer Grund ersichtlich, warum das mitwirkende Verschulden des Geschädigten gegenüber der Haftung des Eisenbahnunternehmers bei Tötung oder Verletzung eines Menschen anders beurteilt werden sollte als gegenüber der Haftung des Eisenbahnunternehmers für Sachschäden und der Haftung des Halters eines Kraft- oder Luftfahrzeugs oder des Inhabers von Energieanlagen“. Deutlich tritt in diesen Sätzen der Übergang von einer historischen zu einer objektiv-teleologischen Argumentation zutage. Der BGH sah vor allem einen zu vermeidenden Wertungswiderspruch darin, daß im Gegensatz zu allen anderen Fällen der Gefährdungshaftung, die inzwischen vom Gesetzgeber geregelt worden waren, gerade nur in dem einen Fall der Haftung der Eisenbahn das Schadensverteilungsprinzip des § 254 BGB nicht zur Anwendung kommen sollte. Dieser Wertungswiderspruch erschien ihm deshalb als unerträglich, weil irgendein vernünftiger Grund für die unterschiedliche Regelung nicht aufzufinden war. In der Neufassung vom 4.1.1978 verweist das Haftpflichtgesetz in § 4 nunmehr selbst auf 254 BGB.

Ein Wertungswiderspruch innerhalb der Rechtsordnung kann dadurch *nachträglich* entstehen, daß neuere Gesetze die gleiche Rechtsfrage für einen anderen räumlichen und sachlichen Bereich anders beantworten als ein früheres Gesetz. Mitunter wird dann die Auslegung des älteren Gesetzes an die neuere Gesetzgebung angepaßt. In der schon einmal erwähnten Entscheidung über die Auslegung des

---

48 Vgl. FRIESE in NJW 51, 336.

49 Unrichtig ist allerdings die Meinung des BGH, dies sei schon im Jahre 1902 in der Entscheidung RGZ 53, 77 geschehen. Denn hier lag auch auf seiten der Bahn ein von ihr zu vertretendes Verschulden vor. Eindeutig hat dagegen das RG in der Entscheidung RGZ 56, 154 den § 254 BGB auch bei bloßer Gefährdungshaftung der Bahn für anwendbar erklärt.

50 BGHZ 2, 355.

Ausdrucks „Bergwerksbesitzer“ in § 148 des preußischen Berggesetzes[51] hat der BGH zur Unterstützung seiner Auffassung, der Ausdruck sei entgegen der bisherigen Rechtsprechung in dem Sinne auszulegen, daß auch der Pächter und der Nießbraucher eines Bergwerks darunter fallen, darauf hingewiesen, daß zahlreiche neuere Gesetze eine dieser Auslegung entsprechende Regelung getroffen hätten. So sei in dem preußischen Erdölgesetz vom 12. 5.1934 und im preußischen Phosphoritgesetz vom 16.10.1934 eine entsprechende Anwendung der Bestimmungen der §§ 148 ff. des preußischen Berggesetzes mit der Maßgabe angeordnet, daß zur Entschädigung derjenige verpflichtet sei, für dessen Rechnung der Betrieb geführt wird. Dementsprechende Regelungen hätten auch eine Reihe weiterer Gesetze und Verordnungen, vor allem aber das 4. Änderungsgesetz zum preußischen Bergwerksgesetz des Landes Nordrhein-Westfalen vom 11.6.1968 enthalten. Diese neueren gesetzlichen Regelungen zeigten, „daß die verschiedenen Gesetzgeber eine der reichsgerichtlichen Rechtsprechung entsprechende Beschränkung der Ersatzpflicht für Bergschäden auf den Bergwerkseigentümer als unbefriedigend empfunden und es für geboten erachtet haben, die Haftung desjenigen, der tatsächlich die Gewinnung der Bodenschätze betreibt, allein oder neben der des Bergwerkseigentümers zu begründen“. Die Entscheidung ist noch unter einem weiteren Gesichtspunkt bemerkenswert. Sowohl das Reichsgericht wie der Bundesgerichtshof führen für ihre unterschiedliche Auslegung jeweils die „ratio legis“ an. Das RG erblickte diese darin, daß durch die Verleihung des Bergwerkseigentums in das Grundeigentum eingegriffen werde und es deshalb als billig erscheine, „den Beliehenen und ebenso auch seine Nachfolger im verliehenen Rechte mit der Entschädigungspflicht zu belasten“[52]. Der BGH meinte demgegenüber, der gesetzgeberische Grund für die Schadensersatzpflicht liege nicht in der Verleihung, sondern in der Ausübung des Bergwerkseigentums, die im Falle der Verpachtung eben dem Pächter überlassen sei. Die Meinung des Reichsgerichts wird verständlich, wenn man bedenkt, daß das Prinzip der Gefährdungshaftung damals noch nicht bekannt war. Das RG vermochte daher den Grund der Haftung nicht darin zu erblicken, daß eine Schädigung des Grundeigentümers zu den typischen Gefahren des Bergbaubetriebes gehört und deshalb dem Risikobereich des Betriebes zuzurechnen ist. Es sah den Grund der Haftung nicht in der gefährdenden Tätigkeit, sondern schon in der staatlichen Verleihung des Bergwerkseigentums, die es als einen „Eingriff“ in das Grundeigentum betrachtete. Aus der heutigen Sicht, im Lichte der Entwicklung der Gefährdungshaftung, liegt es sehr viel näher, die ratio legis in der Zurechnung des Schadensrisikos zu dem Betrieb zu sehen, durch den es geschaffen wird. Von dieser Sicht aus ist es durchaus folgerichtig, unter dem „Bergwerksbesitzer“ denjenigen zu verstehen, der den Bergbau für seine Rechnung betreibt, daher gegebenenfalls auch einen Pächter oder Nießbraucher.

Die Entscheidung des BGH liefert schließlich ein eindrucksvolles Beispiel für das Zusammenspiel verschiedener Auslegungskriterien. Der – sowohl damalige wie auch heutige – Wortsinn des Ausdrucks „Bergwerksbesitzer“ im juristischen

---

51 BGHZ 52, 259. Vgl. oben S. 323.
52 RGZ 71, 152, 155.

Sprachgebrauch, die – im Lichte heutiger dogmatischer Erkenntnis neu verstandene – ratio legis, schließlich die eindeutige Tendenz der neueren Gesetzgebung weisen in die gleiche Richtung. Das Gewicht aller dieser Argumente zusammengenommen ist dem BGH offensichtlich als so stark erschienen, daß er sich dazu entschlossen hat, von einer durch viele Jahrzehnte hindurch festgehaltenen Auslegung abzugehen. Eine derartige Änderung der Rechtsprechung bedeutet, wenngleich es sich der Form nach lediglich um eine Berichtigung der früheren, als unhaltbar erkannten Aus-legung handelt, der Sache nach nichts anderes als eine richterliche Rechtsfortbildung.

e) Das Gebot verfassungskonformer Auslegung

Unter den rechtsethischen Prinzipien, an denen die Auslegung sich zu orientieren hat, kommt den in Verfassungsrang erhobenen Prinzipien eine gesteigerte Bedeutung zu. Es sind das vor allem die Prinzipien und Wertentscheidungen, die im Grundrechtsteil der Verfassung Ausdruck gefunden haben, also der Vorrang der „Würde des Menschen" (Art. 1 GG), der umfassende Schutz des persönlichen Freiheitsraumes mit seinen Konkretisierungen in Art. 2, 4, 5, 8, 9, 11, 12 GG, der Gleichheitsgrundsatz mit seinen Konkretisierungen in Artikel 3 Abs. 2 und 3 GG, ferner der Rechtsstaatsgedanke mit seinen Konkretisierungen in Artikel 19 Abs. 4, 20 Abs. 3 GG und in dem Abschnitt über die Rechtsprechung, die parlamentarische Demokratie und der Sozialstaatsgedanke. Es ist anerkannt, daß diese Prinzipien auch bei der Auslegung des einfachen Gesetzesrechts und bei der Konkretisierung von „Generalklauseln" zu beachten sind. Da die Verfassungsnormen allen anderen Rechtsnormen im Range vorgehen, ist eine Bestimmung des einfachen Gesetzesrechts, die mit einem verfassungsmäßigen Prinzip im Widerspruch steht, ungültig. Darüber, ob eine Bestimmung des nachkonstitutionellen Rechts der Verfassung widerspricht, kann nur das Bundesverfassungsgericht entscheiden. Es hat in vielen Entscheidungen ausgesprochen[53], daß eine Bestimmung nur dann verfassungswidrig und deshalb ungültig sei, wenn sie nicht „verfassungskonform" ausgelegt werden kann. Es prüft daher zunächst, ob eine als verfassungswidrig erkannte Auslegung nach den „üblichen Auslegungsmethoden" die „allein mögliche" ist – dann ist die Bestimmung ungültig –, oder ob auch eine im Ergebnis verfassungskonforme Auslegung möglich ist[54]. Ist eine Auslegung, die den Verfassungsprinzipien nicht widerspricht, nach den übrigen Auslegungskriterien möglich, so ist sie jeder anderen, bei der die Bestimmung verfassungswidrig sein würde, vorzuziehen. Die Bestimmung ist dann, in dieser Auslegung, gültig. Daraus folgt aber, daß unter mehreren, den übrigen Kriterien nach möglichen Auslegungen immer diejenige den Vorzug verdient, die mit den Prinzipien der Verfassung am besten übereinstimmt. „Verfassungskonformität" ist also ein Auslegungskriterium[55].

---

[53] BVerfGE 2, 266, 282; 8, 28, 34; 9, 194, 197 ff.; 12, 45, 49 ff.; 14, 56, 73; 16, 306, 329; 7, 306, 318; 18, 18, 34; 19, 1, 5; 242, 247; 268, 281; 21, 292, 305; 33, 52, 65; 48, 40, 45; 49, 148, 157; 69, 1, 55; 27, 297, 355.

[54] Vgl. BVerfGE 59, 350 ff.

[55] Vgl. dazu SPANNER, ArchöffR 1966, S. 503, 507 ff., FRIEDRICH MÜLLER, Juristische

Gegen das Bundesverfassungsgericht hat *Bettermann*[55a] eingewandt, sei die vom Instanzgericht gewählte Auslegung verfassungswidrig, habe das Bundesverfassungsgericht die Entscheidung des Instanzgerichts aufzuheben, nicht aber eine Entscheidung anderen Inhalts an deren Stelle zu setzen. Das Bundesverfassungsgericht entscheide damit über den Inhalt der fraglichen Norm, statt nur über die Frage, ob das Urteil des Instanzgerichts Bestand haben könne. Was ist hierzu zu sagen? Es geht in der Tat nicht an, daß das Bundesverfassungsgericht unter verschiedenen Auslegungsmethoden einfach diejenige wählt, bei der das Urteil Bestand haben kann. Die Auslegungsmethoden unterliegen zwar keiner starren Rangfolge, sind aber, wie noch gezeigt wird, nicht beliebig gegeneinander austauschbar. Der Fall, daß das Gericht zwischen zwei gleich gut begründeten Auslegungen wählen kann, dürfte in Wahrheit selten sein. Nur wenn dieser Fall vorliegt, kann das Bundesverfassungsgericht seine Auslegung an die Stelle derjenigen des Instanzgerichts setzen. Andernfalls kann es nur das Urteil des Instanzgerichts wegen dessen Verfassungswidrigkeit aufheben.

Die verfassungskonforme Auslegung darf sich, wenn sie Auslegung bleiben will, nicht über die Grenzen hinwegsetzen, die sich aus dem möglichen Wortsinn und dem Bedeutungszusammenhang des Gesetzes ergeben. Das Bundesverfassungsgericht hat mehrfach gesagt, eine verfassungskonforme Auslegung sei „angesichts des klaren Wortlauts" der Bestimmung nicht möglich. Auch den Zweck des Gesetzes darf die verfassungskonforme Auslegung nicht unbeachtet lassen[56]. Wenn indessen der Gesetzgeber eine weitergehende Wirkung beabsichtigt hatte, als sie nach der Verfassung zulässig ist, dann kann das Gesetz nach der Meinung des Bundesverfassungsgerichts[57] „verfassungskonform" einschränkend ausgelegt werden. In einem solchen Fall komme es nur darauf an, „daß von der Absicht des Gesetzgebers das Maximum dessen aufrechterhalten wird, was nach der Verfassung aufrechterhalten werden kann". In Wahrheit handelt es sich hier nicht mehr um eine Auslegung, sondern um eine teleologische Reduktion (unten Kap. 5, 2 c), also um eine verfassungskonforme Rechtsfortbildung[58]. Maßstab für diese ist nicht, wie in der

---

Methodik, 3. Aufl. S. 85 ff.; PRÜMM, Verfassung und Methodik, 1977, ZIPPELIUS in: Bundesverfassungsgericht und Grundgesetz, S. 108 ff.

55a BETTERMANN, Die verfassungskonforme Auslegung. Grenzen und Gefahren, 1986.

56 Ausdrücklich heißt es in BVerfGE 8, S. 34: „Keinesfalls darf jedoch eine solche verfassungskonforme Auslegung das gesetzgeberische Ziel in einem wesentlichen Punkte verfehlen oder verfälschen". Noch deutlicher heißt es in BVerfGE 54, S. 299: „Nach der Rechtsprechung des BVerfGerichts darf im Wege der Auslegung einem nach Wortlaut und Sinn eindeutigen Gesetz nicht ein entgegengesetzter Sinn verliehen, der normative Gehalt nicht grundlegend neu bestimmt, das gesetzgeberische Ziel nicht in einem wesentlichen Punkt verfehlt werden".

57 BVerfGE 33, 52, 70.

58 Vgl. hierzu KOCH/RÜSSMANN, a.a.O., S. 266 ff Auch eine (nach allgemeinen Grundsätzen zulässige) Rechtsfortbildung muß selbstverständlich verfassungskonform sein; eine verfassungskonforme Rechtsfortbildung hat den Vorrang vor einer nach allgemeinen Grundsätzen ebenfalls möglichen, aber nicht verfassungskonformen Auslegung oder Rechtsfortbildung.

Regel, der Sinn und der Zweck der betreffenden Regelung, sondern das Gebot der Verfassungskonformität in Verbindung mit dem Bestreben, von der Norm so viel aufrechtzuerhalten, als es dieses Gebot erlaubt.

Bei den rechtsethischen Prinzipien von Verfassungsrang wie dem Rechts- und dem Sozialstaatsprinzip sowie dem allgemeinen Gleichheitsgrundsatz des Art. 3 GG handelt es sich zwar um unmittelbar geltendes Recht, das aber noch nicht oder nur erst teilweise zu Rechtssätzen ausgeformt ist, in denen Tatbestand und Rechtsfolge deutlich umschrieben sind[59]. Als „Prinzipien" sind sie ausfüllungsbedürftige Maßstäbe, zu deren Konkretisierung sowohl der einfache Gesetzgeber wie die Rechtsprechung berufen sind. Hierbei gilt nach der Verfassung ein Konkretisierungsprimat des Gesetzgebers[60]. Er bedeutet, daß dort, wo das Prinzip verschiedene Möglichkeiten der Konkretisierung offen läßt, die Gerichte an die vom einfachen Gesetzgeber gewählte gebunden sind, sie also nicht – etwa im Wege einer „verfassungskonformen" Auslegung oder Gesetzeskorrektur – durch eine andere ersetzen dürfen, die ihrer Meinung nach vorzuziehen sei. Nur wenn – und soweit – die vom Gesetzgeber getroffene Regelung dem Verfassungsprinzip schlechthin widerstreitet, also keine mögliche Konkretisierung des Prinzips mehr darstellt, ist dem Gesetz, weil verfassungswidrig, die Gültigkeit zu versagen. Dies gilt auch für vorkonstitutionelles Recht. Für die unmittelbare Konkretisierung eines Verfassungsprinzips durch die Gerichte ist daher nur dort Raum, wo entweder eine Gesetzeslücke nicht anders als auf diesem Wege ausgefüllt werden kann oder das Gesetz selbst, insbesondere durch die Verwendung von ausfüllungsbedürftigen Begriffen, wie dem der „guten Sitten", dem Richter einen Konkretisierungsspielraum einräumt.

Das Bundesverfassungsgericht hat wiederholt von einer dem Grundgesetz immanenten Wertordnung gesprochen, die es gelegentlich sogar als eine „Wertrangordnung" bezeichnet hat[61]. Zur Nachprüfung rechtskräftiger Urteile der ordentlichen Gerichte hält es sich dann für befugt, wenn das Urteil Verfassungsrecht verletzt. Dies sei vor allem dann der Fall, „wenn es auf einer grundsätzlich unrichtigen Anschauung von der Bedeutung und Reichweite eines Grundrechts beruht oder wenn das Auslegungsergebnis mit den Grundrechtsnormen und der in ihnen aufgerichteten Wertordnung nicht vereinbar ist"[62]. Der Ausdruck „Wertordnung" oder gar „Wertrangordnung" ist allerdings mißverständlich. Man darf sich darunter nicht so etwas wie einen vollständigen Katalog „an sich" geltender Werte (mit Einschluß der ihnen jeweils zukommenden Rangstelle) vorstellen[63]. Etwas derartiges überschreitet, wenn es überhaupt möglich sein sollte, das Vermögen und auch die Kompetenz eines Verfassungsgesetzgebers. Richtig ist aber, daß dem Grundgesetz

---

[59] Vgl. GÖLDNER, Verfassungsprinzip und Privatrechtsnorm in der verfassungskonformen Auslegung und Rechtsfortbildung, 1969, S. 24, 30 ff., 40.

[60] So zutreffend GÖLDNER, a.a.O., S. 182 f., 208, 237.

[61] BVerfGE 7,198, 215; 27, 1, 6; 30, 173, 193.

[62] BVerfGE 32, 311, 316.

[63] Kritisch hierzu FRIEDRICH MÜLLER, Juristische Methodik, 3. Aufl., S. 59; ZIPPELIUS, Wertungsprobleme im System der Grundrechte, S. 193 ff.; BÖCKENFÖRDE, NJW 74, 1529, 1534.

das Bekenntnis zu bestimmten allgemein-menschlichen Werten, wie vor allem der Menschenwürde und dem Wert der menschlichen Persönlichkeit, zugrunde liegt, und daß es zum Schutze dieser Werte sowohl dem einzelnen weitgehend geschützte Grundrechte eingeräumt wie bestimmte rechtsethische und verfassungspolitische Prinzipien – wie den Gleichheitsgrundsatz, das Rechtsstaats- und das Sozialstaatsprinzip – zu geltendem Recht von Verfassungsrang erhoben hat. Richtig ist ferner, daß diese Grundrechte und Prinzipien nicht zusammenhanglos nebeneinander stehen, sondern sich sinngemäß aufeinander beziehen und daher einander gegenseitig sowohl ergänzen, wie einschränken können. Nichts anderes meint das Bundesverfassungsgericht, wenn es von der Verfassung als einem „Sinnganzen" oder von der „Einheit dieses grundlegenden Wertsystems" spricht[64]. Keineswegs ist aber damit gemeint, daß sich der „Stellenwert" jedes einzelnen Grundrechts oder Verfassungsprinzips aus dem Grundgesetz gleichsam wie aus einer Tabelle ablesen ließe. Daß dies nicht die Meinung des Bundesverfassungsgerichts ist, geht schon daraus hervor, daß es im Falle einer Kollision von Grundrechten oder durch die Verfassung geschützten Rechtsgütern, wie wir (unten Kap. 5, 3) sehen werden, sich vorwiegend der Methode der „Güterabwägung im Einzelfall" bedient.

Eine eigentümliche Konsequenz zieht das Bundesverfassungsgericht aus der Forderung „verfassungskonformer Auslegung" dann, wenn es darum geht, die Grenzen eines Grundrechts näher zu bestimmen, das nach der Verfassung durch die „allgemeinen Gesetze" eingeschränkt werden kann. Das das Grundrecht einschränkende „allgemeine Gesetz" müsse, so sagt es, seinerseits wieder im Lichte dieses Grundrechts, des ihm zukommenden hohen Wertranges, ausgelegt werden, so daß also dem Grundrecht ein gewisser Vorrang erhalten bleibt. Es finde, so sagt das Bundesverfassungsgericht[65], eine „Wechselwirkung in dem Sinne statt, daß die ‚allgemeinen Gesetze' zwar dem Wortlaut nach dem Grundrecht Schranken setzen, ihrerseits aber aus der Erkenntnis der wertsetzenden Bedeutung dieses Grundrechts im freiheitlichen demokratischen Staat ausgelegt und so in ihrer das Grundrecht begrenzenden Wirkung selbst wieder eingeschränkt werden müssen". Das Bundesverfassungsgericht spricht von einer „Ausstrahlungswirkung" des Grundrechts auf das – es beschränkende – einfache Gesetzesrecht[66]. Dies ist verständlich, wenn es sich, wie in dem ersten der genannten Urteile, bei dem „allgemeinen Gesetz" um eine Generalklausel (§ 826 BGB) handelt, denn bei deren Konkretisierung darf der Wertvorzug des Grundrechts gewiß nicht außer acht gelassen werden. Im übrigen führt die geforderte einschränkende Auslegung des „allgemeinen Gesetzes" gemäß der Bedeutung, der Werthöhe des dadurch eingeschränkten Grundrechtes das Bundesverfassungsgericht wieder zu einer „Güterabwägung" – nämlich zwischen dem Grundrecht und dem durch das einschränkende Gesetz geschützten Gut. Offenbar will das Bundesverfassungsgericht dabei auch nicht den möglichen Wortsinn des „allgemeinen Gesetzes" als Grenze einer es einschränkenden Ausle-

---

[64] So in BVerfGE 30, 193 („Mephisto"-Urteil).
[65] In BVerfGE 7, 198 („Lüth"-Urteil). Ebenso BVerfGE 12, 124; 25, 55; 42, 150.
[66] BVerfGE 27, 79.

gung ansehen, vielmehr wird dieses Gesetz insoweit, als es die Aufrechterhaltung des Wertvorrangs des Grundrechts im Einzelfall verlangt, von ihm korrigiert. Es handelt sich dann nicht mehr nur um einfache („verfassungskonforme") Auslegung, sondern um eine an den Verfassungsnormen und dem aus ihnen gefolgerten Wertvorrang bestimmter Rechtsgüter orientierte Gesetzeskorrektur.

f) Das Verhältnis der Auslegungskriterien zueinander

Bei den angeführten Kriterien handelt es sich, wie bereits mehrfach betont wurde, nicht um verschiedene Auslegungsmethoden[67], unter denen der Ausleger etwa beliebig wählen könnte, sondern um leitende Gesichtspunkte, denen ein unterschiedliches Gewicht zukommt. Es braucht wohl nicht mehr gesagt zu werden, daß sie sich mit SAVIGNYs vier Elementen der Auslegung keineswegs decken, sondern weit über sie hinausgehen. Über ihr Verhältnis zueinander ist Folgendes zu sagen:

1. Der aus dem allgemeinen Sprachgebrauch zu entnehmende *Wortsinn* bildet den Ausgangspunkt und bestimmt zugleich die Grenze der Auslegung, da das, was jenseits des möglichen Wortsinns liegt, mit ihm auch bei „weitester" Auslegung nicht mehr vereinbar ist, nicht als Inhalt des Gesetzes gelten kann. Der Wortsinn ist in der Regel nicht eindeutig, sondern läßt Raum für zahlreiche Bedeutungsvarianten. Die öfter zu hörende Behauptung, eindeutige Ausdrücke bedürften nicht der Auslegung, ist insofern irreführend, als, von Zahlen und Eigennamen abgesehen, die meisten Ausdrücke der Umgangssprache und auch der Gesetzessprache nicht eindeutig sind. Schon die Feststellung, aus dem Wortsinn ergebe sich „eindeutig" diese oder jene Bedeutung, ist regelmäßig bereits das Ergebnis einer Auslegung[68]. Dem allgemeinen Sprachgebrauch geht ein besonderer Sprachgebrauch des Gesetzes vor, sofern sich nicht aus anderen Kriterien ergibt, daß das Gesetz hier von seinem eigenen Sprachgebrauch abgewichen ist. Aus dem besonderen Sprachgebrauch des Gesetzes kann sich die jeweils gemeinte Bedeutung mit hinreichender Gewißheit ergeben; in diesem Fall ist die Auslegung mit der Ermittlung des gesetzlichen Sprachgebrauchs und der Feststellung, daß das Gesetz hier nicht von ihm abgewichen sei, am Ende. In Frage kommt dann lediglich noch eine Rechtsfortbildung, falls die Voraussetzungen hierfür gegeben sind. Regelmäßig aber wird auch ein festgelegter Sprachgebrauch des Gesetzes noch verschiedene Bedeutungsvarianten möglich lassen; dann geben die anderen Kriterien den Ausschlag.

2. Der *Bedeutungszusammenhang* des Gesetzes, der „Kontext", ist unentbehrlich, um die spezifische Bedeutung eines Ausdrucks oder eines Satzes gerade in diesem Textzusammenhang zu verstehen. Das gilt auch für die Ermittlung eines besonderen Sprachgebrauchs des Gesetzes und für die Feststellung, daß das Gesetz hier nicht von ihm abgewichen sei. Darüber hinaus läßt sich erwarten, daß die

---

[67] So aber KRIELE, Theorie der Rechtsgewinnung, S. 25 f.

[68] So auch ESSER, Grundsatz und Norm, S. 253: „Jede Anwendung des Gesetzes ist bereits Interpretation, denn schon die Entscheidung, der Wortlaut des Textes sei so eindeutig, daß er eine Auslegung überflüssig mache, beruht auf einer Interpretation". Ebenso WEINSHEIMER, NJW 59, 566; RITTNER, Verstehen und Auslegen, 1967, S. 63.

verschiedenen Normen derselben Regelung sachlich miteinander übereinstimmen. Im Zweifel ist daher die einzelne Norm so auszulegen, daß die Übereinstimmung gewahrt wird. Hinweise auf die sachliche Zusammengehörigkeit der Vorschriften können sich aus der äußeren Systematik des Gesetzes und dem ihr etwa zugrunde liegenden begrifflichen System ergeben. Sie dürfen jedoch nicht überschätzt werden, weil sich das Gesetz keineswegs immer an diese Systematik hält und weil sich manche Regelungen dem begrifflichen System nicht oder nicht vollständig einordnen lassen.

3. Soweit der mögliche Wortsinn und der Bedeutungszusammenhang des Gesetzes Raum für verschiedene Auslegungen lassen, ist diejenige Auslegung vorzuziehen, die der *Regelungsabsicht* des Gesetzgebers und dem *Zweck* der betreffenden Norm am ehesten gerecht wird (historisch-teleologische Auslegung). Regelungsabsicht und Zwecke des Gesetzgebers lassen sich ermitteln aus der historischen Situation zur Zeit der Entstehung des Gesetzes, vor allem aus dem Anlaß der Regelung, aus Absichtserklärungen des Gesetzgebers, einer amtlichen Begründung, sowie aus dem Inhalt der Regelung selbst, soweit diese eindeutig zweckgerichtet ist. An die Zwecke des Gesetzes und die ihnen zugrunde liegenden Wertentscheidungen des Gesetzgebers ist der Richter bei der Auslegung des Gesetzes grundsätzlich gebunden.

4. Dies gilt indessen nicht für die näheren *Normvorstellungen* der an der Vorbereitung und Abfassung des Gesetzes beteiligten Personen. Soweit sich solche konkreten Normvorstellungen aus den Vorentwürfen, Sitzungsberichten und Begründungen entnehmen lassen, stellen sie wertvolle Hilfen für das Verständnis des Norminhalts dar. Sie aber in der Regel nicht stellen den Willen des eigentlichen Gesetzgebers dar und sind daher für den Ausleger auch nicht verbindlich. Da sie sich ferner regelmäßig nur auf einige, nicht auf alle Aspekte der Norm und ihrer möglichen Anwendungsfälle erstrecken, ist der Ausleger schon aus diesem Grunde häufig genötigt, über sie hinauszugehen.

5. Reichen die bisher angeführten Kriterien nicht aus, so hat der Ausleger auf *objektiv-teleologische* Kriterien zurückzugehen, auch wenn sie dem Gesetzgeber selbst vielleicht nicht voll bewußt gewesen sind. Solche objektiv-teleologischen Kriterien sind einmal die Sachstrukturen des Normbereichs, zum anderen die der Rechtsordnung immanenten Rechtsprinzipien. Das Postulat der Gerechtigkeit, gleich zu Bewertendes gleich zu behandeln, fordert ferner die Vermeidung von Wertungswidersprüchen in den Grenzen des Möglichen. Daher hat der Ausleger im Rahmen des möglichen Wortsinns und des Bedeutungszusammenhanges (des Kontextes) derjenigen Auslegung den Vorzug zu geben, durch die ein Wertungswiderspruch innerhalb der Rechtsordnung vermieden wird.

6. Besondere Bedeutung für die Auslegung kommt den rechtsethischen Prinzipien von Verfassungsrang zu. Die Forderung *„verfassungskonformer" Auslegung* verlangt, im Falle mehrerer, dem Wortsinn und dem Kontext nach möglicher Auslegungen derjenigen den Vorzug zu geben, bei der die Norm, an den Verfassungsprinzipien gemessen, Bestand haben kann. Bei der Konkretisierung der Verfassungsprinzipien hat der auslegende Richter den Konkretisierungsprimat des Gesetzgebers zu beachten. Läßt das Prinzip mehrere Konkretisierungen zu, dann

ist er an die vom Gesetzgeber gewählte gebunden, soweit sie noch im Rahmen des dem Gesetzgeber eingeräumten Konkretisierungsspielraums liegt. Bei der Konkretisierung durch den Gesetzgeber wie durch den Richter – wenn er „verfassungskonform" auslegt – ist stets auf das Zusammenspiel der Verfassungsprinzipien zu achten, die sich wechselseitig ergänzen, aber auch wechselseitig einschränken können.

Dem möglichen Wortsinn und dem Kontext kommt hiernach vor allem eine eingrenzende Funktion zu. Innerhalb der dadurch gezogenen Grenzen sind häufig noch mehrere Auslegungen möglich. Entscheidend sind dann vor allem die teleologischen Kriterien. Die Normvorstellungen der Gesetzesverfasser sind ergänzend heranzuziehen; ausschlaggebende Bedeutung können sie zum Beispiel dann erlangen, wenn den Gesetzesverfassern bei der Formulierung ein Versehen unterlaufen ist.

Besteht danach auch kein festes Rangverhältnis[69] in dem Sinne, daß das Gewicht der einzelnen Kriterien ein- für allemal feststünde, so stehen sie doch nicht beziehungslos nebeneinander. Da der Wortsinn die *möglichen* Auslegungen einer Bestimmung begrenzt, empfiehlt es sich, bei ihm zu beginnen; dadurch wird man alsbald zu dem Bedeutungszusammenhang geführt, in dem diese Bestimmung zu anderen steht. Dieser ist wieder auf dem Hintergrund des Regelungszwecks zu sehen. Das jeweilige Gewicht der verschiedenen Kriterien hängt nicht zuletzt davon ab, was sie im einzelnen Fall hergeben. Häufig vermögen sie sich gegenseitig zu unterstützen, wofür als ein Beispiel nochmals an die Entscheidung des BGH über den „Bergwerksbesitzer" erinnert sei. Widersprüchliche Ergebnisse können vor allem dann auftreten, wenn infolge der Länge der Zeit, eines Wandels der Normsituation oder der nunmehr maßgeblichen Rechtsgrundsätze die ursprüngliche, am Zweck des historischen Gesetzgebers oder den Normvorstellungen der Gesetzesverfasser ausgerichtete Auslegung als nicht mehr vertretbar erscheint. Über den Wandel der Normsituation werden wir noch einiges sagen. Im Falle des Wandels der maßgeblichen Wertungsgrundsätze gilt das über die Vermeidung von Wertungswidersprüchen bereits Gesagte. Steht die ältere Auslegung im Widerspruch zu einem Verfassungsprinzip, dann ist zu prüfen, ob eine verfassungskonforme Auslegung

---

[69] Eine Rangfolge nehmen KOCH/RÜSSMANN, a.a.O., S. 176 ff. und ALEXY, Theorie der juristischen Argumentation S. 302 ff. an. Beide begründen sie vornehmlich mit dem Vorrang der Gesetzesbindung. Nach beiden haben Wortsinn, Bedeutungszusammenhang und Regelungsabsicht des historischen Gesetzgebers den Vorrang vor den objektiv-teleologischen Kriterien, nach ALEXY jedoch nur insoweit, als sich nicht „vernünftige Gründe dafür anführen lassen, den anderen Argumenten den Vorrang einzuräumen" (S. 305). Für einen Vorrang des historischen Gesetzeszwecks auch *Hassold* in *meiner* Festschrift 1983, S. 217, 232. COING – Rechtsphilosophie, 4. Aufl. S. 329 f. – betont, daß stets *alle* Kriterien zu beachten seien; eine Rangordnung unter ihnen lehnt er ab. Gegen eine feste Rangordnung auch ZIPPELIUS, Juristische Methodenlehre, 4. Aufl. 1985, S. 55; HASSEMER, ARSP 1986, S. 204. Zur Rangfrage ferner BYDLINSKI, Juristische Methodenlehre u. Rechtsbegriff, S. 553 ff.; ENGISCH, Einführung in das juristische Denken, 7. Aufl. 1977, 2, S. 94 ff. 242; zum Verfahren der Praxis RAISCH, Vom Nutzen der überkommenen Auslegungskanones für die praktische Rechtsanwendung, 1988.

möglich ist; wenn ja, ist diese vorzuziehen, wenn nein, der Norm als verfassungswidrig die Gültigkeit zu versagen. Insgesamt läßt sich die Mehrzahl der Auslegungsprobleme so methodengerecht lösen.

Daß nicht mit letzter Genauigkeit gesagt werden kann, wann etwa ein aus der Entstehungsgeschichte des Gesetzes gewonnenes Argument hinter die objektiv-teleologischen Kriterien zurückzutreten hat oder in welchem Augenblick eine ursprünglich berechtigte Auslegung einer an den gegenwärtigen Maßstäben orientierten zu weichen hat, sollte nicht verwundern. Die Auslegung ist, wie wir immer wieder betont haben, kein Rechenexempel, sondern eine schöpferische Geistestätigkeit. Nicht anders als bei der Beurteilung eines einzelnen Sachverhalts aufgrund eines ausfüllungsbedürftigen Wertungsmaßstabes oder einer typologischen Zuordnung bleibt auch dem Ausleger in Grenzfällen – sie sind es, die vornehmlich zur Entscheidung der obersten Gerichte gelangen – ein Beurteilungsspielraum, innerhalb dessen verschiedene Entscheidungen „vertretbar“ sind. So wenig wie sonst ist es berechtigt, wegen dieses verbleibenden Beurteilungsspielraumes methodisches Vorgehen für wertlos, „Methodenwahl“ gar für beliebig zu erklären. Von dem Ausleger ist zu verlangen, daß er die verschiedenen Auslegungsgesichtspunkte berücksichtigt und daß er begründet, warum er hier diesen für ausschlaggebend hält[70]. Daran lassen es die Gerichte allerdings häufig fehlen. Erst wenn er alle Möglichkeiten ausgeschöpft hat, zu einem methodisch gesicherten Ergebnis zu gelangen, darf der Richter eine Entscheidung treffen, die er nur vor sich selbst zu verantworten vermag. Dann sollte er die von ihm getroffene Wertung auch als solche deutlich machen.

g) Vergleich der Gesetzesauslegung mit der Auslegung von Rechtsgeschäften

Oben (in Kap. 3 unter 4b) wurde im Zusammenhang der rechtlichen Beurteilung eines Sachverhalts, an den Rechtsfolgen geknüpft sind, kurz auf die Auslegung von Rechtsgeschäften eingegangen. Es liegt nahe, die Auslegung der Gesetze hiermit zu vergleichen, um Unterschiede und Gemeinsamkeiten festzustellen. In einer neueren Schrift über die Auslegung von Gesetz und Vertrag[70a] wird die These vertreten, daß abgesehen von einem allerdings wichtigen Punkte die Auslegung in beiden Fällen den gleichen Grundsätzen folge. Ich halte das nicht für richtig und möchte dies im folgenden kurz begründen.

Bei der Auslegung von Rechtsgeschäften, insbesondere von Verträgen – von der Auslegung von Testamenten können wir hier absehen – geht es fast immer darum, daß zwei Parteien, der Erklärende und der Erklärungsempfänger, die Erklärung in einem verschiedenen Sinne gemeint und verstanden haben und nun darum streiten, wessen Deutung die hier maßgebliche ist. Grundsätzlich ist das die des Erklärenden,

---

[70] Nicht zustimmen kann ich daher ADOMEIT, wenn er in seiner Schrift „Normlogik-Methodenlehre-Rechtspolitologie“, 1986, S. 165, schreibt, ob man die einen oder die anderen Argumentationsformen benutzen wolle, sei eine Frage der eigenen politischen Positionswahl und könne nicht durch eine Methodologie vorentschieden werden.

[70a] ZELLER, Auslegung von Gesetz und Vertrag, 1989, S. 427 ff.

wenn sie in seiner Erklärung für den Empfänger hinreichend deutlich geworden ist. Der Empfänger hat sich dabei in zumutbarer Weise um die Meinung des Erklärenden zu bemühen, gegebenenfalls zurückzufragen. Auch ein besonderer Sprachgebrauch des Erklärenden ist zu berücksichtigen, wenn ihn der Empfänger erkennen konnte und mußte. War aber die Erklärung von dem Empfänger eindeutig in einem anderen als dem vom Erklärenden gemeinten Sinne zu verstehen, insbesondere also, wenn dieser sich versprochen oder verschrieben oder einen falschen Ausdruck gewählt hat, gilt die Erklärung in dem Sinne, in dem sie der Empfänger allein verstehen konnte, vorbehaltlich der Möglichkeit des Erklärenden, sie wegen seines Irrtums über ihren objektiv zu verstehenden Inhalt nach § 119 Abs. 1 BGB anzufechten. Nur wenn die Erklärung tatsächlich von beiden im gleichen Sinne verstanden worden ist, gilt sie in diesem Sinne, ohne daß es auf die objektiv zu verstehende Bedeutung noch ankäme.

Bei der Auslegung von Gesetzen geht es dagegen nicht um das Verständnis und die Verständnismöglichkeit zweier Beteiligter, etwa des Normgebers und des jeweiligen Normadressaten. Der Normgeber und daher auch sein Sprachgebrauch stehen im Vordergrund. Darauf, wie der jeweilige Normadressat die Norm verstanden hat und verstehen mußte, kommt es nicht an. Dem Normgeber kann aber im allgemeinen, worauf auch *Zeller* hinweist, der Wille unterstellt werden, eine in sich vernünftige Regelung zu schaffen. Dabei kommt es weiter auf den Kontext, den Zusammenhang der Regelung, deren Zwecke und damit auf die Absicht des historischen Gesetzgebers an. Die von den an der Vorbereitung und der Abfassung des Gesetzes beteiligten Personen gegebenen Erläuterungen und Begründungen geben hierüber Auskunft. Eine Parallele hierzu bei der Auslegung von Rechtsgeschäften ist nicht ersichtlich. Hinter der gesetzlichen Regelung steht ferner, so darf man vermuten, der Wille des Gesetzgebers, eine gerechte Regelung zu schaffen, stehen rechtsethische Prinzipien und die „Natur der Sache“, um die es bei der Regelung geht, steht die Forderung, Gleiches gleich zu behandeln und Wertungswidersprüche zu vermeiden. All das spielt bei der Auslegung von Rechtsgeschäften keine oder nur eine untergeordnete Rolle.

Es bleibt freilich dabei, daß es sowohl bei der Auslegung von Rechtsgeschäften wie bei der von Gesetzen um das jeweils „richtige“, d.h. rechtlich maßgebliche Verständnis von sprachlichen Äußerungen geht. Die Notwendigkeit der Auslegung ergibt sich alle Male aus der Mehrdeutigkeit, in manchen Fällen Offenheit der Umgangssprache und der Notwendigkeit, ihr abzuhelfen. Darüber hinaus folgt die Auslegung der einen und die der anderen aber jeweils ihren besonderen Aufgaben und den Belangen der betroffenen Personen. Grundsätze, die für die eine Art der Auslegung gelten, können auf die andere, wenn überhaupt, nur mit großer Vorsicht übertragen werden.

3. Die Auslegung mitbestimmende Faktoren

a) Das Streben nach einer gerechten Fallentscheidung

Der Richter, der ein Gesetz auslegt, tut dies im Hinblick auf einen konkreten „Fall", den er zu entscheiden hat. Die deutschen Richter sehen, zum mindesten auf dem Gebiete des Zivilrechts, ihre Aufgabe zumeist darin, den ihnen unterbreiteten Fall „gerecht" zu entscheiden[71]. Dieses Streben haben wir (oben Kapitel 3, 3 e), soweit das Gesetz es zulässt, als legitim bezeichnet. Die gesamte Rechtsordnung steht unter der verpflichtenden Anforderung der Idee der Gerechtigkeit, aus der allein sich ihr Geltungsanspruch (im normativen Sinne) letzthin zu rechtfertigen vermag. Dem Gesetz darf die Tendenz unterstellt werden, der Gerechtigkeit genügende Lösungen zu ermöglichen. Unter einer „gerechten" Fallentscheidung versteht der Zivilrichter eine solche, die dem berechtigten Anliegen beider Parteien Rechnung trägt, einen ausgewogenen Interessenausgleich herstellt und daher von jeder Partei, sofern sie auch das Interesse der Gegenpartei angemessen berücksichtigt, akzeptiert werden kann. Mag dieses Ziel auch nicht immer erreicht werden können, es anzustreben gebietet dem Richter sein Ethos.

Die Versuchung liegt für manchen Richter nahe, um dieses Ziels willen den umständlichen und nicht immer befriedigenden Weg über die Auslegung und Anwendung des Gesetzes beiseite zu lassen und die gesuchte Entscheidung unmittelbar seinem richterlichen „Judiz", seinem durch die Erfahrungen seiner richterlichen Tätigkeit geschärften Gerechtigkeitsempfinden, seinem eigenen Verständnis dessen, was hier „gerecht" und „billig" sei, zu entnehmen. Die Begründung der so gewonnenen Entscheidung erfolgt dann im nachhinein, wobei das Ziel, eben die vorweggenommene Entscheidung, den Weg bestimmt. Wir haben dieses Verfahren früher (Kap. 1, 3 b) als nicht legitim bezeichnet, weil es das Gesetz nicht als Richtmaß der Entscheidungsfindung nimmt und die Gefahr der Gesetzesmanipulation mit sich bringt. Dem Richter kann es gewiß nicht verwehrt werden, sich hinsichtlich der von ihm zu treffenden Entscheidung eine Vor-Meinung zu bilden. Er mag erwarten, sie durch das Gesetz bestätigt zu finden. Aber die Gesetzestreue, auf die er verpflichtet ist, verlangt von ihm die Bereitschaft, seine Vor-Meinung durch das Gesetz berichtigen zu lassen. Er darf nicht in das Gesetz hineinlegen, was er aus ihm herauszuholen wünscht. Ein solches Verfahren wäre auch im Sinne des Strebens nach Gerechtigkeit nur dann unbedenklich, wenn der Richter in jedem Fall von vornherein wissen könnte, was hier die gerechte Entscheidung ist. Dem ist gewiß nicht so. Weder das

---

[71] Kennzeichnend hierfür etwa der frühere Präsident des BGH, BRUNO HEUSINGER, in seiner Schrift: Rechtsfindung und Rechtsfortbildung im Spiegel richterlicher Erfahrung, 1975. Er sagt dort (S. 5): „Ich möchte meinen, Rechtsprechung ist nicht so sehr ein logisches Glasperlenspiel, als vielmehr ein finales Handeln, ausgerichtet auf ein vernünftiges Ergebnis, wie es der Gerechtigkeit entspricht". Zwar betont er sogleich auch die Bindung an Gesetz und Recht, aber diese gehe nicht so weit, „daß sie in formallogischer Abhängigkeit vom Gesetz auch etwas Unvernünftiges verwirklicht wissen will".

Rechtsgefühl (ISAY), noch das Vorverständnis des Richters (ESSER), noch allgemeine „vernunftrechtliche Erwägungen" (KRIELE) sind ein sicherer Wegweiser, der den „Umweg" über das recht verstandene Gesetz unnötig machen könnte. Hinzu kommt, daß das Gesetz in manchen Materien mit guten Gründen der Rechtssicherheit, der Zweckmäßigkeit oder Praktikabilität den Vorrang vor der Fallgerechtigkeit gibt. Auch über die darin liegende Wertentscheidung des Gesetzgebers darf sich der Richter nicht einfach hinwegsetzen.

Die Gerechtigkeit der Fallentscheidung ist daher gewiß ein wünschenswertes Ziel der richterlichen Tätigkeit, aber kein Auslegungskriterium neben den anderen. Dieses Ziel ist nur im Rahmen der geltenden Gesetze und anerkannter Rechtsprinzipien und daher auch nur mit Hilfe der genannten Auslegungsregeln oder im Wege einer zulässigen richterlichen Rechtsfortbildung (unten Kap. 5) zu verwirklichen. Das heißt jedoch nun wieder nicht, daß das Streben nach einer „fallgerechten" Lösung bei der Auslegung des Gesetzes keine Rolle spielen dürfe. Es ist sogar von großer Bedeutung. Denn von ihm geht immer wieder der Anstoß dazu aus, die Auslegung des Gesetzes neu zu durchdenken und neue Gesichtspunkte aufzufinden. Der Richter erwartet vom Gesetz und darf erwarten, daß es ihm im allgemeinen eine gerechte, oder doch zum mindesten unter dem Gerechtigkeitsgesichtspunkt „vertretbare" Entscheidung ermöglicht. Sieht er sich in dieser Erwartung enttäuscht, so ist das hinreichender Anlaß für ihn, die bisher von ihm angenommene Auslegung in Frage zu stellen und neu zu überprüfen. Welche Lösung im einzelnen Fall die „gerechte" ist, das kann sehr zweifelhaft sein; für manche Fälle gibt es sicher überhaupt keine Lösung, die die allein gerechte wäre. Es gibt aber Entscheidungen, die evident ungerecht sind. Würde ihn eine bestimmte Auslegung dazu nötigen, eine solche Entscheidung zu fällen, so hat das für den Richter die Bedeutung eines Warnzeichens. Er wird sich dann fragen, ob in den von ihm angenommenen Prämissen nicht irgendwo ein Fehler verborgen ist, und er wird in aller Regel dann einen besseren Weg finden. Auch eine „gesetzesübersteigende Rechtsfortbildung" wird er in Betracht ziehen.

Daß der Richter der Gerechtigkeit verpflichtet ist, ändert also nichts daran, daß er gemäß der Verfassung nach dem Gesetz, dieses als einen Teil der gesamten Rechtsordnung aufgefaßt, und nicht nach einer vom Gesetz nicht mehr gedeckten persönlichen „Richtigkeitsüberzeugung" zu entscheiden hat. Soweit nicht das Gesetz selbst dem Richter hinsichtlich seiner Auslegung und der Konkretisierung der in ihm enthaltenen Wertungsmaßstäbe einen Spielraum der Eigenbeurteilung und Eigenwertung beläßt, hat er sich an das zu halten, was Gesetz und Recht bei methodengerechter Auslegung oder im Wege zulässiger und sachlich gebotener Rechtsfortbildung hergeben. Das Streben nach Fallgerechtigkeit ist ein legitimer Faktor im richterlichen Entscheidungsprozeß, solange es den Richter nicht dazu verführt, das Gesetz seinen Vorstellungen gemäß zu manipulieren. Als ständiger Antrieb zur immer erneuten Prüfung ist es unerläßlich; als ständige Versuchung für den Richter, das gesetzte Recht zu überspielen, seine eigene Vorstellung von Gerechtigkeit den gesetzlichen Maßstäben zu substituieren, ist es gefährlich. Methodische Anweisungen helfen hier wenig; in dem immer wieder möglichen Konfliktsfall zwischen der ihm gebotenen Gesetzestreue und der von ihm gesuchten Fallgerechtigkeit kann der Richter letzten Endes nur nach seinem eigenen Gewissen entscheiden. Wenn das Pendel heute offenbar sehr weit nach der Seite der Fallgerechtigkeit hin ausschlägt[72], dann hängt das auch mit dem Autoritätsverlust des heutigen Gesetzgebers zusammen, der sich nur selten noch die nötige Zeit nimmt und die Mühe macht, seine Formulierungen sorgfältig zu überdenken, und nicht selten eine Regelung überhaupt unterläßt, wo sie von ihm erwartet werden kann und muß. Beide Erscheinungen sind in hohem Maße bedenklich. Der Rechtsstaat kann, zumal unter den komplizierten Verhältnissen unserer Zeit, weder auf wohl durchdachte Gesetze, noch auf eine Richterschaft verzichten, die ihre Bindung an „Gesetz und Recht" ernst nimmt.

b) Der Wandel der Normsituation

Unter den Faktoren, die zu einer Überprüfung und damit oft zu einer Änderung der bisherigen Auslegung Anlaß geben, kommt dem Wandel der Normsituation eine hervorragende Bedeutung zu. Es handelt sich darum, daß die tatsächlichen Verhältnisse oder Gepflogenheiten, die der historische Gesetzgeber vor Augen hatte und auf die hin er seine Regelung entworfen, für die er sie gedacht hatte, sich in solcher Weise geändert haben, daß die gegebene Norm auf die geänderten Verhältnisse nicht mehr „paßt". Es ist der Zeitfaktor, der sich hier bemerkbar macht. Jedes Gesetz steht als ein historisches Faktum im Wirkungszusammenhang seiner Zeit. Die Zeit aber steht nicht still; was sich zur Entstehungszeit des Gesetzes in einer bestimmten, vom Gesetzgeber gewünschten Weise auswirkte, kann sich in der Folgezeit in einer Weise auswirken, die der Gesetzgeber weder vorausgesehen hat, noch, wenn er sie hätte voraussehen können, zu billigen bereit gewesen wäre. Da aber das Gesetz dadurch, daß es für eine Vielzahl auch künftiger Fälle Geltung beansprucht, auch eine gewisse Konstanz in den zwischenmenschlichen Beziehungen zu gewährleisten sucht, die ihrerseits die Voraussetzung für viele, in die Zukunft gerichtete Dispositionen ist, so kann nicht *jeder* Wandel der Verhältnisse sogleich auch eine Änderung des Norminhalts nach sich ziehen. Es entsteht vielmehr zunächst ein Spannungsverhältnis, das erst dann zu einer Lösung – im Wege einer veränderten Auslegung oder richterlichen Rechtsfortbildung – drängt, wenn die Unzulänglichkeit des bisherigen Gesetzesverständnisses „evident" geworden ist[73].

Die neue Auslegung muß, soll sie Auslegung bleiben, noch im Rahmen des (damaligen oder, falls dieser eine „zeitgerechte" Auslegung eher ermöglicht, des heutigen) Wortsinns und auch des Kontextes des Gesetzes liegen und darf sich in der

---

[72] Kennzeichnend dafür ist der Beschluß des BVerfG zur Zulässigkeit eines „Schmerzensgeldes" in Fällen der Verletzung des Persönlichkeitsrechts; NJW 73,1221. Das BVerfG scheut sich hier nicht, im Vergleich mit einer sonst angeblich drohenden „Einbuße an Gerechtigkeit im Einzelfall" die „Gesetzestreue" mit dem abwertenden Beiwort „formal" zu versehen. Vgl. zu dem Beschluß *meine* Abhandlung in Archiv für Presserecht, 1973, S. 450.

[73] Wenn das von DIEDERICHSEN (in der Festschr. f. KARL LARENZ, 1973, S. 177) so genannte „Untragbarkeitsargument" überzeugend wirkt.

Regel auch nicht über den Zweck des Gesetzes hinwegsetzen. Anders ist es, wenn der ursprüngliche Zweck unerreichbar oder gegenstandslos geworden ist. Dann ist zunächst zu fragen, ob das Gesetz im Rahmen der heutigen Rechtsordnung und im Hinblick auf die heutigen Verhältnisse einen anderen, vernünftigen Zweck zu erfüllen vermag. Ist das nicht der Fall, würde also die Anwendung des Gesetzes unter den heutigen Verhältnissen zu einem völlig zweck- und sinnlosen Ergebnis führen, dann ist es unanwendbar geworden. Für diesen Extremfall gilt der Satz „cessante ratione legis cessat lex ipsa“[74]. Eine solche Situation kann sich ergeben, wenn eine Norm gerade nur im Hinblick auf bestimmte, zeitweilig vorliegende Verhältnisse erlassen ist und diese nun nicht mehr bestehen. Wo sich dagegen für eine Norm noch ein vernünftiger Grund oder Zweck denken läßt, mag es auch nicht der des historischen Gesetzgebers sein, bleibt sie in einer ihm entsprechenden Auslegung anwendbar. Häufiger ist der Fall, daß gerade auch der ursprüngliche Zweck, soll er erreichbar bleiben, angesichts der veränderten Verhältnisse eine andere, sei es „weitere“, sei es „engere“, Auslegung erfordert. Die Rechtsprechung bietet hierfür eine Reihe von Beispielen. Wir führen im folgenden einige an, die sich auf die heutige, gegenüber dem Beginn unseres Jahrhunderts völlig veränderte Situation im Straßenverkehr beziehen.

Im ersten Fall handelt es sich um die Auslegung der Worte „bei dem Betriebe“ eines Kraftfahrzeugs in § 7 StVG. Das RG hatte insofern eine enge Auslegung dieser Worte angenommen, als es einen Zusammenhang mit dem Betrieb des Fahrzeugs im wesentlichen nur dann für gegeben hielt, wenn und solange das Fahrzeug sich vermöge seiner motorischen Kraft fortbewege. Nur eine ganz kurze Unterbrechung der Fortbewegung hat es noch als betriebsbedingt angesehen. Nach der Meinung des BGH[75] wurde diese Auslegung „angesichts der gewaltigen Steigerung des Kraftfahrzeugverkehrs und seiner Gefahren dem Sinn und Zweck des § 7 StVG nicht mehr gerecht.“ Auch ein Fahrzeug, das mit abgestelltem Motor und für längere Zeit auf der Fahrbahn einer dem Schnellverkehr dienenden Straße stehen bleibt, stelle eine für den Kraftverkehr typische Gefährdung der anderen Verkehrsteilnehmer dar. Auf einer Autobahn sei die Betriebsgefahr des stillstehenden Kraftwagens sogar größer als die eines fahrenden. „Dann ist es aber auch geboten“, erklärte der BGH, „und nach dem Sinn und Zweck der Haftungsbestimmungen des StVG gerechtfertigt, einen Unfall, der sich durch das Auffahren auf ein haltendes Kraftfahrzeug ereignet, nicht nur dem Betrieb des auffahrenden, sondern auch dem des haltenden Fahrzeugs zuzurechnen und daher die Schadensersatzpflicht beider Fahrzeughalter aus dem Gesichtspunkt der Gefährdungshaftung zu bejahen“. Selbst wenn der Gesetzgeber im Jahre 1908, heißt es weiter, die Hauptgefahr des Kraftfahrzeugs in seiner auf der Motorkraft beruhenden schnellen Bewegung gesehen habe, würde dies nicht ausschließen, den Begriff „bei dem Betrieb“ den Erfahrungen und Erfordernissen der heutigen Verkehrsverhältnisse anzupassen. Der Richter „würde seiner

---

[74] Über die Herkunft dieses Satzes aus der Kanonistik und seine Geltung im älteren gemeinen Recht vgl. H. Krause, SavZKanAA 46 (1960), S. 81.

[75] BGHZ 29,163.

Aufgabe nicht gerecht, wenn er unter diesen Umständen an dem viel zu engen maschinentechnischen Betriebsbegriff festhalten würde".

Im zweiten Fall handelt es sich um die Auslegung der Worte „aus einem umschlossenen Raume" in § 243 Abs. 1 Nr. 2 StGB. Hier ging es darum, durch eine veränderte Auslegung dieser Worte dem verstärkten Schutzbedürfnis Rechnung zu tragen, das durch die Zunahme von Diebstählen aus Kraftfahrzeugen aufgetreten war. Das RG hatte als „umschlossenen Raum" nur einen abgegrenzten Teil der Erd- oder Wasserfläche angesehen, so daß bewegliche Gebilde wie Kraftfahrzeuge, Wohnwagen und Schiffe nicht darunter fielen. Der BGH hat diese durch den Wortsinn nicht geforderte Einschränkung fallengelassen[76]. Da die vom RG gemachte Einschränkung weder durch den Wortsinn, noch durch den Zweck der Vorschrift gefordert war, handelt es sich bei der neuen, „zeitgemäßen" Auslegung in der Tat noch um eine Auslegung, nicht um eine hier verbotene Analogie.

Als letztes Beispiel kann die einschränkende Auslegung genannt werden, die der BGH dem Haftungsprivileg des § 708 BGB für die Fälle zuteil werden läßt, in denen sich das Verschulden des Gesellschafters oder Ehegatten auf sein Verhalten im Straßenverkehr bezieht[77]. Der Haftungsmaßstab des § 708 BGB sei, so sagt der BGH, „für das Straßenverkehrsrecht allgemein ungeeignet". Wenn er fortfährt, dieser Maßstab könne für diesen Bereich „nach der Entstehung und dem Zweck des Gesetzes nicht gewollt sein", es handle sich um eine Norm, „die nur die Regelung der vermögensrechtlichen Beziehungen zwischen den Gesellschaftern im Auge hat", dann argumentiert er hier mit einem hypothetischen Willen des historischen Gesetzgebers, für den er jeden Nachweis schuldig bleibt. Entscheidend ist meiner Meinung nach, daß das Führen eines Kraftfahrzeugs, auch dann, wenn es ausschließlich im eigenen Interesse geschieht, unter den heutigen Verhältnissen niemals lediglich als die „eigene Angelegenheit" des Fahrers in dem Sinne angesehen werden kann, den das Gesetz in § 708 meint[78]. Denn jede Nachlässigkeit bei dieser Tätigkeit gefährdet nicht nur den Handelnden selbst, sondern auch Dritte. Eine Privilegierung solcher Nachlässigkeit, sei es auch nur im Verhältnis zu anderen Gesellschaftern, kann daher nicht im Sinne des Gesetzes liegen. Folgt man diesem Gedankengang, dann handelt es sich noch um eine einschränkende Auslegung (nämlich der Worte „in eigenen Angelegenheiten"); andernfalls muß man eine teleologische Reduktion annehmen.

Der Wandel der Normsituation kann so zur Änderung – Einschränkung oder Erweiterung – der bis jetzt maßgegebenen Normbedeutung führen. Neben dem Wandel der Normsituation sind es vor allem Wandlungen im Gefüge der gesamten Rechtsordnung[79], eine deutliche Tendenz der neueren Gesetzgebung, ein neues Verständnis der ratio legis oder der objektiv-teleologischen Kriterien sowie die Notwendigkeit der Anpassung vorkonstitutionellen Rechts an die Verfassungsprinzipien, die eine geänderte Auslegung bewirken können. Davon ist bereits die Rede gewesen. Die Gerichte können ihre bisherige Auslegung aufgeben, weil sie sich davon überzeugt haben, daß sie unrichtig war, auf falschen Annahmen oder nicht

---

[76] BGHSt 1, 167.

[77] BGHZ 46, 313.

[78] Vgl. dazu *meinen* Aufsatz in der Festschrift für HARRY WESTERMANN, 1974, S. 299 ff.

[79] So hat das Bundesverfassungsgericht – E 7, 342, 350 – die Anwendbarkeit des „Kodifikationsprinzips" der Art. 3, 55, 218 EGBGB auf das Arbeitsrecht verneint, da dieses „durch die seit Erlaß des BGB eingetretene sozialrechtliche Entwicklung" aus dem Privatrecht herausgelöst worden sei.

hinreichend gesicherten Schlüssen beruhte. Unter Berücksichtigung des Zeitfaktors kann sich aber auch ergeben, daß eine Auslegung, die einmal richtig war, es heute nicht mehr ist. Der genaue Zeitpunkt, von dem ab sie aufgehört hat, „richtig" zu sein, läßt sich nicht fixieren. Das liegt daran, daß die zugrunde liegenden Wandlungen sich zumeist kontinuierlich, nicht mit einem Schlage vollziehen. Während einer „Zwischenzeit" mag beides, das Festhalten an einer konstanten und der Übergang zu einer geänderten, zeitgerechten Auslegung „vertretbar" sein. Möglich ist auch, daß eine Auslegung, die ursprünglich als verfassungskonform erschien, es jetzt in Folge eines Wandels der maßgebenden Verhältnisse nicht mehr ist[80]. Dann ist, im Rahmen einer nach den anderen Kriterien möglichen, diejenige Auslegung zu wählen, die nunmehr allein verfassungskonform ist.

Handelt es sich um eine für die Organisation des demokratischen Rechtsstaates oder für die in den Grundrechten zum Ausdruck kommende Wertordnung grundlegende Verfassungsvorschrift, so wird man mit der Annahme eines „Bedeutungswandels" in Folge der Änderung der Normsituation besonders vorsichtig sein müssen. Der Verfassung kommt eine erhöhte Stabilisierungsfunktion zu, weshalb ihre Abänderung im Gesetzgebungsverfahren an erschwerende Voraussetzungen gebunden ist. Auch ihrer Abänderbarkeit im Wege der Neuinterpretation sind dadurch Grenzen gezogen. Sie herauszuarbeiten, ist nicht mehr Sache der Methodologie, sondern eine Aufgabe der Verfassungsrechtswissenschaft[81]. Das Bundesverfassungsgericht hat im „Diätenurteil"[82] entschieden, der Art. 48 Abs. 3 GG, der den Abgeordneten eine „angemessene, ihren Unterhalt sichernde Entschädigung" gewährleistet, habe „im Lichte der dargelegten ... Entwicklung eine neue Bedeutung gewonnen"; es hat dem Gesetzgeber dementsprechende Neuregelungen aufgegeben. Hierbei handelt es sich allerdings um keine im obigen Sinne „grundlegende" Vorschrift.

4. Sonderprobleme der Auslegung

a) „Enge" und „weite" Auslegung; die Auslegung von „Ausnahmevorschriften"

Häufig spricht man davon, daß eine Bestimmung entweder „eng" („einschränkend", „restriktiv") oder aber „weit" („ausdehnend", „extensiv") auszulegen sei. Was damit gemeint ist, ist nicht immer klar. ENGISCH[83] hat nicht weniger als vier

---

[80] Das hat das BVerfG hinsichtlich der Regelung des Ladenschlusses für Friseurbetriebe angenommen; BVerfGE 59, 336, 356 f. Schon früher hatte es entschieden, daß auch dann, wenn das BVerfG die Verfassungsmäßigkeit einer Norm in einer früheren Entscheidung bejaht hat, die erneute Vorlage „jedenfalls" dann zulässig sei, „wenn sie von der Begründung der früheren Entscheidung ausgeht und neue Tatsachen dartut, die geeignet sind, eine von der früheren Entscheidung des BVerfGerichts abweichende Entscheidung zu ermöglichen". So BVerfGE 33,199, 203 f.; ebenso BVerfGE 39,169,181.

[81] Dazu LERCHE, Stiller Verfassungswandel als aktuelles Politikum, in Festschr. f. MAUNZ, S. 285; vgl. auch BVerfGE 2, 380, 401; 3, 407, 422.

[82] BVerfGE 40, 296, 315. Zu diesem Urteil PAWLOWSKI, a.a.O., Rdz. 387.

[83] Einführung in das juristische Denken, S. 100 ff.

verschiedene Bedeutungen dieses Begriffspaares aufgezeigt. Er selbst entscheidet sich für eine Deutung, die von der subjektiven Auslegungstheorie ausgeht. Nach ihr gilt es, innerhalb des möglichen Wortsinns die Bedeutung des Ausdrucks dem dahinter stehenden „Willen des Gesetzgebers", in unserer Ausdrucksweise den Normvorstellungen der Gesetzesverfasser, zu entnehmen. Eine „einschränkende" Auslegung ist danach geboten, wenn eine verhältnismäßig eng gefaßte Bedeutung dem „Willen des Gesetzgebers" entspricht; eine „ausdehnende", wenn eine weit gefaßte Bedeutung ihm entspricht. Die Normvorstellungen der Gesetzesverfasser sind jedoch, wie wir gesehen haben, nur *ein* Auslegungskriterium unter anderen; sie sind für den Ausleger keineswegs verbindlich. Letztes Ziel der Auslegung ist nicht die Ermittlung des „wirklichen Willen" des historischen Gesetzgebers, sondern der heute rechtlich maßgeblichen Bedeutung des Gesetzes. Diese muß zwar, wie wir immer wieder betont haben, noch innerhalb des möglichen Sinnbereichs des Ausdrucks liegen. Der mögliche Wortsinn aber, so wissen wir, ist variabel. Unter den verschiedenen Bedeutungen muß diejenige „eng" genannt werden, die im Verhältnis zu anderen möglichen einen engeren Anwendungsbereich hat, „weit" diejenige, die einen weiteren Anwendungsbereich hat. Bei Ausdrücken, die der Umgangssprache entnommen sind, wird sich die engere Bedeutung in der Regel mit dem sogenannten Kernbereich decken, der bei dem Gebrauch dieses Ausdrucks in erster Linie gemeint ist; „weit" ist dann eine solche Bedeutung, die in mehr oder minder weitem Umfang auch Erscheinungen des Randbereichs mit umfaßt, die im allgemeinen Sprachgebrauch nur manchmal mit gemeint sind. Ein Hinausgehen auch über den so weit wie möglich aufgefaßten Randbereich wäre nicht mehr Auslegung, so wenig wie ein Ausschluß solcher Erscheinungen, die unzweifelhaft im Kernbereich liegen. Im ersten Fall könnte es sich nur um eine Analogie, im zweiten um eine teleologische Reduktion des Gesetzes handeln.

Der Ausdruck „Kinder" (im Sinne einer Verwandtschaftsbeziehung) umfaßt in seinem Kernbereich dem allgemeinen Sprachgebrauch zufolge die leiblichen Kinder (Abkömmlinge ersten Grades) einer Person. Das Bundesverwaltungsgericht (vgl. oben S. 312) hat den Ausdruck in diesem Sinne, also eng, ausgelegt. Eine Auslegung, die auch Stiefkinder, Pflegekinder, ja vielleicht Schwiegerkinder einbeziehen würde, wäre demgegenüber eine „weite Auslegung". Die Einbeziehung auch von Enkelkindern würde die Grenze des möglichen Wortsinns überschreiten, hier käme nur noch eine Analogie in Frage. Ebensowenig ließe es der Wortsinn zu, den Ausdruck so auszulegen, daß nicht einmal alle leiblichen Kinder darunter fielen, z. B. verheiratete Kinder nicht. Ein den Wortsinn in seinem möglichen Mindestumfang einschränkender Zusatz, durch den die verheirateten Kinder ausgenommen würden, wäre nicht mehr Auslegung, sondern Abänderung der Norm, sie wäre nur im Wege einer „teleologischen Reduktion" möglich. Der Ausdruck „Geschäftsbesorgung" wird nach heute überwiegender Meinung[84] in § 675 BGB in einem engeren Sinne verstanden, der in etwa dem Kernbereich des Ausdrucks im allgemeinen Sprachgebrauch entspricht, als in den §§ 662 und 677 BGB, in denen er in denkbar weitestem Sinne ausgelegt wird. Der Ausdruck „Eisenbahn" in § 1 des Haftpflichtgesetzes wurde vor der Änderung des Wortlauts dieser Bestimmung im Jahre 1978 „weit" ausgelegt, nämlich so, daß er z. B. auch Straßenbahnen, Untergrundbahnen und Zahnradbahnen umfaßte. Der Ausdruck „Dritter" in § 123 Abs. 2 Satz 1 BGB wird heute

---

[84] Vgl. *mein* Lehrbuch des Schuldrechts, Bd. 2, § 56,I und V.

insofern „eng“ ausgelegt, als nicht darunter fällt, wer als Vertreter oder Abschlußgehilfe des Erklärungsempfängers für diesen am Geschäftsabschluß mitgewirkt hat oder interessenmäßig mit ihm verbunden war[85]. Im allgemeinen Sprachgebrauch kann der Ausdruck sowohl einen „anderen“ (als den Erklärungsempfänger), wie einen (an dem hier in Frage stehenden Vorgang) Unbeteiligten bezeichnen. Wird der Ausdruck, wie es heute geschieht, in dem zweiten Sinne ausgelegt, so umfaßt er eine Reihe von Personen nicht, die bei der ersten Auslegung darunter fallen würden[86].

Nicht selten wird gesagt, „Ausnahmevorschriften“ seien eng auszulegen und einer analogen Anwendung nicht fähig[87]. In dieser Allgemeinheit trifft das nicht zu. Problematisch ist schon, wann es sich um eine „Ausnahmevorschrift“ im Sinne dieser Regel handelt. Zutreffend sagt FRIEDRICH MÜLLER[88], die Frage, ob es sich überhaupt um eine Ausnahmevorschrift handle, setze bereits „eine mit allen verfügbaren Konkretisierungselementen erarbeitete Vorentscheidung darüber voraus, welcher normative Gehalt die Rechtsnorm als Ausnahmevorschrift kennzeichnen solle“. Keineswegs entscheidet hierüber nämlich bereits die Formulierung der Rechtssätze im Gesetz. Nicht selten nimmt der Gesetzgeber eine von ihm beabsichtigte Einschränkung des Anwendungsbereichs der Norm nicht sogleich in die Formulierung des Grundtatbestandes auf, sondern fügt sie dieser erst nachträglich in Gestalt eines einschränkenden Rechtssatzes, einer „negativen Geltungsanordnung“ an (vgl. oben Kap. 2, 2 b). So wäre es falsch, in § 285 BGB („der Schuldner kommt nicht in Verzug, solange die Leistung infolge eines Umstandes unterbleibt, den er nicht zu vertreten hat“) eine „Ausnahme“ von der in § 284 BGB gegebenen gesetzlichen Definition der Verzugsvoraussetzungen zu sehen. Diese Voraussetzungen sind vielmehr erst vollständig in den beiden Bestimmungen zusammen enthalten, wobei das Gesetz das Erfordernis, der Schuldner müsse die Verzögerung der Leistung zu vertreten haben, lediglich mit Rücksicht auf die beabsichtigte Regelung der Beweislast in die Form einer doppelten Negation gekleidet hat. Ebensowenig ist § 935 Abs. 1 BGB eine „Ausnahme“ von § 932 BGB, da erst beide Bestimmungen zusammengenommen die Konzeption des Gesetzgebers – nämlich die Kombination zweier Rechtsgedanken, den Schutz des gutgläubigen Erwerbers mit der Zurücksetzung desjenigen Eigentümers, der seine Sache freiwillig aus der Hand gegeben hatte – erkennen lassen. Dagegen handelt es sich bei § 935 Abs. 2 BGB in der Tat um eine aus Praktikabilitätsgründen gemachte Ausnahme von dieser Regelung, um eine Ausnahme nicht nur der Formulierung, sondern auch der Sache nach.

Nur wo es sich um eine Ausnahme auch der Sache nach handelt, hat die angeführte Auslegungsregel einen beschränkten Wert. Um eine Ausnahme auch der Sache nach handelt es sich vornehmlich dort, wo das Gesetz eine Regel, der es in möglichst weitem Umfang Geltung zu verschaffen sucht, für bestimmte, meist eng

---

[85] Vgl. *mein* Lehrbuch des Allgemeinen Teils, 7. Aufl., § 20, IVa.

[86] So BGH, LM Nr. 30 zu § 123 BGB.

[87] Vgl. hierzu RGZ 153, 23; BGHZ 2, 244; 4, 222; 11, 143; BSG, NJW 59, 168. Kritisch dazu ENNECCERUS-NIPPERDEY, Allgemeiner Teil, § 48, 1, 2; ENGISCH, Einführung in das juristische Denken, 7. Aufl., S. 151 f.; WEINSHEIMER, NJW 59, 566.

[88] FRIEDRICH MÜLLER, Juristische Methodik, 3. Aufl., S. 211.

umgrenzte Fälle durchbrochen hat, weil ihre Durchführung auch in diesen Fällen dem Gesetzgeber wenig praktikabel oder als unangebracht erschien und er deshalb hier glaubte, darauf verzichten zu können. Es muß vermieden werden, daß durch eine allzu weite Auslegung der Ausnahmebestimmungen oder durch deren analoge Anwendung die Regelungsabsicht des Gesetzgebers schließlich in ihr Gegenteil verkehrt wird. Das bedeutet aber nicht, die Ausnahmebestimmung sei „so eng wie möglich" auszulegen oder Analogie sei in jedem Fall ausgeschlossen[89]. Entscheidend ist auch hier wieder der Grund, aus dem der Gesetzgeber gerade diese Fälle ausgenommen hat. Darüber werden am ehesten die erkennbaren Normvorstellungen der an der Gesetzgebung beteiligten Personen Auskunft geben. Richteten sich diese lediglich auf eine bestimmte Gruppe von Fällen, so sollte die Auslegung weitere Fälle auch dann, wenn dies nach dem Wortsinn der gewählten Ausdrücke möglich wäre, nicht einbeziehen, es sei denn, das Prinzip der Gleichbehandlung des Gleichsinnigen würde andernfalls verletzt[90].

b) Zur Auslegung von Gewohnheitsrecht und von Präjudizien

Gewohnheitsrecht im ursprünglichen Sinne des Wortes ist eine längere Zeit hindurch tatsächlich überwiegend befolgte Regel zwischenmenschlichen Verhaltens, die in dem Bewußtsein befolgt wird, damit einem Gebot des Rechts nachzukommen. Für die Feststellung eines Gewohnheitsrechts genügt also nicht der Nachweis, daß die Menschen sich tatsächlich so verhalten, hinzutreten muß, daß solches Verhalten Ausdruck einer es begleitenden Rechtsüberzeugung ist. Das aber macht es erforderlich, das Verhalten in einem bestimmten Sinne zu deuten. Weil dem so ist, verschmilzt, wie SOMLÓ mit Recht bemerkt hat[91], die Frage der Deutung einer Regel als Gewohnheitsrecht mit der nach ihrem Bestehen. Nicht erst die Frage nach seinem Inhalt, sondern schon die Frage, ob es sich bei einem gewohnheitsmäßigen Sozialverhalten um ein „Gewohnheitsrecht" handelt, ist eine Frage des deutenden Verstehens. Hierbei geht es nicht um die Auslegung eines vorgegebenen Textes; vielmehr geht es darum, die durch das Verhalten angezeigte Norm erst einmal sprachlich zu formulieren. Die sprachliche Formulierung hat die Aufgabe, auszusprechen und damit sagbar zu machen, was unausgesprochen dem betreffenden Sozialverhalten an rechtlichem Sinn innewohnt, was es, als auf das Recht bezogenes Verhalten gedeutet, besagt.

Es trifft zu, daß, mit DIETER NÖRR zu sprechen[92], „die Lehre vom Gewohnheitsrecht als solche unbefriedigend ist". Es ist hier nicht der Ort, sie zu durchleuch-

---

[89] Vgl. dazu Kap. 5, 2 b (analoge Anwendung des § 645 BGB).

[90] Vgl. hierzu auch BGHZ 17, 266. Hier hat der BGH eine Ausnahmeregel nicht nur einschränkend ausgelegt, sondern angesichts einer veränderten Sachlage teleologisch reduziert, also entgegen dem Wortsinn eingeschränkt.

[91] SOMLÓ, Juristische Grundlehre, S. 373. Ähnlich BIERLING, Juristische Prinzipienlehre, Bd. 4, S. 299.

[92] In der Festschrift für WILHELM FELGENTRAEGER, 1969, S. 353.

ten[93]. Praktisch spielt das Gewohnheitsrecht im ursprünglichen Sinne heute so gut wie keine Rolle mehr. Von großer praktischer Bedeutung ist dagegen heute das durch sogenannte „Präjudizien" geschaffene „Richterrecht". Die Frage, ob es sich hierbei um „Recht" im Sinne normativer Verbindlichkeit handelt, soll uns an späterer Stelle beschäftigen (unten Kap. 5, 5). Eine „ständige Rechtsprechung", die einer allgemeinen Rechtsüberzeugung entspricht und praktisch unangefochten ist, kann den Geltungsgrad von Gewohnheitsrecht erlangen. Zwischen dem auf solche Weise und dem aus der Übung der Rechtsgenossen entstandenen Gewohnheitsrecht besteht hinsichtlich der Auslegung aber ein bedeutender Unterschied.

Was das aus einer Übung entstandene Gewohnheitsrecht betrifft, so bedarf die darin zutage tretende Rechtsregel, wie bemerkt, zunächst einmal der sprachlichen Formulierung. Diese kann zuerst durch ein Gericht, durch eine private Aufzeichnung oder gutachtliche Äußerung erfolgen. Sie ist allemal schon das Ergebnis einer Auslegung. Bei ihr handelt es sich um die Deutung eines – in seiner Faktizität zuvor festgestellten – bestimmten Sozialverhaltens im Hinblick auf einen darin zum Ausdruck kommenden spezifisch rechtlichen Sinngehalt. Kriterium der Auslegung ist hier weder der mögliche Wortsinn – da ja die erst zu formulierende Regel vor der Auslegung noch gar nicht in Worte gefaßt ist –, noch der Wille eines Gesetzgebers. Auch die mehr oder weniger klaren Vorstellungen aller derer, die sich meist unreflektiert der gewohnheitsrechtlichen Regel gemäß verhalten, geben nicht viel her. Es bleiben der Sinnbezug auf rechtsethische Prinzipien, objektive Rechtszwecke, spezifisch rechtliche Wertungsmaßstäbe wie die Erwartung „redlichen Verhaltens" und deren Konkretisierung für Fälle ähnlicher Art. Auch gewohnheitsrechtliche Normen sind heute selbstverständlich „verfassungskonform" auszulegen. Da sie ebenso wie Gesetzesnormen und richterliche Entscheidungen nichts anderes als „die Sache Recht"[94] in irgendeiner näheren Hinsicht zum Ausdruck bringen, und zwar noch vor aller Fassung in Worte, so ist „Bedingung der Möglichkeit des Verstehens" auch von Gewohnheitsrecht als solchem die Ausrichtung des Blicks des Auslegers auf die in seinem „Vorverständnis" schon intendierte „Sache Recht".

Die Einstellung auf die „Sache Recht" ist auch die letzte Bedingung der Möglichkeit des Verstehens von gerichtlichen Entscheidungen. Diese stellen aber bereits eine sprachliche Äußerung des darin ausgedrückten Rechtsgedankens dar. Gewohnheitsrecht, das aus einer „ständigen Rechtsprechung" entstanden ist, bezieht sich auf diese sprachlichen Äußerungen zurück. Sie bedürfen, so wie die sprachlichen Äußerungen des Gesetzgebers, der Auslegung. Ebenso bedürfen der Auslegung andere gerichtliche Entscheidungen, sobald sie als mögliche Präjudizien in Betracht gezogen werden. Sie bedürfen ihrer sogar in noch höherem Maße als Gesetze. Denn wegen ihrer Bezogenheit auf den jeweils entschiedenen Fall ist die Tragweite und damit die Anwendbarkeit der darin ausgesprochenen Maximen auf

---

[93] Die letzte größere Bearbeitung ist die „Theorie des Gewohnheitsrechts" von HANS MOKRE, 1932.

[94] Im Sinne von HRUSCHKA, Das Verstehen von Rechtstexten, S. 27 ff.; 56 ff.

andere Fälle oft sehr zweifelhaft. Mit der Auslegung höchstrichterlicher Entscheidungen befassen sich in der Tat viele juristische Arbeiten und auch zahlreiche Urteile. In der Theorie ist dagegen die Interpretation von gerichtlichen Entscheidungen, anders als die Auslegung von Gesetzen und von Rechtsvorschriften, bisher auffallend vernachlässigt worden.

Bei der Auslegung gerichtlicher Entscheidungen geht es darum, den Gedankengang des Gerichtes nachzuvollziehen und die Tragweite der ausgesprochenen Gedanken deutlich zu machen, sie klarer zu begrenzen, auch: die die Entscheidung tragenden Gründe von dem zu sondern, was nur „schmückendes Beiwerk" ist. Der in den Entscheidungsgründen geäußerten Rechtsauffassung des Gerichts kommt allerdings, anders als einem Gesetz, keine unmittelbare normative Geltung zu. Handelt es sich bei der Urteilsbegründung nicht um Normsetzung, sondern um die Äußerung einer Rechtsauffassung, die freilich für die Entscheidung des Gerichts in diesem Fall – sofern es sich nicht nur um ein „obiter dictum" handelt – von ausschlaggebender Bedeutung, ein unentbehrliches Stück des Begründungszusammenhanges war, dann kann das Ziel der Auslegung der Entscheidungen nur die Ermittlung der tatsächlichen Rechtsmeinung der Richter sein.

Für die Ermittlung der Rechtsmeinung des Gerichts steht in der Regel keine andere Erkenntnisquelle zur Verfügung als das schriftlich niedergelegte Urteil selbst. Ausschlaggebend sind daher hier der Wortsinn und der Bedeutungszusammenhang. Für den Wortsinn ist vor allem der juristische Sprachgebrauch zu beachten; der Bedeutungszusammenhang schließt auch den Sachverhalt ein, über den das Gericht geurteilt hat. Nicht selten ergeben sich Widersprüche oder Lücken im Begründungszusammenhang. Dann ist zu fragen, ob es in den Grenzen des möglichen Wortsinns und des Bedeutungszusammenhanges eine mögliche Deutung gibt, die den Widerspruch ausräumt, die Lücke überbrückt. Ist das der Fall, und ergibt sich auf diese Weise ein vernünftiger Sinn, dann ist das Urteil dementsprechend zu interpretieren. Denn im Zweifel muß davon ausgegangen werden, daß das Gericht, auch wenn die Begründung mangelhaft ist, folgerichtig gedacht, einen lückenlosen Gedankenzusammenhang angestrebt hat[95]. Ist es nicht möglich, im Wege der Interpretation – innerhalb der angegebenen Grenzen derselben – den Widerspruch auszuräumen, das fehlende Zwischenglied des Gedankenzusammenhanges zu ergänzen, dann ist die Rechtsmeinung des Gerichts nicht mehr festzustellen.

Nicht selten neigen die Gerichte dazu, im Hinblick auf den zu entscheidenden Fall eine Rechtsauffassung zu äußern, die mindestens ihrer Formulierung nach weiter geht, als das zur Entscheidung dieses Falles nötig gewesen wäre und dem Gericht selbst vielleicht bewußt geworden ist. Die Aufgabe der Interpretation ist es

---

[95] Ziel der richterlichen Begründung ist, die Parteien und die Rechtsuchenden von der Richtigkeit der getroffenen Entscheidung (im Sinne ihrer Übereinstimmung mit Gesetz und Recht) zu überzeugen. Zu diesem Zweck muß sie, wie WILFRIED SCHLÜTER, Das Obiter dictum, 1973, S. 97 mit Recht betont, „einen rational nachvollziehbaren, kontrollierbaren und damit diskutierbaren Begründungszusammenhang aufweisen". Wenn auch nicht alle Urteile dieser Forderung genügen, so kann doch wenigstens unterstellt werden, daß die Gerichte bemüht sind, ihr nachzukommen.

in einem solchen Fall, die zu weite Formulierung auf den vom Gericht gemeinten engeren Anwendungsbereich zurückzuführen, der sich aus der Bezugnahme auf den Sachverhalt ergibt, den das Gericht zu beurteilen hatte. Nicht selten verfahren die Gerichte selbst in dieser Weise, um darzutun, daß eine frühere Entscheidung kein „Präjudiz" für die jetzt zu findende Entscheidung darstelle.

In einer Entscheidung aus dem Jahre 1957[96] hatte der BGH zu der Frage, wann eine Drohung im Sinne des § 123 BGB „widerrechtlich" ist, u.a. folgende „Leitsätze" aufgestellt: „Zur Annahme der Widerrechtlichkeit im Sinne des § 123 BGB bedarf es der Feststellung, daß der Gläubiger die Tatsachen kennt oder kennen muß, die seiner Drohung den sittlich anstößigen Charakter geben; die schuldhafte Unkenntnis steht also dem Wissen gleich. In keinem Fall wird die Rechtswidrigkeit der Drohung durch eine falsche rechtliche Wertung des Sachverhalts seitens des Gläubigers ausgeschlossen." In einem späteren Urteil[97] ging es darum, ob eine Drohung dann widerrechtlich ist, wenn derjenige, der sie ausspricht, sich in einem entschuldbaren Irrtum über das Bestehen einer Forderung gegen den von ihm Bedrohten befindet. (Gedroht wurde mit der Einziehung einer Forderung, deren Bestehen objektiv zweifelhaft war.) Der BGH verneinte die Frage. „Wer bei zweifelhafter Rechtslage sich einem Geschäftspartner gegenüber auf einen objektiv vertretbaren Rechtsstandpunkt stellt und die sich daraus ergebenden Folgerungen für den Fall androht, daß sich der Partner nicht zur Abgabe einer bestimmten Willenserklärung entschließt, handelt nicht schon aus diesem Grunde rechtswidrig." Damit setze sich der Senat nicht in einen Widerspruch zu der früheren Entscheidung. Zwar habe es in dieser geheißen, in keinem Fall werde die Rechtswidrigkeit der Drohung durch eine falsche rechtliche Wertung des Sachverhalts seitens des Gläubigers ausgeschlossen. Wie sich aus dem Zusammenhang der Entscheidung ergebe, sei mit der „falschen rechtlichen Wertung des Sachverhalts" aber nur der Fall gemeint gewesen, daß der Gläubiger aus den ihm bekannten Tatsachen falsche rechtliche Schlüsse *hinsichtlich der Widerrechtlichkeit seiner Drohung* gezogen habe. Hier aber habe der Drohende sich nicht nur hinsichtlich der rechtlichen Wertung seiner Drohung geirrt, sondern bereits über eine rechtliche Vorfrage, von der diese Wertung abhängt, nämlich über das Bestehen oder Nichtbestehen einer Forderung. Sein Irrtum sei nicht ein solcher über die rechtliche Wertung selbst, sondern ein solcher über die Grundlage der Wertung, der, wenn unverschuldet, auch nach der früheren Entscheidung dazu geeignet sei, der Drohung die Rechtswidrigkeit zu nehmen. Hier wird deutlich der zu weit und daher mißverständlich formulierte Leitsatz der ersten Entscheidung auf die gemeinte Bedeutung zurückgeführt, wofür sich der Begründungszusammenhang – mit Einschluß der damaligen Fallgestaltung – als ausschlaggebend erweist.

Das Beispiel läßt erkennen, wie gefährlich die leider vom Bundesgerichtshof angenommene Praxis ist, den Entscheidungen rechtssatzförmig formulierte Leitsätze voranzustellen. Derartige Leitsätze sind nichts anderes als Destillata aus Entscheidungsbegründungen, die ihrerseits fallbezogen und in hohem Maße auslegungsbedürftig sind. Durch ihre rechtssatzförmige Formulierung wird der Anschein erweckt, als komme ihnen, losgelöst von dem entschiedenen Sachverhalt, der Charakter einer gleichförmig anwendbaren, bereits feststehenden Regel zu. Dabei wird verkannt, daß der Richter, der eben doch in erster Linie den zu entscheidenden Fall im Auge hat, noch weit weniger dazu in der Lage ist, alle künftigen Anwendungsmöglichkeiten seines „Leitsatzes" zu übersehen, als der Gesetzgeber[98].

---

[96] BGHZ 25, 217.

[97] LM Nr. 28 zu § 123 BGB.

[98] Zutreffend sagt SCHLÜTER, Das Obiter dictum, S. 31, die Gerichte seien „zur Aufstellung solcher zukunftweisenden Verhaltensnormen um so weniger in der Lage, als sie auch nicht

Der Bundesgerichtshof sieht sich daher denn auch häufig genötigt, die von ihm aufgestellten Leitsätze wieder einzuschränken oder zu korrigieren.

Gerichtliche Entscheidungen und ihre Begründungen sind nicht nur Gegenstand der Auslegung, sondern auch einer wissenschaftlichen Kritik, die nicht selten darauf hinausläuft, einen in der Begründung nicht oder nur andeutungsweise ausgesprochenen Rechtsgedanken, der dem Gericht selbst noch gar nicht bewußt gewesen ist, aber die Entscheidung im Ergebnis treffender zu begründen vermag, in das Bewußtsein zu heben und seine Tragweite deutlich zu machen. Um einfache „Auslegung" handelt es sich hierbei nicht mehr, weil die Grenze des möglichen Wortsinnes und des Bedeutungszusammenhanges der von dem Gericht gegebenen Begründung überschritten, diese als unzulänglich erkannt und wenigstens teilweise durch eine andere ersetzt wird, die sich mit der vom Gericht gegebenen eben nicht mehr deckt.

c) Zur Verfassungsinterpretation

Es ist fraglich, ob die bisher dargestellten Grundsätze der Gesetzesauslegung auch uneingeschränkt für die Verfassungsinterpretation gelten, oder ob hier noch andere Gesichtspunkte zu beachten sind. Um die Fragen der Verfassungsinterpretation hat seit Beginn der fünfziger Jahre eine lebhafte Diskussion stattgefunden; DREIER und SCHWEGMANN haben im Jahre 1976 eine Reihe der bis dahin erschienenen Abhandlungen zusammengestellt und neu publiziert[99]. Die methodologischen Arbeiten von FRIEDRICH MÜLLER und MARTIN KRIELE sind vornehmlich an den Problemen der Verfassungsinterpretation orientiert.

Es kann nicht verwundern, daß in dieser Diskussion vielfach dieselben Fragen und auch dieselben Lösungsvorschläge wiederkehren, die die Methodendiskussion der letzten 40 Jahre auch sonst kennzeichnen. Auch hier treffen wir auf die Frage, ob begründbare Aussagen über Werte oder „Richtiges" überhaupt möglich sind, auf das Argument der angeblichen Beliebigkeit der Wahl zwischen verschiedenen Auslegungsmethoden, auf „topisches" Denken[100] und auf die Frage nach den Folgen dieser oder jener Auslegung. Geht es um die Frage, ob eine einzelgesetzliche Regelung „verfassungskonform" ist, so tritt naturgemäß der Gesichtspunkt der „Fallgerechtigkeit" zurück hinter den der Ausgewogenheit und sachlichen Angemessenheit einer Norm oder eines Regelungskomplexes. Denn man geht davon

---

annähernd über die Erkenntnisquellen und das Anschauungsmaterial des parlamentarischen Gesetzgebers verfügen können".

[99] DREIER/SCHWEGMANN, Probleme der Verfassungsinterpretation, 1976.

[100] Auf der Tagung der deutschen Staatsrechtslehrer im Jahre 1961, deren Thema die „Prinzipien der Verfassungsinterpretation" waren (veröffentlicht 1963), knüpfte der erste Referent, PETER SCHNEIDER, betont an die allgemeinen Lehren der geisteswissenschaftlichen Hermeneutik an. Der zweite, HORST EHMKE, vertrat dagegen ebenso eindeutig die „topische" Denkweise. Er forderte, auch für die Verfassungsinterpretation „am Problem entwickelte sachliche Regeln für Problemlösungen" zu entwickeln und postulierte als letztes Kriterium, statt eines „objektiven, materialen Rechtsprinzips", den „Konsens aller vernünftig und gerecht Denkenden".

aus, daß die Verfassung, vornehmlich der Art. 3 GG, eine Regelung verlangt, die diesen Forderungen genügt. Für die Auslegung der Verfassung ergibt sich damit noch nichts Besonderes. Mit Recht stellt DREIER in der Einleitung zu dem erwähnten Sammelbande[101] fest, das Verfassungsgesetz stelle uns wie jedes Gesetz vor Probleme des Verhältnisses „von Wille und Ausdruck sowie von Wille und Vernunft". Wie jedes geschriebene Gesetz werfe es die Frage auf, „wie sich das ‚law in books' zum ‚law in action' verhalte". Damit umreißt er zugleich die Spannweite der in dem Bande vereinten Aufsätze.

Der erste dieser Aufsätze, der von FORSTHOFF[102], betont mit Nachdruck die Stabilisierungsfunktion der Verfassung und damit den statischen Charakter der Verfassungsinterpretation. Als Gesetz werde die Verfassung den für Gesetze geltenden Regeln der Auslegung unterstellt und damit „in ihrem Sinne erweisbar und in ihrem Vollzug kontrollierbar." Die „für Gesetze geltenden Regeln der Auslegung" sind nach FORSTHOFFS Meinung die von SAVIGNY entwickelten Auslegungsmethoden. Das Gesetz dulde keine Beliebigkeit der Auslegungsprozeduren, sondern werde durch eine solche Beliebigkeit negiert oder aufgelöst[103]. Eben dies herbeizuführen, macht FORSTHOFF der neueren Auslegungslehre zum Vorwurf, die eine Orientierung an dem „Sinnsystem" der Verfassung, den ihr zugrundeliegenden Werten, verlangt. Denn ein solches Sinnsystem sei „mit den Mitteln exakter (?) Gesetzesinterpretation" nicht zu ermitteln[104], es liege „außerhalb der Normen und der mit den Mitteln der Exegese zugänglichen Gehalte". Die „Preisgabe der klassischen Regeln der Auslegungskunst, die eine Auflösung des Gesetzesbegriffs im Inhaltlichen bedeutet", nehme der Norm die Evidenz[105]. Parallel dazu gehe „die Umbildung des Rechtsstaates in einen Justizstaat". Während nach rechtsstaatlicher Auffassung der Richter „unter der Verfassung" stehe, mache sich der Richter, der die Verfassung auf eine ihr von ihm untergelegte Wertordnung hin interpretiert, ob gewollt oder ungewollt, zum „Herrn der Verfassung"[106]. Auch wenn FORSTHOFF versichert, er wolle die eingetretene Entwicklung nur schildern, unterliegt es doch keinem Zweifel, daß er sie mißbilligt. Er gibt die Schuld an dieser seiner Meinung nach verhängnisvollen Entwicklung wenigstens zum Teil der Abkehr von der überlieferten juristischen und der Hinwendung zu einer „geisteswissenschaftlichen" Methode.

FORSTHOFF verkennt, daß die Verfassung selbst es ist, die die Beachtung bestimmter Werte und Sinnbezüge zur Pflicht macht. Er verkennt ferner, daß auch die Methodenlehre SAVIGNYS mindestens hinsichtlich des „systematischen", von SAVIGNY ursprünglich auch als „philosophisch" bezeichneten Elements, die

---

101 a.a.O., S. 13.

102 Die Umbildung des Verfassungsgesetzes, a.a.O., S. 51 (zuerst gedruckt in Festschr. für CARL SCHMITT, 1959, S. 35).

103 a.a.O., S. 53.

104 a.a.O., S. 54.

105 a.a.O., S. 63.

106 So FORSTHOFF in seiner Schrift „Zur Problematik der Verfassungsauslegung", 1961, S. 33.

Sinnfrage keineswegs ausschloß. Die Gegenüberstellung einer „juristischen" und einer „geisteswissenschaftlichen" Methode ist schief, weil die juristische gar keine andere als eine – wenn auch besonders geartete – geisteswissenschaftliche Methode sein kann. Das hält denn auch HOLLERBACH[107] in dem nächsten der Aufsätze FORSTHOFF entgegen. Die Rechtswissenschaft sei „eine geisteswissenschaftliche Disziplin, weil sie es mit dem Menschen und einer bestimmten Objektivation menschlichen Geistes, mit ‚Menschenwerk' in der besonderen Form des ‚Sprachwerks' zu tun" habe, und daher „notwendig, ja geradezu ‚existentiell' auf verstehende Interpretation angelegt und angewiesen"[108]. Damit sei freilich nicht gesagt, daß sie nicht bezüglich ihrer Methode spezifische Unterschiede von anderen Geisteswissenschaften aufwiese und auch innerhalb ihrer Einzeldisziplinen weitere Differenzierungen bestehen könnten. Mit Recht zwar wende sich FORSTHOFF gegen eine „Beliebigkeit der Auslegungsmethoden". Aber es sei ein Irrtum, zu glauben, „wahre geisteswissenschaftliche Auslegung übersehe dies und ermögliche eine beliebige Methodenvielfalt"[109]. Die von FORSTHOFF nicht ohne Grund beklagten Auflösungserscheinungen sind in der Tat nicht die Folge der Hinwendung zu einer geisteswissenschaftlichen Methode oder, in unserer Ausdrucksweise, zu einem wertorientierten Denken, sondern eher die einer unzulänglichen Handhabung dieser Methode oder einer Abkehr von jeder Methode, der Hinwendung zu einer rein „topischen" Denkweise.

Den Gegenpol zu FORSTHOFF stellt in der Sammlung der letzte Beitrag, der von HÄBERLE, dar[110]. Er versteht die Verfassung nicht so sehr als die „gesetzte" Norm, denn als „law in public action", als „öffentlichen Prozeß"[111]. Träger dieses Prozesses sei vor allem das Bundesverfassungsgericht. Dieser Prozeß verlange eine „offene" Auslegung, eine „Öffnung des Methodenkanons"[112]. Das bedeute nicht, daß die „klassischen Auslegungsregeln" abgestoßen würden; sie glichen „eher ‚Ringen' im Stamm der lebenden Verfassung". Die „entstehungsgeschichtliche Auslegung" müsse zu einer „entwicklungsgeschichtlichen" transformiert werden; so erhalte die historische Auslegungsmethode „eine neue, begrenzte Legitimation"[113]. Ziel aller Auslegung sei „ein (zukunfts-)offenes Verfassungsverständnis und in ihm ein gerechter, ‚vernünftiger' Interessenausgleich"[114]. HÄBERLE betont mit Recht, daß Rechtsanwendung und so auch die Verwirklichung der Verfassung durch die Gerichte einen fortlaufenden Prozeß darstellen, in dem die Interpretation den Faktor bildet, durch den die Norm immer wieder an neue zeitliche Gegebenheiten angepaßt

---

[107] Auflösung der rechtsstaatlichen Verfassung? a.a.O., S. 80; zuerst in ArchöffR 1960, S. 241.
[108] a.a.O., S. 101.
[109] a.a.O., S. 103.
[110] Zeit und Verfassung, a.a.O., S. 293; zuerst in Ztschr. f. Politik, 1974, S. 111.
[111] a.a.O., S. 298.
[112] a.a.O., S. 307.
[113] a.a.O., S. 311.
[114] a.a.O., S. 306.

wird; er unterschätzt doch wohl die stabilisierende Funktion der Verfassung und deren Bedeutung für die Auslegung.

Es würde zu weit gehen, hier auf die weiteren Beiträge des Sammelbandes und auf die gesamte, fast unübersehbare Literatur[115] einzugehen. Die gegebenen Proben mögen genügen, um darzutun, wie weit gerade auch hinsichtlich der Verfassungsinterpretation die Meinungen auseinandergehen.

Was meine eigene Meinung betrifft, so sehe ich keinen hinreichenden Grund, die allgemeinen Auslegungsgrundsätze nicht wenigstens prinzipiell auch auf die Verfassungsinterpretation anzuwenden. Denn die Verfassung als Gesetz ist ebenso wie alle anderen Gesetze ein (zumeist in der Umgangssprache abgefaßtes) Sprachwerk, das als solches der Auslegung bedarf, wie die in ihr enthaltenen Sätze den Charakter von Normen haben; ihre Bindungswirkung ist gewiß nicht geringer, sondern eher stärker als die aller anderen Gesetze. Insoweit deckt sich mein Standpunkt mit dem von HOLLERBACH. Auch das Bundesverfassungsgericht steht nicht „über" der Verfassung, sondern „unter" ihr; es ist allerdings in besonderem Maße zu ihrer Auslegung und, in den Grenzen richterlicher Entscheidungsfreiheit, zu ihrer Fortbildung berufen. Die Frage kann nur sein, ob diese Grenzen hier weiter zu ziehen sind als sonst. Beliebigkeit der Methodenwahl oder ein dem Gesetzgeber gleiches Ermessen sind aber mit der Bindung an die Verfassung nicht vereinbar. *Alle* Auslegungskriterien sind deshalb auch hier zu beachten. Eine Abwertung des Kriteriums der Entstehungsgeschichte halte ich nicht für gerechtfertigt[115a]. Die Verfasser des Grundgesetzes fühlten sich einer historischen Kontinuität verbunden, die von der Verfassung der Paulskirche bis zur Weimarer Verfassung reichte; an solcher Kontinuität sollte man, soweit das möglich ist, gerade angesichts des gestörten Verhältnisses der Deutschen zu ihrer Geschichte festhalten. Das heißt nicht, daß die Auslegung nicht einem Wandel der Verhältnisse Rechnung zu tragen hätte (vgl. dazu oben 3 b am Ende). Doch sollte man hier vorsichtig sein.

Es bleiben dennoch Zweifel, ob nicht die Stellung, die das Grundgesetz dem Bundesverfassungsgericht einräumt, diesem auch Entscheidungen abnötigt, die nicht mehr allein mit rechtlichen Erwägungen, sondern nur noch „politisch", nämlich mit der Rücksicht auf das Gemeinwohl und insbesondere die Funktionsfähigkeit des sozialen Rechtsstaats, begründet werden können. Solche Zweifel ergeben sich daraus, daß das Grundgesetz, vor allem in seinem Grundrechtsteil, sich besonders häufig ausfüllungsbedürftiger Begriffe sowie ethischer Maßstäbe, wie der „Menschenwürde", bedient, daß es die Begrenzung eines Grundrechts, wie in Art. 2

---

[115] Vgl. hierzu die umfängliche Bibliographie in dem Sammelband von DREIER/SCHWEGMANN, S. 329 ff.

[115a] Eine gewisse Neigung hierzu zeigt das Bundesverfassungsgericht. So hat es wiederholt ausgesprochen, die Entstehungsgeschichte einer Verfassungsnorm könne zwar nicht völlig unberücksichtigt bleiben, ausschlaggebende Bedeutung komme ihr aber nicht zu; so BVerfGE 62, 45 und die dort angegebenen älteren Entscheidungen. Demgegenüber sucht SACHS in DVerwBl 1984, 73 ff. nachzuweisen, daß die Auslegungs*praxis* des Gerichts mit der herrschenden Auslegungslehre übereinstimmt.

Abs. 1, in mehr formelhafter Weise umschreibt und so der Interpretation in der Tat einen sehr weiten Spielraum läßt. BÖCKENFÖRDE bemerkt in seinem in der erwähnten Sammlung enthaltenen Beitrag[116], daß in diesen Fällen die Interpretation „in Wortfassung, Sprachsinn und Regelungszusammenhang keinen hinreichenden Anknüpfungspunkt" finde. Geht es um die Konkretisierung eines Verfassungsprinzips, seine Reichweite in bezug auf eine bestimmte Situation, seine weitere inhaltliche Ausfüllung, dann reichen diese Kriterien gewiß nicht aus. Auch wird es häufig an dem für die Methode der Fallvergleichung und einer darauf aufbauenden Typenbildung an Vergleichsfällen fehlen. Es bleiben objektiv-teleologische Kriterien, vor allem die Struktur des Sachbereichs. Innerhalb dieses Rahmens aber muß das Gericht oft eine Entscheidung treffen, für die Zweckmäßigkeitserwägungen der Art, wie sie der Gesetzgeber anstellt, den Ausschlag geben. LERCHE[117] weist in dem erwähnten Sammelband ferner darauf hin, daß „bei Meinungsverschiedenheiten zwischen mehreren politisch Handelnden", z. B. bei Streitigkeiten zwischen Bund und Ländern, „regelmäßig ein mehr oder weniger Einzigartiges" zur Entscheidung stehe. Dann aber fehlt es in solchen Fällen an einem judiziablen Maßstab. Ist dem so, muß das Gericht selbst eine sachgerechte Entscheidung treffen, die nur eine politische Entscheidung sein kann. Hierbei nun wird das Gericht vor allem die Folgen der einen oder der anderen möglichen Entscheidung für die Fortentwicklung des Verfassungszustandes bedenken, etwa für ein vernünftiges Zusammenwirken zwischen Bund und Ländern oder für die Erfüllung bestimmter Aufgaben der „öffentlichen Hand", unter Umständen auch die aus einer solchen Entscheidung entstehenden finanziellen Belastungen oder andere Konsequenzen.

Somit wird man in der Tat sagen müssen, daß bei der dem Bundesverfassungsgericht aufgetragenen Tätigkeit der Normenkontrolle und der Entscheidung bestimmter politischer Streitigkeiten die Methoden juristischer Interpretation – diese im weitesten Sinne genommen – auf eine Grenze stoßen, jenseits derer dann nur noch eine an den zu erwartenden Konsequenzen und deren Zweckmäßigkeit oder Erträglichkeit für das Gemeinwesen zu orientierende, also eine politische Entscheidung möglich ist[117a]. Dies mag der Grund sein, aus dem sich gerade KRIELE mit besonderem Nachdruck für eine Orientierung der gerichtlichen Entscheidungen an den zu erwartenden Folgen einsetzt. In seinem Nachwort polemisiert er in diesem Zusammenhang gegen LUHMANN, dessen oben (S. 237 f.) mitgeteilte Äußerung ihm dazu den Anlaß gibt[118]. Nach KRIELE sind ja die Vorausschätzung der zu erwartenden Folgen sowie deren „unparteiliche Abwägung" (unter dem Blickpunkt des „fundamentaleren Interesses") die wichtigsten Elemente der Entscheidungs-

---

[116] a.a.O., S. 267.

[117] a.a.O., S. 138.

[117a] Anders BADURA, Die Bedeutung von Präjudizien im deutschen und französischen Recht, 1985, S. 67. Nach ihm gibt „die bisherige Praxis des Bundesverfassungsgerichts der Annahme keine Stütze, daß der Boden einer juristischen Argumentation und Begründung hätte verlassen werden müssen".

[118] KRIELE a.a.O., S. 332 f.

gewinnung. Hierzu möchte ich nunmehr abschließend folgendes sagen: in der normalen Entscheidungstätigkeit vornehmlich der Zivilgerichte kann die Frage nach den etwa eintretenden weiter reichenden Folgen der ins Auge gefaßten Entscheidung z. B. die Frage nach den unerwünschten wirtschaftlichen Folgen einer gesetzlich gebotenen Konkurseröffnung oder der Nichtigkeit eines Vertrages – im allgemeinen keine Rolle spielen. Erstens sind die Gerichte meist gar nicht dazu in der Lage, diese Folgen richtig zu übersehen, zweitens hat der Gesetzgeber (mit den Regeln über die Konkurseröffnung oder die Nichtigkeit von Verträgen) Vorentscheidungen getroffen, die umzustoßen ihnen nicht gestattet ist, drittens erwartet die Partei, die das Gesetz auf ihrer Seite hat, daß ihr vom Gericht zugesprochen wird, was ihr nach dem Gesetz zukommt. Soweit ist LUHMANN zuzustimmen. Anders liegt es nur bei Grundsatzentscheidungen von großer wirtschaftlicher Tragweite, wie etwa der erstmaligen Zulassung der Sicherungsübereignung, der Globalzession, des verlängerten Eigentumsvorbehalts, durch das oberste Gericht, an die KRIELE vermutlich denkt. Ist in solchen Fällen mit den Mitteln der Auslegung im engeren Sinn kein sicheres Ergebnis zu erzielen, besteht vielleicht Anlaß zu einer „gesetzesübersteigenden Rechtsfortbildung", dann sollte das Gericht allerdings die Folgen allgemeinwirtschaftlicher oder sozialer Art bedenken und wird dies auch tun.

Was für die Zivilgerichte allenfalls eine Ausnahme ist, das trifft für ein Verfassungsgericht weit eher zu. Zwar wird es z. B. über Verfassungsbeschwerden vielfach routinemäßig, mit den normalen Mitteln juristischer Argumentation, entscheiden können. Hier fehlt es ja auch nicht an Vergleichsfällen. Bei Entscheidungen von großer politischer Tragweite für die Zukunft des Gemeinwesens aber reichen diese Mittel nicht aus. Dem Verfassungsgericht obliegt eine politische Verantwortung für die Erhaltung der rechtsstaatlichen Ordnung und ihrer Funktionsfähigkeit. Es kann nicht nach der Maxime verfahren: fiat justitia, pereat res publica. Kein Verfassungsrichter wird praktisch so verfahren. Hier ist die Folgenerwägung also ganz unverzichtbar, und insoweit hat KRIELE recht. Freilich sind die (entfernteren) Folgen auch für ein Verfassungsgericht nicht immer mit Sicherheit zu übersehen, obwohl dieses doch über viel weitergehende Möglichkeiten als ein einfaches Zivilgericht verfügt, von ihnen ein Bild zu gewinnen. Aber das muß in Kauf genommen werden. Was die Bewertung der zu erwartenden Folgen betrifft, so kann diese Bewertung nur an dem Gedanken des „Gemeinwohls", insbesondere der Erhaltung oder Verbesserung der Funktionsfähigkeit des Rechtsstaates, ausgerichtet sein. Sie ist in diesem Sinne eine politische, wobei aber von jedem Verfassungsrichter zu fordern ist, daß er sich von seiner subjektiven politischen Einstellung, von Sympathie mit bestimmten politischen Gruppen oder Antipathie gegen andere, so weit als das überhaupt möglich ist – und das ist sicherlich in weitem Maße der Fall – frei macht und nach einer unvoreingenommenen, „vernünftigen" Entscheidung sucht.

KAPITEL 5

Methoden richterlicher Rechtsfortbildung

1. Richterliche Rechtsfortbildung als Fortsetzung der Auslegung

Bildet auch die Gesetzesauslegung die nächste Aufgabe einer der Rechtspraxis zugewandten Jurisprudenz, so hat sich diese doch darin nie erschöpft. Immer hat man anerkannt, daß auch ein noch so sorgsam bedachtes Gesetz nicht für jeden einer Regelung bedürftigen Fall, der dem Regelungsbereich des Gesetzes zuzurechnen ist, eine Lösung enthalten kann, mit anderen Worten, daß jedes Gesetz unvermeidbar „lückenhaft" ist. Die Kompetenz der Gerichte zur Ausfüllung von Gesetzeslücken ist ebenfalls seit langem anerkannt. Dem Richter hierfür Methoden an die Hand zu geben, mit deren Hilfe er diese Aufgabe in sachgemäßer und nachvollziehbarer Weise lösen kann, ist daher ein wichtiges Anliegen der Jurisprudenz. Mitunter geht es bei der richterlichen Rechtsfortbildung aber nicht nur um die Ausfüllung von Gesetzeslücken, sondern um die Aufnahme und weitere Ausbildung neuer Rechtsgedanken, die im Gesetz selbst allenfalls eine Andeutung erfahren haben, deren Realisierung durch die Rechtsprechung daher über den ursprünglichen Plan des Gesetzes hinausgeht, ihn mehr oder weniger modifiziert. Es versteht sich, daß auch eine solche „gesetzesübersteigende" Rechtsfortbildung nur im Einklang mit den leitenden Prinzipien der Gesamtrechtsordnung erfolgen darf, ja vielfach gerade durch das Streben veranlaßt wird, diesen Prinzipien in einem weiteren Umfang, als es im Gesetz geschehen ist, Geltung zu verschaffen.

Gesetzesauslegung und richterliche Rechtsfortbildung dürfen nicht als wesensverschieden angesehen werden, sondern nur als voneinander verschiedene Stufen desselben gedanklichen Verfahrens. Das will sagen, daß schon die einfache Auslegung des Gesetzes durch ein Gericht, sofern sie erstmalig ist oder von einer früheren Auslegung abweicht, eine wenn auch dem Gericht selbst vielfach noch nicht bewußte Rechtsfortbildung darstellt, wie anderseits, daß richterliche Rechtsfortbildung über die Grenzen der Auslegung hinaus sich immer noch in weiterem Sinne „interpretativer" Methoden bedient. Als die Grenze der Auslegung im engeren Sinne haben wir die des möglichen Wortsinns erkannt. Methodisch geleitete Rechtsfortbildung über diese Grenze hinaus, aber noch im Rahmen des ursprünglichen Plans, der Teleologie des Gesetzes selbst, ist Lückenausfüllung, *gesetzesimmanente* Rechtsfortbildung; Rechtsfortbildung noch über diese Grenze hinaus, aber innerhalb des Rahmens und der leitenden Prinzipien der Gesamtrechtsordnung, ist *gesetzesübersteigende* Rechtsfortbildung. Für jede dieser drei Stufen sind bestimmte Methoden typisch; obwohl keine scharfen Grenzen zwischen ihnen gezogen werden können, empfiehlt es sich deshalb, sie zu unterscheiden. Es kommt hinzu, daß der Richter, der eine Entscheidung nicht verweigern darf, zur Gesetzesauslegung und, sofern das Gesetz lückenhaft ist, zur Lückenausfüllung in jedem Fall verpflichtet ist, während er sich zu einer gesetzesübersteigenden Rechtsfortbildung nur dann entschließen wird, wenn sehr schwerwiegende Gründe eine solche verlangen.

Darauf, daß eine veränderte Auslegung durch die Rechtsprechung der Sache nach nichts anderes als eine Rechtsfortbildung bedeutet, haben wir bereits früher hingewiesen. Das ist jedenfalls dann der Fall, wenn man annehmen kann, daß die neue Auslegung fortan von der Rechtsprechung beibehalten, daher auch im Rechtsverkehr beachtet werden wird. Daß jede Konkretisierung durch die Rechtsprechung eines ausfüllungsbedürftigen Maßstabes in der Beurteilung eines Einzelfalls, eine Rechtsfortbildung bedeutet, wurde mehrfach betont. Die erstmalige Auslegung einer Gesetzesbestimmung durch die Gerichte stellt insofern bereits eine „Fortbildung" der Gesetzesnorm dar, als sie eine unter mehreren dem Wortsinn nach möglichen Bedeutungen als die hier zutreffende kennzeichnet und damit eine vorher bestehende Ungewißheit beseitigt. Die Intention des Interpreten geht freilich nicht darauf, die Norm fortzubilden, sondern nur darauf, diejenige Bedeutung zu erkennen und auszusprechen, die im Text beschlossen liegt. Die Absicht, nur das auszusprechen, was der „richtig verstandene" Text von sich aus be-sagt, macht die typische Haltung des Interpreten aus. Er will nichts wegnehmen und nichts hinzutun, sondern nur den Text zum Sprechen bringen. Der Text aber spricht nur zu dem, der ihn in der richtigen Weise befragt und seine Sprache versteht. Wir wissen, daß jede Interpretation bis zu einem gewissen Grade auch eine schöpferische Leistung des verstehenden Subjekts ist. In der über die Grenzen der Interpretation im engeren Sinne hinausgehenden Rechtsfortbildung, die dem Subjekt auch als solche zum Bewußtsein kommt, nimmt der kreative Anteil des Subjekts zu. Vorhanden ist er aber schon in der einfachen Auslegung. Es handelt sich auch insoweit nur um graduelle Unterschiede. Die Auslegung vermag sich daher gleichsam bruchlos in der Lückenergänzung als der ersten Stufe einer dem Subjekt auch als solcher bewußten, in diesem Sinne offenen Rechtsfortbildung fortzusetzen. So kann es nicht verwundern, daß weithin dieselben Kriterien, die bei der Auslegung eine Rolle spielen, insbesondere die Regelungsabsicht und die Zwecke des Gesetzgebers und die objektiv-teleologischen Kriterien, auch für die Ausfüllung der Gesetzeslücken von maßgebender Bedeutung sind. Auf diese Weise kann sich die Auslegung gleichsam bruchlos in der offenen Rechtsfortbildung fortsetzen[1].

---

[1] Daß der Übergang insbesondere von einer erweiternden Auslegung zur Rechtsfortbildung durch Analogie „flüssig" ist, ein „prinzipieller Unterschied" in den Denkweisen nicht besteht, betonen ESSER, Grundsatz und Norm, S. 255; ZWEIGERT, Studium Generale 1954, S. 385; WIEACKER, Gesetz und Richterkunst, S. 6 f.; ENGISCH, Einführung, S. 146; KIRCHHOF, NJW 86, 2275. Die von DIEDERICHSEN (in der Festschr. für WIEACKER, 1978, S. 325 ff.) herausgestellten „begriffstechnischen" Mittel der Begriffsdifferenzierung, Begriffsverschiebung und Begriffsreduktion sind interpretative Mittel, die zum Zwecke der Rechtsfortbildung eingesetzt werden.

Eine Zeit, die das Recht mit dem Gesetz und dieses mit dem Willen des Gesetzgebers identifiziert, eine instrumentale Rechtsauffassung oder eine Auffassung, der Rechtssicherheit und Berechenbarkeit der Entscheidungen mehr gelten als deren Gerechtigkeit, neigt dazu, die Befugnis des Richters zur Interpretation der Gesetze einzuengen, die zu einer gesetzesübersteigenden Rechtsfortbildung zu verneinen[2]. Im 19. Jahrhundert wurde unter dem Gesichtspunkt des „Rechtsverweigerungsverbotes" die Notwendigkeit der Ausfüllung von Gesetzeslücken durch die Gerichte im Grundsatz anerkannt[3]. Doch fehlte es nicht an Stimmen, die infolge einer Überschätzung des begrifflichen Denkens und der Annahme einer „logischen Geschlossenheit" der Rechtsordnung deren Lückenlosigkeit behaupteten. Hiergegen wandten sich zu Beginn dieses Jahrhunderts die Interessenjurisprudenz und die Freirechtslehre. Die große Bedeutung, die dem Lückenbegriff zugemessen wurde, erklärt sich daraus, daß man dem Richter nur dort die Befugnis zur Rechtsfortbildung zusprechen wollte, wo das Gesetz eine „Lücke" aufwies. Der Lückenbegriff erfüllte also die Aufgabe, die Grenzen abzustecken, innerhalb derer dem Richter eine Rechtsfortbildung gestattet sei[4]. Da indessen die Gerichte in neuerer Zeit die Befugnis zur Rechtsfortbildung in immer weiterem Maße für sich in Anspruch nahmen und nach Lage der Dinge in Anspruch nehmen mußten[5], so führte das immer mehr zu einer Erweiterung des Lückenbegriffs. Soll dieser dadurch nicht jeden Aussagegehalt verlieren, so erscheint es uns als angebracht, die Begrenzung der richterlichen Rechtsfortbildung auf die Lückenausfüllung, wie das in der Praxis der höchsten Gerichte in der Tat längst geschehen ist, fallenzulassen. Für die das Gesetz übersteigende Rechtsfortbildung, die nicht mehr nur Lückenausfüllung ist, müssen dann andere Kriterien gelten, die nicht mehr allein dem Gesetz, sondern nur der Rechtsordnung als einem Sinnganzen entnommen werden können. Darauf, daß es derartige Kriterien gibt, weist insbesondere die Formel des Grundgesetzes (Art. 20 Abs. 3) hin, die vollziehende Gewalt und die Rechtsprechung seien an „Gesetz und Recht" gebunden. In dieser Formel kommt zum Ausdruck, daß „Gesetz" und „Recht" zwar keine Gegensätze sind, dem Recht aber gegenüber dem Gesetz ein überschießender Sinngehalt zukommt.

Der Sinngehalt dieser Formel ist im Schrifttum umstritten[6]. Das Bundesverfassungsgericht hat sich hierzu folgendermaßen geäußert[7]: „Die traditionelle Bindung des Richters an das

---

[2] Über die Beschränkung der Freiheit der Richter in der Interpretation, die am Ende des 18. Jahrhunderts sowohl im absolutistischen Österreich und Preußen wie im Frankreich der Revolution – jedes Mal vergeblich – versucht wurde, vgl. EKKEHARD SCHUMANN, ZZP 1968, S. 83 ff.

[3] Vgl. SCHUMANN, a.a.O., S. 89 ff.

[4] Diese Auffassung vertritt noch CANARIS, Die Feststellung von Lücken im Gesetz, 2. Aufl. 1983, S. 17, 21, 37.

[5] Vgl. dazu ROBERT FISCHER, Die Weiterbildung des Rechts durch die Rechtsprechung, 1971.

[6] Vgl. dazu KÖNIG bei REINHARDT-KÖNIG, Richter und Rechtsfindung, 1957, S. 39 ff.; ARTHUR KAUFMANN, Gesetz und Recht, in Festschrift für ERIK WOLF, 1962, S. 357 ff.; HANS-PETER SCHNEIDER, Richterrecht, Gesetzesrecht und Verfassungsrecht, 1969. Weitere Angaben bei ENGISCH, Einführung in das juristische Denken, S. 305 (Anm. 229).

[7] BVerfGE 34, 269, 287.

Gesetz, ein tragender Bestandteil des Gewaltentrennungsgrundsatzes und damit der Rechtsstaatlichkeit, ist im Grundgesetz jedenfalls der Formulierung nach dahin abgewandelt, daß die Rechtsprechung an ‚Gesetz und Recht' gebunden ist. Damit wird nach allgemeiner Meinung ein enger Gesetzespositivismus abgelehnt. Die Formel hält das Bewußtsein aufrecht, daß sich Gesetz und Recht zwar faktisch im allgemeinen, aber nicht notwendig und immer decken. Das Recht ist nicht mit der Gesamtheit der geschriebenen Gesetze identisch. Gegenüber den positiven Satzungen der Staatsgewalt kann unter Umständen ein Mehr an Recht bestehen, das seine Quelle in der verfassungsmäßigen Rechtsordnung als einem Sinnganzen besitzt und dem geschriebenen Gesetz gegenüber als Korrektiv zu wirken vermag; es zu finden und in Entscheidungen zu verwirklichen, ist Aufgabe der Rechtsprechung." Die Aufgabe und Befugnis zu schöpferischer Rechtsfindung, so sagt das Bundesverfassungsgericht weiter, sei dem Richter jedenfalls unter der Geltung des Grundgesetzes im Grundsatz nie bestritten worden. Die obersten Gerichtshöfe hätten sie von Anfang an in Anspruch genommen, und der Gesetzgeber selbst habe den Großen Senaten der obersten Gerichtshöfe die Aufgabe der Fortbildung des Rechts ausdrücklich zugewiesen. In manchen Rechtsgebieten, so im Arbeitsrecht, habe sie „infolge des Zurückbleibens der Gesetzgebung hinter dem Fluß der sozialen Entwicklung besonderes Gewicht erlangt". Fraglich können nur die Grenzen sein, die „einer solchen schöpferischen Rechtsfindung mit Rücksicht auf den aus Gründen der Rechtsstaatlichkeit unverzichtbaren Grundsatz der Gesetzesbindung der Rechtsprechung gezogen werden müssen". Angesichts dieser Ausführung dürfte es sich erübrigen, weitere Äußerungen der Obersten Bundesgerichte anzuführen, in denen diese für sich die Befugnis in Anspruch nehmen, das Recht „durch die Entfaltung allgemeiner, durch den Gesetzgeber, die Rechtsordnung oder die allgemeine Werteordnung vorgegebener und vollziehbarer Rechtssätze" fortzubilden[8]. Der frühere Präsident des Bundesgerichtshofes, HEUSINGER, hat in seiner am 30. 3.1968 gehaltenen Abschiedsrede, die mir maschinenschriftlich vorgelegen hat, hervorgehoben, die Rechtsprechung des Bundesgerichtshofes sei vom Gesetz durch die Hervorhebung zweier besonderer Aufgaben, die Wahrung der Rechtseinheit und die Fortbildung des Rechts, gekennzeichnet worden. Die Wahrung der Rechtseinheit verlange die Anwendung des gleichen Maßes in gleichartigen Fällen. Die Richter könnten nur dann vor sich selbst bestehen, „wenn das, was wir heute im Einzelfalle für recht erkennen, sich auch morgen und übermorgen bewährt, sich also dauerhaft in unsere Rechtsordnung im ganzen einfügt. Wir usurpieren als Richter keine gesetzgebende Gewalt, aber wir sind uns zugleich sehr lebendig dessen bewußt, daß in diesem Rahmen ein beglückend breiter Raum für schöpferische Rechtsprechung, für Ausgestaltung unserer Rechtsordnung bleibt".

Richterliche Rechtsfortbildung bedarf der methodisch geleiteten Begründung, soll sich ihr Ergebnis als „Recht" im Sinne der geltenden Rechtsordnung rechtfertigen lassen. Sie bedarf einer solchen, weil ohne sie sich die Gerichte eine ihnen nicht zustehende Gewalt in der Tat nur usurpieren würden. Die Fragen nach den Grenzen der verfassungsmäßigen Kompetenz der Gerichte zur Rechtsfortbildung, über die Grenze der eigentlichen Auslegung und auch noch über die einer gesetzesimmanenten Lückenausfüllung hinaus, und die Frage nach der methodischen Begründbarkeit solcher Rechtsfortbildung hängen daher eng zusammen.

---

[8] So der BGH, BGHZ 11, 35. Vgl. ferner BGHZ 3, 315; 4, 157; 17, 275; BSG 2,168; 6, 211; BVerfGE 3, 242;13,164.

2. Die Ausfüllung von Gesetzeslücken (Gesetzesimmanente Rechtsfortbildung)

a) Begriff und Arten der Gesetzeslücken

Die Befugnis zur Rechtsfortbildung steht den Gerichten insoweit unbestritten zu, als das Gesetz – genauer: Das Ganze der in den Gesetzen und im Gewohnheitsrecht sowie in ständiger Rechtsprechung bereits ausgeformten, zur unmittelbaren Anwendung geeigneten Rechtssätze – „lückenhaft" ist. Der Begriff der „Gesetzeslücke" bezeichnet damit zwar nicht die Grenze der möglichen und zulässigen Rechtsfortbildung überhaupt, wohl aber die Grenze einer gesetzesimmanenten Rechtsfortbildung, die sich an die Regelungsabsicht, den Plan und die immanente Teleologie des Gesetzes gebunden hält. Eine das Gesetz „übersteigende" Rechtsfortbildung (unten 4) ist dagegen den Gerichten nur unter besonderen Voraussetzungen erlaubt[9]. Wann aber eine „Gesetzeslücke" vorliegt, das bedarf der näheren Darlegung. Man könnte meinen, eine Lücke liege nur dann und stets dann vor, wenn das Gesetz – dieses im folgenden immer als abkürzender Ausdruck für die Gesamtheit der in den Gesetzen oder im Gewohnheitsrecht gegebenen, der Anwendung fähigen Rechtsregeln verstanden – für eine bestimmte Fallgestaltung, die innerhalb des von ihm geregelten Bereichs liegt, keine Regel enthält, wenn es also „schweigt". Allein, es gibt auch ein „beredtes Schweigen" des Gesetzes. Beispielsweise war es keine Lücke des Bürgerlichen Gesetzbuches in seiner ursprünglichen Gestalt, daß es keine Bestimmung über ein Wohnungseigentum (im heutigen Sinne) enthielt. Denn der Gesetzgeber des BGB wollte ein derartiges dingliches Sonderrecht an einer Wohnung oder einem sonstigen Gebäudeteil, das ihm im Prinzip nicht unbekannt war, aus Gründen der Übersichtlichkeit der Rechtsverhältnisse an Grundstücken nicht zulassen und hat daher Bestimmungen darüber mit Absicht nicht in das Gesetz aufgenommen. Es bedurfte deshalb eines eigenen Gesetzes, durch das einige der Regeln des Bürgerlichen Gesetzbuches geändert wurden, um das Wohnungseigentum als Rechtsinstitut in die geltende Rechtsordnung einzuführen. Die Neuschaffung oder Wiedereinführung dieses Instituts in unsere Rechtsordnung im Wege richterlicher Rechtsfortbildung wäre nicht zulässig gewesen, weil das Gesetz in dieser Hinsicht eben nicht „lückenhaft" war. Auf der anderen Seite gibt es Fälle, für die das Gesetz zwar eine nach ihrem möglichen Wortsinn anwendbare Regel enthält, auf die diese Regel aber ihrem Sinn und Zweck nach nicht paßt. Die gesetzliche Regel bedarf hier einer im Gesetz nicht enthaltenen, durch seinen Sinn und Zweck aber geforderten Einschränkung, deren Fehlen ebenfalls als eine „Lücke" angesehen werden kann. „Lücke" und „Schweigen des Gesetzes" sind also nicht einfach

---

[9] Ich halte den Lückenbegriff für unentbehrlich sowohl zur Abgrenzung solcher „Unstimmigkeiten" der Gesetze, die der Richter – in gesetzeskonformer Weise – berichtigen darf, von „rechtspolitischen Fehlern", deren Beseitigung im allgemeinen dem Gesetzgeber vorbehalten ist, wie zur Unterscheidung einer „gesetzesimmanenten" und einer nur ausnahmsweise zulässigen „gesetzesübersteigenden" Rechtsfortbildung. Die Befugnis zur Ausfüllung von „Lücken" ergibt sich bereits aus dem Auftrag des Richters, das Gesetz seinem Sinn und Zweck gemäß anzuwenden.

dasselbe.

Der Ausdruck „Lücke" weist auf eine Unvollständigkeit hin. Von „Lücken" eines Gesetzes kann man daher nur dann sprechen, wenn dieses für einen bestimmten Bereich eine einigermaßen vollständige Regelung anstrebt. Die Betonung des Lückenbegriffs steht denn auch in engem Zusammenhang mit den Bestrebungen nach einer umfassenden Gesamtkodifikation des Rechts, die im 18. Jahrhundert einsetzten und ihren Höhepunkt im 19. Jahrhundert hatten. Aber auch dann, wenn man von der Vorstellung einer vollständig kodifizierten Gesamtrechtsordnung ausgeht, ist diese nur „lückenhaft", sofern die Frage, um die es geht, rechtlicher Regelung überhaupt zugänglich und bedürftig ist. Auch die Rechtslehre des 19. Jahrhunderts kannte daher einen sogenannten „rechtsfreien Raum" als einen Bereich, den die Rechtsordnung ungeregelt läßt. „Recht" ist eine Ordnung zwischenmenschlicher Beziehungen unter der Anforderung der Gerechtigkeit, insbesondere des gleichen Maßes für alle. Rein innerseelische Vorgänge und Verhaltensweisen, Gedanken, Empfindungen, Meinungen, Glaubensüberzeugungen, Sympathien und Antipathien sind ihrer Natur nach einer rechtlichen Regelung nicht zugänglich. Sie können zwar in Verbindung mit solchen Handlungen, in denen sie sich äußern, von der Rechtsordnung gewertet werden, sind aber als solche kein Gegenstand rechtlicher Regelung. Andere Verhaltensweisen betreffen zwar die zwischenmenschlichen Beziehungen, bleiben aber nach der Anschauung der jeweiligen Rechts- und Kulturgemeinschaft entweder ungeregelt oder der Regelung durch andere Sozialnormen, etwa der Sitte oder des Anstands, überlassen. Hierher gehören z. B. Formen der Begrüßung und Verabschiedung, der Anrede, des geselligen Beisammenseins, erst recht alles das, was in das Gebiet des Takts, des guten Geschmacks, des Anstands gehört[10]. Der Versuch, hier mit rechtlichen Regelungen einzugreifen, würde die mit diesen Worten gemeinten menschlichen Werte geradezu zerstören. Es ist daher keinesfalls eine Lücke der Rechtsordnung, daß sie keine Regeln für „taktvolles Verhalten" enthält. Mag auch die genaue Abgrenzung zwischen dem, was noch in den Bereich möglicher oder gar zu fordernder rechtlicher Regelung fällt, und dem, was jeweils dem rechtsfreien Raum zuzuweisen ist, mitunter zweifelhaft sein[11], so ist die Unterscheidung für eine sinnvolle Bestimmung des Lückenbegriffs doch unentbehrlich. Ein einzelnes Gesetz und auch eine Gesamtkodifikation kann immer nur insoweit „lückenhaft" sein, als sie eine Regel vermissen läßt, die eine Frage betrifft,

---

[10] Es handelt sich um jene Gebiete, denen JHERING im 2. Band seines „Zwecks im Recht" eine schon klassische Behandlung hat angedeihen lassen.

[11] Vgl. ENGISCH in Ztschr. f. d. ges. Staatsw., Bd. 108, S. 385 (wiederabgedruckt in: Beiträge zur Rechtstheorie 1984, S. 9) und in dem Band „Münchener Universitätswoche an der Sorbonne 1956", S. 206; CANARIS, Die Feststellung von Lücken im Gesetz, S. 40 ff. (mit dem interessanten Versuch, dem Begriff „rechtsfreier Raum" die Funktion einer negativen Prozeßvoraussetzung zuzuweisen); ARTHUR KAUFMANN, Festschrift für MAURACH, 1972, S. 327 ff. KAUFMANN erweitert den Begriffsumfang um die Fälle, in denen die Rechtsordnung, obgleich sie grundsätzlich rechtlicher Normierung zugänglich sind, auf eine Wertung bewußt verzichtet, um sie der sittlichen Entscheidung des einzelnen zu überlassen. COMES, Der rechtsfreie Raum, 1977, versucht den „rechtsfreien Raum" von dem Raum abzugrenzen, den ein Individuum aufgrund eines Freiheitsrechts dem Recht gemäß für sich beanspruchen kann.

die nicht dem „rechtsfreien Raum“ zu überlassen ist.

Mitunter meint man, eine Gesetzeslücke liege nur dann vor, wenn eine Gesetzesnorm überhaupt nicht angewandt werden kann, ohne daß ihr eine weitere Bestimmung hinzugefügt wird, die das Gesetz vermissen läßt[12]. Man kann in derartigen Fällen, in denen die einzelne Norm in sich unvollständig ist, von einer „Normlücke“ sprechen[13]. Normlücken sind bei sorgsam gearbeiteten Gesetzen selten. Ein Beispiel bietet der § 904 Satz 2 BGB. Hier ist nämlich nur gesagt, der Eigentümer, der eine Einwirkung auf sein Eigentum gemäß § 904 Satz 1 nicht verbieten darf, könne Ersatz des ihm entstehenden Schadens verlangen, nicht aber, von wem er den Ersatz verlangen kann. Wenn der Einwirkende nicht mit dem identisch ist, zu dessen Gunsten die Einwirkung erfolgt, kämen als Ersatzverpflichtete beide in Betracht. Die Norm des § 904 Satz 2 BGB kann offenbar nicht angewandt werden, ohne daß die in ihr offen gelassene Frage, wer der Ersatzpflichtige ist, beantwortet wird. ZITELMANN[14] bezeichnet nur derartige Lücken als „echte“ Lücken, wenn auch nur, um ihnen die nach seiner Auffassung zumeist gleichfalls ausfüllungsbedürftigen, von ihm sogenannten „unechten“ Lücken zur Seite zu stellen.

In den meisten Fällen, in denen wir von einer Gesetzeslücke sprechen, ist nicht ein einzelner Rechtssatz, sondern eine bestimmte Regelung im ganzen unvollständig, d. h. sie enthält keine Regel für eine solche Frage, die nach der zugrunde liegenden Regelungsabsicht einer Regelung bedarf. Wir bezeichnen diese Lücken – es handelt sich dabei meist um die von ZITELMANN so genannten „unechten“ Lücken – als „Regelungslücken“. Es ist nicht an dem, daß das Gesetz hier, wollte man es ohne eine Ergänzung anwenden, eine Antwort überhaupt nicht ermöglichte; die Antwort müßte lauten, daß die Frage eben nicht geregelt sei, der betreffende Sachverhalt daher ohne eine Rechtsfolge bleibe. Eine solche Antwort, vom Richter gegeben, würde aber, wenn es sich um eine Frage handelt, die in den Bereich der vom Gesetz erstrebten rechtlichen Regelung fällt und nicht etwa dem rechtsfreien Raum zuzuweisen ist, eine Rechtsverweigerung bedeuten. Der Richter ist daher, um zu einer dem Recht genügenden Entscheidung zu gelangen, genötigt, die Lücke der gesetzlichen Regelung, und zwar in Übereinstimmung mit der zugrunde liegenden Regelungsabsicht und der Teleologie des Gesetzes, auszufüllen. Ein Beispiel für eine Regelungslücke ist die heute so genannte „positive Forderungsverletzung“. In der Regelungsabsicht des Bürgerlichen Gesetzbuches liegt es, die Fragen umfassend zu regeln, die sich bei der Durchführung eines Schuldverhältnisses daraus ergeben können, daß sich der Schuldner hierbei nicht so verhält, wie er sich verhalten sollte.

---

[12] So BURCKHARDT, Methode und System des Rechts, S. 260: „Als Lücke des Gesetzes bezeichnet man es, wenn das Gesetz auf eine Frage, die zur Anwendung des Gesetzes notwendig beantwortet werden muß, keine Antwort gibt“. Nur solche Lücken dürfe der Richter ausfüllen. Ebenso NAWIASKY, Allgemeine Rechtslehre S. 142.

[13] Nicht hierher gehört jedoch der Fall, daß ein im Gesetz gebrauchter Ausdruck oder ein Wertungsmaßstab konkretisierungsbedürftig ist, da es hier an einer Norm nicht fehlt, auch wenn diese in sich weiter bestimmungsbedürftig ist. Vgl. dazu ENGISCH, Einführung, S. 141.

[14] ZITELMANN, Lücken im Recht, S. 27 ff.

Das Gesetz hat jedoch unter den vom Schuldner zu „vertretenden" Umständen nur die schuldhafte Herbeiführung der Unmöglichkeit der Leistung und den Verzug geregelt. Zwar waren die Gesetzesverfasser der Meinung, damit alle Arten einer Verletzung der dem Schuldner obliegenden Pflichten erfaßt zu haben; dies ist aber nach der Fassung der gesetzlichen Vorschriften (dem Wortsinn und dem Bedeutungszusammenhang, also objektiv) nicht der Fall. Einige Jahre nach dem Inkrafttreten des Gesetzes hat STAUB[15], dem Lehre und Rechtsprechung seither gefolgt sind[16], die Lücke aufgedeckt, die darin besteht, daß der Schuldner seine Pflichten auch auf andere Weise, etwa durch die Erbringung einer schlechten Leistung oder die Verletzung einer im Vertragsverhältnis begründeten Schutzpflicht, verletzen kann. Um eine „Lücke" des Gesetzes handelt es sich eben deshalb, weil nach der zugrunde liegenden Regelungsabsicht eine Regelung auch dieser Fälle erwartet werden muß. Blieben sie ohne Rechtsfolge, dann wäre es um die gerechtfertigte Erwartung des Gläubigers, der Schuldner werde sich schuldgerecht verhalten, und damit um die Sicherheit des Rechtsverkehrs schlecht bestellt. Die Gesamtregelung, die jedem, dem Gläubiger sowohl wie dem Schuldner, das ihm Zukommende geben will, wäre dadurch entwertet. Der Regelungszweck fordert daher die Ausfüllung dieser Lücke, und die im Gesetz für die dort geregelten anderen Fälle einer Verletzung der Schuldnerpflichten getroffenen Regeln weisen den Weg hierfür.

Normlücken sowohl wie Regelungslücken sind Lücken innerhalb des Regelungszusammenhangs des Gesetzes. Ob eine derartige Lücke vorliegt, ist daher zu beurteilen vom Standpunkt des Gesetzes selbst, der ihm zugrunde liegenden Regelungsabsicht, der mit ihr verfolgten Zwecke, des gesetzgeberischen „Plans". Eine Gesetzeslücke ist eine „planwidrige Unvollständigkeit" des Gesetzes[17]. Der dem Gesetz zugrunde liegende Regelungsplan ist aus ihm selbst im Wege der historischen und teleologischen Auslegung zu erschließen. Hier wird noch einmal deutlich, warum das Fehlen von Bestimmungen über das Wohnungseigentum keine Lücke des Bürgerlichen Gesetzbuches darstellte: Es lag im Plane, der Regelungsabsicht des Gesetzgebers, ein derartiges Institut nicht zuzulassen. Diese (negative) Entscheidung des Gesetzgebers erwies sich spätestens nach dem Zweiten Weltkrieg

---

[15] STAUB, Die positiven Vertragsverletzungen, 1904, 2. Aufl. 1913.

[16] Vgl. ENNECCERUS-LEHMANN, Schuldrecht, 15. Aufl., § 55; ESSER, Schuldrecht 4. Aufl., § 52, 1, V und VI; FIKENTSCHER, Schuldrecht, 7. Aufl., § 47; *mein* Lehrbuch des Schuldrechts, Bd. 1,14. Aufl., § 24, I; MEDICUS, Schuldrecht I, § 95, 1. Demgegenüber meinen HIMMELSCHEIN in AcP 135, 255; 158, 273, und WICHER in AcP 158, 297, es liege keine Lücke des Gesetzes vor, da jede Pflichtverletzung des Schuldners die Erfüllung seiner Leistungspflicht mindestens im rechten Zeitpunkt oder in der rechten Weise unmöglich mache und daher, fasse man nur den Begriff der „Leistung" genügend weit, einen Fall teilweiser Unmöglichkeit der Leistung darstelle. Zutreffend bemerkt dazu REIMER SCHMIDT (im Kommentar von SOERGEL, 34 vor § 275), daß dann auch der Verzug als ein Unterfall der teilweisen Unmöglichkeit, daher auch die Verzugsregelung als überflüssig angesehen werden müsse. Vor allem aber steht der von HIMMELSCHEIN und WICHER zugrunde gelegte weite Begriff der geschuldeten „Leistung" einer sinnvollen Differenzierung der Pflichten aus dem Schuldverhältnis entgegen. Vgl. dazu auch ESSER, a.a.O., unter V 2.

[17] Der Ausdruck stammt von ELZE, Lücken im Gesetz, 1916, S. 3 ff.; vgl. ferner ENGISCH, Einführung, S. 137 f.; CANARIS, Die Feststellung von Lücken im Gesetz, S. 31 ff.

aus wirtschafts- und gesellschaftspolitischen Gründen als verfehlt. Da es sich aber um keine „planwidrige" Unvollständigkeit des Gesetzes, sondern um einen rechtspolitischen Fehler handelte, so war hier die Rechtsprechung nicht zu einer Vervollständigung des Gesetzes aufgerufen. Um die jetzt als fehlerhaft erkannte Entscheidung des damaligen Gesetzgebers zu korrigieren, bedurfte es einer neuen Entscheidung des Gesetzgebers, die dieser mit dem Erlaß des Wohnungseigentumsgesetzes getroffen hat. Die notwendige Unterscheidung zwischen Gesetzeslücke und rechtspolitischem Fehler des Gesetzes wird verwischt, wenn man mit BINDER[18] eine Lücke bereits dann annimmt, wenn „eine durch unsere gegebenen sozialen und wirtschaftlichen Verhältnisse begründete Forderung an das Recht in ihm keine Erfüllung findet". Denn dann wird das Gesetz, um seine Lückenhaftigkeit festzustellen, an einem Maßstab gemessen, der nicht mehr in ihm selbst gelegen ist. Es ist also keine Lücke des Bürgerlichen Gesetzbuches, daß es nicht auch Geschwistern, wenigstens in gewissen Fällen, untereinander Unterhaltsansprüche gewährt, oder daß es, trotz der heutigen Verbreitung von Schreibmaschinen, für das Privattestament an der Forderung festhält, daß es mit der Hand geschrieben sei. Die Gewährung derartiger Unterhaltsansprüche oder die Zulassung auch maschinengeschriebener Privattestamente mag rechtspolitisch erwünscht sein, mit guten Gründenvom Gesetzgeber gefordert werden, das Gesetz ist darum nicht in sich unvollständig, sondern allenfalls verbesserungsbedürftig.

Die Grenze zwischen einer Gesetzeslücke und einem Fehler des Gesetzes in rechtspolitischer Sicht kann nur so gezogen werden, daß man sich fragt, ob das Gesetz, gemessen an seiner eigenen Regelungsabsicht, unvollständig ist, oder ob nur die in ihm getroffene Entscheidung einer rechtspolitischen Kritik nicht standhält. Wohl handelt es sich beide Male, wie besonders HECK und BINDER richtig gesehen haben[19], um eine Frage der Wertung und nicht etwa um ein Tatsachenurteil oder um eine logische Schlußfolgerung. Denn beide Male urteilen wir, daß das Gesetz eine Norm nicht enthält, die es enthalten *sollte.* Aber der zugrunde gelegte Wertungsmaßstab ist jedes Mal ein anderer: In dem einen Fall ist es die Regelungsabsicht und die immanente Teleologie des Gesetzes selbst, in dem anderen Fall sind es Maßstäbe einer an das Gesetz herangetragenen, rechtspolitisch begründeten Kritik. Ist das Gesetz nicht unvollständig, sondern nur rechtspolitisch verfehlt, so kommt nicht eine Lückenausfüllung, sondern höchstens eine gesetzesübersteigende Rechtsfortbildung in Betracht. Wann die Gerichte dazu befugt und im Rahmen ihrer Bindung an Gesetz „und Recht" in der Lage sind, ist später zu erörtern.

Die „immanente Teleologie" des Gesetzes darf in diesem Zusammenhang freilich nicht zu eng verstanden werden. Nicht nur die Absichten und bewußt getroffenen Entscheidungen des Gesetzgebers sind zu berücksichtigen, sondern auch solche objektiven Rechtszwecke und allgemeinen Rechtsprinzipien, die in das Gesetz Eingang gefunden haben. Ein Prinzip, das jedem Gesetz innewohnt, weil und soweit es beansprucht, „Recht" zu sein, ist das der *Gleichbehandlung des*

---

[18] BINDER, Philosophie des Rechts, S. 984.

[19] Vgl. dazu die Darstellung im historisch-kritischen Teil; ferner ENGISCH, Festschrift für SAUER, S. 88 ff.; ESSER, Grundsatz und Norm, S. 252, Anm. 56; CANARIS, a.a.O., S. 16, 31 ff.

Gleichartigen. Regelt ein Gesetz einen bestimmten Sachverhalt A in bestimmter Weise, enthält es aber keine Regeln für den im Sinne der getroffenen Wertung gleichliegenden Fall B, so ist das Fehlen einer solchen Regelung als eine Lücke des Gesetzes anzusehen. Nach § 463 Satz 2 BGB kann der Käufer (wahlweise neben Wandelung oder Minderung) Schadensersatz wegen Nichterfüllung verlangen, wenn der Verkäufer einen Fehler der Sache arglistig verschwiegen hat. Wie, wenn der Verkäufer einen nicht vorhandenen Vorzug der Sache dem Käufer arglistig vorgespiegelt hat? Das Gesetz erwähnt diesen Fall nicht. Beide Fälle gleichen sich aber in der für die gesetzliche Wertung entscheidenden Hinsicht, daß der Verkäufer sich einen von ihm sehr wohl erkannten Irrtum des Käufers über die Beschaffenheit der Sache arglistig zunutze macht. Der Unterschied, ob er den Irrtum beim Käufer selbst erregt oder den von ihm erkannten Irrtum sich nur zunutze gemacht hat, fällt für die Wertung seines Verhaltens nicht ins Gewicht. Beide Fälle sind daher nach dem Prinzip der Gleichbehandlung des Gleichartigen in der gleichen Weise zu regeln. Die durchaus herrschende Lehre erkennt denn auch in diesem Fall das Vorliegen einer Lücke an, die sie im Wege der Analogie ausfüllt[20]. Das Gesetz wäre freilich dann nicht lückenhaft, wenn es auch den ersten Fall nicht besonders geregelt hätte; es würden dann in beiden Fällen nur die gewöhnlichen Mängelansprüche und daneben vielleicht Ansprüche wegen Verschuldens beim Vertragsschluß bestehen. Keiner dieser Ansprüche geht jedoch, wie der aus § 463 Satz 2, auf das Erfüllungsinteresse. Die Entscheidung des Gesetzgebers, einen solchen Anspruch für den Fall des arglistigen Verschweigens eines Fehlers zu geben, hat zur Folge, daß das Fehlen der gleichen Regel für den Fall der arglistigen Vorspiegelung einer günstigen Eigenschaft vom Standpunkt der dem Gesetz immanenten Teleologie, seiner eigenen Wertungen aus, eine Lücke ist.

Es kann nicht genug betont werden, daß eine „Lücke“ des Gesetzes nicht etwa ein „Nichts“ darstellt, sondern das Fehlen einer *bestimmten,* nach dem Regelungsplan oder dem Gesamtzusammenhang des Gesetzes zu erwartenden Regel bedeutet. Das wird häufig verkannt[21]. Ein Gesetz ist „lückenhaft“ oder unvollständig immer nur im Hinblick auf die von ihm erstrebte, sachlich erschöpfende und in diesem Sinne „vollständige“ sowie sachgerechte Regelung.

Von der Gesetzeslücke unterscheiden manche die „Rechtslücke“[22]. Hierunter kann man den Fall verstehen, daß nicht ein einzelnes Gesetz in sich, d. h. gemessen an seinem Regelungsplan, unvollständig ist, wohl aber die Rechtsordnung im ganzen, indem sie einen ganzen Bereich, der einer Regelung bedarf, gesetzlich ungeregelt läßt, oder ein Rechtsinstitut nicht enthält, das sie mit Rücksicht auf ein unabweisbares

---

[20] Vgl. *mein* Lehrbuch des Schuldrechts, Bd. II, 13. Aufl., § 41, II c unter Nr. 3 und die dort gemachten Angaben.

[21] KOCH/RÜSSMANN, a.a.O., S. 254, haben recht, wenn sie sagen, Lücke sei ein zweistelliger Relationsbegriff, aber unrecht, wenn sie daraus den Schluß ziehen, „daß es den Begriff der Gesetzeslücke gar nicht gibt“. Der Begriff „Gesetzeslücke“ ist ein zweistelliger *und ein normativer* Begriff: ein Gesetz ist „lückenhaft“ nur im Vergleich mit einer fehlenden Regel, die es (nach seiner eigenen Teleologie) enthalten *sollte.*

[22] Vgl. ENGISCH, Einführung, S. 138 ff.; CANARIS, a.a.O., S. 35 ff.

Verkehrsbedürfnis oder ein vom allgemeinen Rechtsbewußtsein bejahtes Rechtsprinzip enthalten sollte. Hierzu ist zunächst zu sagen, daß das Fehlen eines solchen Instituts dann auch nicht als eine „Rechtslücke" angesehen werden darf, wenn sein Fehlen auf einer bewußten Entscheidung des Gesetzgebers beruht. Das Fehlen einer Regelung über ein Wohnungseigentum im ursprünglichen Bürgerlichen Gesetzbuch war daher auch keine „Rechtslücke". Ebensowenig handelt es sich um eine „Rechtslücke", wenn der Gesetzgeber eine bestimmte Frage absichtlich ungeregelt läßt, sie dem „rechtsfreien Raum" zuweist. Es verbleiben einmal ein Teil der von CANARIS[23] so genannten „Prinzip- oder Wertlücken", ferner die Fälle, in denen die Entwicklung der Technik, der wirtschaftlichen und der sozialen Verhältnisse die Regelung eines Bereichs erforderlich machen, der früher ungeregelt bleiben konnte, weil er unbedeutend war und keine besonderen Rechtsprobleme aufwarf. So wurde eine Regelung des Straßenverkehrs, zumindest in ihrer heutigen Intensität, erst mit dem Aufkommen der motorisierten Verkehrsmittel und der wachsenden Dichte des Straßenverkehrs erforderlich. Solange es keinen Luftverkehr gab, bedurfte er auch keiner Regelung. Das Bedürfnis und dann bald auch die Notwendigkeit einer Regelung der Zuteilung bestimmter Waren und Leistungen, die für den einzelnen lebenswichtig sind, entsteht erst mit einer Verknappung solcher Waren und Leistungen. Berufen zur Ausfüllung solcher Rechtslücken, will man den Ausdruck festhalten, ist aber in erster Linie der Gesetzgeber. Er allein ist dazu befugt, allgemeine Normen zu erlassen, deren Befolgung fortan jedermann zur Pflicht gemacht wird. Die Rechtsprechung kann nur im nachhinein geschehene Vorfälle beurteilen und allenfalls erwarten, daß die von ihr dabei entwickelten Entscheidungsmaximen das künftige Verhalten beeinflussen werden. Die im Rechtsstaat angelegte Gewaltenteilung verlangt von der Rechtsprechung, daß sie den Normsetzungsprimat des Gesetzgebers respektiert. Das schließt nicht aus, daß sie bei Versagen des Gesetzgebers dann, wenn andernfalls ein Zustand entstehen würde, der mit den elementaren Anforderungen des Rechts hinsichtlich eines Mindestmaßes von Rechtssicherheit und Gerechtigkeit nicht vereinbar wäre, ihrerseits Regeln zu finden sucht und dies in der Tat mehrfach getan hat. Von derartigen Fällen wird später, im Zusammenhang der „gesetzesübersteigenden" Rechtsfortbildung, noch gesprochen werden. Eine allgemeine Befugnis oder gar Verpflichtung der Rechtsprechung zur Ausfüllung solcher „Rechtslücken", die keine „Gesetzeslücken" sind, kann daraus keinesfalls hergeleitet werden.

Gegen den Begriff einer „Rechtslücke", die nicht zugleich eine Gesetzeslücke ist, ist vor allem einzuwenden, daß auf sie der Gedanke einer „planwidrigen Unvollständigkeit" nicht paßt. Denn von einem Plan, einer bestimmten Regelungsabsicht, läßt sich nur bei einem Gesetz sprechen, nicht im Hinblick auf die Rechtsordnung im ganzen. Diese ist viel zu verzweigt und zu sehr in ständiger Entwicklung begriffen, als daß sie in allen ihren Teilen einem einheitlichen Gesamtplan eingeordnet werden könnte. Die Vorstellung eines Rechtsplanes paßt im Grunde nur für

---

[23] a.a.O., S. 141, 160 ff. Soweit diese Lücken auf der mangelhaften Verwirklichung eines dem Gesetz selbst zu entnehmenden Prinzips beruhen, handelt es sich bei ihnen um Gesetzeslücken.

eine vollständig kodifizierte Rechtsordnung. Die „Rechtslücke" wäre dann eine Unvollständigkeit des gesetzten Rechts, gemessen an dem Gesamtplan der Kodifikation. Ein solcher „Gesamtplan" existiert in Wahrheit nicht. Wohl gilt für alle Regeln einer Rechtsordnung die Forderung der logischen Widerspruchslosigkeit, der sachlichen Vereinbarkeit und der Übereinstimmung der Wertungen. Aber schon der zeitliche Abstand der Regelung verschiedener Teilgebiete sorgt dafür, daß sich Wertungswidersprüche nicht immer völlig vermeiden lassen. Die innere, d. h. wertungsmäßige Übereinstimmung der Rechtsnormen und Regelungskomplexe ist eine Aufgabe, die dem Gesetzgeber, der Rechtsprechung und der Jurisprudenz immer erneut gestellt und neu zu bewältigen ist. Das „innere" System, als das sich die anzustrebende Einheit der Rechtsordnung darstellt, ist, wie noch darzulegen sein wird, kein „geschlossenes", sondern ein „offenes" System, das niemals abgeschlossen, sondern immer in der Entwicklung begriffen ist[24]. Zu dem Gedanken eines „offenen Systems" paßt aber die Vorstellung einer „Rechtslücke" im Sinne einer „planwidrigen Unvollständigkeit" der gesamten Rechtsordnung nicht. Wir werden den Ausdruck „Rechtslücke" daher im folgenden nicht verwenden, sondern gebrauchen den Ausdruck „Lücke" nur im Sinne der Gesetzeslücke.

Innerhalb der Gesetzeslücken unterscheiden wir weiter zwischen „offenen" und „verdeckten" Lücken sowie zwischen anfänglichen und nachträglichen Lücken. Eine „offene" Lücke liegt dann vor, wenn das Gesetz für eine bestimmte Fallgruppe keine Regel enthält, die auf sie anwendbar wäre, obgleich es nach seiner eigenen Teleologie eine solche Regel enthalten sollte. Von einer „verdeckten" Lücke sprechen wir dann, wenn das Gesetz zwar eine auch auf Fälle solcher Art anwendbare Regel enthält, diese aber ihrem Sinn und Zweck nach hier nicht paßt, weil sie die für die Wertung gerade dieser Fälle relevante Besonderheit derselben außer acht läßt. Die Lücke besteht hier in dem Fehlen einer Einschränkung. Die Lücke ist deshalb „verdeckt", weil es, wenigstens für den ersten Blick, an einer hier anwendbaren Regel nicht fehlt[24a]. Das Musterbeispiel für eine solche „verdeckte Lücke" im Bürgerlichen Gesetzbuch ist das Fehlen einer Einschränkung des § 181 BGB für den Fall, daß die Möglichkeit einer Interessenkollision schon in abstracto nicht besteht. Die Ausfüllung einer solchen Lücke geschieht durch die Hinzufügung der vermißten Einschränkung im Wege einer „teleologischen Reduktion"der Norm (unten c)[25].

---

[24] Vgl. hierzu vorläufig CANARIS, Systemdenken und Systembegriff in derJurisprudenz, bes. S. 61 ff.; zur Frage der Wertungswidersprüche dort S. 112 ff.

[24a] BRANDENBURG, Die teleologische Reduktion, 1983, S. 60 ff., hält deshalb die Verwendung des Lückenbegriffs hier für überflüssig. Richtig ist, daß es hier an einer ihrem Wortsinn nach anwendbaren Vorschrift nicht fehlt. Die Lücke tritt erst hervor, wenn die gebotene Einschränkung in den Blick tritt. Geschieht das, erscheint das Fehlen der einschränkenden Norm nunmehr als Lücke des Gesetzes. Die Erkenntnis, daß eine Lücke vorliegt und wie sie auszufüllen ist, fallen hier zusammen.

[25] NIPPERDEY (bei ENNECCERUS-NIPPERDEY, Allgemeiner Teil, § 59) ist der Meinung, eine Lücke werde in diesen Fällen erst dadurch geschaffen, daß der Anwender die Norm entgegen ihrem durch die Auslegung ermittelten Anwendungsbereich hier nicht anwendet. Allein er wendet sie deshalb nicht an, weil er einen einschränkenden Satz annimmt, der im Gesetz nicht

Wo die Grenze zwischen offenen und verdeckten Gesetzes verläuft, das hängt vielfach davon ab, ob man dem Gesetz einen allgemeinen Rechtssatz entnimmt, im Verhältnis zu dem die vermißte Regel dann eine Einschränkung darstellen würde, oder nicht. Das Bürgerliche Gesetzbuch enthält keine Bestimmungen über Vorverträge und daher auch keine darüber, wann etwa ein Vorvertrag zu seiner Gültigkeit einer bestimmten Form bedarf. Entnimmt man dem Gesetz den allgemeinen Satz, daß alle Verträge, soweit das Gesetz nichts anderes bestimmt, formlos geschlossen werden können, dann würde hieraus folgen, daß die im Gesetz nicht erwähnten Vorverträge stets formlos geschlossen werden könnten. Da aber der Zweck mancher Formvorschriften dadurch vereitelt werden könnte, daß die Parteien, statt des formbedürftigen Hauptvertrages, zunächst einen formlosen Vorvertrag schließen, der schon die gleichen Bindungen wie der in Aussicht genommene Hauptvertrag enthält, bedarf der angenommene allgemeine Rechtssatz einer Einschränkung für Vorverträge zu formbedürftigen Verträgen. Das Fehlen einer solchen Einschränkung wäre eine verdeckte Lücke. Auch das Fehlen einer Regelung der sogenannten „positiven Forderungsverletzung" wäre dann keine offene, sondern eine verdeckte Lücke, wenn man einen allgemeinen Rechtssatz des Inhalts unterstellen würde, daß der Schuldner weder Schadensersatz zu leisten brauche, noch sonstige Rechtsnachteile erleide, falls dies nicht ausdrücklich im Gesetz bestimmt ist. ZITELMANN hat in der Tat einen „allgemeinen negativen Grundsatz" angenommen, der besagen soll, daß, abgesehen von den im Gesetz besonders geregelten Fällen, „alle Handlungen straffrei, ersatzfrei bleiben"[26]. Es würde dann, denkt man das zu Ende, außer den Normlücken (ZITELMANNS „echte Lücken") nur verdeckte Regelungslücken geben, und damit wird auch deutlich, warum ZITELMANN bei ihnen von „unechten Lücken" spricht. In der Tat kann man für das Strafrecht einen solchen allgemeinen „negativen Grundsatz" annehmen. Er ergibt sich daraus, daß eine Strafe nur verhängt werden darf, wenn die Strafbarkeit gesetzlich bestimmt war, bevor die Tat begangen wurde. Für das Zivilrecht und andere Rechtsgebiete dagegen ist ein solcher „allgemeiner negativer Grundsatz", demzufolge alle Handlungen ohne Rechtsfolgen bleiben, für die eine solche im Gesetz nicht ausdrücklich bestimmt ist, abzulehnen[27]. Er findet sich in keinem Gesetz ausgesprochen und wäre angesichts der Vielzahl und der ständigen Fortentwicklung der Lebensverhältnisse völlig unpraktikabel. Es ist also daran festzuhalten, daß es sowohl „offene" wie „verdeckte" Regelungslücken gibt, je nach dem, ob der gesetzlichen Regelung für eine Fallgruppe, die nach der zugrunde

---

ausgesprochen ist, aber durch den Zweck der Regelung gefordert wird. Die Nichtanwendung der Norm setzt bereits die Ausfüllung der Lücke voraus, die daher nicht ihrerseits erst durch die Nichtanwendung geschaffen werden kann. Die Lücke besteht eben darin, daß das Gesetz die geforderte Einschränkung nicht ausgesprochen hat. Vgl. hierzu REICHEL, Gesetz und Richterspruch, S. 96; MEIER-HAYOZ, Der Richter als Gesetzgeber, S. 62 ff.

[26] ZITELMANN, Lücken im Recht, S. 19. Ihm zustimmend HERRFAHRDT, Lücken im Recht, 1915, S. 30.

[27] Gegen das „Phantasieprodukt" des „allgemeinen negativen Grundsatzes" ENGISCH in Festschrift für SAUER, S. 96 f.; BIERLING, Juristische Prinzipienlehre, Bd. 4, S. 388, nennt die Annahme ZITELMANNS „grundfalsch". Eingehend dazu CANARIS, Die Feststellung von Lücken im Gesetz, S. 49 f.

liegenden Regelungsabsicht einer Regelung bedarf, überhaupt keine Regel zu entnehmen ist, oder ob eine Regel zwar gegeben ist, eine durch ihren Sinn und Zweck für diese Fallgruppe geforderte Einschränkung jedoch im Gesetz nicht ausgesprochen ist.

In Hinsicht auf den Zeitfaktor kann man zwischen anfänglichen und nachträglichen Lücken und innerhalb der anfänglichen Lücken zwischen solchen unterscheiden, die dem Gesetzgeber bewußt waren, und solchen, die ihm unbewußt geblieben sind. Eine dem Gesetzgeber bewußte Lücke liegt vor, wenn er eine Frage offen gelassen hat, um ihre Entscheidung der Rechtsprechung und der Wissenschaft zu überlassen. Meist wird es sich dann allerdings wohl nur um eine Unbestimmtheit des Ausdrucks und somit um Auslegung, nicht um Lückenausfüllung handeln. Dem Gesetzgeber nicht bewußte Lücken können dadurch entstehen, daß er eine nach seiner Grundabsicht der Regelung bedürftige Frage übersehen oder irrtümlich für von ihm bereits geregelt gehalten hat. Nachträgliche Lücken können dadurch entstehen, daß infolge der technischen oder der wirtschaftlichen Entwicklung neue Fragen auftauchen, die im Rahmen des Regelungszwecks, des von der Grundabsicht des Gesetzes erfaßten Regelungsbereichs, nunmehr der Regelung bedürfen, die aber der Gesetzgeber noch nicht gesehen hat. Auch nachträglich entstandene Lücken können sowohl „offene" wie „verdeckte" Lücken sein. Ein Beispiel für eine *nachträgliche verdeckte* Lücke bietet die Entscheidung des Bundesgerichtshofs[28] über die Übertragung des Vortrags eines Werkes der Literatur oder Tonkunst auf Tonband. Eine solche Übertragung auf Tonband sei eine Vervielfältigung des Werkes und stehe ausschließlich dessen Urheber zu. Sie falle nicht mehr unter die Ausnahmevorschrift des § 15 Abs. 2 des – inzwischen aufgehobenen[29] – Gesetzes über das Urheberrecht an Werken der Literatur und der Tonkunst vom 19.6.1901. Trotz der nunmehrigen gesetzlichen Regelung der damals offenen Frage ist die Entscheidung in methodischer Hinsicht nach wie vor von hohem Interesse.

Nach der angeführten Bestimmung waren solche Vervielfältigungen eines Werkes der Literatur oder Tonkunst ohne Erlaubnis des Urhebers zulässig, die ausschließlich zum persönlichen Gebrauch vorgenommen wurden und nicht den Zweck hatten, daraus eine Einnahme zu erzielen. Die Frage war, ob diese Bestimmung auch auf die Übertragung auf Tonbänder anwendbar sei. Der BGH führte hierzu aus: Es sei dem Berufungsgericht darin beizupflichten, daß dem Wortlaut der Bestimmung nach die Herstellung solcher Tonbandaufnahmen durch sie gedeckt sei. Dem Gesetzgeber sei indessen weder bei der Schaffung des Gesetzes im Jahre 1901 noch beim Erlaß einer Novelle im Jahre 1910 die Möglichkeit bekannt gewesen, im häuslichen Bereich durch einen einfachen, keine technischen Vorkenntnisse erfordernden mechanischen Vorgang Aufführungen aller Art auf Tonbänder zu übertragen. Es handle sich um einen Sachverhalt, der außerhalb des Vorstellungskreises des Gesetzgebers gelegen habe. Deshalb müsse auch gegenüber dem sprachlich eindeutigen Wortlaut gefragt werden, ob dieser Sachverhalt noch von dem Sinngehalt der Gesetzesnorm erfaßt werde. „Sollen neue Tatbestandsgruppen, die bei Erlaß des Gesetzes noch nicht bekannt waren, dem Gesetz eingeordnet werden, so ist zu prüfen, ob eine Gesetzesbestimmung, die ihrem buch-

[28] BGHZ 17, 266. Vgl. zu ihr Ulmer, Urheberrecht und Verlagsrecht, 2. Aufl., 1960, S. 230.

[29] Durch § 141 Nr. 3 des Urheberrechtsgesetzes vom 9. 9. 1965. Die damals streitige Frage ist in diesem Gesetz in § 53 geregelt.

stäblichen Sinn nach diesen neuen Sachverhalt erfaßt, auf ihn auch nach dem ihr zugrunde liegenden Rechtsgedanken angewendet werden kann." Es handle sich bei dem § 15 Abs. 2 um eine „echte Ausnahme von dem Grundgedanken des Gesetzes, nach dem dem Urheber ein wirtschaftlicher Ertrag auch aus dem privaten Werkgenuß zufließen soll". Dann aber dürfe diese Einschränkung des Vervielfältigungsrechts des Urhebers „nicht über ihren eigentlichen Sinn und Zweck hinaus erstreckt werden". Der mit der Ausnahmebestimmung verfolgte Zweck rechtfertige ihre Anwendung auf den hier in Frage stehenden Sachverhalt nicht. Eine Vervielfältigungsfreiheit für private Bandaufnahmen würde einen völlig anderen Personenkreis begünstigen, als dies in der Absicht des Gesetzgebers gelegen habe, und sie würde einen viel einschneidenderen Einbruch in das Vervielfältigungsrecht des Urhebers bedeuten, als es den Vorstellungen des Gesetzgebers entsprach. Eine so weit gehende Gefährdung der wirtschaftlichen Belange des Urhebers widerspreche dem Schutzgedanken des Urheberrechts; dem gegenüber müsse das Interesse der Betroffenen, ihre private Sphäre von urheberrechtlichen Ansprüchen freizuhalten, zurücktreten. Der BGH spricht fälschlich von einer „einschränkenden Auslegung" der Bestimmung; da die Einbeziehung der Tonbandaufnahme in den Anwendungsbereich der Norm, wie der BGH selbst betont, durch den Wortsinn der Bestimmung „voll gedeckt" ist, handelt es sich um die Hinzufügung einer Einschränkung. Diese wird durch den nur begrenzten Zweck der einzuschränkenden Norm und den Grundgedanken des Gesetzes gefordert. Das Fehlen einer ausdrücklichen Einschränkung im Gesetz ist eine „verdeckte Lücke". Diese Lücke ist eine nachträgliche, weil der fragliche Sachverhalt bei Inkrafttreten des Gesetzes noch „außerhalb des Vorstellungskreises des Gesetzgebers" lag. Erst mit der Entstehung dieses Sachverhalts trat das Bedürfnis nach einer Einschränkung des nunmehr als zu weit erscheinenden Tatbestandes der gesetzlichen Norm hervor, weil ohne eine solche Einschränkung dem Grundgedanken des Gesetzes „planwidrig" Abbruch geschehen wäre. Die Entscheidung zeigt zugleich, daß Vorschriften, die nicht nur der Formulierung, sondern auch der Sache nach Ausnahmevorschriften sind, oft nicht nur eng auszulegen sind, sondern im Falle des Eintritts neuer Sachverhalte, die dem Wortsinn nach von ihr erfaßt werden, durch die ihr Anwendungsbereich aber in einer der Regelungsabsicht des Gesetzgebers zuwider laufenden Weise erweitert werden würde, einer teleologischen Reduktion bedürftig sein können.

Eine nachträgliche Gesetzeslücke hat das Bundesarbeitsgericht in einer Entscheidung angenommen, in der es die für kaufmännische Angestellte geltenden Vorschriften der §§ 74, 74 a HGB analog auf Arbeitnehmer jeder Art angewandt hat[30]. Es geht bei diesen Bestimmungen um die Gültigkeit oder die teilweise Gültigkeit von Wettbewerbsverboten. Derartige Bestimmungen finden sich für gewerbliche Angestellte in der Gewerbeordnung, während für Arbeitnehmer, die weder kaufmännische, noch gewerbliche Angestellte sind, lediglich die Grenze des § 138 BGB besteht. Das BAG meinte nun, die Verhältnisse hätten sich gegenüber der Zeit, aus der die gesetzliche Regelung stammt, inzwischen so weit verändert, daß ein über § 138 BGB hinausgehender Schutz gegen Wettbewerbsverbote für alle Gruppen von Arbeitnehmern gleichermaßen erforderlich sei. Heute treffe es nicht mehr zu, daß das Recht der Wettbewerbsverbote, wie der seinerzeitige Gesetzgeber angenommen hatte, vordringlich bei kaufmännischen Angestellten regelungsbedürftig sei. Das Fehlen einer detaillierten gesetzlichen Regelung, die der für kaufmännische Angestellte geltenden entspricht, für alle anderen Gruppen von Arbeitnehmern hält das BAG für eine nachträgliche offene Regelungslücke. Dagegen spricht, daß es an einer anwendbaren Regel nicht fehlt, die nur weniger detailliert und, soweit es sich

---

[30] SAE 71,106 (mit Anmerkung von CANARIS).

um den § 138 BGB handelt, von der Art einer Generalklausel ist. Woran das BAG Anstoß nimmt, ist das unterschiedliche Ausmaß des Schutzes gegen Wettbewerbsverbote für verschiedene Gruppen von Arbeitnehmern, also der Verstoß gegen den Gleichheitsgrundsatz. Sei die Differenzierung ursprünglich noch berechtigt gewesen, so sei sie es doch heute nicht mehr. Daraus ergibt sich allerdings noch keine „Lücke", wohl aber ein (nachträglicher) Wertungswiderspruch, den das BAG im Wege einer gesetzesübersteigenden Rechtsfortbildung auszugleichen versucht hat.

b) Die Ausfüllung „offener" Lücken, insbesondere durch Analogie

Handelt es sich um eine offene Gesetzeslücke, so geschieht ihre Ausfüllung zumeist im Wege der Analogie oder des Rückgangs auf ein im Gesetz angelegtes Prinzip. Möglich ist auch eine Orientierung an der „Natur der Sache"[31]. Unter einer Analogie verstehen wir die Übertragung der für einen Tatbestand (A) oder für mehrere, untereinander ähnliche Tatbestände im Gesetz gegebenen Regel auf einen vom Gesetz nicht geregelten, ihm „ähnlichen" Tatbestand (B). Die Übertragung gründet sich darauf, daß infolge ihrer Ähnlichkeit in den für die gesetzliche Bewertung maßgebenden Hinsichten beide Tatbestände *gleich zu bewerten* sind, also auf die Forderung der Gerechtigkeit, Gleichartiges gleich zu behandeln. Die Ausfüllung der Gesetzeslücke im Wege des Rückganges auf ein im Gesetz angelegtes Prinzip gründet sich darauf, daß der im Gesetz nicht ausdrücklich geregelte Sachverhalt ein solcher ist, auf den das Prinzip (ebenfalls) zutrifft, ein Grund, hier eine Ausnahme von dem Prinzip zu machen, aber nicht vorliegt.

Daß zwei Sachverhalte einander „ähnlich" sind, besagt, daß sie in einigen Hinsichten übereinstimmen, in anderen aber nicht. Stimmten sie in allen überhaupt in Betracht zu ziehenden Hinsichten überein, so wären sie „gleich". Die Tatbestände dürfen also einander weder gleich noch absolut ungleich sein; sie müssen aber gerade in den für *die rechtliche Bewertung* maßgebenden Hinsichten übereinstimmen. Ob das der Fall ist oder nicht, das läßt sich nicht nur mit Hilfe der logischen Kategorien der „Identität" und der „Nichtidentität" bestimmen, sondern erfordert zunächst die Offenlegung der für die in der gesetzlichen Regel zum Ausdruck kommende Wertung maßgeblichen Hinsichten. Daran hat sich die positive Feststellung zu schließen, daß der zu beurteilende Sachverhalt dem gesetzlich geregelten in allen

---

[31] Arthur Kaufmann, „Analogie und Natur der Sache", 1965, S. 1, beanstandet diesen Satz, weil darin Analogie und „Natur der Sache" als verschiedene Denkmittel hingestellt würden. In Wahrheit sei gerade ein Denken aus der Natur der Sache Analogie. Kaufmann legt jedoch einen weiteren Begriff der Analogie zugrunde, als das im Text geschieht. Im Sinne Kaufmanns ist jedes Denken ein „analogisches Denken", dem es nicht um abstrakte Identität (Einerleiheit), sondern um Einheit im Unterschiede und daher um Entsprechung geht. In diesem Sinne ist das Denken sowohl in „konkreten Begriffen" (Hegel), in „Typen" und in „Funktionszusammenhängen", letztlich alles Verstehen „analogisches Denken". Der Ausdruck „Analogie" wird hier jedoch in dem engeren Sinne gebraucht, in dem er herkömmlicherweise in der juristischen Methodenlehre verstanden wird: als Gleichbewertung einander ähnlicher Tatbestände im Rahmen der „Lückenausfüllung". Darin, daß besonders ein typologisches Denken im weiteren Sinne „analogisches" Denken ist, bin ich mit Kaufmann einig.

diesen Hinsichten gleicht, sowie die negative Feststellung, daß die verbleibenden Unterschiede nicht von solcher Art sind, daß sie die gesetzliche Wertung hier ausschließen. Es handelt sich bei der juristischen Analogie also allemal um einen Vorgang wertenden Denkens, nicht lediglich um eine formal-logische Gedankenoperation[32]. Um zu erkennen, welche Elemente des gesetzlich geregelten Tatbestandes für die gesetzliche Wertung und warum sie für diese bedeutsam sind, bedarf es des Rückgangs auf die Zwecke und den Grundgedanken der gesetzlichen Regelung, die ratio legis.

Als Beispiel für die analoge Anwendung einer Gesetzesbestimmung auf einen im Gesetz nicht erwähnten, wertungsmäßig gleich zu beurteilenden Tatbestand kann zunächst der § 463 Satz 2 BGB dienen, an dem wir bereits den Lückenbegriff verdeutlicht haben. Die arglistige Vorspiegelung einer nicht vorhandenen günstigen Eigenschaft der Kaufsache durch den Verkäufer gleicht dem arglistigen Verschweigen eines Fehlers darin, daß der Verkäufer sich in beiden Fällen die von ihm erkannte falsche Vorstellung des Käufers von der Beschaffenheit der Sache bewußt zunutze macht, um diesen zum Vertragsschluß zu veranlassen. Es kann wohl nicht zweifelhaft sein, daß dieses Moment der arglistigen Ausnutzung eines von ihm erkannten Irrtums des Käufers für die Wertung des Gesetzes ausschlaggebend ist. Dem gegenüber kann es wertungsmäßig keinen Unterschied machen, ob der Verkäufer den von ihm erkannten Irrtum des Käufers – durch „Verschweigen“ des Fehlers – lediglich aufrecht erhalten, es also unterlassen hat, den Käufer aufzuklären, oder ob er den Irrtum des Käufers – durch „Vorspiegelung“ einer günstigen Eigenschaft – arglistig selbst hervorgerufen hat. Der zweite Fall ist eher noch gravierender. Der Grundsatz der Gleichbehandlung verlangt daher, die vom Gesetz für den ersten Fall aufgestellte Regel auch auf ihn anzuwenden.

Aus der Rechtsprechung des Bundesgerichtshofes sei das folgende Beispiel angeführt[33]. Nach § 571 Abs. 1 BGB tritt im Falle der Veräußerung eines vermieteten Grundstücks der Erwerber anstelle des Vermieters in die während der Dauer seines Eigentums aus dem Mietverhältnis sich ergebenden Rechte und Verpflichtungen ein. Erfüllt der Erwerber die ihm danach obliegenden Verpflichtungen gegenüber dem Mieter nicht, so haftet gemäß § 571 Abs. 2 der Vermieter „für den von dem Erwerber zu ersetzenden Schaden wie ein Bürge, der auf die Einrede der Vorausklage verzichtet

---

[32] Als ein formallogisches Schlußverfahren sah die „Begriffsjurisprudenz“ des 19. Jahrhunderts die Analogie an. Diese Auffassung klingt nach in den drei Abhandlungen, in denen STEINWENTER die Geschichte der Analogie als juristischer Denkform dargestellt hat (in den Studi EMILIO ALBERTARIO, Bd. 2, S. 103; den Studi ARANGIO-RUIZ, Bd. 2, S. 169 und in der Festschrift für FRITZ SCHULZ, Bd. 2, S. 345). Kritisch dazu ESSER, Grundsatz und Norm, S. 231. Zur logischen Bedeutung des Analogieschlusses ULRICH KLUG, Juristische Logik, 4. Aufl., S. 118 ff. Er erkennt an, daß die teleologischen Kriterien entscheidend sind. Daß es sich bei dem Urteil, die miteinander verglichenen Sachverhalte seien einander hinreichend ähnlich, um eine Analogie zu rechtfertigen, um das Ergebnis einer Bewertung handle, betont auch SCHREINER, Die Intersubjektivität von Wertungen, 1980, S. 51. Diese Bewertung ist aber wiederum auszurichten an der gesetzlichen Wertung des geregelten Tatbestandes, also keineswegs allein dem Urteilenden überlassen.

[33] BGHZ 51, 273.

hat". Diese Bestimmungen gelten nach § 581 Abs. 2 BGB auch für Pachtverträge. In dem vom BGH zu entscheidenden Fall war in einem Pachtvertrage vereinbart worden, daß der Pächter auf dem gepachteten Grundstück Gebäude und sonstige Anlagen errichten solle und daß ihm der Verpächter für den Fall, daß er das Pachtverhältnis kündige, hierfür eine Vergütung zahlen solle. Der Verpächter veräußerte das Grundstück während der Pachtzeit an einen Dritten, der das Pachtverhältnis zu dem nächstzulässigen Termin kündigte, sich aber weigerte, die in dem Pachtvertrag vorgesehene Vergütung zu zahlen. Der Pächter nahm daraufhin den früheren Verpächter auf die Zahlung in Anspruch. Der BGH hielt diesen nach § 571 Abs. 2 BGB zur Zahlung für verpflichtet, obgleich es sich nicht um einen Anspruch auf Schadensersatz, sondern um eine von vornherein im Vertrage vereinbarte Geldleistung handelte. Daß das Gesetz nur von dem „von dem Erwerber zu ersetzenden Schaden" spricht, erkläre sich daraus, daß die von dem Vermieter regelmäßig zu erfüllenden Pflichten, nämlich die Pflicht zur Gebrauchsüberlassung und zur Erhaltung der Mietsache, nach der Überlassung an den Erwerber nur von diesem erfüllt werden könnten, so daß im Falle ihrer Nichterfüllung durch den Erwerber nur ein Schadensersatzanspruch in Betracht komme. In Fällen wie dem vorliegenden bedürfe es eines Schadensersatzanspruches nicht, weil der vertragliche Anspruch von vornherein auf Geld ging und daher von dem früheren Verpächter ebenso gut wie von dem Erwerber erfüllt werden könne. Der Grundgedanke der Vorschrift, den Mieter oder Pächter dagegen zu schützen, daß er infolge der Veräußerung des Grundstücks anstelle seines bisherigen Schuldners einen „möglicherweise vermögenslosen" (oder nicht leistungswilligen) Schuldner erhält, treffe auch hier zu. Daher sei die entsprechende Anwendung des § 571 Abs. 2 Satz 1 BGB auf den Fall, daß der Erwerber eine ihm nach dem Vertrage obliegende Geldleistung nicht erbringe, geboten. Die Analogie ist deshalb gerechtfertigt, weil der Fall, daß der Erwerber eine dem Verpächter nach dem Vertrage obliegende Geldleistung nicht erbringt, ebenso zu bewerten ist wie der vom Gesetzgeber allein bedachte Fall, daß er die typischen Vermieterpflichten nicht erfüllt. Wenn das Gesetz den Mieter oder Pächter, der sich gegen die Veräußerung der Mietsache und den damit nach dem Gesetz verbundenen Übergang des Miet- oder Pachtverhältnisses auf den Erwerber nicht wehren kann, in den allein von ihm in Betracht gezogenen Hauptfällen durch die bürgenähnliche Haftung des ehemaligen Vermieters zusätzlich sichert, dann muß das für alle Fälle gelten, in denen der Erwerber eine auf ihn übergegangene Leistungspflicht aus dem Mietvertrag nicht erfüllt.

Die Übertragung der für einen Tatbestand gegebenen Regel auf einen anderen, ihm „ähnlichen", d. h. wertungsmäßig gleich zu erachtenden bezeichnet man als „Gesetzesanalogie"; treffender wäre hierfür der Ausdruck „Einzelanalogie", weil eine einzelne Gesetzesnorm auf einen von ihr nicht geregelten Sachverhalt „entsprechend" angewandt wird. Hiervon unterscheidet man herkömmlicherweise die sogenannte „Rechtsanalogie"[34]; richtiger wäre ihre Bezeichnung als „Gesamtanalogie".

---

[34] Vgl. dazu ENNECCERUS-NIPPERDEY, Allgemeiner Teil, § 58, II; ENGISCH, Einführung, S. 147. Kritisch dazu SAUER, Juristische Methodenlehre, S. 130 f. DAHM (Deutsches Recht, 2.

Hier wird mehreren gesetzlichen Bestimmungen, die an verschiedene Tatbestände die gleiche Rechtsfolge anknüpfen, ein „allgemeiner Rechtsgrundsatz“ entnommen, der auf einen im Gesetz nicht geregelten Tatbestand wertungsmäßig ebenso zutrifft wie auf die geregelten Tatbestände. Aus einer Reihe von Gesetzesbestimmungen, die für Dauerschuldverhältnisse verschiedener Art ein unabdingbares Recht jedes Partners zur Kündigung aus „wichtigem Grunde“ vorsehen, wird z. B. gefolgert, daß ein solches Kündigungsrecht bei allen Dauerschuldverhältnissen gegeben sei[35]. Die einzelnen Schritte des Gedankenganges sind folgende: 1. Das Gesetz schreibt für eine Reihe von Schuldverhältnissen ein Recht fristloser Kündigung aus „wichtigem Grunde“ zwingend vor; 2. bei all diesen Schuldverhältnissen handelt es sich um Dauerschuldverhältnisse; 3. Dauerschuldverhältnisse sind „Rechtsverhältnisse von längerer Dauer, die stark in die Lebensbetätigung der Beteiligten eingreifen oder eine besondere gegenseitige Interessenverflechtung mit sich bringen und ein persönliches Zusammenarbeiten, ein gutes Einvernehmen oder ein ungestörtes gegenseitiges Vertrauen der Beteiligten erfordern“[36]; 4. Die „ratio legis“ der gesetzlichen Bestimmungen ergibt sich aus dieser Eigenart aller Dauerschuldverhältnisse; 5. die „ratio legis“ trifft daher nicht nur für die im Gesetz geregelten Fälle von Dauerschuldverhältnissen, sondern für alle Dauerschuldverhältnisse zu; 6. daher gilt in unserer Rechtsordnung ein allgemeiner Rechtsgrundsatz des Inhalts, daß bei allen Dauerschuldverhältnissen die Kündigung aus „wichtigem Grunde“ möglich ist.

Gegen die Kennzeichnung des geschilderten Verfahrens als „Analogie“ wendet Canaris[37] ein, es handle sich hierbei nicht um einen Schluß vom Besonderen auf Besonderes, sondern vom Besonderen auf das Allgemeine, also nicht um Analogie, sondern um „Induktion“. Auch im Falle der Einzelanalogie wird jedoch nicht unmittelbar von einem Besonderen auf ein anderes Besonderes geschlossen, sondern durch Vermittlung des den beiden Tatbeständen Gemeinsamen, das als das für die Wertung Ausschlaggebende erkannt wird. Allerdings kommt es bei der Einzelanalogie nicht zur Aufstellung eines allgemeinen Grundsatzes, der Geltung für eine unbestimmte Vielzahl möglicher Fallgestaltungen beansprucht, sondern nur wieder zur Aufstellung einer Regel für einen begrenzten Tatbestand. Die Gewinnung eines allgemeinen Grundsatzes im Wege einer „Gesamtanalogie“ beruht auf der Erkenntnis, daß die gemeinsame „ratio legis“ aller herangezogenen Einzelbestimmungen nicht nur in den geregelten Einzelfällen, sondern immer schon dann zutrifft, wenn bestimmte, in allgemeiner Weise angebbare Voraussetzungen (wie etwa die, daß es sich bei dem fraglichen Rechtsverhältnis um ein Dauerschuldverhältnis handelt) vorliegen. Der Rückgang auf die ratio legis aller Einzelbestimmungen ermöglicht die Formulierung eines allgemeinen Rechtsgrundsatzes, der durch den ihm innewohnenden materialen Gerechtigkeitsgehalt „einleuchtet“ und durch die im Gesetz

Aufl., S. 67) wendet gegen den Ausdruck „Rechtsanalogie“ zutreffend ein, daß „auch die Gesetzesanalogie die Anwendung einer Rechtsnorm zum Gegenstand hat“.

[35] Vgl. BGHZ 9,157,161 ff.

[36] So der BGH, a.a.O., S. 162.

[37] Canaris, Die Feststellung von Lücken im Gesetz, S. 97 ff.

in Übereinstimmung mit ihm geregelten Fälle seine positiv-rechtliche Bestätigung erfährt. Dabei ist, worauf auch CANARIS hinweist, stets zu prüfen, ob nicht andere Gesetzesbestimmungen der Annahme eines „allgemeinen Rechtsgrundsatzes" entgegenstehen, und ob, wenn schon ein „allgemeiner Rechtsgrundsatz" bejaht werden kann, sein Anwendungsbereich nicht durch ein „gegenläufiges" Rechtsprinzip beschränkt wird. Die Notwendigkeit solcher zusätzlicher Überlegungen verbietet es m.E., das Verfahren einfach als das einer „Induktion" zu kennzeichnen. Zum mindesten ist eine derartige Kennzeichnung wiederum mißverständlich.

Für einen Induktionsschluß bringt BOCHENSKI[38] folgendes Beispiel: „Es seien drei Stücke Phosphor a, b und c, von denen man festgestellt hat, daß sie sich unter 60°C entzünden; wir schließen daraus, daß *alle* Stücke Phosphor sich so verhalten. Was ist das Schema dieses Schlußverfahrens? Offenbar handelt es sich um das Folgende:

Wenn alle Stücke weißen Phosphors sich unter 60°C entzünden, dann auch a, b und c,
nun aber entzünden sich a, b und c unter 60°C,
also entzünden sich alle Stücke weißen Phosphors unter 60°C."

In dieser Schlußkette steckt die von BOCHENSKI – wohl weil er sie für selbstverständlich ansieht- nicht ausdrücklich ausgesprochene Voraussetzung, daß wir wissen, daß a, b und c in der Tat Stücke „weißen Phosphors" sind, denn andernfalls wäre schon der Vordersatz in sich unschlüssig. Vollständig müßte dieser also lauten:

Wenn alle Stücke weißen Phosphors sich unter 60°C entzünden, und wenn a, b und c Stücke weißen Phosphors sind, dann entzünden sich auch a, b und c unter 60°C.

Daß a, b und c in der Tat Stücke weißen Phosphors sind, kann der Naturwissenschaftler durch eine chemische Analyse exakt feststellen. Kennt er die chemische Formel für „weißen Phosphor", so kann er auf Grund der Analyse a, b und c unter den Begriff „weißen Phosphor" (der eben durch die chemische Formel definiert ist) subsumieren. Betrachten wir nun das Verfahren bei der Auffindung eines „allgemeinen Rechtsgrundsatzes". Aus der Feststellung, daß für bestimmt geartete Dauerschuldverhältnisse eine bestimmte Rechtsfolge (nämlich ein Recht zur Kündigung aus „wichtigem Grunde") gilt, wird ein allgemeiner Rechtsgrundsatz des Inhalts gefolgert, daß diese Rechtsfolge für *alle* Dauerschuldverhältnisse gilt. Das Schema dieses Schlusses müßte nach BOCHENSKI etwa so aussehen:

Wenn in unserer Rechtsordnung ein allgemeines Rechtsprinzip P gilt, und wenn die Fallgruppen a, b und c mögliche Anwendungsfälle dieses Prinzips darstellen, dann gilt für a, b und c die dem Prinzip P entsprechende Rechtsfolge,

nun gilt für die Fallgruppen a, b und c nach der gesetzlichen Einzelregelung die dem Prinzip P entsprechende Rechtsfolge; also ist P ein unserer Rechtsordnung angehörendes allgemeines Rechtsprinzip, demzufolge in allen seinen möglichen Anwendungsfällen die gleiche Rechtsfolge gilt.

Ein derartiger Schluß wäre jedoch nicht gerechtfertigt. Er ließe außer acht, daß es in unserer Rechtsordnung Fallgruppen d, e und f geben kann, die zwar ebenfalls mögliche Anwendungsfälle des Prinzips P darstellen, die aber vom Gesetz, vielleicht mit gutem Grund, anders geregelt sind. In der Naturwissenschaft ist der Induktionsschluß deshalb berechtigt, weil man – sei es auch nur aufgrund der bisherigen Erfahrungen – davon ausgehen kann, daß *alle* Stücke weißen Phosphors sich unter gleichen Bedingungen in gleicher Weise verhalten. Regeln des Rechts lassen, anders als Naturgesetze, Ausnahmen zu, und es könnte sein, daß es sich bei a, b und c gerade um solche Ausnahmen handelte. Das hat Bedeutung für das Verfahren der „Falsifikation". Die Aussage, alle Stücke weißen Phosphors entzündeten sich unter 60°C, ist bereits dann als falsch erwiesen, wenn nur *ein* solches Stück – unter gleichen Bedingungen – sich nicht bei dieser Temperatur entzündet. Dagegen kann das Rechtsprinzip P im übrigen gelten, auch wenn für einen einzelnen möglichen Anwendungsfall im Gesetz etwas anderes bestimmt ist. So würde es der Geltung des Grundsatzes, daß Dauerschuldverhältnisse „grund-

---

[38] BOCHENSKI, Die zeitgenössischen Denkmethoden, S. 75.

sätzlich", „in der Regel" aus „wichtigem Grunde" gekündigt werden können, noch keinen Abbruch tun, wenn das Gesetz für bestimmte Einzelfälle von Dauerschuldverhältnissen die Anwendung des Grundsatzes ausschließen oder einschränken würde. Aber noch etwas anderes ist zu bedenken. Daß a, b und c Stücke weißen Phosphors sind, kann der Naturwissenschaftler, wie gesagt, aufgrund einer chemischen Analyse durch einen Subsumtionsschluß feststellen. Daß a, b und c „Dauerschuldverhältnisse" gerade in dem Sinne sind, wie es der Grundsatz voraussetzt, ist wiederum nur durch eine wertende Betrachtung festzustellen. Denn es kommt dabei auf solche, niemals „exakt" zu bestimmende Größen an, wie die Intensität der Beziehung und die Notwendigkeit eines Vertrauensverhältnisses unter den Beteiligten. Entscheidend ist sodann noch nicht, daß in den gesetzlich geregelten Fällen a, b und c tatsächlich die gleiche, dem Grundsatz entsprechende Regel gilt, sondern die Einsicht, daß der die Geltung dieser Regel in allen diesen Fällen rechtfertigende Grund – eben die „ratio legis" – in der Eigenart aller dieser Rechtsverhältnisse als „Dauerschuldverhältnisse" liegt. Erst diese Einsicht rechtfertigt die Verallgemeinerung der im Gesetz angetroffenen Regel zu einem für alle „Dauerschuldverhältnisse" geltenden Rechtsgrundsatz. Mit dem von BOCHENSKI beschriebenen Induktionsschluß hat ein derartiges Verfahren doch wohl wenig zu tun.

Entscheidend für das hier als „Gesamtanalogie" bezeichnete Verfahren ist also der Rückgang auf die allen Einzelvorschriften gemeinsame „ratio legis" sowie deren Verallgemeinerung. Dabei ist immer wieder sorgfältig zu prüfen, wie weit sie wirklich verallgemeinerungsfähig ist, und ob nicht die Besonderheiten bestimmter Fallgruppen eine abweichende Bewertung rechtfertigen. Nach den §§ 521, 599, 968 und 680 BGB haben der Schenker, der Verleiher, der Finder und unter gewissen Voraussetzungen der Geschäftsführer ohne Auftrag bei der Erfüllung ihrer vertraglichen oder gesetzlichen Pflichten, abweichend von § 276 Abs. 1 BGB, nur für Vorsatz und grobe Fahrlässigkeit einzustehen. Gemeinsam ist diesen Fällen, daß derjenige, dem die Haftungsminderung zugute kommt, uneigennützig im Interesse des anderen tätig wird, ihm „gefällig" ist. Eine Verallgemeinerung auf „Gefälligkeitsverhältnisse" aller Art wird dennoch, wohl mit Recht, von der Rechtsprechung abgelehnt[39]. Einmal ist schon die gesetzliche Regelung unterschiedlich. So haftet der unentgeltliche Verwahrer nach § 690 BGB nur für „Sorgfalt wie in eigenen Angelegenheiten"; vor allem aber haftet der Beauftragte für *jede* Fahrlässigkeit. Bei Gefälligkeitsverhältnissen nicht rechtsgeschäftlicher Art (z. B. Gefälligkeitsfahrt) ist eine Einschränkung der deliktischen Haftung keineswegs immer angebracht[40]. Man kann also in der „Uneigennützigkeit" nicht den alleinigen und zureichenden Grund für die Haftungsmilderung sehen, es kommt vielmehr auch auf die nähere Art der fraglichen Beziehung an.

Der Umstand, daß es für die Gerichte sehr schwierig ist, die volle Tragweite eines von ihnen aufgefundenen allgemeinen Rechtsgrundsatzes sogleich zu übersehen, läßt es ihnen mitunter als ratsam erscheinen, sich vorerst mit einer Einzelanalogie zu begnügen, auch wo eine Gesamtanalogie naheläge. Nach § 645 Abs. 1 BGB, der sich auf den Werkvertrag bezieht, kann der Unternehmer einen der geleisteten Arbeit entsprechenden Teil der Vergütung und Ersatz der darin nicht

---

[39] Vgl. BGHZ 21, 102.

[40] Vgl. BGHZ 30, 40, 46; *mein* Lehrbuch des Schuldrechts, Bd. I, 14. Aufl., § 31 III am Ende mit weiteren Angaben.

inbegriffenen Auslagen verlangen, wenn das Werk vor der Abnahme infolge eines Mangels des von dem Besteller gelieferten Stoffes oder infolge einer von dem Besteller für die Ausführung erteilten Anweisung untergegangen, verschlechtert oder unausführbar geworden ist. Diese Bestimmung schränkt die Regel des § 644 BGB ein, derzufolge der Unternehmer die Vergütungsgefahr bis zur Abnahme des Werkes trägt, also keinen Anspruch auf eine Vergütung oder Teilvergütung hat, wenn das von ihm bereits ganz oder teilweise hergestellte Werk ohne sein Verschulden untergeht oder von ihm nicht vollendet werden kann. Die Einschränkung rechtfertigt sich daraus, daß der Untergang des Werkes oder seine Unausführbarkeit dann dem Wirkungskreis des Bestellers zuzurechnen sind, wenn sie auf einem Mangel des von dem Besteller gelieferten Stoffes oder auf einer von ihm erteilten Anweisung beruhen[41]. Ein Teil der Lehre nimmt an, in dieser Bestimmung komme der allgemeine Grundsatz zum Ausdruck, der Besteller trage in den Grenzen des § 645 BGB die Gefahr hinsichtlich aller derjenigen für den Untergang des Werkes oder seine Unausführbarkeit ursächlichen Umstände, die seiner Sphäre entstammen[42]. Bedenken gegen eine solche Verallgemeinerung der Regel des § 645 Abs. 1 BGB ergeben sich vor allem daraus, daß die zweite Gesetzgebungskommission einen dahin zielenden Antrag mit Rücksicht auf die mangelnde Abgrenzbarkeit der „Sphären" abgelehnt, es bewußt bei der engeren Fassung des Gesetzestextes belassen hat[43]. Wenn auch, wie wir wissen, die Normvorstellungen der Gesetzesverfasser für die Auslegung nicht bindend sind, so verdienen sie doch jedenfalls insoweit Beachtung, als ihnen vernünftige Erwägungen zu Grunde liegen. Der BGH hat es daher in zwei Entscheidungen[44] vorgezogen, statt einer Verallgemeinerung der Regel zu einem Grundsatz der Risikoverteilung nach den Einflußsphären, denen das jeweilige Hindernis entstammt, die Regel des § 645 Abs. 1 BGB nur im Wege der Einzelanalogie auf bestimmte, näher bezeichnete Tatbestände zu übertragen[45].

In dem ersten Fall hatte der die Vergütung einklagende Kläger für den Beklagten eine Scheune gebaut. Der Beklagte brachte in die noch nicht ganz fertiggestellte Scheune Heu ein mit der Folge, daß sie abbrannte. Der BGH erklärte, die analoge Anwendung des § 645 BGB sei dann gerechtfertigt, „wenn eine Handlung des Bestellers das Werk in einen Zustand oder in eine Lage versetzt hat, die eine Gefährdung des Werkes mit sich gebracht hat und ursächlich für seinen schließlichen Untergang geworden ist". Ein derartiger Sachverhalt stehe den im Gesetz geregelten Tatbeständen darin nahe, daß der Besteller selbst durch sein Tun, wenn auch nicht schuldhaft, den Untergang des Werkes herbeigeführt hat. In dem zweiten Fall ging es um einen Vertrag, den der Beklagte mit einem Reisebüro über eine pauschale Flugreise nach Teneriffa für sich und seine Familie geschlossen hatte. Der Beklagte konnte die Reise nicht antreten, weil infolge einiger in Deutschland aufgetretener Pockenfälle von den spanischen Behörden eine Pocken-Schutzimpfung verlangt wurde, die bei der erkrankten vierjährigen Tochter des Beklagten nach ärztlicher Auskunft nicht vorgenommen werden durfte. Der BGH wandte auch hier den § 645 Abs 1 BGB analog an, weil die Leistung des Unternehmers, die

---

[41] Vgl. dazu KÖHLER, Unmöglichkeit und Geschäftsgrundlage bei Zweckstörungen im Schuldverhältnis, 1971, S. 40.

[42] Vgl. ERMAN, JZ 65, 657; dagegen SOERGEL-MÜHL, 11. Aufl., 1 zu § 645 BGB.

[43] Vgl. dazu KÖHLER, a.a.O., S. 37.

[44] BGHZ 40, 71; JZ 73, 366 (mit Anmerkung von MEDICUS).

[45] Zustimmend zu diesen Verfahren MEDICUS, a.a.O., auch KÖHLER, S. 47 (Anm. 131).

Durchführung der Reise, mit Hilfe der Person des Bestellers und seiner Familienangehörigen zu bewirken war. „Auch dann erscheint es sachgerecht, den Besteller die Verantwortung dafür tragen zu lassen, daß die Person, an der oder unter deren Mitwirkung das Werk herzustellen ist, dazu auch in der Lage, d. h. tauglich ist." Der BGH stellt also hier im Wege der Analogie die fehlende Reisetauglichkeit der vom Besteller zur Verfügung zu stellenden Person des Mitreisenden der fehlenden Tauglichkeit des von ihm zu liefernden Stoffes gleich. Wertungsmäßig ist hier in der Tat ein Unterschied nicht zu machen. Ob aber die analoge Anwendung auf immer weitere Sachverhalte die Rechtsprechung nicht schließlich doch zur Anerkennung eines „allgemeinen Grundsatzes" der Risikoverteilung nach Einflußbereichen führen wird, bleibt abzuwarten[46].

Zur Auffindung eines allgemeinen Rechtsgrundsatzes bedarf es im übrigen nicht stets einer „Gesamtanalogie". Mitunter genügt die Klarstellung der einer einzelnen Gesetzesbestimmung zu Grunde liegenden „ratio legis" sowie die Erkenntnis, daß diese ratio legis auf einen weiteren Kreis von Fällen zutrifft als den im Gesetz genannten. Wer in § 645 Abs. 1 BGB einen allgemeinen Rechtsgrundsatz der Risikoverteilung nach Einflußbereichen ausgedrückt findet, verfährt in dieser Weise. Dabei ist freilich sorgsam zu bedenken, ob die Beschränkung auf den Kreis der im Gesetz angegebenen Fälle (vielleicht erweitert um einige analoge Fälle) nicht doch einen vernünftigen Grund hat, wertungsmäßig gerechtfertigt werden kann. Als Beispiel für eine gerechtfertigte Verallgemeinerung kann die Rechtsprechung zu § 254 Abs. 1 BGB dienen. Nach dieser Bestimmung findet eine Schadensverteilung zwischen dem ersatzpflichtigen Schädiger und dem Geschädigten, und zwar je nach den Umständen des Falles, statt, wenn bei der Entstehung des Schadens ein „Verschulden des Beschädigten" mitgewirkt hat. Daß nach dem Gesetz nur ein „Verschulden" des Geschädigten seine Mitverantwortung für die Entstehung des Schadens und damit eine Minderung oder sogar den Fortfall seines Ersatzanspruchs begründen soll, wird daraus verständlich, daß nach den Vorstellungen der Gesetzesverfasser auch die Ersatzpflicht des Schädigers nur durch ein Verschulden begründet werden konnte. Denn ihnen war die Gefährdungshaftung als ein selbständiges Haftungsprinzip noch nicht bekannt. Als zureichenden Grund einer Verantwortlichkeit für den Schaden sahen sie daher sowohl auf der Seite des Geschädigten wie auf der des Schädigers nur ein Verschulden an. Nachdem die Gefährdungshaftung als ein selbständiges Haftungsprinzip erkannt worden ist, läßt sich die Beschränkung auf ein „Verschulden" auf der Seite des Geschädigten nicht halten. Die Rechtsprechung nimmt daher heute an, daß auch ein solcher Umstand die Mitverantwortlichkeit des Geschädigten gemäß § 254 BGB zu begründen vermag, für den dieser, wäre dadurch der andere geschädigt worden, nach den Regeln der Gefährdungshaftung einzustehen hätte. Dies gilt auch dann, wenn auf seiten des Schädigers ein Verschulden vorliegt[47]. Die Rechtsprechung entnimmt also heute dem § 254 Abs. 1 BGB den allgemeinen Rechtsgrundsatz, daß eine Schadensverteilung gemäß dieser Bestimmung immer dann stattzufinden hat, wenn auf der Seite des Geschädigten ein

---

[46] Dazu *mein* Lehrb. des Schuldrechts, Bd. II,1, 13. Aufl., § 53, III a.

[47] Vgl. BGHZ 6, 319; 20, 259. Dazu ESSER, Schuldrecht, Bd. I, 4. Aufl., § 47, IV, *mein* Lehrbuch des Schuldrechts, Bd. I, 14. Aufl., § 31 I b.

Umstand zu der Entstehung des Schadens mitgewirkt hat, der ihn nach den Regeln unseres Schadensersatzrechts für einen von ihm verursachten Schaden verantwortlich macht. Zu diesen Umständen gehört auch die mitwirkende Sach- oder Betriebsgefahr, die nach den Regeln der Gefährdungshaftung eine Ersatzpflicht zu begründen vermag. Durch diese Verallgemeinerung der Regel des § 254 Abs. 1 BGB wird eine Gesetzeslücke ausgefüllt, die durch den Ausbau der Gefährdungshaftung nachträglich entstanden ist.

Der Analogie nahe verwandt ist das sogenannte „argumentum a majore ad minus“[48]. Es besagt: Wenn nach einer gesetzlichen Bestimmung für den Tatbestand A die Rechtsfolge R gilt, dann muß sie „erst recht“ für den ihm ähnlichen Tatbestand B gelten, wenn die ratio legis der gesetzlichen Regel auf den Tatbestand B sogar in einem noch höheren Maße zutrifft. Der BGH hat sich dieses Arguments im Zusammenhang mit der Entschädigung für einen rechtswidrigen, aber schuldlosen Eingriff der Staatsgewalt bedient, der in seiner Wirkung einer (rechtmäßigen) Enteignung gleichkommt[49]. Es sei geboten, so sagt er, „unrechtmäßige Eingriffe der Staatsgewalt in die Rechtssphäre eines einzelnen dann wie eine Enteignung zu behandeln, wenn sie sich für den Fall ihrer gesetzlichen Zulässigkeit sowohl nach ihrem Inhalt wie nach ihrer Wirkung als eine Enteignung darstellen würden und wenn sie in ihrer tatsächlichen Wirkung dem Betroffenen ein besonderes Opfer auferlegt haben . . . Der entscheidende Grundgedanke für die Zubilligung eines Entschädigungsanspruchs ist bei einem unrechtmäßigen Staatseingriff, der in seiner Wirkung für den Betroffenen einer Enteignung gleichsteht, mindestens in dem gleichen Maße gegeben wie bei einer rechtmäßigen, also gesetzlich zulässigen Enteignung“. Das „argumentum a majore ad minus“ findet in den Worten „mindestens in dem gleichen Maße“ Ausdruck.. CANARIS[50] bedient sich des Arguments ferner im Zusammenhang mit Notstandsfällen. Nach § 904 BGB ist die Einwirkung auf eine fremde Sache erlaubt, also nicht rechtswidrig, wenn sie zur Abwendung einer gegenwärtigen Gefahr notwendig und der drohende Schaden gegenüber dem aus der Einwirkung dem Eigentümer entstehenden Schaden unverhältnismäßig groß ist. Der Eigentümer kann indessen Ersatz des ihm entstehenden Schadens verlangen. Verletzt jemand in einer vergleichbaren Notstandssituation nicht das Eigentum, sondern den Körper oder die Gesundheit eines anderen, der seinerseits an der Herbeiführung der Gefahrensituation nicht beteiligt ist, dann müsse der Verletzte auch dann, wenn das Handeln des Verletzers durch „übergesetzlichen Notstand“ gerechtfertigt war, Ersatz seines Schadens verlangen können, denn, so sagt CANARIS, „wenn schon der Inhaber von bloßen Sachwerten als Ausgleich für die Verpflichtung, einen Eingriff zu dulden, einen Ersatzanspruch gegen den Begünstigten hat, muß dies mindestens in gleichem Maße gelten, wenn jemand den Eingriff in ein persönliches Rechtsgut

---

[48] Zur logischen Struktur dieses Arguments KLUG, a.a.O., S. 146 ff.; zu dem obigen Beispiel S. 150.

[49] BGHZ 6, 270, 290.

[50] In JZ 63, 655, 658. Vgl. auch seine Schrift „Die Feststellung von Lücken im Gesetz“, S. 78 ff.

hinnehmen muß". Ebenso muß er Ersatz verlangen können, wenn das Handeln des Verletzers nicht (durch übergesetzlichen Notstand) gerechtfertigt, sondern nur (etwa weil er die Lage nicht zu überblicken vermochte) entschuldigt war. Denn, so sagt CANARIS wiederum, „wenn schon ein Anspruch bei einem rechtmäßigen Eingriff auf Grund einer Notstandslage besteht, so muß dies erst recht bei rechtswidrigem, aber schuldlosem Handeln gelten". Es muß „erst recht" gelten, weil die Gründe für die Zubilligung eines Ersatzanspruchs hier eher noch stärker sind. Die eigentliche Rechtfertigung des „argumentum a majore ad minus" liegt ebenso wie die des Analogieschlusses in dem Gebot der Gerechtigkeit, wertungsmäßig gleichliegende Tatbestände gleich zu behandeln, sofern nicht ihre ungleiche Behandlung aus guten Gründen vom Gesetz angeordnet oder aus besonderen Gründen gerechtfertigt ist.

Der Analogie und dem „argumentum a majore ad minus" stellt man das „argumentum e contrario", den Umkehrschluß, gegenüber. Dieser besagt: Eben deshalb, weil das Gesetz die Rechtsfolge R (nur) an den Tatbestand A geknüpft hat, gilt sie für andere Tatbestände, auch wenn diese A ähnlich sein sollten, nicht. Es liegt auf der Hand, daß dieser Schluß nur dann berechtigt ist, wenn die gesetzliche Regel ausdrücklich oder zum mindesten sinngemäß das hier in Klammern gesetzte Wörtchen „nur" enthält, wenn also die Beschränkung der Rechtsfolge R gerade auf den Tatbestand A ersichtlich vom Gesetzgeber gewollt oder nach der Teleologie des Gesetzes geboten ist. Ob das der Fall ist, ist daher zunächst im Wege der Auslegung zu ermitteln. Keinesfalls darf dies einfach unterstellt werden; ist die gesetzliche Regel nicht in dem Sinne zu verstehen, die Rechtsfolge solle *nur* in den von ihr bezeichneten Fällen eintreten, so ist der Umkehrschluß, wie ULRICH KLUG nachgewiesen hat[51], bereits logisch fehlerhaft. Ist der Umkehrschluß hiernach aber zu bejahen, dann wird dadurch in der Regel nicht nur eine Analogie, sondern bereits das Vorliegen einer Gesetzeslücke ausgeschlossen. Denn eine „planwidrige" oder doch nach der Teleologie des Gesetzes anzunehmende Unvollständigkeit der gesetzlichen Regelung liegt dann zumeist gar nicht vor[52].

Es ist allerdings auch möglich, daß ein berechtigter Umkehrschluß eine Lücke des Gesetzes erst sichtbar macht, die dann durch andere Erwägungen ausgefüllt werden muß. In § 306 BGB heißt es, daß ein auf eine unmögliche Leistung gerichteter Vertrag nichtig sei. Anders als in § 275 Abs. 2 BGB hat hier das Gesetz das Unvermögen des Schuldners der Unmöglichkeit nicht gleichgestellt. Aus § 275 BGB muß man aber entnehmen, daß das Gesetz die beiden Begriffe unterscheidet. Es kann auch nicht angenommen werden, die Gesetzesverfasser hätten diese ihre Unterscheidung bei der Abfassung des § 306 BGB vergessen gehabt und hier die Unmöglichkeit der Leistung in einem Sinne verstanden, der das Unvermögen des Schuldners mit umfaßt. Dann aber ist der Umkehrschluß berechtigt, daß ein anfängliches Unvermögen des Schuldners zur Leistung den Vertrag, anders als die Unmöglichkeit, nicht nichtig sein läßt. Da aber der Gläubiger dann, wenn der Schuldner zur Leistung unvermögend ist, diese in ihrer ursprünglichen Gestalt nicht durchzusetzen vermag, so stellt sich die Frage, welche Rechte er auf Grund des gültigen Vertrages denn nun gegen den Schuldner geltend machen kann, ob er etwa einen Anspruch auf Ersatz seines Vertrauensschadens oder auf das Erfüllungsinteresse hat. Daß das Gesetz hierüber keine Bestimmung enthält, ist eine Lücke der

---

[51] Vgl. KLUG, a.a.O., S. 145 f.

[52] So auch CANARIS, Die Feststellung von Lücken im Gesetz, S. 44 ff.

gesetzlichen Regelung, die nicht bestehen würde, wenn der Umkehrschluß aus § 306 BGB für den Fall des anfänglichen Unvermögens nicht berechtigt wäre. Wie diese Lücke auszufüllen ist, ist hier nicht darzustellen[53].

Ob eine gesetzliche Regel einen Umkehrschluß erlaubt, oder ob sie, wenn dies nicht der Fall ist, die Grundlage für einen Analogieschluß – eine Einzelanalogie oder, im Zusammenhang mit anderen, eine Gesamtanalogie –, ein „argumentum a majore ad minus" oder für die Erkenntnis eines allgemeinen Rechtsgrundsatzes zu bilden vermag, das ist somit nicht eine Frage der formalen Logik, sondern der gesetzlichen Teleologie und der in ihr zum Ausdruck gelangenden Wertung, also der ratio legis[54]. Die Entscheidung für das eine oder das andere ist also keineswegs, wie es einer oberflächlichen Betrachtung erscheinen mag, dem subjektiven Belieben des jeweils Urteilenden anheimgestellt, sondern einsichtig zu machen mit den Mitteln des wertorientierten, teleologischen Denkens.

c) Die Ausfüllung „verdeckter" Lücken, insbesondere durch teleologische Reduktion

Als eine „verdeckte Lücke" haben wir den Fall bezeichnet, daß eine gesetzliche Regel entgegen ihrem Wortsinn, aber gemäß der immanenten Teleologie des Gesetzes einer Einschränkung bedarf, die im Gesetzestext nicht enthalten ist. Die Ausfüllung einer solchen Lücke geschieht durch die Hinzufügung der sinngemäß geforderten Einschränkung. Weil hiermit die im Gesetz enthaltene, nach ihrem insoweit eindeutigen Wortsinn zu weit gefaßte Regel auf den ihr nach dem Regelungszweck oder dem Sinnzusammenhang des Gesetzes zukommenden Anwendungsbereich zurückgeführt, reduziert wird, sprechen wir von einer „teleologischen Reduktion"[55]. Gebräuchlich ist auch der Ausdruck „Restriktion"[56]. Die teleologische Reduktion verhält sich zu einer einschränkenden Auslegung ähnlich wie die Einzelanalogie zu einer erweiternden Auslegung. Der Anwendungsbereich der Norm wird das eine Mal durch die Hinzufügung einer einschränkenden Norm, das andere Mal durch die Annahme einer engeren statt einer auch möglichen weiteren Wortbedeutung eingeengt. Im Einzelfall kann es zweifelhaft sein, ob es sich noch um eine einengende Auslegung oder bereits um eine teleologische Reduktion handelt. Die Rechtsprechung spricht nicht selten von einengender Auslegung – wohl, um dadurch den Eindruck größerer „Gesetzestreue" zu erwecken –, wo es sich in Wahrheit nicht mehr um Auslegung, sondern um eine teleologische Reduktion handelt. Wird aber die Reduktion streng an der dem Gesetz eigenen Teleologie ausgerichtet und werden dabei die ihr gesetzten, noch zu erwähnenden Schranken beachtet, dann ist sie nicht weniger „gesetzestreu" als jede teleologische Interpretation.

---

[53] Vgl. dazu *mein* Lehrbuch des Schuldrechts, Bd. I, 14. Aufl., § 8 II.

[54] So auch ENGISCH, Einführung in das juristische Denken, 7. Aufl., S. 149, 287, Anm. 166 c.

[55] Eingehend hierzu BRANDENBURG, Die teleologische Reduktion, 1983.

[56] So ENNECCERUS-NIPPERDEY, Allgemeiner Teil, 15. Aufl., § 59.

Liegt die Rechtfertigung der Analogie in dem Gebot der Gerechtigkeit, dem maßgeblichen Wertungsgesichtspunkt nach gleichartige Fälle gleich zu behandeln, so die der teleologischen Reduktion in dem Gebot der Gerechtigkeit, Ungleiches ungleich zu behandeln, d. h. die von der Wertung her erforderlichen Differenzierungen vorzunehmen. Sie können geboten sein entweder durch den Sinn und Zweck der einzuschränkenden Norm selbst oder durch den insoweit vorrangigen Zweck einer anderen Norm, der andernfalls nicht erreicht würde, durch die „Natur der Sache" oder durch ein für eine bestimmte Fallgruppe vorrangiges, dem Gesetz immanentes Prinzip. So wie sich aus dem Gesetz mitunter ein Analogieverbot ergeben kann – dann nämlich, wenn die gesetzliche Regelung erschöpfend sein will, also ein argumentum e contrario berechtigt ist –, so auch ein Verbot der teleologischen Reduktion, und zwar dann, wenn ein vorrangiges Interesse an Rechtssicherheit die strikte Einhaltung der eindeutigen Norm verlangt. Ob das der Fall ist, ist zunächst wieder im Wege der Auslegung zu ermitteln[57].

Das wohl eindrucksvollste Beispiel für eine teleologische Reduktion in Übereinstimmung mit dem Zweck der einzuschränkenden Vorschrift selbst bietet die in diesem Buche von der 1. Auflage an geforderte, inzwischen auch vom BGH vollzogene[58] Reduktion des § 181 BGB für solche Insichgeschäfte eines gesetzlichen Vertreters, die ihrer Art nach dem Vertretenen lediglich einen rechtlichen Vorteil bringen, insbesondere also für Schenkungen des gesetzlichen Vertreters eines Geschäftsunfähigen an diesen selbst, die der Vertreter für ihn zugleich annimmt. Seinem Wortsinn nach steht § 181 BGB der Gültigkeit eines derartiges Rechtsgeschäftes entgegen, da eine „Gestattung" durch den Vertretenen beim gesetzlichen Vertreter nicht in Betracht kommt und das Rechtsgeschäft nicht ausschließlich in der Erfüllung einer Verbindlichkeit des Vertreters besteht. Die Ungültigkeit des Rechtsgeschäfts ist indessen nicht sachgemäß, ja sie läuft, da sie den Vertretenen benachteiligt, dem gesetzgeberischen Zweck des § 181 BGB geradezu zuwider. Denn dieser Zweck besteht in erster Linie darin, den Vertretenen davor zu schützen, daß auf Grund einer zwischen ihm und dem Vertreter bestehenden Interessenkollision der Vertreter mit Wirkung für den Vertretenen ein Rechtsgeschäft mit sich selbst vornimmt, das ihn begünstigt, den Vertretenen aber benachteiligt. Darauf, ob eine Benachteiligung des Vertretenen im einzelnen Fall tatsächlich vorliegt oder nicht, soll es nach dem Gesetz nicht ankommen; im Interesse der Rechtssicherheit, d. h. der leichteren Erkennbarkeit und der Vermeidung von Beweisschwierigkeiten, ordnet es generell an, daß das Insichgeschäft, von den erwähnten Ausnahmen abgesehen, nichtig ist. Wegen dieser vom Gesetz mit Rücksicht auf die Rechtssicherheit gewählten abstrakten – d. h. von einer konkreten Benachteiligung oder auch nur Gefährdung des Interesses des Vertretenen absehenden – Fassung der Bestimmung haben lange Zeit die Rechtsprechung und ein großer Teil des Schrifttums[59] in ihr eine

---

[57] Hierzu vgl. CANARIS, Die Feststellung von Lücken im Gesetz, S. 192 f. Er nennt als Beispiele Frist- und Formvorschriften.

[58] BGHZ 59, 236.

[59] Vgl. BOEHMER, Grundlagen der bürgerlichen Rechtsordnung, II, 2, S. 48 ff., 66.

„formale Ordnungsvorschrift“ gesehen, die „strikt“ auszulegen sei. Sie haben also der Fassung der Vorschrift mit Rücksicht auf das dahinter stehende Rechtssicherheitsinteresse ein Reduktionsverbot entnommen. Ein solches Reduktionsverbot ist jedoch nicht weiter zu erstrecken, als es der ihm zu Grunde liegende Rechtssicherheitszweck verlangt. Es wäre also sicher unzulässig, das in § 181 BGB ausgesprochene Verbot des Selbstkontrahierens auf solche Fälle einzuschränken, in denen konkret der Nachweis geführt werden kann, daß das Interesse des Vertretenen zum mindesten gefährdet ist. Anders aber, wenn in einer bestimmten Fallgruppe eine solche Gefährdung generell nicht eintreten kann. Das trifft aber zu, wenn das Geschäft seiner Art nach dem Vertretenen lediglich einen rechtlichen Vorteil bringen kann[60]. Die Frage, ob ein Geschäft seiner Art nach dem Vertretenen „lediglich einen rechtlichen Vorteil“ zu bringen vermag, ist sehr viel leichter und für typische Geschäfte solcher Art sehr viel sicherer zu beantworten als die Frage, ob im Einzelfall die Möglichkeit einer Interessenkollision und damit eine Interessengefährdung gegeben ist. Die hinsichtlich der Beantwortung dieser Frage verbleibende Unsicherheit ist nicht größer als bei jeder Auslegungsfrage und kann daher in Kauf genommen werden. Die teleologische Reduktion des § 181 BGB ist daher in dem angegebenen Umfang sowohl zulässig wie zur Vermeidung sinn- und zweckwidriger Ergebnisse geboten[61].

Der BGH hatte eine teleologische Reduktion des § 181 BGB auch für den Fall vorgenommen, daß der Alleingesellschafter einer GmbH als Vertreter derselben mit sich selbst ein Rechtsgeschäft vornimmt[62]. Da das Interesse des Alleingesellschafters, so führt er aus, mit dem der Gesellschaft stets identisch sei, so bestehe die Gefahr eines Interessenkonflikts und damit einer Benachteiligung der einen Partei zugunsten der anderen hier generell nicht. GIESEN[63] hat dann aber darauf aufmerksam gemacht, daß diese Entscheidung nicht unproblematisch ist, weil durch derartige Geschäfte auch die Interessen Dritter, nämlich der Gläubiger der Gesellschaft oder des Alleingesellschafters, betroffen werden können, die der § 181 BGB ebenfalls schützen wolle. Inzwischen hat sich der Gesetzgeber dahin entschieden, daß in diesen Fällen § 181 BGB anzuwenden ist[64].

Ein weiteres Beispiel für eine teleologische Reduktion, die durch den Sinn und den Zweck der betreffenden Vorschrift selbst gefordert wird, bietet eine Entscheidung des Großen Senats des Bundesgerichtshofes zu § 400 BGB[65]. Nach dieser Bestimmung ist die Abtretung einer Forderung unzulässig, die der Pfändung nicht unterworfen ist. Der BGH hat die Bestimmung für den Fall eingeschränkt, daß

---

[60] Die Frage, wann ein Rechtsgeschäft dem Vertretenen lediglich einen rechtlichen Vorteil bringt, dürfte hier ebenso zu beantworten sein wie im Zusammenhang des § 107 BGB. Vgl. dazu oben S. 331 f. sowie STÜRNER, AcP 173, S. 442 ff.

[61] So nun auch W. BLOMEYER, AcP 172, 1; GIESEN, JR 73, S. 62; SOERGEL-SCHULTZE-V. LASAULX, Rdz. 27, THIELE in MünchKomm, Rdz. 9 zu § 181 BGB; Palandt-Heinrichs 4 a zu § 181.

[62] BGHZ 56, 97.

[63] In JR 71, S. 505.

[64] Vgl. § 35, IV GmbHG, eingefügt durch das Gesetz vom 4. 7. 1980.

[65] BGHZ 4, 153; 13, 160; 59, 115.

Unfallrentenansprüche gegen den Schädiger von dem Berechtigten an einen Dritten, etwa seinen Arbeitgeber, abgetreten werden, der ihm, ohne dazu verpflichtet zu sein, in fürsorglicher Absicht, um ihn sicherzustellen, die entsprechenden Beträge gewährt. Die Abtretung sei, entgegen dem eindeutigen Wortsinn des § 400 BGB, dann wirksam, wenn sie entweder nach dem Empfang der jeweiligen Zahlung oder zwar im voraus, aber als durch die jeweilige Zahlung bedingt, vorgenommen wird. Daß es sich hierbei um eine teleologische Reduktion handelt, kommt sehr deutlich in den folgenden Sätzen der Begründung der Entscheidung zum Ausdruck: „Was nach dem Willen des Gesetzgebers für den Regelfall durch das Verbot der Abtretung nach § 400 BGB erreicht werden soll, nämlich die Sicherung des notwendigen Lebensunterhalts für den Rentenberechtigten, kann hier ausnahmsweise nur durch die Zulassung der Abtretung erreicht werden. Entgegen dem an sich eindeutigen Wortlaut des § 400 BGB ist diese Möglichkeit unter Beachtung aller Vorsicht, die eine solche abändernde, aber zweckgetreue Einschränkung einer Verbotsnorm erfordert, zu bejahen, weil sonst der vom Gesetz verfolgte Zweck, den Rentenberechtigten zu schützen, in sein Gegenteil verkehrt würde". Mit Recht hat der BGH auch hier betont, die Beachtung des gesetzlichen Verbots, das allgemein eine Gefährdung des Unterhalts des Inhabers der unpfändbaren Forderung zu verhindern bezweckt, dürfe nicht von der Prüfung abhängig gemacht werden, ob eine solche Gefährdung im Einzelfall vorliegt oder nicht. Soweit aber der Rentenberechtigte von dem Dritten tatsächlich die entsprechenden Zahlungen erhält, bestehe nach dem Zweck der Vorschrift kein Bedenken mehr, die Abtretung der Rentenansprüche zuzulassen, denn insoweit werde der Rentenberechtigte durch die Abtretung niemals schlechter, sondern in der Regel sogar besser gestellt, als wenn er nur auf die Geltendmachung seiner Rentenforderung gegen den Schädiger angewiesen wäre. Ohne eine Abtretung der Ersatzansprüche werde ein an sich zur Hilfe bereiter Dritter häufig doch nicht geneigt sein, freiwillig mit Zahlungen einzutreten. Anderseits bestehe im Falle der Zulässigkeit der Abtretung auch eine bessere Gewähr dafür, daß der Schädiger nicht frei ausgeht, sondern von dem Dritten notfalls im Wege der Klage in Anspruch genommen wird. Die Zulassung der Abtretung von Rentenansprüchen für den Fall der freiwilligen Zahlung führe also in jeder Hinsicht zu einem vernünftigen Ergebnis, das mit dem Sinn und Zweck des § 400 BGB voll in Einklang stehe.

Als Beispiel für solche Fälle, in denen die teleologische Reduktion deshalb geboten ist, damit der Zweck einer anderen Norm erreicht werden kann, ist die Nichtanwendung des § 139 BGB in solchen Fällen zu nennen, in denen die Nichtigkeit einer einzelnen Vertragsbestimmung gerade bezweckt, dem Vertragsteil, zu dessen Gunsten sie angeordnet ist, die Vorteile des Vertrages zu erhalten. In Betracht kommen die Vorschriften der §§ 443, 476, 540, und 637 BGB. Würde man hier den § 139 BGB mit der Folge anwenden, daß dann der ganze Vertrag nichtig wäre, so würde der geschützte Teil auch aller Vorteile aus dem Geschäft verlustig gehen, was die beabsichtigte Wirkung der Schutzvorschrift vielfach in ihr Gegenteil verkehren

---

[66] Vgl. dazu *mein* Lehrbuch des Allgemeinen Teils, 7. Aufl., § 23, II d.

würde[66]. Die Regel des § 139 BGB bedarf hier einer Einschränkung. Weiter kann hier an die früher (Kap. 3, 4) erwähnten Fälle erinnert werden, in denen die herrschende Lehre die Anwendung des § 823 BGB, der für die Entstehung einer deliktischen Ersatzpflicht jedes Verschulden genügen läßt, zugunsten damit konkurrierender Vorschriften des Vertragsrechts, die ausnahmsweise ein qualifiziertes Verschulden erfordern, einschränkt. Die Regel des § 167 Abs. 2 BGB, nach der die Erteilung der Vollmacht nicht der Form bedarf, die für das Rechtsgeschäft bestimmt ist, auf das sich die Vollmacht bezieht, wird für solche Fälle eingeschränkt, in denen die Form vornehmlich eine Warnfunktion erfüllen soll und die Vollmacht unwiderruflich erteilt oder mit der Erlaubnis zum Selbstkontrahieren verbunden wird[67]. Die Warnfunktion der Form würde in diesen Fällen nicht zur Wirkung gelangen, wenn man das Formerfordernis nicht auf die Erteilung der Vollmacht ausdehnte.

Wie das letzte Beispiel zeigt, geht die Einschränkung der einen Norm im Wege ihrer teleologischen Reduktion vielfach mit der Ausdehnung des Anwendungsbereichs einer anderen Norm einher. Umgekehrt bedeutet die Ausdehnung einer einschränkenden Gesetzesnorm im Wege der Analogie eine weitergehende Einschränkung der durch sie eingeschränkten Norm über die im Gesetz ausgesprochene Einschränkung hinaus. So liegt in der analogen Anwendung des § 645 BGB auf weitere als die dort bezeichneten Fälle eine weitergehende Einschränkung des § 644 BGB, demzufolge der Unternehmer grundsätzlich die Vergütungsgefahr bis zur Abnahme des Werkes trägt. Die analoge Anwendung des § 645 BGB scheitert auch nicht etwa daran, daß diese Bestimmung im Verhältnis zu § 644 BGB eine „Ausnahme" darstellt. Denn daß der Grundsatz des § 644 BGB nicht ausnahmslos gelten kann, gibt das Gesetz selbst zu erkennen; § 645 BGB ist auch nicht dahin zu verstehen, daß der Gesetzgeber damit eine abschließende Regelung der Fälle getroffen hätte, in denen eine vom Grundsatz des § 644 BGB abweichende Risikoverteilung zulässig wäre. Analogie und teleologische Reduktion ergänzen sich also in diesem Fall[68].

Eine Einschränkung des Anwendungsbereichs der Vorschriften des BGB über die Folgen der Nichtigkeit oder der Anfechtung von Rechtsgeschäften haben Lehre und Rechtsprechung u.a. für Gesellschaftsverträge vorgenommen, soweit die Gesellschaft ihre Tätigkeit bereits aufgenommen hat oder, wenn es sich um eine Handelsgesellschaft handelt, in das Handelsregister eingetragen worden ist[69]. Das geschieht teils mit Rücksicht auf das Interesse Dritter, die im Vertrauen auf das Bestehen der Gesellschaft mit ihr in Geschäftsbeziehungen getreten sind, teils im Interesse der erleichterten Abwicklung einer fehlerhaften Gesellschaft. Man kann zweifeln, ob es sich hierbei noch um eine gesetzesimmanente oder bereits um eine das Gesetz übersteigende Rechtsfortbildung handelt, die sich teils auf das freilich der Kon-

---

[67] Vgl. *mein* Lehrbuch des Allgemeinen Teils, 7. Aufl., § 31, II am Ende.

[68] Vgl. auch Canaris, a.a.O., S. 87 f.

[69] Vgl. dazu insbes. RGZ 165, 193; BGHZ 3, 285; 11, 190; 44, 235; Erman, Personalgesellschaften auf mangelhafter Vertragsgrundlage, 1947; Siebert, Faktische Vertragsverhältnisse, 1958; Hueck, Das Recht der OHG, 4. Aufl., § 7; Soergel-Hefermehl 35, Staudinger-Dilcher, 35 vor § 116 BGB.

kretisierung bedürftige Prinzip des Vertrauensschutzes im rechtsgeschäftlichen Verkehr, teils auf ein Bedürfnis nach Rechtsklarheit und Rechtssicherheit und, soweit die Abwicklung in Frage steht, auf die Natur der Sache[70] gründet. Mit der teleologischen Reduktion der Nichtigkeits- und Anfechtungsregeln geht auch hier eine analoge Anwendung anderer Regeln, etwa der über die fristlose Kündigung bei Dauerschuldverhältnissen oder über die Auflösungsklage bei der OHG, einher.

Mitunter wird die Einschränkung einer gesetzlichen Vorschrift auch auf dem Wege erreicht, daß der einschränkende Satz mit Hilfe der Konkretisierung eines ausfüllungsbedürftigen Maßstabes wie desjenigen von „Treu und Glauben“ gefunden wird. So schränkt die Rechtsprechung den § 125 BGB, der die Nichtigkeit eines Rechtsgeschäfts wegen Formmangels anordnet, durch den Grundsatz des § 242 BGB ein[71]. Das ist deshalb bedenklich, weil es sich bei § 125 BGB um eine im Interesse der Aufrechterhaltung der gesetzlich vorgeschriebenen Form grundsätzlich strikt anzuwendende Vorschrift handelt. Keinesfalls geht es an, den Formzwang aus dem Prinzip von Treu und Glauben von Fall zu Fall einzuschränken. Lediglich für bestimmt zu bezeichnende Fallgruppen, in erster Linie für die Fälle, in denen der Teil, der sich jetzt auf den Formmangel beruft, arglistig die Einhaltung der Form verhindert hatte, ist die teleologische Reduktion mit Rücksicht auf das vorrangige materiale Rechtsprinzip des § 242 BGB gerechtfertigt. In den meisten anderen Fällen verdient hingegen die Rücksicht auf die anders nicht zu sichernde Einhaltung der Formvorschriften den Vorrang[72]. Es geht hierbei um die Frage, wie weit dem allgemeinen Prinzip oder dem speziellen Normzweck des §125 BGB der Vorrang gebührt. Wegen der ethischen Höhe des Prinzips wird man ihm insoweit den Vorrang zuerkennen müssen, als andernfalls ein treuwidriges Verhalten vom Gesetz belohnt würde.

Ein weiteres Beispiel für eine durch ein unserer Rechtsordnung immanentes Prinzip geforderte teleologische Reduktion gibt CANARIS[73]. Nach § 54 Satz 2 BGB haftet aus einem Rechtsgeschäft, das im Namen eines nichtrechtsfähigen Vereins abgeschlossen wird, der Handelnde auch persönlich. Dies gilt nach dem Wortsinn des Gesetzes auch dann, wenn derjenige, der für den Verein handelt, beschränkt geschäftsfähig ist. Daß in einem solchen Fall die Vereinsmitglieder verpflichtet werden, ergibt sich aus § 165 BGB. Die zusätzliche Haftung des für den Verein Handelnden gemäß § 54 Satz 2 widerstreitet aber in einem solchen Fall dem im Gesetz weithin verwirklichten Prinzip des Schutzes der nicht voll Geschäftsfähigen gegen die ihnen nachteiligen Folgen ihrer eigenen rechtsgeschäftlichen Handlungen. Dieses Prinzip verdient, wie CANARIS zutreffend bemerkt, auch hier Beachtung und fordert

---

[70] Vgl. dazu unten unter 4 b.

[71] Vgl. dazu *mein* Lehrbuch des Schuldrechts, 14. Aufl., § 10, III, auch Allgemeiner Teil, 7. Aufl., § 21, I b; kritisch aber CANARIS, Die Vertrauenshaftung im deutschen Privatrecht, S. 274 f.

[72] Nach Meinung von GERNHUBER (Festschrift für SCHMIDT-RIMPLER, S. 151 ff.) ist jede Einschränkung des § 125 BGB aus dem Grundsatz des § 242 „contra legem“, da Wortlaut und Wertung des § 125 „eindeutig“ seien und jeder „Auflockerung durch § 242“ entgegenständen. Jedoch hält GERNHUBER auch eine offene Entscheidung contra legem unter gewissen Voraussetzungen für gerechtfertigt (S. 169 ff.).

[73] a.a.O., S. 104.

daher eine entsprechende Einschränkung des § 54 Satz 2 BGB im Wege seiner teleologischen Reduktion.

Einen hierher gehörenden Fall aus der Rechtsprechung des Schweizerischen Bundesgerichts berichtet WOLFFERS[74]. Nach Schweizerischem Recht läßt der Strafrichter im Falle der Verurteilung eines Angeklagten wegen Verbreitung unzüchtiger Gegenstände diese „vernichten". In dem betreffenden Fall handelte es sich um künstlerisch wertvolle japanische Reliefs und Drucke. Das Bundesgericht meinte, hier ginge die Vernichtung in Anbetracht des hohen künstlerischen Wertes zu weit. Dem Zweck der Vorschrift sei genügt, wenn die Drucke einem Museum mit der Auflage übergeben würden, sie nur Kunstsachverständigen zugänglich zu machen. WOLFFERS hält das für eine Auslegung des Wortes „vernichten", und zwar habe das Bundesgericht dieses mit Rücksicht auf den Grundsatz der Verhältnismäßigkeit ausgelegt. Aber eine derartige Bedeutung liegt weit jenseits der Grenze des möglichen Wortsinns. Das Gericht hat das Gesetz nicht ausgelegt, sondern im Wege einer teleologischen Reduktion mit Rücksicht auf den Grundsatz der Verhältnismäßigkeit korrigiert.

d) Andere Fälle einer teleologisch begründeten Korrektur des Gesetzestextes

Analogie, Entscheidung auf Grund eines im Wege der Verallgemeinerung einer Regel gefundenen Prinzips und teleologische Reduktion stellen sich als eine Korrektur des teils zu engen, teils zu weiten Gesetzeswortlauts gemäß der ratio legis, der dem Gesetz eigenen Teleologie, somit als eine „gesetzesimmanente Rechtsfortbildung" dar. Mitunter erfolgt eine derartige Korrektur des Gesetzeswortlauts noch auf andere Weise. Fälle, in denen der zu enge Wortsinn erweitert wird, ohne daß es sich um eine Analogie handelt, kann man mit CANARIS[75] als solche einer „teleologischen Extension" bezeichnen. Ihnen können solche Fälle an die Seite gestellt werden, in denen der in sich widerspruchsvolle Wortlaut einer Bestimmung gemäß ihrem Zweck von der Rechtsprechung berichtigt wird.

Um eine „teleologische Extension" handelt es sich in dem folgenden vom BGH entschiedenen Fall[76]: Die Beklagten waren für einen Unfall verantwortlich, der den Tod des Ehemannes der Klägerin zur Folge gehabt hatte. Sie schuldeten ihr daher gemäß § 844 Abs. 2 BGB Schadensersatz durch Entrichtung einer Geldrente für den ihr entgangenen Unterhalt, und zwar so lange, „als der Getötete während der mutmaßlichen Dauer seines Lebens zur Gewährung des Unterhalts verpflichtet gewesen sein würde". Die Klägerin verlangte von den Beklagten eine Rente über diesen Zeitpunkt hinaus. Sie führte aus, daß ihr durch den vorzeitigen Unfalltod ihres Mannes der Anspruch auf eine Sozialversicherungsrente entgangen sei, den sie andernfalls auf Grund der Beitragszahlungen erlangt haben würde, die ihr Mann weiterhin an die Sozialversicherung geleistet haben würde. Der Wortsinn des § 844 Abs. 2 BGB deckt diesen Anspruch, wie auch der BGH erkannte, nicht, denn er begrenzt den Anspruch auf Schadensersatz wegen des entzogenen Unterhalts eindeutig auf die mutmaßliche Lebenszeit des Getöteten. Dennoch erkannte der BGH der Klägerin den Anspruch zu, da es „bei einer von Sinn und Zweck des § 844 Abs. 2 BGB ausgehenden Auslegung" gerechtfertigt sei, der Witwe auch diesen „Folge-

---

74 WOLFFERS, Logische Grundformen der juristischen Interpretation, 1971, S. 30.
75 CANARIS, a.a.O., S. 89 ff.
76 BGHZ 32, 246.

schaden unterbliebener Unterhaltsleistung" zuzusprechen. Als „Folgeschäden unterbliebener Unterhaltsleistung" des Ehemannes sah der BGH das Fehlen einer Altersversorgung der Ehefrau deshalb an, weil der Mann auf Grund seiner Unterhaltspflicht der Ehefrau gegenüber verpflichtet gewesen wäre, Beitragszahlungen zu leisten, um ihr die Altersversorgung zu verschaffen. Infolge seines vorzeitigen Todes habe er die Beitragszahlungen nicht mehr erbringen und daher seine Pflicht nicht mehr erfüllen können, für den Unterhalt seiner Frau nach seinem Tode zu sorgen. Hierfür hätten die Beklagten nach dem Sinn und Zweck des § 844 Abs. 2 BGB einzustehen.

In der Tat ist in Fällen der hier vorliegenden Art der Witwe des Getöteten infolge des vorzeitigen Todes des Ehemannes nicht nur der Unterhalt entzogen, den sie andernfalls während seiner mutmaßlichen Lebenszeit von ihm selbst erhalten hätte, sondern darüber hinaus auch der Unterhalt, den sie nach seinem späteren Tode, auf Grund der bis dahin von ihm weiter geleisteten Beitragszahlungen, von der Sozialversicherung zu beanspruchen gehabt hätte. Die Nichtentstehung dieses Anspruchs ist eine mittelbare Folge der Tötung des Ehemannes. Soll der für die Tötung Verantwortliche, wie es das Gesetz vorsieht, dem Unterhaltsberechtigten für den ihm infolge der Tötung entgehenden Unterhalt aufkommen, dann muß das bei einer derartigen Fallgestaltung auch für die Zeit nach dem mutmaßlichen Tode des Unterhaltspflichtigen gelten. Der Gesetzgeber hat eine derartige Fallgestaltung offensichtlich nicht bedacht. Von seiner Regelungsabsicht her gesehen liegt deshalb eine Lücke des Gesetzes vor. Der BGH hat diese Lücke dadurch geschlossen, daß er bei einer derartigen Fallgestaltung die Ersatzpflicht des § 844 Abs. 2 entgegen dem eindeutigen Wortsinn des Gesetzes über die mutmaßliche Lebenszeit des Getöteten hinaus, praktisch bis zum Tode des Unterhaltsberechtigten, ausgedehnt hat. Er hat dem zu eng gefaßten Gesetzestext den Satz hinzugefügt: „Die Witwe eines verunglückten Arbeitnehmers kann für die Zeit nach seinem mutmaßlichen Tode auch Schadenersatz dafür verlangen, daß sie infolge des vorzeitigen Ablebens des Ehemannes keine Witwenrente aus der Rentenversicherung erhält"[77]. Um eine einfache Analogie handelt es sich hierbei nicht, denn es läßt sich wohl nicht sagen, daß der vom Gesetz nicht geregelte Fall – die Nichtentstehung eines Versorgungsanspruchs gegenüber der Sozialversicherung – dem geregelten „ähnlich" sei, ihm in allen für die Wertung wesentlichen Hinsichten „gleiche". Vielmehr handelt es sich um einen von dem geregelten durchaus verschiedenen Tatbestand, der aber in die Regelung des Gesetzes hätte einbezogen werden müssen, um deren Zweck auch in solchen Fällen zu erreichen. Trotz der Ungleichheit der Tatbestände ist hier die gleiche Wertung angezeigt, um eine nicht gerechtfertigte Benachteiligung der Witwe, der infolge der Tötung ihres Ehemannes ihr späterer Rentenanspruch gegen die Sozialversicherung entgangen ist, zu vermeiden.

In ihrer Auswirkung kommt eine derartige „teleologische Extension" einer Analogie allerdings sehr nahe. Beide Male wird eine Regelung auf einen Sachverhalt

---

[77] So der Leitsatz der Entscheidung.

erstreckt, den sie ihrem möglichen Wortsinn nach nicht mit umfaßt. Beide Male geht es um die volle Verwirklichung des Zwecks der gesetzlichen Regel und um die Vermeidung eines nicht zu rechtfertigenden Wertungswiderspruchs. Wo daher ein Analogieverbot besteht, muß dieses auch für eine teleologische Extension gelten.

Eine durch die Teleologie des Gesetzes gerechtfertigte Gesetzeskorrektur stellt auch die schon früher (Kap. 4, 2 c) erwähnte Gleichstellung der sogenannten „indifferenten" Geschäfte eines Minderjährigen mit den Geschäften dar, durch die er „lediglich einen rechtlichen Vorteil erlangt". „Indifferente" Geschäfte sind solche, die dem sie vornehmenden Minderjährigen weder einen rechtlichen Vorteil, noch einen Nachteil bringen, weil sie, jedenfalls ihrer beabsichtigten Wirkung nach, nicht das Vermögen des Minderjährigen selbst, sondern nur das eines Dritten berühren. Die Gleichstellung mit den rechtlich lediglich vorteilhaften Geschäften rechtfertigt sich einmal aus dem Gedanken, daß der Minderjährige in dem einen Fall so wenig schutzbedürftig ist wie in dem anderen, ferner aus der Analogie zu § 165 BGB. Infolge der Gleichstellung wird der Wortlaut des § 107 BGB dahin korrigiert, als laute er: „Zu einer Willenserklärung, durch die ihm nicht irgendein rechtlicher Nachteil auferlegt wird". Da durch diese Korrektur der Kreis derjenigen Geschäfte eingeengt wird, für die der Minderjährige nach § 108 BGB der Zustimmung seiner gesetzlichen Vertreter bedarf, so könnte man darin eine teleologische Reduktion des § 107 BGB sehen. Im Unterschied zum Regelfall einer solchen Reduktion wird hier jedoch der gesetzlichen Regel nicht ein einschränkender Satz hinzugefügt, sondern die Regel selbst enger als im Gesetzestext gefaßt.

Um einen Fall teleologisch begründeter Gesetzeskorrektur handelt es sich auch bei der Bestimmung des gemäß § 419 Abs. 1 BGB für das Bestehen von Ansprüchen gegen den bisherigen Vermögensinhaber maßgebenden Zeitpunkts[78]. Nach dem Wortlaut des § 419 Abs. 1 können dessen Gläubiger „von dem Abschluß des Vertrages an ihre zu dieser Zeit bestehenden Ansprüche auch gegen den Übernehmer geltend machen". Da unser Gesetz keinen universellen Übertragungsakt kennt, durch den ein Vermögen als Ganzes unter Lebenden auf einen anderen übertragen werden könnte, so liegt es nahe anzunehmen, daß mit dem „Vertrag" im Sinne des § 419 Abs. 1 der obligatorische Vertrag gemeint ist, durch den sich der bisherige Vermögensinhaber nur erst dazu verpflichtet, die das Vermögen ausmachenden einzelnen Gegenstände zu übertragen. Diese Annahme wird bestärkt durch den § 419 Abs. 2, in dem von den dem Übernehmer „aus dem Vertrage zustehenden Ansprüchen" die Rede ist. Ansprüche können nur aus einem obligatorischen Vertrage, nicht aus dinglichen Übertragungsgeschäften entstehen. Indessen ist das Ergebnis vom Zweck der Vorschrift her gesehen wenig sinnvoll. Die Vorschrift bezweckt, die Gläubiger des bisherigen Vermögensinhabers, die ihm vielleicht als einem vermeintlich vermögenden Mann Kredit gewährt haben, dagegen zu schützen, daß sie ihr gesamtes bisheriges Haftungsobjekt dadurch verlieren, daß ihr Schuldner sein Vermögen ganz oder doch zum größten Teil auf einen Dritten überträgt. Dieser Schutzgedanke trifft auch auf diejenigen Gläubiger zu, die eine Forderung gegen den

---

[78] Dazu *mein* Lehrbuch des Schuldrechts, Bd. I, 14. Aufl., § 35 II, Anm. 25.

bisherigen Vermögensinhaber zwar nach dem Abschluß des obligatorischen Vertrages, von dem sie in der Regel nicht wissen, aber vor der Übertragung der einzelnen Vermögensgegenstände erwerben. Denn da der obligatorische Vertrag die Zuordnung des Vermögens im haftungsrechtlichen Sinne noch nicht berührt, so haftet diesen Gläubigern das Vermögen ihres Schuldners zunächst noch so wie den übrigen Gläubigern. Sie schlechter zu stellen als diejenigen Gläubiger, die ihre Forderung bereits vor Abschluß des obligatorischen Vertrages erworben haben, besteht kein Grund. Die Rechtsprechung hat daher zunächst entschieden, daß der Übernehmer auch für die in der Zeit zwischen dem Abschluß des obligatorischen Vertrages und der Vornahme der dinglichen Übertragungsakte entstandenen Schulden des bisherigen Vermögensinhabers haftet[79]. Später hat sie dies dahin eingeschränkt, daß der Übernehmer eines Grundstücks, für den eine Auflassungsvormerkung bewilligt ist, nur für diejenigen Verbindlichkeiten des bisherigen Vermögensinhabers hafte, die bis zum Eingang des Antrages auf Eintragung der Vormerkung beim Grundbuchamt entstanden sind[80]. Dies hat der BGH mit der Erwägung begründet, die Haftung des Übernehmers setze sinngemäß voraus, daß der Gläubiger im Zeitpunkt der Entstehung seiner Forderung wegen dieser in das Vermögen seines Schuldners hätte vollstrecken können. Das sei ihm zwar noch nach Abschluß des obligatorischen Vertrages, hinsichtlich eines Grundstückes aber von dem Zeitpunkt an nicht mehr möglich gewesen, in dem eine Auflassungsvormerkung bewilligt und der Antrag auf ihre Eintragung beim Grundbuchamt eingegangen war. Das ist vom Zweck der Vorschrift her folgerichtig gedacht, findet aber im Wortlaut der Bestimmung keinen Anhalt mehr. Daher handelt es sich um eine Gesetzeskorrektur, die über die bloße Berichtigung eines sogenannten Redaktionsversehens weit hinaus geht. Denn von einem „Redaktionsversehen" spricht man nur dann[81], wenn die Gesetzesredaktoren lediglich versehentlich einen anderen Ausdruck gewählt oder im Text belassen haben, als sie beabsichtigten. Hier dagegen haben sie sich nicht nur im Ausdruck vergriffen, sie haben vielmehr das Problem nicht bis zu Ende durchdacht. Nicht nur der Ausdruck wird korrigiert, sondern die ihrem Zweck nicht entsprechende Regel selbst.

An der grundsätzlichen Zulässigkeit einer teleologisch begründeten Gesetzeskorrektur durch die Gerichte kann zwar nach dem heutigen Verständnis der Befugnis der Gerichte zur Rechtsfortbildung kein Zweifel sein. Voraussetzung dafür ist jedoch, daß der Gesetzeszweck eindeutig ermittelt ist und ohne die Korrektur der Zweck in einem Teil der Fälle verfehlt würde, ein schwerwiegender Wertungswiderspruch oder eine offenbare Ungerechtigkeit nicht zu vermeiden wären. Diese Voraussetzung traf unzweifelhaft in den Fällen der durch die Tötung des Ehemannes verhinderten Entstehung eines Versorgungsanspruchs für die Ehefrau zu. Zweifelhafter ist sie im Falle des § 419 BGB, der ohnehin rechtspolitisch sehr fragwürdig ist[82].

---

[79] RGZ 130, 34.

[80] BGHZ 33, 123.

[81] Vgl. ENNECCERUS-NIPPERDEY, Allgemeiner Teil, § 52, II; ENGISCH, Einführung in das juristische Denken, S.303 f., Anm.221..

[82] Vgl. dazu WILBURG in Festschrift für KARL LARENZ, 1973, S. 661.

e) *Lückenfeststellung und Lückenausfüllung*

Der Ausfüllung einer Gesetzeslücke im Wege einer der geschilderten Gedankenoperationen hat logischerweise die Feststellung, daß eine Gesetzeslücke vorliegt, vorauszugehen. Da diese Feststellung aber, wie wir gesehen haben, eine kritische Bewertung des Gesetzes am Maßstab seiner eigenen Teleologie und des Gebotes der Gleichbehandlung des Gleichsinnigen verlangt, so führen die hierbei anzustellenden Erwägungen oft auch schon zur Ausfüllung der Lücke. CANARIS hat das im näheren untersucht[83].

Die Feststellung der Lücke und ihre Ausfüllung beruhen auf den gleichen Erwägungen dann, wenn wir im Gesetz für eine bestimmte Fallgruppe eine Regel vermissen, die der für eine wertungsmäßig gleich zu erachtende Fallgruppe im Gesetz gegebenen Regel entspricht, oder wenn eine gesetzliche Regel eine durch ihren Sinn und Zweck, durch eine vorrangige Norm oder ein gesetzesimmanentes Prinzip geforderte Einschränkung vermissen läßt. Die im Gesetz vermißte Regel ist dann zugleich die, die zur Ausfüllung der Lücke hinzuzufügen ist, es sei denn, dem stehe ein Analogie- oder Reduktionsverbot entgegen. Analogie und teleologische Reduktion sind also Gedankenoperationen, die nicht erst der Lückenausfüllung, sondern bereits der Lückenfeststellung dienen. Allerdings ist das nicht in allen Fällen so. Die Ausfüllung der Lücke ergibt sich nicht schon aus den Erwägungen, die zu ihrer Feststellung führen, wenn es sich um eine von uns so genannte Normlücke handelt. Hier kann eine gesetzliche Regel ohne eine fehlende zusätzliche Bestimmung nicht angewandt werden. Mit der Feststellung, daß es einer zusätzlichen Bestimmung bedarf, steht zwar die Lücke, noch nicht aber ihre Ausfüllung fest. Ebenso kann es bei einer Regelungslücke liegen. Über die Rechtsfolge des anfänglichen Unvermögens des Schuldners zur Leistung läßt sich dem Gesetz – im Wege eines hier berechtigten argumentum e contrario aus § 306 BGB – nur negativ entnehmen, daß der Vertrag deshalb nicht nichtig ist. Hinsichtlich der positiven Rechtsfolgen enthält das Gesetz nichts. Es bedarf aber einer Bestimmung hierüber, soll die Aussage, der Vertrag sei gültig, nicht folgenlos bleiben. Es handelt sich hier wie im Falle der Normlücken um eine von CANARIS[84] so genannte „Rechtsverweigerungslücke“: Der Richter sieht sich hier vor die Wahl gestellt, entweder eine gesetzliche Regel nicht anzuwenden – was einer „Rechtsverweigerung“ gleichkäme –, oder die zur Anwendung des Gesetzes erforderliche Bestimmung hinzuzufügen. In diesen Fällen steht zunächst nur das Vorhandensein der Lücke und die Notwendigkeit ihrer Ausfüllung – bei Vermeidung der Rechtsverweigerung – fest, dagegen ist die Frage, wie die Lücke auszufüllen ist, sei es durch eine Analogie, eine teleologische Extension, den Rückgriff auf ein Prinzip oder die „Natur der Sache“, noch offen. Die Feststellung der Lücke und ihre Ausfüllung beruhen in diesen Fällen auf zwei durchaus verschiedenen Gedankengängen.

---

[83] In seiner Schrift: Die Feststellung von Lücken im Gesetz, 2. Aufl. 1983.
[84] a.a.O., S. 140, 144 ff.

Sind aber alle „Rechtsverweigerungslücken“ in methodisch begründeter Weise, also durch Überlegungen, die sich auf rechtliche Argumente stützen und nachprüfbar sind, ausfüllbar? Diese Frage[85] können wir, so wünschenswert das wäre, nicht bejahen. Es gibt „unausfüllbare Lücken“. An den Richter ist freilich die Forderung zu stellen, nach einer rechtlich noch begründbaren Entscheidung zu suchen, soweit dies nur möglich ist. In den meisten Fällen werden ihm die Wertungen des Gesetzes, die der Rechtsordnung immanenten Rechtsprinzipien oder die „Natur der Sache“ eine begründete Antwort auf die im Gesetz offen gebliebene Rechtsfrage ermöglichen. Zutreffend bemerkt hierzu CANARIS[86]: „Fehlt etwa die erforderliche Regelung einer Frist, so wird man eine angemessene Frist festzusetzen haben; fehlt die Bestimmung eines Zinssatzes, so ist der übliche Satz zuzusprechen; fehlt eine erforderliche Zuständigkeitsregelung, so ist das sachnächste Organ entscheidungsbefugt“. Damit sei freilich, so fährt er fort, auch schon die äußerste Grenze erreicht; häufig werde sich nicht feststellen lassen, welches Organ das sachnächste ist, oder es fehle an den unerläßlichen Verfahrensvorschriften. Auch dann aber wird man vielfach noch mit Analogien oder mit dem Rückgriff auf die allgemeinen Grundsätze eines rechtsstaatlichen Verfahrens auskommen können. Schließlich bedeutet selbst die Unausfüllbarkeit einer Gesetzeslücke durch ein Gericht noch nicht notwendig, daß diesem auch eine rechtlich begründete Entscheidung nicht möglich wäre. Angenommen, ein Gesetz bestimmte, daß für Mietstreitigkeiten von einem bestimmten Zeitpunkt an besondere Mietschiedsgerichte ausschließlich zuständig sein sollten, der Gesetzgeber unterließe es dann aber, die für die Errichtung dieser Schiedsgerichte notwendigen Vorschriften zu erlassen, so dürfte ein ordentliches Gericht, das nach dem im Gesetz bestimmten Zeitpunkt mit einer solchen Streitigkeit befaßt würde, sich nicht für unzuständig erklären, weil dies eine Verweigerung jeden Rechtsschutzes bedeuten würde. Es hätte vielmehr das Gesetz für unanwendbar zu erklären und die allgemeinen Vorschriften über die Zuständigkeit der Gerichte anzuwenden, solange die Errichtung besonderer Gerichte nicht erfolgt wäre. Auch das wäre eine rechtlich begründete Entscheidung.

f) Lückenergänzung als Leistung schöpferischer Erkenntnis

Wenn aber den Gerichten in so gut wie allen Fällen eine gemäß der Rechtsordnung begründete Entscheidung möglich ist, ist dann das Gesetz überhaupt noch „lückenhaft?“ ZITELMANN[87] war der Meinung, der Richter, der auf Grund einer Analogie entscheidet, behaupte damit, daß der von ihm im Wege der Analogie gefundene Satz bereits geltendes Recht sei. Lückenhaft sei nicht das Gesetz, sondern nur unser bisheriges Wissen von dem Gesetz. Häufig wird auch gesagt, nur das Gesetz oder das in Regeln geformte Recht könne lückenhaft sein, nicht aber das

---

[85] Vgl. zu ihr ENGISCH, Festschrift für SAUER, S. 96 ff.; Einführung in das juristische Denken, S. 159 f.; CANARIS, a.a.O., S. 172 ff.; SAE 1977, S. 131.

[86] a.a.O., S. 175 f.

[87] ZITELMANN, Lücken im Recht, S. 25; ihm folgend HERRFAHRDT, Lücken im Recht, 1915, S. 74 ff. Gegen ihn aber BIERLING, Juristische Prinzipienlehre, Bd. 4, S. 398.

Recht als Sinnganzes[88]; dieses enthalte stets einen die Entscheidung ermöglichenden Rechtssatz, der nur bisher noch nicht erkannt und formuliert worden sei.

Gegen diese Auffassung ist einzuwenden, daß sie das jeder Rechtsfortbildung, insbesondere der Lückenergänzung, eigene schöpferische Moment verkennt. Da das Recht als objektiver Geist nur im Bewußtsein derer existiert, an die es sich richtet und die es anwenden, so ist ein Rechtssatz, der erst gefunden werden soll, noch nicht existent. Er ist allenfalls potentielles, nicht aber schon aktuelles, d. h. in der Anwendung stehendes Recht. Zu aktuellem, zum mindesten faktisch geltendem Recht („law in action“) wird er erst dadurch, daß er von einem Gericht ausgesprochen und mindestens in einem Fall zur Grundlage seiner Entscheidung genommen wird. Solange die Gerichte bei enteignungsgleichen, nur objektiv rechtswidrigen Eingriffen keine Entschädigung zuerkannten, den § 181 BGB oder § 400 BGB nicht für bestimmte Fälle teleologisch reduzierten und den § 844 Abs. 2 BGB noch nicht in der geschilderten Weise erweitert und korrigiert hatten, existierten die betreffenden Rechtssätze in unserer Rechtsordnung noch nicht. Erst dadurch, daß sie von der Rechtsprechung als die hier gebotene Ausfüllung einer Gesetzeslücke erkannt und akzeptiert wurden, wurden sie zu Bestandteilen der aktuellen Rechtsordnung. Es ist daher durchaus berechtigt, von einer richterlichen Rechtsfortbildung im Sinne einer Neuschöpfung zu sprechen.

Ist die erstmalige Ausfüllung einer Gesetzeslücke im Wege einer Analogie oder einer teleologischen Reduktion ein Akt schöpferischer Erkenntnis, der im Falle, daß er Nachfolge findet, den Vorrat der in Geltung stehenden Normen erweitert, so ist sie doch kein Akt der Rechtsetzung in dem Sinne wie der Erlaß eines Gesetzes[89]. Denn für das Bewußtsein desenigen, der ihn vornimmt, bleibt er ein Erkenntnisakt, ist er kein Willensakt. Der gefundene neue Rechtssatzgilt fortan nicht, weil er jetzt durch die zur Rechtsetzung berufene Stelle in Geltung gesetzt worden wäre, sondern weil er nunmehr als „richtig“ erkannt und deshalb von einem Gericht angewandt wurde. Indem das einmal als richtig Erkannte weiter angewandt wird, steht es fortan der durch einen Willensakt des Gesetzgebers geschaffenen Norm gleich[90].

Befremdlich ist dies nur für denjenigen, der von der Vorstellung nicht loskommt, „Erkenntnis“ sei stets die Reproduktion eines „an sich“ bestehenden Objekts im erkennenden Bewußtsein. Aber diese Vorstellung ist, wie uns die Hermeneutik lehrt[91], für das Verstehen von Geisteswerken, insbesondere für das juristische Verstehen, falsch. Die Rechtsordnung besteht nicht völlig unabhängig von dem Verstehensprozeß, sondern nur so, wie sie sich auf Grund dieses Prozesses im Verständnis der zu ihrer Anwendung und Fortbildung Berufenen jeweils dar-

---

[88] So STAMMLER, Theorie der Rechtswissenschaft, S. 641 f., SAUER, Juristische Methodenlehre, S. 281; ELZE, Lücken im Gesetz, S. 26 ff.

[89] So LESS in seinem Buch „Vom Wesen und Wert des Richterrechts“ und PENSKI in JZ 89, S. 105, 114.

[90] Zur richterlichen Rechtsschöpfung MARIE-LUISE HILGER in der ersten Festschrift für KARL LARENZ, 1973, S. 109 ff..

[91] Vgl. dazu oben Kap. 1, 3 c, zum produktiven Charakter gerade auch des juristischen Verstehens GADAMER, Wahrheit und Methode, 5. Aufl., S. 301, 335; BETTI, Allgemeine Aus-

stellt. Das gilt nicht nur für das Recht, sondern für das Verständnis jedes Geisteswerkes. Sein Sinngehalt muß immer wieder neu erschlossen werden, wobei er auch neue Züge annehmen kann. Für das Recht ist dies von besonderer Bedeutung, weil es hier zumeist nicht nur um das Verstehen, sondern zugleich um seine Verwirklichung geht. So mündet in dem richterlichen Erkenntnis, wie wir das Urteil ja auch nennen, das Verstehen des Gesetzes in die mit Rechtskraft ausgestattete Entscheidung, einen Akt der Rechtsgestaltung, ein. Darauf beruht der, wie ENGISCH[92] sagt, „fast einzigartige Vorzug der Rechtswissenschaft unter den Kulturwissenschaften, nicht neben oder hinter dem Recht einherzugehen, sondern das Recht selbst und das Leben in und unter dem Recht mitgestalten zu dürfen".

3. Die Lösung von Prinzip- und Normkollisionen durch „Güterabwägung"

Bereits im Zusammenhang der „verfassungskonformen" Auslegung (oben Kap. 4, 2 e) haben wir erwähnt, daß sich das Bundesverfassungsgericht zur Bestimmung der jeweiligen Reichweite zweier Grundrechte oder Verfassungsprinzipien, die im Einzelfall miteinander kollidieren, der Methode der „Güterabwägung im Einzelfall" bedient. Der gleichen Methode bedient sich die Rechtsprechung etwa dann, wenn das allgemeine Persönlichkeitsrecht des einen mit dem allgemeinen Persönlichkeitsrecht oder einem Grundrecht eines anderen kollidiert, wie auch in zahlreichen anderen Kollisionsfällen, etwa bei der Frage, ob ein Notstand vorliegt, sowie bei der Entscheidung der Frage, was im Einzelfall „zumutbar" oder „erträglich" sei. Der weite Umfang, in dem die Rechtsprechung von dieser Methode Gebrauch macht, erklärt sich vornehmlich aus dem Fehlen einer scharfen Begrenzung des Tatbestandes dieser Rechte, dem Fehlen angebbarer Merkmale etwa für das, was „zumutbar" ist. Rechte, deren Grenzen nicht ein für allemal festgelegt, sondern gewissermaßen „offen", „beweglich" sind, und ebensolche Prinzipien können eben deshalb leicht miteinander in Konflikt geraten, weil ihre Reichweite nicht von vornherein feststeht. Im Konfliktfall muß dann, soll der Rechtsfrieden wieder hergestellt werden, das eine oder das andere Recht (oder eines der betroffenen Rechtsgüter) hinter das andere oder jedes hinter das andere bis zu einem gewissen Maß, zurücktreten. Die Rechtsprechung erreicht dies durch eine „Abwägung" der im Spiel befindlichen Rechte oder Rechtsgüter gemäß dem „Gewicht", das sie dem betreffenden Gut in der betreffenden Situation beilegt. Aber das „Abwägen" und „Gewichten" ist nur ein Bild; es geht nicht um meßbare quantitative Größen[93],

---

legungslehre, S. 640 ff. RUPP bemerkt (Grundfragen der heutigen Verwaltungsrechtslehre, 1965, S. 192), im rechtsphilosophischen Sinn sei jedes Erkennen ein Schöpfungsakt. Statt „im rechtsphilosophischen Sinne" wäre zu sagen: im Bereiche geisteswissenschaftlicher Erkenntnis.

[92] Einführung in das juristische Denken, S. 8.

[93] Daran müssen m. E. alle Versuche scheitern, den Vorgang zu mathematisieren, wie das

sondern um das Ergebnis von Bewertungen, die – darin liegt die größte Schwierigkeit – nicht nur an einem allgemeinen Maßstab, sondern zugleich an der jeweiligen konkreten Situation ausgerichtet sein sollen. Denn daß man zu einer „Güterabwägung im Einzelfall" greift, ist ja, wie früher schon bemerkt wurde, die Folge gerade davon, daß es eine feste Rangordnung aller Güter und Rechtswerte, aus der sich das Ergebnis wie aus einer Tabelle ablesen ließe, nicht gibt. Handelt es sich dann bei der „Güterabwägung" aber überhaupt noch um eine Methode oder aber um das Eingeständnis, daß der Richter hier ohne jeden Rückhalt an methodischen Grundsätzen nur noch auf Grund solcher Maßstäbe entscheidet, die er sich selbst setzt? In diesem Fall wären die auf Grund einer „Güterabwägung im Einzelfall" getroffenen Entscheidungen nicht kontrollierbar; dem subjektiven Dafürhalten des je entscheidenden Richters wäre ein breites Tor geöffnet[94].

Die Frage läßt sich nach dem heutigen Stand methodologischer Erkenntnisse vielleicht nicht abschließend beantworten. Um hier weiter zu kommen, bleibt nur der Weg, zuzusehen, welcher Art die Erwägungen sind, die die Gerichte hier anstellen. Dafür bieten die Entscheidungen sowohl des Bundesverfassungsgerichts wie des Bundesgerichtshofes ein reiches Material[95].

In dem sogenannten *Apothekenurteil*[96] hatte das Bundesverfassungsgericht darüber zu entscheiden, ob Art. 3 Abs. 1 des Bayerischen Gesetzes über das Apothekenwesen aus dem Jahre 1952, der die Neuerrichtung einer Apotheke von gewissen Voraussetzungen abhängig macht, mit Art. 12 Abs. 1 Satz 1 GG, dem Recht der freien Berufswahl, vereinbar sei. Hierzu führte das Gericht unter anderem aus: Der Wortlaut des Art. 12 Abs. 1 GG könne den Eindruck erwecken, als könne nur die Freiheit der Berufs*ausübung* durch Gesetz oder auf Grund eines Gesetzes beschränkt werden, nicht aber die Freiheit der Berufs*wahl*. Indessen ließen sich Berufswahl und Berufsausübung namentlich dann nicht völlig voneinander trennen, wenn es sich um die Aufnahme der Berufstätigkeit handelt. Eine primär als Regelung der Berufsausübung sich darstellende gesetzliche Vorschrift sei grundsätzlich auch dann zulässig, wenn sie mittelbar auf die Freiheit der Berufswahl zurückwirke. Das geschehe vor allem dann, wenn sie Voraussetzungen für die Berufsaufnahme, also für die Zulassung zur Berufsausübung, festsetzt. Das heiße jedoch nicht, daß die

---

etwa HUBMANN (in der Festschrift für SCHNORR-V. CAROLSFELD, S. 173 ff.) versucht. HUBMANN gibt selbst zu, daß die von ihm vorgeschlagene Berechnungsmethode erst dann angewandt werden kann, wenn alle zu berücksichtigenden Einzelfaktoren zuvor mit einer bestimmten Ziffer bewertet worden sind. Solche ziffernmäßige Bewertung der Einzelfaktoren wird aber stets mehr oder weniger willkürlich bleiben.

[94] Die Praxis der Güterabwägung verführe „zu subjektiven Werturteilen einer Einzelfallgerechtigkeit, die dann noch rechtsstaatlich verallgemeinert" werden könne, meint FRIEDRICH MÜLLER (Die Einheit der Verfassung, 1979, S. 199). „Abwägung" biete „ein bequemes sprachliches Muster an, das über die beteiligten Normtexte und die sie konkretisierenden Sprachdaten" wie über die Berücksichtigung der fraglichen Normbereiche „allzu rasch hinwegzugehen pflegt".

[95] Dazu auch *meine* Abhandlung über „Methodische Aspekte der Güterabwägung" in der Festschr. f. ERNST KLINGMÜLLER, 1974.

[96] BVerfGE 7, 377.

Befugnisse des Gesetzgebers hinsichtlich einer Beschränkung der Freiheit der Berufswahl und der Berufsausübung gleich weit gingen. Vielmehr sei der Gesetzgeber in seiner Regelungsbefugnis umso stärker beschränkt, je mehr er durch die Regelung der Berufsausübung zugleich in die Freiheit der Berufswahl eingreife. Das Grundrecht solle die Freiheit des Individuums schützen, der Regelungsvorbehalt dagegen einen ausreichenden Schutz der Gemeinschaftsinteressen sicherstellen. Der Gemeinschaftsschutz werde umso dringlicher, je größer die Nachteile und Gefahren sind, die der Gemeinschaft aus gänzlich freier Berufsausübung erwachsen können. Suche man diesen beiden, im sozialen Rechtsstaat gleichermaßen legitimen Forderungen gerecht zu werden, so könne die Lösung nur „jeweils in sorgfältiger Abwägung der Bedeutung der einander gegenüberstehenden und möglicherweise einander geradezu widerstreitenden Interessen gefunden werden“. Halte man hierbei daran fest, daß „nach der Gesamtauffassung des Grundgesetzes die freie menschliche Persönlichkeit der oberste Wert ist, daß ihr somit auch bei der Berufswahl die größtmögliche Freiheit gewahrt bleiben muß“, so ergebe sich, daß diese Freiheit „nur so weit eingeschränkt werden darf, als es zum gemeinen Wohl unerläßlich ist“. Eine Regelung der Berufsausübung, die schon die *Aufnahme* der Berufstätigkeit von der Erfüllung bestimmter Voraussetzungen abhängig macht und somit auch die Freiheit der Berufs*wahl* berührt, sei nur gerechtfertigt, „soweit dadurch ein überragendes Gemeinschaftsgut, das der Freiheit des einzelnen vorgeht, geschützt werden soll“. Das hier in Frage stehende Gemeinschaftsgut sei die Volksgesundheit. Unbestritten sei diese ein wichtiges Gemeinschaftsgut, dessen Schutz Einschränkungen der Freiheit des einzelnen zu rechtfertigen vermöge; unbestritten sei auch, daß eine geordnete Arzneimittelversorgung zum Schutz der Volksgesundheit notwendig sei. Die entscheidende Frage sei mithin, ob bei Wegfall der Niederlassungsbeschränkungen des Bayerischen Apothekengesetzes mit hinreichender Wahrscheinlichkeit die geordnete Arzneiversorgung so gestört würde, daß eine Gefährdung der Volksgesundheit zu befürchten wäre. Diese Frage verneinte das Bundesverfassungsgericht auf Grund eingehender Ausführungen über die zu erwartenden Folgen, in denen es auch die Verhältnisse in Ländern, in denen solche Niederlassungsbeschränkungen nicht bestehen, zum Vergleich heranzog. Weiter meinte das Gericht, die vom Gesetzgeber befürchteten Gefahren für die Volksgesundheit hätten zum Teil ihre Ursache gar nicht im Bereich des Apothekenwesens; soweit das aber der Fall sei, könne ihnen auch durch eine gesetzliche Regelung der Berufsausübung vorgebeugt werden, die nicht die Freiheit der Aufnahme der Berufstätigkeit und damit die Freiheit der Berufswahl beeinträchtige. Das Bundesverfassungsgericht meinte daher, der bayerische Gesetzgeber habe die ihm durch Art. 12 Abs. 1 GG für eine Regelung der Berufsausübung gezogenen Grenzen im konkreten Fall überschritten; es gab daher der Verfassungsbeschwerde statt.

Bereits diese Entscheidung läßt einige der Gesichtspunkte erkennen, die uns in den folgenden wieder begegnen werden. Das Gericht wägt ab die Bedeutung des Grundrechts der freien Berufswahl, dem es im Gesamtrahmen der Verfassung einen sehr hohen Rang beimißt, und das „überragende Gemeinschaftsgut“ der Volksgesundheit, deren Sicherung die umstrittene gesetzliche Regelung dienen soll. Dabei verzichtet das Gericht darauf, nach einem gemeinsamen Nenner für diese beiden Rechtsgüter zu suchen, der offensichtlich nicht zu finden ist. Statt dessen verfährt es nach einem Prinzip, das man als das der „geringstmöglichen Einschränkung" bezeichnen könnte. Einschränkungen des Grundrechts der freien Berufswahl über eine gesetzliche Regelung der Berufsausübung sind zulässig, jedoch nur in dem Maße, in dem sie zur Vermeidung einer ernstlichen, auf andere Weise nicht zu vermeidenden Gefährdung für das gleichgewichtige Rechtsgut der „Volksgesundheit" erforderlich sind. Dieses Prinzip stellt den Maßstab dar, an dem das Gericht die verfassungsmäßige Zulässigkeit der vorliegenden gesetzlichen Regelung mißt.

Im LÜTH-Urteil[97] ging es um das Verhältnis des Grundrechts der freien Meinungsäußerung (Art. 5 Abs. 1 und 2 GG) zum Schutz der gewerblichen Tätigkeit gegenüber einer Aufforderung zum Boykott. Dem Beschwerdeführer, der Leiter einer staatlichen Pressestelle war, war es durch ein gerichtliches Urteil verboten worden, die Filmtheaterbesitzer und Filmverleiher dazu aufzufordern, einen bestimmten Film des Regisseurs Veit Harlan, der durch seine Tätigkeit im dritten Reich schwer belastet war, nicht in ihr Programm aufzunehmen, und das Publikum, diesen Film nicht zu besuchen. Das Bundesverfassungsgericht sah in § 826 BGB, aus dem sich die rechtliche Unzulässigkeit eines „sittenwidrigen" Boykotts ergibt, ein „allgemeines Gesetz" im Sinn des Art. 5 Abs. 2 GG, durch das daher grundsätzlich das Recht auf freie Meinungsäußerung beschränkt werden kann. Die Generalklausel des § 826 BGB sei jedoch ihrerseits – dieser Gesichtspunkt taucht hier in der Rechtsprechung des Bundesverfassungsgerichts zum ersten Male auf – „im Lichte der Wertordnung des Grundgesetzes" auszulegen. In ihr nehme das Recht auf freie Meinungsäußerung mit Rücksicht auf seine Unentbehrlichkeit für eine funktionierende Demokratie einen besonders hohen Rang ein. Greife eine Meinungsäußerung in schutzwürdige Interessen eines anderen ein, hier in das Interesse der Kläger an der ungehinderten Ausübung ihrer gewerblichen Tätigkeit, so sei eine Güterabwägung erforderlich. Dem Recht der freien Meinungsäußerung komme vor allem dort das größere Gewicht zu, „wo von dem Grundrecht nicht zum Zwecke privater Auseinandersetzungen Gebrauch gemacht wird, der Redende vielmehr in erster Linie zur Bildung der öffentlichen Meinung beitragen will, so daß die etwaige Wirkung seiner Äußerung auf den privaten Rechtskreis eines anderen zwar eine unvermeidliche Folge, aber nicht das eigentliche Ziel der Äußerung darstellt". Für die Entscheidung der Frage, ob eine Aufforderung zum Boykott sittenwidrig sei, käme es einmal auf die Motive, das Ziel und den Zweck der Äußerungen, zum anderen darauf an, ob bei der Verfolgung des nicht zu beanstandenden Zieles das Maß der nach den Umständen notwendigen und angemessenen Beeinträchtigung der Interessen des anderen nicht überschritten sei. In dem zu entscheidenden Fall kam das Bundesverfassungsgericht zu dem Ergebnis, weder die Motive, noch Ziel und Zweck der Äußerungen seien nach der gesamten Sachlage als sittenwidrig zu beurteilen; auch die für die Meinungsäußerung gewählten Formen seien nicht über das nach den Umständen Zulässige hinaus gegangen. Das Bundesverfassungsgericht

[97] BVerfGE 7, 198.

verneinte daher die Sittenwidrigkeit der Boykottaufforderung und gab damit dem Recht auf freie Meinungsäußerung im konkreten Fall den Vorrang. An dieser Entscheidung ist bemerkenswert einmal der Unterschied, den das Bundesverfassungsgericht macht, je nachdem, ob sich die Äußerung nach ihrem Ziel und Zweck unmittelbar gegen das rechtlich geschützte Gut eines anderen richtet – dann geht, so muß man das Gericht interpretieren, dessen Schutz in der Regel vor –, oder ob sie in erster Linie zur Bildung der öffentlichen Meinung beitragen will und die nachteilige Wirkung auf das Rechtsgut des anderen nur eine, wenn auch unvermeidliche, Nebenwirkung ist. Zum anderen ist die Erwägung bemerkenswert, daß es dann, wenn Ziel und Zweck der Äußerung nicht zu beanstanden sind, weiterhin noch darauf ankommt, ob die Äußerung ihrer Form nach auch nicht das zulässige Maß überschreitet. Hier klingt der Gedanke an, daß Mittel und Zweck in einem angemessenen Verhältnis zueinander stehen müssen, daß die Beeinträchtigung des geschützten Rechtsguts nicht weiter gehen darf, als es der gebilligte Zweck erfordert. Dieser Gedanke spielt, wie wir noch sehen werden, auch in der Rechtsprechung des Bundesgerichtshofes eine beträchtliche Rolle.

In zwei Entscheidungen[98] nahm das Bundesverfassungsgericht eine Abwägung zwischen dem Grundrecht der Pressefreiheit bzw. der Informationsfreiheit auf der einen Seite und einem diese Grundrechte beschränkenden Strafgesetz vor. Im ersten Fall handelte es sich um die Strafbestimmungen gegen fahrlässigen Landesverrat. Hier sagte das Bundesverfassungsgericht, der Rang des Schutzgutes, das hier der Pressefreiheit gegenüberstände, nämlich die Sicherheit der Bundesrepublik, sei geeignet, die Pressefreiheit „jedenfalls dann zurücktreten zu lassen, wenn die Bekanntgabe von Staatsgeheimnissen die Sicherheit der Bundesrepublik ernsthaft gefährden würde". Ob dies der Fall sei, müsse jeweils besonders geprüft werden. Dabei komme es einmal auf die Bedeutung des in Frage stehenden Geheimnisses für die Staatssicherheit, zum anderen darauf an, wie groß hier das Interesse der Öffentlichkeit an der Bekanntgabe im Hinblick auf die allgemeine politische Willensbildung sei. Im vorliegenden Fall gab das Gericht dem Geheimhaltungsinteresse den Vorrang vor dem Interesse der Öffentlichkeit an Unterrichtung. Dieses habe nicht die Veröffentlichung von Einzelheiten über militärische Anlagen erfordert. Im zweiten Fall ging es um Strafvorschriften, die eine Beschränkung der Einfuhr von Schriften aus der DDR bezweckten und deren Einziehung ermöglichten. Das Bundesverfassungsgericht betonte zunächst den hohen Rang des Rechtes der Informationsfreiheit, das ebenso wie das Recht der freien Meinungsäußerung „eine der wichtigsten Voraussetzungen der freiheitlichen Demokratie" darstelle. Das sie beschränkende Gesetz müsse seinerseits so ausgelegt werden, daß „der besondere Wertgehalt des Grundrechts auf jeden Fall gewahrt bleibt". Dazu bedürfe es einer Güterabwägung zwischen den durch das Grundrecht geschützten Interessen und den durch die Strafvorschriften geschützten Rechtsgütern. Hierbei sei zu prüfen, ob nach der Art der eingezogenen Schriften – es handelte sich um Tageszeitungen – „generell ein Gefährdungseffekt gegeben" sei. Zusätzlich müsse geprüft werden, ob

---

[98] BVerfGE 21, 239; 27, 71.

nicht im Einzelfall ein „spezielles berechtigtes Informationsinteresse“ eines einzelnen eine Ausnahme zu seinen Gunsten gebiete. In einer weiteren Entscheidung, in der es darum ging, ob einem Untersuchungsgefangenen die Erlaubnis zur Benutzung eines eigenen Rundfunkgeräts zu Recht versagt worden war[99], führte das Bundesverfassungsgericht aus, das Grundrecht der Informationsfreiheit dürfe aus Gründen der Ordnung des Vollzuges der Untersuchungshaft nicht weiter eingeschränkt werden, „als dies unerläßlich ist“. Die Erlaubnis dürfe daher nur versagt werden, wenn im Einzelfall eine erhebliche Gefährdung – z. B. den Empfang von Nachrichten von außerhalb befindlichen Komplizen – zu besorgen sei.

Schon in dem ersten Urteil, in dem er ein „allgemeines Persönlichkeitsrecht“ als ein verfassungsmäßig gewährleistetes subjektives Recht anerkannte[100], hat der Bundesgerichtshof bemerkt, die Abgrenzung dieses Rechts bedürfe in besonderem Maße einer Güterabwägung. Er hat eine solche Abwägung seither in einer Reihe von Entscheidungen vorgenommen. Dabei ging es wiederholt um die Abgrenzung des Persönlichkeitsrechts, speziell des Schutzes der Ehre, gegen das Recht der Pressefreiheit. Die Presse nehme, sagt der BGH[101], im Sinne des § 193 StGB berechtigte Interessen wahr, wenn sie „über Angelegenheiten berichtet oder zu ihnen Stellung nimmt, an denen ein ernsthaftes Informationsinteresse der Öffentlichkeit besteht“. Sie sei dabei jedoch nicht von allen Schranken befreit, die sich aus dem Recht des einzelnen auf die Wahrung seiner Ehre ergeben. Bei der danach erforderlichen Güter- und Interessenabwägung im Einzelfall könne einerseits ins Gewicht fallen, welche Bedeutung die erörterte Angelegenheit für die Allgemeinheit hat. In diesem Zusammenhang verweist der BGH auf das LÜTH-Urteil des Bundesverfassungsgerichts. Auf der anderen Seite müsse beachtet werden, daß sich eine in der Presse erhobene ehrverletzende Beschuldigung in aller Regel besonders nachteilig für den Betroffenen auswirke. Die Presse sei deshalb gehalten, „die Informationsquellen sorgfältig auf ihre Zuverlässigkeit zu prüfen, von ungerechtfertigten Übergriffen in die private Sphäre abzusehen, Übertreibungen zu vermeiden und ferner zu erwägen, ob ein vertretbares Verhältnis zwischen dem mit der Veröffentlichung erstrebten Zweck und der für den Betroffenen eintretenden Beeinträchtigung seiner Ehre besteht“. In anderen Zusammenhängen hat der Bundesgerichtshof mehrfach ausgesprochen, die Persönlichkeit verletzende Äußerungen seien nur dann durch die Wahrnehmung berechtigter Interessen gedeckt, wenn sie „objektiv nach Inhalt, Form und Begleitumständen das gebotene und notwendige Mittel zur Erreichung des rechtlichen gebilligten Zweckes bilden“ („Grundsatz größtmöglicher Schonung fremder Rechte“)[102]. Diesen Grundsatz hat der BGH in einer weiteren Entscheidung[103] freilich dahin abgeschwächt, es sei nur zu verlangen, „daß ein angemessenes Verhältnis“ zwischen dem verfolgten Zweck und der Beeinträchtigung dessen besteht,

---

[99] BVerfGE 15, 288, 295.
[100] BGHZ 13, 334, 338.
[101] BGHZ 31, 308, 313.
[102] BGHZ 3, 270, 281; 8, 142, 145; 24, 200, 206.
[103] BGHZ 36, 77, 82.

über dessen Wirken berichtet wird; nicht aber sei zu fordern, daß der Zweck der Reportage die Erwähnung des Klägers und seiner Firma unbedingt erfordert hätte. Dem BGH genügt hier ein ernsthaftes Interesse der Öffentlichkeit an vollständiger Berichterstattung. Hierzu kam jedoch, daß sich der – inhaltlich zutreffende – Bericht nur auf die gewerbliche Betätigung, nicht auf die Privatsphäre des Klägers bezog. Die gewerbliche Betätigung, so meinte der BGH, sei von vornherein in geringerem Maße geschützt als der private Bereich im engeren Sinne. In einer weiteren Entscheidung über eine ehrverletzende Pressereportage[104] ließ der BGH dagegen die Berufung auf die Pressefreiheit nicht gelten, weil in der beanstandeten Reportage „in verzerrter und beleidigender Art auf das Privatleben der Klägerin ohne sachlichen Grund eingegangen wurde".

Auch diese Urteile bezeugen das Bemühen der Rechtsprechung um differenzierte Lösungen. Es werden einander gegenübergestellt: Auf der einen Seite die Bedeutung der fraglichen Angelegenheit für die Öffentlichkeit, die Ernsthaftigkeit und die Stärke des Informationsinteresses, auf der anderen Seite die Art (Privatsphäre oder nur gewerbliche Sphäre) und die Schwere („verzerrte und beleidigende Art der Reportage") der Beeinträchtigung des Persönlichkeitsgutes. Daneben wird mit den Grundsätzen des schonendsten Mittels und der Verhältnismäßigkeit ebenso wie im LÜTH-Urteil des Bundesverfassungsgerichts ein angemessenes Verhältnis verlangt zwischen dem gewählten Mittel, das die Beeinträchtigung bewirkt, und dem erstrebten, an sich gebilligten Zweck. Auch wenn der Zweck nicht zu mißbilligen ist, darf doch das gewählte Mittel nicht über ein vernünftiges Maß hinausgehen.

Dagegen hat das Bundesverfassungsgericht im Falle einer ehrverletzenden Gegenäußerung in der Presse betont, es komme nicht nur darauf an, ob die Presseerwiderung das angemessene Mittel der Verteidigung gegen den vorangegangenen Angriff auf die Ehre des Betroffenen gewesen sei, vielmehr sei auch zu berücksichtigen, daß sie einen Beitrag zur Bildung der öffentlichen Meinung darstelle[105]. Unter diesem Gesichtspunkt sei zu fragen, ob sie der Art der Berichterstattung in der Darstellung, gegen die sie sich wandte, und deren Wirkung auf die öffentliche Meinung entsprochen habe[106]. Eine die Tatsachen entstellende Darstellung könne auch eine Gegendarstellung rechtfertigen, in der das betreffende Presseorgan „allgemein als Träger solcher Darstellungsweise entsprechend kritisiert wurde". Das Bundesverfassungsgericht ist hier im Grunde nach der Maxime verfahren: Auf einen groben Klotz gehört ein grober Keil. Ob eine derartige Maxime ein taugliches Prinzip für eine „Güterabwägung" darstellt, muß allerdings bezweifelt werden.

Von besonderem Interesse für die Grundsätze, nach denen die Rechtsprechung verfassungsmäßig geschützte Güter gegeneinander „abwägt", ist die Entscheidung des Bundesverfassungsgerichts hinsichtlich des Romans „Mephisto" von KLAUS MANN[107]. Hier ging es um die durch Art. 5 Abs. 3 GG gewährleistete Freiheit der

---

[104] BGHZ 39, 124.
[105] BVerfGE 12, 113, 126 ff.
[106] a.a.O., S. 130.
[107] BVerfGE 30, 173.

Kunst auf der einen Seite, das Persönlichkeitsrecht, die Ehre[108] auf der anderen Seite. Im Ergebnis waren die Richter verschiedener Meinung. Übereinstimmend gingen sie davon aus, daß Art. 5 Abs. 3 GG dem einzelnen Künstler ein Grundrecht einräumt, und daß dieses Grundrecht nicht den in Art. 5 Abs. 2 GG genannten Schranken der allgemeinen Gesetze, der gesetzlichen Bestimmungen zum Schutze der Jugend und des Rechtes der persönlichen Ehre, unterliege. Dies bedeute indessen nicht, daß das Grundrecht der Kunstfreiheit völlig schrankenlos sei, sondern nur, daß seine Grenzen von der Verfassung selbst bestimmt würden. Die Kunstfreiheit könne daher mit dem ebenfalls verfassungsrechtlich geschützten Persönlichkeitsbereich in Konflikt geraten. Alle Richter stimmten darin überein, in einem solchen Fall müsse eine Abwägung „auf der Grundlage der konkreten Umstände des vorliegenden Sachverhalts" erfolgen. Die Unterschiedlichkeit der Meinungen der Richter tritt erst in der Bewertung der in die Abwägung einbezogenen Faktoren hervor. Die eine Hälfte der Richter betont sehr stark, daß ein Kunstwerk wie ein Roman, der sich, bis zu einem gewissen Grade an wirklichen Vorgängen orientiert, seine Wirkung nicht nur auf der ästhetischen Ebene, sondern auch auf der sozialen Ebene entfalte, und zwar dadurch, daß manche Leser die Romanfigur unter Außerachtlassung ihrer Eigenbedeutung im Rahmen des Kunstwerks mit der von dem Autor mehr oder weniger als Vorbild genommenen historischen Person gleichsetzten. Dadurch, daß die Leser diese Gleichsetzung auch auf solche charakterlich negativen Züge der Romanfigur erstreckten, die von dem Autor frei erfunden sind, könne die Ehre der historischen Person empfindlich beeinträchtigt werden. Diese Richter nahmen an, daß das hier der Fall sei. Hiergegen wandte besonders der Richter Dr. STEIN in seinem abweichenden Votum ein, es werde dem hohen Rang, den die Verfassung der Kunstfreiheit einräume, nicht gerecht, die Güterabwägung allein aus der Blickrichtung eines Leserpublikums vorzunehmen, das den Inhalt des Romans für die Wirklichkeit nimmt, „also dem Roman gegenüber eine nicht kunstspezifische Haltung einnimmt". Die Beurteilung des Romans „allein nach den Wirkungen, die er außerhalb seines ästhetischen Seins entfaltet", vernachlässige das spezifische Verhältnis der Kunst zur Wirklichkeit und schränke damit das in Art. 5 Abs. 3 Satz 1 garantierte Freiheitsrecht unzulässiger Weise ein. Des weiteren wird in diesem Votum ausgeführt, daß bei Würdigung des Romans als Kunstwerk die rein stoffliche Beziehung zu dem historischen Vorbild (GRÜNDGENS) „in der Verbindung von Faktischem und Poetischem deutlich in den Hintergrund tritt, mag diese Anlehnung an die Wirklichkeit auch noch erkennbar bleiben". Bei „Abwägung der kollidierenden Interessen im Sinne der verfassungsrechtlichen Wertentscheidungen", heißt es weiter, könne deshalb die Schmälerung der Personenwürde des Verstorbenen „nicht so gewichtig sein, daß sie ein Verbreitungsverbot rechtfertigen könnte". Hier klingt wieder der Gedanke der Verhältnismäßigkeit an. Geht man von einem Leserpublikum aus, das zwischen der Romanfigur und der Wirklichkeit gebührend zu unterscheiden weiß, dann steht die etwa zu besorgende Minderung des Ansehens der

---

[108] und zwar um die Ehre eines bereits Verstorbenen. Auf die darin liegende Problematik wird im folgenden nicht eingegangen.

historischen Person außer Verhältnis zu der Schwere der Beeinträchtigung, die in einem Verbot der Verbreitung des Romans liegen würde. Noch weiter gehend meint die Richterin RUPP v. BRÜNNECK, daraus, daß das Grundgesetz in Verbindung mit der Freiheit der Kunst keine Schranken nennt, müsse gefolgert werden, daß der Verfassungsgeber „in dubio der Freiheit der Kunst den Vorrang einräumen wollte". Der im Interesse des Persönlichkeitsschutzes erfolgende Eingriff dürfe daher nur „eine sehr eng zu begrenzende Ausnahme darstellen". Er sei nur berechtigt, wenn der Roman „bei einer Gesamtbetrachtung ganz überwiegend das Ziel verfolgt, bestimmte Personen zu beleidigen oder zu verleumden", wenn die Kunstform des Romans zu diesem Zweck mißbraucht werde.

Für die Güterabwägung lassen sich aus diesen Entscheidungen folgende Grundsätze ableiten: Zunächst einmal kommt es darauf an, ob sich nach der im Grundgesetz enthaltenen „Wertordnung" ein eindeutiger Wertvorzug eines der hier betroffenen Güter gegenüber dem anderen feststellen läßt. Unbedenklich wird man sagen können, daß dem Leben des Menschen und ebenso der Menschenwürde ein höherer Rang zukommt als anderen Gütern, insbesondere materiellen Gütern. Das Bundesverfassungsgericht gibt ersichtlich den Rechten der Meinungsfreiheit und der Informationsfreiheit wegen ihrer „schlechthin konstituierenden Bedeutung"[109] für das demokratische Gemeinwesen einen Wertvorzug auch gegenüber anderen Grundrechten. In den meisten Fällen aber wird es sich entweder um gleichrangige Rechte handeln, etwa um gleichartige Persönlichkeitsrechte, oder um Güter, deren Disparität einen abstrakten Vergleich ausschließt. So liegt es im Falle der Kollision zwischen dem Freiheitsrecht eines einzelnen und einem Gemeinschaftsgut wie der Volksgesundheit oder zwischen der Pressefreiheit und dem Sicherheitsinteresse der Bundesrepublik. Dann kommt es einmal auf das Ausmaß an, in dem das geschützte Rechtsgut überhaupt betroffen ist, z. B. darauf, wie weit hier ein ernsthaftes Interesse der Öffentlichkeit an Unterrichtung oder des Staates an der Geheimhaltung dieser Tatsachen besteht, und weiterhin auf den Grad der Beeinträchtigung, den das eine oder das andere Gut im Falle, daß es zurücktreten müßte, erleiden würde. Schließlich gelten die Prinzipien der Verhältnismäßigkeit, des schonendsten Mittels oder der geringstmöglichen Einschränkung. Danach darf die Beeinträchtigung des einen Gutes nicht weiter gehen als das um des anderen oder um eines als vorrangig erkannten Rechtswertes willen erforderlich oder doch zum mindesten „vertretbar" ist. Bei dem Grundsatz der Verhältnismäßigkeit handelt es sich um ein materiales Rechtsprinzip[110], das zum methodischen Leitfaden richterlicher Normkonkretisierung wird. Es liegt auf der Hand, daß auch bei Beachtung dieser Grundsätze noch ein sehr weiter Spielraum für eine richterliche Eigenwertung verbleibt, wie das an den verschiedenen Voten zu dem Roman „Mephisto" besonders deutlich wird. Auf der anderen Seite zeigt sich aber auch, daß die „Güterabwägung" nicht einfach

---

[109] BVerfGE 12, 125.

[110] Es ergibt sich unmittelbar aus dem Gedanken der Gerechtigkeit, des „rechten Maßes", des „Maßvollen" und modifiziert nicht selten das Gleichheitsprinzip. Vgl. *meine* Schrift „Richtiges Recht", S. 40 f.; 124 ff.

eine Sache des Rechtsgefühls, ein rational überhaupt nicht einsichtig zu machender Vorgang ist, sondern wenigstens bis zu einem gewissen Grade angebbaren Grundsätzen folgt und insoweit auch nachprüfbar ist. LERCHE hat darüber hinaus festgestellt[111], daß in der grundrechtlichen Rechtsprechung des Bundesverfassungsgerichts die „rangmäßige Gewichtung" objektiver Rechtsgüter mehr und mehr zurücktrete hinter der Beachtung allgemeiner rechtsstaatlicher Grundsätze wie des der Verhältnismäßigkeit, der „Waffengleichheit" der Parteien, und anderen „Kriterien, die sich von den einzelnen objektiven Grundrechtswerten weitgehend lösen und übergreifender Natur sind".

Die „Güterabwägung im Einzelfall" ist eine Methode der Rechtsfortbildung, weil sie dazu dient, Normkollisionen, für die es an einer ausdrücklichen Regel im Gesetz fehlt, zu lösen, die sich überschneidenden Anwendungsbereiche von Normen gegeneinander abzugrenzen und dadurch Rechte, deren Umfang, wie der des allgemeinen Persönlichkeitsrechtes, offen geblieben ist, zu konkretisieren. Ebenso wie bei der allmählichen Konkretisierung ausfüllungsbedürftiger Wertungsmaßstäbe durch die Rechtsprechung ist auch hier zu erwarten, daß mit der Zunahme höchstrichterlicher Entscheidungen Vergleichsmöglichkeiten geschaffen werden, durch die die verbleibenden Urteilsspielräume eingeengt werden. Da aber jedesmal die Berücksichtigung der gesamten Umstände des Einzelfalls gefordert wird, die sich niemals in allem gleichen, so darf nicht erwartet werden, daß sich mit der Zeit feste Regeln herausbilden würden, die eine einfache Subsumtion des einzelnen Falles ermöglichten. Die Fallvergleichung ermöglicht Analogien und vielleicht eine gewisse Typisierung der Fälle; die „Abwägung" der Güter wird dadurch erleichtert, aber nicht entbehrlich gemacht.

4. Rechtsfortbildung über den Plan des Gesetzes hinaus (Gesetzesübersteigende Rechtsfortbildung)

Eine Gesetzeslücke, so hatten wir gesagt, sei eine „planwidrige Unvollständigkeit" des Gesetzes. Der Richter muß sie ausfüllen, um das Gesetz sinngemäß, und das heißt im Sinne des ihm zu Grunde liegenden Regelungsplans und der ihm immanenten Wertungen, anzuwenden. Die Rechtsprechung hat die Rechtsordnung in manchen Fällen ebenfalls fortgebildet, in denen von einer „planwidrigen" Unvollständigkeit des Gesetzes nicht wohl die Rede sein kann. Sie hat neue Rechtsinstitute geschaffen, die in dem ursprünglichen Plan des Gesetzes nicht vorgesehen waren, ja ihm zuwider liefen, sei es mit Rücksicht auf ein unabweisbares Bedürfnis des Rechtsverkehrs, ein in seiner Bedeutung erst später erkanntes Rechtsprinzip, oder ein Verfassungsprinzip. Auch wenn für eine solche „gesetzesübersteigende Rechtsfortbildung" in der Regel noch gewisse Anhaltspunkte im Gesetz gefunden werden können, so geht sie doch über den Rahmen einer bloßen Lückenausfüllung

---

111 In dem von KLAUS VOGEL herausgegebenen Bande „Grundrechtsverständnis und Normenkontrolle", 1979, S. 33 ff. (für Normenkontrollentscheidungen) und S. 37 ff. (für Verfassungsbeschwerden).

hinaus. Sie orientiert sich nicht mehr allein an der ratio legis, der immanenten Teleologie des Gesetzes selbst, sondern an einem darüber hinausgreifenden Rechtsgedanken. Es versteht sich, daß auch eine solche Rechtsfortbildung im Einklang mit den allgemeinen Prinzipien der Rechtsordnung und der verfassungsmäßigen „Wertordnung" bleiben muß, ja erst durch diese Übereinstimmung gerechtfertigt werden kann. Es handelt sich also um eine Rechtsfortbildung zwar „extra legem", außerhalb der gesetzlichen Regelung, aber „intra ius", innerhalb des Rahmens der Gesamtrechtsordnung und der ihr zu Grunde liegenden Rechtsprinzipien. Reichen hierfür auch die erörterten methodischen Hilfsmittel der Gesetzesauslegung und der gesetzesimmanenten Rechtsfortbildung nicht mehr aus, so bedarf doch auch eine derartige Rechtsfortbildung der Begründung mit rechtlichen Erwägungen. Welcher Art diese Erwägungen sind und wo die Grenzen einer derartigen Rechtsfortbildung liegen, soll im folgenden erörtert werden.

a) Rechtsfortbildung mit Rücksicht auf die Bedürfnisse des Rechtsverkehrs

Auf dem Gebiete des bürgerlichen Rechts finden wir heute einige Rechtsinstitute, die im Gesetz selbst nicht vorgesehen sind, die aber die Rechtsprechung, zum Teil erst nach einigem Schwanken, zugelassen und weiter ausgebaut hat, weil für sie offenbar ein Verkehrsbedürfnis besteht. Genannt seien die Sicherungsübereignung, die Einziehungsermächtigung und das Anwartschaftsrecht, besonders seine Übertragbarkeit. Es handelt sich in allen diesen Fällen zwar nicht um eine dem Richter nicht gestattete Rechtsprechung „contra legem", weil nicht gesagt werden kann, daß der Gesetzgeber diese Institute hat ausschließen wollen. Ihre Zulassung kann aber auch nicht, obgleich das oft genug versucht worden ist, schon aus dem Gesetz gefolgert werden; im Falle der Sicherungsübereignung spricht die Teleologie des Gesetzes eher gegen sie. Daraus, daß das Gesetz in § 398 BGB die Abtretung einer Forderung für zulässig erklärt, kann noch nicht gefolgert werden, daß auch ihre Überlassung zur Einziehung gewissermaßen als eine minder weitgehende Übertragung zulässig wäre, weil die Folgen für den Schuldner verschieden sind. Das Anwartschaftsrecht, das hauptsächlich in Verbindung mit dem Eigentumsvorbehalt beim Kaufvertrag von großer Bedeutung geworden ist, war den Gesetzesverfassern als eigener Rechtstypus noch nicht bekannt. Die Zulassung und der weitere Ausbau dieser Rechtsinstitute waren durch den „Plan" des Gesetzes keineswegs gefordert, das Fehlen einer entsprechenden Regelung war daher keine Gesetzeslücke. Gegen ihre Zulassung gab es dogmatische und, im Falle der Sicherungsübereignung, auch rechtspolitische Bedenken. Ausschlaggebend für ihre Anerkennung durch die Rechtsprechung dürfte gewesen sein, daß damit einem dringenden Bedürfnis des Rechtsverkehrs entsprochen wurde.

Was die Sicherungsübereignung betrifft, so folgt ihre Zulässigkeit noch nicht aus § 223 Abs. 2 BGB. Wohl läßt diese Vorschrift erkennen, daß ein Recht auch nur zur Sicherung eines Anspruchs übertragen werden kann, doch geht es bei der Sicherungsübereignung speziell um die Frage, ob eine bewegliche Sache zur Sicherheit auch in der Übertragungsform des § 930 BGB, ohne Besitzwechsel also, übereignet werden kann. Dem steht entgegen, daß die Sicherungsübereignung einen ähnlichen Zweck verfolgt wie das Pfandrecht an beweglichen Sachen, dieses aber nach der Entscheidung des Gesetzgebers nur in der Form des Besitzpfandes bestellt werden kann (§ 1205 BGB). Der Gesetzgeber des BGB wollte ein für Dritte unerkennbares Pfandrecht nicht zulassen. Von dieser Wertung des Gesetzes aus wäre die Nichtzulassung eines besitzlosen Sicherungseigentums nur konsequent gewesen. Hinzu kommt, daß, wenn man das Sicherungseigentum nicht in jeder Hinsicht, z. B. nicht in haftungs- und konkursrechtlicher Hinsicht, wie „volles" Eigentum behandelt, in seiner Zulassung eine Durchbrechung des sachenrechtlichen Grundsatzes des geschlossenen Kreises der Sachenrechte liegt[112]. Die rechtsdogmatischen, rechtspolitischen und wirtschaftspolitischen Bedenken gegen die Zulässigkeit der Sicherungsübereignung, besonders an Warenlagern, hat HOENIGER seinerzeit sehr eindrucksvoll dargelegt[113]. Die Rechtsprechung hat sich über diese Bedenken hinweggesetzt, und heute wird die Zulässigkeit der Sicherungsübereignung nicht mehr in Zweifel gezogen. Nach der Meinung von SERICK[114] gilt sie „kraft ungeschriebenen Rechts, kraft Gewohnheitsrechts". Dazu ist es aber nur auf dem Wege über die Rechtsprechung gekommen. Das Institut der Sicherungsübereignung – zum mindesten in seiner heutigen Gestalt – gehörte dem Gesetz nicht von Anfang an an und war auch nicht durch die immanente Teleologie des Gesetzes gefordert, sondern durchbricht sie vielmehr. Es ist eine Schöpfung der Rechtsprechung.

Auf die mannigfachen Probleme, vor die sich die Rechtsprechung durch die Anerkennung der Sicherungsübereignung an beweglichen Sachen, insbesondere an Warenlagern, gestellt sah, ist hier nicht näher einzugehen. Es geht unter anderem um die Frage, wie das sicherungshalber übertragene Eigentum im Verhältnis zu den übrigen Gläubigern des Sicherungsgebers und im Konkurs des Sicherungsgebers und des Sicherungsnehmers zu behandeln sei. Weiter geht es um das Verhältnis einer im voraus vereinbarten Sicherungsübereignung zum Eigentumsvorbehalt der Warenlieferanten und um die Befugnisse des Sicherungsnehmers hinsichtlich der Verwertung der sicherungsweise übertragenen Gegenstände, falls der Vertrag hierüber keine Bestimmung enthält. Man kann diese Fragen nur zum Teil durch eine Analogie zum Pfandrecht an beweglichen Sachen lösen, da die Sicherungsübereignung als eine Art „Mobiliarhypothek", die vornehmlich der Sicherung langfristiger Kredite dient, nicht genau die gleichen wirtschaftlichen Funktionen erfüllt wie das Besitzpfand. Wie PAULUS[115] gezeigt hat, findet bei dem heutigen Sicherungseigentum eine Trennung der normalerweise im Eigentum beschlossenen Verfügungszuständigkeit von der Zugehörigkeit der Sache zum Vermögen als Haftungsobjekt statt. Während die Verfügungszuständigkeit für die Dauer des Sicherungseigentums auf den Sicherungsnehmer übergeht, werden die sicherungshalber übereigneten Gegenstände haftungsrechtlich weiterhin dem Vermögen des Sicherungsgebers zugerechnet.

Wie immer man sich zu diesen Problemen im einzelnen stellen mag, deutlich wird, daß das Sicherungseigentum als ein im Regelungsplan des Gesetzes so nicht

---

[112] Zutreffend sagt BOEHMER, Grundlagen der bürgerlichen Rechtsordnung Bd. II, 2, S. 148: „Zwischen das Volleigentum und das gesetzestreue Faustpfandrecht trat als neuerer selbständiger Rechtstyp, den geheiligten numerus clausus der dinglichen Rechtsfiguren durchbrechend, die Zwischenerscheinung des Sicherungseigentums".

[113] HOENIGER, Die Sicherungsübereignung von Warenlagern, 2. Aufl., 1912.

[114] SERICK, Eigentumsvorbehalt und Sicherungsübertragung, Bd. 1, S. 2; Bd. 2, S. 4.

[115] PAULUS in ZZP 64, 169 ff.

vorgesehener neuer Rechtstypus etwa in der Mitte steht zwischen dem normalen Sacheigentum und dem Pfandrecht an einer beweglichen Sache. Es läßt sich der gesetzlichen Regelung, wenn auch nicht ohne einige Schwierigkeiten, zwar einfügen, war aber nicht bereits in ihr enthalten oder durch sie doch gefordert.

Auch die Einziehungsermächtigung ist in der Regelung des Gesetzes zum mindesten nicht ausdrücklich vorgesehen. Darin liegt allerdings noch keine negative Wertentscheidung des Gesetzgebers. Dieser war der Meinung, daß mit der ausdrücklichen Zulassung der Forderungsabtretung das ältere Incassomandat, das der heutigen Einziehungsermächtigung entspricht, überflüssig geworden sei[116]. „Selbstverständlich" war die Zulässigkeit der Einziehungsermächtigung nach dem neuen Recht aber nicht. Beläßt sie doch dem Ermächtigenden die volle Gläubigerstellung mit allen darin enthaltenen Befugnissen, während die wichtigsten dieser Befugnisse nach ihr auch dem Ermächtigten zustehen sollen. Indessen hat sich entgegen der Erwartung der Gesetzesverfasser gezeigt, daß für die Einziehungsermächtigung auch neben der Forderungsabtretung ein erhebliches praktisches Bedürfnis besteht[117]. Die Rechtsprechung hat sie deshalb zugelassen. Da aber das Gesetz die Einziehungsermächtigung nicht geregelt hat, entsteht durch ihre Zulassung eine Lücke. Sie besteht darin, daß es an Vorschriften zum Schutze des Schuldners z. B. für den Fall fehlt, daß der Gläubiger die Ermächtigung dem Schuldner mitgeteilt oder eine Urkunde darüber ausgestellt hat, sie dann aber widerruft und dies dem Schuldner nicht mitteilt. Die Lücke muß durch analoge Anwendung der für die Forderungsabtretung geltenden Vorschriften, hier des § 409 BGB, geschlossen werden.

Auch das Anwartschaftsrecht als eigenen, in seinen Umrissen übrigens auch heute noch keineswegs festliegenden Rechtstyp wird man im Gesetz selbst vergeblich suchen. Allerdings enthält das Gesetz in den Bestimmungen über aufschiebend bedingte Verfügungen Regeln, aus denen sich die Rechtsposition des „Anwartschaftsberechtigten" zu einem guten Teil entwickeln läßt. Die Einstufung dieser Rechtsposition als „subjektives Recht" nach der Art des betreffenden Vollrechts mit der Folge, daß sie gemäß den für die Übertragung des Vollrechts geltenden Vorschriften übertragen werden kann, ist indessen das Werk der Lehre[118], der die Rechtsprechung gefolgt ist. Die praktisch bedeutsamste Folgerung, daß im Falle einer Übertragung des Anwartschaftsrechts aus einer aufschiebend bedingten Verfügung über das Eigentum dieses mit dem Eintritt der Bedingung unmittelbar auf den Erwerber des Anwartschaftsrechts übergeht, hat der Bundesgerichtshof, entgegen einer früheren Rechtsprechung des Reichsgerichts, aber erst im Jahre 1956 nachvollzogen[119]. Hierbei war er sich durchaus darüber klar, daß es sich um eine Rechtsfortbildung handelte. Für die Entscheidung der Frage, so sagte er, ergebe sich aus den Vorschriften des Bürgerlichen Gesetzbuches unmittelbar nichts. Aufgabe der Rechtsprechung und der Rechtslehre sei es daher, die für die rechtliche Bewer-

---

116 Vgl. JAHR, AcP 168, 10.
117 Dazu eingehend STATHOPOULOS, Die Einziehungsermächtigung, 1968, S. 9 ff.
118 Vgl. dazu RAISER, Dingliche Anwartschaften, S. 2 ff.
119 BGHZ 20, 88.

tung der Übertragung des Anwartschaftsrechts maßgebenden Rechtssätze zu finden. „Dabei sind", sagte er, „die allgemeinen Gesichtspunkte, die sich aus der Natur der Sache ergeben, zu beachten und ferner die berechtigten Interessen der von einem solchen Rechtsübergang Betroffenen zu berücksichtigen. Und zwar müssen die so zu ermittelnden Rechtssätze im Einklang mit den im geltenden Recht durchgeführten Rechtskonstruktionen stehen". Der Bundesgerichtshof hat damit einige der Kriterien deutlich gekennzeichnet, die bei einer „gesetzesübersteigenden Rechtsfortbildung" von der Lehre und von der Rechtsprechung zu beachten sind.

Von besonderem Interesse ist in diesem Zusammenhang für uns die Erwähnung der „Natur der Sache".

b) Rechtsfortbildung mit Rücksicht auf die „Natur der Sache"

Über den Begriff der „Natur der Sache" ist außerordentlich viel geschrieben worden, ohne daß über ihn bisher ein allgemeines Einverständnis erzielt oder eine klare Begrenzung gewonnen wäre[120]. Die Diskussion geht weit in rechtsphilosophische Grundfragen hinein; es geht um das Verhältnis von Sein und Sollen, materiellem und geistigem Sein, Wirklichkeit und Wert. Wer darin nicht nur unterscheidbare Elemente des menschlichen Seins im weitesten Sinn – zu dem auch das Recht als „objektiver Geist" gehört –, sondern einander ausschließende Gegensätze sieht, wird mit der „Natur der Sache" nichts Rechtes anfangen können. Denn wer in der „Natur der Sache" eine Orientierungshilfe sowohl für den Gesetzgeber wie für den das Recht fortbildenden Richter erblickt, schreibt ihr damit bereits eine über die bloße Faktizität hinausweisende, in die Bereiche des Sinnhaften und Werthaften hineinragende Bedeutung zu. Die Meinung ist einmal, daß gewisse in der leiblichen oder in der seelischen und geistigen Natur des Menschen gelegene Grundgegebenheiten, die nicht oder nur schwer und in längeren Zeiträumen veränderbar sind, vom Recht beachtet werden müssen, wenn es den Menschen dienen, sie nicht überfordern soll. Die Meinung ist ferner, daß bestimmte, von den Menschen geschaffene und getragene Einrichtungen, wenn und solange sie bestehen, bestimmter Regeln bedürfen, sollen sie ihren Sinn erfüllen und dementsprechend

---

[120] RADBRUCH, Festschrift für LAUN, 1948, S. 157, COING, Grundzüge der Rechtsphilosophie, 1950, 4. Aufl., 1986, S. 183 ff.; FECHNER, Rechtsphilosophie, 1956, S. 146 ff.; STRATENWERTH, Das rechtstheoretische Problem der Natur der Sache, 1957; BALLWEG, Zu einer Lehre von der Natur der Sache, 2. Aufl. 1963; ARTHUR KAUFMANN, Analogie und „Natur der Sache", 1965, 2. Aufl. 1982; ders. in: Rechtsphilosophie im Wandel, S. 272 ff.; ERIK WOLF, Das Problem der Naturrechtslehre, 3. Aufl. 1964, S. 106 ff.; FRIEDRICH MÜLLER, Normstruktur und Normativität, 1966, S. 94 ff.; Juristische Methodik, 3. Aufl. S. 38, 101 ff.; BYDLINSKI, Juristische Methodenlehre S. 51 ff., 459 ff.; GERHARD SPRENGER, Naturrecht und Natur der Sache, 1976; HENKEL, Einführung in die Rechtsphilosophie, 2. Aufl. 1977, S. 371 ff.; ENGISCH, Auf der Suche nach der Gerechtigkeit, 1971, S. 232 ff.; ZIPPELIUS, Rechtsphilosophie, 2. Aufl. 1989, S. 46 ff., 94. Vgl. ferner die Abhandlungen von BOBBIO, ARSP 58, S. 305; MAIHOFER, ARSP 58, S. 145; ENGISCH in der Festschrift für EBERHARD SCHMIDT, S. 90, die wieder abgedruckt wurden bei ARTHUR KAUFMANN, Die ontologische Begründung des Rechts, 1965, die dort ebenfalls abgedruckten Abhandlungen von BARATTA und SCHAMBECK, sowie *meine* Abhandlung über „Wegweiser zu richterlicher Rechtsschöpfung", Festschrift für A. NIKISCH, 1958, S. 275 (besonders zur „Natur der Sache" S. 281 ff.).

funktionieren. Nicht ist die Meinung, daß sich daraus bereits eine fertige Rechtsordnung, so etwas wie ein „Naturrecht mit wechselndem Inhalt", ergäbe. Die „Natur der Sache" läßt immer noch den verschiedensten Gestaltungsmöglichkeiten Raum, sie schließt aber auch manche als völlig „sachfremd", der Sache unangemessen, aus. Sie enthält, mit HENKEL zu sprechen[121], „lediglich Ordnungs- und Gestaltungselemente, die geeignet sind, auf den Rechtsbildungsprozeß einzuwirken, die jedoch die rechtliche Normierung im Hinblick auf anderweitige Gestaltungsfaktoren noch mehr oder weniger weitgehend offen lassen". Weiter kann hier auf das umstrittene Problem nicht eingegangen werden.

Die Natur der Sache ist von großer Bedeutung im Zusammenhang mit der Forderung der Gerechtigkeit, Gleiches gleich, Ungleiches ungleich zu behandeln; sie verlangt vom Gesetzgeber und gegebenenfalls vom Richter, sachgemäß zu differenzieren. Darüber hinaus ist sie von Bedeutung für die Frage, was überhaupt regelungsbedürftig ist, und welche Faktoren bei der Regelung zu berücksichtigen sind. So verlangt die Natur der Sache, sowohl im rechtsgeschäftlichen Verkehr wie hinsichtlich der zivilrechtlichen und der strafrechtlichen Verantwortlichkeit, zwischen Kindern, Heranwachsenden und Erwachsenen zu differenzieren. Aus ihr ergibt sich, daß hierbei der – für die betreffende Altersstufe typische oder im Einzelfall zu ermittelnde – intellektuelle Reifegrad und die Fähigkeit zu berücksichtigen sind, Verantwortung zu empfinden und danach zu handeln. Aus der naturgegebenen Hilfsbedürftigkeit des Kindes, insbesondere des Kleinkindes, ergibt sich die Notwendigkeit, Recht und Pflicht der Fürsorge für Kinder zu regeln; dabei erscheint es als der Natur der Sache, hier des Menschen, gemäß, daß die Eltern im allgemeinen die am nächsten hierzu Berufenen sind. Gibt es privates Erbrecht, dann entspricht es der Natur der Sache, daß der Erbe für die Schulden des Erblassers haftet, denn diese stellen wirtschaftlich Passivposten des auf ihn übergehenden Vermögens dar, und es ist kein Grund dafür vorhanden, den Erben sich auf Kosten der Gläubiger des Erblassers bereichern zu lassen. Ebensowenig ist es gerechtfertigt, daß sich die Gläubiger nun auch an das übrige Vermögen des Erben halten können; von der Sache her stellt sich somit das Problem einer Beschränkung der Haftung des Erben auf die Nachlaßgegenstände. Wie eine Rechtsordnung diese Probleme im einzelnen löst, bleibt offen. Aus der Natur der Sache „Geld" ergibt sich für die Geldschuld, daß diese nicht einfach mit einer normalen Sachschuld gleichgesetzt werden kann. Der Geldschuldner schuldet die Verschaffung eines ziffernmäßig ausgedrückten nominellen Geldwertes, nicht die Lieferung einer bestimmten Sache. Niemand wird auf den Gedanken kommen, Geldscheine zu „mieten", sich also dazu zu verpflichten, dieselben Scheine nach dem Gebrauch zurückzugeben. Das wäre sachwidrig, weil der einzige mögliche Gebrauch von Geldscheinen darin besteht, sie auszugeben. Der zeitweilige Gebrauch einer Geldsumme ist daher nicht in der rechtlichen Gestalt der Miete, sondern nur in der des Darlehns möglich. Hieraus ergibt sich auch die Funktionsgleichheit des Darlehnszinses und des Mietzinses und damit die rechtliche „Natur" des verzinslichen Darlehns als eines gegenseitigen Vertrages.

---

[121] Einführung in die Rechtsphilosophie, 381.

Die Natur der Sache ist ein objektiv-teleologisches Auslegungskriterium insoweit, als dem Gesetzgeber unterstellt werden kann, er habe sie nicht mißachten wollen. Indessen ist gerade hier zu beachten, daß sie zumeist noch verschiedene Regelungsmöglichkeiten im einzelnen offen läßt. Man darf sie nicht vorschnell mit einer von ihnen gleichsetzen. Von großer Bedeutung ist die Natur der Sache bei der „Güterabwägung im Einzelfall". Hierfür zwei Beispiele aus der eben erörterten Rechtsprechung. Im Apotheken-Urteil[122] unterscheidet das Bundesverfassungsgericht zwischen solchen Einschränkungen der Freiheit der Berufsaufnahme, die sich aus der Forderung einer in bestimmter Weise nachzuweisenden fachlichen Qualifikation ergeben, und „objektiven Bedingungen der Zulassung, die mit der persönlichen Qualifikation des Berufsanwärters nichts zu tun haben und auf die er keinen Einfluß nehmen kann". Nur hinsichtlich der letzteren Einschränkungen hält es einen Konflikt mit dem Grundrecht der freien Berufswahl für gegeben; Beschränkungen der ersten Art dagegen legitimierten sich „aus der Sache heraus". Sie beruhten darauf, daß viele Berufe bestimmte, nur durch theoretische und praktische Schulung erwerbbare technische Kenntnisse und Fertigkeiten erfordern und ihre Ausübung ohne solche Kenntnisse „entweder unmöglich oder unsachgemäß wäre". Der Gesetzgeber konkretisiere und formalisiere hier nur dieses „sich aus einem vorgegebenen Lebensverhältnis ergebende Erfordernis". Im „Mephisto"-Urteil (BVerfGE 30,133) geht es weithin um die Natur der Sache „Kunst". Liege es in der Natur, d. h. in der geistigen Struktur eines Kunstwerkes, so meinte die Minderheit der Richter, daß die darin beschriebenen Personen gegenüber einem etwa vorhandenen Vorbild in der historischen Wirklichkeit ein unverwechselbar eigenes Dasein haben, dann sei die Möglichkeit, daß die Darstellung im Kunstwerk die Ehre oder das Andenken einer historischen Person berührt, von vornherein sehr gering.

Wo die gesetzliche Regelung die Natur der Sache in grober Weise verfehlt, da hat sie die Rechtsprechung mitunter durch eine gesetzesübersteigende Rechtsfortbildung korrigiert. Ein Fall dieser Art ist die Rechtsprechung hinsichtlich der Regelung des nichtrechtsfähigen Vereins[123]. HEINRICH STOLL hat dazu schon im Jahre 1929 bemerkt: „Aber wenn der Gesetzgeber die Natur der Dinge übersieht ..., so muß er bald die Wahrheit der Horazischen Lebensweisheit verspüren: naturam expelltas furca tamen usque recurret". Der Gesetzgeber des BGB hat die nichtrechtsfähigen Vereine den Regeln über die Gesellschaft unterstellt (§ 54 Abs. I BGB). Damit hat er den grundlegenden Strukturunterschied mißachtet, der zwischen einer typischen Gesellschaft des bürgerlichen Rechts und einem nichtrechtsfähigen Verein besteht. Die Gesellschaft des bürgerlichen Rechts ist typischerweise ein Zusammenschluß, der nur wenige Personen umfaßt, die durch ein gegenseitiges Vertrauensverhältnis verbunden sind. Daher tritt die Gesellschaft auch nach außen als Personenmehrheit, nicht als Einheit in die Erscheinung; die Wahrnehmung der gemeinsa-

[122] BVerfGE 7, 377, 406.

[123] Dazu jetzt DIESSELHORST, Die Natur der Sache, verfolgt an der Rechtsprechung zum nichtrechtsfähigen Verein, in: Rechtsdogmatik und praktische Vernunft, herausgegeben von BEHRENDS u. a., 1990, S. 258.

men Angelegenheiten obliegt grundsätzlich allen Gesellschaftern zusammen. Dagegen ist der wenn auch nicht rechtsfähige Verein seinem Strukturtypus nach ein Personenverband, der unabhängig von den jeweils vorhandenen Mitgliedern einen bestimmten Zweck mit Hilfe der dafür geschaffenen Organisation verfolgt. Für einen solchen Personenverband bedarf es einer Regelung des Ein- und Austritts der Mitglieder, der Willensbildung und der Repräsentation nach außen. Zwar sind die meisten Vorschriften über die Gesellschaft dispositives Recht und können daher durch die Satzung und durch deren Auslegung in der Rechtsprechung bis zu einem gewissen Grade der Struktur eines Vereins angepaßt werden. Doch handelt es sich hierbei wenigstens teilweise nur um einen Kunstgriff. GUSTAV BOEHMER hat zutreffend bemerkt[124], in Wahrheit handle es sich auch hier um eine richterliche Rechtsschöpfung, die die unpassenden gesetzlichen Vorschriften durch selbstgeschaffene ersetzt habe. Auch lassen sich nicht alle Fragen auf diesem Wege lösen[125]. Dazu gehören das Recht des Vereins auf seinen Namen, das das RG schon sehr früh bejaht hat[125a], die Frage der Schuldenhaftung und die der Verantwortlichkeit des Vereins für schädigende Handlungen seines Vorstandes und seiner satzungsgemäß berufenen Vertreter. In der Frage der aktiven Parteifähigkeit hat der Bundesgerichtshof, wenn auch vorläufig beschränkt auf Gewerkschaften in der Rechtsform eines nichtrechtsfähigen Vereins, offen das Gesetz korrigiert[126]. Die Befugnis dazu leitete er daraus her, daß die Versagung der aktiven Parteifähigkeit im Zivilprozeß für Gewerkschaften mit deren heutiger, von der Verfassung anerkannter Bedeutung nicht mehr vereinbar wäre. Er ließ ausdrücklich unentschieden, ob nicht die volle Parteifähigkeit, der Natur der Sache entsprechend, für alle nichtrechtsfähigen Vereine oder jedenfalls für solche mit sehr großer Mitgliederzahl zu bejahen sei.

Die Natur der Sache spielt eine besondere Rolle in der Rechtsprechung des Bundesverfassungsgerichts. Sie ist einmal das wohl wichtigste Kriterium dafür, ob eine vorgenommene Differenzierung vor dem Gleichheitsgrundsatz des Art. 3 GG Bestand haben kann. Zum anderen dient sie dem Gericht auch zur Ausfüllung von „Lücken“ des Grundgesetzes, soweit man von solchen überhaupt sprechen kann, auch von „verdeckten“ Lücken. Das Grundgesetz regelt die Verteilung der Gesetzgebungskompetenz zwischen Bund und Ländern in der Weise, daß diese Kompetenz, soweit nicht ausdrücklich dem Bund zugewiesen, bei den Ländern liegt. Das Bundesverfassungsgericht nimmt gleichwohl die Möglichkeit einer Bundeskompetenz „aus der Natur der Sache“ an, die die generelle Zuweisung der Kompetenz an die Länder einschränkt, die geschriebene Verfassung insoweit korrigiert. So sagt es zum Beispiel[127], erkenne man Raumordnung als eine notwendige Aufgabe des

[124] BOEHMER, Grundlagen der bürgerlichen Rechtsordnung, II, 2, S. 173.
[125] Vgl. *mein* Lehrbuch des Allgemeinen Teils, § 10, VI.
[125a] RGZ 78, 101. Hierzu DIESSELHORST, a.a.O., S. 270 f.
[126] BGHZ 42, 210; 50, 325.
[127] BVerfGE 3, 427 f.

modernen Staates an, so müsse es im Bundesstaat auch eine Raumordnung für den größten zu gestaltenden Raum, das Bundesgebiet, geben; die Kompetenz hierfür komme nach der Natur der Sache dem Bund zu. Es hat eine solche Kompetenz aus der Natur der Sache unter Berufung auf die Staatsrechtslehre der Weimarer Zeit mehrmals als dann begründet bezeichnet, wenn die Schlußfolgerungen aus der Natur der Sache „begriffsnotwendig" sind und wenn sie „eine bestimmte Lösung unter Ausschluß anderer Möglichkeiten sachgerechter Lösung zwingend fordern"[128].

c) Rechtsfortbildung mit Rücksicht auf ein rechtsethisches Prinzip

Rechtsethische Prinzipien sind richtunggebende Maßstäbe rechtlicher Normierung, die vermöge ihrer eigenen Überzeugungskraft rechtliche Entscheidungen zu „rechtfertigen" vermögen. Sie unterscheiden sich von den auf Zweckmäßigkeitsgründen beruhenden rechtstechnischen Prinzipien durch ihren materialen Gerechtigkeitsgehalt; sie können deshalb als besondere Ausprägungen, Spezifikationen der Rechtsidee verstanden werden, so wie diese sich dem „allgemeinen Rechtsbewußtsein" auf dieser historischen Entwicklungsstufe darstellt. Als „Prinzipien" sind sie keine unmittelbar auf Einzelfälle anwendbare Regeln, sondern Leitgedanken, deren Umsetzung in Regeln, die eine Entscheidung ermöglichen, teils durch die Gesetzgebung, teils durch die Rechtsprechung in dem früher von uns beschriebenen Prozeß der Konkretisierung und der Ausbildung speziellerer Grundsätze mittels der Bildung von Fallgruppen erfolgt. Einige von ihnen haben, wie wir gesehen haben, den Rang von Verfassungsnormen; andere, wie der Grundsatz von „Treu und Glauben", sind in den Gesetzen ausgesprochen oder durch den Rückgang auf die ratio legis, den rechtfertigenden Grund einer gesetzlichen Regelung, aus ihnen zu erschließen. Als „objektiv-teleologische Kriterien" sind sie mitbestimmend für die Auslegung und ebenso für die Lückenausfüllung; hier bilden sie die Grundlage für eine „Gesamtanalogie" und mitunter auch für eine teleologische Reduktion.

Zu einer gesetzesübersteigenden Rechtsfortbildung mit Rücksicht auf ein rechtsethisches Prinzip kommt es dann, wenn ein solches Prinzip, oder doch ein neuer Anwendungsbereich für ein solches Prinzip, erstmalig erkannt und in überzeugender Weise ausgesprochen wird. Den Anstoß hierzu bildet meist ein Fall, der mit den Mitteln der Gesetzesauslegung und einer immanenten Rechtsfortbildung nicht in einer dem Rechtsempfinden genügenden Weise gelöst werden kann, oder eine Reihe solcher Fälle. Nach ESSER[129] brechen Rechtsprinzipien, die noch nicht positiviert sind, „an einem exemplarischen Fall durch die Bewußtseinsschwelle im juristischen Denken ein". Sie werden eines Tages von der Lehre oder von einem Gericht formuliert und finden dann wegen der ihnen innewohnenden Überzeugungskraft mehr oder weniger rasch allgemeine Anerkennung im Rechtsbewußtsein der Zeit. Vielfach trägt dazu der Nachweis bei, daß sie, obwohl unerkannt, schon der bisherigen Rechtsprechung zu Grunde gelegen haben. Was DÖLLE[130] eine „juristi-

---

128 BVerfGE 12, 251; 22, 217; 26, 257.
129 ESSER, Grundsatz und Norm, S. 53.
130 In seinem Vortrag auf dem 42. Deutschen Juristentag.

sche Entdeckung“ genannt hat, ist wohl nichts anderes als die erstmalige Formulierung eines solchen Prinzips (oder eines neuen Anwendungsbereichs für das Prinzip), durch die es fähig wurde, Bestandteil des gegenwärtigen Rechts (als eines „Sinnganzen“) zu werden. Dazu gehört dann auch der Nachweis seiner Vereinbarkeit mit den bereits anerkannten Prinzipien, insbesondere mit solchen von Verfassungsrang. An das Bewußtwerden und die Formulierung des Prinzips schließt sich seine Verdeutlichung an beispielhaften Fällen, die Abgrenzung seiner Reichweite gegenüber anderen Prinzipien und einer positiven Regelung, seine Konkretisierung im Hinblick auf Fallgruppen und schließlich der Ausbau zu einer festgefügten „Lehre“ an. So haben sich im Zivilrecht, meist unter Berufung auf das Grundprinzip von „Treu und Glauben“, in den letzten Jahrzehnten entwickelt: Die Lehren vom Rechtsmißbrauch, von der Verwirkung, vom Fortfall der Geschäftsgrundlage, von der „Treuepflicht“ des Gesellschafters, der „Fürsorgepflicht“ im Arbeitsverhältnis, den „Schutzpflichten“ und der Haftung für „culpa in contrahendo“. Zwar fand man für alle diese Lehren den gesetzlichen Anknüpfungspunkt in § 242 BGB; in der Tat gehen sie aber weit über das hinaus, was man im Wege der Auslegung und fallweisen Konkretisierung dem Gesetz allein entnehmen kann.

Am Beispiel der Lehre von der „culpa in contrahendo“ läßt sich besonders deutlich erkennen, wie die Ausbildung einer solchen Lehre vor sich geht. JHERING, der sie im Jahre 1861 zuerst entwickelt hat[131], schildert zu Beginn seines Aufsatzes, wie er zu ihr gekommen sei. Schon seit Jahren, so sagt er, habe ihm beim Vortrage der Irrtumslehre die Frage große Schwierigkeiten bereitet, ob der irrende Teil nicht „dem Gegner auf Ersatz des durch seine Schuld ihm verursachten Schadens hafte“. Die Quellen schienen die Verneinung der Frage zu fordern; allein „die Unbilligkeit und praktische Trostlosigkeit eines solchen Resultats liegt auf der Hand“. JHERINGS rechtsethisches Empfinden fand sich also mit dem Ergebnis der Anwendung der Regeln der Pandekten nicht ab. Er verdeutlichte sich nun sein Ungenügen an mehreren beispielhaften Fällen und fragte sich, worin deren Eigentümlichkeit gegenüber anderen Fällen begründet sei. Er fand sie darin begründet, daß die culpa begangen werde „bei Gelegenheit eines intendierten Contractverhältnisses“. Damit hatte er die für seine Wertung entscheidende Erkenntnis gewonnen: Es handelte sich um Fälle eines Verschuldens beim Abschluß von Verträgen, einer „culpa in contrahendo“. Erst jetzt – und das ist an seinem Bericht besonders bemerkenswert – wandte er sich der Literatur des Römischen Rechts zu und fand in ihr „eine Reihe anderer Fälle, in denen sich derselbe Tatbestand wiederholte, und unter ihnen zu meiner Freude auch einen, in dem die Notwendigkeit einer Klage, freilich ohne genügende Begründung, bereits von der Theorie anerkannt war. Der wichtigste Fund von allen aber war mir der, daß das Römische Recht selbst in zwei Fällen, dem des Verkaufs einer res extra commercium und einer nicht existierenden Erbschaft, die Schadensverbindlichkeit ausgesprochen hatte“. Damit hatte JHERING, so glaubte er, genügend Anhaltspunkte im positiven Recht seiner Zeit gefunden, um, mittels einer Interpretation der Quellen und einer Gesamtanalogie, „den in den Entscheidungen der Quellen mehr verborgenen als ausgesprochenen Inhalt zutage zu fördern, wie dies jetzt versucht werden soll“.

JHERINGS dankenswerter Entstehungsbericht läßt keinen Zweifel daran, auf welchem Wege ihm das Prinzip einer Haftung speziell für eine „culpa in contrahendo“ bewußt geworden ist. Am Anfang stand seine rechtsethische Wertung, ihr folgte eine Analyse der Fälle, auf die sie sich bezog, und deren Vergleich mit

---

[131] In Jhb, Bd. 4, S. 1..

anderen Fällen; darauf formulierte er das Prinzip. Sodann erst suchte er nach Anwendungsfällen dieses Prinzips im Römischen Recht und in der damaligen Jurisprudenz. Die von ihm gefundenen, spärlichen und einigermaßen entlegenen Anwendungsfälle genügten ihm jedoch nicht; er machte daher den Versuch, „den bisher lediglich in Anwendung auf die beiden quellenmäßigen Fälle entwickelten Begriff der culpa in contrahendo in der ihm zukommenden Allgemeinheit festzustellen und zu begründen“[132]. Er suchte nach der inneren Begründung oder Rechtfertigung der von ihm postulierten Haftung, und er fand *sie* in dem Gedanken: „Wer kontrahiert, tritt damit aus dem rein negativen Pflichtenkreis des außerkontraktlichen Verkehrs in den positiven der Kontraktsphäre“. Das heißt, moderner ausgedrückt, wer mit einem anderen in Vertragsverhandlungen eintritt, nimmt dadurch bereits erhöhte Pflichten, nicht nur solche zur Unterlassung schädigender Handlungen, sondern auch solche zu einem positiven Tun, soweit dies der andere den Umständen nach von ihm erwarten kann, auf sich. Das war freilich zunächst nichts anderes als die Äußerung eines Rechtsgedankens, dessen allgemeine Geltung für das damalige positive Recht lediglich eine Behauptung war. Aber der Gedanke setzte sich im Schrifttum und mehr und mehr auch in der Rechtsprechung allmählich durch. Obgleich ihn das BGB wiederum nur in einigen wenigen verstreuten Einzelvorschriften, keineswegs aber in der ihm nach JHERING zukommenden Allgemeinheit aufgenommen hat, bemühte sich die Rechtsprechung darum, ihn mittels eines fingierten Vorvertrages oder anderer Kunstgriffe zu verwirklichen, bis ihn HEINRICH STOLL im Jahre 1923 mit dem Vertrauensprinzip verband und ihn dadurch so überzeugend zu formulieren verstand[133], daß die Lehre von der Haftung für culpa in contrahendo sich nunmehr allgemein durchsetzte. Sie hat inzwischen durch ihre Verbindung mit den aus „Treu und Glauben“ zu folgernden „Schutzpflichten“ und durch ihre Anwendung auf unterschiedliche Fallgestaltungen einen immer weiteren Ausbau erfahren[134]. Was durch JHERING angebahnt wurde, haben spätere Autoren, vor allem HEINRICH STOLL und BALLERSTEDT[135], fortgesetzt. Auch die Verbindung des Gedankens einer Haftung für culpa in contrahendo mit dem Vertrauensprinzip und mit der Lehre von den Schutzpflichten war eine „juristische Entdeckung“, mit der weit über die im Gesetz enthaltenen Ansatzpunkte hinaus die Möglichkeit zu einer Fortbildung des Rechts gewonnen wurde. Die Rechtsprechung ist hierin der Lehre gefolgt, womit zugleich die hohe Bedeutung der Dogmatik – diese als „wertorientiertes Denken“ verstanden – für die Rechtsfortbildung deutlich wird.

Das Bundesverfassungsgericht hat aus dem verfassungsmäßigen Rechtsstaatsprinzip verschiedene allgemeine Rechtsgrundsätze abgeleitet, ohne sich freilich um den Nachweis, daß sie in ihm enthalten sind, allzuviel Mühe gemacht zu haben. Es hält sie offenbar für evident. Dahin gehört einmal der mehrfach erwähnte Grundsatz der Verhältnismäßigkeit in seinen verschiedenen Ausprägungen als Forderung des

---

132 a.a.O., S. 41 ff.

133 In LeipzZ 23, 532.

134 Zum heutigen Stande vgl. *mein* Lehrbuch des Schuldrechts, Bd. I, 14. Aufl., § 9.

135 In AcP 151, 501.

gebotenen Maßes, der Angemessenheit von Mittel und Zweck, des „schonendsten“ Mittels oder der „geringstmöglichen Einschränkung“ desjenigen Rechts oder durch die Verfassung geschützten Gutes, das im Einzelfall hinter ein anderes, gleichfalls geschütztes Rechtsgut zurücktreten muß[136]. In der Tat steht der Gedanke des „rechten Maßes“ sowohl in der Ausübung von Rechten wie der Auferlegung von Pflichten und Lasten, des Ausgleichs einander widerstreitender Interessen auf der Linie ihrer geringstmöglichen Beeinträchtigung in einer nahen Beziehung zu dem Gedanken der Gerechtigkeit. Ihm gegenüber stellt das Prinzip der Verhältnismäßigkeit wie es das Bundesverfassungsgericht versteht, bereits eine gewisse Konkretisierung dar.

Ein anderes Rechtsprinzip, das das Bundesverfassungsgericht ebenfalls aus dem Rechtsstaatsprinzip hergeleitet hat, ist das Vertrauensprinzip im Verhältnis des Bürgers zur Gesetzgebung. Es verbietet im allgemeinen eine Rückwirkung von Gesetzen auf bereits abgeschlossene Tatbestände, wenn und soweit der Bürger auf die Fortdauer der bisher für ihn bestehenden Rechtsposition vertrauen durfte[137]. Das Vertrauensprinzip ist ein immanentes Prinzip unserer Rechtsorndung, das in den ihm jeweils zu ziehenden Grenzen auf allen Rechtsgebieten Beachtung beanspruchen kann. Jedoch verdient nicht jedes Vertrauen Schutz, sondern nur ein solches, das durch die Umstände gerechtfertigt erscheint. Darüber hinaus kann das Vertrauensprinzip mit anderen Rechtsprinzipien kollidieren, denen entweder generell oder im einzelnen Fall der Vorrang zukommen kann. Dem hat auch das Bundesverfassungsgericht Rechnung getragen. Vertrauensschutz, so hat es gesagt[138], könne da nicht in Frage kommen, wo das Vertrauen auf eine bestimmte Rechtslage sachlich nicht gerechtfertigt wäre. Daher sei das Vertrauen nicht schutzwürdig, „wenn der Bürger nach der rechtlichen Situation in dem Zeitpunkt, auf den der Eintritt der Rechtsfolge vom Gesetz zurückbezogen wird, mit dieser Regelung rechnen mußte“, wenn das bisher geltende Recht „unklar und verworren“, oder wenn das bisher scheinbar geltende Gesetz, auf das der Bürger glaubte sich verlassen zu können, ungültig war. Der Gesetzgeber müsse eine nichtige Bestimmung rückwirkend durch eine rechtlich nicht zu beanstandene Norm ersetzen können. Schließlich könnten „zwingende Gründe des gemeinen Wohls, die dem Gebot der Rechtssicherheit übergeordnet sind, eine Rückwirkungsanordnung rechtfertigen“. Bei allen diesen Falltypen handelte es sich um „Ausprägungen des Grundgedankens, daß allein zwingende Gründe des gemeinen Wohls oder ein nicht – oder nicht mehr – vorhandenes schutzbedürftiges Vertrauen des Einzelnen eine Durchbrechung des rechtsstaatlichen Rückwirkungsverbots zugunsten der Gestaltungsfreiheit des Gesetzgebers rechtfertigen oder gar erfordern können“[139].

Von der „echten“ Rückwirkung von Gesetzen unterscheidet das Bundesverfassungsgericht die „unechte“, bei der das Gesetz nicht auf bereits abgeschlossene, aber doch auf solche Tatbestände einwirkt, deren Verwirklichung bereits begonnen hat.

---

136 Vgl. oben Kap. 5, 3.
137 BVerfGE 7, 89, 92; 11, 64, 72; 13, 261, 271; 31, 222, 225 ff. und weitere.
138 BVerfGE 13, 271 f.
139 BVerfGE 72, 200 ff., 258.

Auch in solchen Fällen, meint das Bundesverfassungsgericht[140], sei es denkbar, „daß der Vertrauensschutz verletzt wird, wenn das Gesetz einen entwertenden Eingriff vornimmt, mit dem der Staatsbürger nicht rechnen, den er also bei seinen Dispositionen nicht berücksichtigen konnte". Während aber eine echte Rückwirkung nur dann zulässig sei, wenn „zwingende, dem Gebot der Rechtssicherheit übergeordnete Gründe des gemeinen Wohles sie rechtfertigen", sei bei einem Gesetz mit unechter Rückwirkung das Vertrauen des einzelnen auf den Fortbestand einer gesetzlichen Regelung mit der Bedeutung des gesetzgeberischen Anliegens für das Wohl der Allgemeinheit abzuwägen; hierfür sei „einerseits das Ausmaß des Vertrauensschadens, anderseits die Bedeutung des gesetzgeberischen Anliegens für das Wohl der Allgemeinheit" maßgeblich[141]. Statt auf das Ausmaß des dem einzelnen Bürger entstehenden Vertrauensschadens, der oft schwer nachweisbar sein wird, hätte es wohl besser auf die Schutzwürdigkeit des Vertrauens abgestellt. Wer, wie in dem zuletzt entschiedenen Fall, auf den Fortbestand der Möglichkeit vertraut, in allgemeinen Geschäftsbedingungen eine Klausel zu vereinbaren, die häufig zu Unbilligkeiten führt und deshalb schon seit einiger Zeit als fragwürdig gilt, verdient diesen Schutz nicht. Er mußte auch mit der Möglichkeit rechnen, daß ein Gericht dieser Klausel im Wege der Inhaltskontrolle die Gültigkeit versagen würde. Die Grenze des Vertrauensprinzips ergibt sich insoweit schon aus ihm selbst.

Aus dem Vorrang der Menschenwürde und dem Grundrecht des Art. 2 GG hat der Bundesgerichtshof hergeleitet, daß das von ihm so genannte „allgemeine Persönlichkeitsrecht" ein „sonstiges Recht" im Sinne des § 823 Abs. 1 BGB sei[142]. Da es dem BGH auf einen möglichst umfassenden Schutz der Persönlichkeitssphäre ankam, so verzichtete er auf jede tatbestandsmäßige Umgrenzung und begnügte sich stattdessen mit allgemeinen Umschreibungen, die der notwendigen Konkretisierung einen weiten Spielraum lassen. Die Abgrenzung miteinander kollidierender Persönlichkeits- oder Freiheitsrechte nimmt er, wie wir gesehen haben, nach der Methode der Güterabwägung im Einzelfall vor. Der BGH hat sich mit seiner Konzeption eines „allgemeinen Persönlichkeitsrechts" darüber hinweggesetzt, daß ein solches generalklauselartiges Recht, dessen Grenzen erst von Fall zu Fall bestimmt werden können, das System der fest umrissenen Unrechtstatbestände, das dem § 823 BGB zu Grunde liegt, notwendigerweise sprengt. Darum handelt es sich hier gewiß nicht um eine gesetzesimmanente, sondern um eine gesetzesübersteigende Rechtsfortbildung. Diese rechtfertigt sich aus dem von der Verfassung anerkannten hohen ethischen Rang der menschlichen Persönlichkeit sowie daraus, daß die gesetzlichen Einzelbestimmungen, z. B. über den Schutz der Ehre oder das Namensrecht, wie die Erfahrung gezeigt hat, nicht dazu ausreichen, den Schutz des Persönlichkeitsrechts in dem erforderlichen Maße zu gewährleisten. Wenn der Bundesgerichtshof darüber hinaus der Meinung war, der zivilrechtliche Schutz der Persönlichkeit verlange auch bei einem schwerwiegenden Eingriff in das

[140] BVerfGE 14, 297; 31, 226.
[141] BVerfGE 31, 229.
[142] Zuerst in der Entscheidung BGHZ 13, 334.

Persönlichkeitsrecht, entgegen der Regel des § 253 BGB, dem Verletzten einen Anspruch auf eine Geldentschädigung zu gewähren[143], so war das unserer Meinung nach nicht mehr zulässig. Der Gesetzgeber des BGB hat eine Geldentschädigung wegen Verletzung anderer als der in § 847 BGB genannten Persönlichkeitsgüter mit Bedacht ausgeschlossen, weil er davon eine „Kommerzialisierung der Ehre" befürchtete. Diese Befürchtung ist auch heute nicht ganz grundlos, so daß es unserer Meinung nach einer neuen Entscheidung des Gesetzgebers bedurft hätte, um sich über die Wertung des damaligen Gesetzgebers hinwegzusetzen. Die Notwendigkeit einer Geldentschädigung – mindestens, so der BGH, im Falle einer „schwerwiegenden" Beeinträchtigung, die nicht auf andere Weise zu beseitigen ist – ergibt sich nicht schon zwingend aus dem verfassungsmäßigen Rang der Persönlichkeitswerte. Vielmehr liegt die Vermutung nahe, daß auf diese Weise der zivilrechtliche Schadensersatz eine sonst der Strafe zukommende generalpräventive Funktion übernehmen soll, was gewiß nicht unbedenklich ist. Das Bundesverfassungsgericht hat indessen die Rechtsprechung des BGH als „verfassungskonform" bestätigt[144]; trotz der weiter bestehenden Bedenken[145] hat sich inzwischen der Rechtsverkehr in solchem Maße auf die Rechtsprechung eingestellt, daß diese heute die Kraft eines Gewohnheitsrechts erlangt haben dürfte.

d) Grenzen der gesetzesübersteigenden Rechtsfortbildung

Als die Grenze der Auslegung im engeren Sinn haben wir den möglichen Wortsinn des Gesetzes, als Voraussetzung einer *gesetzesimmanenten* Rechtsfortbildung eine Lücke des Gesetzes und als deren Grenze die Möglichkeit erkannt, die Lücke gemäß der immanenten Teleologie der gesetzlichen Regelung, in Übereinstimmung mit den im Gesetz zum Ausdruck gelangten Wertungen, auszufüllen. Als Mittel hierfür stehen vor allem die Methoden der Einzel- und Gesamtanalogie, des Rückganges auf ein dem Gesetz immanentes Prinzip, der teleologischen Reduktion und Extension sowie einer teleologisch begründeten Gesetzeskorrektur zur Verfügung. Voraussetzung einer *gesetzesübersteigenden* Rechtsfortbildung ist zunächst einmal das Vorhandensein einer Rechtsfrage, d. h. einer Frage, die eine rechtliche Antwort verlangt. Damit scheiden solche Fragen aus, die für die Rechtsordnung irrelevant sind, weil sie in den „rechtsfreien Raum" fallen. Die nächste Voraussetzung ist, daß die Frage weder im Wege einfacher Gesetzesauslegung, noch einer *gesetzesimmanenten* Rechtsfortbildung in einer Weise gelöst werden kann, die den Mindestanforderungen genügt, die sich aus einem unabweisbaren Bedürfnis des Rechtsverkehrs, der Forderung nach Praktikabilität der Rechtsnormen, der Natur der Sache und den der gesamten Rechtsordnung zu Grunde liegenden rechtsethischen Prinzipien ergeben. Die Unmöglichkeit einer diesen Anforderungen gerecht werdenden Lösung im Wege *gesetzesimmanenter* Rechtsfortbildung muß außer Zweifel stehen. Die *Grenze* der *gesetzesübersteigenden* Rechtsfortbildung

---

[143] Vgl. BGHZ 26, 349; 35, 363; 39, 124.
[144] JZ 73, 662.
[145] Vgl. dazu *meinen* Aufsatz im Arch. f. Presserecht, 1973, S. 450.

durch die Gerichte liegt dort, wo eine Antwort im Rahmen der geltenden Rechtsordnung insgesamt *mit spezifisch rechtlichen Erwägungen* allein nicht gefunden werden kann, insbesondere daher dort, wo es vorwiegend um Fragen der Zweckmäßigkeit geht oder eine detaillierte Regelung erforderlich wäre, die nur der Gesetzgeber treffen kann, da er allein über die dafür notwendigen Informationen und über die Legitimation zur Schaffung einer solchen Regelung verfügt.

Die damit aufgezeigte Grenze, die sich aus der Funktionsteilung zwischen Gesetzgebung und Rechtsprechung ergibt, hat grundsätzlich auch das Bundesverfassungsgericht anerkannt. Es könne, hat es gesagt[146], zwar Recht, das der Verfassung nicht entspricht, für nichtig erklären. Es könne aber „nicht neues Recht, das ein Verfassungs-gebot erst voll realisieren würde, aber keinen eindeutig bestimmten Inhalt hat, also näherer Präzisierung durch den Gesetzgeber bedarf, selbst setzen, indem es einen ihm vorliegenden Fall entscheidet, wie wenn dieses Recht schon gelte. Das hieße, der Gestaltungsfreiheit des Gesetzgebers vorgreifen. Das Bundesverfassungsgericht kann allenfalls feststellen, daß der Gesetzgeber seine Pflicht, solches Recht zu schaffen, nicht erfüllt hat". Daß dem Gesetzgeber ein relativ weiter Spielraum auch bei der Konkretisierung des verfassungsmäßigen Gleichheitsgebots offen steht, hat das Bundesverfassungsgericht[147] mit folgenden Worten anerkannt: „Der Gesetzgeber kann grundsätzlich selbst die Sachverhalte auswählen, an die er dieselbe Rechtsfolge knüpfen, die er also im Rechtssinne als gleich ansehen will. Es steht ihm deshalb grundsätzlich frei, einzelne Berufsgruppen steuerlich zu belasten, andere dagegen von der Steuer freizustellen. Voraussetzung für die Übereinstimmung mit dem Gleichheitssatz ist lediglich, daß die gewählte Differenzierung auf sach- gerechten Erwägungen beruht". Was „sachgerechte" Erwägungen sind, läßt sich im Einzelfall freilich nur in Hinblick auf die „Natur der Sache" sagen. Diese enthält aber, wie wir gesehen haben, zumeist nur gewisse Elemente einer Regelung, nicht mehr. Das Bundesverfassungsgericht kann daher in bestimmten Fällen wohl feststellen, daß die getroffene Regelung, weil auf sachfremden Erwägungen beruhend, mit dem Gleichheitsgrundsatz nicht zu vereinbaren und daher verfassungswidrig sei, aber schwerlich, daß nur eine ganz bestimmte Regelung allein sachgerecht sei. Es überläßt es daher in diesen Fällen dem Gesetzgeber, eine verfassungskonforme Regelung zu treffen. Dabei scheut er sich allerdings mitunter nicht, zu sagen, welche Regelungsinhalte es (noch) als verfassungskonform betrachten würde, welche nicht. Über die aufgezeigten Grenzen hinaus ist den Gerichten eine gesetzesübersteigende Rechtsfortbildung allenfalls dann gestattet, wenn infolge dauernden Versagens des Gesetzgebers ein *echter Rechtsnotstand* entstanden ist. Das bereits klassische Beispiel hierfür ist die berühmt gewordene Entscheidung des Reichsgerichts[148], in der es am Ende der Inflation nach dem ersten Weltkrieg mit dem Grundsatz „Mark = Mark" brach und damit den Weg für eine Aufwertung eröffnete. Von solchen Extremfällen abgesehen, liegt die Grenze richterlicher Rechtsfortbildung dort, wo

[146] BVerfGE 20,162, 219.
[147] BVerfGE 26, 1, 8.
[148] RGZ 107, 78, 87 ff.

die geforderte Entscheidung nicht mehr allein mit rechtlichen Erwägungen begründet werden kann, sondern eine an Zweckmäßigkeitsgesichtspunkten orientierte politische Entscheidung verlangt. Sie zu treffen, ist im demokratischen Staat grundsätzlich Sache des Gesetzgebers. Den Gerichten fehlt die Kompetenz, Sozialgestaltung zu betreiben [148a].

Die Gerichte sollten diese Grenze auch im Interesse ihrer eigenen Autorität sehr ernst nehmen. Andernfalls bestände die Gefahr, daß ihre Urteile als Parteinahme im politischen Meinungsstreit gedeutet und nicht mehr als im Recht begründete Aussagen akzeptiert würden. Es bedarf keiner Ausführung, daß damit der Rechtsstaat in eine Vertrauenskrise geraten würde. Bei aller anerkennenswerten Bereitwilligkeit, das Recht schöpferisch fortzubilden, sollten die Gerichte diese Gefahr stets im Auge behalten, um die im einzelnen oft gewiß nicht leicht zu erkennende Grenze ihrer Kompetenz nicht zu überschreiten.

Die Rechtsprechung hat sich, überblicken wir die angeführten Fälle, im allgemeinen an die hier aufgezeigte Grenze einer gesetzesübersteigenden Rechtsfortbildung gehalten. Zweifelhaft ist dies etwa im Falle der Sicherungsübereignung. Hier hätte sie in Anbetracht der beachtlichen rechtspolitischen Bedenken doch wohl besser daran getan, die Entscheidung über die Zulassung und die nähere Ausgestaltung dem Gesetzgeber zu überlassen. Daß das Bedürfnis des Rechtsverkehrs so dringend war, daß die Entscheidung des Gesetzgebers nicht abgewartet werden konnte, muß bezweifelt werden. Hart an der Grenze des Zulässigen liegt auch die Zuerkennung der aktiven Parteifähigkeit an nichtrechtsfähige Vereine, wenn auch nur im Falle, daß es sich um Gewerkschaften handelt. Denn der noch geltende – nicht etwa verfassungswidrige – § 50 ZPO erkennt den nichtrechtsfähigen Vereinen nur die passive Parteifähigkeit zu. Grundsätzlich ist der an Gesetz und Recht gebundene Richter zu einer Entscheidung contra legem nicht befugt. Sie bedarf daher besonderer, im Sinnganzen der Rechtsordnung gelegener Gründe, um ausnahmsweise gerechtfertigt zu sein. Daß die Versagung der aktiven Parteifähigkeit angesichts der körperschaftlichen Struktur des nichtrechtsfähigen Vereins nicht sachgemäß und, bei Vereinen mit großer Mitgliederzahl, nicht praktikabel ist, reicht nicht aus. Hinzu kommt aber, daß die politischen Zwecke, die der damalige Gesetzgeber damit verfolgte, daß er den nichtrechtsfähigen Vereinen eine ihrer Struktur nicht angemessene Rechtsform aufnötigte, nicht nur seit längerem jede Bedeutung verloren haben, sondern geradezu im Widerspruch zu der in Art. 9 GG zum Ausdruck gekommenen positiven Wertung der Vereinigungsfreiheit und erst recht, was die Gewerkschaften anbetrifft, zu deren heutiger Funktion und Rechtsstellung, etwa im Tarifrecht, stehen. Unter diesen Umständen kann die Wertentscheidung des damaligen Gesetzgebers heute nicht mehr maßgebend sein. Es sind also in der Tat sehr schwerwiegen-

---

[148a] So zutreffend PICKER, JZ 1988, S. 71. Er weist darauf hin, daß dem Richter dafür die zur Erkenntnis der Folgen nötigen Erkenntnismittel fehlen, die dem Gesetzgeber zur Verfügung stehen, wie auch die Möglichkeit, sich solche Kenntnisse durch die Anhörung von Sachverständigen und mittelbar Betroffenen zu verschaffen.

de rechtliche Gründe, die hier zusammenkommen und in ihrer Gesamtheit ausnahmsweise eine Entscheidung gegen das Gesetz rechtfertigen.

5. Die Bedeutung der „Präjudizien“ für die Bildung von „Richterrecht“

Die Gerichte entscheiden Einzelfälle. Eine von dem Gericht geäußerte Rechtsauffassung, mag sie sich nun als Auslegung, als gesetzesimmanente oder gesetzesübersteigende Rechtsfortbildung darstellen, hat daher unmittelbar immer nur Bedeutung für den entschiedenen Einzelfall. Aber das Gericht nimmt für seine Entscheidung in Anspruch, daß sie dem geltenden Recht entspricht. Damit behauptet es, daß die von ihm vorgenommene Auslegung „zutreffend“, eine Lückenausfüllung „geboten“, eine gesetzesübersteigende Rechtsfortbildung aus den von ihm angegebenen Gründen „gerechtfertigt“ sei. Darin ist zugleich die Behauptung eingeschlossen, daß nach der damit aufgestellten Maxime künftig jeder gleichartige Fall zu entscheiden sei. Bei der letzten Konkretisierung eines ausfüllungsbedürftigen Wertungsmaßstabes und bei einer „Güterabwägung im Einzelfall“ gilt dies allerdings nur insoweit, als auch hier künftig die gleichen Gesichtspunkte beachtet, wenn auch mit Rücksicht auf die Verschiedenheit jedes Einzelfalls erneut „abgewogen“ werden müssen. Mittelbar vermag daher jede gerichtliche Entscheidung durch den Inhalt ihrer Begründung über den entschiedenen Einzelfall hinaus zu wirken. Sofern nämlich der in ihr erhobene Anspruch zutrifft, richtig zu sein, stellt sie ein Vorbild, ein Muster für künftige Entscheidungen dar, die Fälle betreffen, in denen die gleiche Rechtsfrage von Bedeutung ist. In der Tat pflegen sich die Gerichte in weitem Umfang an solchen beispielgebenden Entscheidungen – an Präjudizien – vornehmlich der obersten Gerichte zu orientieren, was der Einheitlichkeit und der Kontinuität der Rechtsprechung und damit vor allem der Rechtssicherheit dient.

„Präjudizien“ sind Entscheidungen, in denen dieselbe Rechtsfrage, über die neuerlich zu entscheiden ist, von einem Gericht in einem anderen Fall bereits einmal entschieden worden ist. Präjudiziell ist nicht die in Rechtskraft erwachsende Entscheidung des Einzelfalls, sondern nur die im Rahmen der Urteilsbegründung vom Gericht gegebene Antwort auf eine Rechtsfrage, die sich in dem jetzt zu entscheidenden Fall in gleicher Weise stellt. Solche Präjudizien spielen in der Praxis der Gerichte und daher vor allem bei der Fortbildung des Rechts eine kaum zu überschätzende Rolle. Wenn es sich um Entscheidungen höchster Gerichte handelt, die zu einem großen Teil veröffentlicht werden, pflegen sich die unteren Gerichte in den meisten Fällen nach ihnen zu richten. Aber auch das oberste Gericht selbst weicht nur ungern und nicht eben häufig von der von ihm einmal angenommenen Rechtsauffassung wieder ab. Freilich sieht es sich infolge der rechtssatzförmigen Formulierung der von ihm gefundenen Maximen und ihrer darin liegenden, oft unangebrachten Verallgemeinerung nicht selten dazu genötigt, die aufgestellte Regel nachträglich einzu-

---

[149] Vgl. dazu oben Kap. 4, 4 b.

schränken oder zu modifizieren[149]. Da immerhin eine große tatsächliche Wahrscheinlichkeit dafür besteht, daß die unteren Gerichte den Präjudizien der oberen Gerichte folgen und diese im allgemeinen an ihrer Rechtsprechung festhalten werden, so rechnen die Rechtsberater der Parteien, der Firmen und Verbände damit und stellen sich darauf ein. Die Folge ist, daß Präjudizien, vor allem die der obersten Gerichte, mindestens dann, wenn sie keinem allzu großen Widerspruch begegnen, nach geraumer Zeit wie „geltendes Recht" angesehen werden. In Ergänzung und in Fortbildung des gesetzten Rechts bildet sich daraus in wachsendem Maße ein „Richterrecht"[149a].

Die Frage, ob Präjudizien Quellen „geltenden Rechts" sind, „Richterrecht" dem Gesetzesrecht gleichsteht, kann trotzdem nicht einfach bejaht werden[150]. Auch die Gerichte sind nach unserer Rechtsverfassung unzweifelhaft an Präjudizien nicht in der Weise „gebunden" wie etwa an ein Gesetz. Nicht das Präjudiz als solches „bindet", sondern allein die darin richtig ausgelegte oder konkretisierte Norm. Ob die in dem Präjudiz ausgesprochene Gesetzesauslegung, Normkonkretisierung oder richterliche Rechtsfortbildung aber zutreffend, im geltenden Recht begründet ist, darüber kann und soll im Prinzip jeder Richter, der dieselbe Rechtsfrage erneut zu beurteilen hat, selbständig, nach seiner gewissenhaft gebildeten Überzeugung entscheiden. Er darf daher das Präjudiz nicht gewissermaßen „blind" übernehmen. Er ist nicht nur dazu berechtigt, sondern sogar dazu verpflichtet, von ihm wieder abzugehen, wenn er zu der Überzeugung gelangt, daß es eine unrichtige Auslegung oder eine nicht hinreichend begründete Gesetzesfortbildung enthält oder daß doch die in ihm seinerzeit richtig entschiedene Frage heute, wegen eines Wandels der Normsituation oder der Rechtsordnung insgesamt, anders entschieden werden muß. Durch ein Festhalten an Präjudizien „trotz der Erkenntnis, daß sie sinngemäßer Gesetzesauslegung widersprechen, vielleicht sogar auf unzulässiger selbständig wertender Rechtsfindung beruhen", sagt zutreffend GERMANN[151], „würde die Gefahr heraufbeschworen, das Gesetz offen zu mißachten und dessen Funktion als Garant für die Rechtsgleichheit und Rechtssicherheit zu unterhöhlen". Fehlinterpretationen, unrichtige Auffassungen, nicht hinreichend begründete Wertungen, die sich auch in den Entscheidungen der höchsten Gerichte finden, würden dann, ohne Aussicht auf demnächstige Korrektur, gesetzesgleiche Geltung erlangen.

149a Zum Richterrecht in der Rechtsquellenlehre des 19. Jahrhunderts REGINA OGOREK, Richterkönig oder Subsumtionsautomat. Zur Justiztheorie im 19. Jahrhundert. Sie zeigt, daß die Existenz eines Richterrechts fast allgemein bejaht wurde; streitig waren der Umfang desselben und die Frage, ob ihm eine bindende Kraft zukomme.

150 Vgl. zum folgenden *meine* Abhandlung über die Bindungswirkung von Präjudizien in der Festschrift für HANS SCHIMA, 1969; BLAUROCK (Herausgeber), Die Bedeutung von Präjudizien im deutschen und französischen Recht, 1985 (daraus FIKENTSCHER, Die Bedeutung von Präjudizien im heutigen deutschen Privatrecht); RAISER, Zur Abgrenzung von Gewohnheitsrecht und Richterrecht, ZHR 150 (1986), S. 117; OSSENBÜHL, Richterrecht im demokratischen Rechtsstaat, 1988; ELLEN SCHLÜCHTER, Mittlerfunktion der Präjudizien, 1986 (zum deutschen und englischen Recht). Nachdrücklich gegen jede formale Bindungswirkung der Präjudizien PICKER, JZ 1988, S. 73 f.

151 GERMANN, Präjudizien als Rechtsquelle, S. 43.

Gegenüber dieser Gefahr für eine dem Gedanken der materialen Entscheidungsrichtigkeit verpflichtete Rechtsprechung müssen die Gesichtspunkte, die *für* die Befolgung von Präjudizien sprechen – die Wahrung der Rechtssicherheit – zurücktreten. Präjudizien mögen eine gewisse Vermutung der Richtigkeit für sich haben[152]; der Richter darf sich aber nicht unbesehen auf sie verlassen, sondern muß sich zumindest dann, wenn ihm Zweifel an der Richtigkeit des Präjudizes kommen, ein eigenes Urteil bilden.

Wenn sich im Wege richterlicher Rechtsfortbildung neue Regeln und sogar Rechtsinstitute herausgebildet haben, dann ist das zumeist nicht in der Weise geschehen, daß sogleich die fertige Regel oder gar eine detaillierte Regelung gegeben wurde, sondern schrittweise, gleichsam experimentierend. Zuerst wurde nur der Grundsatz ausgesprochen, der erst in weiteren Entscheidungen konkretisiert wurde, oder es wurde die zunächst für eine eng begrenzte Fallgruppe ausgesprochene Regel später auf weitere Fallgruppen ausgedehnt. Das Gericht hat sich immer mit einem bestimmten Fall zu beschäftigen und ist auf die Fälle angewiesen, die ihm zur Entscheidung vorgelegt werden; es kann nicht sogleich übersehen, welche Auswirkungen ein von ihm angenommener Grundsatz in vergleichbaren, aber doch wieder anders gelagerten Fällen haben wird, welche Einschränkungen, Differenzierungen oder sonstige Korrekturen daher notwendig werden können. Es muß vermieden werden, daß der Prozeß der weiteren Klärung, Fortentwicklung und Präzisierung, der nur im Hinblick auf weitere Fälle geschehen kann, durch alsbaldige Festlegung auf ein Präjudiz zu früh abgebrochen oder in eine falsche Richtung gelenkt wird. Das aber müßte geschehen, wollte man jedem Präjudiz sogleich die Autorität und die Verbindlichkeit eines Gesetzes zusprechen.

Präjudizien und das aus ihnen hervorgehende „Richterrecht“ mögen daher, wenn ihnen die Gerichte folgen und der Rechtsverkehr sich an ihnen orientiert, die

---

152 KRIELE, Theorie der Rechtsgewinnung, S. 160, 165, 243 ff., 247 ff., 258 ff. spricht von einer die Praxis beherrschenden Vermutung zugunsten der Richtigkeit des Präjudizes und steigert diese Vermutung im weiteren Verlauf seiner Darlegungen zu einer „praesumtiven Bindung“ der Gerichte an Präjudizien. Eine „praesumtive Bindung“ halte ich für überflüssig und für gefährlich. Die Gefahr liegt darin, daß die Gerichte sich dadurch veranlaßt sehen könnten, Präjudizien ohne Prüfung zu übernehmen, wenn sich die Gründe für ihre Unrichtigkeit nicht geradezu aufdrängen. Dagegen reicht die „Vermutung“ für die Richtigkeit des Präjudizes schon dann nicht mehr aus, wenn ernstliche Zweifel daran bestehen. Auch für FIKENTSCHER, dessen Lehre von der bindenden Wirkung der Präjudizien – Methoden des Rechts, Bd. IV, S. 241 ff. – nur im Zusammenhang mit seiner Theorie der „Fallnorm“ zu verstehen ist (dazu oben Teil I, Kap. 5, 4), bedeutet die Bindung an das Gesetz nicht viel mehr als eine stets überprüfbare Vermutung der Richtigkeit, denn „Binden, normativ eine Entscheidung vorzeichnen, kann nicht bedeuten, von der Beantwortung der Gerechtigkeitsfrage entlasten. Binden kann nur bedeuten, für diese Antwort Wertungshilfen, Bestätigungshilfen zu geben“. Gewöhnlich versteht man aber unter der „Bindung“ an eine Norm doch mehr, nämlich, daß das durch die Norm gebundene Gericht sie anzuwenden hat, ohne in aller Regel ihre inhaltliche Richtigkeit nachprüfen zu müssen. In diesem Sinne wird der Ausdruck im Text verstanden. Eine Bindung in *diesem* Sinn lehnt offenbar auch FIKENTSCHER für das Gesetz ab. Er bejaht sie jedoch für die von ihm so genannte „Fallnorm“, vgl. bei BLAUROCK (oben Anm. 150) S. 18.

gleiche faktische Geltung oder Effektivität erlangen wie ein Gesetz. Normative Geltung im Sinne der Verbindlichkeit, d. h. einer Anforderung, der die Gerichte, die Behörden und schließlich die einzelnen nachkommen *sollen*, kommt ihnen dagegen in der Regel nicht zu. Ob man sie als eine „Rechtsquelle" bezeichnet, hängt davon ab, was man unter einer solchen versteht. Bezeichnet man als Rechtsquellen alle diejenigen Faktoren, die bei der Schaffung und der Fortentwicklung des Rechts mitwirken, dann ist die Rechtsprechung, aber auch die Jurisprudenz eine Rechtsquelle[153]. Versteht man unter einer „Rechtsquelle" dagegen nur den Entstehungsgrund einer Rechtsnorm, die normative Geltung im Sinne der Verbindlichkeit beansprucht, so sind Rechtsquellen des innerstaatlichen Rechts nur die Gesetzgebung und die von einer allgemeinen Rechtsüberzeugung getragene Übung (als Quelle des Gewohnheitsrechts). In diesem Fall muß aber hinzugefügt werden, daß die Normen ihre Wirkung nur so zu entfalten vermögen, wie sie von den zu ihrer Anwendung Berufenen verstanden werden. Die Präjudizien tragen hierzu in hohem Maße bei und sind daher jedenfalls eine Rechtserkenntnisquelle. Zutreffend sagt ESSER[154], sie bildeten keinerlei Art eigener Rechtsquelle, hätten keinen „Normgehalt außerhalb des pflichtgemäßen, allein von der Richtigkeitsüberzeugung getragenen Gesetzesverständnisses jedes einzelnen Richters", sondern seien nur ein „Medium der richterlichen Erkenntnis". Die Gerichte verstehen die Gesetze und die der Rechtsordnung angehörenden Prinzipien und ergänzenden Rechtssätze zwar im allgemeinen so, wie sie sich ihnen in dem Medium der Rechtsprechung, durch die Vermittlung von Präjudizien, darstellen. Aber „verbindlich" ist nicht das Präjudiz als solches, sondern nur die in ihm ausgesprochene Maxime der Entscheidung und zwar insoweit, als sie auf einer „zutreffenden" Auslegung oder Ergänzung der Normen beruht oder ein Rechtsprinzip in beispielgebender Weise konkretisiert. Ob das der Fall ist, bleibt stets nachprüfbar; kein Richter ist gehalten, einem Präjudiz, sei es einem eigenen, sei es dem eines anderen Gerichts, unbesehen zu folgen.

Als verbindlich sieht BYDLINSKI Präjudizien in dem Sonderfall an, daß das geltende Recht mehrere Entscheidungen in gleich gut begründeter Weise zuläßt, sowie im Falle der Konkretisierung einer Generalklausel, wenn die Fälle so nahe beieinander liegen, daß unterschiedliche Entscheidungen nicht gerechtfertigt wären[154a]. Dies verlange der Gedanke der Kontinuität der Rechtsprechung und der Gleichbehandlung des Gleichen. Das rational nicht mehr zu begründende Ermessen des jeweiligen Richters hätte demgegenüber zurückzutreten. Ich halte das für unpraktisch. Entweder wird sich das später entscheidende Gericht von sich aus an das Präjudiz halten; so vor allem, wenn es sich um ein Präjudiz des höchsten Gerichts

---

[153] Die Auffassung, daß Präjudizien eine Rechtsquelle seien, wird besonders vertreten von GERMANN, Präjudizien als Rechtsquelle, S. 45 ff.; LIVER, Der Begriff der Rechtsquelle, S. 36 ff.; GSCHNITZER in Festschrift zur Hundertjahrfeier des österreichischen Obersten Gerichtshofes, 1950. Gegen GSCHNITZER NOWAKOWSKI, ÖJZ 1955, 11. Weiter sind zu nennen: LESS, Vom Wesen und Wert des Richterrechts; WIEACKER, Gesetz und Richterkunst; MEYER-LADEWIG, AcP 161, 97; ESSER, Grundsatz und Norm, S. 137 ff.; Festschrift für FRITZ V. HIPPEL, S. 95.

[154] In der Festschrift für FRITZ V. HIPPEL, S. 113 f.

[154a] In JZ 1985, S. 151 ff.

handelt. Oder es wird gute Gründe zu haben glauben, von dem Präjudiz abzuweichen. Es muß diese angeben; kann es das aber, sollte es nicht gezwungen sein, entgegen seiner eigenen, vielleicht tatsächlich besser begründeten Überzeugung zu entscheiden.

Eine ständige Rechtsprechung kann freilich dadurch gesetzesgleiche Verbindlichkeit erlangen, daß sie zur Grundlage eines Gewohnheitsrechts wird. Doch genügt hierfür keineswegs schon eine erhebliche Länge der Zeit, über die hin sie sich als konstant erweist; der Zeitfaktor darf nicht einmal als entscheidend angesehen werden. Geltungsgrund des Gewohnheitsrechts ist die allgemeine Rechtsüberzeugung, die sich in einer konstanten Übung manifestiert. Dazu genügt es nicht, daß eine bestimmte Judikatur widerspruchslos oder nahezu widerspruchslos hingenommen wird, vielmehr bedarf es der Bildung einer Rechtsüberzeugung in den beteiligten Kreisen, also nicht nur unter Juristen. Unter einer „Rechtsüberzeugung“ ist nicht nur die Erwartung zu verstehen, daß die Gerichte nach dieser Maxime verfahren werden, sondern darüber hinaus die Überzeugung, daß sie dies tun werden, weil es sich um eine sie bindende Norm handelt. Ob eine derartige Rechtsüberzeugung vorliegt, ist gewiß nicht immer leicht zu beurteilen. Es wird darauf ankommen, ob die betreffende Rechtsprechung im Schrifttum und in der „öffentlichen Meinung“ überwiegend Zustimmung oder auch Widerspruch findet, wie rasch sie sich durchsetzt, wie weit sie schon vorher geäußerten Überzeugungen entspricht. Am ehesten wird man die Bildung von Gewohnheitsrecht auf dem Wege über die Rechtsprechung dort bejahen können, wo es sich um eine Konkretisierung rechtsethischer Grundsätze handelt, die als solche längst Eingang in das allgemeine Rechtsbewußtsein gefunden haben; am wenigsten dagegen im Bereich vorwiegend rechtstechnischer Regelungen, wie etwa der Durchführung der Wandlung[155] oder der Verjährungsvorschriften. Als gewohnheitsrechtlich geltend wird man heute die Haftung für culpa in contrahendo, das allgemeine Persönlichkeitsrecht und auch die Geldentschädigung wegen einer schwerwiegenden Verletzung des Persönlichkeitsrechts ansehen können. Ist erst einmal ein Gewohnheitsrecht entstanden, dann kommt es auch nicht mehr darauf an, ob die Rechtsprechung, aus der es hervorgegangen ist, ursprünglich mit dem gesetzten Recht zu vereinbaren war; es genügt, daß das nun entstandene Gewohnheitsrecht der Verfassung oder anderen, vorrangigen Rechtsprinzipien nicht widerspricht. Über die Auslegung von Präjudizien und eines aus ihnen entstandenen Gewohnheitsrechts wurde das Nötige schon gesagt (oben Kap. 4, 4 b).

Wenn hiernach auch die Gerichte an Präjudizien, solange nicht etwa ein Gewohnheitsrecht daraus entstanden ist, nicht gebunden sind, so fragt es sich indessen doch, ob nicht die Tatsache, daß ein oberstes Gericht eine bestimmte Rechtsfrage, über die verschiedene Meinungen möglich sind, nun einmal in einem bestimmten Sinne entschieden hat, insbesondere aber eine „ständige Rechtsprechung“, ihr eigenes Schwergewicht besitzt. Es ist denkbar, daß einzelne im Vertrauen auf die ihnen von rechtskundiger Seite erteilte Auskunft Dispositionen getroffen, bestimmte Rechtsgeschäfte vorgenommen haben. Ändert sich nun die

---

[155] Vgl. dazu *meine* Abhandlung in NJW 51, 497 ff.

Rechtsprechung, ohne daß dies voraussehbar war, dann können ihnen daraus erhebliche Nachteile entstehen. Der Bundesgerichtshof hat anerkannt[156], daß dann, wenn die Parteien eines Vergleichs bei dessen Abschluß übereinstimmend von der Rechtslage ausgegangen sind, die sich aus der bisherigen Rechtsprechung ergab, eine unvorhersehbare Änderung dieser Rechtsprechung als Wegfall der Geschäftsgrundlage in Betracht kommen kann. Er hat es aber mit Recht abgelehnt, an einer als unzutreffend erkannten Rechtsprechung nur deshalb festzuhalten, weil die Parteien des jetzigen Prozesses auf ihren Fortbestand vertraut hätten. Allerdings hat er es für möglich erklärt, auf einen Wandel der Rechtsprechung die Grundsätze entsprechend anzuwenden, die bei rückwirkenden Gesetzen zu beachten sind, „vorausgesetzt, daß eine solche Analogie nach Lage der Sache geboten ist"[157]. Im konkreten Fall hat er sich dadurch aber nicht davon abhalten lassen, die mit der früheren Rechtsprechung im Widerspruch stehende Auslegung auf den zurückliegenden Sachverhalt anzuwenden[158]. Auch das Bundesverfassungsgericht meint[159], die Grundsätze des Verbots der Rückwirkung von Gesetzen könnten auf Entscheidungen der Gerichte nicht ohne weiteres übertragen werden. „Dies würde dazu führen, daß die Gerichte an eine einmal feststehende Rechtsprechung gebunden wären, auch wenn diese sich im Licht geläuterter Erkenntnis oder angesichts des Wandels der sozialen, politischen oder wirtschaftlichen Verhältnisse als nicht haltbar erweist".

Die Frage ist damit aber noch nicht erledigt[160]. In den Fällen eines „rechtsethischen Durchbruchs", wie in der Aufwertungsentscheidung des Reichsgerichts oder der Anerkennung des allgemeinen Persönlichkeitsrechts durch den Bundesgerichtshof, wird das Gericht hinter den einmal von ihm aufgestellten Grundsatz nicht ohne schwerste Erschütterung des Vertrauens mehr zurückgehen können. In solchen Fällen kann man eine alsbaldige Bindung annehmen, ohne daß erst die Bildung eines Gewohnheitsrechts abgewartet werden müßte. Im übrigen muß es aber genügen, wenn die Gerichte, falls sie von einer Rechtsprechung abzuweichen beabsichtigen, das Vertrauen auf die Fortdauer dieser Rechtsprechung mit berücksichtigen. Wenn dieses Vertrauen in erheblichem Maße vorhanden ist, werden sie nur abweichen, sofern ihnen die Abweichung als zwingend geboten erscheint, um ein gerechtes Urteil zu erzielen. Bedenken bestehen dagegen gegen den Vorschlag von Knittel[161], die Gerichte sollten in Fällen begründeten Vertrauens den ihnen vorgelegten Fall, der ja einen in der Vergangenheit liegenden Sachverhalt betrifft, noch entsprechend der bisherigen Rechtsprechung entscheiden, aber zugleich ankündigen, sie würden bei der Beurteilung in der Zukunft liegender Fälle eine andere Rechtsansicht zu Grunde legen. Die Gerichte würden dann den zu entscheidenden Fall nach einer Maxime entscheiden, die sie jetzt selbst als unrichtig erkannt haben;

---

156 BGHZ 58, 355, 363.
157 BGHZ 52, 365, 369.
158 Ebenso in der Entscheidung BGHZ 60, 98,101.
159 BVerfGE 18, 224, 240.
160 Zum Folgenden vgl. Knittel, Zum Problem der Rückwirkung bei einer Änderung der Rechtsprechung, 1965; Canaris in SAE 71, 113.
161 a.a.O., S. 50 ff.

sie würden sich zugleich hinsichtlich der Beurteilung zukünftiger Fälle, die sie noch gar nicht kennen, auf eine bestimmte Rechtsansicht festlegen. Auch diese Rechtsansicht könnte aber, zumal wenn in den künftigen Fällen Aspekte auftauchen, die zu berücksichtigen der jetzige Fall keinen Anlaß gegeben hat, der erneuten Überprüfung bedürfen. Um der notwendigen Flexibilität der Rechtsprechung willen sollten die Gerichte solche Festlegungen vermeiden[161a].

In der Rechtsprechung des Bundesarbeitsgerichts und des Bundessozialgerichts finden sich Entscheidungen, in denen diese Gerichte einen konkretisierungsbedürftigen Maßstab nicht nur für den zu entscheidenden Fall, sondern für alle Fälle dieser Art mit dem Bemerken konkretisiert haben, sie würden in allen künftigen Fällen in gleicher Weise verfahren[162]. Die Gerichte haben hier, statt einer Einzelfallentscheidung, eine *generelle Regelung* getroffen, wie sie sonst nur der Gesetzgeber zu treffen pflegt. Es läßt sich nicht verkennen, daß der in diesen Fällen von den Gerichten vorgenommenen ziffernmäßigen Begrenzung von Beträgen, Fristen und Prozentzahlen ein gewisses Maß an Willkür anhaftet. WANNAGAT bezeichnet eine vom Gericht festgelegte bestimmte Prozentzahl offen als eine „gegriffene Größe“, über deren Höhe man streiten könne. Es sei zwar nicht zu verkennen, daß dieses Verfahren zu einer nicht befriedigenden Schematisierung führen könne. Diese Gefahr sei aber im Interesse der Praktikabilität und einer möglichst gleichen Behandlung aller Rechtsuchenden hinzunehmen. Die Rechtfertigung für dieses Vorgehen erblicken seine Befürworter darin, daß es sich in diesen Fällen um Vorgänge handelt, die sich in großer Zahl stets in der gleichen Weise wiederholen, und daß den Prozeßbeteiligten hier weniger an einer individuellen Entscheidung des zufällig vor die Gerichte gebrachten Einzelfalls als vielmehr daran gelegen sei, eine feste Regel zu erhalten, an die sie sich hinfort in allen derartigen Fällen halten können[163]. Dem wird man sich nicht ganz verschließen können. Die Massenhaftigkeit der Vorgänge und das darin begründete Bedürfnis nach einer einfachen, leicht zu handhabenden detaillierten Regelung hätten den Gesetzgeber dazu veranlassen müssen, hier, statt es bei einer Generalklausel bewenden zu lassen, eine solche Regelung zu schaffen. Ihr Fehlen bedeutet hier einen Mangel der Rechtsordnung, dem abzuhelfen die Gerichte sich verpflichtet gefühlt haben. Jedoch darf nicht verkannt werden, daß die Gerichte hier über ihre eigentümliche Aufgabe, Recht für den Einzelfall zu sprechen, hin-

---

161a Das BAG ist einmal so verfahren, indem es, wenn auch vorsichtig, gesagt hat, es „erwäge“, künftig in derartigen Fällen in einem bestimmten Sinne zu entscheiden; vgl. NJW 82, 788. Berechtigte Bedenken dagegen bei PICKER, JZ 84, 153.

162 Aus der Rechtsprechung des Bundesarbeitsgerichts kommen hier die Entscheidungen in Betracht, in denen es darüber feste Regeln aufgestellt hat, wann die in einem Arbeitsvertrag aufgenommene Klausel über die Rückzahlung einer empfangenen Weihnachtsgratifikation durch den Arbeitnehmer im Falle seiner demnächstigen Kündigung wegen „Sittenwidrigkeit“ nichtig sei, wann nicht. Dazu vgl. die Entscheidungen AP Nr. 15, 22, 23, 24 zu § 611 BGB Gratifikation. Zu ähnlichen Entscheidungen des Bundessozialgerichts – vgl. BSG 22, 44; 30, 167, 182 ff. – WANNAGAT in der Schweizerischen Zeitschrift für Sozialversicherung, 1972, S. 163.

163 Vgl. MARIE-LUISE HILGER in der Festschrift für KARL LARENZ, 1973, S. 121 f.

ausgegangen und gleichsam stellvertretend für den Gesetzgeber tätig geworden sind. Wohl stellt die rechtliche Begründung der Entscheidung auch eines Einzelfalles eine Maxime auf, die für alle gleichliegenden Fälle Gültigkeit beansprucht. Daher hat das Gericht sich zu fragen, ob die aufgestellte Maxime nicht nur zur Entscheidung des gerade vorliegenden, sondern auch anderer gleichartiger Fälle geeignet ist. Etwas anderes ist es aber, wenn ein Gericht Regeln aufstellt, die es für die Entscheidung dieses Falles zum Teil gar nicht benötigt, und erklärt, künftig in allen Fällen diesen Regeln gemäß verfahren zu wollen. Hier geht es dem Gericht in Wahrheit gar nicht mehr um den zu entscheidenden Einzelfall, sondern nur um die allgemeine Regel. Ein solches Verfahren widerspricht eindeutig der Funktionsteilung zwischen den Organen der Gesetzgebung und denen der Rechtsprechung[164]. Wenn es in Ausnahmefällen dennoch zulässig sein soll, dann nur unter zwei Voraussetzungen. Das Fehlen einer detaillierten gesetzlichen Regelung des betreffenden Fragenbereichs muß eine Rechtsunsicherheit zur Folge haben, die für die beteiligten Kreise unerträglich ist; mit einem baldigen Eingreifen des Gesetzgebers darf nicht zu rechnen sein. Ferner müssen die Verhältnisse so liegen, daß das Gericht die wirtschaftlichen, sozialpolitischen und sonstigen Auswirkungen seiner Regel voll zu überblicken vermag; die dazu nötigen empirischen Daten müssen ihm zur Verfügung stehen. Auch dann, wenn diese Voraussetzungen erfüllt sind, bleibt das Verfahren aus den dargelegten Gründen nicht unbedenklich. In die „klassischen" Bereiche der Rechtsprechung, die der Zivil-, Straf- und der allgemeinen Verwaltungsgerichte, sollte es nicht übernommen werden.

---

[164] Dazu meinen Aufsatz „Der Richter als Gesetzgeber?" in der Festschr. für HEINRICH HENKEL, 1974.

KAPITEL 6

Begriffs- und Systembildung in der Jurisprudenz

1. Das „äußere“ oder abstrakt-begriffliche System

a) Aufgabe und Möglichkeiten juristischer Systembildung

Die Rechtsnormen, darauf wurde immer wieder hingewiesen, stehen nicht unverbunden nebeneinander, sondern untereinander in einem mannigfachen Zusammenhang. So sind etwa die Regeln, aus denen sich das Kaufrecht, das Mietrecht oder das Hypothekenrecht zusammensetzt, aufeinander abgestimmte Teile einer Regelung, der bestimmte leitende Gesichtspunkte zugrunde liegen. Ihrerseits sind solche Regelungen wieder Teilregelungen einer umfassenden Regelung – etwa derjenigen des Schuldvertragsrechts oder des Rechts der dinglichen Sicherungen, beide wiederum des Privatrechts. Dementsprechend hat jede Auslegung einer Norm, wie wir gesehen haben, den Bedeutungszusammenhang, den Kontext und den systematischen Ort der Norm, ihre Funktion im Gesamtzusammenhang der betreffenden Regelung, zu berücksichtigen. Darüber hinaus, so hatten wir ebenfalls gesehen, steht die Rechtsordnung im ganzen oder stehen mindestens große Teile derselben unter bestimmten leitenden Rechtsgedanken, Prinzipien oder allgemeinen Wertmaßstäben, von denen einigen heute der Rang des Verfassungsrechts zukommt. Ihre Funktion ist es, die den Normen zugrunde liegenden Wertentscheidungen unter dem Rechtsgedanken zu rechtfertigen, sie zu vereinheitlichen und dadurch Wertungswidersprüche nach Möglichkeit auszuschließen. Sie sind für die Auslegung, mehr aber noch für die gesetzesimmanente und die gesetzesübersteigende Rechtsfortbildung hilfreich. Die Aufdeckung der Sinnzusammenhänge, in denen die einzelnen Rechtsnormen und Regelungen miteinander und mit den leitenden Prinzipien der Rechtsordnung stehen, und ihre Darstellung in einer die Übersicht ermöglichenden geordneten Weise, d. h. in der Form eines Systems, ist eine der wichtigsten Aufgaben der wissenschaftlichen Jurisprudenz.

Bei der Durchführung dieser Aufgabe ergeben sich alsbald verschiedene Möglichkeiten[1]. Nur eine dieser Möglichkeiten ist das nach den Regeln der formalen Logik gebildete System der abstrakt-allgemeinen Begriffe, das der Systematik zahlreicher Gesetze, vornehmlich der des BGB, zugrunde liegt, wenn es sich auch mit ihr nicht in vollem Umfang deckt[2]. Dieses System, das wir im folgenden als das „äußere“

---

[1] Zum Folgenden vgl. auch den 7. Abschnitt des 5. Kapitels des I. Teils.

[2] Die Systematik des heutigen deutschen Privatrechts beruht zu einem Teil auf dem begrifflichen System, zum anderen Teil auf der Differenzierung der geregelten Lebensbereiche.

bezeichnen, beruht darauf, daß aus den Tatbeständen, die Gegenstand einer Regelung sind, bestimmte Elemente ausgesondert und verallgemeinert werden. Aus ihnen werden Gattungsbegriffe gebildet, die in der Weise geordnet werden, daß durch die Hinzufügung oder Weglassung einzelner artbestimmender Merkmale Begriffe verschiedener Abstraktionshöhe gebildet werden. Dadurch, daß die jeweils „niederen" Begriffe, das sind diejenigen von geringerer Abstraktionshöhe, den jeweils „höheren" subsumiert werden, gelingt es schließlich, die Masse des Rechtsstoffs auf einige wenige, „höchste" Begriffe zurückzuführen. Ein derartiges System gewährleistet ein Höchstmaß nicht nur an Übersichtlichkeit, sondern auch an Rechtssicherheit, weil im Rahmen eines solchen Systems, wäre es je „vollständig", auf jede Rechtsfrage eine Antwort allein im Wege einer logischen Gedankenoperation gegeben werden könnte. Es garantiert die logische Widerspruchslosigkeit aller aus ihm abgeleiteten Folgerungen und damit, so scheint es, die „Wissenschaftlichkeit" der Jurisprudenz im Sinne des scientistischen Wissenschaftsbegriffs. Es hat aber auch seine Nachteile. Die Frage nach der zutreffenden Wertung wird nämlich in einem solchen System, solange man in seinem Rahmen bleibt, durch die nach der zutreffenden Subsumtion verdrängt; die formale Logik tritt an die Stelle der Teleologik und der Rechtsethik. Auf viele Juristengenerationen hat dieses System eine kaum zu überschätzende Faszination ausgeübt.

Seit der Wandlung JHERINGS und besonders seit den Tagen der Interessenjurisprudenz hat es indessen auch nicht an Kritikern dieses Systems gefehlt. Vor allem der Anspruch auf Vollständigkeit und logische Geschlossenheit, seine Eignung zur Gewinnung von Rechtserkenntnissen und von Entscheidungen, die sachgerecht sind, wurden – und werden in wachsendem Maße – bestritten. Selten aber ist diese Kritik bis zu dem Punkte vorgestoßen, von dem aus die Leistungsfähigkeit und das Ungenügen eines solchen Systems allein beurteilt werden können: bis zur Rolle des „abstrakten" Begriffs im Rahmen einer Wissenschaft, die es nicht einfach mit der Beschreibung und der Ordnung von Fakten, sondern mit Wertungsmaßstäben und ihnen entsprechenden Bewertungen zu tun hat. Erst in den letzten Jahrzehnten hat man in der Jurisprudenz damit begonnen, neben und anstelle des abstrakten Begriffs andere Denkformen zu verwenden, wie den Typus, den Leitgedanken, das konkretisierungsbedürftige Prinzip und den funktionsbestimmten Begriff. Daraus haben sich Ansätze auch zu einer andersartigen Systembildung ergeben. Rechtliche Typen enthalten einander unter einem bestimmten leitenden Gesichtspunkt zugeordnete Elemente. Sie lassen sich in „Typenreihen" einordnen, die ihrerseits als „bewegliche Teilsysteme" aufgefaßt werden können. Leitende Prinzipien, die in der gegebenen Regelung mehr oder weniger konkretisiert sind, aber weiterhin

---

Auf dem begrifflichen System beruht die Unterscheidung zwischen dem Schuld- und dem Sachenrecht, dem Eigentum und den „beschränkten dinglichen Rechten", vor allem aber der Allgemeine Teil des BGB. An bestimmten Lebensbereichen orientiert ist das Familienrecht (mit seiner Untergliederung in das Eherecht, das Kindschaftsrecht und das Vormundschaftsrecht), das Arbeitsrecht und das Gesellschaftsrecht. Jedoch spielen begriffliche Unterscheidungen wie etwa die zwischen juristischer Person und Gesamthand, Verfügungs- und Verpflichtungsgeschäften, Haftung im „Innenverhältnis" und im „Außenverhältnis" auch hier eine sehr große Rolle.

konkretisierungsbedürftig bleiben, bieten sich als die Bausteine eines „inneren Systems" dar, das die Aufgabe hat, die den Normen zugrundeliegenden Wertungen sichtbar zu machen, sie zur Darstellung zu bringen. Als Bindeglied gleichsam zwischen diesen Prinzipien und den auch weiterhin nicht völlig zu entbehrenden „abstrakten" Begriffen dienen schließlich die hier so genannten „funktionsbestimmten" Begriffe.

Die hier angedeuteten Möglichkeiten einer Systembildung, die sich nicht oder doch nicht ausschließlich des „abstrakten" Begriffs und der ihm zugeordneten logischen Verfahren der Abstraktion und der Subsumtion, sondern anderer Denkweisen bedient, sind bisher in der Rechtswissenschaft erst in Ansätzen verwirklicht. Viele Juristen identifizieren immer noch den Gedanken des Systems mit dem abstrakt-begrifflichen System[3]. Auch heute noch vermögen sich nur wenige Juristen, auch wenn sie Anhänger einer „Wertungsjurisprudenz" sind, der Faszination durch das abstrakt-begriffliche System zu entziehen. Im Banne des scientistischen Wissenschaftsbegriffs fürchten sie, mit dem abstrakt-begrifflichen System zugleich den Anspruch der Jurisprudenz auf Wissenschaftlichkeit preiszugeben. Sie übersehen dabei, daß die Rechtswissenschaft, weil sie zu den im engeren Sinne „verstehenden" Wissenschaften gehört, ihren Anspruch nur durch die Entwicklung ihrem Gegenstand angemessener, hermeneutisch gesicherter Denkweisen rechtfertigen kann, nicht durch den vergeblichen Versuch einer Anpassung an die Methoden der „exakten" Wissenschaften. In der Tat aber argumentieren heute viele Juristen, ohne sich dessen in vollem Maße bewußt zu sein, nicht mehr mit Begriffen des abstrakt-begrifflichen Systems, sondern mit funktionsbestimmten Begriffen und mit Prinzipien, das heißt aber im Hinblick auf das, wenn auch nur erst in Ansätzen deutlich gewordene, „innere" System.

b) Der abstrakte Begriff und das mit seiner Hilfe gebildete „äußere" System

Als Bausteine des äußeren Systems bezeichneten wir die „abstrakten" Begriffe. Sie heißen „abstrakt", weil sie aus Merkmalen gebildet werden, die von den Gegenständen, an denen sie auftreten, losgelöst, abstrahiert und in ihrer Verallgemeinerung sowohl gegeneinander wie gegenüber den Gegenständen, an denen sie stets in einer bestimmten Weise verbunden sind, isoliert, vereinzelt werden. Die Abstraktion, sagt HEGEL[4], der dem abstrakten Begriff den konkreten gegenübergestellt hat (vgl. dazu den Exkurs unten d), sei „eine Trennung des Konkreten und eine Vereinzelung seiner Bestimmungen"; durch sie werden nur einzelne Eigenschaften oder Gesichtspunkte aufgefaßt. Das will sagen: Das abstrahierende Denken erfaßt einen Gegenstand der sinnlichen Anschauung, zum Beispiel eine bestimmte Pflanze, ein bestimmtes Tier, ein bestimmtes Gebäude, nicht in der „konkreten" Fülle aller seiner Teile und deren

---

[3] Diese Identifizierung findet sich nicht nur, wie CANARIS, Systemdenken und Systembegriff in der Jurisprudenz, S. 41 meint, bei den Anhängern der „Begriffsjurisprudenz", sondern ebenso auch bei ihren Gegnern, deren nicht selten ablehnende Haltung gegenüber dem Systemgedanken eben auf dieser Identifizierung beruht.

[4] HEGELS sämtliche Werke, Ausg. GLOCKNER, Bd. 5 (Logik), S. 61.

Verbindung, als dieses einmalige Ganze, sondern nur insoweit, als an ihm einzelne Eigenschaften oder „Merkmale“ hervortreten, die es als allgemeine, aus ihrem Verbund mit anderen gelöste und insoweit „vereinzelte“ Prädikate festhält[5]. Aus den solchermaßen isoliert festgehaltenen Merkmalen bildet es alsdann Begriffe, die es ermöglichen, unter sie alle jene Gegenstände zu subsumieren, die sämtliche in die Definition des Begriffs aufgenommenen Merkmale – gleich in welcher konkreten Verbindung – aufweisen. Durch die Weglassung einzelner Merkmale können Begriffe höherer Abstraktionsstufe gebildet werden, unter die alle ihnen nachgeordneten subsumiert werden können. Es gilt das logische Gesetz, daß der „höchste“ Begriff, das ist derjenige, unter den (durch die Hinzufügung unterscheidender Merkmale) die meisten anderen subsumiert werden können, den geringsten Inhalt hat, da er nur durch wenige Merkmale gekennzeichnet ist, dagegen den weitesten Umfang oder Anwendungsbereich besitzt, der niederste aber der inhaltsreichste ist, der die meisten Merkmale aufweist.

Die Auswahl der bei der Bildung eines abstrakten Begriffs in seine Definition aufzunehmenden Merkmale wird wesentlich durch den Zweck mitbestimmt, den die betreffende Wissenschaft mit ihrer Begriffsbildung verfolgt. Daher kommt es, daß sich der juristische Begriff, der eine bestimmte Klasse von Gegenständen bezeichnet, nicht immer mit dem entsprechenden Begriff einer anderen Wissenschaft oder gar mit dem, was der Sprachgebrauch des Lebens darunter versteht, in vollem Umfange deckt. So knüpft zwar der juristische Begriff des Tiers – im Zusammenhang der Tierhalterhaftung, § 833 BGB – an die Vorstellung an, die der Sprachgebrauch des Lebens mit diesem Ausdruck verbindet. Aus dem Sinn und dem Zweck der gesetzlichen Regelung wird gefolgert, daß zum Beispiel Bakterien nicht als „Tiere“ im Sinne des juristischen Begriffs anzusehen sind, wie immer sie auch zoologisch einzuordnen sein mögen. Dasselbe gilt für die Bildung nachgeordneter Begriffe. Den Juristen interessiert nicht die zoologische Klasseneinteilung der Tiere, auch nicht die Unterscheidung in Säugetiere, Fische, Vögel usw. Er unterscheidet vielmehr Haustiere, wilde Tiere und gezähmte Tiere. Diese Unterscheidung, die den Zoologen nicht interessiert, ist von dem Verhältnis des Tiers zum Menschen hergenommen. Der Jurist, der in den Begriffen des äußeren Systems denkt, subsumiert den Begriff „Tier“ auch nicht dem des „Lebewesens“, sondern, was dem juristischen Laien wiederum befremdlich ist, dem der beweglichen Sache. Der Grund hierfür ist, daß das Gesetz zahlreiche Vorschriften über bewegliche Sachen, zum Beispiel über den Erwerb und

---

5 Die Begriffsbildung durch Abstraktion hat immer diese beiden Seiten: Die „negative Abstraktion“ (vgl. ENGISCH, Die Idee der Konkretisierung, S. 24 f.), das heißt das Absehen von dem konkreten Gegenstand in der ganzen Fülle seiner Prädikate und seiner Einmaligkeit, und die „positive Abstraktion“, das heißt das „Festhalten des im empirisch Gegebenen Allgemeinen“. Vgl. auch HEGELS Werke, Bd. 5, S. 48 („Die Festigkeit, welche er – der Verstand – den Bestimmtheiten erteilt, besteht in der betrachteten Form der abstrakten Allgemeinheit; durch sie werden sie unveränderlich“) und Bd. 8 (System der Philosophie, 1. Teil), S. 185 („Das Denken als Verstand bleibt bei der festen Bestimmtheit und der Unterschiedenheit derselben gegen andere stehen; ein solches beschränktes Abstraktes gilt ihm als für sich bestehend und seiend“).

Verlust des Eigentums an ihnen, enthält, die es auch auf Tiere angewandt wissen will. Vermöge jener Subsumtion ist das auf die leichteste Weise möglich.

Damit wird der Zweck und der große Nutzen einer derartigen Begriffsbildung deutlich. Das Gesetz hat die Aufgabe, eine sehr große Vielzahl mannigfach unterschiedener, in sich höchst komplexer Lebensvorgänge in übersehbarer Weise aufzugliedern, sie durch leicht erkennbare Merkmale zu kennzeichnen und so zu ordnen, daß, soweit sie im Hinblick auf das, was ihre rechtliche Bedeutung ausmacht, „gleich" sind, gleiche Rechtsfolgen an sie geknüpft werden können. Um diese Aufgabe zu bewältigen, scheint es der nächstliegende Weg zu sein, Tatbestände aus abstrakten Begriffen zu bilden, unter die alle Lebensvorgänge, die die Merkmale des Begriffs aufweisen, mühelos subsumiert werden können. Nicht nur die zu regelnden Sachverhalte werden durch abstrakte Begriffe gekennzeichnet, sondern auch die an sie geknüpften Rechtsfolgen und Regelungsinhalte. So bildet man die Begriffe der Forderung und des Sachenrechts, unter den Sachenrechten die des Eigentums und der beschränkten dinglichen Rechte, unter diesen den der Dienstbarkeiten, der Verwertungsrechte an Grundstücken (Hypothek, Grundschuld) und an beweglichen Sachen. Die Bildung noch allgemeinerer Begriffe wie der des Rechtssubjekts, des Rechtsobjekts und des Rechtsgeschäfts, ermöglicht die Aufstellung von Regeln für den gesamten Anwendungsbereich dieser Begriffe, eines „allgemeinen Teils". Statt die Regeln über das Zustandekommen eines Vertrages bei den verschiedenen Vertragstypen zu wiederholen, die ohnehin im Gesetz nicht erschöpfend aufgezählt werden können, spricht das Gesetz sie nur einmal, eben in seinem „allgemeinen Teil", mit Geltung für Verträge jeder beliebigen Art aus. Ebenso enthält es im allgemeinen Teil des Schuldrechts Regeln, die für Schuldverträge jeder Art, oder doch wenigstens für „gegenseitige Verträge" gelten, soweit ihnen keine spezielleren Regeln vorgehen. Auf diese Weise wird zwar eine Menge Kasuistik erspart, auf der anderen Seite aber entstehen aus dem Nebeneinander von sehr allgemeinen und von spezielleren Vorschriften auch wiederum manche Schwierigkeiten. Bedenkt man die vielfache Verschachtelung allgemeinerer und speziellerer Bestimmungen im BGB[5a], so ist dessen Aufbau keineswegs so durchsichtig, wie er auf den ersten Blick erscheinen mag.

c) Die juristische „Konstruktion" als Mittel der Systematisierung

Die Erfassung des Regelungsinhalts einer Norm oder eines Vertragsmusters mittels solcher Begriffe, die dem („äußeren") System entweder bereits angehören oder bruchlos einzufügen sind, ist die Aufgabe der sogenannten juristischen „Konstruktion". Sie stand lange Zeit im Mittelpunkt der Bemühungen der Jurisprudenz und galt als Beweis für deren Wissenschaftlichkeit; erinnert sei nur an die Methodenlehre des frühen JHERING. Heute spricht man von ihr eher geringschätzig; sie wird aber dennoch allenthalben geübt und ist insoweit unentbehrlich, als man an der Forderung eines umfassenden Systems der Begriffe festhält, das in sich widerspruchsfrei ist und Ableitungen ermöglicht. Zweifelhaft ist der Wert solcher

---

[5a] Vgl. dazu *mein* Lehrb. des Allgemeinen Teils, § 1, IV c.

Konstruktionen für die Aufgabe der Rechtsfindung[6]; zweifelhaft auch die Frage, ob es sich bei ihnen wirklich, wie man lange gemeint hat, um wertfreie Erkenntnisse handelt, die nur mittels bestimmter logischer Operationen gewonnen werden, oder ob nicht auch hier Wertungsgesichtspunkte eine Rolle spielen.

Von „Konstruktion" spricht man auch im Zusammenhang der rechtlichen Aufbereitung eines Sachverhalts, bei der die im 3. Kapitel geschilderten Verfahrensweisen zur Anwendung gelangen. Richtiger ist es, hier von der juristischen „Qualifikation" zu sprechen[7]. Im folgenden gebrauchen wir den Ausdruck „Konstruktion" nur für diejenige Tätigkeit, die dazu dient, eine im Gesetz vorgefundene Regelung oder ein im Verkehr entwickeltes Vertragsmuster – also nicht nur einen konkreten einzelnen Vertrag – derart in das System – regelmäßig nur in ein Teilsystem[8] – einzufügen, daß sich ein widerspruchsfreier Zusammenhang ergibt und Vergleiche mit anderen Regelungen gezogen werden können, die Unterschiede wie Gemeinsamkeiten deutlicher hervortreten lassen. Wenn dabei auch meistens die Suche nach Fallösungen im Hintergrund stehen wird, so geht es bei der Konstruktion doch nicht in erster Linie um diese, sondern um das den Zusammenhang stiftende gedankliche Konzept, weshalb eine „gelungene" Konstruktion nicht schon deshalb als wertlos abgetan werden darf, weil die aus ihr sich ergebenden Konsequenzen für die Normanwendung sich auch auf andere Weise begründen lassen. Wir verdeutlichen das, was wir im Auge haben, am besten zunächst einmal an einigen Beispielen.

Als erstes Beispiel diene uns die Konstruktion des Vorkaufsrechts. Das Gesetz sagt: „Die Ausübung des Vorkaufsrechts erfolgt durch Erklärung gegenüber dem Verpflichteten" (§ 505 Abs. 1 Satz 1 BGB). Und weiter: „Mit der Ausübung des Vorkaufsrechts kommt der Kauf zwischen dem Berechtigten und dem Verpflichteten unter den Bestimmungen zustande, welche der Verpflichtete mit dem Dritten vereinbart hat" (§ 505 Abs. 2 BGB). Unzweifelhaft ist diese Folge gerade das, was der Berechtigte, der ein Vorkaufsrecht ausübt, mit seiner Erklärung erreichen will. Nichts liegt daher näher, als in dieser Erklärung eine auf das Zustandekommen des Kaufs gerichtete Willenserklärung und in dem Vorkaufsrecht das Recht zu sehen, diese Rechtsfolge durch die Erklärung herbeizuführen. Ein Recht, durch einseitige Willenserklärung ein Rechtsverhältnis, hier ein Kaufverhältnis, zu begründen, kann man der Gruppe der „Gestaltungsrechte" zuordnen. Damit wäre das Vorkaufsrecht als ein Gestaltungsrecht klassifiziert, ohne daß hieraus schon weitere Folgerungen gezogen werden könnten, denn Rechtssätze, die allgemein für alle Gestaltungsrechte gelten, gibt es nicht. Im näheren handelt es sich um ein bedingtes Gestaltungsrecht; Bedingung seiner Ausübung ist, daß der Verpflichtete mit einem Dritten einen Kaufvertrag über den Gegenstand des Vorkaufsrechts schließt (§ 504 BGB). Gegen die Annahme eines solchermaßen bedingten Gestaltungsrechts bestehen keine Bedenken.

---

[6] Dazu Hassold, AcP 181,131.

[7] So auch Pawlowski, Methodenlehre für Juristen, Rdz. 481 ff. Anders teilweise Hassold, a.a.O., S. 139 ff.

[8] Vgl. Pawlowski, a.a.O., Rdz. 455.

Ein Teil der Lehre lehnt indessen die Einordnung des Vorkaufsrechts als eines Gestaltungsrechts ab und konstruiert stattdessen den Vertrag, durch den ein Vorkaufsrecht eingeräumt wird, als einen doppelt bedingten Kauf[9]. Die erste Bedingung sieht man in dem Abschluß eines Kaufvertrages mit einem Dritten, die zweite in der Erklärung des Berechtigten, er übe sein Recht aus. Was das für ein Recht ist, das er ausübt, bleibt dabei allerdings im Dunkeln. Diese Konstruktion hat eine Tradition bereits im gemeinen Recht; sie wurde von der ersten Gesetzgebungskommission als eine unter mehreren möglichen erwähnt[10]. Man hielt es aber mit Recht nicht für die Aufgabe des Gesetzes, die Konstruktionsfrage zu entscheiden. Zu bedenken ist, daß die Figur des Gestaltungsrechts damals noch nicht so allgemein anerkannt war wie heute[11]. Die Kommission erwähnte als eine weitere Möglichkeit der Konstruktion die Annahme einer (langfristigen und bedingten) Kaufofferte mit zunächst unbestimmten Inhalt, die der Vorkaufsberechtigte mit der Erklärung, das Vorkaufsrecht auszuüben, annähme. Diese Konstruktion kommt der eines Gestaltungsrechts bereits nahe, sehen doch manche in der Position des Empfängers eines länger bindenden Vertragsangebotes ein Gestaltungsrecht[12]. Sie vermeidet die unklare Vorstellung einer „Wollensbedingung", mit der die Theorie des doppelt bedingten Kaufs zu operieren genötigt ist. Unter einer „Bedingung" im Sinne der Rechtsgeschäftslehre verstehen wir einen künftigen Umstand, von dessen – zunächst noch ungewissem – Eintritt die Wirkung des (als solchen bereits vorgenommenen) Rechtsgeschäfts abhängen soll. Die sogenannte Wollensbedingung, hier die Erklärung des Berechtigten, er übe sein Vorkaufsrecht aus, ist aber in Wahrheit erst das Rechtsgeschäft, das den Kaufvertrag zustandebringt, ihn in Geltung setzt. Vorher hat der Berechtigte noch keine ihn irgendwie bindende Erklärung hinsichtlich des Kaufvertrages abgegeben, steht daher nicht anders da, als der Empfänger eines Vertragsangebots. Die Vorstellung einer rechtsgeschäftlichen Bedingung, die in der Vornahme des den Rechtserfolg herbeiführenden Rechtsgeschäfts selbst besteht, ist in sich widersprüchlich[13] und sollte deshalb vermieden werden.

Gegen die Konstruktion eines doppelt bedingten Verkaufs, aber auch gegen die einer langfristig bindenden, bedingten Kaufofferte spricht, daß diese Konstruktionen nur auf die rechtsgeschäftlich begründeten, nicht auch auf die im öffentlichen Recht begründeten gesetzlichen Vorkaufsrechte angewandt werden können, da durch deren Ausübung ein den Kaufregeln unterliegendes Rechtsverhältnis zu-

---

[9] Vgl. dazu die Angaben in *meinem* Lehrb. des Schuldrechts, 13. Aufl., Bd. II, 1, § 44 II u. III.

[10] Durch den Hinweis auf den – später gestrichenen – § 79 des 1. Entwurfs. Vgl. dazu MUGDAN, Die gesamten Materialien zum BGB, Bd. 2, S. 192.

[11] Von wesentlichem Einfluß war die Abhandlung von SECKEL in der Festgabe der Berliner Juristischen Gesellschaft, 1903; eingehend v. TUHR, Der Allgemeine Teil des Deutschen bürgerlichen Rechts, Bd. I, 1910, S.161 ff.

[12] So v. TUHR, a.a.O., Bd. II, 1, S. 468. Vgl. aber *mein* Lehrbuch des Allgemeinen Teils, 7. Aufl., § 27 I.

[13] Vgl. dazu *mein* Lehrbuch des Allgemeinen Teils, 7. Aufl., § 25 I, *mein* Lehrb. des Schuldrechts, 13. Aufl., Bd II, 1, § 44 I. Kritisch zur „Wollensbedingung" auch FLUME, Allgemeiner Teil, Bd. II, § 38 II.

standekommt, ohne daß es dazu einer Mitwirkung des Vorkaufsverpflichteten bedürfte. BALLERSTEDT, der für das rechtsgeschäftlich begründete Vorkaufsrecht die Theorie des doppelt bedingten Kaufvertrages vertritt, gibt denn auch zu, daß diese für die gesetzlichen Vorkaufsrechte nicht passe; für sie hält er ihre Deutung als Gestaltungsrechte für sachgemäßer[14]. Es ist aber mißlich, zwei verschiedene Konstruktionen für ein Recht anzuwenden, dessen Wirkung – daß nämlich durch seine Ausübung ein Kaufverhältnis zustandekommt – beide Male die gleiche ist. Das widerspricht jedenfalls dem mit der Systematisierung auch bezweckten Vereinfachungseffekt. BALLERSTEDTs Haupteinwand gegen die Theorie des Gestaltungsrechts besagt, sei „eine systematisch unhaltbare Befugnis", allein durch einseitige Erklärung ein Schuldverhältnis zustandezubringen[15]. Da er eine solche Befugnis für die gesetzlichen Vorkaufsrechte dennoch bejaht, kann das nur so gemeint sein, daß eine derartige Befugnis im Privatrecht „unhaltbar" sei, weil sie dem Grundprinzip der Privatautonomie zuwiderlaufe. Diesem Prinzip wird indessen dadurch genügt, daß im Privatrecht ein Vorkaufsrecht nur durch einen Vertrag, mit Zustimmung also des Verpflichteten, begründet werden kann. Wer einem anderen durch Vertrag ein Vorkaufsrecht einräumt, unterwirft sich dessen künftiger Entschließung nicht anders als der, der sich an das von ihm gemachte Vertragsangebot bindet, oder der dem anderen ein Wahlrecht oder ein Rücktrittsrecht ein-räumt. Das Bedenken BALLERSTEDTs ist somit unbegründet. Danach dürfte die Konstruktion des Vorkaufsrechts als eines Gestaltungsrechts der Sachlage doch wohl am besten entsprechen.

Im Verkehr kommen nicht selten Verträge vor, durch die der eine dem anderen eine „Option", etwa für den Kauf eines Aktienpakets, einräumt. Solche Verträge können verschieden gedeutet werden. Es kann sich lediglich um einen Vorvertrag zu einem Kaufvertrag mit der Folge handeln, daß der eine sich dazu verpflichtet, auf Verlangen des anderen mit diesem einen dann noch im einzelnen auszuhandelnden Kaufvertrag (den „Hauptvertrag") abzuschließen. Es kann sich um ein langfristiges bindendes Vertragsangebot, oder um die Einräumung eines Gestaltungsrechts, eines „Optionsrechts", in einem eigengearteten Vertrag, dem „Optionsvertrag", handeln. Durch das Optionsrecht erhält der Berechtigte die Befugnis, einen Kaufvertrag mit dem in dem Optionsvertrag festgelegten Inhalt durch eine einseitige Erklärung zustandezubringen[16]. Hat man erst einmal den Begriff des „Optionsrechts" als einer Unterart der Gestaltungsrechte eingeführt, dann kann man auch das Vorkaufs- und das Wiederkaufsrecht zu den Optionsrechten rechnen[17], und man kann dann, im Wege einer Analogie, einzelne Vorschriften, die für das Vorkaufsrecht gelten, wie z. B. den § 505 Abs. 1 Satz 2, auf die durch einen Optionsvertrag eingeräumten Optionsrechte übertragen. Auch schließt deren Einordnung als Gestaltungsrechte

[14] Im Kommentar von SOERGEL, 10. Aufl., Bd. II, Rdz. 6 vor § 504.

[15] a.a.O., Rdz. 8 vor § 497.

[16] Vgl. hierzu mein Lehrbuch des Allgemeinen Teils, 7. Aufl., § 27 I c und das dort angegebene Schrifttum zu den Optionsrechten.

[17] So ausdrücklich ESSER, Schuldrecht, 4. Aufl., Bd. II, § 66 II u. III.

(statt etwa als bedingte Ansprüche aus Kaufvertrag) es aus, sie der Verjährung zu unterwerfen, da dieser nur Ansprüche unterliegen. Statt dessen finden sich in solchen Verträgen regelmäßig Ausschlußfristen. Wenngleich also bei den besprochenen Konstruktionen die zutreffende Einordnung in das Begriffsystem im Vordergrund steht, so ist die Konstruktion, soweit sie Ähnlichkeiten und Unterschiede erkennen läßt und vor Fehlschlüssen bewahrt, doch auch nicht ohne Bedeutung für die Rechtsfindung.

Als nächstes Beispiel wählen wir die Konstruktion der Wandlung. Hier stehen sich gegenüber die (ältere) Vertragstheorie, die Herstellungstheorie und die „modifizierte Vertragstheorie“. Nach der Vertragstheorie erfolgt die Wandlung, d. h. die Umgestaltung des Kaufvertrages in ein Rückgewährschuldverhältnis, durch einen Vertrag zwischen dem Käufer und dem Verkäufer, zu dessen Abschluß der Verkäufer auf Verlangen des Käufers verpflichtet ist, wenn die Voraussetzungen des § 462 BGB vorliegen. Die Anhänger der Vertragstheorie schließen das aus dem § 465 BGB, der bestimmt, die Wandlung oder die Minderung sei „vollzogen“, wenn sich der Verkäufer auf Verlangen des Käufers mit ihr einverstanden erklärt, sowie aus der Nichterwähnung des § 349 (dem zufolge der Rücktritt durch einseitige Erklärung des Rücktrittsberechtigten erfolgt) in § 467 BGB, der hinsichtlich der Durchführung der Wandlung im übrigen auf die Rücktrittsregeln verweist. Dieser Auffassung war auch die erste Kommission, die in diesem Fall meinte, das Gesetz „müsse der Rechtsanwendung einen deutlichen Fingerzeig über die ihm zugrundeliegende Konstruktion geben“. Das Gesetz, so wurde gesagt, „konstruiere das Recht auf Wandlung (und entsprechend das auf Minderung) nicht als das Recht, durch einseitige Erklärung den Vertrag zur Aufhebung zu bringen, sondern als Anspruch des Käufers, kraft dessen er vom Verkäufer die Einwilligung in die Aufhebung des Kaufs, die Annahme des auf diese gerichteten Vertragsantrags des Käufers, verlangen könne. Die Wandlung sei mithin vollzogen mit der Erklärung des Einverständnisses seitens des Verkäufers oder der diese ersetzenden Verurteilung desselben“[18]. Es läßt sich schwerlich bestreiten, daß diese Auffassung der Kommission auch im Text des Gesetzes Ausdruck gefunden hat.

Wenn man trotzdem schon sehr bald nach einer anderen Konstruktion gesucht hat, dann ausschließlich wegen der mißlichen Folgen der Vertragskonstruktion für den Prozeß, in dem es um die Wandlung geht. Denn streng genommen müßte der Käufer seine Klage hiernach zuerst auf die Verurteilung des Verkäufers zur Erklärung seines Einverständnisses richten. Erst die Rechtskraft des Urteils würde gemäß 894 Abs. 1 ZPO die Erklärung des Verkäufers ersetzen und damit die Wandlung in Vollzug setzen, so daß der Käufer, der den Kaufpreis bereits gezahlt hatte, erst jetzt mit Aussicht auf Erfolg die Klage auf Rückzahlung des Kaufpreises Zug um Zug gegen die Rückgabe der Kaufsache erheben könnte. Ein solches Vorgehen widerspräche jeder Prozeßökonomie und würde dem Käufer die Durchsetzung seiner Rechte in hohem Maße erschweren. Zwar hat man diese Konsequenz dadurch abzumildern gesucht, daß man die Verbindung beider Klagen – der auf die Erklärung

---

[18] MUGDAN, a.a.O., S. 666.

des Einverständnisses und der auf Rückerstattung des Kaufpreises – in einem Verfahren zuließ. Es bliebe dann nur die Notwendigkeit einer entsprechenden Formulierung der Klageanträge und des Urteilstenors. Die Praxis hat auch darauf verzichtet, und um ihr Genüge zu tun, wurde die „Herstellungstheorie" gebildet. Sie konstruiert das Recht auf Wandlung nicht als einen Anspruch auf den Abschluß eines Wandlungsvertrages, sondern als den Anspruch unmittelbar auf dasjenige, was der Käufer mit der Wandlung begehrt, nämlich (im Regelfall) die Rückerstattung des Kaufpreises und/oder die Befreiung von seinen noch nicht erfüllten Verbindlichkeiten. Die Erklärung des Verkäufers, er sei mit der Wandlung einverstanden, soll nach ihr nur die Bedeutung haben, daß nunmehr der Käufer an sein Wandlungsbegehren gebunden wird, d. h. das Recht verliert, statt dessen noch Minderung zu wählen.

Die Herstellungstheorie tut sich mit dem Gesetze schwer. Sie kommt nicht umhin, dem Verlangen des Käufers nach Wandlung (oder nach Minderung) eine das Rechtsverhältnis umgestaltende Wirkung beizulegen. Denn wodurch sollte sonst die Umgestaltung bewirkt werden? Damit ist aber der Ausschluß des § 349 in § 467 kaum zu vereinbaren. Weniger Sachgemäß sind die Konsequenzen, die sich aus dieser Theorie für die Verjährung des „Anspruchs auf Wandlung oder Minderung" (§ 477 Abs. 1 BGB) ergeben. Geht nämlich dieser Anspruch, wie die Herstellungstheorie annimmt, unmittelbar auf die Folgen der Wandlung oder Minderung, also z. B. die Rückerstattung oder teilweise Rückerstattung des Kaufpreises, dann verjährt *dieser* Anspruch in der kurzen Frist des § 477, und zwar auch dann, wenn sich der Verkäufer mit der Wandlung oder der Minderung einverstanden erklärt hat. Geht dagegen der Anspruch „auf Wandlung" erst nur auf die Einwilligungserklärung des Verkäufers, dann ist er erfüllt, sobald diese erfolgt ist, und die nunmehr entstehenden Ansprüche „aus" der (erfolgten) Wandlung unterliegen der normalen Frist. Das ist auch vernünftig (im Sinne der Teleologie des Gesetzes), wie folgende Überlegung zeigt: die kurze Verjährungsfrist soll den Verkäufer davor bewahren, noch nach längerer Zeit mit Mängelansprüchen konfrontiert zu werden, mit denen er nicht gerechnet hat. Hat er sich aber mit der verlangten Wandlung oder Minderung einverstanden erklärt, so weiß er, woran er ist, und kann sich darauf einrichten. Der Käufer hingegen wird nach der Einverständniserklärung des Verkäufers keinen Anlaß mehr sehen, noch vor dem Ablauf der kurzen Verjährungsfrist Klage zu erheben. Was das Gesetz mit der kurzen Verjährung des Anspruchs „auf" Wandlung oder Minderung erreichen will, eine möglichst rasche Klärung der Sach- und der Rechtslage, ist mit der Einverständniserklärung erreicht; für die Folgeansprüche mag es bei der normalen Verjährung bleiben. Damit stimmt die Vertragstheorie überein.

Um die Nachteile sowohl der einen wie der anderen Theorie zu vermeiden, hat BÖTTICHER im Jahre 1938 eine modifizierte Vertragstheorie entwickelt[19]. Danach erfolgt die Wandlung – und damit die Umgestaltung des Schuldverhältnisses – entweder, wie in § 465 BGB vorgesehen, durch einen Vertrag, oder, falls der

---

[19] BÖTTICHER, Die Wandlung als Gestaltungsakt, 1938. Dazu auch *meine* Abhandlg. in NJW 51, 500.

Verkäufer seine Zustimmung verweigert, durch das Urteil, das den Verkäufer zur Rückerstattung des Kaufpreises verurteilt oder aber die Klage des Verkäufers auf den Kaufpreis deshalb abweist, weil der Beklagte zurecht Wandlung verlangt habe (Wandlung durch richterliche Umgestaltung des Vertrages). Das Urteil, dann die Wandlung, ohne dies ausdrücklich zu sagen, der Sache nach vollzieht, ist, so BÖTTICHER, nicht nur ein Leistungsurteil, sondern zugleich ein „verdecktes Gestaltungsurteil". Es mag hier dahinstehen, wie sich die Figur eines „verdeckten Gestaltungsurteils" in die Prozeßordnung einfügt. Die „modifizierte Vertragstheorie" bleibt jedenfalls in Übereinstimmung mit der Regelung des BGB, insbesondere auch in der Frage der Verjährung, erlaubt es andererseits der Praxis, so zu verfahren, wie sie das tut, und entspricht damit dem Anliegen der Herstellungstheorie ohne deren Nachteile. Sie hat deshalb im Schrifttum zunehmend Zustimmung gefunden[20].

Das Beispiel läßt deutlich erkennen, daß über den „Erfolg" einer Konstruktion häufig erst deren praktische Konsequenzen entscheiden. Dabei geht es dann nicht mehr nur um logische Operationen, sondern, wie bei der Gesetzesauslegung und richterlichen Rechtsfortbildung, um die Teleologie des Gesetzes, Bedürfnisse des Verkehrs, oder Rechtszwecke wie die Prozeßökonomie. Charakteristisch ist auch die Ausbildung zweier einander ausschließender Theorien sowie einer dritten, „vermittelnden", die versucht, die Nachteile der beiden anderen zu vermeiden, was in diesem Fall durch eine Verlagerung des Problems in das Prozeßrecht gelingt.

Als letztes Beispiel nehmen wir die Vertragsübernahme. Darunter verstehen wir die Übertragung der gesamten Rechtsstellung eines Vertragspartners aus einem Schuldverhältnis – z. B. als Mieter oder Vermieter, als Lieferer oder Bezieher bestimmter Waren aus einem längerfristigen Lieferungsvertrag – auf einen Dritten, der seinerseits alle mit ihr verbundenen Rechte, Pflichten und Zuständigkeiten übernimmt. Daß dies, wenn überhaupt, nur mit Zustimmung des anderen Vertragspartners, der das Schuldverhältnis mit dem Übernehmer fortsetzen soll, möglich ist, versteht sich nach dem das Vertragsrecht beherrschenden Grundsatz der Privatautonomie von selbst. Das Problem ist, ob eine derartige Übertragung der gesamten vertraglichen Rechtsstellung durch ein einheitliches Rechtsgeschäft, an dem wenigstens 3 Personen mitwirken müssen, mit dem geltenden Schuldvertragsrecht verträglich ist[21]. Denn das BGB kennt ein derartiges Rechtsgeschäft nicht; es enthält nur Regeln über die Übertragung einer einzelnen Forderung und die Übernahme einzelner Schuldverpflichtungen. Unter dem „Schuldverhältnis" versteht es in der Regel nur die einzelne Forderung und die ihr entsprechende Verpflichtung. Dem davon zu unterscheidenden Schuldverhältnis als einer Gesamtheit von Rechtsbeziehungen, als einem im Wechsel einzelner seiner Elemente sich erhaltenden, eine zeitliche Dimension aufweisenden „Gefüge"[22], schenkten die Verfasser des BGB keine oder nur geringe Aufmerksamkeit. Ihm war in dem

---

[20] Vgl. *mein* Lehrbuch des Schuldrechts, Bd. II, 1, § 41 II a; FIKENTSCHER, Schuldrecht, § 70 IV 2 b; STAUDINGER/HONSELL 4 zu § 465; MÜNCH. KOMM./WESTERMANN 5 zu § 462 BGB.

[21] Dazu PIEPER, Vertragsübernahme und Vertragsbeitritt, 1963.

[22] Vgl. *mein* Lehrbuch des Schuldrechts, Bd. I, § 2 V.

begrifflichen System, das auf den Zentralbegriff des subjektiven Rechts, nicht auf den des – Rechte und Pflichten in sich vereinigenden – Rechtsverhältnisses hin angelegt war[23], kein Platz zugewiesen. So mußte denn der Gedanke der Übertragung der gesamten Rechtsstellung in einem solchen Rechtsverhältnis auf Schwierigkeiten stoßen. Auf der anderen Seite war aber nicht zu verkennen, daß derartige Vereinbarungen im Rechtsverkehr nicht selten getroffen werden und daß ein tatsächliches Bedürfnis für sie besteht[24].

In dieser Verlegenheit behalf man sich zunächst mit der Annahme einer Abtretung aller (bestehenden oder künftigen) Forderungen und einer Übernahme aller, auch der künftigen Verbindlichkeiten aus diesem Schuldverhältnis, einer Kombination zweier im Gesetz geregelter Arten von Rechtsgeschäften („Kombinationstheorie"). Demgegenüber hat man darauf hingewiesen, daß mit der Übertragung nur einzelner Forderungen nicht auch schon solche Gestaltungsrechte wie das Kündigungsrecht übergingen, die sich auf das gesamte Schuldverhältnis beziehen[25]; ihre gesonderte Abtretbarkeit ist mindestens zweifelhaft. Noch weniger geht durch solche gesonderte Abtretungen auch die Zuständigkeit z. B. zum Empfang einer Kündigung des gesamten Schuldverhältnisses auf den Abtretungsempfänger über. Es handelt sich dabei auch nicht um „Nebenrechte" der einzelnen Forderung. Der Übergang aller dieser im Schuldverhältnis als ganzem angelegten Rechte und Zuständigkeiten, wie ihn die Parteien in solchen Fällen bezwecken, läßt sich vielmehr nur begründen, wenn man die Möglichkeit einer Vertragsübernahme im Sinne eines einheitlichen, auf eben diese Folgen gerichteten Rechtsgeschäfts bejaht. Diese Auffassung („Einheitstheorie") hat sich inzwischen, wenigstens im Schrifttum[26], durchgesetzt. Möglich wurde sie nur, nachdem man erkannt hatte, daß das Schuldverhältnis als eine Gesamtheit von Rechtsbeziehungen, als „Gefüge", noch etwas anderes ist als nur eine Summe einzelner Forderungen und Verbindlichkeiten, sozusagen ein eigengearteter Rechtsgegenstand.

Wer sich für die Einheitstheorie ausspricht, pflegt darauf hinzuweisen, daß unser Privatrecht immerhin den Übergang eines Schuldverhältnisses als ganzen aufgrund gesetzlicher Vorschriften kenne. Solche Vorschriften sind die der §§ 571 Abs. 1, 1251 Abs. 2, seit 1972 auch 613a Abs. 1 BGB, sowie § 69 Abs. 1 VVG. Was durch das Gesetz angeordnet werden kann, müsse, so meint man, im Rahmen der im Schuldrecht grundsätzlich bestehenden Vertragsfreiheit auch im Wege eines Vertrages herbeigeführt werden können. Daß es hierzu der Zustimmung auch des verbleibenden Vertragspartners bedarf, wurde bereits erwähnt. Man ist sich heute darüber einig, daß die Vertragsübernahme entweder durch einen dreiseitigen Vertrag, oder durch einen Vertrag zwischen dem Ausscheidenden und dem Übernehmer mit

---

[23] Vgl. PIEPER, a.a.O., S. 137 ff. zum Rechtsverhältnis als Zentralbegriff *mein* Lehrbuch des Allgemeinen Teils, § 12.

[24] Vgl. PIEPER, a.a.O., S. 16 ff.

[25] v. TUHR, Der allgemeine Teil des Deutschen bürgerlichen Rechts, Bd. I, S. 226; PIEPER, a.a.O., S. 166 ff.

[26] Vgl. die Angaben im MÜNCH. KOMM./ROTH 4, PALANDT/HEINRICHS 10 zu § 398 BGB; *mein* Lehrbuch des Schuldrechts, Bd. I, § 35 I.

Genehmigung des verbleibenden Partners (analog § 415 Abs. 1) erfolgen kann. Ihre Wirkungen im einzelnen richten sich, mangels gesetzlicher Vorschriften, allein nach dem jeweiligen Vertrag. So können die Parteien den Übergang einzelner Forderungen oder rückständiger Schulden ausschließen; sie können vereinbaren, daß der ausscheidende Teil dem verbleibenden neben dem Übernehmer für bestimmte oder sogar für alle Verbindlichkeiten haftet (vgl. die §§ 571 Abs. 2, 613a Abs. 2 BGB). Nachdem die Möglichkeit einer Vertragsübernahme nunmehr anerkannt wird, wird auch die im Gesetz nicht vorgesehene rechtsgeschäftliche Übertragbarkeit der Mitgliedschaft in einer BGB-Gesellschaft, also der Rechtsstellung als Gesellschafter mit allen sich daraus ergebenden Folgen, bejaht[27]. Auch hier hatte man ursprünglich nur eine Kombination des Ausscheidens eines Gesellschafters (§ 736 BGB) und des Neueintritts eines anderen für möglich gehalten. So wirkt sich der Fortschritt der Dogmatik an einer Stelle – hier die Erfassung der Rechtsstellung in einem Schuldverhältnis als einer einheitlichen, in gewissen Grenzen verfügbaren Rechtsposition – auch an anderen Stellen aus. Er führt zu einer Erweiterung des Systems, mit der Folge, daß dieses früher übersehene oder falsch eingeordnete oder neue Erscheinungen nun in sich aufzunehmen vermag[28]. Geht es dabei, wie bei der Vertragsübernahme und der Übertragung der Mitgliedschaft, um Vertragsmuster, so liegt der Wert der Konstruktion darin, daß sie es erlaubt, das von den Parteien Bezweckte in leicht fasslicher Weise und so auszudrücken, daß unnötige Umwege, bloße Hilfskonstruktionen, wie sie die Kombinationstheorien darstellen, vermieden werden.

d) Juristische Theorien und ihre Überprüfbarkeit

Juristische Konstruktionen nehmen vielfach die Gestalt einer „Theorie" an; erinnert sei nur an die „Herstellungstheorie" und die „modifizierte Vertragstheorie" bei der Wandlung. Von einer „Theorie" spricht man in solchem Zusammenhang freilich nur, sofern die „richtige" Konstruktion kontrovers ist; ist das nicht der Fall, braucht man keine „Theorie". Andererseits werden „Theorien" nicht nur aufgestellt, um Konstruktionsprobleme zu lösen. Bei der „Theorie" der Vertragsübernahme geht es in erster Linie um deren Verträglichkeit mit dem Gesetz, in zweiter Linie um deren Vornahme als dreiseitiger Vertrag oder analog § 415 Abs. 1 BGB. Es gibt aber auch Theorien, bei denen es um ein Rechtsprinzip, den Nachweis seiner Geltung, den Aufweis seines Anwendungsgebietes und „typischer" Anwendungsfälle, seine Konkretisierung und seine Grenzen geht – als Beispiel sei hier CANARIS Theorie der Vertrauenshaftung genannt. Hier geht es nicht, oder doch nicht so sehr, um das „äußere", begriffliche, als um das „innere" System des Rechts, um dessen Ausfaltung zu einem Teilsystem, dem der „Vertrauenshaftung". In anderen Fällen geht es um die Abgrenzung zweier Rechtsgebiete – etwa des öffentlichen Rechts und des Privatrechts – oder um einen Begriff wie den der Rechtswidrigkeit, wobei es auf dessen Funktion im Normengefüge, somit wieder auf systematische Zusammenhänge und

---

[27] Vgl. FLUME, Allgemeiner Teil des Bürgerlichen Rechts, Bd. I, Die Personengesellschaft, § 17 II; *mein* Lehrbuch des Schuldrechts, Bd. II, § 60 VI c.

[28] Dazu PAWLOWSKI, a.a.O., Rdz. 404.

auf die Regelungszwecke ankommt. Es ist daher schwer, zu sagen, was unter einer juristischen „Theorie" des näheren zu verstehen ist; sicher ist, daß die Bildung, Kritik und Verteidigung von „Theorien" eine der Hauptbeschäftigungen der Jurisprudenz darstellt, und wohl auch, daß sie fast immer mit der Systembildung zu tun hat. DREIER[29] hat nicht weniger als 7 verschiedene Arten juristischer Theorien unterschieden, von denen ich allerdings die von ihm so genannten „interpretativen Theorien" insoweit ausscheiden möchte, als es sich bei ihnen nur um Vorschläge für die (zutreffende) Auslegung einzelner Rechtssätze oder Ausdrücke handelt. Im übrigen gelten die folgenden Bemerkungen vornehmlich den Theorien, bei denen es sich um Fragen der Konstruktion, der Begriffsbildung und des äußeren Systems handelt.

In Ermangelung eines eingeführten Sprachgebrauchs übernehme ich DREIERS[30] Definition einer wissenschaftlichen Theorie. Nach ihr ist eine solche ein System von Aussagen, zwischen denen Ableitungsbeziehungen bestehen und die mindestens den Anforderungen der Konsistenz und der Prüfbarkeit genügen. Da es sich bei den juristischen Theorien um Aussagen über normativ Geltendes handelt, sind auch die daraus abgeleiteten Sätze solche, für die, außer ihrer Richtigkeit als Aussagen, normative Geltung beansprucht wird. Das Erfordernis der Konsistenz, der Widerspruchslosigkeit der Aussagen untereinander, bedarf keiner Begründung. Mit Recht bemerkt DREIER[31], dieses Erfordernis sollte bei normativen Theorien nicht nur die logische Widerspruchsfreiheit, sondern auch die Freiheit von Wertungswidersprüchen einschließen. Das gilt jedenfalls für Theorien, bei denen es sich um die Entfaltung eines Rechtsprinzips, um das innere System des Rechts handelt. Problematisch ist das weitere Erfordernis der „Prüfbarkeit". Sind juristische Theorien, so wie naturwissenschaftliche, auf ihre Richtigkeit (als Aussagensysteme) hin überprüfbar, d. h. verifizierbar oder doch falsifizierbar, und wie? Hier stehen wir wieder vor der Frage, ob die Rechtswissenschaft für ihre Aussagen Anspruch auf Richtigkeit (im Sinne zutreffender Erkenntnis) erheben darf und wenn ja, wie dieser zu begründen ist. Dabei setzen wir jetzt voraus, daß es sich bei den juristischen Theorien, gleich welcher Art, jedenfalls nicht nur um logische Ableitungen aus feststehenden Axiomen handelt – dann entfiele das Erfordernis der Prüfbarkeit, das der logischen Konsistenz würde genügen –, sondern, darin vergleichbar den naturwissenschaftlichen Theorien, um Aussagen, die jedenfalls nicht nur auf deduktive Weise gewonnen wurden.

An dieser Stelle empfiehlt es sich, einen Blick auf die naturwissenschaftlichen Theorien zu werfen und zu diesem Zwecke an POPPER als den hierfür heute wohl kompetentesten Autor anzuknüpfen. Nach ihm ist eine (naturwissenschaftliche) Theorie zuerst nichts anderes als ein „Einfall", eine Vermutung; insoweit ist ihre ursprüngliche Konzeption „einer logischen Analyse weder fähig noch bedürftig"[32].

---

[29] DREIER, Zur Theoriebildung in der Jurisprudenz, in: Recht – Moral – Ideologie, 1981, S. 70 ff. Zu den Arten der juristischen Theorien vgl. S. 73 ff., aber auch S. 93 f.

[30] a.a.O., S. 82.

[31] a.a.O., S. 83.

[32] POPPER, Logik der Forschung; zitiert wird noch die 6. Aufl. 1976, S. 31.

Erinnern wir uns an JHERINGS Schilderung der Entstehung seiner Lehre von der culpa in contrahendo (oben S. 422), so werden wir dem für die juristischen Theorien zustimmen müssen, mit der Maßgabe, daß dem „Einfall" – das wird bei naturwissenschaftlichen Theorien nicht anders sein – eine längere Beschäftigung mit dem Problemstand vorausgegangen ist, angestoßen durch ein Gefühl des Ungenügens der bisher praktizierten Lösungen. Ein „Einfall" stellt nun aber als solcher noch keine irgendwie wissenschaftlich gesicherte Erkenntnis dar. Dazu bedarf es zunächst seiner Ausarbeitung zu einem System von Aussagesätzen, eben einer „Theorie", und weiter deren Überprüfung – in den Naturwissenschaften aufgrund von Erfahrungen, der Beobachtung und des Experiments. Das geschieht, nach POPPER, in der Weise, daß aus der Theorie bestimmte Folgesätze abgeleitet werden, die sich auf ein nach ihr zu erwartendes Verhalten – etwa eines bestimmten Stoffes unter bestimmten Bedingungen – beziehen und durch die Erfahrung bestätigt oder widerlegt werden können. Werden sie bestätigt, so ist das nach POPPER doch kein endgültiger Beweis für die Richtigkeit der Theorie, weil künftige Erfahrungen anderes ergeben könnten. Wegen dieser bekannten Schwäche des Induktionsschlusses lassen sich naturwissenschaftliche Theorien nach ihm nicht eigentlich verifizieren[33]. Wohl aber lassen sie sich durch Erfahrungen, die mit ihren Folgesätzen – oder einem derselben – nicht übereinstimmen, falsifizieren, es sei denn, die von der Theorie abweichende Erfahrung lasse sich durch nicht falsifizierte Hilfsannahmen hinreichend erklären[34]. Eine Theorie erscheint als umso gesicherter, je besser sie allen Versuchen widerstanden hat, sie zu falsifizieren[35].

Blicken wir nun auf die juristischen Theorien, so ist einleuchtend, daß ihre Folgesätze, weil sie sich auf normativ Geltendes beziehen, durch Tatsachen weder falsifiziert, noch gar verifiziert werden können. Jetzt ist aber der Unterschied in der Zielsetzung der Wissenschaften zu beachten: Naturwissenschaftliche Theorien sollen Vorgänge in der Natur erklären, auf allgemeinste Naturgesetze zurückführen; juristische Theorien sollen nichts „erklären", sondern rechtliche Zusammenhänge deutlich machen, insbesondere Rechtssätze oder weitergreifende Regelungsinhalte in ein logisch und wertungsmäßig widerspruchsloses System – oder Teilsystem – integrieren. Das erfordert ihre Überprüfung nicht an irgendwelchen Tatsachen, wohl aber an den geltenden Rechtsnormen, anerkannten Rechtsprinzipien und dem – wenigstens zunächst als gegeben hingenommenen – Teilsystem, dem die Theorie „eingepaßt" werden soll. Die Folgesätze – im Beispiel der Wandlung die über die Verjährung der Ansprüche „aus" der („vollzogenen") Wandlung – werden ihrerseits auf ihre Vereinbarkeit mit anderen Normen, mit der Teleologie des Gesetzes oder auch daraufhin überprüft, ob sie „sachgerecht" sind.

Man könnte zwar, um die Parallele mit den naturwissenschaftlichen Theorien noch etwas weiter durchzuhalten, in der Überprüfung an geltenden Normen – gleich, ob des Gesetzes- oder anerkannten Richterrechts – der Überprüfung an „Tatsachen"

---

33 a.a.O., S. 14.
34 a.a.O., S. 8 u.45.
35 Kritisch zu dieser Position POPPERS KELLMANN in RTh 1975, S. 88 f.

gleichsetzen. Allein, dann würde man übersehen, daß diese Normen dabei nicht in ihrer einfachen Gegebenheit, sondern in ihrem durch ihre Auslegung ermittelten normativen Sinngehalt in Betracht gezogen werden. Probleme der juristischen Konstruktion sind regelmäßig auch Interpretationsprobleme. In den Fällen der Theorien über die Wandlung geht es unter anderem um die zutreffende Auslegung des § 465 BGB. Bei der Frage nach der Zulässigkeit einer Vertragsübernahme spielt der Hinweis auf den gesetzlichen Übergang eines Mietverhältnisses und damit die Auslegung des § 571 Abs. 1 BGB eine Rolle. Daß die zur Überprüfung einer Theorie herangezogenen Rechtsnormen ihrerseits oft auslegungsbedürftig sind, ihre Auslegung selbst wieder überprüft werden muß, macht sie zwar noch nicht dazu ungeeignet, als Kriterien bei der Überprüfung der Theorie zu dienen. Es erschwert lediglich den Prüfungsvorgang, indem es ihn kompliziert. Manche Monographien legen davon ein eindrucksvolles Zeugnis ab.

Eine weitere Erschwerung ergibt sich daraus, daß sich im Verlauf der Prüfung eine Erweiterung, Umbildung oder sonstige Modifikation des zugrundegelegten Teilsystems als notwendig erweisen kann. Eine Erweiterung des Systems der subjektiven Rechte bedeutet die „Entdeckung" der Gestaltungsrechte und der Anwartschaftsrechte; eine Modifikation die Annahme eines „verdeckten Gestaltungsurteils" durch BÖTTICHER im Zuge der Ausarbeitung der „modifizierten Vertragstheorie". Hier wird deutlich, daß das System, auch das äußere oder begriffliche, kein logisch-geschlossenes ist und sein darf; daß es „offen" sein muß für neue Rechtsbildungen wie für neue Rechtserkenntnisse, und daß es daher, als Prüfungsmaßstab für eine bestimmte Theorie, selbst wiederum überprüfbar und, kommt man anders zu keiner „stimmigen" Lösung, zu revidieren ist. Was schließlich die Überprüfung der Folgesätze betrifft, so geht es dabei um Fragen der Zweckmäßigkeit (z. B. die Prozeßökonomie bei den Wandlungstheorien), der bestmöglichen Realisierung des Parteiwillens (Vertragsübernahme; auch bei den neueren Theorien über die Rücktrittsfolgen), um „einleuchtende", als „ausgewogen" oder einfach als „gerecht" empfundene Fallösungen. Das alles sind, wie zuzugeben ist, schwer bestimmbare Maßstäbe, die für die Überprüfung gewiß nicht das Maß an Unbezweifelbarkeit erwarten lassen, wie die Ergebnisse von Messungen oder anderen naturwissenschaftlichen Experimenten. Aber das ist nun einmal in allen Geisteswissenschaften so.

Sind juristische Theorien überprüfbar, so sind sie grundsätzlich auch falsifizierbar. So wird die Herstellungstheorie bei der Wandlung meines Erachtens dadurch als unrichtig, als „nicht stimmig" erwiesen, daß sie nicht anzugeben vermag, wodurch denn das Kaufverhältnis aufgehoben oder umgestaltet wird, wenn nicht durch die einseitige Erklärung des Käufers, er begehre die Wandlung, daß aber das Gesetz (durch den Ausschluß des § 349 in § 467) gerade eine solche Wirkung der Erklärung ausgeschlossen hat. Hinzu kommt die mißliche Folge hinsichtlich der Verjährung. Dagegen wird man die „Vertragstheorie" in ihrer ursprünglichen Gestalt nicht als „falsch" bezeichnen können, da sie in sich widerspruchsfrei und auch gesetzeskonform ist; man gibt der „modifizierten Vertragstheorie" nur deshalb den Vorzug, weil sie die mißliche Folge für den Prozeß vermeidet. Im Falle der Zulässigkeit einer „Vertragsübernahme“ möchte ich angesichts der Entwicklung der Schuldrechtsdogmatik und auch der neueren Gesetzgebung annehmen, daß die Theorie einer Übertragung der gesamten Rechtsstellung aus dem Vertrage inzwischen verifiziert ist. Juristische Theorien sind also keine bloßen Meinungsäußerungen, unter denen man beliebig wählen könnte – dafür scheinen sie allerdings manche Praktiker zu halten, die sie wie einen Steinbruch benutzen, aus dem sie nur die ihnen gerade passenden Brocken entnehmen –, sondern, ebenso wie naturwissenschaftliche Theorien, Aussagensysteme, die mit dem Anspruch auftreten, „richtig“, zutreffend begründet, zu sein. Ihre Überprüfung (auf ihre Richtigkeit als Aussagensystem hin) ist zwar nicht auf die Weise möglich, in der naturwissen-schaftliche Aussagen überprüft werden, wohl aber auf die der Rechtswissenschaft eigentümliche Weise[36]. Dabei spielen neben logischen vor allem teleologische Erwägungen eine Rolle; letzten Endes entscheidend ist die sachliche Angemessenheit der sich aus der Theorie ergebenden Folgesätze über normativ Geltendes.

Betrifft die Theorie die Einfügung einer Regelung in das äußere System, so erleichtert sie die Subsumtion und mithin die Entscheidung von Einzelfällen, sofern hierfür die Subsumtion genügt. Betrifft sie das „innere System“, dient sie vornehmlich der Verdeutlichung und Vereinheitlichung der maßgebenden Wertungen. In beiden Fällen geht es vornehmlich, in der Ausdrucksweise FIKENTSCHERS, um die „Gleichgerechtigkeit“.

e) Die dem abstrahierenden Denken innewohnende Tendenz zur Sinnentleerung

Mit der Vollendung des äußeren Systems wäre das Ideal der Subsumierbarkeit aller vorkommenden Rechtsfälle unter die Begriffe des Systems und damit unter eine der im Gesetz gegebenen Regeln erfüllt. Kein Zweifel, daß dieses Ideal unerreichbar ist. Weder ist das System zu irgendeiner Zeit derart vollständig und in sich geschlossen gewesen, daß alle Rechtsverhältnisse und rechtlich bedeutsamen Tatbestände darin ihren genau bestimmbaren Platz gefunden hätten. Das bezeugen schon die im 19. Jahrhundert gebräuchlichen Bezeichnungen der „Quasi-Kontrakte“ und „Quasi-Delikte“. Noch trifft es zu, daß alle oder auch nur die meisten gesetzlichen Tatbestände aus solchen Begriffen gebildet wären, unter die man Lebensvorgänge einfach subsumieren könnte. In dieser Hinsicht kann auf das früher (Kap. 2, 5 b; Kap. 3, 3) Gesagte zurückverwiesen werden. Was der Jurist oft, logisch unzutreffend, als „Subsumtion“ bezeichnet, erweist sich zum großen Teil als Beurteilung auf Grund sozialer Erfahrungen oder eines ausfüllungsbedürftigen Wertungsmaßstabes, als Zuordnung zu einem Typus oder als Deutung menschlichen Verhaltens, insbesondere des rechtlich maßgeblichen Sinnes von Willenserklärungen. Der Anteil der Subsumtion im stregen Sinne der Logik an der Gesetzesanwendung ist weit geringer, als man früher angenommen hat und die meisten Juristen glauben. Unmöglich ist es, die Vielfalt der unter rechtlichen Wertungsgesichtspunkten bedeutsamen Lebensvorgänge jemals auf ein noch so raffiniert erdachtes System gegeneinander abgeschlossener und unveränderbarer Schubfächer

[36] So im Ergebnis auch DREIER, a.a.O., S. 89.

aufzuteilen, die man nur hervorzuziehen brauchte, um jeden Vorgang in einem dieser Fächer wiederzufinden. Das ist einmal deshalb unmöglich, weil die Lebenserscheinungen vielfach keine so starren Grenzen aufweisen, wie sie das begriffliche System verlangt, sondern Übergänge, Mischformen und Varianten in immer neuer Gestalt auftreten. Es ist ferner deshalb unmöglich, weil das Leben ständig neue Bildungen hervorbringt, die in einem fertigen System nicht vorgesehen sind. Es ist schließlich auch deshalb unmöglich, weil sich der Gesetzgeber, wie wir mehrfach betont haben, notwendig einer Sprache bedient, die den für eine begriffliche Definition erforderlichen Grad von Genauigkeit (Exaktheit) nur selten erreicht. Es kann daher nicht verwundern, daß das Ideal eines aus abstrakten Begriffen gebildeten, in sich geschlossenen und lückenlosen Systems auch in der Blütezeit der „Begriffsjurisprudenz" niemals voll verwirklicht worden ist.

Daß ein Ideal nicht voll verwirklicht werden kann, spricht allerdings noch nicht gegen das Bestreben, sich ihm soweit als möglich anzunähern. Das eigentliche Bedenken gegen die geschilderte Methode der Begriffs- und Systembildung liegt denn auch nicht darin, daß sie nicht in allen Fällen zu dem gewünschten Ergebnis führt, sondern in etwas anderem. Nach dem erwähnten logischen Gesetz, daß je größer der Umfang (der Anwendungsbereich), desto geringer der Inhalt (der Aussagegehalt) des abstrakten Begriffs wird, vermag dieser von dem Sinngehalt der Rechtsnormen und der sich aus ihnen ergebenden Regelungen, der Rechtsinstitute, um so weniger in sich aufzunehmen, je weiter die Abstraktion fortschreitet, je größer die Abstraktionshöhe wird. Abgesehen, abstrahiert wird nicht nur von vielen Einzelzügen der betreffenden Lebenserscheinung und des sie betreffenden Regelungskomplexes, sondern auch von dem, was diese Einzelzüge jeweils miteinander verbindet und worauf die rechtliche Bedeutsamkeit dieser Lebenserscheinung sowie der Sinnzusammenhang dieser Regelung beruht. Herausgehoben werden ja immer nur einzelne, gegeneinander isolierte Merkmale; diese erschöpfen aber den gemeinten Lebenstypus, Verhaltenstypus oder rechtlichen Sinnzusammenhang durchaus nicht. Sie werden nicht selten in ihrer Bedeutung übersteigert, indem sie als „begrifflich notwendige", daher unerläßliche Voraussetzungen angesehen werden. Ihr Vorliegen oder Nichtvorhandensein allein entscheidet dann über die Anwendung des Begriffs auf einen Sachverhalt. Der Gedanke, eines dieser Merkmale könne, zumindest in einem „Zwischenbereich", bis zu einem gewissen Grade durch ein anderes ersetzt werden, hat in dieser Weise des Denkens keinen Raum. Für das Denken in abstrakten Begriffen gibt es kein „mehr oder weniger", sondern nur ein „entweder-oder". Ein solches „Denken in Alternativen"[37] kommt freilich dem Entscheidungszwang entgegen, unter dem der Richter steht. Es läßt aber oft das unterschiedliche Gewicht, die feinen Abstufungen außer acht, auf die es in dem zu beurteilenden Fall gerade ankommen kann.

Ein in solcher Weise aufgebautes System fordert zu seiner Vollendung, daß die Begriffe der höchsten Abstraktionsstufe jeweils nur zwei abgeleitete Begriffe zulas-

---

[37] Nach RÖDIG, Die Denkform der Alternative in der Jurisprudenz, S. 1, denkt der Jurist „unablässig in Alternativen".

sen, die zueinander im Verhältnis eines kontradiktorischen Gegensatzes stehen, weil nur so die verlangte Vollständigkeit gewährleistet werden kann. In der Tat finden sich in dem dem BGB zugrunde liegenden wissenschaftlichen System eine Anzahl derartiger Begriffspaare, die kein drittes zulassen. Ein rechtlich bedeutsames „Etwas" ist entweder ein Rechtssubjekt oder ein Rechtsobjekt, eine Sache entweder ein Grundstück oder eine bewegliche Sache, ein subjektives Recht entweder ein „relatives" oder ein „absolutes" Recht, ein Sachenrecht entweder „Vollrecht" (Eigentum) oder ein „beschränktes dingliches Recht". Ein Personenverband kann in dieser Denkweise entweder nur als eine Personeneinheit (juristische Person) oder als eine Personenmehrheit (Gesellschaft) gedacht werden. Recht (im Sinne von subjektivem Recht) und Pflicht schließen einander aus, so daß „Pflichtrechte", wie sie GERNHUBER[38] für das Familienrecht annimmt, „begriffswidrig", das heißt im Rahmen des begrifflichen Systems denkunmöglich wären. Mit diesem System gerät man daher überall in eine unüberwindliche Schwierigkeit, wo es sich um ein „sowohl als auch" oder um eine Zwischenform handelt. Das gilt zum Beispiel von allen Fällen einer „Verdinglichung" obligatorischer Rechte[39] (Übergang der Grundstücksmiete, Vormerkung, Recht zum Besitz aus einem obligatorischen Rechtsverhältnis und Klage aus einem früheren, wirklichen oder gutgläubig angenommenen Recht zum Besitz). Es gilt von der Gesamthand, insbesondere von der Zwischenform der OHG, nicht weniger als von solchen Sachenrechten, die in das System des BGB nicht passen, wie dem Wohnungseigentum und dem Sicherungseigentum. Was die subjektiven Rechte betrifft, so ist nur die Unterscheidung in „relative" und „absolute" Rechte streng begrifflich; die nach ihrem Inhalt unterschiedenen Arten der Rechte, wie Persönlichkeitsrechte, persönliche Familienrechte, Herrschaftsrechte an Sachen und an anderen Gütern, Forderungen, Mitwirkungsrechte, Gestaltungsrechte und Anwartschaftsrechte, sind Typen, nicht Begriffe[40]. Es gibt daher auch keine geschlossene Zahl solcher Rechtstypen; die Bildung weiterer solcher Typen wäre durchaus möglich. An dieser Stelle zeigt sich mit besonderer Deutlichkeit, daß die heutige Jurisprudenz mit dem abstrakt-begrifflichen System nicht mehr allein auskommt, sondern auch Ansätze zu einer andersartigen Systembildung zeigt.

Die Sinnentleerung vornehmlich der allgemeinsten Begriffe des äußeren Systems wird besonders deutlich an dem Begriff der Person, wie ihn die noch herrschende Lehre versteht. Sie setzt ihn mit dem des Rechtssubjekts gleich und versteht darunter den möglichen Träger von Rechten und Pflichten[41]. Dieser sehr weit gefaßte Begriff ermöglicht es ihr, unter ihn nicht nur den Menschen, die „natürliche Person", sondern auch die juristischen Personen zu fassen. Abgeschnitten werden damit alle Bezüge, die den Menschen als Person im ethischen Sinne auszeichnen. Die juristische Person ist keine Person im ethischen Sinne, kann einer solchen nur in einzelnen

---

[38] GERNHUBER, Lehrbuch des Familienrechts, 3. Aufl., § 2, II, 6.
[39] Vgl. DULCKEIT, Die Verdinglichung obligatorischer Rechte, 1951.
[40] Vgl. *mein* Lehrbuch des Allgemeinen Teils, 7. Aufl., § 13, II.
[41] Vgl. ENNECCERUS-NIPPERDEY, Allgemeiner Teil des bürgerlichen Rechts, § 83.
[42] Vgl. dazu *mein* Lehrbuch des Allgemeinen Teils des Deutschen bürgerlichen Rechts, 7. Aufl., § 9 I.

Beziehungen gleichgestellt werden[42]. Nur der Mensch als Person im ethischen Sinne hat eine „Würde", kann Anspruch auf Achtung und Anerkennung seiner Rechte gegen seinesgleichen erheben und entsprechende Pflichten haben, Verantwortung auf sich nehmen. Unverständlich bleibt, geht man von einem lediglich formalen Begriff der Person im Rechtssinne aus, auch der Zusammenhang dieses Begriffs mit den Begriffen der rechtlichen Handlungsfähigkeit, der Geschäftsfähigkeit und der Fähigkeit, sich verantwortlich zu machen. Alle diese Fähigkeiten kommen dem Menschen notwendig deshalb zu, weil er Person im ethischen Sinne ist. Zwar verkennt man nicht, daß diese Fähigkeiten nur dem Menschen zukommen; dies erscheint aber wiederum mehr als eine Zufälligkeit des positiven Rechts, denn als in der Natur des Menschen als Person im ethischen Sinn begründet. Auch die übliche Definition des Rechtsgeschäfts (als eines Tatbestandes, der eine oder mehrere Willenserklärungen enthält, die auf die Herbeiführung einer Rechtsfolge gerichtet sind) ist zwar nicht unrichtig, läßt aber von der Funktion des Rechtsgeschäfts als des Mittels, mit dessen Hilfe der Mensch seine Rechtsverhältnisse selbst mitzugestalten und somit sich als Person auf der Ebene der rechtlichen Beziehungen zu verwirklichen vermag, nicht mehr viel erkennen. Um diesen Sinn des Rechtsgeschäfts deutlich werden zu lassen, bedarf es vielmehr wiederum des Rückgriffs auf den ethisch verstandenen Personbegriff[43].

Die Bildung abstrakter Begriffe und namentlich solcher immer höherer Abstraktionsstufen, die notwendig mit zunehmender Abstraktionshöhe immer inhaltsleerer werden, erleichtert zwar in hohem Maße die Übersichtlichkeit, weil mit Hilfe solcher Begriffe eine große Zahl von Erscheinungen oft sehr unterschiedlicher Art auf einen gemeinsamen Nenner gebracht und gleichförmig geregelt werden können. Sie geht aber auf Kosten einer Sichtbarmachung derjenigen Sinnzusammenhänge, die sich aus den der Regelung zugrunde liegenden Wertmaßstäben und rechtlichen Prinzipien ergeben und für das Verständnis der Regelung unentbehrlich sind. Unter formalen Gesichtspunkten kann man die Rechtsgeschäfte in einseitige und zweiseitige, d. h. Verträge, einteilen. Aber nur wenn man das Rechtsgeschäft als das Mittel zur Persönlichkeitsentfaltung auf der Ebene der Gestaltung der rechtlichen Beziehungen der einzelnen untereinander begreift, wird verständlich, daß es hierfür in der Regel übereinstimmender Erklärungen beider Betroffenen, also eines Vertrages, bedarf, einseitige Rechtsgeschäfte nur unter bestimmten Voraussetzungen Gültigkeit haben können. Die verwickelte Regelung der sogenannten Willensmängel beim Rechtsgeschäft im BGB wird nur verständlich, wenn man die in diese Regelung hineinspielenden Prinzipien der willentlichen Selbstgestaltung, der Verantwortung für den objektiv verstehbaren Erklärungssinn und des Vertrauensschutzes und ihren jeweiligen Anteil an der Regelung erkennt. Das aber überschreitet bereits den Rahmen des abstrakt-begrifflichen Systems, das nur eine logische Über- und Unterordnung von Begriffen, nicht aber das „Zusammenspiel" von Prinzipien kennt. Noch einmal muß hier auf die Unfähigkeit des abstrakt-begrifflichen Den-

[43] Dazu *meine* Schrift über „Richtiges Recht" S. 45 ff. (Prinzip des Achtens) und S. 57 ff. (zum Rechtsgeschäft, insbesondere zum Vertrag).

kens hingewiesen werden, Zwischenformen und „Mischgebilde" zu erfassen, die sich dem vorgegebenen Schema nicht restlos einfügen lassen. In Wahrheit geht die Rechnung mit dem vermeintlich lückenlosen System der abstrakten Begriffe nirgends auf. Vermeintlich kontradiktorische Gegensätze erweisen sich als lediglich konträr; das begrifflich scharf Getrennte ist auf mannigfache Weise miteinander verbunden; die auf die Spitze getriebene Abstraktion schneidet die Sinnzusammenhänge ab und führt sich letztlich durch die Leerheit ihrer höchsten Begriffe, die nichts über die zugrunde liegenden Sinnzusammenhänge mehr aussagen, selbst ad absurdum[44]. Deshalb wird man dem auf der Bildung abstrakter Begriffe beruhenden äußeren System nur einen begrenzten Wert für einen vereinfachten Aufbau der Gesetze, für die erste Orientierung und, soweit sie überhaupt durchführbar ist, für die Subsumtion, aber nur einen ganz geringen Wert für die Erkenntnis der Sinnzusammenhänge des Rechts zusprechen dürfen, der es vielmehr eher hinderlich ist.

f) Exkurs: Hegels Unterscheidung des abstrakten und des konkreten Begriffs

Wenn im folgenden einige Denkformen näher untersucht werden sollen, deren sich die Jurisprudenz neben der des abstrakten Begriffs zunehmend bedient, nämlich die Denkformen des Typus, des konkretisierungsbedürftigen Rechtsprinzips und des funktionsbestimmten Begriffs, so ist mit dem Einwand zu rechnen, alle diese Denkformen seien „unwissenschaftlich", da sie mit elementaren Anforderungen der Logik nicht zu vereinbaren seien. Es erscheint demgegenüber als bemerkenswert, daß HEGEL in seiner Logik durchweg dem „abstrakten Begriff", dessen unentbehrliche Rolle im Denken er nicht verkennt, einen ganz anders gearteten, den „konkreten" oder „konkret-allgemeinen" Begriff gegenüberstellt, der die zentrale Denkform seiner Philosophie, auch seiner Rechtsphilosophie, darstellt. Wenn darauf hier kurz eingegangen werden soll, dann deshalb, weil es sich auch hier um einen Versuch handelt, Sinnhaftes in der Fülle seiner Bezüge auf eine ihm angemessene Weise zu denken. Es wird sich zeigen, daß die Denkformen des Typus und des funktionsbestimmten Begriffs mit HEGELS „konkretem Begriff" einige Züge gemeinsam haben, ohne deshalb mit ihm gleichgesetzt werden zu können. Es geht allemal um die Erfassung von Sinnzusammenhängen, die durch die isolierende Methode der Bildung abstrakter Begriffe abgeschnitten werden. Nur die Denkform des „konkreten Begriffs" soll hier zur Sprache gebracht werden, nicht die Hegelsche Denkweise im übrigen, wenngleich wir uns dessen bewußt sind, daß bei HEGEL alles miteinander zusammenhängt, der „konkrete Begriff" in seinem Sinne daher nicht außerhalb seiner Philosophie verwendet werden kann. Gewisse Parallelen sind aber unverkennbar und machen deutlich, daß hier das letzte Wort wohl noch nicht gesprochen ist.

---

[44] Es kommt hinzu, daß diese Begriffe, um andere unter sie subsumieren zu können, solche einer um äußerste Präzision bemühten Kunstsprache sind, die sich von der umgangssprachlichen Bedeutung der Worte, deren sie sich bedient, oft weit entfernt. Zutreffend bemerkt ARTHUR KAUFMANN (Analogie und Natur der Sache, 2. Aufl., S. 73): „Äußerste Präzision der Sprache läßt sich nur um den Preis äußerster Inhalts- und Sinnentleerung erreichen".

„Wenn vom Begriff gesprochen wird", lesen wir bei HEGEL[45], „so ist es gewöhnlich nur die abstrakte Allgemeinheit, welche man dabei vor Augen hat, und der Begriff pflegt auch wohl (als) eine allgemeine Vorstellung definiert zu werden. Man spricht demgemäß vom Begriff der Farbe, der Pflanzen, des Tieres usw., und diese Begriffe sollen dadurch entstehen, daß bei Hinweglassung des Besonderen, wodurch sich die verschiedenen Farben, Pflanzen, Tiere usw. voneinander unterscheiden, das denselben Gemeinschaftliche festgehalten werde. Dies ist die Weise, wie der Verstand den Begriff auffaßt, und das Gefühl hat recht, wenn es solche Begriffe für hohl und leer, für bloße Schemen und Schatten erklärt. Nun aber ist das Allgemeine des Begriffs nicht bloß ein Gemeinschaftliches, welchem gegenüber das Besondere seinen Bestand für sich hat, sondern vielmehr das sich selbst Besondernde (Spezifizierende) und in seinem anderen in ungetrübter Klarheit bei sich selbst Bleibende. Es ist von der größten Wichtigkeit, sowohl für das Erkennen als auch für unser praktisches Verhalten, daß das bloß Gemeinschaftliche nicht mit dem wahrhaft Allgemeinen, dem Universellen, verwechselt wird." Das „wahrhaft Allgemeine oder Universelle", das der konkret-allgemeine Begriff meint, stellt sich dem Denken nicht als eine bloße Addition isoliert gedachter Merkmale, sondern als ein Ganzes sinnvoll aufeinander bezogener „Momente" dar, die nur in dieser ihrer wechselseitigen Verbundenheit den Begriff ausmachen. Wir können uns das verdeutlichen am Begriff „Mensch". In zoologischer Betrachtung kann man den Menschen definieren als ein Lebewesen, das eine Reihe von Merkmalen aufweist, die es zum Teil mit den ihm nahestehenden Tiergattungen gemeinsam hat, während es sich durch einige andere von ihnen unterscheidet. So erhält man einen „abstrakten Begriff". Versteht man den Menschen dagegen „konkret", was jetzt nicht heißen soll: einen bestimmten einzelnen Menschen, sondern den Typus „Mensch" in der Fülle aller seiner Möglichkeiten, dann sieht man ihn zugleich als ein leibliches, seelisches und geistiges Wesen, das sich in diesen drei Dimensionen auf mannigfache Weise verwirklicht und sich neue Möglichkeiten erschließt. Der so verstandene konkrete Begriff des Menschen ist gemeint, wenn wir dem Menschen als solchen einen besonderen Wert, eine Würde, und im Hinblick auf seine Stellung im Recht bestimmte Fähigkeiten, wie die Rechtsfähigkeit, die Handlungs- und die Verantwortungsfähigkeit zuschreiben. Allein mit einem zoologischen Begriff des Menschen wäre hier nichts gewonnen.

Weiter bemerkt HEGEL[46], daß wir den konkreten Begriff, anders als den abstrakten, nicht mehr oder minder willkürlich bilden, daß der Begriff „vielmehr das wahrhaft Erste ist", und daß „die Dinge das, was sie sind, durch die Tätigkeit des ihnen innewohnenden und in ihnen sich offenbarenden Begriffs" sind. Der Begriff im Sinne HEGELS ist also nicht lediglich ein Gedankenprodukt, sondern wirkendes, bildendes und gestaltendes Prinzip; HEGEL sagt[47], er sei „das Prinzip allen Lebens und damit zugleich das schlechthin Konkrete". Diese Auffassung, die auf der

[45] In der „Kleinen Logik" im Rahmen des „Systems der Philosophie", Sämtliche Werke (Ausg. GLOCKNER), Bd. 8, S. 358 f. (§ 163 Zusatz 1).

[46] a.a.O., S. 360 (§ 163 Zusatz 2).

[47] a.a.O., S. 353 (§ 160 Zusatz).

„idealistischen“ Weltdeutung HEGELS beruht – und daher von den Anhängern des materialistisch umgedeuteten Hegelschen Systems nicht übernommen werden kann –, ist für den Bereich der Natur stets auf Widerspruch gestoßen und sicher nicht erweislich. Für den Bereich der geistigen Schöpfungen, zu denen auch das Recht gehört, trifft es aber zu, daß hier eine Idee, eine Konzeption, ein leitender Gedanke vor der Einzelausführung steht und erst in ihr, auch für den schöpferisch Tätigen selbst, vollkommen deutlich und faßbar wird. Deshalb geht es nicht an, HEGELS Konzeption des „konkreten Begriffs“ auch für den geistigen Bereich deshalb von vorneherein abzuweisen, weil es sich bei ihr um bloße Metaphysik handelte.

Daß ein Begriff im Sinne HEGELS „konkreter Begriff“ ist, bedeutet ferner, daß „die Momente des Begriffes nicht abgesondert werden können“, daß vielmehr „jedes seiner Momente unmittelbar nur aus und mit den anderen gefaßt werden kann“[48]. Daraus folgt weiter, daß sich das Denken dieses Begriffs nur versichern kann, indem es den Begriff einmal in seine Momente entfaltet und zum anderen von diesen Momenten aus immer wieder auf den Zusammenhang reflektiert, in dem jedes derselben mit allen anderen steht. Es ist, sagt HEGEL[49], „die Natur des Begriffs, sich in seinem Prozeß als Entwicklung seiner selbst zu erweisen“. In der Bewegung des Denkens werden die Momente unterschieden und damit deutlich gemacht, expliziert, die in dem Begriff von vorneherein, als impliziert mitgedacht waren; die „Entwicklung“ des Begriffs ist eine gegenläufige Bewegung, die zwischen dem noch unentfalteten, in Gedanken vorweggenommenen Begriff und seinen ihn gerade in ihrer Verbindung konstituierenden Momenten hin- und her läuft. In der Tat handelt es sich um eine ähnliche „Kreisbewegung des Denkens“, wie sie uns in dem sogenannten „hermeneutischen Zirkel“ wiederholt begegnet ist.

Als Beispiel dafür, daß ein Denken in „konkreten Begriffen“ dem „allgemeinen Sprachgebrauch keineswegs so fremd ist, als dies zunächst der Fall zu sein scheint“, führt HEGEL eines aus der Rechtswissenschaft an[50]. „Man spricht von der Ableitung eines Inhalts, so zum Beispiel der das Eigentum betreffenden Rechtsbestimmungen aus dem Begriff des Eigentums und ebenso umgekehrt von der Zurückführung eines solchen Inhalts auf den Begriff. Damit aber wird anerkannt, daß der Begriff nicht bloß eine an sich inhaltlose Form ist, da einerseits aus einer solchen nichts abzuleiten wäre und andererseits durch die Zurückführung eines gegebenen Inhalts auf die leere Form des Begriffs derselbe nur seiner Bestimmtheit würde beraubt, aber nicht erkannt werden.“ Betrachten wir dieses Beispiel etwas näher. Im Rahmen des abstrakt-begrifflichen Systems, das dem BGB zugrunde liegt, definiert man das Eigentum als das umfassendste Herrschaftsrecht, das nach der geltenden Rechtsordnung an einer Sache möglich ist. Diese Definition gründet sich auf den § 903 BGB, demgemäß der Eigentümer einer Sache, soweit nicht das Gesetz oder Rechte Dritter entgegenstehen, mit ihr nach Belieben verfahren und andere von jeder Einwirkung ausschließen kann. Ein solcher Begriff des Eigentums sagt nichts über seinen

[48] a.a.O., S. 361 (§ 164).
[49] a.a.O., S. 356 (§ 161 Zusatz).
[50] a.a.O., S. 355 (§ 160 Zusatz am Ende).

rechtlichen Sinn, über seine Funktion im Gesamtzusammenhang der Rechtsordnung aus. Man kann nichts aus ihm ableiten, was man nicht bereits in ihn hineingelegt hat. Der Hinweis darauf, daß das Eigentum das „umfassendste" mögliche Recht an einer Sache sei, dient lediglich der Abgrenzung zu den „beschränkten dinglichen Rechten", ist sonst aber nichtssagend. Allerdings fehlt nicht der Hinweis auf Schranken, die sich aus dem Gesetz oder Rechten Dritter ergeben. Diese Schranken aber scheinen zufällig und beliebig zu sein; der Umfang des Eigentums könnte danach auf eine „leere Menge" reduziert werden. Mit einem solchen Eigentumsbegriff ist nichts anzufangen, wenn es etwa um die Eigentumsgarantie des Artikel 14 GG geht. Was dem Grundgesetzgeber vor Augen gestanden hat, ist offenbar nicht der abstrakte Begriff des BGB, sondern eine bedeutend inhaltsreichere Vorstellung, die hier nicht weiter entwickelt werden kann. Sucht man auch nur das Eigentum im Sinne unseres Sachenrechts nach der Weise HEGELS als einen *sinnhaltigen* Begriff zu erfassen, dann muß man von seinem rechtlichen Sinn ausgehen, daß es der Person die freie Gestaltung ihrer dinglichen Umwelt ermöglicht, ihr, wie HEGEL[51] sagt, „eine äußere Sphäre ihrer Freiheit" von Rechts wegen gewährt. Von hier aus wären dann die einzelnen Momente oder Bestimmungen dieses konkreten Begriffs, die sich in den Bestimmungen des positiven Rechts mehr oder weniger deutlich oder verhüllt wiederfinden, zu entwickeln. Dazu gehören die dauernde Zuordnung einer Sache zu einer Person, die deren Befugnis zur unmittelbaren Sachherrschaft (zum Besitz), zur Einwirkung auf die Sache und zur rechtlichen Verfügung über das Eigentum einschließt; als die Kehrseite hiervon der Ausschluß Dritter von jeder Einwirkung, der rechtlichen Schutz durch Klagemöglichkeiten und, im Verletzungsfall, durch Schadensersatzansprüche, schließlich die sich aus den Notwendigkeiten des Zusammenlebens und der wechselseitigen Rücksichtnahme oder der freiwilligen Selbstbeschränkung des Eigentümers zu Gunsten eines Dritten ergebenden Schranken seiner Befugnisse. Durch die Rückbeziehung aller dieser Bestimmungen auf die Sinneinheit des „konkreten Begriffs" werden sie aus ihrer Isolierung befreit und wird das Zusammenspiel der verschiedenen, das Sacheigentum betreffenden Normen des positiven Rechts verständlich gemacht.

Wer die heutigen Lehrbücher des Sachenrechts daraufhin ansieht, wird in der Tat Ansätze zu einer solchen Betrachtungsweise im Zusammenhang mit den Erörterungen der grundgesetzlichen Eigentumsgarantie finden. Die Bemerkung HEGELS, eine derartige Denkweise sei „keineswegs so fremd", trifft, bezieht man sie auf die heutige Jurisprudenz, durchaus zu. Diese operiert keineswegs nur mit abstrakt-allgemeinen, sondern auch mit solchen *sinnhaltigen* Begriffen oder auch mit Typen, die mit dem „konkreten Begriff" HEGELS jedenfalls das gemeinsam haben, daß sie keine Gattungs- oder Klassenbegriffe sind. Man ist sich dessen nur nicht immer bewußt.

---

[51] Rechtsphilosophie, § 41.

2. Typen und Typenreihen

a) Die Denkform des „Typus" im allgemeinen

Wo der abstrakt-allgemeine Begriff und das logische System dieser Begriffe für sich allein nicht zureichen, um eine Lebenserscheinung oder einen Sinnzusammenhang in der Fülle seiner Ausprägungen zu erfassen, da bietet sich zunächst die Denkform des „Typus" an. Zahlreiche Wissenschaften bedienen sich heute dieser Denkform, wenn auch nicht immer genau in dem gleichen Sinne[52]. In die Sozialwissenschaft hat sie MAX WEBER, in die allgemeine Staatslehre GEORG JELLINEK eingeführt. H. J. WOLFF meint[53], daß es in der Rechtswissenschaft „mindestens vier verschiedene Verwendungsarten von Typen" gibt, nämlich: 1. „Die Typen der allgemeinen Staatslehre, der historischen und der vergleichenden Rechtswissenschaft", 2. die „allgemein-rechtlichen, in engerem Sinne juristischen Typen", 3. die strafrechtlichen und 4. die steuerrechtlichen Typen. Hinzu kämen noch „die der Systematisierung dienenden, im engeren Sinne rechtswissenschaftlichen Typen". Uns interessieren neben den zuletzt genannten vornehmlich die „allgemein-rechtlichen, im engeren Sinne juristischen Typen". ENGISCH hat der „Hinwendung zum Typus in Recht und Rechtswissenschaft" ein Kapitel seines Buches über die „Idee der Konkretisierung" gewidmet[54]. Nach ihm liegt „allen modernen Auffassungen vom Typus", so unterschiedlich sie im einzelnen sein mögen, und „allen Gegenüberstellungen von Typus und Allgemeinbegriff" der Gedanke zugrunde, daß „der Typus auf die eine oder andere Weise, aber auch: auf die eine *und* die andere Weise, konkreter ist als der Begriff"[55].

Unter den verschiedenen Bedeutungen des Ausdrucks „Typus" lassen sich, ohne Anspruch auf Vollständigkeit[56], folgende unterscheiden:

1. Der von ENGISCH so genannte „Durchschnitts- oder Häufigkeitstypus" einerseits, der „Ganzheits- oder Gestalttypus" andererseits. Den ersteren meinen wir, wenn wir von den typischen Reaktionen eines Menschen oder einer Menschenmenge

---

[52] Die Zeitschrift „Studium Generale" hat in den Jahren 1951 und 1953 zwei Hefte der Verwendung der Denkform des „Typus" in verschiedenen Wissenschaften gewidmet. Hervorzuheben sind die Aufsätze von J. E. HEYDE über den Begriff „Typus" als solchen (Bd. 5, S. 235) und von E. KRETSCHMER über den Typus als erkenntnistheoretisches Problem (Bd. 4, S. 399), die Aufsätze über die Verwendung des Typus in der Rechtswissenschaft von HANS JULIUS WOLFF (Bd. 5, S. 195), in den Sozialwissenschaften von J. v. KEMPSKI (Bd. 5, S. 205). Andere Aufsätze behandeln die Verwendung des Typus in der Biologie, der Psychologie, der Sprachwissenschaft und der Geschichtswissenschaft. Die logische Struktur des Typusbegriffs haben HEMPEL und OPPENHEIM in der Schrift „Der Typusbegriff im Lichte der neuen Logik" (1936) untersucht. Weiteres Schrifttum bei ENGISCH, Die Idee der Konkretisierung in Recht und Rechtswissenschaft unserer Zeit, 2. Aufl., S. 308 f. (Nachtrag zum 8. Kapitel); LEENEN, Typus und Rechtsfindung, Schrifttumsverzeichnis, S. 194 ff.

[53] Im Studium Generale, Bd. 5, S. 195.

[54] a.a.O., S. 237 ff.

[55] a.a.O., S. 262.

[56] So lassen wir die von SCHIEDER im Studium Generale (Bd. 5, S. 228 ff.) herausgearbeitete Unterscheidung von „Strukturtypen" und „Verlaufstypen" als vornehmlich für die Geschichtswissenschaft bedeutsam hier außer Betracht.

in einer bestimmten Situation sprechen oder wenn wir etwa sagen, eine gewisse Wetterlage sei für diese Gegend und Jahreszeit typisch. Dabei meint das Wort „typisch" soviel wie „nach dem gewöhnlichen Verlauf zu erwarten", „üblicherweise". Sprechen wir dagegen von einem „typischen Mittelgebirge", einem „typischen niedersächsischen Bauernhaus" (Beispiele von HEYDE), so meinen wir eine mehr oder minder große Zahl von Eigenschaften, charakteristischen Zügen, die ein derartiges Gebilde in ihrer Gesamtheit charakterisieren, ohne deshalb in jedem Fall notwendig sämtlich vorliegen zu müssen. Diese „Züge" können an dem einzelnen Gebilde, das wir dem Typus zuordnen, in unterschiedlicher Stärke, in verschiedenen Abwandlungen und Mischungen hervortreten; sie hängen untereinander zusammen und konstituieren gerade so, in ihrer Verbindung miteinander, die als „Typus" erfaßte Gestalt eines derartigen Gebildes. Vom Typus in diesem Sinne kann man mit KRETSCHMER[57] sagen, er sei ein „komparativ anschauliches Allgemeinbild". Noch deutlicher sagt HEYDE[58], es handle sich um „ein Merkmal-Ganzes, das heißt um ein ganzheitlich aufzufassendes Allgemeines". Beide Arten von Typen sind *empirische* Typen, das heißt, die betreffenden Gebilde oder Verläufe sind durch Erfahrungen bestätigt. Derartige Gebilde, die die angegebenen Züge, mehr oder minder ausgeprägt, aufweisen, sind in der Wirklichkeit meist in verschiedenen Exemplaren anzutreffen.

2. Der nur *vorgestellte* und der gedanklich erfaßte, in seiner Besonderheit *erkannte* Typus. Den empirischen Gestalttypus vermag ich mir anschaulich vorzustellen, wobei gewöhnlich ein Exemplar, das die Züge des Typus in besonders ausgeprägtem Maße zeigt, gewissermaßen als Leitbild fungiert. Daran denken diejenigen, die betonen, daß der Typus anschaulich aufgefaßt werde, nicht ein Begriff sei, sondern ein „Bild". Die Anschauung vermag indessen nur sinnliche Eindrücke zu einem Gesamtbild zu vereinigen; sie unterscheidet nicht die einzelnen Züge oder wird sich doch der Unterschiedlichkeit nicht bewußt. Soll daher ein Typus nicht nur angeschaut und in der inneren Anschauung reproduziert, sondern in dem, was ihn in seiner Besonderheit charakterisiert und von anderen Typen unterscheidet, erkannt werden, dann muß von dem nur angeschauten zum gedanklich erfaßten Typus fortgeschritten werden. Den ersten Schritt auf diesem Wege hat, das muß betont werden, das Denken in Typen mit dem abstrahierenden Denken gemeinsam. Es hebt von dem konkreten Gebilde, um das es zu tun ist, bestimmte allgemeine Eigenschaften, Verhältnisse oder Proportionen ab und bezeichnet sie mit einem Namen. Während aber das Denken in abstrakten Begriffen solche Eigenschaften zu isolierten Merkmalen verfestigt und aus diesen Merkmalen durch Weglassen immer allgemeinere Begriffe bildet, beläßt das Denken in Typen die Merkmale des Typus in ihrer Verbindung und bedient sich ihrer lediglich zum Zwecke der Beschreibung des Typus als eines Merkmals-Ganzen. Es sucht auf diese Weise die Ganzheit des in der Anschauung gegebenen Bildes auch auf der Stufe der gedanklichen Erfassung zu bewahren. Daher die immer wiederkehrende Aussage, der Typus stehe „gleichsam

[57] a.a.O., S. 400.
[58] a.a.O., S. 238.

in der Mitte" zwischen dem Individuellen, Anschaulichen und Konkreten auf der einen und dem „abstrakten Begriff" auf der anderen Seite[59]; er sei „konkreter als der Begriff".

3. Der empirische Typus, der logische Idealtypus und der normative Idealtypus. Die bisher betrachteten empirischen Gestalttypen sind insofern zugleich Durchschnittstypen, als sie – man denke an das „niedersächsische Bauernhaus" – in einer mehr oder minder großen Zahl von Exemplaren in wenn auch unterschiedlicher Weise ausgebildet und in der Wirklichkeit anzutreffen sind. Der „logische Idealtypus" im Sinne MAX WEBERS ist zwar auch aus der Empirie abgeleitet, braucht aber in keiner empirischen Erscheinung in seiner „Reinheit" verwirklicht zu sein. Er ist insofern in stärkerem Maße als die bisher betrachteten Typen ein Produkt des Denkens, als es sich bei ihm um eine *Modellvorstellung* handelt, die durch Steigerung einzelner in der Wirklichkeit beobachteter Züge und Weglassung anderer gewonnen und als Vergleichsmaßstab benutzt wird. WEBER selbst bezeichnet ihn[60] als ein „Gedankengebilde", das durch einseitige Steigerung eines oder einiger Gesichtspunkte und durch den Zusammenschluß einer Fülle „hier mehr, dort weniger, stellenweise gar nicht vorhandener Einzelerscheinungen", die sich jenen Gesichtspunkten fügen, gewonnen wird. Solche Idealtypen, wie zum Beispiel der der „freien Marktwirtschaft" und einer „total gelenkten Wirtschaft", dienen dazu, gewisse für sie jeweils „typische" Abläufe am Modell zu verdeutlichen und danach die in der Realität angetroffenen Mischformen durch Vergleich mit den „reinen" Typen besser zu verstehen. Wenn sich freilich mit solchen „Idealtypen" die Meinung verbindet – der MAX WEBER jedenfalls nicht war[61] –, daß *einem* solchen Idealtypus ein Wertvorzug gegenüber dem anderen und gegenüber den verschiedenen Mischformen zukomme, dann nimmt der logische Idealtypus den Charakter eines axiologischen Idealtypus, eines normativen Typus an.

Der normative Idealtypus will nicht „Abbild" der Wirklichkeit, sondern „Vorbild" oder auch „Urbild" sein. In diesem Sinne ist etwa der platonische Staat ein „normativer Idealtypus". Das gleiche gilt von der zum Vorbild erhobenen athenischen Demokratie, wobei man von manchen Zügen der historischen Wirklichkeit (zum Beispiel von der Sklaverei) absieht, auch von den Idealtypen des „wahren", seiner Aufgabe vollkommen gerecht werdenden Staatsmannes, Richters, Arztes, Erziehers, Christen usw. Es handelt sich hier um ein Vor- oder Zielbild, dem man

---

59 Vgl. KRETSCHMER, a.a.O., S. 400 („In der Mitte zwischen Individuum und Begriff"); ENGISCH, Konkretisierung, S. 238 („Mittelstellung zum Konkreten hin"), S. 251 („Mittelstellung des Typus zwischen abstrakter Allgemeinheit und Individualität"), S. 260 („Mittelhöhe der Abstraktion im Typus").

60 MAX WEBER, Gesammelte Aufsätze zur Wissenschaftslehre, S. 191; vgl. auch Wirtschaft und Gesellschaft, 4. Aufl., Bd. 1, S. 9 ff.

61 Der Gedanke des Seinsollenden, Vorbildlichen sei von diesen in rein logischem Sinne „idealen" Gedankengebilden „sorgsam fernzuhalten", betont WEBER ausdrücklich (Gesammelte Aufsätze zur Wissenschaftslehre, S. 192). Mit Recht bezeichnet ENGISCH (a.a.O., S. 253) den Idealtypus im Sinne MAX WEBERS als „logischen Idealtypus zum Unterschied vom axiologischen Idealtypus".

nachstreben soll, mag es auch in voller Reinheit nicht zu verwirklichen sein. Der Mensch bedarf offenbar solcher Zielbilder, um daran sein Handeln zu orientieren; sie nehmen den Charakter von Utopien an, wenn sie sich allzuweit von der Wirklichkeit entfernen und nicht mit dem Menschen rechnen, wie er „typischerweise" ist.

Wir wollen nun sehen, in welchen Bedeutungen sich die Rechtswissenschaft des „Typus" bedient.

b) Die Bedeutung des Typus in der Rechtswissenschaft

Um eine regelmäßig zu erwartende Verhaltensweise, also um einen empirischen Häufigkeitstypus, handelt es sich dort, wo die Rechtsnormen auf die Verkehrssitte oder den Handelsbrauch verweisen. Verkehrssitten sind „sozialtypische Verhaltensformen", die von den Angehörigen einer bestimmten gesellschaftlichen Gruppe im allgemeinen geübt werden und sich unmittelbar oder mittelbar auf den Geschäftsverkehr beziehen[62]. Sie werden zu „Normen" dadurch, daß das Gesetz oder, im Einzelfall, ein Vertrag auf sie verweist. Bei der „herrschenden Sozialmoral", auf die in der Formel der „guten Sitten" wenigstens teilweise Bezug genommen wird[63], handelt es sich dagegen um Regeln, die im Bewußtsein derer, die sie befolgen oder nach ihnen urteilen, bereits einen normativen Charakter haben. Zu Rechtsnormen werden sie jedoch ebenfalls erst dadurch, daß die Rechtsordnung auf sie verweist, und nur insoweit, als sie mit den Prinzipien und den Wertungsgrundlagen der geltenden Rechtsordnung übereinstimmen. Verkehrssitten, Handelsbräuche und „Sozialmoral" gewinnen insoweit für den Juristen die Bedeutung von „Standards", das heißt von „in der sozialen Wirklichkeit akzeptierten Normalmaßstäben korrekten sozialen Verhaltens"[64]. Derartige „Standards" sind, wie STRACHE[65] zutreffend bemerkt, keine begrifflich ausgeformten Regeln, unter die man im syllogistischen Schlußverfahren einfach subsumieren könnte, sondern „bewegliche" Maßstäbe, die aus dem als „typisch" erkannten Verhalten erschlossen und in ihrer Anwendung auf den zu beurteilenden Fall immer erneut konkretisiert werden müssen. Der „Standard" ist nach STRACHE[66] „zwar Realtypus, aber zugleich immer axiologischer Idealtypus". Dies freilich nicht im Sinne des Ganzheits- oder Gestaltstypus, sondern des zur Norm erhobenen Häufigkeits- oder Durchschnittstypus.

Der Durchschnitts- oder Häufigkeitstypus spielt ferner eine große Rolle bei dem sogenannten Prima-facie-Beweis. Hier geht es darum, daß der Beweis für einen Kausalverlauf dann als erbracht angesehen wird, wenn ein solcher Kausalverlauf nach den festgestellten Umständen dem „typischen Geschehensablauf" entspricht und keine Umstände erwiesen sind, die hier die Möglichkeit eines andersartigen, nicht typischen Geschehensablaufs nahe legen. Den „typischen Geschehensablauf"

---

[62] Vgl. SONNENBERGER, Verkehrssitten im Schuldvertrag, S. 107.

[63] Vgl. meine Abhandlung „Grundsätzliches zu § 138 BGB" im Juristen-Jahrbuch, Bd. 7, S. 98 ff. und oben Kapitel 3, 3 d.

[64] So STRACHE, Das Denken in Standards, S. 16.

[65] a.a.O., S. 17 f.

[66] a.a.O., S. 94.

folgert das Gericht aus „Erfahrungssätzen", die ihrerseits aus der „allgemeinen Lebenserfahrung" gewonnen werden[67]. Derartige Erfahrungssätze vermögen immer nur einen mehr oder minder hohen Grad von Wahrscheinlichkeit zu begründen, da bei ihrer Bildung niemals alle Umstände berücksichtigt werden können, die im Einzelfall eine Rolle zu spielen vermögen. Der Beweis, es könne sich gerade im konkreten Fall anders verhalten haben, muß daher offen bleiben. Sprechen aber im konkreten Fall keine Umstände für einen ungewöhnlichen Verlauf, so wird angenommen, daß der tatsächliche Verlauf in diesem Fall der nach dem „typischen" Verlauf zu erwartende war.

Von noch größerer Bedeutung für das Recht und die Rechtswissenschaft ist aber ein Typus, dem von vornherein ein normatives Element innewohnt. Das Gesetz bedient sich seiner einmal zur Kennzeichnung einer Personengruppe im Hinblick auf ihre soziale Rolle, die sich einer begrifflichen Festlegung entzieht. Dahin gehören, wie wir früher (Kapitel 1, 4 a) sahen, der „Tierhalter", der „Verrichtungsgehilfe", der „Besitzdiener", wohl auch der „Handelsvertreter" und der „leitende Angestellte". Es handelt sich bei ihnen um Typenbezeichnungen und nicht um Begriffe, weil die zur Kennzeichnung angegebenen Merkmale – wie das der Weisungsgebundenheit oder der „sozialen Abhängigkeit" – jeweils in unterschiedlicher, nicht generell festzulegender Stärke zutreffen können und es insgesamt weniger auf solche einzelnen Merkmale als auf das gesamte „Erscheinungsbild" ankommt[68]. Dieses „Erscheinungsbild" ist aus der Erfahrung gewonnen; ihm liegt ein empirischer Typus zugrunde. Die Auswahl der maßgeblichen Erscheinungen und die nähere Umgrenzung des Typus werden aber durch den Normzweck und den hinter der Regelung stehenden Rechtsgedanken mit bestimmt. Sie erfolgen unter einem normativen Gesichtspunkt. In die Bildung des Typus und daher auch in die jeweilige Zuordnung zu ihm gehen sowohl empirische wie normative Elemente ein; die Verbindung dieser beiden Elemente macht geradezu das Wesen dieses Typus aus, den ich daher als *„normativen Realtypus"* bezeichnen möchte.

Die Denkform des Typus dient der Rechtswissenschaft auch zur näheren Kennzeichnung bestimmter Arten von Rechtsverhältnissen, insbesondere von subjektiven Rechten und von vertraglichen Schuldverhältnissen. Die vom BGB anerkannten und geregelten „Typen" von Sachenrechten sind freilich in abstrakt-begrifflicher Weise gekennzeichnet; sie sind „Klassen", nicht „Typen". Mit „Typen" subjektiver Rechte sind hier vielmehr solche Typen wie Persönlichkeitsrechte, Herrschaftsrechte, Gestaltungsrechte, Mitwirkungsrechte und Anwartschaftsrechte gemeint, die sich nicht im strengen Sinne definieren lassen. Bei den gesetzlich geregelten Typen der Schuldverträge handelt es sich, wie oben (Kapitel 3, 5 c) bereits dargelegt wurde, zumeist um echte Typen, mag auch das Gesetz einzelne von ihnen durch eine Definition begrifflich festgelegt haben. Die begriffliche Abgrenzung

---

[67] Vgl. J. PRÖLSS, Beweiserleichterungen im Schadensersatzprozeß, S. 14 ff.

[68] PETER ULMER, Der Vertragshändler, 1969, S. 187 ff., unterscheidet Merkmale, die beim Vertragshändler *stets* zutreffen, und solche, die in unterschiedlicher Intensität vorliegen können. Die ersten sieht er als Begriffs-, die zweiten als Typenmerkmale an.

versagt, worauf schon hingewiesen wurde, sobald Elemente mehrerer Vertragstypen in einem konkreten Vertrage – auf einmalige oder wiederum auf eine „typische" Weise – miteinander verbunden werden. Erinnert sei an die „gemischte Schenkung", die „partiarischen Verträge", das „Leasing" und die verschiedenen Typen des Abzahlungskaufs. Für die hier überall vorliegenden „Typenmischungen" ist charakteristisch, daß in ihnen Elemente verschiedener Grundtypen in bestimmter Weise zu einer in sich sinnvoll zusammenhängenden Regelung verbunden sind. Solche „Mischtypen" gehören der Stufe eines stark differenzierten Wirtschafts- und Handelsverkehrs an; jene Grundtypen dagegen – wie Kauf, Tausch, Miete, Leihe – finden sich auch in weniger differenzierten Verhältnissen und erhalten sich als der Abwandlung fähige Grundtypen durch lange Zeiträume.

Typen von Rechtsverhältnissen, insbesondere Vertragstypen, sind in der Rechtswirklichkeit entstandene *„rechtliche Strukturtypen"*, da sie die jeweils besondere Struktur rechtlicher Gebilde betreffen. Ich bezeichne sie als . Einige von ihnen, so die der subjektiven Rechte, sind Produkte der Rechtswissenschaft; die meisten von ihnen, so wohl alle Schuldvertragstypen, verdanken ihre Entstehung dem Rechtsverkehr. Soweit der Gesetzgeber sie geregelt hat, hat er sie in der Wirklichkeit des Rechtslebens vorgefunden, in ihrer Typizität erfaßt und diejenigen Regeln hinzugefügt, die er einem solchen Vertragstyp als angemessen erachtete. Er hat sie nicht „erfunden", sondern „gefunden", sofern er sie nicht einfach aus der rechtlichen Überlieferung übernommen hat. Auch in letzterem Fall dürften sie ursprünglich einmal im Rechtsleben entstanden sein[69]. Der Gesetzgeber braucht den Typus freilich nicht genau in der Weise zu übernehmen, in der er sich im Rechtsleben herausgebildet hat; er kann ihm durch seine Regelung neue Züge hinzufügen, andere verdrängen. Maßgebend für den vom Gesetz gemeinten Typus ist die Regelung, die er im Gesetz gefunden hat. Die von den Parteien im Einzelfall getroffene vertragliche Regelung kann hiervon mehr oder weniger abweichen; aus solchen Vereinbarungen können sich im Rechtsleben neue, außergesetzliche Vertragstypen entwickeln. Ob gesetzlich oder außergesetzlich, auf jeden Fall handelt es sich um *typische Regelungen;* dadurch unterscheiden sich die rechtlichen Strukturtypen von den oben sogenannten normativen Realtypen. Typenbildend ist hier die Struktur, das heißt der sinnhafte Zusammenhang einer Regelung im „Zusammenspiel" ihrer Elemente.

c) Die Erfassung des rechtlichen Strukturtypus

Von den verschiedenen eben genannten Typen, die für die Rechtswissenschaft von Bedeutung sind, verdienen die rechtlichen Strukturtypen unsere besondere Beachtung, weil ihnen für die Aufdeckung rechtlicher Sinnzusammenhänge und für

---

[69] So auch ENGISCH, a.a.O., S. 269 und 272. KOLLER, Grundfragen einer Typuslehre im Gesellschaftsrecht (Freiburg/Schweiz, 1967), S. 63 ff. meint, lediglich die Gesellschaft mit beschränkter Haftung sei in der Schweiz eine künstliche Schöpfung des Gesetzgebers; alle anderen Gesellschaftsformen habe der Gesetzgeber „nicht erfunden, sondern in der Rechtswirklichkeit gefunden und ins Gesetz übernommen".

das Verständnis bestimmter Teilregelungen ein bedeutender Erkenntniswert zukommt. Wir wollen uns zunächst verdeutlichen, auf welche Weise derartige Typen erfaßt werden. Nehmen wir als Beispiel den Typus „Gesellschaftsvertrag", und zwar den „Normaltypus", wie ihn offenbar der Gesetzgeber des BGB im Auge gehabt hat. Die äußerst vage und daher als Definition ungeeignete Charakterisierung des Gesellschaftsvertrages in § 705 BGB gibt nicht mehr als einen ersten Hinweis. Es handelt sich danach um einen Zusammenschluß mehrerer Personen zur Erreichung eines ihnen gemeinsamen Zwecks. Die nähere Art dieses Zusammenschlusses ergibt sich erst aus der Regelung, die das Gesetz ihr gegeben hat. Die Bestimmungen über die Geschäftsführung, die Kündigung und die Auflösung der Gesellschaft durch den Tod eines Gesellschafters lassen erkennen, daß es sich dabei um eine Vereinigung verhältnismäßig weniger Personen handelt, die einander kennen und vertrauen. Diese Bestimmungen passen deshalb auf den nichtrechtsfähigen Verein nicht. Sie machen den Fortbestand der Gesellschaft von der Zugehörigkeit jedes einzelnen Gesellschafters abhängig, und sie sehen für den Regelfall eine gemeinschaftliche Führung der Geschäfte durch alle Gesellschafter vor, erfordern also ein enges Zusammenwirken. Dies deutet auf die Notwendigkeit eines persönlichen Vertrauensverhältnisses hin. Daraus ergeben sich persönliche Verhaltenspflichten, die über die im Gesetz genannte Pflicht zur Leistung vereinbarter Beiträge weit hinausgehen. Daß die Mitgliedschaft in der Gesellschaft an die Person gebunden ist, wird durch die Nichtübertragbarkeit der Ansprüche aus dem Gesellschaftsverhältnis (§ 717 BGB) unterstrichen. Dem entspricht, daß ein Gesellschafter nicht über seinen Anteil an dem Gesellschaftsvermögen verfügen kann und nicht berechtigt ist, dessen Teilung zu verlangen (§ 719 BGB), das Gesamthandsprinzip. Freilich sind fast alle diese Bestimmungen abdingbar, was zu einer großen Variabilität des Typus führt; für den „Normaltypus" ist gleichwohl das Bild maßgebend, das sich aus der Gesamtheit dieser Bestimmungen ablesen läßt. Versucht man, die Hauptzüge des Typus hiernach zu bestimmen, so wird man als solche neben der Verpflichtung zur Beförderung des gemeinsamen Zwecks das unter den Mitgliedern bestehende Vertrauensverhältnis, die Beteiligung aller an den gemeinsamen Angelegenheiten und den Ergebnissen, die Abhängigkeit des Fortbestandes der Gesellschaft von der Zugehörigkeit gerade dieser Mitglieder und die Bindung der mitgliedschaftlichen Rechte, insbesondere der Beteiligung am gemeinsamen Vermögen an die Mitgliedschaft in der Gesellschaft nennen müssen. Es ist nicht zu verkennen, daß zwischen diesen Zügen, die in ihrer Gesamtheit den Typus ausmachen, eine sinnhafte Beziehung derart besteht, daß sie einander bis zu einem gewissen Grade bedingen oder fordern, mindestens aber miteinander verträglich sind.

Wie das Beispiel lehrt, nimmt die Erfassung eines rechtlichen Strukturtypus ihren Ausgang von der gesamten Regelung, die dieser Typus, sei es im Gesetz, sei es, falls es sich um einen außergesetzlichen Vertragstypus handelt, in den betreffenden Verträgen gefunden hat[70]. Die im Gesetz vorangestellte Kennzeichnung, die keine

---

[70] Vgl. LEENEN, Typus und Rechtsfindung, S. 171, 179 ff.; HARM PETER WESTERMANN, Vertragsfreiheit und Typengesetzlichkeit im Recht der Personalgesellschaften, 1970, S. 105 f.

abschließende und hinreichend genaue Definition darstellt, bedarf der Ergänzung durch eine Vielzahl von Zügen, die sich durch Rückschluß aus der gesetzlichen Regelung ergeben. Dieser „Rückschluß" steht unter der Voraussetzung, daß die gesetzlichen Regeln dem gemeinten Typus adäquat sind, daß sie auf ihn „passen". Zutreffend bemerkt LEENEN[71], die häufig anzutreffende Bestimmung der Tatbestandsmerkmale von der sachlichen Angemessenheit der angeordneten Rechtsfolgen her sei „ein legitimes Verfahren der Typengewinnung als Vorbereitung wertender Zuordnung". Dabei ist aber stets festzuhalten, daß eine konkrete vertragliche Regelung die typischen Züge eines Gesellschaftsvertrages in *mehr oder minder starker Ausprägung* zeigen kann, wobei einzelne dieser Züge auch ganz fehlen können. So braucht z. B. die Gesellschaft kein gemeinsames Vermögen zu haben, einzelne Gesellschafter können von der Geschäftsführung ausgeschlossen sein, für den Fall des Ausscheidens eines Gesellschafters kann der Fortbestand der Gesellschaft unter den übrigen Gesellschaftern im Gesellschaftsvertrag vereinbart werden. Falsch wäre es indessen, bei der Zeichnung des Gesamtbildes des Typus alle Züge wegzulassen, die im Einzelfall fehlen können, da man dann wieder nur einige isolierte Merkmale erhalten würde, die, so gesehen, mehr oder minder nichtssagend wären und zum Verständnis der Regelung nicht beitragen könnten. Dementsprechend kommt es bei der Zuordnung eines bestimmten Vertrages zum Vertragstypus nicht so sehr auf die Übereinstimmung in allen Einzelzügen, als auf die des „Gesamtbildes" an. Erhebliche Abweichungen vom Gesamtbild des „Normaltypus" wird man als Sondertypen oder als „atypische Gestaltungen" einstufen. Wo jeweils die Grenze liegt, bis zu der hin eine Zuordnung zu diesem Typus noch möglich ist, läßt sich nicht generell angeben; wo die Grenzen fließend sind, wie das beim Typus regelmäßig der Fall ist, da ist die Zuordnung immer nur möglich auf Grund einer Gesamtbewertung.

Anders als für die Erfassung und die nähere Bestimmung des rechtlichen Strukturtypus muß sich der Jurist für die Ermittlung der oben so genannten Standards, wie der Verkehrssitte oder den Handelsbräuchen, der Mithilfe des empirischen Sozialforschers bedienen, soweit ihm das Material hierfür nicht von sachkundigen Stellen, wie den Handelskammern, zur Verfügung gestellt wird. Seine Aufgabe bleibt, zu prüfen, ob die betreffenden Sozialregeln von der gesetzlichen Verweisung erfaßt, damit zu Rechtsregeln erhoben sind. Bei der Erfassung eines „normativen Realtypus", wie zum Beispiel des Handelsvertreters oder des „leitenden Angestellten", hat der Jurist seinen Blick von vorneherein ebensowohl auf die soziale Realität zu richten, der der vom Gesetz gemeinte Typus angehört, wie auf die Regelungszwecke, die die Auswahlkriterien für die nähere Bestimmung des gesetzlichen Typus liefern. Auch der Rechtssoziologe bedient sich vielfach der Typenbildung[72]. Der soziologische Typus, etwa des Beamten, des Kaufmanns oder des Handwerkers, braucht sich aber mit dem entsprechenden gesetzlichen Typus keineswegs zu decken. Der Soziologe wird an seinen Typen möglicherweise Züge hervorheben, die für den Juristen bedeutungslos sind, andere vernachlässigen, auf die

---

[71] a.a.O., S. 181.

[72] Vgl. ERNST E. HIRSCH, Das Recht als soziales Ordnungsgefüge, S. 323 ff.; RYFFEL,

der Jurist ein entscheidendes Gewicht legt. Es kommt eben für die Auswahl der als maßgeblich betrachteten Züge immer auf den leitenden Gesichtspunkt an, unter dem die Bildung der Typen erfolgt. Der leitende Gesichtspunkt, unter dem der Gesetzgeber seine Typen bildet, ist stets ein normativer; nur im Hinblick auf normative Gesichtspunkte kann daher der gesetzliche Typus verstanden werden.

Rechtliche Strukturtypen sind in der sozialen Wirklichkeit anzutreffende Gebolde, wie die ihnen entsprechenden Regelungen. Sie zu erfassen, obliegt allein der Jurisprudenz. Sie kann dabei nur so verfahren, daß sie die gesetzlichen Normen auf das gerade in ihrer sinnvollen Verbindung sichtbar werdende „Leitbild" des Typus hin befragt, von dem aus dann die einzelnen Normen wieder ausgelegt werden müssen. Es handelt sich bei den hier ablaufenden Denkprozessen wieder um eine Erscheinungsform des „hermeneutischen Zirkels": Der Typus wird aus den einzelnen Bestimmungen in ihrer sinnhaften Verbindung erschlossen und dient seinerseits dazu diese Bestimmungen, ihre Tragweite und ihre Bedeutung für die Zuordnung zum Typus besser zu verstehen, zutreffender abzuschätzen[73]. Handelt es sich um einen außergesetzlichen Vertragstypus, der sich im Rechtsverkehr entwickelt hat, so treten an die Stelle der gesetzlichen Regeln zunächst die gebräuchlich gewordenen Vertragsmuster. Sie sind auf dem Hintergrund der von den Parteien verfolgten wirtschaftlichen Zwecke, ihrer „typischen" Interessenlage und der von den Parteien in Betracht gezogenen Risiken zu sehen. Danach können die für die vertragliche Regelung kennzeichnenden Züge herausgehoben und in ihrer Bedeutung gewürdigt werden. Durch den Vergleich mit anderen Vertragstypen lassen sich dann Unterschiede wie Gemeinsamkeiten feststellen und daraus Folgerungen für die rechtliche Beurteilung ziehen[74].

d) Die Bedeutung rechtlicher Strukturtypen für die Systembildung (Typenreihen)

Unsere letzten Ausführungen haben bereits erkennen lassen, in welcher Weise die Bildung rechtlicher Strukturtypen einen Beitrag zur rechtswissenschaftlichen Systembildung zu leisten vermag. Es handelt sich bei diesen Typen um in sich zusammenhängende Regelungskomplexe, deren Elemente Norminhalte mitsamt den von ihnen gemeinten Lebensbezügen sind. Mindestens einige dieser Elemente können von Fall zu Fall abgewandelt werden oder im Einzelfall fehlen, ohne daß die Zugehörigkeit zum Typus deshalb entfallen müßte. Die Gesamtheit dieser Elemente kann man als ein „bewegliches System" in dem Sinne auffassen, in dem WILBURG diesen Begriff in die Rechtswissenschaft eingeführt hat[75]. WILBURG dachte bei seiner

---

Rechtssoziologie, S. 215 f.

[73] Ebenso LEENEN, a.a.O., S. 181.

[74] Einige solcher *im* Rechtsverkehr entwickelter neuer Vertragstypen habe ich in *meinem* Lehrbuch des Schuldrechts, 12. Aufl., § 63 dargestellt.

[75] WILBURG, Die Elemente des Schadensrechts, S. 26 ff.; Entwicklung eines beweglichen Systems im bürgerlichen Recht, 1950; Zusammenspiel der Kräfte im Aufbau des Schuldrechts, in AcP Bd. 163, S. 346. Dazu BYDLINSKI u. a. (Hrsg.), Das Bewegliche System im geltenden und künftigen Recht, 1986.

1941 erschienenen Untersuchung zum österreichischen und zum deutschen Schadensersatzrecht freilich nicht an ein Zusammenspiel aufeinander bezogener Regelungselemente, das einen bestimmten Regelungstypus kennzeichnet, sondern an ein Zusammenspiel von „Elementen", nämlich von Prinzipien oder Rechtfertigungsgründen, aus dem sich von Fall zu Fall eine Schadensersatzpflicht ergeben sollte. Die Schadenshaftung ließe sich, so sagt er, „auf mehrere Elemente zurückführen, die in verschiedenen Verbindungen und Stärkegraden sich zur Begründung der Ersatzpflicht vereinigen"[76]. Die Haftung setze nicht das Zusammentreffen aller oder bestimmter Elemente in jedem Fall voraus, sondern könne sich aus beliebigen Verbindungen der Elemente ergeben, die in verschiedenen Stärkegraden gegeben sein könnten. In ähnlicher Weise beschreibt LEENEN[77] den Typus als ein „elastisches Merkmalsgefüge", betont ENGISCH[78] die „Variabilität und Graduier-barkeit der Merkmale", betont wiederum LEENEN[79] die „Interdependenz der typologischen Züge", wie auch die Möglichkeit, daß einzelne dieser Züge im konkreten Fall nur schwach ausgebildet sind oder sogar fehlen. Ersetzen wir das Wort „elastisch" durch „beweglich", das „Merkmal" durch das „Element" und das „Gefüge" durch das „System", so erkennen wir, daß hier hinsichtlich der Denkform offenbar eine weitgehende Übereinstimmung vorliegt. CANARIS hat die Frage aufgeworfen[80], ob WILBURGS „bewegliches System" überhaupt noch die Bezeichnung eines „Systems" verdiene, eben weil WILBURG auf die Aufstellung einen festen Katalogs von Elementen verzichtet, eines durch ein anderes ersetzbar sein läßt und entscheidend auf ihr „Zusammenspiel" in verschiedenen Variationen abstellt. CANARIS bejaht die Frage, weil auch ein solches System die „Einheit in der Vielheit" sichtbar mache. Es macht sie sogar in höherem Maße sichtbar als ein abstrakt-begriffliches System, weil die Momente der Einheit und der Vielheit hier gar nicht getrennt voneinander gedacht werden können, darin ähnlich HEGELS „konkretem Begriff". Es dürfte daher berechtigt sein, WILBURGS Begriff des „beweglichen Systems" mit seinen Implikationen des „Zusammenspiels" jeweils in unterschiedlicher Stärke und Verbindung auftretender „Elemente" auf den rechtlichen Strukturtypus als Denkform zu übertragen.

Eine Erweiterung der im Strukturtypus gelegenen Systembildung erfolgt durch die Bildung von „Typenreihen". Sie beruht darauf, daß die Typen eben wegen der Variabilität ihrer Elemente dadurch ineinander übergehen können, daß einzelne Elemente ganz zurücktreten, andere neu hinzutreten oder in den Vordergrund rücken, wobei die Übergänge zwischen den Typen wiederum „fließend" sind[81]. In

[76] Die Elemente des Schadensrechts, S. 28.

[77] LEENEN, Typus und Rechtsfindung, S. 34.

[78] ENGISCH, Die Idee der Konkretisierung, S. 242.

[79] a.a.O., S. 47.

[80] CANARIS, Systemdenken und Systembegriff in der Jurisprudenz, S. 76 ff.

[81] Bei der Bildung von Typenreihen wird nach dem Muster verfahren, daß „je stärker" bestimmte Elemente ausgeprägt sind (oder je schwächer), „desto näher" ein Typus dem einen Pol der Reihe steht. Es handelt sich dabei um eine Aussage in der Form eines „komparativen" Satzes. Zur Bedeutung solcher Sätze OTTE in RTh 1, 183; JbRSozRTh 2, 30 f.

einer „Typenreihe" werden nahe beieinander liegende, aber doch zu unterscheidende Typen in der Weise aneinander gereiht, daß die Gemeinsamkeiten und die Unterschiede und damit auch die Übergangserscheinungen als solche deutlich werden.

Typenreihen können unter verschiedenen Gesichtspunkten gebildet werden. Man kann zum Beispiel eine Typenreihe der Personenvereinigungen unter dem Gesichtspunkt bilden, wie weit bei ihnen die verbandsmäßige Struktur, die dadurch ermöglichte Bildung eines von den Einzelwillen unterschiedenen „Gesamtwillens" und einer von den Rechtssphären der Mitglieder unterschiedenen Rechtssphäre der Gesamtheit als solcher, das Moment einer rechtlichen Verbindung bestimmter einzelner Personen überwiegt. An dem einen Ende einer solchen Reihe würde diejenige BGB-Gesellschaft stehen, bei der nach dem Gesellschaftsvertrag zur Beschlußfassung über alle gemeinsamen Angelegenheiten Einstimmigkeit aller Gesellschafter erforderlich ist. Hierauf würde der Gesellschaftstyp folgen, bei dem die Mehrheit der Mitglieder zur Beschlußfassung genügt – denn das Mehrheitsprinzip stellt bereits ein erstes Element einer verbandsmäßigen Struktur dar – oder einzelne Gesellschafter von der Geschäftsführung ausgeschlossen und lediglich auf bestimmte Kontrollrechte beschränkt sind. Nimmt man hierzu das Gesamthandsprinzip mit seiner Bindung des Vermögensanteils an die Stellung als Gesellschafter, so liegt darin eine weitere Verstärkung des „kollektiven" Elements. Eine noch weitere Verstärkung erfährt dieses Element, und zwar im Verhältnis der Gesellschaft zu Dritten, in der OHG. Die verbandsmäßige Struktur überwiegt die „individualistischen" Züge der BGB-Gesellschaft eindeutig im nichtrechtsfähigen Verein, der auf eine von der Person des einzelnen Mitgliedes unabhängige Organisation und die Bildung eines körperschaftlichen Willens angelegt ist. Am anderen Ende der Reihe stehen die rechtsfähigen Vereine und diejenigen Handelsgesellschaften, die juristische Personen sind, diese wieder gegliedert in Personal- und Kapitalgesellschaften. Bildet man die Reihe danach, wie weit die Vereinigung nach außen hin nur als verbundene Vielheit ihrer Mitglieder, wie weit sie als selbständige Einheit auftritt, so folgen auf die BGB-Gesellschaft der nichtrechtsfähige Verein (einheitlicher Name, mindestens passive Parteifähigkeit), dann die OHG und schließlich die juristischen Personen. Bei dieser Reihe würde die „Innengesellschaft" als der Grenzfall einer Gesellschaft erscheinen, die überhaupt nicht nach außen aufzutreten bestimmt ist. Noch andere Gruppierungen sind denkbar, zum Beispiel die nach den Elementen der persönlichen Mitgliedschaft mit gewissen Vermögensfolgen (Personalgesellschaften) auf der einen Seite und der durch eine Vermögenseinlage vermittelten, an einen Kapitalanteil gebundenen Mitgliedschaft (Kapitalgesellschaften) auf der anderen Seite. Hier würde der rechtsfähige Verein zusammen mit dem nichtrechtsfähigen, der BGB-Gesellschaft und der OHG auf die Seite der Personalvereinigungen zu stehen kommen, die KG den Übergang zu den Kapitalgesellschaften bilden, die GmbH als Kapitalgesellschaft mit gewissen personalen Elementen, die AG als reine Kapitalgesellschaft erscheinen. BRECHER spricht[82] von

[82] In der Festschrift für ALFRED HUECK, S. 244.

einer „Stufenleiter", die folgende Stufen umfaßt: „Synallagmatischer Vertrag – Gesellschaft – nichtrechtsfähige Körperschaft – juristische Person", und betont, daß es zwischen diesen Stufen anerkanntermaßen Übergänge und Mischformen gebe. Als einen solchen Übergangstypus behandelt er insbesondere die OHG; sie sei „mehr als Gesamthand oder weniger als Person". Die Wendung „mehr oder weniger" weist unzweideutig auf die typologische Betrachtung hin; eine begriffliche Einteilung kennt kein „mehr oder weniger", sondern nur ein „entweder – oder".

Nach dem heutigen Stande der Lehre vom Schuldverhältnis könnte man an folgende Typen von Schuldverhältnissen denken: Ein Schuldverhältnis, das sich in einer einzigen Leistungsbeziehung erschöpft (etwa eine Wechselforderung), als Grenzfall auf der einen Seite; sodann das Schuldverhältnis in dem heute anerkannten Sinn als ein Komplex oder Gefüge von primären und sekundären Leistungspflichten, Schutzpflichten und sonstigen Verhaltenspflichten, Befugnissen und Gebundenheiten verschiedener Art, gewissermaßen der „Normaltypus" des Schuldverhältnisses; weiter das Dauerschuldverhältnis, dem eine stärkere persönliche Bindung eigen ist, mit der Steigerung dieser Bindung zu „Treupflichten" bei einigen dieser Schuldverhältnisse (Arbeitsverhältnis, Gesellschaft), wobei mit dem Gesellschaftsverhältnis der Anschluß an die Reihe der Personenvereinigungen erreicht ist. Die Grenzen sind auch hier überall flüssig – man denke etwa an einen langfristigen partiarischen Pachtvertrag mit gesellschaftlichen Zügen.

Der Wert einer solchen Reihenbildung liegt in erster Linie in der dadurch ermöglichten Erfassung der Übergangs- und Mischtypen. Dadurch, daß einem Typus sein Ort in der Typenreihe zugewiesen wird, treten die für ihn charakteristischen, aber auch die ihn mit benachbarten Typen verbindenden Züge deutlicher hervor. Es wird dann zum Beispiel möglich, auf einen partiarischen Dienst- oder Pachtvertrag mit Rücksicht auf die ihm innewohnenden gesellschaftlichen Züge gewisse Regeln des Gesellschaftsrechts anzuwenden. Aber nicht so sehr um den Wert der Typenbildung für die Rechtsfindung im Einzelfall geht es an dieser Stelle, als um den Wert der Bildung von Typen und Typenreihen für die Erkenntnis des „inneren", sinnhaften Zusammenhanges verschiedener Regelungskomplexe. Der Erkenntniswert des Typus als einer Denkform liegt darin, daß er, im Gegensatz zum abstrakten Begriff, die Fülle der in ihm beschlossenen Einzelzüge gerade in ihrer sinnvollen Verbindung deutlich macht und festzuhalten erlaubt. In der Fülle dieser Einzelzüge spiegelt sich die „Natur der Sache". Denn sie sind nichts anderes als die besonderen rechtlichen Aspekte von in der Realität des Rechtslebens immer wieder verwirklichten konkreten zwischenmenschlichen Beziehungen. Daher ist, wie ARTHUR KAUFMANN[83] betont, „das Denken aus der Natur der Sache typologisches Denken".

Die gegenwärtige Lage wenigstens der deutschen Zivilrechtswissenschaft ist durch eine eigentümliche Gemengelage von abstrakten Begriffen und Typen gekennzeichnet. Die Unterscheidung von (relativen) Forderungsrechten und (absoluten) Sachenrechten ist zweifellos abstrakt-begrifflich gemeint. Die Begriffsmerkmale

---

[83] ARTHUR KAUFMANN, Analogie und „Natur der Sache", S. 37 (= Rechtsphilosophie im Wandel, S. 310). Zu A. KAUFMANN vgl. im I. Teil, Kap. 5, 3.

„relativ" und „absolut" schließen einander aus. Sieht man in „Forderungsrechten" und „Herrschaftsrechten" dagegen Rechtstypen, dann werden Zwischenformen wie das durch eine Vormerkung gesicherte und dadurch auch gegenüber Dritten wirkende Forderungsrecht verständlicher. Das gesicherte Recht bleibt zwar ein speziell gegen den Schuldner gerichtetes Recht auf eine von ihm zu bewirkende Leistung; es gewährt dem Gläubiger noch keine unmittelbare Herrschaft über die Sache selbst. Aber es schränkt die Verfügungsmacht des Schuldners, damit seine dingliche Rechtsmacht, mit Wirkung gegen Dritte ein und gewährt im Konkurs des Schuldners dem Berechtigten einen Vorzug gegenüber anderen Gläubigern. Der Berechtigte kann somit bereits Dritte daran hindern, durch Erwerb eines Rechts an der Sache die Verwirklichung seines Anspruchs zu vereiteln oder zu beeinträchtigen. Man hat diese Ausschließungsbefugnis als „negatives Herrschaftsrecht" gekennzeichnet. Indessen handelt es sich dabei nicht um ein gegenüber der Forderung verselbständigtes Sachenrecht, sondern eben um eine Verstärkung des Forderungsrechts durch einen der Züge, die sonst nur den dinglichen Rechten eigen sind. Ein anderes Recht, das sich in das abstrakt-begriffliche Schema nicht einfügen läßt, ist das relative Recht zum Besitz aus einem Schuldverhältnis, das dem Herausgabeanspruch des Eigentümers entgegengesetzt werden kann und insoweit dessen dingliche Rechtsmacht beschränkt[84]. Als ein „relatives Herrschaftsrecht" weist es sowohl Züge des Forderungsrechts wie eines Rechts an der Sache auf.

Der Wert der Typenbildung für die Erkenntnis der inneren Zusammenhänge der Rechtsordnung ist gleichwohl ein begrenzter. Das hängt mit der oft betonten Nähe des Typus zum Konkreten zusammen. Rechtliche Strukturtypen, also solche von subjektiven Rechten, Schuldverhältnissen, Gesellschaftstypen, beziehen sich immer auf in sich zusammenhängende Teilregelungen. Diese sind ihrerseits eingepaßt in umfassendere Regelungen wie die des Vertragsrechts oder des gesamten Privatrechts, und zum mindesten die grundlegenden Prinzipien dieser umfassenderen Regelungen müssen ihrerseits im Einklang stehen mit den Prinzipien und Wertungs-grundlagen der gesamten Rechtsordnung. Um diese Zusammenhänge zu erfassen, reicht die Bildung von Typen nicht aus. Ebensowenig ist hierzu aber das abstrakt-begriffliche Denken imstande, weil es, wie wir gesehen haben, zu einer immer stärkeren Sinnentleerung gerade seiner „höchsten", das heißt allgemeinsten Begriffe führt. Die über einzelne Regelungskomplexe hinausgreifenden allgemeinen Rechtsgedanken und Wertungsmaßstäbe sichtbar werden zu lassen, ist die Aufgabe des „inneren Systems". Um die Frage nach der Möglichkeit eines solchen Systems zu beantworten, müssen wir uns jetzt noch einmal den Rechtsprinzipien zuwenden.

---

[84] Vgl. DIEDERICHSEN, Das Recht zum Besitz aus Schuldverhältnissen.

3. Das „innere“ System

a) Die Bedeutung der Rechtsprinzipien für die Systembildung

Die „rechtsethischen Prinzipien“ sind uns begegnet als objektiv-teleologische Auslegungskriterien und im Zusammenhang mit der Rechtsfortbildung im Hinblick auf ein derartiges Prinzip. Wir bezeichnen sie als „richtunggebende Maßstäbe rechtlicher Normierung, die vermöge ihrer eigenen Überzeugungskraft rechtliche Entscheidungen zu rechtfertigen vermögen“. Als „materiale Rechtsgedanken“ sind sie besondere Ausprägungen der Rechtsidee, so wie diese sich auf dieser historischen Entwicklungsstufe darstellt und in Gesetzgebung und Rechtsprechung, vor allem in dieser, fortdauernd konkretisiert. Einige von ihnen sind in der Verfassung oder in anderen Gesetzen ausdrücklich ausgesprochen; andere können aus der gesetzlichen Regelung, ihrem Sinnzusammenhang, im Wege einer „Gesamtanalogie“ oder des Rückganges auf die ratio legis erschlossen werden; einige sind in der Lehre oder der Rechtsprechung, meist im Hinblick auf bestimmte, nicht anders lösbare Fälle, erstmals „gefunden“ und ausgesprochen worden, und haben sich sodann dank der ihnen innewohnenden Überzeugungskraft im „allgemeinen Rechtsbewußtsein“ durchgesetzt. Entscheidend bleibt ihr Sinnbezug auf die Rechtsidee[85]. Das alles haben wir an der angegebenen Stelle erörtert. Nunmehr geht es um die Eignung solcher Prinzipien für die Systembildung.

Rechtsprinzipien haben nicht den Charakter von sehr allgemein gefaßten Regeln, unter die Sachverhalte ebenfalls sehr allgemeiner Art subsumiert werden könnten. Sie bedürfen vielmehr ausnahmslos der Konkretisierung. Dabei lassen sich aber verschiedene Konkretisierungsstufen unterscheiden. Auf der höchsten Stufe enthält das Prinzip noch keine Sonderung von Tatbestand und Rechtsfolge, sondern nur einen „allgemeinen Rechtsgedanken“, an dem sich die weitere Konkretisierung als an einem Leitfaden orientiert. Von dieser Art sind etwa das Rechtsstaatsprinzip, das Sozialstaatsprinzip, das Prinzip der Achtung der Menschenwürde, der Selbstbestimmung und der persönlichen Verantwortung. Erste Ansätze zu einer Sonderung von Tatbestand und Rechtsfolge und damit zum Beginn einer Regelbildung zeigen solche Prinzipien wie das Gebot der rechtlichen Gleichbehandlung gleichliegender Sachverhalte, das Vertrauensprinzip in seinen verschiedenen Richtungen, etwa als Verbot der Rückwirkung belastender Gesetze oder als Grundlage einer „Vertrauenshaftung“ im Privatrecht, das Gebot, in allen rechtlichen Sonderbeziehungen „Treu und Glauben“ zu wahren. Auch solche „Unterprinzipien“[86] sind aber noch weit davon entfernt, Regeln darzustellen, aus denen sich die Entscheidung eines Einzelfalls unmittelbar ergeben könnte. Vielmehr bedarf es hierzu weiterer Konkretisierungen, die zunächst einmal der Gesetzgeber vorgenommen hat. Die letzte Konkretisierung erfolgt immer durch die Rechtsprechung im Hinblick auf den jeweiligen Einzelfall. Wie sie dabei vorgeht, um das von ihr geforderte letzte

---

[85] Hierzu *meine* Schrift über Richtiges Recht, S. 33 ff., 174 ff.

[86] CANARIS, Systemdenken und Systembegriff, S. 57.

Werturteil an den Wertmaßstäben zu orientieren, die in dem Prinzip und seinen Konkretisierungen gemeint und angesprochen sind, haben wir früher (Kap. 3, 3 d und e) gesehen.

Prinzipien können zueinander in Widerspruch treten. Ihre Verwirklichung kann, anders als die Anwendung von Regeln, in einem mehr oder weniger hohen Maße erfolgen. Nach *Alexy*, dem insoweit *Dreier*[86a] folgt, gebieten sie, „daß etwas in einem relativ auf die rechtlichen und tatsächlichen Möglichkeiten möglichst hohen Maße realisiert wird". Im Falle eines Prinzipienwiderspruchs muß daher jedes Prinzip soweit hinter das andere zurücktreten, daß beide „optimal" verwirklicht sind („Optimierungsgebot"). Wie weit das der Fall ist, hängt von dem Rang des jeweils betroffenen Rechtsgutes ab und erfordert wieder eine Güterabwägung. Dabei geht es letzten Endes um den Stellenwert der einzelnen Prinzipien im Rahmen eines Systems derartiger Prinzipien.

Sollen uns derartige Prinzipien und Unterprinzipien gleichsam als Bausteine eines Systems dienen, so ist ohne weiteres klar, daß es sich dabei um kein deduktives System handeln kann. In einem solchen System wird von einer allgemeineren Aussage durch die Hinzufügung eines weiteren Prädikats zu einer spezielleren Aussage fortgegangen. Anders hier. Nehmen wir das Rechtsstaatsprinzip. In ihm sind zweifellos eine ganze Reihe von Unterprinzipien enthalten, wie zum Beispiel die Gesetzmäßigkeit der Verwaltung, die Bindung auch des Gesetzgebers an bestimmte Grundrechte, die Unabhängigkeit der Richter, das Recht auf rechtliches Gehör, das Verbot willkürlicher Eingriffe in die Rechtsstellung des einzelnen und das Verbot der Rückwirkung belastender Gesetze. Aber diese Unterprinzipien (und die weiter etwa aus ihnen abgeleiteten Rechtssätze) enthalten keine Aussageprädikate, durch deren Hinzufügung zu dem Prinzip des Rechtsstaates dieses gewissermaßen in Arten und Unterarten aufgegliedert würde. Vielmehr ist das Prinzip des Rechtsstaates der *leitende Gedanke,* der allen diesen Unterprinzipien zugrunde liegt, ihnen die Richtung weist, und dieser leitende Gedanke läßt sich nicht anders verdeutlichen, als indem man die ihn konkretisierenden Unterprinzipien und allgemeinen Rechtsgrundsätze gerade in ihrer sinnvollen Verknüpfung durch den Gedanken des Rechtsstaates anführt. Entscheidend ist wiederum, daß das Denken hier nicht „linear", nur in *einer* Richtung, fortläuft, sondern stets gegenläufig ist: Das Prinzip wird aus seinen Konkretisierungen, und diese werden aus ihrer sinnhaften Verbindung in dem Prinzip deutlich gemacht. Die Bildung des „inneren Systems" erfolgt durch einen Prozeß „wechselseitiger Erhellung", den wir als die hermeneutische Grundstruktur der „Verstehensprozesse" im engeren Sinne kennengelernt haben.

Kennzeichnend für ein derartiges System ist einmal das Vorliegen einer gewissen inneren Rangordnung, zum anderen aber das nicht restlos „vorprogrammierte"

[86a] Alexy, ARSP, Beiheft 25 (1985), S. 19; ders. Theorie der Grundrechte, 1985, S. 75 ff.; RTh 1987, S. 407; Dreier, NJW 1986, S. 892; RTh 18 (1987), S. 379; ders. Festschr. für Maihofer, 1988, S. 87. In ähnlicher Weise kann eine Handlung nur entweder pflichtmäßig oder pflichtwidrig, aber nicht mehr oder weniger pflichtm äßig sein. Darauf weisen auch Eckhoff und Sundby in ihrer Schrift „Rechtssysteme", 1988, S. 64 hin.

Zusammenspiel verschiedener gleichgewichtiger Prinzipien auf den verschiedenen Konkretisierungsstufen. Was die „innere Rangordnung" betrifft, so ist deutlich, daß das Grundgesetz dem Leben, der Freiheit, der Würde des Menschen einen höheren Rang zuweist als materiellen Gütern. Innerhalb des Privatrechts besteht dagegen zwischen den Prinzipien der Selbstbestimmung, der Selbstverantwortung und der Vertrauenshaftung oder zwischen dem Verschuldensprinzip und anderen Zurechnungskriterien für eine Schadenshaftung keine Rangordnung, vielmehr läßt die gesetzliche Regelung ein „Zusammenspiel" dieser Prinzipien in der Art erkennen, daß sie sich teilweise ergänzen, auf manchen Teilgebieten auch wechselseitig einschränken, wobei die Grenze, von der ab das eine Prinzip die Führung an das andere abgibt, im Gesetz nicht immer bis ins letzte hinein bestimmt ist. Zutreffend bemerkt CANARIS[87]: „Die Prinzipien erhalten ihren eigentlichen Sinngehalt erst in einem Zusammenspiel wechselseitiger Ergänzung und Beschränkung". Erst aus ihrem Zusammenspiel werden Tragweite und volle Bedeutung der einzelnen Prinzipien deutlich.

Das Zusammenspiel der Prinzipien und Unterprinzipien in deren Konkretisierung zu den einzelnen Tatbeständen der *Vertrauenshaftung* hat CANARIS[88] sehr eingehend beschrieben. Zunächst stellt er die Fälle der Vertrauenshaftung, das heißt der Begründung einer Erfüllungs- oder Schadensersatzpflicht aufgrund eines Vertrauenstatbestandes, der Haftung aus Rechtsgeschäften gegenüber. Diese beruht auf den für das Privatrecht fundamentalen Rechtsprinzipien der Selbstbestimmung und der Selbstverantwortung. Ihnen zufolge sind die einzelnen rechtens dazu imstande, ihre intersubjektiven Beziehungen dadurch selbst zu regeln, daß sie durch rechtsgeschäftliche Willenserklärungen Rechtsfolgen in Geltung setzen und sich eben dadurch dem Erklärungsgegner gegenüber selbst binden. Es gibt nun aber eine Reihe von Fällen, in denen eine solche Bindung an einen Tatbestand, der nur den Schein einer Willenserklärung mit sich führt, oder an eine nicht rechtsgeschäftliche Aussage, zum Beispiel an den Inhalt einer Mitteilung, kraft Gesetzes deshalb eintritt, weil ein anderer ihr vertrauen durfte und vertraut hat. Das Vertrauensprinzip gewinnt damit eine selbständige Bedeutung als Grundlage einer neben die Haftung aus Rechtsgeschäften tretenden und sie ergänzenden Haftung. Weiter zeigt CANARIS, daß eine Haftung für den Vertrauenstatbestand jedoch nur dann gerechtfertigt ist, wenn dieser dem Haftenden zu dem Bereich seiner Verantwortung zugerechnet werden kann. Als Zurechnungsprinzipien kommen vornehmlich das Verschuldensprinzip und das Risikoprinzip in Betracht. Nach dem letzteren kommt es darauf an, ob derjenige, der den Vertrauenstatbestand geschaffen hat, „näher daran" ist, die sich daraus ergebenden Risiken einer Irreführung oder – bei Urkunden – eines Miß-

---

[87] CANARIS, a.a.O., S. 55. Hierzu auch den interessanten Hinweis von ALEXY (RTh Beiheft 1, 1979, S. 63 ff.) auf einschlägige Ausführungen bei dem amerikanischen Autor RONALD DWORKIN.

[88] CANARIS, Die Vertrauenshaftung im deutschen Privatrecht. Vgl. insbesondere S. 411 f.; 491 ff.; S.525 ff. Dazu auch CANARIS, Bewegliches System und Vertrauensschutz im rechtsgeschäftlichen Verkehr, in: BYDLINSKI u. a., Das bewegliche System im geltenden und künftigen Recht, 1986, S. 103.

brauchs zu tragen, als der Vertrauende. Das ist besonders dann der Fall, wenn er sich der Unrichtigkeit der von ihm gemachten Mitteilung oder Kundgabe bewußt war. Im näheren bedarf es bestimmter Voraussetzungen hinsichtlich der Art des Vertrauenstatbestandes und des Grades der Schutzwürdigkeit des geschenkten Vertrauens. Aus dem Zusammenspiel aller dieser Prinzipien und Unterprinzipien ergeben sich die verschiedenen Tatbestände der Vertrauenshaftung und deren Rechtsfolgen, wobei diese Tatbestände und Rechtsfolgen zum Teil in den Gesetzen geregelt, zum Teil in Fortbildung und Ergänzung der gesetzlichen Regelung von der Rechtsprechung gefunden sind. Als „Endergebnis" seiner sehr weit in das Detail gehenden Untersuchungen ergibt sich für CANARIS „ein zwar differenziertes, aber insgesamt doch verhältnismäßig einfaches und vor allem widerspruchsfreies System"[89]. „Widerspruchsfrei" ist hier nicht nur im logischen Sinne, sondern vor allem im Sinne der Freiheit von Wertungswidersprüchen zu verstehen.

Als Grundlage einer „Vertrauenshaftung" ist das Vertrauensprinzip nur eine seiner mehreren Ausgestaltungen. Es ist als ein mittragendes Element enthalten in dem Prinzip von „Treu und Glauben", wo es wieder in den Lehren von der „Verwirkung" und dem Verbot des „venire contra factum proprium" einen besonderen Ausdruck gefunden hat. Wieder anders stellt es sich dar, wenn es um das Verbot der Rückwirkung belastender Gesetze geht. Auf den ersten Blick gesehen, hat dieses Verbot, das das Bundesverfassungsgericht aus dem Rechtsstaatsprinzip hergeleitet hat, mit der Vertrauenshaftung im Privatrecht wenig zu tun. Dennoch liegt allen Ausprägungen des Prinzips letztlich derselbe Rechtsgedanke zugrunde. Ein friedliches Zusammenleben der Menschen unter Rechtsgesetzen, die jedem „das Seinige" sichern, ist nur möglich, wo das unerläßliche Vertrauen gewahrt bleibt. Allseitiges totales Mißtrauen führt zu allseitiger totaler Abschließung oder zur Herrschaft des Stärkeren, also zum Gegenteil eines „Rechtszustandes". Vertrauen zu ermöglichen und gerechtfertigtes Vertrauen zu schützen, ist daher eines der elementarsten Gebote, denen die Rechtsordnung nachzukommen hat. Das heißt indessen nicht, daß nun etwa die gesamte Rechtsordnung aus diesem einzigen Prinzip entwickelt werden könnte. Wir haben gesehen, wie im Zivilrecht das Prinzip einer „Vertrauenshaftung" lediglich neben das Prinzip der Privatautonomie, der Selbstgestaltung und Selbstbindung des einzelnen im Rechtsgeschäft, tritt. Dem Vertrauensprinzip geht jedoch im rechtsgeschäftlichen Verkehr das Prinzip des Schutzes des nicht voll Geschäftsfähigen vor, denn der „gute Glaube" an das Vorliegen der Geschäftsfähigkeit des Partners wird nicht geschützt. Dieser Grundsatz ist auch auf die Vertrauenshaftung kraft Rechtsscheins zu übertragen. Auch das Verbot der Rückwirkung von Gesetzen gilt, wie wir früher gesehen haben, nicht unbeschränkt. Das „Zusammenspiel" der Prinzipien bedeutet, daß sie sich im Ganzen einer Regelung nicht nur ergänzen, sondern auch wechselseitig einschränken können. Wieweit das der Fall ist, das ist zunächst eine Frage ihrer inneren Rangordnung, soweit eine solche der gesetzlichen Regelung entnommen werden kann, sodann der Konkretisierung durch Einzelregelungen oder durch die

[89] a.a.O., Vorwort, S. VIII.

Rechtsprechung. Hierbei sind auf jeder Konkretisierungsstufe zusätzliche Wertungen erforderlich, die zunächst der Gesetzgeber und erst dann, im Rahmen eines ihm danach verbleibenden Beurteilungsspielraums, der Richter vorzunehmen hat.

Das „Zusammenspiel" verschiedener Prinzipien auf verschiedenen Konkretisierungsstufen legt noch einmal den Gedanken an WILBURGS Modellvorstellung eines „beweglichen Systems" nahe. WILBURG wollte die außervertragliche Schadenshaftung auf vier „Elemente" begründen, die von Fall zu Fall in verschiedener Stärke auftreten können. Sie wirken in der Regel zusammen, doch kann eines von ihnen, wenn es in besonderer Stärke auftritt, auch einmal ein anderes ersetzen. Als solche die Haftung begründende Elemente nannte WILBURG[90]: Ein Handeln, welches „in fremdes Rechtsgebiet eingreift oder dieses gefährdet, die Veranlassung des Schadensfalles durch Umstände in der Sphäre des Haftenden, den Vorwurf eines Mangels in der Sphäre des Haftenden" und endlich „die wirtschaftliche Kraft des Haftenden oder die Zumutbarkeit, sich zu versichern". Später[91] hat er als ein weiteres Element hinzugefügt „die Idee einer Konzentration von Vorteil und Gefahr in einem Unternehmen", während er die Berücksichtigung der Vermögenslage des Haftenden jetzt als einen zweifelhaften Gesichtspunkt bezeichnet. In der Bewertung der einzelnen Elemente will WILBURG dem Richter „einen weiten Raum für das Ermessen" lassen. Der Gesetzgeber solle nur einige allgemeine Richtlinien für die Begründung gesetzlicher Schadensersatzpflichten aufstellen, die Abwägung im Einzelfall aber in weitem Umfang der Entscheidung des Richters überlassen. Zwar soll der Richter nach WILBURGS Vorstellung nicht lediglich eine unkontrollierbare Billigkeitsentscheidung treffen, sondern seine Entscheidung an den von ihm aufgezeigten Prinzipien ausrichten und im Einzelfall begründen. Er soll sich darüber Gedanken machen, welche die Haftung begründenden Elemente und in welcher Stärke sie jeweils vorliegen und wie sie zu bewerten sind. Das geltende Schadensersatzrecht entspricht nun freilich dieser Modellvorstellung nicht. Der Gesetzgeber hat nicht darauf verzichtet, sowohl für die Deliktshaftung, wie vor allem für die Gefährdungshaftung bestimmt umrissene Tatbestände aufzustellen, an deren Vorliegen er die Rechtsfolge der Schadensersatzpflicht knüpft. Eine Generalklausel kennt unser Gesetz nur im Deliktsrecht, und hier auch nur innerhalb verhältnismäßig enger Grenzen. Zwar hat die Rechtsprechung zum allgemeinen Persönlichkeitsrecht und zum Recht am eingerichteten Gewerbebetrieb zur Anerkennung einiger „offener" Tatbestände geführt, deren Vorliegen nur auf Grund einer Güterabwägung und damit einer Bewertung im Einzelfall bejaht werden kann. Hinsichtlich der Gefährdungshaftung ist es beim Enumerationsprinzip geblieben.

Es ist aber nicht zu verkennen, daß den gesetzlichen Regelungen jeweils bestimmte Prinzipien als legislatorische Leitgedanken zugrunde liegen: der Deliktshaftung des BGB das Verschuldensprinzip, das Prinzip eines gesteigerten Schutzes „subjektiver Rechte" und des indirekten Güterschutzes über „Schutzgesetze", der Gefährdungshaftung das Prinzip der Zurechnung solcher Schadensrisiken, die von

---

[90] WILBURG, Die Elemente des Schadensrechts, S. 26 ff.
[91] In AcP 163, 346 ff.

einer gefährlichen Anlage, einem gefährlichen Betrieb ausgehen, an denjenigen, der die Anlage oder den Betrieb in seinem Interesse unterhält. Bei der Abwägung der Verantwortungsteile gemäß § 254 BGB sind, worauf CANARIS[92] hinweist, die in diesen Prinzipien angesprochenen Elemente des Verschuldens, des Grades der Sorglosigkeit, der nach den Grundsätzen der Gefährdungshaftung zu beachtenden Risiken, der normalen oder einer durch besondere Umstände erhöhten Betriebsgefahr in ähnlicher Weise gegeneinander abzuwägen, wie WILBURG das schon für die Begründung der Ersatzpflicht vorschlägt. Soweit indessen die Prinzipien bereits durch den Gesetzgeber zu einer eingehenden Regelung konkretisiert, in unmittelbar anwendbare Normen übergeführt sind, aus denen sich ihre Reichweite und die Art ihres Zusammenspiels ergibt, trifft die Modellvorstellung WILBURGS nicht mehr zu[92a]. Das von der Rechtswissenschaft zu entwickelnde System der Prinzipien ist daher kein „bewegliches" im Sinne WILBURGS, sondern wenigstens in weitem Umfang ein durch die gesetzliche Regelung „festgelegtes". Freilich ist das Ausmaß dieser Festlegung unterschiedlich; die Prinzipien regulieren auf jeden Fall die Auslegung und vor allem die Lückenausfüllung. Als Beispiel für eine durch das Prinzip der Gefährdungshaftung geforderte teleologische Reduktion der Norm des § 833 BGB kann der Fall angeführt werden, daß sich der Geschädigte der Tiergefahr bewußt, obschon vermeidbar, ausgesetzt hat[93]. Auch ein in weitem Umfang im Gesetz „festgelegtes" System leitender Prinzipien bedarf in Einzelfällen einer Korrektur[94].

Wenn auch die Rechtsprinzipien in der Regel den Charakter von leitenden Rechtsgedanken haben, aus denen Entscheidungen eines Einzelfalls nicht unmittelbar, sondern nur vermöge ihrer Konkretisierung im Gesetz oder durch die Rechtsprechung gewonnen werden können, so gibt es doch auch Prinzipien, die zu einer unmittelbar anwendbaren Regel verdichtet, nicht nur ratio legis, sondern selbst lex sind. Ich nenne sie „rechtssatzförmige Prinzipien"[95]. Im Unterschied zu ihnen

[92] CANARIS, Systemdenken und Systembegriff, S. 78.

[92a] Anders wohl BYDLINSKI in „Das bewegliche System im geltenden und künftigen Recht" (oben Anm. 75) S. 36. Er meint, auch die Behandlung eines gewöhnlichen (nicht „beweglichen") gesetzlichen Tatbestandes als „bewegliches System" sei möglich und dann zulässig, wenn kein anderer Weg als der einer persönlichen Eigenwertung des Beurteilers verbleibe. Die Schwäche eines der gesetzlichen Kriterien – vorausgesetzt, diese sind überhaupt abstufbar – könne dann im Rahmen einer Gesamtwertung durch die besonders starke Ausprägung eines anderen ausgeglichen werden. Dadurch wird der vom Gesetzgeber erstrebte Vorteil einer eindeutigen, leicht festzustellenden Regelung aber preisgegeben. Nur wo das Gesetz „offene", von Fall zu Fall jeweils zu konkretisierende Tatbestände gebildet hat, halte ich es für berechtigt, von einem „beweglichen System" zu sprechen.

[93] Vgl. hierzu *mein* Lehrbuch des Schuldrechts, Bd. I, 14. Aufl., § 31 Ib, sowie die Entscheidung des BGH in JZ 74, S. 184.

[94] Vgl. CANARIS, a.a.O., S. 86 ff.

[95] In *meiner* Abhandlung über „Wegweiser zu richterlicher Rechtsschöpfung" in der Festschrift für ARTHUR NIKISCH, S. 275 ff., 299 ff. habe ich sie als „Grundsätze" von den „Prinzipien" unterschieden. Meist werden jedoch die Ausdrücke „Rechtsgrundsatz" und „Rechtsprinzip" als gleichbedeutend gebraucht; so etwa schon in dem Titel des Buches von ESSER über „Grundsatz und Norm". Ich unterscheide daher jetzt offene und rechtssatzförmige Prinzipien.

könnte man diejenigen Prinzipien, die nicht Normcharakter haben, als „offene“ Prinzipien bezeichnen. Der Unterschied darf jedoch nicht im Sinne einer starren Trennung verstanden werden; die Grenzen zwischen „offenen“ und „rechtssatzförmigen“ Prinzipien sind vielmehr fließend. Der Punkt, von dem an ein Prinzip bereits im Gesetz so weit konkretisiert ist, daß es als ein rechtssatzförmiges Prinzip angesehen werden kann, läßt sich nicht genau bezeichnen.

Zu den rechtssatzförmigen Prinzipien kann man zunächst diejenigen rechnen, die im Gesetz zwar nicht direkt ausgesprochen, aber insofern in ihm enthalten sind, als das Gesetz Ausnahmen von ihnen statuiert. Der Gesetzgeber hat sie deshalb nicht ausgesprochen, weil er sie für so „selbstverständlich“ hielt, daß seiner Meinung nach nicht der Grundsatz, sondern nur die Ausnahmen einer Erwähnung bedürften. Wo solche Ausnahmen im Gesetz nicht gemacht sind und ihr Fehlen auch nicht als eine Gesetzeslücke anzusehen ist, da ist der Grundsatz unmittelbar anwendbar. Hierher gehören etwa die Grundsätze der Vertragsfreiheit und der Formfreiheit der Verträge im Schuldrecht – Grundsätze, denen ihrerseits wieder ein offenes Prinzip, das der Privatautonomie, zugrunde liegt. Zu den rechtssatzförmigen Prinzipien wird man weiter die verfassungsmäßigen Grundsätze „nulla poena sine lege“ und „ne bis in idem“ (Artikel 103 Abs. 2 und 3 GG), die Freiheitsgarantien des Artikels 104 GG, den Grundsatz der Unabhängigkeit der Richter (Artikel 97 Abs. 1 GG) und das Verbot von Ausnahmegerichten (Artikel 101 GG) rechnen müssen. Sie sind ihrerseits Konkretisierungen des Rechtsstaatsprinzips. Rechtssatzförmige Prinzipien nehmen gleichsam eine Mittelstellung ein zwischen offenen Prinzipien, die durch sie in einer bestimmten Richtung konkretisiert werden, und Rechtsnormen mit sehr weit gefaßten Tatbeständen. Von den letzteren unterscheiden sie sich vornehmlich dadurch, daß ihnen im Gesamtzusammenhang einer Regelung eine herausragende, eben prinzipielle Bedeutung zukommt. Ihr Sinngehalt weist über den rechtssatzmäßig formulierten Inhalt hinaus auf das Grundprinzip – wie das der Privatautonomie oder das Rechtsstaatsprinzip –, das durch sie jeweils in einer bestimmten Richtung konkretisiert, dadurch verdeutlicht und zugleich normierbar gemacht wird. BETTI[96] spricht in diesem Zusammenhang von einem „Überschuß an wertendem Sinngehalt“, der die Rechtsgrundsätze im Vergleich zu den einzelnen Rechtsnormen charakterisiere.

Zu den rechtssatzförmigen Prinzipien kann man auch die Grundsätze des „schonendsten Mittels“ und der „geringstmöglichen Einschränkung“ rechnen, die den Gerichten, wie wir gesehen haben, vielfach als Maßstab der „Güterabwägung“ dienen. „Rechtssatzförmig“ sind sie insofern, als es im konkreten Fall nur *ein* „schonendstes“ Mittel, nur *eine* – das vorgezogene Gut ausreichend schützende – „geringstmögliche“ Einschränkung des zurücktretenden Gutes gibt, eine weitere Konkretisierung des Maßstabes also nicht erforderlich ist[97]. In seiner allgemeineren Fassung, in der er lediglich ein „angemessenes Verhältnis“ zwischen Mittel und Zweck fordert oder verlangt, daß der eingetretene Schaden nicht „außer Verhältnis

---

[96] BETTI, Allgemeine Auslegungslehre, S. 652.
[97] So auch HIRSCHBERG, Der Grundsatz der Verhältnismäßigkeit, 1981, S. 37, 58, 246.

zu der Gefahr steht", die abgewendet werden sollte (§ 228 BGB), handelt es sich bei dem Grundsatz der Verhältnismäßigkeit dagegen um ein „offenes" Prinzip, weil in diesen Fällen nicht ohne eine zusätzliche Wertung auszukommen ist. Hierbei geht es um nichts anderes als um den Gedanken des rechten Maßes, der „Ausgewogenheit", der mit dem Gedanken der Gerechtigkeit untrennbar verbunden ist[98].

LERCHE[99] unterscheidet die Grundsätze der Verhältnismäßigkeit und der Erforderlichkeit. Der erste Grundsatz besagt nach ihm, „die Handhabung eines bestimmten Instrumentes dürfe zur Erreichung eines bestimmten Zwecks diesem gegenüber nicht unangemessen sein". Der zweite Grundsatz besagt, unter mehreren möglichen, d. h. zur Zweckerreichung geeigneten Instrumenten dürfe nur dasjenige gewählt werden, das die geringst einschneidenden Folgen hervorruft. Wenn LERCHE anschließend betont, die beiden Grundsätze hätten einen verschiedenen Inhalt, so trifft das zwar zu, schließt aber nicht aus, daß der Grundsatz der Erforderlichkeit, der sich wieder in den des schonendsten Mittels und den der geringstmöglichen Einschränkung aufgliedern läßt, eine speziellere Fassung des Prinzips der Verhältnismäßigkeit darstellt[100]. LERCHE faßt die beiden Grundsätze unter der Bezeichnung des „Übermaßverbotes" zusammen. In dieser Wortwahl kommt deutlich zum Ausdruck, daß beiden der Gedanke des „Maßvollen", „Maßgerechten" gemeinsam ist[101]. Wenn LERCHE weiter ausführt[102], die Grundsätze hätten „unmittelbaren Rechtssatzcharakter", weil sich mit ihrer Hilfe Einzelergebnisse erzielen ließen, „ohne daß es regelmäßig einer Zwischenschaltung selbständig konkretisierender Sätze bedürfte", dann trifft das unserer Meinung nach allerdings nur auf LERCHES „Grundsatz der Erforderlichkeit" zu. Er läßt sich in der Tat in andere Rechtssätze, wie die über Notwehr, über die Grenzen erlaubter Selbsthilfe (§ 230 Abs. 1 BGB) oder den Notweg (§ 917 BGB) als ein Teilelement einsetzen, das in Verbindung mit den übrigen Elementen des Rechtssatzes eine sichere Entscheidung ermöglicht. Wenn es sich dagegen darum handelt, ob ein Schaden „nicht außer Verhältnis zu der Gefahr steht" (§ 228 BGB) oder der drohende Schaden gegenüber dem aus der Einwirkung entstehenden Schaden „unverhältnismäßig groß ist" (§ 904 BGB), vor allem auch bei der Abwägung von Grundrechten, dann bedarf es noch einer zusätzlichen Wertung im Einzelfall, hinsichtlich derer ein gewisser Beurteilungsspielraum besteht. Ein solcher Beurteilungsspielraum ist da nicht gegeben, wo nur das „schonendste Mittel", nur die „geringstmögliche Einschränkung" rechtmäßig ist. Die Grundsätze des schonendsten Mittels und der geringstmöglichen Einschränkung sind vor allem dort am Platze, wo jemand eine Einschränkung seiner Rechte um eines anderen, gleich- oder höherwertigen Gutes willen hinzunehmen hat, ein besonderes Opfer von ihm verlangt wird; das Prinzip der Verhältnismäßigkeit hat dagegen eine viel weitergehende Bedeutung, zum Beispiel auch im Vertragsrecht.

Für das „innere System" des Rechts, das sichtbar zu machen das Anliegen einer sowohl wertorientierten wie systematisch verfahrenden Jurisprudenz ist, bilden die „offenen Prinzipien" und die in ihnen zum Ausdruck kommenden Wertungsgrundlagen die zentralen Bezugspunkte. Ein „System" läßt sich aus ihnen erst dann gewinnen, wenn man ihre unterschiedlichen Konkretisierungen berücksichtigt und diese zueinander in Beziehung setzt. Es fragt sich indessen, ob das wissenschaftliche System mit der Darstellung und Entfaltung der Prinzipien – seien sie nun „offene" oder „rechtssatzförmige" – auszukommen vermag, oder ob ein solches System nicht

---

98 So auch HIRSCHBERG, a.a.O., S. 37, 246.
99 LERCHE, Übermaß und Verfassungsrecht, 1961, S. 19.
100 Vgl. auch HIRSCHBERG, a.a.O., S. 150, 247 f. So wie LERCHE, ArchöR 104, 415.
101 Zum Sinnbezug auf die Gerechtigkeit *meine* Schrift über Richtiges Recht, S. 40 f., 130ff.
102 a.a.O., S. 316.

auch wieder der Begriffe bedarf, die gleichsam eine Brücke zwischen diesem System und dem für die Erfassung des gesamten Rechtsstoffs weiterhin unentbehrlichen „äußeren System“ zu schlagen vermögen[102a].

b) Funktionsbestimmte Rechtsbegriffe

Wenn die gesuchten Begriffe für das „innere System“ verwertbar sein sollen, dann dürfen es nicht lediglich abstrakt-allgemeine Begriffe sein, die mit fortschreitender Abstraktionshöhe immer inhaltloser werden. Vielmehr muß es sich um Begriffe handeln, in deren Inhalt die einer Regelung zu Grunde liegende Sinnbeziehung auf ein maßgebendes Prinzip so weit zum Ausdruck kommt, daß sie, wenn auch notwendig verkürzt, erkennbar bleibt. In der Tat arbeitet die heutige Rechtswissenschaft weitgehend mit derartigen Begriffen. Man kann sie „funktionsbestimmte Begriffe“ nennen. So arbeitet die heutige Privatrechtswissenschaft, mindestens seit dem großen Werk von FLUME[103], mit einem funktionsbestimmten Begriff des Rechtsgeschäftes, der dieses primär als Mittel der Privatautonomie versteht und von dieser seiner Funktion her die mit ihm verbundene Problematik und die vom Gesetz darauf gegebenen Antworten zu verstehen sucht. Wenn von den Tatbeständen der Gefährdungshaftung die Rede ist, dann meint man mit der „Gefährdungshaftung“ diejenigen Tatbestände einer außervertraglichen Schadenshaftung, denen gerade dieses Prinzip zu Grunde liegt. Spricht man von „Persönlichkeitsrechten“, so meint man solche Rechte, deren Funktion es ist, der Person eine nach außen abgeschirmte Eigensphäre zu gewährleisten. Der Begriff des „Persönlichkeitsrechts“ ist in der neueren Jurisprudenz nicht dadurch gewonnen worden, daß man von den Unterschieden verschiedener Persönlichkeitsrechte abgesehen und das allen Gemeinsame festgehalten hätte, sondern durch die Herausarbeitung des spezifischen Sinngehalts eines solchen Rechts und seiner Funktion. CANARIS, der das „innere System“ als ein System allgemeiner Rechtsprinzipien ansieht, meint doch, es sollte „den Prinzipien ein korrespondierendes System von Rechtsbegriffen zugeordnet werden“[104]. Nur dürfe man „nie vergessen, daß diese teleologischer Natur sind und daß daher im Zweifelsfall immer der Rückgriff auf die in ihnen enthaltene Wertung und das heißt auf das entsprechende Prinzip erforderlich ist“. Das aber setzt voraus, daß sie im Hinblick auf eben dieses Prinzip, also nicht lediglich im Wege der Abstraktion, gebildet sind und die Rückbeziehung auf das Prinzip bereits in ihrem Inhalt zum Ausdruck bringen.

Funktionsbestimmte Begriffe dienen ferner dazu, innerhalb eines bestimmten Regelungszusammenhanges die gleichmäßige Anwendung derjenigen Rechtsnormen zu gewährleisten, in deren Inhalt sie als Elemente des Tatbestandes oder auch der Rechtsfolge enthalten sind. Es geht hier um solche Begriffe, wie „Rechtswidrigkeit“, „Fahrlässigkeit“, „guter“ oder „böser Glaube“. Solche *rein normativen*

102a Auf die Rechtsprinzipien beschränken will das „innere System“ HÖNN, Kompensation gestörter Vertragsparität, 1982, S. 62 f.

103 FLUME, Allgemeiner Teil des Bürgerlichen Rechts, Bd. 2, Das Rechtsgeschäft.

104 CANARIS, Systemdenken und Systembegriff, S. 50.

Begriffe sind entsprechend ihrer Funktion in dem jeweiligen Regelungszusammenhang zu bestimmen. Wir verdeutlichen das am Rechtswidrigkeitsbegriff[105].

Eine Handlung bezeichnen wir dann als „rechtswidrig", wenn sie nach ihrer äußeren Erscheinung, noch unerachtet der inneren Einstellung des Handelnden, einem Gebot oder Verbot der Rechtsordnung widerspricht, nicht hätte vorgenommen werden sollen. Da ein endgültiges Urteil über Wert oder Unwert einer Handlung aber nicht wohl ohne Berücksichtigung auch der inneren Einstellung des Handelnden, des Verschuldensmomentes, gefällt werden kann, so handelt es sich bei dem Urteil über die Rechtswidrigkeit nur um ein vorläufiges Unwerturteil; die Möglichkeit bleibt offen, daß die Handlung, obschon rechtswidrig, so doch entschuldigt ist. Strafe und zivilrechtliche Schadensersatzpflicht (nach den Regeln der Deliktshaftung) setzen in der Regel beides voraus: Sowohl die Rechtswidrigkeit der Handlung wie ein Verschulden. Darüber hinaus ist gegen einen „rechtswidrigen" Angriff Notwehr zulässig, und im Zivilrecht knüpfen sich gewisse Abwehrbefugnisse und Klagemöglichkeiten allein an das Vorliegen eines rechtswidrigen Eingriffs in den Besitz oder in die Rechtssphäre des Eigentümers (§§ 858 ff., 1004 BGB). Der Begriff der Rechtswidrigkeit erfüllt daher eine bestimmte Funktion im System des Güterschutzes des BGB. Mit Rücksicht auf diese seine Funktion hat man ihn lange Zeit nicht so sehr verhaltensbezogen als erfolgsbezogen, das heißt im Sinne der Herbeiführung eines von der Rechtsordnung mißbilligten Zustandes, verstanden. Ein rein erfolgsbezogen verstandener Rechtswidrigkeitsbegriff führt nun aber zu einer sachlich nicht gerechtfertigten Ausweitung solcher Handlungen, die danach im Sinne des Deliktsrechts als „rechtswidrig", wenn auch nicht notwendig als „schuldhaft", zu qualifizieren wären. „Rechtswidrig" wäre jede noch so entfernte, nur nicht gerade „inadäquate" Verursachung eines von der Rechtsordnung mißbilligten Erfolges, also zum Beispiel die Abgabe eines vorschriftsmäßig als „giftig" gekennzeichneten Pflanzenschutzmittels, wenn der Empfänger später infolge einer Verwechslung sich oder andere damit vergiftet. Hersteller von Automobilen, Elektrogeräten, gefährlichen Werkzeugen und Medikamenten würden unzählige Male „rechtswidrig" handeln, nämlich immer dann, wenn ihr ordnungsmäßig hergestelltes und gekennzeichnetes Produkt später in der Hand eines anderen ursächlich für einen Schaden wird. Da das wenig sinnvoll wäre, will eine neuere Lehre als „rechtswidrig" nur ein Verhalten qualifizieren, das bereits als solches, ohne Rücksicht auf einen späteren „Erfolg", der von der Rechtsordnung zu verlangenden Sorgfalt nicht genügt. Damit nähert diese Lehre den Rechtswidrigkeitsbegriff dem „objektiven" Fahrlässigkeitsmaßstab an, den die herrschende Lehre in § 276 BGB ausgedrückt findet[105a].

Ein streng verhaltensbezogener Rechtswidrigkeitsbegriff genügt zwar der Funktion des Begriffs im Zusammenhang des Deliktsrechts, nicht aber seiner Funktion im Zusammenhang der Notwehrbefugnis und der §§ 858, 904 BGB. Die

---

[105] Vgl. dazu *meinen* Aufsatz in der Festschrift für DÖLLE, Bd. 1, S. 169 ff., und *mein* Lehrbuch des Schuldrechts, 12. Aufl., Bd. II, S. 607 ff.

[105a] Vgl. mein Lehrb. des Schuldrechts, Bd. I, 14. Aufl., S. 285.

Funktion die der Rechtswidrigkeitsbegriff in diesen Bestimmungen erfüllt, besteht darin, solche Beeinträchtigungen, gegen die Notwehr zulässig ist oder Abwehransprüche gegeben sind, von solchen abzugrenzen, die rechtens hinzunehmen sind. Der Begriff der Rechtswidrigkeit dient hier also zur Bestimmung des Umfangs des Rechtsgüterschutzes. Vergegenwärtigt man sich, daß die Sanktionierung von Rechts- und Rechtsgutverletzungen durch eine Schadensersatzpflicht eine und vielleicht die wirksamste Art des Rechtsgüterschutzes ist, dann erkennt man, daß zwischen den Funktionen, die der Begriff innerhalb des einen und des anderen Regelungskomplexes erfüllt, durchaus ein Zusammenhang besteht[106]. Was der Angegriffene oder der in der Ausübung seines Eigentums Beeinträchtigte von Rechts wegen nicht hinzunehmen braucht, wogegen ihm die Rechtsordnung Abwehrbefugnisse einräumt, das soll den Angreifer oder Eingreifenden dann, wenn auf seiner Seite ein Verschulden hinzukommt, zum Schadensersatz verpflichten. Die Verknüpfung der Abwehrbefugnisse mit den Voraussetzungen einer Schadensersatzpflicht hat einen guten Sinn. Damit ist freilich noch nicht gesagt, daß man zu einem rein erfolgsbezogenen Rechtswidrigkeitsbegriff zurückkehren sollte. Vielmehr ist es möglich und zur Wahrung des Funktionszusammenhanges ausreichend, dem Urteil über die Rechtswidrigkeit einmal nur ein mißbilligtes äußeres Verhalten als solches, darüber hinaus aber auch den rechtlich mißbilligten Erfolg dann zu Grunde zu legen, wenn dieser noch im Rahmen des Handlungsablaufs liegt, nicht nur eine entfernte Folge des Verhaltens ist[106]. Auch wer dem nicht zustimmt, kommt doch nicht umhin, den Rechtswidrigkeitsbegriff entweder nur im Hinblick auf eine der im Gesetz zugewiesenen Funktionen oder aber auf beide und dann differenzierend zu bestimmen.

Nach der Ansicht von WANK[106a] sind *alle* in einem Rechtssatz verwandten Begriffe letztlich funktionsbestimmte Begriffe. Sie dienten alle einem bestimmten Regelungszweck; dieser bestimme sowohl ihren Inhalt wie auch ihre Form[106b]. Allerdings werde in den meisten Rechtssätzen das ihnen zugrundeliegende „Finalprogramm“ durch ein „Konditionalprogramm“ ersetzt. Darunter versteht WANK offensichtlich die Anknüpfung der Rechtsfolge an einen im Gesetz festumrissenen Sachverhalt. Den Vorteil des „Konditionalprogramms“ sieht WANK darin, daß hier Begriffsmerkmale bestimmt werden können, die „leicht feststellbar“ sind, über deren Vorliegen weniger Zweifel bestehen können[106c]. Auch spreche gegen die Verwendung solcher Begriffe, die unmittelbar den Gesetzeszweck zum Ausdruck bringen, die mögliche Mehrheit der Gesetzeszwecke und deren unterschiedliches Gewicht. Bei der Umformung des dem Gesetz zugrundeliegenden Finalprogramms in ein Konditionalprogramm bestehe jedoch die Gefahr, daß „Tatbestand und Rechtsfolge als Ausdruck eines einheitlichen Regelungsprogramms auseinander gerissen werden“. Daher sei es die Aufgabe der Rechtswissenschaft, „gerade diesen Zusammenhang wieder herzustellen und jeden

---

[106] Vgl.dazu DEUTSCH, Fahrlässigkeit und erforderliche Sorgfalt, 1963, S. 277 ff.
[106a] WANK, Die juristische Begriffsbildung, 1985, S. 79.
[106b] a.a.O., S. 123.
[106c] a.a.O., S. 101.

Gesetzesbegriff sub specie des Regelungsprogramms zu erklären"[106d]. Bei der Auslegung der im Gesetz verwandten Begriffe müßten „diese als Teil des Regelungsprogramms erkennbar sein", in der juristischen Begriffsbildung müsse „dieser Sinnzusammenhang zwischen Tatbestand und Rechtsfolge zum Ausdruck kommen und bis in die letzten Winkel der Unterbegriffe durchscheinen"[106e]. Allerdings gibt WANK zu, daß die Umsetzung des Finalprogramms in ein Konditionalprogramm, die im Gesetz vorgenommen ist, nicht beliebig umkehrbar sei[106f]. Damit schränkt er seine Aussage, daß alle in den Gesetzen verwandten Begriffe funktionsbestimmte Begriffe seien, nicht unerheblich wieder ein.

Dort, wo das Gesetz zum Zwecke der Subsumierbarkeit abstrakt-allgemeine Begriffe gebildet hat, die als Tatbestandselemente fungieren, erhebt sich die Frage nach dem Verhältnis dieser abstrakt-allgemeinen Tatbestandsbegriffe zu den ihnen entsprechenden funktionsbestimmten Begriffen. Mit dieser Frage hat sich am Beispiel der einander zugeordneten Begriffe des „Rechtsgeschäfts" THIELE beschäftigt[107]. THIELE bezeichnet den Begriff des Rechtsgeschäfts, der es als „Instrument der Rechtsgestaltung in Selbstbestimmung" begreift, in unserer Terminologie also den funktionsbestimmten Begriff, als einen „Grund- oder Strukturbegriff". Er bemerkt mit Recht, dieser habe keinen oder doch nur einen sehr begrenzten Subsumtionswert. Den abstrakt-allgemeinen Begriff des Rechtsgeschäfts als einer auf die Herbeiführung von Rechtsfolgen gerichteten Privatwillenserklärung bezeichnet er als den „technischen Begriff des Rechtsgeschäfts"[108]. Das Moment der Selbstbestimmung, sagt er, damit „der wesentliche Gehalt eines jeden wirksamen rechtsgeschäftlichen Akts", sei aus dieser Definition ausgeklammert. Wer das Rechtsgeschäft als einen Akt der Selbstbestimmung der Beteiligten definiere, meine daher einen anderen Rechtsgeschäftsbegriff als denjenigen, mit dem wir es im Bereich der Rechtstechnik und der Rechtsanwendung zu tun haben. Beide Begriffe beziehen sich nach THIELE „auf dasselbe Objekt, eine besondere Gruppe menschlicher Handlungen"[109]. Sie setzten „nur jeweils verschiedene Merkmale dieses Objekts zusammen, je nach dem besonderen Zweck, dem jeder von ihnen dient". Der Grund- oder Strukturbegriff antworte auf die Frage nach dem Sinn der Anerkennung von Rechtsgeschäften als Mittel der Privatautonomie. Die Vielzahl „der bei einem praktizierten rechtsgeschäftlichen Verkehr auftauchenden Einzelprobleme" lasse sich aber nicht allgemeinverbindlich schon aus dem Prinzip heraus lösen. Hierzu bedürfe es der Übersetzung des materialen Rechtsprinzips in dogmatisch faßbare Rechtssätze und Begriffe[110]. Das rechtstechnische Mittel hierzu sei „die Auflösung der primären Gerechtigkeitsentscheidungen einer Rechtsordnung in zusammengehörige und aufeinander abgestimmte Einzelprobleme und deren Lösungen". Die

---

[106d] a.a.O., S. 82.
[106e] a.a.O., S. 87.
[106f] a.a.O., S. 83.
[107] THIELE, Die Zustimmungen in der Lehre vom Rechtsgeschäft, 1966, S. 6 ff., 78 ff.
[108] a.a.O., S. 82 ff.
[109] a.a.O., S. 85.
[110] a.a.O., S. 78 f.

Rechtstechnik bleibe jedoch „stets nur eine Funktion des zu Grunde liegenden Wertungsprinzips". Immer sei „über die positiven Formeln hinweg der Blick offenzuhalten für die Idee, den Sinneskern der Rechtsinstitute, der sich in ihnen und mittels ihrer erhält". Das kann nichts anderes heißen, als daß die wissenschaftliche Jurisprudenz, will sie die der positivrechtlichen Regelung vorausliegenden Wertentscheidungen und die sich aus ihnen ergebenden Probleme verstehen, bei den rechtstechnischen Begriffen nicht stehen bleiben darf, sondern nach dem funktionsbestimmten Begriff zu fragen hat, der sich hinter dem rechtstechnischen Begriff ebenso verbirgt, wie er durch ihn doch noch „hindurchscheint". Er scheint durch ihn hindurch, weil beispielsweise auch noch der rechtstechnische Begriff der „Willenserklärung" erkennen läßt, daß es sich dabei prinzipiell um einen Akt privater Rechtsgestaltung handelt. Der rechtstechnische Begriff entlastet den Rechtsanwender nur von der Notwendigkeit, von Fall zu Fall zu prüfen, ob hier wirklich lediglich „Selbstbestimmung" vorliegt, oder ob „Fremdbestimmung" mit im Spiele ist. Eine solche führt erst dann zur Unwirksamkeit des Aktes, wenn einer der hierfür vom Gesetz geschaffenen Tatbestände, wie Täuschung, Drohung oder sittenwidrige Übervorteilung, vorliegt.

So wie dem zu Subsumtionszwecken gebildeten abstrakt-allgemeinen Begriff des Rechtsgeschäfts ein funktionsbestimmter Begriff des Rechtsgeschäfts zur Seite gestellt werden kann, der das zugrunde liegende Rechtsprinzip in seinen Inhalt mit aufnimmt, eben deshalb aber zur Subsumtion nicht geeignet ist, so auch dem Begriff des Vertrages, dem des Eigentums und dem des subjektiven Rechts. Die Auffächerung des funktionsbestimmten Begriffs erfolgt dann nicht durch die Hinzufügung weiterer klassenbildender Merkmale, sondern durch Typenbildung. PHILLIPOS DORIS hat gezeigt[111], was ein funktionsbestimmter Begriff der Stellvertretung für die Erkenntnis der verschiedenen Ausprägungen des zugrundeliegenden Strukturtypus zu leisten vermag. Sowohl der funktionsbestimmte Begriff wie der Typus sind inhaltlich reicher als die ihnen jeweils vergleichbaren abstrakten Begriffe. Sowohl das Prinzip wie der funktionsbestimmte Begriff weisen über sich hinaus: Das Prinzip auf die Konkretisierungen, in denen sein Sinn sich entfaltet, der funktionsbestimmte Begriff zurück auf das Prinzip.

e) Der „offene" und fragmentarische Charakter des „inneren" Systems

Das innere System ist, wie aus dem schon Gesagten hervorgeht, kein in sich geschlossenes, sondern ein „offenes" System in dem Sinne, daß Änderungen sowohl in der Art des Zusammenspiels der Prinzipien, ihrer Reichweite und wechselseitigen Beschränkung, wie auch die Auffindung neuer Prinzipien möglich sind; sei es auf Grund von Änderungen der Gesetzgebung, sei es auf Grund neuer Erkenntnisse der Rechtswissenschaft oder Modifikationen der Rechtsprechung. Der letzte Grund dafür ist, mit CANARIS[112] zu sprechen, „daß das System als die Sinneinheit einer konkreten Rechtsordnung an deren Seinsweise teilhat, das heißt, daß es ebenso wie

---

[111] in Festschrift für Karl Larenz zum 80. Geburtstag, 1983, S. 161 ff.

[112] CANARIS, Systemdenken und Systembegriff in der Jurisprudenz, S. 63.

diese nicht statisch, sondern dynamisch ist, also die Struktur der Geschichtlichkeit aufweist.“ Ist dem aber so, dann stehen alle Aussagen der Jurisprudenz über dieses System unter einem doppelten Vorbehalt: Einmal stehen sie, wie die Aussagen jeder Wissenschaft, unter dem Vorbehalt künftiger besserer Erkenntnis, zum anderen aber auch unter dem Vorbehalt der Konstanz der zugrundeliegenden Wertungsmaßstäbe, die in der geschichtlichen Entwicklung der Rechtskultur nach und nach hervortreten und sich wandeln können. Durch diese seine „Offenheit“ unterscheidet sich das der Jurisprudenz aufgegebene „innere System“ von jedem naturrechtlichen und auch von einem quasi-naturrechtlichen System, wie es das der Begriffsjurisprudenz, etwa das PUCHTAs war.

Allerdings sollte man die Wandlungsfähigkeit der Prinzipien auch nicht überbetonen. Manche der geltenden Prinzipien des heutigen Privat- und Prozeßrechts, darunter auch solche, die wir als Konkretisierungen des Rechtsstaatsprinzips verstehen, wie etwa die Privatautonomie, die Bindekraft der Verträge, das Vertrauensprinzip im Rechtsverkehr, die Gleichstellung der Parteien im Prozeß, das Recht auf rechtliches Gehör, gehören unserer Rechtsordnung und ebenso den Rechtsordnungen anderer Nationen seit Jahrhunderten an, andere, wie die Unabhängigkeit der Richter, die Bindung der Verwaltung an das Gesetz und die gerichtliche Nachprüfbarkeit aller den Bürger belastenden Verwaltungsakte sind schwer errungen und müssen immer wieder verteidigt werden. In solchen Prinzipien, wie etwa auch in der immer wieder erneut der Konkretisierung bedürftigen Forderung, „Treu und Glauben“ zu wahren, in der Forderung, Gleichartiges gleich zu behandeln und „ohne Ansehen der Person“ zu richten, kommen doch wohl Rechtsgedanken von überzeitlicher Gültigkeit zum Ausdruck[113]. Die Wandlungsfähigkeit betrifft daher mehr die sekundären Wertentscheidungen, die Konkretisierungen, die Akzentuierung und das Zusammenspiel der Prinzipien. In dieser Hinsicht sind die Wandlungen der letzten Jahrzehnte, entsprechend der allgemeinen Beschleunigung in der Veränderung der Lebensverhältnisse, in der Tat erstaunlich groß. Daran dürfte sich auch in Zukunft nichts ändern. Je weiter daher die Systembildung zu den einzelnen Regelungsinhalten vordringt, in ihnen – durch die Vermittlung funktionsbestimmter Begriffe – Konkretisierungen der Prinzipien erkennt und aus ihnen auf diese zurückschließt, um so mehr wird man sich ihrer Vorläufigkeit bewußt bleiben müssen. Die Vorläufigkeit ihrer Erkenntnisse ist jedoch so wenig für die Rechtswissenschaft wie für andere Wissenschaften ein Grund, auf ihre Gewinnung zu verzichten.

Die Aufgabe des wissenschaftlichen Systems ist es, die der Rechtsordnung als einem Sinnganzen innewohnenden Sinnzusammenhänge sichtbar zu machen und darzustellen. Dem dient die Aufdeckung der leitenden Prinzipien und ihrer

---

[113] Wenn man so will, bilden sie ein, wenngleich fragmentarisches und auf seine Konkretisierung in der jeweiligen historischen Situation angewiesenes, „Naturrecht“. Da dieser Ausdruck aber zu sehr vorbelastet ist, ziehe ich es vor, von ideell gültigen (nicht nur dem positiven Recht angehörenden und insoweit an seiner Seinsweise teilhabenden) *Prinzipien richtigen Rechts* zu sprechen. Zur Geltungsweise dieser Prinzipien *meine* Schrift über Richtiges Recht, S. 174 ff.

Konkretisierung in den Regelungsinhalten, die Bildung funktionsbestimmter Begriffe und deren Aufbereitung zum System. Vorausgesetzt wird dabei immer, daß die Regeln des Rechts und die verschiedenen Regelungskomplexe untereinander in der Tat in einem derartigen Sinnzusammenhang stehen, also mehr als nur eine auf der „Willkür" des Gesetzgebers oder auf anderen, mehr oder minder zufälligen Faktoren beruhende Ansammlung von Einzelnormen sind. Daß diese Voraussetzung zutrifft, daß der gegebenen Rechtsordnung, unerachtet ihrer historischen Bedingtheit und mancher Zufälligkeiten im einzelnen, ein vernünftiger Sinn innewohnt, kann zwar nicht in einem exakten Sinne „bewiesen", aber doch dadurch deutlich gemacht werden, daß man diesen Sinnzusammenhang aufdeckt. Dabei darf nun freilich nicht verkannt werden, daß die gemachte Voraussetzung immer nur bis zu einem gewissen Grade zutrifft. Es gibt zweifellos eine Menge „zufälliger" Vorschriften, die man sich genauso anders vorstellen könnte, ohne daß deshalb sogleich eine Unstimmigkeit, ein Wertungswiderspruch entstehen müßte. Ob das Gesetz eine Kündigungsfrist oder eine Einspruchsfrist auf zwei Wochen oder einen Monat bemißt, ob es für bestimmte Erklärungen Schriftlichkeit fordert, ob die Volljährigkeit nach der Vollendung des achtzehnten oder erst des einundzwanzigsten Lebensjahres eintritt, dafür mag der Gesetzgeber jeweils plausible Gründe haben, von den Rechtsprinzipien her gesehen ist das gleichgültig. Nicht prinzipiell gleichgültig ist freilich, daß überhaupt Fristen für das Wirksamwerden einer Kündigung gelten, Verträge im allgemeinen formfrei geschlossen werden können, der Heranwachsende mit der Erreichung eines bestimmten Lebensalters in die Lage versetzt wird, seine rechtlichen Angelegenheiten selbständig zu regeln. Änderungen in jenem Bereich, in dem vom Prinzip her gesehen verschiedene Regelungen gleichermaßen „vertretbar" sind , – wenn nur überhaupt dem Bedürfnis nach einer Regelung entsprochen wird –, lassen das innere System unberührt.

Auch dort aber, wo Grundwertungen der Rechtsordnung berührt sind, lassen sich Wertungswidersprüche sowohl auf der Ebene der Normen wie derjenigen der gerichtlichen Entscheidungen nicht immer vermeiden. Das Ideal voller wertungsmäßiger Übereinstimmung aller Normen und Entscheidungen läßt sich schon deshalb nicht verwirklichen, weil die gesetzlichen Regeln verschiedenen historischen Entwicklungsstufen entstammen und eine andersartige Bewertung in einem Teilbereich der Rechtsordnung nicht sofort auf einen anderen Teilbereich „durchzuschlagen" vermag. Gewiß gibt es solche „Fernwirkungen" von Änderungen in einem Normenbereich auf andere Bereiche[114]: so beeinflussen die Wertungen des Grundrechtsteils der Verfassung maßgeblich die Auslegung einiger Generalklauseln, vor allem derjenigen der „guten Sitten", und die Rechtsprechung zum Persönlichkeitsrecht. Der Grundsatz der Verhältnismäßigkeit findet in immer weiteren Teilbereichen der Rechtsordnung Anwendung. Aber manche Rechtssätze verschließen sich auch wegen ihres Wortlauts und mit Rücksicht auf ihre eigene Zwecksetzung einer solchen Fernwirkung; es bleibt dann nichts anderes übrig, als den Wertungswiderspruch wenigstens vorläufig, bis zu einer Änderung der Gesetzgebung, hinzu-

---

[114] Vgl. dazu CANARIS, a.a.O., S. 67.

nehmen, es sei denn, es handle sich um einen Widerspruch zu einem Rechtsprinzip von Verfassungsrang, der auch durch eine „verfassungskonforme Auslegung" nicht ausgeräumt werden kann. In diesem Fall hätte die dem Prinzip widersprechende Norm als verfassungswidrig zu weichen. Schließlich gibt es, mit CANARIS[115] zu sprechen, systemfremde Normen, das heißt „Rechtssätze, die zwar nicht in einem Wertungswiderspruch zu anderen Bestimmungen oder zu den Grundprinzipien der Rechtsordnung stehen, die sich aber andererseits auch nicht auf einen allgemeinen Rechtsgedanken zurückführen lassen und die daher innerhalb des Ganzen der Rechtsordnung wertungsmäßig isoliert bleiben." Man findet sie in erster Linie dort, wo sich der Gesetzgeber der Normen als Mittel zur Steuerung gesellschaftlicher, insbesondere wirtschaftlicher Vorgänge bedient. „Maßnahmegesetze" dienen in erster Linie der Realisierung ganz bestimmter Sachaufgaben und Sachzwecke; sie sind nicht oder doch nur in geringerem Maße an bestimmten Rechtsprinzipien orientiert. Allerdings müssen auch sie sich im Rahmen der Verfassung und damit der zu Verfassungsrang erhobenen Prinzipien halten. Sie dürfen Grundrechte nur so weit tangieren, als das nach Art. 19 GG zulässig ist. Indessen wirken die Prinzipien der Verfassung und die Grundrechte hier nur als Schranken für den Gesetzgeber, nicht als Leitgedanken, an denen sich die Regelung inhaltlich orientiert. Für das Auffinden und die Fortentwicklung des inneren Systems sind derartige gesetzliche Regelungen daher nur von geringer Bedeutung.

Als „offenes" ist das System immer unvollendet und unvollendbar. Auf früher (im I. Teil, Kap. 5, 7) Gesagte kann insoweit hier zurückverwiesen werden. Das innere System ist ferner „fragmentarisch" in dem Sinne, daß ihm nicht alle Normen oder Regelungen integriert werden können. Sowohl Regelungen vorwiegend „rechtstechnischer" Art – z. B. formelles Grundbuchrecht, Beurkun-dungswesen, polizeiliche Ordnungsvorschriften – wie „Maßnahmegesetze" entziehen sich dem wenigstens in weitem Umfang. Um die Masse derartiger Normen in eine äußere Ordnung zu bringen und mit ihnen umgehen zu können, bedarf es eben des „äußeren" Systems. Dieses bleibt unentbehrlich. Nur sollte man von diesem System keine Antwort auf Rechtsfragen erwarten oder glauben, mit seiner Hilfe allein die inneren Sinnzusammenhänge des Rechts aufdecken zu können – ohne deren Erkenntnis doch der gesamte Rechtsstoff eine tote Masse bleibt, mit der man letztlich so oder so „operieren" kann.

Auch ein bloßes Nebeneinander von Elementen (oder Relikten) des abstrakt-begrifflichen Systems und „topischer" Denkweise, wie es manchem vielleicht vorschwebt, ersetzt die Systembildung nicht. Wohl ließe sich eine Verbindung von „topischem" Denken und „innerem System" in der Weise denken, daß man als zulässige rechtliche Gesichtspunkte („topoi") nur solche gelten ließe, die sich aus dem „inneren System" rechtfertigen lassen. Allein das entspricht dem allgemeinen Verständnis der Topik nicht. Zur Aufdeckung des „inneren Systems" führt weder eine formal-logische und begriffliche, noch eine „topische" Argumentation. Hierzu

---

115 CANARIS,. a.a.O., S. 131.

bedarf es der Aufdeckung und Konkretisierung der Rechtsprinzipien, sowie der Bildung von Typen, Typenreihen und funktionsbestimmten Begriffen. Sie sind die spezifischen Denkformen einer Jurisprudenz, die sich sowohl als „wertorientiertes", wie als systematisches Denken versteht.

Sachverzeichnis

Das Sachverzeichnis ist als Begriffsanzeiger ausgestaltet. Dem dienen die Hervorhebung der Hauptstellen und die Hinweise auf verwandte oder abgeleitete Begriffe

Enzyklopädie der Rechts- und Staatswissenschaft

Begründet von F. v. Liszt, W. Kaskel, herausgegeben von H. Albach, E. Helmstädter, H. Honsell, P. Lerche, D. Nörr

Abteilung Rechtswissenschaft

T. Fleiner-Gerster

Allgemeine Staatslehre

Unter Mitarbeit von P. Hänni

1980. XXIV, 475 Seiten. Gebunden DM 98,– ISBN 3-540-10293-0

W. Flume

Allgemeiner Teil des Bürgerlichen Rechts

1. Band:

1. Teil: Die Personengesellschaft.

1977. XIII, 451 Seiten. Gebunden DM 118,– ISBN 3-540-08333-2

2. Teil: Die juristische Person.

1983. X, 416 Seiten. Gebunden DM 135,– ISBN 3-540-12601-5

2. Band: Das Rechtsgeschäft.

3. erg. Aufl. 1979. X, 987 Seiten. Gebunden DM 128,– ISBN 3-540-09157-2

Jörs/Kunkel/Wenger

Römisches Recht

4. Aufl., völlig neu bearb. von H. Honsell, T. Mayer-Maly, W. Selb

1987. XXX, 626 Seiten. Gebunden DM 198,– ISBN 3-540-16866-4

R. Schmidt

Öffentliches Wirtschaftsrecht

Allgemeiner Teil

1990. XXVIII, 553 Seiten. Gebunden DM 248,– ISBN 3-540-51758-8

W. Tilmann

Wirtschaftsrecht

1986. XV, 327 Seiten. Gebunden DM 98,– ISBN 3-540-16239-9

E. Ulmer

Urheber- und Verlagsrecht

3. neubearb. Aufl. 1980. XX, 610 Seiten. Gebunden DM 178,–
ISBN 3-540-10367-8

H. Wieling

Sachenrecht

Band 1: Sachen, Besitz und Rechte an beweglichen Sachen.

1990. XX, 852 Seiten. Gebunden DM 348,– ISBN 3-540-51706-5

Druck: Saladruck, Berlin
Verarbeitung: Buchbinderei Lüderitz & Bauer, Berlin